Hein Kötz
Vertragsrecht
2. Auflage

Hein Kötz

Vertragsrecht

2., überarbeitete und aktualisierte Auflage

Mohr Siebeck

Hein Kötz, geboren 1935; 1962 Promotion; 1970 Habilitation; 1971–1978 Professor an der Universität Konstanz; 1978–2000 Professor an der Universität Hamburg und Direktor am Max-Planck-Institut für ausländisches und internationales Privatrecht; 2000–2004 Präsident der Bucerius Law School.

1. Auflage 2009

ISBN 978-3-16-152065-5

Die Deutsche Nationalbibliothek verzeichnet diese Publikation in der Deutschen Nationalbibliographie; detaillierte bibliographische Daten sind im Internet über *http://dnb.dnb.de* abrufbar.

© 2012 Mohr Siebeck Tübingen

Das Werk einschließlich aller seiner Teile ist urheberrechtlich geschützt. Jede Verwertung außerhalb der engen Grenzen des Urheberrechtsgesetzes ist ohne Zustimmung des Verlages unzulässig und strafbar. Das gilt insbesondere für Vervielfältigungen, Übersetzungen, Mikroverfilmungen und die Einspeicherung und Verarbeitung in elektronischen Systemen.

Das Buch wurde von Computersatz Staiger in Rottenburg/N. aus der Sabon gesetzt, von Gulde-Druck in Tübingen auf säurefreies Werkdruckpapier gedruckt und gebunden. Den Umschlag entwarf Uli Gleis aus Tübingen.
Bildnachweis Umschlag: bpk/Lutz Braun.

Vorwort

Dieses Buch über „Vertragsrecht" weicht zwar in vielen Punkten von dem Modell ab, das den herkömmlichen Lehrveranstaltungen über das Schuldrecht und den sie begleitenden Lehrbüchern zugrunde liegt (vgl. dazu das Vorwort zur 1. Auflage). Dennoch ist es von den Jurastudenten, für die es ganz allein geschrieben ist, gut aufgenommen worden, dies vielleicht auch deshalb, weil es von der Zeitschrift „Juristische Schulung" zum „Ausbildungsbuch des Jahres 2009" gewählt worden ist. Bei der Neubearbeitung des Textes für die 2. Auflage war zu bedenken, daß in den letzten Jahren zahlreiche Gesetze in Kraft getreten sind, mit denen den Richtlinien der Europäischen Gemeinschaft und der dazu ergangenen Rechtsprechung des Europäischen Gerichtshofs Rechnung getragen und außerdem Lücken des Gesetzestexts geschlossen und Redaktionsmängel ausgebügelt worden sind. Auch sind viele wichtige Fragen inzwischen vom Bundesgerichtshof entschieden worden. Es war nicht einfach, die daraus fließenden Einzelheiten in ein Lehrbuch einzufügen, das den Akzent auf die für den Studenten wichtigen Grundzüge des Vertragsrechts legt, leicht und flüssig lesbar sein will und auch rechtspolitischen und rechtsökonomischen Erwägungen Raum gibt, wo sie interessant und für das Verständnis der Sache wichtig sind. Jedenfalls habe ich mich nicht davon abbringen lassen, gelegentlich darauf hinzuweisen, daß die sich immerzu vermehrenden Regeln des Verbraucherschutzes, mögen sie auch gut gemeint sein, den Verbraucher in Wahrheit oft nicht schützen, sondern ihn, wenn man genau hinsieht, eher bestrafen.

Mai 2012 *Hein Kötz*

Aus dem Vorwort zur 1. Auflage (2009)

Nach einem Wort von *Winston Churchill* sind alle ersten Sätze schwierig, besonders wenn mit ihnen ein Heiratsantrag oder ein Vorwort eingeleitet werden soll. In der Tat ist es nicht ohne Herzklopfen, dass ich dieses Buch auf seinen Weg schicke. Denn es weicht in manchen Punkten vom Herkömmlichen ab und geht Wege, die den Studierenden, für die es gedacht ist, ungewohnt erscheinen werden. Das gilt in erster Linie für seinen Stoff. Es behandelt das

Vertragsrecht, also die Regeln, die für das Zustandekommen und die Gültigkeit von Verträgen maßgeblich sind und die Voraussetzungen bestimmen, unter denen der eine Vertragspartner vom anderen Erfüllung des Vertrages verlangen oder, wenn der andere den Vertrag nicht oder nicht ordentlich erfüllt hat, den Vertrag für erledigt erklären oder Schadensersatz geltend machen kann. Jeder ausländische Jurist würde es als die natürlichste Sache der Welt ansehen, dass der Stoff eines Lehrbuchs gerade so und nicht anders zugeschnitten wird. Anders aber in Deutschland: Lehrbücher des Vertragsrechts gibt es bei uns bis heute nicht, und auch Lehrveranstaltungen über dieses Gebiet sind noch immer eine Rarität. Grund dafür ist der Umstand, dass das Bürgerliche Gesetzbuch den allgemeinen Begriff des „Vertragsrechts" nicht kennt und daher die für dieses Gebiet maßgeblichen Regeln nicht in einem geschlossenen Zusammenhang dargestellt, sondern über weit voneinander entfernte Stellen des Gesetzes verstreut hat. Von diesen Regeln finden sich manche, weil der Vertrag ein „Rechtsgeschäft" ist, im „Allgemeinen Teil" des BGB, andere, weil der Vertrag ein „Schuldverhältnis" begründet, im „Recht der Schuldverhältnisse". Auch dort kommt es für den Standort einer vertragsrechtlichen Regelung darauf an, ob sie, weil auf *sämtliche* Schuldverhältnisse anwendbar, dem „allgemeinen Schuldrecht", oder ob sie, weil jeweils nur für bestimmte einzelne Schuldverhältnisse gültig, dem „besonderen Schuldrecht" zuzurechnen ist. Niemand wird der durchdachten und ausgefeilten Systematik des BGB den Respekt versagen. Eine andere Frage ist es aber, ob ihr auch dort streng gefolgt werden muss, wo es um die Auswahl und Anordnung des Stoffs für ein Lehrbuch geht. Diese Frage wird hier verneint: Die Regeln des Vertragsrechts werden deshalb unabhängig von ihrem gesetzlichen Standort so dargestellt, wie dies durch die praktische Anschauung nahegelegt wird. Danach geht es im Vertragsrecht im Wesentlichen um drei Fragen, nach denen sich auch die Gliederung dieses Buchs bestimmt: Wie kommt ein gültiger Vertrag zustande (§§ 2–8)? Welche Pflichten werden durch einen Vertrag und durch die Aufnahme von Vertragsverhandlungen typischerweise begründet (§ 9)? Nach welchen Regeln beurteilt es sich, ob eine Partei Erfüllung des Vertrages verlangen, den Vertrag durch Rücktritt, Kündigung oder Widerruf beenden oder ihren Kontrahenten auf Schadensersatz in Anspruch nehmen kann (§§ 10–12)? Durch diese Stoffanordnung sollen die Leser dieses Buches auch darauf eingestimmt werden, dass sie künftig als Juristen in einem europäischen Rechtsraum zu agieren haben werden, in dem der eigenwilligen Systematik des BGB bisweilen zwar kühle Bewunderung gezollt wird, aber niemand daran denkt, sie im Zuge der Bestrebungen zur Vereinheitlichung des europäischen Vertragsrechts zum Maßstab zu nehmen.

Trotz des Gebots der Stoffbeschränkung habe ich der Verlockung nur selten widerstehen können, interessante Fälle und Fallgruppen möglichst anschaulich und lebensnah darzustellen, dies besonders dann, wenn sie der

Rechtsprechung entstammen und daher zeigen, warum vertragsrechtliche Regeln nicht bloß „law in the books", sondern auch „law in action" sind. Hier und da finden sich auch Hinweise auf ausländisches Recht und auf den immer mehr Fahrt gewinnenden Prozess der Vereinheitlichung des europäischen Vertragsrechts. Auch das hohe Lied der Vertragsfreiheit habe ich angestimmt, wo immer sich dafür ein Anlass bot, und manchmal habe ich auch versucht, mit Hilfe des ökonomischen Denkansatzes zu zeigen, wie der Interpretationsspielraum, den das geltende Gesetzesrecht lässt, auch im Vertragsrecht genutzt werden kann, um Handlungsanreize zu setzen, die zu sparsamem Umgang mit den knappen vorhandenen Ressourcen anspornen und dadurch den Wohlstand aller verbessern helfen.

Inhaltsübersicht

		Rn.	Seite
Vorwort			V
Inhaltsverzeichnis			XI
Verzeichnis der Abkürzungen und der abgekürzt zitierten Literatur			XXI
§ 1	Grundlagen des Vertragsrechts	1	1
	A. Die Stellung des Vertragsrechts im System des BGB	1	1
	B. Europäisches Vertragsrecht	16	8
	C. Freiheit und Zwang im Vertragsrecht	22	11
§ 2	Vertragsschluss	80	39
	A. Der Konsens der Parteien	80	39
	B. Angebot	82	40
	C. Annahme	110	50
	D. Einigungsmangel (Dissens)	126	56
§ 3	Geschäftsfähigkeit	131	59
	A. Allgemeines	131	59
	B. Geschäftsunfähigkeit	135	60
	C. Beschränkte Geschäftsfähigkeit	140	62
§ 4	Formerfordernisse	163	72
	A. Grundsatz der Formfreiheit	163	72
	B. Gesetzliche Formerfordernisse	165	73
	C. Vereinbarte Formerfordernisse	189	83
§ 5	Gesetzlich verbotene und sittenwidrige Verträge	197	86
	A. Gesetzlich verbotene Verträge	198	86
	B. Verbotene Verfügungsgeschäfte	205	89
	C. Sittenwidrige Verträge	211	91
	D. Rechtsfolgen	230	99
§ 6	Allgemeine Geschäftsbedingungen	241	103
	A. Funktion und Schutzzweck	241	103
	B. AGB: Begriff, Einbeziehung in den Vertrag, Auslegung	246	105
	C. Inhaltskontrolle	264	114

Inhaltsübersicht

		Rn.	Seite
§ 7	Irrtum, Täuschung, Drohung	286	124
	A. Willensmängel im Allgemeinen	286	124
	B. Irrtum	292	126
	C. Täuschung	335	142
	D. Drohung	364	155
	E. Durchführung und Folgen der Anfechtung	374	160
§ 8	Stellvertretung	391	166
	A. Voraussetzungen der Stellvertretung	391	166
	B. Handeln in fremdem Namen	394	168
	C. Vertretungsmacht	411	175
	D. Die Zurechnung von Willensmängeln und Informationsständen	439	187
	E. Grenzen der Vertretungsmacht	447	190
	F. Vertretung ohne Vertretungsmacht	467	198
§ 9	Vertragspflichten	481	203
	A. Vertragspflichten im Allgemeinen	481	203
	B. Pflichten beim Kaufvertrag	536	227
	C. Pflichten bei Verträgen über Werk- und Dienstleistungen	640	267
	D. Pflichten bei Gebrauchsüberlassungsverträgen	709	291
§ 10	Erfüllungsanspruch	750	312
	A. Allgemeines	750	312
	B. Voraussetzungen des Erfüllungsanspruchs	753	313
	C. Der Erfüllungsanspruch in der Praxis	769	322
	D. Der Erfüllungsanspruch aus rechtsökonomischer Sicht	774	325
	E. Die Verteidigung gegen den Erfüllungsanspruch	783	329
§ 11	Vertragsaufhebung	911	381
	A. Rücktritt	913	382
	B. Widerruf	985	409
	C. Kündigung	992	414
	D. Störung der Geschäftsgrundlage	1009	422
§ 12	Schadensersatz	1023	430
	A. Allgemeine Voraussetzungen	1023	430
	B. Schadensersatz wegen Verzögerung der Leistung	1128	476
	C. Schadensersatz statt der Leistung	1161	487
§ 13	Erweiterung des Kreises der am Vertrag Beteiligten	1199	504
	A. Vertrag zugunsten Dritter	1199	504
	B. Abtretung	1215	510
	C. Schuldübernahme, Schuldmitübernahme, Vertragsübernahme	1258	524
	D. Mehrere Gläubiger, mehrere Schuldner	1276	531
	Paragraphenregister		539
	Sachregister		549

Inhaltsverzeichnis

	Rn.	Seite
Vorwort		V
Inhaltsübersicht		IX
Verzeichnis der Abkürzungen und der abgekürzt zitierten Literatur		XXI

		Rn.	Seite
§ 1	Grundlagen des Vertragsrechts	1	1
	A. Die Stellung des Vertragsrechts im System des BGB	1	1
	B. Europäisches Vertragsrecht	16	8
	C. Freiheit und Zwang im Vertragsrecht	22	11
	I. Vertragsfreiheit	22	11
	II. Vertragsrechtliche Sanktionen	26	13
	III. Kontrahierungszwang	29	14
	IV. Rechtsbindungswille	31	16
	V. Zwingendes Vertragsrecht	36	18
	1. Allgemeine zwingende Regeln	36	18
	2. Zwingende Verbraucherschutzregeln	39	20
	a) Informationspflichten	40	20
	b) Widerrufsrechte	42	21
	c) Regulierung des Vertragsinhalts	43	21
	d) „Verbraucher" und „Unternehmer"	46	23
	3. Abschied von der Vertragsfreiheit?	48	24
	VI. Dispositives Vertragsrecht	52	26
	VII. Vertragsauslegung	63	30
	1. Auslegung unklarer Formulierungen	64	30
	2. Ergänzende Vertragsauslegung	68	33
	3. Vertragsergänzung auf der Grundlage des § 242	73	35
	4. Vertragsergänzung aus rechtsökonomischer Sicht . . .	77	36
§ 2	Vertragsschluss	80	39
	A. Der Konsens der Parteien	80	39
	B. Angebot	82	40
	I. §§ 116–118 BGB	82	40
	II. Bestimmtheit des Angebots	86	41
	III. Rechtsbindungswille	88	42
	IV. Wirksamwerden des Angebots	90	43
	V. Erlöschen des Angebots	101	47

Inhaltsverzeichnis

	Rn.	Seite
1. Widerruf	101	47
2. Ablehnung des Angebots, Ablauf der Annahmefrist	105	48
3. Tod oder Geschäftsunfähigkeit des Offerenten	109	49
C. Annahme	110	50
I. Annahmeerklärung	110	50
II. Annahme durch schlüssiges Verhalten	113	50
III. Annahme durch Schweigen	119	52
IV. Verspätete Annahme	121	54
V. Modifizierte Annahme	123	55
D. Einigungsmangel (Dissens)	126	56
I. Offener Einigungsmangel	127	57
II. Versteckter Einigungsmangel	128	57
§ 3 Geschäftsfähigkeit	131	59
A. Allgemeines	131	59
B. Geschäftsunfähigkeit	135	60
C. Beschränkte Geschäftsfähigkeit	140	62
I. Grundsatz	140	62
II. Einwilligung	141	63
1. Rechtlich lediglich vorteilhafte Geschäfte	143	64
a) Schuldrechtliche Verträge	144	64
b) Dingliche Verträge	147	65
c) Einseitige Rechtsgeschäfte	153	67
2. Auslegung und Form der Einwilligung	155	68
III. Genehmigung	158	70
§ 4 Formerfordernisse	163	72
A. Grundsatz der Formfreiheit	163	72
B. Gesetzliche Formerfordernisse	165	73
I. Formzwecke	165	73
II. Formtypen	171	75
1. Schriftform	171	75
2. Elektronische Form	173	76
3. Textform	174	77
4. Öffentliche Beglaubigung	175	77
5. Notarielle Beurkundung	176	78
III. Rechtsfolgen des Verstoßes gegen Formvorschriften	178	79
1. Nichtigkeit	178	79
2. Andere Rechtsfolgen des Formverstoßes	180	80
3. Aufrechterhaltung formnichtiger Verträge	182	81
C. Vereinbarte Formerfordernisse	189	83
§ 5 Gesetzlich verbotene und sittenwidrige Verträge	197	86
A. Gesetzlich verbotene Verträge	198	86
B. Verbotene Verfügungsgeschäfte	205	89
C. Sittenwidrige Verträge	211	91
I. Allgemeines	211	91
II. Fallgruppen	215	92

Inhaltsverzeichnis

	Rn.	Seite
1. Verstöße gegen die Sexualmoral	215	92
2. Beschränkungen der Handlungsfreiheit	217	93
3. Bürgschaftsverträge	223	95
4. Missverhältnis von Leistung und Gegenleistung	227	97
D. Rechtsfolgen	230	99
§ 6 Allgemeine Geschäftsbedingungen	241	103
A. Funktion und Schutzzweck	241	103
B. AGB: Begriff, Einbeziehung in den Vertrag, Auslegung	246	105
I. Begriff der AGB	246	105
II. Einbeziehung in den Vertrag	250	107
III. Auslegung	259	111
C. Inhaltskontrolle	264	114
I. Anwendungsbereich	264	114
II. Die Generalklausel des § 307	266	115
1. Angemessenheitskontrolle	266	115
2. Transparenzkontrolle	276	119
III. Rechtsfolgen der Nichteinbeziehung oder Unwirksamkeit von AGB	278	120
IV. Verbandsklage	284	123
§ 7 Irrtum, Täuschung, Drohung	286	124
A. Willensmängel im Allgemeinen	286	124
B. Irrtum	292	126
I. Allgemeine Zurechnungsprinzipien	292	126
II. Anwendungsbereich der Irrtumsanfechtung	297	129
1. Auslegung geht vor Anfechtung	297	129
2. Vorrang der vertraglichen Risikoverteilung	300	130
III. Erklärungsirrtum und Inhaltsirrtum (§ 119 Abs. 1)	307	133
IV. Eigenschaftsirrtum (§ 119 Abs. 2)	311	134
V. Kalkulationsirrtum	318	137
VI. Übermittlungsirrtum (§ 120)	327	140
VII. Schadensersatz (§ 122)	333	141
C. Täuschung	335	142
I. Arglistige Täuschung	335	142
II. Täuschung durch Unterlassung gebotener Aufklärung	340	145
III. Erlaubte Täuschung	348	149
IV. Täuschung durch Dritte	352	151
V. Schadensersatz	359	153
D. Drohung	364	155
I. Widerrechtliche Drohung	364	155
II. Unerlaubtheit des angedrohten Mittels	367	156
III. Unerlaubtheit des mit der Drohung verfolgten Zwecks	370	158
IV. Unerlaubtheit der Verknüpfung von Mittel und Zweck	372	159
E. Durchführung und Folgen der Anfechtung	374	160
I. Anfechtungserklärung	374	160
II. Anfechtungsfrist	382	163

Inhaltsverzeichnis

	Rn.	Seite
1. Irrtum	383	163
2. Täuschung und Drohung	386	164
III. Anfechtungsfolgen	388	164
§ 8 Stellvertretung	391	166
A. Voraussetzungen der Stellvertretung	391	166
B. Handeln in fremdem Namen	394	168
I. Offenkundigkeitsprinzip	394	168
II. Geschäft für den, den es angeht	398	170
III. Handeln unter fremdem Namen	400	170
IV. Handeln als Bote	403	172
V. Handeln für fremde Rechnung	405	172
C. Vertretungsmacht	411	175
I. Gesetzliche Vertretung	411	175
II. Vollmacht	412	176
1. Erteilung und Umfang der Vollmacht	412	176
2. Vollmacht und Grundgeschäft	420	180
3. Form der Vollmacht	425	181
4. Beendigung der Vollmacht	426	182
a) Erlöschen	426	182
b) Widerruf	427	183
c) Anfechtung	429	183
5. Vollmacht kraft Rechtsscheins	431	184
a) Rechtsscheinvollmacht gemäß §§ 170–173	432	185
b) Rechtsscheinvollmacht in anderen Fällen	437	187
D. Die Zurechnung von Willensmängeln und Informationsständen	439	187
E. Grenzen der Vertretungsmacht	447	190
I. Allgemeines	447	190
II. Verbot des Insichgeschäfts	449	192
1. Selbstkontrahieren und Mehrvertretung	449	192
2. Erlaubte Insichgeschäfte	452	193
3. Erweiterungen und Beschränkungen des § 181	455	194
III. Missbrauch der Vertretungsmacht	460	195
F. Vertretung ohne Vertretungsmacht	467	198
I. Rechtsbeziehungen zwischen Drittem und Vertretenem	467	198
1. Verträge	467	198
2. Einseitige Erklärungen	472	199
II. Ansprüche des Dritten	473	200
§ 9 Vertragspflichten	481	203
A. Vertragspflichten im Allgemeinen	481	203
I. Leistungspflichten	481	203
II. Schutzpflichten	491	207
1. Vertragliche Schutzpflichten	492	208
2. Vorvertragliche Schutzpflichten	498	210
a) Verkehrssicherungspflichten	501	210
b) Abbruch von Vertragshandlungen	504	212

Inhaltsverzeichnis

	Rn.	Seite
c) Wirksamkeitshindernisse	507	213
d) Unerwünschte Verträge	509	214
e) Schutzpflichtverletzung und Mängelansprüche	511	215
f) Umfang des Schadensersatzes	512	215
3. Schutzpflichten zugunsten Dritter	514	217
4. Schutzpflichten des Sachwalters und anderer Dritter	526	223
B. Pflichten beim Kaufvertrag	536	227
I. Allgemeines zum Pflichteninhalt	536	227
II. Verkäuferpflichten	544	230
1. Übergabe (Lieferung) der Kaufsache	544	230
a) Lieferort	547	230
b) Lieferzeit	554	233
c) Sonstige Vereinbarungen zum Inhalt der Lieferpflicht	562	236
2. Eigentumsverschaffung. Rechtsverschaffung	565	237
a) Sachkauf	565	237
b) Kauf von Rechten und sonstigen Gegenständen	572	240
3. Mangelfreie Leistung	576	242
a) Sachmängel	577	242
b) Rechtsmängel	600	252
c) Sach- und Rechtsmängel beim Verbrauchsgüterkauf	602	253
d) Haftungsvereinbarungen, Haftungsausschlüsse	611	255
4. Nebenpflichten, Schutzpflichten	620	258
III. Käuferpflichten	625	259
1. Zahlung des Kaufpreises	625	259
a) Zahlungsvereinbarungen	626	260
b) Barzahlung und bargeldlose Zahlung	627	260
c) Verlust- und Verzögerungsgefahr	629	261
d) Preisklauseln	631	262
2. Abnahme der Kaufsache	633	263
3. Nebenpflichten, Schutzpflichten	637	266
C. Pflichten bei Verträgen über Werk- und Dienstleistungen	640	267
I. Allgemeines zum Pflichteninhalt	640	267
1. Dienstvertrag und Werkvertrag	641	267
2. Dienstvertrag und Arbeitsvertrag	653	270
3. Auftrag und Geschäftsbesorgungsvertrag	657	272
4. Maklervertrag	664	274
5. Verwahrungsvertrag	667	276
II. Pflichten des Unternehmers	669	277
1. Hauptpflichten	670	277
2. Nebenpflichten, Schutzpflichten	676	279
III. Pflichten des Auftraggebers	682	282
1. Hauptpflichten	682	282
2. Nebenpflichten, Schutzpflichten	692	285
a) Pflicht zur Abwehr von Gefahren für Leben oder Gesundheit	693	286

	Rn.	Seite
b) Pflicht zur Mitwirkung	694	286
c) Pflicht zum Ersatz von Aufwendungen	706	289
d) Schutzpflichten	708	291
D. Pflichten bei Gebrauchsüberlassungsverträgen	709	291
I. Allgemeines zum Pflichteninhalt	709	291
1. Mietvertrag	710	291
2. Pachtvertrag	715	294
3. Leihe	717	295
4. Teilzeit-Wohnrechtevertrag	720	297
5. Leasingvertrag	722	297
II. Pflichten des Vermieters	724	299
1. Hauptpflichten	724	299
2. Nebenpflichten, Schutzpflichten	731	302
3. Pflichten bei Veräußerung der Mietsache	732	303
III. Pflichten des Mieters	735	305
1. Hauptpflichten	735	305
2. Nebenpflichten, Schutzpflichten	741	308
§ 10 Erfüllungsanspruch	750	312
A. Allgemeines	750	312
B. Voraussetzungen des Erfüllungsanspruchs	753	313
I. Grundsatz	753	313
II. Inhalt des Erfüllungsanspruchs	757	315
1. Die Erfüllung von Leistungspflichten	758	315
2. Nacherfüllung	759	316
3. Die Erfüllung von Schutzpflichten	768	321
C. Der Erfüllungsanspruch in der Praxis	769	322
D. Der Erfüllungsanspruch aus rechtsökonomischer Sicht	774	325
E. Die Verteidigung gegen den Erfüllungsanspruch	783	329
I. Die Verteidigungsrechte im Allgemeinen	783	329
II. Die Verteidigung gegen den Anspruch auf die Leistung	787	331
1. Unmöglichkeit der Leistung	788	331
a) Gattungsschulden	791	333
b) Nacherfüllung	798	335
c) Unmöglichkeit bei verspäteter Leistung	802	337
d) Unmöglichkeit durch Zweckvereitelung	804	338
e) Ersatzherausgabe gemäß § 285	807	339
2. Unzumutbarkeit der Leistung	809	340
III. Die Verteidigung gegen den Anspruch auf die Gegenleistung	819	344
1. Wegfall des Anspruchs auf die Gegenleistung	820	344
2. Fortbestand des Anspruchs auf die Gegenleistung	826	346
a) Verantwortung und Risiko des Gläubigers	828	347
b) Annahmeverzug des Gläubigers	843	354
IV. Weitere Einwendungen gegen den Erfüllungsanspruch	849	356
1. Erfüllung	849	356
a) Erfüllung trotz Erbringung einer anderen als der geschuldeten Leistung?	851	357

Inhaltsverzeichnis

	Rn.	Seite
b) Erfüllung trotz Leistung an den Nichtgläubiger?...	857	359
c) Nichterfüllung trotz Leistung an den Gläubiger?...	860	360
2. Aufrechnung	861	361
a) Gegenseitigkeit und Gleichartigkeit von Haupt- und Gegenforderung	863	362
b) Durchsetzbarkeit der Gegenforderung, Erfüllbarkeit der Hauptforderung	867	363
c) Gesetzliche Aufrechnungsverbote	873	364
d) Vertragliche Aufrechungsverbote	876	366
3. Hinterlegung und Selbsthilfeverkauf	880	367
4. Erlass und ähnliche Verträge	888	369
V. Die Einreden des Zurückbehaltungsrechts und des nicht erfüllten Vertrages	892	370
1. Allgemeines	892	370
2. Das allgemeine Zurückbehaltungsrecht	895	372
3. Die Einrede des nicht erfüllten Vertrages	897	372
4. Der Ausschluss des Zurückbehaltungsrechts	902	375
VI. Die Verjährungseinrede	907	378
1. Erfüllungsansprüche	908	379
2. Nacherfüllungsansprüche	910	379
§ 11 Vertragsaufhebung	911	381
A. Rücktritt	913	382
I. Vertragliches Rücktrittsrecht	913	382
II. Gesetzliches Rücktrittsrecht	916	383
1. Interessenlage	918	384
2. Rücktritt beim Ausbleiben der Leistung	927	388
a) Fälligkeit	928	388
b) Rücktritt ohne Fristsetzung	936	390
c) Fristsetzung	941	392
3. Rücktritt beim Ausbleiben einer Teilleistung	948	394
4. Rücktritt wegen eines Mangels der Kaufsache oder Werkleistung	952	395
a) Vorrang der Nacherfüllung	957	397
b) Verlust des Rücktrittsrechts durch Zeitablauf...	966	400
5. Rücktritt wegen sonstiger nicht vertragsmäßiger Leistungen	968	401
6. Rücktritt bei Verletzung einer Schutzpflicht	972	403
III. Durchführung und Folgen des Rücktritts	974	403
B. Widerruf	985	409
C. Kündigung	992	414
I. Allgemeines	992	414
II. Außerordentliche Kündigung	997	417
III. Ordentliche Kündigung	1002	418
D. Störung der Geschäftsgrundlage	1009	422
I. Allgemeines	1009	422
II. Fallgruppen	1014	424
1. Äquivalenzstörung	1014	424

Inhaltsverzeichnis

	Rn.	Seite
2. Zweckstörung	1017	426
3. Gemeinsamer Irrtum	1021	428
§ 12 Schadensersatz	1023	430
A. Allgemeine Voraussetzungen	1023	430
I. Die Grundnorm des § 280 Abs. 1	1023	430
II. Schuldverhältnis	1029	433
III. Pflichtverletzung	1031	433
IV. Schaden	1036	435
1. Naturalherstellung, Schadensersatz in Geld	1036	435
2. Zusammenhang zwischen Pflichtverletzung und Schaden	1039	436
3. Immaterielle Schäden	1046	440
4. Mitverantwortung des Geschädigten	1054	443
5. Schadensberechnung	1061	446
6. Drittschadensliquidation	1067	449
V. Vertretenmüssen	1072	452
1. Allgemeines	1072	452
2. Vorsatz und Fahrlässigkeit	1076	454
3. Verantwortlichkeit für Hilfspersonen	1087	459
4. Haftungsverschärfungen	1094	462
a) Haftung für das finanzielle Leistungsvermögen	1095	462
b) Haftung für anfängliche Mängel der Mietsache	1097	463
c) Haftung des Schuldners nach Eintritt des Verzuges	1099	463
d) Haftung aus Übernahme eines Beschaffungsrisikos	1101	464
e) Haftung aus Übernahme einer Garantie	1106	466
5. Haftungsmilderungen	1114	470
VI. Vereinbarte Haftungsausschlüsse und Haftungsbeschränkungen	1119	472
VII. Verjährung	1126	475
B. Schadensersatz wegen Verzögerung der Leistung	1128	476
I. Allgemeines	1128	476
II. Voraussetzungen des Verzuges	1130	477
1. Fälligkeit und Durchsetzbarkeit des Anspruchs	1130	477
2. Nichtleistung trotz Mahnung	1136	478
3. Entbehrlichkeit der Mahnung	1142	480
4. Vertretenmüssen	1145	482
III. Rechtsfolgen des Verzugs	1146	482
1. Allgemeines	1146	482
2. Rechtsverfolgungskosten	1150	483
3. Verzug mit Sachleistungen	1152	484
4. Zahlungsverzug	1158	486
C. Schadensersatz statt der Leistung	1161	487
I. Allgemeines	1161	487
II. Schadensersatz beim Ausbleiben der Leistung	1168	491

Inhaltsverzeichnis

		Rn.	Seite
	1. Fälligkeit	1169	491
	2. Schadensersatz ohne Fristsetzung	1171	491
	3. Fristsetzung	1174	492
	4. Vertretenmüssen	1175	493
	5. Inhalt des Schadensersatzanspruchs	1176	493
III.	Schadensersatz beim Ausbleiben einer Teilleistung	1178	494
IV.	Schadensersatz bei nicht vertragsgemäßer Leistung	1179	495
	1. Mangelhafte Kaufsache, mangelhafte Werkleistung	1180	495
	a) Unbehebbare Mängel	1184	497
	b) Behebbare Mängel	1187	497
	c) Verjährung	1188	498
	2. „Kleiner" und „großer Schadensersatz"	1190	499
	3. Sonstige nicht vertragsgemäße Leistungen	1193	500
V.	Schadensersatz bei Verletzung einer Schutzpflicht	1194	501
VI.	Aufwendungsersatz	1195	501

		Rn.	Seite
§ 13	Erweiterung des Kreises der am Vertrag Beteiligten	1199	504
A.	Vertrag zugunsten Dritter	1199	504
I.	Allgemeines	1199	504
II.	Rechtserwerb des Dritten	1201	505
III.	Haftungsbeschränkungen zugunsten Dritter	1207	507
IV.	Wirkungen des Vertrags zugunsten Dritter	1210	508
B.	Abtretung	1215	510
I.	Allgemeines	1215	510
II.	Gültigkeit der Abtretung	1223	513
	1. Materielle Gültigkeit	1223	513
	2. Gutgläubiger Erwerb der abgetretenen Forderung?	1224	514
	3. Unabtretbare Forderungen	1226	514
	a) Lohn-, Gehalts- und Versorgungsansprüche	1227	514
	b) „Persönliche" Forderungen	1229	515
	c) Unbestimmte und künftige Forderungen	1230	515
	d) Vertragliche Abtretungsverbote	1233	516
	e) Prioritätskonflikte	1237	518
III.	Wirkungen der Abtretung	1241	519
	1. Verhältnis zwischen Zedent und Zessionär	1241	519
	2. Schuldnerschutz	1244	520
	a) Einwendungen des Schuldners	1246	521
	b) Leistungen an den bisherigen Gläubiger	1252	522
C.	Schuldübernahme, Schuldmitübernahme, Vertragsübernahme	1258	524
I.	Allgemeines	1258	524
II.	Schuldübernahme	1263	526
	1. Voraussetzungen	1263	526
	2. Wirkungen	1265	527
III.	Schuldmitübernahme	1268	528
	1. Voraussetzungen	1268	528
	2. Wirkungen	1272	530
IV.	Vertragsübernahme	1275	531

XIX

Inhaltsverzeichnis

	Rn.	Seite
D. Mehrere Gläubiger, mehrere Schuldner	1276	531
I. Teilbare Leistung	1276	531
II. Mehrere Gläubiger	1278	532
III. Mehrere Schuldner	1281	533
1. Allgemeines	1281	533
2. Gemeinschaftliche Schuld	1282	533
3. Gesamtschuld	1284	534
a) Voraussetzungen	1285	534
b) Außenverhältnis	1286	535
b) Innenverhältnis	1288	535
Paragraphenregister		539
Sachregister		549

Verzeichnis der Abkürzungen und der abgekürzt zitierten Literatur

Abs.	Absatz
ABGB	Allgemeines Bürgerliches Gesetzbuch (Österreich)
ABl.	Amtsblatt der Europäischen Gemeinschaften
AG	Aktiengesellschaft
AGG	Allgemeines Gleichbehandlungsgesetz
AktG	Aktiengesetz
AO	Abgabenordnung
Art.	Artikel
BAG	Bundesarbeitsgericht
Bamberger/Roth	*Heinz Georg Bamberger/Herbert Roth*, Kommentar zum Bürgerlichen Gesetzbuch, Band I (§§ 1–610) 2. Auflage 2007
BB	Betriebsberater
BeurkG	Beurkundungsgesetz
BGB	Bürgerliches Gesetzbuch
BGB-InfoV	BGB-Informationspflichten-Verordnung
BGBl.	Bundesgesetzblatt
BGH	Bundesgerichtshof
BGHZ	Entscheidungen des Bundesgerichtshofs in Zivilsachen
Bork AT	*Reinhard Bork*, Allgemeiner Teil des BGB, 3. Aufl. 2011
BRAO	Bundesrechtanwaltsordnung
Brüssel I-VO	Verordnung (EG) Nr. 44/2001 des Rates über die gerichtliche Zuständigkeit und die Anerkennung und Vollstreckung von Entscheidungen in Zivilsachen
BVerfG	Bundesverfassungsgericht
v. Caemmerer/Schlechtriem/ Bearbeiter	*Ernst v. Caemmerer/Peter Schlechtriem* (Hrsg.), Kommentar zum Einheitlichen UN-Kaufrecht 1995
CISG	United Nations Convention on Contracts for the International Sale of Goods (Übereinkommen der Vereinten Nationen über Verträge über den internationalen Warenkauf)
EG	Europäische Gemeinschaft
EGV	Vertrag zur Gründung des Europäischen Gemeinschaft
EGBGB	Einführungsgesetz zum Bürgerlichen Gesetzbuch
ErbbauVO	Verordnung über das Erbbaurecht
EU	Europäische Union
EuGH	Gerichtshof der Europäischen Gemeinschaften
EWG	Europäische Wirtschaftsgemeinschaft

Verzeichnis der Abkürzungen und der abgekürzt zitierten Literatur

Faust AT	Florian Faust, Bürgerliches Gesetzbuch, Allgemeiner Teil, 2. Auflage 2007
FernUSG	Fernunterrichtsschutzgesetz
Flume AT	Werner Flume, Allgemeiner Teil des Bürgerlichen Rechts, 2. Band, (das Rechtsgeschäft), 4. Auflage 1992
FS	Festschrift
GG	Grundgesetz für die Bundesrepublik Deutschland
GmbH	Gesellschaft mit beschränkter Haftung
GmbHG	Gesetz betreffend die Gesellschaften mit beschränkter Haftung
GBO	Grundbuchordnung
GWB	Gesetz gegen Wettbewerbsbeschränkungen
HGB	Handelsgesetzbuch
Hirsch AT	Christoph Hirsch, Schuldrecht, Allgemeiner Teil, 7. Auflage 2011
Huber	Ulrich Huber, Leistungsstörungen, Band I und II (1999)
InsO	Insolvenzordnung
JuS	Juristische Schulung
JZ	Juristenzeitung
KG	Kammergericht
Köhler AT	Helmut Köhler, BGB Allgemeiner Teil, 35. Auflage 2011
Kötz EVR	Hein Kötz/Axel Flessner, Europäisches Vertragsrecht, Band I (Abschluss, Gültigkeit und Inhalt des Vertrages, Beteiligung Dritter am Vertrag) 1996
Kötz/Wagner	Hein Kötz/Gerhard Wagner, Deliktsrecht, 11. Auflage 2010
Larenz/Wolf	Karl Larenz/Manfred Wolf, Allgemeiner Teil des Bürgerlichen Rechts, 9. Auflage 2004
Leipold	Dieter Leipold, BGB I Einführung und Allgemeiner Teil, 6. Auflage 2010
LM	Fritz Lindenmaier/Philipp Möhring, Nachschlagewerk des Bundesgerichtshofs
Looschelders AT	Dirk Looschelders, Schuldrecht, Allgemeiner Teil, 9. Auflage 2011
Looschelders BT	Dirk Looschelders, Schuldrecht, Besonderer Teil, 6. Auflage 2011
Medicus AT	Dieter Medicus, Allgemeiner Teil des BGB, 9. Auflage 2006
Medicus/Lorenz SchR AT	Dieter Medicus/Stephan Lorenz, Schuldrecht I, Allgemeiner Teil, 19. Auflage 2010
Medicus/Lorenz SchR BT	Dieter Medicus/Stephan Lorenz, Schuldrecht II, Besonderer Teil, 15. Auflage 2010
MK-*Bearbeiter*	Münchener Kommentar zum Bürgerlichen Gesetzbuch, Band I (§§ 1–240) 6. Auflage 2012; Band II (§§ 241–432) 6. Auflage 2012; Band III (§§ 433–610, CISG) 6. Auflage 2012; Band IV (§§ 611–704) 5. Auflage 2009; Band V (§§ 705–853) 5. Auflage 2009
Mugdan	B. Mugdan, Die gesammten Materialien zum BGB für das Deutsche Reich, Band I und II, 1899
NJW	Neue Juristische Wochenschrift

Verzeichnis der Abkürzungen und der abgekürzt zitierten Literatur

NJW-RR	Neue Juristische Wochenschrift, Rechtsprechungs-Report Zivilrecht
Nr.	Nummer
NZA	Neue Zeitschrift für Arbeitsrecht
OHG	Offene Handelsgesellschaft
OLG	Oberlandesgericht
OR	Schweizerisches Obligationenrecht
Palandt/Bearbeiter	Bürgerliches Gesetzbuch, 71. Auflage 2012
PECL	Principles of European Contract Law, Parts I and II (ed. *Ole Lando/Hugh Beale*) 2000; Part III (ed. *Ole Lando/Eric Clive/André Prüm/Reinhard Zimmermann*) 2003
Prot.	Protokolle der Kommission für die zweite Lesung des Entwurfs des BGB, Band I 1897
RegE	Regierungsentwurf eines Gesetzes zur Modernisierung des Schuldrechts, Bundestagsdrucksache 14/6040 vom 14. Mai 2001
RG	Reichsgericht
RGZ	Entscheidungen des Reichsgerichts in Zivilsachen
Rn.	Randnummer
Rom I-VO	Verordnung (EG) Nr. 593/2008 des Europäischen Parlaments und des Rates über das auf vertragliche Schuldverhältnisse anzuwendende Recht
Rüthers/Stadler	*Bernd Rüthers/Astrid Stadler*, Allgemeiner Teil des BGB, 16. Auflage 2009
Schlechtriem/Schmidt-Kessel AT	*Peter Schlechtriem/Martin Schmidt-Kessel*, Schuldrecht Allgemeiner Teil, 6. Auflage 2005
Schlechtriem BT	*Peter Schlechtriem*, Schuldrecht Besonderer Teil, 6. Auflage 2003
SGB	Sozialgesetzbuch
StGB	Strafgesetzbuch
StVZO	Straßenverkehrszulassungsordnung
Tz.	Textziffer
UWG	Gesetz gegen den unlauteren Wettbewerb
Verh. DJT	Verhandlungen des Deutschen Juristentages
vgl.	vergleiche
VOB	Vergabe- und Vertragsordnung für Bauleistungen
VVG	Versicherungsvertragsgesetz
WEG	Wohnungseigentumsgesetz
WM	Wertpapiermitteilungen
ZEuP	Zeitschrift für Europäisches Privatrecht
ZGB	Zivilgesetzbuch
ZHR	Zeitschrift für das gesamte Handels- und Wirtschaftsrecht
ZMR	Zeitschrift für Mietrecht
ZPO	Zivilprozessordnung
Zweigert/Kötz	*Konrad Zweigert/Hein Kötz*, Einführung in die Rechtsvergleichung, 3. Auflage 1996

§ 1 Grundlagen des Vertragsrechts

A. Die Stellung des Vertragsrechts im System des BGB

Man muss nicht Jurist sein, um zu erkennen, dass einen Vertrag schließt, wer eine Wohnung gemietet, einen Kühlschrank gekauft oder einen Handwerker mit der Reparatur seines Autos beauftragt hat. Diesen Fällen ist gemeinsam, dass sich die eine Partei zur Zahlung eines Geldbetrages verpflichtet und die andere ihr dafür eine Gegenleistung versprochen, nämlich sich ihrerseits dazu bereiterklärt hat, ihr den Gebrauch der Wohnung zu überlassen, den Kühlschrank zu liefern oder das defekte Auto instandzusetzen. Auch dem Laien wird einleuchten, dass ein Vertrag offenbar immer dann vorliegt, wenn die Parteien einander etwas versprechen, also ein Einverständnis darüber erzielen, dass jede Partei der anderen eine bestimmte Leistung schulden, jede diese Leistung von der anderen aber auch verlangen können soll. An dieser Einsicht wird sich der Laie, wenn er über ein gewisses Abstraktionsvermögen verfügt, auch dann nicht irremachen lassen, wenn man ihm sagt, dass die vertraglich versprochenen Leistungen von ganz unterschiedlicher Beschaffenheit und von ganz unterschiedlichem Wert sein können, und dass es manchmal nur Sekunden, manchmal viele Jahre dauern kann, bis die Parteien ihre Leistungen einander vollständig erbracht haben und der Vertrag damit erfüllt ist. Ein Vertrag liegt also nicht nur dann vor, wenn eine Zeitung oder ein Pfund Butter, sondern auch dann, wenn für einen Millionenpreis ein Flugzeug oder ein Industrieunternehmen verkauft wird. Ebensowenig macht es einen Unterschied, ob es sich bei der Sache, deren Gebrauch die eine Partei der anderen zu überlassen verspricht, um ein Tretboot, ein Kraftfahrzeug, eine Wohnung, ein Mehrfamilienhaus oder einen Wolkenkratzer handelt oder ob der Gebrauch der Sache dem Vertragspartner für eine Stunde oder ein Wochenende oder für 20 Jahre oder auf unbestimmte Zeit überlassen werden soll. Wer bis zu diesem Punkt gefolgt ist, wird sicherlich akzeptieren, dass ein Vertrag auch dann vorliegen kann, wenn es nur die *eine* Partei ist, die sich durch ihn zu einer Leistung verpflichtet hat. Solche Fälle sind zwar selten. Denn warum sollte sich jemand verpflichten, einen Geldbetrag zu zahlen, ein Grundstück zu übereignen, juristischen Rat zu erteilen oder für den anderen ein bestimmtes Geschäft zu führen, wenn ihm dafür von dem anderen keinerlei Gegenleistung versprochen wird? Immerhin kommen solche Fälle vor. Auch bei ihnen verhält es sich aber so, dass die Parteien ein vertragliches Einverständnis erzielt haben, mag es sich in diesem Falle auch im wesentlichen darauf beschränken, dass nur die eine Partei zu einer Leistung verpflichtet sein soll.

2   Manchmal entsteht unter den Parteien Streit darüber, ob ein Vertrag gültig zustande gekommen, wie er auszulegen und was die eine Partei von der anderen aufgrund des Vertrages zu fordern berechtigt ist. Wenn die Parteien den Streit nicht gütlich beilegen können und die Sache deshalb vor Gericht ausfechten, so stützt der Richter seine Entscheidung auf Rechtsregeln, die unter dem Begriff des **„Vertragsrechts"** zusammengefasst werden können und den Gegenstand dieses Buches bilden. Manche vertragsrechtlichen Regeln gelten nur dann, wenn der Vertrag, über den gestritten wird, ganz bestimmte Merkmale aufweist, also z.B. nur dann, wenn es im konkreten Fall um einen Kaufvertrag, einen Mietvertrag oder einen Dienstvertrag geht. Andere vertragsrechtliche Regeln gelten hingegen für **sämtliche** Verträge; sie werden deshalb oft als **„allgemeines Vertragsrecht"** bezeichnet. Wenn etwa eine Partei die Ungültigkeit des Vertrages darauf stützt, dass sie bei seinem Abschluss nicht geschäftsfähig gewesen oder von ihrem Vertragspartner arglistig getäuscht worden sei oder dass der Angestellte, der den Vertrag für sie geschlossen hat, keine ausreichende Vollmacht besessen habe, so beurteilen sich die dadurch aufgeworfenen Fragen grundsätzlich nach den gleichen Regeln, ohne dass es darauf ankommt, ob es sich bei dem Vertrag, dessen Ungültigkeit behauptet wird, im konkreten Fall um einen Kauf-, Miet-, Dienst- oder Werkvertrag handelt.

3   Die meisten Regeln des Vertragsrechts finden sich im **Zweiten Buch** des BGB. Es behandelt das „Recht der Schuldverhältnisse", enthält also Regeln über Rechtsverhältnisse, die nach der Definition in § 241 Abs. 1 dadurch gekennzeichnet sind, dass die eine Partei – das BGB nennt sie den „Gläubiger" – von der anderen – dem „Schuldner" – eine Leistung zu fordern berechtigt ist. So liegt es insbesondere dann, wenn der Gläubiger die Leistung fordern kann, weil sie ihm vom Schuldner **durch Vertrag** versprochen war. So liegt es aber auch dann, wenn das Forderungsrecht des Gläubigers sich unmittelbar **aus einer gesetzlichen Regelung** ergibt.

4   Das Zweite Buch enthält deshalb Vorschriften nicht nur über Kauf-, Miet-, Werk-, Dienstverträge und bestimmte andere **vertragliche Schuldverhältnisse**. Es regelt auch **gesetzliche Schuldverhältnisse**. Hierher gehört z.B. der wichtige Fall, in dem der Gläubiger „eine Leistung zu fordern" berechtigt ist, weil der Schuldner ihn durch eine **unerlaubte Handlung** geschädigt hat und deshalb Schadensersatz leisten muss (§§ 823 ff.). Ein gesetzliches Schuldverhältnis liegt auch dann vor, wenn der Schuldner auf Kosten des Gläubigers etwas erlangt hat und sich auf einen Grund, der ihn zum Behaltendürfen des Erlangten berechtigen könnte, nicht berufen kann: Auch hier ist der Gläubiger kraft Gesetzes – nämlich aufgrund der Vorschriften über die **ungerechtfertigte Bereicherung** (§§ 812 ff.) – berechtigt, vom Schuldner eine Leistung, nämlich die Herausgabe des Erlangten zu fordern. Hat jemand für einen anderen ein Geschäft besorgt, ohne dass der

A. Die Stellung des Vertragsrechts im System des BGB   4–6

andere ihn damit beauftragt hätte, so entsteht zwischen ihm und dem anderen das gesetzliche Schuldverhältnis der „**Geschäftsführung ohne Auftrag**" (§§ 677 ff.). Gesetzliche Schuldverhältnisse können auch in einem familien- oder erbrechtlichen Kontext entstehen, so etwa dann, wenn im Verhältnis unter Verwandten oder Ehegatten Unterhaltsansprüche gegeben sind (vgl. §§ 1601 ff., 1360 ff., 1569 ff.), ebenso, wenn jemand durch Testament seinem Neffen eine silberne Tabaksdose vermacht hat: Gläubiger ist hier der Neffe, der als Vermächtnisnehmer kraft Gesetzes eine Leistung – hier: die Verschaffung des Eigentums an der Tabaksdose – von den Erben fordern darf (§ 2174). – Dass das BGB die Schuldverhältnisse aus Vertrag und die Schuldverhältnisse aus unerlaubter Handlung gleichsam als Holz vom gleichen Stamm ansieht, stößt im Ausland manchmal auf Verwunderung. Insbesondere vermögen manche Juristen aus dem angloamerikanischen Rechtskreis zwischen der Haftung aus Vertrag und der Haftung aus unerlaubter Handlung keinen rechten inneren Zusammenhang zu entdecken; deshalb werden dort das „law of contract" und das „law of tort" als durchaus selbständige Rechtsgebiete behandelt. Anders das BGB: Es findet, dass sowohl beim Kauf wie bei einer unerlaubten Handlung die eine Person von der anderen „eine Leistung zu fordern" berechtigt ist, so dass beide Materien dem Schuldrecht zugewiesen und durchweg sogar in einer und derselben Lehrveranstaltung und in einem und demselben Lehrbuch behandelt werden.

Zwar enthält das Zweite Buch Vorschriften über bestimmte einzelne Vertragstypen, also z.B. über Kauf-, Werk- oder Dienstverträge. Aber eine in sich geschlossene Regelung des **allgemeinen Vertragsrechts** findet sich dort nicht. Zwar enthält das Zweite Buch einen Abschnitt über „Schuldverhältnisse aus Verträgen" (§§ 311–360). Aber dort wird nur ein eher zufällig wirkendes Sammelsurium von Einzelfragen behandelt, so z.B. die Frage, unter welchen Voraussetzungen eine Partei von einem Vertrag zurücktreten kann, wenn ihr Vertragspartner die von ihm versprochene Gegenleistung nicht oder nicht so wie geschuldet erbringt (§ 323). Aber schon die damit in der Praxis eng zusammenhängende Frage, ob die Partei nicht unter den eben genannten Voraussetzungen auch **Schadensersatz** von ihrem Vertragspartner verlangen kann, wird an einer ganz anderen Stelle erörtert, und zwar in §§ 280 ff., also in einem Abschnitt, in dem unter der Überschrift „Inhalt der Schuldverhältnisse" Regeln vor die Klammer gezogen werden, die sich nicht nur auf vertragliche, sondern auch auf gesetzliche Schuldverhältnisse anwenden lassen. Zurücktreten kann der Gläubiger in der Tat nur von einem Vertrag. Schadensersatz kommt hingegen auch bei einem gesetzlichen Schuldverhältnis in Betracht, so z.B. dann, wenn jemand durch die unerlaubte Handlung eines anderen einen Nachteil erlitten hat und er deshalb von dem anderen Schadensersatz verlangen kann.

Regeln des allgemeinen Vertragsrechts finden sich aber auch im **Ersten Buch** des BGB. So wird z.B. in §§ 145–157 unter der Überschrift „Vertrag" erörtert, wie ein Vertrag durch Angebot und Annahme zustande kommt und wie er auszulegen ist. Zwar haben diese Regeln praktische Bedeutung in erster Linie für schuldrechtliche Verträge, also z.B. für Kauf-, Miet-, Werk- oder Dienstverträge. Dennoch hat sie der Gesetzgeber nicht in das Zweite

Buch über Schuldverhältnisse, sondern in das Erste Buch – den „Allgemeinen Teil" des BGB – aufgenommen, und zwar deshalb, weil es auch außerhalb des Schuldrechts Fälle gibt, in denen es für den Eintritt bestimmter Rechtsfolgen auf einen „Vertrag" ankommt.

7 Im **Familienrecht** wird ein Vertrag z.B. dann geschlossen, wenn die Parteien vor dem Standesbeamten erklären, dass sie künftig Eheleute sein wollen (§ 1310 Abs. 1), oder wenn die Eheleute für die Zeit nach der Scheidung einen Unterhaltsvertrag schließen (§ 1585 c). Im **Erbrecht** kann der Erblasser einen Erben nicht nur einseitig durch ein Testament, sondern auch dadurch einsetzen, dass er darüber mit einem anderen einen Erbvertrag schließt, dies mit der Folge, dass er (anders als bei testamentarischer Erbeinsetzung) später nicht mehr einseitig statt des „Vertragserben" eine andere Person zum Erben berufen kann (vgl. §§ 1941, 2274 ff.).

8 Auch im **Sachenrecht** hängt der Eintritt bestimmter Rechtsfolgen oft davon ab, dass es unter den Beteiligten zu einer vertraglichen Einigung kommt. Insbesondere ist es für den Übergang des Eigentums an einer beweglichen Sache u.a. erforderlich, dass der Veräußerer und der Erwerber miteinander einen „**dinglichen Vertrag**" schließen, nämlich „darüber einig sind, dass das Eigentum übergehen soll" (§ 929 Satz 1). Ebenso liegt es bei der Übereignung eines Grundstücks: In diesem Fall wird der dingliche Vertrag „Auflassung" genannt; sie muss von den Beteiligten (oder ihren Vertretern) vor einem Notar erklärt und von ihm beurkundet werden (§§ 873, 925). Ein dinglicher Vertrag ist schließlich auch dann erforderlich, wenn der Eigentümer eine bewegliche Sache zugunsten eines anderen mit einem Pfandrecht oder wenn er sein Grundstück zugunsten des anderen mit einem Grundpfandrecht oder einem anderen dinglichen Recht belasten will (§§ 873, 1204 Abs. 1). Ein dinglicher Vertrag wird auch dann abgeschlossen, wenn jemand eine Forderung einer anderen Person abtritt, sich also mit ihr darüber einig ist, dass sie nunmehr ihm zustehen soll (§ 398; Rn. 1219 f.).

9 Zwar fallen sowohl der „dingliche Vertrag" wie der schuldrechtliche Vertrag unter den Begriff des „Vertrages" i.S. der §§ 145 ff. Gleichwohl müssen die beiden Verträge nicht nur streng auseinandergehalten („**Trennungsprinzip**"), sondern auch in jedem Einzelfall unabhängig voneinander auf ihre Gültigkeit hin überprüft werden („**Abstraktionsprinzip**", vgl. Rn. 378 ff.). Hat z.B. ein Kunstfreund die Absicht, seine Gemäldesammlung dem Inhaber einer Galerie zu verkaufen, sie einem Museum zu schenken oder sie seiner Bank zum Zweck der Sicherung eines von ihr gewährten Darlehens zu überlassen, so muss man unterscheiden: Zur Übereignung der Sammlung ist der Kunstfreund verpflichtet, sobald er den Kaufvertrag mit dem Galeristen (§ 433), den Schenkungsvertrag mit dem Museum (§§ 516, 518) oder den Sicherungsvertrag mit der Bank (im BGB nicht geregelt) geschlossen hat. Diese Verträge begründen aber für ihn zunächst nur eine Verpflichtung zur Übereignung; als bloße „**Verpflichtungsgeschäfte**" haben sie hingegen für die Eigentumsverhältnisse an der Gemäldesammlung keine Bedeutung. Das Eigentum an den Gemälden erwerben der Galerist, das Museum oder die Bank erst dann, wenn das „**Verfügungsgeschäft**" zustande gekommen ist, die Beteiligten sich also gemäß § 929 über den Eigentumsübergang geeinigt und damit den „dinglichen Vertrag" geschlossen haben; außerdem verlangt § 929 auch noch die körperliche Übergabe der Bilder. Die Un-

terscheidung zwischen Verpflichtungs- und Verfügungsgeschäft lässt sich verdeutlichen, wenn man unterstellt, dass der Kunstfreund das Geschäft nach seiner Durchführung wieder rückgängig machen will, indem er z.b. dem *Galeristen* entgegenhält, dass dieser ihn über den wahren Wert der Bilder arglistig getäuscht oder trotz vieler Mahnungen den Kaufpreis nicht gezahlt habe, dem *Museum*, dass er nach dem Vollzug der Schenkung in bittere Not geraten sei und sich ohne die Bilder nicht mehr über Wasser halten könne (vgl. § 528), der *Bank*, dass sie das Darlehen nicht ausgezahlt oder eine Zwangslage, in der er sich befunden habe, zu ihrem Vorteil in sittenwidriger Weise ausgenutzt habe. Auch hier ist zu unterscheiden: Die eine Frage geht dahin, welche Wirkungen diese Einwendungen auf das **Verpflichtungsgeschäft** haben, insbesondere, ob sie zur Unwirksamkeit des Kauf-, Schenkungs- oder Sicherungsvertrags geführt haben. Eine ganz andere Frage ist es aber, ob durch diese Einwendungen auch das **Verfügungsgeschäft** unwirksam gemacht wird, dies mit der Folge, dass der Kunstfreund das Eigentum an seinen Bildern nicht verloren hätte. Insbesondere kann das Verfügungsgeschäft auch dann durchaus wirksam und das Eigentum mithin übergegangen sein, wenn das Verpflichtungsgeschäft als von Anfang an nichtig oder als nachträglich aufgehoben anzusehen ist. In diesem Falle geht das Eigentum zwar über. Aber der Erwerber muss es, weil er es ohne gültigen Vertrag und daher „ohne rechtlichen Grund" erworben hat, nach den Regeln über die ungerechtfertigte Bereicherung dem Kunstfreund zurückübertragen (§ 812).

Gemäß §§ 145 ff. kommt ein Vertrag nicht zustande, wenn es an einem Einverständnis der Parteien – in der Regel also an der Annahme eines entsprechenden Angebots – fehlt. Daneben gibt es noch zahlreiche andere Gründe, auf die sich die Unwirksamkeit eines Vertrages stützen lässt. Wer einen Kauf-, Miet- oder Werkvertrag oder irgendeinen anderen schuldrechtlichen Vertrag geschlossen hat, kann sich z.B. darauf berufen, dass er beim Abschluss des Vertrages nicht geschäftsfähig gewesen sei, dass ihn sein Vertragspartner durch eine Täuschung oder Drohung zum Abschluss des Vertrages bestimmt habe, dass der Vertrag gegen eine Formvorschrift, gegen andere gesetzliche Vorschriften oder gegen die guten Sitten verstoße und deshalb nichtig sei oder dass er bei Abschluss des Vertrages nicht selbst, sondern dass für ihn ein Dritter gehandelt, er aber diesem Dritten die erforderliche Vollmacht nicht erteilt habe. Die gesetzlichen Vorschriften, nach denen sich die Begründetheit aller dieser Einwendungen beurteilt, finden sich in §§ 104–185. Zwar haben auch sie praktische Bedeutung in erster Linie für schuldrechtliche Verträge; insoweit gehören sie daher zum allgemeinen Vertragsrecht. Aber der Gesetzgeber wollte erreichen, dass sie nicht nur auf schuldrechtliche und sonstige – insbesondere „dingliche" – **Verträge**, sondern ganz allgemein auf „**Rechtsgeschäfte**" angewendet würden. Unter einem „Rechtsgeschäft" versteht man jede Willensäußerung, mit der ihr Urheber einen bestimmten rechtlichen Erfolg herbeiführen will, sofern er diesen Erfolg, weil er vom geltenden Recht als Folge der Willensäußerung anerkannt ist, auch tatsächlich erreicht. Rechtsgeschäft ist zunächst jeder **Vertrag**: Hier beruht der erstrebte Erfolg, nämlich die rechtliche Bindung an das übereinstimmend von den Parteien Gewollte, auf den **Willenserklärungen**, die sie zu diesem Zweck abgegeben haben. Ein Rechtsgeschäft kann aber auch aus einer einzigen Willenserklärung bestehen; in diesem Fall spricht man von einem „**einseitigen Rechtsgeschäft**".

11 Ein solches „einseitiges Rechtsgeschäft" liegt z.B. in einer Willenserklärung, durch die jemand ein Testament errichtet oder widerruft (§§ 2247, 2253), einen Vertrag anficht (§ 143), ihn kündigt (vgl. z.B. § 314), von ihm zurücktritt (vgl. z.B. § 323), ihm zustimmt (§ 182) oder seine Anpassung an veränderte Umstände verlangt (§ 313). Ein „einseitiges Rechtsgeschäft" liegt auch in der Willenserklärung, mit der jemand bekundet, dass er mit einer Gegenforderung aufrechnen (§ 388), jemandem eine Vollmacht erteilen (§ 167) oder eine früher erteilte Vollmacht widerrufen (§ 168) will, ebenso in der Erklärung, mit der ein Ehemann die Vaterschaft eines während der Ehe geborenen Kindes, der Sohn das von seinem Vater errichtete Testament oder ein Aktionär den Beschluss der Hauptversammlung einer Aktiengesellschaft anfechten will (vgl. §§ 1600 ff., 2078 ff. BGB, 243 ff. AktG). Zwar behauptet das BGB mit eiserner Stirn, dass auf alle diese Rechtsgeschäfte die Vorschriften der §§ 104–185 gleichermaßen anzuwenden seien, auf die Vaterschaftsanfechtung also ebenso wie auf die Kündigung eines Mietvertrages, auf die Errichtung eines Testaments ebenso wie auf den Widerruf einer Vollmacht. Aber es liegt auf der Hand, dass es damit den Mund zu voll genommen hat und für viele Rechtsgeschäfte spezielle Bestimmungen gelten, die den allgemeinen Regeln der §§ 104–185 vorgehen.

12 Niemand bestreitet, dass das BGB auf einer ausgefeilten und kunstvollen Systematik beruht. Sie ergibt sich daraus, dass der Gesetzgeber sorgfältig zwischen vertraglichen und gesetzlichen Schuldverhältnissen, zwischen schuldrechtlichen und dinglichen Verträgen, zwischen Verträgen und sonstigen Rechtsgeschäften sowie zwischen Rechtsgeschäften und den Willenserklärungen unterscheidet, von denen eine oder mehrere das Rechtsgeschäft konstituieren. Hinzu kommt, dass die Regeln, nach denen bestimmte Sachfragen zu entscheiden sind, in diesem System so weit wie irgend möglich „vor die Klammer" gezogen werden, dies mit der Folge, dass eng verwandte Lebensvorgänge oft an ganz unterschiedlichen, verstreut umherliegenden Gesetzesstellen geordnet werden. Die Verfasser des BGB haben die Begriffe und die Systematik des Gesetzes – insbesondere seinen „Allgemeinen Teil" – nicht selbst entwickelt, sondern von der Pandektenwissenschaft des 19. Jahrhunderts übernommen, die sie in einem langwierigen und mühevollen Prozess doktrinärer Verallgemeinerung aus dem praktischen Rechtsstoff herausdestilliert hat. Darin liegt sicherlich eine respektable und vielleicht sogar bewunderungswürdige wissenschaftliche Leistung, die auch im Ausland oft kühle Anerkennung gefunden und in manchen neueren Zivilgesetzbüchern Spuren hinterlassen hat. Andere Kodifikationen haben sich davon aber nicht beeindrucken lassen. Dort werden alle Fragen, die z.B. die Geschäftsfähigkeit, die Nichtigkeit wegen Verstoßes gegen Gesetz oder gute Sitten, die Anfechtung wegen Irrtums, Täuschung oder Drohung oder die Stellvertretung betreffen, in demjenigen Zusammenhang geregelt, in dem sie in allererster Linie praktisch werden, nämlich im **Vertragsrecht**; und statt allgemeiner Re-

A. Die Stellung des Vertragsrechts im System des BGB 12–14

geln über „Rechtsgeschäfte" findet man lediglich Vorschriften, in denen es z.B. heißt, dass „die allgemeinen Bestimmungen des Obligationenrechts über die Entstehung, Erfüllung und Aufhebung der Verträge ... auch Anwendung auf andere zivilrechtliche Verhältnisse [finden]" (so Art. 7 des schweizerischen Zivilgesetzbuchs, ähnlich Art. 1324 Codice civile, § 876 ABGB).

Vgl. dazu näher – auch zu den Vorzügen und Schwächen des „Allgemeinen Teils" und mit Hinweisen auf die Literatur – *Zweigert/Kötz* S. 143 ff.; *Ranieri*, Europäisches Obligationenrecht (2. Aufl. 2003) 11 ff.; *Koschaker*, Europa und das römische Recht (2. Aufl. 1953) 279 ff. 13

Dieses Buch behandelt das Vertragsrecht, also diejenigen Regeln, nach denen sich das Zustandekommen, der Inhalt und die Gültigkeit von Verträgen, ferner die Haftung auf Vertragserfüllung und die Haftung wegen Vertragsverletzung beurteilen. Die Darstellung dieses Stoffs wird sich nicht streng an der „Legalordnung" und Begrifflichkeit des BGB orientieren, nicht daran also, dass die Regeln, um die es geht, ihren Standort im „Allgemeinen Teil" oder im „allgemeinen" oder „besonderen Schuldrecht" des BGB gefunden haben, dass sie sich manchmal auf „Willenserklärungen", manchmal auf „Rechtsgeschäfte" beziehen und dass sie mitunter nur auf vertragliche Schuldverhältnisse, bisweilen aber auch auf „dingliche Verträge" oder auch auf „gesetzliche Schuldverhältnisse" anzuwenden sind. Vielmehr soll es für die Ordnung des Stoffs auf den Zusammenhang ankommen, in dem sich vertragsrechtliche Fragen in der Praxis zu stellen pflegen. Deshalb werden zunächst die Regeln behandelt, die darüber entscheiden, ob ein Vertrag zustande gekommen ist (§ 2), ob er gültig ist (§§ 3–6), ob er nachträglich von einer Vertragspartei durch eine Anfechtung annulliert werden kann (§ 7) und ob eine Partei an einen Vertrag oder an vertragliche Erklärungen auch dann gebunden ist, wenn nicht sie selbst, sondern statt ihrer und für sie ein Vertreter gehandelt hat (§ 8). Sodann geht es um das vertragliche **Pflichtenprogramm** (§ 9): Welche Pflichten sind es, deren Erfüllung die Vertragsparteien einander schulden, sei es schon während des Stadiums der Vertragsverhandlungen, sei es nach dem Abschluss des Vertrages? Daran schließt sich die Behandlung der drei zentralen Rechtsbehelfe, die den Vertragsparteien zur Verfügung stehen, nämlich ihr Anspruch auf **Vertragserfüllung** (§ 10), sodann das Recht einer Vertragspartei, aus besonderen Gründen den Vertrag nachträglich **aufzuheben** (§ 11), schließlich ihr Recht, wegen einer Pflichtverletzung des anderen Teils **Schadensersatz** zu verlangen (§ 12). Manchmal sind es neben den Vertragsparteien auch **Dritte**, die vertragliche Ansprüche geltend machen dürfen oder erfüllen müssen; auch kommt es vor, dass die vertraglich versprochene Leistung von mehreren Schuldnern geschuldet wird oder von mehreren Gläubigern verlangt werden kann. Davon wird in § 13 die Rede sein. 14

15 Diese Ordnung des Stoffs ist nicht originell. Zwar mag sie ungewöhnlich erscheinen, weil sich in Deutschland nicht nur die juristische Literatur, sondern weithin auch der Zuschnitt der Lehrveranstaltungen immer noch streng an der „Legalordnung" des BGB orientieren. Überall im Ausland verhält es sich aber anders. Dort sind Lehrbücher und Lehrveranstaltungen über Vertragsrecht geradezu alltäglich; auch die Bemühungen um die europäische Rechtsvereinheitlichung haben das Vertragsrecht zum Gegenstand (Rn. 19). Dem sucht dieses Buch Rechnung zu tragen. Es will damit auch die jungen deutschen Juristen darauf vorbereiten, dass sie sich künftig mehr und mehr in einem europäischen Rechtsraum zu bewegen haben werden, in dem der hochgetriebenen Begrifflichkeit des BGB zwar oft kühle Anerkennung gezollt wird, sie aber – man mag das bedauern oder nicht – wenig Chancen hat, systemprägend oder stilbildend zu wirken.

B. Europäisches Vertragsrecht

16 Die Regeln des deutschen Vertragsrechts werden mehr und mehr durch Rechtsvorschriften der Europäischen Gemeinschaft bestimmt. Die EG besitzt eine Kompetenz zur „Angleichung" des Rechts der Mitgliedstaaten überall dort, wo dies für das Funktionieren des Gemeinsamen Markts erforderlich ist (Art. 3 h EGV). Von dieser Kompetenz hat sie vor allem dadurch Gebrauch gemacht, dass sie **Richtlinien** erlassen hat, die von allen Mitgliedstaaten innerhalb bestimmter Fristen „umgesetzt", d.h. in die Form nationaler Rechtsvorschriften gegossen und sodann innerstaatlich in Kraft gesetzt werden müssen (vgl. Art. 249 Abs. 3 EGV). Für das Vertragsrecht sind diejenigen Richtlinien besonders wichtig gewesen, die sicherstellen wollen, dass in allen Mitgliedstaaten für bestimmte Geschäfte ein **Mindestverbraucherschutz** gewährleistet wird. Hat z.B. ein Verbraucher mit einem Unternehmer ein „Haustürgeschäft" abgeschlossen, von ihm einen „Verbraucherkredit" in Anspruch genommen, sich von ihm das „Teilnutzungsrecht" an einem Grundstück gewähren lassen, Waren oder Dienstleistungen von ihm im Wege des „Fernabsatzes" oder des „elektronischen Geschäftsverkehrs" erworben oder mit ihm einen Kaufvertrag über bewegliche Sachen abgeschlossen, so findet man die für solche Geschäfte maßgeblichen Regeln zwar im BGB (vgl. z.B. §§ 13 f., 312 ff., 355 ff., 474 ff., 481 ff., 488 ff.). Aber sie gehen auf Richtlinien der EG zurück; das gleiche gilt für die Vorschriften des BGB, nach denen die Gerichte prüfen dürfen, ob Allgemeine Geschäftsbedingungen in Verbraucherverträgen missbräuchlich und deshalb unwirksam sind (§§ 305 ff.). Soweit Vorschriften des BGB auf Richtlinien beruhen, dürfen sie nicht einfach nach den Regeln ausgelegt werden, wie sie sonst für die Gesetzesauslegung maßgeblich sind. Vielmehr müssen sie „**richtlinienkonform**", also so ausgelegt werden, dass sie der Zielsetzung der Richtlinie Rechnung tragen (vgl. z.B. BGH NJW 2002, 1881). Ist in einem konkreten Fall zweifelhaft, was mit der Richtlinie bezweckt war und wie die deutsche Regelung, mit der sie umgesetzt wurde, zu verstehen ist, so sind die mit der Sache be-

fassten deutschen Gerichte berechtigt und der BGH sogar verpflichtet, die Auslegungsfrage dem EuGH vorzulegen (Art. 234 EGV) und die Sache sodann so zu entscheiden, wie sich dies aus der – vom EuGH verbindlich ausgelegten – Richtlinie ergibt (vgl. Beispiele in Rn. 249, 764, 964, 978, 986).

Rechtsvereinheitlichung durch Richtlinien ist oft nützlich. Aber kostenlos ist sie nicht. Sie führt nämlich dazu, dass die Vertragsrechte der Mitgliedstaaten stets nur in Ausschnitten und Bruchstücken angeglichen werden, im übrigen aber unverändert fortgelten. Richtlinien und die im Zuge ihrer Umsetzung erlassenen Vorschriften werden deshalb in den Rechtsordnungen der Mitgliedstaaten oft als Fremdkörper empfunden; jedenfalls lassen sie sich in aller Regel nicht bruchlos und störungsfrei in sie einfügen. Auch wird das nationale Vertragsrecht selbst dort nicht immer vereinheitlicht, wo Richtlinien gelten, sei es, weil sie von den Mitgliedstaaten unterschiedlich umgesetzt oder von ihren Gerichten unterschiedlich angewendet werden, sei es, weil sie nur einen Mindestschutz sichern wollen, also unterschiedliches nationales Recht fortgilt, solange es nur den Verbraucher im Ergebnis ebenso stark oder stärker schützt, als es von der Richtlinie bezweckt war.

In der Rechtswissenschaft ist deshalb schon früh die Forderung erhoben worden, es sei die europäische Rechtsvereinheitlichung nicht nur durch Richtlinien, sondern auch noch auf einem anderen Wege voranzutreiben, dadurch nämlich, dass in Europa ein Konsens über die Grundlagen des „**gemeineuropäischen Privatrechts**" hergestellt und damit die Voraussetzungen geschaffen werden, unter denen eine Vereinheitlichung auch des europäischen **Vertragsrechts im Ganzen** gelingen kann.

Zu diesem Zweck sind unterschiedliche Wege eingeschlagen worden. Die Commission of European Contract Law, die 1980 von dem dänischen Rechtswissenschaftler *Ole Lando* gegründet worden ist, hat inzwischen „**Principles of European Contract Law**" (PECL) vorgelegt, die fast alle Gebiete des allgemeinen Vertragsrechts erfassen, weithin große Beachtung gefunden haben und zwar nirgends geltendes Recht sind, aber doch von manchen geradezu als erster Entwurf eines europäischen Vertragsgesetzbuchs angesehen werden. Vgl. *v. Bar/Zimmermann* (Hrsg.), Grundregeln des Europäischen Vertragsrechts, Teile I und II (2002), Teil III (2005). Der Text der PECL ist abgedruckt in ZEuP 2000, 675 (Teile I und II) und 2003, 895 (Teil III). Die Arbeit der Commission on European Contract Law wird (unter der Leitung von *Christian v. Bar*) von einer **Study Group on a European Civil Code** und ihren Untergruppen fortgesetzt, die inzwischen Regeln für verschiedene Vertragstypen und sogar für das Delikts- und Bereicherungsrecht vorgeschlagen hat. Eine andere Gruppe von Wissenschaftlern – die **Research Group on EC Private Law (Acquis Group)** – konzentriert sich auf die Frage, ob sich dem geltenden Gemeinschaftsprivatrecht – und der dazu ergangenen Rechtsprechung des EuGH – also dem „**acquis communautaire**" – allgemeine Regeln und Prinzipien des Vertragsrechts abgewinnen lassen. Vgl. Principles of the Existing EC Contract Law (Acquis Principles), Contract I (2007), abgedruckt in ZEuP 2007, 735 und 1152. Schließlich entsteht allmählich eine Literatur, die sich auf rechtsvergleichender Grundlage um den Nachweis bemüht, dass es auf bestimmten Gebieten des europäischen Privatrechts – besonders des Vertragsrechts – bereits einen Grundbestand allgemein akzeptierter Regeln

19–21 a § 1 Grundlagen des Vertragsrechts

gibt (vgl. z.B. *Kötz*, Europäisches Vertragsrecht [1996]). Alle diese Entwicklungen werden in der „Zeitschrift für Europäisches Privatrecht" (ZEuP) dokumentiert, kommentiert und in Einzeluntersuchungen vertieft. Vgl. dazu ausführlich z.b. *Basedow*, Europäische Vertragsrechtsvereinheitlichung und deutsches Recht (2000); *Zimmermann*, Die Europäisierung des Privatrechts und die Rechtsvergleichung (2006).

20 Die Europäische Kommission hat 2003/2004 einen „Aktionsplan" beschlossen, der zu einem „kohärenteren europäischen Vertragsrecht" führen soll. Zu seiner Ausführung hat sie ein Netzwerk von Wissenschaftlern mit der Ausarbeitung eines „Gemeinsamen Referenzrahmens" beauftragt.

21 Vgl. *v. Bar/Clive* (Hrsg.), Principles, Definitions and Model Rules of European Private Law, Draft Common Frame of Reference, Full Edition 2009. – Sehr umstritten ist, welche Wege die Rechtsangleichung in Europa künftig gehen sollte, um den bruchstückhaften Charakter des geltenden europäischen Privatrechts abzumildern oder zu beseitigen. Für eine umfassende Kodifizierung des europäischen Vertragsrechts ist die Zeit sicherlich noch nicht gekommen, mag sie auch vom Europäischen Parlament schon oft gefordert worden sein. Die Kommission hat im Wesentlichen zwei Initiativen ergriffen. Zum einen hat sie 2008 den Entwurf einer Richtlinie über die Rechte der Verbraucher vorgelegt, die die vorhandenen Verbraucherschutzrichtlinien zusammenfassen und harmonisieren sollte. Freilich hat sie dabei mit keinem Wort geprüft, ob die vorhandenen Regelungen nach den bisher gesammelten Erfahrungen sinnvoll und zweckmäßig sind. Vgl. dazu die Überlegungen von *Eidenmüller, Faust, Grigoleit, Jansen, Wagner* und *Zimmermann*, Revision des Verbraucher-*Acquis* (2011). Zum anderen wollte der Richtlinienentwurf das (sehr umstrittene) Prinzip einführen, nach dem seine Regeln für die Mitgliedstaaten verbindlich sein sollten, also von ihnen – anders als nach geltendem Recht – nicht mehr durch nationale Regeln zugunsten des Verbrauchers modifiziert werden können. Wegen dieses Widerstandes hat sich die inzwischen beschlossene Richtlinie auf die Haustürgeschäfte und die Verträge über den Fernabsatz beschränkt (ABl. 2011 L 304/64 – 88). Vgl. dazu *Unger* ZEuP 2012, 270.

21 a Zum anderen hat die Kommission den Entwurf einer EG-Verordnung über ein **„Gemeinsames Europäisches Kaufrecht"** vorgelegt, die nach ihrem englischen Titel („Common European Sales Law") meist als „CESL" bezeichnet wird. Vgl. KOM (2011) 635 endgültig. Sie regelt Kaufverträge, Verträge über die Bereitstellung digitaler Inhalte und solche Verträge, die „verbundene Dienstleistungen" betreffen, also mit dem Verkäufer über die Montage, Reparatur oder Wartung der Kaufsache geschlossen werden. Das CESL enthält Regeln des allgemeinen Vertragsrechts, wie sie eigentlich für *alle* Verträge gelten, also z.B. über den Abschluss und die Auslegung von Verträgen, über Irrtum, Täuschung und Drohung sowie über die Kontrolle Allgemeiner Geschäftsbedingungen, dagegen nicht über die Stellvertretung, die Abtretung, die Aufrechnung und die Nichtigkeit des Vertrages wegen Verstoßes gegen die guten Sitten. Außerdem wird das gesamte Verbraucherschutzrecht der geltenden Richtlinien (ohne die gebotene kritische Prüfung) vom CESL übernommen und noch dazu in manchen Punkten zugunsten des Verbrauchers ausgebaut. Gleichwohl soll das CESL auch für Verträge zwischen Unternehmen gelten, sofern mindestens eines von ihnen ein „kleines oder mittleres

Unternehmen" ist, also z.B. einen Jahresumsatz von nicht mehr als 50 Mio. € erzielt. Wichtig ist, dass das CESL nicht selbst die Voraussetzungen bestimmt, unter denen es anwendbar ist. Vielmehr gilt es nur dann, wenn die Parteien seine Anwendbarkeit *ausdrücklich vereinbart* haben und wenn ferner der Vertrag *„grenzüberschreitend"* ist. Das ist er nur dann, wenn seine Parteien ihren Sitz in verschiedenen Ländern haben, von denen mindestens eines ein EG-Land ist. Ist eine Vertragspartei Verbraucher, so ist der Vertrag „grenzüberschreitend" nur dann, wenn der Verbraucher für seine Anschrift oder für die Belieferung oder Rechnungserteilung einen Ort nennt, der nicht im Land des Geschäftssitzes seines Vertragspartners liegt; auch hier muss mindestens eines der beteiligten Länder ein EG-Land sein. Vgl. dazu ausführlich *Staudenmayer* NJW 2011, 3491 und – mit scharfer Kritik am CESL – *Eidenmüller, Jansen, Kieninger, Wagner, Zimmermann* JZ 2012, 269.

C. Freiheit und Zwang im Vertragsrecht

I. Vertragsfreiheit

Das Privatrecht wird vom Gedanken der **Privatautonomie** beherrscht. Sie bedeutet, dass jeder Mensch in freier Selbstbestimmung darüber entscheiden können soll, wie er seine Lebensverhältnisse im Rahmen der Rechtsordnung gestalten will, wie er z.B. mit seinem Eigentum und seinem sonstigen Vermögen verfahren, wen er in seinem Testament zum Erben einsetzen, welchen Beruf er ergreifen, welches Gewerbe er betreiben oder ob und zu welchem Zweck er sich mit anderen zu einer Vereinigung zusammenschließen will. Als besondere Erscheinungsformen der Privatautonomie werden die Eigentums- und Testierfreiheit durch Art. 14 GG, die Berufs- und Gewerbefreiheit durch Art. 12 GG, die Vereinigungsfreiheit durch Art. 9 GG geschützt. Daneben gewährleistet Art. 2 Abs. 1 GG die allgemeine Handlungsfreiheit und mit ihr auch die **Vertragsfreiheit**. Danach soll es in jedermanns freie Entscheidung gestellt sein, ob er einen Vertrag bestimmten Inhalts schließen oder ob er den Abschluss eines Vertrages ablehnen will („Abschlussfreiheit"); ferner sollen er und sein Vertragspartner gemeinsam den Inhalt des Vertrages frei festlegen, die getroffenen Vereinbarungen nachträglich abändern und den Vertrag im Ganzen wieder aufheben können („Inhaltsfreiheit"). Vertragsfreiheit gilt freilich nur im Rahmen der Rechtsordnung. Sie enthält Regeln, nach denen sich beurteilt, innerhalb welcher Grenzen Verträge als gültig und die in ihnen getroffenen Vereinbarungen als durchsetzbar anzusehen sind: auch diese Regeln gehören zum **Vertragsrecht**.

23 Mit ihrer Entscheidung für die Vertragsfreiheit hat die Rechtsordnung eine grundsätzliche Wertentscheidung zugunsten der freien Selbstbestimmung des Menschen getroffen. Man kann durchaus sagen, dass eine solche Entscheidung der Rechtsordnung ihren Wert in sich trägt und deshalb einer weiteren Begründung nicht mehr bedarf. Immerhin lässt sich aber **aus ökonomischer Sicht** zeigen, dass in der Vertragsfreiheit ein Prinzip liegt, das in der Wirklichkeit, in der sich die Menschen einrichten müssen, einen gewaltigen Nutzen stiftet, nämlich wie kein anderes dazu beiträgt, dass sie sich in einer Welt knapper Ressourcen ein Höchstmaß an Befriedigung ihrer Bedürfnisse verschaffen können.

24 Die moderne Ökonomie versteht sich als eine Entscheidungswissenschaft. Ihr geht es also um die Frage, wie sich Individuen in Entscheidungssituationen verhalten. Sie nimmt dabei an, dass die Ressourcen unserer Welt knapp sind, also zur Befriedigung der individuellen Wünsche der Menschen nicht ausreichen, und sie stellt sodann die Frage, wie der Einzelne in einer solchen Knappheitssituation unter den verfügbaren Handlungsalternativen wählt, wenn unterstellt wird, dass er im Großen und Ganzen rational handelt, die Nutzen und Kosten der Alternativen gegeneinander abwägt und dabei auf die Mehrung des eigenen Wohls bedacht ist. Unter diesen Voraussetzungen kommen Verträge nur dann zustande, wenn jede der Parteien sich davon einen Vorteil verspricht. Wer eine Geldsumme für eine Ware hergibt, tut das deshalb, weil er der Ware einen höheren Wert beilegt als dem Geld, und umgekehrt lässt sich ein Verkäufer auf das Geschäft nur deshalb ein, weil ihm an dem Kaufpreis mehr liegt als an der Ware. Nach der Erfüllung des Vertrages stehen sich beide Parteien besser als vorher: Beide sind reicher, keine ist ärmer geworden. Denkt man sich solche Tauschoperationen millionenfach vorgenommen, so ist evident, dass durch sie der Nutzen aller Beteiligten, damit aber auch der Nutzen der Gesellschaft im Ganzen gesteigert wird. Solange Güter und Leistungen knapp und die Wünsche der Menschen grenzenlos sind, erreicht man das relativ beste Ergebnis dadurch, dass man den Abschluss von Verträgen zulässt und damit Tauschoperationen ermöglicht, mit deren Hilfe jene knappen Güter und Leistungen in die Hand derjenigen gelangen, für den sie den relativ höchsten Wert haben. Den Ort, an dem jene Tauschoperationen stattfinden, nennt man den Markt, und eine Wirtschaftsordnung, die das Prinzip der Vertragsfreiheit anerkennt, eine Marktwirtschaft.

25 Wer sich die wohlfahrtssteigernden Wirkungen vor Augen führen will, die durch die Rechtsinstitute der Vertragsfreiheit und des Vertrages ermöglicht werden, braucht sich nur zu fragen, wie viele Verträge geschlossen werden müssen, ehe irgendein Gegenstand des täglichen Bedarfs – wir wollen annehmen: ein Möbelstück – zum Kauf angeboten werden kann. Nicht nur ein Vertrag über die Rodung von Bäumen, über ihre Beförderung zum Sägewerk und über ihre Verarbeitung geschlossen worden. Nicht nur hat ein Möbelhersteller das Holz gekauft; er hat auch Arbeitsverträge mit seinen Leuten, einen Pachtvertrag über das Fabrikgrundstück und Kaufverträge über Maschinen und Lacke geschlossen. Er hat sich das dafür erforderliche Geld von seiner Bank durch einen Darlehensvertrag beschafft und sich durch einen Versicherungsvertrag gegen das Risiko eines Brandes seiner Fabrik geschützt. Er hat einen Künstler mit dem Entwurf eines Designs für die Möbel und einen Handelsvertreter mit ihrem Vertrieb an Händler beauftragt. Die Händler haben ihrerseits Geschäftsräume gepachtet, Personal angestellt, Prospekte drucken lassen, Verpackungsmaterial gekauft und schließlich die Möbel zum Kauf angeboten: Eine wahre Kaskade von Verträgen, bei deren Abschluss zwar jeder seinen eigenen Vorteil zu wahren sucht, die aber dennoch in ihrer Gesamtheit dafür sorgen, dass von den knappen vorhandenen Ressourcen derjenige Gebrauch gemacht wird, der den Bedürfnissen der Einzelnen am besten Rechnung trägt und damit den Nutzen aller am meisten steigert.

II. Vertragsrechtliche Sanktionen

Verträge würden nicht geschlossen werden, wenn die Parteien nicht darauf vertrauen könnten, dass der andere Teil den Vertrag erfüllen wird. Dass man sein Wort hält und ein gegebenes Versprechen nicht bricht, entspricht zwar einem Gebot der Moral. Aber niemand bezweifelt, dass das moralisch Gebotene in gewissem Umfang auch rechtlich erzwungen werden muss, und zwar dadurch, dass das Vertragsrecht **Sanktionen** androht, wenn eine Vertragspartei ihre Leistung nicht oder nicht so wie vereinbart erbringt. Solcher Sanktionen bedürfte es solange nicht, wie sich der Wirtschaftsverkehr auf einfache Tauschgeschäfte beschränkte, die von beiden Seiten auf der Stelle erfüllt werden und Leistungen betreffen, von deren Vertragsmäßigkeit sich die Parteien schon bei Geschäftsabschluss ohne Mühe überzeugen können. Heute hingegen werden in aller Regel vertragliche Leistungen versprochen, die von einer oder beiden Parteien erst **künftig** zu erbringen sind und bei denen sich oft erst lange Zeit nach ihrer Erbringung zeigt, ob ihre Beschaffenheit den vertraglichen Erwartungen wirklich entspricht. Bei solchen Verträgen besteht stets das Risiko, dass sich eine Vertragspartei „opportunistisch" verhält, also z.B. die eigene Leistung verweigert, sobald sie die Gegenleistung empfangen hat, oder den Vertrag nicht mehr erfüllt, wenn sich das Geschäft später für sie als unvorteilhaft herausstellt, weil ihr z.B. für die versprochene Leistung von einem Dritten ein höherer Preis geboten wird oder ihr durch die Beschaffung oder Herstellung der Leistung Kosten entstehen, mit denen sie beim Abschluss des Vertrages nicht gerechnet hat. Hier muss das Vertragsrecht gegensteuern, indem es Anreize zur Verhinderung opportunistischen Verhaltens setzt und dadurch das Vertrauen auf die Erfüllung von Verträgen schützt. Ohne Vertragsrecht würden Verträge über künftige Leistungen nicht oder doch nur unter zusätzlichen Voraussetzungen zustande kommen, so etwa erst dann, nachdem die eine Partei sich von der anderen ein Pfand oder eine andere Sicherheit hat gewähren lassen und vereinbart ist, dass das Pfand oder die Sicherheit im Falle einer Vertragsverletzung verfallen sein soll.

Indem das Vertragsrecht die damit verbundenen „Transaktionskosten" erspart, erleichtert es den Abschluss von Verträgen über künftige Leistungen und sichert damit die gesamtgesellschaftlichen Vorteile, die sich durch solche Verträge erzielen lassen.

27 Freilich darf man nicht die Augen davor verschließen, dass es manchmal nicht rechtliche, sondern **außerrechtliche Sanktionen** sind, die die Parteien zu vertragstreuem Verhalten anspornen. Ein Anreiz zur Vertragserfüllung wird oft schon dadurch gesetzt, dass die Parteien auch künftig miteinander Geschäfte machen wollen und die Chancen für Wiederholungsgeschäfte sinken würden, wenn eine Partei ihre Leistung aus Gründen verweigert oder verzögert, die der andere Teil als nicht stichhaltig oder fadenscheinig ansieht. Manchmal spricht sich im kaufmännischen Verkehr rasch herum, dass eine Partei ihre vertraglichen Pflichten nicht oder nicht rechtzeitig erfüllt oder sich allzu schnell hinter rechtlichen Argumenten verschanzt: Das kann zu einer Minderung der Reputation führen, die den Betroffenen härter trifft als irgendwelche rechtlichen Sanktionen und ihn stärker als sie dazu motiviert, Verträge nach Möglichkeit einzuhalten und etwaige Konflikte nicht durch eine Anrufung der staatlichen Gerichte, sondern durch eine einvernehmliche Lösung – jenseits des Vertragsrechts – beizulegen.

28 Empirische Untersuchungen der kaufmännischen Vertragspraxis haben diesen Befund bestätigt. Vgl. dazu die Nachweise bei *Kötz* EVR S. 19. Ein ähnlicher Befund ergibt sich, wenn man die Rechtsordnungen anderer Länder betrachtet. Zwar mögen sie Gesetze haben, die für den Fall des Vertragsbruchs mit Sanktionen drohen. In der Praxis sind diese Sanktionen aber ohne Bedeutung, weil es in diesen Ländern an einem schnell und zuverlässig arbeitenden System staatlicher Gerichte und Vollstreckungsbehörden fehlt. So liegt es in vielen Entwicklungsländern, aber auch in Ländern wie Indien oder China, in denen es seit vielen Jahren ein atemberaubendes Wirtschaftswachstum gibt, Verträge also auch ohne ein funktionierendes Gerichtssystem offensichtlich erfüllt werden. Wie kann man das erklären? Für China wird z.B. geltend gemacht, daß die wirtschaftliche Tätigkeit nach wie vor in großem Umfang vom Staat, von der Partei und von Parteifunktionären kontrolliert wird und daß, wer einen wichtigen Vertrag nicht ordentlich erfüllt, mit administrativen Sanktionen rechnen muß, nämlich mit der Versagung und dem Widerruf staatlicher Erlaubnisse, mit behördlichen Verboten oder mit anderen erheblichen Behinderungen. Für Indien wird vermutet, dass die Unternehmer sich auf die schon oben erwähnten außerrechtlichen Sanktionen verlassen und manchmal die benötigten Produkte und Leistungen, statt sie sich von Dritten durch Verträge zu beschaffen, im eigenen Unternehmen herstellen und sich damit – betriebswirtschaftlich gesprochen – für eine „höhere Produktionstiefe" entscheiden.

III. Kontrahierungszwang

29 Aus dem Grundsatz der Vertragsfreiheit folgt, dass niemand gegen seinen Willen zum Abschluss eines Vertrages gezwungen werden kann. Davon macht das geltende Recht nur dann Ausnahmen, wenn jemand in Bezug auf die von ihm angebotenen Güter oder Leistungen eine Monopolstellung oder

C. Freiheit und Zwang im Vertragsrecht

eine marktbeherrschende Stellung innehat und seine Weigerung, über sie einen Vertrag abzuschließen, für die andere Partei erhebliche Nachteile zur Folge hat, weil sie auf die Güter und Leistungen dringend angewiesen ist und auf andere Anbieter nicht ausweichen kann. Manchmal wird ein solcher Kontrahierungszwang durch gesetzliche Vorschriften begründet, so z.B. für Energieversorgungsunternehmen (§ 10 Energiewirtschaftsgesetz), für die Anbieter bestimmter Postdienste (§§ 8 ff. Postgesetz) oder Beförderungsdienste (§ 22 Personenbeförderungsgesetz), ferner für den Unternehmer, der als Anbieter bestimmter Güter oder Leistungen eine **marktbeherrschende Stellung** innehat und sie dadurch missbraucht, dass er die Belieferung eines Kunden „ohne sachlich gerechtfertigten Grund" verweigert (vgl. § 20 GWB). Außerhalb des Anwendungsbereichs dieser und ähnlicher gesetzlicher Vorschriften lässt sich das gleiche Ergebnis auf § 826 stützen: Wer wichtige Güter und Leistungen öffentlich anbietet, verstößt gegen die guten Sitten, wenn er sie ohne sachlichen Grund einem Kunden vorenthält, der seinen Bedarf auf zumutbare Weise anderswo nicht decken kann. In diesem Falle richtet sich der Schadensersatzanspruch des Kunden auf die Herstellung des Zustands, wie er ohne das missbilligte Verhalten des Schädigers bestünde (§ 249 Abs. 1), hier also: auf den Abschluss des Vertrages.

Ob die Verweigerung des Vertragsabschlusses auf einem „sachlichen Grund" beruht, ist schwierig zu beurteilen, wenn beide Beteiligten sich auf grundrechtlich geschützte Interessen berufen: Darf z.B. ein Theater oder ein Konzert- oder Sportveranstalter einem Journalisten, der sich durch scharfe oder gar beleidigende Kritik missliebig gemacht hat, die Überlassung einer Eintrittskarte verweigern (RGZ 133, 388; *Eidenmüller* NJW 1991, 1441)? Darf der Herausgeber einer Zeitung mit regionaler Monopolstellung einer politischen Partei die Veröffentlichung einer Anzeige verweigern, wenn das Programm der Partei der redaktionellen Linie seiner Zeitung widerspricht, oder er befürchtet, dass durch die Veröffentlichung der Anzeige sein sonstiges Anzeigengeschäft gefährdet würde? Vgl. BVerfG NJW 1976, 1627; OLG Köln NJW-RR 2001, 1051. – Auch die Regeln des **Allgemeinen Gleichbehandlungsgesetzes** (AGG) geraten in die Nähe eines Kontrahierungszwangs. Sie wollen die Gleichbehandlung von Männern und Frauen sicherstellen und verhindern, dass jemand wegen seiner Rasse, ethnischen Herkunft, Religion oder Weltanschauung, wegen einer geistigen oder körperlichen Behinderung oder wegen seines Lebensalters oder seiner sexuellen Identität benachteiligt wird (§ 1 AGG). Ein solches Benachteiligungsverbot gilt vor allem im Arbeitsrecht, soll aber gemäß §§ 19–21 AGG auch im allgemeinen Privatrechtsverkehr, also z.B. dort gelten, wo Vermieter über die Vermietung von Wohnraum, Gastwirte über den Zutritt zu Gaststätten, Versicherungsunternehmer über die Gewährung von Versicherungsschutz, Vereine über die Aufnahme von Mitgliedern, Privatschulen über die Zulassung von Schülern entscheiden. Gewiss kann man darüber streiten, ob ein Vermieter gegen **Moralgebote** verstößt, wenn er erklärt, dass er nicht mit Muslimen oder den Partnern einer gleichgeschlechtlichen Lebensgemeinschaft unter einem Dach zusammenleben möchte. Es besteht aber kein Anlass, ihn **von Rechts wegen** zum Abschluss eines Mietvertrages zu zwingen oder ihm Sanktionen anzudrohen, wenn er sich anders verhält, als dies (vielleicht) von einem Gutmenschen erwartet wird. Auch der Gesetzgeber hat sich dieser Einsicht nicht ganz verschlossen. Grundsätzlich liegt eine unerlaubte Benachteiligung nämlich nicht vor, wenn für sie ein „**sachlicher Grund**" besteht (§ 20 Abs. 1 AGG) oder wenn sie den Abschluss oder die Durchführung eines Vertrages betrifft, der nicht ein „**Massengeschäft**" ist; darunter fällt die Vermietung von Wohnraum erst dann, wenn der Vermieter insgesamt mehr als 50 Wohnungen zu vermieten hat (vgl. Art. 19 AGG). Liegt danach ein Fall unzulässiger Benachteiligung vor, so steht dem Benachteiligten zwar kein Anspruch auf Abschluss des Vertrages zu. Es besteht also kein Kontrahierungszwang im strengen Sinne (vgl. dazu MK-*Thüsing* § 21 AGG Rn. 17 ff.; *Palandt/Grüneberg* § 21 AGG Rn. 7). Immerhin kann er aber Unterlassung und Schadensersatz verlangen, insbesondere eine angemessene Entschädigung für den erlittenen immateriellen Schaden (§§ 21, 22 AGG).

IV. Rechtsbindungswille

31 Aus der Idee der Vertragfreiheit folgt, dass die Parteien nur insoweit vertraglich gebunden sind, als sie gebunden sein *wollten* oder sich ihnen ein solcher Rechtsbindungswille nach den Umständen zurechnen lässt. Fehlt es an dieser Voraussetzung, so mag zwar eine Vereinbarung vorliegen, die ohne Irrtum, Täuschung oder Drohung zustande gekommen ist und die zu honorieren ein Mensch von Anstand allen Anlass hätte. Aber eine bindende rechtliche Verpflichtung entsteht nicht. Wer zu einem Abendessen eingeladen ist – so ein gern verwandtes Lehrbuchbeispiel – kann, wenn er zum vereinbarten Zeitpunkt vor verschlossener Tür steht, nicht bei Gericht den Gastgeber auf Ersatz der vergeblich aufgewandten Taxikosten verklagen. An dem erforderlichen Rechtsbindungswillen kann es auch dort fehlen, wo jemand „gefälligkeitshalber" einem anderen einen Rat erteilt oder es unternommen hat, für ihn einen Brief zur Post zu bringen, seine Sachen zu verwahren oder sich während seiner Urlaubsabwesenheit um sein Haus zu kümmern. Wenn in diesen Fällen ein bloßes „**Gefälligkeitsverhältnis**" vorliegt, so bestehen keine vertraglichen Verpflichtungen. Schadensersatzansprüche können daher nicht auf eine Verletzung von Vertragspflichten, sondern allenfalls darauf gestützt werden, dass der eine Beteiligte dem anderen den Schaden durch eine unerlaubte Handlung zugefügt hat.

32 Gewöhnlich wird darauf abgestellt, ob die Parteien eine rechtliche Bindung „gewollt" haben. Aber wenn man die Rechtsprechung näher betrachtet, so zeigt sich bald, dass die Gerichte oft dasjenige in den „Willen" der Parteien hineinlegen, was aus ganz anderen Gründen vernünftig erscheint. Zwar kommt es vor, dass die Parteien eine rechtliche Bindung an das Vereinbarte *ausdrücklich* ausschließen; hier spielt in der Tat ihr Wille eine wesentliche Rolle. In der Regel verschwenden sie aber keinen Gedanken auf die Frage, ob ihre Vereinbarung auch rechtliche Konsequenzen haben soll oder nicht. Wenn die Gerichte auch in solchen Fällen den „Willen" der Parteien zum Maßstab nehmen, so läuft das meist auf eine Fiktion hinaus. So hat der BGH zwar auf den Rechtsbindungswillen des Versprechenden abgestellt, aber so-

C. Freiheit und Zwang im Vertragsrecht 32–35

fort hinzugefügt, dass es dafür nicht auf seinen „inneren Willen" ankommt, sondern darauf, „ob der Leistungsempfänger aus dem Handeln des Leistenden unter den gegebenen Umständen nach Treu und Glauben mit Rücksicht auf die Verkehrssitte auf einen solchen Willen schließen musste" (BGHZ 21, 102, 106 f.). Es kommt also z.b. darauf an, welche wirtschaftliche Bedeutung die Angelegenheit für die Beteiligten hat, ob die Angelegenheit in einen geschäftlichen oder privaten Kontext eingebettet ist und wie schwer die Nachteile wiegen, die der einen Partei in erkennbarer Weise drohen, wenn die andere die versprochene Leistung gar nicht oder fehlerhaft erbringt. In der Praxis spielt diese Frage besonders dort eine Rolle, wo ein Sachverständiger wegen Erteilung einer falschen oder unvollständigen Auskunft auf Schadensersatz Anspruch genommen wird und seine Haftung mit der Behauptung bestreitet, daß er die Auskunft unentgeltlich und bloß „gefälligkeitshalber" erteilt habe (vgl. BGH NJW 2009, 1141).

Das Ergebnis der Prüfung kann auch darin bestehen, daß *bestimmte* Pflichten in rechtlich bindender Weise übernommen worden sind, andere Pflichten hingegen nicht. Vgl. z.B. BGHZ 123, 126 zu der Frage, welche Pflichten eine Bank zu erfüllen hat, wenn sie ihren Kunden bei der Anlage seines Geldes berät. – Haben sich mehrere Personen dazu verabredet, gemeinsam auf das Erscheinen bestimmter Nummern in einer Lotterie zu wetten, so besteht kein Zweifel daran, dass sie einander rechtlich verpflichtet sind, sich an den Wetteinsätzen zu beteiligen und einen etwa erzielten Gewinn untereinander aufzuteilen. Zweifelhaft ist aber, ob ein Teilnehmer, der den gemeinsam ausgefüllten Lottoschein zur Annahmestelle bringen sollte, ihn aber versehentlich als Lesezeichen in ein Buch gelegt und dort vergessen hat, den anderen Spielern den Millionengewinn ersetzen muss, der auf den Schein entfallen wäre. *Diese* Frage hat der BGH verneint, weil dem Beauftragten, würde ihn eine rechtlich bindende Pflicht zu ordentlicher Erfüllung des ihm übertragenen Geschäfts treffen, ein Risiko aufgebürdet würde, das eine ganz außerordentliche Höhe erreichen und geradezu zu einer Vernichtung seiner wirtschaftlichen Existenz führen könnte. „Keiner der Spieler würde, falls die Frage im Voraus bedacht und ausdrücklich erörtert [worden wäre], ein solches Risiko übernehmen oder es den Mitspielern zumuten." Anders sei aber zu entscheiden, wenn „mehrere Kaufleute sich aufgrund planmäßig spekulativer Überlegungen zusammengetan haben und mit besonders hohen Einsätzen spielen" (BGH NJW 1974, 1705, 1707). Vgl. ferner Rn. 660, 718. 33

Auch wenn anzunehmen ist, dass eine rechtlich bindende Leistungspflicht nicht übernommen worden ist (und die Partei daher auch nicht auf Schadensersatz haftet, wenn sie die Leistung nicht oder fehlerhaft erbringt), so kann sich aus den Umständen doch immerhin ergeben, dass die Beachtung einer **Schutzpflicht** geschuldet sein sollte (§ 241 Abs. 2; Rn. 491 ff.), die Parteien sich also verpflichtet haben, Schäden voneinander abzuwenden und sich zu diesem Zweck so zu verhalten, wie dies die im Verkehr erforderliche Sorgfalt verlangt. 34

Vgl. dazu den von *Faust* AT S. 28 gebildeten Fall: Haben zwei Arbeitskollegen eine Fahrgemeinschaft gegründet und zu diesem Zweck einen Terminplan vereinbart, so kann sich aus den Umständen ergeben, dass sie damit rechtlich bindende Beförderungspflichten nicht übernehmen wollten, also beide jederzeit und aus beliebigen Gründen 35

17

zur Absage von Terminen berechtigt sein und in diesem Falle auch nicht auf Ersatz der Kosten haften sollten, die dem anderen Teil durch die Benutzung der Straßenbahn oder des eigenen Autos entstehen. Auch in diesem Fall kann aber anzunehmen sein, dass die Parteien Schutzpflichten übernommen, sich also rechtlich bindend verpflichtet haben, durch sorgfältiges Verhalten den anderen Teil vor Schäden zu bewahren. Hat also der eine Arbeitskollege den anderen nicht rechtzeitig vom Ausfall eines Fahrtermins verständigt, so kann darin die fahrlässige Verletzung einer Schutzpflicht liegen, die zum Ersatz des durch sie verursachten Schadens führt. Hat etwa der andere Arbeitskollege, weil ihm sein eigenes Auto nicht zur Verfügung stand, in der Eile ein Taxi nehmen müssen, so kann er Schadensersatz verlangen, aber nur in Höhe der Differenz zwischen den Taxikosten und denjenigen Kosten, die ihm bei rechtzeitiger Absage des Termins entstanden wären. – Hat sich jemand in rechtlich bindender Weise zu einer **unentgeltlichen Leistung** verpflichtet, so trifft ihn zwar eine Haftung, wenn er die Leistung nicht oder fehlerhaft erbringt. Jedoch wird er in solchen Fällen für seine Uneigennützigkeit oft mit einer **Haftungsmilderung** belohnt (vgl. §§ 521, 599, 690), die ihm in der Regel auch dann zugute kommt, wenn seine Haftung nicht auf die Verletzung einer vertraglichen Verpflichtung, sondern auf eine unerlaubte Handlung gestützt wird. Vgl. dazu Rn. 718 f.

V. Zwingendes Vertragsrecht

1. Allgemeine zwingende Regeln

36 Vertragsfreiheit bedeutet, dass die Parteien Verträge schließen und ihren Inhalt in beiderseitigem Einvernehmen so festlegen können, wie sie das für richtig halten. Allerdings werden der Vertragsfreiheit rechtliche Grenzen gesetzt, indem durch zwingende Regeln bestimmt wird, wann ein Vertrag, mag er von den Parteien auch noch so ernsthaft gewollt sein, nicht wirksam zustande kommt oder anfechtbar ist oder die in ihm getroffenen Vereinbarungen ungültig sind. Diese Regeln des zwingenden Vertragsrechts erscheinen meist als ganz selbstverständlich. Dennoch muss man fragen, durch welche Gründe sie gerechtfertigt werden. Aus ökonomischer Sicht beruhen sie allesamt darauf, dass es in diesen Fällen bei Zulassung der Vertragsfreiheit zu einem **Marktversagen** käme, dem die Rechtsordnung entgegentreten darf und muss. Wir konzentrieren uns dabei zunächst auf **allgemeine** zwingende Regeln. Sie gelten grundsätzlich für *alle* Verträge, ganz gleich, ob es sich im konkreten Fall um einen Kauf-, Werk-, Miet- oder Dienstvertrag handelt. Sie stellen auch nicht darauf ab, ob die eine Partei der anderen Partei an wirtschaftlicher Stärke oder an geschäftlicher Erfahrung unterlegen und deshalb schutzbedürftig ist.

37 Gemäß §§ 134, 138 ist ein Vertrag nichtig, der gegen ein **gesetzliches Verbot** oder gegen die **guten Sitten** verstößt. Diese Regeln schränken die Vertragsfreiheit zwar ein, sind aber im vollen Umfang mit den Gründen vereinbar, mit denen sich die Vertragsfreiheit aus ökonomischer Sicht rechtfertigt (Rn. 22 ff.). Denn auch aus ökonomischer Sicht darf die Vertragsfreiheit nicht

gestatten, dass die Parteien zum Zweck der Mehrung des eigenen Vorteils in unerlaubter Weise einem Dritten oder der Allgemeinheit Nachteile oder Lasten aufbürden. So liegt es z.b., wenn ein Vertrag gegen die Vorschriften der Strafgesetze verstößt, den Wettbewerb in unzulässiger Weise ausschließt, mit dem Gesetz zur Bekämpfung der Schwarzarbeit nicht vereinbar ist oder die (ungeschriebenen) Regeln verletzt, mit denen die Rechtsordnung grundlegende Wertungen der Sozialmoral oder des Sexuallebens aufrecht erhalten, grundrechtswidrige Diskriminierungen verbieten oder die Handlungsfreiheit des Einzelnen gewährleisten will (Rn. 197 ff.).

Eine weitere Gruppe von Regeln des zwingenden Vertragsrechts will sicherstellen, dass die Parteien bei ihren Entscheidungen **verantwortlich** handeln. Denn die wohltätigen Wirkungen, die wir uns von der Vertragsfreiheit sowohl zugunsten des Einzelnen wie der Allgemeinheit erhoffen, können nur dann eintreten, wenn die Vertragsparteien in der Lage waren, eine überlegte und vernünftige Entscheidung zu treffen und ihre Willensbildung nicht dadurch gestört worden ist, dass sie unter dem Einfluss einer Täuschung oder anderer unerlaubter Manipulationen ihres Kontrahenten gehandelt haben. An diesen Voraussetzungen fehlt es, wenn jemand beim Abschluss des Vertrages nicht die erforderliche Urteilsfähigkeit besaß und deshalb nicht „**geschäftsfähig**" war (§§ 104 ff., Rn. 131 ff.), ebenso dann, wenn er von seinem Kontrahenten **arglistig getäuscht** (Rn. 335 ff.), in unerlaubter Weise **bedroht** (Rn. 364 ff.), seine Zwangslage, Unerfahrenheit, Willensschwäche oder sein Mangel an Urteilsvermögen **ausgebeutet** (§ 138 Abs. 2, Rn. 229) oder wenn er dadurch **in die Irre geführt** worden ist, dass sein Kontrahent bei den Vertragsverhandlungen Informationen zurückgehalten hat, die er hätte offenlegen müssen (Rn. 507 ff.). Dem gleichen Zweck dienen Vorschriften, nach denen eine Vertragspartei bestimmte Punkte nicht **arglistig verschweigen** darf (§§ 444, 536 d, 600, 639). Erhebliche Zweifel am verantwortlichen Handeln einer Vertragspartei bestehen schließlich auch dann, wenn sie sich an ihrer Haustür, in ihrer Privatwohnung, auf offener Straße, im Zuge einer „Rentnerkaffeefahrt" oder in einem öffentlichen Verkehrsmittel von ihrem Vertragspartner hat überrumpeln und sich unter diesen Umständen von ihm zum Abschluss eines Vertrages hat bestimmen lassen. Ein solches „**Haustürgeschäft**" ist zwar nicht unwirksam, kann aber von einem Verbraucher, der es abgeschlossen hat, innerhalb einer bestimmten Frist noch nachträglich widerrufen werden, ohne dass er dafür irgendwelche Gründe zu nennen bräuchte (§ 312; Rn. 985 ff.). Manchmal wird durch eine zwingende gesetzliche Vorschrift für den Abschluss eines Vertrages die Beachtung einer bestimmten **Form** – z.B. der Schriftform oder der Form einer notariellen Urkunde – verlangt, weil sich der Gesetzgeber davon erhofft, dass die Parteien die Urkunde erst dann unterschreiben werden, wenn sie ihre Entscheidung noch einmal sorgfältig überdacht haben (§ 125; Rn. 163 ff.)

38a Ferner gibt es zwingende Regeln des Vertragsrechts, die gegen die Gefahr schützen wollen, dass die eine Vertragspartei von der anderen vor Vertragsabschluss mit detaillierten Vorschlägen über den Vertragsinhalt konfrontiert wird, die sie ungeprüft hinnimmt, weil eine solche Prüfung sich wegen zu hoher **Transaktionskosten** für sie nicht lohnt. So liegt es vor allem dort, wo eine Partei den Vertragsinhalt im Voraus durch **Allgemeine Geschäftsbedingungen** (AGB) festzulegen versucht. Aus diesem Grunde wird durch zwingende Regeln dem Richter eine Kompetenz zur Überprüfung der Angemessenheit von AGB eingeräumt (Rn. 241 ff.).

2. Zwingende Verbraucherschutzregeln

39 Aus anderem Holz geschnitzt sind diejenigen zwingenden Vorschriften des Vertragsrechts, mit denen der Gesetzgeber die „**schwächere Vertragspartei**", insbesondere einen **Verbraucher** vor Nachteilen bewahren will. Diese Regeln gehen nur zum kleinen Teil auf den rechtspolitischen Gestaltungswillen des deutschen Gesetzgebers zurück. Meist beruhen sie auf EG-Richtlinien und müssen deshalb, wenn ihr Wortlaut Zweifelsfragen aufwirft, „richtlinienkonform" ausgelegt werden (Rn. 16 f.).

40 a) **Informationspflichten.** – Manche Vorschriften wollen den Schutz des Verbrauchers dadurch gewährleisten, dass sie seinen Kontrahenten, den Unternehmer, dazu verpflichten, ihn vor Vertragsabschluss über seine Rechte und Pflichten „klar und verständlich" zu informieren, so dass der Verbraucher weiß oder doch wenigstens, sofern er sich dafür die Zeit nimmt, wissen kann, worauf er sich einlässt, wenn er den Vertrag schließt (vgl. dazu *Fleischer* ZEuP 2000, 772). Die schiere Menge und Komplexität der mitzuteilenden Informationen ist allerdings bemerkenswert, und die gesetzlichen Vorschriften, die dazu erlassen werden mussten, sind so umfangreich und detailliert, dass der Gesetzgeber sie nicht alle in das BGB einstellen mochte. Schließt der Verbraucher z.B. einen Fernabsatzvertrag, einen Verbraucherdarlehensvertrag oder einen Reisevertrag, so finden sich die Informationen, die ihm vor Vertragsschluss von dem Unternehmer in geradezu barocker Fülle zu erteilen sind, nur zum kleineren Teil im BGB, im Wesentlichen aber in Art. 246 f. EGBGB und – soweit es um Reiseverträge geht – in Art. 238 EGBGB und einer besonderen „Verordnung über Informations- und Nachweispflichten nach bürgerlichem Recht" (vgl. §§ 312e, 491a, 651 Abs. 3).

41 Durch die detaillierte Regelung der Informationspflichten mag sich der Gesetzgeber – hinter ihm steht hier in der Regel die EG – ein gutes Gewissen verschafft haben. Ob aber durch sie ein wirklicher Nutzen erzielt, der Verbraucherschutz also wirklich verbessert wird, darf bezweifelt werden, weil der Verbraucher vor Abschluss des Vertrages aus durchaus verständlichen Gründen die Mühe und die Zeit nicht aufwenden wird, die er zur Unterscheidung des Wichtigen vom Unwichtigen – allgemein gesagt: zur Bewältigung des „information overload" – aufwenden müsste.

b) **Widerrufsrechte.** – Der Gesetzgeber will den Verbraucher ferner dadurch 42
schützen, dass er ihm durch zwingende Vorschriften bei bestimmten Verträgen ein Widerrufsrecht einräumt. Danach ist er berechtigt, den bereits geschlossenen Vertrag noch nachträglich dadurch aufzuheben, dass er ihn, ohne dass er dafür Gründe nennen müsste, innerhalb einer gesetzlich bestimmten Frist **widerruft** (Rn. 985 ff.). Soweit ein solches Widerrufsrecht bei **Haustürgeschäften** gewährt wird (§ 312 Abs. 1), ist dies gerechtfertigt, weil hier der Verbraucher „überrumpelt" worden sein kann und der Vertrag dann unter Umständen zustande gekommen ist, die es zweifelhaft machen, ob er eine verantwortliche Entscheidung hat treffen können.

Das Widerrufsrecht, das dem Verbraucher bei **Fernabsatzverträgen** zusteht (§ 312 d), 42 a
wird gern damit gerechtfertigt, dass er Waren, die er „unter ausschließlicher Verwendung von Fernkommunikationsleistungen" gekauft hat, nicht vorher hat in der Hand halten und prüfen können. So liegt es vor allem dann, wenn der Verbraucher Waren oder Dienstleistungen im klassischen Versandhandel – also aufgrund eines Katalogs des Händlers per Bestellkarte – oder wenn er sie per E-Mail aufgrund der ihm im Internet zugänglichen Informationen erworben hat (§ 312 b Abs. 2). Freilich kann der Verbraucher mit geringem Aufwand eine freie Wahl darüber treffen, ob er eine bestimmte Ware im Laden oder ob er sie im Fernabsatz und in diesem Fall mit oder ohne Widerrufsrecht erwerben will; warum ihm gleichwohl im Fernabsatz stets ein *zwingendes* Widerrufsrecht eingeräumt werden soll, ist schwer einzusehen. Es hätte deshalb wohl genügt, wenn der Verkäufer kraft Gesetzes verpflichtet worden wäre, dem Käufer gegen Zahlung eines Preiszuschlags ein Widerrufsrecht anzubieten; dies hätte auch zur Folge gehabt, dass die Kosten, die den Verkäufern durch die Durchführung des Widerrufsrechts entstehen, nicht von *allen*, sondern nur von denjenigen Käufern getragen werden, die sich für das Widerrufsrecht entschieden und den dafür erforderlichen Preiszuschlag bezahlt haben. Ferner steht dem Verbraucher ein Widerrufsrecht zu, wenn er einen **Teilzeit-Wohnrechtevertrag**, einen Vertrag über ein „**langfristiges Urlaubsprodukt**" oder einen **Verbraucherdarlehensvertrag** geschlossen hat (§§ 485 Abs. 1, 495 Abs. 1). Dafür wird geltend gemacht, dass es in diesen Verträgen häufig um rechtlich sehr komplizierte Transaktionen geht und der Verbraucher durch sie langfristig und in wirtschaftlich erheblicher Weise gebunden wird. Immerhin wird man auch hier fragen dürfen, warum dem Verbraucher innerhalb einer Frist von 2 Wochen nach Vertragsabschluss Bedenken kommen sollten, die ihm vorher, als er dafür noch alle Zeit der Welt hatte, nicht gekommen sind. Allerdings lässt sich in manchen dieser Fälle zur Begründung des Widerrufsrechts sagen, der Verbraucher während der Vertragsverhandlungen oft durch manipulatorische Praktiken des Verkäuferpersonals zur Unterschätzung der vertraglichen Risiken verleitet wird und es sinnvoll erscheint, dass er sich aus diesem Grunde die Sache noch einmal nachträglich – unbeeinflusst von solchen Praktiken – überlegen kann. Vgl. ausführlich zur Begründung von Widerrufsrechten *Eidenmüller* AcP 210 (2010) 67.

c) **Regulierung des Vertragsinhalts.** – Durch weitere zwingende Vorschriften 43
wird der Inhalt bestimmter Verträge zugunsten der schwächeren Vertragspartei festgelegt. Darin liegt eine besonders klare Beschränkung der Vertragsfreiheit. Denn zwar kann die geschützte Partei noch frei entscheiden, ob sie den Vertrag abschließen will oder nicht. Entscheidet sie sich aber für den Vertrag, so steht damit sein Inhalt weitgehend fest. Verhandlungsspielraum

besteht nur noch in zwei Bereichen. Zum einen dürfen die Parteien über diejenigen Punkte Verabredungen treffen, die *nicht* durch zwingendes Recht festgelegt sind. Freilich sind das oft nur die weniger wichtigen Punkte; außerdem ist zu bedenken, dass auch solche Abreden meist in der Form von AGB-Klauseln Vertragsbestandteil werden und daher der Inhaltskontrolle gemäß § 307 ff. standhalten müssen, wenn sie wirksam sein sollen. Zum anderen sind vertragliche Vereinbarungen gültig, durch die der schwächeren Partei eine *günstigere* Rechtsstellung eingeräumt wird, als sie sie aufgrund der zwingenden Vorschriften ohnehin hat. Daher werden diese Vorschriften oft als „**halbzwingend**" bezeichnet.

44 Durch Informationspflichten, Widerrufsrechte und die Fixierung des Vertragsinhalts hat der Gesetzgeber für manche Vertragstypen zugunsten der schwächeren Partei ein so dichtes Netz zwingender Regeln geknüpft, dass man geradezu von „**regulierten Verträgen**" sprechen kann. Zu ihnen zählen – abgesehen von den „Haustürgeschäften" – alle schon oben erwähnten Verbraucherverträge, für die ein Widerrufsrecht vorgesehen ist. Sogar der gewöhnliche **Kaufvertrag** ist regulierter Vertrag, sofern der Käufer ein Verbraucher ist, der sich eine bewegliche Sache – sie mag neu hergestellt oder gebraucht sein – von einem Unternehmer beschafft hat (§§ 474 ff.; Rn. 602 ff.). Regulierter Vertrag ist auch der **Reisevertrag**, auch wenn bei diesem Vertragstyp die schwächere Partei nicht „Verbraucher" sondern „Reisender" genannt wird (§§ 651 a ff.; Rn. 673 f.). Das gleiche gilt auch für den **Wohnungsmietvertrag**. Schwächere Vertragspartei ist hier der Mieter, zu dessen Schutz zahlreiche zwingende Regeln bestehen, durch die z.B. die Haftung des Vermieters für Mängel der Mietwohnung festgelegt, sein Recht zur Kündigung erheblich beschränkt und auf verschiedene Weise dafür gesorgt wird, dass ein bestimmter, „angemessener" Mietzins nicht überschritten und die Anpassung des Mietzinses an veränderte Marktverhältnisse erschwert wird (Rn. 736 f.). Hierher gehören schließlich auch **Arbeitsverträge** (Rn. 653 f.).

45 Zwingende Vorschriften zur Regulierung bestimmter Verträge beruhen auf dem Gedanken, dass die Vertragsfreiheit eingeschränkt werden muss, weil sonst die Gefahr besteht, dass die schwächere Vertragspartei sich infolge der wirtschaftlichen Überlegenheit des anderen Teils auf einen Vertrag einlassen muss, der ihr Interesse an einer inhaltlich ausgewogenen Vereinbarung verletzt. Dieser Gedanke verdient gewiss Sympathie. Aber er sollte nicht vergessen machen, dass auf der Welt nichts kostenlos ist, insbesondere auch nicht der Verbraucherschutz. Wenn einer Partei kraft zwingenden Rechts bestimmte Risiken der Vertragsabwicklung auferlegt werden, so entstehen ihr dadurch Kosten, die sie durch eine Erhöhung ihrer Preise an ihre Kunden weitergeben wird, und zwar auch an diejenigen, die des Schutzes nicht bedürfen, weil sie umsichtig und geschäftskundig genug sind, um ihre Interessen auch ohne ihn wahrzunehmen. Für solche Kunden wird auch jeder Anreiz beseitigt, das in Rede stehende Risiko selbst abzuwenden, dies auch dann, wenn die ihnen dadurch entstehenden Kosten niedriger sind als der Aufwand, den die „stärkere" Vertragspartei zur Abwendung des gleichen Risikos tragen muss. Zu bedenken ist auch, dass sich durch die zwingenden Regelungen des Mie-

ter- oder Verbraucherschutzes die Kosten der Anbieter so stark erhöhen können, dass z.B. die Bereitstellung preisgünstigen Wohnraums (vgl. Rn. 713, 1006) oder das Angebot preisgünstiger Gebrauchtwagen (vgl. Rn. 608) unwirtschaftlich wird und deshalb ganz unterbleibt und sich so der gutgemeinte Mieter- oder Verbraucherschutz geradezu in sein Gegenteil verkehrt.

d) „Verbraucher" und „Unternehmer". – Soweit die zwingenden Regeln des Vertragsrechts auf Verbraucherschutz abzielen, finden sie nur auf **Verbraucherverträge** Anwendung, also auf Verträge, die – so die Definition in § 310 Abs. 3 – „zwischen einem Unternehmer und einem Verbraucher" abgeschlossen worden sind. Was unter „Verbraucher" und „Unternehmer" zu verstehen ist, hat der Gesetzgeber ein für allemal in §§ 13 und 14 geregelt. Danach ist **Verbraucher** „jede natürliche Person", die den Vertrag zu einem Zweck abgeschlossen hat, der „weder ihrer gewerblichen noch ihrer selbständigen beruflichen Tätigkeit zugerechnet werden kann" (§ 13). Als **Unternehmer** kommen sowohl natürliche wie juristische Personen und rechtsfähige Personengesellschaften in Betracht; sie müssen bei Abschluss des Vertrages „in Ausübung ihrer gewerblichen oder selbständigen beruflichen Tätigkeit" gehandelt haben. Wie viele gesetzliche Definitionen führen auch diejenigen in §§ 13 und 14 zu mancherlei Abgrenzungsproblemen und Ungereimtheiten. Sie müssen mit Gelassenheit ertragen werden. Denn die Alternative hätte darin bestanden, dass der Gesetzgeber auf §§ 13 und 14 verzichtet und stattdessen den Richter beauftragt hätte, in jedem Einzelfall zu prüfen, ob in Bezug auf wirtschaftliche Stärke, Verhandlungsgeschick, Geschäftsgewandtheit und Sachverstand das Gefälle zwischen den Parteien so groß ist, dass die eine als die schwächere den Schutz der zwingenden Vorschriften verdient. Das aber hätte der Rechtsunsicherheit Tür und Tor geöffnet.

Zwar hat es den Anschein, als würden durch §§ 13 und 14 für den Begriff des „Verbrauchers" und „Unternehmers" klare und einfache Voraussetzungen genannt. Die Praxis zeigt aber, dass es gleichwohl nicht selten Zweifelsfragen gibt. Kauft z.B. ein Verbraucher einen Gebrauchtwagen von einem Verkäufer, der als Einzelkaufmann, als Personengesellschaft oder als GmbH ein Gewerbe betreibt, so handelt der Verkäufer auch dann als „Unternehmer", wenn sein Gewerbe nicht gerade auf den Handel mit Kraftfahrzeugen, sondern z.B. auf den Betrieb einer Steuerberatungspraxis oder den Absatz von Drogerieprodukten gerichtet ist. Der Kaufvertrag über den Gebrauchtwagen ist daher auch dann „Verbrauchsgüterkauf" i.S. des § 474, wenn er für den Verkäufer ein „branchenfremdes Nebengeschäft" darstellt (BGH NJW 2011, 3425). Ein „Verbrauchsgüterkauf" liegt auch dann vor, wenn die Verhandlungen über den Kauf eines Gebrauchtwagens zwar von zwei professionellen Händlern geführt und abgeschlossen worden sind, aber der „kaufende" Händler deshalb nicht Käufer im Rechtssinne ist, weil er den Vertrag nicht in eigenem Namen, sondern im Namen eines Privatmanns abgeschlossen und damit auch dem Verkäufer erkennbar gemacht hat, dass sein Vertragspartner Verbraucher ist. – Zwar liegt kein Verbraucherkaufvertrag vor, wenn *beide Parteien* Verbraucher sind. Aber es kann anders liegen, wenn die Verhandlungen über den Verkauf eines Gebrauchtwagens nicht von dem privaten Verkäufer, sondern für ihn und in seinem Namen von einem *Händler* geführt worden sind und dieser das alleinige wirtschaftliche Risiko des Geschäfts trägt (Rn. 609 f.). – Wer einen Gebrauchtwagen gekauft hat und ihn als Verbraucher – also nicht im Rahmen einer gewerblichen oder selbständigen beruflichen Tätigkeit – nutzen will, kann sich, wenn er den Wagen von einem Händler gekauft hat, dennoch nicht darauf berufen, dass ein Verbrauchsgüterkauf gemäß § 474 Abs. 1 Satz 1 vorliege, falls er sich dem Händler bewusst wahrheitswidrig als Unternehmer aufgespielt hat, um so zu erreichen, dass der Händler, weil er den Käufer für einen Unternehmer hielt, die Gewährleistung (entgegen § 475 Abs. 1) ausgeschlossen und aus diesem Grunde einen niedrigeren Preis bewilligt hat (BGH NJW 2005, 1045). Ebenso liegt es, wenn die Käuferin eine natürliche Person ist, die die Kaufsache zwar für private Zwecke nutzen will, aber dennoch den Vertrag so geschlossen hat, dass der Verkäufer aus seinem Wortlaut und den übrigen Umständen den „klaren und eindeutigen" Schluss ziehen musste, dass die Käuferin die Ware für eine gewerbliche oder eine selbständige berufliche Tätigkeit nutzen wollte (BGH NJW 2009, 3780). – Wer als „Existenzgründer" einen Waschsalon eröffnen will und deshalb als Unternehmer handelt, wird als Verbraucher behandelt, soweit er sich zu diesem Zweck mit seiner Bank über die Gewährung eines Darlehens in Höhe von nicht mehr als 50.000 € einigt (§ 507).

3. Abschied von der Vertragsfreiheit?

48 Manchmal wird die Auffassung vertreten, dass sich im heutigen Vertragsrecht das Prinzip der Vertragsfreiheit auf dem Rückzug befinde und ihm im Grunde das letzte Stündlein schon geschlagen habe. Man verweist dazu auf das Vordringen der regulierten Verträge und auf den Umstand, dass angeblich auch das sonstige Vertragsrecht mehr und mehr vom „Schutz des Schwächeren" beherrscht werde. An die Stelle der Vertragsfreiheit müsse deshalb im modernen Wohlfahrtsstaat die „Vertragsgerechtigkeit" gesetzt, also der „Schutz der schwächeren Vertragspartei" weiter verstärkt, ihre „strukturelle Unterlegenheit" ausgeglichen und der Vertrag zu einem auf Kooperation, Solidarität, Fürsorglichkeit und Fairness angelegten Rechtsverhältnis umgebaut werden.

49 Freilich ist der Beweis noch nicht dafür erbracht, dass man die Flagge des Paternalismus hissen und das Schiff des Vertragsrechts dorthin treiben lassen sollte, wohin es von den wechselnden Winden der „Vertragsgerechtigkeit" und des „Schutzes des Schwächeren" geführt wird. Denn auch die Verteidiger eines liberalen Vertragsrechts haben längst erkannt, dass es heute häufig – und vielleicht in zunehmendem Maße – an den Voraussetzungen fehlt, unter denen es zu einem Prozess verantwortlichen Aushandelns der Vertragsbedingungen kommen und die Vertragsfreiheit die von ihr erwarteten wohlfahrtssteigernden Wirkungen herbeiführen kann. Schon immer war z.B. anerkannt, dass diese Voraussetzungen nicht gegeben sind, wenn eine Partei bei Abschluss des Vertrages nicht geschäftsfähig war, infolge einer alters- oder krankheitsbedingten Urteilsschwäche eine vernünftige Entscheidung nicht treffen konnte oder ihr Kontrahent sie in die Irre geführt, ihre Unerfahrenheit oder Arglosigkeit ausgenutzt, die vertraglichen Risiken verharmlost oder aus einer Zwangslage, in die sie geraten war, einen unerlaubten Vorteil gezogen hat. Die Begriffe, mit denen man umschreibt, warum eine Vertragspartei aus diesen Gründen an den Vertrag nicht gebunden ist, sind allesamt an ihren Rändern unscharf und dürfen heute auch deshalb großzügiger als früher ausgelegt werden, weil in einer komplizierter werdenden Welt für die Bildung einer verantwortlichen Entscheidung mehr Informationen als früher aufgenommen und verarbeitet werden müssen und dadurch der Einzelne leichter als früher überfordert wird. Auch die zwingenden Regeln, nach denen das Gericht einseitig vorformulierte AGB-Klauseln auf ihre Angemessenheit überprüfen darf, beruhen nicht auf dem Bedürfnis nach Schutz vor wirtschaftlicher Übermacht, sondern darauf, dass der Kunde die betreffenden Klauseln aus durchaus verständlichen Gründen – nämlich wegen der ihm sonst entstehenden „Transaktionskosten" – ungeprüft hinnimmt und deshalb Vorsorge für den Fall getroffen werden muss, dass der andere Vertragspartner sich diesen Umstand zunutze gemacht hat (vgl. Rn. 55 ff., 78 f.).

Vgl. zu allen diesen Fragen ausführlich und grundlegend schon *Kramer*, „Die Krise" des liberalen Vertragsdenkens (1974), ferner *Drexl*, Die wirtschaftliche Selbstbestimmung des Verbrauchers (1998); *Canaris*, Wandlungen des Schuldvertragsrechts – Tendenzen zu seiner „Materialisierung", AcP 200 (2000) 273.

Vorsicht ist erst recht am Platze, wo dem Vertragsrecht die Aufgabe zugewiesen werden soll, für eine **gerechte Vermögensverteilung** zu sorgen. Diesem Ziel dienen das Steuerrecht und die Regeln über Transferleistungen, mit denen Unterschiede im Eigentum und im Vermögen der Bürger ausgeglichen, der Reiche zugunsten des Armen belastet und demjenigen geholfen werden soll, der in eine Notlage geraten ist und sich mit eigenen Kräften aus ihr nicht befreien kann.. Dem Vertragsrecht ist diese Aufgabe aber fremd. Zwar findet man im Recht der regulierten Verträge – z.B. im Recht der Wohnungsmietverträge – Vorschriften, die auf solche Erwägungen gestützt sind. Gleichwohl sollte das Vertragsrecht Verteilungsziele allenfalls dann anzustreben suchen, wenn ein doppelter Beweis erbracht ist, einmal der Beweis dafür, dass die Wohltat, die man dem Schutzbedürftigen erweisen will, nicht zu seinem Nachteil ausschlägt, ferner dafür, dass die Kosten, die durch Verteilung mit Hilfe des Vertragsrechts entstehen, nicht größer sind als die Kosten der Verteilung durch das Steuerrecht und andere staatliche Transferleistungen. Beide Beweise werden sich nur sehr selten führen lassen.

VI. Dispositives Vertragsrecht

52 Als „dispositiv" werden diejenigen Regeln des Vertragsrechts bezeichnet, die „zur Disposition" der Vertragsparteien gestellt sind, also nur dann und nur insoweit gelten wollen, als die Parteien nichts anderes vereinbart haben. Man spricht deshalb auch von „nachgiebigen" oder „abdingbaren" Regeln. Freilich muss man fragen, warum der Gesetzgeber solche Regeln überhaupt für erforderlich gehalten hat. Immerhin erlaubt es die Vertragsfreiheit den Parteien, den gesamten Inhalt des Vertrages selbst so zu gestalten, wie sie das für richtig halten. Zwar können sie sich über zwingendes Recht nicht hinwegsetzen. Im übrigen sind sie aber frei. Warum wird diese Freiheit von ihnen nicht vollständig genutzt? Warum werden für diesen Fall dispositive Regeln vom Gesetzgeber in großer Zahl bereitgestellt?

53 Tatsächlich zeigt die Erfahrung, dass die Parteien von ihrer Freiheit zur inhaltlichen Gestaltung des Vertrages oft nur einen sehr beschränkten Gebrauch machen und viele Punkte offenlassen, die sie durch vertragliche Vereinbarungen durchaus hätten regeln können. Sogar die vertraglichen Hauptpflichten werden manchmal nur in den Grundzügen, nicht in bezug auf ihre näheren Modalitäten geregelt. In noch stärkerem Maße gilt dies für die Nebenpflichten, die die Erbringung der Hauptleistung vorbereiten, ergänzen oder sichern sollen, und über die Schutzpflichten verlieren die Parteien in aller Regel kein Wort.

54 Vgl. zur Unterscheidung zwischen Haupt-, Neben- und Schutzpflichten Rn. 484 ff. – Ist z.B. die Lieferung einer EDV-Anlage gegen Zahlung eines bestimmten Preises versprochen worden, so wird es nicht selten in dem Vertrag an Vereinbarungen fehlen, die den genauen Zeitpunkt der Lieferung oder der Zahlung festlegen oder die Rechte und Ansprüche bestimmen, die dem Käufer zustehen sollen, wenn der Verkäufer nicht liefert, weil sein Lager abgebrannt, sein Personal in Streik getreten oder er selbst von seinem Vorlieferanten nicht beliefert worden ist. Was soll gelten, wenn die EDV-Anlage während des Transports zum Käufer beschädigt wird, einen behebbaren oder unbehebbaren Mangel hat oder die Betriebsanleitung nicht mitgeliefert worden ist?

55 Dass Verträge in diesem Sinne „**unvollständig**" sind, beruht nicht auf dem Unverstand oder der Trägheit der Parteien. Vielmehr handeln sie in aller Regel durchaus rational, wenn sie sich mit unvollständigen Verträgen begnügen. Denn Vertragsverhandlungen sind nicht kostenlos, sondern verursachen einen Aufwand, für den die Ökonomen den Begriff der **Transaktionskosten** entwickelt haben. Transaktionskosten entstehen dadurch, dass das Risiko, auf dessen vertragliche Zuordnung die Verhandlungen abzielen, von den Parteien zunächst einmal definiert werden muss, dass sie den Erwartungswert des Risikos bestimmen, nämlich abschätzen müssen, mit welcher Wahrscheinlichkeit es sich verwirklichen wird und wie schwer die in diesem Fall für sie entstehenden Nachteile wiegen, dass sie ferner Vorschläge über

die aus ihrer Sicht erwünschte Risikoverteilung ausarbeiten, die Gegenvorschläge ihres Kontrahenten prüfen und darüber mit ihm Verhandlungen führen müssen. Keine Partei wird an solchen Verhandlungen ein Interesse haben, wenn die Transaktionskosten, die ihr dadurch entstehen, höher sind als der Nachteil, der ihr ohne solche Verhandlungen droht. Wenn etwa die Wahrscheinlichkeit dafür, dass sich im Zuge der Vertragsdurchführung ein bestimmtes Risiko verwirklichen wird, 1:100 beträgt und der einen Partei in diesem Fall ein Nachteil von 500 entstünde, so wäre es unsinnig, wenn sie mehr als 5 in Vertragsverhandlungen investiert, die zum Ziel haben, dass das Risiko – unterstellt, dass es ohne Verhandlungen von ihr zu tragen wäre – auf den anderen Teil abgewälzt wird. Es ist deshalb nicht nur nicht fahrlässig, sondern hat einen vernünftigen Grund, dass die Parteien bei Bargeschäften des täglichen Lebens oder bei Verträgen über den Kauf eines Gebrauchtwagens, die Vermietung eines Tretbootes, die Erteilung von Nachhilfeunterricht oder die Reparatur eines Fernsehgerätes in aller Regel keine näheren Vereinbarungen über den Vertragsinhalt treffen.

Umgekehrt kann man so auch erklären, warum es in der Praxis zum Abschluss annähernd vollständiger Verträge nur in zwei Fallgruppen kommt. In der einen Fallgruppe geht es um Verträge, durch die Leistungen von **erheblichem Wert** ausgetauscht werden. Bei einem Vertrag über die Errichtung einer chemischen Fabrik, über den Bau eines großen Passagierschiffes oder über den Verkauf eines bedeutenden Unternehmens geht es um gewaltige Werte: Hier lohnt sich der Aufwand, der erforderlich ist, um die Vertragspflichten der Parteien (und die Sanktionen im Falle einer Pflichtverletzung) bis in die Einzelheiten hinein vertraglich zu regeln. In der anderen Fallgruppe geht es um Verträge, die zwar – jeder für sich genommen – nur relativ geringwertige Güter oder Leistungen betreffen, aber von der einen Partei so **häufig** abgeschlossen werden, dass für sie ein starker Anreiz besteht, Zeit und Geld in die Ausarbeitung von Allgemeinen Geschäftsbedingungen zu investieren und sie ihren Kunden in gleicher Form immer wieder zur Einbeziehung in den Vertrag anzubieten.

Es gibt auch Verträge, bei denen die Parteien das vertragliche Pflichtenprogramm selbst bei hohem Verhandlungsaufwand nur annäherungsweise bestimmen können. So liegt es besonders bei **langfristigen** oder auf unbestimmte Zeit abgeschlossenen Verträgen wie z.B. bei Gesellschaftsverträgen und bei Lieferverträgen mit jahrelangen Laufzeiten. Hier ist es den Parteien oft auch bei stärkster Anspannung ihrer Phantasie nicht möglich, schon bei den Vertragsverhandlungen vorherzusehen, wie sich das Umfeld, in das der Vertrag eingebettet ist, während seiner Laufzeit verändern wird und was unter den veränderten Umständen als pflichtgemäßes oder pflichtwidriges Verhalten anzusehen ist. Manchmal versuchen die Parteien, dieses Problem dadurch zu lösen, dass sie sich durch eine „Neuverhandlungsklausel" verpflichten, im Falle veränderter Umstände miteinander Verhandlungen über eine einverständliche Vertragsanpassung – evtl. unter Beteiligung eines neutralen „Mediators" – zu führen. – Manche Indizien legen nahe, dass für die Sorgfalt, die die Parteien auf eine genaue vertragliche Regelung ihres Pflichtenprogramms verwenden, auch rechtskulturelle Unterschiede eine Rolle spielen. Jedenfalls wird aus Verhandlungen über den Abschluss internationaler Verträge von deutschen Juristen mit Verblüffung und manchmal mit Entsetzen berichtet, wie ausführlich und detailversessen die Vertragsentwürfe sind, die von ihren anglo-amerikanischen Kollegen auf den Verhandlungstisch gelegt werden. Vgl. dazu *Kötz*, Der Einfluss des Common Law auf die internationale Vertragspraxis, FS Heldrich (2005) 771.

58 Wenn ein Vertrag aus den eben dargestellten Gründen unvollständig ist und sich auch nicht durch (ergänzende) Vertragsauslegung helfen lässt (Rn. 68 ff.), so treten die dispositiven Regeln des BGB als „Reserveordnung" in die Lücke. Bei der Schaffung dieser Regeln hat sich der Gesetzgeber von dem Ziel leiten lassen, für bestimmte, regelmäßig wiederkehrende Situationen eine angemessene Regelung zu finden, die den typischen Interessen der Parteien Rechnung trägt. Mit anderen Worten: Das dispositive Recht enthält Regelungen, wie sie von vernünftigen und redlichen Parteien auf dem Verhandlungswege vereinbart worden wären, sofern sie über den fraglichen Punkt, ohne auf Transaktionskosten Bedacht nehmen zu müssen, mit Sorgfalt und Muße verhandelt hätten. „So gesehen, spiegeln sich im dispositiven Recht immer auch simulierte Verhandlungsergebnisse wider" (*Huber* I S. 47). Freilich kommt dem dispositiven Recht nicht nur die passive Rolle eines bloßen Lückenbüßers zu. Vielmehr will es auch einen aktiven Beitrag zur Senkung der Transaktionskosten leisten, indem es angemessene Lösungen bereitstellt und damit einen Anreiz für die Parteien setzt, Verhandlungen nur noch über diejenigen Punkte zu führen, in denen sie von jenen Lösungen aus besonderen Gründen abweichen wollen. Einen Beitrag zur Senkung der Transaktionskosten leistet das dispositive Recht auch dadurch, dass es vom Gesetzgeber in einer durchweg klaren und deutlichen Sprache niedergelegt worden ist und damit den Parteien ein Instrumentarium juristischer Begriffe zur Verfügung stellt, mit dessen Hilfe sie ihre Abmachungen – welchen Inhalt auch immer sie haben mögen – in ein präzises sprachliches Gewand kleiden können.

59 Dispositive gesetzliche Vorschriften finden sich in großer Zahl im „Allgemeinen Schuldrecht" des BGB, also in den ersten 7 Abschnitten des Zweiten Buchs (§§ 241–432). Diese Vorschriften gelten zum Teil für sämtliche – also auch für die „gesetzlichen" – Schuldverhältnisse (Rn. 4), zum Teil *nur* für die vertraglichen Schuldverhältnisse (§§ 305–360); unter den letzteren sind die Bestimmungen in §§ 320–327 nur auf gegenseitige Verträge anzuwenden (Rn. 485). Hinzu kommen die dispositiven Vorschriften des „Besonderen Schuldrechts", die im 8. Abschnitt des Zweiten Buchs geregelt sind, soweit dort von vertraglichen Schuldverhältnissen die Rede ist. Dabei ist der Gesetzgeber dergestalt vorgegangen, dass er bestimmte Vertragstypen unterschieden und die für jeden Vertragstyp maßgeblichen Regelungen jeweils in einem eigenen Abschnitt („Titel") niedergelegt hat. An der Spitze jedes dieser

C. Freiheit und Zwang im Vertragsrecht 59–62

Abschnitte findet sich eine Vorschrift, die eine „Legaldefinition" des geregelten Vertragstyps enthält, indem sie die für ihn als charakteristisch angesehenen Hauptpflichten beschreibt. Wenn also der Vertrag, mit dem man es zu tun hat, die in §§ 433, 535 oder 631 bestimmten Merkmale aufweist, so liegt ein Kaufvertrag, ein Mietvertrag oder ein Werkvertrag vor, dies mit der Folge, dass die gesetzlichen Vorschriften des jeweiligen Abschnitts – die dispositiven ebenso wie die zwingenden – auf den in Rede stehenden Vertrag anzuwenden sind.

Oft wird übersehen, dass die genannten Eingangsvorschriften – wie z.b. § 433 – einen bloß definitorischen Charakter haben und deshalb nicht selbst als Anspruchsgrundlage taugen (vgl. *Medicus/Lorenz* SchR AT Rn. 136). Dass der Verkäufer die verkaufte Ware dem Käufer übereignen und liefern muss, hat seinen Grund nicht in § 433, sondern in dem Umstand, dass er sich dazu dem Käufer gegenüber vertraglich verpflichtet hat. Es liegt deshalb ein häufig begangener, wenn auch gewiss unschädlicher Fehler darin, dass gesagt wird, es sei der Verkäufer „gemäß § 433" zur Übereignung und Lieferung der Kaufsache verpflichtet. 60

Aus dem Grundprinzip der Vertragsfreiheit folgt auch, dass die Parteien Verträge beliebigen Inhalts schließen können und nicht etwa auf diejenigen Vertragstypen beschränkt sind, für die das BGB eine Regelung bereitgestellt hat. Sie können z.b. Verträge schließen, die das Normalmodell eines Kauf-, Miet- oder Werkvertrags so stark abwandeln, dass die vom Gesetzgeber für diese Vertragstypen vorgesehenen dispositiven Regeln nicht mehr passen und Vertragslücken auf andere Weise – insbesondere durch ergänzende Vertragsauslegung (Rn. 68 ff.) – geschlossen werden müssen. Auch kommt es häufig vor, dass in dem Vertrag, den die Parteien geschlossen haben, die Elemente mehrerer gesetzlich geregelter Vertragstypen miteinander kombiniert sind. Man spricht dann von „**gemischten Verträgen**". 61

Vgl. dazu ausführlich *Medicus/Lorenz* SchR BT § 128. – So liegt es z.B., wenn der Eigentümer eines Hauses einem Studierenden eine Wohnung zur Benutzung überlässt, dieser aber als Gegenleistung nicht eine Miete zahlen, sondern stattdessen Dienstleistungen erbringen, also etwa den Rasen des Hauseigentümers regelmäßig mähen, sein Schwimmbecken warten, seine gebrechliche Ehefrau versorgen oder seinen Kindern Nachhilfeunterricht erteilen soll. Hier wird man grundsätzlich auf die Leistungen der beiden Vertragsparteien die dispositiven Regeln desjenigen Vertragstyps anwenden, für den die Erbringung jener Leistungen die charakteristische Hauptpflicht darstellt, also §§ 536 ff. auf die Leistung des Hauseigentümers, §§ 611 ff. auf die Dienstleistung des Studierenden. – Ähnlich liegt es, wenn die eine Vertragspartei die Zahlung eines Entgelts, die andere die Überlassung eines Raumes, aber außerdem auch noch andere Leistungen versprochen hat, z.B. die Herstellung eines Werkes, die Übereignung und Lieferung von Sachen, die Besorgung von Geschäften. So verhält es sich bei einem **Beherbergungsvertrag**, wie ihn Hotelunternehmer und Hotelgast miteinander schließen. Hier wird man, soweit es um die Verpflichtung des Hotelunternehmers zur Überlassung eines mangelfreien Hotelzimmers geht, die Vorschriften der §§ 536 ff. anwenden. Hat die Hotelküche dem Gast ein ungenießbares Essen vorgesetzt, so greifen §§ 651, 433 ff. ein, und hat der Hotelunternehmer die für den Gast eingegangene Post nicht ausgeliefert oder nicht 62 nachgeschickt, so muss man auf § 675 rekurrieren. – Ebenso, wenn sich ein Grundstückseigentümer verpflichtet hat, auf seinem Grundstück ein Gebäude zu errichten und das Grundstück mit dem Gebäude alsdann dem Erwerber zu übereignen: Leitet sich der Anspruch, den der Erwerber geltend macht, aus der Verpflichtung des Veräußerers zur Übereignung des Grundstücks her, so ist er auf die kaufrechtlichen, hingegen auf die werkvertragsrechtlichen Vorschriften zu stützen, soweit es um die Erfüllung oder Schlechterfüllung der Verpflichtung zur Errichtung des Gebäudes geht (vgl. BGHZ 60, 362). – Gelegentlich kommt man bei einem „gemischten Vertrag" zu dem Ergebnis, dass die an sich maßgeblichen dispositiven Vorschriften nicht passen oder dass es an solchen Vorschriften gänzlich fehlt. Dann ist die Lücke mit Hilfe der „ergänzenden Vertragsauslegung" zu schließen.

VII. Vertragsauslegung

63 Wenn das vertragliche Pflichtenprogramm nicht vollständig durch Vereinbarungen der Parteien geregelt ist und sich die Lücke auch nicht durch einen Rückgriff auf die geschriebenen oder ungeschriebenen dispositiven Regelungen schließen lässt – sei es, weil es an dispositivem Recht fehlt, sei es auch, weil das vorhandene dispositive Recht auf den konkreten Vertrag aus bestimmten Gründen nicht passt –, so kann der Richter nicht einfach das Handtuch werfen und das Los entscheiden lassen. Vielmehr muss er die Regelung durch **Auslegung des Vertrages** zu gewinnen versuchen. Die Vertragsauslegung hat es aber nicht nur mit dem Fall zu tun, in dem die Parteien für den Punkt, auf den es ankommt, eine Regelung überhaupt nicht getroffen haben. Sie muss auch dort helfen, wo die Parteien den Punkt zwar (wenigstens ansatzweise) durch eine mündliche oder schriftliche Vereinbarung geregelt, diese Regelung aber in eine Formulierung gekleidet haben, der jede Partei einen anderen Sinn beilegt und die deshalb unklar oder mehrdeutig zu sein scheint. Durch Auslegung wird festgestellt, welcher Sinn der rechtlich maßgebliche ist. Davon soll zunächst die Rede sein.

1. Auslegung unklarer Formulierungen

64 Gemäß § 133 ist bei der Auslegung einer Willenserklärung „der wirkliche Wille zu erforschen und nicht an dem buchstäblichen Sinne des Ausdrucks zu haften". Das bedeutet aber nicht, dass der wirkliche Wille des Erklärenden, nachdem er erforscht ist, stets auch der rechtlich maßgebende wäre. Für Verträge, um deren Auslegung es hier allein geht, kann das schon deshalb nicht generell gelten, weil es hier (mindestens) zwei Parteien sind, die sich mit ihren Erklärungen auf eine und dieselbe auslegungsbedürftige Formulierung verständigt haben. Hier ist der „wirkliche Wille" nur dann der rechtlich maßgebliche, wenn er sich bei beiden Parteien auf *dasselbe* gerichtet hat, also

beide der Formulierung den gleichen Sinn beigelegt haben. Dann gilt das von den Parteien übereinstimmend Gewollte, nicht dasjenige, was dem üblichen oder buchstäblichen Sinne der von ihnen gewählten Formulierung entspricht: **Falsa demonstratio non nocet** (vgl. RGZ 99, 147; BGH NJW 1984, 721).

Häufiger kommt es vor, dass jede Partei der fraglichen Formulierung einen anderen Sinn beilegt, sei es, dass ihre unterschiedliche Auffassung schon bei Vertragsabschluss bestand (aber von ihnen nicht bemerkt oder in der Hoffnung, es werde nicht darauf ankommen, vernachlässigt worden ist), sei es, dass die Parteien erst später einen Anlass hatten, sich über die Tragweite der Formulierung Gedanken zu machen und erst dann ihre Meinungsverschiedenheit zutage getreten ist. In diesen Fällen ist der Vertrag gemäß § 157 so auszulegen, „wie Treu und Glauben mit Rücksicht auf die Verkehrssitte es erfordern". Treu und Glauben gebieten es nun aber, dem Umstand Rechnung zu tragen, dass jede auf einen Vertrag hin abgegebene Erklärung einen Akt der sozialen Kommunikation darstellt, für den der Erklärende Verantwortung trägt, weil er wissen muss, dass der andere der Erklärung einen bestimmten Sinn beilegen und im Vertrauen darauf irgendwelche Dispositionen treffen wird. Das gilt nicht nur für Erklärungen, durch die ein Vertrag abgeschlossen, sondern auch für Erklärungen, durch die ein bereits abgeschlossener Vertrag angefochten, gekündigt, durch einen Rücktritt beendet, sein Inhalt geändert oder die für seine Wirksamkeit erforderliche Zustimmung von einem Dritten erteilt werden soll. In allen diesen Fällen kommt es für die Auslegung der Erklärung nicht auf dasjenige an, was der Erklärende mit ihr sagen *wollte*. Maßgeblich ist vielmehr der „**objektive Empfängerhorizont**", also diejenige Bedeutung, die der Erklärung von einem vernünftigen Menschen in der Lage des Erklärungsgegners unter Berücksichtigung der Umstände gegeben würde. Zu diesen Umständen gehört alles, was irgendwie geeignet ist, den Sinn der Erklärung zu bestimmen. Dazu zählt zunächst die Bedeutung, die die Formulierung hat, wenn man die in ihr verwendeten Worte so versteht, wie sie nach allgemeinem Sprachgebrauch verstanden werden. Ein vernünftiger Mensch würde aber auch bedenken, ob es nicht besondere Gründe gibt, die die Annahme nahe legen, dass der Erklärung von ihrem Urheber ein anderer als der gewöhnliche Sinn beigelegt worden ist. Gehören beide Parteien einem bestimmten Verkehrskreis an, so müssen sie vernünftigerweise damit rechnen, dass der andere die Erklärung so verstehen wird, wie dies der Übung des betreffenden Verkehrskreises – der Verkehrssitte – entspricht. Zu diesen Umständen können auch die Erklärungen gehören, die die Parteien schon früher im Zuge der Vertragsverhandlungen abgegeben, die Prospekte und Kataloge, die sie einander vorgelegt, die Zwecke, die sie in einer dem anderen Partner erkennbaren Weise mit dem Abschluss des Vertrages verfolgt haben, und noch anderes mehr.

66 In der lehrreichen Entscheidung BGH LM § 133 (C) Nr. 17 hatten Grundstücksnachbarn einen Vertrag geschlossen, in dem sich die Beklagte verpflichtet hatte, in den Wänden ihres Fabrikgebäudes, soweit sie dem Grundstück der Klägerin zugekehrt waren, keine „Fenster" anzubringen. Später hatte sie, um Licht in ihr Gebäude zu leiten, Öffnungen in das Mauerwerk gebrochen und sie mit Glasbausteinen verschlossen. Hatte sie damit ein „Fenster" angebracht und infolgedessen eine Vertragspflicht verletzt? Nach Auffassung des Berufungsgerichts kam es für die Auslegung des Begriffs „Fenster" auf den Zweck an, den die Klägerin mit der Vereinbarung verfolgt hatte. Sie habe verhindern wollen, dass durch Fenster ihr Grundstück eingesehen, Geräusche hinübergebracht und Gegenstände herübergeworfen werden könnten. Diese Gefahren bestünden nicht, wenn Maueröffnungen mit Glasbausteinen fest verschlossen würden. Der BGH teilte diese Auffassung nicht: Nach „üblichem deutschen Sprachgebrauch" werde von einem „Fenster" schon dann gesprochen, wenn durch eine Öffnung der Gebäudewand Licht ins Innere fallen könne. Was das Berufungsgericht zum Zweck der Vereinbarung gesagt habe, sei zwar nicht falsch, aber unvollständig. Es sei der Klägerin *auch* darum gegangen, sich für die Zukunft die Möglichkeit zu erhalten, ihr Grundstück bis an seine Grenze zu bebauen. Daran werde sie aber durch baurechtliche Vorschriften gehindert, nach denen ein Gebäudeabstand eingehalten werden muss, der dem Nachbarn die bestehenden Möglichkeiten der Lichtzuführung erhält, und zwar auch dann, wenn die Lichtzuführung durch Glasbausteine erfolgt. – Vgl. auch BGH LM § 133 (Fb) Nr. 4: In einem Grundstückskaufvertrag hatten sich die Käufer gegenüber der Stadt Hamburg als Verkäuferin verpflichtet, „auf dem Grundstück ein Wohnhaus ... errichten zu lassen". Sie bauten später ein Haus, in dem sich zwar Wohnungen, im Erdgeschoss aber auch ein Ladenlokal befanden. Der BGH meinte, dass nach dem allgemeinen Sprachgebrauch ein Haus auch dann noch als „Wohnhaus" bezeichnet werde, wenn sich darin neben Wohnungen auch ein Ladenlokal befinde. Immerhin hätte aber wohl auch noch bedacht werden müssen, dass die Stadt als Trägerin der Bauplanung mit dem Begriff „Wohnhaus" eine engere, aus dem Planungsrecht abgeleitete und auch den Klägern erkennbare Vorstellung verbunden haben kann. – In BGHZ 20, 345 hatte der Schauspieler Paul Dahlke dem beklagten Pressephotographen unentgeltlich gestattet, ihn auf seinem Motorroller abzulichten und die Aufnahme zu veröffentlichen. Zweifelhaft war, ob diese Gestattung – richtig ausgelegt – den Beklagten auch dazu berechtigen sollte, die Aufnahme zur Herstellung von Werbematerial an den Hersteller des Motorrollers weiterzugeben. Aufgrund einer sorgfältigen Würdigung der Umstände, unter denen der Kläger die Gestattungserklärung abgegeben hatte, wurde die Frage vom BGH verneint und seiner Klage stattgegeben.

67 In manchen ausländischen Zivilgesetzbüchern finden sich Auslegungsregeln, die dem Richter raten, welchem von zwei denkbaren Auslegungsergebnissen er im Zweifel den Vorzug geben soll. Die Verfasser des BGB haben von solchen Auslegungsregeln abgesehen, weil sie der Meinung waren, dass es nicht Sache des Gesetzgebers sei, dem Richter „Belehrungen über praktische Logik" zu erteilen. (*Mugdan* I 437; vgl. dazu auch *Kötz* EVR § 7 IV). In der Tat hat sich nur die **„Unklarheitenregel"** in der Praxis als brauchbar herausgestellt. Danach ist eine unklare Vertragsvereinbarung „contra proferentem", also zum Nachteil derjenigen Partei auszulegen, die die Vereinbarung formuliert hat und sich deshalb klarer hätte ausdrücken können. Soweit eine Vertragspartei die Vereinbarung nicht nur formuliert, sondern sie darüber hinaus in Gestalt einer AGB-Klausel dem Partner bei Abschluss des Vertrages „gestellt" hat (vgl. § 305 Abs. 1 Satz 1), gilt die „Unklarheitenregel" sogar kraft Gesetzes (§ 305 c Abs. 2). Sie kann aber auch in anderen Fällen vernünftige Ergebnisse liefern, dies besonders dann, wenn derjenige, der die unklare Formulierung aufgestellt hat, sich mit ihr ganz oder teilweise von einer Haftung freizeichnen will, die vom dispositiven Recht vorgesehen und deshalb im Zweifel als angemessen anzusehen ist.

2. Ergänzende Vertragsauslegung

Was vertraglich versprochen ist, ergibt sich in erster Linie aus den Vereinbarungen, die die Parteien dazu getroffen haben. Sind sie unklar, so ist durch Auslegung zu helfen (Rn. 64 ff.) Wie liegt es aber, wenn die Parteien zum fraglichen Punkt überhaupt keine Vereinbarungen getroffen haben, der Vertrag also lückenhaft ist? In der Regel lassen sich solche Lücken durch die Regeln des dispositiven Rechts schließen. Nicht selten stehen aber solche Regeln nicht zur Verfügung, und zwar insbesondere dann nicht, wenn es um einen Vertragstyp geht, den der Gesetzgeber noch gar nicht gekannt und für den er deshalb überhaupt keine oder nur ganz unzureichende dispositive Vorschriften bereitgestellt hat. In anderen Fällen ist dispositives Recht zwar vorhanden. Aber es ist zur Schließung der Lücke nicht geeignet, weil feststeht, dass die Parteien die vom Gesetzgeber vorgeschlagene Regel gerade *nicht* gewollt haben (BGH NJW 1975, 1116), oder weil ihre Interessenlage im konkreten Fall eine andere ist als diejenige, von der sich der Gesetzgeber bei Schaffung des dispositiven Rechts hat leiten lassen. In solchen Fällen muss die Lücke durch **„ergänzende Vertragsauslegung"** geschlossen werden. Dem Ergebnis, zu dem sie führt, gebührt der Vorrang vor (vorhandenem) dispositivem Recht. Denn auch die ergänzende Vertragsauslegung zielt auf die Ermittlung des Parteiwillens ab; er geht allemal dem dispositiven Recht vor (BGHZ 74, 370, 373 f.; vgl. aber auch *Medicus* AT Rn. 340 ff., *Bork* AT Rn. 532 ff.; *Larenz/Wolf* § 28 Rn. 99 ff.).

Die Befugnis zur ergänzenden Vertragsauslegung wird manchmal auf § 157, manchmal auf § 242 gestützt. Jedenfalls hat der Richter – so die von der Rechtsprechung regelmäßig verwandte Formel – bei der ergänzenden Vertragsauslegung „dasjenige zu ermitteln und zu berücksichtigen, was die Parteien zwar nicht erklärt haben, was sie aber in Anbetracht des gesamten Vertragszwecks erklärt haben würden, wenn sie den offen gebliebenen Punkt in ihren Vereinbarungen ebenfalls geregelt hätten und hierbei zugleich die Gebote von Treu und Glauben und der Verkehrssitte beachtet hätten".

So BGHZ 16, 71; ähnlich BGHZ 77, 301: BGHZ 84, 1,7. – In BGHZ 16, 71 hatten zwei Ärzte den Tausch ihrer Arztpraxen vereinbart. Weil es dem einen Arzt an dem neuen Ort nicht gefiel, kehrte er 9 Monate später an den früheren Ort seiner Tätigkeit zurück.

Sein Kollege war davon nicht begeistert, weil er fürchtete, seine Patienten könnten zu dem ihnen noch von früher her vertrauten Arzt zurückkehren. Er bat das Gericht um ein Unterlassungsurteil, das dem beklagten Kollegen die Rückkehr verbieten sollte. Er konnte freilich diesen Unterlassungsanspruch weder auf eine vertragliche Vereinbarung noch auf eine Regel des dispositiven Rechts stützen. Gleichwohl hielt der BGH die Klage für begründet, weil nach seiner Auffassung aufgrund einer ergänzenden Vertragsauslegung in den Vertrag ein Rückkehrverbot hineinzulesen war. Er verwies die Sache an das Berufungsgericht zurück mit der Maßgabe, dass es „die genaue örtliche und zeitliche Beschränkung des Rückkehrverbots" unter Berücksichtigung der Umstände und der Verkehrssitte festzulegen habe.

71 Das Rückkehrverbot in der eben genannten Entscheidung ähnelt nach seiner Funktion dem Wettbewerbsverbot, wie es z.B. in Gesellschaftsverträgen vereinbart zu werden pflegt. Danach verpflichten sich die Gesellschafter, im Falle ihres Ausscheidens aus der Gesellschaft für eine bestimmte Zeit nicht mit ihr in Wettbewerb zu treten, also nicht im Geschäftskreis der Gesellschaft für eigene Rechnung unternehmerisch tätig zu werden. Auch bei Unternehmenskaufverträgen ist es üblich, dass sich der Verkäufer gegenüber dem Käufer verpflichtet, nicht in Wettbewerb zu dem verkauften Unternehmen zu treten. Jeder Rechtsanwalt, der beim Abschluss solcher Verträge die Gesellschaft oder den Käufer berät, würde einen Fehler begehen, wenn er es unterließe, bei den Vertragsverhandlungen auf die Vereinbarung eines Wettbewerbsverbots zu dringen. Fehlt eine solche Vereinbarung, so kann sie auch noch nachträglich durch ergänzende Vertragsauslegung in den Vertrag hineingelesen werden.

72 So RGZ 117, 176. Ebenso, wenn in einem Gesellschaftsvertrag Fragen offengeblieben sind und es an passendem dispositivem Recht fehlt, vgl. BGH NJW 1979, 1705; BGH NJW 1982, 2816; BGHZ 123, 281, 285; BGH NJW-RR 2005, 1619. Haben die Parteien gemeinsam im Ausland ein Auto gemietet und vereinbart, dass sie seine Kosten gemeinsam tragen und sich beim Fahren abwechseln würden, so kann der darin liegende Gesellschaftsvertrag ergänzend dahin auszulegen sein, dass jeder dem anderen nur bei grober Fahrlässigkeit haften und eine Haftung bei gewöhnlicher Fahrlässigkeit ausgeschlossen sein solle (BGH NJW 2009, 1482). – Ergänzende Vertragsauslegung kommt auch dort in Betracht, wo der fragliche Punkt zwar ursprünglich von den Parteien vertraglich geregelt worden ist, diese Regelung sich aber später als unwirksam herausstellt. Hat sich z.B. ein Mieter verpflichtet, im Falle der Erhöhung des Lebenshaltungskostenindex um mehr als 10 % automatisch eine entsprechend höhere Miete zu zahlen und ist diese „Wertsicherungsklausel" unwirksam, weil die erforderliche staatliche Genehmigung nicht zu erlangen ist, so kann im Wege der ergänzenden Vertragsauslegung eine ähnliche Klausel als vereinbart angesehen werden, die den Absichten der Parteien Rechnung trägt und keiner Genehmigung bedarf. So BGH NJW 1967, 830; BGHZ 63, 132, ferner BGH NJW 1996, 3001. Das gleiche ist angenommen worden, wenn es sich bei der ursprünglich getroffenen Vereinbarung um eine AGB-Klausel handelt, die gemäß §§ 307 ff. BGB unwirksam ist: Auch eine solche Vertragslücke kann, wenn es an (passendem) dispositivem Recht fehlt (vgl. § 306 Abs. 2), durch ergänzende Vertragsauslegung geschlossen werden (BGHZ 60, 353, 362; BGHZ 90, 69, 75; BGHZ 120, 108, 122; BGHZ 137, 153, 157; ferner Rn. 125, 281, 487, 1016 ff.).

3. Vertragsergänzung auf der Grundlage des § 242

Ist das Pflichtenprogramm der Parteien in dem Vertrag nur unvollständig geregelt, so wird es von der Rechtsprechung häufig mit Hilfe des § 242 ergänzt, indem sie annimmt, dass eine Partei nach „Treu und Glauben mit Rücksicht auf die Verkehrssitte" zu einem bestimmten Tun oder Unterlassen verpflichtet sei. Zwar erweckt der Wortlaut des § 242 den Anschein, als habe die Vorschrift Bedeutung nur für das „Wie" der Pflichterfüllung, nicht für die hier interessierende Frage der Pflichten**begründung**. Aber so eng wird § 242 seit langem nicht mehr verstanden.

Wo die ergänzende Vertragsauslegung gemäß § 157 endet und die Vertragsergänzung gemäß § 242 beginnt, lässt sich nicht präzis bestimmen, zumal sich beide Vorschriften auf „Treu und Glauben" und die „Verkehrssitte" berufen. Auch die Rechtsprechung macht sich um die genaue Abgrenzung nicht viele Sorgen, stützt sich oft gleichzeitig auf beide Vorschriften und hält nicht selten die Erwähnung gesetzlicher Vorschriften in diesem Zusammenhang für ganz überflüssig. Immerhin ist zu bedenken, dass § 157 die „Auslegung" von Verträgen betrifft und dass deshalb ergänzende Vertragsauslegung um so eher geboten ist, je mehr es um eine auf den konkreten Vertrag zugeschnittene, gleichsam „**maßgeschneiderte**" Ergänzung des vertraglichen Pflichtenprogramms geht. Wenn dagegen fraglich ist, ob für Verträge einer bestimmten Art ergänzende Leistungs- oder Schutzpflichten nach der typischen Interessenlage der Parteien **allgemein** geboten erscheinen, so empfiehlt es sich, auf § 242 zurückzugreifen (vgl. *Schlechtriem/Schmidt-Kessel* AT Rn. 142 ff.).

Die Ergänzung des vertraglichen Pflichtenprogramms um **Schutzpflichten** (Rn. 491 ff.) sollte deshalb auf der Grundlage des § 242 erfolgen. Denn Schutzpflichten dienen (anders als die Leistungspflichten) nicht der Sicherung des vertraglich verabredeten Leistungsaustausches, sondern lediglich der Bestandswahrung: Sie sollen die Parteien vor Schäden schützen, die sie bei der Vertragsanbahnung oder der Vertragserfüllung an ihren schon vorhandenen Rechten, Rechtsgütern und Interessen durch pflichtwidriges Verhalten des Verhandlungs- oder Vertragspartners erleiden könnten. Schutzpflichten sind daher weithin unabhängig von den konkreten Besonderheiten des Vertrages, den die Parteien abgeschlossen haben. Daher kann man, wenn es an Vereinbarungen über Schutzpflichten fehlt, auch kaum von einer „Lücke" des Vertrages sprechen, die durch ergänzende Auslegung zu schließen wäre. Erst recht gilt das, wenn es um Schutzpflichten geht, die im Stadium der Vertragsanbahnung zu beachten sind, also zu einem Zeitpunkt, in dem ein Vertrag noch gar nicht besteht.

76 Hingegen geht es um ergänzende Vertragsauslegung, wenn sich z.B. die Frage stellt, ob und wie der Verkäufer oder Werkunternehmer im konkreten Fall zur Vorbereitung, Durchführung oder Sicherung seiner eigentlichen Hauptleistung Nebenpflichten zu erfüllen hat, also die Ware oder das Werk für die Versendung transportsicher verpacken, für sie den richtigen Transportweg und den richtigen Beförderer auswählen, Versandanzeigen absenden, dem Beförderer Weisungen über die richtige Behandlung des Transportguts erteilen, die Gefahr des Verlusts durch eine Transportversicherung decken muss usw. – Charakteristisches Merkmal eines Mietvertrages ist es, dass der Vermieter sich verpflichtet, dem Mieter die Mietsache „in einem zum vertragsgemäßen Gebrauch geeigneten Zustand zu überlassen und sie während der Mietzeit in diesem Zustand zu erhalten" (vgl. § 535). Sind Geschäftsräume vermietet, so umfasst diese Verpflichtung auch „die allgemeine Pflicht, den Mieter vor Konkurrenz zu schützen". Das bedeutet, dass der Vermieter andere Räume desselben Hauses nicht solchen Mietern überlassen darf, die in den Räumen das gleiche Gewerbe wie der Erstmieter betreiben wollen. Allerdings muss er dem Mieter nicht *jeden* fühlbaren oder unliebsamen Wettbewerb vom Leibe halten. Vielmehr ist „nach den Umständen des einzelnen Falls abzuwägen, inwieweit nach Treu und Glauben unter Berücksichtigung der Belange der Parteien die Fernhaltung von Konkurrenz geboten ist" (BGHZ 70, 79, 81; vgl. auch RGZ 131, 274; BGH NJW 1979, 1404 und Rn. 729, 731).

4. Vertragsergänzung aus rechtsökonomischer Sicht

77 Gesetzgebung und Rechtsprechung bieten wenig praktische Unterstützung, wenn es darum geht, wie bei der Vervollständigung des vertraglichen Pflichtenprogramms zu verfahren ist, wenn es an klaren vertraglichen Vereinbarungen fehlt. Ob dabei nach den Regeln über die ergänzende Vertragsauslegung verfahren oder § 242 zu Hilfe gerufen wird, macht dabei keinen Unterschied, weil es in beiden Fällen letztlich nur darauf ankommt, was „Treu und Glauben mit Rücksicht auf die Verkehrssitte" erfordern. In manchen Fällen lassen sich aber konkrete Maßstäbe durch das Verfahren gewinnen, das aus rechtsökonomischer Sicht für die Lösung des Problems vorgeschlagen wird.

78 Zu diesem Zweck ist noch einmal daran zu erinnern, dass die Parteien am Abschluss „vollständiger Verträge" kein Interesse haben, weil die damit verbundenen Transaktionskosten zu hoch sind. In die Lücken eines unvollständigen Vertrages sollten deshalb diejenigen Vereinbarungen treten, zu denen die Parteien gelangt wären, wenn sie, ohne Rücksicht auf Transaktionskosten nehmen zu müssen, über die offengebliebene Frage Verhandlungen hätten führen können. Zu unterstellen ist dabei, dass ihnen alle Informationen kostenlos zur Verfügung stehen, mit deren Hilfe sie die Vor- und Nachteile abschätzen können, die sich ergeben, wenn ein bestimmtes vertragliches Risiko oder eine bestimmte Sorgfaltspflicht von der einen oder von der anderen Partei übernommen wird. Einigen würden sich die Parteien in diesem Falle auf diejenige Lösung, die für beide die vorteilhafteste ist. Geht es also z.B. um die Frage, ob ein bestimmtes vertragliches Risiko von A oder von B getragen werden soll, so würde es von A übernommen werden, wenn er es mit geringeren Kosten als B abwenden kann. Ist das in Rede stehende Risiko unabwendbar – etwa weil sein Eintritt auf höherer Gewalt beruht – oder ist die Abwendung des Risikos zwar möglich, aber wegen der damit verbundenen Kosten unwirtschaftlich, so würde es auch in diesem Falle von A übernommen werden, wenn er sich mit geringeren Kosten als B gegen die Folgen seines Eintritts – z.B. durch den Abschluss einer Versicherung – schützen könnte. Gewiss würde A in beiden Fällen die ihm dadurch entstehenden Kosten dem B aufbürden, indem er von ihm einen höheren Preis verlangt oder ihm nur einen geringeren Preis zu zahlen bereit ist. Aber damit wäre B deshalb einverstanden, weil er dadurch immer noch besser gestellt ist, als wenn das Risiko *von ihm* übernommen worden wäre und daher *er* die (höheren) Kosten der Risikoabwendung oder des Risikoschutzes tragen müsste.

Zwar fehlt es in konkreten Fällen meist an den Informationen, die man braucht, um die verschiedenen Lösungen nach ihren Kosten genau zu berechnen. Aber auch mit plausiblen Schätzungen und Erfahrungswerten lässt sich viel ausrichten, sofern nur an dem vorgeschlagenen „Prüfungsraster" festgehalten wird. So besteht z.B. bei Kaufverträgen über die Lieferung von Heizöl meist das Risiko, dass die von dem Kunden bestellte Ölmenge nicht in seinen Tank passt und deshalb teilweise überläuft und Schäden anrichtet. Wie ist zu entscheiden, wenn es an Vereinbarungen über die Verteilung dieses Risikos fehlt und der Vertrag deshalb ergänzend ausgelegt werden muss? Hier sollte es darauf ankommen, welche der Parteien dieses Risiko mit geringeren Kosten als die andere abwenden kann. Das ist sicherlich der Heizölhändler. Denn er hat es im Rahmen seines Geschäftsbetriebs jahraus jahrein mit der Befüllung von Heizöltanks zu tun. Der Aufwand, der ihm dadurch entsteht, dass er geeignetes Personal auswählt, es in der fachmännischen Überprüfung des Fassungsvermögens der Tanks schult und mit den dafür erforderlichen Gerätschaften ausrüstet, ist pro Befüllungsvorgang wesentlich niedriger als der Aufwand, den der Kunde treiben müsste, um sich als Nichtfachmann bei der alljährlich einmaligen Befüllung seines Tanks gegen die Möglichkeit eines Versagens der Tankuhr zuverlässig zu schützen. Die Lücke in den vertraglichen Vereinbarungen ist deshalb im Wege der ergänzenden Vertragsauslegung in der Weise zu schließen, dass dem Händler die Verpflichtung auferlegt wird, vor Beginn des Befüllungsvorgangs mit der im Verkehr erforderlichen Sorgfalt zu prüfen, ob der Tank die bestellte Ölmenge aufnehmen kann. Hat er diese Prüfung unterlassen und damit pflichtwidrig gehandelt, so muss er, wenn der Tank überläuft, gemäß § 280 Abs. 1 den dadurch entstehenden Schaden ersetzen. Vgl. dazu auch noch Rn. 275. – Der gleiche „Prüfungsraster" ist auch dann anzuwenden, wenn sich eine Vertragspartei durch eine **AGB-Klausel** von einer bestimmten Haftung freigezeichnet oder ihrem Kunden ein bestimmtes Vertragsrisiko aufgebürdet hat und nunmehr gemäß § 307 zu prüfen ist, ob diese Klausel den Kunden „entgegen den Geboten von Treu und Glauben unangemessen" benachteiligt und deshalb unwirksam ist. Denn auch hier hat der Kunde die AGB-Klausel nur deshalb unbesehen hingenommen und nicht über sie verhandelt, weil ihm dadurch allzu hohe Transaktionskosten entstanden wären. Auch hier ist deshalb die AGB-Klausel als unwirksam anzusehen, wenn sie zum Nachteil des Kunden von der Vereinbarung abweicht, auf die sich die Parteien verständigt hätten, wenn sie von ihnen zum Gegenstand der oben dargestellten Verhandlungen gemacht worden wäre. Vgl. dazu Rn. 273 ff. – Schließlich ist der gleiche „Prüfungsraster" auch dort hilfreich, wo es um die lex ferenda geht, also dem Gesetzgeber eine Regel des **dispositiven Rechts** vorgeschlagen werden soll. Vgl. allgemein zum Begriff des „vollständigen Vertrages" *Schäfer/Ott*, Lehrbuch der ökonomischen Analyse des Zivilrechts (4. Aufl. 2005) 401 ff.

§ 2 Vertragsschluss

A. Der Konsens der Parteien

Ein Vertrag kommt zustande, wenn die Parteien ein bindendes Einverständnis darüber erzielt haben, dass sie einander bestimmte Leistungen schulden wollen und voneinander sollen fordern dürfen. Ein solcher vertraglicher Konsens wird in der Regel dadurch hergestellt, dass die eine Partei der anderen ein **Angebot** macht – das BGB verwendet den farblosen Ausdruck „Antrag" – und die andere sodann dieses Angebot **annimmt**. Von dieser Form des Zustandekommens von Verträgen – nämlich durch Angebot und Annahme – geht das BGB in §§ 145 ff. aus (ebenso Art. 14 ff. CISG). Aber es gibt Fälle, in denen niemand am Abschluss eines Vertrages zweifelt und es gleichwohl unmöglich oder lebensfremd wäre, ein bestimmtes Verhalten der einen oder der anderen Partei als „Antrag" oder „Annahme" zu würdigen. Wenn etwa ein Vertragstext in längeren Vertragsverhandlungen von den Parteien gemeinsam ausgearbeitet oder für sie von ihren Anwälten oder einem Notar vorbereitet worden ist und der Text sodann von ihnen gleichzeitig unterschrieben wird, so lässt sich schwerlich sagen, dass eine von ihnen der anderen ein Angebot gemacht und die andere eine Annahme erklärt habe. Auch bei vielen Bargeschäften des täglichen Lebens steht das Einverständnis der Parteien nach den Umständen fest; es dient dann nur noch der Übung des juristischen Scharfsinns, wenn gefragt wird, ob das Angebot darin liegt, dass der Verkäufer die Zigaretten oder der Käufer das Geld auf den Ladentisch gelegt hat. Anders verhält es sich aber überall dort, wo es im Zuge von Vertragsverhandlungen zu einer Sequenz von Erklärungen gekommen ist, die in zeitlichem Nacheinander von den Parteien je für sich abgegeben, auf den Weg zum Partner gebracht und von ihm entgegengenommen worden sind: Hier lässt sich die Frage, ob und wann es zu einem Konsens gekommen ist, in der Tat nicht anders entscheiden als dadurch, dass man fragt, ob die eine Partei ein Angebot abgegeben und die andere es angenommen oder abgelehnt oder vielleicht ein Gegenangebot unterbreitet hat.

Angebot und Annahme sind besondere Formen der **Willenserklärung**, für die das BGB in §§ 116–144 allgemeine Regeln „vor die Klammer" gezogen hat (vgl. Rn. 11 f.). In diesen Regeln werden z.B. die Voraussetzungen bestimmt, unter denen eine Willenserklärung gemäß § 130 ihrem Adressaten „zugeht", gemäß §§ 116–118 nichtig ist oder gemäß

§§ 119–123 wegen eines Irrtums oder einer Täuschung oder Drohung angefochten werden kann. Alle diese Regeln gelten für Willenserklärungen im Allgemeinen und damit auch für das Angebot und die Annahme.

B. Angebot

I. §§ 116–118 BGB

82 Wie jede andere Willenserklärung ist auch ein Angebot nichtig, wenn es nicht ernstlich gemeint ist und in der Erwartung abgegeben wird, „der Mangel der Ernstlichkeit werde nicht verkannt werden" (§ 118).

83 Hat also das Vereinsmitglied A in der Mitgliederversammlung „zum Scherz" erklärt, dass er dem Verein, um ihm aus seiner finanziellen Notlage zu helfen, ein zinsloses Darlehen von 100.000 € anbiete, so ist dieses Angebot nichtig, wenn A angenommen hat, dass der Vereinsvorstand das Angebot als Scherz und daher als nicht ernstgemeint erkennen werde. Nichtig ist dieses Angebot selbst dann, wenn der Vereinsvorstand es entgegen der Erwartung des A für seriös gehalten und angenommen hat. Immerhin muss A in diesem Falle gemäß § 122 dem Verein den Schaden ersetzen, der ihm dadurch entstanden sein kann, dass sein Vorstand auf die Gültigkeit des Angebots vertraut hat. Anders liegt es, wenn A sich von der Versammlung als Retter in der Not gefeiert sehen wollte und deshalb sein Angebot so abgegeben hat, dass es als ernsthaft gemeint verstanden werden sollte und verstanden worden ist: Hier ist das Angebot des A auch dann gültig, wenn ein Fall der „**Mentalreservation**" vorliegt, also A sich „insgeheim" vorbehalten hat, „das Erklärte nicht zu wollen" (§ 116 Satz 1). Allerdings soll das nicht gelten, das Angebot also nichtig sein, wenn die andere Partei „den Vorbehalt kennt", der Vereinsvorstand also positiv erkannt hat, dass das Angebot des A von einem entsprechenden Verpflichtungswillen nicht gedeckt war (§ 116 Satz 2).

84 Noch wieder anders ist der Fall des „**Scheingeschäfts**" zu beurteilen. Ein solcher Fall liegt vor, wenn sich die Parteien darüber einig sind, dass zum Zweck der Irreführung Dritter zwar der äußere Anschein einer Erklärung gesetzt, aber der mit ihr gewöhnlich verbundene Erfolg gerade nicht herbeigeführt werden soll: Eine solche Erklärung ist nichtig (§ 117 Abs. 1).

85 In dem oben geschilderten Fall würde ein Scheingeschäft vorliegen, wenn der Vereinsvorstand aus Sorge darüber, dass es in der Mitgliederversammlung nach Schilderung der trostlosen Kassenlage zu einem Aufstand kommen könne, mit A verabredet hätte, dass er sein Angebot „zum Schein" abgeben und der Vorstand es „zum Schein" annehmen solle. – Der klassische Fall eines Scheingeschäfts ist gegeben, wenn die Parteien eines Grundstückskaufvertrages vereinbaren, dass der Kaufpreis zwar 1 Mio. € betragen, aber zum Zweck der Gebührenersparnis ein Kaufpreis von 800.000 € „simuliert" und beurkundet werden solle. Hier ist der beurkundete Vertrag (Kaufpreis: 800.000 €) gemäß § 117 Abs. 1 nichtig. Nichtig ist aber auch der in Wahrheit von den Parteien gewollte Kaufvertrag. Denn für ihn gelten gemäß § 117 Abs. 2 die allgemeinen Regeln, also auch §§ 125, 311 b: Danach hätte dieser Vertrag (und mit ihm der gewollte Kaufpreis von 1 Mio. €) notariell beurkundet werden müssen (Rn. 168).

II. Bestimmtheit des Angebots

Wer einem anderen mitteilt, dass er erwäge, einen Vertrag zu schließen, oder 86
bereit sei, über seinen Inhalt zu verhandeln, gibt damit allein noch kein Angebot ab. Ein gültiges Angebot muss „**bestimmt**" sein, also die wesentlichen Punkte des Geschäfts – die „essentialia negotii" – so genau bezeichnen, dass der Vertrag, wenn er durch eine Annahmeerklärung des Adressaten zustande käme, eine gerichtlich durchsetzbare Regelung enthält. Ein Angebot zum Abschluss eines Kaufvertrags ist genügend „bestimmt", wenn in ihm nur die Kaufsache und der Kaufpreis genannt sind. Denn wenn die andere Partei das Angebot annimmt, so ergibt sich der gesamte übrige Inhalt des Vertrages aus den für ihn geltenden Vorschriften des zwingenden und dispositiven Rechts, ggf. aus der ergänzenden Auslegung des Vertrages oder durch einen Rekurs auf § 242 (Rn. 63 ff.). Selbst dann ist ein Angebot genügend „bestimmt", wenn sich die wesentlichen Punkte des ins Auge gefassten Geschäfts erst durch **Auslegung** des Angebots ermitteln lassen. Fehlen z.B. in einem Angebot, das auf den Abschluss eines Kaufvertrages gerichtet ist, Angaben über den Kaufpreis, so ist es gleichwohl genügend bestimmt, wenn ein vernünftiger Mensch in der Lage des Angebotsempfängers aus dem Verhalten des Anbieters und den Umständen des Falles entnehmen kann, welchen Preis der Anbieter fordert oder zu zahlen bereit ist.

Wer sich in einer Gemäldegalerie umgeschaut und ihrem Inhaber sodann erklärt hat 87
„Ich nehme die Seerosen", gibt damit ein genügend bestimmtes Angebot zum Abschluss eines Kaufvertrags ab, wenn sich die Identität der Kaufsache und ihr Preis daraus erschließen lassen, dass in den Räumen der Galerie nur ein einziges Seerosenbild ausgestellt ist und sich sein Preis aus einer ausgelegten Liste oder aus einem an dem Bild angebrachten Preisschild ergibt. Anders, wenn der Galerist *zwei* Seerosenbilder ausgestellt hat und sich auch durch Auslegung nicht klären lässt, auf welches der beiden Bilder sich das Angebot (und ggf. die Annahmeerklärung des Galeristen) beziehen. Hier kommt ein Vertrag nicht zustande (vgl. Rn. 130). – Bietet ein Großhändler, ohne einen Preis zu nennen, Waren zum Kauf an, deren Preis schwankt, so kann sich aus den Gepflogenheiten der betreffenden Branche oder aus der Abwicklung früherer Verträge unter den gleichen Parteien ergeben, dass die Ware zu dem Preis angeboten sein soll, der im Zeitpunkt des Vertragsschlusses auf dem Markt für Waren gleicher Art und Güte allgemein berechnet wird (vgl. Art. 14 Abs. 1 und 55 CISG). Ist in einem Angebot zum Abschluss eines Werk- oder Dienstvertrags die Vergütung nicht genannt, die für die Werk- oder Dienstleistung bezahlt werden soll, so ist auch dieses Angebot genügend bestimmt; vgl. §§ 612 Abs. 2, 632 Abs. 2, 653 Abs. 2.

III. Rechtsbindungswille

88 Ein Vertrag setzt voraus, dass die Parteien die vertragliche Bindung gewollt haben (vgl. Rn. 80). Daraus ergibt sich, dass überall dort, wo der Vertrag durch Angebot und Annahme zustande kommen soll, schon im Angebot zum Ausdruck kommen muss, dass der Offerent, sofern sein Angebot angenommen wird, an den Vertrag gebunden sein will. Fehlt es an einem solchen Bindungswillen, so liegt kein Angebot im Rechtssinne vor, sondern in der Regel nur eine **invitatio ad offerendum**, also nur eine Aufforderung an den Empfänger, er möge seinerseits ein Angebot unterbreiten. Kein Angebot liegt in einer Erklärung, die sich selbst als „unverbindlich" oder „freibleibend" bezeichnet oder in der auf andere Weise ausdrücklich klargestellt wird, dass sie ihren Empfänger lediglich zur Unterbreitung eines Angebots anstoßen will. Fehlt es an solchen Hinweisen, so kommt es darauf an, wie die Erklärung und das sonstige Verhalten des Erklärenden von einem vernünftigen Menschen in der Lage des Adressaten verstanden werden konnte, insbesondere: ob ihm nach dem Umständen erkennbar war, dass der Erklärende ein schutzwürdiges Interesse daran hat, auch im Falle einer zustimmenden Gegenäußerung nicht sogleich an einen Vertrag gebunden zu sein. So wird es z.B. liegen, wenn der Empfänger der Erklärung erkennen kann, dass sie nicht nur ihm, sondern gleichzeitig einer großen Zahl anderer Personen übermittelt worden ist. Denn wenn der Erklärende nur über einen beschränkten Warenvorrat verfügt, so würde er, wenn man seine Erklärung als Angebot im Rechtssinne verstünde, das Risiko laufen, dass durch Annahmeerklärungen mehr Verträge zustande gebracht werden, als er erfüllen kann. Manchmal hat der Erklärende auch ein schutzwürdiges Interesse daran, erst noch, ehe er vertraglich gebunden ist, prüfen zu dürfen, ob der andere Teil ausreichend vertrauenswürdig ist oder ausreichend zahlungsfähig zu sein scheint. Deshalb wird in der Auslage einer Speisekarte oder Preisliste, in der Übersendung von Katalogen, in der Veröffentlichung von Anzeigen in einer Zeitung, in Werbemaßnahmen zur Vorbereitung eines „Fernabsatzvertrages" (vgl. § 312 d), ja überhaupt in allen Erklärungen, die an einen unbestimmten Personenkreis gerichtet sind, im Allgemeinen kein Angebot, sondern nur eine invitatio ad offerendum gesehen.

89 Grundsätzlich liegt deshalb auch dann kein Angebot des Verkäufers vor, wenn er eine bestimmte Ware zu einem bestimmten Preis in seinem Schaufenster, in den Regalen seiner Verkaufsräume oder seines Selbstbedienungsladen, auf einer Verkaufsmesse oder einem Flohmarkt oder auf seiner Website zum Verkauf bereitgestellt hat. Denn in der Regel gibt es gute – auch dem Kaufinteressenten erkennbare – Gründe, die dafür sprechen, dass in diesen Fällen „das letzte Wort" beim Verkäufer liegen, also er darüber entscheiden können soll, ob er durch eine Annahmeerklärung den Vertrag zustande bringen will oder nicht. Diese Frage muss er z.B. dann verneinen dürfen, wenn das ausgestellte Stück sein letztes ist und es kurz vorher von einem anderen Angestellten bereits

einem anderen Kunden verkauft war oder seine Wegnahme aus dem Schaufenster einen besonderen Aufwand erfordert, oder wenn er deshalb nicht verkaufen möchte, weil er den Kaufinteressenten für minderjährig hält, ihn als Querulanten kennt, ihm schon früher durch ein „Hausverbot" das Betreten seines Geschäfts untersagt hat oder er seine Waren nur an gewerbliche Wiederverkäufer, nicht an Verbraucher (oder umgekehrt) verkaufen will.

IV. Wirksamwerden des Angebots

Rechtliche Wirkungen entfaltet ein Angebot erst dann, wenn es **wirksam** geworden ist. Erst von diesem Zeitpunkt ab ist der Offerent an sein Angebot „gebunden" (vgl. § 145); auch kann das Angebot erst von diesem Zeitpunkt ab durch eine Annahme zu einem Vertrag perfektioniert werden. Schließlich entscheidet der Zeitpunkt des Wirksamwerdens auch über die Rechtzeitigkeit des Angebots. Hat z.B. der Bauherr in seiner Ausschreibung bestimmt, dass Angebote der Bauunternehmer bis zum 31. Mai eingereicht sein müssen, so ist ein Angebot rechtzeitig, wenn es bis zum Ablauf des 31. Mai **wirksam** geworden ist.

90

Der Zeitpunkt, zu dem ein Angebot wirksam wird, beurteilt sich, sofern nichts anderes vereinbart ist, nach den gleichen Regeln, wie sie das BGB für das Wirksamwerden von **Willenserklärungen im Allgemeinen** aufgestellt hat. Diese Regeln – insbesondere § 130 – gelten daher nicht nur für Angebote, sondern auch für Erklärungen, durch die ein Angebot **angenommen** oder ein Vertrag durch Rücktritt, Kündigung oder Widerruf **beendet** werden soll. Zwar gilt § 130 nur für Willenserklärungen, die „einem anderen gegenüber" abzugeben und daher „**empfangsbedürftig**" sind. Im Vertragsrecht ist diese Voraussetzung aber immer erfüllt, weil es dort nur um Erklärungen geht, mit denen der Erklärende ein bestimmte Empfänger abzielt, nämlich auf Personen, mit denen er Vertragsverhandlungen führen will oder bereits einen Vertrag geschlossen hat. Ferner erfasst § 130 solche Willenserklärungen nicht, die zwar empfangsbedürftig sind, aber gegenüber einem **Anwesenden** abgegeben werden, der sich im gleichen Raum wie der Erklärende befindet oder mit ihm telefonisch oder im Rahmen einer Videokonferenz verbunden ist. In einem solchen Fall wird die Erklärung wirksam, wenn sie der Adressat wahrgenommen hat, oder ihm das Schriftstück, in dem sie niedergelegt ist, vom Erklärenden ausgehändigt wurde. Nach § 130 beurteilt sich das Wirksamwerden einer Erklärung nur dann, wenn sie einem **Abwesenden** gegenüber abgegeben wird, ihm also durch Brief, Telegramm, Fax oder E-Mail, durch einen Boten oder durch das Tonband eines Anrufbeantworters übermittelt wird.

91

Gemäß § 130 wird ein Angebot – wie jede andere empfangsbedürftige Willenserklärung – wirksam, wenn der Erklärende das Angebot **abgegeben** hat und es sodann dem Empfänger **zugegangen** ist.

92

Abgegeben ist das Angebot, wenn es mit dem Willen des Erklärenden auf den Weg zum Empfänger gebracht worden ist, er also z.B. den Brief mit dem Angebot bei der Post eingeliefert oder einem Boten mit dem Auftrag übergeben hat, er möge ihn zur Post bringen oder dem Empfänger ausliefern. Ist der Brief ohne den Willen des Erklärenden auf die Reise zum Empfänger gebracht worden – das fertig aufgesetzte und unterschriebene

93

Angebot, das sein Urheber nur ins Unreine formulieren und noch einmal überdenken wollte, ist von seinem Ehegatten oder Angestellten vom Schreibtisch genommen und zur Post gebracht worden –, so ist das Angebot zwar nicht abgegeben und daher wirkungslos; ein Vertrag kommt also dadurch, dass es angenommen wird, nicht zustande. Wenn allerdings der Urheber das Risiko einer versehentlichen Absendung des Briefs erkennen und Maßnahmen zur Abwendung des Risikos ergreifen musste, aber nicht ergriffen hat, so haftet er dem Empfänger wegen Verschuldens bei Vertragsverhandlungen auf Ersatz des Schadens, der ihm dadurch entstanden ist, dass er das ihm zugegangene Angebot für „abgegeben" gehalten hat.

94 Hat der Erklärende ein Angebot abgegeben, so wird es gemäß § 130 erst dann wirksam, wenn es dem Empfänger „**zugeht**". Zugegangen ist es in jedem Falle, sobald der Empfänger von dem Angebot **tatsächlich Kenntnis** erlangt hat. Aber das Angebot kann auch schon vorher zugehen, wenn – so die allgemein akzeptierte Faustformel – es den **Machtbereich** des Empfängers erreicht hat und danach noch derjenige Zeitraum abgelaufen ist, innerhalb dessen der Empfänger nach dem gewöhnlichen Geschehensablauf von dem Angebot **Kenntnis zu erlangen pflegt**.

95 Nach dieser Faustformel trägt der Erklärende das Risiko dafür, dass sein Angebot den Machtbereich des Empfängers **überhaupt nicht** oder **später als erwartet** erreicht. Das kann z.B. daran liegen, dass sein „Erklärungsbote" – also eine Person, die er ausgewählt und mit der Übermittlung seiner Erklärung beauftragt hat – das ihm zu diesem Zweck übergebene Schriftstück unterwegs verliert, es einem falschen Adressaten ausliefert oder seine Auslieferung sich wegen eines Unwetters oder Verkehrsstaus verzögert und es deshalb nur mit Verspätung dem Empfänger übergeben, in seinem Briefkasten eingeworfen oder der dazu von ihm bestellten Hilfsperson – seinem „**Empfangsboten**" – ausgehändigt wird. Für diese Risikoverteilung spricht der Umstand, dass nur der Offerent (nicht der Empfänger) die Verlust- und Verzögerungsrisiken der verschiedenen in Betracht kommenden Beförderungswege beurteilen und unter ihnen denjenigen auswählen kann, den er, nachdem er seine Kosten gegen den Erwartungswert der ihm sonst drohenden Nachteile abgewogen hat, für den angemessensten hält. Das Blatt wendet sich aber, sobald das Angebot den Machtbereich des Empfängers erreicht hat: Jetzt muss sich der Offerent nur noch darauf einstellen, dass es nach dem gewöhnlichen Geschehensablauf noch eine gewisse (meist sehr kurze) Zeit dauern wird, bis die in den Machtbereich des Empfängers eingetretene Erklärung auch zu seiner Kenntnis gelangen wird. Ist dieser (hypothetische) Zeitraum abgelaufen, so ist die Erklärung gemäß § 130 zugegangen und damit wirksam geworden, dies auch dann, wenn sie nach dem **tatsächlichen** Ablauf der Dinge überhaupt nicht oder erst später zur Kenntnis des Empfängers gelangt ist.

B. Angebot 95–98

Ist ein Angebot am Freitag, 10. Mai abends in den Briefkasten des Empfängers geworfen   **96**
worden, so ist es damit in den Machtbereich des Empfängers gelangt. Das gleiche gilt,
wenn der Brief einem „**Empfangsboten**" ausgehändigt worden ist, also einer Person, die
aufgrund einer Weisung des Empfängers oder nach der Verkehrsanschauung als von
ihm zur Entgegennahme von Erklärungen ermächtigt anzusehen ist (z.b. das Büroper-
sonal des Empfängers, seine im gleichen Haus lebenden Familienangehörigen, sein
Wohnungsnachbar). In beiden Fällen geht das Angebot noch am 10. Mai zu, falls der
Empfänger noch am späten Abend dieses Tages seinen Briefkasten geleert oder der
Empfangsbote ihm den Brief übergeben und er damit Kenntnis von dem Angebot erlangt hat. Anderenfalls geht das Angebot zu, sobald der Zeitraum abgelaufen ist, in dem
der Empfänger nach dem gewöhnlichen Ablauf der Dinge seinen Briefkasten zu leeren
oder sein Empfangsbote ihm den Brief auszuhändigen pflegt. Ist also ein Angebot (oder
eine sonstige Erklärung) am 31. Dezember nachmittags in den Briefkasten des Empfängers eingeworfen worden, so geht es ihm erst am nächsten Werktag, also am 2. Januar
zu, wenn er ein Unternehmer ist, dessen Bürobetrieb branchentypisch am Silvestertag
um die Mittagszeit endet (BGH NJW 2008, 83 und dazu *Faust* JuS 2008, 651). Das Angebot ist also, wenn es nach den getroffenen Vereinbarungen spätestens am 31. Dezember hätte abgegeben werden müssen, nicht mehr rechtzeitig, es sei denn, dass der Silvestertag auf einen Sonnabend, Sonntag oder Feiertag fällt (vgl. § 193). – Am Zeitpunkt des
Zugangs ändert sich nichts, wenn die Erklärung zwar in den Machtbereich des Empfängers gelangt ist, er sie aber, weil der tatsächliche Geschehensablauf vom üblichen abgewichen ist, überhaupt nicht oder später als gewöhnlich zur Kenntnis genommen hat,
etwa deshalb, weil sein Briefkasten ausgeraubt oder durch einen Feuerwerkskörper zerstört worden ist oder er ihn deshalb nicht geleert hat, weil er sich im Krankenhaus, in
Strafhaft oder auf einer Geschäfts- oder Urlaubsreise befunden hat (vgl. BAG NJW
1989, 606 und 2213; BGH NJW 2004, 1320). Alle diese Risiken verwirklichen sich im
Machtbereich des Empfängers; daher ist er es, der sie tragen muss, weil er mit geringeren Kosten als der Offerent die Vorkehrungen treffen kann, mit deren Hilfe sich diese
Risiken abwenden oder verringern lassen, etwa dadurch, dass er einen einbruchssiche-
ren Briefkasten installiert oder einen Vertreter mit der Bearbeitung oder Weiterleitung
der eingeworfenen Sendungen beauftragt.

Diese Regeln gelten auch, wenn das Angebot (oder eine andere empfangs-   **97**
bedürftige Erklärung) auf den **Anrufbeantworter** des Empfängers aufge-
sprochen oder ihm durch **Telefax** oder **E-Mail** übermittelt wird. Das Angebot gelangt in den Machtbereich des Empfängers, wenn es in seinem Emp-
fangsgerät oder seiner Mailbox abrufbar gespeichert ist. Zugegangen ist es,
sobald der Zeitraum verstrichen ist, innerhalb dessen die gespeicherte Erklärung unter gewöhnlichen Umständen vom Empfänger abgerufen zu
werden pflegt (vgl. § 312e Abs. 1 Satz 2). Es geht deshalb zu seinen Lasten,
wenn er mehr Zeit als üblich hat vergehen lassen, ehe er seinen Anrufbeantworter abgehört, das Telefax ausgedruckt oder seine Mailbox geöffnet
hat.

Das gilt allerdings nur dann, wenn der Erklärende für die Übermittlung seiner Erklä-   **98**
rung einen Weg gewählt hat, mit dem der Empfänger nach den Umständen **rechnen
musste**. Mit der Übersendung eines Briefs auf dem Postwege muss er immer, mit der
Übermittlung einer Erklärung durch Telefax oder E-Mail aber nur dann rechnen,
wenn er zu erkennen gegeben hat, dass er damit einverstanden ist, etwa dadurch, dass

45

er seine Telefax-Nummer oder E-Mail-Anschrift auf seinem Briefpapier oder seiner Homepage genannt oder sie dem Erklärenden auf andere Weise zur Kenntnis gebracht hat.

99 Grundsätzlich können Angebote oder andere Erklärungen nicht zugehen, wenn sie den Machtbereich des Empfängers gar nicht erreichen. Aber wenn die Ursache dafür vom Empfänger selbst gesetzt worden ist, kann es rechtsmissbräuchlich sein, wenn er sich gleichwohl darauf beruft, dass ihm die Erklärung nicht oder verspätet zugegangen sei. So liegt es z.B., wenn der Empfänger die Entgegennahme eines Briefs ohne vernünftigen Grund verweigert oder seine Zustellung auf andere Weise bewusst vereitelt oder verzögert. Wie liegt es, wenn der Brief von der Post mit dem Vermerk „Empfänger unbekannt verzogen" zurückgeschickt wird oder wenn der Empfänger den bei der Post hinterlegten Brief nicht abholt, obwohl er von der Hinterlegung weiß, etwa aufgrund einer Benachrichtigung, aus der sich ergibt, dass ihm ein Übergabe-Einschreiben nicht hat ausgehändigt werden können und deshalb für ihn bei der Post zur Abholung bereitgehalten wird? Auch hier wird der Empfänger so behandelt, als wenn der Zugang erfolgt wäre, dies freilich nur dann, wenn er nach den Umständen des Falles mit dem Eingang der rechtserheblichen Erklärung eines bestimmten Absenders zu rechnen Anlass hatte und nicht dafür gesorgt hat, dass ihn die Erklärung auch erreichen könne. Sind diese besonderen Voraussetzungen nicht gegeben, so kommt eine „Zugangsfiktion" nicht in Betracht. Immerhin kann der Absender, wenn ihm daran liegt, einen zweiten Zustellungsversuch unternehmen. Ist dieser Versuch unverzüglich erfolgt und erfolgreich, so kann sich der Empfänger gemäß § 242 nicht darauf berufen, dass die Erklärung nicht rechtzeitig – nämlich erst aufgrund des zweiten Versuchs – zugegangen sei.

100 Vgl. dazu insbesondere BGHZ 107, 205, ferner BGHZ 67, 271, 275; BGH NJW 1983, 929, 930; BGH NJW 1996, 1997. – § 130 ist **dispositiv**. Daher sind Vereinbarungen grundsätzlich wirksam, die den Zugang einer Erklärung von milderen oder strengeren Voraussetzungen abhängig machen, als sie in § 130 vorgesehen sind. Wenn allerdings eine solche Vereinbarung in die Form einer **AGB-Klausel** gekleidet ist und diese Klausel den Zugang von Erklärungen des Verwenders zu seinem Vorteil erleichtert oder den Zugang von Erklärungen des Kunden zu seinem Nachteil erschwert, so ist sie nur dann gültig, wenn sie den Anforderungen von §§ 308 Nr. 6, 309 Nr. 13, 307 standhält. Das ist z.B. nicht der Fall, wenn eine Bank in ihren AGB bestimmt, dass ihre schriftlichen Erklärungen als dem Kunden zugegangen gelten, sobald sie sie bei der Post mit der letztbekannten Anschrift des Kunden eingeliefert hat und der für den normalen Postlauf benötigte Zeitraum abgelaufen ist.

V. Erlöschen des Angebots

1. Widerruf

Der Widerruf eines Angebots ist nur dann wirksam, wenn er dem anderen Teil vor oder spätestens gleichzeitig mit dem Angebot selbst zugeht (§ 130 Abs. 1 Satz 2). Geht der Widerruf dem Angebotsempfänger erst später zu, so ist er wirkungslos; das Angebot kann dann trotz des Widerrufs angenommen und dadurch ein Vertrag zustande gebracht werden. Das wird durch § 145 bestätigt. Danach ist der Offerent an sein Angebot „gebunden". Das bedeutet, dass er es nicht mehr wirksam widerrufen kann, sobald es dem Angebotsempfänger zugegangen ist. 101

Die meisten ausländischen Rechtsordnungen stehen hingegen auf den Standpunkt, dass ein Angebot auch noch nach seinem Zugang widerrufen werden kann, sofern nur die Widerrufserklärung dem Angebotsempfänger zugeht, bevor er seine Annahmeerklärung abgesandt hat (vgl. dazu rechtsvergleichend *Kötz* EVR S. 31 ff., 37 ff.). Zwar folgt auch Art. 16 Abs. 1 CISG diesem Grundsatz (ebenso Art. 2:202 PECL). Aber dieser Grundsatz gilt nicht, wenn sich aus den Umständen ergibt, dass ein Widerruf des Angebots ausgeschlossen sein sollte. Das ist insbesondere dann anzunehmen, wenn der Offerent für die Annahme seines Angebots eine „feste Frist" bestimmt oder auf andere Weise zum Ausdruck gebracht hat, dass es unwiderruflich sein soll (vgl. Art. 16 Abs. 2 CISG). 102

Allerdings kann der Offerent gemäß § 145 die Bindung an sein Angebot ausschließen. Wenn er erklärt, dass sein Angebot „unverbindlich" oder „freibleibend" sei, so wird das in der Regel bedeuten, dass er gemäß § 145 „die Gebundenheit ausgeschlossen" hat, also zum Widerruf seines Angebots berechtigt bleiben wollte. 103

Solche und ähnliche Klauseln können allerdings auch bedeuten, dass der Erklärende **überhaupt kein Angebot** abgeben, sondern die andere Partei lediglich dazu auffordern wollte, ihrerseits ein Angebot abzugeben. Ob ein wirksames und annahmefähiges, wenn auch widerrufliches Angebot oder ob eine bloße invitatio ad offerendum und daher gar kein annahmefähiges Angebot vorliegt, hängt davon ab, wie die Erklärung auszulegen ist. In BGH NJW 1984, 1885 hatte ein Unternehmer die Vermietung seines Flugzeugs „freibleibend entsprechend unserer Verfügbarkeit" angeboten. Aufgrund der besonderen Umstände des Falles sah der BGH in dieser Erklärung ein widerrufliches Angebot. Auch dann kann noch zweifelhaft (und durch Auslegung zu klären) sein, ob der zulässige Widerruf vom Offerenten nur bis zum Zugang der Annahmeerklärung oder auch noch unverzüglich danach erklärt werden darf. Diese Frage brauchte der BGH nicht zu entscheiden, weil der Offerent, nachdem ihm die Annahmeerklärung zugegangen war, die Abgabe seiner Widerrufserklärung schuldhaft verzögert hatte, das Angebot also nicht widerrufen, sondern wirksam geblieben und der Vertrag durch die Annahme zustande gekommen war. 104

2. Ablehnung des Angebots, Ablauf der Annahmefrist

105 Gemäß § 146 erlischt ein Angebot, wenn sein Empfänger es gegenüber dem Offerenten **abgelehnt** hat oder wenn die **Frist abgelaufen** ist, bis zu der er das Angebot hätte annehmen müssen. Diese Frist kann vom Offerenten festgelegt werden (§ 148); anderenfalls ist ihre Dauer gemäß § 147 Abs. 2 zu bestimmen. Durch eine Annahmeerklärung, die wegen Fristablaufs verspätet ist, kommt ein Vertrag nicht mehr zustande; sie gilt aber als neues Angebot (§ 150 Abs. 1).

106 Hat z.B. ein Gebrauchtwagenhändler seinem Kunden in einem am Dienstag abgesandten Brief erklärt, dass er ihm ein bestimmtes Auto zum Kauf anbiete und sich an sein Verkaufsangebot „für zwei Wochen" gebunden halte, so muss, wenn der Brief dem Kunden am Mittwoch zugeht, zunächst durch Auslegung geklärt werden, ob die Frist am Dienstag oder am Mittwoch zu laufen beginnen soll. In der Regel wird der Dienstag als maßgeblich anzusehen sein, weil der Händler nur auch dem Kunden erkennbares Interesse daran hat, das Ende der Frist selbst genau berechnen zu können (so auch die Vermutung in Art. 20 Abs. 1 CISG); das könnte er nicht oder nur annäherungsweise, wenn die Frist erst mit dem Zugang in Lauf gesetzt würde. Wie die **Frist zu berechnen** ist, bestimmt sich im Zweifel nach §§ 186 ff. Danach wird im vorliegenden Fall der Dienstag bei der Berechnung der Frist nicht mitgezählt (§ 187 Abs. 1). Die Frist beginnt also am Mittwoch um 0 Uhr zu laufen. Sie endet gemäß § 188 Abs. 2 mit dem Ablauf desjenigen Tages, der durch seine Benennung dem Tag entspricht, an dem der Händler sein Angebot abgegeben hat, also am Dienstag der übernächsten Woche um 24 Uhr. Ob die Annahmeerklärung bis zu diesem Zeitpunkt nur abgegeben oder auch zugegangen sein muss, ist wiederum durch Auslegung zu klären und auch hier aus den schon oben genannten Gründen zugunsten des Händlers dahin zu entscheiden, dass es auf den fristgemäßen Zugang ankommt. Würde der letzte Tag der Frist auf einen Samstag, Sonntag oder gesetzlichen Feiertag fallen, so würde sie gemäß § 193 im Zweifel erst am nächsten Werktag um 24 Uhr enden.

107 Hat der Offerent keine Annahmefrist bestimmt, so kann das einem **Anwesenden** gemachte Angebot nur **sofort** angenommen werden (§ 147 Abs. 1). Ist es einem **Abwesenden** gemacht, also per Brief, Fax oder E-Mail erklärt worden, so erlischt es, sobald die Frist abgelaufen ist, innerhalb derer der Offerent den Zugang einer Antwort „unter regelmäßigen Umständen erwarten darf" (§ 147 Abs. 2). Die Dauer dieser Frist hängt von einer Interessenabwägung ab. Der Offerent ist an einer **kurzen** Frist interessiert. Denn wenn er z.B. den Verkauf einer Ware zu einem bestimmten Preis angeboten hat, so trägt er während der Dauer der Frist das Risiko dafür, dass der Marktpreis der Ware steigt oder ihm von einem Dritten ein höherer Preis als der Angebotspreis geboten wird und er dieses Angebot nicht annehmen kann, weil er weitere Ware gleicher Art und Güte nicht hat und auch nicht beschaffen kann. Der Empfänger des Angebots hat umgekehrt ein Interesse an einer **langen** Frist, weil er seine Entscheidung umso gründlicher bedenken und Veränderungen der Marktlage umso eher zu seinem Vorteil nutzen kann, je mehr Zeit er sich für die Annahme oder Ablehnung des Angebots nehmen

darf. Für die Dauer der Frist kommt es also zunächst darauf an, wie lange die Übersendung von Angebot und Annahmeerklärung gewöhnlich dauert. Hinzu kommt eine angemessene Bedenkzeit. Sie wird ca. 4 Wochen betragen dürfen, wenn es um die Annahme eines Angebots zum Erwerb einer Eigentumswohnung geht; sie wird hingegen nur wenige Tage oder gar nur Stunden dauern, wenn die angebotene Ware oder Leistung zu fluktuierenden Preisen gehandelt wird und eine längere Bedenkzeit zur Folge hätte, dass der Empfänger zum Nachteil des Offerenten spekulieren könnte. Schließlich ist in die Frist auch noch der Zeitraum einzurechnen, dessen es für die Übermittlung der Erklärung an den Offerenten bedarf (vgl. BGH NJW 2010, 2873 Tz 11 f.).

Verhandeln die Parteien über den Abschluss eines Vertrages, so steht es ihnen frei, eine besondere (vorvertragliche) Vereinbarung dahin zu treffen, dass der Offerent, falls er ein Angebot abgibt, **für eine bestimmte Frist** an das Angebot gebunden sein soll. Besondere Regeln gelten allerdings, wenn eine solche Vereinbarung durch eine **AGB-Klausel** getroffen wird. Wenn z.B. ein Unternehmer seinen Kunden zur Abgabe eines Angebots aufgefordert hat und sich in dem Bestellschein, den er ihm zu diesem Zweck übergibt, eine vorgedruckte AGB-Klausel befindet, nach der der Kunde an sein Angebot für einen bestimmten Zeitraum gebunden sein soll, so ist eine solche Klausel gemäß § 308 Nr. 1 ungültig, wenn die Bindungsfrist „unangemessen lang" (oder „nicht hinreichend bestimmt") ist (Rn. 561). Als „unangemessen lang" hat der BGH eine 3-Wochen-Frist angesehen, die sich ein Möbelhändler für die Annahme eines Angebots seines Kunden zum Kauf **bereits vorrätiger** Möbel ausbedungen hatte (BGHZ 145, 139). „Angemessen" ist dagegen eine 4-Wochen-Frist, wenn sie sich auf das Angebot zum Erwerb eines neuen Kraftfahrzeugs bezieht (BGHZ 109, 359), es sei denn, dass das Fahrzeug beim Verkäufer ausgestellt und daher bereits vorrätig war (OLG Frankfurt NJW-RR 1998, 566). An die Stelle der vereinbarten unangemessen langen Frist tritt die Frist gemäß § 147 Abs. 2 (vgl. § 306 Abs. 2; Rn. 280 ff.).

3. Tod oder Geschäftsunfähigkeit des Offerenten

Stirbt der Offerent nach der Abgabe des Angebots, so kann es gleichwohl noch dem anderen Teil zugehen und damit wirksam werden (§ 130 Abs. 2). Davon ist die Frage zu unterscheiden, ob ein Vertrag auch dann noch zustande kommt, wenn das (zugegangene) Angebot vom Empfänger dadurch angenommen wird, dass er die Annahme gegenüber den Erben oder dem gesetzlichen Vertreter des Verstorbenen erklärt. Die Frage wird von § 153 bejaht, es sei denn, dass ein „anderer Wille" des Offerenten anzunehmen ist. Ein solcher „anderer Wille" wird insbesondere dann vorliegen, wenn sich das Angebot des Offerenten auf den Erwerb einer Kaufsache oder die Erbringung einer Leistung gerichtet hat, die nur er persönlich gebrauchen oder erbringen kann. Entsprechendes gilt, wenn der Offerent nach der Abgabe seines Angebots geschäftsunfähig wird.

C. Annahme

I. Annahmeerklärung

110 Ein Vertrag kommt zustande, wenn das Angebot angenommen wird. Dies geschieht in der Regel durch eine an den Offerenten gerichtete Annahmeerklärung. Sie liegt vor, wenn der Annehmende in seiner Erklärung den Willen zum Ausdruck bringt, an einen Vertrag gebunden zu sein, dessen Inhalt sich mit den Bedingungen des Angebots deckt. Daran fehlt es, wenn die Erklärung lediglich den Empfang des Angebots bestätigt oder wenn mit ihr das Angebot zwar angenommen wird, dies aber nur „unter Erweiterungen, Einschränkungen oder sonstigen Änderungen" geschieht (vgl. § 150 Abs. 2).

111 Eine Annahmeerklärung ist – ebenso wie ein Angebot und jede andere empfangsbedürftige Willenserklärung – wirksam nur dann und erst dann, wenn sie dem Offerenten **zugegangen** ist (§ 130; Rn. 94 ff.). Auf den Zeitpunkt ihres Zugangs kommt es insbesondere an, wenn Zweifel bestehen, ob sie auf ein noch annahmefähiges Angebot gestoßen oder ob das Angebot bereits gemäß § 146 erloschen ist. Dehalb geht eine Annahmeerklärung ins Leere, wenn sie z.B. am Freitag zugeht, aber die Frist, die der Offerent für die Annahme gesetzt hatte und die sonst gemäß § 147 Abs. 2 den Umständen zu entnehmen ist, schon am Donnerstag oder früher abgelaufen und das Angebot daher bereits erloschen war. Ganz wirkungslos ist aber auch eine verspätete Annahmeerklärung nicht: Sie gilt immerhin gemäß § 150 Abs. 1 als neues Angebot, über das die andere Partei so entscheiden kann, wie sie es für richtig hält.

112 Ist die Annahmeerklärung zwar verspätet zugegangen, aber doch so rechtzeitig abgesandt worden, dass sie „bei regelmäßiger Beförderung" den Offerenten noch vor Fristablauf erreicht hätte, so gilt § 149: Musste der Offerent erkennen, dass die Verspätung auf einer ungewöhnlichen Verzögerung des Beförderungsvorgangs beruht, so muss er unverzüglich – also ohne schuldhaftes Zögern (§ 121 Abs. 1) – den anderen Teil von der Verspätung seiner Annahmeerklärung unterrichten. Anderenfalls gilt sie als rechtzeitig und der Vertrag als zustande gekommen. Ebenso Art. 21 Abs. 2 CISG.

II. Annahme durch schlüssiges Verhalten

113 Ein Angebot muss nicht durch eine besondere Annahmeerklärung angenommen werden. Die Annahme kann auch dadurch erfolgen, dass der Angebotsempfänger auf andere Weise seinen Willen zur Annahme des Angebots hinreichend deutlich zum Ausdruck bringt. Dabei muss er allerdings von der Vorstellung ausgehen, dass der Vertrag noch nicht zustande gekommen ist und erst durch sein schlüssiges Verhalten zustande kommen wird.

C. Annahme

Vgl. BGH NJW 2010, 2873 Tz 18. – Oft heißt es in solchen Fällen, dass der Angebotsempfänger seinen Willen zur Annahme des Angebots durch eine „stillschweigende Willenserklärung" geäußert habe. Dieser Ausdruck sollte aber, weil missverständlich, vermieden werden. Denn das bloße Stillschweigen – also schlichtes Nichtstun als solches – hat in aller Regel überhaupt keine rechtliche Bedeutung (vgl. Rn. 119 f.). Stattdessen sollte von „schlüssigem" oder auch von „konkludentem Verhalten" gesprochen werden, hier also von einem Verhalten des Angebotsempfängers, das den normativen **Schluss** darauf zulässt, dass er das Angebot hat annehmen wollen. **114**

Gewöhnlich ist zwar der Offerent daran interessiert, dass ihm eine Annahme*erklärung* zugeht, weil er auf diese Weise erfährt oder doch erfahren kann, ob und wann der Vertrag zustande gekommen ist. Aber manchmal verträgt es sich durchaus mit seinen Interessen, wenn von dem Erfordernis einer besonderen Annahmeerklärung, die „dem Antragenden erklärt" werden müsste, abgesehen wird. Gemäß § 151 ist dies anzunehmen, wenn er entweder auf eine solche Erklärung ausdrücklich oder stillschweigend **verzichtet** hat oder wenn sie „nach der Verkehrssitte nicht zu erwarten ist". Zwar ist in den Fällen des § 151 eine besondere Annahmeerklärung nicht erforderlich. Aber es bleibt dabei, dass auch in diesen Fällen der Wille zur Annahme der Angebots in einem bestimmten „schlüssigen Verhalten" zum Ausdruck kommen muss, also in einem Verhalten, das aus der Sicht eines objektiven Dritten den Schluss zulässt, dass die Annahme gewollt war. **115**

Auch ein schlüssig ausgedrückter Annahmewille geht freilich ins Leere, wenn er zu einem Zeitpunkt betätigt wird, in dem das Angebot bereits erloschen war. Ob es erloschen ist, bestimmt sich hier (nicht nach der nicht passenden Vorschrift des § 147 Abs. 2, sondern) gemäß § 151 Satz 2 danach, ob die Frist abgelaufen war, für deren Dauer es auf den Willen des Offerenten ankommt. Er ergibt sich aus der Befristung seines Angebots und ist sonst „den Umständen" zu entnehmen. **116**

Ein schlüssiges Verhalten liegt oft darin, dass der Angebotsempfänger mit der Ausführung des ihm angebotenen Vertrages beginnt. So liegt es z.B., wenn jemand aufgrund des ihm übersandten Katalogs bei einem Versandhändler Ware schriftlich bestellt und damit ein Angebot abgegeben hat und nunmehr der Händler, ohne erst noch etwas zu erklären, die bestellte Ware an den Kunden abschickt. Auch kann ein Verkäufer das Kaufangebot seines Kunden dadurch schlüssig annehmen, dass er, um sich die bestellte Ware zu beschaffen, mit einem Dritten ein Deckungsgeschäft abschließt, oder auch dadurch, dass er den Scheck, den der Kunde zur Begleichung des Kaufpreises mitgeschickt hat, seiner Bank zur Einlösung übergibt. Ist der Vertrag, dessen Abschluss angeboten wird, für den Annehmenden mit erheblichen Nachteilen verbunden, so sind an eine Annahme durch schlüssiges Verhalten besonders strenge Anforderungen zu stellen. So liegt es z.B. in dem Fall, in dem der Schuldner dem Gläubiger, dem er 1000 € schuldet, eine „Erlassfalle" stellt, indem er ihm einen Scheck über 100 € – oder auch nur über 10 € – schickt **117** und dabei deutlich macht, dass in der Einreichung des Schecks die Annahme eines Angebots zum Abschluss eines Vertrages über den Erlass der Restforderung liegen soll (vgl. BGH NJW-RR 1986, 415; BGHZ 111, 97, 101 ff.; BGH NJW 2001, 2324). Umgekehrt darf in dieser Frage großzügig verfahren werden, wenn jemandem der Abschluss eines Vertrages angeboten wird, dessen Zustandekommen für ihn nur Vorteile mit sich bringt. Hat z.B. die Tante, die für die Schuld ihres Neffen einstehen will, seinem Gläubiger auf dessen Betreiben eine von ihr unterschriebene Bürgschaftserklärung übersandt und ihm damit den Abschluss eines Bürgschaftsvertrages angeboten, so „reicht es als Betätigung des Annahmewillens regelmäßig aus, dass der Gläubiger, der zuvor die Bürgschaft verlangt hatte, die Urkunde behalten hat".

118 So BGH NJW 1997, 2233. Vgl. auch noch BGH NJW 2000, 276; BGH NJW 2004, 287. – Ein schlüssiges Verhalten liegt z.B. auch darin, dass ein Rechtsanwalt das Fachbuch, das ihm ohne sein Zutun von einem Buchhändler zugesandt und damit zum Kauf angeboten worden ist, in seine Bibliothek einstellt oder seinen Kanzleistempel auf das Vorsatzblatt drückt. Kurios ist allerdings, dass das nicht gilt, wenn ihm der Buchhändler nicht ein Fachbuch, sondern ein Kochbuch, einen Reiseführer oder sonst ein Buch zugesandt hat, dessen Erwerb sich nicht der Ausübung seiner „selbständigen beruflichen Tätigkeit" zurechnen lässt. Denn dann ist der Anwalt „Verbraucher" i.S. des § 13. Das hat zur Folge, dass § 241 a anzuwenden ist. Diese (auf einer EG-Richtlinie beruhende) Vorschrift ist kein Meisterwerk der Gesetzgebungskunst. Nicht nur ist sie zwischen § 241 und § 242 unglücklich placiert. Nach ihrem Wortlaut besagt sie auch nur, dass durch die bloße „Lieferung unbestellter Sachen" (oder auch durch die Erbringung unbestellter Leistungen) für den Lieferanten kein Anspruch gegen den Belieferten begründet wird. Das ist selbstverständlich, dies übrigens auch dann, wenn der Lieferant kein Unternehmer und der Belieferte kein Verbraucher ist. Die Vorschrift muss deshalb etwas anderes bedeuten, als ihr Wortlaut besagt. Meist wird sie dahin verstanden, dass ein Vertrag über die unbestellte Sache oder Leistung nur dadurch zustande kommt, dass der Verbraucher den für sie verlangten Preis bezahlt oder eine **ausdrückliche** Annahmeerklärung abgibt, dagegen nicht, wenn er seinen Annahmewillen in anderer Weise, also durch „schlüssiges Verhalten" betätigt. Fehlt es daran, so werden durch § 241 a nicht nur vertragliche Ansprüche des Lieferanten ausgeschlossen, sondern auch gesetzliche Ansprüche, die sich daraus ergeben können, dass der Belieferte die Sache beschädigt, benutzt oder sie an einen Dritten veräußert oder verschenkt hat. Vgl. dazu z.B. MK-*Finkenauer* § 241 a Rn. 7 ff.

III. Annahme durch Schweigen

119 Wer schweigt, gibt nicht nur keine Erklärung ab. Im Schweigen liegt grundsätzlich auch kein Verhalten, aus dem sich „schlüssig" ein bestimmter Wille des Schweigenden entnehmen ließe. Daher kommt kein Vertrag zustande, wenn der Empfänger auf ein ihm zugegangenes Angebot nicht reagiert, dies auch dann nicht, wenn der Offerent so dreist gewesen sein sollte, in seinem

Angebot einseitig zu erklären, dass der Empfänger es 3 Wochen lang ablehnen dürfe, sein Schweigen dann aber als Annahme gelte. Allerdings werden von diesem Grundsatz Ausnahmen gemacht. Manche finden sich in gesetzlichen Vorschriften. Gemäß § 362 HGB muss z.b. ein Kaufmann, der – wie z.b. ein Beförderungsunternehmer – gewerbsmäßig Geschäfte für andere besorgt, ein Angebot zum Abschluss eines Vertrages unverzüglich beantworten. Tut er das nicht, so gilt sein Schweigen als Annahme des Angebots, dies allerdings nur dann, wenn er schon vorher mit dem Offerenten „in Geschäftsverbindung" gestanden hat. Aus einer solchen bereits bestehenden Geschäfts- oder Vertragsbeziehung kann sich auch sonst ergeben, dass ausnahmsweise das Schweigen der einen Partei als die Annahme eines Angebots der anderen gilt. Dies hat die Rechtsprechung in Fällen angenommen, in denen die Parteien bereits Vorverhandlungen geführt und in ihnen über alle wesentlichen Punkte ein Einverständnis erzielt hatten: Wenn hier die eine Partei aufgrund des Ergebnisses der Vorverhandlungen der anderen ein Angebot unterbreitet, so kann in ihrem Schweigen eine Annahme liegen.

Vgl. BGH NJW 1995, 1281; BGH NJW 1996, 919. – Vgl. auch BGHZ 1, 353: Hier hatte sich ein Verkäufer das Recht ausbedungen, einen höheren als den ursprünglich vereinbarten Kaufpreis zu verlangen, wenn sich die Lieferung um mehr als 4 Monate verzögern sollte. Nach Ablauf der 4 Monate forderte er einen höheren Preis. Der Käufer reagierte darauf nicht. In seinem Schweigen sah der BGH die Annahme des ihm vom Verkäufer unterbreiteten neuen Angebots, weil unter den gegebenen Umständen „nach Treu und Glauben ein Widerspruch des Angebotsempfängers erforderlich gewesen wäre". – Auch im Schweigen auf das Angebot, das gemäß § 150 in einer verspäteten oder modifizierten Annahmeerklärung liegt, wird manchmal eine Annahme gesehen (vgl. Rn. 122, 124). – Als Annahme gilt auch das Schweigen auf ein **kaufmännisches Bestätigungsschreiben**: Wenn die Parteien miteinander Verhandlungen geführt und den Vertrag entweder bereits geschlossen haben oder ihn aufgrund der Verhandlungen als abschlussreif ansehen, so kommt es nicht selten vor, dass die eine Partei der anderen ein „Bestätigungsschreiben" zusendet, das den Inhalt der getroffenen Abmachungen in klarstellender Absicht zusammenfasst, präzisiert und vielleicht auch hier und da ergänzt. In einem solchen Fall muss die andere Partei unverzüglich widersprechen, wenn sie meint, dass das Schreiben den Inhalt der getroffenen Vereinbarungen nicht richtig wiedergibt oder der Vertrag noch gar nicht geschlossen sei. Wenn sie schweigt, kann sie diese Einwendungen später nicht mehr geltend machen. Allerdings müssen die Parteien Kaufleute sein oder sich doch jedenfalls, weil ihre Beziehungen von der kühlen Luft des Geschäftsmäßigen umweht sind, wie Kaufleute behandeln lassen (BGHZ 11, 1, 3; BGHZ 40, 42, 44). Diese Regeln gelten zwar nicht, wenn der Absender den Inhalt der Vereinbarungen **bewusst** falsch dargestellt, also offenbar darauf spekuliert hat, dass der Empfänger das Schreiben nicht gründlich lesen und es nicht beanstanden werde. Weil sich aber in das Herz der Menschen schwer hineinleuchten lässt und der Empfänger den Beweis für die Arglist des Absenders nur selten führen kann, hilft ihm die Rechtsprechung dadurch, dass sie eine weitere Ausnahme macht: Die Folgen der widerspruchslosen Hinnahme eines Bestätigungsschreibens treten auch dann nicht ein, wenn sein Inhalt von dem Inhalt des vorher Vereinbarten so erheblich abweicht, dass der Absender vernünftigerweise mit einem Einverständnis des Empfängers nicht rechnen kann. Vgl. z.B. BGHZ 7, 187; BGHZ 40, 42; BGHZ 54, 236.

IV. Verspätete Annahme

121 Grundsätzlich kommt ein Vertrag nicht zustande, wenn die Annahme verspätet ist. Das ist besonders dann der Fall, wenn eine Annahmeerklärung dem Offerenten zu einem Zeitpunkt zugegangen ist, in dem sein Angebot bereits erloschen war, etwa deshalb, weil der Offerent es wirksam widerrufen (Rn. 101 ff.) oder der andere Teil es schon früher einmal abgelehnt hatte (Rn. 105), oder auch deshalb, weil die Frist bereits abgelaufen war, die der Offerent für die Annahme gesetzt hat (§ 148) oder die sonst nach den Umständen zu bestimmen ist (§ 147 Abs. 2). Ausnahmsweise kann aber auch eine verspätete Annahme zu einem Vertragsschluss führen. Ist die Annahmeerklärung rechtzeitig abgesandt worden und dem Offerenten nur deshalb verspätet zugegangen, weil sich ihre Beförderung in ungewöhnlicher Weise verzögert hat, so gilt § 149 (Rn. 112). Geht sie aus anderen Gründen verspätet zu, so kann es doch so liegen, dass der Offerent den Vertrag zustande bringen, also die (verspätete) Annahmeerklärung als rechtzeitig gelten lassen möchte und dies gegenüber der anderen Partei durch eine entsprechende Erklärung oder durch schlüssiges Verhalten – etwa durch die Absendung der Ware – zum Ausdruck bringt. Rechtlich wird dieser Fall durch § 150 Abs. 1 erfasst: Die verspätete Annahme wird als ein „neues" Angebot angesehen, für dessen Annahme die allgemeinen Regeln gelten (Rn. 107 ff.).

122 Zweifelhaft ist, ob in diesem Fall ein Vertrag auch dann zustande kommen kann, wenn der Offerent auf das „neue" Angebot hin **untätig bleibt**. Ist die Annahmeerklärung lediglich verspätet **zugegangen**, aber, wie der Offerent erkennen musste, rechtzeitig an ihn **abgesandt** worden, so gilt zwar sein Schweigen als Annahme (vgl. § 149; Rn. 112). Ist aber die Annahmeerklärung verspätet **abgesandt** worden, so darf sie grundsätzlich vom Offerenten als unwirksam angesehen werden, ohne dass er verpflichtet wäre, den anderen Teil noch besonders darauf aufmerksam zu machen, dass seine Erklärung verspätet und der Vertrag damit nicht zustande gekommen sei. Anders liegt es aber dann, wenn sich ihm der Schluss aufdrängen musste, dass der andere Teil seine Annahmeerklärung für rechtzeitig gehalten hat und sie nach den Umständen für rechtzeitig halten konnte. In einem solchen Fall darf dem Offerenten die geringe Mühe zugemutet werden, die ihm dadurch entsteht, dass er durch einen kurzen schriftlichen oder telefonischen Hinweis Klarheit schafft. Vgl. RGZ 103, 11, 13; BGH NJW 1951, 313; BGH NJW 1986, 1807. In dem zuletzt genannten Fall hatte jemand eine Bank um die Gewährung eines Darlehens gebeten und daraufhin von ihr ein Antragsformular erhalten, in dem sie für den Fall, dass ein Darlehensantrag gestellt würde, sich durch eine AGB-Klausel eine Annahmefrist von 6 Wochen vorbehalten hatte. Etwa 4 Wochen nach dem Erhalt des Darlehensantrags hatte die Bank die Annahme erklärt; darauf

hatte der Kunde geschwiegen. Zwar war die Annahme der Bank nicht schon deshalb rechtzeitig, weil sie die 6-Wochen-Frist eingehalten hätte. Denn diese Frist verstieß nach Auffassung des BGH gegen § 308 Nr. 1 (vgl. Rn. 561). An ihre Stelle trat gemäß § 306 Abs. 2 die Frist des § 147 Abs. 2. Der BGH trug dem Berufungsgericht auf zu prüfen, ob *diese* Frist gewahrt war, wies aber zugleich darauf hin, dass, wenn die Bank auch diese Frist versäumt haben sollte, ihre (verspätete) Annahmeerklärung gemäß § 150 Abs. 1 als „neuer Antrag" gelte; wenn der Kunde „sich dazu in der Folgezeit nicht ausdrücklich erklärt, liegt es regelmäßig nahe, sein Schweigen nach Treu und Glauben als konkludente Annahme zu werten" (a.a.O. S. 1809; vgl. dazu auch *Flume* AT S. 651 ff.; *Faust* AT S. 55 f.).

V. Modifizierte Annahme

Durch die Annahme kommt ein Vertrag nur dann zustande, wenn sie die vorbehaltlose Zustimmung zu dem Angebot zum Ausdruck bringt. Daran fehlt es, wenn die Annahme Erweiterungen, Einschränkungen oder Ergänzungen des Angebots enthält. Eine solche „modifizierte" Annahme gilt gemäß § 150 Abs. 2 als Ablehnung des ursprünglichen Angebots und gleichzeitig als **„neues" Angebot**, also als **„Gegenofferte"**. Worauf sie sich richtet, hängt von ihrer Auslegung ab. Werden jemandem 50 Steigen Endiviensalat zu einem bestimmten Preis angeboten und erklärt er daraufhin, dass er 80 Steigen kaufen wolle, so kann das entweder bedeuten, dass er das Angebot über 50 Steigen annimmt und den Kauf von weiteren 30 Steigen anbietet, oder dass er, weil er an nur 50 Steigen nicht interessiert ist, das Angebot ablehnt und eine eigenes Angebot über den Kauf von 80 Steigen abgibt. Auch kann die Erklärung, die jemand auf ein Angebot hin abgibt, den Sinn haben, dass er mit ihr zwar eine Gegenofferte machen, aber das ursprüngliche Angebot nicht ablehnen, vielmehr sich die Möglichkeit offenhalten will, auf dieses Angebot zurückzukommen, falls seine Gegenofferte abgelehnt werden sollte. 123

Durch die Gegenofferte kommt ein Vertrag nur dann zustande, wenn sie ihrerseits angenommen wird. Auch hier entsteht wieder die Frage, unter welchen Voraussetzungen bloßes Schweigen eine Annahme bedeuten kann. Typisch ist der Fall, in dem jemand Ware bestellt und damit ein Angebot zum Kauf dieser Ware abgegeben hat und der Verkäufer dieses Angebot nunmehr zwar annimmt, aber in seiner „Auftragsbestätigung" erstmalig darauf hinweist, dass dem Vertrag seine Allgemeinen Geschäftsbedingungen (AGB) zugrunde liegen sollen. Darin liegt gemäß § 150 Abs. 2 eine Gegenofferte des Verkäufers, die der Käufer nicht schon dadurch annimmt, dass er schweigt (vgl. auch Rn. 122). Wenn er aber nicht bloß schweigt, sondern den Vertrag durchführt, indem er die angelieferte Ware widerspruchslos entgegennimmt, so liegt darin eine Annahme der Gegenofferte durch schlüssiges Verhalten, 124 sofern die Voraussetzungen des § 151 gegeben sind. Ebenso wird entschieden, wenn das Angebot eines **Verkäufers** vom Käufer unter Hinweis auf seine AGB angenommen wird und nunmehr der **Verkäufer**, ohne gegen die Geltung der AGB des Käufers zu protestieren, die vertraglich vorgesehenen Lieferhandlungen vorgenommen, also etwa die Ware einem Fuhrunternehmer zur Beförderung an die Anschrift des Käufers übergeben hat. Diese Regeln gelten freilich nur dann, wenn die Parteien Kaufleute sind oder sich nach den Umständen wie Kaufleute behandeln lassen müssen; sie gelten nicht, wenn der Offerent schon in seinem Angebot durch eine sogenannte „Abwehrklausel" vorsorglich darauf hingewiesen hat, dass er die AGB des anderen Teils keinesfalls akzeptieren werde.

125 Besondere Schwierigkeiten ergeben sich, wenn **beide Parteien** auf die Maßgeblichkeit ihrer (unter sich verschiedenen) AGB gedrungen und trotz dieses Dissenses mit der praktischen Durchführung des Vertrages begonnen haben. Nach den bisher dargestellten Regeln müsste in dieser Auseinandersetzung diejenige Partei die Oberhand behalten, die den „letzten Schuss" abgefeuert, nämlich vor dem Beginn der Vertragsausführung als letzte auf ihre AGB hingewiesen hat. Dass dies eine sachgerechte Lösung sei, wird man nicht sagen können, weil es oft vom Zufall abhängt, welche Partei das „letzte Wort" gehabt hat. Deshalb nimmt die Rechtsprechung in solchen Fällen an, dass der Vertrag zustande kommt – immerhin haben ihn die Parteien in Vollzug gesetzt und damit als gültig angesehen –, dass aber die AGB, soweit sie einander widersprechen, nicht Vertragsbestandteil werden. Die Lücke, die dadurch in den Vereinbarungen entstehen kann, ist durch dispositives Recht und ergänzende Vertragsauslegung zu schließen. Vgl. dazu BGHZ 18, 212; BGHZ 61, 282, 287 ff.; BGH NJW 1985, 1838; BGH NJW 1995, 1671. Ebenso Art. 2:209 PECL, anders aber Art. 19 Abs. 1 CISG; vgl. dazu *Schlechtriem*, Internationales UN-Kaufrecht (4. Aufl. 2007) Rn. 92.

D. Einigungsmangel (Dissens)

126 Ein Vertrag kommt zustande, wenn sich die Parteien über seine Kernelemente (seine „essentialia negotii") geeinigt haben. Ein Kaufvertrag setzt daher nur voraus, dass sich die Parteien über die Kaufsache und den Preis verständigt haben; dabei genügt es durchaus, wenn sich erst durch Auslegung ihrer Erklärungen ergibt, welche Kaufsache geliefert und in welcher Höhe der Kaufpreis bezahlt werden sollte (Rn. 86). Alle anderen Fragen, über die die Parteien sich hätten einigen können, aber nicht geeinigt haben, beurteilen sich, sofern nicht zwingendes Recht maßgeblich ist, nach den Regeln des dispositiven Rechts oder, wo es an solchen Regeln fehlt oder sie nicht passen, nach den Regeln, die durch ergänzende Vertragsauslegung oder durch Rekurs auf § 242 zu ermitteln sind. Manchmal ist allerdings zweifelhaft, ob ein Vertrag auch dann zustande kommt, wenn die Parteien ihn zwar geschlossen haben, es aber für einen bestimmten Punkt an einer vertraglichen Einigung fehlt („Einigungsmangel"). Für die Frage, ob es gleichwohl zu einer vertrag-

lichen Bindung kommt, muss zwar auch hier letztlich der Wille der Parteien maßgeblich sein. Immerhin werden in §§ 154 und 155 zwei Hilfsregeln bereitgestellt.

I. Offener Einigungsmangel

Von einem „offenen Einigungsmangel" spricht man, wenn die Parteien einen Vertrag zwar geschlossen, aber dabei bewusst einen Punkt offengelassen haben, über den „nach der Erklärung auch nur einer Partei eine Vereinbarung getroffen werden" sollte. Hier ist gemäß § 154 Abs. 1 Satz 1 anzunehmen, dass „der Vertrag nicht geschlossen" ist. Das gilt aber nur „im Zweifel". Es kann durchaus vorkommen, dass die Parteien einen bestimmten Punkt zwar als regelungsbedürftig angesehen, dann aber doch den Vertrag ohne eine solche Regelung abgeschlossen haben und ihn gleichwohl als bindend gelten lassen wollen. Haben sie z.B. über einen Mietvertrag verhandelt und ihn, obwohl sie eine Einigung über die Höhe der Miete nicht erzielt haben, dadurch in Vollzug gesetzt, dass der Vermieter die Wohnung dem Mieter überlassen hat und der Mieter eingezogen ist, so kann der Wille der Parteien dahin zu verstehen sein, dass der Mietvertrag zwar zustande kommen, dass die Höhe der Miete aber späteren Verhandlungen überlassen und sie, wenn die Verhandlungen scheitern, gemäß §§ 315 ff. vom Vermieter und notfalls vom Richter „nach billigem Ermessen" bestimmt werden sollte (vgl. BGHZ 41, 271, 275; BGH NJW 1983, 1727). Hierher gehört auch der Fall, in dem beide Parteien in ihren Erklärungen auf die Geltung ihrer AGB gedrungen, dann aber – trotz des Dissenses über diesen Punkt – mit der Durchführung des Vertrages begonnen und dadurch zum Ausdruck gebracht haben, dass ihnen der Vertrag wichtiger war als eine Verständigung über die Frage, wessen AGB für ihn gelten sollten (vgl. Rn. 125).

127

II. Versteckter Einigungsmangel

„Versteckt" ist der Einigungsmangel, wenn die Parteien den Vertrag geschlossen, dabei aber verkannt haben, dass sie sich „in Wirklichkeit" über einen bestimmten Punkt gar nicht geeinigt haben. Das liegt manchmal daran, dass sie die Einigung über den fraglichen Punkt schlicht vergessen oder übersehen haben. Hier „gilt das Vereinbarte" (§ 155), wenn anzunehmen ist, dass die Parteien auch ohne eine Einigung über den fraglichen Punkt eine vertragliche Bindung gewollt hätten. Für die Schließung der Vertragslücke gelten dann die allgemeinen Regeln (Rn. 68 ff.).

128

129   Es kann aber auch so liegen, dass die Parteien eine Einigung erzielt zu haben glauben, sich aber „in Wirklichkeit" deshalb nicht geeinigt haben, weil ihre Erklärungen zu dem fraglichen Punkt trotz aller Auslegungsbemühungen unrettbar **mehrdeutig** sind. Solche Fälle sind freilich selten und kommen eigentlich nur in den Lehrbüchern vor.

130   Ist z.B. Zahlung des Kaufpreises in „Dollars" vereinbart und hat der deutsche Verkäufer darunter US-Dollars, der Käufer australische Dollars verstanden, so wird es in aller Regel möglich sein, durch Auslegung der Erklärungen festzustellen, dass **entweder** US-Dollars **oder** australische Dollars als vereinbart anzusehen sind. Ist z.B. der Käufer Australier, hat er seinen gewöhnlichen Aufenthalt in Sydney und sollte er den Kaufpreis durch einen auf eine australische Bank gezogenen Scheck bezahlen, so gelten australische Dollars als vereinbart; der Verkäufer, der an US-Dollars geglaubt hat, muss sehen, ob er den Vertrag (und mit ihm seinen Anspruch auf Zahlung australischer Dollars) durch eine Irrtumsanfechtung gemäß §§119 ff. zu Fall bringen kann. – In RGZ 104, 265 waren die Telegramme, die die Parteien einander geschickt hatten, so knapp abgefasst, dass aus ihrem bloßen Wortlaut nicht entnommen werden konnte, welche der Parteien Käufer und welche Verkäufer einer bestimmten Menge Weinsteinsäure sein sollte. Das RG hielt den Vertrag wegen Dissenses für nicht zustande gekommen. Aber doch wohl zu Unrecht. Denn vor dem Austausch der Telegramme hatte die Klägerin dem Beklagten ein Verzeichnis ihrer Preise übersandt. Daher musste sich der Beklagte vernünftigerweise sagen, dass seine Telegramme so verstanden werden würden, als wolle er die Ware von der Klägerin **kaufen**; ebenso musste die Klägerin die Telegramme des Beklagten verstehen. – Liegt ausnahmsweise tatsächlich ein versteckter Dissens vor (so wohl in dem Fall oben Rn. 87), so kommt ein Vertrag nicht zustande, sofern der Dissens einen Hauptpunkt betrifft, sich also z.B. auf die Identität der Kaufsache oder die Währung des Kaufpreises bezieht. Anderenfalls ist der Vertrag geschlossen, und die Lücke, die die wegen Dissenses gescheiterte Vereinbarung in ihm hinterlässt, muss nach den allgemeinen Regeln geschlossen werden (Rn. 64 ff.).

§ 3 Geschäftsfähigkeit

A. Allgemeines

Vertraglich verpflichten kann sich nur, wer über ein Mindestmaß an Verständigkeit und Urteilskraft verfügt und deshalb vom Recht als „geschäftsfähig" angesehen wird. Es sind deshalb Regeln erforderlich, die die Voraussetzungen festlegen, unter denen Kinder, Jugendliche oder nicht zurechnungsfähige Erwachsene geschäftsfähig sind und deshalb im Rechtsverkehr wirksam handeln, insbesondere Verträge abschließen können. 131

In vollem Umfang geschäftsfähig ist, wer das 18. Lebensjahr vollendet hat und dadurch „**volljährig**" geworden ist (§ 2). Auch ein Volljähriger ist aber geschäftsunfähig, wenn er geisteskrank ist, sich also nicht nur vorübergehend in einem Zustand krankhafter Störung der Geistestätigkeit befindet, der seine freie Willensbestimmung ausschließt (§ 104 Nr. 2). Auch die Erklärung eines an sich voll Geschäftsfähigen ist ausnahmsweise nichtig, sofern er im Zeitpunkt ihrer Abgabe bewußtlos oder seine Geistestätigkeit aus anderen Gründen vorübergehend gestört war (§ 105 Abs. 2; Rn. 139). 132

Schwieriger ist die Frage zu beurteilen, ob und unter welchen Voraussetzungen ein **Jugendlicher** rechtlich wirksam sollte handeln können. Immerhin gibt es unter ihnen manche Personen, die zwar noch nicht volljährig sind, es aber in Bezug auf ihre Urteilskraft und Einsichtsfähigkeit mit jedem Erwachsenen aufnehmen. Gleichwohl operiert das BGB mit starren **Altersgrenzen**: Ein Kind ist immer geschäftsunfähig, so lange es noch nicht das 7. Lebensjahr vollendet hat (§ 104 Nr. 1), und ein Jugendlicher wird stets erst dann voll geschäftsfähig, wenn er 18 Jahre alt ist. Während der 11 Jahre, die zwischen diesen beiden Zeitpunkten liegen, ist der Minderjährige „**beschränkt geschäftsfähig**" (§ 106). Auch das bedeutet aber nicht, dass es auf die Reife ankäme, die er im Einzelfall nach seiner persönlichen Entwicklung erreicht hat. Vielmehr ergibt sich aus der Regelung in §§ 107–113, dass der beschränkt geschäftsfähige Jugendliche *bestimmte Geschäfte* selbst wirksam vornehmen kann, andere dagegen nicht, dies auch dann nicht, wenn er im konkreten Fall die für sie erforderliche Urteilskraft besitzt und deshalb eigentlich nicht schutzbedürftig ist. 133

134 Für die starren Altersgrenzen spricht der Gedanke des Verkehrsschutzes: Der Geschäftspartner des Jugendlichen muss mit einfachen Mitteln klären können, ob das Geschäft wirksam ist oder ob dafür noch weitere Voraussetzungen erfüllt sein müssen. Ein solches einfaches Mittel ist die Vorlage des Personalausweises, aus dem sich das Geburtsdatum ergibt. Auch dieses Mittel hilft ihm freilich nicht, wenn er den Jugendlichen ohne jede Fahrlässigkeit für volljährig gehalten hat. Es hilft erst recht nicht, wenn er es mit einem Volljährigen zu tun hatte, von dem er beim besten Willen nicht erkennen konnte, dass er geisteskrank oder gemäß § 105 Abs. 2 nicht geschäftsfähig war. In diesen Fällen tritt der Gedanke des Verkehrsschutzes zurück: Wer irrtümlich angenommen hat und nach Umständen auch annehmen durfte, dass sein minderjähriger Geschäftspartner volljährig oder dass sein volljähriger Geschäftspartner geschäftsfähig sei, muss die Nachteile tragen, die ihm dadurch entstehen. Insbesondere kann er nicht Schadensersatz verlangen, wegen Vertragsverletzung nicht, weil es an einem gültigen Vertrag fehlt, und auch aus unerlaubter Handlung (§ 826) nur in ganz seltenen Fällen, nämlich nur dann, wenn der nicht oder nur beschränkt Geschäftsfähige deliktsfähig war (§§ 827, 828) und seine Geschäftsfähigkeit dem anderen Teil durch ein besonders raffiniertes Täuschungsmanöver vorgespiegelt hat.

B. Geschäftsunfähigkeit

135 Wer geschäftsunfähig ist, kann nicht wirksam am Rechtsverkehr teilnehmen. Willenserklärungen, die er abgibt, sind nichtig. Verträge, die er abschließt, kommen nicht zustande, ohne dass es darauf ankommt, ob er oder der andere Teil das Angebot abgegeben hat: Im ersteren Fall ist das Angebot des Geschäftsunfähigen gemäß § 105 Abs. 1 nichtig; im letzteren Falle kann es ihm gemäß § 131 Abs. 1 nicht zugehen und daher nicht wirksam werden. Ein Geschäftsunfähiger kann also nicht durch eigenes Handeln, sondern nur dadurch am Rechtsverkehr teilnehmen, dass sein **gesetzlicher Vertreter** für ihn tätig wird. Ist jemand geschäftsunfähig, weil er noch keine 7 Jahre alt ist, so sind gesetzliche Vertreter seine **Eltern** (vgl. §§ 1626 ff., 1629) oder, wenn er keine Eltern mehr hat oder ihnen das Sorgerecht nicht zusteht oder entzogen worden ist, der für ihn vom Vormundschaftsgericht bestellte **Vormund** (vgl. §§ 1773 ff., 1793). Ist jemand volljährig, aber wegen einer psychischen Krankheit oder aus anderen Gründen geschäftsunfähig, so wird für ihn vom Vormundschaftsgericht ein **Betreuer** bestellt (vgl. §§ 1896 ff., 1902). Für bestimmte, besonders wichtige und folgenschwere Geschäfte – z.B. für den Verkauf und die Übereignung eines dem Geschäftsunfähigen gehörenden Grundstücks – bedürfen auch seine gesetzlichen Vertreter noch einer **gerichtlichen Genehmigung** (vgl. §§ 1821 f., ferner §§ 1643 Abs. 1 und 1908 i Abs. 1).

136 Auch wer geschäftsunfähig ist, ist aber **rechtsfähig**. Er kann also Träger von Rechten und Pflichten sein oder es werden, sei es dadurch, dass sein gesetzlicher Vertreter in seinem Namen gehandelt und dadurch für ihn die Rechte erworben oder die Pflichten begründet hat, sei es dadurch, dass er durch einen Erbfall zum Träger von Rechten und Pflichten geworden ist. Wer also durch eine letztwillige Verfügung (in der Regel durch ein Testament) oder durch gesetzliche Erbfolge Erbe geworden ist, wird, wenn ein vermietetes Grundstück zum Nachlass gehört, Eigentümer und Vermieter auch dann, wenn er sich im Zeitpunkt des Erbfalls noch im Säuglingsalter befindet, ja sogar dann, wenn er zu diesem Zeitpunkt noch nicht geboren, aber immerhin erzeugt war und später lebend geboren wird (§§ 1, 1923 Abs. 2). Soll der Mietvertrag abgeändert oder einverständlich aufgehoben werden, so wird der dafür erforderliche Vertrag zwischen dem Mieter und dem – durch seine Eltern gesetzlich vertretenen – Säugling als Vermieter geschlossen. Der Säugling ist auch Partei der Verträge, durch die sein Grundstück einem Dritten verkauft und das Eigentum an dem Grundstück (durch Auflassung) dem Dritten übertragen wird. Auch diese Verträge werden für ihn durch seine Eltern geschlossen, die allerdings in diesem Fall auch noch einer Genehmigung des Familiengerichts bedürfen (§§ 1643 Abs. 1, 1821 Abs. 1 Nr. 1 und 4). Die Genehmigung wird das Familiengericht z.B. dann verweigern, wenn es feststellt, dass die Eltern dem Dritten Geld schulden und ihre Schuld ganz oder teilweise dadurch erfüllen wollen, dass sie ihm das Grundstück ihres Kindes zu einem Freundschaftspreis überlassen. Erst recht besteht die Gefahr eines Interessenkonflikts, wenn die Eltern das Grundstück **selbst** erwerben wollen (vgl. Rn. 448, 459).

Ganz ausnahmsweise kann auch ein volljähriger Geschäftsunfähiger einen gültigen Vertrag schließen. Gemäß § 105 a (in Kraft seit 1.8.2002) gilt ein solcher Vertrag als wirksam, wenn er ein Alltagsgeschäft betrifft, „das mit geringwertigen Mitteln bewirkt werden kann", und wenn beide Parteien ihre vertraglichen Leistungen vollständig erbracht haben. Hat also der an Altersdemenz erkrankte Bewohner eines Pflegeheims eine Tube Zahnpasta gekauft, so soll der Drogist die Tube von ihm nicht mehr zurückfordern dürfen, sobald er sie bezahlt hat. Auf diesen Gedanken wird ein vernünftiger Drogist aber ohnehin nicht kommen. Man fragt sich, ob der Gesetzgeber nicht Wichtigeres zu tun hat, als Vorschriften in Kraft zu setzen, die keine erkennbare praktische Bedeutung haben und noch dazu bei näherer Betrachtung eine große Zahl dogmatischer Zweifelsfragen aufwerfen. Vgl. z.B. *Casper* NJW 2002, 3425; *Heim* JuS 2003, 141; *Lipp* FamRZ 2003, 721; *Kohler* JZ 2004, 348.

137

Die Rechtsprechung hält es für möglich, dass jemand „**partiell geschäftsunfähig**" ist, also gültige Erklärungen insoweit nicht abgeben kann, als es um *einen bestimmten Kreis von Angelegenheiten* geht, die sich nach ihrem Gegenstand von seinen sonstigen Angelegenheiten abgrenzen lassen (vgl. BGHZ 143, 122; BGH NJW-RR 2002, 1424). Wenn etwa die Eifersucht eines Ehemannes ein pathologisches Ausmaß erreicht, so ist er nicht geschäftsfähig, soweit er Verträge abschließt, die das Verhältnis zu seiner Frau betreffen, indem er etwa einen Detektiv mit ihrer Beschattung beauftragt oder von einem Juwelier ein Perlenkollier erwirbt und ihr zum Geschenk macht, um sie auf diese Weise zu ehelicher Treue anzuspornen. Unzulässig ist es dagegen, jemanden insoweit als „**relativ geschäftsunfähig**" anzusehen, als er die

138

rechtlichen Folgen des in Rede stehenden Geschäfts *im konkreten Fall* nicht richtig eingeschätzt hat. Wenn eine rüstige Greisin, die ihre Alltagsgeschäfte kompetent besorgt, für ihre Ersparnisse ertragsstarke, aber hochriskante Wertpapiere kauft, so kann der Vertrag, den sie darüber mit ihrer Bank schließt, zwar gemäß § 138 nichtig oder gemäß § 123 anfechtbar sein. Aber er ist nicht allein deshalb gemäß § 104 Nr. 1, 105 Abs. 1 unwirksam, weil sie im konkreten Fall die wirtschaftliche Tragweite des Geschäfts nicht richtig beurteilen konnte. Das mag hart erscheinen, dies besonders dann, wenn man den Verwandten der alten Dame keinen Vorwurf daraus machen kann, dass sie es unterlassen haben, rechtzeitig beim Vormundschaftsgericht die Bestellung eines **Betreuers** anzuregen (vgl. §§ 1896, 1903). Wer anders entscheidet (wie z.B. *Leipold* AT S. 125), muss sich entgegenhalten lassen, dass seine Auffassung zu erheblicher Rechtsunsicherheit führt, weil sie zur Folge hat, dass die Wirksamkeit aller Verträge wegen geistiger Überforderung der einen Vertragspartei in Zweifel gezogen werden könnte.

139 Nichtig sind auch Willenserklärungen, die jemand abgegeben hat, während er betrunken oder berauscht war oder sich aus einem anderen Grund „im Zustande der Bewusstlosigkeit oder **vorübergehender Störung der Geistestätigkeit**" befand. Das ergibt sich nicht etwa daraus, dass er während seines (temporären) Rausches geschäftsunfähig gewesen wäre, sondern folgt unmittelbar aus § 105 Abs. 2. Er gilt also auch während seines Rausches als geschäftsfähig, dies mit der Folge, dass ihm eine briefliche Erklärung im Zeitpunkt ihres Einwurfs in seinen Briefkasten auch dann gemäß § 131 Abs. 1 zugeht, wenn er zu diesem Zeitpunkt berauscht oder bewusstlos war.

C. Beschränkte Geschäftsfähigkeit

I. Grundsatz

140 Wer das 7. Lebensjahr vollendet hat, aber noch nicht volljährig ist, gilt als „**beschränkt geschäftsfähig**". Das bedeutet, dass er bestimmte Geschäfte wirksam vornehmen kann, andere hingegen nicht. Die Frage, wie hier abzugrenzen ist, kann der Gesetzgeber unterschiedlich beantworten. Manche ausländischen Rechtsordnungen – wie z.B. das englische Recht – sehen die Verträge eines Minderjährigen als gültig an, wenn sie für ihn **nützlich** sind. Nützlich sind sie, wenn die Leistungen, die er sich in dem Vertrag hat versprechen lassen, einem Bedürfnis Rechnung tragen, das nach seinem Alter und seiner persönlichen Entwicklung vernünftig erscheint, und wenn andererseits auch die Gegenleistung des Minderjährigen nach seinen Einkommensverhältnissen und dem äußeren Zuschnitt seiner Lebensführung angemessen ist. Anders nach deutschem, aber auch nach österreichischem und schweizerischem Recht: Dort kommt es für die Wirksamkeit des Vertrages grundsätzlich darauf an, ob die **Eltern** des Minderjährigen (oder ein sonsti-

ger gesetzlicher Vertreter) dem Vertrag **zugestimmt haben**, sei es schon vor seinem Abschluss durch eine „Einwilligung", sei es nachträglich durch eine „Genehmigung". Zwar werden auch die Eltern ihre Entscheidung davon abhängig machen, ob sie das Geschäft als für den Minderjährigen nützlich ansehen. Aber man kann nicht ausschließen, dass ein Jugendlicher Interessen hat, die er auch dann sollte selbständig verfolgen dürfen, wenn die Eltern sie nicht billigen. Zwar ist es manchmal nicht einfach zu entscheiden, ob der Vertrag eines Minderjährigen für ihn „nützlich" ist, und richtig ist auch, dass das deutsche Recht diese Schwierigkeiten dadurch vermeidet, dass es die Entscheidung in die Hand der Eltern legt. Allerdings zahlt es dafür einen Preis. Einerseits beschränkt es den Minderjährigen in seiner Geschäftsfähigkeit manchmal stärker, als es seinem wohlverstandenen Interesse entspricht. Andererseits muss es in Kauf nehmen, dass die Gültigkeit eines Vertrages so lange in der Schwebe bleibt, wie die Eltern von seinem Abschluss noch keine Kenntnis erhalten und sich ihr Urteil noch nicht gebildet haben.

II. Einwilligung

Gemäß § 107 bedarf grundsätzlich jede Willenserklärung eines Minderjährigen zu ihrer Wirksamkeit einer Einwilligung seiner Eltern oder seines sonstigen gesetzlichen Vertreters. Das gilt in erster Linie für Willenserklärungen, durch die der Minderjährige einen **Vertrag** zustande bringen, also dem anderen Teil ein Angebot unterbreiten oder ein Angebot des anderen Teils annehmen will. § 107 gilt aber auch für Willenserklärungen des Minderjährigen, die für sich allein einen bestimmten rechtlichen Erfolg herbeiführen sollen und deshalb als „**einseitige Rechtsgeschäfte**" bezeichnet werden (Rn. 11).

Im Regelfall sind es die **Eltern**, denen gemäß § 1626 das Recht der elterlichen Sorge für ihre minderjährigen Kinder und damit gemäß § 1629 auch das Recht zu ihrer gesetzlichen Vertretung zusteht. Da sie als „Gesamtvertreter" ihr Kind „gemeinschaftlich" vertreten, muss auch die nach § 107 erforderliche Einwilligung grundsätzlich von beiden Elternteilen erklärt werden. Hat nur die Mutter oder nur der Vater eingewilligt, so wird daraus freilich nur selten der Schluss gezogen werden müssen, dass es an einer wirksamen Einwilligung fehlt. Denn die Einwilligung nur eines Elternteils genügt nicht nur dann, wenn „Gefahr im Verzug" ist (§ 1629 Abs. 1 Satz 4), sondern vor allem auch dann, wenn nach den Umständen anzunehmen ist, dass der eine Elternteil den anderen – auch durch schlüssiges Verhalten – ermächtigt hat, bei bestimmten Geschäften des Minderjährigen, namentlich bei Alltagsgeschäften, die Einwilligung auch für ihn abzugeben (Rn. 414).

1. Rechtlich lediglich vorteilhafte Geschäfte

143 Ausnahmsweise sind die Willenserklärungen eines Minderjährigen auch ohne elterliche Einwilligung wirksam, wenn er durch sie „lediglich einen rechtlichen Vorteil" erlangt (§ 107).

144 a) **Schuldrechtliche Verträge** kommen daher in aller Regel ohne elterliche Einwilligung nicht wirksam zustande. Ist es nämlich der Minderjährige, der dem anderen Teil den Abschluss eines solchen Vertrages angeboten hat, so ist seine Erklärung rechtlich nicht lediglich vorteilhaft und daher ohne elterliche Einwilligung nicht wirksam, weil der Vertrag, wenn er zustande käme, ihm bestimmte Pflichten auferlegen würde und auch zu einer Haftung wegen Vertragsbruchs führen könnte. Stammt das Angebot von der anderen Partei, so kann es dem Minderjährigen zwar **zugehen** und damit wirksam werden (vgl. § 131 Abs. 2 Satz 2). Denn es begründet für ihn eine Chance, den Vertrag (mit Einwilligung seiner Eltern) durch eine Annahmeerklärung zustande zu bringen; das Angebot ist deshalb – für sich genommen – für den Minderjährigen rechtlich lediglich vorteilhaft. Aber **annehmen** kann er ein solches Angebot nicht, weil der Vertrag damit zustande kommen und für ihn zu rechtlichen Nachteilen führen würde.

145 Auf die Frage, ob der Vertrag für den Minderjährigen **wirtschaftlich vorteilhaft** wäre, kommt es nicht an. Ein Kaufvertrag kommt daher ohne elterliche Einwilligung auch dann nicht wirksam zustande, wenn der Minderjährige einen sehr günstigen Kaufpreis ausgehandelt hat, also als Käufer für die Kaufsache wesentlich weniger zahlen müsste oder als Verkäufer für sie wesentlich mehr verlangen könnte, als sie objektiv wert ist. Unwirksam ist auch ein Vertrag, durch den sich die andere Partei verpflichtet, dem Minderjährigen eine Sache unentgeltlich zum Gebrauch zu überlassen oder für ihn unentgeltlich ein Geschäft zu besorgen. Zwar braucht der Minderjährige in diesen Fällen keine Gegenleistung zu erbringen. Aber er ist doch immerhin verpflichtet, die entliehene Sache seinem Vertragspartner gemäß § 604 zurückzugeben oder ihm die Auslagen, die durch die Besorgung des Geschäfts entstanden sind, gemäß § 670 zu erstatten. Daher sind auch die Willenserklärungen, mit denen der Minderjährige einen für ihn sehr günstigen **Leihvertrag** oder **Auftrag** abschließen möchte, rechtlich nicht lediglich vorteilhaft und daher ohne elterliche Einwilligung ungültig. Bei schuldrechtlichen Verträgen liegt es nur dann anders, wenn es sich dabei um eine **Schenkung** handelt, also vertraglich vereinbart wird, dass dem Minderjährigen von seinem Vertragspartner etwas unentgeltlich zugewendet werden soll, sei es auf der Stelle (durch eine „Handschenkung"), sei es erst in Zukunft (durch ein „Schenkungsversprechen", vgl. §§ 516, 518).

C. Beschränkte Geschäftsfähigkeit 146–148

Zweifelhaft ist, ob nicht das BGB den Gedanken des Schutzes der Minderjährigen dadurch in sein Gegenteil verkehrt, dass es beim Fehlen der elterlichen Einwilligung den Vertrag eines Minderjährigen auch dann als unwirksam ansieht, wenn er für ihn wirtschaftlich höchst vorteilhaft ist. Zwar kann man einwenden, dass die Eltern einen solchen Vertrag auch noch nachträglich genehmigen können (§ 108 Abs. 1, Rn. 158 ff.). Aber eine befriedigende Auskunft liegt darin nicht. Denn solange das Geschäft den Eltern nicht zur Kenntnis gelangt, die Genehmigung von ihnen nicht erklärt und die Erklärung nicht zugegangen ist, kann sich der Vertragspartner des Minderjährigen von dem Geschäft jederzeit durch einen einseitigen Widerruf lösen, sofern ihm nicht die Minderjährigkeit seines Vertragspartners schon beim Abschluss des Geschäfts bekannt war (vgl. § 109, Rn. 161). Warum aber sollte jemand aus einem Vertrag, nachdem er ihn als ein für sich schlechtes Geschäft erkannt hat, nur deshalb nachträglich aussteigen dürfen, weil er zu seinem Glück entdeckt hat, dass sein Vertragspartner minderjährig war? Andere Rechtsordnungen vermeiden dieses ungereimte Ergebnis dadurch, dass sie die Verträge des Minderjährigen grundsätzlich als wirksam ansehen und nur ihn, nicht auch seinen Vertragspartner dazu berechtigen, die Unwirksamkeit geltend zu machen (vgl. *Kötz* EVR S. 152 f., 157).

146

b) Dingliche Verträge. – Aus dem Trennungs- und Abstraktionsprinzip folgt, dass zwischen dem schuldrechtlichen Vertrag und dem **dinglichen Vertrag** nicht bloß unterschieden, sondern dass jeder der beiden Verträge getrennt für sich daraufhin geprüft werden muss, ob er, weil rechtlich lediglich vorteilhaft, auch ohne Einwilligung der Eltern wirksam zustande kommen kann. Hat also ein Minderjähriger die von ihm verkaufte Sache dem Käufer geliefert oder die gekaufte Sache vom Verkäufer geliefert erhalten, so stellt sich – unabhängig von der Wirksamkeit des Kaufvertrags – die Frage, ob die Parteien einen gültigen dinglichen Vertrag geschlossen, sich also gemäß § 929 wirksam darüber geeinigt haben, dass das Eigentum an der Kaufsache auf den Erwerber übergehen soll, sei es auf den Minderjährigen, wenn er gekauft hat, sei es auf den anderen Teil, wenn der Minderjährige der Verkäufer ist. Ebenso liegt es, wenn nicht eine bewegliche Sache, sondern ein Grundstück oder eine Forderung oder ein sonstiges Recht verkauft worden ist: Im ersteren Fall wird der dingliche Vertrag **Auflassung** (§§ 873, 925), im letzteren **Abtretung** (§§ 398, 413) genannt.

147

Stets unwirksam ist ein dinglicher Vertrag, wenn der Minderjährige durch ihn ohne elterliche Einwilligung etwas **veräußern**, insbesondere also: sein Eigentum an einer Sache auf einen Erwerber übertragen will. Denn ein solcher Vertrag würde zum Verlust des Eigentums führen und wäre daher alles andere als rechtlich lediglich vorteilhaft. Hat also ein Minderjähriger sein Motorrad verkauft und es dem Käufer geliefert, so bleibt er Eigentümer und kann gemäß § 985 die Herausgabe des Motorrads verlangen. Hat er es gekauft und dem Verkäufer den Kaufpreis bar bezahlt, so bleibt er zwar auch hier Eigentümer der Geldscheine, die er ihm übergeben hat. Er bleibt es aber in der Regel nur für ganz kurze Zeit, nämlich nur so lange, wie er sein Eigen-

148

tum daran nicht *aus einem anderen Grunde* verloren hat, etwa gemäß §§ 947, 948 dadurch, dass der Verkäufer die Scheine in seine Kasse getan und sie mit seinem übrigen Geld vermischt hat, oder dadurch, dass er sie seinem Gläubiger zur Bezahlung einer Schuld oder seiner Bank zur Gutschrift auf seinem Konto übergeben und daher der Gläubiger oder die Bank gemäß § 932 das Eigentum an den Scheinen erworben und der Minderjährige es verloren hat. In diesen Fällen bleibt dem Minderjährigen nur ein Anspruch gegen den Verkäufer auf Rückerstattung des Kaufpreises aus § 812, sofern der Kaufvertrag unwirksam ist.

149 Streitig ist, ob diese Regeln auch dann gelten, wenn der Minderjährige dem Erwerber eine bewegliche Sache zu Eigentum verschaffen will, die nicht ihm, sondern **einem Dritten** gehört. Manche Autoren halten den dinglichen Vertrag in diesem Falle für gültig, weil er für den Minderjährigen zwar nicht rechtlich lediglich vorteilhaft, aber doch immerhin rechtlich nicht nachteilig sei und daher als „**neutrales Geschäft**" auch ohne Einwilligung der Eltern wirksam werde. Freilich leuchtet nicht ein, warum ein gutgläubiger Erwerber kein Eigentum an der Sache erwerben soll, wenn sie dem minderjährigen Veräußerer gehört, wohl aber dann, wenn ein Dritter ihr Eigentümer ist. Es sprechen deshalb gute Gründe dafür, auch im letzteren Fall einen Eigentumserwerb kraft guten Glaubens zu verneinen. So *Medicus* AT Rn. 567 f.; *Faust* AT § 18 Rn. 22; anders *Bork* AT Rn. 1008.

150 Anders liegt es, wenn der Minderjährige aufgrund des dinglichen Vertrages etwas **erwerben** soll. Geht es um eine **bewegliche Sache**, so ist der dingliche Vertrag für den Minderjährigen ein in rechtlicher Hinsicht lediglich vorteilhaftes Geschäft. Hat er also die Sache gekauft, so wird er ihr Eigentümer, sobald er und der Verkäufer sich gemäß § 929 über den Eigentumsübergang geeinigt haben und ihm die Sache übergeben worden ist. Ob der Kaufvertrag wirksam ist oder nicht, spielt dafür keine Rolle. Ist er unwirksam, so muss der Minderjährige zwar gemäß §§ 812 ff. das erworbene Eigentum dem Verkäufer zurückerstatten. Aber in dieser Rückerstattungspflicht liegt für ihn kein rechtlicher Nachteil, weil das Bereicherungsrecht durch §§ 818 Abs. 3, 819 dafür sorgt, dass der Minderjährige auch nach Erfüllung seiner Rückgabepflicht nicht schlechter dasteht als vorher: Er braucht die Sache nämlich nur dann und nur insoweit zurückzugeben, als er sie noch hat; und auch wenn und soweit er sie noch hat, braucht er sie nur in dem Zustand zurückzugeben, in dem sie sich jetzt befindet. Eine weitergehende Haftung, für die er sein sonstiges Vermögen einsetzen müsste, besteht für den Minderjährigen nicht.

151 Schwieriger ist die Frage, ob auch der Erwerb von **Grundstückseigentum** für den Minderjährigen rechtlich lediglich vorteilhaft und daher eine Auflassung auch ohne die Einwilligung seiner Eltern gültig ist. Die Frage ist praktisch bedeutsam, weil es in aller Regel der Vater oder die Mutter des Minderjährigen ist, die ihm im Wege der vorweggenommenen Erbfolge ein Grundstück übereignen wollen. Wäre in diesem Falle die Zustimmung der Eltern zu

C. Beschränkte Geschäftsfähigkeit

der Auflassung erforderlich, so müsste wegen der Gefahr eines Interessenkonflikts auch noch die Zustimmung eines zu diesem Zweck bestellten „Ergänzungspflegers" vorliegen.

Vgl. §§ 181, 1643, 1909. Nach Auffassung der Rechtsprechung darf aber eine Auflassung zugunsten des Minderjährigen auch dann als rechtlich lediglich vorteilhaft (und damit das Tätigwerden eines Ergänzungspflegers als entbehrlich) angesehen werden, wenn das Grundstück zugunsten eines Dritten oder auch zugunsten der Eltern mit einem Grundpfandrecht belastet ist. Zwar besteht dann für den Minderjährigen das Risiko, dass der Dritte oder die Eltern aufgrund ihres Grundpfandrechts die Zwangsvollstreckung in sein Grundstück betreiben und es öffentlich versteigern lassen (vgl. § 1147 BGB, 866 ZPO). Aber selbst in diesem schlimmsten Fall verliert der Minderjährige nur das Grundstück selbst, sonst nichts; daher wird der Erwerb des Eigentums an dem belasteten Grundstück für ihn als rechtlich lediglich vorteilhaft angesehen. Ein rechtlicher Nachteil entsteht dem Minderjährigen auch nicht dadurch, dass er die laufenden öffentlichen Grundstückslasten tragen muss (BGHZ 161, 170, 177). Anders aber, wenn das Grundstück vermietet ist und der minderjährige Erwerber gemäß § 566 in die laufenden Mietverträge eintritt (BGHZ 162, 137, 140; Rn. 733 f.), oder wenn der Minderjährige Wohnungseigentum erwerben soll und damit auch die Verpflichtungen übernimmt, die sich für ihn und die anderen Wohnungseigentümer aus der Gemeinschaftsordnung ergeben (vgl. §§ 10 ff. WEG und BGHZ 187, 119). **152**

c) **Einseitige Rechtsgeschäfte.** – § 107 gilt auch dann, wenn die Willenserklärung des Minderjährigen nicht auf einen (schuldrechtlichen oder dinglichen) **Vertrag** hin abgegeben wird, sondern wenn sie ein „einseitiges Rechtsgeschäft" darstellt. Hat also z.B. der Minderjährige ein ihm gehörendes Haus oder eine darin befindliche Wohnung oder eine ihm gehörende Eigentumswohnung vermietet – sei es, dass der Mietvertrag von den Eltern als seinen gesetzlichen Vertretern für ihn und in seinem Namen, sei es, dass er von ihm selbst mit Zustimmung seiner Eltern abgeschlossen worden ist –, so ist eine spätere Kündigung des Minderjährigen unwirksam, wenn sie von ihm ohne Einwilligung seiner Eltern erklärt worden ist. Denn sie würde zur Beendigung des Mietvertrages, zum Wegfall seines Anspruchs auf die Miete und damit zu einem rechtlichen Nachteil führen. Dass nach geschehener Kündigung das Haus, die Wohnung oder die Eigentumswohnung zu einer wesentlich höheren Miete neu vermietet werden könnte und die Kündigung deshalb für den Minderjährigen wirtschaftlich höchst vorteilhaft wäre, muss hier wie auch sonst außer Betracht bleiben. **153**

Aus § 111 Satz 1 ergibt sich sogar, dass die Kündigung des Minderjährigen endgültig unwirksam ist, ihr also nicht noch nachträglich durch eine Genehmigung der Eltern zur Wirksamkeit verholfen werden kann. Denn dadurch würde ein Schwebezustand geschaffen, den der Mieter nicht soll hinnehmen müssen. Er wird zusätzlich dadurch geschützt, dass er die Kündigung, selbst wenn die Eltern mit ihr einverstanden waren, unverzüglich als unwirksam zurückweisen kann, wenn ihm die Einwilligung nicht zugleich mit der Kündigung in schriftlicher Form vorgelegt wird (§ 111 Satz 2 und 3). Allerdings ist diese Regel nicht zwingend. Wenn der Mieter die Eltern um Klarstellung bittet und dadurch zu erkennen gibt, dass er den Schwebezustand in Kauf nehmen will, **154** so wird man eine nachträgliche „Genehmigung" der Kündigungserklärung durch die Eltern als zulässig ansehen müssen. – Wenn die Kündigung des Mietvertrages nicht von dem minderjährigen Vermieter, sondern ihm gegenüber vom **Mieter** erklärt worden ist, so wird sie gemäß § 131 Abs. 2 erst dann wirksam, wenn sie den Eltern des Minderjährigen zugeht. Gemäß § 1629 Abs. 1 Satz 2 genügt es, wenn sie nur dem Vater oder nur der Mutter zugeht.

2. Auslegung und Form der Einwilligung

155 Ist die Willenserklärung des Minderjährigen rechtlich nicht lediglich vorteilhaft, so ist sie nur dann wirksam, wenn die Eltern (oder der sonstige gesetzliche Vertreter) in sie **eingewilligt** haben (§ 107). Was unter einer „Einwilligung" zu verstehen ist, ergibt sich aus §§ 182 und 183: Sie ist die Willenserklärung, mit der die Eltern oder der sonstige gesetzliche Vertreter ihre „vorherige Zustimmung" zu dem beabsichtigten Geschäft bekunden. Will also der Minderjährige einen Vertrag schließen, so müssen die Eltern, noch ehe er sein Angebot abgegeben oder die Annahme eines Angebots erklärt hat, zum Ausdruck gebracht haben, dass sie mit dem beabsichtigten Vertrag einverstanden sind. Aus § 182 ergibt sich auch, dass die Eltern die Einwilligung sowohl gegenüber dem Minderjährigen wie gegenüber seinem Vertragspartner erklären und dass sie sie, solange die einwilligungsbedürftige Willenserklärung noch nicht abgegeben ist, auch noch widerrufen können. Wie bei allen Willenserklärungen reicht es auch hier aus, wenn die Eltern die Einwilligung nicht **ausdrücklich** – weder schriftlich noch mündlich – erklärt, sich aber doch immerhin **„schlüssig"** verhalten haben, also so, dass ein vernünftiger, mit den Umständen vertrauter Beobachter aus ihrem Verhalten den Schluss auf das Vorhandensein ihres Zustimmungswillens ziehen würde.

156 In Zweifelsfällen ist die genaue Tragweite der Einwilligung durch **Auslegung** zu bestimmen (Rn. 63 ff.). Aus ihr kann sich z.B. ergeben, dass sich die Einwilligung nicht auf ein einzelnes Geschäft, sondern auf einen abgrenzbaren **Kreis von Geschäften** beziehen sollte. Haben z.B. die Eltern ihrer 16jährigen Tochter eine mehrtägige Fahrradtour oder den Beitritt zu einem Sportverein erlaubt, so haben sie damit auch in diejenigen Verträge oder Rechtsgeschäfte eingewilligt, die eine Fahrradtour oder Vereinsmitgliedschaft gewöhnlich mit sich bringen. Die Tochter kann also während der Fahrradtour Verträge über den Kauf von Lebensmitteln, die Reparatur ihres Fahrrads oder über die Unterkunft in einer Jugendherberge (nicht aber in einem Fünfsternehotel) schließen; wirksam ist auch die Erklärung, mit der sie in der Mitgliederversammlung des Sportvereins eine Änderung seiner Satzung oder eine Erhöhung des Mitgliedsbeitrags billigt oder ablehnt. – Auf einem ähnlichen Grundgedanken beruhen die Vorschriften der §§ 112, 113, in denen der recht seltene Fall geregelt wird, in dem der gesetzliche Vertreter dem Minderjährigen den Abschluss eines **Dienst- oder Arbeitsvertrages** oder (mit Zustimmung des Familiengerichts) den selbständigen **Betrieb eines Erwerbsgeschäfts** gestattet hat: Hier gilt der Minderjährige als „unbeschränkt geschäftsfähig", soweit er Verträge schließt oder einseitige Rechtsgeschäfte vornimmt, die die Eingehung oder Aufhebung des Dienst- oder Arbeitsverhältnisses oder der Betrieb des Erwerbsgeschäfts mit sich bringt.

C. Beschränkte Geschäftsfähigkeit

Gelegentlich werden dem Minderjährigen von seinen Eltern oder mit ihrer Zustimmung von einem Dritten **Mittel** – in aller Regel Geld – zu einem bestimmten Zweck oder als „Taschengeld" zu freier Verfügung überlassen. Darin könnte die schlüssig erteilte Einwilligung der Eltern zu allen Verträgen liegen, zu deren Erfüllung der Minderjährige das ihm überlassene Geld verwenden darf. Hätte also ein Minderjähriger von seinen Eltern 200 € für den Kauf eines Fahrrads erhalten, so wäre danach der Kaufvertrag über das Fahrrad wirksam, sobald der Minderjährige ihn abgeschlossen hat, selbst wenn er den Kaufpreis schuldig geblieben wäre, weil er das Geld unterwegs verloren oder für einen anderen Zweck ausgegeben hat. Das entspricht aber dem Willen der Eltern in aller Regel nicht. Vielmehr ist gemäß § 110 anzunehmen, dass Verträge des Minderjährigen von der Einwilligung nur dann und erst dann gedeckt und damit wirksam sind, wenn der Minderjährige die vertraglich geschuldete Leistung nicht bloß versprochen, sondern sie mit den ihm überlassenen Mitteln auch tatsächlich „bewirkt", also den Kaufpreis für das Fahrrad bezahlt hat. So lange das nicht geschehen ist, ist der Kaufvertrag nicht wirksam. Freilich ist er nur „**schwebend unwirksam**", weil er noch nachträglich dadurch wirksam werden kann, dass der Minderjährige mit dem ihm überlassenen Geld den Kaufpreis (oder, wenn er Ratenzahlung vereinbart hat, die letzte Kaufpreisrate) schließlich doch noch bezahlt. Sobald die Voraussetzungen des § 110 erfüllt sind, gilt nicht nur der schuldrechtliche Vertrag „als von Anfang an wirksam", sondern auch der dingliche Vertrag, durch den der Minderjährige den Verkäufer zum Eigentümer der Geldscheine machen will, mit denen er den Kaufpreis bezahlt. Dass umgekehrt der Minderjährige Eigentümer des ihm gelieferten Fahrrads wird, folgt daraus, dass der dafür erforderliche dingliche Vertrag für ihn rechtlich lediglich vorteilhaft ist (Rn. 147 ff.). Hätten die Eltern ihrem Sohn – oder auch die Großmutter mit Zustimmung der Eltern ihrem Enkel – 200 € nicht zum Kauf eines Fahrrads, sondern „zu freier Verfügung" überlassen, so kann doch auch in diesem Falle anzunehmen sein, dass die darin liegende Einwilligung der Eltern, wenn man sie richtig auslegt (Rn. 63 ff.), nicht für Kaufverträge gelten sollte, durch die sich der Sohn eine Schreckschusspistole, eine Hakenkreuzfahne oder eine Dosis Heroin beschafft hat. Ebenso liegt es, wenn der Sohn im Lotto gespielt und den Einsatz mit dem ihm „zu freier Verfügung" überlassenen Taschengeld bezahlt hat: Hier mag der Vertrag mit dem Lottobetreiber gemäß § 110 wirksam sein, nicht aber der Vertrag, den der Sohn, nachdem er den Jackpot geknackt hat, über den Kauf eines Luxusautos geschlossen und mit dem gewonnenen Geld erfüllt hat (vgl. RGZ 74, 234).

157

III. Genehmigung

158 Beruht der Abschluss eines Vertrages auf dem Angebot oder der Annahmeerklärung eines Minderjährigen, die für ihn rechtlich nicht lediglich vorteilhaft war, so ist der Vertrag unwirksam, wenn es an der erforderlichen Einwilligung der Eltern oder des sonstigen gesetzlichen Vertreters fehlt. Immerhin ergibt sich aus § 108 Abs. 1, dass ein solcher Vertrag nur „**schwebend unwirksam**" ist, also dadurch noch wirksam werden kann, dass die Eltern oder der sonstige gesetzliche Vertreter ihm nachträglich zustimmen. Eine solche nachträgliche Zustimmung heißt „**Genehmigung**" (§ 184 Abs. 1). Es entsteht also ein **Schwebezustand**, der entweder dadurch beendet wird, dass die Genehmigung erteilt wird – damit gilt der Vertrag als von Anfang an wirksam – oder dass sie verweigert wird – dann ist der Vertrag endgültig unwirksam. Solange der Schwebezustand andauert, weiß der Vertragspartner des Minderjährigen nicht, ob er für die Vertragserfüllung seine eigene Leistung noch bereithalten muss oder ob er die Leistung, wenn er sie schon bewirkt hat, zurückfordern darf. Er weiß das selbst dann nicht, wenn die Eltern die Genehmigung zwar bereits erteilt oder verweigert, aber ihre Erklärung nicht gegenüber dem Vertragspartner, sondern – was nach § 182 Abs. 1 ebenso zulässig ist – **gegenüber dem Minderjährigen** abgegeben haben und dieser den Vertragspartner über die Entschließung seiner Eltern nicht informiert hat. Gegen die misslichen Konsequenzen, die sich aus diesem Schwebezustand ergeben können, sucht das BGB die andere Vertragspartei dadurch zu schützen, dass es ihr verschiedene Möglichkeiten zu seiner Beendigung in die Hand gibt.

159 Gemäß § 108 Abs. 2 kann die Vertragspartei die Eltern auffordern, sich über die Genehmigung zu erklären. Wenn eine solche Klarstellung verlangt wird, so hat das zur Folge, dass eine Erklärung unwirksam wird, mit der die Eltern etwa schon vorher gegenüber dem Minderjährigen ihre Genehmigung erteilt oder verweigert haben. Sie sollen also ihre Entscheidung neu überdenken dürfen, müssen allerdings jetzt die Erklärung, in der sie ihre Entscheidung verlautbaren, **gegenüber der Vertragspartei** abgeben, die sie zur Klarstellung aufgefordert hat. Dafür steht ihnen aber nur begrenzte Zeit zur Verfügung, nämlich nur eine Frist von 2 Wochen, die mit dem Empfang der Aufforderung zur Klarstellung zu laufen beginnt. Bleiben sie untätig, so gilt die Genehmigung als verweigert.

160 Aus dem klaren Wortlaut des § 108 Abs. 2 ergibt sich, dass durch eine Aufforderung zur Klarstellung nur eine etwa bereits erteilte **Genehmigung** der Eltern unwirksam wird, nicht aber eine **Einwilligung**, mit der sie schon vor dem Abschluss des Vertrages zum Ausdruck gebracht haben, dass sie mit den Erklärungen des Minderjährigen einverstanden sind. Die Einwilligung der Eltern und mit ihr der Vertrag bleiben also auch dann wirksam, wenn die andere Partei sie zur Klarstellung aufgefordert hat (streitig; vgl. Bork AT Rn. 1031).

C. Beschränkte Geschäftsfähigkeit 161–162

161 Darüberhinaus will § 109 die andere Vertragspartei dadurch schützen, dass ihr ein Recht gewährt wird, dem Schwebezustand dadurch ein Ende zu setzen, dass sie die Erklärung, die sie selbst auf den Vertrag hin abgegeben hat, **widerruft** und den Vertrag damit endgültig unwirksam macht. Der Widerruf kann sowohl gegenüber dem Minderjährigen wie gegenüber seinen Eltern abgegeben werden. Zulässig ist er allerdings nur „bis zur Genehmigung"; er muss also dem Erklärungsadressaten zugehen, ehe die Genehmigung der Eltern dem Widerrufenden oder dem Minderjährigen zugegangen ist. Das Widerrufsrecht besteht nicht, wenn die Vertragspartei die Minderjährigkeit ihres Kontrahenten bei Vertragsabschluss gekannt hat und deshalb den Schutz nicht verdient, den das Widerrufsrecht gewähren will. Hat sie die Minderjährigkeit erkannt, so kann sie gleichwohl widerrufen, wenn ihr der Minderjährige der Wahrheit zuwider vorgespiegelt hat, dass seine Eltern in das Geschäft eingewilligt hätten. Aus dieser Regelung ergibt sich, dass ein Widerruf auch dann zulässig ist, wenn er nicht auf die Beendigung eines lästigen Schwebezustandes abzielt, sondern allein dadurch motiviert ist, dass der Widerrufende aus einem nachträglich als schlecht erkannten Geschäft aussteigen und damit den Minderjährigen um den wohlverdienten Vorteil bringen will, den er sich durch den Abschluss eines für ihn günstigen Geschäfts ausgehandelt hat (Rn. 146).

162 Hat der Minderjährige nicht einen Vertrag mit dem Dritten geschlossen, sondern ihm gegenüber eine **einseitige empfangsbedürftige Willenserklärung** abgegeben, so ist diese Erklärung nicht bloß schwebend unwirksam, sondern gemäß § 111 Satz 1 gänzlich unwirksam, sofern der Minderjährige zu dieser Erklärung einer Einwilligung seiner Eltern bedurft hat, diese Einwilligung aber nicht erteilt war. Das gilt analog § 180 Satz 2 nicht, wenn der Dritte die Erklärung des Minderjährigen in Kenntnis des Fehlens der elterlichen Einwilligung hingenommen hat (vgl. Rn. 472). In diesem Fall gilt die Erklärung des Minderjährigen als schwebend unwirksam; die Eltern können ihr also nachträglich durch eine Genehmigung gemäß § 109 zur Wirksamkeit verhelfen.

§ 4 Formerfordernisse

A. Grundsatz der Formfreiheit

163 Grundsätzlich bedarf ein Vertrag zu seiner Wirksamkeit keiner besonderen Form. Er kommt also auch dann gültig zustande, wenn sich die Parteien nur mündlich geeinigt haben, ebenso dann, wenn es an ausdrücklichen Erklärungen der Parteien fehlt, aber ihrem „schlüssigen Verhalten" entnommen werden kann, dass sie vertraglich gebunden sein wollten. Der „Grundsatz der Formfreiheit" gilt aber nicht ausnahmslos. Manchmal ist es der Gesetzgeber, der für bestimmte Rechtsgeschäfte – vor allem für bestimmte Verträge – eine besondere Form vorschreibt („**gesetzliche Formerfordernisse**"; Rn. 165 ff.). Es kommt auch vor, dass die Parteien eine Vereinbarung treffen, nach der für bestimmte Geschäfte eine besondere Form beachtet werden muss („**vereinbarte Formerfordernisse**"; Rn. 189 ff.).

164 Juristen betrachten den Grundsatz der Formfreiheit als die Regel und gesetzliche Formerfordernisse als Ausnahme. In der Tat sind Formvorschriften, wenn man vom Familien- und Erbrecht absieht, ziemlich selten, jedenfalls viel seltener, als von den meisten Laien angenommen wird. Sie neigen zu der Auffassung, dass ein Vertrag nicht bindet, solange er nicht zu Papier gebracht und das Papier von den Parteien unterschrieben ist; sie sind überrascht zu erfahren, dass ein mündlich abgeschlossener Kaufvertrag auch dann gültig ist, wenn ein Aktienpaket, ein Flugzeug oder ein Passagierdampfer im Wert von vielen Millionen € verkauft worden ist. Immerhin kann sich der Laie für seine Auffassung darauf berufen, dass in der Praxis Verträge tatsächlich fast immer schriftlich geschlossen werden und mündliche Verträge nur noch dort vorkommen, wo es um Bargeschäfte des täglichen Lebens geht, die von den Parteien auf der Stelle erfüllt werden. Dass überall sonst schriftliche Verträge heute die Regel sind, hat einen doppelten Grund. Zum einen ist es aus Gründen der Rationalisierung der Geschäftsabwicklung erforderlich, dass der Unternehmer über jeden Geschäftsvorfall ein Schriftstück errichtet, mit dessen Hilfe in den verschiedenen Abteilungen seines Hauses der Lagerbestand überprüft, die geschuldete Leistung hergestellt, beschafft, verpackt, versandt oder in anderer Form für den Kunden bereitgestellt, die Forderung gegen ihn verbucht und der Eingang seiner Zahlung kontrolliert wird. Zum anderen ist jeder Unternehmer daran interessiert, seine Leistung nach Möglichkeit zu den von ihm selbst ausgearbeiteten Allgemeinen Geschäftsbedingungen zu erbringen. Das kann nur dadurch geschehen, dass er diese Bedingungen in einem von ihm vorformulierten Text niederlegt und diesen Text alsdann von seinem Kunden unterschreiben lässt. Aus diesen Gründen regiert heute in der Praxis die Schriftform auch dort, wo sie als Voraussetzung für die Gültigkeit des Vertrages vom Gesetzgeber gar nicht verlangt wird.

B. Gesetzliche Formerfordernisse

I. Formzwecke

Die Beachtung von Formvorschriften behindert den geschäftlichen Verkehr, weil ein Text formuliert, in der vorgeschriebenen Weise zu Papier gebracht und in der Regel von den Beteiligten handschriftlich unterzeichnet werden muss. Der Gesetzgeber stellt deshalb Formvorschriften nur dann auf, wenn er mit ihnen einen bestimmten Zweck verfolgt.

An erster Stelle ist der **Beweiszweck** zu nennen. Haben die Parteien eine bloß mündliche Abrede getroffen, so kann später zwischen ihnen leicht Streit darüber entstehen, ob, zu welchem Zeitpunkt und mit welchem Inhalt ein gültiger Vertrag geschlossen war. Solche Streitigkeiten werden zwar nicht ausgeschlossen, aber doch erheblich verringert, wenn die Erklärungen oder Vereinbarungen schriftlich niedergelegt werden müssen. Denn dann muss im Prozess der Beweis über ihren Inhalt und Zeitpunkt durch die Vorlegung von Urkunden, er kann nicht durch die Vernehmung von Zeugen geführt werden. Dadurch wird Streit vermieden und, wenn es doch dazu kommt, dem Gericht seine Aufgabe erleichtert.

Anderen Formvorschriften liegt neben dem Beweiszweck vor allem ein **Warnzweck** zugrunde. Hier soll demjenigen, der eine rechtlich bedeutsame Erklärung abgeben will, durch das Formerfordernis eine letzte Chance zu besonnener Überlegung gegeben werden. Dafür besteht besonders dann ein Bedürfnis, wenn es um ein Geschäft von erheblicher Bedeutung geht oder wenn die eine Partei eine unentgeltliche Leistung verspricht, also eine Gegenleistung nicht erhalten soll und deshalb vor unbedachter Großzügigkeit oder allzu leichtfertiger Übernahme eines Risikos geschützt werden muss. Deshalb ist die Erklärung, mit der sich jemand für die Schuld eines anderen verbürgt, nur dann wirksam, wenn er sie in schriftlicher Form abgegeben hat (§ 766). Zwar ist es richtig, dass auch eine Bürgschaftserklärung in wenigen Sekunden aufgesetzt und unterschrieben ist, dies besonders dann, wenn der Gläubiger die fertig vorbereitete Urkunde dem Bürgen vorlegt und ihn auffordert, seine Unterschrift auf die punktierte Linie zu setzen. Gleichwohl verbindet sich auch in diesem Fall mit der Schriftform die Vorstellung, dass die Sphäre unverbindlicher Verhandlungen verlassen wird und es nunmehr darum geht, ob eine rechtlich durchsetzbare Bindung eingegangen werden soll oder nicht. Kaufleute erscheinen allerdings dem Gesetzgeber nicht schutz- und warnungsbedürftig, soweit sie sich im Rahmen ihres Handelsgewerbes geschäftlich betätigen; ihre Bürgschaftserklärungen sind deshalb auch „formlos" gültig (§§ 350, 343 HGB).

168 Manchmal begnügt sich der Gesetzgeber nicht mit der „einfachen Schriftform", sondern verlangt darüberhinaus, dass über das Geschäft eine „**notarielle Urkunde**" errichtet wird. Das bedeutet, dass die Personen, die die formbedürftige Erklärung abgeben oder den formbedürftigen Vertrag schließen wollen, sich bei einem Notar – einer unabhängigen, juristisch ausgebildeten und vom Staat zu diesem Zweck bestellten Amtsperson – zu einer Verhandlung einfinden müssen, in der sie in seiner Gegenwart die Erklärungen abgeben. Darüber wird von dem Notar eine Urkunde errichtet, deren Text den Beteiligten vorgelesen, von ihnen genehmigt und sodann von ihnen und dem Notar unterschrieben wird. Dieses Verfahren ist zwar zeitraubend und, da ein Notar natürlich nicht umsonst tätig wird, auch kostspielig. Aber es bietet erhebliche Vorteile. Der Notar kann als ein auf Beurkundungen spezialisierter Fachmann dafür sorgen, dass der Text den Willen der Beteiligten klar und unzweideutig zum Ausdruck bringt; auch wird der Warnzweck, den viele Formvorschriften verfolgen, besonders gut erfüllt, wenn die Beteiligten ihre Erklärungen in einer eigens dafür anberaumten Verhandlung vor dem Notar abgeben müssen. Vor allem erfüllt der Notar auch eine **Beratungsfunktion**: Er muss als neutraler Dritter dafür Sorge tragen, dass den Beteiligten die rechtliche Tragweite des Geschäfts klar vor Augen steht, dass Irrtümer und Zweifel vermieden und dass unerfahrene und ungewandte Beteiligte nicht benachteiligt werden (vgl. § 17 Beurkundungsgesetz). Aus diesem Grunde schreibt das BGB insbesondere für **Grundstückskaufverträge** (§ 311 b Abs. 1) und für **Schenkungsversprechen** (§ 518) die notarielle Beurkundung vor.

169 Meistens haben Formvorschriften auch den Zweck, eine klare **Trennungslinie** zwischen Vertragsverhandlungen und Vertragsschluss zu ziehen. Besonders bei Verträgen, die durch Verhandlungen von langer Dauer vorbereitet zu werden pflegen, kann leicht Streit darüber entstehen, ob nicht schon zu irgendeinem Zeitpunkt während des Laufs der Verhandlungen die Parteien ein Einverständnis erzielt und eine rechtliche Bindung begründet haben. Verlangt der Gesetzgeber für den Vertrag eine Niederlegung in schriftlicher Form oder sogar die notarielle Beurkundung, so sichert er damit die Entschließungsfreiheit der Parteien, solange es zur „Verschriftlichung" des Vertrages noch nicht gekommen ist. Jeder Verhandlungspartner weiß, dass Erklärungen, die er während der Verhandlungen mündlich oder brieflich abgegeben hat, rechtlich ohne Wirkung bleiben; er weiß, dass er die Verhandlungen abbrechen kann, ohne sich ersatzpflichtig zu machen (vgl. aber auch Rn. 504 ff.); er weiß freilich auch, dass er sich auf die Erklärungen des anderen Teils solange nicht verlassen darf, wie sie nicht in der vorgesehenen Form zu Papier gebracht worden sind.

B. Gesetzliche Formerfordernisse

Aus ganz anderem Holz geschnitzt sind die zahllosen und immerfort zunehmenden Vorschriften, die bei Verträgen mit schutzbedürftigen Personen – insbesondere mit **Verbrauchern** (§ 13) – die Beachtung der Schriftform verlangen, sei es für den Vertrag im ganzen, sei es für bestimmte, auf den Vertrag hin abgegebene Erklärungen. So wird z.b. die Schriftform vorgeschrieben für Verträge über die Gewährung von Verbraucherkredit (§ 492), über die Vermittlung solcher Verträge (§ 655 b), über die Verschaffung eines Teilzeit-Wohnrechts (§ 484), über die Erteilung von Fernunterricht (§ 3 Fernunterrichtsgesetz) oder über die Begründung eines Ausbildungsverhältnisses (§ 15 Berufsbildungsgesetz). Mit der Statuierung der Schriftform allein rennt freilich der Gesetzgeber in diesen Fällen offene Türen ein, weil solche Verträge ohnehin stets schriftlich geschlossen werden. Es geht ihm in Wahrheit auch gar nicht um die Einhaltung der Schriftform als solcher, sondern darum, dass der schutzbedürftigen Vertragspartei vor oder bei Vertragsabschluss in schriftlicher Form bestimmte Hinweise erteilt werden, deren schiere Menge und Komplexität freilich die Fähigkeit des Menschen zur Verarbeitung der auf ihn eindringenden Informationen oft weit übersteigen. Die Schriftform dient hier jedenfalls in erster Linie einem **Informationszweck**. So müssen z.B. dem Verbraucher in einem Kreditvertrag zahlreiche, gesetzlich genau vorgeschriebene Informationen, insbesondere über den „effektiven Jahreszins", gegeben werden (vgl. § 492 Abs. 1 und 2). Kauft ein Verbraucher Waren an der Haustür, so kann der Vertrag, mag das auch praktisch nicht vorkommen, zwar mündlich geschlossen werden. Jedenfalls muss der Verbraucher aber schriftlich darüber belehrt werden, dass er den Vertrag innerhalb von 2 Wochen widerrufen kann, an wen der Widerruf zu richten ist und welche rechtlichen Folgen er hat. Solange diese Belehrung nicht in der vorgeschriebenen schriftlichen Form erfolgt ist, beginnt die Widerrufsfrist nicht zu laufen (§§ 312, 355 Abs. 1 und 2; Rn. 958 ff.).

II. Formtypen

1. Schriftform

Ist durch Gesetz die Schriftform vorgeschrieben, so muss eine Urkunde ausgestellt und vom Aussteller „eigenhändig durch Namensunterschrift ... unterzeichnet werden" (§ 126 Abs. 1). Wenn es ein **Vertrag** ist, für den die Schriftform verlangt wird – so z.B. für einen Mietvertrag, der für eine Frist von mehr als 1 Jahr gelten soll (§ 550 Satz 1) –, so muss die Urkunde mit dem Vertragstext von beiden Parteien unterzeichnet sein. Meist wird der Vertragstext in mehrere gleichlautende Urkunden aufgenommen; in diesem Fall genügt es, wenn jede Partei die für die andere Partei bestimmte Urkunde unterzeichnet (§ 126 Abs. 2). Hat also der Vermieter das Original und die Kopie des Mietvertrags unterzeichnet und beide Urkunden dem Mieter übersandt, so ist die Schriftform gewahrt, wenn der Mieter das Original oder die Kopie unterzeichnet hat. Wirksam wird seine Erklärung allerdings erst dann, wenn die von ihm unterzeichnete Urkunde dem Vermieter gemäß § 130 zugegangen ist. Hingegen genügt der bloße **Briefwechsel** für die Wahrung der Schriftform nicht. Es reicht also nicht aus, wenn der Vermieter den unterschriebenen Mietvertrag dem Mieter zusendet und dieser brieflich bestätigt, dass er mit dem Vertrag einverstanden sei.

172 Bei einem Bürgschaftsvertrag bedarf nur die Erklärung des Bürgen der Schriftform (§ 766). Er muss also seine Erklärung eigenhändig unterschrieben haben. Zwar braucht er nicht – wie nach französischem Recht – auch noch den Höchstbetrag, bis zu dem er einstehen will, in Zahlen und in Worten handschriftlich in die Urkunde einzusetzen. Immerhin muss sich aber aus ihr ergeben, welche Schuld es ist, für die die Bürgschaft übernommen werden soll, wer der Schuldner und wer der Gläubiger ist (vgl. BGHZ 132, 119). Ist die Bürgschaftserklärung danach formgültig, so kann die Erklärung der *anderen Partei* – in der Regel einer Bank – mündlich abgegeben werden oder sich auch aus ihrem „schlüssigen Verhalten" ergeben, etwa daraus, dass sie die ihr übersandte Bürgschaftserklärung, ohne noch irgendein Wort zu sagen, zu ihren Akten nimmt (Rn. 117). Der Bürgschaftsvertrag wäre jedoch nicht gültig zustande gekommen, wenn der Bürge zwar die Bürgschaftserklärung unterzeichnet (und damit die Schriftform gewahrt), aber die Urkunde für sich behalten und der Bank lediglich eine Fotokopie oder ein Fax der Urkunde übermittelt hätte. Denn die Bürgschaftserklärung muss der Bank gemäß § 130 in der Form zugehen, die für sie gesetzlich vorgeschrieben ist. Der Bürge hätte sich also von seiner unterschriebenen Erklärung eine Kopie machen und dafür sorgen müssen, dass das Original der Bank zugeht (vgl. BGHZ 121, 224). Das gilt ebenso in allen anderen Fällen, in denen der Gesetzgeber für eine empfangsbedürftige Willenserklärung die Schriftform vorschreibt, so z.B. für die Kündigung eines Wohnungsmietvertrages (§ 568 Abs. 1) oder eines Arbeitsverhältnisses (§ 623).

2. Elektronische Form

173 Ist die Schriftform gesetzlich vorgeschrieben, so wird oft vom Gesetzgeber bestimmt, dass es ausreicht, wenn die formbedürftige Erklärung von ihrem Aussteller „elektronisch signiert" wird (§ 126 a). Erforderlich ist dafür zunächst, dass der Aussteller über seine Erklärung ein „elektronisches Dokument" herstellt, indem er sie in einer E-Mail niederlegt oder sie im Internet online abgibt. Weiterhin muss sich aus diesem Dokument der Name des Ausstellers ergeben. Schließlich muss der Aussteller das Dokument „mit einer qualifizierten elektronischen Signatur nach dem Signaturgesetz" versehen. Soll die für einen **Vertrag** vorgeschriebene Form durch die elektronische Form ersetzt werden, so muss jede Partei über den Vertragstext ein gleichlautendes Dokument hergestellt und elektronisch signiert haben. Der Gesetzgeber war sich freilich nicht ganz sicher, ob die Warnfunktion der Schriftform in allen Fällen auch durch die elektronische Form erfüllt wird. Er hat deshalb

z.B. für Verbraucherkreditverträge und Bürgschaftserklärungen bestimmt, dass die elektronische Form zur Wahrung der Schriftform nicht ausreicht (§§ 492 Abs. 1 Satz 2, 766 Satz 2).

3. Textform

Besonders bei Verträgen mit Verbrauchern wird vom Gesetzgeber häufig angeordnet, dass die eine Partei der anderen vor, bei oder nach Abschluss des Vertrages bestimmte Informationen in schriftlicher Form zugänglich macht. Es wäre lästig, umständlich und kostspielig, wenn für diese Informationen die Schriftform gemäß § 126 gewahrt, sie also jedesmal in einer vom Informationsgeber zu unterzeichnenden Urkunde niedergelegt werden müssten. Deshalb lässt der Gesetzgeber in solchen Fällen oft die „**Textform**" gemäß § 126 b genügen (vgl. z.B. §§ 312 c Abs. 1 in Verbindung mit Art. 246 §§ 1 und 2 EGBGB, 355 Abs. 1 Satz 2). Dafür reicht es aus, dass die Erklärung, die die Informationen enthält, in eine Urkunde – z.B. in einen Brief, eine E-Mail oder ein Fax – aufgenommen oder dass sie in einer anderen „zur dauerhaften Wiedergabe in Schriftzeichen geeigneten Form" – z.B. in einer Diskette oder CD-Rom – abgespeichert ist. Die Erklärung braucht nicht unterzeichnet zu sein; erforderlich ist aber, dass sie die Person des Erklärenden nennt und dass der „Abschluss der Erklärung" irgendwie erkennbar gemacht wird, und sei es auch nur dadurch, dass es an ihrem Ende heißt: „Diese Erklärung wird nicht unterschrieben."

4. Öffentliche Beglaubigung

Für bestimmte Erklärungen schreibt der Gesetzgeber die öffentliche Beglaubigung vor. Er tut das insbesondere dort, wo Erklärungen gegenüber staatlichen Stellen abzugeben sind, z.B. gegenüber dem Vereinsregister, dem Grundbuchamt oder dem Handelsregister (vgl. §§ 77 BGB, 29 GBO, 12 HGB). Erforderlich ist dafür gemäß § 129, dass die Erklärung schriftlich abgefasst und die Unterschrift des Erklärenden von einem Notar beglaubigt worden ist. Der Erklärende muss also in Gegenwart des Notars die Erklärung unterschreiben; sodann setzt der Notar seinen Beglaubigungsvermerk auf die Urkunde, mit dem er aber lediglich zum Ausdruck bringt, dass die Namensunterschrift von einer Person geleistet worden ist, die sich – in der Regel durch Vorlage des Personalausweises – ihm gegenüber als Träger des Namens ausgewiesen hat. Um den Inhalt der Erklärung braucht sich der Notar hingegen nicht zu kümmern, insbesondere nicht darum, ob der Erklärende die Erklärung wirklich abgeben wollte und ihre rechtlichen Konsequenzen richtig verstanden hat (vgl. §§ 39, 40 Beurkundungsgesetz).

5. Notarielle Beurkundung

176 Für besonders schwerwiegende Geschäfte verlangt der Gesetzgeber die notarielle Beurkundung. Dazu zählen bestimmte einseitige Rechtsgeschäfte, wie z.B. die Erklärung, mit der ein Kind – vertreten durch seinen gesetzlichen Vertreter – in seine eigene Adoption einwilligt (§§ 1746, 1750). Vor allem sind es aber bestimmte **Verträge**, die der notariellen Beurkundung bedürfen, so z.B. der Vertrag, durch den der Ehegatte des Erblassers oder seine Verwandten auf ihr künftiges gesetzliches Erbrecht dem Erblasser gegenüber verzichten (§ 2348), ferner der Vertrag, durch den sich jemand verpflichtet, sein gegenwärtiges Vermögen oder eine ihm angefallene Erbschaft im ganzen auf einen anderen übertragen (§§ 311 b Abs. 3, 2371), vor allem aber der Vertrag, durch den sich jemand zur Übertragung oder zum Erwerb von **Grundstückseigentum** verpflichtet (§ 311 b Abs. 1). Bei Schenkungsversprechen bedarf nur die Erklärung des Versprechenden der notariellen Beurkundung (§ 518).

177 Die Regeln, nach denen der Notar bei der Beurkundung zu verfahren hat, ergeben sich aus dem **Beurkundungsgesetz**. Im BGB selbst wird zur notariellen Beurkundung von Verträgen lediglich klargestellt, dass eine Sukzessivbeurkundung von Angebot und Annahme ausreicht (§ 128). Soll also ein in Hamburg belegenes Grundstück von einem Verkäufer mit Wohnsitz in Hamburg an einen Käufer mit Wohnsitz in München verkauft werden, so ist die für den Kaufvertrag erforderliche Form der notariellen Beurkundung gewahrt, wenn zunächst von einem Hamburger Notar das Angebot des Verkäufers und zu einem späteren Zeitpunkt von einem Münchener Notar die Annahme des Käufers beurkundet werden. In diesem Falle kommt der Vertrag im Zweifel schon mit der Beurkundung der Annahme, nicht erst dann zustande, wenn die darüber errichtete notarielle Urkunde dem Verkäufer in Hamburg zugegangen ist (§ 152). – Manchmal haben die Parteien ein Interesse daran, dass der Vertrag möglichst schnell – z.B. aus steuerlichen Gründen noch vor Jahresschluss – zustande kommt, obwohl die eine Partei erkrankt oder verreist ist und daher an einer rechtzeitigen notariellen Verhandlung nicht mehr persönlich teilnehmen und für sie auch einen Vertreter nicht mehr rechtzeitig bestellen kann. In einem solchen Falle reicht es aus, wenn die notarielle Verhandlung am 31. Dezember stattfindet und dabei das Angebot des Verkäufers von ihm selbst, die Annahme in seinem Namen von irgendeinem Dritten – z.B. von einem Angestellten des Notars – abgegeben und beurkundet wird. Zwar muss der Käufer das vollmachtlose Handeln des Angestellten genehmigen (§ 177 Abs. 1; Rn. 467 ff.). Aber diese Genehmigung wirkt auf den Zeitpunkt der Vornahme des genehmigungsbedürftigen Geschäfts zurück (§ 184 Abs. 1), lässt also den Vertrag auch dann am 31. Dezember wirksam werden, wenn sie erst im Januar oder noch später erteilt wird. Diese Genehmigung ist übrigens „formlos" gültig (§ 182 Abs. 2), muss also, obwohl das genehmigungsbedürftige Geschäft selbst der notariellen Beurkundung bedurfte, nicht ihrerseits ebenfalls notariell beurkundet werden (BGHZ 125, 218). Wohl aber bedarf die Genehmigung der notariellen **Beglaubigung**, weil sonst das Grundbuchamt Eintragungen im Grundbuch nicht vornehmen wird (§ 29 GBO).

B. Gesetzliche Formerfordernisse   178–179

III. Rechtsfolgen des Verstoßes gegen Formvorschriften

1. Nichtigkeit

Ist ein Rechtsgeschäft nicht in der gesetzlich vorgeschriebenen Form vorgenommen worden, so ist es grundsätzlich nichtig (§ 125 Satz 1). Das gilt unabhängig davon, ob die Ziele, die der Gesetzgeber mit der Formvorschrift verfolgt hat, im Einzelfall auf andere Weise erreicht waren oder nicht. Hat jemand eine Bürgschaft mündlich übernommen oder hat er in einem Brief die Schenkung einer Sache oder eines Geldbetrags versprochen, so sind diese Erklärungen grundsätzlich auch dann gemäß § 125 Satz 1 (in Verbindung mit §§ 766 und 518) nichtig, wenn im konkreten Fall feststeht, dass der Bürge oder der Versprechende geschäftlich hocherfahrene Leute waren, die ihre Erklärungen mit großer Sorgfalt bedacht und sie vielleicht sogar erst nach Einholung anwaltlichen Rates abgegeben haben. Zwar wird ihnen in diesem Falle durch die Formvorschrift ein Schutz aufgedrängt, dessen sie nicht bedürfen. Dennoch hat es einen guten Sinn, dass auch in diesen Fällen die Bürgschaftserklärung und das Schenkungsversprechen gemäß § 125 Satz 1 nichtig sind. Anderenfalls würden der Rechtsunsicherheit Tür und Tor geöffnet, weil in jedem Einzelfall darüber gestritten werden könnte, ob der Erklärende, weil erfahren und geschäftskundig, der Warnung durch die Form nicht bedurft hat oder ob er als omnimodo facturus das Geschäft in jedem Falle, also auch dann vorgenommen hätte, wenn die Form gewahrt und er durch sie vor dem Abschluss gewarnt worden wäre.

178

Allerdings ordnet der Gesetzgeber in bestimmten Einzelfällen an, dass der Formmangel nachträglich „**geheilt**" wird, sobald der Versprechende die formungültig versprochene Leistung tatsächlich bewirkt hat. Wenn also jemand den Geldbetrag bezahlt, dessen Zahlung er in einem Brief schenkweise versprochen hatte, so kann er nachträglich nicht mehr geltend machen, dass sein Versprechen nicht notariell beurkundet und daher ungültig sei und er deshalb die Zahlung, weil ohne rechtlichen Grund geleistet, gemäß § 812 zurückfordern könne. Denn gemäß § 518 Abs. 2 wird der ursprüngliche Formmangel nachträglich „durch die Bewirkung der versprochenen Leistung geheilt." Das gleiche gilt, soweit der Bürge die nur mündlich versprochene Leistung an den Gläubiger erbracht hat (§ 766 Satz 3), ebenso dann, wenn der Käufer, obwohl der Grundstückskaufvertrag nicht notariell beurkundet war, durch Auflassung und Eintragung im Grundbuch das Eigentum an dem ihm verkauften Grundstück erworben hat (§ 311 b Abs. 1 Satz 2). Zur Begründung des „Heilungseffekts" wird meist vorgetragen, dass genügend gewarnt gewesen sei, wer freiwillig erfüllt habe, weil nichts so sehr zur Schärfung der geistigen Kräfte beitrage wie der Schmerz,

179

79

den der Mensch empfindet, wenn er eine Zahlung leistet oder ein anderes Vermögensopfer erbringt.

2. Andere Rechtsfolgen des Formverstoßes

180 Manchmal wäre es nicht sinnvoll, wenn Verträge, die nicht in der gesetzlich vorgeschriebenen Form geschlossen worden sind, gemäß § 125 Satz 1 nichtig wären. In solchen Fällen ergeben sich die Folgen des Formverstoßes aus besonderen gesetzlichen Vorschriften, die als lex specialis der Regel des § 125 Satz 1 vorgehen. Wenn z.B. ein Verbraucherdarlehensvertrag nicht gemäß § 492 schriftlich abgeschlossen ist oder die Vertragsurkunde nicht sämtliche in § 492 vorgeschriebenen Informationen enthält, so würde dem Verbraucher ein schlechter Dienst erwiesen, wenn der Vertrag nichtig wäre. Denn dann müsste er gemäß § 812 das empfangene Darlehen auf der Stelle und in voller Höhe dem Kreditgeber zurückzahlen. Deshalb bestimmt § 494 Abs. 2, dass der Vertrag, sobald der Verbraucher das Darlehen empfangen oder in Anspruch genommen hat, trotz des Formverstoßes gültig wird, und zwar im wesentlichen mit demjenigen Inhalt, der sich aus den dispositiven gesetzlichen Vorschriften ergibt. Für den Verbraucher bedeutet das insbesondere, dass er den Kredit nur mit dem gesetzlichen Zinssatz, also gemäß § 246 nur mit 4 % p.a. zu verzinsen braucht. Damit hat der Gesetzgeber die Sanktionen des Formverstoßes so reguliert, dass einerseits dem Interesse des Verbrauchers an der Durchführung des Darlehensvertrages Rechnung getragen, andererseits aber dem Darlehensgeber ein genügender Anreiz gesetzt wird, den Verbraucher rechtzeitig und vollständig in schriftlicher Form so zu belehren, wie das in § 492 gefordert wird.

181 Mietverträge sind grundsätzlich auch dann gültig, wenn sich die Parteien nur mündlich geeinigt haben oder sich ihr Einigungswille aus schlüssigem Verhalten ergibt. Wenn aber der Mietvertrag für eine bestimmte Frist, und zwar „für längere Zeit als ein Jahr" eingegangen wird, so muss er in schriftlicher Form geschlossen werden, sofern nicht gerade bewegliche Sachen, sondern Wohnungen (§ 550) oder Grundstücke, Geschäftsräume oder sonstige Räume (§ 578) vermietet sind (vgl. BGHZ 176, 301). Wird die Schriftform von den Parteien nicht beachtet, so ist der Mietvertrag aber nicht nichtig. Denn das würde bedeuten, dass der Mieter die Mietsache auf der Stelle zurückgeben müsste oder zurückgeben dürfte. Vielmehr ist er wirksam, dies jedoch mit der Maßgabe, dass er als „für unbestimmte Zeit" geschlossen gilt. Das hat zur Folge, dass der Vertrag entgegen § 542 Abs. 2 auch schon vor Ablauf der mündlich vereinbarten Frist, wenn auch frühestens zum Ablauf eines Jahres nach Überlassung der Mietsache, durch ordentliche Kündigung beendet werden kann, sofern die dafür allgemein erforderlichen *sonstigen* Voraussetzungen – bei Wohnungsmietverträgen: §§ 573 ff., bei Mietverträgen über Grundstücke und sonstige Räume: §§ 578 ff. – beachtet sind.

3. Aufrechterhaltung formnichtiger Verträge

Wer auf eine vertraglich versprochene Leistung in Anspruch genommen wird, kann zu seiner Verteidigung geltend machen, dass eine gesetzliche Formvorschrift nicht beachtet und der Vertrag, auf den der Anspruch gestützt wird, daher nicht gültig zustande gekommen sei. Allerdings hat die Rechtsprechung angenommen, dass unter bestimmten Voraussetzungen die Geltendmachung des Formmangels gegen Treu und Glauben verstoßen und daher, weil **rechtsmissbräuchlich**, unzulässig sein könne. In der Praxis führt das meist zu dem Ergebnis, dass ein Käufer die Verschaffung des Eigentums an dem ihm verkauften Grundstück auch dann verlangen kann, wenn der Kaufvertrag nicht notariell beurkundet und daher gemäß §§ 311 b Abs. 1, 125 Satz 1 an sich nichtig ist. Das darf freilich nur ganz ausnahmsweise, nämlich nur dann angenommen werden, „wenn es nach den Beziehungen der Parteien und nach den gesamten Umständen mit Treu und Glauben unvereinbar wäre, vertragliche Ansprüche an einem formellen Mangel scheitern zu lassen" (BGHZ 12, 6, 10). Mit Treu und Glauben unvereinbar ist die Geltendmachung des Formmangels z.B. dann, wenn darin eine **„besonders schwere Treuepflichtverletzung"** des Verkäufers liegt und wenn sie zu einem Ergebnis führt, das „für die betroffene Partei nicht nur hart, sondern **schlechthin untragbar** ist" (vgl. z.B. BGH NJW 2004, 3330; ständige Rechtsprechung). Einen greifbaren operationalen Gehalt haben diese wolkigen Formeln nicht. Es kommt deshalb hier wie auch sonst darauf an, konkrete Fallgruppen zu bilden und vor ihrem Hintergrund zu bestimmen, wie der Konflikt zwischen Rechtssicherheit und materieller Gerechtigkeit im Einzelfall gelöst werden soll. 182

Einigkeit besteht über die Behandlung einer ersten Fallgruppe, die dadurch charakterisiert ist, dass die eine Partei in Betrugsabsicht gehandelt hat. So liegt es z.B., wenn ein Grundstücksverkäufer dem nichtsahnenden Käufer die Gültigkeit des nur schriftlich geschlossenen Vertrages arglistig vorspiegelt, weil er sich auf diese Weise eine Hintertür offenhalten, nämlich sich die Möglichkeit sichern will, unter Berufung auf den Formmangel später die Übereignung des Grundstücks zu verweigern, sofern sein Preis steigen oder ihm die Nichterfüllung des Vertrages aus anderen Gründen opportun erscheinen sollte. In einem solchen Fall kann sich der Verkäufer nicht auf die Formnichtigkeit des Vertrages berufen, die er selbst in böser Absicht herbeigeführt hat. Würde der Richter anders entscheiden, also die Klage des getäuschten Käufers auf Erfüllung des Vertrages abweisen, so würde er sich dadurch geradezu zum Gehilfen eines vom Verkäufer geplanten Betruges machen (vgl. BGHZ 29,6). 183

Anders liegt es in einer zweiten Fallgruppe: Hier wissen beide Parteien, dass der Grundstücksvertrag formbedürftig ist. Gleichwohl verzichtet der Käufer auf die Beurkundung, weil er darauf vertraut, dass der Verkäufer den Vertrag auch so erfüllen werde. In einem solchen Fall verdient der Käufer keinen Schutz, wenn sein Vertrauen später enttäuscht wird. 184

185 So RGZ 117, 121: Hier hatte die Partei, der die Verschaffung eines Grundstücksrechts versprochen worden war, auf die Beurkundung des Versprechens verzichtet, weil ihr die andere Partei erklärt hatte, es herrschten bei ihr „keine jüdischen Gepflogenheiten", sie sei „von Adel" und verpfände für die Erfüllung ihres Versprechens ihr „Edelmannswort". Zu Unrecht aber anders BGHZ 48, 396 = NJW 1968, 39 mit ablehnender Anmerkung von *Reinicke*: Hier wurde der Klage auf Erfüllung des formnichtigen Vertrages stattgegeben, obwohl auch hier dem Kläger vom Beklagten lediglich versichert worden war, dass er als „königlicher Kaufmann" zu seinem Wort zu stehen pflege. Zwar gibt sich der Kläger in den Fällen dieser Fallgruppe mit dem nur schriftlich geschlossenen Vertrag in der Regel deshalb zufrieden, weil von dem Beklagten eine besondere Autorität ausgeht und es unhöflich, respektlos oder kleinlich erscheinen oder gar zum Scheitern des Vertrages führen würde, wenn er gleichwohl auf dem Gang zum Notar bestünde. Aber das ändert nichts daran, dass der Käufer in solchen Fällen von vornherein nur eine bloße Hoffnung, nicht aber ein gesichertes Recht auf die Erfüllung des Vertrages erwirbt und deshalb vor der eigenen Tür kehren muss, wenn sich das Risiko verwirklicht, auf das er sich sehenden Auges eingelassen hat. Auch darf es für die Entscheidung nicht darauf ankommen, ob der Käufer auf den Vertrag hin eigene Vorleistungen erbracht hat, die er jetzt, vielleicht weil der Verkäufer inzwischen zahlungsunfähig ist, von ihm nicht mehr zurückerhalten kann, ebensowenig darauf, ob der „Edelmann" oder „königliche Kaufmann" sich erst nachträglich für die Nichterfüllung des Vertrages entschieden hat oder ob er dazu insgeheim schon bei seinem Abschluss entschlossen war und damit seinen Partner bewusst in die Irre geführt hat, dies mit der Folge, dass er ihm (zwar nicht auf Erfüllung des Vertrages, aber) gemäß § 826 oder §§ 823 Abs. 2 BGB, 263 StGB auf Schadensersatz haftet.

186 Besondere Schwierigkeiten wirft die dritte Fallgruppe auf. Hier unterbleibt die Beurkundung, weil die Parteien bei Abschluss des Vertrages nicht an sie gedacht oder ihre Erforderlichkeit übersehen haben. Es kommt auch vor, dass die Beurkundung zwar vorgenommen wird, aber wegen eines erst viel später erkannten technischen Mangels ungültig ist, z.B. deshalb, weil der Notar Anlagen zum Vertrag nicht in der Verhandlung verlesen oder nicht der Urkunde beigefügt hat. Hierher gehören auch Fälle, in denen die Beurkundung zwar von den Parteien als erforderlich erkannt, aber einverständlich auf einen späteren Zeitpunkt verschoben wird oder aus Unachtsamkeit unterbleibt. Wie ist in diesen Fällen zu entscheiden, wenn sich unter den Parteien später Meinungsverschiedenheiten entwickeln oder der Verkäufer aus anderen Gründen sein Interesse an der Durchführung des Vertrages verliert und sich nunmehr auf die Erfüllungsklage des Käufers mit dem Einwand der Formnichtigkeit verteidigt?

187 Grundsätzlich muss sich der Verkäufer auch in diesen Fällen auf den Formmangel berufen können. Zwar kann dann der Käufer nicht die Erfüllung des Vertrages verlangen. Aber nicht immer steht er deshalb mit leeren Händen da. Ihm kann ein Anspruch auf Schadensersatz wegen Verschuldens bei Vertragsverhandlungen zustehen, so z.B. dann, wenn der rechts- und geschäftskundige Verkäufer die Formbedürftigkeit des Vertrages hätte kennen und den unerfahrenen Käufer auf sie hätte aufmerksam machen müssen

(BGH NJW 1965, 812), ebenso dann, wenn dem Käufer das Formerfordernis zwar durchaus bekannt war, aber der Verkäufer die Beurkundung verschleppt oder im Käufer ein Vertrauen auf das Zustandekommen eines gültigen Vertrages dadurch geweckt hat, dass er ihn zu Vorleistungen auf den formnichtigen Vertrag oder zu anderen Dispositionen ermuntert oder aufgefordert und die damit verbundenen Risiken verharmlost hat (vgl. BGH NJW 1992, 1037).

Nach der Rechtsprechung kommt allerdings auch in dieser Fallgruppe ein Erfüllungsanspruch in Betracht. In BGHZ 16, 334 hatte die Beklagte zahlreiche Parzellen eines ihr gehörenden Grundstücks an Siedler verpachtet und ihnen in dem (schriftlichen, aber nicht notariell beurkundeten) Pachtvertrag versprochen, dass sie ihnen das Eigentum an den Parzellen übertragen werde, sofern sie 5 Jahre lang ihre Vertragspflichten pünktlich erfüllen würden. Als die Beklagte nach 8 Jahren von einem der Siedler auf Übereignung seiner Parzelle verklagt wurde, berief sie sich auf den Formmangel. Der Klage wurde gleichwohl stattgegeben, weil die Beklagte „mit dem ganzen Gewicht ihres Ansehens" den rechtsunkundigen und geschäftlich unerfahrenen Siedlern gegenübergetreten sei und in ihnen das Vertrauen auf eine gesicherte Rechtsstellung erweckt habe. Ebenso BGH NJW 1972, 1189: Hier wurde ein Erfüllungsanspruch zugebilligt, weil der Käufer in vorgerücktem Alter stand, geschäftlich unerfahren war, das versprochene Haus seinen Alterssitz bilden sollte, er seine gesamten Ersparnisse als Kaufpreis hingegeben hatte und befürchtet werden musste, dass er, falls er mit einem Anspruch auf Schadensersatz wegen Verschuldens bei Vertragsverhandlungen abgespeist würde, sich erst noch ein anderes Haus suchen müsste und darüber hinwegsterben könnte.

C. Vereinbarte Formerfordernisse

Haben die Parteien im Zuge von Vertragsverhandlungen vereinbart, dass der beabsichtigte Vertrag „beurkundet", also schriftlich niedergelegt werden soll, so ist eine solche Vereinbarung im Zweifel dahin zu verstehen, dass der Vertrag erst dann gültig geschlossen sein soll, wenn die Beurkundung erfolgt ist (§ 154 Abs. 2). Im Ergebnis wird dasselbe in § 125 Satz 2 bestimmt: Danach ist ein Rechtsgeschäft im Zweifel nichtig, wenn die Parteien für das Geschäft eine Form vereinbart, aber diese Form nicht gewahrt haben.

Schriftformvereinbarungen bilden in der Regel den Bestandteil eines bereits geschlossenen Vertrages. Man spricht dann von „**Schriftformklauseln**" und meint damit vertragliche Vereinbarungen, in denen festgelegt wird, dass eine künftige einverständliche Änderung, Ergänzung oder Aufhebung des bestehenden Vertrages der Schriftform bedarf. Manchmal wird auch vereinbart, dass bestimmte einseitige Vertragserklärungen – z.B. eine Kündigung, ein Rücktritt oder eine Nachfristsetzung gemäß § 323 Abs. 1 – in schriftlicher Form abgegeben werden müssen. Durch solche Schriftformklauseln wollen die Parteien in der Regel verhindern, dass es unter ihnen zu Streitigkeiten über die Frage kommt, ob und in welcher Weise der bestehende Vertrag nachträglich durch eine mündliche Vereinbarung oder auch durch schlüssiges Verhalten abgeändert, also z.B. der ursprünglich vereinbarte Kaufpreis nachträglich erhöht oder herabgesetzt, die Dauer des Mietvertrages verlängert oder der Zeitpunkt für die Lieferung der Kaufsache hinausgeschoben worden ist. Es kommt auch vor, dass die Parteien mit der Schriftformklausel einen Warnzweck verfolgen: Sie wollen der Gefahr vorbeugen, dass der bestehende Vertrag durch eine bloß mündliche und deshalb nicht reiflich genug durchdachte Vereinbarung oder Erklärung abgeändert oder umgestaltet wird. Dieser Zielsetzung entspricht es, dass die Vereinbarung oder Erklärung gemäß § 125 Satz 2 nichtig ist, wenn es an der für sie vereinbarten Schriftform fehlt.

191 Haben die Parteien vereinbart, dass für künftige Vereinbarungen oder Erklärungen die Schriftform, die elektronische Form oder die Textform gewahrt werden muss, so darf gemäß § 127 im Zweifel angenommen werden, dass sie mit diesen Formen dasjenige gemeint haben, was dazu in §§ 126, 126 a und 126 b gesagt wird. Freilich gelten gewisse Erleichterungen. Ist z.B. für die künftige Vertragsänderung die Schriftform vereinbart, so gilt die Form im Zweifel auch dann als gewahrt, wenn sich der Änderungskonsens der Parteien aus einem bloßen Briefwechsel ergibt (§ 127 Abs. 2; Rn. 171).

192 Die Ziele, die die Parteien mit einer Schriftformklausel verfolgen, erscheinen zwar durchaus vernünftig und einleuchtend. Bei näherer Betrachtung zeigt sich jedoch, dass Schriftformklauseln in vielen Fällen das Papier nicht wert sind, auf dem sie geschrieben stehen.

193 Das gilt jedenfalls dann, wenn die Schriftformklausel als **AGB-Klausel** Bestandteil des Vertrages geworden ist. § 305 b bestimmt nämlich, dass „individuelle Vertragsabreden" den Vorrang vor Allgemeinen Geschäftsbedingungen haben, dies auch dann, wenn sie nicht vor oder bei Abschluss des Vertrages, sondern erst zu einem späteren Zeitpunkt abgeschlossen worden sind. Wenn also die Parteien nachträglich eine mündliche Vereinbarung getroffen haben, durch die der ursprüngliche Vertrag zugunsten des Kunden abgeändert wird, so geht diese Vereinbarung allen AGB-Klauseln vor, auch einer **AGB-Schriftformklausel**. Zwar trägt der Kunde die Beweislast dafür, dass die nachträgliche mündliche Vereinbarung zustande gekommen ist. Denn es gilt hier wie auch sonst der allgemeine Grundsatz, dass bei schriftlichem Vertragsschluss eine **Vermutung** dafür spricht, dass der Vertragsinhalt durch die schriftlich niedergelegten Vereinbarungen **vollständig und richtig** wiedergegeben ist. Diese Vermutung ist aber widerleglich. Kann also der Kunde beweisen, dass der Vertrag vor oder nach seinem Abschluss mündlich abgeändert oder ergänzt worden ist, so kann ihm die andere Partei gemäß § 305 b eine AGB-Schriftformklausel nicht entgegenhalten (vgl. dazu ausführlich MK-*Basedow* § 305 b Rn. 5). – Zu beachten ist auch § 309 Nr. 13: Danach sind AGB-Klauseln unwirksam, die dem Kunden vorschreiben, dass er für Anzeigen oder Erklärungen, die er dem Verwender gegenüber abzugeben hat, eine „strengere Form als die Schriftform" wahren muss.

194 Aber auch dann, wenn die Schriftformklausel nicht als AGB-Klausel, sondern als **Individualvereinbarung** Vertragsbestandteil geworden ist, wird der mit ihr von den Parteien angestrebte Zweck oft nicht erreicht. Denn die Rechtsprechung hat in einer langen Kette von Entscheidungen die Regel auf-

C. Vereinbarte Formerfordernisse **194–196**

gestellt, dass die Parteien, die sich nachträglich auf eine Vertragsänderung mündlich geeinigt haben, damit regelmäßig auch die Schriftformklausel stillschweigend außer Kraft setzen, dies selbst dann, wenn sie bei Abschluss der Änderungsvereinbarung an die Schriftformklausel gar nicht gedacht haben (so ausdrücklich BGH NJW 1965, 293). Damit werden solche Klauseln ihrer praktischen Wirksamkeit weitgehend beraubt, dies auch dann, wenn sie individuell vereinbart sind. Zwar verlangt die Rechtsprechung für die stillschweigende Außerkraftsetzung der Schriftformklausel, dass die Parteien „übereinstimmend die Maßgeblichkeit des mündlich Vereinbarten gewollt haben" müssen (BGH NJW 1962, 1908; BGH NJW 1965, 293; BGHZ 66, 378). Indessen sollte man denken, dass *jegliche* Vereinbarung, wenn sie rechtliche Wirkungen erzeugen soll, von den Parteien „übereinstimmend gewollt" sein muss.

Das Problem sollte deshalb eher so gelöst werden, wie dies in Art. 29 CISG (vgl. auch Art. 2:106 PECL) geschehen ist. Danach darf ein Vertrag, der eine Schriftformklausel enthält, zwar „nicht auf andere Weise [als schriftlich] geändert oder aufgehoben werden. Eine Partei kann jedoch aufgrund ihres Verhaltens davon ausgeschlossen sein, sich auf eine solche Bestimmung zu berufen, soweit die andere Partei sich auf dieses Verhalten verlassen hat." **195**

Von der Rechtsprechung werden Schriftformklauseln immerhin dann anerkannt, wenn die Parteien gleichsam „doppelt genäht", also nicht nur eine Schriftformklausel, sondern darüber hinaus auch noch vereinbart haben, es solle auch die Schriftformklausel *selbst* nur durch eine schriftliche Vereinbarung außer Kraft gesetzt werden können (so BGHZ 66, 378). Dies soll freilich nur dann gelten, wenn eine solche „qualifizierte" Schriftformklausel von *Kaufleuten* vereinbart worden ist. Es gibt aber keinen überzeugenden Grund, warum nicht auch Nichtkaufleute durch eine individuell ausgehandelte Vereinbarung sich auf eine solche Regelung sollten verständigen dürfen (so z.B. auch *Medicus* AT Rn. 641 ff.). **196**

§ 5 Gesetzlich verbotene und sittenwidrige Verträge

197 Das geltende Recht beruht auf dem Prinzip der Vertragsfreiheit. Es geht also davon aus, dass die Parteien den Inhalt des Vertrages in beiderseitigem Einvernehmen nach freiem Belieben festlegen können. Allerdings werden der Vertragsfreiheit durch das geltende Recht Grenzen gesetzt. Selbst wenn die Parteien eine vertragliche Bindung ernstlich gewollt, alle Formvorschriften beachtet und ihre Erklärungen nach reiflicher Überlegung abgegeben haben und ihr Handeln auch nicht durch einen Irrtum, eine Täuschung oder eine Drohung beeinflusst war, so wird der auf diese Weise geschlossene Vertrag dennoch von der Rechtsordnung nicht als gültig anerkannt, wenn er gegen ein **gesetzliches Verbot** oder gegen die **guten Sitten** verstößt und daher einen von der Rechtsordnung nicht erlaubten Inhalt hat oder einen von ihr missbilligten Zweck verfolgt. In einem solchen Falle ist der Vertrag nichtig. Das bedeutet, dass durch ihn vertragliche Pflichten nicht begründet werden, also gerichtlich durchsetzbare Ansprüche weder auf Erfüllung dieser Pflichten noch auf Schadensersatz wegen ihrer Nicht- oder Schlechterfüllung gegeben sind. Eine andere Frage ist allerdings, ob die Parteien nicht wenigstens dasjenige voneinander zurückverlangen können, was sie aufgrund des nichtigen Vertrages einander etwa schon geleistet haben.

A. Gesetzlich verbotene Verträge

198 Rechtsgeschäfte, die gegen ein gesetzliches Verbot verstoßen, sind gemäß § 134 nichtig. Dabei kann es sich um „einseitige Rechtsgeschäfte" handeln, wie z.B. um ein Testament oder eine Kündigung (Rn. 11). In aller Regel sind es aber **Verträge**, die gegen ein gesetzliches Verbot verstoßen können. Nichtig sind sie allerdings nur dann, „wenn sich nicht aus dem Gesetz ein anderes ergibt".

199 Als Verbotsgesetz kommt jede Rechtsnorm in Betracht, auch wenn sie nicht als „Gesetz im formellen Sinne" anzusehen ist, sondern Teil einer Verordnung oder der von einer Gemeinde oder einer anderen öffentlich-rechtlichen Körperschaft erlassenen Satzung bildet (vgl. Art. 2 EGBGB). – Nicht als Verbotsgesetz anzusehen sind die zwingenden Vorschriften des BGB, die nichts verbieten, sondern lediglich die Freiheit der Parteien zur Bestimmung des Vertragsinhalts beschränken. Ist z.b. eine AGB-Klausel Vertragsbestandteil geworden, die nicht den Anforderungen der §§ 307–309 standhält, so ist die Klausel unwirksam, ohne dass § 134 bemüht zu werden braucht. Ähnlich § 475: Danach „kann der Unternehmer sich nicht [auf eine Vereinbarung] berufen", die Bestandteil des mit einem Verbraucher geschlossenen Kaufvertrags bildet und zu seinem Nachteil von den Regelungen in §§ 433 ff. abweicht.

Auch wenn ein Verbotsgesetz identifiziert ist, tritt die Nichtigkeit des verbotswidrig abgeschlossenen Vertrages gemäß § 134 nur dann ein, „wenn sich nicht aus dem Gesetz ein anderes ergibt". Ob dies der Fall ist, wird in dem Verbotsgesetz selbst fast nie ausdrücklich bestimmt. Vielmehr kann diese Frage in aller Regel nur durch **Auslegung des Gesetzes** entschieden werden, also dadurch, dass das Gesetz daraufhin befragt wird, ob es nach seinem Sinn und Zweck die Nichtigkeit des verbotswidrig abgeschlossenen Vertrages verlangt. Das ist jedenfalls dann zu bejahen, wenn beide Parteien durch den Abschluss des Vertrages gegen ein Strafgesetz verstoßen haben. Wer sich zu einem Meineid hat anstiften lassen, kann nicht vom Anstifter Zahlung des dafür versprochenen Entgelts verlangen; ebensowenig haftet er dem Anstifter auf Schadensersatz wegen Schlechterfüllung, wenn er die Verabredung nicht eingehalten und vor Gericht die Wahrheit ausgesagt hat. Das gleiche gilt, wenn sich der Dieb vom Hehler die Zahlung eines Kaufpreises für das Diebesgut oder der Beamte sich für die Begehung einer amtspflichtwidrigen Handlung ein Entgelt oder der Angestellte sich für den Verrat eines Betriebsgeheimnisses eine Belohnung hat versprechen lassen (§§ 259, 331 StGB, 17 UWG).

200

Die Frage, ob sich nicht aus dem Gesetz „ein anderes ergibt", der Vertrag also zwar verbotswidrig, aber dennoch gültig ist, ist schwieriger zu entscheiden, wenn die Parteien sich nicht zur Begehung einer eindeutig strafbaren Handlung verbündet, sondern ein gesetzliches Verbot verletzt haben, das zu erlassen dem Gesetzgeber zur Durchsetzung bestimmter wirtschafts-, sozial- oder rechtspolitischer Ziele zweckmäßig erschien. Hat z.B. ein Möbelhändler seinem Kunden eine Schrankwand am 24. Dezember nach 14 Uhr oder an einem Werktag nach 20 Uhr verkauft, so verstößt er damit gegen § 3 Ladenschlussgesetz; er begeht daher eine Ordnungswidrigkeit, wegen derer er ein Bußgeld zahlen muss, wenn ihm die Gewerbeaufsichtsbehörde auf die Schliche kommt. Der Kaufvertrag mit dem Kunden ist aber gültig, weil das Gesetz zwar das Personal des Händlers vor Sonntags- und Nachtarbeit schützen und die Feiertagsruhe sichern, aber um dieses Zieles willen nicht auch die nach Ladenschluss zustande gekommenen Verträge vernichten und die Parteien der sich daraus ergebenden Ansprüche berauben will. Anders liegt es, wenn sich der Präventionszweck, den das Verbotsgesetz verfolgt, nicht allein dadurch erreichen lässt, dass dem Verletzer eine Strafe, ein Bußgeld, der Widerruf einer behördlichen Erlaubnis oder andere Sanktionen an-

201

gedroht werden. Ein solcher Fall liegt nach der Rechtsprechung z.B. vor, wenn jemand nicht als Rechtsanwalt oder Steuerberater zugelassen ist, aber dennoch geschäftsmäßig und gegen Entgelt seine Kunden in rechtlichen oder steuerlichen Angelegenheiten berät: Nicht nur kann er bestraft werden; auch die Verträge, die er mit seinen Kunden schließt, sind wegen Verstoßes gegen das Rechtsberatungs- und Steuerberatungsgesetz nichtig.

202 Vgl. dazu BGHZ 37, 258; BGH NJW 1995, 3122; BGH NJW 2000, 1560; BGZ 132, 229. Freilich sind Beratungsleistungen oft auch dann nicht wertlos, wenn sie von jemandem erbracht worden sind, der sie, weil ihn der Gesetzgeber als nicht ausreichend qualifiziert ansieht, nicht erbringen durfte. Ihm kann deshalb ein Anspruch aus §§ 812 ff. gegen den Beratenen zustehen, dessen Höhe sich an der Vergütung orientieren darf, die dieser an einen *zugelassenen* Rechtsanwalt hätte zahlen müssen. Das gilt allerdings nicht, wenn dem Berater bewusst war, dass er gegen ein gesetzliches Verbot verstieß (§ 817 Satz 2; BGH NJW 2000, 1560).

203 Praktisch bedeutsam, aber auch umstritten ist die Rechtsprechung zu den Folgen eines Verstoßes gegen das Gesetz zur Bekämpfung der **Schwarzarbeit**. Nach diesem Gesetz macht sich strafbar, wer, ohne in die Handwerksrolle eingetragen zu sein, handwerkliche Leistungen – meist Bauleistungen – erbringt und wirtschaftliche Vorteile dadurch erzielt, dass er seine Einkünfte und Umsätze nicht versteuert und für seine Leute keine Beiträge zur Sozialversicherung abführt. Die Rechtsprechung hält Werkverträge, die ein solcher „Schwarzarbeiter" abschließt, gleichwohl für wirksam, wenn sein Auftraggeber den Gesetzesverstoß nicht gekannt, also bei Abschluss des Vertrages nicht gewusst hat, dass er es mit einem „Schwarzarbeiter" zu tun hat. Daraus folgt, dass der Auftraggeber, wenn die Bauleistungen noch nicht bewirkt sind, aufgrund des wirksamen Vertrages zwar nicht verlangen kann, dass der Schwarzarbeiter sie „durch Schwarzarbeit" erfülle, wohl aber, dass er sie durch einen in der Handwerksrolle eingetragenen Unternehmer erbringen lässt oder dass er, wenn er dies verweigert, Schadensersatz leistet, nämlich den Aufwand ersetzt, der dem Auftraggeber durch die von ihm selbst veranlasste Einschaltung eines solchen Unternehmers entsteht. Sind die Bauleistungen bereits erbracht worden, aber mangelhaft, so stehen dem Auftraggeber die vertraglichen Gewährleistungsansprüche zu.

204 So BGHZ 89, 369 und BGH NJW 1985, 2403 (mit Anmerkung von *Canaris*). Die Auffassung des BGH hat freilich die missliche Konsequenz, dass der Schwarzarbeiter zwar das Gesetz verletzt hat, aber aufgrund des gültigen Vertrages die vereinbarte Vergütung verlangen kann. *Canaris* a.a.O. nimmt deshalb an, dass der Vertrag „halbseitig" nichtig ist, dass also das Schwarzarbeitsgesetz zwar die Nichtigkeit des Vertrages insoweit gebietet, als es um die Ansprüche des Schwarzarbeiters geht, dass sich aus dem Gesetz aber, wenn es richtig ausgelegt wird, insoweit „ein anderes ergibt", als die vertraglichen Ansprüche des arglosen Auftraggebers betroffen sind. – Wenn allerdings der Gesetzesverstoß bei Abschluss des Vertrages **beiden Parteien** bewusst war, ist der Vertrag in vollem Umfang nichtig; in diesem Falle kann auch der Auftraggeber bestraft werden (vgl. BGHZ 85, 39). Immerhin kann der Schwarzarbeiter, soweit er Leistungen bereits er-

bracht hat, Ersatz ihres Wertes gemäß §§ 812 ff. verlangen. So BGHZ 111, 308. Das ist zwar streitig. Aber der Abschreckungseffekt, den das Gesetz verfolgt, wird schon dadurch erreicht, dass der Schwarzarbeiter keinen Anspruch auf den vereinbarten Werklohn hat und damit rechnen muss, dass er bestraft und zur Nachzahlung von Steuern und Sozialabgaben herangezogen werden wird. Dagegen verlangt es der Zweck des Gesetzes nicht auch noch, dass der Auftraggeber die ihm aufgrund des nichtigen Vertrages erbrachten und noch nicht bezahlten Bauleistungen unentgeltlich behalten kann. Vielmehr muss er ihren objektiven Wert ersetzen; dieser Wert liegt allerdings erheblich niedriger als der vereinbarte Werklohn, weil dem Auftraggeber keine vertraglichen Ansprüche zustehen, falls die Leistungen des Schwarzarbeiters mangelhaft sind.

B. Verbotene Verfügungsgeschäfte

Auch in §§ 135–137 geht es – wie in § 134 – um die Gültigkeit verbotswidrig abgeschlossener Verträge. Allerdings betreffen diese Vorschriften nur solche Verträge, die als „**Verfügungsgeschäfte**" bezeichnet werden. Unter welchen Voraussetzungen sind solche Geschäfte auch dann wirksam, wenn ihr Abschluss gegen ein gesetzliches, ein gerichtliches oder behördliches oder ein vertraglich vereinbartes **Verfügungsverbot** verstößt? 205

Das praktisch wichtigste Verfügungsgeschäft ist die **Übereignung**, also der „dingliche Vertrag", mit dem sich der Eigentümer einer Sache und der Erwerber darüber einigen, dass nunmehr der Erwerber neuer Eigentümer der Sache sein soll (vgl. § 929 für bewegliche Sachen, §§ 873, 925 für Grundstücke). Ebenso liegt es, wenn eine Forderung oder ein sonstiges Recht auf einen neuen Inhaber übertragen werden soll: Hier wird das Verfügungsgeschäft „**Abtretung**" genannt (§§ 398, 413). Die Verfügungsgeschäfte der Übereignung und Abtretung werden oft auch als „Veräußerungsgeschäfte" bezeichnet. Ein Verfügungsgeschäft liegt aber auch dort vor, wo nichts veräußert, sondern an einer Sache, einer Forderung oder einem sonstigen Recht zugunsten des Erwerbers lediglich ein Pfandrecht oder (bei Grundstücken) ein Grundpfandrecht, eine Dienstbarkeit oder ein anderes beschränktes dingliches Recht bestellt werden soll. Soweit in §§ 135–137 von einer „Veräußerung" oder einem „Veräußerungsverbot" gesprochen wird, ist damit der (weitere) Begriff der „Verfügung" und des „Verfügungsverbots" gemeint. 206

Gesetzliche Verfügungsverbote i.S. des § 135 spielen in der Praxis keine Rolle und kommen im BGB – außer in § 437 – nicht vor. Anders liegt es bei den in § 136 behandelten **gerichtlichen oder behördlichen Verfügungsverboten**. Hier ist der praktisch wichtigste Fall derjenige, in dem das Gericht auf Antrag des Klägers durch eine „einstweilige Verfügung" dem beklagten Eigentümer verbietet, über sein Eigentum an einer bestimmten Sache zugunsten eines Dritten zu verfügen, insbesondere: den Dritten zum Eigentümer der Sache zu machen. Wenn der Beklagte die einstweilige Verfügung missachtet, indem er sich über das in ihr liegende gerichtliche Veräußerungsverbot hinwegsetzt und sich mit einem Dritten über die Übertragung des Eigentums einigt, so ist dieses Geschäft gemäß §§ 136, 135 nicht gänzlich, aber doch immerhin „**relativ unwirksam**": Der Dritte erwirbt zwar grundsätzlich das Ei- 207 gentum, dies jedoch nicht im Verhältnis zum Kläger. *Ihm gegenüber* gilt nach wie vor der Beklagte als Eigentümer, es sei denn, dass der Dritte bei Erwerb des Eigentums gutgläubig war, also die einstweilige Verfügung nicht kannte und seine Unkenntnis auch nicht auf grober Fahrlässigkeit beruht (§§ 136, 135 Abs. 2, 932).

208 Anders liegt es, wenn sich der Eigentümer „durch Rechtsgeschäft" – praktisch also: durch einen Vertrag – einem **rechtsgeschäftlichen Verfügungsverbot** unterworfen hat. Ein solches Verfügungsverbot ist gemäß § 137 Satz 1 immer unwirksam. Dadurch will der Gesetzgeber verhindern, dass das Eigentum durch Parteivereinbarung unveräußerlich gemacht und als „res extra commercium" dem Geschäftsverkehr entzogen wird. Das gilt zwar nicht, wenn die Parteien sich über die Unabtretbarkeit einer Forderung geeinigt, also ein **Abtretungsverbot** vereinbart haben (§ 399; Rn. 1233 ff.). Wenn aber eine **Sache** verbotswidrig übereignet worden ist, so erwirbt der Dritte das Eigentum selbst dann, wenn er gewusst hat, dass der Veräußerer sich auf ein (unwirksames) vertraglich vereinbartes Veräußerungsverbot eingelassen hat.

209 Hat also ein Vater seiner Tochter ein wertvolles Gemälde schenkweise übereignet und gleichzeitig mit ihr vereinbart, dass sie es auf keinen Fall einem Dritten übereignen dürfe, so erwirbt der Dritte, wenn die Tochter sich an diese Abrede nicht hält, Eigentum auch dann, wenn er die Abrede kennt (§ 137 Satz 1). Zwar haftet die Tochter dem Vater gemäß § 280 auf Schadensersatz, weil sie eine ihm gegenüber eingegangene und durchaus wirksame Verpflichtung verletzt hat (§ 137 Satz 2). Aber das wird dem Vater in der Praxis nicht viel nützen, weil er einen konkreten Schaden, der ihm als Folge der Pflichtverletzung seiner Tochter entstanden sein muss, nur selten wird beweisen und beziffern können. Dagegen hätte er sich zwar dadurch sichern können, dass er sich von seiner Tochter für den Fall der Missachtung der Abrede eine **Vertragsstrafe** versprechen lässt (Rn. 1066). Aber das ist im Verhältnis unter Familienangehörigen wohl eher ungewöhnlich.

210 Wie liegt der Fall, wenn der Vater erfährt, dass die Tochter mit dem Sammler X in Verhandlungen über den Verkauf des Gemäldes steht? In diesem Falle kann das Gericht auf seinen Antrag eine einstweilige Verfügung erlassen, mit der der beklagten Tochter die Veräußerung des Gemäldes verboten wird. Wenn sie es gleichwohl dem X übereignet, so wäre dieses Geschäft dem Vater gegenüber unwirksam. Soweit es ihn betrifft, würde daher weiterhin sie als Eigentümerin gelten; er könnte daher das Gemälde vom Gerichtsvollzieher pfänden lassen, wenn ihm Forderungen gegen seine Tochter zustehen und er über sie ein Urteil erwirkt hat. Das gilt allerdings nicht, wenn X gutgläubig war. Der Vater tut deshalb gut daran, wenn er dem X Kenntnis von der einstweiligen Verfügung verschafft.

C. Sittenwidrige Verträge

I. Allgemeines

Gemäß § 138 Abs. 1 sind Rechtsgeschäfte nichtig, die „gegen die guten Sitten" verstoßen. Was darunter zu verstehen ist, wird nirgends näher bestimmt. In der Begründung des BGB und in vielen späteren Gerichtsentscheidungen heißt es zwar, dass ein Geschäft sittenwidrig sei, wenn es dem „Anstandsgefühl aller billig und gerecht Denkenden" widerspricht. Aber auch diese ehrwürdige Formel ist unbestimmt und sogar irreführend, soweit sie auf das „Anstands*gefühl*" abstellt. Sie stellt immerhin klar, dass es auf *allgemeine* Maßstäbe ankommt, nicht auf die Wertung eines Einzelnen, und erst recht nicht auf die persönliche Auffassung des mit der Sache gerade befassten Richters. Maßgeblich sind vielmehr die allgemeinen Ordnungsprinzipien und Wertmaßstäbe der Rechtsordnung, also dasjenige, was im heutigen Sprachgebrauch eher durch den Begriff der „öffentlichen Ordnung" erfasst wird. Alle diese Umschreibungen ändern aber nichts daran, dass sich Einzelfälle erst dann entscheiden lassen, wenn der Begriff der guten Sitten inhaltlich näher konkretisiert ist. Dies geschieht in der Praxis dadurch, dass der Einzelfall einer bestimmten Fallgruppe zugeordnet und sodann gefragt wird, welche konkreten Regeln es sind, nach denen gerade in dieser Fallgruppe das rechtlich Erlaubte vom Unerlaubten unterschieden wird.

211

Haben sich die Parteien zu einem Verhalten verabredet, das gegen strafrechtliche Vorschriften verstößt, so ist ihre Vereinbarung schon gemäß § 134 nichtig (Rn. 200). Dagegen ist § 138 anzuwenden, wenn die Parteien wissen oder damit rechnen, dass durch ihr Verhalten der Betrug eines Dritten vorbereitet oder erleichtert oder eine Situation geschaffen werden soll, von der sich voraussehen lässt, dass sie in unerlaubter Weise zur Täuschung eines Dritten ausgenutzt werden soll. Deshalb ist ein Vertrag gemäß § 138 nichtig, durch den sich der Betreiber eines Dentallabors verpflichtet, einen Teil des Honorars, das ihm für die Anfertigung von Zahnprothesen zusteht, dem Zahnarzt zurückzuzahlen, der – wie er weiß – seinem Patienten oder dem Krankenversicherer das Honorar *in voller Höhe* in Rechnung stellen wird (OLG Köln NJW-RR 2002, 1630). Aus diesem Grunde ist auch der Kaufvertrag über ein Radarwarngerät nichtig (BGHZ 183, 235). – Ebenso liegt es, wenn eine Bank zwar weiß, dass ihr Kunde praktisch insolvent ist, sie ihm aber gleichwohl noch einen (letzten) Kredit gewährt, weil sie darauf spekuliert, dass andere Gläubiger sich dadurch täuschen lassen, den Kunden irrtümlich für wirtschaftlich überlebensfähig halten und Dispositionen treffen werden, die sich letztlich zum Vorteil der Bank auswirken. In einem solchen Fall der **Insolvenzverschleppung** ist der Kreditvertrag zwischen der Bank und ihrem Kunden nichtig; außerdem kann die Bank gemäß § 826 dem getäuschten Gläubiger zum Schadensersatz verpflichtet sein (vgl. *Kötz/Wagner* Rn. 473 ff.). – Mitunter kommt es vor, dass ein Vertrag zunächst als sittenwidrig angesehen, dann aber vom Gesetzgeber verboten wird und damit gemäß § 134 nichtig ist. So liegt es bei Vereinbarungen, durch die der Mandant seinem Rechtsanwalt ein **Erfolgshonorar** verspricht, ihm also das Honorar in der vereinbarten Höhe nur dann zu zahlen braucht, wenn der Prozess gewonnen wird: Ursprünglich hat die

212

Rechtsprechung eine solche Vereinbarung als sittenwidrig angesehen (vgl. z.b. BGHZ 34, 64). Dann hat sie der Gesetzgeber rundheraus verboten (§ 49b Abs. 2 Bundesrechtsanwaltsordnung). Dieses Verbot hat das BVerfG als zu weitgehend und daher verfassungswidrig angesehen (NJW 2007, 979). Daraufhin ist es vom Gesetzgeber durch eine Regelung ersetzt worden, wonach ein Erfolgshonorar zulässig ist, wenn es vereinbart wurde, weil der Mandant aufgrund seiner wirtschaftlichen Verhältnisse ohne eine solche Vereinbarung den Prozess überhaupt nicht hätte führen können. Vgl. dazu *Kilian* NJW 2008, 1905.

213 Nach der Rechtsprechung ist ein Rechtsgeschäft – meist ein Vertrag, mitunter auch ein einseitiges Rechtsgeschäft, wie z.b. ein Testament – nichtig, „wenn es nach seinem aus der Zusammenfassung von Inhalt, Beweggrund und Zweck zu entnehmenden Gesamtcharakter mit den guten Sitten nicht zu vereinbaren ist" (so z.b. BGHZ 146, 298). Das bedeutet nicht, dass die Beteiligten sich der Sittenwidrigkeit des Geschäfts *bewusst* sein müssen. Denn dann müsste ein unerlaubter Vertrag als gültig anerkannt werden, nur weil die Parteien skrupellos genug sind, ihn für erlaubt zu halten. Vielmehr reicht es aus, ist aber in aller Regel auch erforderlich, dass den Parteien die **Tatsachen** bekannt sind, aus denen die Rechtsordnung die Sittenwidrigkeit des Geschäfts herleitet. Dabei wird es der Kenntnis gleichgestellt, wenn sich jemand Augen und Ohren zuhält, sich also leichtfertig oder grob fahrlässig der erforderlichen Kenntnis verschlossen hat.

214 Ausnahmsweise verstößt ein Vertrag schon nach seinem objektiven Inhalt gegen den Maßstab des § 138 Abs. 1. In diesem Fall ist er auch dann nichtig, wenn die Tatsachen, auf die sich diese Beurteilung stützt, den Parteien nicht bekannt sind, weil sie irrtümlich andere Tatsachen für gegeben halten. Hat also jemand sein gesamtes Vermögen auf seinen Gläubiger übertragen und ist der Vertrag daher gemäß § 138 Abs. 1 nichtig (vgl. Rn. 217), so gilt dies auch dann, wenn die Parteien irrtümlich angenommen haben, dass dem Schuldner noch weiteres Vermögen zustehe (vgl. BGHZ 94, 268, 272).

II. Fallgruppen

1. Verstöße gegen die Sexualmoral

215 Besonders auf dem Gebiet der Sexualmoral lässt sich beobachten, dass Verträge heute als gültig angesehen werden, die noch vor gar nicht langer Zeit als anstößig galten. So war die Rechtsprechung früher der Auffassung, dass die Verpachtung eines Grundstücks zum Betrieb eines Freudenhauses stets gegen die guten Sitten verstoße und daher nichtig sei. Heute wird dies nur noch dann angenommen, wenn sich aus den Umständen des Einzelfalls – z.B. aus der ungewöhnlichen Höhe des vereinbarten Pachtzinses – ergibt, dass der Pächter, um auf seine Kosten zu kommen, die Prostituierten wirtschaftlich ausbeuten wird (BGHZ 63, 365). Ein ähnlicher Wandel der Auffassung lässt sich bei der Beurteilung von Zuwendungen feststellen, die ein verheirateter

Mann seiner Geliebten macht, sei es, dass er sie beschenkt oder ihr die Zahlung von Unterhalt verspricht, sei es, dass er sie als Begünstigte eines Lebensversicherungsvertrages benennt oder sie in seinem Testament bedenkt. Zwar wirken sich solche Zuwendungen oft zum Nachteil der Angehörigen des Mannes aus, weil durch sie sein Vermögen oder sein Nachlass vermindert wird. Gleichwohl sind sie sittenwidrig nur dann, wenn sie ausschließlich die geschlechtliche Hingabe belohnen sollen, nicht dann, wenn sie auf achtenswerten Motiven beruhen, also z.b. den Zweck verfolgen, nach dem Ende der Beziehung den Lebensunterhalt der Frau zu sichern (vgl. BGHZ 53, 369; BGH NJW 1984, 2150). Dabei macht es keinen Unterschied, ob auch der Empfänger verheiratet, ob er ein Mann oder eine Frau ist, oder ob beide Parteien Männer oder Frauen sind. Ähnlich sind Fälle zu beurteilen, in denen ein Vertrag unter den nicht verheirateten Partnern einer Lebensgemeinschaft geschlossen wird: Lässt sich der eine Partner vom anderen für den Fall der Auflösung der Gemeinschaft Geld versprechen, so ist dagegen nichts einzuwenden, wenn damit die Nachteile ausgeglichen werden sollen, die dem berechtigten Partner z.B. durch die Aufgabe seiner Wohnung oder durch den Abbruch seiner beruflichen Karriere entstanden sind. Dagegen verstößt eine solche Vereinbarung gegen die guten Sitten, wenn der eine Partner durch sie von einer Auflösung der Lebensgemeinschaft abgeschreckt und damit in einem Recht beschränkt werden soll, dass er jederzeit muss frei ausüben können (OLG Hamm NJW 1988, 2474).

Verträge zwischen **Prostituierten** und ihren Kunden sind wohl auch heute noch nichtig, selbst wenn seit dem Inkrafttreten des Prostitutionsgesetzes ein durchsetzbarer Anspruch auf das vereinbarte Entgelt entsteht, sobald der oder die Prostituierte die vereinbarte sexuelle Handlung vorgenommen hat (vgl. aber dazu *Armbrüster* NJW 2002, 2763). Nach Auffassung des BGH sind Verträge nichtig, durch die sich ein Unternehmer verpflichtet, der anderen Vertragspartei gegen Zahlung eines Entgelts die Möglichkeit zu einem **Telefonsexgespräch** mit seinen Mitarbeiterinnen zu verschaffen (vgl. BGH NJW 1998, 2895). Auch ein Telefondienstvertrag ist insoweit ungültig, als sich der Kunde auf die Entgeltforderung des Netzbetreibers damit verteidigen kann, dass er die von ihm angewählten 0190-Nummern für die Führung von Telefonsexgesprächen benutzt habe (vgl. BGH NJW 2004, 1590).

2. Beschränkungen der Handlungsfreiheit

Mit den Grundprinzipien einer freiheitlichen Rechts- und Wirtschaftsordnung wäre es nicht vereinbar, wenn Verträge als wirksam angesehen würden, durch die sich jemand einer übermäßigen Beschränkung seiner persönlichen oder wirtschaftlichen Handlungsfreiheit unterwirft. Deshalb ist ein Vertrag ungültig, durch den jemand sein Vermögen in einem solchen Umfang auf einen anderen überträgt, dass er dadurch seine Fähigkeit zu eigenen Dispositionen verliert und sich gleichsam selbst entmündigt. Wenn z.B. ein Bauunternehmer seiner Bank die Übertragung einer Werklohnforderung verspricht, so sind sowohl der Vertrag wie die zu seiner Erfüllung vorgenommene Abtretung unwirksam, wenn die Bank schon vorher das gesamte übrige Vermögen des Schuldners sich hat übertragen lassen und ihm dadurch „jegliche Freiheit für eigene wirtschaftliche und kaufmännische Entscheidungen genommen wird."

218 So BGHZ 19, 12, 18; BGHZ 44, 158. – Vgl. auch BGHZ 22, 347: Hier hatte sich ein Autor unentgeltlich verpflichtet, seine sämtlichen künftigen Werke dem beklagten Verleger zur Veröffentlichung anzubieten. Zwar war er berechtigt, mit anderen Verlegern zu kontrahieren, falls der Beklagte die Veröffentlichung ablehnen oder ungünstigere Bedingungen bieten würde. Gleichwohl sah das Gericht in dieser Vereinbarung „eine einseitige Belastung des Autors, die ihn in seiner wirtschaftlichen und persönlichen Freiheit über das erträgliche Maß hinaus einengt." Der Fall wäre aber anders zu beurteilen, wenn der Autor ein bedürftiger und bis dahin ganz erfolgloser junger Mann wäre, dem der Verleger, weil er ihn für talentiert hält, zur Finanzierung seines ersten Buches zwei Jahre lang einen verlorenen Zuschuss von 1000 €/Monat verspricht und damit bewusst ein erhebliches Risiko eingeht. Wer auch in einem solchen Fall den Vertrag wegen der lebenslangen Anbietungspflicht des Autors für unwirksam hält, müsste in Kauf nehmen, dass solche Verträge nicht mehr geschlossen und damit junge Autoren in gleicher Lage um die einzige Chance zu künstlerischem Erfolg gebracht würden.

219 Wegen einer unzulässigen Beschränkung der Handlungsfreiheit kann auch eine Vereinbarung nichtig sein, mit der sich jemand verpflichtet, nicht in Wettbewerb zu seinem Vertragspartner zu treten. Solche **Wettbewerbsverbote** werden häufig in Dienstverträgen, insbesondere in Arbeitsverträgen vereinbart (vgl. zur Unterscheidung Rn. 653, 656). An ihnen hat der Dienst- oder Arbeitgeber immer dann ein Interesse, wenn er damit rechnen muss, dass seine Angestellten nach dem Ende des Dienstverhältnisses zu einer Konkurrenzfirma wechseln oder ein eigenes Unternehmen gründen und sich sodann die Kundenkontakte und Spezialkenntnisse zunutze machen, die sie im Rahmen ihrer bisherigen Tätigkeit erworben haben. Auf der anderen Seite wird, wer sich einem solchen Wettbewerbsverbot unterwirft, in der Verwertung seiner Arbeitskraft – in der Regel seiner einzigen Erwerbsquelle – erheblich behindert. Deshalb sind Wettbewerbsverbote in Dienst- und Arbeitsverträgen nur dann gültig, wenn sie mit den dafür vorgesehenen zwingenden Vorschriften vereinbar sind, also z.B. mit §§ 74 ff. HGB bei Angestellten, mit § 90 a HGB bei Handelsvertretern. Soweit es an gesetzlichen Vorschriften fehlt, ist § 138 anzuwenden. So liegt es z.B., wenn sich in einem Unternehmenskaufvertrag der Verkäufer einem Wettbewerbsverbot unterwirft, um so dem Käufer die Sorge zu nehmen, dass er seine früheren Kunden zu sich hinüberziehen und seine besonderen Kenntnisse über Bezugsquellen und Absatzchancen ausnutzen könne, ebenso, wenn ein Kaufmann oder ein Rechtsanwalt oder Wirtschaftsprüfer sich für die Zeit nach seinem Ausscheiden aus dem Unternehmen, dem er bisher als Gesellschafter oder Sozius angehörte, einem Wettbewerbsverbot unterwirft.

C. Sittenwidrige Verträge

220 In BGH NJW 1979, 1605 hatte sich der Gesellschafter eines Unternehmens für den Fall seines Ausscheidens aus der Gesellschaft einem Wettbewerbsverbot unterworfen, nach dem er 10 Jahre lang in einem Umkreis von 25 km um den Standort des Betriebes ein ähnliches Unternehmen weder gründen oder betreiben noch sich daran beteiligen durfte. Diese Frist hielt das Gericht für zu lang, weil der Vorteil, den der ausgeschiedene Gesellschafter aus der Nutzung seiner früheren geschäftlichen Kontakte ziehen könne, sich schon sehr viel eher verflüchtigt haben und sein Wiedereintritt in den Wettbewerb daher für die Gesellschaft schon sehr viel eher keine größere Gefahr darstellen würde als die Konkurrenz eines ganz neu auf den Markt kommenden Unternehmers. Vgl. zur „geltungserhaltenden Reduktion" eines solchen Wettbewerbsverbots Rn. 240, 282 ff.

221 Ähnliche Probleme stellen sich bei Verträgen, durch die sich die Betreiber von Tankstellen oder Gaststätten auf 5, 10 oder 20 Jahre oder gar noch auf längere Zeit verpflichten, ihren Bedarf an Kraftstoffen oder Getränken ausschließlich von einer bestimmten Mineralölgesellschaft oder Brauerei zu beziehen. Zwar wird, wer sich einer so langfristigen Bindung unterwirft, in seiner wirtschaftlichen Bewegungsfreiheit ganz erheblich eingeschränkt. Andererseits täte man kapitalschwachen Tankstellenbetreibern und Gastwirten keinen Gefallen, wenn man die zulässigen Bindungsfristen zu kurz bemisst und damit die Bereitschaft ihrer Vertragspartner zur Überlassung von Betriebsinventar und zur Gewährung von Investitionskrediten mindert.

222 Bei **Bierlieferungsverträgen** sieht die Rechtsprechung eine Bindungsfrist von 15 Jahren, äußerstenfalls sogar von 20 Jahren als zulässig an. Dabei kommt es stets auf die Umstände des Einzelfalls an, so z.B. darauf, ob die Bezugsbindung des Gastwirts sich auf sein gesamtes Getränkesortiment erstreckt oder nur auf einen Teil davon, ob eine Mindestabnahmemenge vereinbart ist und wie hoch der Kapitaleinsatz der Brauerei ist. Vgl. BGH NJW 1972, 1459; BGH NJW 1979, 865; BGH NJW 1992, 2145. Zu beachten ist auch, dass zu lange Bindungsfristen (ebenso wie übermäßige Wettbewerbsverbote) nicht nur wegen Verstoßes gegen § 138, sondern auch deshalb ungültig sein können, weil sie mit den Wettbewerbsregeln des deutschen und europäischen Rechts (§ 1 GWB, Art. 81 EGV) nicht vereinbar sind. Vgl. auch hier Rn. 240, 282 ff. zur „geltungserhaltenden Reduktion" zu langer Bindungsfristen.

3. Bürgschaftsverträge

223 Jedermann weiß, dass die Übernahme einer Bürgschaft ein Risikogeschäft ist. Wer eine Bürgschaftsurkunde als voll Geschäftsfähiger unterschrieben hat und zur Abgabe seiner Erklärung auch nicht durch eine arglistige Täuschung oder widerrechtliche Drohung bestimmt worden ist, darf sich deshalb nicht beschweren, wenn sich später das Risiko verwirklicht, das er sehenden Auges übernommen hat. Anders kann es aber liegen, wenn der Bürge sich bei Abgabe seiner Erklärung in einer besonders bedrängten Situation befunden oder aus Leichtsinn oder Unerfahrenheit gehandelt hat und die andere Partei diese Umstände gekannt und in verwerflicher Weise zu ihrem Vorteil ausgenutzt hat. Wie hier abzugrenzen sei, wurde besonders problematisch, nachdem die Kreditinstitute dazu übergegangen waren, geradezu routinemäßig von ihren Schuldnern zu verlangen, dass sie zur Sicherung eines ihnen zu gewährenden Kredits die **Bürgschaft eines Angehörigen** beibrächten. Es entstand deshalb die Frage, unter welchen Voraussetzungen eine Bürgschaft gemäß § 138 Abs. 1 nichtig ist, wenn der Bürge sich mit ihr für eine Schuld seines Vaters, seines Ehegatten, seines Lebenspartners oder einer anderen ihm persönlich nahestehenden Person verbürgt hat. Zunächst war der BGH geneigt, eine solche Bürgschaft selbst dann als wirksam anzusehen, wenn feststand, dass der Angehörige, um die Bürgschaft zu bedienen, nicht nur sein vorhandenes Vermögen würde aufopfern, sondern darüber hinaus auf Lebenszeit am Bettelstab würde gehen müssen (vgl. z.B. BGH NJW 1989, 1605). Unter dem Einfluss einer richtungweisenden Entscheidung des BVerfG (NJW 1994, 36) hat die Rechtsprechung dann aber eine mildere Position eingenommen. Sie hält jetzt eine Bürgschaft wegen Verstoßes gegen die guten Sitten für nichtig, wenn sie den Bürgen **krass überfordert** und von ihm nur wegen seiner **emotionellen Abhängigkeit** vom Schuldner übernommen worden ist; das Kreditinstitut muss außerdem diese Umstände gekannt und zu seinem Vorteil ausgenutzt haben.

224 Vgl. z.B. BGHZ 137, 329; BGH NJW 2002, 744 und 746; BGHZ 151, 34; BGH NJW 2005, 971. – Eine **krasse Überforderung** liegt in der Regel vor, wenn der Bürge aus den eigenen Einkünften nicht einmal die Zinsen der Hauptschuld zahlen kann (BGHZ 146, 37; BGH NJW 2000, 1182). Richtig ist zwar, dass der Bürge auch in einem solchen Fall nicht sein ganzes Leben im Schuldturm verbringen muss, weil er ein Insolvenzverfahren in Gang setzen, nach Ablauf einer Wohlverhaltensfrist von 6 Jahren „Restschuldbefreiung" erlangen und sodann wirtschaftlich „ein neues Leben" beginnen kann (§§ 286 ff. Insolvenzordnung, in Kraft seit 1.1.1999). Aber dieser Zweck der Restschuldbefreiung rechtfertigt es nicht, Kreditinstitute zu schützen, die den Versuch machen, „die offensichtliche Willensschwäche eines finanziell überforderten Ehepartners ... zur Durchsetzung ihrer vermeintlichen Interessen zu nutzen" (BGH NJW 2009, 2671, 2674). Durchsetzbar ist der Anspruch des Kreditinstituts hingegen dann, wenn es beweisen kann, dass der Bürge nicht in altruistischer Absicht gehandelt, sondern mit der Bürgschaft **eigene wirtschaftliche Interessen** verfolgt hat, etwa weil er Miteigentümer des mit dem Kredit zu erwerbenden Grundstücks werden sollte oder er Mitinhaber des Unternehmens ist, dem der Kredit zugedacht war (vgl. BGH NJW 1999, 135). Wie im englischen Recht sollte das Kreditinstitut auch beweisen dürfen, dass es den Angehörigen vor Abgabe der Bürgschaftserklärung zur Einholung unabhängigen anwaltlichen Rats aufgefordert und ihm dafür eine angemessene Zeit bewilligt hat. Durchsetzbar ist der Bürgschaftsanspruch auch dann, wenn z.B. die Ehefrau sich für die Betriebsschulden ihres Mannes verbürgt hat und sie nach dem Wortlaut der Bürgschaftserklärung nur mit demjenigen Vermögen haften soll, das ihr der Mann – vielleicht, um das Kreditinstitut auf seine leeren Taschen verweisen zu können – übertragen würde (vgl. BGHZ 151, 34). Alle diese Regeln gelten unabhängig davon, ob die Haftung des Angehörigen auf einer Bürgschaft oder ob sie darauf beruht, dass er ohne ein eigenes Interesse an der Kreditaufnahme ausschließlich zu Sicherungszwecken eine Haftung „als Darlehensnehmer" übernimmt (BGH NJW 2009, 2671).

C. Sittenwidrige Verträge

Auch wenn die Bürgschaft nicht von einem Angehörigen übernommen worden ist, kann sie gemäß § 138 Abs. 1 nichtig sein, sofern sie den Bürgen „krass überfordert". In einem solchen Fall muss der Bürge sich aus *anderen* Gründen in einer Zwangslage befunden haben und durch sie an einer freien und verantwortlichen Entscheidung gehindert gewesen sein; außerdem muss der Gläubiger die bedrängte Lage des Bürgen gekannt und sie zu seinem Vorteil ausgenutzt haben. So liegt es z.B., wenn der Bürge ein Angestellter des Schuldners ist und die ihn „krass überfordernde" Bürgschaft deshalb übernommen hat, weil er fürchtete, dass die Bank sonst dem Arbeitgeber den Kredit nicht gewähren und er dadurch seinen Arbeitsplatz verlieren würde. So BGHZ 156, 302. Vgl. auch BGHZ 125, 206; BGH NJW 1997, 1980; BGH NJW 2001, 815. – Nichtig kann eine Bürgschaft auch dann sein, wenn es an einer „krassen Überforderung" des Bürgen fehlt. Hat z.b. ein Ehemann seine Frau auf Knien um die Übernahme einer Bürgschaft für seine geschäftlichen Schulden angefleht und hat sie, weil sie aus „emotionaler Abhängigkeit" nicht nein sagen konnte, seiner Bitte entsprochen, so wird sie durch die Haftung aus der Bürgschaft nicht „krass überfordert", wenn sie kurz vorher eine Millionenerbschaft gemacht hat. Dennoch kommt auch hier die Nichtigkeit der Bürgschaft in Betracht, wenn der Gläubiger die bedrängte Lage der Frau erkannt und sich die Bürgschaft hat gewähren lassen, ohne ihr die Einholung unabhängigen anwaltlichen Rats ans Herz zu legen. – Auch wenn es an den Voraussetzungen des § 138 Abs. 1 fehlt, können dem Bürgen noch andere Einwendungen zu Gebote stehen: Ist er vom Gläubiger oder auch vom Schuldner oder einem sonstigen Dritten arglistig getäuscht oder widerrechtlich bedroht und dadurch zur Abgabe der Bürgschaftserklärung veranlasst worden, so kann er sie gemäß § 123 anfechten (Rn. 335 ff.). Selbst wenn die Bürgschaft nicht gemäß § 138 nichtig und auch nicht gemäß § 123 anfechtbar ist, kann sich der Bürge auch noch dadurch von seiner vertraglichen Bindung befreien, dass er geltend macht, sein Gläubiger habe bei den Verhandlungen über die Bürgschaft vorvertragliche Pflichten verletzt und müsse daher wegen Verschuldens bei Vertragsverhandlungen Schadensersatz in der Weise leisten, dass er ihn von der Bürgschaft befreit (§§ 280 Abs. 1, 311 Abs. 2, 249; Rn. 362 f., 509 f.). Zwar ist ein Gläubiger nicht verpflichtet, den Bürgen von sich aus über die mit der Bürgschaft verbundenen Risiken aufzuklären. Wohl aber handelt er pflichtwidrig, wenn er dem Bürgen irreführende Angaben über Art und Umfang dieser Risiken gemacht oder sie bewusst verharmlost hat (vgl. BGH NJW 2006, 845, 847; Rn. 344). An einer solchen Haftung wegen Verschuldens bei Vertragsverhandlungen ist der Bürge besonders dann interessiert, wenn er nicht nur die Bindung an den Bürgschaftsvertrag beseitigen, sondern auch noch den Schaden ersetzt haben möchte, der ihm dadurch entstanden sein kann, dass er im Vertrauen auf die Bürgschaft Aufwendungen getätigt hat (vgl. BGHZ 99, 101).

4. Missverhältnis von Leistung und Gegenleistung

Für die Gültigkeit eines Vertrages kommt es grundsätzlich nicht darauf an, ob Leistung und Gegenleistung in einem ausgewogenen Verhältnis zueinander stehen. Auch wer ein schlechtes Geschäft macht, ist an den Vertrag gebunden, wenn er geschäftsfähig war und das Verfahren, das zum Abschluss des Vertrages geführt hat, ihm die Möglichkeit einer überlegten und verantwortlichen Entscheidung gegeben hat. Dieser Grundsatz steht freilich in einem Spannungsverhältnis zu der Tatsache, dass die Äquivalenz von Leistung und Gegenleistung als ein allgemeines Gebot der ausgleichenden Gerechtigkeit (iustitia commutativa) angesehen wird. Zwar haben die Verfasser des BGB bis zuletzt geglaubt, dass mit der Regel des § 138 Abs. 1 auszukommen sei. Aber der Gedanke, dass unausgewogene Verträge suspekt sind, entspricht dem Gerechtigkeitsempfinden offenbar so sehr, dass § 138 vom Reichstag noch in letzter Stunde um einen zweiten Absatz ergänzt wurde. Danach ist ein Vertrag „insbesondere" dann sittenwidrig und damit nichtig, wenn Leistung und Gegenleistung in einem „**auffälligen Missverhältnis**" zueinander stehen und die eine Partei den Vertrag „unter Ausbeutung der **Zwangslage**, der **Unerfahrenheit**, des **Mangels an Urteilsvermögen** oder der erheblichen **Willensschwäche**" der anderen Partei zustande gebracht hat.

228   Nach einer von der Rechtsprechung entwickelten Faustformel liegt ein „auffälliges Missverhältnis" gemäß § 138 Abs. 2 in der Regel vor, wenn die Leistung, die die übervorteilte Partei versprochen hat, etwa doppelt soviel wert ist wie die Gegenleistung, die sie von der anderen Partei fordern darf. Beträgt der objektive Wert eines Grundstücks 600.000 €, so liegt danach ein „auffälliges Missverhältnis" vor, wenn als Kaufpreis weniger als 300.000 € oder mehr als 1,2 Mio € vereinbart ist (vgl. BGHZ 160, 8, 16 f.; BGH NJW 2006, 3054). Ebenso liegt es bei einem Darlehensvertrag, wenn der Darlehensnehmer Verbraucher ist und er einen Zins versprochen hat, der mindestens doppelt so hoch ist wie der marktübliche Zins, der für vergleichbare Kredite gefordert und bewilligt wird (vgl. im Einzelnen BGHZ 104, 102; BGHZ 110, 336). Auf Bürgschaftsverträge kann § 138 Abs. 2 nicht angewendet werden, weil dem Bürgen von seinem Vertragspartner, dem Gläubiger, eine Gegenleistung nicht versprochen wird.

229   Liegt danach ein „auffälliges Missverhältnis" vor, so muss die übervorteilte Partei, wenn sie die Nichtigkeit des Vertrages geltend macht, außerdem beweisen, dass sie sich bei seinem Abschluss in einer „Zwangslage" befunden oder sich auf den Vertrag aus „Unerfahrenheit" oder „Willensschwäche" oder wegen eines „Mangels an Urteilsvermögen" eingelassen hat. Außerdem muss sie beweisen, dass der andere Vertragspartner ihre bedrängte Lage und das „auffällige Missverhältnis" erkannt oder sich dieser Kenntnis leichtfertig verschlossen hat. Fehlt es an diesen Voraussetzungen – insbesondere an einer Ausbeutung der Zwangslage, Unerfahrenheit oder Willensschwäche der einen Partei –, so kann die Nichtigkeit des Geschäfts zwar nicht aus § 138 Abs. 2, aber immer noch auf § 138 *Abs. 1* gestützt werden, sofern das „auffällige Missverhältnis" von der einen Vertragspartei erkannt worden ist und sie sich die Vorteile, die sich für sie daraus ergeben, „in verwerflicher Gesinnung" zu eigen zu machen versucht hat. Allerdings darf nach dieser Rechtsprechung, wenn das „auffällige Missverhältnis" feststeht, die „verwerfliche Gesinnung" vermutet werden. Diese Vermutung kann der Begünstigte – also

z.B. der Grundstückskäufer, der einen sehr niedrigen Kaufpreis ausgehandelt hat – durch den Nachweis widerlegen, dass er auf das (fehlerhafte) Wertgutachten eines Sachverständigen vertraut habe. Im Allgemeinen dürfte die Vermutung der verwerflichen Gesinnung aber umso schwerer zu erschüttern sein, je auffälliger das Missverhältnis ist (vgl. dazu im Einzelnen BGHZ 110, 338; BGHZ 146, 298; BGH NJW 2006, 3054; BGH NJW-RR 2008, 1436).

D. Rechtsfolgen

Verstößt ein Vertrag gegen ein gesetzliches Verbot oder gegen die guten Sitten, so ist er nichtig. Soweit ihn die Parteien bereits erfüllt haben, können sie ihre Leistungen gemäß §§ 812 ff. zurückfordern. Allerdings scheitern solche Bereicherungsansprüche häufig an § 817 Satz 2. 230

Gemäß § 817 Satz 2 soll ein Bereicherungsanspruch ausgeschlossen sein, wenn die Leistung, die jetzt zurückgefordert wird, ursprünglich in der Weise hingegeben und entgegengenommen worden ist, dass dadurch sowohl der Leistende wie der Leistungsempfänger gegen ein gesetzliches Verbot oder die guten Sitten verstoßen haben. Freilich darf dem Leistenden ein Bereicherungsanspruch erst recht nicht zustehen, wenn *nur er* durch die Hingabe der Leistung den Verstoß begangen hat. § 817 Satz 2 regelt diesen Fall zwar nicht, wird aber von der Rechtsprechung in diesem Sinne „korrigiert". Die Einzelheiten gehören in das Bereicherungsrecht. 231

Mitunter ist zweifelhaft, ob diese Rechtsfolgen passen. Insbesondere stellt sich die Frage, ob der gesetz- oder sittenwidrige Vertrag nicht wenigstens teilweise oder in abgeänderter Form aufrechterhalten werden kann, ferner, ob nicht die Rückforderung einer Leistung ausnahmsweise auch dann erlaubt sein muss, wenn dies durch § 817 Satz 2 ausgeschlossen ist. 232

Wenn der Vertrag gegen ein **gesetzliches Verbot** verstößt, kommt es für die Entscheidung dieser Fragen auf den durch Auslegung zu ermittelnden **Zweck des Verbotsgesetzes** an. Er entscheidet nicht nur darüber, ob der Vertrag überhaupt nichtig ist (Rn. 200 ff.). Er entscheidet auch darüber, ob es nicht ausreicht, wenn die verbotswidrige Vertragsklausel wegfällt, aber der Vertrag im übrigen gültig bleibt. Nicht anders liegt es, wenn ein Verstoß gegen die guten Sitten vorliegt, also Regeln verletzt worden sind, die zwar nicht gesetzlich fixiert, sondern ungeschrieben sind, aber wie Verbotsgesetze auch den Zweck verfolgen, durch Setzung entsprechender Anreize die Menschen von unerlaubtem Verhalten abzuschrecken. Wenn es also bei gesetz- oder sittenwidrigen Verträgen um die Frage geht, ob die erbrachten Leistungen ganz oder teilweise zurückgefordert werden können, muss es entscheidend darauf ankommen, ob dem Abschreckungszweck, den das Verbot gesetz- oder sittenwidrigen Handelns erzeugen soll, besser dadurch gedient wird, dass den Parteien ein Anspruch auf Rückforderung versagt wird, oder besser dadurch, 233 dass sie die empfangenen Leistungen (trotz § 817 Satz 2) ganz oder teilweise zurückgeben müssen.

234 Vermutlich spielt eine solche Abwägung auch in der Praxis der Gerichte eine wichtige Rolle. In den Urteilstexten findet man aber oft andere Gründe. So ist z.B. der Kaufvertrag über den Erwerb eines Radarwarngeräts gemäß § 138 nichtig, wenn die Vertragsparteien von der Unerlaubtheit der Nutzung solcher Geräte wussten (Rn. 212). Die Frage, ob dem Käufer in einem solchen Falle ein Anspruch auf Rückzahlung des Kaufpreises wegen § 817 Satz 2 zu versagen wäre, hat der BGH dadurch umgangen, dass er annahm, es stehe dem Käufer, sofern er das Gerät durch einen Fernabsatzvertrag gekauft hat, trotz der Nichtigkeit des Vertrages ein Widerrufsrecht gemäß § 312 d und damit ein Recht auf Rückzahlung des Kaufpreises zu (BGHZ 183, 235 und *Looschelders* AT Rn. 172). – Hat sich der Vermieter in einem Wohnungsmietvertrag einen unzulässig hohen Mietzins versprechen lassen („**Mietwucher**"; vgl. Rn. 736), so ist der Mietvertrag nicht etwa aus diesem Grunde gemäß § 134 nichtig. Vielmehr gilt er fort, allerdings mit der Maßgabe, dass der Mieter nur den ortsüblichen (nicht den höchsten gerade noch gesetzlich zulässigen) Mietzins zahlen muss und für die Vergangenheit den zuvielgezahlten Mietzins zurückverlangen kann. Vgl. BGHZ 89, 319; BGH NJW-RR 1990, 276.

235 Ebenso muss geprüft werden, ob es nicht ausreicht, wenn der Vertrag, nachdem die gesetz- oder sittenwidrige Klausel aus ihm eliminiert oder auf einen zulässigen Inhalt „zurückgestutzt" worden ist, als gültig aufrechterhalten wird. Eine gesetzliche Grundlage dafür findet sich in der Vorschrift des § 139, in der die „**Teilnichtigkeit**" geregelt wird.

Danach ist, wenn der „Teil eines Rechtsgeschäfts" nichtig ist, zwar grundsätzlich das Rechtsgeschäft im ganzen nichtig, es sei denn, dass „anzunehmen ist, dass es auch ohne den nichtigen Teil vorgenommen sein würde". Als „Rechtsgeschäfte" kommen auch hier wieder in erster Linie Verträge und als „Teil des Rechtsgeschäfts" einzelne Klauseln eines Vertrages in Betracht. Ist also eine solche Klausel gemäß §§ 134, 138 nichtig, so bleibt der Vertrag dennoch im übrigen gültig, wenn nach dem ausdrücklich erklärten oder sonst nach dem hypothetischen Willen anzunehmen ist, dass die Parteien, wenn sie bei Abschluss des Vertrages die Nichtigkeit der Klausel gekannt hätten, den Vertrag gleichwohl – ohne die Klausel – abgeschlossen hätten. Ist z.B. in einem Werkvertrag vereinbart worden, dass der Unternehmer, um die Zahlung von Mehrwertsteuer zu vermeiden, dem Auftraggeber keine Rechnung stellen werde, so ist diese „ohne-Rechnung-Abrede" nichtig (§§ 134 BGB, 370 AO); ob der Werkvertrag im Ganzen nichtig ist, hängt gemäß § 139 davon ab, ob die Parteien ihn auch ohne die ohne-Rechnung-Abrede zu den gleichen Konditionen abgeschlossen hätten.

237 Vgl. dazu BGHZ 176, 198. – § 139 kann auch dann anwendbar sein, wenn die Parteien **mehrere Verträge** geschlossen und in der Weise miteinander verbunden haben, dass die Verträge gemeinsam „stehen oder fallen" sollten. Haben die Parteien in dieser Weise zwei Kaufverträge über verschiedene Grundstücke geschlossen oder hat ein Mieter Geschäftsräume gemietet und gleichzeitig vom Vermieter Inventar gekauft, so ist § 139 anzuwenden, wenn nur der eine Vertrag nichtig oder unwirksam ist, weil z.B. nur er gegen

ein gesetzliches Verbot oder die guten Sitten verstößt (§§ 134, 138), formnichtig ist (§ 125), angefochten wurde (§ 142) oder eine zu seiner Wirksamkeit erforderliche Genehmigung gemäß §§ 108 Abs. 1, 177 Abs. 1 noch aussteht. – Kein Fall des § 139 liegt vor, wenn eine einzelne Vertragsklausel unwirksam ist, weil sie gegen eine zwingende Vorschrift verstößt, die den Schutz der einen Vertragspartei bezweckt. Ist z.B. eine AGB-Klausel gemäß §§ 307 ff. unwirksam oder hat ein Wohnungsmieter entgegen § 536 Abs. 1 und 4 auf sein Recht zur Mietminderung verzichtet oder kann sich der Unternehmer im Verhältnis zu einem Verbraucher gemäß § 475 Abs. 1 auf eine bestimmte, ihm günstige Klausel des Kaufvertrags „nicht berufen", so bleibt der Vertrag im übrigen gültig, ohne dass es auf § 139 ankommt. Das ergibt sich im Falle einer unwirksamen AGB-Klausel aus § 306 Abs. 1, in den anderen Fällen daraus, dass die geschützte Vertragspartei ein erhebliches Interesse am Fortbestand des Vertrages (ohne die Klausel) hat und der Gesetzgeber diesem Interesse Rechnung tragen will (vgl. BGHZ 184, 209 Rn. 29).

Umstritten ist die Frage, unter welchen Voraussetzungen der Richter – gestützt auf den Rechtsgedanken des § 139 – eine sittenwidrige vertragliche Vereinbarung auf das zulässige Maß „zurückstutzen" und den Vertrag, statt ihn zu kassieren, mit reformiertem Inhalt als gültig aufrechterhalten darf. Einverständnis besteht darüber, dass eine solche „geltungserhaltende Reduktion" nicht in Betracht kommt, wenn sich die Sittenwidrigkeit des Geschäfts daraus ergibt, dass ein Missverhältnis zwischen Leistung und Gegenleistung besteht oder der Bürge eine Haftung übernommen hat, die ihn „krass überfordert" (Rn. 223 ff.). Würde nämlich in solchen Fällen der Richter den anstößig hohen Kaufpreis auf ein angemessenes Maß reduzieren, den anstößig niedrigen Kaufpreis angemessen aufstocken oder die Bürgschaft angemessen herabsetzen, so könnte „derjenige, der seinen Vertragspartner in sittenwidriger Weise übervorteilt, damit rechnen, schlimmstenfalls durch gerichtliche Festsetzung das zu bekommen, was gerade noch vertretbar und sittengemäß ist" (BGHZ 68, 204, 207; BGH NJW 2009, 1135 Tz. 12 ff.). Die Vertragspartei würde damit zu sittenwidrigem Verhalten geradezu ermuntert, jedenfalls nicht davon so abgeschreckt, wie sich dies aus dem **Präventionszweck** des § 138 ergibt. Denn die Vorschrift will sittenwidrigen Geschäften auch dadurch entgegentreten, dass sie jeden, der sie abschließt, mit dem Risiko ihrer Nichtigkeit bedroht.

Allerdings gibt es zahlreiche Fälle, in denen das Präventionsziel keine entscheidende Rolle spielt, so z.B. dort, wo die Sittenwidrigkeit einer Vertragsklausel der dadurch begünstigten Partei bei Abschluss des Vertrages nicht klar vor Augen stand, sie die Klausel für wirksam halten konnte und daher keinen Anlass hatte, darauf zu spekulieren, dass sie auch im Falle ihrer Nichtigkeit das gerade eben noch Zulässige zugesprochen erhalten würde. In solchen Fällen können gute Gründe dafür sprechen, dass die Reformation des Vertrages an die Stelle seiner Kassation tritt, also die „geltungserhaltende Reduktion" zugelassen wird.

240 So hat der BGH einen Bierlieferungsvertrag, der den Gastwirt 24 Jahre lang an die Brauerei band und deshalb gegen die guten Sitten verstieß, mit einer Dauer von 16 Jahren aufrechterhalten und daher den Gastwirt, der den Vertrag schon nach 10 Jahren nicht mehr erfüllen wollte, zur Zahlung der vereinbarten Vertragsstrafe in Höhe von 15 % des während der verbleibenden 6 Jahre voraussichtlich erzielten Bierabsatzes verurteilt (BGH NJW 1974, 2089; vgl. auch BGH NJW 1972, 1459; BGHZ 74, 293; BGH NJW 1992, 2145). – Das gleiche gilt, wenn ein Wettbewerbsverbot vereinbart ist, das nach Umfang, Dauer oder örtlichem Geltungsbereich die zulässigen Grenzen überschreitet und daher gegen die guten Sitten verstößt. Hat sich z.b. ein Rechtsanwalt verpflichtet, nach dem Ausscheiden aus seiner Münchener Sozietät jegliche anwaltliche Tätigkeit im gesamten Freistaat Bayern für 5 Jahre zu unterlassen, so ist dieses Wettbewerbsverbot nichtig, weil seine zeitliche Dauer und sein geographischer Radius nicht angemessen begrenzt sind. Aber wenn der Anwalt sich unmittelbar nach seinem Ausscheiden als Anwalt in *München* niederlässt, so wird er sich auf die Unterlassungsklage seiner früheren Sozietät nicht damit verteidigen können, dass das Wettbewerbsverbot in toto nichtig sei. Vielmehr wird das Gericht prüfen müssen, ob sich das Wettbewerbsverbot nicht „geltungserhaltend" in zeitlicher Hinsicht und in örtlicher Hinsicht auf die Landeshauptstadt München reduzieren lässt und sodann der Klage der Sozietät stattgegeben werden kann (anders wohl BGH NJW 1977, 3089 und BGH NJW 2005, 3061). Auch in anderen Fällen hat der BGH eine „geltungserhaltende Reduktion" zugelassen (vgl. z.B. BGHZ 107, 351 und BGH NJW 2001, 815), dies auch dort, wo es um eine unwirksame AGB-Klausel ging (vgl. Rn. 281 ff.). – Ist ein Darlehensvertrag nichtig, weil der vereinbarte Zins anstößig hoch war, so folgt aus § 817 Satz 2, dass der Kläger seine „Leistung" – die Überlassung von Kapital auf Zeit – nicht nach § 812 kondizieren, also dem Darlehensnehmer das Kapital für die vereinbarte Zeit belassen muss (RGZ 161, 52; BGH NJW 1983, 1420, 1422 f.). Auch braucht der Darlehensnehmer während dieser Zeit keinen Zins zu bezahlen, auch nicht, wie im Schrifttum manchmal behauptet wird, den „marktüblichen Zins". Zwar liegt im Wegfall jeglichen Zinsanspruchs eine „Bestrafung" des Darlehensgebers. Sie ist aber aus Präventionsgründen geboten, weil er nur auf diese Weise von der Gewährung sittenwidriger Darlehen genügend abgeschreckt wird. Anderenfalls könnte er nämlich darauf spekulieren, dass manche Darlehensnehmer zähneknirschend die anstößig überhöhten Zinsen zahlen würden und dass selbst diejenigen, die sich dagegen zur Wehr setzen, immer noch den marktüblichen Zins entrichten müssten (so mit Recht BGH NJW 1983, 1420, 1422 f.; BGH NJW-RR 1989, 622, 624 und *Wagner* AcP 206 (2006) 352, 367 f.).

§ 6 Allgemeine Geschäftsbedingungen

A. Funktion und Schutzzweck

Allgemeine Geschäftsbedingungen (AGB) sind aus dem modernen Geschäftsleben nicht mehr wegzudenken. Verträge, deren Inhalt nicht wenigstens teilweise durch AGB festgelegt wird, kommen praktisch kaum noch vor. Sie spielen nur dann eine Rolle, wenn der Vertragsgegenstand besonders viel oder besonders wenig wert ist (vgl. schon Rn. 55 f.). Ist er besonders viel wert, etwa wenn ein großes Frachtschiff, eine Zeitungsdruckmaschine oder ein Bürogebäude verkauft, vermietet oder umgebaut werden sollen, so lohnt es sich für die Parteien, einen vertraglichen „Maßanzug" zu schneidern, also Zeit und Mühe in Verhandlungen zu investieren, an deren Ende ein Vertrag steht, dessen Inhalt „zwischen den Vertragsparteien im Einzelnen ausgehandelt" ist (§ 305 Abs. 1 Satz 3). Gerade umgekehrt liegt es bei Bargeschäften über den Kauf geringwertiger Waren des täglichen Gebrauchs: Hier steht für beide Parteien zu wenig auf dem Spiel, als dass sich der Aufwand „rechnen" würde, dessen es bedürfte, wenn sie, statt es bei den ohnehin anwendbaren (dispositiven) gesetzlichen Vorschriften zu belassen, den Vertragsinhalt im Einzelnen aushandeln oder auch nur durch AGB näher festlegen wollten.

In dem breiten Mittelfeld, das zwischen diesen beiden Sonderfällen liegt, haben AGB eine gewaltige praktische Bedeutung. Für den Unternehmer ist ihre Ausarbeitung und gleichförmige Anwendung im Verhältnis zu seinen Kunden deshalb lohnend, weil er auf diese Weise die Geschäftsabwicklung standardisieren und rationalisieren, seine betriebliche Organisation vereinfachen und seine Kosten besser kalkulieren kann. Zwar würde sich der Inhalt des Vertrages, wenn man sich die AGB wegdenkt, nach den dispositiven Regeln beurteilen, die das BGB für diesen Fall als „Reserveordnung" bereitstellt. Aber dieser Weg ist für den Unternehmer aus verschiedenen Gründen nicht attraktiv und oft auch nicht praktikabel. Nicht nur haben sich moderne Vertriebsformen entwickelt, die das BGB in seiner ursprünglichen Fassung noch gar nicht kennen konnte und auch seither nicht im Einzelnen geregelt hat: Hier fehlt es von vornherein an dispositiven Regelungen. Manchmal gibt es solche Regelungen zwar. Aber sie passen nicht recht, sind lückenhaft oder zu unbestimmt. Vor allem aber hat der Unternehmer ein starkes Interesse daran, die Regeln des dispositiven Rechts, selbst wenn sie vorhanden und durchaus passend sind, zu seinem Vorteil abzuändern, indem er AGB in den Vertrag einbezieht, die die Risiken der Vertragsabwicklung weitgehend auf den Kunden abwälzen.

243 Die zwingenden Vorschriften der §§ 305 ff. zielen darauf ab, die Einbeziehung von AGB in den Vertrag zu regeln, der Gültigkeit einbezogener AGB-Klauseln Grenzen zu setzen und die Rechtsfolgen ihrer Unwirksamkeit zu bestimmen. Zwar besteht Einverständnis darüber, dass solche Vorschriften erforderlich sind und zwingend sein müssen. Zweifelhaft ist aber, worin der innere Grund zu sehen ist, der sie rechtfertigt. Viele behaupten immer noch, dass der Zweck dieser Regeln im Schutz der schwächeren Vertragspartei liege. Dass der Kunde die ihm vom Unternehmer vorgelegten AGB widerspruchslos hinnimmt und sich ihnen damit – wie gern gesagt wird – „unterwirft", erklärt sich danach durch die ungleiche Verhandlungsstärke der Parteien, also dadurch, dass der Kunde dem Unternehmer wirtschaftlich, intellektuell, informationell und psychologisch unterlegen und deshalb außerstande sei, seine Interessen angemessen in den Vertrag einzubringen und ausgewogene gerechte Vertragsbedingungen zu erreichen.

244 Den Kern der Sache treffen diese Überlegungen aber nicht. Sie sind schon mit der Tatsache unvereinbar, dass im heutigen Geschäftsleben AGB weithin auch von solchen Kunden widerspruchslos hingenommen werden, die ihren Vertragspartnern an wirtschaftlicher Macht und Verhandlungsstärke durchaus ebenbürtig oder sogar weit überlegen sind. Auch bedeutende Unternehmen pflegen die ihnen vorgelegten AGB unbesehen zu akzeptieren, wenn sie ihre Waren von Frachtführern befördern, von Lagerhaltern einlagern oder von Bewachungsunternehmen bewachen lassen oder wenn sie Verträge mit Banken, Kreditauskunfteien oder Versicherungsunternehmen schließen. Dass auch solche Unternehmen sich den AGB ihrer Vertragspartner „unterwerfen", liegt nicht daran, dass sie ihnen wirtschaftlich oder sonstwie „unterlegen" wären, sondern daran, dass sich für sie die Aufwendungen („Transaktionskosten") nicht lohnen, die ihnen anderenfalls dadurch entstünden, dass sie zunächst die ihnen vorgelegten AGB analysieren und sich ein Urteil über ihre Tragweite bilden und sodann entweder Verhandlungen mit dem Ziel ihrer Abänderung führen oder sich auf die Suche nach anderen Anbietern machen müssten, von denen günstigere AGB offeriert werden. Diese Umstände sind dem Unternehmer, der AGB aufstellt, wohlbekannt. Er kann darauf spekulieren, dass seine Kunden – dabei mag es sich ebenfalls um Unternehmer oder auch um Verbraucher handeln – sich aus den geschilderten Gründen gegen die AGB nicht wehren, sondern sie akzeptieren und auch nicht zu anderen Anbietern abwandern werden, und er kann deshalb, ohne Sanktionen fürchten zu müssen, seine AGB zu seinem Vorteil so formulieren, dass durch sie die Risiken der Vertragsabwicklung einseitig den Kunden aufgebürdet werden. Der Zweck der §§ 305 ff. besteht darin, diesem Kalkül des Unternehmers zwingende Grenzen zu setzen.

Gerechtfertigt sind die Bestimmungen über die Einbeziehung und Inhaltskontrolle von AGB also nicht deshalb, weil die „schwächere Vertragspartei" geschützt werden muss. Ihr Grund liegt vielmehr – ausgedrückt in der Sprache der Ökonomen – darin, dass der Kunde wegen der hohen **Transaktionskosten**, die ihm sonst entstünden, die AGB des Unternehmers ohne inhaltliche Prüfung hinnimmt und es daher zwischen den Parteien in Bezug auf die Qualität der AGB zu einer **Informationsasymmetrie** und damit zu einem **Marktversagen** kommt, dem der Gesetzgeber durch §§ 305 ff. entgegenzuwirken sucht. Vgl. dazu *Kötz* JuS 2003, 209; MK-*Basedow* vor § 305 Rn. 2–6. Vgl. ferner Rn. 272 ff. zu den Konsequenzen, die sich aus dieser Einsicht für die AGB-Inhaltskontrolle ergeben. 245

B. AGB: Begriff, Einbeziehung in den Vertrag, Auslegung

I. Begriff der AGB

Allgemeine Geschäftsbedingungen sind nach der Definition in § 305 Abs. 1 Satz 1 „Vertragsbedingungen", die „für eine Vielzahl von Verträgen vorformuliert" und von der einen Vertragspartei – dem „Verwender" – der anderen Partei bei Abschluss des Vertrages „gestellt" worden sind. 246

AGB müssen „**Vertragsbedingungen**" sein, also auf die Regelung des Inhalts von **Verträgen** abzielen. Dazu zählen zwar nicht Verträge auf den Gebieten des Familien-, Erb- und Gesellschaftsrechts (vgl. im Einzelnen § 310 Abs. 4), wohl aber alle schuldrechtlichen Verträge (Rn. 6), ferner auch die dinglichen Verträge (Rn. 8). Weiterhin müssen die Vertragsbedingungen, wenn es sich um AGB handeln soll, „**für eine Vielzahl von Verträgen vorformuliert**" sein. Sie müssen also schon vor dem Abschluss des Vertrages fertig formuliert sein und für die Einbeziehung in künftig abzuschließende Verträge bereitstehen. Sie werden in aller Regel in schriftlicher Fassung vorliegen, können aber auch „im Kopf" gespeichert sein, so etwa dann, wenn der Verwender sein Personal angewiesen hat, bestimmte Vertragsklauseln auswendig zu lernen und sie bei allen Vertragsschlüssen in den Text des Vertrages handschriftlich einzufügen (BGH NJW 2005, 2543). Dagegen ist es nicht erforderlich, dass die Vertragsbedingungen vom Verwender *selbst* vorformuliert worden sind. AGB liegen also auch dann vor, wenn ein Kfz-Reparaturunternehmer die von seinem Fachverband ausgearbeiteten „Reparaturbedingungen" in den Vertrag einbezieht, ebenso dann, wenn der Vermieter dem Mieter den in einem Papiergeschäft erworbenen Mustermietvertrag vorlegt, oder wenn in einen Grundstückskaufvertrag Klauseln eingefügt werden, die vom Verfasser eines Formularhandbuchs entworfen und vom Notar in den Vertrag übernommen werden. Aus dem Umstand, dass die Vertragsbedin- 247 gungen „für eine Vielzahl von Verträgen" gedacht sein müssen, ergibt sich, dass derjenige, der sie formuliert hat – sei es der Verwender selbst, sei es ein Dritter –, dabei von der Absicht geleitet sein muss, sie mehrfach – meist wird angenommen: mindestens dreimal – zu verwenden. Hingegen kommt es nicht darauf an, ob die Vertragsbedingungen in den Text eines „Formularvertrags" integriert sind, oder ob sie „einen äußerlich gesonderten Bestandteil des Vertrages bilden", also z.B. der Vertragsurkunde als Anlage beigefügt oder auf der Rückseite des Vertragsformulars unter einer eigenen Überschrift abgedruckt sind (§ 305 Abs. 1 Satz 2). AGB liegen auch dort vor, wo dem Kunden nur eine einzige Vertragsklausel präsentiert wird, z.B. auf einer Fahrkarte, auf der Rückseite eines Reparaturscheins, auf einem Aushang vor der Einfahrt zu einer Autowaschanlage oder einem Parkhaus oder auf dem Hinweisschild im Inneren des Kleiderschranks eines Hotel- oder Krankenzimmers.

248 Ferner muss der Verwender die Vertragsbedingungen der anderen Partei „**gestellt**" haben. Das bedeutet zwar nicht, dass wegen der wirtschaftlichen Überlegenheit des Verwenders „ein Ungleichgewicht zwischen den Vertragsbeteiligten hinsichtlich der vertraglichen Durchsetzungsmacht" besteht, aber doch immerhin, dass der Verwender die Bedingungen „unter Inanspruchnahme einseitiger Gestaltungsmacht zur Vertragsgrundlage erhoben" haben muss (BGHZ 184, 259 Tz 12, 16). Daran fehlt es nur in seltenen Fällen, etwa dann, wenn die Bedingungen zwar von der einen Partei vorgeschlagen worden sind, die andere Partei aber eigene Textvorschläge durchaus hätte vorlegen und durchsetzen können und es daher in ihre „freie Entscheidung" gestellt war, ob sie – wie es dann tatsächlich geschehen ist – den Vorschlag des Gegners akzeptiert hat (BGHZ 184, 259). Ferner sind Vertragsbedingungen nicht vom Verwender „gestellt", wenn er beweisen kann, dass er sie mit seinem Kunden „**im Einzelnen ausgehandelt**" hat (§ 305 Abs. 1 Satz 3). Dieser Beweis ist nicht einfach zu erbringen. Am ehesten wird ihn der Verwender führen können, wenn eine Vertragsklausel nachträglich – etwa durch einen handschriftlichen Zusatz zu dem schriftlichen Vertragstext – abgeändert worden ist. Dagegen nimmt die Rechtsprechung an, dass *unveränderte* Vertragsklauseln nur ganz ausnahmsweise „im Einzelnen ausgehandelt" seien, nämlich nur dann, wenn der Verwender im Zuge der Verhandlungen mit dem Kunden seine Bereitschaft zur Abänderung der Klausel deutlich zu erkennen gegeben und der Kunde die Tragweite der Klausel verstanden und sie schließlich als sachgerecht akzeptiert hat.

249 Vgl. dazu BGHZ 104, 232; BGHZ 143, 103, 112; BGH NJW 2005, 2543. – Der Grund für die zwingende Inhaltskontrolle von AGB liegt darin, daß sie vom Kunden unverändert hingenommen werden, weil für ihn ein unwirtschaftlicher Aufwand an Zeit und Geld entstünde, wenn er sie verstehen, zur Grundlage von Verhandlungen mit dem Verwender machen oder Angebote anderer Verwender mit „besseren" AGB einholen wollte

(Rn. 243 ff.). Unter diesen Umständen spricht viel für die schon oft im Schrifttum vertretene Auffassung (vgl. z.b. *Berger* NJW 2010, 465; *Miethaner* NJW 2010, 3121), nach der im **Verkehr unter Unternehmern** AGB-Klauseln auch dann als „im Einzelnen ausgehandelt" gelten sollten, wenn sie zwar im Ergebnis unverändert hingenommen worden sind, aber die Parteien über den Vertrag im Ganzen verhandelt haben und wegen der erheblichen wirtschaftlichen Bedeutung des in Rede stehenden Geschäfts angenommen werden kann, daß es für jede Partei lohnend gewesen wäre, auch die AGB-Klauseln zum Gegenstand der Erörterungen zu machen. – Wenn der Kunde „Verbraucher" und der Verwender „Unternehmer" ist und die Vertragsbedingungen daher Bestandteil eines „Verbrauchervertrages" werden sollen (Rn. 46 f.), so werden die soeben dargestellten Voraussetzungen für das Vorliegen von AGB in drei Punkten zugunsten des Verbraucherkunden abgewandelt (vgl. § 310 Abs. 3): Danach gelten Vertragsbedingungen auch dann als „vom Unternehmer gestellt", wenn sie nicht von ihm, sondern von einem Dritten – also z.b. von einem Notar, der sich dabei auf Textbausteine aus einem Formularhandbuch gestützt haben mag – in den Vertrag eingeführt worden sind (Nr. 1; BGH NJW 2010, 2873). Ferner genügt es, wenn die vorformulierte Klausel nicht für eine Vielzahl von Verträgen, sondern gerade nur zur einmaligen Verwendung vorformuliert worden ist, sofern der Verbraucher beweisen kann, dass er auf den Inhalt der Klausel „keinen Einfluss nehmen konnte" (Nr. 2; BGHZ 176, 140). Und schließlich soll es, wenn AGB in einen Verbrauchervertrag einbezogen worden sind, für die Beurteilung ihrer Angemessenheit gemäß § 307 auch auf „die den Vertragsschluss begleitenden Umstände" ankommen (Nr. 3). Daraus wird der Schluss gezogen, dass eine AGB-Klausel, die unter gewöhnlichen Umständen der Inhaltskontrolle gemäß § 307 standhält, dennoch unangemessen und deshalb unwirksam sein kann, wenn sie in einen Verbrauchervertrag einbezogen worden und dieser Vertrag unter Umständen zustande gekommen ist, die den Verbraucherkunden im konkreten Fall als besonders schutzbedürftig erscheinen lassen (vgl. MK-*Basedow* § 310 Rn. 70 ff.). – Dass § 310 Abs. 3 besondere Regeln für Verbraucherverträge aufstellt, beruht darauf, dass der deutsche Gesetzgeber mit den Vorschriften über die AGB-Inhaltskontrolle den Vorgaben der EG-Richtlinie vom 5.4.1993 Rechnung tragen musste. Diese Richtlinie beschränkt sich auf „missbräuchliche Klauseln **in Verbraucherverträgen**". Sie lässt es aber zu, dass die nationalen Gesetzgeber – wie es in Deutschland geschehen ist – die AGB-Inhaltskontrolle auch auf Verträge **unter Unternehmern** und **unter Verbrauchern** erstrecken (vgl. Art. 8 der Richtlinie). Zu beachten ist immerhin, dass die Vorschriften der §§ 307 ff., soweit sie auf Verbraucherverträge angewendet werden, **richtlinienkonform** auszulegen sind und dass Fälle, in denen die genaue Tragweite der Richtlinie zweifelhaft und für die Entscheidung der Sache relevant ist, unter bestimmten Voraussetzungen vom Gericht dem EuGH vorgelegt werden müssen. Vgl. dazu MK-*Basedow* § 305 Rn. 50 ff.

II. Einbeziehung in den Vertrag

§ 305 Abs. 2 enthält eine sehr detaillierte Regelung der Voraussetzungen, unter denen AGB Bestandteil des Vertrages werden. Erforderlich ist dafür insbesondere, dass der Verwender vor oder spätestens „bei Vertragsschluss" den Kunden auf seine AGB **hingewiesen** und ihm gleichzeitig eine **Möglichkeit verschafft hat**, „in zumutbarer Weise" von ihrem Inhalt **Kenntnis zu nehmen**. Diese Regelung ist sicherlich gut gemeint. Ob sie in der Praxis viel nützt, darf man aber bezweifeln. Denn sie beruht auf dem Gedanken, dass der Kunde von der Möglichkeit, die AGB zur Kenntnis zur nehmen, tatsächlich Gebrauch machen, dass er sie sodann auf ihre Tragweite sorgfältig prüfen und dass er schließlich die nach Sachlage gebotenen Konsequenzen ziehen wird. So verhält es sich in der Wirklichkeit aber nicht. Denn es wäre unrealistisch anzunehmen, dass ein Kunde vor der Einfahrt in ein Parkhaus die dort ausgehängten Parkhaus-AGB studiert, angesichts ihres Inhalts die Hände über dem Kopf zusammenschlägt und entweder nach Hause fährt oder sich auf die Suche nach einem Parkhaus mit günstigeren AGB begibt. Immerhin schafft § 305 Abs. 2 eine gewisse Erleichterung für den Richter: Er kann sich die Mühe der inhaltlichen Überprüfung von AGB-Klauseln dadurch ersparen, dass er schon ihre Einbeziehung in den Vertrag verneint.

251 Gemäß § 305 Abs. 2 Nr. 1 ist für die Einbeziehung von AGB in einen Vertrag zunächst erforderlich, dass der Verwender den Kunden bei Vertragsschluss **ausdrücklich** darauf **hinweist**, dass seine AGB dem Vertrag zugrunde liegen sollen. Wird der Vertrag mündlich, also z.B. im Zuge eines Telefongesprächs geschlossen, so ist ein mündlicher ausdrücklicher Hinweis zwar ausreichend, aber aus der Sicht des Verwenders oft nicht zielführend, weil er, wenn die Erteilung des mündlichen Hinweises später vom Kunden bestritten wird, das Gegenteil beweisen muss; das wird ihm nur dann gelingen, wenn er das Telefongespräch in Anwesenheit eines Zeugen geführt oder es mitgeschnitten hat. Wenn der Vertrag schriftlich geschlossen wird und die AGB auf der Rückseite des Vertragsformulars abgedruckt sind, so muss der Hinweis auf der Vorderseite erfolgen und so angeordnet und ausgestaltet sein, dass er von einem Durchschnittskunden auch bei flüchtiger Betrachtung nicht übersehen werden kann (BGH NJW-RR 1987, 113). Entbehrlich ist ein besonderer Hinweis, wenn der Verwender die AGB in den Vertragstext selbst aufgenommen hat. Ausnahmsweise genügt es, wenn der Verwender, statt in jedem Einzelfall den Hinweis zu erteilen, seine Kunden „durch deutlich sichtbaren Aushang am Ort des Vertragsschlusses" auf seine AGB aufmerksam gemacht oder sie selbst in vollem Wortlaut in den Aushang aufgenommen hat. Zulässig ist das allerdings nur dann, wenn der ausdrückliche Hinweis „nur unter unverhältnismäßigen Schwierigkeiten möglich ist". So liegt es insbesondere dann, wenn der Vertrag durch schlüssiges Verhalten der Beteiligten zustande kommt und ein persönlicher Kontakt zwischen Verwender und Kunden nicht stattfindet, ebenso dann, wenn die Beteiligten zwar miteinander sprechen, aber die Erteilung eines besonderen mündlichen Hinweises in jedem Einzelfall einen Aufwand verursachen würde, der nach den Umständen wirtschaftlich nicht gerechtfertigt ist. Ein bloßer Aushang genügt also, wenn der Kunde durch den Einwurf einer Münze ein Gepäckschließfach mietet oder Ware aus einem Verkaufsautomaten kauft, ebenso, wenn er seinen Wagen in einem Parkhaus abstellt, mit ihm in eine Autowaschanlage einfährt oder seine Kleidungsstücke von einem Unternehmer reinigen, aufbewahren oder ausbessern lässt.

Der bloße Hinweis auf die Existenz von AGB reicht aber für ihre Einbeziehung in den Vertrag nicht aus. Der Verwender muss außerdem dem Kunden die **Möglichkeit** verschaffen, vom Inhalt der AGB vor oder spätestens bei Vertragsabschluss in zumutbarer Weise **Kenntnis zu nehmen** (§ 305 Abs. 2 Nr. 2). In aller Regel muss deshalb der Kunde zu dem Zeitpunkt, in dem er die ihn bindende Erklärung abgibt – dabei mag es sich um ein Angebot oder um die Annahmeerklärung handeln – im Besitz eines Schriftstücks sein, aus dem sich der volle Text der AGB ergibt. Sie werden also nicht Vertragsbestandteil, wenn der Kunde ein schriftliches Angebot des Verwenders annimmt, in dem es lediglich heißt, dass die AGB dem Kunden später noch zugeschickt würden oder dass sie im Geschäftslokal des Verwenders ausgehängt oder ausgelegt, im Buchhandel erhältlich oder dem Kunden bei Gelegenheit früherer Vertragsschlüsse bereits mitgeteilt worden seien. Wird der Vertrag in den Geschäftsräumen des Verwenders geschlossen, so werden AGB Vertragsbestandteil, soweit ihr Wortlaut an deutlich sichtbarer Stelle ausgehängt ist und vom Kunden zur Kenntnis genommen werden kann, ohne dass er die Wände des Verkaufslokals erst noch lange danach absuchen müsste.

Zu beachten ist, dass die Voraussetzungen des § 305 Abs. 2 „bei Vertragsschluss" erfüllt sein müssen. Das ist nicht der Fall, wenn der Vertrag nach den allgemeinen Regeln bereits zustande gekommen ist und der Kunde erst einer ihm nachträglich übersandten Rechnung oder einem Lieferschein entnehmen kann, dass AGB gelten sollen und welchen Inhalt sie haben. Ebensowenig reicht es aus, wenn der Patient den Hinweis auf die Aufnahmebedingungen des Krankenhauses und ihren Wortlaut erst in einem Aushang im Krankenzimmer findet. Das Gleiche gilt, wenn der Hotelgast sein Auto in der Hotelgarage abgestellt hat und der Hotelunternehmer seine Haftung für den Verlust oder die Beschädigung des Autos dadurch auszuschließen oder zu beschränken sucht, dass er die entsprechende AGB-Klausel in einen Aushang aufnimmt, dessen der Kunde erst gewahr wird, nachdem er an der Rezeption die Schlüssel erhalten und in seinem Zimmer die Tür des Kleiderschranks geöffnet hat. Auch wer ein Parkhaus, ein Theater oder ein Schwimmbad betreibt, tut gut daran, wenn er dafür sorgt, dass der Haftungsausschluss, von dem er profitieren möchte, vom Kunden schon bei der Einfahrt in das Parkhaus (und nicht erst am Zahlungsautomaten) oder schon am Kassenschalter (und nicht erst auf der Rückseite der Eintrittskarte) zur Kenntnis genommen werden kann.

Schließlich ist erforderlich, dass der Kunde mit der Geltung der AGB „**einverstanden ist**" (§ 305 Abs. 2 am Ende). Das ist anzunehmen, wenn der Kunde, nachdem alle Voraussetzungen des § 305 Abs. 2 Nrn. 1 und 2 erfüllt sind, durch ausdrückliche Erklärung oder schlüssiges Verhalten zu erkennen gibt, dass er den Vertrag mitsamt den AGB als bindend ansieht.

255 Selbst bei alltäglichen Geschäften kann die Regelung des § 305 Abs. 2 zu mancherlei Schwierigkeiten führen. Hat z.B. der Kunde am Telefon 5.000 l Heizöl bestellt, so kann der Händler ihn zwar telefonisch auf seine AGB hinweisen. Er kann ihm aber nicht eine Möglichkeit der Kenntnisnahme von den AGB verschaffen, es sei denn, dass er sie ihm, was in der Regel unpraktisch ist, am Telefon vorliest. Was ist zu tun? Übersendet der Händler nach dem Telefongespräch dem Kunden eine Auftragsbestätigung, auf der die AGB abgedruckt sind, oder drückt sein Fahrer ihm bei Anlieferung des Öls eine solche Auftragsbestätigung in die Hand, so ist zu unterscheiden: Wenn der Inhalt des Telefongesprächs dahin zu würdigen ist, dass der Kunde zwar ein Angebot gemacht, der Händler es aber noch nicht angenommen hat und der Vertrag daher noch nicht zustande gekommen ist, so liegt in der Übersendung oder Aushändigung der Auftragsbestätigung gemäß § 150 Abs. 2 ein neues Angebot des Händlers, das der Kunde erst noch annehmen muss, etwa schlüssig dadurch, dass er dem Fahrer den Weg zum Tank zeigt. Ist der Vertrag am Telefon (ohne Einbeziehung der AGB) *zustande gekommen*, so liegt in der Übersendung oder Aushändigung der Auftragsbestätigung ein Angebot des Händlers, mit dem er dem Kunden vorschlägt, den bereits geltenden Vertrag nachträglich durch Einbeziehung der AGB zu *ändern*; auch hier muss der Kunde erst noch die Annahme des Angebots erklären. Hingegen ist guter Rat teuer, wenn der Händler nichts Schriftliches aus der Hand gegeben, sondern sofort nach dem Telefongespräch das Öl geliefert hat. Die wohl herrschende Meinung nimmt an, dass § 305 Abs. 2 Nr. 2 ausnahmsweise nicht zwingend, sondern dispositiv ist. Wenn also der Händler den Kunden am Telefon auf seine AGB hingewiesen und der Kunde auf diesen Hinweis geschwiegen und nicht die Übersendung der AGB verlangt hat, so soll er damit konkludent auf die Verschaffung einer Möglichkeit zur Kenntnisnahme von den AGB verzichtet haben. „Das ist sicherlich kühn, aber doch wohl vernünftig. Bei eklatanten Fehlleistungen des Gesetzgebers müssen auch unorthodoxe Remeduren erlaubt sein" (so MK-*Basedow* § 305 Rn. 67). Allen diesen Schwierigkeiten kann der Händler dadurch aus dem Wege gehen, dass er gemäß § 305 Abs. 3 mit seinem Kunden eine **Rahmenvereinbarung** schließt, ihm also seine AGB aushändigt oder übersendet und sodann mit ihm im Voraus vereinbart, dass diese AGB allen künftigen Verträgen über die Lieferung von Heizöl zugrunde liegen sollen.

256 Gemäß § 310 Abs. 1 Satz 1 brauchen die Formalitäten des § 305 Abs. 2 und 3 nicht beachtet zu werden, wenn der Kunde Unternehmer ist und den Vertrag in Ausübung seiner beruflichen oder gewerblichen Tätigkeit abgeschlossen hat (§ 13). Das bedeutet insbesondere, dass in einem solchen Fall AGB auch dann Bestandteil des Vertrages werden können, wenn der Verwender bei seinem Abschluss auf sie nicht hingewiesen oder dem Kunden eine Möglichkeit, von ihnen Kenntnis zu nehmen, nicht verschafft hat. Ausreichend, aber auch erforderlich ist in einem solchen Fall, dass der Kunde wusste oder doch damit rechnen musste, dass der Verwender seinen Geschäften regelmäßig bestimmte AGB zugrunde legt. Das wird besonders dann anzunehmen sein, wenn die AGB – wie z.B. die Allgemeinen Deutschen Spediteurbedingungen (ADSp) oder die AGB der Banken – in der betreffenden Branche in einheitlicher Form regelmäßig benutzt werden, also „branchenüblich" sind, ferner dann, wenn die gleichen AGB im Rahmen einer laufenden Geschäftsbezie-

hung zwischen Verwender und Kunden schon früher in gleichartige Verträgen einbezogen worden sind und der Kunde dies weder früher noch jetzt beanstandet hat.

AGB werden nicht Vertragsbestandteil, wenn der Verwender zwar seinen Informationsobliegenheiten gemäß § 305 Abs. 2 gerecht geworden ist, sie aber „so **ungewöhnlich** sind, dass der Vertragspartner des Verwenders mit ihnen nicht zu rechnen braucht" (§ 305 c Abs. 1). Hier geht der Gesetzgeber, was allein realistisch ist, davon aus, dass der Kunde die AGB gar nicht oder nur flüchtig lesen wird. Auch in diesem Fall soll er aber darauf vertrauen dürfen, dass jedenfalls solche AGB-Klauseln nicht Vertragsbestandteil werden, auf die ein durchschnittlicher Kunde bei Verträgen der in Rede stehenden Art nicht gefasst zu sein brauchte.

Hat also der Verwender eine Antennenanlage geliefert und montiert, so wird eine AGB-Klausel nicht Vertragsbestandteil, aus der sich ergibt, dass der Verwender für eine bestimmte Zeit auch zur *Wartung* der Anlage berechtigt und der Kunde zur Zahlung eines entsprechenden Entgelts verpflichtet sein soll. Dies gilt auch dann, wenn die Modalitäten des in dieser AGB-Klausel „versteckten" Wartungsvertrages der Inhaltskontrolle gemäß §§ 307 ff. standhalten, weil der Kunde z.B. nur für eine angemessene Zeit an den Wartungsvertrag gebunden sein soll und die Haftung des Verwenders im Falle der Schlechterfüllung nicht unzulässig beschränkt ist. Will der Lieferant der Anlage auch zu ihrer Wartung berechtigt sein, so muss er darüber mit seinem Kunden eine eigenständige vertragliche Vereinbarung treffen. – Ebenso kann es liegen, wenn sich der Sohn zur Finanzierung eines Hauskaufs von seiner Bank ein Darlehen in bestimmter Höhe gewähren lässt und der Vater dafür eine Bürgschaft übernimmt: In diesem Fall wird die AGB-Klausel nicht Bestandteil des von der Bank vorformulierten Bürgschaftsvertrages, wenn sie deshalb „ungewöhnlich" ist, weil sich aus ihr ergibt, dass der Vater aus der Bürgschaft auch dann soll in Anspruch genommen werden können, wenn der Sohn zwar das Darlehen zurückgezahlt hat, aber der Bank noch aus anderen Geschäften Geld schuldet (vgl. BGHZ 126, 174; BGHZ 130, 19, 24). – Manchmal ergibt sich der „ungewöhnliche" Charakter einer AGB-Klausel nicht aus ihrem Inhalt – er mag durchaus „gewöhnlich" sein –, sondern daraus, dass der Verwender sie in seinen Bedingungen an einem Standort untergebracht hat, an dem ein vernünftiger Kunde mit einer solchen Klausel nicht zu rechnen brauchte. Hat also der Vermieter in seine AGB eine Klausel aufgenommen, nach der er Schadensersatz wegen eines Mangels der Mietsache nur dann schulden will, wenn er vorsätzlich oder grob fahrlässig gehandelt hat (anders § 536a), so wird diese Klausel, weil „ungewöhnlich", nicht Vertragsbestandteil, wenn sie der Vermieter in seinen AGB in einem Abschnitt unter der Überschrift „Aufrechnung, Zurückbehaltung" versteckt hat (BGH NJW 2010, 3152).

III. Auslegung

Die allgemeinen Regeln über die Vertragsauslegung gelten grundsätzlich auch dann, wenn es sich bei der auslegungsbedürftigen Vereinbarung um eine AGB-Klausel handelt. Allerdings muss dem Umstand Rechnung getragen werden, dass AGB nicht im Hinblick auf einen bestimmten Vertragspartner aufgestellt werden, sondern den Inhalt einer Vielzahl von Verträgen mit ganz unterschiedlichen künftigen Kunden bestimmen sollen. Deshalb ist anerkannt, dass der Sinngehalt einer AGB-Klausel „**nach objektiven Maßstäben**, losgelöst von der zufälligen Gestaltung des Einzelfalls und den individuellen Vorstellungen der Vertragsparteien" zu ermitteln ist (BGHZ 22, 109, 113). Es kommt also darauf an, wie die streitige AGB-Klausel von einem Kunden verstanden werden kann, der juristisch nicht vorgebildet ist und über dasjenige Maß an Einsicht, Verständnis und geschäftlicher Erfahrung verfügt, wie man es normalerweise von denjenigen Personen erwarten kann, denen AGB der streitigen Art vom Verwender regelmäßig gestellt werden.

260 Gelegentlich kommt es vor, dass die Auslegung einer AGB-Klausel nicht zu einem eindeutigen Ergebnis führt, sondern dass zwei **unterschiedliche Auslegungsergebnisse** rechtlich vertretbar sind, von denen das eine, weil es dem Kunden günstiger ist, auf einer „**kundenfreundlichen**" Auslegung, das andere, weil ihm ungünstiger, auf einer „**kundenfeindlichen**" Auslegung beruht. In einem solchen Fall greift die „**Unklarheitenregel**" des § 305 c Abs. 2 ein. Danach gehen „Zweifel bei der Auslegung von AGB ... zu Lasten des Verwenders." Die Risiken, die sich aus unklaren AGB-Klauseln ergeben, werden also dem Verwender aufgebürdet, weil er es ist, der mit geringeren Kosten als der Kunde den Eintritt der Risiken verhindern, nämlich seine AGB so klar formulieren kann, dass ihre Auslegung zu einem eindeutigen Ergebnis führt.

261 Aus der Unklarheitenregel des § 305 c Abs. 2 wird der Schluss gezogen, dass in einem ersten Schritt die AGB-Klausel in ihrer „kundenfeindlichsten" Auslegung an den Maßstäben der §§ 307 ff. geprüft und, wenn sie dieser Prüfung nicht standhält, als unwirksam angesehen wird. Ist die Klausel dagegen nach jeder in Betracht kommenden Auslegung wirksam, so ist nunmehr § 305 c Abs. 2 anzuwenden und zugunsten des Kunden anzunehmen, dass die Klausel in ihrer „kundenfreundlichsten" – erst recht wirksamen – Auslegung maßgeblich ist. Vgl. BGHZ 176, 244 und MK-*Basedow* § 305 c Rn. 33 ff. – In der Praxis spielt die Unklarheitenregel häufig dort eine Rolle, wo in einem *Versicherungsvertrag* die Eintrittspflicht des Versicherers durch eine unklare Klausel seiner Allgemeinen Versicherungsbedingungen (AVB) ausgeschlossen oder beschränkt wird. Wenn z.B. der Inhaber eines Reitstalls einen Pferdehaftpflichtversicherungsvertrag abschließt, nach dessen AVB „Kutschpferde" nicht versichert sind, so bedeutet diese Klausel bei „kundenfeindlicher" Auslegung, dass der Versicherer für einen Schaden auch dann nicht einzutreten braucht, wenn das versicherte Pferd zwar in erster Linie als Reitpferd eingesetzt wird, es aber im konkreten Fall ausnahmsweise vor eine Kutsche gespannt war, als es den Schaden verursachte. Das Gericht hielt stattdessen die „kundenfreundliche" Auslegung der AVB-Klausel für maßgeblich, nahm also an, dass der Versicherer den Versicherungsschutz nur dann verweigern dürfe, wenn das Pferd ausschließlich oder jedenfalls ganz überwiegend als Kutschpferd eingesetzt worden sei. Vgl. OLG Oldenburg NJW-RR 2004, 1029. – In BGHZ 63, 333 hatte ein Hotelunternehmer an der Einfahrt zum Hotelparkplatz ein Schild „Parken auf eigene Gefahr" angebracht. Zweifelhaft war, ob mit dieser AGB-Klausel die Haftung auch für den Fall ausgeschlossen sein sollte, dass Schäden am Fahrzeug des Hotelgasts durch die fehler-

B. AGB: Begriff, Einbeziehung in den Vertrag, Auslegung 261–262

hafte Beschaffenheit des Parkplatzes – also z.b. durch ein unerkennbares tiefes Schlagloch oder durch das Umstürzen eines morschen Baums – verursacht werden würden. Der BGH hat der „kundenfreundlichen" Auslegung der Klausel den Vorrang eingeräumt, indem er annahm, dass mit ihr nur der Fall des Diebstahls oder der Beschädigung des Fahrzeugs durch *Dritte* gemeint gewesen sei.

Wenn die Parteien vor oder nach Abschluss des Vertrages eine **Individualabrede** getroffen, also eine bestimmte Vereinbarung „im Einzelnen ausgehandelt" haben (§ 305 Abs. 1 Satz 3), so kommt dieser Vereinbarung gemäß § 305 b der **Vorrang** vor AGB-Klauseln zu, in denen etwas Abweichendes bestimmt ist. Es ist also zunächst durch Auslegung zu klären, welchen Sinn die Individualabrede und welchen Sinn die AGB-Klauseln haben; soweit sie danach miteinander unverträglich sind, geht die Individualabrede vor. Hat also der Verwender mit dem Kunden einen Kaufvertrag geschlossen, in dessen AGB bestimmt ist, dass „Liefertermine unverbindlich" seien oder überschritten werden dürften oder dass zusätzlich zu dem vereinbarten Preis Mehrwertsteuer gezahlt werden müsse oder dass statt der verkauften Ware gleichwertige Ware eines anderen Herstellers geliefert werden dürfe, so kann sich der Verwender zwar zunächst auf die „Vermutung der Vollständigkeit und Richtigkeit" des schriftlich geschlossenen Vertrages und der in ihn einbezogenen AGB berufen. Aber diese Vermutung ist widerleglich. Die genannten AGB-Klauseln gelten also nicht, wenn der Kunde beweisen kann, dass vor oder auch nach dem Vertragsabschluss durch eine Individualabrede ein bestimmter Liefertermin festgelegt oder der vereinbarte Preis als Endpreis vereinbart worden ist. Dieser Beweis ist verhältnismäßig einfach zu führen, wenn die Individualabrede schriftlich – etwa in einem handschriftlichen Zusatz auf dem Vertragsformular – niedergelegt worden ist. Aber auch mündlichen Abreden kommt der Vorrang zu, selbst wenn sie schwierig zu beweisen sind. Es reicht auch aus, wenn sich der gemeinsame Wille der Parteien nur aus den Umständen erschließen lässt. Wenn sich also aus dem Inhalt der Verhandlungen ergibt, dass der Kunde nur an Ware des im Vertrag bezeichneten Herstellers interessiert war und der Verwender diesen Willen des Kunden erkannt hatte oder erkennen musste, so kann darin eine entsprechende Individualabrede liegen. Sie hat zur Folge, dass der Kunde nicht in Annahmeverzug gerät, wenn er die gleichwertige Ware eines anderen Herstellers ablehnt, die ihm der Verwender unter Berufung auf eine entsprechende AGB-Klausel als Erfüllung anbietet. Ist die Individualabrede nur mündlich getroffen worden oder einem schlüssigen Verhalten der Parteien zu entnehmen, so geht sie auch einer **AGB-Schriftformklausel** vor, in der bestimmt ist, dass mündliche Abreden zu ihrer Gültigkeit der Schriftform bedürften oder nur dann gültig seien, wenn sie vom Verwender schriftlich bestätigt worden sind (vgl. Rn. 193).

262

263 Die Individualabrede setzt sich gegenüber AGB-Klauseln nur dann durch, wenn sie wirksam ist, und das ist sie nicht, wenn der Kunde sie mit einem Angestellten des Verwenders vereinbart hat, dem die dafür erforderliche Vertretungsmacht fehlte. Zwar kann man in einer AGB-Schriftformklausel eine Vereinbarung sehen, durch die der Verwender die Vertretungsmacht seines Personals auszuschließen oder zu beschränken sucht. Diese Wirkung wird man aber einer solchen Klausel nur dann beilegen dürfen, wenn „der Verwender auf der Vertragsurkunde selbst über der für die Unterschrift des Kunden gedachten punktierten Linie einen deutlich sichtbaren Hinweis anbringt, aus dem sich unmissverständlich ergibt, dass mündliche Erklärungen seines Vertreters unbeachtlich sein sollen" (so MK-*Basedow* § 305 b Rn. 14).

C. Inhaltskontrolle

I. Anwendungsbereich

264 In §§ 307–309 werden die inhaltlichen Anforderungen geregelt, denen AGB-Klauseln standhalten müssen, wenn sie wirksam sein sollen. Man spricht deshalb davon, dass AGB-Klauseln einer **Inhaltskontrolle** unterliegen. Sie ist nur dann statthaft, wenn feststeht, dass die Vertragsbedingungen, um deren inhaltliche Kontrolle es geht, AGB-Klauseln im technischen Sinne des § 305 Abs. 1 darstellen und dass sie in den Vertrag einbezogen worden sind, sei es gemäß § 305 Abs. 2, sei es nach den allgemeinen Regeln, wenn sie einem Unternehmer gestellt worden sind (Rn. 256). Eine Inhaltskontrolle scheidet auch dann aus, wenn eine AGB-Klausel, weil „ungewöhnlich", gar nicht Vertragsbestandteil geworden ist (§ 305 c Abs. 1) oder wenn sie von einer Individualabrede verdrängt worden ist und deshalb außer Betracht bleibt (§ 305 b).

265 Schließlich dürfen nur solche AGB-Klauseln einer Inhaltskontrolle unterzogen werden, durch die „von Rechtsvorschriften abweichende oder diese ergänzende Regelungen" vereinbart worden sind (§ 307 Abs. 3 Satz 1). Dieser nicht besonders klaren Formulierung liegt der Gedanke zu Grunde, dass der Richter eine AGB-Klausel nicht gemäß §§ 307–309 soll für unwirksam erklären dürfen, wenn sie nach Wortlaut und Sinn den Inhalt einer gesetzlichen Regelung lediglich wiederholt und damit nur dasjenige anordnet, was nach dispositivem Recht ohnehin gelten würde, wenn man sich die AGB-Klausel wegdenkt. Ferner wird dieser Formulierung entnommen, dass eine Inhaltskontrolle insoweit nicht statthaft ist, als die in Rede stehende AGB-Klausel eine „**Leistungsbeschreibung**" enthält, also lediglich den Umfang der Leistungen festlegt, die sich die Parteien in dem Vertrag versprochen haben. Der Richter soll also nicht in die Rolle eines „Preiskommissars" schlüpfen und den vereinbarten Preis, weil er ihn für unangemessen hoch oder niedrig hält, herabsetzen oder erhöhen dürfen; ebensowenig soll er berechtigt sein, die für den Preis versprochene Gegenleistung – also z.B. die Beschaffenheit der Kaufsache oder der Werk- oder Dienstleistung – zu modifizieren. Soweit es nämlich um die Hauptleistungspflichten der Parteien – um den eigentlichen „Leistungskern" – geht, darf man sicher sein, dass die Parteien bei Abschluss des Vertrages mit Aufmerksamkeit und Überlegung zu Werke gegangen sind. Zulässig ist hingegen die Inhaltskontrolle von AGB-Klauseln, die die Hauptleistungspflichten zwar am Rande berühren mögen, aber doch Nebenfragen betreffen, die der Aufmerksamkeit des Kunden entgehen oder ein Risiko zuteilen, das sich so selten verwirklicht, dass der Kunde, auch wenn er offenen Auges handelt, den erforderlichen Transaktionskostenaufwand scheuen wird (Rn. 245). Zu beachten ist in jedem Falle, dass die Auslegung des § 307 Abs. 3 Satz 1 im Einklang stehen muss mit der für diese Vorschrift maßgeblichen Bestimmung in Art. 4 Abs. 2 EG-Richtlinie vom 5.4.1993 (Rn. 249). Danach darf in Verträgen mit Verbrauchern keine Inhaltskontrolle stattfinden, soweit sie den „Hauptgegenstand" des Vertrages oder die „Angemessenheit" von Preis und Gegenleistung beträfe. Vgl. dazu Kötz ZEuP 2012, 332.

II. Die Generalklausel des § 307

1. Angemessenheitskontrolle

Gemäß § 307 Abs. 1 Satz 1 sind AGB-Klauseln unwirksam, „wenn sie den Vertragspartner des Verwenders entgegen den Geboten von Treu und Glauben unangemessen benachteiligen." Diese Generalklausel gewinnt auch dadurch nicht viel an Bestimmtheit, dass gemäß § 307 Abs. 2 eine solche „unangemessene Benachteiligung" im Zweifel anzunehmen ist, wenn die Klausel „mit wesentlichen Grundgedanken der gesetzlichen Regelung, von der abgewichen wird, nicht zu vereinbaren ist" (§ 307 Abs. 2 Nr. 1) oder wenn sie „wesentliche Rechte oder Pflichten, die sich aus der Natur des Vertrages ergeben, so einschränkt, dass die Erreichung des Vertragszwecks gefährdet ist" (§ 307 Abs. 2 Nr. 2). Etwas präziser gefasst sind die in § 308 aufgelisteten „Klauselverbote mit Wertungsmöglichkeit": Hier werden zwar bestimmte einzelne Klauseln als unwirksam bezeichnet, dies aber doch nur unter der Voraussetzung, dass die in ihnen geregelten Fristen, Rücktrittsgründe oder Vergütungen „unangemessen lang", „nicht hinreichend bestimmt" oder „sachlich nicht gerechtfertigt" sind. Von den in § 309 genannten Klauselverboten behauptet der Gesetzgeber sogar, dass sie „ohne Wertungsmöglichkeit" angewendet werden könnten. Aber dabei verkennt er, dass z.B. die in § 309 verwandten Begriffe der „Fahrlässigkeit" (Nr. 7), des „gewöhnlichen Laufs der Dinge" (Nr. 5 a) oder des „Verantwortungsbereichs des Verwenders" (Nr. 12 a) auslegungsbedürftig sind und jede Auslegung, wie man es auch dreht und wendet, ohne eine Wertung nicht auskommt.

266

Die Generalklausel des § 307 bildet einen **„Auffangtatbestand"**, der grundsätzlich nur dann angewendet werden darf, wenn die speziellen Klauselverbote der §§ 308 und 309 nicht einschlägig sind. Das darf aber nicht davon ablenken, dass es sich bei § 307 in Wahrheit um das **Herzstück** der Inhaltskontrolle handelt. Das zeigt schon der Umstand, dass es viele AGB-Klauseln gibt, die nicht in §§ 308 und 309 genannt sind und deshalb nach § 307 überprüft werden müssen. Ferner ist anerkannt, dass eine AGB-Klausel, auch wenn sie von §§ 308 und 309 erfasst und danach unbedenklich ist, immer noch des-

267

halb unwirksam sein kann, weil sie den Kunden „unangemessen benachteiligt" und daher gegen § 307 verstößt. Hat etwa der Verwender in einer AGB-Klausel erklärt, dass er für den Schaden seines Kunden zwar haften wolle, wenn er ihn durch vorsätzliches oder grob fahrlässiges Verhalten, nicht aber, wenn er ihn durch einfache (gewöhnliche) Fahrlässigkeit herbeigeführt hat, so ist eine solche AGB-Klausel zwar mit § 309 Nr. 7 b vereinbar, aber häufig wegen Verstoßes gegen die Generalklausel des § 307 unwirksam (Rn. 1122 ff.). Schließlich ist § 307 der *alleinige* Prüfungsmaßstab, wenn die AGB-Klauseln Bestandteil eines Vertrages geworden sind, den der Verwender mit einem **„Unternehmer"** (§ 14) oder mit einer **„juristischen Person des öffentlichen Rechts"** (z.B. mit einer Gemeinde, einer staatlichen Hochschule oder einen öffentlichen Sparkasse oder Landesbank) geschlossen hat.

268   Vgl. dazu § 310 Abs. 1 Satz 1. Danach dürfen die Vorschriften der §§ 308 und 309 insbesondere dann nicht angewendet werden, wenn der Vertrag zwischen dem Verwender, der selbst in aller Regel Unternehmer i. S. des § 14 ist, und einem anderen Unternehmer geschlossen worden ist. Das bedeutet freilich nicht, dass die in §§ 308 und 309 verbotenen Klauseln stets gültig wären, wenn sie im Verkehr unter Unternehmern verwendet worden sind. Vielmehr müssen auch sie am Maßstab des § 307 geprüft und, wenn sie ihm nicht standhalten, für unwirksam erklärt werden (§ 310 Abs. 1 Satz 2). In der Tat zeigt die Rechtsprechung, dass eine AGB-Klausel, die gegen §§ 308 oder 309 verstößt, in der Regel auch im Verkehr unter Unternehmern – dann allerdings gemäß § 307 – unwirksam ist. Anders liegt es nur dann, wenn sich für die Angemessenheit der Klausel besondere Gründe finden lassen. Sie können sich aus den „im Handelsverkehr geltenden Gewohnheiten und Gebräuchen" ergeben (vgl. § 310 Abs. 1 am Ende), ferner daraus, dass bestimmte Risiken der Vertragsabwicklung zwar nicht von Verbrauchern, wohl aber von Unternehmern hingenommen werden, weil sie vorrangig an einer zügigen Abwicklung ihrer Geschäfte oder an der Vermeidung langwieriger gerichtlicher Auseinandersetzungen interessiert sind oder weil sie (anders als Verbraucher) sich gegen das in Rede stehende Risiko mit geringer Mühe durch die Beschaffung von Versicherungsschutz sichern können. Vgl. dazu BGHZ 90, 273, 278; BGHZ 103, 316, 328 f.; BGHZ 174, 1, 5.

269   Eine „unangemessene Benachteiligung" i. S. des § 307 Abs. 1 liegt nach der Rechtsprechung vor, wenn der Verwender mit Hilfe der streitigen AGB-Klausel eigene Interessen in missbräuchlicher Weise auf Kosten seines Kunden – ganz gleich, ob es sich dabei um einen Verbraucher oder einen anderen Unternehmer handelt – durchzusetzen versucht, ohne dessen schutzwürdigen Interessen hinreichend Rechnung zu tragen (vgl. z.B. BGHZ 90, 280; 284; BGHZ 143, 104, 113; BGH NJW 2005, 1774). Das ist insbesondere anzunehmen, wenn der Verwender ein vertragliches Risiko, das nach den dispositiven gesetzlichen Vorschriften eigentlich von ihm zu tragen wäre, ohne vernünftigen Grund auf seine Kunden abwälzt.

270   So wird z.B. durch die dispositive Regelung in § 652 bestimmt, dass, wer für den Verkauf seines Hauses die Hilfe eines Immobilienmaklers in Anspruch nimmt, ihm eine Vergütung nur dann schuldet, wenn die Bemühungen des Maklers für den Abschluss des Kaufvertrages mit dem Erwerber ursächlich geworden sind. Der Makler trägt da-

nach das Risiko dafür, dass es seinem Auftraggeber selbst gelingt, einen Interessenten zu finden und mit ihm einen Kaufvertrag zu schließen. Zwar kann der Makler dieses Risiko durch eine Vereinbarung von sich abwälzen, mit der er seinen Auftraggeber verpflichtet, alle Interessenten an ihn zu verweisen, ihn beim Abschluss des Vertrages hinzuzuziehen oder ihm eine Vergütung auch dann zu zahlen, wenn seine Bemühungen für den Verkauf des Hauses nicht ursächlich gewesen sind. Aber solche Vereinbarungen weichen vom gesetzlichen „Leitbild" des Maklervertrages, wie es § 652 zugrunde liegt, so stark ab, dass sie wirksam nur durch eine Individualabrede getroffen, aber nicht dadurch zum Vertragsinhalt gemacht werden können, dass sie in einer AGB-Klausel „versteckt" werden (vgl. Rn. 666).

Ferner wird der Kunde – er mag Verbraucher oder Unternehmer sein – durch eine AGB-Klausel „unangemessen benachteiligt", wenn durch sie die Haftung des Verwenders im Falle der Verletzung einer ihm obliegenden „**wesentlichen**" Vertragspflicht ganz ausgeschlossen oder so stark beschränkt wird, dass dadurch „die Erreichung des Vertragszwecks gefährdet ist" (§ 307 Abs. 2 Nr. 2). Wann ist eine Vertragspflicht „wesentlich"? Wann handelt es sich dabei – wie die Rechtsprechung gern sagt – um eine „**Kardinalpflicht**"? Jedenfalls kommt es nicht darauf an, ob die Pflicht eine Haupt- oder eine Nebenpflicht ist (vgl. Rn. 484 ff., 1123 ff.). Auch bloße Schutz-, Obhuts- oder Informationspflichten können Kardinalpflichten sein, sofern im Falle ihrer Verletzung dem Kunden ein erheblicher Schaden droht und er sich gegen das Risiko eines solchen Schadens nicht durch zumutbare eigene Anstrengungen schützen kann, etwa, weil es ihm an der dafür erforderlichen Sachkunde oder technischen Ausrüstung fehlt oder er passenden Versicherungsschutz nicht erlangen kann.

Es zeigt sich also, dass dem Richter für die AGB-Inhaltskontrolle vom Gesetzgeber nur sehr unbestimmt gefasste Kriterien an die Hand gegeben werden und ihm ein weiter Spielraum zur Verfügung steht, wenn er entscheiden muss, ob eine bestimmte Klausel den Kunden „unangemessen benachteiligt", von „wesentlichen Grundgedanken" der sonst anwendbaren dispositiven Regelung abweicht, „wesentliche Pflichten" des Verwenders einschränkt, die Rechtsposition des Kunden „aushöhlt", ihn „weitgehend rechtlos stellt" oder die „angemessene Risikoverteilung empfindlich stört." Einen greifbaren operationalen Gehalt haben diese luftigen Formeln – für sich genommen – nicht. Zwar lässt sich oft dadurch helfen, dass eine AGB-Klausel allein deshalb als unwirksam angesehen wird, weil dies von den Gerichten schon früher in Bezug auf dieselbe oder eine ähnliche Klausel angenommen worden ist. Aber auch dann bleibt die Frage, ob sich die Erwägungen, auf die es für die Angemessenheitskontrolle von AGB ankommt, nicht in ein festes gedankliches Gefüge einfügen lassen und dadurch überprüfbar werden.

Ein solches Gerüst ergibt sich, wenn man sich an den Schutzzweck der AGB-Inhaltskontrolle erinnert. Dass AGB-Klauseln unbesehen hingenommen werden, liegt an den „Transaktionskosten", die dem Kunden entstünden, wenn er sie lesen, sachlich prüfen, über ihren Inhalt mit dem Verwender verhandeln oder wegen ihres Inhalts zu einem anderen Anbieter mit „besseren" AGB wechseln wollte (Rn. 244). Dieses durchaus rationale Verhalten seiner Kunden kann der Verwender dadurch zu seinem Vorteil nutzen, dass er ihnen durch AGB-Klauseln Risiken aufbürdet, die sie nicht akzeptiert hätten, wenn man sich Transaktionskosten wegdenkt und annimmt, die Parteien hätten über die Frage Verhandlungen geführt und sich auf eine einverständliche Lösung geeinigt. Daraus ergibt sich der Maßstab, an dem AGB zu messen sind: Wenn sich die Risikoverteilung, zu der die gedachten Verhandlungen geführt hätten, mit derjenigen deckt, die in der streitigen AGB-Klausel vorgesehen ist, so besteht kein Anlass, die Klausel als unwirksam anzusehen. Weicht hingegen die Risikoverteilung der Klausel zum Nachteil des Kunden von derjenigen ab, auf die sich die Parteien in einer Welt ohne Transaktionskosten verständigt hätten, so ist die Klausel unwirksam. Denn dann ist dem Verwender ihre Einbeziehung in den Vertrag offenbar nur deshalb gelungen, weil er wusste und darauf spekuliert hat, dass der Kunde sie, obwohl ihm ungünstig, aus den genannten Gründen unbesehen hinnehmen werde.

274 Es kommt mithin darauf an, wem das in Rede stehende Risiko zugeordnet worden wäre, wenn man sich dafür eine Verhandlungslösung vorstellt und annimmt, dass die Parteien als rational handelnde und auf ihren Vorteil bedachte Personen eine Regelung erstreben werden, die den Vorteil beider Seiten maximiert. In diesem Falle wäre das Risiko von derjenigen Partei übernommen worden, die es mit geringeren Kosten als die andere hätte abwenden, also dafür hätte sorgen können, dass es sich gar nicht erst verwirklicht und Schäden gar nicht erst entstehen. Sind solche Maßnahmen der Risikoabwendung nicht möglich oder zwar möglich, aber unwirtschaftlich, weil ihre Kosten höher sind als die durch sie verhüteten Schäden, so würde diejenige Partei das Risiko übernommen haben, die mit geringeren Kosten als die andere gegen diesen Fall Vorsorge treffen, insbesondere: Versicherungsschutz beschaffen könnte.

275 In BGH NJW 1971, 1036 (vgl. auch Rn. 79) hat der BGH eine AGB-Klausel als unwirksam angesehen, durch die sich ein Heizöllieferant von jeglicher Haftung für Schäden freigezeichnet hatte, die dadurch entstehen, dass die von seinen Kunden bestellten Ölmengen nicht in die von ihnen dafür vorgesehenen Tanks passen und überlaufen. Wer will, mag dieses Ergebnis damit begründen, dass im Falle der Wirksamkeit der Klausel der Kunde „unangemessen benachteiligt", „weitgehend rechtlos gestellt" oder seine Rechtsposition „ausgehöhlt" oder „in unzumutbarer Weise" verkürzt worden wäre. Überzeugender, konkreter und näher am Sachverhalt ist es aber doch wohl, wenn man dieses Ergebnis darauf stützt, dass das Risiko von Überlaufschäden vom Händler mit geringeren Kosten abgewendet werden kann als von seinen Kunden und dass dieses Risiko deshalb im Falle gedachter Verhandlungen *von ihm* übernommen worden wäre. Denn er hat es im Rahmen seines Geschäftsbetriebs von Berufs wegen und auf Dauer mit der Befüllung von Heizöltanks zu tun. Der Aufwand, der ihm dadurch entsteht, dass er geeignetes Personal auswählt, es in der fachmännischen Überprüfung des Fassungsvermögens der Tanks schult und mit den dafür erforderlichen speziellen Gerätschaften ausrüstet, ist pro Befüllungsvorgang erheblich niedriger als der Aufwand, den der Kunde treiben müsste, um sich als Verbraucher und Nichtfachmann bei der alljährlich einmaligen Befüllung seiner Tanks gegen die Möglichkeit eines technischen Versagens der Tankuhr zuverlässig zu schützen. Zwar würde sich der Händler für die Übernahme des Risikos einen Preiszuschlag ausbedingen. Ihn würde der Kunde aber gern bezahlen, weil er sich damit immer noch besser steht, als wenn das Risiko (damit aber auch die Kosten seiner Vermeidung) *von ihm* übernommen worden wären. – Auch in vielen anderen Entscheidungen ist die Rechtsprechung zu Ergebnissen gelangt, die sich mit denen einer rechtsökonomisch angeleiteten Inhaltskontrolle von AGB durchaus decken. Vgl. *Kötz/Schäfer*, Judex oeconomicus (2003) 201 ff.; MK-*Wurmnest* § 307 Rn. 40 ff. und das dort genannte Schrifttum. Mitunter verdient die Rechtsprechung aber auch Kritik. So hält der BGH seit langem AGB-Klauseln für unwirksam, in denen sich eine Bank das Recht vorbehält, neben der allgemeinen Kontoführungsgebühr ein besonderes Entgelt für den Aufwand zu verlangen, der ihr z.b. dadurch entsteht, dass der Kunde, statt sich Bargeld aus dem Automaten zu beschaffen, Auszahlung des Geldes am Schalter verlangt, oder auch dadurch, dass sie den Kunden durch eine besondere Mitteilung davon in Kenntnis setzt, dass sein Konto von Gläubigern gepfändet worden ist oder keine Deckung mehr aufweist und deshalb seine Überweisungsaufträge nicht mehr erledigt werden (vgl. BGHZ 124, 254; BGH NJW 2000, 651; BGHZ 146, 377). Diese Rechtsprechung hat zur Folge, dass die in den genannten Fällen entstehenden zusätzlichen Kosten von den Banken in die allgemeine Kontoführungsgebühr eingerechnet werden und daher von *allen* Kunden gleichmäßig zu tragen sind. Auf eine solche Lösung hätten sie sich aber bei gedachten Verhandlungen nicht eingelassen, weil sie zu einer „Quersubventionierung" derjenigen Kunden führt, die aus irgendwelchen Gründen Zahlungsautomaten nicht bedienen mögen oder können oder es dazu kommen lassen, dass ihre Konten gepfändet werden oder keine Deckung mehr aufweisen. Auch werden durch die Rechtsprechung des BGH allen Beteiligten falsche Anreize gesetzt: den **Kunden**, weil sie wissen, dass es nicht ihr Geld, sondern das Geld *aller* Kunden kostet, wenn sie es zulassen, dass ihre Konten gepfändet oder überzogen werden und dadurch zusätzlicher Aufwand entsteht, aber auch den **Banken**, weil sie, um mit ihren Kontoführungsgebühren wettbewerbsfähig zu bleiben, ein Interesse daran entwickeln werden, sich gerade von den zahlungsschwachen und daher besonders „teuren" Kunden zu trennen, dies mit der Folge, dass im Ergebnis gerade diejenigen Kunden „bestraft" werden, auf deren Schutz die gutgemeinte Rechtsprechung eigentlich abzielte.

2. Transparenzkontrolle

Gemäß § 307 Abs. 1 Satz 2 ist eine AGB-Klausel auch dann für den Kunden unangemessen nachteilig und deshalb unwirksam, wenn sie „**nicht klar und verständlich**", also – wie oft gesagt wird – „**intransparent**" ist. Dies ist anzunehmen, wenn sie so unklar und verworren abgefasst oder so unübersichtlich aufgebaut ist, dass sich ein durchschnittlicher Kunde von ihrer Tragweite ein Bild nicht oder nur mit äußerster Mühe machen und deshalb eine informierte Entscheidung nicht treffen kann. Dabei kommt es auf die Verständigungsmöglichkeiten desjenigen Kundenkreises an, auf den der Verwender mit seinen AGB abzielt. Als „intransparent" sind z.B. AGB-Klauseln angesehen worden, in denen die Verzinsung eines Annuitätendarlehens oder der Rückkaufwert einer Lebensversicherung ohne Not so kompliziert geregelt war, dass sich nur ein Fachmann darauf einen Vers hätte machen können (BGHZ 112, 115; BGHZ 165, 12, 20 f.).

277 Das Transparenzgebot, das § 307 Abs. 1 Satz 2 zugrunde liegt, soll sicherstellen, dass der Kunde die ihm vorgelegten AGB-Klauseln verstehen kann. Das setzt voraus, dass er sie liest. Diese Annahme ist aber unrealistisch (Rn. 250). Deshalb sollte eine AGB-Klausel nicht vorschnell als lediglich „intransparent" beanstandet werden, wenn der Stein des Anstoßes in Wahrheit darin liegt, dass sie den Kunden *nach ihrem Inhalt* unangemessen benachteiligt. Als „intransparent" sollten überhaupt nur solche Klauseln angesehen werden, von denen feststeht, dass sich von ihnen eine transparente Fassung herstellen lässt und dass sie in dieser Fassung der Angemessenheitskontrolle gemäß § 307 Abs. 1 *Satz 1* standhalten würden. Vgl. dazu MK-*Wurmnest* § 307 Rn. 54 ff.

III. Rechtsfolgen der Nichteinbeziehung oder Unwirksamkeit von AGB

278 Wenn alle oder einzelne AGB-Klauseln mangels Einbeziehung nicht Vertragsbestandteil geworden oder unwirksam sind, so hat das nicht etwa zur Folge, dass der Vertrag *im Ganzen* unwirksam ist.

279 Gemäß § 139 führt zwar die „Teilnichtigkeit" eines Rechtsgeschäfts grundsätzlich dazu, dass das Rechtsgeschäft im Ganzen nichtig ist. Aber auf AGB-Verträge passt diese Regel nicht. Zwar gibt es gelegentlich Fälle, in denen der Kunde oder der Verwender froh wäre, wenn sie aus dem Vertrag im Ganzen aussteigen könnten. Ein schutzwürdiges Interesse daran haben sie aber beide nicht, der *Kunde* nicht, weil er schon durch die Eliminierung der ihn belastenden AGB-Klauseln ausreichend geschützt wird, der *Verwender* nicht, weil der Kunde meist an der Durchführung des Vertrages (ohne die AGB) durchaus interessiert ist und es unbillig wäre, wenn sich der Verwender gleichwohl auf die Ungültigkeit des Vertrages im ganzen berufen und damit die Risiken, die sich aus der Unwirksamkeit der von ihm vorformulierten AGB ergeben, auf den Kunden abwälzen könnte.

280 Aus diesen Gründen bestimmt § 306 Abs. 1, dass im Falle der Nichteinbeziehung oder Unwirksamkeit von AGB **„der Vertrag im Übrigen wirksam"** bleibt. Die Lücke, zu der es in dem Vertrag wegen des Fortfalls der AGB kommt, ist gemäß § 306 Abs. 2 „nach den gesetzlichen Vorschriften", also nach den Regeln des **dispositiven Rechts** zu schließen. Hat also z.B. der Verwender dem Käufer durch eine AGB-Klausel verboten, gegen den Kaufpreisanspruch aufzurechnen, und ist diese Klausel gemäß § 309 Nr. 3 unwirksam, so kann der Käufer aufrechnen, wenn die Voraussetzungen gegeben sind, unter denen eine Aufrechnung nach den dispositiven Regeln der §§ 387 ff. zulässig ist. Ebenso liegt es, wenn AGB-Klauseln unwirksam sind, weil durch sie in unzulässiger Weise das Zurückbehaltungsrecht des Kunden oder seine Schadensersatzansprüche im Falle einer Pflichtverletzung des Verwenders

ausgeschlossen oder beschränkt worden sind (§ 309 Nrn. 2 und 7 b) oder weil ihm die Setzung einer unangemessen langen Nachfrist vorgeschrieben oder er an dem Vertrag für eine Laufzeit von mehr als 2 Jahren festgehalten wird (§§ 308 Nr. 2, 309 Nr. 9). In allen diesen Fällen tritt an die Stelle der unwirksamen Klausel dasjenige, was gelten würde, wenn die Parteien zu dem betreffenden Punkt überhaupt keine Vereinbarung getroffen hätten. Daraus ergibt sich auch, dass es manchmal mit dem ersatzlosen Wegfall der AGB-Klausel sein Bewenden hat. So liegt es, wenn die Parteien einen Kauf-, Werk- oder Maklervertrag oder einen anderen durch dispositives Recht geregelten Vertrag geschlossen und in einer AGB-Klausel eine Vereinbarung zu einem Punkt getroffen haben, über den das dispositive Recht dieses Vertragstyps nichts bestimmt: Wenn in einem solchen Fall die Klausel unwirksam ist, so fällt sie weg, ohne dass irgendetwas anderes an ihre Stelle träte. Hat sich z.B. ein Makler durch AGB-Klausel ausbedungen, dass er für seine Bemühungen eine Vergütung auch dann verlangen kann, wenn sie erfolglos geblieben sind, so folgt daraus nichts weiter, als dass diese Klausel wegen Verstoßes gegen § 307 unwirksam ist (vgl. Rn. 270).

Der Regelung des § 306 Abs. 2 liegt der Gedanke zugrunde, dass nach dem Fortfall einer AGB-Klausel eine Regelung gelten soll, die den typischen Interessen sowohl des Kunden wie des Verwenders angemessen Rechnung trägt. Meist kann dieser Grundgedanke dadurch verwirklicht werden, dass die AGB-Klausel durch (vorhandenes) dispositives Recht ersetzt wird oder ersatzlos entfällt. Mitunter gebietet es dieser Grundgedanke aber, dass die Lücke des Vertrages durch **ergänzende Vertragsauslegung** geschlossen wird. Das ist immer dann geboten, wenn es an passendem dispositiven Recht fehlt oder das vorhandene dispositive Recht, würde es gemäß § 306 Abs. 2 angewendet, „das Vertragsgefüge völlig einseitig zu Gunsten des Kunden verschöbe" (BGH NJW 2010, 2873). Eine ergänzende Vertragsauslegung ist z.B. in Fällen als zulässig angesehen worden, in denen in einer gemäß § 307 unwirksamen AGB-Klausel vorgesehen war, dass der Käufer eines neuen Kraftfahrzeugs als Kaufpreis den am Tag der Lieferung gültigen Listenpreis zahlen müsse (BGHZ 90, 69 und Rn. 632) oder dass die Eltern einen Internatsvertrag erst zum Ende des ersten Schuljahrs kündigen könnten und daher bis zu diesem Zeitpunkt das Schulgeld auch dann bezahlen müssten, wenn sie ihr Kind schon vorher haben nach Hause kommen lassen (BGH NJW 1985, 2585; BGHZ 120, 108 und Rn. 1008). Anders BGHZ 143, 103: Hier hatte eine Mineralölgesellschaft mit einem Tankstellenbetreiber einen Vertrag für knapp 6 Jahre geschlossen und sich durch eine AGB-Klausel eine „Option" ausbedungen, nach der sie berechtigt war, den Vertrag um weitere 5 Jahre zu verlängern. Diese „Optionsklausel" sah der BGH als ungültig an, weil sie zu einer unangemessen langen Gesamtlaufzeit von knapp 11 Jahren geführt hätte. Er hat sich aber auch geweigert, die Optionsklausel durch ergänzende Vertragsauslegung oder „geltungserhaltende Reduktion" in der Weise zu modifizieren, dass die Mineralölgesellschaft den Vertrag um weniger als 5 Jahre – also etwa um 2 oder 3 Jahre – hätte verlängern dürfen. Denn er sah die Erstlaufzeit des Vertrages von knapp 6 Jahren als eine durchaus angemessene, den typischen Interessen beider Parteien Rechnung tragende Regelung an.

Die bisher dargestellten Regeln setzen voraus, dass eine AGB-Klausel wegen Verstoßes gegen §§ 307–309 weggefallen und infolgedessen in dem Vertrag eine Lücke entstanden ist. § 306 Abs. 2 gilt daher nicht, wenn es zu einer Lücke in dem Vertrag deshalb nicht kommt, weil die Klausel zwar den Anforderungen der §§ 307–309 nicht standhält, aber deshalb nicht aus dem Vertrag gänzlich **eliminiert**, sondern auf einen angemessenen und mit §§ 307–309 vereinbaren Umfang oder Anwendungsbereich **reduziert** wird und sodann in dieser Gestalt ihren Platz in dem Vertrage behält. Eine solche „**geltungserhaltende Reduktion**" wird allerdings von der Rechtsprechung und von der wohl noch immer herrschenden Meinung als unzulässig angesehen. Das wird damit begründet, dass anderenfalls für die Verwender ein Anreiz gesetzt würde, evident unzulässige Klauseln zum Vertragsinhalt zu machen und darauf zu spekulieren, dass manche Kunden sie irrtümlich für wirksam halten würden und auch die übrigen Kunden bei Gericht nicht mehr erreichen könnten als ein Urteil, das die Klausel mit reduziertem Inhalt aufrecht erhält und sie damit immer noch schlechter stellt, als wenn die Klausel ihrem ganzen Umfang nach aus dem Vertrag eliminiert und statt ihrer (vorhandenes) dispositives Recht angewendet worden wäre.

283 So z.B. BGHZ 84, 109, 115; BGHZ 91, 375, 384; BGHZ 143, 103, 118 f.; BGHZ 146, 377, 385. Der Rechtsprechung ist aber nur insoweit zuzustimmen, als die geschilderten Missbrauchsgefahren im konkreten Fall tatsächlich bestehen und es deshalb aus Gründen der **Prävention** erforderlich ist, die AGB-Klauseln ihrem ganzen Umfang nach zu kassieren (vgl. dazu auch Rn. 238 ff.). Ein solcher Fall ist aber seltener, als gemeinhin angenommen wird. Hat sich z.B. der Verkäufer eines gebrauchten Lexikons oder Fernsehgeräts in einem Verbrauchsgüterkauf durch AGB-Klausel ausbedungen, dass die Mängelansprüche des Käufers binnen 1 Jahr verjähren sollen, so entspricht diese Klausel zwar in vollem Umfang den Anforderungen des § 475 Abs. 2. Nach der Rechtsprechung des BGH soll sie dennoch unwirksam sein, wenn in ihr nicht ausdrücklich auch der (rein theoretische) Fall des § 309 Nr. 7 bedacht, nämlich nicht ausdrücklich klargestellt ist, dass die Klausel *nicht* gelten soll, wenn es infolge des Mangels des Lexikons oder Fernsehgeräts zu einer Körperverletzung des Käufers kommen oder ein sonstiger Schaden auf grober Fahrlässigkeit des Verkäufers beruhen sollte (vgl. BGHZ 170, 31; BGHZ 174, 1). Immerhin hat der BGH in anderen Fällen Techniken entwickelt, mit deren Hilfe er zwar ein Lippenbekenntnis zum Verbot der geltungserhaltenden Reduktion ablegen, sie dann aber doch unter anderem Namen zulassen kann, um auf diese Weise ein Ergebnis zu erzielen, das den Interessen *beider* Parteien Rechnung trägt (vgl. dazu ausführlich MK-*Basedow* § 306 Rn. 13 ff.; *J. Hager* JZ 1996, 175). Besonders beliebt ist es, die streitige AGB-Regelung, wenn sie als ganze unangemessen und deshalb unwirksam wäre, in einen zulässigen und einen unzulässigen zu „zerlegen" und dann nur den letzteren Teil zu kassieren (vgl. z.B. BGH NJW 2003, 2899). Manchmal hilft auch (ergänzende) **Vertragsauslegung**. Hat z.B. der Verwender einem Unternehmer Gattungswaren verkauft und seine Haftung wegen Nichterfüllung durch eine AGB-Klausel unter den Vorbehalt „Richtige und rechtzeitige Selbstbelieferung" gestellt, so wäre diese Klausel, wenn man sie wörtlich nimmt, gemäß § 307 unwirksam. Dagegen ist sie wirksam, wenn sie erst dann an § 307 gemessen wird, nachdem sie (geltungserhaltend) dahin **ausgelegt** ist, dass der Verwender sich auf sie nur dann berufen kann, wenn er beweist, dass er die Selbstbelieferung durch ein „kongruentes Deckungsgeschäft" mit einem bestimmten Lieferanten sichergestellt und dass er seinen Kunden deshalb nicht beliefert hat, weil er gerade von *diesem* Lieferanten im Stich gelassen worden ist (BGHZ 92, 396, 398 und Rn. 305, 914).

IV. Verbandsklage

Die Vorschriften über die Unwirksamkeit unangemessener AGB-Klauseln (§§ 307–309) stehen als „law in the books" zunächst nur im Bundesgesetzblatt. Praktische Wirksamkeit als „law in action" entfalten sie erst, wenn der Kunde die Unwirksamkeit einer AGB-Klausel im konkreten Fall tatsächlich geltend macht, sei es in Verhandlungen mit dem Verwender, sei es auch dadurch, dass er es auf eine Klage des Verwenders ankommen lässt und sich vor Gericht entsprechend verteidigt. Dass der Kunde einen solchen „Kampf ums Recht" führt, ist zwar – wie *Rudolf v. Jhering* 1872 in seinem berühmten gleichnamigen Buch dargelegt hat – rechtspolitisch sehr erwünscht, aber aus praktischen Gründen für den Kunden oft nicht sinnvoll. Denn dadurch, dass er oder der von ihm beauftragte Rechtsanwalt die AGB-Klauseln überprüfen und sich in Verhandlungen mit dem Verwender oder vor Gericht auf ihre Ungültigkeit berufen muss, entstehen Transaktionskosten, die oft viel schwerer wiegen als der Nachteil, der sich für den Kunden ergibt, wenn er die an sich ungültige Klausel kampflos hinnimmt. Dieser Umstand bleibt auch den Unternehmern nicht verborgen und setzt für sie einen Anreiz, AGB-Klauseln trotz Kenntnis ihrer Unzulässigkeit zu verwenden und darauf zu hoffen, dass sich die meisten Kunden aus den geschilderten Gründen nicht gegen sie zur Wehr setzen werden. Selbst wenn es der Unternehmer mit einem Kunden zu tun bekommt, der zu einer gerichtlichen Auseinandersetzung bereit und in der Lage ist, so kann er ihm immer noch, wenn ihm das vorteilhaft erscheint, die Klage dadurch „abkaufen", dass er sich „kulant" gibt und seinen Wünschen entgegenkommt, aber die an sich unzulässige Klausel *anderen Kunden* gegenüber mit eiserner Stirn weiterhin verwendet.

Deshalb hat der Gesetzgeber noch einen anderen Weg gewählt, der dazu beitragen soll, dass unangemessene AGB-Klauseln aus dem Verkehr gezogen werden. Bestimmten Einrichtungen – insbesondere den **Verbraucherverbänden** – wird es gestattet, eine „**Verbandsklage**" gegen den Verwender zu erheben mit dem Antrag, ihn zur Unterlassung der Verwendung bestimmter, mit §§ 307–309 unvereinbarer AGB-Klauseln zu verurteilen. Manchmal genügt schon eine „**Abmahnung**" des klagbefugten Verbandes, also die bloße Drohung, dass Klage erhoben werde, wenn nicht der Verwender von sich aus eine entsprechende Verpflichtungserklärung abgibt und sie dadurch sichert, dass er für den Fall ihrer Verletzung die Zahlung einer bestimmten Vertragsstrafe verspricht. Wird die Klage durchgeführt und ein Unterlassungsurteil zugunsten des Verbraucherverbandes erlassen, so wird seine Respektierung dadurch gesichert, dass das Gericht schon im Urteil bestimmt, bis zu welcher Höhe der Verwender ein Ordnungsgeld in die Staatskasse zahlen muss, wenn er die Unterlassungsverpflichtung verletzt (§ 890 ZPO). Die Einzelheiten der Verbandsklage sind im **Unterlassungsklagegesetz** geregelt.

§ 7 Irrtum, Täuschung, Drohung

A. Willensmängel im Allgemeinen

286 Grundsätzlich wird ein Vertrag nur dann als gültig anerkannt, wenn den Erklärungen, die die Parteien abgegeben haben, ein ausreichender Wille zur Eingehung einer vertraglichen Bindung zugrunde liegt. Fehlt es an dieser Voraussetzung, so haftet der Erklärung ein „**Willensmangel**" an. Solche Willensmängel treten in ganz unterschiedlichen Formen auf und können unterschiedliche Folgen haben. Ist eine Erklärung mit einem besonders schwerwiegenden Willensmangel behaftet, so ist sie nichtig. Andere Erklärungen sind trotz des Willensmangels zwar gültig, aber der Erklärende darf sie, wenn ihm das vorteilhaft erscheint, nachträglich durch eine Anfechtung vernichten. Unterbleibt die Anfechtung oder erfolgt sie erst, nachdem die für sie bestimmte Ausschlussfrist abgelaufen war, so bleibt die Erklärung trotz des ihr anhaftenden Willensmangels gültig.

287 Zu der ersten Kategorie der besonders schwerwiegenden Willensmängel zählen die Fälle des „**bewussten Willensmangels**", die in §§ 116–118 geregelt sind (vgl. schon Rn. 82 ff.). Von Anfang an ungültig ist danach eine Willenserklärung, bei deren Abgabe sich der Erklärende insgeheim vorbehält, das Erklärte nicht zu wollen, sofern der Adressat diesen Vorbehalt kennt (§ 116). Ebenso liegt es im Falle eines „Scheingeschäfts", also dann, wenn der Erklärende im Einverständnis mit dem Erklärungsadressaten seine Erklärung nur „zum Schein" – also in der Regel zum Zweck der Irreführung Dritter – abgegeben hat (§ 117). Schließlich ist eine Willenserklärung auch dann nichtig, wenn der Erklärende sich durch sie vertraglich nicht binden, sondern sie nur „zum Scherz" abgeben wollte und dabei in der Erwartung gehandelt hat, dass der „Mangel der Ernstlichkeit" vom Erklärungsadressaten nicht verkannt werde (§ 118).

288 Nicht im BGB geregelt sind zwei weitere Formen des Willensmangels. Hierher gehört zunächst der seltene Fall, in dem dem Erklärenden schon der **Handlungswille** fehlt. So liegt es, wenn jemand im Zustand der Bewusstlosigkeit oder unter dem Einfluss einer Hypnose oder aufgrund unwiderstehlichen physischen Zwangs Bewegungen ausgeführt hat, die den Eindruck erwecken konnten und erweckt haben, als ob er irgendetwas habe erklären wollen. Darin liegt ein schwerwiegender Willensmangel; niemand bestreitet denn auch, dass es in diesem Falle an einer gültigen Willenserklärung fehlt (vgl. auch § 105 Abs. 2). Schwieriger liegt es, wenn jemand zwar einen Handlungswillen betätigt hat, ihm aber dabei nicht bewusst war, dass sein Verhalten als eine be-

stimmte rechtlich relevante Erklärung verstanden werden könne. Ein solcher Fall **„fehlenden Erklärungsbewusstseins"** liegt z.b. vor, wenn ein Tennisstar eine Unterschrift leistet, in der Meinung, er gebe ein Autogramm, während ihm in Wahrheit jemand eine Vertragsurkunde vorgehalten hat. Ebenso liegt es im Schulbeispiel der „Trierer Weinversteigerung", in dem jemand bei einer Auktion seinem Freund zugewinkt und der Auktionator die Winkbewegung als Abgabe eines Angebots verstanden hatte, ebenso aber auch in dem Fall, in dem eine Bank ihrem Kunden eine – wie sie meint: mehr oder weniger belanglose – Mitteilung macht und dabei verkennt, dass ihre Mitteilung als eine Erklärung aufgefasst werden kann, mit der sie eine Bürgschaft für die Forderung übernimmt, die dem Kunden gegen einem Dritten zusteht. Ob in diesen Fällen eine von vornherein ungültige, oder eine zwar gültige, aber wegen Irrtums anfechtbare Willenserklärung vorliegt, ist streitig. Die Entscheidung sollte davon abhängig gemacht werden, wessen Interesse im konkreten Fall den Vorzug verdient, entweder das Interesse des Handelnden am Nichtzustandekommen eines Vertrages, oder das Interesse der anderen Partei daran, dass die Erklärung des Handelnden als gültig und der Vertrag als zustande gekommen angesehen wird. Deshalb wird anzunehmen sein, dass zwar nicht der Tennisstar, wohl aber der Auktionsbesucher, der seinem Freund zugewinkt hat, ebenso wie die Bank eine gültige (wenn auch wegen Irrtums anfechtbare) Willenserklärung abgegeben haben und ein Vertrag daher zustande gekommen ist. Denn beide mussten bei Anwendung der im Verkehr erforderlichen Sorgfalt erkennen, dass sie durch ihr Verhalten unter den konkreten Umständen den Anschein einer solchen Erklärung setzen würden. Das gilt auch dann, wenn sich jemand **„schlüssig verhält"** und sein Verhalten, ohne dass er davon weiß, vom anderen Teil in einem bestimmten Sinne verstanden worden ist und verstanden werden durfte. Hat also ein Rechtsanwalt das ihm zur Ansicht übersandte und damit zum Kauf angebotene Fachbuch irrtümlich für bereits käuflich erworben gehalten und deshalb mit seinem Kanzleistempel versehen und in seine Bibliothek eingestellt, so kommt der Kaufvertrag aufgrund schlüssigen Verhaltens des Rechtsanwalts zustande, weil er, wenn er sorgfältig gewesen wäre, seinen Fehler hätte bemerken müssen.

Vgl. BGHZ 91, 324 (= NJW 1984, 2279 mit ablehnender Anmerkung von *Canaris*); BGHZ 109, 171, 177; BGH NJW 1995, 953; BGH NJW 2005, 2620; BGHZ 184, 35 Rn. 19; *Faust* AT § 21 Rn. 24 f. – Zwar können der Auktionsbesucher, die Bank und der Rechtsanwalt ihre Erklärungen gemäß § 119 Abs. 1 wegen Irrtums anfechten; damit gelten auch die (zunächst gültig zustande gekommenen) Verträge als von Anfang an nichtig (§ 142 Abs. 1). Immerhin müssen sie die Anfechtung innerhalb der Frist des § 121 erklärt haben; auch ist die Anfechtung, selbst wenn sie fristgemäß erfolgt ist, nicht kostenlos, weil sie den Anfechtenden zum Ersatz des Schadens verpflichtet, der dem anderen Teil durch die Anfechtung entstanden ist (§ 122; Rn. 333 f.).

290 Die verbleibenden Fälle eines Willensmangels sind die praktisch wichtigen. Sie sind dadurch gekennzeichnet, dass der Erklärende eine Erklärung zwar abgeben und sich durch sie vertraglich auch binden will, dieser Wille aber fehlerhaft zustande gekommen oder fehlerhaft ausgedrückt oder übermittelt worden ist. Das liegt entweder daran, dass der Erklärende bei Abgabe seiner Erklärung unter dem Einfluss einer **Täuschung** oder **Drohung** gehandelt hat, oder daran, dass ihm dabei ein rechtlich erheblicher **Irrtum** unterlaufen ist. Diese drei Fälle des Willensmangels sind in §§ 119–124 geregelt.

291 Gemäß §§ 119 f., 123 ist es die **Willenserklärung**, die durch eine Anfechtung beseitigt wird. Wie liegt es, wenn es aufgrund der Erklärung zum Abschluss eines Vertrages gekommen ist: Wird dann die **Erklärung** oder wird der **Vertrag** angefochten? Praktisch hängt von der Entscheidung dieser Frage nichts ab. Denn wenn jemand unter dem Einfluss eines Irrtums oder einer Drohung oder Täuschung ein Angebot abgegeben und der andere Teil das Angebot angenommen und es dadurch zu einem Vertrag perfektioniert hat, führt die Anfechtung, auch wenn man meint, sie beziehe sich nur auf das Angebot, doch immer auch zur Nichtigkeit des Vertrages, dessen konstituierenden Bestandteil es bildet. Es ist deshalb unschädlich und zulässig und im Interesse der Vereinfachung des Sprachgebrauchs vielleicht sogar vorzuziehen, dass in diesen Fällen von der **Anfechtung des Vertrages** gesprochen wird. Anders liegt es, wenn das Angebot angefochten wird, ehe es angenommen worden ist, ebenso dann, wenn jemand eine Erklärung anficht, durch die er einem Anderen eine Vollmacht erteilt hat (§ 167), von einem Vertrag zurückgetreten ist (§ 323) oder dem Vertrag zugestimmt (§ 182) oder ihn gekündigt hat (§ 314): In diesen Fällen bezieht sich die Anfechtung nur auf die **Erklärung**.

B. Irrtum

I. Allgemeine Zurechnungsprinzipien

292 Mitunter kommt es vor, dass sich jemand beim Abschluss eines Vertrages von Annahmen oder Erwartungen leiten lässt, die sich später als unzutreffend herausstellen. Kann er sich darauf berufen, dass ihm ein Irrtum unterlaufen sei und er deshalb den Vertrag anfechten, also für unwirksam erklären könne? Zulässig ist eine solche Anfechtung jedenfalls dann, wenn der Irrtum von der anderen Partei durch eine arglistige Täuschung bewusst herbeigeführt worden ist (Rn. 335 ff.). Aber wie liegt es, wenn der Irrtum auf andere Weise entstanden ist? Soll es darauf ankommen, ob er „wesentlich" oder „grundlegend" ist? Oder darauf, ob er dem Irrenden schon im Stadium der Willensbildung oder ob er ihm erst dann unterlaufen ist, als er seinen (bereits gebildeten) Willen in eine Erklärung umgesetzt hat? Soll es von Bedeutung sein, ob der Irrende bei Anwendung der im Verkehr erforderlichen Sorgfalt seinen Irrtum hätte vermeiden können? Oder ob der andere Teil ihn erkannt hat oder hätte erkennen können? Noch viele andere durchaus plausible Gründe gibt es, die sich für und gegen die Gültigkeit einer irrtumsbehafteten

Erklärung ins Feld führen lassen; deshalb darf man sich nicht wundern, dass es kein ganz einfaches Kriterium gibt, mit dessen Hilfe sich die Frage entscheiden ließe.

Immerhin kann man zwei verschiedene Grundpositionen unterscheiden. Die eine beruft sich auf die **Willenstheorie**: Danach liegt der eigentliche Grund für die rechtliche Anerkennung und Durchsetzung vertraglicher Verpflichtungen darin, dass die verpflichtete Partei ihre Bindung **gewollt** hat. Zwar setzt sich eine Willenserklärung – wie sich schon aus ihrem Namen ergibt – aus dem Willen und der Erklärung zusammen. Aber „eigentlich muss" – wie *Savigny* einmal gesagt hat (System des heutigen römischen Rechts III (1840) 258 – „der Wille als das einzig Wichtige und Wirksame gedacht werden, und nur, weil er ein inneres und unsichtbares Ereignis ist, bedürfen wir eines Zeichens, woran er erkannt werden könne". Wenn aber der Wille das Entscheidende ist, so muss die Erklärung, mit der er verlautbart wird, schon dann durch eine Anfechtung ihrer Wirksamkeit beraubt werden können, wenn sie nicht gerade so gewollt war, wie sie vom Erklärungsempfänger verstanden werden durfte und verstanden worden ist.

Offensichtlich trägt die Willenstheorie den Interessen des Erklärungsempfängers nicht genügend Rechnung. Diese Interessen sind es, zu deren Anwalt sich die **Erklärungstheorie** macht. Sie ist allgemein anerkannt, soweit es um die **Auslegung** von Erklärungen geht. Danach kommt es auf den „objektiven Empfängerhorizont" an, also darauf, wie die Erklärung vom Erklärungsempfänger nach den Umständen vernünftigerweise verstanden werden konnte (Rn. 65). Dann ist es aber nur konsequent, wenn die Erklärungstheorie auch hier angewandt, nämlich angenommen wird, dass grundsätzlich jeder, der im geschäftlichen Verkehr eine Erklärung abgibt, vor der eigenen Tür kehren muss, wenn ihm dabei ein Irrtum unterläuft, weil er sich von Erwartungen und Vorstellungen hat leiten lassen, die mit der Wirklichkeit nicht übereinstimmen. Kommt es aufgrund der irrtumsbehafteten Erklärung zum Abschluss eines Vertrages, so gebieten es die Sicherheit und Verlässlichkeit des Geschäftsverkehrs, dass sich der andere Teil auch in einem solchen Fall auf die Gültigkeit des Vertrages verlassen kann. Das gilt nur dann nicht, wenn aus besonderen Gründen sein Vertrauen auf das Zustandekommen eines Vertrages keinen Schutz verdient. Nicht schutzwürdig ist sein Vertrauen z.B. dann, wenn er selbst den Irrtum seines Kontrahenten – sei es auch schuldlos – **veranlasst** hat, ebenso dann, wenn er den Irrtum **erkannt hat** oder **erkennen konnte** und den Kontrahenten darüber nicht aufgeklärt hat, obwohl er dazu nach den Anschauungen des redlichen Geschäftsverkehrs verpflichtet gewesen wäre.

Als die Verfasser des BGB die Irrtumsregelung berieten, war ihnen zwar klar, dass weder die Willenstheorie noch die Erklärungstheorie „sich rein, d.h. ohne wesentliche Modifikationen durchführen lasse" (Protokolle I

S. 106 f.). Aber der Kompromiss, zu dem sie sich schließlich in § 119 durchgerungen haben, ist leider nicht gelungen. Er beruht zum Teil auf der – ebenfalls von *Savigny* entwickelten – Ansicht, dass man das Stadium, in dem eine Partei ihren Willen zum Abschluss eines Vertrages *bildet*, unterscheiden müsse von dem Stadium, in dem sie ihren Willen *in eine Erklärung umsetzt*. Wenn jemandem der Irrtum schon in der Phase der Willensbildung unterlaufen sei, so handele es sich um einen rechtlich unbeachtlichen **Motivirrtum**. Hingegen sei zur Anfechtung berechtigt, wer seinen Willen zunächst irrtumsfrei gebildet, ihn dann aber in eine Erklärung umgesetzt hat, von der er irrtümlich annahm, dass sie das Gewollte auch richtig zum Ausdruck bringe. Dem entspricht es, dass durch § 119 Abs. 1 in der zuletzt genannten Fallgruppe die Anfechtung zugelassen wird. Dagegen waren *Savigny* und zunächst auch die Verfasser des BGB der Meinung, dass bei bloßen Motivirrtümern eine Anfechtung nicht in Betracht komme. Dafür spricht in der Tat die Überlegung, dass zu den Motiven einer Partei oft Erwartungen, Annahmen, Absichten oder Pläne gehören, die sie mit dem Abschluss des Vertrages zu realisieren hofft, die aber ihrem Kontrahenten unbekannt sind oder ihn nicht zu interessieren brauchen und deshalb nicht seiner Risikosphäre zuzurechnen sind. Dennoch ist schließlich die Vorschrift des § 119 Abs. 2 in das BGB aufgenommen worden: Danach wird ein Irrtum, auch wenn er Motivirrtum ist, als beachtlich angesehen, wenn er „Eigenschaften der Person oder der Sache" betrifft, „die im Verkehr als wesentlich angesehen werden."

296 Die Rechtsvergleichung zeigt, dass das deutsche Recht mit der eigenwilligen Lösung des § 119 ganz allein steht. Vgl. dazu ausführlich und mit umfassenden Nachweisen *Kramer* ZEuP 2007, 247 und *Kötz* EVR S. 260 ff. Alle Vorschläge einer internationalen Vereinheitlichung des Gebiets gehen davon aus, dass ein Irrtum grundsätzlich demjenigen zur Last fällt, dem er unterlaufen ist, und dass es nicht darauf ankommen kann, bei welchen psychologischen Vorgängen der Irrtum entstanden ist, ob er ein Motiv betrifft oder sich auf eine Eigenschaft des Vertragsgegenstandes, auf die Gegenwart oder die Zukunft oder auf tatsächliche oder rechtliche Annahmen bezieht. Die andere Partei braucht sich die Anfechtung nur ausnahmsweise gefallen zu lassen, nämlich nur dann, wenn sich der Irrtum ihres Kontrahenten aus besonderen Gründen auch ihr zurechnen lässt. Das ist gemäß Art. 4:103 PECL z.B. dann der Fall, wenn sie ihrem Kontrahenten unrichtige Angaben gemacht und dadurch seinen Irrtum veranlasst hat, ferner dann, wenn sie seinen Irrtum erkannt hat oder hätte erkennen müssen, schließlich auch dann, wenn beiden Parteien der gleiche Irrtum unterlaufen ist. In keinem Fall steht ein Anfechtungsrecht demjenigen zu, dessen Irrtum unentschuldbar ist, also auf grober Fahrlässigkeit beruht, ebensowenig demjenigen, der nach dem (richtig ausgelegten) Vertrag das Risiko des in Rede stehenden Irrtums zu tragen hat. Zwar sind alle diese Wertungen auch dem geltenden deutschen Recht keineswegs fremd. Aber sie lassen sich doch oft nur indirekt zur Geltung bringen; auch kann zweifelhaft sein, in welchem Umfang sie sich mit dem Wortlaut des § 119 vereinbaren lassen.

II. Anwendungsbereich der Irrtumsanfechtung

1. Auslegung geht vor Anfechtung

Ob ein Irrtum vorliegt, kann erst geprüft werden, wenn durch Auslegung der Erklärung festgestellt ist, mit welchem Inhalt sie gilt, also wie sie von einem vernünftigen Menschen unter Berücksichtigung der Umstände verstanden werden durfte (Rn. 65). Denn erst, wenn man weiß, wie eine Erklärung *gilt*, kann man beurteilen, ob der Erklärende mit ihr etwas anderes *gewollt* hat und ihm deshalb bei ihrer Abgabe ein Irrtum unterlaufen ist. Wenn allerdings die Erklärung von ihrem Empfänger gerade so verstanden worden ist, wie sie vom Erklärenden gemeint war, so gilt das übereinstimmend Gemeinte. In diesem Falle fehlt es an einem Irrtum; damit kommt auch eine Anfechtung nicht in Betracht. Wenn sich also die Parteien darüber einig waren, dass ein ganz bestimmtes Grundstück verkauft und (durch Auflassung) übereignet werden sollte, so gilt dieses Grundstück auch dann als verkauft und aufgelassen, wenn es in der notariellen Urkunde, die über den Kaufvertrag und die Auflassung errichtet werden muss, versehentlich mit einer falschen Flurnummer bezeichnet worden ist: Falsa demonstratio non nocet (vgl. BGHZ 87, 150; BGH NJW 1984, 721; BGH NJW 2002, 1038; Rn. 64). Ebenso ist zu entscheiden, wenn in den Verhandlungen über einen Kaufvertrag stets nur von einem €-Kaufpreis die Rede gewesen ist, dann aber eine Partei in dem schriftlichen Angebot, das sie aufgrund der Verhandlungen vorlegt, versehentlich einen $-Preis nennt: Wenn die andere Partei diesen Fehler sofort erkennt, sich also über den wirklichen Willen ihres Kontrahenten nicht im Zweifel ist und das Angebot annimmt, so gilt der €-Preis als vereinbart; auch hier kommt eine Anfechtung wegen Irrtums nicht in Betracht (vgl. RGZ 66, 427).

Deshalb hat das Reichsgericht den „**Rubel-Fall**" (RGZ 105, 406) im Ergebnis wohl richtig entschieden. Dort hatte sich jemand in Moskau ein Darlehen von 30.000 Rubeln gewähren lassen und mit dem Darlehensgeber vereinbart, dass ihm das Darlehen in Berlin nach Maßgabe des geltenden Umrechnungskurses in Reichsmark zurückgezahlt werden solle. Da die Parteien davon ausgingen, dass ein Rubel nach diesem Umrechnungskurs 25 Pfennig wert sei, unterschrieb der Darlehensnehmer Schuldscheine über 7500 RM. Später zeigte sich, dass für einen Rubel in Wahrheit nur 1 Pfennig gezahlt wurde; daher wollte der Darlehensnehmer nur 300 RM zurückzahlen. Ihm ist recht zu geben, wenn angenommen werden kann, dass es für die Höhe des Rückzahlungsbetrages nach dem Willen der Parteien auf den tatsächlich geltenden Umrechnungskurs ankommen sollte. Zwar haben sie bei ihren Vereinbarungen den Rückzahlungsbetrag auf 7500 RM beziffert. Aber darin liegt dann nur eine unschädliche Falschbezeichnung desjenigen, was sie in Wahrheit übereinstimmend gewollt haben. Anders wäre zu entscheiden, wenn angenommen werden müsste, dass es dem Darlehensgeber wesentlich auf den *Endbetrag* – also auf die Rückzahlung von 7500 RM – ankam und der Darlehensnehmer dies auch erkannt hat oder nach den Umständen erkennen musste.

299 In ganz seltenen Fällen kann die Auslegung der Erklärung, die auf einen Vertrag hin abgegeben worden ist, zu dem Ergebnis führen, dass sie unrettbar mehrdeutig ist. Dann liegt ein **„versteckter Dissens"** vor. Wenn er einen wesentlichen Punkt betrifft, so kommt ein Vertrag von vornherein nicht zustande; damit bedarf es auch keiner Anfechtung (Rn. 129 f.).

2. Vorrang der vertraglichen Risikoverteilung

300 Verträge haben es stets mit der Verteilung von Risiken zu tun. Um welche Risiken es dabei geht und von wem sie übernommen worden sind, ergibt sich aus den vertraglichen Vereinbarungen und, wenn sie nicht hinreichend eindeutig oder lückenhaft sind, aus ihrer Auslegung. Diese Risikoverteilung muss der Richter respektieren; er darf sie nicht dadurch über den Haufen werfen, dass er einer Partei die Anfechtung wegen eines Irrtums gestattet, der ihr in einem Bereich unterlaufen ist, für den sie nach dem Vertrage das Risiko trägt.

301 Das holländische Zivilgesetzbuch bestimmt in Art. 3:228 Abs. 2 ausdrücklich, dass kein Anfechtungsrecht besteht, wenn der Irrtum „nach der Natur des Vertrages, der Verkehrsauffassung oder nach den Umständen des Falles auf Rechnung des Irrenden zu gehen hat". Ähnlich Art. 4:103 Abs. 2b PECL. Danach kann die irrende Partei nicht anfechten, wenn „das Risiko des Irrtums von ihr übernommen wurde oder nach den Umständen von ihr getragen werden sollte."

302 Bei Verträgen mit spekulativem oder aleatorischem Inhalt ist das offensichtlich. Wer auf den Sieg eines bestimmten Rennpferds gesetzt oder auf steigende oder fallende Börsenkurse spekuliert hat, kann die darüber geschlossenen Verträge nicht wegen Irrtums anfechten, wenn er später zu seinem Verdruss feststellen muss, dass er sich in seiner Prognose geirrt hat, weil das Rennen von einem anderen Pferd gewonnen worden oder der Kurs gefallen oder gestiegen ist. Ebensowenig kann der Bürge den Bürgschaftsvertrag wegen Irrtums anfechten, wenn sich der Schuldner, für den er sich verbürgt hat, als zahlungsunfähig herausstellt. Auch Kaufverträge auf dem Flohmarkt oder in einem Antiquariat können für beide Parteien ein Risikogeschäft sein. Sind dort z.B. alte Notenblätter verkauft worden, so kann wegen Irrtums weder der Käufer anfechten, wenn sie sich später als moderne Fälschung und damit als wertlos herausstellen, noch der Verkäufer, wenn sich zeigt, dass sie vielleicht von Mozart stammen (vgl. AG Coburg NJW 1993, 938).

303 In einem bekannten holländischen Fall war ein in der Maas gefundener Becher von ungeklärter Herkunft zu einem Preis verkauft worden, der dem Umstand Rechnung trug, dass er aus reinem Silber war. Nachdem der Käufer über Jahre hinweg viel Geld und Mühe in die Klärung seiner Herkunft investiert hatte, wurde schließlich festgestellt, dass es sich um einen Kantharos aus dem 2. Jahrhundert nach Christus handelte. Als der Verkäufer davon erfuhr, wollte er wegen Irrtums anfechten. Damit hatte er keinen Erfolg. Auch ihm musste der Risikocharakter des Geschäfts klar sein. Außerdem besteht ein allgemeines Interesse daran, dass die Herkunft von Sachen geklärt wird, die

möglicherweise einen hohen kunsthistorischen Wert haben. Dem Käufer einer solchen Sache würde aber jeder Anreiz genommen, den zur Klärung ihrer Herkunft erforderlichen Aufwand zu treiben, wenn er sie dem Verkäufer, falls seine Recherchen Erfolg haben, herausgeben müsste. Zwar führt der Ausschluss des Anfechtungsrechts dazu, dass ein Vertrag auch dann gültig ist, wenn sich später herausstellt, dass zwischen dem wirklichen Wert der Sache und dem für sie gezahlten Preis ein groteskes Missverhältnis besteht. Bei Risikogeschäften muss das hingenommen werden. Auch zeigt ein Blick auf § 138, dass ein solches Missverhältnis – für sich allein genommen – die Gültigkeit des Vertrages nicht berührt, solange der Käufer ohne Arg gehandelt hat.

Ebenso ist zu entscheiden, wenn derjenige, der eine Sache gekauft, gemietet oder einen Unternehmer mit ihrer Herstellung beauftragt hat, den Vertrag wegen Irrtums anfechten möchte, weil schon bei seinem Abschluss feststand oder sich später gezeigt hat, dass er die Sache nicht so verwenden kann, wie er sich das bei Vertragsschluss vorgestellt hat. Denn grundsätzlich trägt, wer sich durch Vertrag die Verschaffung einer Sache versprechen lässt, das **Verwendungsrisiko** für die Sache. Deshalb kann, wer ein Hochzeitsgeschenk gekauft hat, den Kaufvertrag nicht anfechten, wenn die Hochzeit schon bei Vertragsabschluss, ohne dass er davon wusste, abgesagt war oder wenn sie später abgesagt wird. Wer „Bauerwartungsland" kauft, kann nicht anfechten, wenn das Gelände später nicht als Bauland, sondern als Naturschutzgebiet ausgewiesen wird. Auch ein Beamter kann den Mietvertrag nicht anfechten, wenn die von ihm als sicher angesehene Versetzung an den Ort der Mietwohnung später scheitert oder er die Wohnung aus einem anderen „in seiner Person liegenden Grund" nicht nutzen kann (§ 537; Rn. 742, 805, 1019). Ihm bleibt nur die Möglichkeit, den Vertrag durch eine ordentliche Kündigung zu beenden, dies aber nur unter Einhaltung der für sie vereinbarten oder sonst gesetzlich bestimmten Frist.

Nicht anders liegt es, wenn jemand in dem Vertrag ein **Beschaffungsrisiko** oder eine **Garantie** übernommen hat (Rn. 1101 ff.). Wer also z.B. Gattungswaren verkauft hat und nicht pünktlich liefert, haftet dem Käufer auf Ersatz des Verzögerungsschadens (§§ 280, 286) oder auf Schadensersatz statt der Leistung (§§ 280, 281), wenn die Lieferung aufgrund eines Umstands unterblieben ist, der unter das Beschaffungsrisiko fällt. Nicht etwa kann der Verkäufer den Vertrag, auf dessen Verletzung der Käufer die genannten Ansprüche stützt, dadurch zu Fall bringen, dass er ihn mit der Begründung anficht, er habe bei Vertragsabschluss irrtümlich angenommen, dass es nicht zu Lieferhindernissen kommen oder dass ihm ihre Überwindung gelingen werde. Will der Verkäufer für solche Lieferhindernisse nicht haften, so muss er dafür *in dem Vertrage selbst* Vorsorge treffen, so z.B. dadurch, dass er sich in ihm die „richtige Selbstbelieferung" vorbehält oder eine Vereinbarung trifft, nach der das Risiko bestimmter Hindernisse – höhere Gewalt, Naturkatastrophen, Einfuhrsperren usw. – nicht ihn, sondern den Käufer treffen soll (Rn. 914).

305 a Aus den gleichen Gründen steht dem Käufer ein Anfechtungsrecht gemäß § 119 Abs. 2 auch dann nicht zu, wenn er zwar bestimmte Eigenschaften der Kaufsache irrtümlich als vorhanden angesehen hat, ihm aber wegen des Fehlens dieser Eigenschaften vertragliche **Mängelansprüche** zustehen können. Das gleiche gilt, wenn die Mängelhaftung des Verkäufers durch Vereinbarung ganz ausgeschlossen ist. Hat sich z.B. der Käufer eines Gemäldes auf eine vertragliche Abrede eingelassen, die den Verkäufer im Falle seiner Unechtheit von jeglicher Haftung freistellt, so kann er den Vertrag nicht gemäß § 119 Abs. 2 mit der Begründung anfechten, dass er das Gemälde irrtümlich für echt gehalten habe. Denn dadurch würde die mit dem Haftungsausschluss „erstrebte Risikoverteilung … nahezu wertlos" gemacht (BGHZ 63, 369, 376 f.). Ebenso ist auch dann zu entscheiden, wenn die Mängelhaftung zwar nicht vertraglich ausgeschlossen, aber durch die dazu getroffenen Vereinbarungen oder durch die Vorschriften der §§ 434 f., 437 f., 442 von bestimmten Voraussetzungen abhängig gemacht oder an die Wahrung bestimmter Fristen gebunden wird. Darin liegt eine Risikoverteilung, die vom Gesetzgeber nicht nur als angemessen, sondern auch als maßgeblich und vorrangig angesehen wird und deshalb auch nicht mit Hilfe des § 119 Abs. 2, also durch eine Irrtumsanfechtung des Käufers, ausgehebelt werden darf. Daraus ergibt sich, dass manchmal auch dem **Verkäufer** ein solches Anfechtungsrecht nicht zusteht, nämlich dann nicht, wenn der Käufer Mängelansprüche geltend macht – also z.B. gemäß §§ 437 Nr. 1, 439 Ersatzlieferung oder Mängelbeseitigung verlangt – und der Verkäufer sich diesen Ansprüchen dadurch entziehen will, dass er ihre Grundlage, nämlich den Vertrag, durch eine Anfechtung zerstört, etwa mit der Begründung, er habe sich über die Beschaffenheit der Kaufsache geirrt.

306 Die Rechtsprechung (vgl. BGHZ 16, 54; BGHZ 34, 32; BGH NJW 1988, 2597) und die im Schrifttum herrschende Meinung nehmen deshalb an, daß der Käufer den Vertrag nicht gemäß § 119 Abs. 2 wegen eines Irrtums über eine Eigenschaft der Kaufsache anfechten kann, dies jedenfalls dann nicht, wenn die Gefahr bereits auf den Käufer übergegangen, die Kaufsache ihm also bereits übergeben war (vgl. *Flume* AT § 24, 3; *Medicus* AT Rn. 775; *Medicus/Lorenz* SchR BT Rn. 270 ff.; *Looschelders* BT Rn. 173 f., anders *Bamberger/Roth/Faust* § 437 Rn. 177 ff.). Ebenso ist zu entscheiden, wenn dem Käufer Mängelansprüche nicht zustehen, weil die Kaufsache mangelfrei, also vertragsmäßig ist, ihr aber andere Eigenschaften fehlen, deren Vorhandensein er irrtümlich angenommen hat. Auch dann kann er nicht gemäß § 119 Abs. 2 anfechten. Hat der Verkäufer vertragsmäßige Ware geliefert, so hat er seine Schuldigkeit getan. Dass die Ware den Erwartungen des Käufers auch dann noch nicht entspricht, fällt in seinen Risikobereich, weil nur er diese Erwartungen gekannt hat und mit geringer Mühe zum Gegenstand einer Beschaffenheitsvereinbarung hätte machen können (anders aber BGH NJW 1979, 160; BGHZ 78, 216, 218). – Die vorstehenden Überlegungen müssen auch dann gelten, wenn ein **Mietvertrag** oder ein **Werkvertrag** gemäß § 119 Abs. 2 angefochten werden soll, weil sich der Mieter oder Auftraggeber von einer Anfechtung mehr verspricht als von seinen vertraglichen Mängelansprüchen.

III. Erklärungsirrtum und Inhaltsirrtum (§ 119 Abs. 1)

Gemäß § 119 Abs. 1 ist eine Erklärung anfechtbar, wenn der Erklärende sie mit diesem Inhalt „überhaupt nicht abgeben wollte" („**Erklärungsirrtum**") oder er mit ihr einen anderen Sinn verbunden hat, als ihn die andere Partei ihr beigelegt hat und nach den Umständen auch beilegen durfte („**Inhaltsirrtum**"). Diese Irrtümer hält der Gesetzgeber für besonders gravierend, weil sie dem Erklärenden nicht schon im Stadium der Willensbildung unterlaufen sind – dann liegt ein bloßer Motivirrtum vor –, sondern erst dann, als er seinen (fehlerfrei gebildeten) Willen in eine Erklärung umsetzen wollte. In diesem Fall muss sich der Erklärungsgegner die Anfechtung selbst dann gefallen lassen, wenn er die Erklärung und mit ihr den Vertrag, auf dessen Abschluss sie gerichtet war, nach den Umständen für wirksam halten durfte, ebenso dann, wenn der Irrtum auf dem eigenen Verschulden des Irrenden, vielleicht sogar auf grober Fahrlässigkeit beruht. Zwar kann der Erklärungsgegner die ihm nachteiligen Folgen einer Anfechtung dadurch abwenden, dass er dartut, es habe der Irrende mit der Anfechtungserklärung zu lange gewartet (§ 121). Gelingt ihm das nicht, so muss er sich damit trösten, dass ihm durch § 122 ein Schadensersatzanspruch zugebilligt wird (Rn. 333 f.).

Ein **Erklärungsirrtum** liegt vor, wenn sich der Erklärende bei Abgabe seiner Erklärung versprochen, verschrieben, vergriffen oder sonstwie verheddert und sie deshalb so abgegeben hat, wie er sie „überhaupt nicht abgeben wollte". Das gleiche gilt, wenn sich nicht der Erklärende selbst, sondern derjenige versprochen, verschrieben oder vergriffen hat, den er zu seinem „Erklärungsboten" bestellt, also mit der Übermittlung seiner Erklärung beauftragt hat (§ 120; Rn. 327 ff.). Ein Erklärungsirrtum liegt schließlich auch dann vor, wenn jemand eine Erklärung im elektronischen Geschäftsverkehr abgegeben hat und sie deshalb fehlerhaft ist, weil er bei ihrer Abgabe auf die falsche Taste gedrückt oder sein Computer aufgrund eines Software-Fehlers eine falsche Erklärung generiert hat (vgl. dazu *Faust* AT S. 167 ff.). Beim **Inhaltsirrtum** äußert sich der Erklärende zwar so, wie er sich äußern wollte. Aber er irrt über den Sinn, den der andere Teil der Erklärung beigelegt hat und beilegen durfte. Die Abgrenzung zwischen den beiden Irrtümern des § 119 Abs. 1 ist manchmal schwierig, zumal man von jeder Erklärung, deren objektiver Sinn vom gemeinten abweicht, durchaus sagen kann, dass der Irrende sie so „überhaupt nicht abgeben wollte". Auf die Abgrenzung kommt es aber in der Regel nicht an, weil Erklärungsirrtum und Inhaltsirrtum in ihren rechtlichen Folgen gleichgestellt sind.

Ein Inhaltsirrtum wird z.B. angenommen, wenn jemand seine Heizungsanlage von dem Installateur Heinz Müller reparieren lassen möchte, er aber versehentlich den Auftrag einem Installateur erteilt hat, der zwar den gleichen Namen führt, aber mit der gemeinten Person nicht identisch ist. Dem entspricht der Fall, in dem ein Züchter seine Rennpferde „Hexe" und „Nixe" einem Interessenten vorführt und zum Kauf anbietet und dieser nach Ablauf einer Bedenkzeit sich schriftlich für die „Hexe" entscheidet, obwohl er die Namen der beiden Pferde verwechselt hat und eigentlich die „Nixe" kaufen wollte. Streitig ist dagegen, ob ebenso zu entscheiden ist, wenn jemand ein ihm vom Züchter vorgeführtes Pferd mit dem Namen „Nixe" auf der Stelle kauft, aber dabei irrtümlich annimmt, dass das gekaufte Pferd mit dem gleichnamigen Derbysieger des letzten Jahres identisch sei (vgl. MK-*Armbrüster* § 119 Rn. 77). Nach der Rechtsprechung liegt ein Inhaltsirrtum vor, wenn jemand eine Verfügung über sein Bankguthaben treffen will, aber verkennt, dass die Erklärung, die er zu diesem Zweck abgegeben hat, einen ganz anderen „objektiven" Sinn hat, nämlich von der Bank als Übernahme einer Bürgschaft verstanden werden durfte und verstanden worden ist (vgl. BGH NJW 1995, 190). Auch wenn jemand trotz „fehlenden Erklärungsbewusstseins" eine gültige Erklärung abgegeben hat (vgl. Rn. 288 f.), kann er sie wegen eines Erklärungs- oder Inhaltsirrtums anfechten. Ein Inhaltsirrtum wird auch angenommen, wenn jemand einem „Rechtsfolgenirrtum" unterlegen ist, also z.B. sein Auto einem Bekannten vermieten, es ihm also gegen Zahlung eines Entgelts überlassen wollte, er ihm aber die „Leihe" des Autos – also die unentgeltliche Überlassung – angeboten und dieser das Angebot angenommen hat. Anders soll es dagegen liegen, wenn ein Mietvertrag geschlossen worden ist und der Vermieter sich lediglich über die rechtlichen „Nebenwirkungen" des Geschäfts geirrt, also z.B. verkannt hat, dass er, wenn das Auto bei Übergabe defekte Bremsen hat, gemäß § 536 a ohne Rücksicht auf Verschulden für die Schäden haftet, die der Mieter infolge eines Bremsversagens erleidet (Rn. 727 f.).

310 Auch wenn ein Erklärungs- oder Inhaltsirrtum vorliegt, steht dem Irrenden ein Anfechtungsrecht nicht zu, wenn er die Erklärung „bei Kenntnis der Sachlage" – also wenn man sich den Irrtum wegdenkt – geradeso wie geschehen abgegeben hätte, der Irrtum also für die Erklärung nicht kausal geworden ist. Das gleiche gilt, wenn der Irrtum einen so banalen Nebenpunkt betrifft, dass es „bei verständiger Würdigung des Falles" unsinnig wäre, wenn der Irrende den Vertrag deshalb durch eine Anfechtung zu Fall bringen könnte. Freilich kommen Fälle, in denen die Anfechtung aus diesen Gründen scheitert, in der Praxis nicht vor.

IV. Eigenschaftsirrtum (§ 119 Abs. 2)

311 Wer eine Sache kauft oder verkauft, wird sich dabei regelmäßig bestimmte Vorstellungen von den Eigenschaften der Sache gemacht haben. Ein Irrtum, der ihm dabei unterläuft, ist eigentlich nur ein bloßer Irrtum im Beweggrund, also ein **Motivirrtum**, der in den Risikobereich des Irrenden fällt und in der Tat vom Gesetzgeber zunächst als irrelevant angesehen worden ist. Erst gegen Ende des Gesetzgebungsverfahrens wurde der „Eigenschaftsirrtum" als Anfechtungsgrund zugelassen, weil dies „dem Bedürfnis des Verkehrs, der Billigkeit und dem Zuge der modernen Rechtsentwicklung" entspreche (Protokolle I S. 114). Freilich ist man sich heute weitgehend darüber

einig, dass dem Gesetzgeber dabei ein klares rechtspolitisches Konzept gefehlt hat und ihm die Vorschrift des § 119 Abs. 2 misslungen ist.

Gemäß § 119 Abs. 2 darf angefochten werden, wenn sich der Irrtum auf „**Eigenschaften der Person oder der Sache**" bezieht und außerdem diese Eigenschaften „**im Verkehr als wesentlich**" angesehen werden. Unter den „Eigenschaften" einer Sache – dabei wird als „Sache" trotz § 90 auch eine Forderung oder ein Recht angesehen – versteht die Rechtsprechung Merkmale, die der Sache nach ihrer natürlichen Beschaffenheit anhaften (z.b. die Echtheit eines Gemäldes, der Goldgehalt eines Schmuckstücks, das Herstellungsjahr und die Laufleistung eines Kraftfahrzeugs, die Größe und Lage eines Grundstücks, die chemische Zusammensetzung eines Baustoffs) oder die für die Brauchbarkeit oder den Wert der Sache deshalb von Bedeutung sind, weil sie die rechtlichen und wirtschaftlichen Beziehungen der Sache zu ihrer Umwelt bestimmen (z.b. die Bebaubarkeit oder Lastenfreiheit eines Grundstücks oder der Rang eines Grundpfandrechts).

312

Freilich gibt es hier viele Zweifelsfragen, deren Entscheidung oft auf Spekulationen über die innere Tragweite des Begriffs „Eigenschaft", aber nicht auf bestimmte normative und damit nachvollziehbare Gründe gestützt wird. So soll es keine „Eigenschaft" der Kaufsache sein, dass das Eigentum an ihr nicht dem Verkäufer, sondern einem Dritten zusteht (BGHZ 34, 32). Zweifelhaft ist auch, ob bei einer Gastwirtschaft ihr Bierumsatz oder bei einem Unternehmen seine Ertragsfähigkeit „Eigenschaften" sind. Wird ein Kaufvertrag über ein Grundstück geschlossen, so liegt eine „Eigenschaft" des Grundstücks darin, dass sein Boden durch eingesickertes Öl verseucht ist und daher eine „Altlast" besteht, anders aber, wenn Grundstückseigentümerin eine GmbH ist und der Käufer nicht das Grundstück, sondern die GmbH-Anteile erworben hat. Zweifelhaft kann auch sein, ob sich der Käufer eines Miethauses über eine „Eigenschaft" irrt, wenn er zu Unrecht angenommen hat, dass es leer steht oder dass alle Wohnungen vermietet und alle Mieter zahlungsfähig sind oder dass seine jährlichen Mieterträge eine bestimmte Höhe erreichen. Zu beachten ist allerdings, dass es auf alle diese Erwägungen nicht ankommt, wenn sich ein *Käufer* über Eigenschaften der Kaufsache geirrt hat. Denn er kann nicht gemäß § 119 Abs. 2 anfechten, sondern steht und fällt mit den Mängelansprüchen, die ihm gegen den Verkäufer zustehen (Rn. 305 a).

313

Einigkeit besteht darüber, dass sich ein Eigenschaftsirrtum auf bestimmte „**wertbildende Faktoren**" der Sache beziehen muss; ein Irrtum, der lediglich den **Wert der Sac**he betrifft, reicht deshalb nicht aus. Zwar lässt sich nicht gut bestreiten, dass auch der Wert einer Sache zu ihren „Eigenschaften" gehört. Aber es ist klar, dass die Sicherheit des Geschäftsverkehrs ruiniert würde, wenn ein Kaufvertrag schon dann gemäß § 119 Abs. 2 angefochten werden könnte, wenn sich der Verkäufer oder der Käufer über nichts weiter als den Wert der Kaufsache geirrt und sie deshalb „zu billig" verkauft oder „zu teuer" eingekauft hätte. Weiterhin verlangt § 119 Abs. 2, dass der Irrtum sich auf eine Eigenschaft bezieht, die „**im Verkehr als wesentlich**" angesehen wird. Was darunter genau zu verstehen ist, ist streitig; jedenfalls genügt es

314

nicht, dass nur eine Partei, nämlich diejenige, die anfechten möchte, die Eigenschaft als wesentlich angesehen hat. Andererseits wird von der Rechtsprechung aber auch nicht verlangt, dass die Eigenschaft von den Parteien geradezu zum Inhalt des Vertrages gemacht worden ist. Vielmehr reicht es aus, wenn die Eigenschaft von den Parteien „in irgendeiner Weise dem Vertrag erkennbar zugrunde gelegt" worden ist (BGHZ 16, 54, 57 f.; BGHZ 88, 240, 246). Das wird man annehmen können, wenn nach der Verkehrsanschauung für ein Geschäft der in Rede stehenden Art die Eigenschaft als wesentlich angesehen wird.

315 Vgl. *Larenz/Wolf* § 36 Rn. 38 ff.; *Bork* AT Rn. 845 ff.; *Köhler* § 7 Rn. 21. – Sicherlich liegt eine Eigenschaft der **Person** darin, dass sie überschuldet, vorbestraft oder schwanger ist oder, weil nicht in die Handwerksrolle eingetragen, als „Schwarzarbeiter" gilt. Ob diese Eigenschaften der Person aber „verkehrswesentlich" sind, hängt von der Art des Geschäfts ab, das mit ihr abgeschlossen werden soll. Soll ihr ein Kredit gewährt werden, so ist ihre Zahlungsfähigkeit „verkehrswesentlich", nicht aber, wenn es um ein Bargeschäft geht. Soll sie eine Vertrauensstellung erhalten, so sind ihre Vorstrafen von Bedeutung, wenn sie wegen eines Vermögensdelikts, nicht aber, wenn sie wegen Tierquälerei oder einer fahrlässigen Körperverletzung verhängt worden sind. Ist eine Arbeitsplatzbewerberin schwanger, so macht es einen Unterschied, ob sie eine Dauerstellung erhalten oder nur vorübergehend als Aushilfskraft im Weihnachtsgeschäft eingestellt werden soll (vgl. BAG NJW 1992, 2173). – Ebenso liegt eine „Eigenschaft" der **Sache** darin, dass sie z.B. fabrikneu oder gebraucht, echt oder gefälscht oder im 20. oder 17. Jahrhundert hergestellt worden ist. Diese Eigenschaften sind aber nicht „verkehrswesentlich", wenn sich aus dem Vertrage und den ganzen Umständen ergibt, dass die Neuheit, die Echtheit oder die historische Herkunft der Sache in den Risikobereich der einen oder der anderen Partei fallen (Rn. 302 f.).

316 Auch für den Eigenschaftsirrtum gilt, dass er nur dann zur Anfechtung berechtigt, wenn der Irrende seine Erklärung „bei Kenntnis der Sachlage und bei verständiger Würdigung des Falles nicht abgegeben haben würde". Man muss also fragen, ob ein vernünftiger Mensch, den man sich „frei von Eigensinn, subjektiven Launen und törichten Anschauungen" vorstellen muss, den Vertrag nicht auch bei Kenntnis des wahren Sachverhalts abgeschlossen hätte.

317 So RGZ 62, 201, 206. – In BGH NJW 1988, 2597 hatte der Verkäufer ein Bild als von dem Maler *Duveneck* stammend verkauft und dem Käufer geliefert. Als sich zeigte, dass es in Wahrheit von *Leibl* stammte, wollte der Verkäufer den Kaufvertrag gemäß § 119 Abs. 2 anfechten. Der Käufer wandte ein, dass für die Bilder beider Maler gleich hohe Preise bezahlt würden, dem Verkäufer durch seinen Irrtum keine wirtschaftlichen Nachteile entstanden seien und er deshalb auch bei Kenntnis der wahren Sachlage abgeschlossen hätte. Dem folgte der BGH nicht: Es sei nicht unverständig, dass der Verkäufer als Münchener für den Münchener Maler *Leibl* eine besondere Wertschätzung empfinde. Der Verkäufer konnte daher anfechten und sein Bild zurückverlangen. Ob er diesen Anspruch auf sein Eigentum, also auf § 985 stützen, oder ob er vom Käufer lediglich gemäß § 812 die Rückverschaffung des Eigentums verlangen kann, hängt davon ab, ob die Anfechtung nur den Kaufvertrag oder ob sie auch den dinglichen Vertrag zu Fall

bringt. Aus dem „Trennungsprinzip" folgt, dass Kaufvertrag und dinglicher Vertrag getrennt zu halten sind, aus dem „Abstraktionsprinzip", dass die Nichtigkeit des Kaufvertrags keineswegs stets auch den dinglichen Vertrag erfasst (Rn. 9). Das Berufungsgericht hatte dies allerdings angenommen, und der BGH hat dies nicht beanstandet. Vgl. dazu auch noch Rn. 380 f.

V. Kalkulationsirrtum

Gemäß § 119 kann eine Erklärung nur dann angefochten werden, wenn dem Erklärenden ein Erklärungs- oder Inhaltsirrtum (Abs. 1) oder sonst ein Eigenschaftsirrtum (Abs. 2) unterlaufen ist. Daraus folgt, dass bei sonstigen Irrtümern eine Anfechtung gemäß § 119 nicht in Betracht kommt. Dieses Ergebnis ist freilich schwer hinzunehmen, wenn der Irrtum von der anderen Partei fahrlässig oder auch schuldlos **herbeigeführt** oder **veranlasst** worden ist; umstritten ist auch, wie zu entscheiden ist, wenn die andere Partei den Irrtum **erkannt** hat oder er ihr **erkennbar** war.

In der Praxis tritt dieses Problem in der Regel beim **Kalkulationsirrtum** auf. Ein solcher Irrtum liegt vor, wenn der Preis (oder auch der Umfang einer sonstigen vertraglich versprochenen Leistung) auf der Basis einer bestimmten Kalkulationsgrundlage oder Berechnungsmethode zu ermitteln war und der einen Partei bei der danach erforderlichen Kalkulation oder Berechnung ein Irrtum unterlaufen ist, der zur Folge hat, dass sie in ihrer Erklärung einen „falschen" Preis genannt oder den Umfang ihrer Leistung „falsch" berechnet hat. Manchmal lässt sich im Wege der **Auslegung** des Vertrages feststellen, dass nach dem gemeinsamen Willen der Parteien (nicht der Preis, sondern) die **Berechnungsgrundlage** maßgeblich sein sollte; dann liegt in dem Preis, mag er auch in dem Vertrage genau beziffert worden sein, nur eine „unschädliche Falschbezeichnung" desjenigen, was die Parteien übereinstimmend gewollt haben (Rn. 64, 297). Auch wenn eine solche Auslegung des Vertrages nicht möglich ist, kann es doch immerhin so liegen, dass die Berechnungsgrundlage bei den Vertragsverhandlungen offengelegt und von den Parteien als „Geschäftsgrundlage" akzeptiert worden ist. In einem solchen Fall des **„gemeinsamen Irrtums über die Geschäftsgrundlage"** kann der Preis gemäß § 313 „angepasst" werden, soweit demjenigen, der ihn versprochen hat, die Zahlung des *unveränderten* Preises „unter Berücksichtigung aller Umstände des Einzelfalls, insbesondere der vertraglichen oder gesetzlichen Risikoverteilung ... nicht zugemutet werden kann" (vgl. Rn. 1009 ff.).

Ein solcher „gemeinsamer Irrtum" darf freilich nur unter besonderen Voraussetzungen angenommen werden. Sind sich z.B. die Parteien über einen Grundstückskaufpreis von 790.000 DM einig geworden und dabei gemeinsam davon ausgegangen, dass dieser Preis dem Elffachen der Jahresmieterträge entspricht, so kann der Verkäufer nicht eine Anhebung des Preises auf 990.000 DM verlangen, weil er die Jahresmieterträge und damit auch den Kaufpreis falsch berechnet habe. Denn „der gemeinsame Irrtum in der Preiskalkulation ist beim Grundstückskaufvertrag für sich allein normalerweise kein Grund", der es rechtfertigen könnte, dass der Kaufpreis „angepasst" wird, also der Käufer einen höheren als den vereinbarten Preis zahlen muss (BGH NJW 1981, 1551, 1552; ähnlich BGH NJW-RR 1995, 1360). Haben die Parteien hingegen für eine Gastwirtschaft einen monatlichen Pachtzins von 1.800 DM vereinbart, weil sie gemeinsam angenommen haben, dass dort „jährlich wenigstens 200 hl Bier" verkauft werden könnten, so kommt eine Anpassung des Pachtzinses in Betracht, wenn sich herausstellt, dass ein Bierabsatz von 200 hl/Jahr ganz und gar unrealistisch ist (BGH NJW 1990, 567; vgl. auch BGHZ 46, 268, 273 und Rn. 1021 f.). Sind die Voraussetzungen des § 313 gegeben, ist aber eine Anpassung „unmöglich" oder derjenigen Partei, die die angepasste Leistung zu erbringen hätte, „unzumutbar", so kann die andere Partei gemäß § 313 Abs. 3 vom Vertrag zurücktreten. Wenn also z.B. Aktien „zum Börsenkurs von 100" verkauft worden sind und die Parteien dabei gemeinsam verkannt haben, dass der Kurs in Wahrheit 150 beträgt, so mag darin ein beiderseitiger Irrtum über die Geschäftsgrundlage liegen (vgl. RGZ 94, 65). Eine Anhebung des Preises um 50 täte freilich dem Käufer Gewalt an und ist deshalb für ihn „unzumutbar". Dem Verkäufer bleibt dann nur der Rücktritt. Damit stünde er sich so, wie wenn er wegen Irrtums anfechten könnte. In der Tat wollen manche Autoren in diesem Fall eine Anfechtung gemäß § 119 zulassen (vgl. *Singer* JZ 1999, 342, 346 f.). Jedenfalls ist es sachgerecht anzunehmen, dass in einem solchen Fall das Rücktrittsrecht nach § 313 Abs. 3 in der Frist des § 121 ausgeübt werden und dass der Rücktrittsberechtigte gemäß § 122 Schadensersatz leisten muss (streitig).

321 Wenn sich durch Auslegung des Vertrages nichts gewinnen lässt und auch ein „gemeinsamer Irrtum über die Geschäftsgrundlage" nicht angenommen werden kann, so liegt ein **„einseitiger Kalkulationsirrtum"** vor. Als bloßer Motivirrtum berechtigt er nicht zur Anfechtung, „weil derjenige, der aufgrund einer für richtig gehaltenen, in Wirklichkeit aber unzutreffenden Berechnungsgrundlage einen bestimmten Preis … ermittelt und seinem Angebot zugrunde legt, auch das Risiko dafür trägt, dass seine Kalkulation zutrifft" (BGHZ 139, 177, 181).

322 Anders liegt es, wenn der Kalkulationsirrtum von der anderen Partei **veranlasst** worden ist, indem sie ihrem Kontrahenten bei den Vertragsverhandlungen oder in einer Ausschreibung unrichtige Informationen erteilt oder die Erteilung richtiger Informationen pflichtwidrig unterlassen hat. Zwar wird in der Rechtsprechung auch in diesen Fällen ein Anfechtungsrecht verneint, sofern nicht geradezu eine arglistige Täuschung vorliegt und daher § 123 eingreift. Aber sie hilft dem Irrenden dadurch, dass sie ihm gestattet, ihren Kontrahenten wegen Verschuldens bei Vertragsverhandlungen in Anspruch zu nehmen und als Schadensersatz die Aufhebung des Vertrages zu verlangen. Ist also ein Bauunternehmer bei der Kalkulation seines Angebotspreises irrtümlich davon ausgegangen, dass er zur Aushebung der Baugrube nur 100 m³ – statt 200 m³ – zu bewegen habe, so kommt, wenn er den Zuschlag erhält, zwar ein Vertrag zum Angebotspreis zustande. Aber wenn es der Auftraggeber war, der den Irrtum veranlasst, nämlich fahrlässig einen Bodenaushub von nur 100 m³ als ausreichend bezeichnet hat, so kann der Unternehmer Befreiung vom Vertrage verlangen. Vgl. RGZ 95, 58 sowie BGH NJW 1998, 302 und 898; Rn. 362 f.

323 Besondere Regeln gelten auch dann, wenn die andere Partei den Kalkulationsirrtum **erkannt** hat; dabei gilt ein Irrtum auch dann als „erkannt", wenn

die Partei sich der Kenntnisnahme bewusst verschlossen hat. In solchen Fällen besteht für sie eine Verpflichtung, den Irrenden auf seinen Fehler hinzuweisen; unterlässt sie einen solchen Hinweis, so liegt darin ein Verschulden bei Vertragsverhandlungen, wegen dessen sie auf Schadensersatz – hier: auf Befreiung vom Vertrag – in Anspruch genommen werden kann (BGH NJW 1980, 180). Nach anderen Entscheidungen darf sich der Irrende auch mit dem Einwand der unzulässigen Rechtsausübung verteidigen: Wer dadurch einen Vertrag schließt, dass er ein Angebot annimmt, von dem er weiß, dass es auf einem Kalkulationsirrtum beruht, verstößt gegen Treu und Glauben, wenn er auf der Durchsetzung des Vertrages besteht.

Vgl. BGH NJW-RR 1995, 1360; BGH NJW 2001, 284 (bei beiderseitigem Irrtum); BGHZ 139, 177. In der letzteren Entscheidung hat der BGH allerdings nicht nur positive Kenntnis von dem Kalkulationsirrtum, sondern auch noch den Beweis dafür verlangt, dass die Durchführung des Vertrages für den Irrenden „schlechthin unzumutbar ist, etwa weil er dadurch in erhebliche wirtschaftliche Schwierigkeiten geriete" (a.a.O. S. 185). Es leuchtet aber keineswegs ein, warum es, wenn die andere Partei den Irrtum positiv erkannt und zu ihrem Vorteil ausgenutzt hat, auch noch darauf ankommen sollte, ob der Irrende den Verlust, der ihm sonst entstünde, leicht wegstecken oder ob er, weil er ein Kleinunternehmen betreibt oder finanziell ohnehin angeschlagen ist, durch ihn geschäftlich ruiniert würde. 324

Es bleibt schließlich der Fall, in dem der Kalkulationsirrtum von der anderen Partei zwar nicht erkannt worden ist, ihr immerhin aber **erkennbar** war. Grundsätzlich sollte der Irrende in einem solchen Fall an seinem Angebot festgehalten werden. Denn ein Irrtum ist „erkennbar", wenn er durch Nachforschungen aufgedeckt werden könnte. Zu solchen Nachforschungen ist aber derjenige, dem ein Angebot unterbreitet wird, nicht verpflichtet. Wer ein Bauvorhaben ausgeschrieben hat, braucht sich deshalb nicht darum zu kümmern, ob der Anbieter einen Rechenfehler begangen, den erforderlichen Erdaushub richtig berechnet oder die Kosten für die Einrichtung der Baustelle richtig kalkuliert hat. Anders liegt es aber dann, wenn der Kalkulationsirrtum offenkundig ist und sich deshalb der anderen Vertragspartei, ohne dass es kostspieliger Nachforschungen bedarf, der Schluss aufdrängen muss, dass es mit dem Angebot nicht seine Richtigkeit haben kann. 325

So mit überzeugender Begründung *Fleischer* RabelsZ 65 (2001) 264. Im übrigen dringt im Schrifttum die Auffassung vor, nach der nicht bloß bei Kalkulationsirrtümern, sondern bei *allen* Motivirrtümern die Anfechtung analog § 119 Abs. 1 oder Abs. 2 zugelassen werden sollte, wenn der Irrtum von der anderen Partei veranlasst worden ist oder sie ihn erkannt oder nur infolge grober Fahrlässigkeit verkannt hat. So z.B. *Singer* JZ 1999, 342; *Fleischer* (wie oben); vgl. auch *Larenz/Wolf* § 36 Rn. 48 ff., alle mit weiteren Nachweisen und mit mancherlei Abweichungen untereinander. 326

VI. Übermittlungsirrtum (§ 120)

327 Wenn sich jemand bei Abgabe einer Erklärung verspricht oder verschreibt oder einen ähnlichen „technischen" Fehler macht, so kann er die Erklärung gemäß § 119 Abs. 1 wegen „Erklärungsirrtums" anfechten. Gemäß § 120 gilt das gleiche, wenn ein solcher Fehler nicht ihm, sondern einer „Person oder Einrichtung" unterläuft, deren er sich zur Übermittlung seiner Erklärung bedient hat. Hat also die Chefin ihren persönlichen Referenten beauftragt, er möge für sie ein Lufthansa-Ticket nach Palma (Mallorca) kaufen, so liegt ein Fall des § 120 vor, wenn der Referent, weil er den Auftrag infolge eines Hörfehlers falsch verstanden hat, zerstreut war oder sich versprochen hat, ein Flugticket bei einer anderen Fluggesellschaft oder zwar bei der Lufthansa, aber nicht nach Palma, sondern nach Las Palmas (Teneriffa) bestellt hat. Wenn das durch den Referenten übermittelte Angebot von der Fluggesellschaft angenommen wird, so kommt dadurch der Vertrag mit ihr so zustande, wie sie das Angebot verstanden hat und verstehen durfte. Die Chefin kann aber ihre Erklärung gemäß § 120 anfechten und damit die Nichtigkeit des Vertrages herbeiführen, muss aber gemäß § 122 Schadensersatz leisten.

328 Allerdings kann die Lufthansa die Anfechtung dadurch abwenden, dass sie sich sofort nach Erhalt der Anfechtungserklärung bereit erklärt, der Chefin ein Ticket nach Palma zu liefern und damit den Vertrag so gelten zu lassen, wie er von ihr gemeint war (herrschende Meinung; vgl. *Larenz/Wolf* § 36 Rn. 126; *Medicus* AT Rn. 781; Art. 4:105 PECL). – § 120 darf nur dann angewendet werden, wenn jemand seine Willenserklärung von einem „**Erklärungsboten**" übermitteln lässt, nicht dann, wenn jemand als **Stellvertreter** eine eigene Willenserklärung im Namen des Vertretenen abgibt. Hat also jemand seinen Freund beauftragt, bei einem Galeristen ein Gemälde auszusuchen und für ihn zu erwerben, so kann der Auftraggeber, wenn sich der Freund bei seinen Verhandlungen mit dem Galeristen versprochen oder verschrieben hat, zwar auch anfechten, aber nicht gemäß § 120, sondern gemäß § 119 Abs. 1, und auch dies gemäß § 166 nur dann, wenn alle Voraussetzungen eines Erklärungsirrtums in der Person des Freundes vorgelegen haben (Rn. 439 ff.).

329 § 120 darf schließlich auch dann nicht angewendet werden, wenn nicht ein Erklärungsbote die Erklärung unrichtig übermittelt, sondern wenn ein **Empfangsbote** sie dem Erklärungsgegner unrichtig weitergeleitet hat.

330 Hat K persönlich (oder durch einen Erklärungsboten) dem V ein Kaufangebot zum Preis von 100 unterbreitet, so gilt dieses Angebot mit diesem Inhalt auch dann gemäß § 130 als dem V zugegangen, wenn es nicht gegenüber V selbst, sondern gegenüber einer Person abgegeben worden ist, die V zu seinem „Empfangsboten" bestellt hat oder die – wie z.B. seine in der gleichen Wohnung lebende Ehefrau – nach der Verkehrsauffassung als Empfangsbote anzusehen ist. Wenn sich nunmehr der Empfangsbote bei der Weiterleitung des Angebots an V verspricht oder verschreibt, so verwirklicht sich damit das Risiko, das V tragen muss, weil er seine Empfangsboten auswählen und (mit geringeren Kosten als K) Vorsorge gegen ihre Fehler treffen kann. Wenn also infolge eines solchen Fehlers bei V der Eindruck entsteht, ihm seien von K 150 geboten worden, so ist nunmehr zu unterscheiden: Erklärt V „Ich nehme zu 150 an", so liegt darin gemäß § 150

Abs. 2 ein neues Angebot des V, und dann mag K sich entscheiden, ob er es annehmen will oder nicht. Erklärt V hingegen „Ich nehme an", so kommt damit ein Vertrag zum Kaufpreis von 100 zustande, weil K die Annahmeerklärung des V in diesem Sinne verstanden hat und nach den Umständen auch verstehen durfte. Zwar kann V seine Annahmeerklärung gemäß § 119 Abs. 1 wegen Inhaltsirrtums anfechten, dies aber doch nur um den Preis, dass er gemäß § 122 Schadensersatz leisten muss.

In § 120 nicht klar geregelt und deshalb seit langem streitig ist, wie man zu verfahren hat, wenn der Erklärungsbote die Erklärung **absichtlich** anders übermittelt hat, als er sie übermitteln sollte. **331**

Hat also der Referent für seine Chefin bei der Lufthansa eigenmächtig einen Flug nach Las Palmas gebucht, weil er fand, dass sie sich auf Teneriffa besser als auf Mallorca erholen werde, so will ihn die herrschende Meinung wie einen Vertreter ohne Vertretungsmacht behandeln. Das bedeutet, dass ein Vertrag über die Beförderung nach Las Palmas nicht zustande kommt, es sei denn, dass die Chefin auch Teneriffa für eine gute Wahl hält und den Vertrag analog § 177 Abs. 1 genehmigt. Aber wenn sie das nicht tut, steht die Lufthansa ohne Vertrag da. Sie muss sich damit trösten, dass sie analog § 179 von dem Referenten Schadensersatz verlangen kann; die Chefin selbst haftet ihr hingegen nur dann, wenn sie z.B. die Unzuverlässigkeit des Referenten gekannt und ihm gleichwohl den Buchungsauftrag erteilt hat und ihr aus diesem Grunde ein Verschulden bei Vertragsverhandlungen zur Last fällt. Andere Autoren wollen stattdessen § 120 auch auf den Fall absichtlicher Falschübermittlung anwenden. Dann kommt der Vertrag mit der Lufthansa zustande. Zwar kann ihn die Chefin anfechten. Aber sie haftet dann stets nach § 122 auf Schadensersatz. Das erscheint auch als durchaus angemessen, weil „der Geschäftsherr durch die Einschaltung eines Boten auch das Risiko der absichtlichen Falschübermittlung" schafft. So *Faust* AT § 29 Rn. 14; dort findet man auch nähere Angaben zum Streitstand in dieser Frage. **332**

VII. Schadensersatz (§ 122)

Manches spricht dafür, dass das BGB unter dem Eindruck der Willenstheorie im Schutz des Irrenden zu großzügig gewesen ist, indem es ihm die Anfechtung auch in Fällen erlaubt hat, in denen das Vertrauen der anderen Partei auf den Bestand des Vertrages den Vorrang verdient. Immerhin sucht es seinen Fehler dadurch auszugleichen, dass es denjenigen, der einen Vertrag wegen eines Irrtums zu Fall gebracht hat, zur Leistung von Schadensersatz verpflichtet, und zwar selbst dann, wenn er seinen Irrtum auch durch äußerste Sorgfalt nicht hätte vermeiden können (§ 122). Allerdings wird die Schadensersatzpflicht begrenzt. Wer angefochten hat, braucht der anderen Partei nicht das **Erfüllungsinteresse** – auch **positives Interesse** genannt – zu ersetzen, ist also nicht verpflichtet, ihn so zu stellen, wie er stünde, wenn der Vertrag nicht angefochten, sondern *gültig* wäre. Vielmehr schuldet er nur das **Vertrauensinteresse** – auch **negatives Interesse** genannt –, also denjenigen Geldbetrag, der die andere Partei in diejenige Lage versetzt, in der sie sich befände, wenn sie „nicht auf die Gültigkeit der Erklärung vertraut", also von dem angefochtenen Ge- **333** schäft nie gehört hätte. Manchmal kommt es vor, dass das Vertrauensinteresse höher ist als das Erfüllungsinteresse. In solchen (ziemlich seltenen) Fällen braucht das Vertrauensinteresse nur insoweit ersetzt zu werden, als es das Erfüllungsinteresse nicht übersteigt.

334 V übersendet dem Kaffeehändler K eine Probe Kaffee und offeriert ihm die Lieferung einer bestimmten Menge von Kaffee gleicher Qualität zum Preis von 20.000 €. Nach sorgfältiger Prüfung der Probe nimmt K das Angebot an. Kurz darauf wird ihm Kaffee in gleicher Menge und Qualität von einem anderen Lieferanten zum Preis von 19.000 € angeboten. K lehnt das Angebot ab, weil sein Bedarf gedeckt ist und er sich an den Vertrag mit V gebunden fühlt. Sodann verkauft K den Kaffee, dessen Lieferung ihm V versprochen hat, zum Preis von 30.000 € an eine Rösterei. Kurz vor dem vereinbarten Liefertermin verweigert V die Erfüllung des Vertrages. Er beruft sich auf § 119 Abs. 1, indem er geltend macht, dass er versehentlich für die Probe eine bessere als die von ihm in Wahrheit gemeinte Kaffeesorte ausgewählt habe. Hier beträgt das **positive Interesse** des K 10.000 €, weil er bei Gültigkeit des Vertrages für den ihm verkauften hochwertigen Kaffee an V 20.000 € gezahlt und dafür bei der Rösterei 30.000 € erlöst hätte. Das **negative Interesse** des K beläuft sich auf 11.000 €, weil er, wenn man sich das Geschäft mit V wegdenkt, das Angebot des anderen Lieferanten angenommen, ihm für den Kaffee nur 19.000 € bezahlt und dafür von der Rösterei 30.000 € erhalten hätte. Hinzu können noch Aufwendungen kommen, die K dadurch entstanden sind, dass er auf die Gültigkeit des Vertrages mit V vertraut, also z.B. zur Abholung des Kaffees ihm einen Wagen geschickt hat, der unverrichteter Dinge umkehren musste. Gemäß § 122 Abs. 1 kann K in diesem Fall, wie hoch auch immer sein negatives Interesse sein mag, stets nur das positive Interesse, also maximal 10.000 € verlangen. Gemäß § 122 Abs. 2 kann er selbst das nicht, wenn er bei Abschluss des Vertrages die Verwechslung der Proben „kannte oder infolge von Fahrlässigkeit nicht kannte (kennen musste)".

C. Täuschung

I. Arglistige Täuschung

335 Wer zur Abgabe einer Willenserklärung durch eine arglistige Täuschung bestimmt worden ist, kann seine Erklärung gemäß § 123 Abs. 1 anfechten. Ist aufgrund der Erklärung ein Vertrag zustande gekommen, so zielt die Anfechtung auf den Vertrag; sie führt – ebenso wie die Anfechtung wegen Irrtums – dazu, dass der Vertrag als von Anfang an nichtig gilt (§ 142; Rn. 388). Täuschung und Irrtum haben gemeinsam, dass auch der Getäuschte unter dem Einfluss eines Irrtums gehandelt hat; ihm kann deshalb ein Anfechtungsrecht auch nach § 119 zustehen. Allerdings wird es sich dem Getäuschten fast immer empfehlen, dass er die Anfechtung des Vertrages auf § 123 stützt. Sie bietet erhebliche Vorteile. Ein durch Täuschung herbeigeführter Irrtum berechtigt auch dann zur Anfechtung, wenn es sich dabei um einen Motivirrtum handelt, der Irrtum nicht eine „verkehrswesentliche Eigenschaft" betrifft oder aus irgendeinem anderen Grunde die Voraussetzungen

nicht erfüllt sind, unter denen eine Anfechtung gemäß § 119 zulässig ist. Ferner kann der Käufer, der sich über die Beschaffenheit der Kaufsache geirrt hat, den Kaufvertrag zwar nicht gemäß § 119 Abs. 2 anfechten (Rn. 305 a), wohl aber gemäß § 123, wenn sein Irrtum auf eine arglistige Täuschung des Verkäufers zurückzuführen ist. Schließlich braucht der Getäuschte die Anfechtung auch nicht „unverzüglich" zu erklären (so § 121 Abs. 1), sondern kann sich damit, nachdem er die Täuschung entdeckt hat, bis zu einem Jahr Zeit lassen und daher in aller Ruhe abwarten, ob sich die Dinge so entwickeln, dass die Anfechtung für ihn günstiger ist, oder so, dass es sich empfiehlt, den Vertrag bei Bestand zu lassen. Freilich kann sich eine Vertragspartei alle diese Vorteile nur dann zunutze machen, wenn sie beweisen kann, dass sie von ihrem Kontrahenten **arglistig getäuscht** worden ist.

Eine Täuschung begeht, wer den wahren Sachverhalt kennt und gleichwohl Erklärungen abgibt, von denen er weiß, dass sie unrichtig sind und daher die andere Vertragspartei in die Irre führen werden. Dabei kommt es nicht darauf an, ob er die unrichtige Erklärung aus eigenem Antrieb oder in Beantwortung einer ihm gestellten Frage abgibt; ein „Recht zur Lüge", hat der Befragte nur ganz ausnahmsweise (Rn. 349 ff.). Für eine arglistige Täuschung genügt es auch, wenn jemand im Zuge der Vertragsverhandlungen erkennt, dass der andere Teil sich in einem Irrtum befindet und er den Irrtum nicht richtigstellt, obwohl er dazu nach den Umständen verpflichtet ist (Rn. 340 ff.). Eine arglistige Täuschung liegt auch dann vor, wenn jemand eine Erklärung abgibt, von der er weiß, dass sie vielleicht richtig, vielleicht aber auch falsch ist. So liegt es z.B., wenn ein Gebrauchtwagenhändler den Wagen, den er verkaufen will, nicht näher untersucht hat, also von seiner wirklichen Beschaffenheit nichts weiß, und gleichwohl bei den Vertragsverhandlungen mit seinem Kunden auf gut Glück und ins Blaue hinein die (wie sich später zeigt: objektiv unrichtige) Erklärung abgibt, dass der Wagen bisher „unfallfrei" gefahren sei.

Vgl. BGHZ 63, 382; BGH NJW 1980, 2460; BGH NJW 1981, 1441. Vgl. auch BGHZ 168, 64: Danach täuscht der Verkäufer arglistig, wenn er den verkauften Gebrauchtwagen selbst nicht technisch untersucht und gleichwohl seine Unfallfreiheit behauptet hat, ohne dem Käufer „deutlich zu machen, dass er über die Unfallfreiheit keine eigenen Erkenntnisse hatte". – Wie liegt es, wenn der Händler den Wagen seinerseits gekauft und sein Verkäufer ihm dabei wider besseres Wissen die Unfallfreiheit des Wagens vorgespiegelt hat? Hier ist zwar der *Händler* getäuscht worden. Ob aber auch er seinen *Kunden* täuscht, wenn er die ihm erteilte Information ungeprüft weitergibt, hängt von den Umständen ab: Eine arglistige Täuschung liegt vor, wenn der Händler es für möglich gehalten hat, dass die Information seines Verkäufers falsch war, und er sie gleichwohl seinem Kunden weitergegeben hat. Dagegen täuscht der Händler *nicht*, wenn er die Erklärung seines Verkäufers für richtig gehalten hat. Daraus folgt zwar, dass der Kunde den Kaufvertrag nicht gemäß § 123 anfechten kann. Ihm lässt sich aber auf andere Weise helfen, wenn der Händler bei den Vertragsverhandlungen fahrlässig gehandelt hat, etwa weil er nach den Umständen sich auf die Erklärung seines Verkäufers nicht hätte verlassen und sie nicht ohne eigene Überprüfung des Wagens seinem Kunden hätte weitergeben dürfen. In diesem Fall steht dem Kunden zwar kein Anfechtungsrecht gemäß § 123 zu, wohl aber ein Schadensersatzanspruch wegen **Verschuldens bei Vertragsverhandlungen**, der sich auf die Rückgängigmachung des Kaufvertrages richten kann und damit im wesentlichen zum gleichen Ergebnis führt, wie wenn er arglistig getäuscht worden wäre und hätte anfechten können (vgl. Rn. 362 f.).

338 Wer getäuscht hat, wird damit in aller Regel auch eine Schädigung der getäuschten Vertragpartei bezweckt oder doch billigend in Kauf genommen haben. Aber erforderlich ist das nicht. Hat also der Verkäufer durch bewusst wahrheitswidrige Angaben den Abschluss des Vertrages herbeigeführt, so kann ihn der getäuschte Käufer auch dann gemäß § 123 anfechten, wenn der vereinbarte Kaufpreis dem objektiven Wert der Kaufsache entspricht oder sogar noch niedriger liegt und der Verkäufer dies wusste, also den Käufer nicht nur nicht schädigen, sondern ihm vielleicht sogar zu einem Schnäppchen verhelfen wollte. Denn durch die Regeln über die Anfechtung wegen Täuschung soll der Getäuschte nicht vor einem Schaden bewahrt, sondern es soll sichergestellt werden, dass er seinen Vertragswillen auf einer zutreffenden tatsächlichen Grundlage bildet. Er ist also zur Anfechtung berechtigt, wird sich freilich in solchen Fällen oft für den Fortbestand des Vertrages entscheiden.

339 Kein Anfechtungsrecht ist gegeben, wenn die Täuschung für den Vertragsabschluss nicht **ursächlich** geworden ist, weil der Getäuschte den Vertrag – und zwar unter den gleichen Bedingungen – auch dann geschlossen hätte, wenn man sich die Täuschung wegdenkt. So liegt es, wenn jemand das Täuschungsmanöver seines Vertragspartners durchschaut und gleichwohl den Vertrag geschlossen hat, ebenso in dem seltenen Fall, in dem der Getäuschte *omnimodo facturus* war, also feststeht, dass er den Vertrag zu den gleichen Bedingungen auch dann geschlossen hätte, wenn ihm reiner Wein eingeschenkt worden wäre. Wenn also der Händler die Unfallfreiheit des Wagens vorgetäuscht, aber sein Kunde die Täuschung durchschaut, den Vertrag gleichwohl geschlossen und den Kaufpreis bezahlt hat, so kann er später, wenn ihn der Vertrag reut, den Kaufpreis nicht zurückfordern: Weder kann er den Vertrag nach § 123 anfechten noch aufgrund des Vertrages Mängelansprüche gemäß § 437 geltend machen (§ 442 Abs. 1 Satz 1). Wie, wenn der Kunde die Täuschung zwar nicht durchschaut, also z.B. den ihm verkauften „Unfallwagen" für unfallfrei gehalten hat, es ihm aber auf diesen Umstand deshalb nicht ankam, weil er den Wagen verschrotten oder als Ersatzteillager nutzen wollte? Hier kann der Kunde anfechten, weil er in aller Regel ohne die Täuschung nur einen geringeren Preis zu bezahlen bereit gewesen wäre. Anfechten kann der getäuschte Kunde auch dann, wenn ihm eigene, vielleicht sogar grobe Fahrlässigkeit zur Last fällt, etwa weil er mit ganz geringer Mühe eigene Nachforschungen hätte anstellen und die Unfall-

schädigung des Wagens hätte aufdecken können. Auch Mängelansprüche stehen ihm in diesem Falle zu (vgl. § 442 Abs. 1 Satz 2). Eine Grenze ist allerdings dann erreicht, wenn der Käufer sich durch leere Anpreisungen oder bloße Werturteile hat irreführen lassen, die kein vernünftiger Mensch für bare Münze nimmt. Wer seiner Kundin ein Abendkleid geschneidert und ihr bei den Vertragsverhandlungen wider besseres Wissen erklärt hat, sie werde darin wie Grace Kelly wirken, muss sich eine Anfechtung nicht gefallen lassen, wenn die Kundin später feststellt, dass sie in dem Kleid nicht anders aussieht als Lieschen Müller.

II. Täuschung durch Unterlassung gebotener Aufklärung

Eine arglistige Täuschung kann auch vorliegen, wenn jemand bei den Vertragsverhandlungen erkennt, dass sein Kontrahent sich über einen wichtigen Punkt im Irrtum befindet, und er die Richtigstellung des Irrtums unterlässt. Ebenso liegt es, wenn der Kontrahent sich zwar keine konkreten Vorstellungen gemacht und daher nicht geirrt hat, sein Vertragspartner ihm aber Umstände verschwiegen hat, von denen er wusste oder wissen musste, dass ihre Kenntnis für die Entscheidungen der anderen Partei von wesentlicher Bedeutung sind. Zwar kommt es alle Tage vor, dass die eine Verhandlungspartei mehr weiß als die andere, und grundsätzlich ist es ihr gutes Recht, diesen Informationsvorsprung zu ihrem Vorteil zu nutzen. Das gilt aber nicht, wenn sie aus Rechtsgründen zur Aufklärung ihres Kontrahenten und damit zur Preisgabe ihres Informationsvorsprungs verpflichtet ist. Es täuscht also auch derjenige arglistig, der eine rechtlich gebotene Aufklärung unterlässt.

Entscheidend ist also die Frage, unter welchen Voraussetzungen eine solche Aufklärungspflicht angenommen werden darf. § 123 sagt dazu nichts, weil sich das Problem – wie schon die Verfasser des BGB erkannt haben – „der gesetzlichen Lösung entzieht" (Motive I S. 208). Der Bundesgerichtshof geht in ständiger Rechtsprechung von der allgemeinen Formel aus, dass bei Vertragsverhandlungen eine Verpflichtung bestehe, auch ungefragt „den anderen Teil über solche Umstände aufzuklären, die den Vertragszweck des anderen vereiteln können und daher für seinen Entschluss von wesentlicher Bedeutung sind, sofern er die Mitteilung nach der Verkehrsauffassung erwarten durfte."

So z.B. BGH NJW 1979, 2243. Das ändert aber nichts daran, dass grundsätzlich niemand seinen Kontrahenten „von sich aus über alle Umstände aufzuklären hat, die für dessen Willensbildung von Bedeutung sein können. Vielmehr muss der gegenläufige Grundsatz berücksichtigt werden, dass derjenige, der einen Vertrag schließt, sich selbst darüber zu vergewissern hat, ob er für ihn von Vorteil ist oder nicht. Darauf darf sich der andere Vertragsteil einstellen; er braucht deshalb nicht auf Umstände hinzuweisen, von denen er annehmen darf, dass er nach ihnen gefragt werde, falls auf sie Wert gelegt wird" (BGH NJW 1989, 673). Auch das Reichsgericht hat schon erklärt, dass „gerade beim Kauf ... die Aufklärungspflicht nicht zu weit ausgedehnt werden [darf]. Käufer und Verkäufer können wegen der widerstreitenden Interessen nach den Anschauungen des Verkehrs voneinander regelmäßig nicht eine Aufklärung über die für die Preisbildung in Betracht kommenden allgemeinen Verhältnisse des Marktes, insbesondere darüber erwarten, ob nach der Marktlage ein Steigen oder Fallen der Preise eintreten wird, sondern müssen in dieser Beziehung sich bei unbeteiligten Personen unterrichten" (RGZ 111, 233, 234 f.; vgl. auch BGH NJW 1983, 2493).

343 In der Tat müssen die Rechtsnormen einer Wettbewerbswirtschaft Anreize setzen, die es dem Einzelnen lohnend erscheinen lassen, dass er sich Informationen über wertsteigernde Eigenschaften, Nutzungsmöglichkeiten und Absatzchancen von Gütern und Leistungen verschafft. Dieses Ziel würde verfehlt, wenn man denjenigen zur Aufklärung seines Verhandlungspartners und damit zur Preisgabe seines Informationsvorsprungs verpflichten würde, der die in Rede stehenden Informationen aufgrund einer besonderen Ausbildung oder Erfahrung, durch besondere Suchanstrengungen oder dadurch erlangt hat, dass er als Kaufmann die Veränderung der Verhältnisse auf bestimmten Märkten genau beobachtet, sich besondere Informationskanäle geschaffen und besondere Bezugsquellen und Absatzwege aufgespürt hat. Hat etwa ein Unternehmer mit hohem Aufwand entdeckt, dass in einem bestimmten Gebiet gute Aussichten für die Auffindung eines Erdölvorkommens bestehen, so braucht er bei den Verhandlungen über den Ankauf der in diesem Gebiet belegenen Grundstücke den Verkäufer nicht über den Stand seiner Erkenntnisse aufzuklären. Wer als Getreidekaufmann von einem Reeder langfristig Laderaum für die künftige Beförderung von Weizen mieten will, braucht ihm nicht auf die Nase zu binden, dass nach seinen Recherchen in Zukunft mit besonders guten Weizenernten zu rechnen ist und daher die Nachfrage nach Laderaum und der Preis für seine Vermietung steigen werden. Ebenso kann es liegen, wenn ein Kunstexperte seine besonderen Erfahrungen und Kenntnisse dazu nutzt, um auf dem Kunstmarkt nach Objekten zu forschen, deren wahrer Wert vom Verkäufer und von anderen Interessenten verkannt wird: Auch er ist, wenn er fündig wird, nicht verpflichtet, dem Verkäufer eines solchen Objekts sein Wissen ungefragt mitzuteilen und dadurch den Aufwand zu entwerten, den er in den Erwerb seines Sachverstandes und in die Suche nach dem Objekt investiert hat.

344 Vgl. BGH NJW 1983, 2493: Dort war jemandem, der einen bestimmten Computer für nicht mehr als 120.000 DM kaufen wollte, von der Verkäuferin im Zuge der Vertragsverhandlungen ein entsprechendes Angebot unterbreitet worden; dabei hatte sie wahrheitsgemäß erklärt, dass der Preis von 120.000 DM um rund ein Drittel niedriger liege als ihr Listenpreis. Der Käufer nahm das Angebot an und unterzeichnete den Vertrag; allerdings hatte ihn die Verkäuferin nicht darüber aufgeklärt, dass kurz vor der Vertragsunterzeichnung der Computerhersteller den Herstellerpreis und damit auch sie ihren Listenpreis erheblich gesenkt hatte. Nach Auffassung des BGH war der Käufer nicht

zur Anfechtung gemäß § 123 berechtigt, weil für die beklagte Verkäuferin „keine aus dem Grundsatz von Treu und Glauben ableitbare Verpflichtung [bestanden hat], dem Kläger ihre Kalkulation zu offenbaren und ihn über die Marktverhältnisse, insbesondere darüber aufzuklären, dass der Hersteller seine Listenpreise gesenkt hatte und es ihr so wirtschaftlich leichter fiel, den ihrerseits angebotenen Preis zu halten" (a.a.O. S. 2494; vgl. aber auch BGH NJW 1981, 2050; BGH NJW-RR 1996, 429). Eine Bank, die eine Forderung gegen einen Schuldner hat, darf dem Bürgen, der die Schuld sichern soll, die Vermögensverhältnisse des Schuldners zwar nicht günstiger darstellen als sie wirklich sind; erst recht muss sie auf entsprechende Fragen des Bürgen wahrheitsgemäß antworten. Aber wenn sie sich zu den Vermögensverhältnissen des Schuldners überhaupt nicht äußert, so liegt darin allein keine Täuschung durch Unterlassen, weil „es einem Gläubiger an und für sich nicht zuzumuten [ist], dass er dem in Aussicht genommenen Bürgen die Verhältnisse des Hauptschuldners und seine geschäftlichen Beziehungen zu ihm aufdeckt" (BGH WM 1956, 885, 888; ebenso RGZ 91, 80). – In BGH LM § 123 Nr. 52 hatte der Inhaber der Rechte zur Verwertung einer bestimmten Fernsehserie seinen Vertragspartner damit beauftragt, deutsche Fernsehstationen für die Ausstrahlung der Serie zu gewinnen; falls ihm dies gelinge, sollte ihm die Hälfte des dadurch erzielten Erlöses zustehen. Einige Zeit danach verkaufte er ihm für 10.000 USD auch noch die andere Hälfte des Erlöses; dabei verschwieg ihm der andere Vertragspartner allerdings, dass das ZDF ihm inzwischen für das Recht zur Ausstrahlung der Serie eine Lizenzgebühr von 8,3 Mio DM angeboten hatte. Darin sah das BGH eine arglistige Täuschung. Beide Vorinstanzen hatten anders entschieden, ebenso auch *Kötz* in FS Ulrich Drobnig (1998) 563 = *Kötz*, Undogmatisches (2005) 246.

Hingegen ist eine Aufklärungspflicht zu bejahen, wenn die Informationen, die die eine Partei der anderen voraus hat, ihr durch Zufall oder ohne besonderen Aufwand in den Schoß gefallen sind. Ebenso liegt es, wenn sie sich den Zugang zu ihnen mit erheblich geringeren Kosten als die andere Partei verschaffen kann oder wenn sie sich aufgrund eines Beratungsvertrags zur Beschaffung und Offenlegung der Informationen verpflichtet hat und dafür von der anderen Partei ein Entgelt erhält. Auch kann es für die Bejahung einer Aufklärungspflicht eine Rolle spielen, ob unter den Beteiligten ein Treuhand-, Gesellschafts- oder Verwandtschaftsverhältnis besteht. 345

Deshalb begeht eine arglistige Täuschung, wer Aktien an einem Bergwerksunternehmen besitzt und, nachdem er eines Morgens von einem Wassereinbruch in dem Bergwerk erfahren hat, sie blitzschnell zum Börsenkurs einem nichtsahnenden Erwerber verkauft (vgl. RGZ 111, 233). Ebenso liegt es, wenn der Verkäufer eines Grundstücks dem Kaufinteressenten Informationen vorenthält, die er während der Zeit seines Besitzes und damit ohne besondere Mühe über die Bebaubarkeit des Grundstücks oder die Beschaffenheit des darauf errichteten Hauses erworben hat und von denen er weiß oder wissen muss, dass es dem Käufer auf sie entscheidend ankommt. Weiß z.B. der Verkäufer, dass das verkaufte Miethaus ohne Baugenehmigung errichtet oder von der Behörde für unbewohnbar erklärt worden ist (BGH NJW 1979, 2243), oder dass sein Dachstuhl vom Schwamm befallen war, der zwar beseitigt worden ist, aber jederzeit wiederkehren kann (BGH NJW-RR 1987, 1415), oder 346 dass das verkaufte Grundstück früher zum Betrieb einer Tankstelle oder Müllkippe oder zur Lagerung von Chemieabfällen benutzt worden ist und deshalb die Gefahr einer „Altlast" besteht (BGH NJW 1995, 1549; BGH NJW 2001, 64), so darf er alle diese Umstände nicht verschweigen; tut er es dennoch, so kann der Käufer den Kaufvertrag gemäß § 123 anfechten. Ebenso liegt es, wenn der Mieter eines Ladengeschäfts dem Vermieter bei den Vertragsverhandlungen verschweigt, dass er beabsichtige, in dem Geschäft ausschließlich Bekleidung der Marke „Thor Steinar" zu verkaufen, die in der öffentlichen Meinung als Erkennungszeichen der Rechtsradikalen gilt (BGH NJW 2010, 3362 und dazu *Emmerich* NJW 2011, 2321). Auch im Gebrauchtwagenhandel muss der Händler die Kaufinteressenten über diejenigen ihm bekannten oder von ihm für möglich gehaltenen Mängel des Fahrzeugs aufklären, die für ihre Kaufentscheidung nach den Umständen bedeutsam sein können. Bagatellschäden darf er zwar verschweigen (BGH NJW-RR 1987, 436). Wohl aber muss er den Käufer davon unterrichten, dass der von ihm angebotene 3 Jahre alte Wagen einen schweren Unfall erlitten hat und erhebliche Reparaturen erforderlich gewesen sind (BGH NJW 1977, 1055; BGHZ 74, 383, 391 f.; BGH NJW 1982, 1386); ebensowenig darf er den Unfall oder den Reparaturaufwand wider besseres Wissen verharmlosen; auch muss er, wenn er von dem Unfall keine sichere Kenntnis hat, dem Käufer mitteilen, dass der Verdacht eines Unfalls besteht und er den Wagen daraufhin nicht selbst untersucht hat.

347 Rechtsprechung und Schrifttum begründen die Aufklärungspflichten der Gebrauchtwagenhändler gern damit, dass ihre Kunden „nach Treu und Glauben" oder „nach der Verkehrsauffassung" auf die Offenlegung erheblicher Mängel vertrauen dürften. Freilich ist es kein Zufall, dass Treu und Glauben und die Verkehrsauffassung gerade dasjenige verlangen, was aus *ökonomischer Sicht* zweckmäßig und sinnvoll ist. Man braucht sich dazu nur vorzustellen, dass die Parteien Verhandlungen darüber geführt hätten, ob der Händler (gegen einen Aufpreis) zur Aufklärung verpflichtet oder ob er (gegen einen Preisabschlag) zum Schweigen berechtigt sein solle. In diesem Falle hätten sie sich sicherlich auf die erstere Lösung verständigt, weil die relevanten Informationen dem Händler präsent oder ihm mit geringer Mühe zugänglich sind und daher der Aufpreis, den er für ihre Weitergabe verlangen wird, viel geringer ist als der Aufwand, der dem Kunden dadurch entstünde, dass er anderenfalls zwar einen etwas niedrigeren Kaufpreis zahlen, dafür aber auf eigene Kosten Untersuchungen über die Beschaffenheit des Fahrzeugs anstellen müsste. Zwar werden solche Verhandlungen über die Zuordnung von Aufklärungs- und Untersuchungspflichten in der Wirklichkeit nicht geführt, weil der Verhandlungsaufwand nicht lohnt. Soweit es aus diesem Grunde zu einer Lücke in den Parteivereinbarungen kommt, sollte die Rechtsordnung eine Regel bereitstellen, die sie so schließt, wie sie von den Parteien, wenn sie verhandelt hätten, geschlossen worden wäre, hier also: durch eine Vereinbarung, die den Händler zur Aufklärung verpflichtet. Vgl. zur rechtsökonomischen Begründung von Aufklärungspflichten *Adams* AcP 186 (1986) 453; *Kötz* (Rn. 344) und insbesondere *Fleischer*, Informationsasymmetrie im Vertragsrecht (2001).

III. Erlaubte Täuschung

Wer einen anderen täuscht, tut etwas, was nicht nur moralisch missbilligt, sondern grundsätzlich auch von der Rechtsordnung als nicht erlaubt, also als rechtswidrig oder widerrechtlich angesehen wird. Zwar verlangt § 123 nur von der Drohung, nicht von der Täuschung, dass sie widerrechtlich geschehen sein müsse. Aber das liegt daran, dass der Gesetzgeber die Rechtswidrigkeit einer Täuschung seinerzeit für selbstverständlich gehalten hat. Inzwischen hat sich aber gezeigt, dass es unter besonderen Umständen erlaubt sein kann, dass jemand bewusst die Unwahrheit sagt, obwohl er weiß oder doch für möglich hält, dass er dadurch die andere Partei in einen Irrtum führen wird. Aber das sind Ausnahmefälle. Grundsätzlich darf nicht gelogen werden. Zwar darf ein Gebrauchtwagenhändler Bagatellschäden verschweigen. Aber wenn ihn der Kaufinteressent ausdrücklich nach Vorschädigungen fragt, so muss er, wenn er von ihnen weiß oder sie für möglich hält, wahrheitsgemäß Auskunft geben; anderenfalls begeht er eine arglistige Täuschung. 348

Ausnahmsweise ist eine Täuschung erlaubt, wenn sie besondere **persönliche Merkmale oder Eigenschaften** des Täuschenden betrifft und dieser ein von der Rechtsordnung geschütztes Interesse daran hat, dass die Entscheidung des anderen Teils nicht auf das Vorliegen oder das Fehlen solcher besonderen Merkmale oder Eigenschaften gestützt wird. Sie brauchen deshalb nicht ungefragt offengelegt zu werden; fragt der andere Teil gleichwohl nach ihnen, so darf eine solche Frage bewusst wahrheitswidrig beantwortet werden, sofern die Verweigerung einer Antwort oder Ausflüchte vom Fragesteller als Bejahung oder Verneinung der Frage aufgefasst werden würden. Praktisch tritt das Problem meist in Fällen auf, in denen es um die Begründung eines Arbeitsverhältnisses geht und die Person, die sich um den Arbeitsplatz bewirbt, einer bestimmten Religionsgemeinschaft oder politischen Partei angehört oder schwerbehindert, schwanger, an AIDS, Tuberkulose oder Hepatitis erkrankt, überschuldet, vorbestraft oder sexuell so oder anders veranlagt ist. Hier stellen sich zwei Fragen: Muss der Arbeitsplatzbewerber diese Umstände von sich aus offenbaren? Darf er, wenn der Arbeitgeber nach ihnen fragt, bewusst die Unwahrheit sagen, wenn er nach den Umständen nur so die Wahrheit verbergen kann? 349

Wie steht es z.B., wenn der Arbeitsplatzbewerber **vorbestraft** ist? Aus § 53 Bundeszentralregistergesetz ergibt sich zunächst, dass sich als „nicht vorbestraft" bezeichnen darf, wer zwar vorbestraft ist, aber eine Strafe erhalten hat, die unter Berücksichtigung ihrer Schwere und der seit ihrer Verhängung vergangenen Zeit aus dem Strafregister bereits getilgt worden oder in ein Führungszeugnis nicht mehr aufzunehmen ist. Auch wenn diese Vorausset- 350 zungen nicht erfüllt sind, braucht der Arbeitsplatzbewerber Vorstrafen nur dann von sich aus zu erwähnen oder sie auf eine direkte Frage hin zu offenbaren, wenn sie nach den Umständen für die Beurteilung seiner Eignung für den zu besetzenden Arbeitsplatz von Bedeutung sind. Wer in den Polizeivollzugsdienst aufgenommen werden will, muss deshalb *alle* Vorstrafen offenlegen (vgl. BAG NJW 1999, 3653). Wer sich um eine Stelle als Kraftfahrer bewirbt, darf Vorstrafen nicht verschweigen, die wegen eines Verkehrsdelikts verhängt worden sind. Auch sie braucht nicht zu erwähnen, wer einen Arbeitsplatz als Buchhalter oder Fensterputzer erstrebt. Soweit danach Vorstrafen verschwiegen werden dürfen, darf der Arbeitgeber auch nicht nach ihnen fragen. Tut er das dennoch, so ist seine Frage insoweit **unzulässig.** Unzulässige Fragen darf der Arbeitsplatzbewerber bewusst falsch beantworten, wenn er anders seine Chance auf den Arbeitsplatz nicht wahren kann. Unzulässig ist auch die Frage des Arbeitgebers, mit der er von einer Frau erfahren will, ob sie schwanger ist. Auch ihr steht bei einer solchen Frage ein „Recht zur Lüge" zu, dies selbst dann, wenn sie wegen ihrer Schwangerschaft die Tätigkeit, um die sie sich beworben hat, gar nicht erst aufnehmen kann.

351 Vgl. BAG NJW 1993, 1154; BAG NZA 2003, 848 und §§ 1, 3 und 7 Allgemeines Gleichbehandlungsgesetz (Rn. 30). In der Regel sind deshalb auch Fragen unzulässig, die auf das Geschlecht oder das Alter des Befragten oder auf seine Rasse, ethnische Herkunft, Religion, Weltanschauung oder sexuelle Identität abzielen, sofern eine wahrheitsgemäße Beantwortung den Fragesteller instandsetzen würde, unter Verstoß gegen die Regeln des Allgemeinen Gleichbehandlungsgesetzes den Befragten zu „diskriminieren". Wenn also bei den Verhandlungen über den Abschluss eines Mietvertrages der Mietinteressent auf eine Frage des Vermieters wahrheitswidrig erklärt, dass er Christ, heterosexuell oder CSU-Mitglied sei, so kann der Mietvertrag später nicht vom Vermieter angefochten werden, wenn der Mieter in Wahrheit Muslim, homosexuell oder SPD-Mitglied war. – Als unzulässig sind auch solche Fragen anzusehen, durch die der Fragesteller Informationen zu erlangen sucht, an deren Zurückhaltung der Befragte ein schutzwürdiges Interesse hat, weil er sie sich durch einen besonderen Aufwand, durch besondere Suchanstrengungen oder durch den Erwerb besonderen Expertenwissens verschafft hat (Rn. 343). Hat also ein Musikliebhaber auf dem Flohmarkt für wenig Geld alte Notenblätter erworben, weil er aufgrund seiner musikhistorischen Kenntnisse für möglich hielt, dass sie von einem bekannten Komponisten stammen, so kann der Verkäufer den Vertrag nicht wegen eines Irrtums über eine Eigenschaft der Notenblätter anfechten (Rn. 302). Aber er kann die Anfechtung wohl auch nicht auf eine arglistige Täuschung stützen, wenn er den Käufer zur Offenlegung der wahren Gründe seines Interesses an den Notenblättern aufgefordert und dieser, statt irgendwelche Ausflüchte zu machen, wahrheitswidrig erklärt hat, dass er sie für die Tapezierung seines Musikzimmers verwenden wolle. – Freilich sind das Ausnahmefälle. Ein solcher Ausnahmefall ist auch dann nicht gegeben, wenn die Frage auf Informationen abzielt, von denen ein vernünftiger Mensch seine Entscheidung über den Vertrag nicht abhängig machen würde. Wer leidenschaftlicher HSV-Fan ist und seinen Gebrauchtwagen nur an jemanden verkaufen möchte, der diese Leidenschaft teilt, darf den Kaufinteressenten nicht nur nach seinen Vereinspräferenzen fragen, sondern, wenn er belogen wird, den Vertrag auch anfechten. Denn es besteht Vertragsfreiheit; sie berechtigt ihn, „seine Entscheidung ... auch von objektiv sachfremden Gründen abhängig zu machen". So mit Recht *Faust* AT § 22 Rn. 5.

Vgl. ausführlich zum Thema der „Lügen im Vertragsrecht" *Mankowski* JZ 2004, 121 und insbesondere *Wagner*, Lügen im Vertragsrecht, in: *Zimmermann* (Hrsg.), Störungen der Willensbildung bei Vertragsschluss (2007) 59.

IV. Täuschung durch Dritte

Hat jemand eine Erklärung unter dem Einfluss einer Täuschung abgegeben, so geht die Täuschung meist von derjenigen Partei aus, der gegenüber der Getäuschte die Erklärung abgegeben hat. Ist aufgrund der Erklärung des Getäuschten ein Vertrag zustande gekommen, so ist es daher in der Regel die andere Vertragspartei, von der die Täuschung ausgegangen ist. Wie liegt es aber, wenn die Täuschung von einem **Dritten** herrührt? Gemäß § 123 Abs. 2 Satz 1 ist die Erklärung in diesem Falle nur dann anfechtbar, wenn der Anfechtungsgegner die von dem Dritten begangene Täuschung kannte oder kennen musste.

Hat also jemand einen Kaufvertrag geschlossen und den Kaufpreis dadurch „finanziert", dass er sich von einer Bank ein Darlehen hat gewähren lassen, so kann er, wenn er vom *Verkäufer* arglistig getäuscht worden ist, zwar den Kaufvertrag, nicht aber den mit der Bank geschlossenen Darlehensvertrag anfechten, es sei denn, dass er beweisen kann, dass die Bank die vom Verkäufer begangene Täuschung gekannt hat oder kennen musste. Gelingt ihm dieser Nachweis nicht, so bleibt er an den Darlehensvertrag gebunden. Er muss der Bank, wenn er den Vertrag mit ihr nicht erfüllt, Schadensersatz leisten und mag sehen, ob er sich dafür beim Verkäufer schadlos halten kann.

Allerdings kann sich eine Vertragspartei der Anfechtung nicht einfach dadurch entziehen, dass sie geltend macht, die Täuschung sei nicht von ihr selbst, sondern von ihren Vertretern, Beauftragten, Verhandlungsgehilfen oder anderen „Hilfspersonen" ausgegangen. Solche Hilfspersonen sind nicht „Dritte" im Sinne des § 123 Abs. 2 Satz 1. Denn wer Vertragsverhandlungen nicht selbst führt, sondern sie für sich, in seinem Interesse oder für seine Rechnung von Hilfspersonen führen lässt, muss es sich gefallen lassen, dass ihm die Täuschung der Hilfspersonen als eigene Täuschung zugerechnet wird. Darauf, ob er die Täuschung der Hilfsperson kannte oder kennen musste, kommt es nicht an, ebensowenig darauf, ob er die Hilfsperson gut ausgewählt oder ausreichend überwacht oder ob er ihr Weisungen erteilt hat und sie durch ihr Verhalten von diesen Weisungen abgewichen ist. Hat also jemand von der Deutschen Bank Anteile eines Investmentfonds gekauft, so kann er den Vertrag, wenn er über die Werthaltigkeit und Risiken der Anteile getäuscht worden ist, gemäß § 123 Abs. 1 anfechten, ohne dass es von Bedeutung ist, ob die Täuschung von der Deutschen Bank selbst, also von ihren Vorstandsmitgliedern oder sonstigen „Organen", oder ob sie von ihren Abteilungsleitern, Prokuristen, Handlungsbevollmächtigten oder anderen Angestellten begangen worden ist; auch derjenige ist nicht „Dritter" im Sinne des § 123 Abs. 2 Satz 1, der zwar nicht auf der Gehaltsliste der Bank steht und daher selbständiger Unternehmer ist, aber mit ihr in Bezug auf den Absatz der Fondsanteile auf Dauer eng zusammenarbeitet und damit in ihre Vertriebsorganisation eingegliedert ist.

355 Vgl. z.B. BGH NJW 2006, 1955 und 2099; BGH NJW 2007, 361. – Ebenso liegt es, wenn der Käufer zwar vom Verkäufer getäuscht worden ist, aber die Bank, die dem Käufer zur „Finanzierung" des Kaufpreises ein Darlehen gewährt hat, mit dem Verkäufer in einer auf Dauer angelegten Geschäftsbeziehung steht und ihn mit der Vorbereitung der Darlehensverträge beauftragt, ihm entsprechende Weisungen erteilt und ihn mit den dafür erforderlichen Antragsformularen ausgerüstet hat. In diesem Fall sind der Kaufvertrag und der Darlehensvertrag so eng miteinander verknüpft, dass sie eine „wirtschaftliche Einheit" bilden und daher, wenn der Käufer und Darlehensnehmer Verbraucher ist, als „verbundene Verträge" im Sinne des § 358 anzusehen sind. Aber auch wenn die besonderen Voraussetzungen des § 358 nicht erfüllt sind, können ähnliche Erwägungen dazu führen, dass auch selbständige Unternehmer nicht „Dritte" sind, wenn sie mit dem Anfechtungsgegner eng zusammengearbeitet oder auf seiner Seite oder in seinem Interesse an den Vertragsverhandlungen teilgenommen haben.

356 „Dritter" im Sinne des § 123 Abs. 2 Satz 1 ist demnach nur derjenige, der an dem Geschäft, um dessen Anfechtbarkeit es geht, entweder nicht beteiligt war oder zwar an seinem Abschluss mitgewirkt hat, aber als Makler oder sonstige Mittelsperson die Interessen *beider* Parteien zu wahren hatte und sich zu ihnen in gleicher Distanz befunden hat. So liegt es z.B., wenn ein Bürge zum Abschluss des Bürgschaftsvertrages mit einer Bank dadurch veranlasst worden ist, dass der *Schuldner* ihm gegenüber das Bürgschaftsrisiko bewusst verharmlost und ihn dadurch arglistig getäuscht hat: Hier kann sich die Bank auf die Anfechtungserklärung des Bürgen damit verteidigen, dass sie geltend macht, es sei die Täuschung vom Schuldner als einem „Dritten" ausgegangen. Der Schuldner bleibt auch dann „Dritter", wenn die Bank ihn zu Verhandlungen mit dem Bürgen aufgefordert und ihm zu diesem Zweck eine schon fertig vorbereitete und mit ihrem Briefkopf versehene Bürgschaftsurkunde mit auf den Weg gegeben hat.

357 Vgl. BGH NJW 1962, 1907; BGH NJW-RR 1992, 1005. – Ebenso verhält es sich, wenn eine Gastwirtschaft verpachtet und dabei von den Parteien vereinbart wird, dass der Pächter die Schulden des früheren Pächters übernimmt: Ist er von dem früheren Pächter über Art und Umfang seiner Schulden arglistig getäuscht worden, so muss er sich, wenn er den Pachtvertrag gegenüber dem Verpächter anficht, von ihm entgegenhalten lassen, dass der frühere Pächter „Dritter" ist (vgl. Rn. 1267).

358 Selbst wenn die Täuschung von einem „Dritten" ausgegangen ist, hat der Anfechtungsgegner damit allein das rettende Ufer noch nicht erreicht. Denn auch in einem solchen Fall ist der Getäuschte zur Anfechtung berechtigt, wenn er beweisen kann, dass der Anfechtungsgegner – in aller Regel sein Vertragspartner – die Täuschung des Dritten **kannte** oder „infolge von Fahrlässigkeit" nicht kannte, also „**kennen musste**" (§§ 123 Abs. 2 Satz 1, 122 Abs. 2). Der Bürge, der vom Schuldner – also einem „Dritten" – getäuscht

worden ist, kann den Bürgschaftsvertrag mit der Bank gleichwohl anfechten, wenn sie die Täuschung zwar nicht kannte, aber nach den Umständen einen entsprechenden Verdacht hätte schöpfen müssen und mit geringer Mühe hätte klären können. Ein solcher Verdacht wird naheliegen, wenn die Bank einem Kunden, dem das Wasser bis zum Hals steht, einen (weiteren) Kredit in beträchtlicher Höhe einräumen will und weiß, dass er seine geschäftlich unerfahrene Ehefrau darum bitten wird, für ihn eine Bürgschaft zu übernehmen, ihre Lebensversicherung zu seinen Gunsten zu verpfänden oder der Bank an einem ihr gehörenden Grundstück ein Sicherungspfandrecht einzuräumen. Hier muss die Bank mit der Möglichkeit rechnen, dass der finanziell bedrängte Ehemann das Haftungsrisiko gegenüber seiner Ehefrau wahrheitswidrig verschleiern oder verharmlosen wird. Was kann die Bank tun, um diesen Verdacht auszuräumen? Man wird verlangen müssen, dass sie die Ehefrau in Abwesenheit ihres Mannes über Art und Umfang des Risikos aufklärt oder ihr empfiehlt, den Rat eines Anwalts oder eines anderen neutralen Dritten einzuholen.

V. Schadensersatz

Wer durch eine arglistige Täuschung zum Abschluss eines Vertrages bestimmt worden ist, kann sich von der Bindung an den Vertrag dadurch befreien, dass er ihn gemäß § 123 anficht. Damit allein wird er sich aber oft nicht zufrieden geben. Denn ihm kann ein Schaden dadurch entstanden sein, dass er im Vertrauen auf die Gültigkeit des Vertrages bereits Dispositionen getroffen hat, die er nicht mehr kostenlos rückgängig machen kann; denkbar ist auch, dass er den Abschluss eines anderen Vertrages ausgeschlagen hat, den er jetzt, nachdem er die Täuschung entdeckt und den ursprünglichen Vertrag angefochten hat, nicht mehr ebenso günstig neu abschließen kann. Alle diese Schäden kann der Getäuschte ersetzt verlangen, indem er geltend macht, dass durch die Vertragsverhandlungen ein vorvertragliches Schuldverhältnis entstanden sei (§ 311 Abs. 2 Nr. 1), dass sein Verhandlungspartner infolgedessen mit der im Verkehr erforderlichen Sorgfalt auf seine Interessen habe Rücksicht nehmen müssen (§ 241 Abs. 2) und dass in seiner Täuschungshandlung eine schuldhafte Verletzung dieser Sorgfaltspflichten liege (§ 280 Abs. 1). Ein solcher Schadenersatzanspruch wegen **Verschuldens bei Vertragsverhandlungen** (culpa in contrahendo) berechtigt den Getäuschten zum Ersatz des **Vertrauensschadens** oder des „negativen Interesses". Er kann also verlangen, so gestellt zu werden, wie er ohne die Täuschung und den durch sie veranlassten (angefochtenen) Vertrag stünde. Insbesondere erhält er die Aufwendungen ersetzt, die er im Vertrauen auf die Gültigkeit des Vertrages getätigt hat; und wenn er beweisen kann, dass er ohne die Täuschung und den durch sie veranlassten Vertrag einen günstigen Vertrag mit einem Dritten abgeschlossen hätte, so kann er auch den Gewinn verlangen, den er aus der Durchführung des Vertrages mit dem Dritten erzielt hätte. Alle diese Ansprüche können mitunter auch darauf gestützt werden, dass die arglistige Täuschung als **unerlaubte Handlung** angesehen und die Haftung des Täuschenden aus § 823 Abs. 2 (in Verbindung mit § 263 StGB) oder aus § 826 hergeleitet wird.

360 Allerdings wird sich der Getäuschte oft überlegen müssen, ob es nicht für ihn günstiger ist, wenn er von einer Anfechtung absieht, die andere Partei an dem Vertrage festhält und auf seiner Grundlage **Schadensersatz statt der Leistung**, also das Erfüllungsinteresse verlangt. So kann es z.B. liegen, wenn der Verkäufer arglistig verschwiegen hat, dass das verkaufte Grundstück als Mülldeponie verwendet worden und sein Erdreich daher durch eingesickerte Giftstoffe belastet ist. Hier kann es für den Käufer vorteilhaft sein, wenn er den Kaufvertrag, statt ihn anzufechten, bei Bestand lässt und vom Verkäufer unter den Voraussetzungen des § 437 Nr. 3 Ersatz des Schadens verlangt, der ihm dadurch entsteht, dass er das verseuchte Erdreich hat ausbaggern und das Grundstück damit in den Zustand hat versetzen lassen, den es im Falle seiner vertragsmäßigen Beschaffenheit gehabt hätte.

361 Vgl. BGH NJW 1991, 2900. – Manchmal empfiehlt sich eine Täuschungsanfechtung deshalb nicht, weil sie zur Nichtigkeit des Vertrages führt und die Rückerstattung der beiderseits empfangenen Leistungen gemäß §§ 812 ff. übermäßige Komplikationen schafft oder aus anderen Gründen kaufmännisch unvernünftig wäre. So liegt es fast immer, wenn ein *Unternehmen* verkauft und der Kaufvertrag von den Parteien erfüllt worden ist, sich nun aber herausstellt, dass der Verkäufer den Käufer über die Höhe von Umsatz oder Gewinn arglistig getäuscht hat: Hier wird der für den Käufer günstigste Weg oft darin liegen, dass er auf die Anfechtung gemäß § 123 verzichtet, freilich auch nicht aufgrund des Vertrages Schadensersatz statt der Leistung verlangt (weil in diesem Fall die genaue Bezifferung des Schadens meist sehr schwierig ist), sondern wegen Verschuldens bei Vertragsverhandlungen Schadensersatz in Höhe desjenigen Betrages fordert, um den er das Unternehmen zu teuer gekauft hat. Ist der Kaufpreis bereits bezahlt, so kann er daher Rückzahlung eines – vom Gericht zu schätzenden – Kaufpreisteils verlangen, ohne dass es darauf ankommt, ob bewiesen werden kann, dass der Verkäufer mit einem Verkauf des Unternehmens zu dem danach sich ergebenden niedrigeren Kaufpreis einverstanden gewesen wäre. Vgl. BGHZ 69, 53, 56 ff.; BGHZ 111, 75, 82 f.

362 Schadensersatz wegen Verschuldens bei Vertragsverhandlungen kann auch dann verlangt werden, wenn eine Partei ihren Kontrahenten zwar nicht arglistig getäuscht, ihn aber **fahrlässig** dadurch in die Irre geführt hat, dass sie ihm falsche oder unvollständige Informationen erteilt oder ihm richtige Informationen zu erteilen pflichtwidrig unterlassen hat. In einem solchen Falle kommt eine Anfechtung wegen arglistiger Täuschung nicht in Betracht (Rn. 336 f.). Wohl aber stehen dem in die Irre Geführten Schadensersatzansprüche zu. Nicht nur kann er als Käufer den Betrag verlangen, um den er zu teuer gekauft hat (Rn. 361). Vor allem kann er, wenn ihm das vorteilhaft erscheint, verlangen, dass ihm Schadensersatz im Wege der „Naturalrestitu-

tion" (§ 249) geleistet, also der Vertrag, auf den er sich nur wegen der falschen, unvollständigen oder pflichtwidrig unterbliebenen Informationen eingelassen hat, **aufgehoben wird**.

So z.B. BGH NJW 1998, 302; BGHZ 111, 75, 82 f. Nach der Rechtsprechung kann daher, wer bei den Vertragsverhandlungen vom anderen Teil fahrlässig falsch oder lückenhaft informiert und dadurch in die Irre geführt worden ist, praktisch dasselbe erreichen, was er, wäre er arglistig getäuscht worden, durch § 123 erreichen kann, nämlich die Aufhebung des Vertrages. Das ist oft kritisiert worden, verdient aber als eine sinnvolle richterliche Rechtsfortbildung grundsätzliche Zustimmung. Auf die Kritik hat sich der BGH mit dem Hinweis verteidigt, dass die Regeln über die Täuschungsanfechtung und über die Haftung wegen Verschuldens bei Vertragsverhandlungen unterschiedliche Zwecke verfolgten, insbesondere: dass die letztere – anders als § 123 – die Entstehung eines Schadens voraussetze und dass der Schaden des fahrlässig in die Irre Geführten nicht schon in der Eingehung des Vertrages liege, sondern erst dann gegeben sei, wenn festgestellt ist, dass die Durchführung des Vertrages für ihn zu einem greifbaren wirtschaftlichen Nachteil und damit zu einem **Vermögensschaden** führt. Fälle, in denen es an dieser Voraussetzung fehlt, sind freilich in der Praxis mit der Lupe zu suchen. Vor allem überzeugt diese Begründung deshalb nicht, weil die Haftung wegen fahrlässiger Verletzung vorvertraglicher Informationspflichten nicht in erster Linie auf Schadensausgleich, sondern – ebenso wie § 123 – darauf abzielt, dass die Parteien durch die Schadenshaftung zu einem Aufklärungsverhalten angespornt werden sollen, mit dessen Hilfe sichergestellt wird, dass der Vertrag auf einer zutreffenden und vollständigen Informationsgrundlage geschlossen wird. Richtig ist allerdings, dass die Rechtsprechung des BGH zu dem ungereimten Ergebnis führt, dass der *Getäuschte* sein Anfechtungsrecht nach Ablauf von 1 Jahr seit Entdeckung der Täuschung verliert (§ 124), während der nur fahrlässig *in die Irre Geführte* sich mit seinem Anspruch auf Aufhebung des Vertrages so lange Zeit lassen kann, bis die Verjährungsfrist gemäß §§ 195, 199 abgelaufen und die Verjährungseinrede erhoben worden ist. Diesem Einwand sollte aber dadurch Rechnung getragen werden, dass auch der Anspruch auf Aufhebung des Vertrages innerhalb der Ausschlussfrist des § 124 geltend gemacht werden muss. Vgl. dazu die überzeugenden Überlegungen von *Fleischer* AcP 200 (2000) 91.

D. Drohung

I. Widerrechtliche Drohung

Wer durch eine widerrechtliche Drohung zur Abgabe einer Erklärung bestimmt worden ist, kann sie – oder, wenn sie zum Abschluss eines Vertrages geführt hat, den Vertrag – gemäß § 123 anfechten. Eine Drohung spricht aus, wer einen anderen zur Abgabe einer bestimmten Erklärung auffordert und ihm für den Fall, dass er die Erklärung nicht abgibt, einen Nachteil in Aussicht stellt, den herbeizuführen er in der Lage zu sein behauptet. Wenn der Drohende lediglich blufft, also mit seiner Drohung ernst zu machen in Wahrheit nicht fähig oder nicht willens ist, so liegt gleichwohl eine Drohung vor, sofern der Bedrohte die Drohung für ernstgemeint hält. Hat er allerdings den

Bluff durchschaut und die gewünschte Erklärung gleichwohl abgegeben, so ist die „Drohung" für sie nicht ursächlich geworden und ein Anfechtungsrecht nicht gegeben.

365 Keine Drohung, sondern eine bloße **Warnung** liegt vor, wenn jemand auf Nachteile hinweist, die ohne sein Zutun eintreten werden oder eintreten können, falls die gewünschte Erklärung nicht abgegeben wird. Wer seinem Verhandlungspartner klarmacht, dass seine Reputation als Kaufmann ruiniert würde, wenn er den gewünschten Vertragsabschluss ablehnt, droht nicht, sondern warnt. Er droht hingegen, wenn er erklärt, dass er in diesem Fall die Reputation des Bedrohten mit allen Kräften mindern, ihn also bei seinen Geschäftspartnern als unzuverlässig oder halsstarrig anschwärzen werde. – Manchmal überlappen sich die Drohung und die unerlaubte **Ausnutzung einer Zwangslage**. Vgl. dazu BGH NJW 1988, 2599: Eine Bank hatte Unterschlagungen eines Angestellten aufgedeckt und seinen Familienangehörigen mit der Erstattung einer Strafanzeige gedroht, wenn sie ihr nicht zur Sicherung ihrer Schadensersatzansprüche Grundpfandrechte bestellen würden. Sie hatten entsprechende Erklärungen unterschrieben, wollten sie aber später nicht mehr gelten lassen. Ihre Gültigkeit hat der BGH sowohl unter dem Gesichtspunkt ihrer Anfechtbarkeit wegen Drohung (§ 123) als auch unter dem Gesichtspunkt ihrer Nichtigkeit wegen sittenwidriger Ausnutzung einer Zwangslage (§ 138 Abs. 1) geprüft. Denn es war behauptet worden, die Vertreter der Bank hätten die Unerfahrenheit und Verwirrung der Familienangehörigen auf ungehörige Weise ausgenutzt und ihnen keine Zeit zum Nachdenken und zur Beratung mit einem unabhängigen Dritten gelassen.

366 § 123 verlangt für die Anfechtbarkeit nicht bloß eine Drohung, sondern schreibt außerdem vor, dass das Verhalten des Drohenden **widerrechtlich** sein muss. Hier liegen die eigentlichen Probleme der Vorschrift.

II. Unerlaubtheit des angedrohten Mittels

367 Widerrechtlich ist eine Drohung, wenn das **Mittel**, mit dem gedroht wird, unerlaubt ist, also die Rechtsordnung dem Drohenden dasjenige zu tun verbietet, was zu tun er dem anderen Teil angedroht hat. Deshalb darf niemand dadurch Druck auf seinen Verhandlungspartner ausüben, dass er ihm droht, er werde ihm, wenn er die gewünschte Erklärung nicht abgibt, verprügeln, sein Haus anzünden, vor Gericht zu seinem Nachteil als Zeuge bewusst falsch aussagen oder ihn, obwohl unschuldig, durch eine bewusst falsche Anzeige bei den Behörden anschwärzen. Droht der Arbeitgeber seinem Angestellten, er werde wegen Diebstahls gegen ihn Strafanzeige erstatten oder das Arbeitsverhältnis aus wichtigem Grund mit sofortiger Wirkung kündigen, so ist seine Drohung widerrechtlich, wenn er die Unschuld des Angestellten kennt oder sie sich ihm nach den Umständen aufdrängen muss. Hingegen ist sie erlaubt, wenn ein erheblicher Verdacht des Diebstahls besteht und ein verständiger Arbeitgeber in gleicher Lage die genannten Maßnahmen in Betracht ziehen würde (BAG NJW 1997, 676; BAG NJW 2004, 2401).

D. Drohung

Auch ein Anwalt darf, um von seinem Mandanten das Einverständnis mit einer Erhöhung seines Honorars zu erreichen, damit drohen, dass er sonst sein Mandat niederlegen werde (BGHZ 184, 209 Tz 35.). Auch wer damit droht, dass er, wenn die von ihm gewünschte Erklärung nicht abgegeben wird, die Presse über den Sachverhalt informieren werde, handelt nicht widerrechtlich, wenn der angedrohte Pressebericht seinerseits nicht rechtswidrig, sondern durch sein Recht auf freie Meinungsäußerung gedeckt wäre (BGH NJW 2005, 2766). Zulässig ist es auch, dass ein Unternehmer seinem Kunden damit droht, er werde ihn künftig nicht mehr beliefern, wenn er den gewünschten Vertrag nicht schließt oder eine andere gewünschte Erklärung nicht abgibt. Eine solche Drohung ist aber rechtswidrig, wenn der Unternehmer eine „marktbeherrschende Stellung" innehat und in der Verhängung einer Liefersperre die unerlaubte Ausnutzung einer solchen Stellung liegt (vgl. §§ 26 ff. GWB). Ebensowenig darf eine Gewerkschaft einem Reeder androhen, sie werde ihre Mitglieder zur Arbeitsniederlegung auffordern und dadurch sein Schiff am Auslaufen hindern, wenn er nicht dem Schiffspersonal höhere Heuern bewilligt oder einen namhaften Geldbetrag in ihren Sozialfonds einzahlt. Erlaubt wäre die Drohung hingegen, wenn und soweit sie sich im Rahmen eines rechtmäßigen Arbeitskampfs hält.

Widerrechtlich handelt auch, wer mit einer **Unterlassung** droht, obwohl er von Rechts wegen zum Tätigwerden verpflichtet ist. Wenn z.B. der Verleger einer Zeitschrift aus besonderen Gründen zum Abdruck von Anzeigen verpflichtet ist, also insoweit einem „Kontrahierungszwang" unterliegt (Rn. 29 ff.), so darf er nicht damit drohen, dass er eine Anzeige nicht drucken werde, sofern sich der Auftraggeber nicht bereit erklärt, das Blatt zu abonnieren, in ihm künftig auch noch weitere Anzeigen zu veröffentlichen oder eine Spende für die Dritte Welt zu leisten.

Nicht selten kommt es vor, dass eine Vertragspartei die Änderung eines bereits geschlossenen Vertrages – insbesondere: die Erhöhung eines Kaufpreises oder Werklohns – verlangt und ihrem Verlangen dadurch Nachdruck verleiht, dass sie mit der Nichterfüllung des Vertrages droht. Eine solche Drohung ist widerrechtlich, wenn der Drohende weiß oder doch für möglich hält, dass das von ihm angedrohte Verhalten einen **Vertragsbruch** darstellt. Daher ist es einem Arbeitgeber nicht erlaubt, dem Arbeitnehmer mit der Einbehaltung seines Gehalts zu drohen, wenn er sich nicht mit einer ihm nachteiligen Änderung des Arbeitsvertrages einverstanden erklärt. Ebenso liegt es, wenn ein Unternehmer die Lieferung von 100 Fenstern versprochen und 50 geliefert hat und nunmehr seinem Auftraggeber erklärt, dass er die restlichen 50 Fenster nur liefern werde, wenn ihm dafür ein höherer Preis bewilligt oder ihm ein weiterer Auftrag erteilt wird. Besteht Streit über die richtige Auslegung des Vertrages – der Unternehmer meint, er dürfe 100 Fenster liefern, der Auftraggeber glaubt, es sei die Lieferung von nur 50 vereinbart –, so ist es widerrechtlich, wenn der Unternehmer damit droht, er werde überhaupt keine Fenster liefern, sofern nicht der Auftraggeber nachgibt und sich mit der Abnahme von 100 Fenstern einverstanden erklärt (vgl. aber RGZ 108, 102 und dazu mit Recht kritisch *Flume* AT S. 538 ff.). Wie liegt es, wenn der Unternehmer wahrheitsgemäß erklärt, dass er in eine finanziell ausweglose Situation geraten und daher zur Lieferung der restlichen 50 Fenster nur imstande sei, wenn ihm für sie ein höherer Preis gezahlt wird? Hier kann die Erklärung des Unternehmers als bloße Warnung angesehen werden, nämlich als Hinweis darauf, dass es auch ohne sein Zutun alsbald zu seiner Insolvenz und damit zu einem Ende seiner Tätigkeit kommen werde, wenn nicht ein Mehrpreis bezahlt wird. Deshalb spricht viel dafür, dass der Auftraggeber, nachdem ihm die restlichen 50 Fenster geliefert sind, den für sie versprochenen und gezahlten Mehrpreis nicht nachträglich als durch unerlaubte Drohung erzwungen zurückfordern darf.

III. Unerlaubtheit des mit der Drohung verfolgten Zwecks

370 Häufig ist das Mittel, mit dem gedroht wird, durchaus erlaubt, auch wenn es den Bedrohten empfindlich trifft. Jedermann darf z.B. damit drohen, dass er zur Klärung einer Streitfrage die Gerichte anrufen, wegen einer strafbaren Handlung Anzeige erstatten, einen Vertrag nach Maßgabe der in ihm getroffenen Vereinbarungen kündigen, wegen einer ihm zustehenden Forderung Maßnahmen der Zwangsvollstreckung gegen seinen Schuldner ergreifen oder wegen seiner Zahlungsunfähigkeit ein Insolvenzverfahren gegen ihn in Gang setzen werde. Aber auch mit einem solchen erlaubten Mittel darf nicht gedroht werden, wenn die Drohung einen nicht erlaubten **Zweck** verfolgt, insbesondere: wenn der Bedrohte zu einer Leistung genötigt werden soll, deren Erbringung ihm gesetzlich verboten ist oder gegen die guten Sitten verstoßen würde. Niemand darf deshalb mit der Erhebung einer Klage, mit einer Strafanzeige oder mit einem anderen, an sich durchaus zulässigen Mittel drohen, wenn er damit erreichen will, dass der Bedrohte vor Gericht falsch aussagt, ein Schweigegeld zahlt oder einen Dritten durch eine unerlaubte Handlung schädigt. Richtig ist allerdings, dass in diesen Fällen die Vereinbarung, die der Bedrohte unter dem Eindruck der Drohung abgeschlossen und vielleicht bereits erfüllt hat, schon wegen Verstoßes gegen §§ 134, 138 nichtig ist und daher nicht erst noch gemäß § 123 angefochten werden muss.

371 Daraus folgt, dass das mit der Drohung verfolgte Ziel nicht schon deshalb unerlaubt ist, weil der Drohende keinen rechtlich begründeten Anspruch auf die Erklärung hat, die der Bedrohte abgeben soll. Steht einem Gläubiger eine Forderung gegen eine GmbH zu, so kann er von ihrem Geschäftsführer oder ihrem Mehrheitsgesellschafter zwar nicht aus rechtlichen Gründen *verlangen*, dass er sich für die Schulden der GmbH persönlich verbürge. Aber ver-

boten oder sonstwie unzulässig ist die Übernahme einer Bürgschaft nicht. Deshalb ist es nicht widerrechtlich, wenn der Gläubiger die genannten Personen damit bedroht, dass er, wenn die Bürgschaft nicht übernommen wird, einen Antrag bei Gericht auf Eröffnung des Insolvenzverfahrens über das Vermögen der GmbH stellen werde (BGH NJW 1997, 1980; BGHZ 184, 209 Tz. 36).

IV. Unerlaubtheit der Verknüpfung von Mittel und Zweck

Selbst wenn sich der Drohende eines erlaubten Mittels bedient und mit seiner Drohung auch einen erlaubten Zweck verfolgt hat, kann die Drohung gleichwohl widerrechtlich sein, wenn es als unzulässig anzusehen ist, dass gerade *dieses* Mittel zur Erreichung gerade *jenes* Zwecks eingesetzt wird. Das ist anzunehmen, wenn es zwischen Mittel und Zweck an einer inneren Beziehung fehlt und es rechtlich nicht hingenommen werden kann, dass beide, obwohl sie nichts miteinander zu tun haben, dennoch miteinander verknüpft werden. Hat z.B. eine Bank Unterschlagungen ihres Kassierers aufgedeckt, so darf sie ihm mit einer Strafanzeige drohen, wenn sie dadurch erreichen will, dass er seine Ersatzpflicht in einem Schuldanerkenntnis schriftlich bestätigt oder dass er ihr zur Sicherung ihrer Ersatzansprüche ein Bild aus seinem Privatbesitz verpfändet oder dass er sich mit der einverständlichen Aufhebung des Arbeitsverhältnisses oder mit einer Versetzung in die Registratur einverstanden erklärt. Anders liegt es aber, wenn die Bank ihn auf diese Weise – also durch Drohung mit der Strafanzeige – dazu bringen will, dass er eine Geldspende an das SOS-Kinderdorf leistet, seine Kandidatur als Betriebsratsmitglied zurückzieht oder sein Liebesverhältnis mit der Frau des Bankdirektors abbricht.

Schwieriger liegt der Fall, wenn sich die Drohung mit der Strafanzeige nicht gegen den Kassierer selbst, sondern gegen seine Ehefrau richtet, und auf diese Weise erreicht werden soll, dass sie sich für die Schulden ihres Mannes verbürgt oder der Bank Gegenstände ihres Privatvermögens verpfändet oder zur Sicherung übereignet. Zwar ist die Erstattung einer Strafanzeige ein durchaus erlaubtes Mittel der Drohung, und auch das Ziel, das die Bank mit ihrer Drohung verfolgt, ist unbedenklich, weil die Rechtsordnung gegen die Übernahme einer Mithaftung durch die Ehefrau nichts einzuwenden hat. Dennoch hat der BGH die Verknüpfung von Mittel und Zweck in diesem Fall als unzulässig und damit die Drohung der Bank als widerrechtlich angesehen, es sei denn, dass die Frau an der Straftat ihres Mannes irgendwie beteiligt war oder von ihr auf die eine oder andere Weise selbst profitiert hat (BGHZ 25, 217). Hat also die Frau ihren Mann zu der Unterschlagung angestiftet oder von ihr gewusst und ihre Früchte mit Behagen selbst genossen, so ist die Drohung der Bank erlaubt und die Bürgschaft nicht gemäß § 123 anfechtbar. Auch in diesem Falle könnte sich die Ehefrau auf den Zahlungsanspruch der Bank aber immer noch damit verteidigen, dass sie dartut, es sei der Bürgschaftsvertrag gemäß § 138 nichtig, weil das Haftungsrisiko ihre Vermögensverhältnisse weit übersteigt und die Bank ihre Geschäftsunerfahrenheit oder ihre seelische Zwangslage ausgenutzt oder sie auf andere Weise in ihrer Entscheidungsfreiheit unzulässig beeinträchtigt habe (Rn. 223 f., 365). Ist die Bank **irrtümlich** von einem Sachverhalt ausgegangen, der sie zu der Drohung berechtigt hätte – etwa davon, dass die Frau ihren Mann zu der Tat angestiftet hat –, so hilft das der Bank nicht, und zwar auch dann nicht, wenn der Irrtum nicht auf Fahrlässigkeit beruht (so *Medicus* AT Rn. 820 und die herrschende Meinung; anders BGHZ 25, 217, 224 ff.). Erst recht hilft es der Bank nicht, wenn sie den Sachverhalt zutreffend erkannt, aber ihr Tun irrtümlich für erlaubt gehalten hat.

E. Durchführung und Folgen der Anfechtung

I. Anfechtungserklärung

374   Eine wirksame Anfechtung setzt nicht nur voraus, dass einer der in §§ 119, 120, 123 genannten **Anfechtungsgründe** vorliegt. Der Anfechtungsberechtigte muss von seinem Anfechtungsrecht auch Gebrauch gemacht, nämlich eine **Anfechtungserklärung** abgegeben haben.

375   Gemäß § 143 Abs. 1 erfolgt die Anfechtung „durch Erklärung gegenüber dem Anfechtungsgegner". Anfechtungsgegner ist „bei einem Vertrag der andere Teil", also der andere Vertragspartner (§ 143 Abs. 2). Wer z.B. ein Angebot durch eine Anfechtung aus der Welt schaffen will, muss seine Anfechtungserklärung, wenn das Angebot durch eine Annahmeerklärung bereits zu einem Vertrag perfektioniert worden ist, an die andere Vertragspartei richten. Das muss er auch dann tun, wenn er einen Vertrag gekündigt hat oder von ihm zurückgetreten ist und er nunmehr seine Kündigungs- oder Rücktrittserklärung anfechten will. Ist ein anfechtbares Angebot noch nicht angenommen, so wird es durch Erklärung gegenüber demjenigen angefochten, dem es zugegangen ist (§ 143 Abs. 2 Satz 1). Die Anfechtungserklärung bedarf, wenn die Parteien nichts anderes vereinbart haben, auch dann keiner Form, wenn für die Erklärung oder den Vertrag, der durch sie beseitigt werden soll, eine besondere Form kraft Gesetzes vorgesehen war und gewahrt worden ist. Alle diese Regeln gelten ohne Rücksicht darauf, ob die Anfechtung auf einen Irrtum (§§ 119, 120) oder auf eine Täuschung oder Drohung (§ 123) gestützt wird.

376   Die Frage, ob in einer Erklärung eine Anfechtung liegt, ist durch **Auslegung** der Erklärung zu ermitteln und kann auch dann zu bejahen sein, wenn

E. Durchführung und Folgen der Anfechtung

das Wort „Anfechtung" in der Erklärung nicht gebraucht worden ist. Es genügt, wenn sich aus der Erklärung einer Partei oder aus ihrem schlüssigen Verhalten ihr Wille entnehmen lässt, dass das Geschäft nicht gelten soll; insbesondere kann es ausreichen, wenn eine Vertragspartei erklärt oder hinreichend deutlich zu erkennen gibt, dass sie den Vertrag nicht erfüllen will oder dasjenige zurückverlangt, was sie aufgrund des Vertrages bereits geleistet hat.

Vgl. BGHZ 88, 240, 245; BGHZ 91, 324, 331 f.; BGH NJW-RR 1995, 859. Selbst wenn das Wort „Anfechtung" verwendet worden ist, muss das nicht unbedingt bedeuten, dass eine Anfechtung im rechtlichen Sinne gewollt war. Denn Laien sind sich oft nicht klar darüber, dass eine Anfechtung durchschlagende Folgen hat, nämlich den Vertrag rückwirkend vernichtet und damit auch alle Ansprüche erledigt, die in ihm ihre Grundlage haben. Wenn also die arglistig getäuschte Vertragspartei Schäden ersetzt verlangt, die unter den Begriff des Erfüllungsinteresses fallen, also nur auf vertraglicher Grundlage als Schadensersatz statt der Leistung zugebilligt werden können, so wird man ihr keinen Strick daraus drehen dürfen, dass sie in ihrem Schriftwechsel mit der anderen Partei das Wort „Anfechtung" verwandt hat. Das ist insbesondere dann anzunehmen, wenn sie dabei nicht anwaltlich beraten war. Ebenso liegt es, wenn eine Partei etwas erstrebt, was sie auch auf vertraglichem Wege, also z.B. durch einen Rücktritt oder eine Kündigung des Vertrages oder durch ein Anpassungsverlangen gemäß § 313 erhalten kann: Auch in einem solchen Fall wird man ihre Erklärungen dahin auszulegen haben, dass mit ihnen der Boden des Vertrages nicht verlassen werden sollte; erst wenn feststeht, dass sie das Erstrebte auf diesem Wege nicht erhalten kann, wird zu prüfen sein, ob sich ihre Erklärung als Anfechtung des Vertrages verstehen lässt und sie auf diesem Wege zum Ziel kommen kann.

In manchen Fällen kann zweifelhaft sein, auf welches Geschäft sich die Anfechtungserklärung bezieht. So liegt es besonders in Fällen, in denen ein Kaufvertrag oder ein anderer auf Eigentumsverschaffung gerichteter Vertrag geschlossen und ferner in Durchführung dieses Vertrages dem Erwerber – regelmäßig einem Käufer – Eigentum verschafft worden ist. Hier verlangen das „Trennungsprinzip" und das „Abstraktionsprinzip" (Rn. 9), dass der **Kaufvertrag** (das „Verpflichtungsgeschäft") und der **dingliche Vertrag** (das „Verfügungsgeschäft") voneinander getrennt zu halten und getrennt daraufhin zu prüfen sind, ob für sie ein Anfechtungsgrund gegeben war und die Anfechtung erklärt worden ist. Diese Prüfung kann zu dem Ergebnis führen, dass beide Verträge gültig oder ungültig sind, ebenso aber auch zu dem Ergebnis, dass der eine Vertrag gültig, der andere aber, weil wirksam angefochten, ungültig ist. Wenn z.B. ein Kaufvertrag irrtumsfrei abgeschlossen worden ist, der Verkäufer dann aber bei seiner Ausführung in das falsche Regal gegriffen, versehentlich statt des verkauften Baumwollhemds eines aus Seide an den Käufer versandt und dieser es ausgepackt und in seinem Kleiderschrank verstaut hat, so ist nur der dingliche Vertrag gemäß § 119 Abs. 1 anfechtbar und, wenn der Verkäufer eine entsprechende Erklärung abgegeben hat, angefochten und damit nichtig. Daraus folgt, dass der Verkäufer, weil er Eigentümer des Hemdes geblieben ist, seinen Herausgabeanspruch auf § 985 stützen kann.

379 Anders wäre zu entscheiden, wenn die Anfechtung unwirksam ist, weil z.B. der Verkäufer mit der Anfechtungserklärung schuldhaft gezögert und deshalb gemäß § 121 Abs. 1 sein Anfechtungsrecht verloren hat. Damit ist der dingliche Vertrag unanfechtbar und endgültig wirksam. Der Käufer wird also Eigentümer des Hemdes. Behalten darf er es freilich nicht. Denn dem Verkäufer steht ein Anspruch gemäß § 812 auf Rückverschaffung des Eigentums an dem Hemd zu; ihn muss er darauf stützen, dass es an einem Kaufvertrag über ein *Seidenhemd* fehlt und dass der Käufer aufgrund des gültigen dinglichen Vertrages zwar das Eigentum an dem Seidenhemd erworben hat, dieser Eigentumserwerb aber „ohne rechtlichen Grund" geschehen und deshalb gemäß § 812 rückgängig zu machen ist.

380 Oft liegt es freilich so, dass ein und derselbe Willensmangel *beiden* Geschäften anhaftet und daher die Anfechtung, wenn sie erklärt wird, *beide* zu Fall bringt. Ist z.B. der Verkäufer zum Abschluss des Kaufvertrages durch eine Täuschung oder Drohung bestimmt worden, so ist nicht nur der Kaufvertrag, sondern, wenn der Verkäufer die Ware dem Käufer übereignet hat, auch der dingliche Vertrag unter dem Einfluss der Täuschung oder Drohung zustande gekommen, somit gemäß § 123 anfechtbar und, wenn die Anfechtung rechtzeitig erklärt wird, nichtig. Streitig ist hingegen, ob die beiden Geschäfte auch dann als nichtig anzusehen sind, wenn sich der Verkäufer bei Abschluss des Kaufvertrages über eine verkehrswesentliche Eigenschaft geirrt, sie sodann dem Käufer übereignet, nunmehr seinen Irrtum entdeckt und daraufhin gemäß § 119 Abs. 2 die Anfechtung erklärt hat.

381 Vgl. dazu *Grigoleit* AcP 199 (1999) 379, 396 ff.; *Leipold* § 18 Rn. 57; oben Rn. 317. Freilich sollte man sich darüber klar sein, dass die Frage, ob auch der dingliche Vertrag nichtig ist, für die schulmäßige Fallbearbeitung im akademischen Unterricht größere Bedeutung hat als für die juristische Tagespraxis. Keine Rolle spielt sie, soweit es um die Rückforderung von **Geld** geht, das möglicherweise unter dem Einfluss eines Irrtums oder einer Täuschung oder Drohung gezahlt worden ist. Bei bargeldloser Zahlung ist das offensichtlich, weil hier der Zahlende nichts übereignet, sondern nur dafür gesorgt hat, dass dem Zahlungsempfänger auf seinem Bankkonto eine Gutschrift verschafft wird. Bei Barzahlung wird zwar das Eigentum an bestimmten einzelnen Geldscheinen und -münzen übertragen. Aber selbst wenn der darüber geschlossene dingliche Vertrag anfechtbar, angefochten und damit nichtig ist, nützt dies dem Zahlenden deshalb nichts, weil er kaum jemals in der Lage sein wird, die Geldscheine und -münzen so genau individuell zu bezeichnen, wie das gemäß § 253 Abs. 2 ZPO zur Begründung eines auf § 985 gestützten Herausgabeanspruchs erforderlich wäre. Aber auch bei der Übereignung **anderer Sachen** kommt es, solange der Erwerber sie noch in Besitz hat, auf die Frage, ob der Veräußerer sie gemäß § 985 herausverlangen oder nur gemäß § 812 kondizieren kann, praktisch nur dann an, wenn über das Vermögen des Erwerbers ein Insolvenzverfahren eröffnet worden ist. Hier kommt der Veräußerer in der Tat an seine Sache nur dann wieder heran, wenn er sie gemäß § 47 Insolvenzordnung „aussondern", also geltend machen kann, dass er ihr Eigentümer ist und sie deshalb „nicht zur Insolvenzmasse gehört".

II. Anfechtungsfrist

Rechtsgeschäfte – insbesondere: Verträge – sind auch dann gültig, wenn eine Partei bei der Vornahme des Geschäfts oder dem Abschluss des Vertrages unter dem Einfluss eines Irrtums oder einer Täuschung oder Drohung gehandelt hat. Über solchen Geschäften schwebt freilich, solange sie nur anfechtbar, aber noch nicht angefochten sind, das Damoklesschwert ihrer Nichtigkeit. Diesen Zustand sucht der Gesetzgeber dadurch zu verkürzen, dass er für die Ausübung des Anfechtungsrechts in §§ 121 und 124 **Ausschlussfristen** vorschreibt. Ob diese Fristen gewahrt sind, muss der Richter von Amts wegen prüfen. Er muss also der Frage, ob sie beachtet sind, schon dann nachgehen, wenn der festgestellte Sachverhalt dazu einen Anlass bietet, mag auch die andere Partei, weil sie nachlässig oder rechtlich nicht gut beraten war, sich auf die Fristversäumung nicht berufen haben. 382

1. Irrtum

Gemäß § 121 Abs. 1 Satz 1 muss die Anfechtung wegen Irrtums **unverzüglich**, also zwar nicht sofort, aber doch ohne „schuldhaftes Zögern" erfolgen. Wie bei allen Fristen ist aber auch hier oft nicht ihre Länge, sondern ihr **Beginn** von entscheidender Bedeutung. Bei der Irrtumsanfechtung beginnt die Frist zu laufen, sobald der Anfechtungsberechtigte vom Grund der Anfechtung Kenntnis hat, also Tatsachen kennt, aus denen sich sein Irrtum oder der Irrtum seines Erklärungsboten ergibt. Kennt er den Irrtum nicht, so beginnt die Frist auch dann nicht zu laufen, wenn die Unkenntnis auf Fahrlässigkeit beruht. Ist ein Unternehmen – ein Einzelkaufmann oder eine juristische Person, z.B. eine GmbH – Vertragspartner geworden und daher anfechtungsberechtigt, so genügt es, wenn die Kenntnis zwar nicht von dem Kaufmann oder den Organen der juristischen Person selbst, wohl aber von solchen Personen erlangt worden ist, die entweder im Namen des Unternehmens die Anfechtungserklärung abzugeben bevollmächtigt oder doch nach seiner Organisation dazu berufen sind, entsprechende Informationen entgegenzunehmen und zu verwerten (vgl. § 166 und Rn. 439 ff.). In jedem Falle – also auch bei Unkenntnis des Irrtums – erlischt das Anfechtungsrecht, wenn seit Abgabe der irrtumsbehafteten Erklärung mehr als 10 Jahre vergangen sind (§ 121 Abs. 2). 383

Hat die Frist zu laufen begonnen, so darf mit der Anfechtungserklärung nicht „schuldhaft gezögert", also nicht länger gewartet werden, als dies unter sonst gleichen Umständen ein vernünftiger Mensch täte, der „die im Verkehr erforderliche Sorgfalt" (§ 276 Abs. 2) beachtet, also auch die schutzwürdigen Interessen der anderen Partei gebührend in Rechnung gestellt hat. Eine gewisse Prüfungs- und Überlegungsfrist ist zwar zuzubilligen. Aber sie ist 384 umso kürzer, je größer nach den Umständen die Besorgnis ist, dass der Anfechtungsberechtigte sonst auf Kosten der anderen Partei spekulieren könnte. Man wird deshalb annehmen müssen, dass derjenige, der von seiner Bank Wertpapiere gekauft hat, die zu schwankenden Kursen an der Börse gehandelt werden, noch an dem Tage anfechten muss, an dem er Kenntnis von seinem Irrtum erlangt hat.

385 Wie jede andere Willenserklärung muss auch eine Anfechtungserklärung, wenn sie wirksam werden soll, dem Anfechtungsgegner zugegangen sein (§ 130). Ausnahmsweise gilt eine solche Erklärung aber auch dann als rechtzeitig abgegeben, wenn sie vor Ablauf der Frist abgeschickt worden ist, mag sie auch erst nach Fristablauf zugegangen sein (§ 121 Abs. 1 Satz 2).

2. Täuschung und Drohung

386 Wer arglistig getäuscht oder widerrechtlich bedroht worden ist, muss seine Erklärung vor Ablauf eines Jahres angefochten haben (§ 124 Abs. 1). Diese Jahresfrist beginnt zu laufen, sobald der Anfechtungsberechtigte die Täuschung entdeckt hat oder die Zwangslage beendet ist, in die ihn die Drohung versetzt hat (§ 124 Abs. 2). In jedem Falle ist die Anfechtung wegen Täuschung oder Drohung ausgeschlossen, wenn seit Abgabe der anfechtbaren Erklärung 10 Jahre vergangen sind (§ 124 Abs. 3).

387 Hat die getäuschte oder bedrohte Vertragspartei die Ausschlussfristen des § 124 versäumt, so ist der Vertrag zwar als endgültig wirksam anzusehen. Gleichwohl kann die Partei aus dem Umstand, dass sie getäuscht oder bedroht worden ist, auch jetzt noch bestimmte Rechte herleiten. Liegt in der Täuschung oder Drohung eine unerlaubte Handlung (§ 826), so kann sie, wenn sie auf Erfüllung des Vertrages in Anspruch genommen wird, die Einrede aus § 834 erheben und mit dieser Begründung die Vertragserfüllung verweigern (BGH NJW 1969, 904). Ferner bleibt sie trotz der Versäumung der Frist des § 124 Abs. 1 berechtigt, geltend zu machen, dass in der Täuschung oder Drohung ein Verschulden bei Vertragsverhandlungen liegt und ihr daher ein Anspruch auf Schadensersatz zusteht (BGH NJW 1995, 2361). Wenn sie allerdings Schadensersatz in der Form der Aufhebung des Vertrages verlangt, so muss dafür die Frist des § 124 Abs. 1 gewahrt sein (streitig, vgl. Rn. 363).

III. Anfechtungsfolgen

388 Eine Anfechtung ist wirksam, wenn drei Voraussetzungen erfüllt sind: Es muss ein **Anfechtungsgrund** gemäß § 119, 120 oder 123 vorliegen; der Anfechtungsberechtigte muss die Anfechtung gemäß § 143 **erklärt** und dabei die **Anfechtungsfristen** der §§ 121, 124 gewahrt haben. Sind diese Voraussetzungen erfüllt, so ist das angefochtene Geschäft gemäß § 142 Abs. 1 „als von Anfang an nichtig anzusehen". Ist ein Vertrag angefochten, so können aus ihm weder Erfüllungs- noch Schadensersatzansprüche wegen Pflichtverletzung hergelei-

tet werden; soweit aufgrund des angefochtenen Vertrages in der Vergangenheit Leistungen bereits erbracht worden sind, können die Parteien sie voneinander gemäß § 812 ff. zurückfordern.

Allerdings gelten besondere Regeln, wenn durch den angefochtenen Vertrag ein **Dauerschuldverhältnis** (Rn. 994 f.) begründet worden ist und die Parteien es bereits „in Vollzug gesetzt", also einander noch vor dem Wirksamwerden der Anfechtung Leistungen aufgrund des Vertrages erbracht, ja vielleicht sogar den Vertrag bis zum Ende seiner Laufzeit durchgeführt haben. Wenn nämlich alle diese Leistungen gemäß § 812 ff. zurückerstattet werden müssten, käme es zu einem Rattenschwanz von Abrechnungsproblemen, dies besonders dann, wenn der Vertrag schon lange Zeit – manchmal über Jahre hinweg – von den Parteien durchgeführt worden ist. Besonders bei **Arbeitsverträgen** wird deshalb angenommen, dass eine Anfechtung zwar zulässig ist, aber nur *ex nunc* wirkt, der Vertrag also – wie bei einer Kündigung – nur *pro futuro* ungültig wird (vgl. dazu *Bork* AT Rn. 960). Ähnliche Fragen entstehen auch bei in Vollzug gesetzten **Mietverträgen** (vgl. BGH NJW 2009, 1266 und dazu *Faust* JuS 2009, 178) und bei **Gesellschaftsverträgen** (vgl. BGHZ 63, 338, 344 f.). 389

Hat ein Käufer Eigentum an der ihm verkauften Sache erworben und sie, bevor der Verkäufer den dinglichen Vertrag wirksam angefochten hat, an einen Dritten veräußert, so führt der Rückwirkungseffekt des § 142 Abs. 1 dazu, dass es so angesehen werden muss, als habe der Dritte vom Nichteigentümer erworben. Es bedarf deshalb einer Regelung, nach der sich bestimmt, unter welchen Voraussetzungen der Dritte als gutgläubig angesehen werden und daher Eigentum erwerben kann. Aus §§ 142 Abs. 2 ergibt sich, dass auch in diesem Fall § 932 Abs. 2 anzuwenden ist, dies freilich mit der Maßgabe, dass es darauf ankommt, ob dem Dritten im Zeitpunkt des Erwerbs die **Anfechtbarkeit** des dinglichen Vertrages bekannt oder infolge grober Fahrlässigkeit unbekannt war (vgl. BGH NJW-RR 1987, 1456). 390

§ 8 Stellvertretung

A. Voraussetzungen der Stellvertretung

391 Ein entwickeltes System der arbeitsteiligen Produktion von Gütern und Leistungen könnte nicht funktionieren, wenn nicht Verträge auch von anderen Personen als den Vertragsparteien selbst ausgehandelt und abgeschlossen werden könnten. Wer einen Zeitungskiosk, ein Handwerk oder einen Kunsthandel als Alleinunternehmer betreibt, kann zwar noch alle Verträge mit seinen Lieferanten und Abnehmern persönlich abschließen. Aber sobald sein Unternehmen einen größeren Umfang angenommen hat, wird er sich zwar den Abschluss wichtiger Verträge noch selbst vorbehalten können, im übrigen aber andere Personen für sich tätig werden lassen müssen. Er wird also die für seinen Betrieb benötigten Waren nicht mehr selbst einkaufen, seine Mitarbeiter nicht selbst einstellen, eine Werbekampagne nicht selbst durchführen und seine Produkte nicht selbst verkaufen. Vielmehr wird er den Abschluss der dazu erforderlichen Verträge den Leuten seiner Einkaufsabteilung, einer Importfirma, seinem Personalchef, einer Werbeagentur oder den Angestellten seines Vertriebsressorts oder Handelsvertretern überlassen. Dass jemand Verträge, die ihn selbst betreffen, durch andere Personen abschließen lässt, liegt oft auch daran, dass er sich auf diese Weise die besondere Sachkunde oder die geschäftlichen Beziehungen anderer Personen zunutze machen will. So liegt es, wenn jemand einen Auktionator mit der Versteigerung eines Gemäldes beauftragt, ein Grundstückseigentümer die mit der Errichtung oder Verwaltung eines Miethauses verbundenen Geschäfte einem Architekten oder Grundstücksverwalter überlässt oder ein Buchautor, Konzertpianist, Liedersänger oder Berufssportler die Verträge mit Verlegern, Veranstaltern oder Sponsoren nicht mehr selbst abschließt, sondern zu diesem Zweck einen „Agenten" einschaltet. Sie alle können oder wollen aus den verschiedensten Gründen beim Abschluss von Verträgen nicht persönlich tätig werden, sondern machen sich die Vorteile der Arbeitsteilung dadurch zunutze, dass sie andere Personen damit beauftragen, „für sie", „statt ihrer", „für ihre Rechnung", „in ihrem Auftrag" oder „in ihrem Interesse" Verträge mit Dritten abzuschließen oder auch Erklärungen abzugeben oder entgegenzunehmen, die für die Abwicklung solcher Verträge bedeutsam sind.

Von ihrer wirtschaftlichen Funktion her betrachtet lassen sich alle diese 392
Fälle nicht recht voneinander unterscheiden. Für die rechtliche Analyse wird
dagegen unter der Bezeichnung „Stellvertretung" eine besondere Kategorie
für diejenigen Fälle gebildet, in denen der Vertrag, den der Beauftragte im Interesse seines Auftraggebers mit dem Dritten abgeschlossen hat, unmittelbar
zwischen dem Auftraggeber und dem Dritten zustande kommt. Die Voraussetzungen, unter denen dies angenommen werden darf, sind in § 164 Abs. 1
geregelt. Hat also ein Unternehmer seinen Personalchef mit der Einstellung
von Mitarbeitern, einen Importeur mit dem Einkauf der benötigten Rohstoffe, eine Werbeagentur mit der Placierung von Fernsehspots oder einen
Handelsvertreter mit dem Vertrieb seiner Fertigprodukte beauftragt, so wird
der Unternehmer nur dann selbst Partei der Verträge, die die Beauftragten
mit Dritten abgeschlossen haben, wenn beide Voraussetzungen des § 164
Abs. 1 erfüllt sind: Der Personalchef, der Importeur, die Werbeagentur oder
der Handelsvertreter müssen bei Vertragsabschluss „**im Namen**" des Unternehmers gehandelt haben (Rn. 394 ff.). Außerdem muss ihnen der Unternehmer eine ausreichende „**Vertretungsmacht**" erteilt haben (Rn. 411 ff.).

Die Regeln über die Stellvertretung gelten nicht nur dort, wo jemand für einen anderen 393
einen Vertrag mit einem Dritten abschließt. Beide Voraussetzungen des § 164 Abs. 1 –
Handeln in fremdem Namen und Vertretungsmacht – müssen darüber hinaus auch
dann erfüllt sein, wenn jemand für einen anderen in anderer Weise rechtsgeschäftlich
handeln, also für ihn einen Vertrag durch eine Anfechtung zu Fall bringen oder durch
einen Rücktritt oder eine Kündigung für erledigt erklären, eine Einrede erheben, einen
Vertrag genehmigen oder Vertretungsmacht erteilen will. § 164 Abs. 1 ist ebenso anzuwenden, wenn der Vertreter für den Vertretenen einen **dinglichen Vertrag** abschließt.
Hat also z.B. der Vertreter im Namen des Vertretenen eine Sache gekauft, so wird er,
wenn ihm die Kaufsache vom Verkäufer übergeben wird, regelmäßig auch den dinglichen Vertrag im Namen des Vertretenen abschließen, sich also mit dem Verkäufer darüber einigen, dass nunmehr der Vertretene Eigentümer sein soll. Allerdings erwirbt der
Vertretene Eigentum gemäß § 929 erst dann, wenn er auch den Besitz an der Kaufsache
erlangt. Ob das der Fall ist, darf *nicht* gemäß §§ 164 ff. beurteilt werden, weil der Erwerb und Verlust des Besitzes nicht auf rechtsgeschäftlichem Handeln, sondern auf einem „Realakt" beruhen. Maßgeblich sind deshalb die sachenrechtlichen Vorschriften,
insbesondere § 855: Danach wird der Vertretene selbst Besitzer, wenn sein Vertreter die
Herrschaft über die ihm übergebene Kaufsache als „Besitzdiener" für den Vertretenen
ausübt. Besitz kann der Vertretene auch gemäß § 868 erlangen, wenn er sich mit dem
Vertreter darüber geeinigt hat, dass dieser zwar den unmittelbaren Besitz an der Kaufsache erhalten, sie aber für den Vertretenen besitzen und ihn auf diese Weise zum „mittelbaren Besitzer" machen soll.

B. Handeln in fremdem Namen

I. Offenkundigkeitsprinzip

394 In fremdem Namen handelt nicht nur derjenige, der bei Vertragsverhandlungen mit dem Dritten **ausdrücklich** darauf hinweist, dass nicht er selbst, sondern ein anderer Vertragspartei werden soll. Gemäß § 164 Abs. 1 Satz 2 genügt es auch, wenn sich aus den „**Umständen**" ergibt, dass er den Vertrag als „Vertreter" schließen, also den „Vertretenen" zur Vertragspartei machen will. Jemand handelt also auch dann in fremdem Namen, wenn seine Erklärungen und sein sonstiges Verhalten – nach dem „objektiven Empfängerhorizont" ausgelegt – von einem vernünftigen Menschen unter Berücksichtigung der Begleitumstände und der erkennbaren Interessenlage dahin verstanden werden würden, dass er das Geschäft nicht für sich „als Eigengeschäft" abschließen, sondern dass er es unmittelbar mit Wirkung für und gegen den Vertretenen zustande bringen wollte. Auch wenn meist gesagt wird, dass das Handeln in fremdem Namen „**offenkundig**" sein – also offen zutage liegen – müsse, ist doch die bloße Erkennbarkeit dieses Umstands ausreichend. Sie ist freilich zum Schutze des Dritten auch erforderlich, weil er wissen können muss, wer sein Vertragspartner werden soll und für wessen Zahlungsfähigkeit und Vertragstreue er das Risiko trägt.

395 Wird also einem Klempnermeister ein Auftrag zur Reparatur eines Heizkessels erteilt, der mehrere Eigentumswohnungen versorgt, so werden die Eigentümer dieser Wohnungen auch dann Vertragsparteien, wenn der Klempner sie nicht kennt und nicht sie, sondern ein Hausverwalter ihm den Auftrag erteilt und dabei seine Eigenschaft als Hausverwalter offengelegt hat (BGH NJW-RR 2004, 1017). Auch wenn ein Architekt Dachpfannen zur Lieferung an eine bestimmte Baustelle bestellt, wird sich regelmäßig aus den Umständen ergeben, dass er nicht in eigenem Namen, sondern im Namen des Bauherrn handeln wollte; der Vertrag kommt deshalb, wenn dem Architekten eine ausreichende Vertretungsmacht erteilt war, unmittelbar zwischen dem Lieferanten der Pfannen und dem Bauherrn zustande, dies auch dann, wenn der Lieferant bei Vertragsabschluss den Namen des Bauherrn nicht kannte (vgl. OLG Brandenburg NJW-RR 2002, 1099). Ebenso liegt es, wenn die Dachpfannen von jemandem bestellt worden sind, der in einem Fahrzeug mit der Firmenaufschrift eines Bauunternehmers bei dem Lieferanten vorgefahren ist und mit seiner Zustimmung die Pfannen sogleich aufgeladen hat: Vertragspartei wird auch hier der Inhaber der Bauunternehmens, ohne dass es darauf ankommt, ob der Lieferant den Fahrer des Lieferwagens für den Inhaber gehalten oder ob er sich richtige, falsche oder gar keine Vorstellungen von der Rechtsform gemacht hat, in der das Bauunternehmen betrieben

wird. Allerdings wird dafür vorausgesetzt, dass ein „**unternehmensbezogenes Geschäft**" vorliegt, also der Vertragsinhalt und die Umstände den Schluss darauf zulassen, dass nach dem Willen der Beteiligten ein bestimmtes Unternehmen Vertragspartei werden sollte. Auch wer ein Angebot, eine Annahmeerklärung oder eine Bürgschaftserklärung mit seinem Namen unterschrieben hat, handelt dabei nicht in eigenem Namen, wenn er beweisen kann, dass in seiner Erklärung ein unternehmensbezogenes Geschäft liegt, weil sich aus hinreichenden Zusätzen zu der Unterschrift, aus dem Briefkopf des Schreibens oder aus anderen Umständen ergibt, dass die Erklärung im Namen eines bestimmten Unternehmens abgegeben sein sollte (vgl. BGHZ 62, 216; BGH NJW 1995, 43; BGH NJW-RR 2006, 109).

Einem Mieter ist es in der Regel gleichgültig, wer sein Vermieter ist; daher wird anzunehmen sein, dass eine Erbengemeinschaft als Eigentümerin eines Miethauses auch dann Partei des Mietvertrages wird, wenn nur einer der Miterben die Verhandlungen mit dem Mieter geführt und den Vertrag unterschrieben hat. – Wenn jemand in einem Reisebüro Flugtickets für eine 10köpfige Reisegruppe bestellt, so handelt er dabei nur insoweit in eigenem Namen, als es um seinen eigenen Flug geht; im übrigen handelt er im Namen der anderen Reisenden, auch wenn das Bestellformular allein von ihm „als Kunde" unterschrieben worden ist und er die Namen der Mitreisenden bei der Buchung nicht benannt hat (vgl. BGH LM § 164 Nr. 43; OLG Köln NJW-RR 1991, 918). Kann er allerdings die Namen der anderen Reisenden nicht rechtzeitig nennen, so haftet er der anderen Vertragspartei wie ein „Vertreter ohne Vertretungsmacht" (§ 179; Rn. 467 ff.). Andere Vertragspartei ist die Fluggesellschaft, in deren Namen das Reisebüro alle Erklärungen abgibt, die das Zustandekommen und die Durchführung des Luftbeförderungsvertrages betreffen („**aktive Stellvertretung**"). Soweit im Zuge der Vertragsdurchführung Erklärungen von dem **Fluggast** abgegeben werden, werden sie für und gegen die Fluggesellschaft wirksam, sobald sie dem **Reisebüro** zugegangen sind; das Reisebüro ist insoweit „**passiver Stellvertreter**" der Fluggesellschaft (§ 164 Abs. 3).

Wer im Zuge von Vertragsverhandlungen Erklärungen abgibt, handelt gewöhnlich in eigenem Namen. Wer etwas anderes behauptet, nämlich geltend macht, dass er in fremdem Namen gehandelt habe und daher nicht Vertragspartei geworden sei, trägt dafür die Beweislast. Dieser Beweis misslingt ihm, wenn er zwar beweisen kann, dass er in fremdem Namen handeln *wollte*, nicht aber, dass dieser Wille auch erkennbar hervorgetreten ist. Er wird dann so gestellt, wie wenn er in eigenem Namen gehandelt, also ein „Eigengeschäft" abgeschlossen hätte. Zwar wollte er ein solches Geschäft nicht. Aber gemäß § 164 Abs. 2 bleibt dieser Umstand „außer Betracht". Daraus folgt insbesondere, dass er nicht geltend machen kann, ihm stehe, weil der objektive Inhalt seiner Erklärung von seinem inneren Willen nicht gedeckt gewesen sei, gemäß § 119 Abs. 1 ein Recht zur Anfechtung seiner Erklärung wegen Inhaltsirrtums zu.

II. Geschäft für den, den es angeht

398 Das Offenkundigkeitsprinzip bezweckt den Schutz des Dritten: Er soll erkennen können, mit wem der Vertrag zustande kommt. Davon kann man dort eine Ausnahme machen, wo es dem Dritten gleichgültig ist, wer sein Vertragspartner wird. So liegt es bei Bargeschäften des täglichen Lebens. Wenn der Dritte Verkäufer ist und ihm der Kaufpreis bar bezahlt wird, so wird als sein Vertragspartner derjenige angesehen, „den es angeht", also derjenige, für den der Vertreter handeln wollte, mag dieser Wille dem Verkäufer bei Vertragsabschluss auch unerkennbar gewesen sein.

399 Hat also ein Vater vor Antritt einer Urlaubsreise seinen Sohn beauftragt, für ihn eine Briefmarkensammlung zu erwerben und sie bis zu seiner Rückkehr in seiner Wohnung aufzubewahren, so wird der Vater auch dann Partei des Kaufvertrags, wenn der Sohn die Verhandlungen mit dem Verkäufer in eigenem Namen geführt und den Kaufvertrag in eigenem Namen geschlossen hat, vorausgesetzt allerdings, dass er für seinen Vater handeln *wollte* und den Kaufpreis auf der Stelle bar bezahlt hat. Auch der dingliche Vertrag kommt mit demjenigen zustande, „den es angeht", also mit dem Vater; und da er auch mittelbarer Besitzer der dem Sohn übergebenen Sammlung wird (§ 868), geht das Eigentum daran vom Verkäufer unmittelbar auf den Vater über. Der Sohn hingegen wird nicht Eigentümer. Sein Vermieter erwirbt daher an der Sammlung kein Vermieterpfandrecht (§§ 562 ff., Rn. 739), dies auch dann nicht, wenn er den Sohn ohne grobe Fahrlässigkeit für den Eigentümer der Sammlung gehalten hat. Ebensowenig erwirbt ein Gläubiger des Sohnes ein Pfändungspfandrecht, wenn er die Sammlung in der Wohnung des Sohnes gepfändet hat (§ 804 ZPO). – Ähnlich liegt es, wenn die Ehefrau einen Kühlschrank gekauft und bar bezahlt hat: Auch hier werden beide Ehegatten Miteigentümer, sofern dies von der Ehefrau bei Abschluss des Vertrages gewollt war, mag auch ihr Wille dem Verkäufer unerkennbar gewesen sein (vgl. BGHZ 114, 74, 79). – Anders ist es zu beurteilen, wenn die Ehefrau den Kühlschrank auf Abzahlung gekauft hat. Zwar kann der Verkäufer Zahlung des Kaufpreises auch von dem Ehemann verlangen, aber nicht, weil die Ehefrau ihn bei Vertragsabschluss vertreten hätte, sondern weil die besonderen Voraussetzungen des § 1357 („Schlüsselgewalt") gegeben sind.

III. Handeln unter fremdem Namen

400 Mitunter kommt es vor, dass jemand beim Abschluss eines Vertrages mit einem Dritten unter einem Namen auftritt, der nicht sein eigener, sondern der Name einer bestimmten anderen Person oder ein Phantasiename ist. In einem solchen Fall spricht man von „Handeln unter fremdem Namen". Keine Besonderheiten gelten, wenn es dem Dritten auf den wirklichen Namen seines Vertragspartners überhaupt nicht ankommt, er sich also gar keine Vorstellungen – und deshalb auch keine Fehlvorstellungen – über seine Identität gemacht hat. So will der Inhaber eines Hotels einen Vertrag mit demjenigen schließen, der ihm an der Rezeption körperlich gegenübertritt, und ob der

B. Handeln in fremdem Namen

Name, mit dem sich der Gast in das Hotelregister einträgt, sein eigener, der eines Filmstars oder frei erfunden ist, macht für den Hotelinhaber keinen Unterschied. Der Vertrag kommt also zwischen ihm und dem Gast zustande. Das gilt auch, wenn jemand einen Vertrag unter dem Namen eines anderen schließt und die darin versprochene Leistung auf der Stelle erbringt. Auch hier ist es nämlich seinem Vertragspartner in der Regel gleichgültig, ob der andere den Namen, unter dem er aufgetreten ist, wirklich führt oder nicht. So liegt es, wenn A unter dem Namen des B Bücher oder einen Gebrauchtwagen verkauft und dem Käufer sogleich übergeben hat: Sowohl der Kaufvertrag wie der dingliche Vertrag kommen mit A zustande. Gehören die Bücher oder der Gebrauchtwagen in Wahrheit dem B, so erwirbt der Käufer daran das Eigentum, sofern er gutgläubig war, also A ohne grobe Fahrlässigkeit für den Eigentümer gehalten hat (§ 932; vgl. OLG Düsseldorf NJW 1989, 906; *Bork* AT Rn. 1409).

Anders liegt es, wenn der Dritte den Vertrag gerade mit derjenigen Person schließen will, unter deren Namen der Handelnde aufgetreten ist. So verhält es sich in der Regel, wenn der Handelnde dem Dritten ein schriftliches oder telefonisches Angebot gemacht und sich dabei eines fremden Namens bedient hat: Nimmt der Dritte ein solches Angebot an, so will er sich an denjenigen halten können, der wirklicher Inhaber des ihm genannten Namens ist, weil es sonst niemanden gibt, den er als seinen Vertragspartner identifizieren und auf Erfüllung des Vertrages in Anspruch nehmen könnte. In einem solchen Fall muss man unterscheiden, ob der *wirkliche* Inhaber des Namens demjenigen, der unter seinem Namen gehandelt hat, Vertretungsmacht oder – wie man auch sagt – Vollmacht erteilt hat: Ist das der Fall, so kommt der Vertrag mit dem Vollmachtgeber zustande. Anderenfalls wird der Handelnde als „Vertreter ohne Vertretungsmacht" angesehen. Das bedeutet, dass er selbst, weil er das Fehlen seiner Vertretungsmacht kannte, dem Dritten auf Erfüllung oder auf Schadensersatz statt der Leistung haftet, es sei denn, dass derjenige, für den er sich ausgegeben hat, den Vertrag noch nachträglich genehmigt (§§ 177, 179 Abs. 1).

Ist also z.B. ein Angestellter von seinem Chef beauftragt worden, für ihn eine Kreuzfahrt auf einem Luxusdampfer zu buchen, so wird der Chef auch dann Vertragspartei, wenn der Angestellte seinem Hang zu großspurigem Auftreten nachgegeben hat, im Namen des Chefs aufgetreten ist und den Vertrag mit dem Namen des Chefs unterschrieben hat. Hat sich der Angestellte hingegen am Telefon als sein Chef ausgegeben, und, um ihm einen Streich zu spielen, bei einer Buchhandlung eine Zahl von Büchern esoterischen oder erotischen Inhalts zur Lieferung an seine Anschrift bestellt, so wird der Chef nur dann Vertragspartei, wenn ihm die gelieferten Bücher gefallen und sein Verhalten den Schluss darauf zulässt, dass er den Vertrag mit dem Buchhändler erfüllen, die Bücher bezahlen und daher den Vertrag gemäß § 177 Abs. 1 genehmigen will. Anderenfalls kann sich der Buchhändler gemäß § 179 nur an den Angestellten selbst halten. Das kommt freilich nur dann in Betracht, wenn es ihm gelingt zu klären, dass es der Angestellte war, der die telefonische Bestellung aufgegeben hat.

IV. Handeln als Bote

403 Wer gegenüber dem Dritten eine eigene Erklärung im Namen des Vertretenen abgibt, ist Vertreter gemäß §§ 164 ff.; hingegen ist er nicht Vertreter, sondern **Bote**, wenn sein Verhalten nach den Umständen dahin zu verstehen ist, dass er dem Dritten die Erklärung eines Anderen überbringt. Für die Unterscheidung zwischen einem Vertreter und einem Boten kommt es darauf an, wie der Handelnde dem Dritten gegenüber aufgetreten ist: War dem Dritten erkennbar, dass der Handelnde ihm lediglich eine inhaltlich bereits festgelegte Erklärung seines Auftraggebers übermitteln wollte, so ist er Bote; er ist Vertreter, wenn der Dritte den Eindruck gewinnen konnte, dass ihm für seine Entscheidung ein gewisser Spielraum eingeräumt sei. Da ein Bote keine eigene Erklärung abgibt, kann ein unter 7 Jahre altes Kind als Bote tätig werden; der Vertreter muss dagegen, da er selbst eine eigene Erklärung abgibt, zwar nicht voll geschäftsfähig, aber doch wenigstens beschränkt geschäftsfähig sein (§§ 165, 106).

404 Praktisch relevant wird die Unterscheidung z.B. dann, wenn dem Boten oder Vertreter ein **Irrtum** unterläuft. Hat ein *Bote* versehentlich eine andere Erklärung übermittelt, als er sie übermitteln sollte, so kann sein Auftraggeber gemäß §§ 120, 119 anfechten. Hat dagegen ein *Vertreter* versehentlich etwas anderes erklärt, als er erklären wollte, so kann sein Auftraggeber – der Vertretene – wegen Irrtums anfechten, sofern sich der Vertreter bei Abgabe seiner Erklärung in einem Irrtum gemäß § 119 befunden hat (§ 166; Rn. 439 ff.). Allerdings kann in diesem Fall der Vertreter die Anfechtung im Namen des Vertretenen erklären, wenn sich die ihm erteilte Vertretungsmacht auch auf eine solche Anfechtungserklärung erstreckt. – Hingegen wird zwischen Bote und Vertreter kein Unterschied gemacht, wenn sie **absichtlich** etwas anderes übermittelt oder erklärt haben, als sie übermitteln oder erklären sollten. Denn § 179 wird in einem solchen Fall nicht nur auf den Vertreter, sondern nach herrschender Meinung auch auf den Boten angewandt. Daraus ergibt sich, dass der Auftraggeber in beiden Fällen nur dann an die Erklärung gebunden ist, wenn er sie genehmigt (Rn. 467 ff.). – Dagegen kommt es auf die Unterscheidung zwischen Bote und Vertreter an, wenn zweifelhaft ist, ob eine ihnen gegenüber abgegebene Erklärung gemäß § 130 dem Erklärungsadressaten **zugegangen** ist. Hat jemand seine Erklärung dem A zugedacht, aber gegenüber X abgegeben, so ist sie, wenn X *Vertreter* des A ist, A zugegangen, sobald sie X zugegangen ist; es liegt ein Fall passiver Stellvertretung vor. Sollte X dagegen die Erklärung als *Bote* dem A übermitteln, so kommt es für den Zeitpunkt des Zugangs ebenso wie für die Verteilung der sonstigen Übermittlungsrisiken darauf an, ob X als Erklärungsbote des Erklärenden oder als Empfangsbote des A anzusehen ist (vgl. Rn. 95 f.).

V. Handeln für fremde Rechnung

405 Wer einen Vertrag schließt und dabei nicht erkennbar in fremdem Namen auftritt, wird selbst Vertragspartei. Das gilt auch dann, wenn er bei Abschluss des Vertrages in fremdem Auftrag gehandelt hat, also ein Geschäft erledigt hat, zu dessen Besorgung er sich einem Auftraggeber verpflichtet hatte. Hat also jemand Waren gekauft, so ist er, wenn er bei Abschluss des Vertrages in eigenem Namen gehandelt hat, auch dann selbst zur Abnahme und Bezahlung der Waren verpflichtet, wenn ihn ein Dritter mit dem Kauf der Waren beauftragt hat, die Waren für den Dritten bestimmt sind und ihm vielleicht sogar vom Verkäufer „direkt" geliefert werden sollen. Auch eine Bank, die im Auftrag ihres Kunden Wertpapiere kauft oder verkauft, wird selbst Partei der Verträge, die sie darüber mit den Verkäufern oder Käufern abschließt. Ebenso verhält es sich in der Regel, wenn eine Werbeagentur im Auftrag ihres Kunden bei einem Zeitschriftenverleger eine Anzeige „schaltet" oder ein Zahnarzt im Auftrag seines Patienten von einem Zahntechniker eine Prothese herstellen lässt. Zwar werden die Werbeagentur und der Zahnarzt selbst Vertragsparteien. Aber um echte „Eigengeschäfte" handelt es sich für sie nicht. Vielmehr schließen sie die Verträge nicht „für eigene Rechnung", sondern **„für Rechnung"** ihrer Auftraggeber ab, also in der Weise, dass das wirtschaftliche Ergebnis des Geschäfts den Auftraggebern zugute kommen, freilich von ihnen auch das Risiko des Geschäfts getragen werden soll. In solchen Fällen spricht man von **„mittelbarer"** oder **„indirekter Stellvertretung"**. Das ist unschädlich, solange man sich klar darüber ist, dass zwischen „unmittelbarer Stellvertretung" – geregelt in §§ 164 ff. – und „mittelbarer Stellvertretung" streng unterschieden werden muss.

Hat jemand einen Kunsthändler beauftragt, für ihn von einem Dritten ein Gemälde zu erwerben, so wollen die Parteien – *wirtschaftlich* gesehen – erreichen, dass der Auftraggeber letztlich Eigentümer des Gemäldes werden, dass er den Kaufpreis aufbringen und dass umgekehrt der Händler vom Auftraggeber seine Auslagen ersetzt erhalten und sich für seine Mühe eine Provision verdienen soll. Für die *rechtliche* Betrachtung kommt es darauf an, ob der Händler beim Kauf des Gemäldes im Namen seines Auftraggebers gehandelt und sich dabei im Rahmen der ihm erteilten Vertretungsmacht gehalten hat. In diesem Falle liegt „unmittelbare Stellvertretung" vor; der Kaufvertrag kommt unmittelbar zwischen dem Verkäufer und dem Auftraggeber zustande. Anders liegt es, wenn der Auftraggeber aus irgendwelchen Gründen nicht nach außen in Erscheinung treten wollte und deshalb den Beauftragten „vorgeschickt", nämlich mit ihm vereinbart hat, dass er den Kaufvertrag zwar „für Rechnung" des Auftraggebers, aber doch *in eigenem Namen* mit dem Verkäufer abschließen solle. Geschieht das, so liegt „mittelbare Stellvertretung" vor: Der Händler muss als Käufer des Gemäldes den Kaufpreis bezahlen. Immerhin erwirbt er daran auch das Eigentum, sofern ihm das Gemälde vom Verkäufer zum Zweck der Übereignung übergeben wird und er auch den dinglichen Vertrag in eigenem Namen abgeschlossen hat. Behalten darf er das Gemälde aber nicht. Denn im Innenverhältnis zu seinem Auftraggeber liegt ein Geschäftsbesorgungsvertrag vor, aufgrund dessen er verpflichtet ist, dem Auftraggeber das Gemälde herauszugeben und ihm daran das Eigentum zu verschaffen (vgl. §§ 675, 667); umgekehrt kann er von ihm den Ersatz seiner Aufwendungen – insbesondere Erstattung des verauslagten Kaufpreises (vgl. §§ 675, 670) – sowie die Zahlung der vereinbarten Provision verlangen (Rn. 661 ff., 676 ff., 706 f.).

407 Das gilt entsprechend, wenn dem Kunsthändler der Auftrag erteilt war, ein Gemälde seines Auftraggebers für dessen Rechnung, aber in eigenem Namen zu **verkaufen**. In diesem Falle ist zu unterscheiden: Der *Kaufvertrag* kommt zwischen dem Händler und dem Dritten zustande; er ist auch nicht etwa deshalb unwirksam, weil das verkaufte Gemälde dem Händler nicht gehört (Rn. 538). Daraus folgt, dass der Dritte den Erfüllungsanspruch auf Lieferung des Gemäldes nur gegen den Händler geltend machen und dass er, wenn sich das ihm übergebene Bild als mangelhaft herausstellt, auch nur gegen ihn Gewährleistungsansprüche erheben kann. Der Dritte wird auch *Eigentümer* des Gemäldes, wenn es ihm übergeben wird. Zwar hat der Händler den dinglichen Vertrag gemäß § 929 in eigenem Namen abgeschlossen, und richtig ist auch, dass er nicht Eigentümer des Gemäldes war. Aber sein Auftraggeber hatte ihn zu der Verfügung über das Gemälde – hier: zu seiner Übereignung – *ermächtigt* (§ 185 Abs. 1). Daher ist die Übereignung des Gemäldes wirksam, dies selbst dann, wenn der Dritte wusste, dass es dem Händler nicht gehörte.

408 Aus dem Umstand, dass der Händler bei Abschluss der Verträge in eigenem Namen handelt, ergibt sich, dass alle Ansprüche und Rechte, die er – sei es als Käufer, sei es als Verkäufer – aufgrund dieser Verträge erwirbt, *in sein Vermögen* fallen und daher von seinen Gläubigern gepfändet oder, wenn er insolvent wird, von seinem Insolvenzverwalter zur Masse gezogen werden können (§§ 35, 148 Insolvenzordnung). Das gilt, wenn der Händler für Rechnung seines Auftraggebers *gekauft* hat, für seinen Anspruch auf Lieferung des Gemäldes sowie, nachdem es geliefert ist, für das von ihm daran erworbene Eigentum. Das gilt ferner, wenn er *verkauft* hat, für seinen Anspruch auf den Kaufpreis. Darin liegt für den Auftraggeber ein erhebliches Risiko. Hat er den Händler mit dem *Kauf* des Gemäldes beauftragt und ihm den Kaufpreis dafür bereits vorgeschossen, so riskiert er, dass der Händler noch vor der Ausführung des Auftrags zahlungsunfähig oder dass das von ihm erworbene Gemälde von einem seiner Gläubiger gepfändet wird. Wenn der Händler *verkaufen* sollte und es aufgrund der ihm erteilten Ermächtigung dem Dritten bereits übereignet hat, so riskiert er, dass der Händler den dafür empfangenen Kaufpreis zur Befriedigung anderer Gläubiger verwendet. Diese Risiken kann der Auftraggeber zwar nicht ganz ausschließen, aber doch dadurch mindern, dass er sich die Ansprüche des Händlers im Voraus abtreten und sich das Eigentum an dem Gemälde im Voraus (nämlich durch vorweggenommene dingliche Einigung und ein „antizipiertes Besitzkonstitut") übertragen lässt. Vgl. *Baur/Stürner*, Sachenrecht (18. Aufl. 2009) § 51 Rn. 31 f.

409 Ein praktisch wichtiger Fall der „mittelbaren Stellvertretung" liegt vor, wenn es jemand als **„Kommissionär"** gewerbsmäßig übernommen hat, „Waren oder Wertpapiere für Rechnung eines Anderen (des Kommittenten) in eige-

nem Namen zu kaufen oder zu verkaufen" (§ 383 HGB). Auch ein **Spediteur** handelt, wenn er mit einem Frachtführer die Beförderung von Waren seines Auftraggebers vereinbart, grundsätzlich in eigenem Namen und wird deshalb selbst Partei des Beförderungsvertrages (§ 453 HGB). Dies gilt auch dann, wenn dem Dritten die Identität desjenigen bekannt ist, für dessen Rechnung der Kommissionär oder der Spediteur den Vertrag geschlossen hat. „Mittelbarer Stellvertreter" ist auch derjenige, der von seinem Auftraggeber als „**Strohmann**" vorgeschickt oder dem von ihm ein Grundstück, ein Unternehmen oder ein anderer Vermögensgegenstand als „**Treuhänder**" übertragen worden ist: Schließen der Strohmann oder der Treuhänder auftragsgemäß Verträge mit Dritten, so handeln auch sie dabei für Rechnung ihrer Auftraggeber, aber doch in eigenem Namen.

Dass das deutsche Recht eine scharfe Trennlinie zwischen Handeln in eigenem Namen und Handeln in fremdem Namen zieht, darf nicht den Blick dafür verstellen, dass beides – von ihrer wirtschaftlichen Funktion her betrachtet – Holz vom gleichen Stamme ist. Im anglo-amerikanischen Common Law fasst man denn auch beide Fälle unter dem Namen „**agency**" zusammen. Zwar wird durchaus anerkannt, dass unterschiedliche Interessen auf dem Spiel stehen und daher unterschiedliche Regeln erforderlich sind, je nachdem, ob dem Dritten bei Vertragsschluss erkennbar war, dass der Auftraggeber sein Vertragspartner werden solle („disclosed agency") oder nicht („undisclosed agency"). Gleichwohl geht es nach Auffassung des Common Law in beiden Fällen um den gleichen Lebenssachverhalt, nämlich darum, dass jemand im Auftrag und im Interesse eines anderen mit einem Dritten in eine vertragliche Verbindung tritt. Diesem Ansatz folgen auch die Principles of European Contract Law (vgl. Art. 3:101 ff.). Insbesondere stellen sie – ähnlich wie im Common Law – detaillierte Regeln auf, nach denen auch im Falle einer „undisclosed agency" unter bestimmten Voraussetzungen dem Auftraggeber der unmittelbare „Durchgriff" gegen den Dritten und diesem der unmittelbare „Durchgriff" gegen den Auftraggeber gestattet sind. Vgl. *Kötz* EVR S. 332 f., 364 ff.

C. Vertretungsmacht

I. Gesetzliche Vertretung

Hat jemand eine Willenserklärung als Vertreter abgegeben, so wirkt sie nur dann für und gegen den Vertretenen, wenn der Vertreter sich mit der Erklärung „innerhalb der ihm zustehenden Vertretungsmacht" gehalten hat (§ 164 Abs. 1). Ebenso liegt es, wenn jemand als „passiver" Vertreter die Erklärung eines Dritten für den Vertretenen entgegennimmt (§ 164 Abs. 3). Meist beruht die Vertretungsmacht des Vertreters auf einem Rechtsgeschäft, nämlich einer Erklärung des Vertretenen, mit der er seinen Willen kundtut, dass der Vertreter mit Wirkung für und gegen ihn Erklärungen gegenüber Dritten soll abgeben und Erklärungen von Dritten soll entgegennehmen können. Dagegen spricht man von „**gesetzlicher Vertretung**", wenn sich die Vertretungsmacht unmittelbar aus einer gesetzlichen Vorschrift ergibt und es daher für sie auf ein Einverständnis des Vertretenen nicht ankommt. Gesetzliche Vertretung wird z.B. dort angeordnet, wo jemand nicht oder nur in beschränktem Umfang geschäftsfähig ist und deshalb nicht selbst rechtlich erhebliche Erklärungen abgeben kann. Insbesondere steht den Eltern kraft Gesetzes das Recht zur Sorge für ihre unmündigen Kinder und damit auch das Recht zu ihrer gesetzlichen Vertretung zu (§§ 1626 Abs. 1, 1629). Wenn ein Minderjähriger nicht unter elterlicher Sorge steht, z.B. weil die Eltern verstorben sind oder ihnen die elterliche Sorge entzogen worden ist, so wird für ihn vom Familiengericht ein **Vormund** und damit ein gesetzlicher Vertreter bestellt (§§ 1773, 1793 Abs. 1). Auch die Vertretungsmacht des **Betreuers** oder **Pflegers** beruht auf gesetzlichen Vorschriften (vgl. z.B. §§ 1896, 1902, 1909 ff.). Juristische Personen, wie z.B. ein eingetragener Verein, eine Aktiengesellschaft, eine GmbH – sind als solche gänzlich handlungsunfähig. Sie handeln durch ihre **Organe**, also durch ihren Vorstand (§§ 26 BGB, 78 AktG) oder ihren Geschäftsführer (§ 35 GmbHG), die ihrerseits die Stellung von gesetzlichen Vertretern der juristischen Personen haben. Schließlich stehen gesetzlichen Vertretern auch diejenigen Personen nahe, die – wie z.B. der vom Erben eingesetzte **Testamentsvollstrecker** (§ 2197) oder der vom Insolvenzgericht ernannte **Insolvenzverwalter** (§ 27 InsO) – befugt sind, nach Maßgabe gesetzlicher Vorschriften ein fremdes Vermögen zu verwalten, über Gegenstände des Vermögens zu verfügen und Geschäfte in der Weise abzuschließen, dass der Inhaber des Vermögens – also die Erben oder der Gemeinschuldner – daraus berechtigt und verpflichtet werden.

II. Vollmacht

1. Erteilung und Umfang der Vollmacht

Wenn die Vertretungsmacht „durch Rechtsgeschäft" erteilt wird, nennt man sie „**Vollmacht**"; dem entspricht es, dass, wer eine Vollmacht erteilt hat, auch als „Vollmachtgeber" und derjenige, dem sie erteilt wird, auch als „Bevollmächtigter" bezeichnet werden (vgl. § 166 Abs. 2). Das Rechtsgeschäft, das die Vollmacht zur Entstehung bringt, ist eine Willenserklärung des Vollmachtgebers, die empfangsbedürftig ist (§ 130), also entweder dem zu Bevollmächtigenden zugehen muss – dann spricht man von einer **Innenvollmacht** – oder sonst dem Dritten, dem gegenüber die Vertretung stattfinden soll (**Außenvollmacht**; vgl. § 167 Abs. 1). In der Praxis kommt es häufig vor, dass der Vollmachtgeber zunächst eine Innenvollmacht erteilt, dann aber außerdem dem Dritten „durch besondere Mitteilung" oder der Allgemeinheit „durch öffentliche Bekanntmachung" – also z.b. durch ein Zeitungsinserat oder einen Anschlag in seinen Geschäftsräumen – zur Kenntnis bringt, dass er schon früher eine Innenvollmacht erteilt habe (vgl. § 171 Abs. 1).

Eine Vollmacht kann sich auf ein bestimmtes einzelnes Geschäft („**Spezialvollmacht**"), auf einen bestimmten Kreis gleichartiger Geschäfte, oder, wenn eine „**Generalvollmacht**" erteilt ist, auf grundsätzlich sämtliche Geschäfte beziehen. Der Vollmachtgeber kann die Vollmacht auch zwei oder mehr Personen erteilen und dabei bestimmen, dass sie nur gemeinsam für ihn sollen handeln können („**Gesamtvertretung**"). So mag ein Unternehmer zwei Angestellte haben, die er beide zwar für verlässlich hält, aber aus Vorsicht doch nur *gemeinsam* für sich agieren lassen möchte. Er wird sie dann zu „Gesamtprokuristen" bestellen (§ 48 Abs. 2 HGB) oder ihnen für den Abschluss eines bestimmten Geschäfts eine Gesamtvollmacht erteilen.

Praktische Bedeutung hat die Gesamtvertretung vor allem in Fällen der gesetzlichen Vertretung. Insbesondere sind die Eltern nur gemeinsam zur Vertretung ihrer unmündigen Kinder befugt, sofern nicht „Gefahr im Verzug" ist und deshalb auch nur die Mutter oder nur der Vater sofort muss wirksam handeln können (§ 1629 Abs. 1 Satz 2 und 4). Schließt nur die Mutter einen Vertrag im Namen des Kindes mit einem Dritten ab, so genügt es, wenn sie vom Vater zum Abschluss des Geschäfts **ermächtigt** worden ist; sie muss dann zwar im Namen des Kindes, braucht aber nicht auch im Namen des Vaters zu handeln. Auf diese Ermächtigung sind die Regeln der §§ 182–184 entsprechend anzuwenden. Sie kann also vom Vater sowohl im Voraus wie nachträglich und sowohl gegenüber der Mutter wie gegenüber dem Dritten erklärt werden. Sie kann auch in einem schlüssigen Verhalten liegen. Soweit es um „passive Stellvertretung" geht, also um Erklärungen, die ein Dritter gegenüber dem Minderjährigen abgibt, genügt es, wenn sie nur dem einen Elternteil zugehen (§ 1629 Abs. 1 Satz 2). Alle diese Regeln gelten auch für andere Fälle der Gesamtvertretung, dies selbst dann, wenn sie nicht – wie z.B. in §§ 125 Abs. 2 Satz 2 und 3 HGB, 78 Abs. 2 und 4 AktG – in gesetzlichen Vorschriften niedergelegt sind.

In der Regel wird die Vollmacht durch eine **ausdrückliche** Erklärung erteilt; sie kann mündlich oder schriftlich abgegeben und auch von einem Notar beglaubigt oder beurkundet sein. Es genügt aber auch, wenn sich aus dem Verhalten des Vollmachtgebers unter Berücksichtigung der Begleitumstände der Schluss ziehen lässt, dass er eine Vollmacht erteilen wollte. Man spricht dann von einer **stillschweigenden** oder **durch schlüssiges Verhalten** erteilten Vollmacht. Ist der **Umfang** der Vollmacht in der Erklärung des Vollmachtgebers nicht klar bestimmt, so ist nach den allgemeinen Auslegungsregeln zu entscheiden, wie sie zu verstehen ist und welchen Umfang sie danach hat: Hat er sie gegenüber dem Vertreter abgegeben („Innenvollmacht"), so muss man fragen, wie dieser sie verstehen konnte und durfte. Ist die Erklärung gegenüber Dritten abgegeben oder ihnen kundgetan worden, so kommt es auf das Verständnis der Dritten an. Hat z.B. ein Kaufmann seinem Angestellten oder der eine Ehegatte dem anderen eine „**Bankvollmacht**" erteilt und dabei den Umfang der von ihr gedeckten Geschäfte nicht klar bestimmt, so wird eine solche Vollmacht in der Regel dahin zu verstehen sein, dass der Bevollmächtigte über ein vorhandenes Guthaben verfügen darf, soweit solche Verfügungen im Rahmen des geschäftlich Üblichen oder der gemeinsamen Haushaltsführung liegen. Dagegen werden von einer Bankvollmacht Geschäfte des Bevollmächtigten nicht gedeckt, mit denen er das Konto des Vollmachtgebers überzieht oder in seinem Namen einen Kredit bei der kontoführenden Bank aufnimmt.

416 Auslegungsfrage ist oft auch, ob der Bevollmächtigte eine **Untervollmacht** erteilen, also z.b. einem Dritten Vollmacht zur Vornahme eines bestimmten Geschäfts erteilen darf, das er so auch *selbst* im Namen des Vollmachtgebers hätte vornehmen können (Rn. 457, 473). – Wer jemandem eine bestimmte „Stellung" einräumt, erteilt ihm damit, auch wenn darüber unter den Beteiligten kein Wort gewechselt worden ist, eine Vollmacht für solche Geschäfte, wie sie gewöhnlich zur ordnungsmäßigen Erfüllung der mit der betreffenden Stellung verbundenen Aufgaben erforderlich ist. Hat z.B. ein Bauherr einen Architekten mit der Durchführung eines Bauvorhabens beauftragt, so liegt darin auch die (stillschweigende) Erteilung einer Vollmacht für Geschäfte, wie sie die Erledigung eines solchen Auftrags regelmäßig mit sich bringt. Der Architekt kann also mit Wirkung für und gegen den Bauherrn Bauleistungen an Bauhandwerker vergeben, soweit sie nicht aus dem Rahmen des Üblichen herausfallen, also z.B. auf Zusatzleistungen abzielen, die die geplante Bausumme erheblich überschreiten (vgl. BGH NJW 1978, 995). Freilich kann es Grenzfälle geben, in denen der Dritte Zweifel am Umfang der Vertretungsmacht durch eine Rückfrage beim Vollmachtgeber klären muss. Solche Rückfragen kosten Zeit und Geld, an deren Vermeidung besonders im kaufmännischen Geschäftsverkehr ein erhebliches Interesse besteht. § 54 HGB bestimmt deshalb, dass die Vollmacht des **Handlungsbevollmächtigten**, der „zur Vornahme einer bestimmten, zu einem Handelsgewerbe gehörenden Art von Geschäften" bestellt ist, sich auf alle Handlungen erstreckt, die „die Vornahme derartiger Geschäfte gewöhnlich mit sich bringen". Zwar steht es dem Unternehmer frei, seinem Handlungsbevollmächtigten bestimmte Geschäfte zu verbieten. Ein solches Verbot kann er aber einem Dritten nur dann entgegenhalten, wenn es der Dritte kannte oder kennen musste (§ 54 Abs. 3 HGB). Auch ein **Ladenangestellter** gilt als bevollmächtigt, Waren zu verkaufen oder in Empfang zu nehmen, wenn und soweit dies „in einem derartigen Laden" gewöhnlich geschieht (§ 56 HGB). Noch einen Schritt weiter geht der Gesetzgeber dort, wo jemand zum **Prokuristen** bestellt worden ist oder als **Gesellschafter** einer OHG, als **Geschäftsführer** einer GmbH oder als **Vorstandsmitglied** einer AG gehandelt hat. Diesen Personen steht kraft Gesetzes eine besonders umfassende Vertretungsmacht zu; außerdem ist jegliche Beschränkung dieser Vertretungsmacht im Außenverhältnis zu Dritten unwirksam (vgl. §§ 50, 126 HGB; 37 Abs. 2 GmbHG; 82 Abs. 1 AktG). Hiervon macht die Rechtsprechung nur dann gewisse Ausnahmen, wenn ein offensichtlicher **Missbrauch der Vertretungsmacht** vorliegt (Rn. 460 ff.).

417 Anders ist es zu beurteilen, wenn der Vollmachtgeber dem Vertreter nicht eine bestimmte „Stellung" anvertraut und ihm damit auch nicht eine Vollmacht zum Abschluss der Geschäfte erteilt hat, die die betreffende Stellung gewöhnlich mit sich bringt. Insbesondere dort, wo die Vollmacht nur für ein bestimmtes einzelnes Geschäft gelten soll („Spezialvollmacht"), bleibt es bei dem Grundsatz, dass der Vollmachtgeber selbst darüber entscheidet, welchen Umfang die von ihm erteilte Vollmacht haben soll. Hat also jemand ei-

nen Bekannten mit dem Verkauf eines Gebrauchtwagens beauftragt, ihm eine entsprechende Verkaufsvollmacht erteilt und dabei erklärt, dass er einen Kaufpreis von mindestens 8.000 € erwarte, so ist zunächst zu fragen, wie diese Erklärung – richtig ausgelegt – zu verstehen ist. Sie kann lediglich die Pflichten im Innenverhältnis konkretisieren, also z.B. den Sinn haben, dass der Bekannte zwar nach Möglichkeit für den Wagen 8.000 € erzielen soll, sich aber, wenn ihm dies trotz pflichtgemäßer Anstrengungen nicht gelingt, auch mit weniger zufrieden geben darf. In diesem Falle würde sich der Bekannte, wenn er den Wagen an den ersten besten Interessenten für 7.000 € verkauft, zwar seinem Auftraggeber ersatzpflichtig machen. Aber der Vertrag wäre von der Vertretungsmacht gedeckt und daher für den Auftraggeber bindend. Liegt hingegen in der Erklärung eine echte Beschränkung der Vollmacht, so handelt der Bekannte als Vertreter ohne Vertretungsmacht, wenn er den Wagen einem Dritten für 7.000 € verkauft; an diesen Vertrag ist der Vollmachtgeber nicht gebunden, sofern er ihn nicht genehmigt (vgl. § 177). Das ist auch nicht unbillig. Wer einen Vertrag schließt, läuft, wenn für die andere Partei ein Vertreter gehandelt hat, stets das Risiko, dass es dem Vertreter an Vertretungsmacht fehlt. Gegen dieses Risiko kann er sich z.B. dadurch schützen, dass er vor Vertragsabschluss Rückfrage beim Vollmachtgeber hält, von dem Vertreter die Vorlage einer Vollmachtsurkunde verlangt oder sich z.B. eine Vereinbarung ausbedingt, nach der er eigene Leistungen so lange zurückhalten darf, bis der Vollmachtgeber sein Einverständnis mit dem Vertrag erklärt hat.

Eine Vollmacht gilt auch dann als durch schlüssiges Verhalten erteilt, wenn jemand Kenntnis davon hat, dass eine bestimmte Person für ihn wie ein Vertreter aufgetreten ist und er dieses Verhalten wissentlich geschehen ließ, es also **geduldet** hat, und infolgedessen ein Dritter, als er den Vertrag schloss, nach den Umständen annehmen durfte und angenommen hat, dass der als Vertreter Handelnde bevollmächtigt sei.

So z.B. *Flume* AT § 49, 3; *Faust* AT § 26 V. Demgegenüber nehmen die Rechtsprechung und die herrschende Lehre an, dass es sich in Fällen der „**Duldungsvollmacht**" nicht um eine durch schlüssiges Verhalten erteilte Vollmacht handelt, sondern darum, dass der Vertretene durch die Duldung des Vertreterhandelns den **Rechtsschein** einer Vollmacht gesetzt habe. Vgl. z.B. BGH NJW 1997, 312, 314; BGH NJW 2002, 2325, 2327; BGH NJW 2005, 2986; *Bork* AT Rn. 1556 f.; Rn. 438. Freilich hat der BGH entschieden, dass eine verbindliche Erklärung auch dann vorliegt, wenn dem Erklärenden zwar ein „Erklärungsbewusstsein" gefehlt hat, er aber bei Anwendung der im Verkehr erforderlichen Sorgfalt erkennen musste, dass sein Verhalten als eine Erklärung bestimmten Inhalts verstanden werden würde (Rn. 288 f.). Nicht anders liegt es aber auch im Falle einer Duldungsvollmacht. Der Streit hat freilich kaum praktische Bedeutung, weil nach beiden Auffassungen eine Vollmacht als gegeben und der Vertrag daher als zustande gekommen anzusehen ist.

2. Vollmacht und Grundgeschäft

420 Vollmachten werden nicht grundlos erteilt. Ihr Zweck ergibt sich aus dem **Grundgeschäft**, das den Vollmachtgeber mit dem Bevollmächtigten verbindet. In aller Regel handelt es sich dabei um einen **Vertrag**, der die eine Partei verpflichtet, für ihren Auftraggeber bestimmte Arbeiten auszuführen oder Geschäfte zu besorgen, dabei (auch) in Kontakt zu Dritten zu treten und mit ihnen Verträge zu schließen, die unmittelbar für und gegen den Auftraggeber wirken sollen. Zweck, Inhalt und Dauer der Vollmacht hängen deshalb eng mit Zweck, Inhalt und Dauer des Vertrages zusammen, der zwischen dem Vollmachtgeber und dem Bevollmächtigten besteht. Dennoch ist es sinnvoll und – wie sich § 168 Satz 1 entnehmen lässt – geboten, zwischen der Vollmacht und „dem ihrer Erteilung zugrunde liegenden Rechtsverhältnis" zu unterscheiden. Soweit nämlich Zweifel daran bestehen, ob der Vertrag, den der Beauftragte mit dem Dritten geschlossen hat, für und gegen den Auftraggeber wirksam geworden ist, kommt es ausschließlich darauf an, ob der Beauftragte im Namen des Auftraggebers gehandelt hat und sein Handeln auf eine ausreichende Vollmacht gestützt war. Wenn dagegen zweifelhaft ist, ob der Beauftragte, indem er das Geschäft mit dem Dritten abschloss, seine vertraglichen Pflichten erfüllt oder ob er sie verletzt hat und deshalb dem Auftraggeber wegen Pflichtverletzung Schadensersatz leisten muss, so ist allein auf den *Vertrag* und das in ihm vereinbarte Pflichtenprogramm abzustellen.

421 Hat also ein Händler den Gebrauchtwagen seines Auftraggebers in dessen Namen einem Käufer verkauft, so ist dieser Vertrag, wenn er von der dem Händler erteilten Vollmacht gedeckt war, auch dann für den Auftraggeber bindend, wenn nicht der Käufer, sondern ein Dritter dem Händler das höchste Gebot für den Wagen abgegeben hatte. Denn es ist die Vollmacht, die darüber entscheidet, was der Händler im „Außenverhältnis" zu Dritten mit Wirkung für und gegen den Auftraggeber tun **konnte**; dagegen entscheidet der Vertrag darüber, was er im Innenverhältnis zum Auftraggeber tun **sollte** und tun **durfte** und ob er sich ihm ersatzpflichtig gemacht hat, weil er das höchste Gebot ausgeschlagen und den Wagen ohne Not zu einem billigeren Preis dem Käufer verkauft hat.

422 Darüberhinaus wird allerdings oft die Auffassung vertreten, dass die Vollmacht gegenüber dem Vertrag, der ihrer Erteilung zugrunde liegt, „**abstrakt**" sei, beide Geschäfte also nicht bloß unterschieden werden müssten, sondern auch unabhängig voneinander auf ihre Wirksamkeit zu prüfen seien; diese Prüfung könne durchaus zu dem Ergebnis kommen, dass die Vollmacht gültig, der Vertrag hingegen nicht oder nicht mehr gültig sei. In der Praxis verhält es sich gleichwohl so, dass Vollmacht und Vertrag in aller Regel miteinander stehen und fallen. Nicht nur ergibt sich aus § 168 Satz 1, dass auch die Vollmacht **erlischt**, wenn der ihr zugrunde liegende Vertrag seine Wirksamkeit verliert, etwa weil er durch Kündigung, Rücktritt, Fristablauf oder Erfüllung beendet worden ist. Das gleiche ist aber auch dann anzunehmen,

wenn der Vertrag gar nicht erst wirksam zustande kommt: Dann **entsteht auch die Vollmacht nicht**. Verstößt der Vertrag gegen Gesetz oder gute Sitten (§§ 134, 138) oder wird er gemäß §§ 119 f., 123 angefochten, so haftet der gleiche Mangel in der Regel auch der Erklärung an, mit der die Vollmacht erteilt worden ist; auch sie ist deshalb nichtig. Aber auch sonst entspricht es gewöhnlich dem (vermutlichen) Parteiwillen, dass im Falle der Unwirksamkeit des Vertrages auch die Vollmacht nicht entstehen soll. Das wird oft damit begründet, dass die Parteien Vollmacht und Vertrag zu einer „Geschäftseinheit" verbinden und dadurch erreichen wollten, dass beide miteinander stehen und fallen.

Vgl. BGH NJW 1988, 697, 698; BGH NJW 2002, 2326. – Für die „Abstraktheit" der Vollmacht beruft man sich gern auf den Schulfall, in dem jemand einem beschränkt Geschäftsfähigen einen Auftrag und gleichzeitig eine Vollmacht erteilt hat: Der Auftrag sei, weil für den Beauftragten mit Pflichten verbunden, gemäß § 108 (schwebend) unwirksam; die Vollmacht hingegen sei gültig, weil sie für den beschränkt Geschäftsfähigen keine rechtlichen Nachteile mit sich bringe und ihm daher die Erklärung des Vollmachtgebers habe zugehen und damit wirksam werden können (§ 131 Abs. 2 Satz 2). Indessen entspricht es auch hier dem Willen des Vollmachtgebers, dass die Vollmacht nicht wirksam werden soll (so im Ergebnis auch *Medicus* AT Rn. 949). Sind demnach sowohl der Vertrag wie die Vollmacht unwirksam, so handelt der beschränkt Geschäftsfähige zwar als Vertreter ohne Vertretungsmacht. Daraus entsteht ihm aber kein Nachteil (§ 179 Abs. 3 Satz 2). **423**

Aus alledem ergibt sich, dass, wenn der Vertrag unwirksam oder erloschen ist, in aller Regel auch die Vollmacht als unwirksam oder erloschen angesehen werden muss. Allerdings muss in solchen Fällen immer noch geprüft werden, ob nicht aus den in §§ 170–173 genannten oder aus ähnlichen Gründen wenigstens der **Rechtsschein** einer Vollmacht bestanden hat, auf den der Dritte, als er den Vertrag schloss, vertraut hat und vertrauen durfte (vgl. Rn. 431 ff.). **424**

3. Form der Vollmacht

Gemäß § 167 Abs. 2 bedarf die Erklärung, mit der eine Vollmacht erteilt wird, „nicht der Form, welche für das Rechtsgeschäft bestimmt ist, auf das sich die Vollmacht bezieht". Das gleiche gilt für die Erklärung, mit der ein formbedürftiges Geschäft genehmigt wird (§ 182 Abs. 2). Gleichwohl ist anerkannt, dass eine Formvorschrift, die für das Geschäft des Vertreters gilt, auch auf die Erteilung der Vollmacht für dieses Geschäft anzuwenden ist, sofern schon durch sie für den Vollmachtgeber praktisch die gleiche Bindung eintritt, wie sie durch das Geschäft selbst für ihn begründet würde. Wird z.B. jemand zum Abschluss eines Vertrages bevollmächtigt, durch den er ein Grundstück des Vollmachtgebers verkaufen oder es für ihn kaufen und die zum Eigentumsübergang erforderliche „Auflassung" erklären soll, so müs- **425** sen gemäß §§ 311 b, 925 nicht nur der Kaufvertrag und die Auflassung selbst, sondern entgegen § 167 Abs. 2 auch die Vollmacht zum Abschluss dieser Geschäfte notariell beurkundet werden, sofern die Vollmacht **unwiderruflich** und damit der Vollmachtgeber mit ihrer Erteilung gerade so gebunden ist, wie wenn er die Erklärungen selbst abgegeben hätte. Das gilt auch dann, wenn die Vollmacht zwar widerruflich ist, aber nach der Vorstellung des Vollmachtgebers mit ihrer Erteilung eine tatsächliche Bindungswirkung eintritt. So liegt es z.B., wenn er damit rechnet, dass der Bevollmächtigte, weil dies für ihn nach den Umständen vorteilhaft ist, von der Vollmacht sogleich Gebrauch machen und den Grundstückskaufvertrag abschließen wird (vgl. BGH NJW 1979, 2306). Bei Bürgschaftserklärungen, die grundsätzlich zu ihrer Wirksamkeit der Schriftform bedürfen (§ 766), ist trotz § 167 Abs. 2 allgemein anerkannt, dass auch die Vollmacht zur Abgabe solcher Erklärungen schriftlich erteilt sein muss (BGHZ 132, 119). Auch bei einem Verbraucherdarlehensvertrag gilt die Schriftform nicht nur für den Vertrag selbst, sondern auch für die Erklärung, mit der der Verbraucher eine andere Person zum Abschluss eines solchen Vertrages bevollmächtigt (§ 492 Abs. 4 Satz 1). Vieles spricht deshalb für die im Schrifttum vordringende Ansicht, nach der trotz § 167 Abs. 2 sämtliche Formvorschriften, die bei bestimmten Geschäften vor Übereilung schützen und zu besonnener Überlegung anspornen sollen, auch für die Erklärungen gelten, durch die der Geschützte eine Vollmacht zur Vornahme dieser Geschäfte erteilt (vgl. aber BGHZ 138, 239: Danach bedarf die Vollmacht zum Abschluss eines Ehevertrages *nicht* der Form, die durch § 1410 für den Ehevertrag selbst bestimmt ist).

4. Beendigung der Vollmacht

426 a) **Erlöschen.** – Die Vollmacht erlischt, wenn sie auf bestimmte Zeit oder unter einer auflösenden Bedingung erteilt war und die Zeit abgelaufen oder die Bedingung eingetreten ist (§§ 158 Abs. 2, 163). Sie erlischt ferner, wenn das Grundgeschäft, also das der Bevollmächtigung zugrunde liegende Rechtsverhältnis – in aller Regel ein Vertrag – erlischt (§ 168 Satz 1). Hat also ein Händler seinen Angestellten mit der Auslieferung von Ware an seine Kunden beauftragt und ihm eine Inkassovollmacht erteilt, so erlischt die Vollmacht, wenn der Arbeitsvertrag durch Kündigung beendet oder von den Parteien einverständlich aufgehoben wird. Das gleiche gilt, wenn der Vertrag durch Rücktritt oder Fristablauf endet oder sich dadurch erledigt, dass der Beauftragte das ihm übertragene Geschäft für den Auftraggeber besorgt und damit auch die ihm nur zu diesem Zweck erteilte Vollmacht „verbraucht" hat. Auch wenn der Auftraggeber stirbt, kommt es für die Frage, ob die Vollmacht über seinen Tod hinaus fortdauert, darauf an, ob der *Vertrag* fortbesteht, aufgrund dessen sie erteilt war. Ist dieser Vertrag ein Auftrag (§§ 662 ff.),

so überdauert er – und mit ihm die Vollmacht – den Tod des Auftraggebers, sofern nichts anderes vereinbart ist oder sich aus den Umständen ergibt (§ 672 Satz 1); es ist dann Sache der Erben des Auftraggebers, ob sie die Vollmacht durch Widerruf beenden wollen und dazu berechtigt sind (Rn. 427 f.). Anders liegt es, wenn der *Beauftragte* stirbt: In diesem Fall erlöschen im Zweifel sowohl der Auftrag gemäß § 673 wie die zu seiner Durchführung erteilte Vollmacht gemäß § 168 Satz 1. Diese Regeln gelten entsprechend, wenn es sich bei dem Grundgeschäft nicht um einen Auftrag, sondern, weil der Beauftragte für seine Tätigkeit ein Entgelt erhalten soll, um einen Geschäftsbesorgungsvertrag handelt (§ 675; Rn. 661 ff.).

b) Widerruf. – Auch wenn das Grundgeschäft fortbesteht, kann die Vollmacht grundsätzlich jederzeit vom Vollmachtgeber widerrufen werden. Widerrufen wird sie ebenso, wie sie erteilt wird, also durch eine Erklärung des Vollmachtgebers, die er entweder an den Bevollmächtigten oder an den Dritten richten kann, dem gegenüber die Vertretung stattfinden soll (§§ 168 Satz 2, 167 Abs. 1). Deshalb kann die dem Arbeitnehmer erteilte Inkassovollmacht auch dann vom Arbeitgeber widerrufen werden, wenn der Arbeitsvertrag fortbesteht. 427

Aus § 168 Satz 2 ergibt sich, dass eine Vollmacht auch **unwiderruflich** erteilt sein kann; dies kann sich sowohl aus einer ausdrücklichen Bestimmung des Vollmachtgebers wie auch aus dem hypothetischen Parteiwillen ergeben. Allerdings liegt in einer unwiderruflichen Vollmacht eine erhebliche Beschränkung der Handlungsfreiheit des Auftraggebers, weil er das Geschäft, zu dessen Vornahme er bevollmächtigt hat, zwar noch selbst mit dem Dritten abschließen, sich aber von der einmal erteilten Vollmacht, weil sie unwiderruflich ist, nicht mehr lösen kann. Die Rechtsprechung nimmt deshalb an, dass eine Vollmacht nur dann als unwiderruflich angesehen werden darf, wenn sich aus dem Grundgeschäft ergibt, dass der Bevollmächtigte an der Unwiderruflichkeit ein schutzwürdiges eigenes Interesse hat. So liegt es z.B., wenn sich eine Bank zur Sicherung eines Kredits vom Kreditnehmer (nicht ein Grundpfandrecht an seinem Grundstück, sondern) eine unwiderrufliche Vollmacht einräumen lässt, nach der sie, wenn der Kredit nicht rechtzeitig zurückgezahlt wird, berechtigt ist, ein Grundstück des Kreditnehmers einem Dritten durch Auflassung zu übereignen; eine solche Vollmacht bedarf dann der notariellen Beurkundung (Rn. 425). Ebenso liegt es, wenn der Verkäufer das verkaufte Grundstück nicht selbst dem Käufer durch Auflassung übereignet, sondern ihn stattdessen durch eine unwiderrufliche Vollmacht instandsetzt, es durch Handeln in seinem Namen einem Dritten oder auch durch „Insichgeschäft" (Rn. 449 ff.) sich selbst aufzulassen. Selbst wenn die Vollmacht unwiderruflich ist, kann sie jedenfalls dann widerrufen werden, wenn dafür „ein wichtiger Grund" vorliegt. 428

c) Anfechtung. – Hat der Bevollmächtigte von der Vollmacht bereits Gebrauch gemacht und ein Geschäft mit einem Dritten abgeschlossen, so hilft es dem Vollmachtgeber nicht, wenn er, um der Bindung an das Geschäft auszuweichen, die Vollmacht jetzt erst widerruft oder dafür sorgt, dass der ihr zugrunde liegende Vertrag und damit auch sie selbst erlöschen. Denn sowohl 429 der Widerruf wie das Erlöschen der Vollmacht entfalten Wirkung nur pro futuro, also erst von dem Zeitpunkt an, in dem die Widerrufserklärung durch Zugang wirksam wird oder der Erlöschensgrund eintritt. **Rückwirkend** kann der Vollmachtgeber die Vollmacht nur dadurch aus der Welt schaffen, dass er die Erklärung, mit der er sie erteilt hat, wegen Irrtums oder wegen einer Täuschung oder Drohung anficht (§ 142). Das kommt z.B. dort in Betracht, wo er sich über eine wesentliche Eigenschaft der Person des Bevollmächtigten geirrt oder sich bei der Bestimmung des Umfangs der Vollmacht verschrieben oder versprochen hat. In einem solchen Falle muss aber der Vollmachtgeber nicht nur bei einer Außenvollmacht, sondern auch bei einer Innenvollmacht die Anfechtung **gegenüber dem Dritten** erklären, weil es ihm dabei in erster Linie um die Vernichtung des Geschäfts geht, das der Bevollmächtigte mit dem Dritten bereits abgeschlossen hat. Die Anfechtung führt dazu, dass das Geschäft, weil von einem Vertreter ohne Vertretungsmacht abgeschlossen, für den Vollmachtgeber nicht bindend ist. Andererseits kann aber der Dritte Ersatz des ihm durch den Wegfall des Geschäfts entstandenen Vertrauensschadens verlangen, und zwar nach seiner Wahl entweder gemäß § 179 Abs. 2 von dem vollmachtlosen Vertreter oder auch, insbesondere wenn der Vertreter zahlungsunfähig ist, entsprechend § 122 direkt vom Vollmachtgeber.

430 Alle diese Fragen sind im Schrifttum lebhaft umstritten, wenn auch in der Praxis, wie man am Fehlen von Rechtsprechung erkennen kann, offenbar ohne größere Bedeutung. Vgl. z.B. *Faust* AT § 28 Rn. 8 ff.; *Leipold* AT § 24 Rn. 37 f.; *Bork* AT Rn 1470 ff. MK-*Schramm* § 167 Rn. 107 ff.

5. Vollmacht kraft Rechtsscheins

431 Hat jemand einen Vertrag mit einem Dritten geschlossen oder ihm gegenüber eine Erklärung abgegeben und dabei zwar in fremdem Namen, aber ohne ausreichende Vollmacht gehandelt, so entstehen daraus für den Vertretenen grundsätzlich keinerlei rechtliche Folgen, es sei denn, dass er das Handeln des vollmachtlosen Vertreters genehmigt (Rn. 467 ff.). Das gilt unabhängig davon, ob eine Vollmacht nie gültig erteilt war oder ob sie vom Vollmachtgeber später angefochten oder widerrufen worden oder ob sie erloschen ist oder der Vertreter die Grenzen der Vollmacht überschritten hat. Jedoch gibt es Fälle, in denen es dem Vertreter bei Vornahme des Geschäfts zwar aus diesen Gründen an einer Vollmacht gefehlt hat, aber immerhin der **Rechtsschein** einer solchen Vollmacht gegeben war und der Dritte das Geschäft mit dem Vertreter im Vertrauen auf diesen Rechtsschein abgeschlossen hat. In einem solchen Falle wird es so angesehen, als sei eine ausreichende Vollmacht erteilt. Das gilt freilich nur, wenn besondere Voraussetzungen erfüllt sind. Einerseits muss der Rechtsschein auf einem Verhalten des Vertretenen beruhen, das sich ihm zurechnen lässt. Andererseits genügt das Vertrauen des

Dritten auf den Rechtsschein nur dann, wenn es nach den Umständen des Falles schutzwürdig ist. Diese allgemeinen Regeln hat das BGB in einer Reihe von gesetzlichen Tatbeständen näher ausgeformt (vgl. §§ 170–173; Rn. 432 ff.). Die Rechtsprechung hat diese Regeln darüber hinaus auf andere, ähnlich liegende Fälle ausgedehnt (Rn. 437 ff.).

a) Rechtsscheinvollmacht gemäß §§ 170–173. – Hat der Vollmachtgeber eine gültige Außenvollmacht erteilt, indem er eine entsprechende Erklärung gegenüber dem Dritten abgegeben hat, dem gegenüber die Vertretung stattfinden sollte, so wird diese Vollmacht zugunsten des Dritten so lange als wirksam angesehen, bis ihm der Vollmachtgeber ihr Erlöschen angezeigt hat (§ 170). Solange dies nicht geschehen ist, schadet es dem Dritten nicht, wenn die Vollmacht bei Vornahme des Geschäfts in Wahrheit nicht oder nicht mehr bestand. Er kann sich in einem solchen Fall auf den Rechtsschein der Vollmacht berufen. Allerdings ist er nicht schutzwürdig, wenn ihm bei Vornahme des Geschäfts mit dem Bevollmächtigten zwar vom Vollmachtgeber das Erlöschen der Vollmacht noch nicht angezeigt war, er aber aufgrund anderer Umstände wusste oder wissen musste, dass eine Vollmacht nicht mehr bestand (§ 173).

§ 171 folgt dem gleichen Grundgedanken für den Fall, dass der Vollmachtgeber die Vollmacht zunächst durch Erklärung gegenüber dem Bevollmächtigten erteilt und sodann das Bestehen dieser Innenvollmacht „durch besondere Mitteilung" einem oder mehreren Dritten kundgegeben hat; das gleiche gilt, wenn das Bestehen der Vollmacht „durch öffentliche Bekanntmachung" der Allgemeinheit kundgegeben worden ist. Auch in einem solchen Fall dürfen sich diejenigen, denen gegenüber die Kundgebung erfolgt ist, auf den Rechtsschein der Vollmacht verlassen, und zwar gemäß § 171 *Abs. 1*, wenn dem Vertreter eine Vollmacht nie erteilt worden ist oder die Erteilung von Anfang an nichtig war, gemäß § 171 *Abs. 2*, wenn die Vollmacht im Zeitpunkt der Kundgabe zwar noch bestand und erst danach vom Vollmachtgeber widerrufen worden oder erloschen ist. Der Schutz der Dritten endet, sobald ihnen gegenüber „die Kundgebung in derselben Weise, wie sie erfolgt ist, widerrufen wird"; ein Schutz der Dritten scheidet auch dann aus, wenn sie bei der Vornahme des Geschäfts mit dem Vertreter wussten oder wissen mussten, dass es ihm an einer gültigen Vollmacht fehlt. Das letztere folgt aus § 173 und muss auch dann gelten, wenn der dort nicht erwähnte, offensichtlich vergessene Fall des § 171 *Abs. 1* vorliegt, also die Vollmacht nie erteilt worden ist und deshalb nie bestanden hat.

Schließlich darf sich ein gutgläubiger Dritter auch auf denjenigen Rechtsschein verlassen, den der Vollmachtgeber dadurch geschaffen hat, dass er dem Bevollmächtigten eine **Vollmachtsurkunde** ausgehändigt hat (§ 172). Ist diese Urkunde dem Dritten bei der Vornahme des Geschäfts vorgelegt worden, so kann sich der Vollmachtgeber, wenn er aus dem Geschäft in Anspruch genommen wird, nicht darauf berufen, dass er eine Vollmacht in Wahrheit nie erteilt habe, dass die Erteilung von Anfang an nichtig oder dass die Vollmacht zwar zunächst gültig erteilt, inzwischen aber widerrufen oder erloschen sei; ebensowenig wird er damit gehört, dass er den Umfang der Vollmacht im Innenverhältnis zum Bevollmächtigten stärker eingeschränkt habe, als sich dies aus dem (richtig ausgelegten) Wortlaut der Vollmachtsurkunde ergibt. Allerdings muss die Urkunde dem Vertreter vom Vollmachtgeber „ausgehändigt" worden sein, es genügt daher nicht, wenn er sie dem Vollmachtgeber gestohlen oder sich auf andere Weise gegen seinen Willen in den Besitz der Urkunde gesetzt hat (vgl. BGHZ 65, 13). Erst recht reicht es nicht aus, wenn die Urkunde nicht echt ist, also nicht vom Vollmachtgeber stammt, sondern vom Vertreter oder von sonst jemandem gefälscht worden ist. Weiterhin muss das **Original** der Vollmachtsurkunde (nicht eine bloße Kopie) vorgelegt worden sein. Im Falle einer notariellen Urkunde genügt es, wenn statt des (beim Notar verbleibenden) Originals eine „Ausfertigung" der Urkunde vorgelegt wird.

435 Vgl. §§ 45, 47 BeurkundungsG. – Wie kann sich der Vollmachtgeber gegen das Risiko schützen, dass der Bevollmächtigte, obwohl eine Vollmacht nicht oder nicht mehr besteht, gleichwohl von der Vollmachtsurkunde gegenüber Dritten Gebrauch macht? Gemäß § 175 kann er von ihm die Rückgabe der Urkunde verlangen, und zwar nicht nur „nach dem Erlöschen der Vollmacht", sondern auch dann, wenn sie nie gültig erteilt war. Ferner kann er die Vollmachtsurkunde „durch eine öffentliche Bekanntmachung für kraftlos erklären" lassen (§ 176). Er kann sich schließlich die Frage vorlegen, welchen Dritten die Urkunde möglicherweise unbefugt vorgelegt werden wird: Wenn er diese Personen davon in Kenntnis setzt, dass die Urkunde unrichtig ist, so macht er sie dadurch bösgläubig im Sinne des § 173.

436 Auch wenn gemäß §§ 170–172 ein Anschein für das Bestehen einer Vollmacht bestanden hat, darf der Dritte gemäß § 173 auf diesen Anschein insbesondere dann nicht vertrauen, wenn er bei der Vornahme des Geschäfts das Fehlen einer Vollmacht „kennen musste", also die im Verkehr erforderliche Sorgfalt dadurch verletzt hat, dass er keinen Argwohn geschöpft, auf der Vorlage einer Vollmachtsurkunde nicht bestanden, Nachforschungen nicht angestellt und insbesondere von einer Rückfrage beim angeblichen Vollmachtgeber abgesehen hat. Es geht hier um die Frage, ob dem Geschäftsherrn oder dem Dritten das Risiko zuzuweisen ist, das sich aus dem Handeln eines vollmachtlosen Vertreters ergibt. Dieses Risiko sollte derjenige tragen, der es mit geringeren Kosten als der andere abwenden kann. Es kommt also darauf an, welcher Aufwand dem Geschäftsherrn durch Maßnahmen entstanden wäre, mit denen er die Entstehung des Anscheins einer Vollmacht hätte verhindern können; damit werden die Kosten derjenigen Maßnahmen verglichen, mit deren Hilfe sich der Dritte Klarheit über die wirkliche Sachlage hätte verschaffen können.

b) **Rechtsscheinvollmacht in anderen Fällen.** – Nach ständiger Rechtsprechung kommt eine Rechtsscheinvollmacht auch dann in Betracht, wenn es an den Voraussetzungen der §§ 170–172 fehlt. Hat sich jemand, obwohl vollmachtlos, wie ein Vertreter aufgeführt und ein Geschäft mit einem Dritten abgeschlossen, so wird demnach eine Rechtsscheinvollmacht angenommen, wenn der Vertretene zwar keinerlei Kenntnis vom Verhalten des Scheinvertreters hatte und es daher auch nicht „geduldet" hat, er dieses Verhalten „bei pflichtgemäßer Sorgfalt aber immerhin hätte kennen und verhindern können". In einem solchen Falle kann der Dritte den Vertretenen aus dem Geschäft in Anspruch nehmen, sofern er „nach Treu und Glauben annehmen durfte, dass dem Vertretenen das Gebaren seines Vertreters bei verkehrsmäßer Sorgfalt nicht verborgen bleiben konnte". 437

So BGH LM § 167 Nr. 17; vgl. auch BGH NJW 1991, 1225; BGH NJW 1998, 1854. Hat also z.b. ein Angestellter sich insgeheim das Geschäftspapier und einen Stempel mit der faksimilierten Unterschrift des Unternehmensinhabers oder seines Prokuristen verschafft und wiederholt auf diese Weise Geschäfte mit gutgläubigen Dritten abgeschlossen, so liegt eine Rechtsscheinvollmacht vor, wenn es in dem Unternehmen an den organisatorischen Vorkehrungen gefehlt hat, die die unerlaubte Verwendung von Geschäftspapier und Stempel verhindert oder das Fehlverhalten des Angestellten alsbald aufgedeckt hätten. Manche Autoren vertreten allerdings die Auffassung, dass eine solche Rechtsscheinvollmacht nur im kaufmännischen Geschäftsverkehr angenommen werden dürfe, sonst aber dem Dritten nur ein Anspruch auf Ersatz des Vertrauensschadens zuzubilligen sei, und zwar nach seiner Wahl entweder gegen den vollmachtlosen Vertreter (§ 179) oder wegen Verschuldens bei Vertragsverhandlungen gegen den Vertretenen (§§ 280 Abs. 1, 311 Abs. 2 und 3, 278). So *Flume* AT § 49, 4; *Medicus* AT Rn. 969 ff.; *Bork* AT Rn. 1560 ff.; anders z.B. *Larenz/Wolf* § 48 Rn. 25 ff. – Hat der Vertretene *Kenntnis* davon gehabt, dass jemand gegenüber Dritten wie ein Vertreter für ihn aufgetreten ist, und hat er dagegen nichts unternommen, obwohl ihm dies möglich war, so liegt eine **Duldungsvollmacht** vor. In ihr sollte aber eine durch schlüssiges Verhalten tatsächlich erteilte Vollmacht, nicht bloß der Rechtsschein einer (in Wahrheit nicht erteilten) Vollmacht gesehen werden (vgl. Rn. 419). 438

D. Die Zurechnung von Willensmängeln und Informationsständen

Ist ein Vertrag für die eine Partei von einem Vertreter abgeschlossen worden, so kann sie den Vertrag wegen eines Irrtums oder einer Täuschung oder Drohung anfechten, wenn es der *Vertreter* war, der sich bei Abgabe seiner Erklärung in einem Irrtum gemäß § 119 befunden hat oder gemäß § 123 getäuscht oder bedroht worden ist. Dies ergibt sich aus § 166 Abs. 1 und lässt sich damit begründen, dass zwar durch das Vertreterhandeln nur der Vertretene berechtigt und verpflichtet, die maßgebliche Erklärung aber allein von dem *Vertreter* abgegeben wird und auf *seinen* Vorstellungen, Erwartungen und Absich- 439 ten beruht. Allerdings bleibt es in diesem Fall dabei, dass das Anfechtungsrecht der Vertragspartei selbst zusteht. Immerhin liegt es oft so, dass die von der Vertragspartei erteilte Vollmacht, wenn sie richtig ausgelegt wird, auch den Fall der Anfechtung abdeckt, also den Vertreter auch zur Abgabe der Anfechtungserklärung berechtigt. Auf den Vertreter kommt es ferner auch dann an, wenn die Rechtsfolgen des Vertrages, den er für den Vertretenen abgeschlossen hat, von der Kenntnis oder vom Kennenmüssen bestimmter Umstände abhängen: Gemäß § 166 Abs. 1 ist auch hier „nicht die Person des Vertretenen, sondern die des Vertreters in Betracht" zu ziehen. Mit anderen Worten: Der Informationsstand des Vertreters wird dem Vertretenen zugerechnet. Hat also der Vertreter für den Vertretenen eine Sache erworben und den dazu erforderlichen dinglichen Vertrag in seinem Namen mit dem Veräußerer abgeschlossen, so erwirbt der Vertretene kein Eigentum an der Sache, wenn der *Vertreter* bösgläubig i.S. des § 932 Abs. 2 war, mag der Vertretene selbst auch gutgläubig gewesen sein, also den Veräußerer ohne grobe Fahrlässigkeit für den Eigentümer gehalten haben. Ebenso stehen dem Käufer gemäß § 442 Abs. 1 Satz 1 keine Gewährleistungsansprüche zu, wenn der Mangel der Kaufsache bei Abschluss des Kaufvertrages zwar nicht ihm, wohl aber seinem Vertreter bekannt war.

440 § 166 Abs. 1 ist auch dann anzuwenden, wenn ein Schadensersatzanspruch auf § 311 a Abs. 2 gestützt wird und der Schuldner sich damit verteidigt, dass er „das Leistungshindernis bei Vertragsschluss nicht kannte und seine Unkenntnis auch nicht zu vertreten" habe. Hat also z.B. ein Kraftfahrzeughändler den Gebrauchtwagen seines Kunden in dessen Namen verkauft und dabei mit dem Käufer vereinbart, dass der Wagen „unfallfrei" sei, so kann der Käufer, wenn sich der ihm gelieferte Wagen als „Unfallwagen" herausstellt, zwar nicht Nacherfüllung verlangen, weil sie dem Verkäufer unmöglich ist (§ 275 Abs. 1; Rn. 798 ff.). Wohl aber haftet der Verkäufer dem Käufer auf Schadensersatz statt der Leistung (vgl. § 275 Abs. 4). Diese Haftung beruht auf §§ 280, 283, wenn es zu dem Unfall, der den Wagen zu einem „Unfallwagen" gemacht hat, *nach* Vertragsabschluss gekommen ist, auf § 311 a Abs. 2, wenn sich der Unfall schon *vorher* zugetragen hatte. Im letzteren Fall kommt es gemäß § 166 Abs. 1 darauf an, ob der *Händler* die Vorschädigung des Wagens kannte oder, wenn er sie nicht gekannt hat, ob seine Unkenntnis auf Fahrlässigkeit beruht. – Eine andere Frage ist es, ob nicht in diesem Falle dem Käufer ausnahmsweise ein Schadensersatzanspruch wegen Verschuldens bei Vertragsverhandlungen *gegen den Händler* zusteht (Rn. 533 f.).

441 Die Regelung des § 166 Abs. 1 kann zu ungerechten Ergebnissen führen. Denn sie würde es ermöglichen, dass ein Bösgläubiger, um ein von ihm beabsichtigtes Geschäft wirksam unter Dach und Fach zu bringen, einen Gutgläubigen vorschickt und das Geschäft durch ihn als seinen Vertreter abschließen lässt. Um solche Winkelzüge zu durchkreuzen, bestimmt § 166 Abs. 2, dass es ausnahmsweise – anders als nach Abs. 1 – auf das Kennen oder Kennenmüssen des *Vertretenen* ankommt, wenn er dem Vertreter „**bestimmte Weisungen**" erteilt und dieser das konkrete Geschäft nach diesen Weisungen abgeschlossen hat.

D. Die Zurechnung von Willensmängeln und Informationsständen 442–445

Hat also ein Kunsthändler seinen Angestellten bevollmächtigt, ein bestimmtes Gemälde von einem bestimmten Verkäufer zu kaufen und daran für ihn das Eigentum zu erwerben, so erlangt er, wenn er bösgläubig i.S. des § 932 Abs. 2 ist, auch dann kein Eigentum, wenn sein Angestellter bei Abschluss des dinglichen Vertrages gutgläubig war. Allerdings ist zu beachten, dass durch § 166 Abs. 2 die Grundregel des Abs. 1 nicht verdrängt, sondern nur ergänzt wird. Der Händler erwirbt daher auch dann kein Eigentum, wenn er selbst gutgläubig, aber sein Angestellter bösgläubig war. Erst recht muss es bei § 166 Abs. 1 bleiben, wenn die Voraussetzungen des Abs. 2 nicht erfüllt sind, weil der Vollmachtgeber „bestimmte Weisungen" nicht erteilt und daher das konkrete Geschäft des Vertreters nicht selbst veranlasst hat. Hat der Kunsthändler dem Angestellten eine allgemeine Vollmacht zum Erwerb von Gemälden erteilt, so wird er, wenn der Angestellte aufgrund dieser Vollmacht ein bestimmtes Gemälde von einem Nichteigentümer erworben hat und dabei gutgläubig war, auch dann Eigentümer, wenn er selbst bösgläubig war. Dieses Ergebnis mag man kritisieren. Denn es setzt für den Händler den perversen Anreiz, besonders unbedarfte, naive und einfältige Personen mit dem Erwerb von Gemälden zu betrauen; auch fehlt es an einem stichhaltigen Grund dafür, warum es sich zu seinem Vorteil auswirken soll, dass er nicht selbst gehandelt, sondern einen Vertreter eingeschaltet hat, mag er ihm auch „bestimmte Weisungen" in bezug auf ein konkretes Geschäft nicht erteilt haben. Wer diese Einwände für überzeugend hält, muss § 166 Abs. 2 analog anwenden. 442

Auch noch in anderer Hinsicht ist die Regel des § 166 Abs. 2 dem Gesetzgeber ein wenig zu eng geraten. Nach ihrem Wortlaut gilt sie nur dann, wenn es um das Kennen oder Kennenmüssen bestimmter Umstände geht. Rechtsprechung und Schrifttum neigen aber dazu, sie entsprechend auch bei Willensmängeln anzuwenden. Wenn z.B. die eine Partei Verhandlungen mit der anderen Partei geführt und sich mit ihr über die wesentlichen Punkte des Vertrages geeinigt, dabei aber unter dem Einfluss eines Irrtums, einer Täuschung oder Drohung gestanden hat, so soll sie den Vertrag analog § 166 Abs. 2 auch dann gemäß §§ 119, 123 anfechten können, wenn sie den endgültigen Vertragsabschluss einem Vertreter überlassen hat, der sich dabei selbst weder geirrt hat noch auch getäuscht oder bedroht worden ist. 443

So BGHZ 51, 141, 144 ff. im Falle einer arglistigen Täuschung; ebenso z.B. *Faust* AT § 28 Rn. 21; *Medicus* AT Rn. 899, 902; anders *Bork* AT Rn. 1656, 1659. – Unstreitig ist hingegen, dass § 166 Abs. 2 analog anzuwenden ist, wenn der Vertretene einen Vertrag, den ein Vertreter ohne Vertretungsmacht für ihn abgeschlossen hat, durch Genehmigung zur Wirksamkeit verhelfen möchte: Hat also ein Vertreter ohne ausreichende Vollmacht eine Sache von einem Nichteigentümer erworben, den er für den Eigentümer gehalten hat und halten durfte, so kann der Vollmachtgeber, wenn er bösgläubig ist, kein Eigentum an der Sache dadurch erwerben, dass er den schwebend unwirksamen dinglichen Vertrag gemäß § 177 Abs. 1 genehmigt (RGZ 161, 153, 161). 444

Keine Antwort gibt § 166 auf die praktisch sehr wichtige Frage, ob sich ein Unternehmer den Informationsstand auch solcher Personen zurechnen lassen muss, die zwar nicht am Abschluss eines Vertrages *als seine Vertreter* tätig geworden sind, aber doch immerhin in seinem Unternehmen mit der Sammlung, Sichtung und Verarbeitung dieser Informationen betraut waren. Die Frage kann sich z.B. stellen, wenn in einem großen arbeitsteilig organi- 445 sierten Unternehmen des Kraftfahrzeughandels eine Einkaufs- und eine Verkaufsabteilung besteht und der Angestellte A mit dem Einkauf, der Angestellte B mit dem Verkauf von Gebrauchtwagen befasst war: Wie ist zu entscheiden, wenn A den Mangel eines von ihm für das Unternehmen erworbenen Gebrauchtwagens kennt und der gleiche Wagen sodann vom arglosen B im Namen des Unternehmens einem Drittten verkauft wird? Wie, wenn A oder B die erlangten Informationen inzwischen vergessen haben oder wenn A oder B inzwischen aus dem Unternehmen ausgeschieden sind? Hier wird anzunehmen sein, dass das Unternehmen, wenn es den Gebrauchtwagen verkauft, sich die von A (ihrem „**Wissensvertreter**") erlangten Informationen zurechnen lassen und daher dem Käufer haften muss, wenn in dem Unternehmen die organisatorischen Vorkehrungen pflichtwidrig nicht getroffen worden waren, derer es bedurft hätte, um sicherzustellen, dass die in der Einkaufsabteilung eingelaufenen Informationen *gespeichert* und an die Verkaufsabteilung rechtzeitig *weitergeleitet* oder von ihr durch Rückfragen *abgerufen* werden.

446 Vgl. zu dieser vieldiskutierten Frage z.B. BGH NJW 1996, 1205; BGHZ 109, 327, 330 ff.; BGHZ 117, 104; BGHZ 132, 30, 34 ff. und aus dem Schrifttum z.B. *Bork* AT Rn. 1665 mit weiteren Nachweisen.

E. Grenzen der Vertretungsmacht

I. Allgemeines

447 Wer eine Vollmacht erteilt, läuft das Risiko, dass der Vertreter sich zwar im Rahmen der Vertretungsmacht hält, aber dennoch in die eigene Tasche oder in die Tasche ihm nahestehender Personen wirtschaftet oder Geschäfte abschließt, die den Interessen des Vollmachtgebers zuwiderlaufen. Gewiss kann er das Risiko dadurch zu begrenzen versuchen, dass er den Kreis der Geschäfte beschränkt, die der Vertreter für ihn abschließen darf. Aber das ist oft leichter gesagt als getan. So kann ein Unternehmer seinem Prokuristen zwar verbieten, bestimmte Geschäfte für ihn abzuschließen, die er für besonders riskant hält, etwa weil sie ihn als Bürge für eine fremde Schuld haften lassen, ihn für mehr als 2 oder 5 Jahre vertraglich binden oder zur Zahlung von Preisen verpflichten, die einen bestimmten Höchstbetrag überschreiten. Im Außenverhältnis zu Dritten sind solche Verbote aber unwirksam. Der Unternehmer ist deshalb an ein verbotswidrig abgeschlossenes Geschäft seines Prokuristen gebunden; dies gilt nur dann nicht, wenn es so ungewöhnlich ist, dass es außerhalb des Kreises der Geschäfte liegt, wie sie „der Betrieb eines Handelsgewerbes" – *irgendeines* Handelsgewerbes! – „mit sich bringt" (§§ 49, 50 HGB). Auch die Gesellschafter einer GmbH

können ihren Geschäftsführer noch so eng an die Kandare gelegt, also z.b. angeordnet haben, dass er bestimmte Geschäfte nur mit Zustimmung der Gesellschafter vornehmen darf. Das ändert aber nichts daran, dass eine solche Beschränkung der Befugnis des Geschäftsführers, die Gesellschaft zu vertreten, gegenüber dritten Personen „keine rechtliche Wirkung" hat (§ 37 Abs. 2 GmbHG). In anderen Fällen sind Beschränkungen der Vollmacht einem Dritten gegenüber nur dann wirksam, wenn der Dritte diese Beschränkungen „kannte oder kennen musste" (vgl. § 54 Abs. 3 HGB). Auch dort wo Vollmachtsbeschränkungen an sich rechtlich zulässig sind, sind sie oft praktisch schwer zu realisieren. Manchmal reicht die Phantasie des Vollmachtgebers nicht aus, um sich im Zeitpunkt der Vollmachtserteilung die Geschäfte vorzustellen, von denen er sich wünschen würde, dass der Vertreter sie nicht vornimmt. In anderen Fällen ist die genaue Umschreibung dieser Geschäfte nicht möglich oder so schwierig, dass sich der Aufwand nicht lohnt, der dadurch dem Vollmachtgeber entstünde. Es besteht deshalb ein Bedürfnis, ihn vor den Folgen von Geschäften zu bewahren, die vorzunehmen er dem Vertreter zwar nicht ausdrücklich verboten hat, deren Vornahme aber entweder einen **Missbrauch der Vertretungsmacht** darstellt (Rn. 460 ff.) oder, weil es sich um ein „**Insichgeschäft**" handelt (Rn. 449 ff.), die Gefahr eines solchen Missbrauchs begründet.

Besonders groß ist die Gefahr eines Missbrauchs der Vertretungsmacht dort, wo es um die **gesetzliche Vertretung** der Minderjährigen oder der aus anderen Gründen betreuungs- oder pflegebedürftigen Personen geht. Denn sie können Vertretungsmacht nicht nur selbst nicht erteilen und daher auch nicht beschränken, sondern ihre richtige Ausübung auch nicht selbst kontrollieren oder drohenden Missbräuchen dadurch entgegenwirken, dass sie die Vertretungsmacht widerrufen. Hier hat der Gesetzgeber gehandelt, indem er den gesetzlichen Vertretern bestimmte Vertretungsverbote auferlegt und dadurch der Gefahr eines Interessenkonflikts vorgebeugt hat. So steht den Eltern eines Minderjährigen zwar eine umfassende Vertretungsmacht zu (§ 1629). Dennoch ist ein Vertrag nichtig, durch den sie im Namen ihres Kindes einen ihm gehörenden Vermögensgegenstand einem Dritten **schenken**, sofern die Schenkung nicht ausnahmsweise, weil sie etwa die Versorgung einer in Not geratenen Tante bezweckt, „einer sittlichen Pflicht oder einer auf den Anstand zu nehmenden Rücksicht" entspricht (§§ 1641, 134). Ferner sind den Eltern gemäß § 1629 Abs. 2 alle in § 1795 genannten Geschäfte verboten, insbesondere die dort in Nr. 1 genannten, die zwischen dem Kind – vertreten durch seine Eltern – und solchen Personen geschlossen werden, die mit den Eltern in gerader Linie verwandt sind, also z.B. mit den Geschwistern oder Großeltern des vertretenen Kindes. In allen diesen Fällen kommt der Vertrag nur dann gültig zustande, wenn das Kind bei Abschluss des Vertrages nicht durch seine Eltern, sondern durch einen **Ergänzungspfleger** vertreten wird, der vom Familiengericht bestellt werden muss (§ 1909). Schließlich bestimmt § 1643, dass die Eltern, wenn sie im Namen ihres Kindes die in §§ 1821, 1822 Nr. 1, 3, 5, 8–11 genannten Geschäfte abschließen oder für das Kind eine Erbschaft ausschlagen oder auf einen Pflichtteil verzichten wollen, sie es zwar vertreten können, aber das Geschäft nur dann gültig ist, wenn es vom Familiengericht genehmigt worden ist. Alle diese Regeln gelten auch im Verhältnis zwischen Vormund und Mündel (vgl. §§ 1795, 1804, 1821 f.), ferner auch dann, wenn das in Rede stehende Geschäft im konkreten Fall ganz offensichtlich für das Kind oder den Mündel äußerst vorteilhaft ist.

II. Verbot des Insichgeschäfts

1. Selbstkontrahieren und Mehrvertretung

449 Die Gefahr einer Interessenkollision ist mit Händen zu greifen, wenn jemandem Vertretungsmacht erteilt ist und er nunmehr einen Vertrag in der Weise schließen möchte, dass er das Angebot im Namen des Vertretenen, aber die Annahmeerklärung *in eigenem Namen* abgibt. Denn es ist offensichtlich, dass der Vertreter, der den Gebrauchtwagen des Vollmachtgebers für ihn „bestmöglich" verkaufen soll, einem starken Anreiz zur Bestimmung eines niedrigen Kaufpreises ausgesetzt wäre, wenn er den Wagen ohne weiteres *selbst* kaufen dürfte. Gemäß § 181 kann daher „ein Vertreter ... im Namen des Vertretenen mit sich in eigenem Namen ... ein Rechtsgeschäft nicht vornehmen." Ein solches **Insichgeschäft** ist auch dann unwirksam, wenn feststeht, dass es im konkreten Fall den Interessen des Vollmachtgebers Rechnung trägt, der Vertreter es also mit sich selbst gerade so abgeschlossen hat, wie er es auch mit einem Dritten abgeschlossen hätte. Auch in diesem Fall will § 181 aber nicht erreichen, dass das Insichgeschäft endgültig und unrettbar nichtig ist. Vielmehr wird diese Vorschrift (entgegen ihrem Wortlaut) dahin verstanden, dass sie das Insichgeschäft so behandeln will, wie wenn es dem Vertreter zu seinem Abschluss an Vertretungsmacht gefehlt hätte: Es ist also schwebend unwirksam; daher kann ihm der Vollmachtgeber, wenn er es geprüft und für angemessen befunden hat, dadurch nachträglich zur Wirksamkeit verhelfen, dass er es nachträglich genehmigt.

450 In aller Regel ist das Insichgeschäft ein *Vertrag*, den der Vertreter mit sich selbst abschließt. § 181 gilt aber allgemein für „Rechtsgeschäfte", sorgt also dafür, dass der Vertreter auch einseitige empfangsbedürftige Erklärungen nicht wirksam abgeben oder entgegennehmen kann, wenn es dabei zu einem Insichgeschäft kommt. Hat also der Eigentümer eines Miethauses seinem Hausverwalter eine Wohnung im gleichen Haus vermietet, so kann der Verwalter nicht nur nicht als Vertreter des Vermieters mit sich als Mieter einen Mietaufhebungs*vertrag* schließen; er kann den Mietvertrag auch durch einseitige Kündigung nicht beenden, ganz gleich, ob er die Kündigung als Mieter selbst

erklärt und sie als Vertreter des Vermieters entgegennimmt oder ob er sie im Namen des Vermieters gegenüber sich selbst ausspricht. Eine solche Kündigung ist gemäß § 180 unwirksam.

Gemäß § 181 sind Insichgeschäfte auch dann unwirksam, wenn sie in der Weise abgeschlossen werden, dass jemand, dem von zwei Parteien Vertretungsmacht erteilt worden ist, das Geschäft dadurch zustande bringen möchte, dass er es „im Namen des Vertretenen mit sich ... als Vertreter eines Dritten" abschließt (**Mehrvertretung**). So liegt es z.B., wenn jemand ein Grundstück, zu dessen Verkauf ihn der Eigentümer bevollmächtigt hat, einer GmbH verkaufen will, deren Geschäftsführer er ist: Auch diesen Vertrag wird der Notar nicht beurkunden, weil bei seinem Abschluss eine und dieselbe Person sowohl als Vertreter des Verkäufers wie (in seiner Eigenschaft als Geschäftsführer) als Vertreter der Käuferin auftreten will. 451

2. Erlaubte Insichgeschäfte

§ 181 greift nicht ein, wenn der Vollmachtgeber den Abschluss des Insichgeschäfts „gestattet" hat: Volenti non fit iniuria. So kommt es z.B. bei Grundstückskaufverträgen häufig vor, dass sowohl Käufer wie Verkäufer den Bürovorsteher des Notars bevollmächtigen, in ihrem Namen die Auflassung des Grundstücks zu erklären, sobald der Kaufpreis auf dem Treuhandkonto des Notars eingegangen ist. Zwar liegt darin ein klarer Fall der Mehrvertretung. Gleichwohl kommt die Auflassung wirksam zustande, wenn die Vertragsparteien dem Bürovorsteher die Vollmacht „unter Befreiung von den Beschränkungen des § 181" erteilt haben. Auch eine **stillschweigende** Gestattung des Insichgeschäfts kommt in Betracht. Freilich wird man Vorsicht walten lassen müssen, ehe man annimmt, dass ein Vollmachtgeber, ohne dass er sich dazu klar geäußert hat, das Risiko von Insichgeschäften übernehmen wollte. 452

§ 181 ist auch dann nicht anzuwenden, wenn der Vertretene aus irgendeinem Grunde dem Vertreter ohnehin eine Leistung schuldet und diese Leistung sodann vom Vertreter an sich selbst bewirkt wird. Schuldet also eine GmbH ihrem Geschäftsführer das vertraglich versprochene Gehalt, so liegt zwar ein Insichgeschäft vor, wenn sich der Geschäftsführer das Gehalt auf sein eigenes Konto überweist. Gleichwohl ist das Geschäft wirksam, weil mit der Zahlung des Gehalts nur eine ohnehin bestehende Verbindlichkeit der GmbH erfüllt wird. Das setzt natürlich voraus, dass der Gehaltsanspruch fällig und voll durchsetzbar ist. Nicht etwa kann sich der Geschäftsführer das Gehalt auch dann überweisen, wenn es noch nicht fällig ist oder die GmbH gegen den Gehaltsanspruch mit einem Schadensersatzanspruch aufrechnen könnte. 453

454 Ein Fall des § 181 liegt natürlich auch dort nicht vor, wo das Insichgeschäft nicht von einem Vertreter, sondern von jemandem abgschlossen wird, der zwar für fremde Rechnung, aber in *eigenem Namen* handelt und deshalb das Geschäft als „mittelbarer Stellvertreter" mit sich selbst schließt. So liegt es, wenn jemand die Waren seines Auftraggebers als Kommissionär, also für dessen Rechnung, aber in eigenem Namen verkaufen soll und sie kurzerhand selbst im Wege des „Selbsteintritts" erwirbt. Auch hier besteht zwar die Gefahr einer Interessenkollision. Ihr wird aber nicht durch § 181, sondern durch die besonderen Vorschriften der §§ 400 ff. HGB entgegengewirkt.

3. Erweiterungen und Beschränkungen des § 181

455 Die ratio legis des § 181 besteht darin, zu verhindern, „dass verschiedene und einander widerstreitende Interessen durch eine und dieselbe Person vertreten werden ..., weil ein solches Selbstkontrahieren stets die Gefahr eines Interessenkonflikts und damit einer Schädigung des einen oder anderen Teils mit sich bringt" (BGHZ 56,97,101). Im Wortlaut des § 181 kommt dieser Gedanke freilich nicht zum Ausdruck, weil im Interesse der Rechtssicherheit der unbestimmte Begriff des „Interessenkonflikts" im Gesetzestext vermieden werden sollte. Gleichwohl hat sich die Rechtsprechung immer wieder mit der Frage beschäftigen müssen, ob nicht § 181 analog auf Geschäfte anzuwenden ist, die zwar nicht Insichgeschäfte im strengen Sinne darstellen, denen aber ebenso wie ihnen die Gefahr einer Interessenkollision an die Stirn geschrieben steht. So liegt es z.B., wenn sich der Geschäftsführer einer GmbH zu seinem privaten Vergnügen eine Yacht gekauft hat und den Kredit, der ihm zu diesem Zweck von einer Bank gewährt worden ist, dadurch sichert, dass er namens der GmbH gegenüber der Bank eine Bürgschaft übernimmt. Der Tatbestand des § 181 ist hier nicht erfüllt, weil der Geschäftsführer zwar im Namen der GmbH gehandelt, aber nicht mit sich selbst, sondern mit der Bank kontrahiert hat. Darf § 181 gleichwohl angewendet werden? Das gleiche Problem stellt sich, wenn der Geschäftsführer ein der GmbH gehörendes Grundstück in ihrem Namen zu einem Freundschaftspreis nicht an sich selbst, sondern an seinen Sohn verkauft hat, ebenso dann, wenn die Eltern im Namen ihres 16jährigen Sohns ein Grundstück von seiner Großmutter kaufen und ihn zur Zahlung eines besonders hohen Kaufpreises vielleicht deshalb verpflichten, weil sie darauf spekulieren, dass sie selbst von der Großmutter testamentarisch großzügig bedacht werden.

456 In allen diesen Fällen hat die Rechtsprechung die (analoge) Anwendung des § 181 als unzulässig angesehen. Diesen Standpunkt hat sie freilich nur deshalb durchhalten können, weil sich den genannten und ähnlichen Geschäften auf anderen Wegen die Wirksamkeit nehmen lässt. Insbesondere wird dazu die Lehre vom Missbrauch der Vertretungsmacht eingesetzt (Rn. 460 ff.). Und dass die Eltern ihr Kind nicht beim Kauf eines Grundstücks von seiner Großmutter vertreten können, ergibt sich schon aus §§ 1629 Abs. 2 Satz 1, 1795 Abs. 1 Nr. 1.

Ausnahmsweise wird § 181 von der Rechtsprechung analog angewandt, wenn sich der 457 Vertreter zwecks Umgehung dieser Vorschrift eines offensichtlichen Tricks bedient, nämlich z.b. als Geschäftsführer einer GmbH ein der Gesellschaft gehörendes Grundstück namens der GmbH an sich verkauft hat, aber dabei nicht selbst als Käufer aufgetreten ist – dann läge ein Fall des Selbstkontrahierens vor –, sondern einen Freund zu seinem Vertreter bestellt hat und ihn das Geschäft hat abschließen lassen. Das gilt auch, wenn der Geschäftsführer für die Durchführung des Geschäfts einen „Untervertreter" der GmbH bestellt und ihn das Grundstück namens der GmbH an sich selbst verkaufen lässt. Vgl. BGHZ 112, 339, 343 und MK-*Schramm* § 181 Rn. 10, 24 ff.

Ebenso ist die umgekehrte Frage aufgetreten, ob nicht die Vorschrift des 458 § 181 außer Betracht bleiben darf, wenn zwar ihre Voraussetzungen erfüllt sind, aber die Gefahr eines Interessenkonflikts nicht besteht oder sich im konkreten Fall nicht verwirklicht hat. Die Rechtsprechung unterscheidet: Mit gutem Grund weigert sie sich, § 181 dort nicht anzuwenden, wo sich aufgrund einer *Einzelfallprüfung* ergibt, dass das Insichgeschäft den Interessen aller Beteiligten Rechnung getragen hat. Wohl aber hält sie es für zulässig, auf die Anwendung des § 181 zu verzichten, wenn „für einen ganzen, in sich abgegrenzten Rechtsbereich ... die Zielsetzung des § 181 niemals zum Zuge kommen kann" (BGHZ 56, 97, 102 f.).

Als einen solchen „in sich abgegrenzten Rechtsbereich" hat die Rechtsprechung bisher 459 aber nur eine einzige Fallgruppe angesehen. Hier liegt es so, dass Eltern ihren unmündigen Kindern Sachen schenken und dabei die Erklärungen, mit denen das Kind den Schenkungsvertrag und den dinglichen Vertrag schließt, als seine gesetzlichen Vertreter in seinem Namen abgeben. Zwar liegt hier ein Insichgeschäft vor, und es besteht auch gar kein Zweifel daran, dass § 181 an sich angewandt werden muss (§§ 1629 Abs. 2 Satz 1, 1795 Abs. 2). Dennoch sieht die Rechtsprechung davon ab, wenn feststeht, dass das beschenkte Kind durch seine Erklärungen lediglich einen rechtlichen Vorteil erlangt (BGHZ 94, 232). Trotz § 181 sind solche Schenkungen also nicht nur dann gültig, wenn die Eltern dem Kind bewegliche Sachen, sondern auch dann, wenn sie ihm Immobilien schenken, es sei denn, dass das geschenkte Grundstück vermietet ist, es sich bei der geschenkten Immobilie um eine Eigentumswohnung handelt oder das Kind aus anderen Gründen durch den Erwerb der Immobilie „nicht lediglich einen rechtlichen Vorteil erlangt" (Rn. 151 f. und im Einzelnen *Faust* AT § 28 Rn. 37, 42; *Bork* AT Rn. 1593 f., 1599). In solchen Fällen lässt sich die Bestellung eines Ergänzungspflegers nicht vermeiden (§ 1909).

III. Missbrauch der Vertretungsmacht

Hat der Vertreter einen Vertrag in fremdem Namen abgeschlossen und sich 460 dabei innerhalb der ihm zustehenden Vertretungsmacht gehalten, so ist der Vertretene an den Vertrag auch dann gebunden, wenn der Vertreter durch den Vertragsschluss bestimmte ihm erteilte Weisungen des Vertretenen missachtet oder in sonstiger Weise Pflichten verletzt hat, die er im Innenverhältnis zum Vertretenen zu erfüllen hatte. Solche Pflichtverletzungen geschehen besonders häufig in Fällen, in denen dem Vertreter eine umfassende und noch dazu unbeschränkbare Vertretungsmacht zusteht, sei es, dass er die Stellung eines gesetzlichen Vertreters innehat (Rn. 411, 448), sei es auch, dass er von einem Unternehmer zum Prokuristen oder von den Gesellschaftern einer GmbH zum GmbH-Geschäftsführer bestellt worden ist (Rn. 416, 447). Aber auch dort, wo eine Beschränkung der Vertretungsmacht an sich zulässig ist, aber der Vollmachtgeber davon keinen Gebrauch gemacht hat, kann es dazu kommen, dass der Vertreter Pflichten verletzt, deren Beachtung er im Innenverhältnis zu seinem Vollmachtgeber schuldete.

461 Eine solche Pflichtverletzung kommt z.B. dort in Betracht, wo dem Neffen von seiner Tante eine unbeschränkte Generalvollmacht erteilt worden ist und er sich nunmehr im Namen der Tante gegenüber seiner Bank für eine private Schuld verbürgt. Ebenso kann es liegen, wenn der Vollmachtgeber dem Vertreter für ein bestimmtes Geschäft eine Vollmacht „unter Befreiung von den Beschränkungen des § 181" erteilt hat: Das Insichgeschäft, das der Vertreter daraufhin abschließt, ist zwar nicht gemäß § 181 unwirksam (Rn. 452), kann aber sehr wohl die Interessen des Vollmachtgebers erheblich verletzen und deshalb den Schluss nahelegen, dass der Vertreter ein Insichgeschäft mit *diesem* Inhalt nicht abschließen durfte.

462 Grundsätzlich ist es der Vertretene, der das Risiko dafür trägt, dass sein Vertreter von der Vertretungsmacht, die er ihm erteilt hat, einen im Einzelfall pflichtwidrigen Gebrauch macht. Er mag sich damit trösten, dass ihm in diesem Falle ein Schadensersatzanspruch gegen den Vertreter zusteht. Aber an den Vertrag, den der Vertreter mit dem Dritten geschlossen hat, bleibt er gebunden. Das bedeutet auch, dass der Dritte sich grundsätzlich nicht darum zu kümmern braucht, ob der Vertreter von seiner Vertretungsmacht im konkreten Fall einen pflichtmäßigen oder pflichtwidrigen Gebrauch gemacht hat. Zwar trägt er das Risiko dafür, dass es dem Vertreter für das Geschäft an Vertretungsmacht *gefehlt* hat (Rn. 417). War aber Vertretungsmacht gegeben, so darf sich der Dritte grundsätzlich darauf verlassen, dass das Geschäft mit Wirkung für und gegen den Vertretenen zustande kommt.

463 Von diesen Grundsätzen weicht die Rechtsprechung in zwei Fallgruppen ab, die meist unter der Bezeichnung **„Missbrauch der Vertretungsmacht"** zusammengefasst werden.

464 In der ersten Fallgruppe liegt **„Kollusion"** zwischen dem Vertreter und dem Dritten vor: Beide wirken einverständlich in der Absicht zusammen, einen Vertrag zustande zu bringen, von dem beide wissen, dass er zu einer Schädigung des Vertretenen führen oder jedenfalls von ihm nicht gebilligt werden wird. Hat sich z.B. der Geschäftsführer einer Wohnungsbau-GmbH von einem Architekten bestechen lassen und daraufhin mit ihm einen Architektenvertrag geschlossen, der die GmbH zur Zahlung einer überhöhten Vergütung verpflichtet, so sind alle diese Abreden – die Bestechungsabrede ebenso wie der Architektenvertrag – wegen Verstoßes gegen § 138 nichtig. Anders liegt es, wenn in dem Architektenvertrag eine angemessene Vergütung vereinbart ist. Dann verstößt die-

E. Grenzen der Vertretungsmacht

ser Vertrag zwar nicht gegen § 138. Gleichwohl kann sich der Architekt auf seine Wirksamkeit nicht berufen. Zwar ist der Vertrag durch die (unbeschränkbare) Vertretungsmacht des Geschäftsführers gedeckt. Aber sowohl ihm wie dem Architekten war klar, dass die GmbH einen Vertrag trotz angemessenen Inhalts nicht billigen würde, auf den sich ihr Geschäftsführer unter dem Einfluss einer Bestechung – und damit unter Missbrauch seiner Vertretungsmacht – eingelassen hat. Vgl. BGHZ 141, 357; BGH NJW 1989, 26.

In der zweiten Fallgruppe ist der Dritte deshalb nicht schutzwürdig, weil er **bösgläubig** ist. Das ist er zunächst dann, wenn er *weiß*, dass der Vertreter seine Vertretungsmacht missbraucht, und wenn er das Geschäft mit ihm gleichwohl abschließt. Bösgläubig ist er aber auch dann, wenn er von dem Missbrauch der Vertretungsmacht zwar keine Kenntnis hat, aber der Vertreter in so **ersichtlich verdächtiger Weise** von ihr Gebrauch gemacht hat, dass die Gefahr ihres Missbrauchs **evident** ist und der Dritte das Geschäft mit dem Vertreter daher nicht abschließen durfte, ohne zuvor Nachforschungen anzustellen und sich auf diese oder andere Weise davon zu überzeugen, dass es entgegen seinem äußeren Anschein den Interessen des Vertretenen entspricht.

Freilich darf eine Nachforschungspflicht nur dann angenommen werden, wenn die Gefahr eines Missbrauchs der Vertretungsmacht mit Händen zu greifen ist und sich jedem vernünftigen Menschen in gleicher Lage der Verdacht aufdrängen muss, dass der Vertreter durch sein Handeln Treupflichten verletzt, die er im Verhältnis zum Vertretenen zu erfüllen hat. Das ist manchmal nicht einfach zu beurteilen. Wie liegt es z.B., wenn die Eltern im Namen ihres 17jährigen Sohnes eine Bank angewiesen haben, von dem Konto, das er bei ihr unterhält, einen Betrag von 100.000 € auf ihr Privatkonto zu überweisen? Kann der Sohn, nachdem er volljährig geworden ist, geltend machen, dass der Überweisungsauftrag unwirksam gewesen und die Bank daher verpflichtet sei, die Belastung seines Kontos zu stornieren? Ein Insichgeschäft liegt nicht vor, weil die Eltern zwar als gesetzliche Vertreter ihres Sohnes gehandelt, aber die Überweisung nicht mit sich, sondern mit der Bank vereinbart haben (Rn. 455). Auch ein evidenter Missbrauch der Vertretungsmacht der Eltern ist nicht gegeben. Denn die Bank darf, solange nicht besondere Verdachtsmomente bestehen, davon ausgehen, dass es gute Gründe gibt, aus denen die Eltern von ihrem Sohn eine Zahlung verlangen können, etwa deshalb, weil sie aus eigenen Mitteln für ihn Erbschaftssteuer oder einen Kaufpreis verauslagt oder eine auf seinem Grundstück lastende Grundschuld abgelöst haben. Anders wäre wohl zu entscheiden, wenn der Geschäftsführer einer GmbH bei einer Bank in erheblichem Umfang private Kredite aufgenommen und sie sodann dadurch besichert hat, dass er im Namen der GmbH eine Bürgschaft gegenüber der Bank übernimmt oder ihr Forderungen zur Sicherheit abtritt, die der GmbH gegen Dritte zustehen. Hier wird man von der Bank verlangen müssen, dass sie durch eine diskrete Rückfrage bei einem der GmbH-Gesellschafter klärt, ob es mit der Bürgschaft oder der Abtretung seine Richtigkeit hat. Schließt die Bank das Geschäft ohne solche Nachforschungen ab, so ist es wegen Missbrauchs der Vertretungsmacht unwirksam, es sei denn, dass es von der (ordnungsmäßig vertretenen) GmbH gemäß § 177 noch nachträglich genehmigt wird. Vgl. BGH NJW 1988, 3012; BGHZ 113, 315; BGHZ 127, 239; BGH NJW 1999, 2883; BGH NJW 2004, 2517.

F. Vertretung ohne Vertretungsmacht

I. Rechtsbeziehungen zwischen Drittem und Vertretenem

1. Verträge

467 Hat der Vertreter bei Abschluss eines Vertrages mit einem Dritten zwar in fremdem Namen, aber ohne Vertretungsmacht gehandelt – man nennt den Vertreter dann oft **falsus procurator** –, so kommt ein Vertrag zwischen dem Dritten und dem Vertretenen nicht zustande. *Warum* es dem Vertreter an Vertretungsmacht gefehlt hat, spielt keine Rolle: Es kommt also nicht darauf an, ob dem falsus procurator Vertretungsmacht nie erteilt war, ob sie im Zeitpunkt der Abgabe seiner Erklärung bereits widerrufen oder erloschen war, oder ob sie zu diesem Zeitpunkt zwar bestand, aber der in Rede stehende Vertrag durch sie nicht gedeckt war. Gelegentlich kommt es vor, dass der Vertrag, obwohl von einem Vertreter ohne Vertretungsmacht geschlossen, dem Vertretenen durchaus willkommen ist und er ihn deshalb gelten lassen möchte. § 177 Abs. 1 bestimmt deshalb, dass der Vertrag nicht endgültig nichtig, sondern **schwebend unwirksam** ist, also vom Vertretenen noch nachträglich dadurch vollgültig gemacht werden kann, dass er ihn **genehmigt**.

468 Der Gedanke der „schwebenden Unwirksamkeit" passt auch auf andere Situationen, in denen sich der Vertretene den Vertrag, den jemand für ihn geschlossen hat, zwar nicht zurechnen lassen muss, aber doch daran interessiert sein kann, ihn durch Genehmigung wirksam werden zu lassen. § 177 Abs. 1 wird deshalb entsprechend angewandt, wenn jemand ein ihm nicht gestattetes Insichgeschäft abgeschlossen (Rn. 449) oder „unter fremdem Namen" gehandelt (Rn. 400 ff.) hat, ebenso dann, wenn er als Bote absichtlich etwas anderes erklärt hat, als zu erklären ihm aufgetragen war (Rn. 404) oder wenn er bei den Vertragsverhandlungen mit dem Dritten den Namen des Vertretenen zunächst offengelassen hat, aber später außerstande war, ihn dem Dritten rechtzeitig bekannt zu geben (Rn. 396).

469 Die Genehmigung ist eine einseitige empfangsbedürftige Willenserklärung, die nach den allgemeinen Regeln auszulegen ist und wegen Irrtums oder einer Täuschung oder Drohung von dem Genehmigenden angefochten werden kann. Eine Genehmigung kann auch in einem schlüssigen Verhalten liegen; allerdings muss der Genehmigende in diesem Falle in der Regel gewusst oder damit gerechnet haben, dass der Vertrag schwebend unwirksam ist (BGH NJW 1997, 312, 313). Für die Genehmigung gelten ferner die besonderen Vorschriften der §§ 182, 184. Der Vertretene kann daher die Genehmigung sowohl gegenüber dem Dritten wie gegenüber dem falsus procurator erklären (§ 182 Abs. 1). Sie hat rückwirkende Kraft, lässt also den Vertrag von Anfang an wirksam werden (§ 184 Abs. 1). Sie bedarf nicht der Form, die für den Vertrag selbst vorgeschrieben sein kann (§ 182 Abs. 2). Wenn allerdings der Gesetzgeber die Form vorgeschrieben hat, weil er da-

durch vor Übereilung schützen wollte, so sprechen gute Gründe dafür, dass auch die Genehmigung in der gesetzlichen verlangten Form erteilt werden muss.

Der Fall liegt im Grunde noch klarer als bei § 167 Abs. 2 (Rn. 425), weil das schwebend unwirksame Geschäft durch die Genehmigung mit einem Schlage wirksam wird, also für den Vertretenen auf der Stelle die gleiche Bindung eintritt, wie wenn er das Geschäft unter Beachtung der dafür vorgeschriebenen Form selbst abgeschlossen hätte. Hat also der Neffe im Namen seiner vermögenden Tante gegenüber einer Bank eine Bürgschaft für eine eigene Schuld übernommen und dabei zwar ohne Vollmacht, aber im Vertrauen darauf gehandelt, dass die Tante das Geschäft nachträglich gutheißen werde, so genügt es nicht, wenn der Kreditsachbearbeiter der Bank die Tante später anruft und sich ihr Einverständnis am Telefon erklären lässt. So *Medicus* AT Rn. 976, anders aber die herrschende Meinung und Rechtsprechung. Vgl. BGHZ 125, 219; BGH NJW 1998, 1482 und 1857. 470

Solange die Genehmigung nicht erteilt oder nicht verweigert ist, besteht ein Schwebezustand, an dessen Beendigung der Dritte ein erhebliches Interesse hat. Sieht er den schwebend unwirksamen Vertrag als für sich *nachteilig* an, so kann er Klarheit dadurch schaffen, dass er ihn gemäß § 178 durch einen **Widerruf** beendet; dabei genügt es, wenn er den Widerruf gegenüber dem falsus procurator erklärt. Allerdings steht dem Dritten ein solches Widerrufsrecht nicht zu, wenn er bei Abschluss des Vertrages sehenden Auges gehandelt, also zu diesem Zeitpunkt das Fehlen der Vertretungsmacht des falsus procurator gekannt hat; in einem solchen Fall kann er nur noch darauf hoffen, dass der Vertretene den Vertrag nicht genehmigen wird. Ist er zum Widerruf berechtigt, so darf er sich allerdings damit nicht allzu viel Zeit lassen. Denn das Widerrufsrecht erlischt, sobald der Vertretene den Vertrag genehmigt hat und die Genehmigung ihm oder dem falsus procurator zugegangen ist. Meist wird es allerdings so liegen, dass der Dritte den Vertrag als ihm *günstig* ansieht und deshalb an seiner Wirksamkeit interessiert ist. In diesem Falle kann er Klarheit dadurch schaffen, dass er gemäß § 177 Abs. 2 den Vertretenen auffordert, sich darüber zu erklären, ob er den Vertrag genehmigen will oder nicht. Schweigt der Vertretene zwei Wochen lang, nachdem ihm die Aufforderung zugegangen ist, wird es so angesehen, als habe er die Genehmigung verweigert. 471

2. Einseitige Erklärungen

Hat jemand im Namen des Vertretenen, aber ohne Vertretungsmacht eine einseitige empfangsbedürftige Willenserklärung abgegeben, indem er z.B. einen Vertrag gekündigt, durch Rücktritt beendet oder angefochten hat, so ist die Erklärung (nicht bloß schwebend unwirksam, sondern) gemäß § 180 Satz 1 grundsätzlich gänzlich unwirksam. Es liegt hier anders als beim Abschluss von Verträgen. Hat sich der Dritte auf einen *Vertrag* eingelassen, bei 472 dessen Abschluss die andere Vertragspartei durch einen Vertreter vertreten war, so hat sie sich das Risiko, dass es im Falle des Fehlens von Vertretungsmacht zu einem Schwebezustand kommen werde, selbst eingebrockt. Anders liegt es, wenn der Vertreter dem Dritten gegenüber eine *einseitige Erklärung* abgegeben hat. Dann soll sich der Dritte auf einen Schwebezustand nicht einlassen müssen; vielmehr kann er, wenn er Zweifel am Bestehen der erforderlichen Vertretungsmacht hat, die Erklärung des Vertreters gemäß § 180 Satz 1 auf der Stelle als unwirksam zurückweisen. Das gilt sogar dann, wenn Vertretungsmacht an sich bestand, aber der Vertreter nicht in der Lage war, das Original einer Vollmachtsurkunde vorzulegen, die der Dritte, um seine Zweifel zu klären, von ihm verlangt hat (§ 174). Allerdings wird die Regel des § 180 Satz 1 durch Satz 2 gleich wieder erheblich eingeschränkt. Denn danach ist auch eine einseitige Erklärung schwebend unwirksam, kann also vom Vertretenen genehmigt werden, wenn der Vertreter bei ihrer Abgabe seine Vertretungsmacht behauptet und der Dritte ihr Fehlen „nicht beanstandet" hat oder sogar „damit einverstanden gewesen [ist], dass der Vertreter ohne Vertretungsmacht handele".

II. Ansprüche des Dritten

473 Wenn der Vertretene die Genehmigung verweigert hat und damit feststeht, dass der Vertrag endgültig unwirksam ist, so entsteht dadurch dem Dritten in aller Regel ein Schaden, sei es, weil ihm der Gewinn entgeht, den er im Falle der Durchführung des Vertrages gemacht hätte, sei es, weil er im Vertrauen auf das Zustandekommen des Vertrages einen Aufwand getrieben hat, der sich jetzt als sinnlos herausstellt. In dieser Lage kann sich der Dritte in aller Regel nur dadurch noch helfen, dass er sich gemäß § 179 **an den falsus procurator** hält. Falsus procurator ist auch ein Untervertreter, sei es, dass ihm eine Untervollmacht vom „Hauptbevollmächtigten" nicht gültig erteilt war, sei es, dass es schon dem „Hauptbevollmächtigten" an einer Vollmacht gefehlt hat. Im letzteren Falle trifft den Untervertreter die volle Haftung aus § 179 auch dann, wenn er dem Dritten offengelegt hat, dass seine Vollmacht von einem „Hauptbevollmächtigten" herrührt (streitig; wie hier z.B. *Leipold* AT § 26 Rn. 25 ff.; anders BGHZ 68, 391).

474 Ansprüche gegen den falsus procurator sind allerdings von vornherein ausgeschlossen, wenn der Dritte nicht schutzwürdig ist, weil er das Fehlen der Vertretungsmacht gekannt hat oder es doch bei Anwendung der im Verkehr erforderlichen Sorgfalt hätte kennen können (§§ 179 Abs. 3, 122 Abs. 2). Allerdings wird man Fahrlässigkeit nur dann bejahen dürfen, wenn Zweifel an der Vertretungsmacht mit Händen zu greifen waren und der Dritte Nachforschungen gleichwohl unterlassen hat. Eine Haftung des falsus procurator

besteht ferner auch dann nicht, wenn er beschränkt geschäftsfähig war. Zwar ist seine Erklärung gemäß § 165 gültig. Aber der Gedanke des Minderjährigenschutzes verlangt es, dass seine Haftung ausgeschlossen ist, es sei denn, dass er mit Zustimmung seiner Eltern als Vertreter tätig geworden ist.

Wenn der Dritte den Vertreter für bevollmächtigt gehalten hat und diese Annahme auch nicht auf Fahrlässigkeit beruht, so besteht zwar eine Haftung des falsus procurator. Worauf sie sich richtet, hängt aber davon ab, ob der falsus procurator das Fehlen seiner Vertretungsmacht kannte oder nicht. Wusste er davon und hat er gleichwohl im Namen des Vertretenen mit dem Dritten kontrahiert, so hat er ihn bewusst in die Irre geführt. Gemäß § 179 Abs. 1 kann der Dritte in diesem Falle wählen, ob er von ihm „Erfüllung" oder „Schadensersatz" verlangen will. Verlangt er Schadensersatz, so muss ihm das „positive Interesse" geleistet, also ein Geldbetrag gezahlt werden, der ihn so stellt, wie er stünde, wenn der Vertrag mit dem Vertretenen wirksam geworden und von beiden Parteien ordnungsgemäß erfüllt worden wäre.

475

Dass der Dritte „Erfüllung" verlangt, wird praktisch nur dort vorkommen, wo sich die Erfüllung auf die Zahlung von Geld richtet. Zur Erbringung *anderer* Leistungen wird der falsus procurator selbst (anders als der Vertretene) in der Regel gar nicht imstande sein. Grundlage des Anspruchs auf „Erfüllung" ist nicht ein Vertrag – im Verhältnis zwischen Drittem und falsus procurator fehlt es an einem Vertrag –, sondern ein „gesetzliches Schuldverhältnis", das freilich den falsus procurator zu den gleichen Leistungen verpflichtet, wie sie der Vertretene im Falle der Wirksamkeit des Vertrages hätte erbringen müssen, ihn freilich aber auch zu allen Einwendungen und Einreden berechtigt, mit denen sich der Vertretene in diesem Falle auf die vertraglichen Ansprüche des Dritten hätte verteidigen können. – Streitig ist die interessante Frage, ob der falsus procurator dem Dritten auch dann auf „Erfüllung" (oder auch auf Schadensersatz) haftet, wenn der Vertretene selbst den Vertrag im Falle seiner Wirksamkeit nicht hätte erfüllen können, weil er schon bei seinem Abschluss insolvent war oder später insolvent geworden ist. Dafür mag sprechen, dass der Vertreter in Kenntnis des Fehlens von Vertretungsmacht den Vertrag mit dem Dritten geschlossen, ihm also bewusst Sand in die Augen gestreut hat und für sein Verhalten dadurch „bestraft" werden muss, dass er dem Dritten auch das Risiko der Zahlungsunfähigkeit des Vertretenen abnehmen muss. Entscheidend ist doch aber wohl die Erwägung, dass jede Vertragspartei, also auch der Dritte, das Risiko der Zahlungsunfähigkeit seines Kontrahenten tragen muss und der Dritte durch § 179 Abs. 1 nur so gestellt werden soll, wie wenn Vertretungsmacht bestanden hätte, nicht auch noch so, wie wenn der Vertretene solvent gewesen oder geblieben wäre.

476

Der falsus procurator haftet dem Dritten auch dann, wenn er „den Mangel der Vertretungsmacht nicht gekannt", sich also irrtümlich – sei es auch ohne jede Fahrlässigkeit – für bevollmächtigt gehalten hat (§ 179 Abs. 2). Allerdings braucht er in diesem Falle nur das „negative Interesse", also nur denjenigen Schaden zu ersetzen, den der Dritte „dadurch erleidet, dass er auf die Vertretungsmacht vertraut", den Vertrag daher für wirksam gehalten und zu seiner Vorbereitung oder Durchführung Geld und Mühe aufgewandt oder ein anderes vorteilhaftes Geschäft ausgeschlagen hat.

477

Allerdings braucht das negative Interesse insoweit nicht ersetzt zu werden, als es das positive Interesse übersteigt. Hätte also der Dritte aus dem Geschäft mit dem Vertretenen einen Gewinn von 1000 € erzielt, so muss ihm der falsus procurator auch dann nur 1000 € zahlen, wenn der Dritte, weil er den Vertrag für wirksam hielt, ein anderes Geschäft ausgeschlagen hat, das ihm einen Gewinn von mehr als 1000 € eingebracht hätte. – Manche wollen § 179 Abs. 2 nicht anwenden, also den falsus procurator von der Haftung freistellen, wenn er den Mangel seiner Vertretungsmacht auch beim besten Willen nicht erkennen konnte. Zwar ist er dann „unschuldig". Aber „noch unschuldiger" ist der Dritte; deshalb muss es dabei bleiben, dass ihm auch in diesem Falle der Anspruch auf das negative Interesse zusteht.

479 Kann der Dritte die Haftung des falsus procurator auch damit begründen, dass er ihm ein **Verschulden bei Vertragsverhandlungen** zur Last legt? Die Frage ist insoweit zu verneinen, als sein Verschulden nur darin besteht, dass er den Vertrag mit dem Dritten geschlossen hat, obwohl er den Mangel seiner Vertretungsmacht gekannt oder sich fahrlässig für bevollmächtigt gehalten hat. Denn dieser Fall ist abschließend in § 179 geregelt (streitig). Wenn aber der falsus procurator im Zuge der Vertragsverhandlungen den Dritten in anderer Weise in die Irre geführt, also z.B. Warnungen, Hinweise und Auskünfte schuldhaft nicht so erteilt hat, wie das von einem sorgfältigen Menschen in gleicher Lage erwartet werden muss, so kommt eine Haftung aus §§ 280 Abs. 1, 241 Abs. 2, 311 Abs. 3 in Betracht. Sie wird allerdings selten zum Ziel führen, weil eine Haftung des *Vertreters* wegen Verschuldens bei Vertragsverhandlungen nur dann gegeben ist, wenn er in besonderem Maße ein persönliches Vertrauen für sich in Anspruch genommen hat oder er ein unmittelbares eigenes wirtschaftliches Interesse am Zustandekommen des Vertrages hatte (Rn. 533 f.).

480 Besonders dann, wenn der falsus procurator insolvent und seine Haftung deshalb wirtschaftlich wertlos ist, wird die Frage wichtig, ob dem Dritten Ansprüche wegen Verschuldens bei Vertragsverhandlungen **gegen den Vertretenen** zustehen. Voraussetzung dafür ist zunächst, dass im Verhältnis zwischen dem Vertretenen und dem Dritten ein Schuldverhältnis der Vertragsverhandlungen gemäß § 311 Abs. 2 begründet worden ist, sei es durch den Vertretenen selbst, sei es durch einen von ihm dazu bevollmächtigten Vertreter. Sodann muss eine Pflichtverletzung gemäß § 280 Abs. 1 vorliegen. Hat der **Vertretene** selbst schuldhaft den Eindruck erweckt, dass dem falsus procurator Vertretungsmacht zusteht, so wird darin meist die Erteilung einer Duldungsvollmacht liegen (Rn. 418 f.), sodass der Vertreter in Wahrheit als bevollmächtigt anzusehen und ein Vertrag daher zustande gekommen ist. Hat der **Vertreter** im Zuge der Vertragsverhandlungen eine Schutzpflicht verletzt, so braucht der Vertretene dafür nur dann gemäß § 278 einzustehen, wenn er sich des Vertreters als seiner Hilfsperson bedient und ihn zu diesem Zweck in die Vertragsverhandlungen eingeschaltet hat; außerdem muss die Schutzpflichtverletzung des Vertreters in einem inneren Zusammenhang mit den Aufgaben stehen, die ihm der Vertretene übertragen hat. Vgl. BGHZ 92, 164, 175; BGH NJW-RR 1998, 1342; ferner *Bork* AT Rn. 1618; *Faust* AT § 27 Rn. 13.

§ 9 Vertragspflichten

A. Vertragspflichten im Allgemeinen

I. Leistungspflichten

Gemäß § 311 Abs. 1 wird ein rechtsgeschäftliches Schuldverhältnis dadurch begründet, dass die Beteiligten miteinander einen Vertrag schließen. Ist ein Vertrag gültig zustande gekommen, so kann jede Vertragspartei von der anderen verlangen, dass sie den Vertrag erfüllt, also dasjenige leistet, was zu leisten sie in dem Vertrag versprochen hat. Das versteht sich von selbst, wird aber in § 241 Abs. 1 noch einmal ausdrücklich bekräftigt: Danach ist der Gläubiger – so heißt es dort – „kraft des Schuldverhältnisses berechtigt, von dem Schuldner eine Leistung zu fordern." Dieser Berechtigung des Gläubigers steht eine entsprechende Verpflichtung des Schuldners gegenüber. Welche Leistungen es sind, die zu fordern der Gläubiger berechtigt und zu erbringen der Schuldner verpflichtet ist, ergibt sich, wenn das Schuldverhältnis ein vertragliches ist, in erster Linie **aus dem Vertrag selbst**; also aus den **Vereinbarungen**, die die Parteien dazu in dem Vertrag getroffen haben. Soweit diese Vereinbarungen unklar, mehrdeutig, widersprüchlich oder unvollständig sind, muss durch **Auslegung** des Vertrages ermittelt werden, welche Pflichten es im Einzelnen sind, deren Erfüllung sich die Parteien versprochen und für deren Nichterfüllung sie einander einzustehen haben (Rn. 63 ff.). Fehlt es in dem Vertrag an Vereinbarungen, so ergeben sich die Pflichten der Parteien oft aus den gesetzlichen Vorschriften, die das BGB für diesen Fall als eine Art „Reserveordnung" bereit hält. Man fasst sie unter dem Begriff **„dispositives Recht"** zusammen, weil sie nur hilfsweise, nämlich nur dann gelten wollen, wenn die Parteien nicht vertraglich anderweitig „disponiert" haben (Rn. 52 ff.).

481

§ 241 Abs. 1 erweckt den Anschein, als könne der Gläubiger vom Schuldner stets nur eine einzige „Leistung" fordern. Es ist aber offensichtlich, dass der Schuldner in einem und demselben Vertrag mehrere verschiedene Leistungen versprechen kann. Hat der Mieter eine Wohnung gemietet, so verpflichtet er sich in dem Mietvertrag oft nicht bloß zur Zahlung der Miete, sondern z.B. auch zur Leistung einer Mietsicherheit (vgl. § 551) oder dazu, während der Dauer und am Ende des Mietverhältnisses „Schönheitsreparaturen" vorzunehmen. Ebenso kann der Vermieter sich nicht nur zur Überlassung der Mietwohnung, sondern auch dazu verpflichten, innerhalb einer bestimmten Frist in der

482

Wohnung eine Gasheizung zu installieren, oder dem Mieter zu gestatten, dass er in der Mietwohnung Haustiere hält oder einzelne Räume der Mietwohnung einem Untermieter überlässt. Ferner kann die vertraglich versprochene Leistung, wie in § 241 Abs. 1 Satz 2 klargestellt ist, auch in einem **Unterlassen** bestehen. So liegt es z.B., wenn sich aus einer mietvertraglichen Vereinbarung oder aufgrund der Auslegung des Mietvertrages ergibt, dass der Mieter auf dem Balkon der Mietwohnung keine Parabolantenne zum Empfang von Satellitensignalen aufstellen oder nach 23.00 Uhr keine Musikinstrumente mehr spielen darf.

483 Bei den meisten vertragsrechtlichen Streitigkeiten geht es darum, dass die vertragstreue Partei einen der drei wesentlichen Rechtsbehelfe geltend macht, die ihr gegen ihren Kontrahenten zu Gebote stehen, nämlich entweder den Erfüllungsanspruch, den Schadensersatzanspruch oder das Recht zur Aufhebung des Vertrages. In allen drei Fällen ist die genaue Bestimmung der Vertragspflichten von entscheidender Bedeutung. Verlangt eine Partei die **Erfüllung** des Vertrages, so muss geklärt sein, ob die konkrete Leistung, die sie begehrt, von der anderen Partei in dem Vertrag gerade so versprochen worden ist, wie sie jetzt von ihr verlangt wird. Ebenso liegt es, wenn eine Vertragspartei **Schadensersatz** verlangt, sei es, dass sie daneben auch noch auf der Erfüllung des Vertrages besteht, sei es, dass sie ihren Erfüllungsanspruch preisgibt, den Vertrag als erledigt ansieht und nunmehr Schadensersatz statt der Leistung begehrt: Auch ein solcher Schadensersatzanspruch setzt voraus, dass der andere Teil „eine Pflicht aus dem Schuldverhältnis" – hier also: eine vertragliche Pflicht – „verletzt" hat (§ 280 Abs. 1). Ebenso liegt es schließlich, wenn die Partei den Vertrag **aufheben** will, insbesondere dadurch, dass sie den Rücktritt vom Vertrag erklärt: Auch ein solcher Rücktritt setzt voraus, dass eine vertraglich geschuldete und fällige Leistung vom Schuldner „nicht oder nicht vertragsgemäß" erbracht worden ist (§ 323 Abs. 1). Auch hier muss also genau und konkret bestimmt sein, was im Einzelnen der Schuldner nach dem Vertrage zu tun oder zu unterlassen verpflichtet war; erst dann kann man nämlich messen, ob sein Ist-Verhalten hinter dem vertraglich geschuldeten Soll-Verhalten zurückgeblieben ist und er deshalb die „geschuldete Leistung" nicht bewirkt, eine Vertragspflicht „verletzt" oder sie „nicht oder nicht vertragsgemäß" erbracht hat.

484 Hat sich eine Vertragspartei in dem Vertrag zu mehreren Leistungen verpflichtet – und das ist die Regel –, so liegt es nahe und ist oft zweckmäßig, zwischen Hauptleistungen und Nebenleistungen und dementsprechend zwischen **Hauptpflichten** und **Nebenpflichten** zu unterscheiden. Hauptpflichten sind diejenigen vertraglichen Pflichten, auf deren Erfüllung es den Parteien entscheidend ankommt. Sie geben dem Vertrag sein charakteristisches Gepräge und erlauben es deshalb, ihn als Kaufvertrag, Mietvertrag oder Darlehensvertrag einzuordnen. Hingegen werden aufgrund einer Nebenpflicht Leistungen geschuldet, die zu der Hauptleistung hinzutreten und ihre Erbringung vorbereiten, ergänzen, sichern oder unterstützen sollen.

Meistens zielt ein Vertrag auf den Austausch zweier Hauptleistungen ab, 485
die dergestalt miteinander verknüpft sind, dass jede Partei ihre Hauptleistung gerade deshalb und nur deshalb verspricht, um dafür im Gegenzug von der anderen das Versprechen einer Gegenleistung zu erlangen. So verpflichtet sich der Verkäufer nur deshalb dazu, die Kaufsache dem Käufer zu übergeben und ihm das Eigentum daran zu verschaffen, weil umgekehrt der Käufer ihm die Zahlung des Kaufpreises versprochen hat. Man sagt in diesem Fall, dass die Hauptpflichten der Kaufvertragsparteien „synallagmatisch", also im Sinne eines „do ut des" miteinander verknüpft sind, und man spricht dann von „**gegenseitigen Verträgen**". Dazu zählen alle praktisch wichtigen Verträge, nämlich nicht nur der Kaufvertrag (§ 433), sondern auch der Miet- und Pachtvertrag (§§ 535, 581), der Dienst- und Werkvertrag (§§ 611, 631), auch der Darlehensvertrag (§ 488). Aus dem Prinzip der Vertragsfreiheit folgt, dass die Parteien auch andere – im BGB nicht näher geregelte – gegenseitige Verträge schließen können. So liegt es z.B., wenn Kläger und Beklagter zur Beendigung des Rechtsstreits einen Vertrag schließen, in dem der Beklagte sich zur Zahlung eines Geldbetrags, der Kläger sich zur Rücknahme der Klage verpflichtet (vgl. § 779). Ebenso liegt ein gegenseitiger Vertrag vor, wenn ein Arbeitnehmer sich Zug um Zug gegen das Versprechen einer Barabfindung mit der vorzeitigen Auflösung des Arbeitsvertrages einverstanden erklärt.

Verträge, die nicht „gegenseitige Verträge" sind, kommen eher selten vor. Bei ihnen ver- 486
spricht die eine Partei der anderen eine Hauptleistung, ohne dass die andere sich zu einer Gegenleistung verpflichtet. So verhält es sich z.B. bei einem Leihvertrag (§ 598): Jemand verpflichtet sich, ein kostbares Gemälde einem Museum für die Dauer einer dreimonatigen Ausstellung unentgeltlich zu überlassen. Zwar treffen hier auch das Museum vertragliche Verpflichtungen. Es muss das entliehene Gemälde pfleglich behandeln, vor Diebstahl schützen und es gegen die Gefahr einer Beschädigung oder eines Verlusts versichern. Aber in der Erfüllung dieser Pflichten liegt nicht die Gegenleistung, wegen derer der Leihgeber dem Museum das Bild überlässt. Ähnlich liegt es, wenn jemand sich vertraglich dazu verpflichtet, unentgeltlich für den Vertragspartner ein Geschäft zu besorgen (§ 662: Auftrag) oder seine Sachen unentgeltlich zu verwahren (§§ 688, 690).

Nebenpflichten werden oft von den Parteien durch besondere vertragliche 487
Vereinbarung festgelegt. So kann sich der Käufer eines Grundstücks dazu verpflichtet haben, den Verkäufer, der ihm den Kaufpreis teilweise gestundet hat, dadurch zu sichern, dass er das erworbene Grundstück zugunsten des Verkäufers mit einer „Restkaufgeldhypothek" belastet. Beim Kauf eines Bauplatzes mag sich der Käufer dem Verkäufer verpflichtet haben, bei der Bebauung einen bestimmten Architekten hinzuzuziehen, eine bestimmte Geschoßzahl nicht zu überschreiten oder das Grundstück mit Wohnhäusern, nicht mit gewerblich nutzbaren Gebäuden zu bebauen. Soweit die Parteien Vereinbarungen nicht getroffen haben, ergeben sich Nebenpflichten manchmal aus den Vorschriften des dispositiven Rechts. Hat z.B. jemand durch

Vertrag die Erledigung eines Geschäfts versprochen, so ist er seinem Auftraggeber in erster Linie zur Ausführung des Geschäfts verpflichtet (Hauptpflicht); daneben trifft ihn die Nebenpflicht, „dem Auftraggeber die erforderlichen Nachrichten zu geben, auf Verlangen über den Stand des Geschäfts Auskunft zu erteilen und nach der Ausführung des Auftrags Rechenschaft abzulegen" (§ 666). Gerade bei Nebenpflichten kommt es häufig vor, dass es sowohl an vertraglichen Vereinbarungen wie an passendem dispositivem Recht fehlt. Dann muss durch (ergänzende) Auslegung des Vertrages – gestützt auf Verkehrssitte, Handelsbrauch und das Gebot der Beachtung von Treu und Glauben – ermittelt werden, ob Nebenpflichten bestehen und welchen genauen Inhalt sie haben. So kann der Verkäufer verpflichtet sein, dem Käufer die nach Sachlage gebotenen Hinweise zur richtigen Bedienung der Kaufsache zu erteilen, die Kaufsache während der Zeit zwischen Vertragsabschluss und ihrer Übergabe oder Versendung an den Käufer gegen das Risiko von Verlust, Diebstahl oder Beschädigung zu schützen, die Kaufsache so zu verpacken und den Beförderungsweg und das Beförderungsmittel so auszuwählen, dass die Transportgefahren gering gehalten werden und die Kaufsache den Käufer nicht später als nötig erreicht. Ebenso kann der Verkäufer verpflichtet sein, den Käufer von der Absendung der Ware rechtzeitig durch eine Versandanzeige in Kenntnis zu setzen und ihm diejenigen Dokumente auszuhändigen (wie z.B. einen Kraftfahrzeugbrief, ein Ursprungszeugnis, einen Lagerschein, ein Konnossement), deren der Käufer bedarf, wenn er sich als rechtmäßiger Eigentümer der Kaufsache ausweisen oder einen Dritten zu ihrem Eigentümer machen will.

488 Bei Vertragsende sind der Mieter zur Rückgabe der Mietsache (§ 546) und der Darlehensnehmer zur Rückzahlung des Darlehenskapitals (§ 488) verpflichtet. Auf diese „Abwicklungspflichten" passt der Begriff der „Nebenpflicht" nicht, weil es für den Vermieter und Darlehensgeber von schlechthin fundamentaler Bedeutung ist, dass er bei Vertragsende die Mietsache oder das Darlehenskapital zurückerhält (so treffend *Huber* §§ 41 II 2, 44 I 2). Aber auch um synallagmatische Hauptpflichten handelt es sich bei den Abwicklungspflichten nicht, weil die Gegenleistung, um deretwillen der Vermieter dem Mieter die Überlassung der Mietsache versprochen hat, in der Zahlung der Miete, nicht in der Rückgabe der Mietsache zu sehen ist.

489 Die vorstehenden Überlegungen zu den vertraglichen Haupt-, Neben- und Abwicklungspflichten mögen einen nützlichen Überblick über das vielfältige „Pflichtenprogramm" verschafft haben, das sich für die Parteien aus dem Abschluss eines Vertrages ergeben kann. Aber die *rechtliche* Bedeutung der Unterscheidung zwischen den verschiedenen Pflichtenarten ist gering.

490 Sie spielt gar keine Rolle, wenn die vertragstreue Partei gemäß § 280 Schadensersatz verlangt. Denn dafür genügt die Verletzung irgendeiner Vertragspflicht, und es kommt nicht darauf an, ob die verletzte Pflicht eine Haupt-, eine Neben- oder eine Abwicklungspflicht ist. Anders liegt es, wenn die vertragstreue Partei wegen einer Pflichtverletzung den Vertrag im Ganzen für erledigt erklären, also gemäß § 323 von dem Vertrag

zurücktreten und/oder gemäß § 281 **Schadensersatz statt der Leistung** verlangen will. Dazu ist sie, wenn die sonstigen Voraussetzungen erfüllt sind, ohne weiteres berechtigt, wenn die verletzte Pflicht eine synallagmatische Hauptpflicht ist. In anderen Fällen ist aber Vorsicht am Platze. Zwar gelten §§ 323 und 281 auch dann, wenn die Leistung, die trotz Fälligkeit nicht oder nicht vertragsgemäß bewirkt worden ist, den Gegenstand einer **Nebenpflicht** bildet. Immerhin besteht hier die Gefahr, dass die vertragstreue Partei die Verletzung einer ganz nebensächlichen und unwichtigen Pflicht zum willkommenen Anlass für die Liquidation des Vertrages im Ganzen nimmt. Das wird ihr besonders dann reizvoll erscheinen, wenn sich seit Vertragsabschluss die Marktverhältnisse geändert haben und ihr Interesse an der Aufhebung des Vertrages seinen wahren Grund darin hat, dass sie sich auf diese Weise von ihrer eigenen vertraglichen Bindung befreien und den gleichen Vertrag zu den inzwischen günstiger gewordenen Bedingungen mit einem anderen Vertragspartner abschließen will. Das BGB sucht das Problem durch §§ 281 Abs. 1 Satz 3 und 323 Abs. 5 Satz 2 zu lösen: Danach ist der Gläubiger nicht berechtigt, Schadensersatz statt der Leistung zu verlangen oder vom Vertrage zurückzutreten, wenn der Schuldner zwar seine Vertragspflichten nicht ordentlich erfüllt hat, aber die darin liegende Pflichtverletzung „unerheblich" ist. Vgl. dazu noch Rn. 953, 1187.

II. Schutzpflichten

Von den Leistungspflichten (§ 241 Abs. 1) unterscheidet man die **Schutzpflichten**, die manchmal auch „nicht leistungsbezogene Nebenpflichten" genannt werden. Sie werden in § 241 Abs. 2 in der Weise beschrieben, dass es dort heißt, es könne sich aus dem Inhalt des Schuldverhältnisses für die daran Beteiligten eine Verpflichtung „zur Rücksichtnahme auf die Rechte, Rechtsgüter und Interessen des anderen Teils" ergeben. Schutzpflichten sollen also vor Schäden schützen, die der eine Beteiligte während des durch das Schuldverhältnis vermittelten Kontaktes infolge eines pflichtwidrigen Verhaltens des anderen Beteiligten erleiden kann. Während Leistungspflichten darauf abzielen, dass jeder Vertragspartei der **Vorteil** verschafft wird, den sie mit dem Vertragsabschluss für sich erstrebt, sollen die (nicht leistungsbezogenen) Schutzpflichten den **Nachteil** verhüten helfen, der ihr im Falle einer Beeinträchtigung ihrer bereits vorhandenen Güterlage entsteht. Solche Beeinträchtigungen können in einer Verletzung des Körpers oder der Gesundheit, in einer Verletzung des Eigentums und anderer eigentumsähnlicher Rechte, aber auch in der Beeinträchtigung sonstiger „Interessen" bestehen, also z.B. darin, dass infolge der Schutzpflichtverletzung der Betroffene zu ungünstigen Dispositionen veranlasst, seine geschäftlichen Chancen zunichte gemacht, ihm die Durchsetzung seiner Forderung gegen Dritte erschwert oder ihm auf andere Weise ein Vermögensschaden zugefügt wird.

1. Vertragliche Schutzpflichten

492 Das Schuldverhältnis, das Schutzpflichten entstehen lässt, kann ein Vertrag sein (§ 311 Abs. 1). In diesem Falle treten die Schutzpflichten zu den vertraglichen Leistungspflichten hinzu.

493 Hat also ein Kraftfahrzeughändler seinem Kunden ein Auto verkauft, so verletzt er **Leistungspflichten**, wenn er das Auto dem Käufer überhaupt nicht oder mit Verspätung oder nicht in der vereinbarten Beschaffenheit oder ohne Kraftfahrzeugbrief liefert. Er verletzt eine **Schutzpflicht**, wenn er das Risiko einer körperlichen Verletzung seines Kunden nicht mit der nach Sachlage gebotenen Sorgfalt abgewandt, also z.B. vergessen hat, in seinen Geschäftsräumen durch ein gut sichtbares Schild auf die Glätte des frisch gebohnerten Fußbodens hinzuweisen. Wenn infolgedessen der Kunde bei der Abholung des Wagens die Räume des Händlers aufsucht und dabei ausgleitet und sich ein Bein bricht, so kann er wegen Verletzung einer Schutzpflicht von dem Händler gemäß § 280 Abs. 1 Schadensersatz verlangen. Richtig ist, dass derjenige, der durch sorgfaltswidriges Verhalten seines Vertragspartners eine Verletzung seines Körpers oder eines anderen in § 823 Abs. 1 geschützten Rechts oder Rechtsguts erlitten hat, seinen Ersatzanspruch auch auf die Regeln über die Haftung wegen einer **unerlaubten Handlung**, hier also auf § 823 Abs. 1 stützen kann. Aber seine Rechtslage ist günstiger, wenn er sich auf § 280 Abs. 1 berufen kann, weil in diesem Falle die andere Partei für Fehler ihrer Hilfspersonen gemäß § 278 einstehen muss (und nicht den Entlastungsbeweis gemäß § 831 führen kann), ferner, weil die andere Partei, wie sich aus § 280 Abs. 1 Satz 2 ergibt, die Beweislast dafür trägt, dass sie die Pflichtverletzung **nicht** zu vertreten habe, während bei Ansprüchen aus § 823 Abs. 1 der Geschädigte die Beweislast dafür trägt, dass der Schädiger sich sorgfaltswidrig verhalten hat.

494 Schutzpflichten bezwecken nicht nur die Verhütung von Körperverletzungen oder Sachschäden. Sie können die Parteien auch dazu verpflichten, einander vor **allgemeinen Vermögensschäden** zu bewahren.

495 Eine Vertragspartei verletzt z.B. ihre Pflicht zur Rücksichtnahme, wenn sie von ihrem Vertragspartner etwas verlangt, was er ihr in Wahrheit nicht schuldet, oder wenn sie vom Vertrag zurücktritt, obwohl ihr ein solches Rücktrittsrecht in Wahrheit nicht zusteht. In einem solchen Fall muss sie, wenn sie die Pflichtverletzung zu vertreten hat, ihrem Vertragspartner den Schaden ersetzen, der ihm durch die Abwehr des unbegründeten Anspruchs oder Rücktrittsrechts entstanden ist (BGH NJW 2008, 1147; BGHZ 179, 238; Rn. 638, 1079). Auch darf eine Vertragspartei im Zuge der Ausführung des Vertrages die unternehmerischen Chancen der anderen Partei nicht in illoyaler Weise konterkarieren oder ihre Geschäftsgeheimnisse, Kundenkontakte oder Absatzkanäle für eigene Rechnung ausnutzen oder an Dritte weitergeben. Haben mehrere Personen einen Gesellschaftsvertrag geschlossen, sich also z.B. zum gemeinsamen Zweck des Betriebs einer Fabrik zusammengetan, so muss ein Gesellschafter, dem von einem Dritten eine in den Geschäftsbereich des Unternehmens fallendes Patent zur Nutzung angeboten wird, die darin liegende geschäftliche Chance zunächst den anderen Gesellschaftern anbieten; er handelt pflichtwidrig, wenn er, ohne sie zu fragen, eine eigene Firma gründet und dafür sorgt, dass die Nutzung des Patents dieser Firma übertragen wird und der dadurch erzielte Gewinn allein ihm zufließt (Rn. 681). Die Werbeagentur, die ihren Kunden bei der Durchführung einer Werbekampagne berät, muss ihn ungefragt darauf hinweisen, dass eine von ihm gewünschte Werbemaßnahme gegen das Urheberrecht oder das Recht des unlauteren Wettbewerbs verstößt, deshalb unzulässig ist und zu Haftungsfolgen führen kann (vgl. BGHZ 61, 118). Der Betreiber einer Fahrschule muss zugunsten seiner Fahrschüler Versicherungsschutz beschaffen, der sie gegen das Risiko schützt, dass sie im Zuge des Fahrunterrichts einen Unfall verursachen und dadurch Dritten gegenüber haftpflichtig werden.

Eine Schutzpflicht kann auch dann noch verletzt werden, wenn der Vertrag, durch den sie begründet wurde, **bereits beendet oder erfüllt ist.** So muss nach Beendigung eines Mietvertrages der Vermieter eines gewerblich genutzten Raums oder einer Arztpraxis dem früheren Mieter für einige Zeit die Aufstellung eines Schildes mit dem Hinweis auf die neue Anschrift gestatten. Der Verkäufer, der den Kaufvertrag vollständig erfüllt, nämlich eine bestimmte Menge im Wald lagernden Holzes dem Käufer übereignet hat, verletzt eine Schutzpflicht, wenn er später, weil er den früheren Verkauf vergessen hat, das immer noch im Wald lagernde gleiche Holz zum zweiten Mal einem Dritten verkauft (vgl. BGH LM § 362 Nr. 2). Ebenso liegt es, wenn ein neues Kraftfahrzeug von seinem Hersteller verkauft und geliefert worden ist, und er nunmehr erfährt, dass die Bremsanlage bei bestimmten Temperaturen versagt: Hier verletzt der Hersteller eine Schutzpflicht, wenn er es unterlässt, den Käufer auf die Gefahr eines Bremsversagens hinzuweisen oder das Fahrzeug zum Zweck der Mängelbeseitigung „zurückzurufen". Auch ein Arbeitgeber verletzt eine Schutzpflicht, wenn er in einem Zeugnis unwahre oder irreführende Auskünfte über seinen Arbeitnehmer erteilt, dies ganz unabhängig davon, ob er die Unterschrift unter das misslungene Zeugnis *vor* oder *nach* der Beendigung des Arbeitsvertrages gesetzt hat. 496

Verletzt eine Partei eine Schutzpflicht, die sie aufgrund des Vertrages zu beachten hatte, so ist sie, wenn sie die Pflichtverletzung zu vertreten hat, gemäß § 280 Abs. 1 verpflichtet, ihrem Vertragspartner den ihm hierdurch entstehenden Schaden zu ersetzen. Sie haftet ihm also auf das **„negative Interesse"** oder – wie man auch sagt – auf Ersatz des **Vertrauensschadens**, muss ihn also so stellen, wie er stünde, wenn die Schutzpflicht beachtet worden wäre. Anders als in §§ 122, 179 kann der danach geschuldete Schadensersatz im Einzelfall auch höher liegen als das Erfüllungsinteresse (vgl. Rn. 333 f.), so z.B. dann, wenn eine Vertragspartei infolge der Schutzpflichtverletzung körperlich verletzt oder ihr gehörende Sachen beschädigt oder zerstört worden sind. Wenn die andere Partei wegen der Schutzpflichtverletzung den Vertrag nicht mehr durchführen, sondern vom Vertrag zurücktreten und/oder das Erfüllungsinteresse – also Schadensersatz statt der Leistung – verlangen will, so ist sie dazu nur dann berechtigt, wenn die Schutzpflichtverletzung so schwer wiegt, dass ihr nicht zugemutet werden kann, auch weiterhin noch an den Vertrag gebunden zu sein und die ihr geschuldete Leistung noch entgegenzunehmen (§§ 282, 324; Rn. 972, 1194). 497

2. Vorvertragliche Schutzpflichten

498 Ein Schuldverhältnis, aus dem Schutzpflichten entspringen, muss nicht ein vertragliches Schuldverhältnis sein. Aus § 311 Abs. 2 ergibt sich, dass ein solches Schuldverhältnis auch schon *vor* dem Abschluss eines Vertrages entstehen kann, nämlich schon dann, wenn die Beteiligten **Vertragsverhandlungen aufgenommen** (Nr. 1), einen Vertrag **angebahnt** (Nr. 2) oder einen ähnlichen **geschäftlichen Kontakt** zueinander hergestellt haben (Nr. 3). In diesen Fällen ist das Schuldverhältnis auf Schutzpflichten beschränkt, weil Leistungspflichten erst durch den Vertrag begründet werden. Mit der Regelung in § 311 Abs. 2 hat der Gesetzgeber die frühere Rechtsprechung zur Haftung wegen **Verschuldens bei Vertragsverhandlungen** (culpa in contrahendo) ein Stück weit kodifizieren, nicht aber einengen oder erweitern wollen, so dass zur Auslegung des § 311 Abs. 2 ohne weiteres auf das bisherige Material an Gerichtsentscheidungen und das frühere Schrifttum zurückgegriffen werden kann.

499 Ob es wirklich notwendig war, dass der Gesetzgeber in § 311 Abs. 2 zwischen den drei dort erwähnten Typen eines vorvertraglichen Geschäftskontakts unterschieden hat, kann man bezweifeln. Denn es liegt auf der Hand, dass die Parteien bei der Aufnahme von Vertragsverhandlungen stets die Anbahnung eines Vertrages im Sinne haben, so dass es sich bei Nr. 1 eigentlich nur um einen Spezialfall der Nr. 2 handelt. Der durch Nr. 2 erfasste Fall der Vertragsanbahnung ist deshalb der allgemeinere und wichtigere, zumal dort auch der (für alle drei Nummern maßgebliche) Grund für die Entstehung besonderer vorvertraglicher Schutzpflichten genannt ist, nämlich der Umstand, dass „der eine Teil im Hinblick auf eine etwaige rechtsgeschäftliche Beziehung dem anderen Teil die Möglichkeit zur Einwirkung auf seine Rechte, Rechtsgüter und Interessen gewährt oder ihm diese anvertraut" hat.

500 Die Haftung wegen Verschuldens bei Vertragsverhandlungen hat eine erhebliche praktische Tragweite. Sie erschließt sich am besten, wenn man bestimmte **Fallgruppen** unterscheidet und für jede von ihnen bestimmt, aus welchem Grunde und zu welchem Zweck eine Schutzpflicht angenommen wird.

501 a) **Verkehrssicherungspflichten.** – In einer ersten Fallgruppe geht es um Schutzpflichten, die darauf abzielen, dass Geschäftsräume, Treppenhäuser, Fußböden, Geländer, Rolltreppen und Aufzüge gegen **Unfallgefahren** gesichert und dadurch der Körper, die Gesundheit und das Eigentum derjenigen Personen vor Schäden bewahrt werden, die sich zum Zweck der Anbahnung eines Vertrages oder der Herstellung eines geschäftlichen Kontakts in diese Räume begeben haben.

502 In ausländischen Rechtsordnungen wird in diesen Fällen dem Unfallopfer ein Schadensersatzanspruch aus unerlaubter Handlung, bei uns hingegen (auch) ein Anspruch wegen Verschuldens bei Vertragsverhandlungen gewährt, dies vor allem deshalb, weil auf diese Weise statt der misslungenen Regelung in § 831 die Vorschrift des § 278 angewen-

det werden kann. Vgl. oben Rn. 493 und *Kötz/Wagner* Rn. 307 ff. – Schon das Reichsgericht hat sich mit schönem Freimut dazu bekannt, dass der eigentliche Grund für die Gewährung eines „vertragsähnlichen" Anspruchs darin besteht, dem Unfallopfer einen zahlungskräftigen Schuldner zur Verfügung zu stellen. In RGZ 78, 239 war die Klägerin, als sie sich in dem Warenhaus der Beklagten zur Ansicht einen Teppich hatte vorlegen lassen, dadurch verletzt worden, dass eine Teppichrolle, die ein Angestellter nicht standfest genug aufgestellt hatte, umgestürzt war. Die Zubilligung eines „vertragsähnlichen" Schadensersatzanspruchs gegen den Warenhausunternehmer hat das Reichsgericht damit begründet, dass es „dem allgemeinen Rechtsempfinden widerstreiten" würde, wenn der Unternehmer der Klägerin „nur nach Maßgabe des § 831 und nicht unbedingt [nämlich nach § 278] haftete, der Verletzte also beim Gelingen des Entlastungsbeweises an den zumeist mittellosen Angestellten verwiesen würde" (S. 240). Aus dem gleichen Grunde haftet der Betreiber eines Kaufhauses, wenn die Kundin, noch ehe sie einen Vertrag mit ihm geschlossen hat, auf einem Gemüseblatt ausgerutscht ist, das vom Reinigungspersonal fahrlässig übersehen oder nicht rechtzeitig beseitigt worden ist (BGHZ 66, 51).

In der Tat geht es bei § 311 Abs. 1 Nrn. 2 und 3 fast immer um die Regulierung von Unfallschäden, die jemand erleidet, nachdem er einen Vertrag angebahnt oder einen ähnlichen geschäftlichen Kontakt hergestellt hat. Ein solcher Kontakt liegt vor, wenn – das ist der praktisch wichtigste Fall – ein Unternehmer, um Kunden anzulocken und zu gewinnen, das Publikum zum Besuch seiner Geschäftsräume einlädt und jemand dieser Einladung gefolgt ist, die Räume betreten und sodann einen Unfall erlitten hat. Hat sich jemand auf diese Weise in die von dem Unternehmer beherrschte Sphäre hineinbegeben, so wird dadurch ein vorvertragliches Schuldverhältnis gemäß § 311 Abs. 2 auch dann begründet, wenn er keine konkrete Absicht zum Abschluss eines Vertrages hatte. Denn auch in demjenigen, der keinen Pfennig in der Tasche hat und sich in den Räumen des Unternehmers lediglich aufwärmen oder abkühlen will, wird durch die Betrachtung seiner Auslagen vielleicht der Keim für einen künftigen Vertragsschluss gelegt. Betritt jemand die Räume des Unternehmers, weil er als Briefträger einen Brief zustellen oder als Beamter der Gewerbeaufsicht die Beachtung der Hygienevorschriften in der Lebensmittelabteilung überprüfen oder weil er als Gerichtsvollzieher die Ware des Unternehmers nicht kaufen, sondern pfänden will, so liegt zwar kein Fall der Nr. 2, aber wohl doch ein „Kontakt" vor, den man gerade noch als „geschäftlichen" i. S. der Nr. 3 bezeichnen kann. Der Rubikon ist aber überschritten, wenn jemand vor dem Schaufenster des Unternehmers – durch die Pracht der Auslagen angezogen – andächtig verharrt: Wenn er dort zu Fall kommt, weil das über einem Lichtschacht angebrachte Gitter nachgibt und mit ihm in die Tiefe stürzt, so kann er seinen Schadensersatzanspruch nur auf §§ 823 ff. stützen, und sein Anwalt muss sehen, wie er die misslungene Vorschrift des § 831 auf andere Weise unschädlich machen kann (Vorschläge dazu bei *Kötz/Wagner* Rn. 298 ff.).

504 b) Abbruch von Vertragverhandlungen. – Eine weitere Fallgruppe ist dadurch gekennzeichnet, dass die Parteien Vertragsverhandlungen miteinander geführt, vielleicht über wesentliche Punkte ein Einverständnis bereits erzielt haben und nunmehr der eine Teil in der Meinung, der Abschluss des Vertrages sei eigentlich nur noch eine Formalität, Dispositionen trifft, also z.B. Investitionen tätigt, geschäftliche Chancen ausschlägt, Vertragsangebote Dritter zurückweist, Genehmigungen einholt, einen Anwalt mit der Vorbereitung eines Vertragsentwurfs beauftragt usw. Wenn nunmehr der andere Verhandlungspartner die **Verhandlungen abbricht** oder den Vertrag scheitern lässt, so entsteht die Frage, ob darin eine Schutzpflichtverletzung liegen kann und daher die enttäuschte Partei berechtigt ist, den Schaden ersetzt zu verlangen, der ihr dadurch entsteht, dass die Dispositionen, die sie im Vertrauen auf das Zustandekommen des Vertrages getroffen hat, sich nunmehr als vergeblich oder sinnlos herausstellen.

505 Grundsätzlich muss man diese Frage verneinen. Der Grundsatz der Vertragsfreiheit gewährt jedermann nicht nur das Recht, frei zu entscheiden, ob er einen Vertrag schließen, sondern auch, ob er ihn *nicht* schließen, begonnene Vertragsverhandlungen also abbrechen will. Aus dem Umstand allein, dass sich jemand auf Vertragsverhandlungen eingelassen hat, folgt keineswegs, dass er sie, ohne sich ersatzpflichtig zu machen, nur dann abbrechen kann, wenn er dafür überzeugende, triftige oder auch nur plausible Gründe ins Feld zu führen vermag. Es geht also um die Frage, wie die Fälle beschaffen sein müssen, in denen ausnahmsweise anders zu entscheiden ist. Sicherlich darf niemand seinen Verhandlungspartner bewusst täuschen, indem er ihn z.B. zur Abgabe oder zur Nachbesserung eines Angebots auffordert, obwohl er im Zeitpunkt der Aufforderung bereits fest entschlossen ist, das Angebot unter keinen Umständen anzunehmen. In anderen Fällen wird man verlangen müssen, dass der eine Verhandlungspartner in dem anderen durch unrichtige oder irreführende Behauptungen die Vorstellung erweckt oder bekräftigt hat, dass es mit großer Sicherheit zum Abschluss eines Vertrages kommen werde, obwohl er wusste oder damit rechnete, dass der andere Teil im Vertrauen auf seine Erklärungen nachteilige Dispositionen treffen werde. Ebenso wird man den Fall behandeln müssen, in dem der eine Partner zwar nichts Unrichtiges oder Irreführendes erklärt, aber den Irrtum des anderen erkannt und gleichwohl nicht von sich aus richtiggestellt hat, obwohl er dazu nach den Umständen verpflichtet war. Hinzukommen muss aber auch noch, dass der andere auf das Zustandekommen des Vertrages nicht bloß vertraut hat, sondern dass sein Vertrauen auch **schutzwürdig** ist, dass also auch ein vernünftiger und umsichtiger Mensch in gleicher Lage den Vertragsabschluss für sicher gehalten und Dispositionen gleichen Umfangs ins Werk gesetzt hätte. Hieran fehlt es z.B., wenn wesentliche Punkte des Vertrages noch offen waren oder wenn jemand erkennbar vollmundige Erklärungen seines

Verhandlungspartners leichtgläubig für bare Münze genommen oder wenn bei Verhandlungen über einen Grundstückskauf der eine Verhandlungspartner zwar den Vertrag als sicher hingestellt hat, dies aber nicht zuletzt deshalb, weil ihm ebenso wie der anderen Partei klar war, dass bei Grundstücksgeschäften alle Erklärungen rechtlich gesehen solange ein Pfiff in den Wind sind, wie die Sache nicht beim Notar unter Dach und Fach gebracht worden ist (§ 311 b).

Vgl. z.B. BGH NJW 1967, 2199; BGH NJW 1975, 43 und 1774; BGHZ 92, 164, 175 f.; BGH NJW-RR 1989, 627; BGH NJW 1996, 1884; BGH NJW-RR 2001, 381. 506

c) **Wirksamkeitshindernisse.** – Vorvertragliche Schutzpflichten verletzt auch derjenige, der es während der Vertragsverhandlungen unterlässt, auf Umstände hinzuweisen, von denen er weiß oder wissen muss, dass sie das Wirksamwerden des Vertrages verhindern können und seinem Verhandlungspartner unbekannt sind oder von ihm nur mit unverhältnismäßig großem Aufwand in Erfahrung gebracht werden können. Wird ein Vertrag z.B. deshalb nicht wirksam, weil die dafür erforderliche behördliche Genehmigung nicht erteilt wird, so kann die Verletzung einer Schutzpflicht darin liegen, dass die eine Partei die Genehmigungsbedürftigkeit des Vertrages zwar kannte, aber ihren nichtsahnenden Verhandlungspartner darauf nicht hingewiesen hat, obwohl sie wusste, dass die Kenntnis dieses Umstands für ihn von erheblicher Bedeutung sein würde. Ebenso liegt es, wenn das Nichtzustandekommen eines gültigen Vertrages auf Umständen beruht, die dem Verantwortungsbereich des einen Verhandlungspartners zuzurechnen sind und für die andere Partei nicht offensichtlich waren. 507

Hat z.B. jemand Verhandlungen über den Verkauf seines in München belegenen Grundstücks mit einem Kaufinteressenten aus Hamburg geführt, so muss er ihn ohne schuldhaftes Zögern davon in Kenntnis setzen, dass er sich entschlossen hat, ihm das Grundstück nicht zu verkaufen, sondern es einstweilen zu behalten oder es einem Dritten zu verkaufen. Unterlässt er einen solchen Hinweis, so muss er dem Hamburger Kaufinteressenten alle Aufwendungen – wie z.B. die Kosten einer Reise nach München – ersetzen, die er nach den Umständen für erforderlich halten durfte und auf Dispositionen beruhen, die er nach dem Zeitpunkt getroffen hat, in dem ihm der Verkäufer von seinen geänderten Plänen hätte informieren müssen. – In BGH NJW 1984, 866 wollte der Kläger für 12 Mio. $ eine Tankerladung Kerosin kaufen und verhandelte deshalb mit der beklagten Bank über die Stellung eines Akkreditivs, mit dem sie dem Verkäufer die Zahlung des Kaufpreises garantieren sollte. Einige Tage vor Ablauf der Frist, innerhalb derer das Akkreditiv zu stellen war, fragte der Kläger den zuständigen Bankangestellten, ob das Akkreditiv rechtzeitig gestellt werden könne. Obwohl der Angestellte wusste, dass zweifelhaft war, ob ein internes Kontrollgremium der Bank das Akkreditiv genehmigen würde, erklärte er dem Kläger, dass er sich keine Sorgen machen solle. Nachdem die Bank das Akkreditiv verweigert hatte und der Verkäufer aus diesem Grunde von dem Kaufvertrag zurückgetreten war, verlangte der Kläger von der beklagten Bank Ersatz des ihm dadurch entgangenen Gewinns. Der BGH hielt den Anspruch für begründet, sofern der Kläger beweisen könne, dass er, wenn er von dem Angestellten richtig 508 belehrt worden wäre, sich das Akkreditiv noch rechtzeitig bei einer anderen Bank hätte beschaffen können. – Vgl. auch BGHZ 99, 101: Hat jemand einen Vertrag unter Verwendung von Allgemeinen Geschäftsbedingungen geschlossen, die er selbst so einseitig formuliert hat, dass der Vertrag im Ganzen gemäß § 138 nichtig ist, so kann der Verwender „sich bei Verschulden seinem Vertragspartner gegenüber schadensersatzpflichtig machen, wenn dieser im Vertrauen auf die Wirksamkeit der Klausel oder des ganzen Vertrages nutzlose Aufwendungen tätigt" (S. 107). Vgl. ferner BGHZ 18, 248, 252; BGH NJW 1965, 812; BGHZ 116, 251, 257 ff.; BGHZ 142, 51, 60 ff.; BGH NJW 2010, 2873 Tz. 24.

509 **d) Unerwünschte Verträge.** – Eine letzte Fallgruppe ist dadurch gekennzeichnet, dass auch bei ihr eine Partei im Zuge der Vertragsverhandlungen fahrlässig unrichtige, unvollständige oder irreführende Erklärungen abgegeben oder unter Verstoß gegen eine Aufklärungspflicht Informationen zurückgehalten hat, die für die Entschließung des Kontrahenten von wesentlicher Bedeutung waren, indem sie erhebliche Risiken verharmlost, Warnungen nicht ausgesprochen oder erkennbare Missverständnisse nicht ausgeräumt und dadurch eine vorvertragliche Schutzpflicht verletzt hat. Anders als in den bisher erörterten Fällen verhält es sich in dieser Fallgruppe jedoch so, dass ein gültiger **Vertrag zustande gekommen** ist, freilich ein Vertrag, der der anderen Partei unerwünscht oder lästig ist, weil sie ihn, wenn sie richtig und vollständig aufgeklärt worden wäre, entweder überhaupt nicht oder doch mit einem für sie günstigeren Inhalt abgeschlossen hätte.

510 Sie kann deshalb gemäß § 280 Abs. 1 verlangen, dass ihr der Vertrauensschaden ersetzt, sie also so gestellt wird, wie sie stünde, wenn ihr die pflichtwidrig zurückgehaltenen Informationen erteilt worden wären. Hat es z.B. ein Rechtsanwalt übernommen, die Interessen seines Mandanten gegen eine bestimmte Bank wahrzunehmen, aber den Mandanten bei Abschluss des Mandatsvertrages nicht darüber aufgeklärt, dass er oder auch einer seiner Sozien in anderen Sachen bereits *für* die gleiche Bank tätig geworden ist und künftig tätig werden wird, so kann der Mandant Schadensersatz verlangen, wenn er beweisen kann, dass er den Mandatsvertrag bei richtiger Aufklärung nicht abgeschlossen hätte (vgl. BGHZ 170, 186). Die Partei kann den Schadensersatzanspruch aber auch in der Weise geltend machen, dass sie „Naturalherstellung" (§ 249) begehrt, also verlangt, dass sie von dem unerwünschten oder lästigen Vertrag befreit oder aus der Bindung an diesen Vertrag entlassen wird. Ist z.B. dem Käufer einer Eigentumswohnung fälschlich erklärt worden, dass die Verzinsung und Tilgung des Kredits, mit dem er den Kauf der Wohnung zu finanzieren plant, durch die zu erwartenden Mieteinnahmen und Steuerersparnisse vollständig gedeckt sein würden, so kann er, wenn der Vertrag daraufhin geschlossen worden ist, verlangen, dass er von ihm befreit, der Vertrag also als ungültig angesehen wird (BGH NJW 1998, 302; BGH NJW 2006, 845; Rn. 362 f.). Stattdessen kann die Partei aber auch, wenn ihr das vorteilhaft erscheint, bei dem Vertrag stehen bleiben und Schadensersatz in der Weise verlangen, dass sie von den Nachteilen entlastet wird, die ihr durch die Schutzpflichtverletzung entstanden sind. Sind also einem Käufer bei den Vertragsverhandlungen unrichtige oder unvollständige Angaben gemacht worden, so kann er als Schadensersatz den Betrag verlangen, in dessen Höhe ihm durch die Schutzpflichtverletzung ein Mehraufwand entstanden ist oder um den er aus diesem Grunde die Kaufsache zu teuer bezahlt hat (BGHZ 111, 75; BGHZ 114, 87, 94;

BGH NJW 2001, 2875; BGH NJW 2006, 3139). Noch günstiger steht sich der Käufer, wenn er in der Lage ist zu beweisen, dass es ihm bei richtiger und vollständiger Aufklärung gelungen wäre, einen bestimmten anderen Vertrag mit dem Verkäufer oder einem Dritten zu schließen: In diesem Falle kann er als Schadensersatz den Gewinn verlangen, den er im Falle der Durchführung dieses Vertrages gemacht hätte. Vgl. BGH NJW 1988, 2234, 2236 f.; BGH NJW 1998, 2900; BGH NJW 2006, 3139.

e) **Schutzpflichtverletzung und Mängelansprüche.** – Umstritten ist, ob Ansprüche wegen Verletzung vorvertraglicher Informationspflichten auch dann gegeben sind, wenn ein **Verkäufer** im Zuge der Vertragsverhandlungen zwar unrichtige Informationen erteilt oder richtige Informationen pflichtwidrig zurückgehalten hat, diese Informationen sich aber auf die **Beschaffenheit der Kaufsache** oder darauf beziehen, dass an ihr keinem Dritten Rechte zustehen. Offensichtlich ist, dass der Käufer in einem solchen Falle die Rechte aus § 437 geltend machen kann, wenn die gelieferte Kaufsache einen Sach- oder Rechtsmangel aufweist. Zweifelhaft ist aber, ob der Käufer, wenn ihm das vorteilhaft erscheint, stattdessen auch Schadensersatz wegen schuldhafter Verletzung einer vorvertraglichen Aufklärungspflicht verlangen kann. Nach der Rechtsprechung und herrschenden Auffassung ist diese Frage zu verneinen, es sei denn, dass der Verkäufer den Käufer über die Beschaffenheit der Kaufsache arglistig getäuscht hat (BGHZ 180, 205). Denn die Verkäuferhaftung für Sach- und Rechtsmängel (§§ 434 ff.) stellt eine wohlerwogene und abschließende Regelung dar; insbesondere ist kein Grund dafür zu erkennen, warum der Käufer, wenn der Mangel der Kaufsache behebbar ist, dem Verkäufer keine Chance zur Nacherfüllung sollte geben müssen, vielmehr sofort Befreiung von dem ihm lästigen Kaufvertrag sollte verlangen können (vgl. Rn. 510). Zu bedenken ist auch, dass die Ansprüche aus § 437 Nr. 3 schon innerhalb von 2 Jahren nach Ablieferung der Kaufsache verjähren (§ 438), während die Verjährungsfrist für den Schadensersatzanspruch wegen Verschuldens bei Vertragsverhandlungen 3 Jahre beträgt (§ 195) und erst mit dem Schluss des Jahres zu laufen beginnt, in dem der Anspruch entstanden ist und der Käufer von ihm Kenntnis erlangt hat oder seine Unkenntnis auf grober Fahrlässigkeit beruht (§ 199).

f) **Umfang des Schadensersatzes.** – Wer eine vorvertragliche Schutzpflicht verletzt, ist gemäß § 280 Abs. 1 dem anderen Teil zum „Ersatz des hierdurch entstehenden Schadens" verpflichtet, sofern er sich nicht dadurch entlasten kann, dass er beweist, er habe die Pflichtverletzung „nicht zu vertreten" (Rn. 1072 ff.). Die Schäden, die sich aus der Verletzung einer Schutzpflicht ergeben können, sind freilich ganz unterschiedlich; deshalb kann der Haftungsumfang zweifelhaft sein. Nach einer allgemeinen Faustregel muss der Verletzte durch die Leistung von Schadensersatz in diejenige Lage versetzt werden, in der er sich befände, wenn die Pflicht richtig erfüllt worden wäre. Ersatzfähig sind also alle, aber auch nur diejenigen Schäden, die zu verhüten Zweck der verletzten Schutzpflicht war (vgl. Rn. 1043 f.). Hat z.B. jemand eine Schutzpflicht dadurch verletzt, dass er seinen Verhandlungspartner nicht in dem gebotenen Umfang gegen die Gefahren gesichert hat, die sich aus der Benutzung der von ihm beherrschten Geschäftsräume oder aus dem Umgang mit der von ihm gelieferten Kaufsache ergeben, so muss er den Schaden ersetzen, den der andere Teil dadurch erlitten hat, dass infolge der Pflichtverletzung sein Körper oder seine Gesundheit beeinträchtigt oder sein sonstiges Eigentum beschädigt oder zerstört worden ist. Wenn mit der Schutzpflicht die Rücksichtnahme auf die sonstigen „Interessen" des anderen Teils bezweckt ist (vgl. § 241 Abs. 2), so kommt es für den Haftungsumfang darauf an, welche Interessen geschützt werden sollten und ob der Schaden, dessen Ersatz verlangt wird, sich auf eine Verletzung gerade dieser Interessen zurückführen lässt.

513 Dies lässt sich an einer Fallgruppe verdeutlichen, in der die Schutzpflichtverletzung darin liegt, dass jemand bestimmte Bauleistungen fehlerhaft ausgeschrieben oder die Regeln nicht beachtet hat, nach denen das Ausschreibungsverfahren durchzuführen und der Zuschlag zu erteilen ist. Hat z.B. eine Gemeinde den Bau eines Hallenbads ausgeschrieben, aber in der Ausschreibung nicht darauf hingewiesen, dass ihr zur Zeit das Geld für die Durchführung des Bauvorhabens fehlt, und ungewiss ist, ob und wann sie es sich künftig wird beschaffen können, so haftet sie dem Unternehmer, der ein Angebot abgegeben hat, auf Ersatz der ihm dadurch entstandenen Kosten, wenn sie das Geld nicht erhalten und deshalb einen Zuschlag nicht erteilt hat und feststeht, dass der Unternehmer bei vollständiger Aufklärung sich an der Ausschreibung nicht beteiligt hätte (OLG Düsseldorf NJW 1977, 1064; BGHZ 139, 259, 261; BGHZ 173, 33). Liegt der Fehler der Gemeinde darin, dass sie in der Ausschreibung den Umfang der erforderlichen Bauleistungen zu niedrig angesetzt hat, so kann der Unternehmer, der daraufhin einen zu niedrigen Angebotspreis kalkuliert und mit ihm den Zuschlag erhalten hat, im Wege des Schadensersatzes verlangen, dass ihn die Gemeinde von dem Vertrag befreit oder ihm einen Zuschlag zahlt, der seinen Mehraufwand ausgleicht (vgl. Rn. 509 f.). Hat die Gemeinde bei ihrer Entscheidung über den Zuschlag die Regeln verletzt, nach denen sie bei der Vergabe öffentlicher Aufträge zu verfahren hat, so kann der Unternehmer, der mit seinem Angebot aus diesem Grunde nicht zum Zuge gekommen ist, nicht bloß das negative Interesse, nämlich Erstattung der ihm für die Ausarbeitung seines Angebots entstandenen Kosten, sondern sogar das Erfüllungsinteresse, also Ersatz des ihm entgangenen Gewinns verlangen, dies freilich nur dann, wenn ihm der Nachweis gelingt, dass er bei richtiger Handhabung des Verfahrens den Zuschlag hätte erhalten müssen (BGHZ 120, 281; BGHZ 139, 273; BGH NJW 1998, 3636 und 3640). – Anders liegt es, wenn auf eine Ausschreibung hin ein rechtzeitiges und vollständiges Angebot abgegeben, aber von dem Ausschreibenden schuldhaft als angeblich verspätet oder unvollständig zurückgewiesen und deshalb von ihm überhaupt nicht in das Prüfungsverfahren einbezogen worden ist. Nach der Rechtsprechung kann der Bieter zwar das Erfüllungsinteresse verlangen, wenn er beweisen kann, dass sein Angebot, wäre es geprüft worden, mit Sicherheit den Zuschlag erhalten hätte. Aber wenn er diesen schwierigen Beweis nicht führen kann, so erhält er nichts. Freilich sollte ihm auch in diesem Fall ein Schadensersatzanspruch zugebilligt werden, zwar nicht in Höhe der Kosten, die ihm

durch die Ausarbeitung seines Angebots entstanden sind, wohl aber in Höhe des (nach § 287 ZPO vom Richter zu schätzenden) Werts der **Chance**, mit der seinem Angebot der Zuschlag zu erteilen gewesen wäre. Anders BGH NJW 1983, 442; vgl. Rn. 1041 und *Kötz/Schäfer*, Judex oeconomicus (2003) 266 ff.

3. Schutzpflichten zugunsten Dritter

Ein Schuldverhältnis, aus dem Schutzpflichten i. S. des § 241 Abs. 2 entspringen, besteht nicht nur zwischen den Parteien eines Vertrages (oben Rn. 492 ff.) und auch nicht nur zwischen denjenigen, die miteinander Vertragsverhandlungen aufgenommen, einen Vertrag angebahnt oder einen ähnlichen geschäftlichen Kontakt angeknüpft haben (oben Rn. 498 ff.). Gemäß § 311 Abs. 3 Satz 1 kann ein Schuldverhältnis mit Schutzpflichten auch zu Dritten, nämlich „zu Personen entstehen, die nicht selbst Vertragspartei werden sollen". Damit findet sich jetzt im BGB ein Ankerplatz für den **„Vertrag mit Schutzwirkung für Dritte"**, der bisher auf ergänzende Vertragsauslegung (Rn. 68 ff.) gestützt, aus dem „Gesetz" – nämlich aus der Generalklausel des § 242 – „hergeleitet" oder auch als ein zu Gewohnheitsrecht geronnenes Produkt geglückter richterlicher Rechtsfortbildung bezeichnet wurde. Schon in der bisherigen Rechtsprechung war nämlich anerkannt, dass Schutzpflichten nicht nur dem Vertrags- oder Verhandlungspartner, sondern unter bestimmten Voraussetzungen auch einem Dritten geschuldet sein können, dies mit der Folge, dass der begünstigte Dritte zwar nicht die **vertragliche Leistung selbst** verlangen, wohl aber **Schadensersatz** wegen Verletzung einer Schutzpflicht – manchmal auch wegen Verletzung einer Leistungspflicht (Rn. 524) – geltend machen kann. Das Schuldverhältnis zwischen dem Vertrags- oder Verhandlungspartner und dem begünstigten Dritten ist ein „rechtsgeschäftsähnliches" Schuldverhältnis i. S. des § 311. Das bedeutet, dass dem begünstigten Dritten ein Schadensersatzanspruch gemäß § 280 Abs. 1 zusteht und er daher nicht die Hürden des Deliktsrechts zu überwinden braucht, sondern der Wohltaten des Vertragsrechts teilhaftig wird.

Aus § 311 Abs. 3 ergibt sich nur, dass einem Dritten Schutzpflichten geschuldet sein *können*. Soweit es hingegen um die **Voraussetzungen** geht, unter denen jemand in den Kreis der geschützten Dritten aufgenommen werden darf, hüllt sich § 311 Abs. 3 in Schweigen. Hier kommt es weiterhin auf die Überlegungen an, die dazu bisher schon in der Rechtsprechung und im Schrifttum angestellt worden sind (vgl. dazu das Grundsatzurteil BGH NJW 1996, 2927). Danach entfaltet ein Vertrag Schutzwirkung zugunsten derjenigen Dritten, die sich – wie der gern benutzte Kunstbegriff lautet – **„in Leistungsnähe"** befinden, also mit der Leistung, die die eine Vertragspartei der anderen zu erbringen hat, ebenso wie diese in Berührung kommen und daher auch den Gefahren, die sich aus einer sorgfaltswidrig erbrachten Leistung ergeben, ebenso ausgesetzt sind wie sie. Repariert ein Unternehmer den Gasbadeofen in der Wohnung seines Auftraggebers, so werden nicht nur dieser selbst, sondern ebenso wie er auch seine Familienangehörigen, sein Reinigungspersonal, seine Logiergäste, ja überhaupt jeder, der sich mit seiner Zustimmung in der Wohnung aufhält, dem Explosionsrisiko ausgesetzt, das durch eine fehlerhaft ausgeführte Reparatur geschaffen wird (vgl. RGZ 127, 218). Ferner muss der Vertragsgläubiger, dem die Leistung erbracht wird, ein **schutzwürdiges Interesse** an der Einbeziehung der „in Leistungsnähe" befindlichen Dritten haben. Schließlich wird, da durch die Einbeziehung der Dritten das Haftungsrisiko des Vertragsschuldners erheblich erweitert wird, auch noch verlangt, dass er diesen Umstand bei Abschluss des Vertrages erkannt hat oder dass er ihm jedenfalls **erkennbar** gewesen ist.

516 Selbst wenn diese Voraussetzungen erfüllt sind, soll nach Auffassung des BGH die Einbeziehung eines Dritten nicht in Betracht kommen, wenn er nicht „**schutzbedürftig**" ist, und „schutzbedürftig" ist er nicht, wenn ihm „vertragliche Ansprüche – gleich gegen wen – zustehen, die denselben oder zumindest einen gleichwertigen Inhalt haben wie diejenigen Ansprüche, die ihm über eine Einbeziehung in den Schutzbereich eines Vertrages zukämen" (BGHZ 133, 168, 173 ff.; ebenso BGHZ 70, 327, 330; BGHZ 129, 136, 169; BGH NJW-RR 2011, 462). Die dafür gegebene Begründung, nämlich dass nur so „eine uferlose Ausdehnung des Kreises der in den Schutzbereich fallenden Personen zu vermeiden" sei, ist aber nicht überzeugend. Auch hat der BGH selbst anerkannt, dass es in einer praktisch sehr wichtigen Fallgruppe auf die „Schutzbedürftigkeit" des Dritten nicht ankommt, nämlich dann nicht, wenn die Tätigkeit des beklagten Sachverständigen geradezu den Zweck hat, den Kläger davor zu schützen, dass er unbegründete Zahlungen an seinen Vertragspartner leistet und sie von ihm wegen seiner Zahlungsunfähigkeit vielleicht nicht zurückerlangen kann. Hat sich z.B. ein Architekt durch Vertrag mit dem Verkäufer einer noch zu errichtenden Eigentumswohnung verpflichtet, dem Käufer zutreffende Informationen über den Baufortschritt zu erteilen und ihn dadurch gegen das Risiko zu sichern, dass er dem Verkäufer zu früh den Kaufpreis zahlt, so kann der Käufer als Drittbegünstigter von dem Architekten, der ihm pflichtwidrig falsche Informationen erteilt hat, Schadensersatz verlangen, ohne dass sich der Architekt damit verteidigen könnte, dass dem Käufer Schadensersatzansprüche gegen den Verkäufer zustünden und er daher nicht „schutzbedürftig" sei (BGH NJW 2009, 217; ebenso BGH NJW-RR 2004, 1356).

517 In einer **ersten Fallgruppe** beruht der Schaden des Dritten auf einer Verletzung seiner in § 823 Abs. 1 geschützten Rechte und Rechtsgüter, vor allem also auf einer Verletzung seines Körpers oder seines Eigentums. Dass hier der Dritte in den Schutzbereich eines Vertrages einbezogen und ihm auf diesem Wege ein vertraglicher Ersatzanspruch verschafft wird, ist „nur eine Verlegenheitslösung, um § 278 anwenden und § 831 umgehen zu können".

518 So mit Recht *Schlechtriem/Schmidt-Kessel* AT Rn. 753. Vgl. aus der Rechtsprechung z.B. RG JW 1937, 737 (Vertrag zwischen Hauseigentümer und Gemeinde über die Lieferung von Trinkwasser ist Vertrag mit Schutzwirkung für die Hausbewohner, die durch den Genuss bleihaltigen Wassers geschädigt werden); BGHZ 49, 350; BGH NJW 2010, 3152 (Mietvertrag über Geschäftsräume ist Vertrag mit Schutzwirkung für diejenigen, die mit Zustimmung des Mieters sich selbst oder ihre Sachen in die Mieträume einbringen und selbst oder an ihren Sachen infolge der fehlerhaften Beschaffenheit der

Räume einen Schaden erleiden); BGHZ 33, 247 (Vertrag zwischen Fabrikant und Unternehmer über die Lieferung und Montage von Betonplatten ist Vertrag mit Schutzwirkung für die Arbeitnehmer des Fabrikanten, die durch die fehlerhafte Montage der Platten einen Schaden erleiden); BGH NJW 1965, 1757 (Vertrag zwischen einem Verein und einem Hotel über die Überlassung eines Festsaals zur Abhaltung eines Vereinsfestes ist Vertrag mit Schutzwirkung für das Mitglied des Vereins, das auf dem zu glatten Saalboden ausrutscht und sich verletzt); BGH NJW 2007, 989 (Vertrag zwischen Arzt und Patientin betreffend eine Schwangerschaftsunterbrechung ist Vertrag mit Schutzwirkung für den Erzeuger des Kindes, mag die Patientin auch mit ihm nicht verheiratet gewesen sein); BGH NJW 2009, 142 (Vertrag über die Vermietung von Kfz-Stellplätzen ist Vertrag mit Schutzwirkung für denjenigen, der sein Fahrzeug mit Zustimmung des Mieters auf dem ihm vermieteten Platz abgestellt hat. Vgl. aber auch BGH NJW-RR 1990,726; BGH NJW 1994, 2231: Werkvertrag zwischen Vermieter und einem Bauunternehmer ist nicht Vertrag mit Schutzwirkung für den Mieter, dessen Sachen durch einen Mangel der von dem Unternehmer erbrachten Werkleistung beschädigt werden. – Das Schuldverhältnis, dem Schutzpflichten zugunsten Dritter entspringen, ist in aller Regel – wie in den eben genannten Fällen – ein vertragliches (§ 311 Abs. 1). Schutzpflichten zugunsten Dritter können aber auch durch ein Schuldverhältnis der Vertragsanbahnung (§ 311 Abs. 2) entstehen: Ein Kaufhausunternehmer schuldet die Beachtung von Schutzpflichten nicht nur der Mutter, die das Kaufhaus betreten und dadurch einen geschäftlichen Kontakt zu ihm hergestellt hat, sondern auch ihrer Tochter, von der sie sich bei dem Besuch des Kaufhauses hat begleiten lassen (BGHZ 66, 51).

Die Schutzwirkungen, die ein Vertrag zugunsten Dritter entfalten kann, bestehen gewöhnlich darin, dass dem Dritten ein Angriff erlaubt, nämlich ein (nach den Regeln des Vertragsrechts zu beurteilender) Schadensersatzanspruch verschafft wird. Sie können aber auch darin bestehen, dass dem Dritten eine Verteidigung eröffnet wird. Hat sich in einem Vertrag die eine Partei eine Haftungsbeschränkung ausbedungen oder könnte sich die Partei auf eine Klage ihres Vertragspartners auf Verjährung berufen, so kann der Vertrag dahin auszulegen sein, dass sich auch vertragsfremde Dritte, wenn *sie* von dem Vertragspartner aus unerlaubter Handlung in Anspruch genommen werden, auf die Haftungsbeschränkung oder auf den Eintritt der Verjährung sollen berufen können. Voraussetzung dafür ist, dass die Vertragspartei ein erkennbares Interesse an einem solchen Schutz des Dritten hat. Vgl. BGH NJW 1962, 388; BGHZ 49, 278; BGHZ 61, 227, 233 f. und Rn. 522.

519

Das charakteristische Merkmal **einer zweiten Fallgruppe** besteht darin, dass der Dritte nicht einen Körper- oder Sachschaden, sondern einen reinen Vermögensschaden erlitten hat und ihm deshalb gegen den Schädiger, mag dieser auch fahrlässig gehandelt haben, ein deliktischer Schadensersatzanspruch aus § 823 Abs. 1 *nicht* zusteht. Typisch ist der Fall, in dem ein Kreditinstitut, ein Wirtschaftsprüfer, ein Steuerberater, ein Rechtsanwalt, ein Architekt oder ein anderer aufgrund beruflichen Wissens Sachkundiger beauftragt werden, sich in einem Gutachten oder einer Auskunft über die Vermögenslage oder Zahlungsfähigkeit eines Unternehmens oder über den Wert eines Vermögensgegenstands zu äußern. Wird eine solche Auskunft

520

fahrlässig falsch erteilt, so kann der *Auftraggeber* den Anspruch auf Ersatz des Schadens, der ihm dadurch entsteht, auf eine Verletzung der vertraglichen Pflichten stützen, die ihm der Gutachter als sein Vertragspartner schuldet. Wie liegt es aber, wenn das Gutachten in die Hand eines *Dritten* gelangt und es dieser Dritte ist, der sich auf die Richtigkeit des Gutachtens verlassen und dadurch einen Schaden erlitten hat? Nach ständiger Rechtsprechung kann auch ein solcher Dritter in den Schutz des der Begutachtung zugrunde liegenden Vertrages einbezogen sein, sofern dem Gutachter bei Abschluss des Vertrages erkennbar war, dass sein Gutachten (auch) für einen solchen Dritten bestimmt sei und dieser es zur Grundlage seiner Entscheidungen machen werde.

521 Vgl. z.B. BGH NJW 1984, 355; BGHZ 127, 378; BGH NJW 1998, 1059; BGH NJW-RR 2002, 1528. – In BGH NJW 1987, 1758 hatte der Alleingesellschafter einer GmbH, der sein Unternehmen verkaufen wollte, dem Kaufinteressenten V einen Zwischenbericht über die wirtschaftliche Lage der GmbH vorgelegt, der von den beklagten Wirtschaftsprüfern aufgrund eines ihnen von der GmbH erteilten Auftrags ausgearbeitet worden war und die Situation des Unternehmens fahrlässig in einem viel zu rosigen Licht darstellte. Im Vertrauen auf die Richtigkeit des Zwischenberichts erwarb V die GmbH, die freilich – wie sich bald herausstellte – überschuldet und daher wertlos war. Die Wirtschaftsprüfer wurden auf Schadensersatz in Anspruch genommen, aber nicht von V, sondern von seiner Hausbank, die dem V im Vertrauen auf den auch ihr vorgelegten Zwischenbericht einen Kredit zur Finanzierung des Kaufpreises gewährt und sich zur Sicherung des Kredits von ihm ein Pfandrecht an den GmbH-Anteilen hatte bestellen lassen. Nachdem die Hausbank mit dem Kredit und dem Pfandrecht ausgefallen war, weil sich die GmbH als wertlos und der Zwischenbericht als falsch herausgestellt hatten, verlangte sie von den Wirtschaftsprüfern Schadensersatz. Der BGH war der Meinung, dass der Vertrag zwischen der GmbH und den Wirtschaftsprüfern über die Erstattung des Zwischenberichts Schutzwirkungen nicht nur zugunsten des V, sondern auch zugunsten seiner Hausbank entfalte, weil nach den Umständen des Falles die Annahme nahe liege, „dass die Beklagten aufgrund ihrer Berufserfahrung mit der Möglichkeit einer Kreditaufnahme des Käufers zum Zwecke der Finanzierung des Kaufpreises rechneten." Mit welchen Dritten der Sachverständige nach den Umständen „gerechnet" hat, ist freilich oft nicht sicher zu bestimmen. Solange er dazu nichts Eindeutiges erklärt hat, sollte deshalb „tragender Gesichtspunkt für die Beschränkung des Kreises der einbezogenen Dritten … das Anliegen [sein], das Haftungsrisiko für den Schuldner kalkulierbar zu halten" (so BGH NJW 2004, 3035, 3038). Das geschieht, wenn man ihn nur für dasjenige Risiko haften lässt, das er bei Vertragsabschluss übernommen hat und nach seinem Erwartungswert kalkulieren, der Berechnung seines Honorars zugrundelegen und ggf. auch unter Versicherungsschutz bringen konnte. Solange dieses Risiko nicht überschritten wird, kann es dem Sachverständigen gleichgültig sein, welche Personen es sind, zu deren Nachteil sich das Risiko im konkreten Fall später verwirklicht hat. Hat also ein Wirtschaftsprüfer den Wert eines zum Verkauf stehenden Unternehmens im Auftrag seines Inhabers auf 10 Mio. € angesetzt und dabei schuldhaft verkannt, dass es in Wahrheit nur 2 Mio. € wert ist, so haftet er bis zur Höhe von 8 Mio. €, ganz gleich, ob der überhöhte Kaufpreis für das Unternehmen von einem Käufer oder anteilig von mehreren Käufern bezahlt oder ob der Kaufpreis von einer Bank oder anteilig von mehreren Banken „finanziert" worden ist; ebenso haftet der Wirtschaftsprüfer auch dem Bürgen oder dem Versicherer, wenn sie der Bank das Kreditrisiko durch eine Bürgschaft

A. Vertragspflichten im Allgemeinen 521–523

oder einen Versicherungsvertrag ganz oder teilweise abgenommen haben (so auch für den Fall der Bürgschaft BGH NJW 1998, 1059). Wenn hingegen dem Käufer des Unternehmens von seiner Bank oder seinen Lieferanten im Vertrauen auf das auch ihnen vorgelegte Wertgutachten ein gewöhnlicher Betriebsmittel- oder Lieferantenkredit gewährt worden ist, so haftet der Wirtschaftsprüfer der Bank oder dem Lieferanten nicht mehr, weil damit das von ihm ursprünglich übernommene Risiko überschritten wird. Ebenso wäre zu entscheiden, wenn ein Bauträger ein Gebäude mit 50 Eigentumswohnungen errichtet und in seinem Auftrag ein Sachverständiger den Wert einer bestimmten Wohnung fahrlässig zu hoch angesetzt hat: Legt der Bauträger dieses Gutachten auch den Käufern der anderen 49 Wohnungen vor, so haftet der Sachverständige ihnen nicht. – An die Einbeziehung eines Dritten werden besonders strenge Voraussetzungen gestellt, wenn ein Wirtschaftsprüfer sich durch Vertrag mit einer GmbH oder AG verpflichtet hat, ihren Jahresabschluss zum Gegenstand einer Pflichtprüfung gemäß §§ 316 ff. HGB zu machen: Hier haftet der Wirtschaftsprüfer, wenn er einen Fehler gemacht hat, zwar der Gesellschaft, die ihn mit der Prüfung des Jahresabschlusses beauftragt hat, einem Dritten aber nur dann, wenn ihm klar war, dass er im Interesse dieses Drittten eine „besondere Leistung" zu erbringen habe (vgl. BGHZ 138, 257; BGHZ 167, 155; BGH NJW 2009, 512).

Gegen seine Haftung kann sich der Sachverständige dadurch schützen, dass er in dem Gutachten ausdrücklich klarstellt, dass es lediglich für den internen Gebrauch seines Auftraggebers bestimmt sei, dass es von ihm ohne seine Zustimmung nicht Dritten zugänglich gemacht werden dürfe oder dass es auf Informationen des Auftraggebers beruhe, die er ohne eigene Überprüfung dem Gutachten zugrunde gelegt habe. Ferner kann sich der Sachverständige auf die Klage des begünstigten Dritten grundsätzlich mit allen Mitteln verteidigen, die ihm gegenüber einer gedachten Klage seines Vertragspartners zu Gebote stünden. Denn es könnten – so wird gesagt – dem Dritten grundsätzlich keine weitergehenden Rechte zustehen als dem unmittelbaren Vertragspartner des Sachverständigen (vgl. § 334). Hat der Sachverständige also die Haftung gegenüber seinem Auftraggeber auf einen bestimmten Höchstbetrag beschränkt – allerdings sind bei öffentlich bestellten Sachverständigen Haftungsbeschränkungen nur in engen Grenzen zulässig –, oder wäre der Ersatzanspruch des Auftraggebers verjährt, so kann er die Haftungsbeschränkung oder den Eintritt der Verjährung auch dem Dritten entgegenhalten. Auch kann er verlangen, dass der begünstigte Dritte sich auf seinen Schadensersatzanspruch ein Mitverschulden der anderen Vertragspartei gemäß § 254 anrechnen lässt.

Vgl. BGHZ 33, 247; BGH NJW 1965, 1757; BGHZ 56, 269. Der Grundsatz, dass die Haftung des Schutzpflichtigen gegenüber dem Dritten nicht weiter reicht als gegenüber dem unmittelbaren Vertragspartner, wird allerdings von der Rechtsprechung in manchen Fällen erheblich eingeschränkt. Vgl. z.B. BGHZ 127, 378: Hier hatte der Eigentümer, der sein Grundstück verkaufen wollte, einen Bausachverständigen um ein Wertgutachten gebeten, ihn aber arglistig an der Feststellung der Baumängel gehindert und so die Unrichtigkeit des Gutachtens bewusst und gezielt herbeigeführt. Obwohl sich der Sachverständige auf die Klage seines *Auftraggebers* mit dem Arglisteinwand hätte verteidigen können, wurde ihm dieser Einwand gegenüber der Klage des *Käufers* abgeschnitten, dies mit der Begründung, dass die dispositive Regelung des § 334 in dem Vertrag zwischen dem Auftraggeber und dem Sachverständigen stillschweigend abbedungen worden sei. Ebenso BGH NJW 1998, 1059: Dort hatte der Sachverständige die falschen Angaben seines Auftraggebers ungefragt hingenommen und daher den Wert seines Grundstücks zu hoch festgesetzt. Dennoch haftete er dem Kreditgeber und dem Bürgen, die sich auf das unrichtige Wertgutachten des Sachverständigen verlassen und sich deshalb zur Sicherung eines dem Eigentümer gewährten Darlehens ein Grundpfandrecht an seinem Grundstück hatten gewähren und eine Bürgschaft für ihn übernommen hatten. Im Schrifttum wird diese Rechtsprechung kritisiert und vorgeschlagen, die Haftung des professionellen, oft staatlich zugelassenen Sachverständigen nicht länger auf die drittschützenden Wirkungen des Gutachtenvertrages zu stützen, den er mit seinem Auftraggeber abgeschlossen hat (so *Canaris* ZHR 1999, 206). Vielmehr sei die Haftung des Sachverständigen unmittelbar aus § 311 Abs. 3 Satz 2 herzuleiten, also daraus, dass er „in besonderem Maße Vertrauen für sich in Anspruch nimmt und dadurch die Vertragsverhandlungen oder den Vertragsschluss [mit dem Dritten] erheblich beeinflusst" (vgl. dazu Rn. 533 f. und *Looschelders* AT Rn. 207 a, 219; *Medicus/Lorenz* SchR AT Rn. 110 f.). – Im Common Law wird die Haftung des Sachverständigen auf eine unerlaubte Handlung gestützt. Dieser Weg ist auch für das deutsche Recht vorgeschlagen worden (vgl. *Schlechtriem/Schmidt-Kessel* AT Rn. 757; *Kötz/Wagner* Rn. 491 a).

524 Die Haftung des Sachverständigen, dessen Gutachten ein Dritter zur Grundlage seiner Entscheidung gemacht hat, beruht auf § 280 Abs. 1, setzt also eine Pflichtverletzung des Sachverständigen voraus. Wer ein fehlerhaftes, irreführendes oder unvollständiges Gutachten erstattet, verletzt damit nicht, wie dies in § 311 Abs. 3 vorausgesetzt wird, eine Schutzpflicht, sondern eine Leistungspflicht, ja sogar eine Hauptleistungspflicht. Auch die Rechtsprechung geht davon aus, dass der Dritte Ansprüche nicht nur aus der Verletzung von Schutzpflichten, sondern auch von Hauptleistungspflichten herleiten kann (z.B. BGH NJW 2004, 3420, 3421). Anders lassen sich die Entscheidungen nicht verstehen, in denen Rechtsanwälte im Auftrag ihrer Mandanten dafür sorgen sollten, dass einem Dritten ein Vermögensvorteil zugewendet werde, diese Zuwendung aber durch einen Beratungsfehler des Anwalts scheitert, dem Dritten daher der ihm zugedachte Vorteil entgeht und er nunmehr als berechtigt angesehen wird, den Schaden, der ihm dadurch entstanden ist, von dem Anwalt ersetzt zu verlangen. Ist etwa ein Anwalt beauftragt worden, das Testament seines Mandanten so zu ändern, dass statt seiner Ehefrau seine Kinder erben werden, so steht den Kindern als Drittbegünstigten des Anwaltsvertrages ein Schadensersatzanspruch gegen den Anwalt zu, wenn dieser seine Leistungspflichten schlecht erfüllt, z.B. die Testamentsänderung schuldhaft so lange hinausgezögert hat, dass der erkennbar lebensgefährlich erkrankte Mandant vorher verstorben ist.

525 BGH NJW 1995, 51; ähnlich auch BGH JZ 1966, 141 mit Anmerkung von *W. Lorenz*; BGH NJW 1977, 2073; BGH NJW 1995, 2551; MK-*Gottwald* § 328 Rn. 118.

4. Schutzpflichten des Sachwalters und anderer Dritter

Ein Schuldverhältnis mit Schutzpflichten zu Dritten kann so ausgestaltet 526 sein, dass der Dritte **Gläubiger** der Schutzpflichten ist und daher aus einer Verletzung der Schutzpflichten Ansprüche herleiten kann (Rn. 514 ff.). Es kann aber auch so liegen, dass der Dritte die Beachtung von Schutzpflichten **schuldet** und ihn infolgedessen, obwohl er nicht Vertragspartei ist, eine **Haftung** trifft, wenn er die Schutzpflichten verletzt hat. Dieser Fall der „Dritthaftung" ist sogar derjenige, an den die Verfasser des § 311 Abs. 3 in erster Linie gedacht haben. Das ergibt sich aus der Gesetzesbegründung (RegE S. 163), aber auch daraus, dass gemäß § 311 Abs. 3 Satz 2 eine Dritthaftung „insbesondere" dann anzunehmen ist, „wenn der Dritte in besonderem Maße Vertrauen für sich in Anspruch nimmt und dadurch die Vertragsverhandlungen oder den Vertragsschluss erheblich beeinflusst".

Freilich darf man nicht aus dem Auge verlieren, dass es sich bei der „Dritthaftung" um einen Ausnahmefall handelt. Grundsätzlich entstehen vertragliche Rechte und Pflichten – auch Schutzpflichten – nur für die Vertragsparteien und gemäß § 311 Abs. 2 für diejenigen, die einen Vertrag angebahnt haben oder einen ähnlichen geschäftlichen Kontakt miteinander eingegangen sind. Zwar trifft es zu, dass beim Zustandekommen von Verträgen Dritte eine zunehmend wichtige Rolle spielen, weil sie für die eigentlichen Vertragsparteien und in ihrem Interesse als ihre Vertreter, Verhandlungsgehilfen, Beauftragte, Mittelsmänner, Treuhänder oder Sachwalter tätig werden oder sie mit Informationen versorgen, die für ihre vertraglichen Entschließungen wichtig sind. Aber dass diese Dritten, obwohl selbst nicht Vertragspartei, wie eine Vertragspartei den Beteiligten haften, muss eine Ausnahme bleiben, wenn nicht der Begriff des Vertrages seine Konturen verlieren soll.

Deshalb gehören Fälle nicht hierher, in denen der Dritte **selbst Vertragspartei geworden** 527 ist. Wenn z.B. der Geschäftsführer einer GmbH für sie einen Vertrag geschlossen und sich im Zuge der Vertragsverhandlungen für die Verbindlichkeiten, die sich aus dem Vertrag für die GmbH ergeben, der anderen Partei gegenüber persönlich verbürgt hat (§ 765), so haftet er ihr, wenn die GmbH zahlungsunfähig wird, als Bürge aus dem Bürgschaftsvertrag.

Zwei Fallgruppen sind es, in denen eine solche Haftung des Dritten ausnahmsweise bejaht wird. 528

In der ersten Fallgruppe hat der Dritte ein „**eigenes unmittelbares wirtschaftliches Interesse**" daran, dass die Verhandlungen, an denen er auf die eine oder andere Weise beteiligt ist, zum Abschluss eines Vertrages führen. Dafür genügt es aber nicht, dass er im Falle des Zustandekommens des Geschäfts ein Honorar, eine Provision oder ein anderes Entgelt verdient oder dass er davon einen sonstigen Vorteil hat. Wenn z.B. ein GmbH-Geschäftsführer über einen Vertrag verhandelt, aufgrund dessen eine Bank der GmbH 529 ein Darlehen gewähren oder ein Fabrikant der GmbH Waren auf Kredit liefern soll, so kann der Geschäftsführer ein ganz erhebliches eigenes Interesse am Erfolg dieser Verhandlungen haben. Ist er nämlich nicht nur Geschäftsführer, sondern auch Gesellschafter der GmbH – vielleicht sogar Alleingesellschafter – und hat er den GmbH-Gläubigern schon früher aus seinem Privatvermögen Sicherheiten gewährt oder sich ihnen gegenüber persönlich verbürgt, so muss er damit rechnen, dass, wenn die Verhandlungen jetzt scheitern und die GmbH insolvent wird, seine GmbH-Anteile oder die von ihm gewährten Sicherheiten verloren sind oder dass die Gläubiger ihn aus der Bürgschaft in Anspruch nehmen werden. Selbst in einem solchen Falle hat der BGH das „eigene unmittelbare wirtschaftliche Interesse" des Geschäftsführers und damit seine eigene persönliche Haftung als Dritter verneint (vgl. ausführlich BGHZ 126, 181, 189 f.; milder noch BGH NJW 1988, 2234).

531 Diese strenge Haltung der Rechtsprechung verdient aus zwei Gründen Unterstützung. Wer einen Vertrag mit einer GmbH schließt, weiß sehr genau, dass sie ihren Gläubigern nur mit ihrem Gesellschaftsvermögen haftet (§ 13 Abs. 2 GmbHG). Wer es in Kenntnis dieses Umstands versäumt, sich für die Forderungen, die er aufgrund des Vertrages gegen die GmbH erwerben wird, anderweitige Sicherheiten zu verschaffen – etwa dadurch, dass die Gesellschafter oder der Geschäftsführer der GmbH oder sonstige Dritte sich ihm für die Schulden der Gesellschaft persönlich verbürgen oder aus ihrem Privatvermögen Sicherheiten gewähren –, muss das Risiko dafür tragen, dass das Vermögen der GmbH zur Deckung ihrer Verbindlichkeiten nicht ausreicht. Zum anderen muss die Rechtsordnung einen Anreiz dafür setzen, dass Privatpersonen Kapital für unternehmerische Zwecke bereitstellen. Dieser Anreiz ist nur dann genügend stark, wenn die Kapitalgeber für das Unternehmen eine Rechtsform wählen können, die sicherstellt, dass sie, wenn das Unternehmen scheitern sollte, zwar das eingesetzte Kapital verlieren, nicht aber auch noch mit ihrem sonstigen Vermögen zur Haftung herangezogen werden können. Dieser Anreiz würde untergraben, falls GmbH-Gläubiger schon dann auf das Privatvermögen eines Gesellschafters „durchgreifen" könnten, wenn dieser Verhandlungen im Namen der GmbH als ihr Geschäftsführer geführt und dabei fahrlässig unvollständige oder irreführende Angaben über ihre finanzielle Leistungsfähigkeit gemacht oder andere Schutzpflichten verletzt hat.

532 Auf einem anderen Blatt steht es, dass den GmbH-Geschäftsführer gegenüber dem Gläubiger eine eigene Haftung **aus unerlaubter Handlung** treffen kann, und zwar sowohl gemäß § 823 Abs. 1 (vgl. BGHZ 109, 297 und dazu *Kötz/Wagner* Rn. 320 ff.) wie auch gemäß § 826, wenn der GmbH-Geschäftsführer den Gläubiger vorsätzlich geschädigt hat und in seinem Verhalten ein Verstoß gegen die guten Sitten liegt. Auch eine Haftung des Geschäftsführers aus § 823 Abs. 2 kommt in Betracht, wenn er es nach Eintritt der Zahlungsunfähigkeit der GmbH unter Verstoß gegen § 64 Abs. 1 GmbHG schuld-

A. Vertragspflichten im Allgemeinen 532–533

haft unterlassen hat, die Eröffnung des Insolvenzverfahrens über ihr Vermögen zu beantragen und stattdessen Gläubiger zur Hergabe von Krediten veranlasst hat, die sie, wäre das Insolvenzverfahren pflichtgemäß beantragt und eröffnet worden, der GmbH niemals gewährt hätten (vgl. BGHZ 126, 181, 190 ff.).

Das eigene unmittelbare wirtschaftliche Interesse des Dritten ist nur dann zu bejahen, wenn er bei den Verhandlungen „gleichsam in eigener Sache tätig wird, mithin als wirtschaftlicher Herr des Geschäfts anzusehen ist" (BGH NJW 1997, 1233, 1234). So lag es z.b. in RGZ 120, 249: Der Beklagte hatte ein Grundstück gekauft und bezahlt und wollte es an den Kläger weiterverkaufen. Bei den Verhandlungen, die er darüber mit ihm führte, trat er bis zuletzt so auf, als sei er der Verkäufer. Weil er aber im Grundbuch noch nicht als Eigentümer eingetragen war, wurde der Kaufvertrag in letzter Sekunde „aus formalem Grunde" in der Weise geschlossen, dass der noch Eingetragene als Verkäufer und der Beklagte als sein Vertreter figurierten. Hier war der Beklagte in der Tat der „wirtschaftliche Herr" des Geschäfts, und es leuchtet ein, dass das Reichsgericht ihn wegen der Verletzung einer Auskunftspflicht dem Kläger haften ließ. Hierher gehört auch der Fall, in dem ein Kraftfahrzeughändler gegenüber seinem Kunden, der einen Gebrauchtwagen kaufen will, wie ein Verkäufer auftritt, ihm Auskünfte erteilt, Zusicherungen abgibt, mit ihm über den Preis verhandelt und ihm erst ganz am Ende, nachdem Einigkeit erzielt ist, eröffnet, dass der Kaufvertrag aus „technischen" Gründen – früher häufig zum Zweck der Vermeidung von Mehrwertsteuer – nicht mit ihm, sondern mit demjenigen geschlossen werden müsse, der ihm den Gebrauchtwagen zum Zweck des Weiterverkaufs überlassen, insbesondere ihn beim Erwerb eines Neuwagens in Zahlung gegeben hat.

532 a

In der zweiten Fallgruppe wird der Grund, der eine Haftung des Dritten rechtfertigt, darin gesehen, dass er als Vertreter eines anderen, als sein Vermittler, Treuhänder, Beauftragter oder – wie man oft zusammenfassend sagt – als sein **Sachwalter** an Vertragsverhandlungen beteiligt war und in diesem Zusammenhang ein **besonderes Vertrauen in seine eigene Person** geweckt und in Anspruch genommen und dadurch das Zustandekommen des Vertrages erheblich beeinflusst hat (vgl. § 311 Abs. 3 Satz 2). So kann es z.B. liegen, wenn ein Autohändler einen Gebrauchtwagen im Namen seines Eigentümers verkauft hat, aber nicht selbst Vertragspartei geworden ist, weil er die Verhandlungen erkennbar für den Eigentümer geführt und deshalb als bloßer Vermittler gehandelt hat. Gleichwohl haftet er dem Käufer wie eine Vertragspartei, sofern er ihm gegenüber mit der ganzen Autorität eines berufsmäßig mit Gebrauchtwagen befassten Fachmanns aufgetreten ist und dadurch den Eindruck erweckt hat, er stehe selbst für die Richtigkeit der Angaben ein, die er zur Beschaffenheit des Wagens gemacht hat (vgl. BGHZ 79,

533

281; BGH NJW 2010, 858, 859). Das „normale Verhandlungsvertrauen", das jedermann in die Zuverlässigkeit und Ehrlichkeit seines Verhandlungspartners setzt, reicht freilich nicht aus. Ebensowenig genügt es, dass die Vertragspartei auf die besondere Sachkunde des Dritten vertraut hat. Erforderlich ist vielmehr außerdem, dass der Dritte jenes besondere Vertrauen auch noch „für sich in Anspruch nimmt" (§ 311 Abs. 3 Satz 2), sein Wille also erkennbar darauf gerichtet war, eine gerade von ihm persönlich ausgehende Gewähr für die ordnungsmäßige Abwicklung des Geschäfts oder für die Richtigkeit und Vollständigkeit seiner Erklärungen zu übernehmen. Hinzukommen muss deshalb, dass die andere Partei sich auf die von dem Dritten übernommene Gewähr oder auf die Richtigkeit und Vollständigkeit seiner Erklärungen tatsächlich verlassen hat und sich darauf nach den Umständen auch verlassen **durfte**. Daran fehlt es, wenn ein vernünftiger Mensch in gleicher Lage die Erklärungen des Dritten nicht für bare Münze genommen, der von ihm übernommenen Gewähr nicht getraut und aus diesen Gründen entweder von dem Geschäft Abstand genommen oder sich gegen seine Risiken auf andere zumutbare Weise geschützt hätte.

534 Aus diesen Gründen kam der BGH in dem oben Rn. 530 dargestellten Fall zu dem Ergebnis, dass der GmbH-Geschäftsführer ein „besonderes Vertrauen" nicht in Anspruch genommen habe und eine eigene Haftung als Dritter daher nicht gegeben sei (BGHZ 126, 181, 189). Anders BGHZ 56, 81: Hier hatte ein Bauherr, nachdem er vor Fertigstellung des Baus in finanzielle Bedrängnis geraten war, die weitere Betreuung des Bauvorhabens einem Dritten übertragen und ihn zu diesem Zweck mit umfassenden Befugnissen ausgerüstet. Der Dritte führte Verhandlungen mit einem Bauhandwerker, einigte sich mit ihm über einen Vertragsentwurf und ließ ihn sodann von dem Bauherrn unterschreiben. Aber weil er es unterlassen hatte, dem Bauhandwerker reinen Wein über die wirtschaftliche Lage des Bauherrn einzuschenken, musste er ihm den Schaden ersetzen, der ihm durch die Zahlungsunfähigkeit des Bauherrn entstanden war. Ebenso BGH NJW 1997, 1233: Nachdem die Beklagte ein Auto an E verkauft hatte, schaltete sich sein Angestellter in die Verhandlungen ein, die E über den Weiterverkauf des Autos mit der Klägerin führte. Dabei erklärte der Angestellte wahrheitswidrig, dass E bloßer „Strohmann" und die hinter ihm stehende zuverlässige Beklagte die eigentliche Vertragspartnerin der Klägerin sei. – In beiden Entscheidungen wird klargestellt, dass das „besondere Vertrauen" auch durch Erklärungen hervorgerufen werden kann, die nicht der Dritte selbst, sondern für ihn sein Erfüllungsgehilfe (§ 278) – gleichsam ein „Vierter" – im Zusammenhang mit dem Kreis der ihm übertragenen Aufgaben abgegeben hat (BGHZ 56, 81, 85; BGH NJW 1997, 1233, 1234 f.).

535 Um einen praktisch wichtigen Spezialfall der „Sachwalterhaftung" geht es bei der **Prospekthaftung**. Wenn eine Anlagegesellschaft für die Finanzierung eines Projekts Kapitalanleger sucht, legt sie ihnen gewöhnlich einen Prospekt oder anderes Werbematerial vor, in dem das Projekt, seine Risiken und die zu erwartenden Erträge und Steuervorteile beschrieben und die dazu gemachten Angaben von Wirtschaftsprüfern, Steuerberatern oder Rechtsanwälten als zutreffend, überprüft oder plausibel bestätigt werden. Hat der Kapitalanleger sein Geld verloren, weil der Prospekt, auf den er sich verlassen

hat, unrichtig, lückenhaft oder irreführend war, so haften ihm auf Schadensersatz (neben der Anlagegesellschaft und ihren Initiatoren) auch die Wirtschaftsprüfer, Steuerberater oder Rechtsanwälte, soweit sie die Mängel des Prospekts zu vertreten haben und der Anleger auf ihren professionellen Sachverstand vertraut hat und vertrauen sollte und durfte (vgl. BGHZ 77, 172; BGHZ 111, 314; BGHZ 145, 187).

B. Pflichten beim Kaufvertrag

I. Allgemeines zum Pflichteninhalt

In einer entwickelten Geldwirtschaft ist der Kauf das bei weitem wichtigste und häufigste Umsatzgeschäft. Dabei geht es um den Austausch eines Kaufgegenstandes gegen Geld. Im Regelfall ist Kaufgegenstand eine Sache. Für diesen Fall beschreibt § 433 die charakteristischen Hauptpflichten der Vertragsparteien wie folgt: Der Verkäufer muss die verkaufte Sache dem Käufer übergeben und ihm daran das Eigentum verschaffen. Ferner muss er die Sache in vertragsmäßiger Beschaffenheit, also „frei von Sach- und Rechtsmängeln" liefern. Im Gegenzug muss sich der Käufer dem Verkäufer zur Zahlung des vereinbarten Kaufpreises und zur Abnahme der Sache verpflichtet haben.

Als Kaufgegenstand kommen in erster Linie „Sachen" in Betracht (§ 90), also entweder bewegliche Sachen – ihnen werden gemäß § 90 a Tiere gleichgestellt – oder Grundstücke und grundstücksähnliche Rechte, wie z.B. das Wohnungseigentum. Gemäß § 453 finden die Vorschriften über den Kauf von Sachen entsprechende Anwendung, wenn der Verkäufer statt einer Sache „Rechte und sonstige Gegenstände" verkauft hat. Verkauft werden können also Forderungsrechte (wie z.B. der Anspruch auf Zahlung eines Kaufpreises oder auf Rückzahlung eines Darlehens), gewerbliche Schutzrechte (wie z.B. Patente, Marken, Geschmacksmuster), ferner die Rechte, die dem Verkäufer als Miterben einer Erbengemeinschaft, als Miteigentümer eines Grundstücks oder als Mitglied einer Gesellschaft zustehen (wie z.B. ein GmbH-Anteil). Zu den „sonstigen Gegenständen" i.S. des § 453 zählen z.B. ein Unternehmen, eine Arzt- oder Rechtsanwaltspraxis, eine bestimmte Werbe- oder Geschäftsidee, ein bestimmter Bestand an Erfahrungswissen (Know-how), eine nicht patentierte Erfindung usw.

Ein Kaufvertrag ist auch dann gültig, wenn eine Sache verkauft ist, die dem Verkäufer im Zeitpunkt des Vertragsschlusses nicht gehört und die er sich, um den Kaufvertrag erfüllen zu können, erst noch von einem Dritten beschaffen muss. Hat jemand ein Grundstück oder ein bestimmtes Gemälde verkauft, das ihm bei Vertragsabschluß nicht gehörte, und zeigt sich später, dass er den Kaufvertrag nicht erfüllen kann, weil der Eigentümer nicht bereit ist, das Grundstück oder das Gemälde dem Verkäufer (oder auch direkt dem Käufer) zu übereignen, so haftet der Verkäufer wegen Nichterfüllung des Kaufvertrages nach den allgemeinen Regeln. Hat jemand die gleiche Sache an zwei Käufer verkauft, so sind beide Kaufverträge gültig. Der Verkäufer kann wählen, welchen der beiden Verträge er erfüllen und welchem Käufer er wegen Nichterfüllung haften will. Hat er sich zugunsten des einen Käufers entschieden, indem er ihm das Eigentum verschafft hat, so fragt sich, ob der enttäuschte andere Käufer von dem Erwerber die Herausgabe der Kaufsache verlangen kann. In seltenen Fällen ist das gemäß §§ 826 BGB, 1 UWG i.V. mit § 249 möglich. Vgl. dazu Rn. 781 f. und *Kötz/Wagner* Rn. 262.

539 Gültig ist ein Kaufvertrag auch dann, wenn der Kaufgegenstand bei Abschluss des Vertrages noch gar nicht existent war. Ein Bauer kann die Ernte des nächsten Jahres, ein Hundezüchter einen Dackelwelpen aus dem nächsten Wurf seiner Hündin verkaufen. Wird die Ernte durch ein Unwetter vernichtet oder stirbt die Hündin vor der Geburt des Welpen und hat der Verkäufer diese Umstände nicht zu vertreten, so haftet er dem Käufer gleichwohl, wenn er für die Einbringung der Ernte oder für die Geburt von Welpen eine „Garantie" übernommen hat (vgl. Rn. 1106 ff.). Er haftet nicht, wenn der Vertrag so geschlossen war, dass er nur unter der Bedingung gelten sollte, dass eine Ernte eingebracht oder Welpen geboren werden würden.

540 Gültig ist ein Kaufvertrag schließlich auch dann, wenn bei seinem Abschluss die verkaufte Sache deshalb noch nicht existiert, weil sie von einem Dritten erst noch hergestellt werden muss. So liegt es, wenn ein Schiff verkauft ist, das der Verkäufer bei einer Werft in Auftrag gegeben hat und das sich noch im Bau befindet oder noch nicht einmal auf Kiel gelegt worden ist. Anders aber, wenn jemand eine Sache zu liefern verspricht, **die von ihm selbst noch herzustellen oder zu erzeugen ist**. Hier kann es sein, dass die für den Vertrag charakteristische Hauptleistung der einen Partei nicht in der Übereignung, sondern in der **Herstellung** der Sache liegt, also darin, dass sie die dazu erforderliche Tätigkeit leistet. Deshalb kommt hier auch ein **Werkvertrag** (§§ 651 ff.) in Betracht. Gemäß § 651 ist ein solcher Vertrag gleichwohl wie ein Kaufvertrag zu behandeln, sofern die Sache, die der Vertragspartner herzustellen oder zu erzeugen und alsdann dem anderen Vertragspartner zu liefern hat, eine **bewegliche** und noch dazu eine **vertretbare Sache** ist. Vertretbar sind Sachen, die „im Verkehr nach Zahl, Maß oder Gewicht bestimmt zu werden pflegen" (§ 91), also serienmäßig produziert werden oder so gängig sind, dass sie in identischer Beschaffenheit bei einer Vielzahl von Kunden abgesetzt werden können. Ist die von der Vertragspartei herzustellende und alsdann zu liefernde Sache nicht vertretbar (ein Maßanzug, eine auf die besonderen Anforderungen des Kunden zugeschnittene Spezialmaschine, Formulare, Prospekte oder Briefbögen mit dem Firmenaufdruck des

Kunden), so gelten neben den kaufrechtlichen Bestimmungen auch die in § 651 Satz 3 genannten Vorschriften des Werkvertragsrechts.

Die Pflichten der Kaufvertragsparteien sind in §§ 434–479 geregelt. Von diesen Vorschriften sind die meisten abdingbar oder „dispositiv", es sei denn, dass es sich bei dem Kaufvertrag, um den es geht, um einen **„Verbrauchsgüterkauf"** i.S. des § 474 handelt, also um einen Kaufvertrag über eine bewegliche Sache, bei dem der Verkäufer Unternehmer und der Käufer Verbraucher ist: In diesem Falle sind gemäß § 475 die praktisch wichtigsten Vorschriften des Kaufvertragsrechts zwingend, dies freilich nur insoweit, als von ihnen nicht *zum Nachteil des Käufers* abgewichen werden darf (Rn. 602 ff.). Eine zwingende Vorschrift, die für *sämtliche* Kaufverträge gilt, findet sich in § 444. Danach ist eine Vereinbarung, nach der die Haftung des Verkäufers wegen eines Mangels der Kaufsache ausgeschlossen oder beschränkt sein soll, insoweit unwirksam, als der Mangel, auf den der Käufer seine Ansprüche stützt, vom Verkäufer arglistig verschwiegen worden ist. Zwar könnte der Käufer in diesem Fall den Kaufvertrag im Ganzen wegen arglistiger Täuschung anfechten (§ 123). Aber dann müsste er die mangelhafte Kaufsache dem Verkäufer zurückgeben (§§ 142, 812). Stattdessen kann er, wie sich aus § 444 ergibt, den Verkäufer an dem Vertrage festhalten und wegen des Mangels, den er arglistig verschwiegen hat, die Ansprüche aus § 437 geltend machen, ohne dass ihm der vereinbarte Haftungsausschluss vom Verkäufer entgegengehalten werden kann. Vgl. zu § 444 auch noch Rn. 616 f. **541**

Zu beachten ist, dass unter bestimmten Voraussetzungen weitere Vorschriften heranzuziehen sind, so z.B. dann, wenn der Kaufvertrag als **„Haustürgeschäft"** (§§ 312 f.), als **„Fernabsatzgeschäft"** (§ 312 b–d) oder als **„Ratenlieferungsvertrag"** (§ 510) oder **„Teilzeit-Wohnrechtevertrag"** (§§ 481 ff.) geschlossen worden ist. Sind Waren oder Wertpapiere verkauft, so gelten neben den Kaufregeln des BGB auch noch die Vorschriften der §§ 373–376 HGB, wenn der Kaufvertrag für mindestens einen der Vertragspartner ein „Handelsgeschäft" ist, er also den Vertrag als Kaufmann im Rahmen seines Handelsgewerbes geschlossen hat (§§ 343 f.). Ist der Kaufvertrag für *beide* Parteien ein Handelsgeschäft, so finden auch noch die Vorschriften der §§ 377 und 379 HGB Anwendung. **542**

Für die meisten **„internationalen Kaufverträge"** gilt statt der Vorschriften des BGB das „Übereinkommen der Vereinten Nationen über internationale Warenkaufverträge" (U.N. Convention on Contracts for the International Sale of Goods = **CISG**). Es ist insbesondere dann anwendbar, wenn es um einen Kaufvertrag geht, dessen Parteien ihre Niederlassung in verschiedenen „Vertragsstaaten" haben (Art. 1 CISG). Zu den „Vertragsstaaten", die das CISG in Kraft gesetzt haben, gehören derzeit rund 70 Länder, darunter fast alle wichtigen Handelsnationen der Welt. Allerdings können die Parteien vereinbaren, dass die Regeln des CISG auf ihren Vertrag nicht anwendbar sein sollen. In diesem Fall gilt deutsches Recht, manchmal aber auch das nationale Recht eines anderen Staates, wenn die Parteien dieses Recht gewählt haben oder mangels Wahl die Anwendbarkeit dieses Rechts sich aus den Regeln des Internationalen Privatrechts ergibt (vgl. Art. 3 ff. Rom I-VO). **543**

II. Verkäuferpflichten

1. Übergabe (Lieferung) der Kaufsache

544 Haben die Parteien einen Kaufvertrag über eine Sache geschlossen, so ist der Verkäufer verpflichtet, „dem Käufer die Sache zu übergeben" (vgl. § 433 Abs. 1 Satz 1). Die Sache ist „übergeben", wenn dem Käufer der unmittelbare Besitz, also die tatsächliche Gewalt über die Sache verschafft ist (§ 854 Abs. 1). Ist der Käufer ohnehin im Besitz der Sache – ein Museum kauft ein Gemälde, das ihm von seinem Eigentümer bis dahin als Leihgabe überlassen war –, so genügt es gemäß § 854 Abs. 2, wenn sich die Parteien darüber einig sind, dass der Käufer fortan die Sache als eigene besitzen solle (vgl. § 872).

545 Auch hier ist Raum für abweichende Parteivereinbarungen. So kann sich der Käufer damit einverstanden erklären, dass die Sache nicht ihm, sondern einem bestimmten Dritten übergeben werde, also z.B. demjenigen, an den er sie weiterverkauft („Streckengeschäft") oder dem er sie vermietet hat. Befindet sich die Sache bei Abschluss des Kaufvertrages im unmittelbaren Besitz eines Dritten, etwa weil sie der Verkäufer vermietet oder in einem Lagerhaus eingelagert oder sie zur Reparatur einem Unternehmer überlassen hat, so kann vereinbart werden, dass der Verkäufer verpflichtet sein soll, den Herausgabeanspruch gegen den Dritten dem Käufer abzutreten und den Dritten von der Abtretung in Kenntnis zu setzen. Auch kann sich der Käufer darauf einlassen, dass der Verkäufer den unmittelbaren Besitz an der verkauften Sache noch auf eine gewisse Zeit behalten und diesen Besitz bis zum Ablauf der Zeit als „Besitzmittler" für den Käufer ausüben soll (vgl. § 868). Muss die Kaufsache, um in den unmittelbaren Besitz des Käufers zu gelangen, befördert werden, so wird oft vereinbart, dass der Verkäufer verpflichtet sein soll, sie einem Beförderungsunternehmer zur Übermittlung an den Käufer zu übergeben („Versendungskauf"; vgl. § 447 und unten Rn. 587, 838 ff.).

546 Gemäß Art. 30 CISG ist der Verkäufer verpflichtet, dem Käufer die verkaufte Ware zu „liefern". „Geliefert" hat der Verkäufer, wenn er diejenigen Handlungen vorgenommen hat, zu denen er nach dem Inhalt des Vertrages – ggf. gemäß Art. 31 ff. CISG – verpflichtet ist, um dem Käufer den Besitz einer Ware zu verschaffen. Darin liegt kein Widerspruch zu § 433 Abs. 1 Satz 1. Mit dem Wort „Lieferung" werden die **Handlungen** betont, die der Verkäufer vorzunehmen hat. Das Wort „Übergabe" schließt auch den **Erfolg** ein, auf den diese Handlungen abzielen, nämlich auf den Erwerb des Besitzes durch den Käufer. Vgl. *v. Caemmerer/Schlechtriem/Huber* Art. 30 CISG Rn. 5.

547 a) **Lieferort.** – In § 269 Abs. 1 wird derjenige Ort als **Leistungsort** bezeichnet, an dem die Leistung vom Schuldner zu erbringen ist. Ist der Schuldner ein Verkäufer und die geschuldete Leistung die Lieferung der Kaufsache, so spricht man auch vom **Lieferort**; damit ist dann derjenige Ort gemeint, an dem der Verkäufer zur Erfüllung seiner Lieferpflicht abschließend tätig zu werden, also die letzte derjenigen Handlungen vorzunehmen hat, die dem Käufer den Besitz verschaffen sollen.

548 Statt von „Leistungsort" und „Lieferort" sprechen die Vertragsparteien und manchmal sogar der Gesetzgeber vom „**Erfüllungsort**" (vgl. §§ 447 Abs. 1 BGB, 29 ZPO). Auch damit ist aber nichts anderes als der Leistungsort oder Lieferort gemeint. Von diesem Ort ist derjenige Ort zu unterscheiden, an dem das **Gericht** seinen Sitz hat, das für die Entscheidung von Streitigkeiten **zuständig** ist. Sind die Vertragsparteien Kaufleute, so können sie das zuständige Gericht durch eine „Gerichtsstandvereinbarung" bestimmen (vgl. § 38 ZPO). Anderenfalls gilt gemäß § 29 ZPO der „besondere Gerichtsstand des Erfüllungsorts": Danach ist das Gericht des Ortes zuständig, „an dem die streitige Verpflichtung zu erfüllen ist", also das Gericht an demjenigen Ort, den § 269 als Leistungsort bezeichnet. Daraus folgt, dass für Streitigkeiten über die Frage, ob der Verkäufer seine Lieferpflicht ordnungsgemäß erfüllt hat, das Gericht am Lieferort zuständig ist, sofern nicht durch eine gültige Gerichtsstandvereinbarung etwas anderes bestimmt ist. Das gilt auch bei internationalen Kaufverträgen, also z.B. dann, wenn der Käufer seinen Sitz in Deutschland, der Verkäufer seinen Sitz in einem anderen Mitgliedsstaat der EG hat (vgl. Art. 5 Nr. 1b Brüssel I-Verordnung).

549 § 269 Abs. 1 bestimmt, dass Leistungsort derjenige Ort ist, an dem der Schuldner bei Vertragsabschluss seinen Wohnsitz oder – wenn der Schuldner ein Gewerbe betreibt – den Sitz seiner gewerblichen Niederlassung hat. Diese Regel ist aber eine bloße Hilfsregel. Für die Frage, an welchem Ort der Schuldner abschließend tätig zu werden hat, ist in erster Linie maßgeblich dasjenige, was die Parteien dazu vereinbart haben, sonst dasjenige, was sich „aus den Umständen, insbesondere der Natur des Schuldverhältnisses" ergibt. Vom Leistungsort hängt ab, ob die Verpflichtung des Schuldners – insbesondere die Lieferpflicht eines Verkäufers – als **Holschuld**, **Schickschuld** oder **Bringschuld** anzusehen ist. Ist in einem Kaufvertrag vereinbart oder sonst „den Umständen" zu entnehmen, dass der Verkäufer die Kaufsache zur Abholung durch den Käufer bereithalten muss, so spricht man von einer „**Holschuld**". Leistungsort ist hier der Wohnsitz des Verkäufers. Eine „**Schickschuld**" liegt vor, wenn vereinbart ist, dass der Verkäufer die Kaufsache an den Käufer (oder an einen vom Käufer bezeichneten Dritten) versenden, sie also zu diesem Zweck einem Beförderungsunternehmer – also der Bahn, der Post oder einem anderen Land-, See- oder Luftbeförderungsunternehmer – übergeben muss. So liegt es insbesondere beim „Versendungskauf" (§ 447 und Rn. 587, 838 ff.). Auch in diesem Fall ist Leistungsort der Wohnsitz des Verkäufers, dies jedenfalls in dem Regelfall, in dem die Übergabe an den Beförderungsunternehmer am Wohnsitz des Verkäufers stattfinden soll. Schließlich spricht man von einer „**Bringschuld**", wenn vereinbart ist, dass der Verkäufer die Kaufsache zum Wohnsitz des Käufers befördern (oder befördern lassen) und sie ihm dort übergeben muss. Leistungsort ist hier der Wohnsitz des Käufers.

550 Vom Leistungsort kann man den **Erfolgsort** unterscheiden. Dies ist der Ort, an dem der dem Käufer geschuldete Erfolg eintritt, er also den Besitz (und das Eigentum) an der Kaufsache erwirbt. Bei der Hol- und Bringschuld liegt der Erfolgsort am gleichen Ort wie der Leistungsort, nämlich am Sitz des Verkäufers bei der Holschuld, am Sitz des Käufers bei der Bringschuld. Bei der Schickschuld fallen Leistungsort und Erfolgsort auseinander, weil der Verkäufer an seinem Sitz abschließend handelt, indem er die Kaufsache dem Beförderungsunternehmer übergibt, während der Käufer an seinem Sitz Besitz (und Eigentum) erwirbt, nämlich dadurch, dass ihm die Kaufsache von dem Beförderungsunternehmer übergeben wird.

551 Eine **Bringschuld** ist insbesondere dann anzunehmen, wenn der Verkäufer dem Käufer die Anlieferung der Ware versprochen, ihm also z.B. zugesagt hat, dass er ihm das verkaufte Klavier oder die verkauften Möbel in seine Wohnung liefern oder das verkaufte Heizöl in seinen Tank füllen werde. Auch ein Versandhändler verpflichtet sich nicht nur zur Absendung der vom Käufer aufgrund des Katalogs bestellten Ware, sondern dazu, ihm die Ware an seinen Wohnsitz zu liefern und ihm dort den Besitz daran zu verschaffen. Auch hier liegt also in aller Regel nicht ein Versendungskauf und daher eine Schickschuld, sondern eine Bringschuld vor, dies insbesondere dann, wenn der Käufer Verbraucher ist und – anders als ein Kaufmann – die Beförderung der Ware nicht zu organisieren, unter den verschiedenen Beförderungswegen den günstigsten nicht auswählen und die Beförderungsrisiken nicht kostengünstig unter Versicherungsschutz bringen kann. Anders liegt es, wenn die Vertragsparteien Kaufleute sind. Dann darf aus dem Umstand allein, dass der Verkäufer die Kosten der Versendung übernommen oder die Lieferung „frei Haus" versprochen hat, nicht gleich der Schluss auf eine Bringschuld gezogen werden (§ 269 Abs. 3). In der Regel ergibt sich aus einer solchen Vereinbarung nur, dass der Verkäufer zwar die Kosten der Versendung tragen muss, dass es aber bei einer Schickschuld bleibt, der Verkäufer also mit der Übergabe der Ware an den Beförderungsunternehmer alles getan hat, was er nach dem Vertrag in Bezug auf die Lieferung der Kaufsache zu tun verpflichtet war.

552 Im Handelsverkehr werden der Ort, an dem der Verkäufer liefern muss, aber auch die Frage, welche Partei die Beförderung der Ware organisieren, Versicherungsschutz gegen die Transportgefahren beschaffen und die dadurch entstehenden Kosten übernehmen muss, oft durch Kurzformeln (Handelsklauseln) festgelegt.

553 Unter ihnen haben im internationalen Handelsverkehr besondere Bedeutung die von der Internationalen Handelskammer erarbeiteten **Incoterms** erlangt, wie z.B. „ab Werk", „FOB" (free on board), „FAS" (free alongside ship), „CIF" (cost, insurance, freight), „DES" (delivered ex ship) usw. Ist z.B. in einem Kaufvertrag vereinbart, dass der Verkäufer in Stuttgart die Ware nach Hamburg bringen und sie von dort per Schiff „CIF Baltimore" versenden soll, so darf dieser Klausel gemäß § 346 HGB, Art. 9 Abs. 2 CISG diejenige Bedeutung gegeben werden, die ihr nach den von der IHK herausgegebenen Incoterm-Definitionen zukommt (abgedruckt in *v. Caemmerer/Schlechtriem* Anhang V).

Das bedeutet insbesondere: (a) Der Verkäufer hat das zur Erfüllung seiner Lieferverpflichtung Erforderliche getan, sobald die Ware in der Beschaffenheit und Verpackung, in der sie nach dem Vertrag zu liefern war, die Reling des Schiffes in Hamburg überschritten hat. Von diesem Zeitpunkt ab ist es der Käufer, der die Gefahren der Beschädigung oder des Verlusts der Ware trägt. (b) Der Verkäufer hat auf eigene Kosten die Ausfuhrbewilligung zu beschaffen und die Zollformalitäten zu besorgen. (c) Der Verkäufer muss auf eigene Kosten das nach den Umständen übliche Transportdokument beschaffen, das den Käufer berechtigt, im Bestimmungshafen Baltimore vom Seebeförderer die Herausgabe der Ware zu verlangen. Dieses Dokument muss er ebenso wie eine Verladeanzeige dem Käufer übersenden. (d) Der Verkäufer muss einen geeigneten Seebeförderer auswählen und mit ihm auf eigene Rechnung einen Vertrag über die Beförderung der Ware vom Verschiffungshafen Hamburg zum Bestimmungshafen Baltimore abschließen. (e) Der Verkäufer muss auf eigene Kosten eine Transportversicherung beschaffen und die Police dem Käufer übersenden. – Wenn ein Kaufvertrag keine Vereinbarungen über die Verteilung der durch die Lieferung und Versendung entstehenden Kosten enthält, so hält das BGB in § 448 eine ziemlich rudimentäre, das CISG in Art. 31–34 eine sehr sorgfältig ausgearbeitete Auffangregelung bereit.

b) Lieferzeit. – Der Verkäufer ist nicht nur verpflichtet, die Kaufsache überhaupt zu liefern, indem er die dazu erforderlichen Handlungen an dem vertraglich vereinbarten Lieferort vornimmt. Er muss diese Handlungen auch zu dem vertraglich festgelegten **Zeitpunkt** vornehmen. Dies ist der Zeitpunkt, von dem ab der Käufer die Lieferung zu verlangen berechtigt und sein Anspruch auf die Lieferung deshalb „*fällig*" ist. Vom Zeitpunkt der Fälligkeit ab kann der Käufer eine Klage gegen den Verkäufer erheben mit dem Antrag, dass das Gericht ihn zur Vornahme derjenigen Handlungen verurteilen möge, mit denen er nach dem Inhalt des Vertrages die Lieferung zu bewirken hat. Stattdessen kann der Käufer aber auch, wenn sein Lieferanspruch fällig geworden und die Lieferung ausgeblieben ist, den Verkäufer durch eine Mahnung in Verzug setzen und gemäß §§ 280 Abs. 1 und 2, 286 Ersatz des Verzögerungsschadens verlangen. Unter bestimmten weiteren Voraussetzungen kann er sogar von der Lieferung Abstand nehmen und (statt ihrer) Schadensersatz statt der Leistung verlangen (§§ 280 Abs. 1 und 3, 281) oder von dem Vertrag zurücktreten (§ 323).

Auch die Lieferzeit bestimmt sich – ebenso wie der Lieferort – nach den vertraglichen Vereinbarungen. Nach der Auffangregelung in § 271 Abs. 1 kann der Käufer die Leistung – hier also: die Lieferung der Kaufsache – „sofort" verlangen. Aber diese Regelung greift nur ganz selten ein, weil die Parteien bei den Vertragsverhandlungen meist an die Vereinbarung eines Lieferzeitpunkts denken und weil es, wenn es an einer solchen Vereinbarung fehlt oder sie nur in unbestimmter Form getroffen wurde, fast immer möglich ist, die Lieferzeit – wie § 271 Abs. 1 sagt – „den Umständen zu entnehmen". Das bedeutet, dass der Parteiwille durch (ergänzende) Vertragsauslegung zu ermitteln und dabei in erster Linie auf die „Umstände" Bedacht zu nehmen ist.

556 Vgl. MK-*Krüger* § 271 Rn. 5. Im Ergebnis entscheidet auch das CISG nicht anders. Wenn es nämlich in dem Vertrag an einer Vereinbarung über die Lieferzeit fehlt, muss der Verkäufer gemäß Art. 33 (c) CISG die Ware „innerhalb einer angemessenen Frist nach Vertragsabschluß" liefern. – Von der Frage, von wann ab der Käufer die Lieferung verlangen **kann** und sein Anspruch auf Lieferung daher fällig ist, muss die Frage unterschieden werden, von wann ab der Verkäufer liefern **darf** und seine Lieferverpflichtung daher **erfüllbar** ist. Eine klare Lösung der letzteren Frage findet sich in Art. 55 Abs. 1 CISG: Danach steht es dem Käufer frei, ob er die Ware, die ihm der Verkäufer *vor* dem dafür vertraglich festgelegten Zeitpunkt liefert, abnehmen oder ob er die Abnahme verweigern will. Hingegen ergibt sich aus § 271 Abs. 2, dass der Verkäufer „im Zweifel" berechtigt ist, die Lieferung auch schon vor dem Eintritt des Fälligkeitszeitpunkts zu bewirken. Aber auch hier wird nach den Umständen oft anzunehmen sein, dass dem Käufer eine vorzeitige Lieferung ungelegen kommt, weil es in seinem Lager oder auf seinen Regalen keinen Platz für die Ware gibt oder weil er mit dem Beförderungsunternehmer, der die Ware zu einem seiner Abnehmer befördern soll, einen späteren Verladetermin vereinbart hat. In einem solchen Fall kann der Käufer die ihm vorzeitig angediente Ware zurückweisen, ohne dass darin eine Verletzung seiner Verpflichtung zur Abnahme der Ware (vgl. § 433 Abs. 2; Rn. 633 ff.) liegt. Anderenfalls kommt er durch die Zurückweisung der Ware nicht nur in Annahmeverzug (mit den Rechtsfolgen, die sich insbesondere aus §§ 300 und 304 ergeben). Er verletzt auch seine Pflicht zur Abnahme der Ware und haftet daher gemäß §§ 280 Abs. 1 und 2, 286 auf Ersatz des dem Verkäufer entstehenden Verzögerungsschadens. Vgl. dazu Rn. 1128 ff.

557 Ist in dem Vertrag ein bestimmter Liefertag oder eine bestimmte Lieferfrist vereinbart, so wird der Lieferungsanspruch des Käufers fällig, sobald der Tag oder die Frist abgelaufen und die Lieferung ausgeblieben ist.

558 In einem solchen Fall gerät der Verkäufer mit seiner (fällig gewordenen) Lieferverpflichtung in **Verzug**, ohne dass es dazu noch einer besonderen Mahnung des Käufers bedürfte (§ 286 Abs. 2 Nr. 1: Dies interpellat pro homine). Nach Eintritt des Verzugs haftet der Verkäufer dem Käufer unter den Voraussetzungen der §§ 280 Abs. 1 und 2, 286 auf Ersatz des Verzögerungsschadens (Rn. 1148 ff.). Noch härter trifft den Verkäufer die Versäumung des Liefertermins, wenn sich aus den Vereinbarungen der Parteien entnehmen lässt, dass sie die pünktliche Lieferung der Kaufsache als so wichtig angesehen haben, dass der Vertrag mit ihr – so die schon vom Reichsgericht immer wieder gebrauchte Formulierung – „**stehen oder fallen**" sollte (RGZ 51, 347, 348; RGZ 101, 361, 363; BGHZ 110, 96): In diesem Falle liegt ein **Fixgeschäft** vor: Zwar kann der Käufer, wenn ihm das zweckmäßig erscheint, auch hier trotz Versäumung des Fixtermins weiterhin auf die Erfüllung des Vertrages, also auf die Lieferung der Kaufsache beharren und außerdem den Verzögerungsschaden ersetzt verlangen. Er kann aber auch, ohne dass er erst noch für die Nachholung der Lieferung eine Nachfrist setzen müsste, von dem Vertrag im Ganzen zurücktreten (§ 323 Abs. 1 und 2). Ferner stellt § 325 klar, dass er, selbst wenn er den Rücktritt erklärt hat, berechtigt bleibt, vom Verkäufer ohne Nachfristsetzung auch noch Schadensersatz statt der Leistung zu verlangen (§ 281 Abs. 1 und 2). Noch wieder anders liegt es beim „**absoluten Fixgeschäft**": Dann wird die Leistung durch ihre termingerechte Erbringung so entscheidend geprägt, dass sie, falls der Termin nicht eingehalten wird, als geradezu **unmöglich** gilt und daher ein Fall des § 275 Abs. 1 vorliegt. Das bedeutet, dass sich in diesem Falle der Rücktritt des Käufers nach §§ 326 Abs. 5, 323 und sein Anspruch auf Schadensersatz statt der Leistung nach §§ 283, 280 Abs. 1 beurteilt. „Absolute Fixgeschäfte" kommen bei Kaufverträgen allerdings nur selten vor. Auch dem Verkäufer, der einem Händler 100 „Weihnachtsbäume" zur

Lieferung „spätestens am 15. Dezember" verkauft hat, wird die Lieferung durch die Versäumung des Liefertermins deshalb nicht „unmöglich", weil der Händler durchaus ein Interesse daran haben kann, dass die Lieferung noch bis zum 20. Dezember nachgeholt wird. Anders mag es liegen, wenn ein Bäcker am 10. Mai die Torte nicht liefert, die von ihm mit der Zuckergussaufschrift „Zum Geburtstag am 10. Mai" geschmückt werden sollte. Da die Torte dem Auftraggeber auch noch nach dem 10. Mai schmecken dürfte, spricht selbst hier manches dafür, die Leistung des Bäckers nicht als unmöglich, sondern als nachholbar anzusehen und dem Auftraggeber ein Wahlrecht dergestalt einzuräumen, dass er auch nach dem 10. Mai noch auf Lieferung bestehen, aber nach seiner Wahl auch – natürlich ohne Nachfristsetzung – von dem Vertrag zurücktreten und/oder statt der Leistung Schadensersatz verlangen kann.

Bei alledem ist zu beachten, dass der Verkäufer, sofern nichts anderes vereinbart ist, die Lieferzeit auch dann einhält, wenn er am Liefertag oder bis zum Ablauf der Lieferfrist oder zu dem durch „Abruf" festgesetzten Zeitpunkt die vertraglich vereinbarten **Lieferhandlungen** vorgenommen hat. Bei einer Schickschuld ist es also erforderlich, aber auch ausreichend, dass der Verkäufer die Waren dem Beförderungsunternehmer rechtzeitig übergeben hat. Es schadet ihm daher nicht, wenn der vertraglich geschuldete **Erfolg**, nämlich der Erwerb von Besitz und Eigentum durch den Käufer, erst nach dem Liefertermin eintritt.

Häufig kommt es vor, dass der Vertrag zwar etwas zur Lieferzeit sagt, sich dabei aber so unbestimmt ausdrückt, dass zweifelhaft ist, von welchem Zeitpunkt ab der Lieferanspruch des Käufers als fällig anzusehen ist. So liegt es bei Vereinbarungen, in denen es heißt, die Lieferung solle „alsbald", „möglichst bald", „frühestens", „so schnell wie möglich", „in Kürze" erfolgen oder in denen zwar eine Lieferfrist genannt, aber ausdrücklich als „unverbindlich" oder „freibleibend" bezeichnet wird. Diese Fälle sind ebenso zu behandeln, wie wenn in dem Vertrag zur Lieferzeit überhaupt nichts gesagt wird: Es muss durch Vertragsauslegung unter Berücksichtigung aller Umstände eine angemessene, den beiderseitigen Interessen Rechnung tragende Frist fixiert werden, in der der Verkäufer liefern muss und nach deren Ablauf der Käufer den Verzug herbeiführen kann. Für die Bestimmung dieser Frist kommt es z.B. darauf an, ob die Kaufsache im Lager des Verkäufers vorrätig ist oder, sofern sie von ihm erst noch beschafft, hergestellt, versandt oder abholfertig gemacht oder aus einem weit entfernten Lager herangeführt werden muss, wie viel Zeit dafür gewöhnlich erforderlich ist. War dem Käufer nicht erkennbar, dass die Kaufsache erst noch herbeigeschafft werden muss oder dass sich der Lieferung besondere Hindernisse in den Weg stellen könnten, so dürfen solche Umstände bei Bestimmung der Angemessenheit der Frist nur dann berücksichtigt werden, wenn der Verkäufer den Käufer bei den Vertragsverhandlungen auf sie hingewiesen hat. Das gilt entsprechend, wenn der Käufer ein besonderes Interesse an einer schnellen Lieferung hat.

561 Andere Maßstäbe gelten, wenn der Vertrag Vereinbarungen über die Lieferzeit enthält, die als **AGB-Klausel** Vertragsbestandteil geworden sind. Ist der Kunde Verbraucher i. S. des § 13, so sind solche Klauseln unwirksam, wenn sich der Verkäufer (= Verwender) in ihnen für die Lieferung der Kaufsache eine „unangemessen lange oder nicht hinreichend bestimmte" Frist ausbedungen hat (§ 308 Nr. 1). **Nicht hinreichend bestimmt** ist die Lieferfrist, wenn ihr Beginn und ihre Dauer vom Kunden nicht genau ermittelt werden können (etwa: „sobald wie möglich") oder von Ereignissen abhängen, auf die er keinen Einfluss hat („sogleich nach Eintreffen der Ware"). **Unangemessen lang** ist z.B. eine Frist von knapp 5 Monaten, für die ein Käufer an sein Angebot zum Erwerb einer fertigen Eigentumswohnung gebunden sein soll (BGH NJW 2010, 2873), ebenso eine Lieferfrist, die es einem gewerblichen Möbelverkäufer gestattet, den vereinbarten Liefertermin um bis zu 3 Monate zu überschreiten (BGH NJW 1983, 1320). Muss der Verkäufer mit dem Risiko verzögerter Selbstbelieferung rechnen, so darf er dieses Risiko nicht einfach durch eine AGB-Klausel auf den Käufer abwälzen. Vielmehr muss er sich durch eine Individualvereinbarung eine entsprechend geräumige Lieferfrist ausbedingen. Dass der Kunde sich darauf vielleicht nicht einlässt und einen Lieferanten wählt, der leistungsfähiger ist, nämlich schneller liefern kann, dient dem Gedanken des Wettbewerbs und ist deshalb zu begrüßen. Vgl. auch BGH NJW 1984, 2468 und MK-*Wurmnest* § 308 Nr. 1 Rn. 12 ff.

562 **c) Sonstige Vereinbarungen zum Inhalt der Lieferpflicht.** – Neben Lieferort und Lieferzeit können die Parteien weitere Vereinbarungen über die Modalitäten der Lieferpflicht treffen. Dabei leistet das BGB gelegentlich Hilfe, indem es Regeln bereitstellt, nach denen sich eine Lücke, die durch das Fehlen vertraglicher Vereinbarungen entsteht, schließen oder eine nur unvollständige Vereinbarung ergänzen lässt.

563 So können die Parteien vereinbaren, dass der Verkäufer **Teilleistungen** erbringen, also seine Lieferpflicht in der Weise erfüllen soll, dass er die verkauften Waren in mehreren Teilpartien (Raten) liefert. So verhält es sich insbesondere beim **Sukzessivlieferungsvertrag**, bei dem entweder eine im Vertrag festgelegte Gesamtmenge in Teilmengen – in der Regel auf „Abruf" des Käufers – zu liefern ist (**Ratenlieferungsvertrag**) oder die Gesamtmenge zwar unbestimmt ist, aber der Verkäufer sich verpflichtet, für einen vertraglich bestimmten Zeitraum oder auch auf unbestimmte Zeit dem Käufer diejenigen Teilmengen zu liefern, die er je nach seinem Bedarf benötigt (**Bezugs- oder Versorgungsvertrag**). So liegt es z.B., wenn eine Brauerei verspricht, einem Gastwirt einmal monatlich Bier zu liefern, und zwar jeweils in derjenigen Menge, die der Gastwirt entsprechend seinem Bedarf bei der Brauerei abruft. Wie ist zu entscheiden, wenn es in dem Vertrag an einer Vereinbarung über die Zulässigkeit von Teillieferungen fehlt und der Verkäufer von den verkauften 500 Sack Zement eine Teilmenge von nur 350 Sack liefert? Aus der Auffangregelung in § 266 ergibt sich, dass der Verkäufer zu Teillieferungen nicht berechtigt ist. Dadurch soll vermieden werden, dass er durch eine „Zerstückelung" seiner Lieferpflicht dem Käufer einen zusätzlichen Aufwand verursacht. Wenn allerdings im konkreten Fall ein solcher zusätzlicher

Aufwand dem Käufer nicht entsteht oder wenn die ihm angediente Teilmenge nur unwesentlich hinter der vertraglich vereinbarten Menge zurückbleibt – der Verkäufer hat versehentlich nur 490 Sack aufgeladen –, so muss § 266 umschifft werden. Das kann dadurch geschehen, dass in den Vertrag im Wege ergänzender Auslegung (oben Rn. 68 ff.) eine Abrede hineingelesen wird, nach der in bestimmten Grenzen Teillieferungen zulässig sind. In Betracht kommt auch, dass man dem Käufer zwar gemäß § 266 ein Recht zur Zurückweisung von Teillieferungen zugesteht, in der Ausübung dieses Rechts aber unter den konkreten Umständen einen Verstoß gegen Treu und Glauben erblickt und mithin die Zurückweisung als unzulässig betrachtet. In diesem Falle gerät der Käufer durch die Zurückweisung in Annahmeverzug und in Schuldnerverzug. Vgl. dazu Rn. 633 ff., 1128 ff.

Weitere dispositive Regelungen, die für die Lieferpflicht des Verkäufers nur selten praktisch werden und deshalb an dieser Stelle nicht näher behandelt werden, finden sich z.B. in §§ 262 ff. für den Fall, dass eine **Wahlschuld** vereinbart ist. So verhält es sich z.B., wenn 15.000 kg Öl in der Weise verkauft sind, dass der Verkäufer oder (häufiger) der Käufer soll wählen dürfen, in welchem Umfang Schmieröl, Getriebeöl oder Hydrauliköl geliefert werden soll (vgl. BGH NJW 1960, 674). – Haben die Parteien vereinbart, dass die Lieferung nicht an den Käufer, sondern an einen Dritten erfolgen soll, so kann darin unter Umständen ein **Vertrag zugunsten Dritter** gemäß §§ 328 ff. liegen (vgl. Rn. 1199 ff.). 564

2. Eigentumsverschaffung. Rechtsverschaffung

a) **Sachkauf.** – Ist eine Sache verkauft worden, so hat der Verkäufer durch die bloße Übergabe (Lieferung) der Sache seine Verpflichtungen aus dem Kaufvertrag noch nicht vollständig erfüllt. Er muss dem Käufer auch das Eigentum an der Sache verschaffen (vgl. § 433 Abs. 1 Satz 1). Wie das geschieht, regelt das BGB im Sachenrecht. Maßgeblich sind dafür, wenn es um eine **bewegliche Sac**he geht, die Vorschriften der §§ 929 ff. Danach erfüllt der Verkäufer seine Verpflichtung zur Eigentumsverschaffung dadurch, dass er sich mit dem Käufer darüber einigt, dass das Eigentum auf ihn übergehen soll (§ 929 Satz 1). Hinzu kommen muss, dass er dem Käufer die Sache übergibt oder mit ihm verabredet, dass an die Stelle der Übergabe ein „Übergabesurrogat" gemäß §§ 930, 931 treten soll. 565

Für den Erwerb des Eigentums verlangt § 929 Satz 1, dass sich Verkäufer und Käufer über den Eigentumsübergang einigen, also miteinander einen „dinglichen Vertrag" schließen, dessen einziger Inhalt darin besteht, „dass das Eigentum übergehen soll". Dieser „dingliche Vertrag" ist von dem Kaufvertrag zu unterscheiden. Durch den Kaufvertrag wird zunächst nur die Verpflichtung des Verkäufers zur Eigentumsverschaffung begründet. Der Abschluss des dinglichen Vertrages gehört zu den Voraussetzungen, unter denen diese Verpflichtung erfüllt, nämlich dem Käufer Eigentum verschafft 566 wird. Der juristisch nicht vorgebildete Laie wird diese Unterscheidung für gekünstelt halten, und selbst manche Juristen reagieren mit Erstaunen, wenn sie daran erinnert werden, dass, wer in einem Laden eine Sache kauft, in Empfang nimmt und bar bezahlt, nicht nur einen Kaufvertrag, sondern außerdem noch zwei weitere Verträge, nämlich die beiden dinglichen Verträge abschließt, derer es zum einen für die Übereignung der Geldscheine und -münzen, zum anderen für die Übereignung der Kaufsache bedarf. Im Regelfall wird man freilich annehmen können, dass bei Abschluss des Kaufvertrages oder bei der Übergabe der Kaufsache und des Bargelds die erforderlichen dinglichen Einigungen von den Parteien stillschweigend miterklärt werden, dies selbst dann, wenn sie darüber weder gesprochen und noch nicht einmal daran gedacht haben.

567 Gleichwohl darf man die Unterscheidung zwischen dem **Kaufvertrag als dem „Verpflichtungsgeschäft"** und dem **dinglichen Vertrag als dem „Erfüllungsgeschäft"** nie aus dem Auge verlieren. Denn beide Geschäfte werden nicht nur voneinander unterschieden oder „getrennt" (daher spricht man vom „Trennungsprinzip"). Es verhält sich außerdem so, dass der dingliche Vertrag in seiner Wirksamkeit von der Wirksamkeit des Kaufvertrags unabhängig oder „abstrakt" ist (daher der Ausdruck „Abstraktionsprinzip"). Aus dem **Trennungsprinzip** ergibt sich, dass der Abschluss des Kaufvertrags keine Bedeutung für die Eigentumsverhältnisse an der Kaufsache hat. Der Käufer erwirbt also durch den Kaufvertrag zwar einen Anspruch auf Eigentumsverschaffung, aber Eigentum selbst erwirbt er nicht; deshalb hüte man sich davor zu sagen, jemand sei Eigentümer einer Sache geworden, „weil er sie gekauft hat". Aus dem **Abstraktionsprinzip** folgt, dass durch einen gültigen dinglichen Vertrag und die Übergabe der Kaufsache der Käufer in jedem Fall Eigentum erwirbt, dies grundsätzlich auch dann, wenn der Kaufvertrag sich hinterher als von Anfang an nichtig, als wirksam angefochten oder als aus einem anderen Grunde ungültig herausstellt. Ein ebenso schlimmer Kunstfehler liegt deshalb vor, wenn gesagt wird, jemand habe deshalb kein Eigentum an der ihm übergebenen Kaufsache erworben, „weil der Kaufvertrag wegen Irrtums angefochten und deshalb nichtig war".

568 Ist ein **Grundstück** verkauft worden, so gilt § 873: Danach erwirbt der Käufer Eigentum an dem Grundstück, wenn zwei Voraussetzungen erfüllt sind: Die Parteien müssen sich über den Eigentumsübergang geeinigt haben. Auch hier ist also ein dinglicher Vertrag erforderlich, der als „Auflassung" bezeichnet wird und gemäß § 925 Abs. 1 (ebenso wie der Kaufvertrag gemäß § 311 b) zu seiner Gültigkeit der notariellen Beurkundung bedarf. Das Eigentum an dem Grundstück geht freilich nicht schon mit der notariell beurkundeten Auflassung, sondern erst dann auf den Käufer über, wenn er als neuer Eigentümer in das Grundbuch eingetragen wird.

569 Die Vorschriften des Sachenrechts, nach denen sich der Erwerb von Eigentum beurteilt, sind zwar zwingend. Auch sie lassen aber den Vereinbarungen der Parteien noch einen gewissen Raum, so z.B. dort, wo es darum geht, in welcher Form die „Übergabe" gemäß § 929 stattfinden oder welches „Übergabesurrogat" an die Stelle der Übergabe treten soll. Auch können die Par-

B. Pflichten beim Kaufvertrag

teien zugunsten des Verkäufers einen **Eigentumsvorbehalt** vereinbaren. Daran hat der Verkäufer ein Interesse, wenn er die Kaufsache dem Käufer sofort übergeben, der Kaufpreis aber erst später bezahlt werden soll. Wenn in einem solchen Fall ein Eigentumsvorbehalt vereinbart ist, so ist diese Vereinbarung gemäß § 449 Abs. 1 im Zweifel dahin zu verstehen, dass der Verkäufer sich zwar schon bei der Übergabe der Kaufsache mit dem Käufer über den Eigentumsübergang einigt, dass aber der darin liegende dingliche Vertrag seine rechtlichen Wirkungen erst dann entfalten soll, wenn eine aufschiebende Bedingung eingetreten, nämlich der Kaufpreis vom Käufer vollständig bezahlt ist. Der Käufer erlangt also mit der Übergabe der Kaufsache die Möglichkeit, sie wirtschaftlich zu nutzen (vgl. § 446 Abs. 1 Satz 2). Aber das Eigentum erlangt er noch nicht. Was er erlangt, ist aber immerhin eine rechtlich gesicherte Position, die man als **Anwartschaftsrecht** bezeichnet. Rechtlich gesichert ist der Käufer einmal deshalb, weil der Erwerb des Eigentums nicht mehr von irgendeinem Willen des Verkäufers oder von seiner Bereitschaft zum Abschluss eines dinglichen Vertrages abhängt, sondern nur noch davon, dass der Kaufpreis vollständig bezahlt wird. Und andererseits schadet es dem Käufer nicht, wenn der Verkäufer während des Schwebens der Bedingung – gestützt auf sein fortbestehendes Eigentum an der Kaufsache – sie einem Dritten übereignet oder verpfändet, oder wenn die Gläubiger des Verkäufers die Sache im Wege der Zwangsvollstreckung beschlagnahmen oder sein Insolvenzverwalter sie im Interesse der Gläubiger verwerten will: Gemäß § 161 Abs. 1 verlieren alle diese Verfügungen gegenüber dem Käufer in dem Augenblick ihre Wirkung, in dem er den Kaufpreis vollständig bezahlt hat und damit die Bedingung eingetreten ist, unter der ihm die Kaufsache übereignet war. Kommt der Käufer mit der Zahlung des Kaufpreises in Verzug, so kann der Verkäufer gemäß § 323 von dem Vertrag zurücktreten und die Herausgabe der immer noch ihm gehörenden Kaufsache verlangen. Handelt es sich bei dem Kaufvertrag um ein Teilzahlungsgeschäft mit einem Verbraucher, so ist der Rücktritt des Unternehmers nur zulässig, wenn der Zahlungsrückstand des Verbrauchers eine bestimmte Mindesthöhe erreicht hat (vgl. §§ 508 Abs. 2 Satz 1, 498 Abs. 1).

Die Regelung des Eigentumsvorbehalts in § 449 Abs. 1 trägt den Interessen der Parteien Rechnung, wenn der Käufer während des Schwebens der Bedingung im Besitz der Kaufsache bleiben und sie selbst wirtschaftlich nutzen will. Wie aber, wenn diese Voraussetzung nicht erfüllt ist, weil der Käufer ein Unternehmer ist, der – wie der Verkäufer weiß und billigt – die Kaufsache, noch ehe er sie bezahlt und daran Eigentum erworben hat, seinen Kunden weiterverkaufen und übereignen will? Wie, wenn es sich bei dem Käufer um einen Bauunternehmer oder einen Fabrikanten handelt, die die ihnen unter Eigentumsvorbehalt verkauften und gelieferten, aber noch nicht bezahlten Kaufsachen – z.B. Zement oder Schalterelemente – bei der Errichtung eines Gebäudes oder bei der Herstellung einer Maschine einsetzen wollen, dies mit der Folge, dass der Verkäufer Gefahr läuft, das Eigentum, das er sich zu seiner Sicherung vorbehalten hat, gemäß §§ 946, 950 zu verlieren? Zur Lösung dieses Problems hat die Kautelarpraxis Vertragsklauseln entwickelt, durch die der „einfache Eigentumsvorbehalt", wie er in § 449 Abs. 1 geregelt ist, zu einem „**verlängerten Eigentumsvorbehalt**" ausgebaut worden ist. Danach **ermächtigt** der Verkäufer den Käufer dazu, die noch nicht bezahlte Kaufsache im ordnungsmäßigen Geschäftsgang seinen Kunden zu übereignen (§ 185 Abs. 1). Gleichzeitig vereinbaren die Parteien, dass die Kaufpreisforderungen, die dem Käufer gegen seine Kunden künftig zustehen werden, schon jetzt – also im Voraus – an den Verkäufer zur Sicherung abgetreten werden. Ist der Käufer Bauunternehmer, so sind es die Werklohnforderungen gegen seine Auftraggeber, die er dem Verkäufer im Voraus abtritt, und ist er Fabrikant, so kann nach der Rechtsprechung durch eine „Verarbeitungsklausel" erreicht werden, dass die Verarbeitung der Kaufsache „für Rechnung" des Verkäufers erfolgt, dieser damit als „Hersteller" i.S. des § 950 betrachtet werden kann und infolgedessen (anteilig) Eigentum an der hergestellten Sache erwirbt. Vgl. Rn. 1232 und zu den Einzelheiten das Schrifttum zum Sachen-, insbesondere zum Kreditsicherungsrecht.

571 Ist in einem Grundstückskaufvertrag vereinbart worden, dass der Käufer den Kaufpreis erst später – evtl. in mehreren Raten – bezahlen soll, so kann sich der Verkäufer nicht durch einen Eigentumsvorbehalt sichern. Denn dazu müsste vereinbart werden, dass die Auflassung unter der aufschiebenden Bedingung der vollständigen Zahlung des Kaufpreises gestellt wird. Eine bedingte Auflassung ist aber nach der zwingenden Vorschrift des §§ 925 Abs. 2 unwirksam. Der Verkäufer kann sich freilich auf andere Weise sichern. Er kann den Käufer dazu veranlassen, dass er sich in dem Kaufvertrag verpflichtet, dem Verkäufer zur Sicherung seines Anspruchs auf Zahlung des Restkaufpreises ein Grundpfandrecht (z.B. eine Grundschuld oder eine Hypothek) einzuräumen. In einem solchen Falle werden im Grundbuch gleichzeitig der Käufer als neuer Eigentümer und der Verkäufer als Inhaber eines Grundpfandrechts eingetragen. Zahlt der Käufer den Restkaufpreis nicht, so kann der Verkäufer gemäß § 323 von dem Vertrag zurücktreten; er kann aber auch den Vertrag bei Bestand lassen und aus dem Grundpfandrecht die Zwangsvollstreckung in das Grundstück betreiben (§ 1147), die gewöhnlich im Wege der Zwangsversteigerung erfolgt (§ 866 ZPO) und dazu führt, dass der Verkäufer sich aus dem Versteigerungserlös wegen seiner Restkaufpreisforderung befriedigen kann.

572 b) **Kauf von Rechten und sonstigen Gegenständen.** – Ist ein Recht oder ein sonstiger Gegenstand verkauft worden, so sind die Vorschriften über den Sachkauf entsprechend anzuwenden (§ 453). Das bedeutet, dass der Verkäufer seine Verpflichtung aus dem Kaufvertrag dadurch erfüllt, dass er das verkaufte Recht auf den Käufer überträgt, also den Käufer zum Inhaber des Rechts macht. Was dafür zu tun ist, hängt von den Regeln ab, die für die Übertragung des in Rede stehenden Rechts maßgeblich sind. Ist das verkaufte Recht eine Forderung, die dem Verkäufer gegen einen Dritten zusteht, so wird sie durch **Abtretung** übertragen, also gemäß § 398 dadurch, dass Verkäufer und Käufer einen Vertrag schließen, der nichts anderes enthält als die

Einigung darüber, dass nunmehr der Käufer als neuer Gläubiger an die Stelle des Verkäufers als bisherigen Gläubigers treten soll (vgl. Rn. 1215). Auch bei diesem Vertrag handelt es sich um einen dinglichen Vertrag, der von dem Kaufvertrag unterschieden werden muss. Im Regelfall wird man allerdings annehmen dürfen, dass bei Abschluss des Kaufvertrages der zu seiner Erfüllung erforderliche Abtretungsvertrag von den Parteien stillschweigend mitvereinbart wird (Rn. 567, 1219 f.).

Gemäß § 413 sind die Vorschriften über die Abtretung von Forderungen (§§ 398 ff.) auf die Übertragung „anderer Rechte" entsprechend anzuwenden. Allerdings richtet sich die Übertragung der meisten „anderen Rechte" nach speziellen Regeln, die den §§ 398 ff. vorgehen. So wird z.B. das Mitgliedschaftsrecht, das dem Gesellschafter an einer GmbH zusteht, nach § 15 GmbHG, ein Patentrecht nach § 15 PatentG, ein Markenrecht nach § 27 MarkenG übertragen. Hat ein Käufer, der eine Sache unter Eigentumsvorbehalt erworben hat, sein Anwartschaftsrecht (oben Rn. 569) verkauft, so richtet sich die Übertragung des Anwartschaftsrechts nach §§ 929 ff.: Der Verkäufer erfüllt seine Verpflichtung aus dem Kaufvertrag dadurch, dass er sich mit dem Käufer des Anwartschaftsrechts über den Übergang des Rechts einigt und ihm die Sache, auf die sich das Anwartschaftsrecht bezieht, übergibt oder mit ihm ein Übergabesurrogat vereinbart (vgl. BGHZ 28, 16, 21 f.). 573

§ 453 gilt auch für den Kauf „sonstiger Gegenstände". Wer eine nicht patentierte Erfindung, ein Geschäftsgeheimnis, eine Geschäftsidee, die Chance auf einen Lotteriegewinn oder Know-how verkauft hat, erfüllt den Vertrag, indem er dem Käufer diejenigen Informationen erteilt und diejenigen Dokumente, Konstruktionszeichnungen, Pläne, Lotterielose usw. übergibt, derer der Käufer bedarf, um aus dem verkauften Gegenstand den erhofften Nutzen zu ziehen. 574

Um den Kauf eines „sonstigen Gegenstands" handelt es sich auch dort, wo ein Unternehmen verkauft wird. Für einen **Unternehmenskauf** kommen zwei verschiedene Wege in Betracht. Der eine Weg besteht darin, dass das Unternehmen von seinem „Träger" verkauft wird, also z.B. von dem Einzelkaufmann, der der Alleininhaber des Unternehmens ist, oder von der Personen- oder Kapitalgesellschaft, die das Unternehmen betreibt. Verkauft werden hier die Vermögensgegenstände (assets), die in ihrer Gesamtheit das Unternehmen bilden. In einem solchen Kaufvertrag – im Fachjargon oft „**asset deal**" genannt – verpflichtet sich der Verkäufer zwar zur Übertragung seines Unternehmens im Ganzen. Aber er erfüllt diesen Vertrag dadurch, dass er jeden einzelnen, in das Unternehmensvermögen fallenden Gegenstand nach den für ihn geltenden Regeln auf den Käufer überträgt: ein Grundstück nach §§ 873, 925, bewegliche Sachen nach §§ 929 ff., die Forderungen gegen die Kunden des Unternehmens nach § 398, gewerbliche Schutzrechte nach den dafür geltenden besonderen Vorschriften usw. Es handelt sich also um einen 575

Kaufvertrag, dessen Gegenstand sowohl Sachen wie Rechte und „sonstige Gegenstände" sind. Der zweite Weg kommt nur dort in Betracht, wo Träger des Unternehmens eine Personengesellschaft oder eine Kapitalgesellschaft (wie z.B. eine GmbH oder eine AG) ist. In diesem Fall kann das Unternehmen dem Käufer auch dadurch verschafft werden, dass die Gesellschafter die Gesamtheit ihrer Gesellschaftsanteile (shares) dem Käufer verkaufen. Bei einem solchen „share deal" sind also Kaufgegenstand lediglich die Gesellschaftsanteile; daher handelt es sich hier um einen reinen Rechtskauf. Wird also z.b. das verkaufte Unternehmen in der Rechtsform einer GmbH betrieben, so liegt ein „asset deal" vor, wenn die GmbH selbst – vertreten durch den Geschäftsführer – als Verkäuferin auftritt und die Gesamtheit der in das Gesellschaftsvermögen fallenden Gegenstände dem Käufer verkauft. Bei einem „share deal" sind die GmbH-Gesellschafter die Verkäufer, und was sie verkaufen, sind die ihnen zustehenden Gesellschaftsanteile.

3. Mangelfreie Leistung

576 Gemäß § 433 Abs. 2 ist der Verkäufer einer Sache verpflichtet, sie dem Käufer „frei von Sach- und Rechtsmängeln zu verschaffen". Das bedeutet, dass er sie dem Käufer in derjenigen Beschaffenheit liefern muss, die „vertragsmäßig" ist oder – so Art. 36 Abs. 1 CISG – „den Anforderungen des Vertrages entspricht". Daran fehlt es, wenn sie einen „Sachmangel" gemäß § 434 oder einen „Rechtsmangel" gemäß § 435 aufweist. Diese Regeln gelten gemäß § 453 Abs. 1 entsprechend, wenn nicht eine Sache, sondern ein Recht oder ein sonstiger Gegenstand verkauft ist.

577 a) **Sachmängel.** – Ein Sachmangel liegt vor, wenn die Istbeschaffenheit der Kaufsache zum Nachteil des Käufers von ihrer **Sollbeschaffenheit** abweicht. Unter „Istbeschaffenheit" ist diejenige Beschaffenheit zu verstehen, die die vom Verkäufer dem Käufer als Vertragserfüllung angebotene oder die vom Käufer als Vertragserfüllung angenommene Sache tatsächlich hat. Besteht zwischen der Istbeschaffenheit der Sache und ihrer Sollbeschaffenheit eine Differenz, die für den Käufer nachteilig ist, so kann er auf verschiedene Weise reagieren. Zunächst einmal kann er die ihm angebotene Sache als mangelhaft zurückweisen und auf **Erfüllung des Vertrages**, nämlich auf Lieferung einer mangelfreien Sache beharren. Dieser Erfüllungsanspruch wird ergänzt durch einen Anspruch des Käufers auf Ersatz des Verzögerungsschadens, wenn der Verkäufer mit seiner Verpflichtung zur Lieferung einer mangelfreien Sache in Verzug gekommen ist (§§ 280 Abs. 1 und 2, 286). Weiterhin kann der Käufer, wenn der Verkäufer die Zurückweisung der Kaufsache für unberechtigt hält und auf den Kaufpreis klagt, sich gemäß § 320 mit der **„Einrede des nicht erfüllten Vertrages"** verteidigen (Rn. 897 ff.). Anders liegt es, wenn der Käufer

die mangelhafte Kaufsache (nicht zurückgewiesen, sondern) **als Erfüllung angenommen** hat. Das wird er oft dann tun, wenn er sie bei der Annahme noch für mangelfrei hielt und den Mangel erst später entdeckt hat; es schadet ihm aber keineswegs, wenn er den Mangel der Sache erkannt und sie gleichwohl angenommen hat, es sei denn, dass ihm der Mangel **schon bei Vertragsabschluss** bekannt gewesen ist (vgl. § 442). Hat der Käufer die Sache angenommen, so stehen ihm nunmehr, wenn sie mangelhaft ist, die in § 437 aufgezählten Rechte und Ansprüche zu: Er kann also insbesondere **Nacherfüllung**, nämlich nach seiner Wahl entweder die Lieferung mangelfreien Ersatzes oder die Beseitigung des Mangels verlangen (§§ 437 Nr. 1, 439). Weiterhin kann er unter bestimmten Voraussetzungen – insbesondere nach dem erfolglosen Ablauf einer von ihm für die Nacherfüllung gesetzten Frist – vom Kaufvertrag **zurücktreten** oder den Kaufpreis **mindern** (§ 437 Nr. 2). Schließlich kann er **Schadensersatz** verlangen (§ 437 Nr. 3). Außerdem kann er sich auch hier auf die Kaufpreisklage des Verkäufers mit der Einrede aus § 320 so lange verteidigen, wie der Verkäufer nicht gemäß § 439 „nacherfüllt", also den Mangel der gelieferten Sache beseitigt oder statt ihrer eine mangelfreie Ersatzsache geliefert hat.

Wie ist die Sollbeschaffenheit der Kaufsache zu ermitteln? Dafür stellt § 434 (ebenso § 633 Abs. 2 für den Werkvertrag) eine „Leiter" auf, deren drei „Stufen" in der gesetzlich vorgegebenen Reihenfolge dergestalt zu prüfen sind, dass jede Stufe erst dann betreten werden darf, wenn und soweit sich die Sollbeschaffenheit auf der vorangehenden Stufe nicht hat ermitteln lassen. Gemäß § 434 Abs. 1 Satz 1 kommt es in erster Linie – also auf der ersten Stufe – auf die „**vereinbarte Beschaffenheit**" an, also auf dasjenige, was die Parteien in Bezug auf Art, Qualität und Eigenschaften der Kaufsache in dem Vertrag vereinbart haben. Maßgeblich ist also der Wille der Parteien; man spricht deshalb manchmal davon, dass von einem „subjektiven Fehlerbegriff" auszugehen sei. Was die Parteien gewollt haben, kann sich aus ausdrücklichen Vereinbarungen ergeben, die schriftlich niedergelegt, aber auch mündlich getroffen sein können, sofern nicht für den Kaufvertrag ausnahmsweise eine besondere Form (wie in § 311 b) vorgeschrieben ist. Gelegentlich kommt es vor, dass der Wille der Parteien nicht durch Wort oder Schrift, sondern „konkludent", also durch ein Verhalten zum Ausdruck gebracht wird, das nach den Umständen den Schluss auf einen bestimmten gemeinsamen Willen zulässt. Dass die Beschaffenheit der Kaufsache „vereinbart" sein muss, bedeutet nicht, dass die Parteien darüber miteinander verhandelt haben müssen. Auch wenn der Verkäufer bei den Vertragsverhandlungen die Eigenschaften der von ihm zum Kauf angebotenen Sachen in bestimmter Weise beschrieben und der Käufer sich daraufhin, ohne noch viele Worte zu machen, zum Kauf entschlossen hat, darf man ohne weiteres annehmen, dass die Erklärungen des Verkäufers von den Parteien zum Inhalt einer Beschaffenheitsvereinbarung gemacht worden sind.

579 Beschaffenheitsvereinbarungen beziehen sich meist auf bestimmte physische Merkmale der Kaufsache, also z.B. auf die Fläche eines Grundstücks, auf die Geschwindigkeit oder Tragfähigkeit eines Frachtschiffs, auf den Kraftstoffverbrauch, die PS-Zahl, den Erhaltungszustand oder die Ausstattung eines Kraftfahrzeugs, auf die Hebekraft eines Krans, auf die Leistung einer Maschine usw.

580 Manchmal wird die Beschaffenheitsvereinbarung in eine Formel gekleidet, die erst durch Auslegung (oben Rn. 63 ff.) einen konkreten Inhalt gewinnt. Hat jemand einen Gebrauchtwagen gekauft, den der Händler als „**werkstattgeprüft**" bezeichnet, so ist damit vereinbart, dass das Fahrzeug so beschaffen sein muss, wie wenn es „in einer hierfür ausgerüsteten Werkstatt einer sorgfältigen äußeren Besichtigung ... durch einen Fachmann unter Einsatz der hierbei üblicherweise benutzten technischen Mittel (z.B. Hebebühne, Bremsprüfstand) unterzogen wurde und die bei einer derartigen Untersuchung feststellbaren Mängel behoben worden sind" (BGHZ 87, 302, 307). Ist das Kraftfahrzeug als „**fahrbereit**" verkauft worden, so darf es keine Mängel haben, die so schwer wiegen, dass es bei einer TÜV-Hauptuntersuchung (§ 29 StVZO) als „verkehrsunsicher" eingestuft werden würde (BGHZ 122, 256, 261). Hat der Käufer eine gebrauchte Druckmaschine als „**generalüberholt**" gekauft, so gilt als vereinbart, dass sie nicht bloß funktionstüchtig ist, sondern sich in einem Zustand befindet, wie er besteht, wenn alle beweglichen Teile, die bereits Verschleißspuren aufweisen, erneuert oder so hergerichtet sind, dass sie Neuteilen möglichst nahe kommen (BGHZ 128, 307, 310).

581 Die Parteien können auch solche Merkmale zum Gegenstand einer Beschaffenheitsvereinbarung machen, die nicht unmittelbar auf bestimmten physischen Eigenschaften der Kaufsache beruhen, sondern sich aus den **rechtlichen oder wirtschaftlichen Beziehungen** ergeben, die sie zu ihrer Umwelt unterhält und von Bedeutung für ihre Brauchbarkeit sind. Hierher gehört z.B. die Bebaubarkeit eines Grundstücks, die Unverbaubarkeit des Ausblicks, den es gewährt, die Mieterträge, die es verspricht, der Bierumsatz, der sich mit der verkauften Gaststätte erzielen lässt. Die Parteien können auch vereinbaren, dass die verkaufte Maschine sich mit der im Betrieb des Käufers verfügbaren Stromstärke und -spannung betreiben oder sich nach ihren Abmessungen in seiner Fabrikhalle aufstellen oder sich auf ein dort vorhandenes Fundament montieren lässt usw.

582 Soweit die Parteien keine bestimmten Beschaffenheitsmerkmale vereinbart haben, lassen sich solche Merkmale auf der zweiten Stufe daraus erschließen, dass die Parteien von einer bestimmten **Verwendung** der Kaufsache ausgegangen sind. In diesem Falle ist sie nur dann „frei von Sachmängeln", wenn sie sich für die nach dem Vertrag „vorausgesetzte Verwendung eignet" (§ 434 Abs. 1 Satz 2 Nr. 1), also diejenigen Beschaffenheitsmerkmale besitzt, ohne die sie für jene Verwendung untauglich wäre. Wenn z.B. das verkaufte Grundstück im Kaufvertrag (also in der darüber gemäß § 311 b er-

richteten notariellen Urkunde) als mit einem „Wohnhaus" bebaut beschrieben wurde, so ist es fehlerhaft, wenn das Haus keine Heizungsanlage besitzt oder nicht an das Stromnetz angeschlossen ist. Denn dann kann es – jedenfalls nördlich der Alpen – nicht als „Wohnhaus" verwendet werden. Ebenso liegt es, wenn die Räume des verkauften „Wohnhauses" zwar bewohnt werden können, aber ohne Baugenehmigung errichtet worden sind und deshalb nicht bewohnt werden dürfen (vgl. BGHZ 114, 260), ebenso auch dann, wenn in der Fassade des verkauften Wohnhauses Asbestzementplatten verarbeitet worden sind und die Gefahr besteht, dass der Käufer bei den üblichen Renovierungsmaßnahmen durch den Austritt von Asbeststaub gesundheitlich gefährdet würde (BGHZ 180, 205). Ungeeignet für die vertraglich vorausgesetzte Verwendung ist die Kaufsache auch dann, wenn sie selbst zwar fehlerfrei ist, aber von einem Durchschnittskäufer nur mit Hilfe einer Bedienungsanleitung bestimmungsgemäß genutzt werden kann, eine solche Bedienungsanleitung aber nicht mitgeliefert wird oder lückenhaft oder unverständlich ist.

Weist jemand beim Kauf eines Schlauchboots den Verkäufer darauf hin, dass er das Boot für Wildwasserfahrten einsetzen wolle, so muss es die Eigenschaften besitzen, die für diese Verwendung vernünftigerweise erforderlich sind. Das ist angemessen, wenn der Verkäufer als Betreiber eines Fachgeschäfts seine Kunden auch für Extremsportarten ausrüstet und daher von ihm der Sachverstand erwartet werden kann, den er braucht, um zu erkennen, welchen Anforderungen ein für bestimmte Verwendungen erworbenes Sportgerät standhalten muss. Anders ist aber zu entscheiden, wenn der Käufer das Boot von einem Trödler oder einer Privatperson gekauft hat. Zwar hat er den Verkäufer auf die geplante Verwendung hingewiesen. Aber diese Verwendung findet nicht Eingang in den Vertrag und kann deshalb nicht als „nach dem Vertrag vorausgesetzte" Verwendung angesehen werden, wenn dem Verkäufer die Sachkunde abgeht, ohne die er die Relevanz des Verwendungshinweises nicht erkennen kann, und wenn der Käufer dies nach den Umständen erkannt hat oder erkennen musste (so ausdrücklich Art. 35 Abs. 2 b CISG).

Zweifelhaft ist, wie man die Sollbeschaffenheit der Kaufsache zu bestimmen hat, wenn es an vertraglichen Vereinbarungen über die Beschaffenheitsmerkmale fehlt und sich solche Merkmale auch nicht aus der vertraglich vorausgesetzten Verwendung der Kaufsache erschließen lassen. In diesem Falle weist der Kaufvertrag eine Lücke auf. Wie sie zu schließen ist, wird auf der dritten Stufe durch § 433 Abs. 1 Satz 2 Nr. 2 geregelt: Danach ist eine Kaufsache als mangelhaft anzusehen, wenn sie sich nicht für die „**gewöhnliche Verwendung**" eignet und ihr diejenige Beschaffenheit fehlt, die bei Sachen gleicher Art „**üblich**" ist und „die der Käufer nach der Art der **Sache erwarten kann**". Maßgeblich ist dabei nicht die Beschaffenheit, die der Käufer im konkreten Fall tatsächlich erwartet hat, sondern diejenige, die ein vernünftiger Durchschnittskäufer einer Sache der gleichen Art regelmäßig beilegt.

584 a In den beiden lehrreichen Entscheidungen BGH NJW 2008, 53 und 1517 waren Gebrauchtwagen verkauft worden, von denen sich nach der Übergabe an den Käufer herausgestellt hatte, dass es sich um „Unfallwagen" handelte, also um Fahrzeuge, die früher einmal einen Unfallschaden erlitten haben und deren Verkehrswert deshalb, auch wenn der Schaden ordnungsgemäß beseitigt worden ist, um den „merkantilen Minderwert" niedriger liegt als der Wert eines gleichartigen „unfallfreien" Wagens. Denn viele Käufer befürchten, dass bei einem „Unfallwagen" ein verborgener Schaden zurückgeblieben ist oder eine höhere Schadensanfälligkeit bestehen könnte. Daher hat der BGH angenommen, dass einem „Unfallwagen" die in § 434 Abs. 1 Satz 2 Nr. 2 vorausgesetzte Beschaffenheit fehlt. Das gilt allerdings nicht, wenn es bei dem Unfall zu bloßen Bagatellschäden gekommen ist oder wenn der verkaufte Gebrauchtwagen so alt oder so schlecht erhalten ist, dass auch ein früher erlittener Unfall für seine Wertschätzung keine Rolle spielt. Anders entscheidet der BGH, wenn ein 4 Jahre alter Gebrauchtwagen vollständig neu lackiert worden ist (BGHZ 181, 170). Sofern nicht ausdrücklich oder stillschweigend das Vorhandensein der Originallackierung vereinbart ist, wird ein solcher Wagen als mangelfrei angesehen, auch wenn ein Durchschnittskäufer – ganz ähnlich wie bei einem „Unfallwagen" – befürchten wird, dass die Neulackierung nicht bloß kleinere Lackschäden abdecken, sondern eine umfassende Durchrostung der Karosserie „kaschieren" sollte.

584 b Mangelhaft ist eine Kaufsache schließlich auch dann, wenn sie nicht diejenigen Eigenschaften hat, auf die der **Hersteller** (manchmal auch der Verkäufer selbst) **in öffentlichen Äußerungen** hingewiesen hat und deren Vorhandensein der Käufer daher erwarten konnte (vgl. im Einzelnen § 434 Abs. 1 Satz 3).

585 Hat also ein Uhrenhersteller in einer Werbekampagne behauptet, seine Uhren seien auch dann noch wasserdicht, wenn sie in einer Wassertiefe von 25 m getragen würden, so kann sich der Käufer einer solchen Uhr, wenn sie in geringerer Wassertiefe undicht geworden ist, gegenüber dem Verkäufer der Uhr auf einen Sachmangel auch dann berufen, wenn die Wasserdichtigkeit weder im Kaufvertrag vereinbart war noch sich aus der vertraglich vorausgesetzten oder der gewöhnlichen Verwendung von Uhren der gleichen Art ergibt. Zwar kann der Verkäufer die strenge Haftung für Werbeaussagen des Herstellers dadurch abwenden, dass er beweist, er habe die Werbeaussagen nicht gekannt und auch nicht kennen können. Dieser Beweis wird aber wohl nur von einem privaten Verkäufer erbracht werden können.

586 Wenn die Kaufsache zwar beim Abschluss des Vertrages frei von Sachmängeln ist, aber später mangelhaft wird, etwa deshalb, weil sie noch im Lager des Verkäufers oder während des Transports zum Käufer verdirbt oder beschädigt wird, so fragt sich, **zu welchem Zeitpunkt** die Sache frei von Sachmängeln sein muss. Gemäß § 433 Abs. 1 Satz 1 kommt es dafür auf den Zeitpunkt des Gefahrübergangs an (vgl. dazu noch näher Rn. 835 ff.), also gemäß § 446 auf den Zeitpunkt, in dem die Kaufsache dem Käufer – oder mit seiner Zustimmung einem Dritten – **übergeben wird**. Ist sie zu diesem Zeitpunkt mangelfrei und entsteht ein Mangel erst später, ohne dass dies vom Verkäufer zu vertreten wäre, so haftet er nicht. Allerdings kommt es nicht selten vor, dass ein Sachmangel schon bei Gefahrübergang vorliegt, aber zu diesem Zeitpunkt noch versteckt ist und erst später hervortritt oder erkenn-

B. Pflichten beim Kaufvertrag   586–590

bar wird: Eine Skibindung, die erst beim Gebrauch im Winter als fehlerhaft erkannt wird, war fehlerhaft schon im Sommer, als sie gekauft und dem Käufer übergeben wurde.

Beim **Versendungskauf** ist für den Gefahrübergang maßgeblich der Zeitpunkt, in dem der Verkäufer die Kaufsache dem Beförderungsunternehmer übergibt (§ 447). Zu beachten ist allerdings, dass § 447 nicht angewendet werden darf, wenn der Käufer Verbraucher i. S. des § 13 ist (§ 474 Abs. 2). Hat also jemand aus Wuppertal eine Alarmanlage bei einem Unternehmer in Dortmund gekauft und ihn um Versendung an seine Anschrift nach Wuppertal gebeten und wird die Anlage während des Transports beschädigt, ohne dass dies vom Verkäufer zu vertreten wäre, so stehen dem Käufer, wenn er Unternehmer i. S. des § 14 ist, Sachmängelansprüche nicht zu, weil die Anlage im Zeitpunkt der Übergabe an den Beförderungsunternehmer noch in Ordnung war. Anders liegt es, wenn der Käufer Verbraucher ist. Denn dann kommt es, auch wenn er sich die Kaufsache hat zusenden lassen, für die Mangelfreiheit auf den Zeitpunkt an, in dem er den Besitz daran erlangt. Bei Übergabe in Wuppertal war die Anlage aber fehlerhaft (vgl. auch Rn. 842 a). 587

Wie liegt es, wenn in einem Gerichtsverfahren bis zuletzt nicht sicher festgestellt werden kann, ob die Kaufsache zum maßgeblichen Zeitpunkt mangelfrei war oder nicht? Dann verliert diejenige Partei den Prozess, die für diese Frage die **Beweislast** trägt. Sie liegt beim **Verkäufer**, wenn der Käufer die Kaufsache zurückgewiesen, also nicht als Erfüllung angenommen hat und der Verkäufer, gestützt auf die Behauptung, er habe sie dem Käufer in vertragsmäßiger Beschaffenheit angeboten, Ansprüche wegen Annahmeverzugs oder Schuldnerverzugs (Rn. 633 ff.) geltend macht. Die Beweislast liegt hingegen beim **Käufer**, wenn er die Sache als Erfüllung angenommen hat und nunmehr, weil sie bei Gefahrübergang mangelhaft gewesen sei, vom Verkäufer verlangt, dass er gemäß §§ 437 Nr. 1, 439 Nacherfüllung leiste, also den Mangel der Sache beseitige oder fehlerfreien Ersatz liefere. Diese Beweislastverteilung ergibt sich aus § 363, auch wenn diese Vorschrift den Fall der mangelhaften Leistung nicht ausdrücklich erwähnt (vgl. BGH NJW 1985, 2328, 2329). 588

Auch hier wird aber der Käufer, wenn er Verbraucher ist, dadurch begünstigt, dass § 476 zu seinem Vorteil die **Vermutung** aufstellt, es habe ein Mangel, der sich innerhalb von 6 Monaten nach Gefahrübergang gezeigt hat, schon bei Gefahrübergang vorgelegen. Typisch ist der Fall, in dem ein Gebrauchtwagen verkauft ist und es innerhalb von 6 Monaten nach seiner Übergabe zu einem Motorschaden kommt, der auf eine defekte Zylinderkopfdichtung zurückzuführen ist. 589

Streitig ist allerdings, was in diesem Fall zugunsten des Käufers vermutet wird. Nach Auffassung des Bundesgerichtshofs wird lediglich vermutet, dass der konkrete Mangel – hier also die defekte Dichtung – schon bei der Übergabe des Wagens vorgelegen habe (vgl. BGHZ 159, 215, 218; BGH NJW 2005, 3490, 3492; BGH NJW 2007, 2621). Daraus folgt, dass der Verkäufer die Vermutung des § 476 schon dadurch widerlegen kann, dass er beweist, es sei gerade dieser Mangel bei der Übergabe nicht vorhanden gewesen. 590

Im Schrifttum wird dagegen weithin die Auffassung vertreten, dass die Vermutung des § 476 einen weitergehenden Umfang hat, nämlich dafür besteht, dass bei der Übergabe *irgendein* Mangel – auch ein „latenter" Grundmangel – vorgelegen habe, der für den Motorschaden ursächlich geworden sein kann (so z.B. *Bamberger/Roth/Faust* § 476 Rn. 8 ff.; *Medicus/Lorenz* SchR BT Rn. 243 f.). Allerdings hilft § 476 dem Käufer nicht, wenn die Vermutung, es sei die Kaufsache schon bei Übergabe mangelhaft gewesen, „mit der Art der Sache oder des Mangels unvereinbar" ist. Es kommt also darauf an, ob es einen Erfahrungssatz gibt, der dafür spricht, dass der konkrete Mangel nach den Umständen des Falles gar nicht auf einen schon bei Übergabe vorhandenen Mangel zurückgeführt werden kann. So liegt es z.B., wenn der Käufer eines Gebrauchtwagens sich über eine Beule im Kotflügel beschwert, er aber den Wagen ohne jede Beanstandung entgegengenommen hat und die Beule zu diesem Zeitpunkt auch einem fachlich nicht versierten Käufer hätte auffallen müssen (BGH NJW 2005, 3490, 3492). Anders liegt es, wenn zweifelhaft ist, ob der Mangel schon bei Übergabe des Gebrauchtwagens vorhanden war oder ob er vielleicht erst später entstanden ist, etwa durch einen Fahr- oder Wartungsfehler des Käufers, durch einen Unfall oder durch den Fehler eines mit der Reparatur des Wagens befassten Unternehmers. Wenn ein Tier verkauft ist, bei dem 3 Monate nach seiner Übergabe eine Infektionskrankheit diagnostiziert wird, so greift § 476 zugunsten des Käufers ein, wenn die Inkubationszeit mindestens 2 und höchstens 4 Monate beträgt und daher offen ist, ob das Tier sich vor oder nach der Übergabe angesteckt hat (vgl. BGH NJW 2007, 2619). Erleidet ein 15 Jahre alter Gebrauchtwagen 3 Monate nach seiner Übergabe einen Getriebeschaden, so kommt § 476 von vornherein nicht in Betracht. Denn Voraussetzung dafür ist der Nachweis des Käufers, dass der Getriebeschaden auf einen *Mangel* des Wagens zurückzuführen ist. Bei einem so alten Fahrzeug beruht die Schadensursache aber nicht auf einem Mangel, sondern auf seinem allgemeinen Verschleiß.

591 Häufig kommt es vor, dass der Verkäufer für die Mängelfreiheit der Kaufsache eine **Garantie** übernimmt, indem er bei den Vertragsverhandlungen oder in seinem Werbematerial (Prospekte, Inserate) entsprechende Erklärungen abgibt, der Käufer diesen Erklärungen zustimmt (§ 151) und es damit zwischen den Parteien zum Abschluss einer **Garantievereinbarung** kommt. Wie man § 443 entnehmen kann, zielt eine Garantie darauf ab, im Falle eines Mangels der Kaufsache dem Käufer neben den gesetzlich geregelten Rechtsbehelfen (§§ 437, 438) auch noch Ansprüche aus der Garantievereinbarung zu verschaffen. Dass es gemäß § 443 für Art und Umfang dieser Ansprüche auf die (richtig ausgelegte) Garantievereinbarung ankommt, liegt ebenso auf der Hand wie der Umstand, dass eine solche Vereinbarung auch zwischen dem Käufer und einem Dritten, insbesondere dem Hersteller zustande kommen kann, etwa dadurch, dass der Käufer die der Kaufsache beiliegende „Garantiekarte" des Herstellers entgegennimmt und das darin liegende Garantieangebot gemäß § 151 annimmt. Immerhin ergibt sich aus § 443, dass zwischen Beschaffenheitsgarantie und Haltbarkeitsgarantie unterschieden werden muss. Eine **Beschaffenheitsgarantie** ist vereinbart, wenn der Verkäufer (oder sonstige Garantiegeber) dafür einstehen will, dass die Kaufsache *bei Gefahrübergang* mangelfrei ist. Aus einer solchen Garantie folgt insbesondere, dass der Verkäufer wegen des Mangels auf Schadensersatz statt der

Leistung auch dann haftet, wenn er den Mangel nicht verschuldet hat (vgl. Rn. 1109 ff.). Eine **Haltbarkeitsgarantie** gewährt dem Käufer Mängelansprüche auch dann, wenn der Mangel erst *nach Gefahrübergang*, aber vor Ablauf der Garantiefrist auftritt. Soweit sich aus der Garantievereinbarung nichts anderes ergibt, wird in diesem Falle anzunehmen sein, dass die Garantiefrist mit Ablieferung der Kaufsache zu laufen beginnt, dass dem Käufer, wenn sich vor Ablauf der Garantiefrist ein Mangel zeigt, die Rechtsbehelfe gemäß § 437 unter den dort genannten Voraussetzungen zustehen und dass die Verjährungsfrist mit Entdeckung des Mangels zu laufen beginnt und sich im übrigen nach § 438 richtet (vgl. dazu im Einzelnen *Faust* in *Bamberger/Roth* § 434 Rn. 28 ff.).

Ein Sachmangel liegt gemäß § 434 Abs. 2 auch dann vor, wenn der Verkäufer nach dem Vertrage zu einer Montage verpflichtet ist und die Kaufsache zwar dem Käufer fehlerfrei übergeben hat, die vereinbarte **Montage** aber sodann von ihm oder seinen Erfüllungsgehilfen unsachgemäß durchgeführt worden ist. Um einen Sachmangel soll es sich ferner handeln, wenn die erforderliche Montage der Kaufsache vom Käufer vorzunehmen ist und der Verkäufer ihm zu diesem Zweck eine **Montageanleitung** mitgeliefert hat, die deshalb mangelhaft ist, weil sie z.B. in einer nichtdeutschen oder schwerverständlichen Sprache abgefasst ist oder die technischen Fähigkeiten eines durchschnittlichen Käufers überfordert.

Liefert der Verkäufer statt der verkauften Sache „eine andere Sache" (**Falschlieferung, Lieferung eines aliud**), so ist gemäß § 434 Abs. 3 auch dieser Fall so zu behandeln, wie wenn die gelieferte Sache einen Sachmangel hätte. Mangelhafte Leistung und Falschlieferung werden also gleichgestellt. Es macht daher, wenn dem Käufer 600 kg Bohnen Handelsklasse A verkauft sind, keinen Unterschied, ob ihm 600 kg Bohnen Handelsklasse B oder statt der Bohnen 600 kg Linsen geliefert werden: In beiden Fällen liegt ein Sachmangel vor. Zwar kann der Käufer in beiden Fällen die ihm angediente Ware von vornherein als nicht vertragsmäßig zurückweisen und Ansprüche auf Erfüllung oder wegen Nichterfüllung des Vertrages geltend machen. Nimmt er aber die Ware als Erfüllung an und entdeckt er erst später, dass die Bohnen minderwertig oder dass statt der Bohnen Linsen geliefert worden sind, so kann der Käufer in beiden Fällen die Ansprüche aus § 437 geltend machen. Das gilt auch, wenn nicht ein bestimmtes Quantum von Bohnen, Linsen oder anderen Gattungssachen (Rn. 791 ff.), sondern ein nur einmal vorhandenes Einzelstück verkauft ist. Wie ein Sachmangel wird also auch der Fall behandelt, in dem jemand im Laden des Verkäufers einen ganz bestimmten Teppich ausgesucht und gekauft hat und er später entdecken muss, dass der gelieferte und von ihm als Vertragserfüllung akzeptierte Teppich ein ganz anderer ist.

594 Die Gleichstellung von fehlerhafter Leistung und aliud-Lieferung, die erst im Zuge der Schuldrechtsmodernisierung in das BGB gelangt ist, mag auf den ersten Blick befremdlich wirken: Kann man wirklich Linsen als „mangelhafte Bohnen" ansehen? Für die Gleichstellung sprechen aber gute Gründe. Die Erfahrung hat nämlich gezeigt, dass es nicht ohne Haarspaltereien abgeht, wenn man unterscheiden muss zwischen Waren, die gerade noch der verkauften Gattung angehören und einen Sachmangel aufweisen, und Waren, die einer anderen Gattung zuzurechnen sind, deshalb ein aliud darstellen und dem Käufer (statt der Ansprüche wegen eines Sachmangels) Ansprüche auf Erfüllung und wegen Nichterfüllung des Vertrages gewähren. War z.B. dem Käufer ein „Auslese-Wein" verkauft, aber mit Glykol versetzter Wein geliefert worden, so war nach früherem Recht der gelieferte Wein „mangelhaft", wenn er schon vor dem Glykol-Zusatz eine „Auslese" gewesen und durch den Zusatz lediglich zu einer „besseren" Auslese umgepanscht worden war. Dagegen sollte der gelieferte Wein ein aliud sein, wenn ihm durch den Glykol-Zusatz die Merkmale einer „Auslese" überhaupt erst verschafft worden waren (so BGH NJW 1989, 218). Solche Spitzfindigkeiten wären hinzunehmen, wenn die Interessenlage der Parteien in dem einen Fall eine deutlich andere wäre als in dem anderen. So liegt es aber nicht, weil der Käufer in beiden Fällen Ware erhält, deren Istbeschaffenheit zu seinem Nachteil von der vertraglich vereinbarten Sollbeschaffenheit abweicht.

595 Hat der Verkäufer **weniger** als vertraglich vereinbart geliefert (**Zuweniglieferung, Mankolieferung**), so ist gemäß § 434 Abs. 3 auch dieser Fall so zu behandeln, als sei eine mangelhafte Lieferung erfolgt. Dem Käufer stehen also auch in diesem Fall die Rechte aus § 437 zu. Insbesondere kann er, wenn er die Teilmenge als Erfüllung angenommen hat, gemäß §§ 437 Nr. 1, 439 Nacherfüllung durch Lieferung der Restmenge verlangen (Rn. 759 ff.). Erkennt der Käufer, dass es sich bei der ihm angedienten Ware um eine Teilmenge handelt, so kann er die Teilmenge zurückweisen (oben Rn. 563) und auf Erfüllung des Vertrages, also auf Lieferung der vereinbarten Gesamtmenge bestehen.

596 Ist nicht eine Sache, sondern ein **Recht** verkauft, so gilt § 434 entsprechend (§ 453 Abs. 1). Das verkaufte Recht ist also mangelhaft, wenn ihm im Zeitpunkt der Übertragung auf den Käufer die vertraglich vereinbarte Sollbeschaffenheit fehlt. Ist z.B. eine Darlehensforderung verkauft worden, so muss sie im Zeitpunkt ihrer Abtretung in Bezug auf den Forderungsbetrag, die Fälligkeit und den Zins die im Kaufvertrag vereinbarten Merkmale aufweisen; auch muss sie gerade so durch die Bürgschaft eines Dritten oder durch ein Grundpfandrecht gesichert sein, wie dies im Kaufvertrag vereinbart war. Wie liegt es, wenn der Verkäufer eine **Forderung** verkauft und in Erfüllung des Kaufvertrages dem Käufer abgetreten hat, dieser aber, als er die Forderung gegen den Schuldner durchsetzen will, entdecken muss, dass der Schuldner zahlungsunfähig, die Forderung also uneinbringlich ist? Auch hier ist die Forderung „mangelhaft", wenn der Verkäufer im Kaufvertrag die Haftung für die Zahlungsfähigkeit (**„Bonität"**) des Schuldners übernommen hat. Fehlt es an einer solchen Vereinbarung, so haftet er nicht, weil man von einer Forderung,

die sich als uneinbringlich herausstellt, nicht sagen kann, dass sie sich gemäß
§ 434 Abs. 1 Nr. 2 nicht „für die gewöhnliche Verwendung eignet".

Wieder anders liegt es, wenn es dem Verkäufer nicht gelingt, das verkaufte Recht auf den Käufer zu übertragen, etwa deshalb nicht, weil das Recht nie bestanden hat oder einem Dritten zusteht oder im Zeitpunkt seiner Abtretung bereits erloschen war oder deshalb nicht auf den Käufer übertragen werden konnte, weil es kraft Gesetzes oder aufgrund Vereinbarung unübertragbar ist (Rn. 1226 ff.). In allen diesen Fällen haftet der Verkäufer für die „**Verität**" des von ihm verkauften Rechts. Aber er haftet nicht nach § 437, sondern deshalb, weil er seine Hauptpflicht aus dem Kaufvertrag, nämlich seine Pflicht zur Verschaffung des verkauften Rechts (oben Rn. 572), nicht erfüllt hat. Zwar kann der Käufer in diesen Fällen nicht auf Erfüllung des Vertrages bestehen (§ 275 Abs. 1). Wohl aber kann er vom Vertrag gemäß §§ 326 Abs. 5, 323 zurücktreten; auch kann er Schadensersatz statt der Leistung verlangen, und zwar gemäß § 311a Abs. 2, wenn schon bei Vertragsabschluss feststand, dass der Verkäufer zur Übertragung der verkauften Forderung nicht imstande sein werde, sonst nach § 283. 597

Gemäß § 453 Abs. 1 ist die Vorschrift des § 434 auch dann entsprechend anzuwenden, wenn ein **sonstiger Gegenstand**, insbesondere ein **Unternehmen**, verkauft worden ist. In der Regel enthalten Unternehmenskaufverträge umfassende Vereinbarungen, aus denen sich die Sollbeschaffenheit des verkauften Unternehmens ergibt. 598

Fehlt es an solchen Vereinbarungen, so kann die Frage, ob das verkaufte Unternehmen mangelhaft ist, schwierig zu beantworten sein. Liegt ein **asset deal** (oben Rn. 575) vor, so muss der Verkäufer zwar jeden einzelnen in das Unternehmensvermögen fallenden Gegenstand nach den für ihn geltenden Regeln auf den Käufer übertragen. Aber da ein Unternehmen als Ganzes verkauft wird, kann das nicht bedeuten, dass, wenn ein Bürostuhl wackelig ist, dem ganzen Unternehmen die Sollbeschaffenheit fehlt. Vielmehr wird man dafür verlangen müssen, dass der Mangel oder die Mängel so schwer wiegen, dass dadurch der Wert des gesamten Unternehmens beeinträchtigt wird. Bei einem **share deal** geht es um einen Rechtskauf (Rn. 575). Daher liegt ein Mangel nur dann vor, wenn z.B. der verkaufte GmbH-Anteil anders als im Vertrag vereinbart mit einer Nachschusspflicht belastet ist oder kein volles Stimmrecht gewährt, dagegen nicht, wenn ein einzelner in das GmbH-Vermögen fallender Gegenstand einen Mangel hat, also etwa das der GmbH gehörende Betriebsgrundstück ölverseucht ist. Wenn allerdings der Kaufvertrag sich auf sämtliche (oder nahezu sämtliche) Anteile an einer GmbH oder AG bezieht, so hat der Verkäufer damit faktisch das Unternehmen selbst verkauft; daher kann in diesem Fall der Käufer (wie bei einem asset deal) Ansprüche gemäß § 437 geltend machen, wenn einzelne Gegenstände des Gesellschaftsvermögens mangelhaft sind und dadurch der Wert des gesamten Unternehmens beeinträchtigt wird (vgl. z.B. BGHZ 65, 246, 251). – Hat der Verkäufer unzutreffende Erklärungen abgegeben, die sich nicht auf die Beschaffenheit des Unternehmens beziehen, aber im Käufer falsche Vorstellungen über die künftige Unternehmensentwicklung geweckt haben, so kommen zwar nicht Gewährleistungsansprüche gemäß § 437, wohl aber Schadensersatzansprüche gemäß § 280 wegen Verletzung der Pflicht zu richtiger und vollständiger Information in Betracht (oben Rn. 362 f., 507 ff.). 599

600 b) **Rechtsmängel.** – Gemäß § 435 Satz 1 liegt ein Rechtsmangel vor, wenn Dritte in Bezug auf die verkaufte Sache „Rechte gegen den Käufer geltend machen können". Das gilt gemäß § 453 Abs. 1 entsprechend, wenn Rechte oder sonstige Gegenstände verkauft worden sind. In diesen Fällen ist der Kaufgegenstand mit einem Rechtsmangel behaftet, sofern nicht der Käufer die Rechte des Dritten „übernommen", also sich mit ihrem Bestehen abgefunden und die daraus sich ergebenden Nachteile hingenommen hat. Ein verkauftes Grundstück hat also einen Rechtsmangel, wenn es zugunsten eines Dritten mit einem Grundpfandrecht oder einer Dienstbarkeit belastet ist. Freilich werden gerade bei Grundstückskaufverträgen solche Rechte Dritter vom Käufer in aller Regel (unter entsprechender Minderung des Kaufpreises) „übernommen". Ein Rechtsmangel liegt vor, wenn eine Eigentumswohnung verkauft ist und der Käufer, der sie selbst bewohnen wollte, erst nachträglich feststellen muss, dass sie vermietet und der Mieter gemäß § 566 berechtigt ist, den Mietvertrag mit ihm fortzusetzen. Ebenso, wenn dem Käufer, der nichtsahnend nachgemachte Uhren einer bekannten schweizerischen Marke vom Verkäufer gekauft hat, vom Inhaber des Markenrechts der Vertrieb der Uhren untersagt wird. Der Umstand, dass der Dritte sich eines Rechts berühmt, reicht für sich allein zur Begründung eines Rechtsmangels nicht aus. Vielmehr liegt ein Rechtsmangel nur dann vor, wenn das Recht des Dritten tatsächlich besteht. Ist das zweifelhaft, so stehen dem Käufer Ansprüche gemäß § 437 gegen den Verkäufer wegen eines Rechtsmangels erst dann zu, wenn er das Recht des Dritten abzuwehren versucht hat und damit gescheitert ist. Will der Käufer solche Auseinandersetzungen mit Dritten vermeiden, so muss er auf eine Vereinbarung dringen, mit der der Verkäufer eine Haftung dafür übernimmt, dass in Bezug auf den Kaufgegenstand keine Rechte von Dritten auch nur behauptet werden. So entscheidet die dispositive Regelung in Art. 41 CISG. Sie will den Käufer vor der besonderen Belastung schützen, die sich gerade bei internationalen Kaufverträgen daraus ergeben kann, dass die Begründetheit des Rechts, das von dem Dritten geltend gemacht wird, oft nach einer fremden Rechtsordnung beurteilt und der Prozess darüber vor einem ausländischen Gericht geführt werden muss.

601 § 435 Satz 2 stellt klar, dass das verkaufte Grundstück einen Rechtsmangel auch dann hat, wenn ein Recht zugunsten eines Dritten im Grundbuch eingetragen ist, das in Wahrheit nicht besteht. Denn in einem solchen Fall ist die Gefahr gegeben, dass der Dritte das ihm in Wahrheit nicht zustehende Recht an einen Gutgläubigen veräußert, dieser das Recht gemäß § 892 erwirbt und es nunmehr gegen den Käufer geltend macht. Hingegen haftet der Grundstücksverkäufer nicht, wenn das Grundstück durch öffentliche Abgaben (z.B. Grundsteuern) oder andere öffentliche Lasten belastet ist, die nicht in das Grundbuch eingetragen werden (§ 436 Abs. 2). – Kein Rechtsmangel liegt vor, wenn der Dritte als Eigentümer der Kaufsache ihre Herausgabe vom Käufer verlangt. Denn wenn der Verkäufer dem Käufer das Eigentum nicht verschafft hat, so hat er seine Hauptpflicht aus dem Kaufvertrag verletzt, er haftet deshalb nicht gemäß § 437 wegen eines Rechtsmangels, sondern nach den allgemeinen Vorschriften auf Erfüllung oder wegen Nichterfüllung des Kaufvertrages.

c) Sach- und Rechtsmängel beim Verbrauchsgüterkauf. – Hat der Verkäufer bei Abschluss eines Kaufvertrages über eine bewegliche Sache als „Unternehmer", also in Ausübung einer „gewerblichen oder selbständigen beruflichen Tätigkeit" (§ 14) gehandelt, so liegt ein „**Verbrauchsgüterkauf**" vor, wenn der Käufer „Verbraucher" i. S. des § 13 ist (§ 474 Abs. 1). Das hat gemäß § 475 Abs. 1 zur Folge, dass ein großer Teil der gesetzlichen Vorschriften über den Kaufvertrag zwingenden Charakter erlangt, also alle Parteivereinbarungen unwirksam sind, die zum Nachteil des Käufers vom Inhalt dieser Vorschriften abweichen, ohne dass es darauf ankommt, ob sie als AGB-Klausel oder als Individualabrede Vertragsbestandteil geworden sind. 602

Von solchen Parteivereinbarungen sagt § 475 Abs. 1 zwar nicht, dass sie unwirksam seien, sondern nur, dass der Unternehmer sich auf sie „nicht berufen" könne. Aber das soll uns nicht daran hindern, solche Vereinbarungen weiterhin als „unwirksam" zu bezeichnen, zumal durch die Formulierung des Gesetzgebers lediglich (ähnlich wie in § 306 Abs. 1) verhindert werden soll, dass aus der Unwirksamkeit einer Vereinbarung gemäß § 139 auf die Unwirksamkeit des Vertrages im Ganzen geschlossen wird. – Unwirksam sind solche Vereinbarungen allerdings nur dann, wenn sie schon bei Vertragsabschluss oder jedenfalls vor dem Zeitpunkt getroffen worden sind, in dem der Käufer den Verkäufer von dem Mangel der Kaufsache in Kenntnis gesetzt hat. Nach diesem Zeitpunkt sind sie zulässig, weil sie dann häufig in einen Vergleich zur Beilegung einer bereits entstandenen Streitigkeit aufgenommen werden und der Gesetzgeber den Abschluss eines solchen Vergleichs nicht behindern wollte. 603

Zu den in § 475 Abs. 1 als zwingend bezeichneten Vorschriften gehören §§ 434 und 435, in denen die Voraussetzungen bestimmt sind, unter denen der Kaufgegenstand als mangelhaft anzusehen ist. Zwingend sind darüber hinaus die Vorschriften der § 437, 439–443, die dem Käufer, wenn die Kaufsache einen Sach- oder Rechtsmangel hat, einen Anspruch auf **Nacherfüllung** (§ 437 Nr. 1) sowie ein Recht zum **Rücktritt** vom Vertrag und zur **Minderung** des Kaufpreises (§ 437 Nr. 2) einräumen. Jede vertragliche Beschränkung dieses Anspruchs und dieser Rechte ist daher unwirksam, sofern ein „Verbrauchsgüterkauf" vorliegt. In diesem Fall ist auch jede vertragliche Vereinbarung unwirksam, mit der für die Gewährleistungsansprüche des Käufers die Verjährungsfrist auf weniger als 2 Jahre, beim Kauf gebrauchter Sachen auf weniger als 1 Jahr verkürzt wird (§§ 475 Abs. 2, 437 f.; vgl. Rn. 967 für das Rücktritts- und Minderungsrecht des Käufers, Rn. 1127 für seinen Anspruch auf Schadensersatz). Wirksam ist dagegen gemäß § 475 Abs. 3 eine vertragliche Beschränkung der Ansprüche auf **Schadensersatz**, die dem Käufer gemäß § 437 Nr. 3 zustehen können, es sei denn, dass solche Beschränkungen gegen andere zwingende Vorschriften – insbesondere gegen §§ 307, 309 Nr. 7 und 8 b – verstoßen. 604

605 Ferner findet sich in § 476 eine weitere zwingende Regelung, nach der unter bestimmten Voraussetzungen zugunsten des Käufers vermutet wird, dass die Kaufsache „bereits bei Gefahrübergang mangelhaft war". Vgl. dazu schon Rn. 589 f.

606 Dass die Vorschriften der §§ 434 und 435 für zwingend erklärt werden, ist einigermaßen merkwürdig, weil sie ihrerseits in erster Linie auf die „vereinbarte" Beschaffenheit der Kaufsache abstellen (§ 434 Abs. 1). Nicht daran zu deuteln ist jedenfalls, dass auch beim Verbrauchsgüterkauf Vertragsfreiheit besteht, soweit es um Vereinbarungen über die Sollbeschaffenheit („Beschaffenheitsvereinbarungen") geht. Andererseits ist jegliche vertragliche Einschränkung der Rechte und Ansprüche unwirksam, die der Käufer gemäß § 437 Nr. 1 und 2 geltend machen kann. Damit wird für den Verkäufer ein Anreiz gesetzt, in den Kaufvertrag Beschaffenheitsvereinbarungen aufzunehmen, die die Kaufsache schlechter machen, als sie in Wahrheit ist. Denn dadurch beschränkt er nicht die Käuferrechte gemäß § 437 Nr. 1 und 2 – eine solche Beschränkung wäre unwirksam –; was er beschränkt, sind lediglich die **tatsächlichen Voraussetzungen**, unter denen diese Rechte zugunsten des Käufers überhaupt erst entstehen.

607 Die Abgrenzung zwischen (zulässiger) Beschaffenheitsvereinbarung und (unzulässiger) Beschränkung der Käuferrechte kann schwierig sein. Wird der verkaufte Gebrauchtwagen im Kaufvertrag als „nicht werkstattgeprüft", als „nicht frei von Rostschäden" oder als „Unfallwagen" bezeichnet, so liegt darin eine Beschaffenheitsvereinbarung ohne Rücksicht darauf, ob das Auto in Wahrheit werkstattgeprüft oder rostfrei war oder noch nie einen Unfall hatte. Denn dadurch wird dem Käufer klar vor Augen geführt, dass er nur ein mit Fehlern behaftetes Fahrzeug erwarten kann. Die Vereinbarung hingegen, es werde das Fahrzeug „verkauft wie besehen" oder „wie es steht und liegt", zielt auf den Ausschluss der Käuferrechte ab und ist deshalb unwirksam. Das soll auch dann anzunehmen sein, wenn eine objektiv neue Sache im Vertrag als „gebraucht" beschrieben wird (BGHZ 170, 31 Tz. 33). Gegen krasse Fälle – ein neuwertiges und als neuwertig bezahltes Auto wird im Vertrag als „Schrottfahrzeug", „Rostlaube" oder gar als „Teileträger zum Ausschlachten" bezeichnet – wird man wohl das schwere Geschütz des **Umgehungsverbots** in § 475 Abs. 1 Satz 2 in Stellung bringen können.

608 Vgl. dazu *Faust* in *Bamberger/Roth* § 475 Rn. 8 ff.; *Looschelders* SchR BT Rn. 266; *Medicus/Lorenz* SchR BT Rn. 237 ff.; *Müller* NJW 2003, 1975. – Dass das geltende Recht zu solchen Abgrenzungskunststücken zwingt, ist schon bedauerlich genug. Was schwerer wiegt, ist der Umstand, dass in Deutschland der Handel mit älteren Gebrauchtwagen heute praktisch zum Erliegen gekommen ist, weil die Händler solche Fahrzeuge lieber nach Osteuropa oder Afrika exportieren, als dass sie sie unter Übernahme des vollen Gewährleistungsrisikos und einer mindestens einjährigen Verjährungsfrist an deutsche Verbraucher verkaufen. In der Tat muss man fragen, warum es der Gesetzgeber mit aller Macht verboten hat, dass ein 10 Jahre alter Gebrauchtwagen von einem Händler unter Ausschluss der Gewährleistung an einen Verbraucher verkauft wird, der

B. Pflichten beim Kaufvertrag

sehr wohl weiß, dass er zu höherem Preis einen „werkstattgeprüften" Gebrauchtwagen erwerben kann, sich aber ganz bewusst dazu entschlossen hat, zu niedrigem Preis ein Auto unter Ausschluss der Gewährleistung zu erwerben und sich gegen die klar erkannten höheren Risiken eines solchen Geschäfts z.b. dadurch zu schützen, dass er den Wagen selbst genau prüft oder durch einen technisch versierten Freund prüfen lässt. Auch hier zeigt sich wieder einmal, dass durch Verbraucherschutzregeln, die der Gesetzgeber als Geschenk gedacht hat, die Verbraucher in Wahrheit bestraft werden. Vgl. dazu auch *Wagner* ZEuP 2010, 243, 275 f.

Nach der Rechtsprechung kann ein Umgehungsgeschäft gemäß § 475 Abs. 1 Satz 2 auch dann vorliegen, wenn ein Kraftfahrzeughändler beim Verkauf eines Neuwagens den Gebrauchtwagen seines Kunden in Zahlung genommen und ihn sodann im Wege eines **„Agenturvertrags"** an einen Verbraucher verkauft hat. Zwar tritt der Händler bei Abschluss des „Agenturvertrags" nicht in eigenem Namen, sondern im Namen seines Kunden auf. Der Vertrag kommt also zwischen dem Kunden des Händlers und dem Käufer des Gebrauchtwagens – also in der Regel unter Verbrauchern – zustande; daher liegt kein Verbrauchsgüterkauf vor. Anders aber, wenn das wirtschaftliche Risiko des Geschäfts vom Händler getragen wird, etwa deshalb, weil er dem Kunden für seinen Gebrauchtwagen einen bestimmten Mindestpreis garantiert, nämlich mit ihm vereinbart hat, dass der Kaufpreis für den Neuwagen auch dann um den Mindestpreis gemindert sein soll, wenn der Gebrauchtwagen des Kunden sich als unverkäuflich herausstellen oder der für ihn erzielte Preis unter dem garantierten Mindestpreis liegen sollte. In einem solchen Falle wird man gemäß § 475 Abs. 1 Satz 2 den Händler – also einen Unternehmer gemäß § 14 – als den „wahren" Verkäufer des Gebrauchtwagens ansehen dürfen und ihn gerade so haften lassen müssen, wie wenn er im eigenen Namen kontrahiert und dadurch einen Verbrauchsgüterkauf zustande gebracht hätte. 609

Vgl. BGH NJW 2005, 1039; BGH NJW 2007, 759 (Rn. 16); *Faust* in *Bamberger/Roth* § 474 Rn. 7. – Liegt das wirtschaftliche Risiko *nicht* beim Händler, so fehlt es an den Voraussetzungen eines Umgehungsgeschäfts; daher kommt der Kaufvertrag zwischen dem Käufer und dem (vom Händler vertretenen) Verkäufer, also zwischen Privatleuten zustande. Gleichwohl kann ausnahmsweise anzunehmen sein, dass der Käufer den Händler „wie eine Vertragspartei" in Anspruch nehmen kann, wenn er ihm ein „besonderes Vertrauen" geschenkt, sich nämlich auf seinen fachmännischen Sachverstand in besonderem Maße verlassen und aus diesem Grunde seine Erklärungen zur Beschaffenheit des Gebrauchtwagens für richtig gehalten hat (§ 311 Abs. 3 Satz 2 und Rn. 533 f.). 610

d) Haftungsvereinbarungen, Haftungsausschlüsse. – Die gesetzlichen Vorschriften über die Mängelhaftung des Verkäufers sind im Allgemeinen nicht zwingend, sondern dispositiv und können deshalb grundsätzlich durch Parteivereinbarung abgeändert werden, indem entweder die Haftung des Verkäufers verstärkt oder abgeschwächt oder sogar ganz ausgeschlossen wird. 611

Dass der Verkäufer sich auf eine **haftungsverstärkende Vereinbarung** einlässt, durch die seine Mängelhaftung **strenger** als nach den gesetzlichen Vor- 612 schriften ausgestaltet wird, liegt entweder daran, dass ihm angesichts der Verhandlungsstärke des Käufers keine andere Wahl blieb, oder auch daran, dass er sich von seiner Bereitschaft zur Hinnahme einer strengeren Haftung einen Vorteil im Wettbewerb mit anderen Unternehmern erhofft. Gegen die Wirksamkeit haftungsverstärkender Vereinbarungen bestehen keine Bedenken. Dass insoweit das Prinzip der Vertragsfreiheit regiert, wird in § 443 ausdrücklich gesagt; dort werden solche haftungsverstärkenden Vereinbarungen als „**Garantie**" bezeichnet. Ihre genaue Tragweite hängt wie bei jeder vertraglichen Vereinbarung von ihrem Wortlaut und, soweit er unklar oder lückenhaft ist, von seiner (ergänzenden) Auslegung ab.

613 Hat der Verkäufer das Vorhandensein einer bestimmten Eigenschaft oder die Abwesenheit eines bestimmten Mangels „garantiert", so wird das regelmäßig bedeuten, dass er, wenn der gelieferten Kaufsache die garantierte Eigenschaft fehlt oder sie den Mangel aufweist, dessen Abwesenheit garantiert war, Schadensersatz auch dann leisten muss, wenn er **nicht schuldhaft** gehandelt hat, also die Vertragswidrigkeit der Kaufsache im Zeitpunkt ihrer Lieferung trotz größter Sorgfalt nicht erkennen konnte (Rn. 1109 ff.). Auch der **Rücktritt** wird dem Käufer erleichtert, wenn es der Kaufsache an der „garantierten" Beschaffenheit fehlt. Hat z.B. der Verkäufer bei den Vertragsverhandlungen erklärt hat, dass das von ihm angebotene Auto auf 100 km 12 l Kraftstoff verbraucht, so kann der Käufer, wenn der Verbrauch in Wahrheit bei 13 l liegt, nach den allgemeinen Regeln zwar den Kaufpreis mindern, aber nicht von dem Vertrag im Ganzen zurücktreten, weil die Pflichtverletzung des Verkäufers „**unerheblich**" ist (§§ 323 Abs. 5 Satz 2, 441 Abs. 1 Satz 2). Zulässig wäre der Rücktritt aber dann, wenn der Verkäufer einen Kraftstoffverbrauch von nur 12 l „garantiert" hat. Denn im Fehlen einer Eigenschaft, deren Vorhandensein garantiert war, lieg eine „erhebliche" Pflichtverletzung auch dann, wenn sie, denkt man sich die Garantie weg, „unerheblich" wäre (vgl. Rn. 953). Eine „**Haltbarkeitsgarantie**" liegt vor, wenn der Verkäufer nach der (richtig ausgelegten) Garantievereinbarung dafür einstehen will, dass die Kaufsache nicht bloß im Zeitpunkt des Gefahrübergangs mangelfrei ist, sondern dass sie auch noch für einen bestimmten Zeitraum danach mangelfrei bleiben wird (§ 443 Abs. 2; Rn. 591). Dass die Garantieabrede auch zwischen dem Käufer und einem **Dritten** zustande kommen kann, ist selbstverständlich, wird aber in § 443 ausdrücklich betont. So kann sich aus dem Wortlaut der „Garantiekarte", die an dem verkauften Radio gebaumelt hat, ergeben, dass nicht (oder nicht nur) der Verkäufer, sondern (auch) der **Hersteller** des Radios als Dritter dem Käufer eine Garantie bestimmten Inhalts anbietet. Dieses Angebot wird, wenn der Käufer das Radio samt Karte entgegennimmt, gemäß § 151 zu einer bindenden Vereinbarung perfektioniert (vgl. BGHZ 78, 369; BGH NJW 1981, 2248).

614 **Haftungsbeschränkende Vereinbarungen** zielen darauf ab, die gesetzlich vorgesehene Mängelhaftung des Verkäufers **abzumildern, einzuschränken** oder ganz **auszuschließen**. Solche Vereinbarungen sind allerdings, wenn der Käufer Verbraucher gemäß § 13 ist, fast immer unwirksam. Das ergibt sich aus den Regeln über den **Verbrauchsgüterkauf**, insbesondere aus § 475 Abs. 1 (Rn. 602 ff.). Sind haftungsbeschränkende Vereinbarungen als **AGB-Klausel** Vertragsinhalt geworden, müssen sie außerdem der Inhaltskontrolle gemäß §§ 307–309 standhalten.

B. Pflichten beim Kaufvertrag 615–618

Einschlägig ist insbesondere § 309 Nr. 8b: Dort werden bestimmte AGB-Klauseln für unwirksam erklärt, mit denen der Verkäufer „neu hergestellter Sachen" (als Verwender) seine Sachmängelhaftung abmildern oder ausschließen will. Bei einem Verbrauchsgüterkauf wird dieses Ergebnis aber schon durch § 475 Abs. 1 erreicht, so dass daneben § 309 Nr. 8b nur noch eine geringe Rolle spielt. Anders, wenn die Voraussetzungen eines Verbrauchsgüterkaufs nicht vorliegen: Sind beide Parteien Verbraucher, so ist § 309 Nr. 8b anwendbar; ist der Käufer Unternehmer, so gilt die Vorschrift des § 309 Nr. 8b zwar nicht (§ 310 Abs. 1 Satz 1). Sie hat aber doch immerhin insoweit eine gewisse Bedeutung, als ein Verstoß gegen § 309 Nr. 8b ein erstes Indiz dafür bildet, dass die in Rede stehende AGB-Klausel auch gegen die Grundnorm des § 307 verstößt (§ 310 Abs. 1 Satz 2; Rn. 268). Die übrigen Vorschriften zur Inhaltskontrolle von AGB-Klauseln sind stets – auch bei einem Verbrauchsgüterkauf – zu beachten. Wenn z.b. durch die AGB-Klausel eines Verbrauchsgüterkaufvertrags für den Fall der Lieferung einer mangelhaften neu hergestellten Sache die **Schadensersatzhaftung** des Verkäufers beschränkt oder ganz ausgeschlossen wird, so ist diese Klausel zwar nicht schon nach § 475 Abs. 1 unwirksam (vgl. § 475 Abs. 3). Wohl aber kann sie gegen §§ 307 oder 309 Nr. 7 verstoßen. 615

Haben die Parteien die gesetzliche Mängelhaftung des Verkäufers durch eine wirksame Vereinbarung beschränkt oder ausgeschlossen – freilich ist eine solche Vereinbarung praktisch nur dann wirksam, wenn beide Parteien des Kaufvertrages Unternehmer oder Privatpersonen sind (vgl. Rn. 46 f., 602 ff.) –, so kann sich gleichwohl der Verkäufer auf eine solche Vereinbarung nicht berufen, wenn er den Mangel, auf den der Käufer seine Ansprüche stützt, **arglistig verschwiegen** oder wenn er – dies wird dem Verschweigen gleichgestellt – ihm arglistig vorgespiegelt hat, dass die Kaufsache mangelfrei sei (§ 444). Der Verkäufer soll sich aber auf eine solche Haftungsbeschränkung auch dann nicht berufen können, wenn er „eine **Garantie** für die Beschaffenheit der Sache übernommen hat" (Rn. 591, 1109 ff.). Insoweit ist § 444 aber viel zu weit geraten. 616

§ 444 ist in vielen Fällen durchaus sinnvoll, so etwa dann, wenn der Verkäufer eine bestimmte Mindestleistung der verkauften Maschine garantiert, aber in seinen AGB eine Klausel versteckt hat, die diese Garantie weitgehend entwertet, indem sie bestimmt, dass der Käufer wegen eines Mangels der Maschine nicht vom Vertrag zurücktreten oder Schadensersatz gar nicht oder nur in bestimmter Höhe oder nur beim Nachweis groben Verschuldens verlangen dürfe. Hingegen passt § 444 nicht auf Fälle, in denen – wie z.B. bei Unternehmenskaufverträgen – der Inhalt des Vertrages vom Anfang bis zum Ende von den Parteien ausgehandelt und eine bestimmte Garantie vom Verkäufer nur deshalb übernommen worden ist, weil im Gegenzug der Käufer seinerseits eine bestimmte Beschränkung seiner Gewährleistungsansprüche akzeptiert hat. Dass bei solchen Fällen § 444 nichts zu suchen hat, ist praktisch unbestritten; streitig ist nur, wie sich dies am elegantesten erreichen lässt. Vgl. dazu (mit Nachweisen auf das umfangreiche Schrifttum) *Faust* in *Bamberger/Roth* § 444 Rn. 18 ff. 617

Unabhängig von vertraglichen Vereinbarungen, die die Parteien über die Verstärkung oder Abmilderung der Sachmängelhaftung des Verkäufers getroffen haben mögen, stehen dem Käufer gemäß § 442 Gewährleistungsansprüche nicht zu, wenn er bei Abschluss des Kaufvertrages den Mangel **ge-** 618

257

kannt hat. Ebenso liegt es, wenn er zu diesem Zeitpunkt den Mangel der Kaufsache zwar nicht gekannt hat, aber seine Unkenntnis darauf beruht, dass er die Kaufsache vor dem Vertragsabschluss nicht oder nicht gründlich genug untersucht hat und diese Unterlassung nach den Umständen als **grob fahrlässig** anzusehen ist. Dies gilt allerdings nicht, wenn der Mangel, den der Käufer infolge grober Fahrlässigkeit nicht entdeckt hat, ihm vom Verkäufer als nicht vorhanden „garantiert" oder ihm arglistig verschwiegen oder als nicht vorhanden vorgetäuscht worden ist (§ 442 Abs. 1 Satz 2).

619 Die Rechtsprechung neigt dazu, dem Käufer im Stadium der Vertragsverhandlungen weitgehende Untersuchungspflichten aufzuerlegen und ihn so zur Beschaffung von Informationen über die Kaufsache anzuhalten, die der Verkäufer zu diesem Zeitpunkt entweder bereits besitzt oder mit geringeren Kosten als der Käufer erlangen kann. Vgl. dazu überzeugend *Faust* in *Bamberger/Roth* § 442 Rn. 20 ff. – Wie liegt es, wenn der Käufer zwar beim Abschluss des Vertrages keine Kenntnis von dem Mangel hat, er aber ihn bei oder unmittelbar nach der Lieferung erkennt? Nach geltendem Recht bleiben ihm in diesem Fall die Gewährleistungsansprüche aus § 437 erhalten. Er ist nicht verpflichtet, dem Verkäufer den erkannten Mangel auch nur anzuzeigen; er ist erst recht nicht verpflichtet, die gelieferte Ware auf ihre Mangelfreiheit zu untersuchen (und dabei etwa festgestellte Mängel anzuzeigen). Das hat die bedenkliche Folge, dass der Käufer über den erkannten Mangel zunächst einmal Stillschweigen bewahren und ihn erst später bei Bedarf wieder hervorziehen und zur Grundlage von Ansprüchen gemäß § 437 machen kann, dies etwa dann, wenn ihm der Vertrag inzwischen aus ganz anderen Gründen lästig geworden ist und er ihn deshalb jetzt durch einen Rücktritt abschütteln möchte. Gewiss ist das Verhalten des Käufers arglistig. Aber wie soll der Verkäufer diese Arglist beweisen? Das Problem wird beim **Werkvertrag** durch § 640 Abs. 2, beim nationalen und internationalen **Handelskauf** durch § 377 HGB und Art. 38 und 39 CISG gelöst.

4. Nebenpflichten, Schutzpflichten

620 Beim Sachkauf ist Hauptpflicht des Verkäufers die Lieferung einer vertragsmäßigen Kaufsache. Schon die bisher angestellten Überlegungen haben aber gezeigt, dass diese Hauptpflicht sehr häufig von **Nebenpflichten** begleitet wird, die die Hauptleistung des Verkäufers vorbereiten, ergänzen oder unterstützen sollen. Sie sind manchmal in gesetzlichen Vorschriften niedergelegt, finden aber meist ihre Grundlage in den vertraglichen Vereinbarungen. Bisweilen sind sie erst durch Auslegung des Vertrages zu ermitteln.

621 So kann der Verkäufer verpflichtet sein, die Kaufsache in bestimmter Weise zu **verpacken**, sie mit einem bestimmten Transportmittel auf einem bestimmten Transportweg zum Käufer zu **befördern**, sie gegen die Gefahr eines Verlusts oder einer Beschädigung während des Transports zu **versichern** oder ihr diejenigen Dokumente (behördliche Genehmigungen, Ursprungszeugnisse, Echtheitszertifikate) beizugeben, die erforderlich sind, damit sie beim Import und Export Staatsgrenzen anstandslos überqueren, vom Käufer in Betrieb genommen oder von ihm an Dritte weitergeliefert werden kann. Auch kann sich

der Verkäufer verpflichtet haben, die verkaufte Maschine nach ihrer Aufstellung im Betrieb des Käufers zu warten, die Leute des Käufers in ihrer Bedienung zu schulen oder für eine gewisse Zeit Ersatzteile vorrätig zu halten. Hat sich der Verkäufer verpflichtet, die Kaufsache beim Käufer zu **montieren** oder hat er eine **Montageanleitung** mitgeliefert, so gilt § 434 Abs. 2, falls die Montage unsachgemäß erfolgt oder die Montageanleitung mangelhaft ist: Es wird dann so angesehen, als habe die Kaufsache selbst einen Sachmangel (Rn. 592).

Nicht selten ergibt die Auslegung des Vertrages, dass der Verkäufer verpflichtet ist, den Käufer über den richtigen Umgang mit der Kaufsache zu belehren und ihn vor den Gefahren zu warnen, die ihm und anderen Personen bei unsachgemäßem Umgang drohen.

In BGHZ 47, 312 hatte die Klägerin von dem beklagten Baumaschinenhändler eine Betonbereitungsanlage gekauft, die fehlerhaften Beton produziert hatte, weil die Mischdüse bei nasskaltem Wetter durch Zement und Eis verkrustet war. Der Beklagte musste den dadurch entstandenen Schaden ersetzen, weil er aufgrund einer „Nebenverpflichtung zum Kaufvertrag" die Klägerin in der Bedienungsanleitung über die richtige Wartung der Mischdüse bei nasskaltem Wetter hätte aufklären müssen. Auf den Einwand des Beklagten, dass die mangelhafte Bedienungsanleitung nicht von ihm, sondern von der Herstellerin verfasst und daher der Mangel nicht von ihm, sondern von ihr zu vertreten sei, erwiderte das Gericht, dass entweder der Beklagte selbst die erforderlichen Kenntnisse sich schuldhaft nicht verschafft oder er sich bei der Erfüllung seiner Nebenpflicht der Herstellerin als seiner Erfüllungsgehilfin bedient habe (§ 278) und deshalb für ihr Verschulden einstehen müsse. – In BGHZ 64, 46 hatte der Kläger als Friseur ein ihm von der Beklagten verkauftes und geliefertes Haartonikum über längere Zeit hinweg benutzt, sich dadurch eine Allergie zugezogen und schließlich seinen Beruf aufgeben müssen. Die Beklagte musste den dadurch entstandenen Verdienstausfall ersetzen, weil sie eine „kaufvertragsrechtliche Nebenpflicht" verletzt, nämlich den Kläger fahrlässig nicht auf das Risiko gesundheitsschädlicher Nebenwirkungen hingewiesen hatte.

Darüber hinaus können dem Verkäufer **Schutzpflichten** gemäß § 241 Abs. 2 treffen, insbesondere die Pflicht, in der nach Sachlage gebotenen Weise für die Verkehrssicherheit der Räume zu sorgen, die er dem Käufer oder seinen Familienangehörigen und Hilfspersonen im Zuge der Abwicklung des Vertrages zugänglich macht (Rn. 501 ff., 517 ff.).

III. Käuferpflichten

1. Zahlung des Kaufpreises

Aufgrund des Kaufvertrags ist der Käufer verpflichtet, dem Verkäufer den vereinbarten Kaufpreis zu zahlen (vgl. § 433 Abs. 2). Der Kaufpreis ist die Gegenleistung für die Verschaffung des Kaufgegenstands. Die Verpflichtung zur Zahlung des Kaufpreises und die Verpflichtung zur Lieferung des Kaufgegenstands sind daher „synallagmatisch" miteinander verknüpft (oben

Rn. 485), dies mit der Folge, dass der Kaufvertrag ein „gegenseitiger Vertrag" ist, für den die Vorschriften der §§ 320 ff. gelten.

626 a) **Zahlungsvereinbarungen.** – Die Parteivereinbarung entscheidet nicht nur über die Höhe des Kaufpreises, sondern auch darüber, in welcher Währung, zu welchem Zeitpunkt, in welchen Teilbeträgen und auf welche Konten des Verkäufers der Käufer zahlen muss. Auch kann vereinbart werden, dass der Käufer berechtigt oder verpflichtet sein soll, den Kaufpreis an einen bestimmten Dritten zu zahlen oder dass er vom Kaufpreis einen Abzug (Skonto) machen darf, sofern er die Zahlung vor Ablauf einer bestimmten Frist bewirkt. Haben die Parteien sich als Verkäufer und Käufer vertraglich binden wollen, aber keine ausdrückliche Vereinbarung über die Höhe des Kaufpreises getroffen, so wird der Vertrag in der Regel dahin auszulegen sein, dass der „Ladenpreis" oder der „Marktpreis" oder – so formuliert es Art. 55 CISG – derjenige Preis als Kaufpreis geschuldet sein soll, „der bei Vertragsabschluss allgemein für derartige Ware berechnet wurde, die in dem betreffenden Geschäftszweig unter vergleichbaren Umständen verkauft" worden ist. Wenn es an einer vertraglichen Vereinbarung über den Zeitpunkt fehlt, von dem ab der Kaufpreis „fällig" ist, also der Verkäufer die Zahlung des Kaufpreises verlangen kann, so muss der Käufer gemäß § 271 Abs. 1 „sofort" leisten, also mit Entstehung der Forderung durch den Abschluss des Vertrages. Soll allerdings der Kaufgegenstand erst einige Zeit nach Vertragsabschluss geliefert werden, so wird sich oft den Umständen entnehmen lassen, dass die Kaufpreisforderung erst bei Lieferung, evtl. erst mit Zugang der Rechnung fällig werden soll. Heißt es in der Rechnung, dass der Käufer den Rechnungsbetrag „spätestens am 30. Oktober" zahlen müsse, so liegt darin eine **Stundung** des Kaufpreisanspruchs, die zur Folge hat, dass dieser Anspruch bis 30. Oktober „gestundet" und daher erst am 1. November **fällig** wird (vgl. Rn. 554).

627 b) **Barzahlung und bargeldlose Zahlung.** – Zu unterscheiden ist, ob der Käufer den Kaufpreis bar oder bargeldlos bezahlt. Bei der Barzahlung überträgt er gemäß §§ 929–935 das Eigentum an der erforderlichen Menge von Geldzeichen (Münzen oder Geldscheinen) auf den Verkäufer. Das geschieht heute praktisch nur noch dort, wo zur Abwicklung von Geschäften des täglichen Lebens Geld in geringen Beträgen gezahlt wird. Im Übrigen herrscht die **bargeldlose Zahlung**. Bei ihr erfüllt der Käufer seine Zahlungsverpflichtung dadurch, dass er dem Verkäufer in Höhe des Kaufpreises **Buchgeld** verschafft, indem er dafür sorgt, dass der Verkäufer in dieser Höhe eine Forderung gegen ein Kreditinstitut erwirbt, und zwar dadurch, dass der Betrag einem Konto, das er bei diesem Institut unterhält, gutgeschrieben wird. Wenn dieses Kreditinstitut zahlungsfähig ist und das Konto des Verkäufers, auf dem

die Gutschrift erfolgt ist, ein Guthaben aufweist und nicht gepfändet ist, so sind Bargeld und Buchgeld praktisch gleichwertig.

Vgl. Rn. 663 zu den verschiedenen Formen der bargeldlosen Zahlung. – Nach traditioneller Auffassung kann der Käufer seine Kaufpreisschuld stets durch Barzahlung erfüllen, hingegen durch bargeldlose Zahlung nur dann, wenn der Verkäufer erklärt hat, dass er eine solche Zahlung als „geschuldete Leistung" (§ 362 Abs. 1) oder als „Leistung an Erfüllungs statt" (§ 364 Abs. 1) gelten lassen wolle. Die Rechtsprechung sieht eine solche Erklärung schon dann als stillschweigend abgegeben an, wenn der Verkäufer auf seinem Geschäftspapier ein Bankkonto genannt oder frühere bargeldlose Zahlungen ohne Protest entgegengenommen hat (vgl. BGHZ 98, 24, 29 f.). Der Käufer erfüllt seine Kaufpreisschuld nicht, wenn er den Kaufpreis auf ein anderes Konto des Verkäufers als das von ihm benannte überweist (BGHZ 98, 24, 30). 628

c) **Verlust- und Verzögerungsgefahr.** – Die Kaufpreisforderung erlischt durch Erfüllung (§§ 362 ff.), sobald der Verkäufer das Eigentum an den entsprechenden Geldzeichen (Münzen oder Geldscheine) erworben hat oder – bei bargeldloser Zahlung – ihm der entsprechende Betrag auf dem von ihm genannten Konto seiner Bank gutgeschrieben worden ist (BGHZ 6, 121 und 103, 143, 146). Was gilt, wenn der Käufer zwar die Überweisung des Kaufpreises auf das Konto des Verkäufers veranlasst hat, aber der Betrag diesem Konto gar nicht (Verlustgefahr) oder nur mit erheblicher Verspätung (Verzögerungsgefahr) gutgeschrieben wird? 629

Aus § 270 Abs. 1 und 2 ergibt sich, dass „im Zweifel" – also, wenn die Parteien nichts anderes vereinbart haben – der Schuldner den geschuldeten Geldbetrag „auf seine Gefahr und seine Kosten" dem Gläubiger an dessen Wohnsitz oder an den Ort seiner gewerblichen Niederlassung zu übermitteln hat. Unter „Gefahr" ist hier das **Verlustrisiko** zu verstehen. Der Käufer trägt also – wie bei einer Bringschuld (Rn. 549 ff.) – das Risiko dafür, dass aus Gründen, die er nicht zu vertreten hat, der Kaufpreis auf dem Weg zum Verkäufer verloren geht oder fehlgeleitet wird. Wenn also das Bankkonto des Käufers ein ausreichendes Guthaben aufweist und er mit der Bank den Überweisungsvertrag über den geschuldeten Kaufpreis geschlossen und ihr fehlerfreie Instruktionen über die Ausführung des Vertrages (richtige Konto-Nummer und Bankleitzahl) erteilt hat, aber gleichwohl der Betrag dem Konto des Verkäufers nicht gutgeschrieben wird, weil durch den Computerfehler einer in den Zahlungsvorgang eingeschalteten Bank der Betrag auf ein falsches Konto gegangen ist, so muss der Käufer den Kaufpreis noch einmal bezahlen; er muss sehen, ob er den ihm dadurch entstehenden Schaden von seiner Bank ersetzt verlangen kann. Gemäß § 270 Abs. 4 bleibt es allerdings dabei, dass der Wohnsitz des Schuldners (oder der Sitz seiner gewerblichen Niederlassung) Leistungsort ist, er also dort – wie bei einer Schickschuld (Rn. 549 ff.) – die zur Erfüllung seiner Zahlungspflicht erforderlichen Handlungen vorzunehmen hat und er auch dort, sofern nichts anderes vereinbart 630 ist, auf Kaufpreiszahlung verklagt werden muss (§ 29 ZPO). Ist dem Käufer für die Zahlung des Kaufpreises eine Frist bestimmt, so hat er daher **rechtzeitig** geleistet, wenn er die für die Zahlung des Kaufpreises erforderlichen Handlungen vor Fristablauf vorgenommen, also – sofern die Zahlung durch Überweisungsauftrag erfolgt – rechtzeitig den Auftrag bei seiner Bank eingereicht hat und außerdem auf seinem Konto die erforderliche Deckung besteht. Daraus folgt, dass sich der Käufer, sobald er das Erforderliche getan hat, nicht (oder, wenn er das Erforderliche erst nach Fristablauf getan hat, *nicht mehr*) im Verzug befindet und daher auch nicht den Verzögerungsschaden zu ersetzen braucht, der dem Verkäufer durch den verspäteten Eingang des Kaufpreises entstanden ist (vgl. dazu im Einzelnen *Huber* I § 5 IV). Es ist also der Verkäufer, der das **Verzögerungsrisiko** trägt, dies aber nur „im Zweifel". Anders liegt es, wenn vereinbart ist, dass die Zahlung auf dem Konto des Zahlungsempfängers bis zum Ablauf eines bestimmten Tages „eingegangen", d.h. gutgeschrieben sein muss. Anders liegt es aber vor allem in den zahlreichen Fällen, in denen die Zahlung ein „**Entgelt im Geschäftsverkehr**" betrifft (vgl. Rn. 1140).

631 d) **Preisklauseln.** – Gewöhnlich wird die Höhe des Kaufpreises bei Abschluss des Vertrages festgelegt. Die Parteien können aber auch vereinbaren, dass der Kaufpreis erst zu einem späteren Zeitpunkt bestimmt werden soll. An einer solchen Vereinbarung hat besonders der Verkäufer ein Interesse, wenn zwischen Vertragsabschluss und Kaufpreiszahlung ein längerer Zeitraum liegt (wie z.B. bei langfristigen Bezugsverträgen, vgl. Rn. 563) und daher für den Verkäufer das Risiko besteht, dass während dieses Zeitraums sein Aufwand für die Beschaffung, Verpackung und Lieferung der Ware steigen und/oder die Währung, in der ihm der Kaufpreis zu zahlen ist, inflationsbedingt an Kaufkraft verlieren wird. Dagegen schützen **Preisänderungs- und Wertsicherungsklauseln**: Die Parteien können eine Vereinbarung treffen, nach der unter bestimmten Umständen – z.B. wenn zwischen Vertragsabschluss und Lieferung der Lebenshaltungskostenindex, die Beamtenbesoldung, die Tariflöhne im Baugewerbe, der Weizen-, Kohle- oder Goldpreis über ein bestimmtes Maß hinaus steigen oder fallen sollten – über den Kaufpreis noch einmal neu verhandelt und er einvernehmlich – notfalls durch einen Dritten (vgl. § 317) – an die veränderte Lage angepasst werden soll (**Neuverhandlungsklausel**). Manchmal wird vereinbart, dass der Kaufpreis an die eben genannten oder ähnliche Bezugsgrößen starr angebunden sein und im Gleichschritt mit ihnen automatisch steigen oder fallen soll. Solche Klauseln werden als inflationsfördernd angesehen und sind gemäß § 1 Abs. 1 **Preisklauselgesetz** grundsätzlich unwirksam. Allerdings gelten viele Ausnahmen. Insbesondere sind Preisklauseln wirksam, bei denen die Güter oder Leistungen, mit deren Preis der Kaufpreis schwanken soll, mit der Kaufsache selbst vergleichbar sind oder für die Her-

B. Pflichten beim Kaufvertrag

stellung der Kaufsache benötigt werden und ihr Preis sich deshalb auf die Kosten der Herstellung der Kaufsache auswirkt. So liegt es z.B., wenn der Kaufpreis für elektrische Energie an den Kohle- oder Ölpreis oder der Preis für Aluminium an den Strompreis gebunden wird.

Vgl. dazu § 1 Abs. 1 Nr. 2 und 3 Preisklauselgesetz. – Wenn Preisklauseln aller Art nicht „im Einzelnen ausgehandelt", sondern als AGB-Klausel in den Vertrag einbezogen worden sind (vgl. § 305), so müssen sie gemäß §§ 307 ff. auf ihre Gültigkeit überprüft werden. Ein gutes Beispiel bildet die „**Tagespreisklausel**", die früher in Kaufverträgen über neue Kraftfahrzeuge gang und gäbe war. Darin war bestimmt, dass der bei Vertragsabschluss vereinbarte Kaufpreis 4 Monate lang gültig sein sollte – damit war der Regelung in § 309 Nr. 1 Rechnung getragen –, dass aber, „wenn zwischen Vertragsabschluss und vereinbartem Liefertermin mehr als 4 Monate liegen, … der am Tag der Lieferung gültige Preis des Verkäufers" maßgeblich sein solle. Nach Auffassung des BGH verstößt diese Klausel gegen § 307, wenn sie in Verträge mit Verbrauchern einbezogen wird (BGHZ 82, 21). Denn nach ihrem Wortlaut gestatte sie dem Verkäufer „jede beliebige Preiserhöhung", auch eine solche, die nicht dem Ausgleich gestiegener Herstellungskosten, sondern lediglich der Erzielung eines höheren Gewinnes diene. Die Klausel war daher nichtig, der Vertrag im Übrigen hingegen zwar gültig (§ 306 Abs. 1), aber doch insoweit lückenhaft, als er keine angemessene Lösung des (damals drängenden) Problems der Preisanpassung bei langen Lieferfristen enthielt. Da es keinerlei gesetzliche Vorschriften gibt, die gemäß § 306 Abs. 2 in die Lücke hätten treten können, hat sie der BGH selbst geschlossen, und zwar in der Weise, dass er mit Hilfe „ergänzender Vertragsauslegung" (Rn. 68 ff.) in den Vertrag eine Regelung hineinlas, nach der der Käufer zwar den bei Lieferung maßgeblichen „Tagespreis" zahlen musste, aber von dem Vertrag zurücktreten konnte, „wenn die Preiserhöhung für das Fahrzeug den Anstieg der allgemeinen Lebenshaltungskosten in der Zeit zwischen Bestellung und Auslieferung nicht unerheblich übersteigt" (BGHZ 90, 69, 78).

2. Abnahme der Kaufsache

Wer eine Sache gekauft hat, ist nicht nur zur Zahlung des Kaufpreises, sondern auch zur Abnahme der Kaufsache verpflichtet (§ 433 Abs. 2). Wann und wie der Käufer zum Zweck der Abnahme der Kaufsache tätig werden muss, hängt von den vertraglichen Vereinbarungen ab. Ist Heizöl verkauft und eine Holschuld (Rn. 549) vereinbart worden, so muss der Käufer dafür sorgen, dass die Ware zu dem vereinbarten Zeitpunkt aus dem Tanklager des Verkäufers in ein geeignetes, vom Käufer bereitzustellendes Transportmittel übernommen und abgefahren wird. Bei einer Schick- oder Bringschuld (Rn. 549 ff.) muss er sicherstellen, dass die Ware aus dem Tankzug oder Kesselwagen, in dem sie ihm angeliefert wird, abgepumpt und auf sein Lager übernommen werden kann. Nimmt der Käufer die Ware nicht pünktlich ab, so kann ihn der Verkäufer auf Abnahme verklagen. Er kann ihn durch die Erhebung einer Klage, aber auch durch eine Mahnung, in Verzug setzen und den Schaden, der ihm durch die Verzögerung der Abnahme entsteht, ersetzt verlangen (§§ 280 Abs. 1 und 2, 286). Hat er dem Verkäufer eine angemessene Frist für die Abnahme gesetzt, so kann er, wenn die Frist erfolglos abläuft,

Schadenersatz statt der Leistung verlangen (§§ 280 Abs. 1 und 3, 281) und/ oder vom Vertrag zurücktreten (§ 323). Alle diese Rechte stehen dem Verkäufer zu, ohne dass es darauf ankommt, ob die Abnahmeverpflichtung des Käufers eine Hauptpflicht ist, die mit der Lieferverpflichtung des Verkäufers im Synallagma steht (Rn. 485).

634 Nimmt der Käufer die Kaufsache nicht ab, so kann er dadurch nicht nur in Verzug mit seiner Abnahmeverpflichtung geraten, sondern noch dazu in **Annahmeverzug**. Mit der Regelung über den Annahmeverzug in §§ 293–304 soll erreicht werden, dass einer Vertragspartei kein Nachteil dadurch entsteht, dass sie ihre Leistung so wie vertraglich vereinbart der anderen Partei angeboten hat, diese aber aus irgendwelchen Gründen – sei es auch infolge höherer Gewalt oder durch einen Zufall – zur Entgegennahme der Leistung nicht in der Lage oder nicht bereit war. Annahmeverzug kann deshalb nicht nur beim Kaufvertrag vorliegen, wenn der Käufer die ihm angebotene Kaufsache nicht abnimmt, sondern auch beim Werkvertrag, wenn die Kundin das maßgeschneiderte Kleid zur vereinbarten Zeit bei ihrer Schneiderin nicht abholt (Rn. 683 ff.), beim Mietvertrag, wenn der Mieter die vom Vermieter für ihn bereitgestellte Wohnung zum vereinbarten Zeitpunkt nicht bezieht (Rn. 742), beim Dienstvertrag, wenn der Nachhilfelehrer sich mit gespitztem Bleistift zur verabredeten Zeit und am verabredeten Ort bereithält, aber der Schüler, weil er erkrankt ist oder keine Lust mehr hat, nicht erscheint (Rn. 697 ff.).

635 Annahmeverzug tritt ein, wenn der Gläubiger „die ihm angebotene Leistung nicht annimmt" (§ 293), vorausgesetzt, dass ihm die Leistung so angeboten worden ist, wie dies in §§ 294–296 bestimmt ist: Sie muss daher vom Schuldner so angeboten worden sein, wie er sie nach den vertraglichen Vereinbarungen und, wo sie fehlen, nach den gesetzlichen Bestimmungen zu bewirken hatte (§ 294), also am richtigen Ort (vgl. Rn. 547 ff.), zur richtigen Zeit (vgl. Rn. 554 ff.), vollständig (vgl. Rn. 563) und in der richtigen Beschaffenheit. Das Angebot muss ferner „tatsächlich" erfolgen (§ 294), nämlich so, „dass der Gläubiger nichts weiter zu tun braucht als zuzugreifen und die angebotene Leistung anzunehmen" (RGZ 85, 415, 416). In Ausnahmefällen genügt ein wörtliches Angebot, so z.B. bei Holschulden oder wenn der Gläubiger erklärt hat, er trete von dem Vertrag zurück oder halte ihn für ungültig und werde die Leistung des Schuldners unter keinen Umständen annehmen (§ 295). In einem solchen Fall ist oft auch ein wörtliches Angebot, weil bloße Förmelei, entbehrlich (BGH NJW 2001, 287, 288). Gemäß § 296 ist ein wörtliches Angebot auch dann entbehrlich, wenn der Gläubiger die Ware zu einem bestimmten Zeitpunkt abzuholen oder abzuliefern hat und er diese Mitwirkungshandlung unterlässt. Muss ein Käufer die Kaufsache am 15. April beim Verkäufer abholen, so kommt er in Annahmeverzug, wenn er sie – gleichgültig aus welchem Grunde – an diesem Tage bis zum Geschäftsschluss nicht abgeholt hat. Eines wörtlichen Angebots, wie es für Holschulden in § 295 vorgesehen ist – also einer Benachrichtigung davon, dass die Ware abholfertig bereit stehe – bedarf es in diesem Falle nicht (§ 296). Allerdings darf der Verkäufer nicht „außerstande sein, die Leistung zu bewirken" (§ 297): Der Käufer kommt also nicht in Annahmeverzug, wenn er zwar am 15. April zur Abholung nicht erschienen ist, die Ware aber vom Verkäufer an diesem Tag nicht bereitgestellt war.

B. Pflichten beim Kaufvertrag

Befindet sich der Käufer mit der Annahme der Kaufsache in Verzug, so hat dies eine Reihe von günstigen Folgen für den Verkäufer. Sind Wertpapiere oder Kostbarkeiten verkauft, so kann er sie beim Amtsgericht hinterlegen (§ 372) oder, wenn es sich um andere Sachen handelt, versteigern lassen und den Erlös hinterlegen (§§ 383 BGB, 373 Abs. 2 HGB). Wenn er gegenüber dem Amtsgericht bei der Hinterlegung auf die Rücknahme des Erlöses verzichtet (§ 376), so wird es so gehalten, als habe er an den Käufer geleistet (§ 378, Rn. 880 ff.). Ferner wird der Verkäufer, wenn er Gattungswaren verkauft und dem Käufer in einer den Annahmeverzug begründenden Weise erfolglos angeboten hat, dadurch begünstigt, dass er von seiner Leistungspflicht gemäß § 275 Abs. 1 befreit wird, wenn ihm nunmehr die Leistung dadurch unmöglich wird, dass die für sie vorgesehenen Gattungsstücke aus Gründen, die er nicht zu vertreten hat, verloren gehen oder zerstört oder beschädigt werden. Dass der Verkäufer von seiner Lieferpflicht befreit wird, ergibt sich aus § 300 Abs. 2, folgt freilich in aller Regel auch schon daraus, dass die Gattungssachen im Zeitpunkt ihres Verlusts oder ihrer Beschädigung bereits „konkretisiert" sein werden und der Lieferanspruch des Käufers daher schon deshalb gemäß § 275 Abs. 1 ausgeschlossen ist (Rn. 795). Der Verkäufer braucht also den Käufer nicht mehr zu beliefern und kann gleichwohl von ihm den Kaufpreis verlangen (§ 326 Abs. 2 und Rn. 817, 881). Dies alles gilt sogar dann, wenn das nachträgliche Unmöglichwerden der Leistung auf einfacher Fahrlässigkeit des Verkäufers beruht (§ 300 Abs. 1 und Rn. 686, 845 ff.). Ferner kann der Verkäufer gemäß § 304 die Kosten ersetzt verlangen, die ihm dadurch entstanden sind, dass er dem Käufer die Kaufsache erfolglos angeboten und sie danach bei sich oder einem Lagerhalter aufbewahrt und sie gegen Beschädigungen gesichert und versichert hat. Aufgrund des Annahmeverzuges schuldet der Käufer zwar Kostenersatz, aber nicht Schadensersatz. In der Regel schuldet er allerdings auch Schadensersatz, weil er zur Abnahme der Kaufsache verpflichtet war (vgl. § 433 Abs. 2) und durch die Nichtabnahme (nicht nur in Annahmeverzug, sondern in aller Regel auch) in Schuldnerverzug gerät. Allerdings haftet der Käufer auf Schadensersatz wegen Schuldnerverzuges nicht, wenn er die Nichtabnahme der Kaufsache nicht zu vertreten hat (§§ 280 Abs. 1 Satz 3 und 286 Abs. 4). Hingegen treten der Annahmeverzug und die mit ihm verbundenen Nachteile für den Käufer ganz unabhängig davon ein, ob es ein Zufall, höhere Gewalt oder sonst ein von ihm nicht zu vertretender Grund war, der ihn an der Abnahme der Kaufsache gehindert hat.

636

3. Nebenpflichten, Schutzpflichten

637 Der Käufer ist nicht nur zur Abnahme der Kaufsache verpflichtet. Daneben muss er in aller Regel weitere **Nebenpflichten** erfüllen, die sich aus einer vertraglichen Vereinbarung, aus dispositiven Gesetzesregeln oder aufgrund einer Auslegung oder Ergänzung des Vertrages ergeben.

638 Wenn etwa die Parteien keine Vereinbarung darüber getroffen haben, wer von ihnen die Kosten der Durchführung des Vertrages tragen soll, so gilt die Regelung in § 448. Danach ist es z.B. der Käufer, der die Kosten zu tragen hat, die dadurch entstehen, dass die Kaufsache an einen anderen Ort als den Erfüllungsort versandt wird, oder dadurch, dass beim Grundstückskauf der Kaufvertrag und die Auflassung notariell beurkundet werden müssen. Hat der Käufer die Kaufsache zwar abgenommen, sodann aber als nicht vertragsmäßig beanstandet, so muss er sie, solange er sie in Besitz hat, gegen Verlust, Diebstahl oder Beschädigung in der nach den Umständen gebotenen Weise sichern (vgl. auch § 379 HGB). Das Gleiche gilt in Bezug auf eine Kaufsache, die dem Käufer unter Eigentumsvorbehalt übergeben worden ist, ebenso dann, wenn dem Käufer Schmieröl in Fässern oder Kaffee in einem Container geliefert worden sind, die Fässer und der Container aber im Eigentum des Verkäufers verbleiben und ihm zurückgegeben werden sollen. Eine Nebenpflicht verletzt der Käufer auch dann, wenn er gemäß § 439 vom Verkäufer die Beseitigung eines Mangels der Kaufsache verlangt, obwohl er erkannt hat oder hätte erkennen müssen, dass die Kaufsache in Wahrheit gar nicht mangelhaft ist und dass die Gründe, aus denen sie seine Erwartungen enttäuscht, in seinem eigenen Verantwortungsbereich liegen: In einem solchen Fall kann der Verkäufer vom Käufer Ersatz des Aufwands verlangen, der ihm dadurch entstanden ist, dass er die Kaufsache untersucht und dabei den wahren Sachverhalt ermittelt hat (BGH NJW 2008, 1147; vgl. auch BGHZ 179, 238 und Rn. 495, 1079). Hat ein Hersteller ein Vertriebssystem dergestalt eingerichtet, dass der Absatz seiner Produkte im Lande A dem einen Großhändler, im Lande B einem bestimmten anderen Großhändler vorbehalten bleiben soll, so wird sich, wenn er nunmehr einen Kaufvertrag mit einem Käufer mit Sitz im Lande C schließt, aus den vertraglichen Vereinbarungen oder aufgrund ergänzender Vertragsauslegung regelmäßig ergeben, dass den Käufer die Nebenpflicht trifft, die ihm gelieferten Produkte nicht nach A oder B zu re-exportieren.

639 Für die *Schutzpflichten* des Käufers gelten die Überlegungen in Rn. 620 ff. entsprechend. Wird z.B. der Tankwagen des Verkäufers auf dem Grundstück des Käufers bei der Anlieferung von Heizöl dadurch beschädigt, dass vom Haus des Käufers eine Dachlawine abgeht, so haftet der Käufer wegen Verletzung einer vertraglichen Schutzpflicht gemäß § 280 Abs. 1 auf Schadensersatz, es sei denn, er könne beweisen, dass ein vernünftiger Mensch in gleicher Lage sich zur Abwendung des Risikos von Dachlawinen nicht anders verhalten hätte, als er es getan hat.

C. Pflichten bei Verträgen über Werk- und Dienstleistungen

I. Allgemeines zum Pflichteninhalt

Eine wichtige Gruppe von Verträgen ist dadurch charakterisiert, dass sich die eine Vertragspartei zu einer bestimmten **Tätigkeit** und die andere im Gegenzug zur Zahlung einer Vergütung verpflichtet. Hierher gehören Verträge, in denen vereinbart wird, dass jemand gegen Entgelt als Buchhalter, Maurer, Kraftfahrer oder Hausmeister eine Arbeitsleistung erbringen soll oder bei denen es jemand gegen Entgelt unternimmt, für seinen Vertragspartner ein Bauwerk zu errichten, eine Maschine zu bauen, ihm Nachhilfeunterricht zu erteilen, ihn oder seine Güter mit einem Transportmittel zu einem bestimmten Ziel zu befördern oder ihn als Rechtsanwalt rechtlich zu beraten oder als Arzt medizinisch zu versorgen. Überall werden hier auf vertraglicher Grundlage Tätigkeiten gegen Entgelt erbracht, und es geht deshalb zunächst um die Frage, welche Vertragstypen das BGB zur Ordnung dieser Vielfalt bereitstellt.

1. Dienstvertrag und Werkvertrag

Für entgeltliche Verträge über Tätigkeiten stellt das BGB im Wesentlichen zwei Vertragstypen zur Verfügung, nämlich den **Dienstvertrag** und den **Werkvertrag**.

Beim **Dienstvertrag** verpflichtet sich die eine Partei „zur Leistung der versprochenen Dienste", die andere zur Zahlung der dafür „vereinbarten Vergütung" (§ 611 Abs. 1). Dabei können „Dienste jeder Art" versprochen werden (§ 611 Abs. 2). Es kommt also nicht darauf an, ob die Dienste in körperlicher oder geistiger Arbeit bestehen, von ganz einfacher Natur sind oder nur von besonders qualifizierten Personen geleistet werden können, ob sie über kurze oder lange Zeit hinweg erbracht werden sollen oder ob der Verpflichtete bei der Leistung der Dienste von den Weisungen seines Vertragspartners abhängig ist oder mehr oder weniger selbständig entscheiden soll, wie er vorgehen will.

Ein **Werkvertrag** liegt vor, wenn die eine Partei – der „Unternehmer" – sich gegenüber der anderen Partei – dem „Besteller" – verpflichtet, ein bestimmtes **Werk** herzustellen und es ihm frei von Sach- und Rechtsmängeln zu verschaffen. Im Gegenzug verpflichtet sich der Besteller zur Zahlung einer Vergütung (§§ 631, 633). Auch bei einem Werkvertrag muss der Unternehmer, um das vertraglich versprochene Werk herzustellen, eine Tätigkeit entfalten, also Arbeits- oder Dienstleistungen erbringen. Anders als beim Dienstvertrag schuldet er aber dem anderen Vertragspartner nicht die Tätigkeit als solche. Was er ihm schuldet, ist ein bestimmter **Erfolg** der Tätigkeit, nämlich das mit ihrer Hilfe hergestellte **Werk**. Meist besteht das versprochene Werk in der Herstellung oder Veränderung einer Sache. So liegt es z.B. bei **Bauverträgen**, durch die der Unternehmer die Ausschachtung einer Baugrube, die Errichtung des Rohbaus, die Herstellung des Dachstuhls, den Einbau einer Heizungsanlage, die Errichtung oder Erweiterung einer Garage oder die Gestaltung eines Gartens verspricht. Nach allgemeiner Ansicht liegt ein Werkvertrag auch dort vor, wo ein **Architekt** die Planung eines Bauvorhabens übernimmt oder sich dazu verpflichtet, die ordnungsmäßige Ausführung des Bauvorhabens zu überwachen (BGHZ 31, 224; BGHZ 45, 372, 376). Gegenstand eines Werkvertrags ist auch die Reparatur und Wartung von Kraftfahrzeugen, die Restaurierung eines Möbelstücks, die chemische Reinigung von Kleidungsstücken usw.

644 Besteht das von dem Unternehmer versprochene Werk darin, dass er eine bewegliche Sache herzustellen oder zu erzeugen und sodann dem Besteller zu liefern hat, so wird der Vertrag gemäß § 651 wie ein **Kaufvertrag** behandelt. Gemäß § 651 Satz 3 gelten *daneben* einzelne Vorschriften des Werkvertragsrechts, wenn die bewegliche Sache unvertretbar ist (§ 91). Die Abgrenzung zwischen den in § 651 bezeichneten **Kaufverträgen** und den **Werkverträgen** gemäß §§ 631 ff. kann aus verschiedenen Gründen praktisch wichtig sein, so z.B. deshalb, weil nur im ersteren Fall ein Verbrauchsgüterkauf gemäß §§ 474 ff. vorliegen kann und nur im ersteren Fall der Käufer, wenn der Vertrag für beide Parteien ein Handelsgeschäft ist, die Ware nach ihrer Ablieferung unverzüglich untersuchen und entdeckte Mängel unverzüglich anzeigen muss, wenn er nicht seine Mängelansprüche verlieren will (§ 377 HGB).

645 Werkvertragsrecht – und nicht Kaufrecht – ist insbesondere anwendbar, wenn der Unternehmer Arbeiten an einem **Grundstück** auszuführen, also Bauteile **in ein Grundstück** einzubauen hat; hat er sie lediglich zu **liefern**, so gilt Kaufrecht, weil die Bauteile auch dann als „bewegliche Sachen" gemäß § 651 angesehen werden, wenn sie letztlich für den Einbau in ein Grundstück gedacht sind (BGHZ 182, 141). Werkvertragsrecht gilt ferner dann, wenn der Unternehmer eine schon vorhandene bewegliche Sache **repariert** oder sonstwie **bearbeitet** oder **verändert**. Schließlich stellt § 631 Abs. 2 klar, dass sich die Leistung des Unternehmers nicht auf die Herstellung oder Bearbeitung von **Sachen** beziehen muss, sondern auch in jedem anderen durch Arbeit oder Dienstleistung herbeizuführenden Erfolg bestehen kann, wie z.B. in der Erstellung eines Gutachtens durch einen Architekten, Wirtschaftsprüfer, Rechtsanwalt oder anderen Sachverständigen, in der Übersetzung eines Textes in eine andere Sprache, in der Beförderung von Personen oder Sachen zu einem bestimmten Zielort, in der Herstellung eines auf die Bedürfnisse des Vertragspartners zugeschnittenen Computerprogramms, in der Planung einer Werbekampagne oder in der Gestaltung einer Zeitungsanzeige, eines Fernsehspots oder eines Kunstwerks. Gewiß muß der Unternehmer in den zuletzt genannten Fällen manchmal seine Arbeiten in einer „beweglichen

Sache" manifest machen, indem er seinem Auftraggeber die von ihm hergestellten Bauzeichnungen, das Manuskript seines Gutachtens oder seiner Übersetzung oder das versprochene Kunstwerk „liefert". Aber sein geistiges Werk steht hier so stark im Vordergrund, daß § 651 nicht eingreift und daher nicht Kaufrecht, sondern Werkvertragsrecht anzuwenden ist.

Das BGB widmet dem Werkvertrag nur 20 Paragraphen (§§ 631–651), und es ist offensichtlich, dass sich damit die Probleme der ganz unterschiedlichen Werkvertragstypen nicht vollständig erfassen lassen. Für bestimmte Werkverträge hat der Gesetzgeber selbst dem Bedürfnis nach einer konkreteren Regelung Rechnung getragen. So gelten besondere gesetzliche Vorschriften (§§ 651 a-m) für den **Reisevertrag**, also den Vertrag, durch den ein Reiseveranstalter seinem Kunden die Verschaffung einer „Reise", also eines bestimmten „Pakets von Reiseleistungen" (insbesondere Beförderungs- und Beherbergungsleistungen) verspricht. Sonderregeln gelten auch für das riesige Gebiet der **Beförderungsverträge**, so etwa §§ 407 ff. HGB für die Beförderung von Waren auf dem Landweg, §§ 556, 664 ff. HGB für die Seebeförderung von Waren, die Eisenbahnverkehrsordnung (EVO) für die Bahnbeförderung, das Luftverkehrsgesetz für die Beförderung mit Flugzeugen usw. Für viele andere Werkvertragstypen pflegen die Parteien regelmäßig die Geltung bestimmter **Allgemeiner Geschäftsbedingungen** zu vereinbaren. Besonders weit verbreitet ist für Bauverträge die **Verdingungsordnung für Bauleistungen** (VOB).

Für die Abgrenzung von Dienstvertrag und Werkvertrag kommt es in erster Linie darauf an, welche Partei das Risiko dafür tragen soll, dass die vertraglich vereinbarte Tätigkeit nicht den mit ihr erstrebten Erfolg hat. Beim Werkvertrag trägt dieses Risiko der Unternehmer: Er erhält grundsätzlich erst dann und nur dann die vertraglich vereinbarte Vergütung, wenn das versprochene Werk in der versprochenen Beschaffenheit von ihm hergestellt und von seinem Auftraggeber abgenommen worden ist. Beim Dienstvertrag ist die Vergütung schon mit der Leistung der versprochenen Tätigkeit verdient, ohne dass es darauf ankommt, ob die Tätigkeit auch den Erfolg gehabt hat, den sich der Auftraggeber von ihr erhofft haben mag.

Wenn der Reeder eines in Seenot geratenen Schiffes mit dem Kapitän des herbeigeeilten Bergungsschleppers vereinbart hat, dass er das Schiff in den nächsten Hafen bringen solle, so kommt es darauf an, in welche Richtung der Parteiwille geht: Wenn der Berger sich nach besten Kräften und mit der gebotenen Sorgfalt um die Bergung des Schiffes bemühen und dafür die vereinbarte Vergütung erhalten soll, so liegt ein Dienstvertrag vor. Dagegen handelt es sich um einen Werkvertrag, wenn vereinbart ist, dass der Bergelohn nur im Erfolgsfall, also nur dann geschuldet sein soll, wenn das Schiff geborgen, nämlich an einem sicheren Platz vor Anker gegangen ist oder im Hafen festgemacht hat. Geht in diesem Fall das Schiff *vorher* verloren – und sei es auch durch höhere Gewalt unmittelbar vor Erreichen des sicheren Platzes –, so erhält der Berger nichts: Er „trägt die Gefahr bis zur Abnahme des Werkes" (§ 644 Abs. 1 Satz 1).

Wer sich durch einen Dienstvertrag Dienste versprechen lässt, hat zwar oft auch die Erwartung, dass sie zu einem bestimmten Erfolg führen werden. Wer etwa einen Rechtsanwalt mit der Führung eines Prozesses beauftragt, wird sich sicherlich davon erhoffen, dass der Prozess gewonnen wird. Und doch entspricht es regelmäßig dem Willen der Parteien, dass dem Anwalt die vereinbarte Vergütung auch dann zustehen soll, wenn er sich mit der von ihm nach den Umständen zu erwartenden Sorgfalt um den Prozessgewinn zwar bemüht hat, aber der Prozess dennoch verloren gegangen ist. Deshalb ist der Vertrag zwischen Anwalt und Mandant regelmäßig Dienstvertrag.

650 Ausnahmsweise liegt ein Werkvertrag vor, wenn der Anwalt die Herstellung eines bestimmten Werkes, also z.B. die Erstattung eines Rechtsgutachtens über die Aussichten eines Gerichtsverfahrens oder eine bestimmte andere Einzelleistung versprochen hat. Ein Werkvertrag würde auch dann vorliegen, wenn vereinbart wäre, dass der Anwalt nicht bloß Dienste mit dem Ziel des Prozessgewinns leisten, sondern den Prozessgewinn selbst herbeiführen und dementsprechend das vereinbarte Honorar (ganz oder teilweise) nur dann erhalten soll, wenn der Prozess tatsächlich gewonnen ist. Vgl. zur Vereinbarung eines „Erfolgshonorars" Rn. 212.

651 Auch der **Arzt** verspricht dem Patienten in der Regel nicht, dass er seine Gesundheit wiederherstellen, sondern lediglich, dass er sich in sachgerechter Weise und nach besten Kräften um seine Gesundung bemühen werde. Denn beide Parteien wissen, dass der Behandlungserfolg nicht „von der ärztlichen Kunst allein [abhängt], sondern auch von der besonderen, vom Arzt nur beschränkt beeinflussbaren physischen und psychischen Konstitution des Patienten" (BGHZ 63, 306, 310 f.). Dagegen sind die Regeln über den Werkvertrag anzuwenden, soweit es der Arzt übernimmt, eine Prothese anzufertigen (oder durch einen Zahntechniker als seinen Erfüllungsgehilfen anfertigen zu lassen). Wie liegt es, wenn der Arzt die Nase des Patienten verschönern, sein Gesicht „liften", seine Brust vergrößern oder verkleinern oder durch einen chirurgischen Eingriff seine Zeugungs- oder Empfängnisfähigkeit beseitigen soll? Wenn es der Wille der Parteien ist, dass der Patient die vereinbarte Vergütung nur im Erfolgsfalle soll zahlen müssen, so liegt ein Werkvertrag vor mit der Folge, dass der Arzt auch dann kein Honorar beanspruchen kann, wenn ihn am Misslingen des Eingriffs keinerlei Verschulden trifft. Wenn dagegen der Patient die Vergütung auch bei Erfolglosigkeit des Eingriffs schulden soll, so ist der Vertrag ein Dienstvertrag (vgl. BGHZ 63, 306; BGHZ 76, 259; OLG Düsseldorf NJW 1975, 595).

652 Für die Abgrenzung von Dienstvertrag und Werkvertrag kommen neben den eben geschilderten Erwägungen zur Risikoverteilung auch noch andere Kriterien in Betracht. So spricht es für einen Dienstvertrag, wenn eine allgemein laufende Tätigkeit versprochen wird, dagegen für einen Werkvertrag, wenn einzelne fest umrissene Aufgaben übernommen worden oder bestimmte Ziele zu erreichen sind. Vgl. aus der Rechtsprechung BGH NJW 2002, 3326.

2. Dienstvertrag und Arbeitsvertrag

653 Eine praktisch besonders wichtige Gruppe von Dienstverträgen bilden die **Arbeitsverträge**, die zwischen Arbeitnehmer und Arbeitgeber geschlossen werden. Ihre Besonderheit besteht darin, dass Ort und Zeit der vertraglich

vereinbarten Dienste im Wesentlichen vom Arbeitgeber festgelegt werden, der Arbeitnehmer seinen Weisungen Folge leisten und sich in die Organisation seines Betriebes einfügen muss und seine Tätigkeit daher insgesamt als unselbständig, abhängig, fremdbestimmt anzusehen ist.

Da alle **Arbeitsverträge** immer auch Dienstverträge sind, gelten die Vorschriften des BGB über Dienstverträge (§ 611–630) stets auch für Arbeitsverträge, manche sogar (wie z.B. §§ 613 a, 622, 623) **nur** für Arbeitsverträge. Arbeitsverträge sind privatrechtliche Verträge wie andere Verträge auch. Das bedeutet, dass die allgemeinen Regeln des Vertragsrechts auch für Arbeitsverträge maßgeblich sind. Dies gilt allerdings nur mit erheblichen Einschränkungen. Sie ergeben sich vor allem aus zahlreichen besonderen Gesetzen, die (wie z.B. das Arbeitszeitgesetz, das Entgeltfortzahlungsgesetz, das Kündigungsschutzgesetz, das Mutterschutzgesetz) durch zwingende Vorschriften den Arbeitnehmer vor den Folgen seiner wirtschaftlichen und sozialen Abhängigkeit schützen wollen, indem sie z.B. das Recht des Arbeitgebers zur Kündigung des Arbeitsvertrages beschränken, die Entgeltfortzahlung im Krankheitsfall vorschreiben und die Sicherheit am Arbeitsplatz gewährleisten. Insgesamt hat das Arbeitsrecht seit langem seine Zelte vor den Toren des Bürgerlichen Gesetzbuches aufgeschlagen: Es besitzt seine eigene Gerichtsbarkeit, seine eigene Literatur und seine eigenen Lehrveranstaltungen. Von ihm soll daher im Folgenden nicht mehr die Rede sein.

Es bleiben diejenigen Dienstverträge, die nicht Arbeitsverträge sind, weil der zur Dienstleistung Verpflichtete als Unternehmer oder Freiberufler selbständig handelt, also seine Tätigkeit und ihren organisatorischen Rahmen im Wesentlichen frei gestalten und seine Arbeitszeit selbst bestimmen oder jedenfalls mitbestimmen kann. Daher sind, soweit nicht ausnahmsweise ein Werkvertrag vereinbart ist, als Dienstverträge anzusehen die Verträge mit Ärzten, Heilgymnasten und Heilpraktikern, mit Rechtsanwälten, Wirtschaftsprüfern, Steuerberatern, Vermögensverwaltern und Handelsvertretern (vgl. auch §§ 84 ff. HGB), mit den Trägern privater Schulen und anderer Ausbildungseinrichtungen, ebenso die Verträge zwischen dem Künstler oder Sportler und seinem Manager oder Agenten, zwischen der Gemeinschaft der Wohnungseigentümer und dem Verwalter, zwischen der Aktiengesellschaft, GmbH oder sonstigen juristischen Personen und den Mitgliedern ihres Vorstands oder ihrer Geschäftsführung.

Manchmal ist es schwierig zu entscheiden, ob ein bestimmter Vertrag als **Arbeitsvertrag** oder als **Vertrag mit einem Selbständigen** (Dienst- oder Werkvertrag) anzusehen ist. Auf die Frage kommt es an, weil die Schutzvorschriften des Arbeits- und Sozialversicherungsrechts zugunsten von Arbeitnehmern, nicht aber zugunsten von selbständigen Unternehmern anzuwenden sind. Die Frage tritt besonders häufig bei den „**Freien Mitarbeitern**" auf, wie sie im Pressewesen und bei den Rundfunkanstalten zu finden sind, ferner bei den „**Scheinselbständigen**", denen nach dem Wortlaut der Verträge, die sie geschlossen haben, zwar die Stellung und die Risiken eines selbständigen Unternehmers zugewiesen sind, die aber faktisch ebenso schutzbedürftig sind wie ein Arbeitnehmer, weil sie allein und ohne Mitarbeiter, auch in der Regel ohne eigenes Kapital und ohne eigene Organisation auf Dauer für nur einen einzigen Vertragspartner tätig werden. Vgl. z.B. BGH NJW 1999, 218 („Eismann") und die arbeitsrechtliche Spezialliteratur.

3. Auftrag und Geschäftsbesorgungsvertrag

657 Besondere Regeln stellt das BGB für diejenigen Verträge bereit, durch die sich eine Partei verpflichtet, für ihren Vertragspartner **ein Geschäft zu besorgen**. Wenn sich die Parteien darüber einig sind, dass die Geschäftsbesorgung unentgeltlich erfolgen soll, so wird ein solcher Vertrag als **Auftrag** bezeichnet (§ 662).

658 Der Ausdruck „Auftrag" wird mit unterschiedlicher Bedeutung gebraucht. Wer einem Händler einen „Auftrag" über die Lieferung von 3000 l Heizöl erteilt, macht ihm damit ein Angebot zum Abschluss eines Kaufvertrages, auf das der Händler mit einer Annahmeerklärung in Gestalt einer „Auftragsbestätigung" reagieren wird. Wenn sodann der Händler seinem Fahrer den „Auftrag" erteilt, das Heizöl mit dem Tankwagen zum Käufer zu bringen, so liegt darin eine Weisung, mit der der Händler die Arbeitsleistung konkretisiert, die ihm der Fahrer als sein Arbeitnehmer schuldet.

659 Um einen „Auftrag" i. S. des § 662 handelt es sich nur dann, wenn ein **Vertrag** geschlossen wird, aufgrund dessen die eine Partei sich verpflichtet, für die andere unentgeltlich ein Geschäft zu besorgen. So liegt es z.B., wenn ein Sportverein (vertreten durch seinen Vorstand) eines der Vereinsmitglieder bittet, ehrenamtlich als Übungsleiter die Jugendschwimmgruppe zu trainieren, oder wenn ein Ruheständler einer alten Bekannten verspricht, ihr Wertpapierdepot zu verwalten, für die Pflege der Gräber ihrer Angehörigen zu sorgen, mit ihren Gläubigern einen Zahlungsplan auszuarbeiten oder sich um den Verkauf eines ihr gehörenden Grundstücks zu kümmern. Voraussetzung für das Zustandekommen eines Auftrags i. S. des § 662 ist es allerdings, dass beide Beteiligten darin übereinstimmen, dass das Vereinsmitglied oder der Ruheständler für ihre Mühewaltung zwar den Ersatz ihrer Auslagen erhalten, aber keine Vergütung verdienen sollen.

660 Neben dem Auftrag kennt das BGB noch weitere Verträge, bei denen die eine Partei eine Leistung verspricht, ohne sich dafür eine Gegenleistung auszubedingen. So liegt es beim **Schenkungsversprechen** (§ 518), ferner dann, wenn sich jemand verpflichtet, eine Sache seinem Vertragspartner zum Gebrauch zu überlassen (§ 598–606: **Leihvertrag**) oder eine bewegliche Sache für ihn zu verwahren (§§ 688–700: **Verwahrungsvertrag**). Dass jemand in dieser Weise für einen anderen um Gotteslohn tätig wird und sich noch dazu, falls er einen Fehler bei der Erledigung des Auftrags macht, einer Haftung aussetzt, kommt im geschäftlichen Verkehr so gut wie nie vor und ist auch im privaten Bereich so ungewöhnlich, dass man stets bedenken muss, ob nicht der Geschäftsbesorger, der Verwahrer oder der Verleiher dem anderen Beteiligten eine bloße **„Gefälligkeit"** erweisen, rechtlich sanktionierte Pflichten aber gar nicht übernehmen und für eine Pflichtverletzung auch nicht auf Schadensersatz haften wollten (Rn. 33). Maßgeblich für die Entscheidung dieser Frage ist, ob eine rechtliche Bindung von den Parteien „gewollt" war. Aber was sie wollen, lässt sich gewöhnlich nur aus den Umständen erschließen, also ins-

besondere daraus, welche wirtschaftliche Bedeutung die Angelegenheit für sie hat, ob sie in einen geschäftlichen oder in einen bloß gesellschaftlichen Kontext eingebettet ist und wie schwer die Nachteile wiegen, die der einen Partei in erkennbarer Weise drohen, wenn die andere das Geschäft fehlerhaft oder gar nicht besorgt. Wenn etwa die Mitglieder eines Stammtischs eine „Tippgemeinschaft" gebildet haben und der eine von ihnen es unentgeltlich übernommen hat, den gemeinschaftlich ausgefüllten Lottoschein zur Annahmestelle zu bringen, so ist es durchaus zweifelhaft, ob er, wenn er die Erledigung des Auftrags fahrlässig versäumt hat, den anderen auf Schadensersatz haften, nämlich ihnen den Gewinn ersetzen muss, der auf den Lottoschein entfallen wäre. Vgl. dazu schon Rn. 33 und BGHZ 21, 102; BGH NJW 1974, 1705, BGH NJW 1992, 498. Diese Regeln zur Abgrenzung von Vertrag und bloßer Gefälligkeit gelten auch dann, wenn jemand – wie § 675 Abs. 2 sagt – „einem anderen einen Rat oder eine Empfehlung erteilt" hat und der andere Ersatz des Schadens verlangt, der ihm durch die Befolgung des Rats oder der Empfehlung entstanden ist: Ein solcher Schadensersatzanspruch besteht nicht, wenn der Rat oder die Empfehlung lediglich „gefälligkeitshalber" erteilt war, wohl aber dann, wenn der Ratgeber mit der Erteilung des Rats eine vertraglich übernommene Leistungs- oder Schutzpflicht erfüllen wollte.

Obwohl ein Auftrag i.S. des § 662 in der Praxis ziemlich selten vorkommt, hat ihm das BGB in §§ 663–676 eine ausführliche Regelung gewidmet. Praktisch bedeutsam ist diese Regelung nur dort, wo die Geschäftsbesorgung *gegen Entgelt* übernommen wird. In diesem Fall spricht das BGB von einem **Geschäftsbesorgungsvertrag**. Dabei handelt es sich stets um einen Dienstvertrag oder Werkvertrag, auf den die Vorschriften des Dienst- oder Werkvertragsrechts anzuwenden sind. Außerdem sind aber auf Geschäftsbesorgungsverträge ergänzend die meisten Regeln über den Auftrag anzuwenden (§ 675 Abs. 1), und *hierin* liegt deren eigentliche praktische Bedeutung.

Aufgrund eines Geschäftsbesorgungsvertrags verspricht die eine Partei, eine Angelegenheit ihres Vertragspartners, des Auftraggebers, für ihn so zu erledigen, wie dies seinem Interesse entspricht. Der Auftraggeber zahlt dafür zwar eine Vergütung. Dadurch erreicht er aber, dass die Angelegenheit für ihn von einem Spezialisten wahrgenommen wird, der oft über eine besondere Ausbildung, Erfahrung und Sachkunde verfügt und ähnliche Geschäfte in großer Zahl gleichzeitig für viele andere Auftraggeber besorgt, so dass er dafür eine geeignete betriebliche Organisation schaffen und für seine Leistung eine Vergütung fordern kann, die geringer ist als der Aufwand, der dem Auftraggeber entstünde, wenn er selbst oder seine eigenen Leute sich um die Sache kümmern müssten. So liegt es z.B., wenn jemand einer Immobilienfirma die Verwaltung seines Grundstücks, einem Handelsvertreter die Vermittlung oder den Abschluss von Geschäften (vgl. §§ 84 ff. HGB), einem Rechtsanwalt die Erledigung einer Mietstreitigkeit, einer Werbeagentur die Planung und Durchführung einer Werbekampagne, einem Architekten die Betreuung eines Bauvorhabens, einem Autohändler den Verkauf seines Gebrauchtwagens oder einem Personalberater die Findung eines kompetenten Geschäftsführers überträgt.

663 Fast niemand bewahrt heute noch bares Geld zu Hause in seiner Zigarrenkiste oder unter dem Kopfkissen auf, und ebenso selten kommt es vor, dass jemand bares Geld zu seinem Gläubiger trägt oder von seinem Schuldner bares Geld entgegennimmt. Zahlungen werden vielmehr in der Weise geleistet, daß jemand mit einem Kreditinstitut einen Geschäftsbesorgungsvertrag schließt – vom BGB in §§ 675 c und f „**Zahlungsdienstevertrag**" genannt – und ihm im Rahmen dieses Vertrages Aufträge und Weisungen zur Ausführung von Zahlungsvorgängen erteilt. Praktisch besonders wichtig ist die Zahlung durch **Überweisung**. Wenn z.B. der Käufer den Kaufpreis durch Überweisung zahlt, so weist er seine Bank an, den Kaufpreis von seinem Konto abzubuchen und sicherzustellen – regelmäßig unter Einschaltung anderer Kreditinstitute –, daß dem Verkäufer auf seinem bei einer anderen Bank geführten Konto eine entsprechende Gutschrift erteilt wird. Bei der Zahlung im **Lastschriftverfahren** ist es der Verkäufer, von dem die Initiative zur Durchführung der Zahlung ausgeht: Er weist seine Bank an, auf seinem bei ihr geführten Konto eine Gutschrift in Höhe des Kaufpreises vorzunehmen und dafür zu sorgen, daß aufgrund einer vorher vom Käufer erteilten Zustimmung auf einem von ihm bei einer anderen Bank geführten Konto eine entsprechende Belastung erfolgt. Bei der **Kartenzahlung** geschieht die Zahlung in der Weise, daß dem Kartenaussteller durch die Karte vom Karteninhaber das Recht eingeräumt wird, an einen Dritten Zahlungen für Rechnung des Karteninhabers zu leisten. Die Einzelheiten dieser verschiedenen Zahlungsvorgänge sind durch §§ 675 c ff., durch das Zahlungsdiensteaufsichtsgesetz und durch die AGB der Kreditinstitute geregelt. Sie bilden einen Schwerpunkt des Bankrechts.

4. Maklervertrag

664 Dürftig und lückenhaft ist die Regelung, die das BGB dem **Maklervertrag** widmet (§§ 652–655). Danach kann der Makler von seinem Auftraggeber die vereinbarte Vergütung – oft „Provision" oder „Courtage" genannt – verlangen, wenn er ihm die Gelegenheit zum Abschluss eines Vertrages mit einem Dritten nachgewiesen und/oder den Vertragsabschluss vermittelt, also an den Vertragsverhandlungen mit dem Dritten fördernd teilgenommen hat.

665 **Grundstücks- oder Immobilienmakler** ist, wer insbesondere Grundstückskaufverträge sowie Miet- und Pachtverträge über Grundstücke, Wohnräume oder Geschäftsräume vermittelt. **Kreditvermittler** bemühen sich um den Abschluss von Darlehensverträgen, die zwischen ihrem Kunden als Schuldner und dem Dritten als Darlehensgeber zustande kommen sollen. Auf den Kreditvermittlungsvertrag sind, wenn er von der einen Partei als Unternehmer (§ 14) und von der anderen als Verbraucher (§ 13) geschlossen worden ist, neben §§ 652–655 auch die zwingenden Bestimmungen der §§ 655 a-e anzuwenden. Ferner gibt es Makler, die sich auf die Vermittlung von Unternehmenskaufverträgen oder von Dienst- und Arbeitsverträgen (insbesondere von leitenden Angestellten) spezialisiert haben. **Ehemaklern** geht es um die Vermittlung des Zustandekommens einer Ehe. Von der Eheanbahnung lässt sich heute die Vermittlung von (nichtehelichen) Partnerschaften praktisch nicht unterscheiden; beide werden daher gleichgestellt (vgl. BGHZ 112, 122). Gemäß § 656 Abs. 1 kann der Ehemakler seinen Vergütungsanspruch nicht gerichtlich durchsetzen, auch wenn die Voraussetzungen erfüllt sind, unter denen er sich den Anspruch nach dem Vertrag verdient hat. Der Anspruch kann also als „Naturalobligation" von dem Ehemakler nicht eingeklagt werden. Wohl aber bildet die ihm zugrunde liegende Vereinbarung, soweit der Kunde den Anspruch freiwillig erfüllt hat,

für den Ehemakler einen Grund für das Behaltendürfen des Empfangenen (vgl. § 656 Abs. 1 Satz 2 und BGHZ 87, 309). In der Praxis helfen sich daher die Ehemakler dadurch, dass sie schon bei Vertragsabschluss von ihren Kunden einen Vorschuss verlangen. Die rechtspolitisch umstrittene Bestimmung des § 656 Abs. 1 sollte früher die sittliche Missbilligung der entgeltlichen Ehevermittlung ausdrücken, verfolgt aber immerhin auch heute noch den vernünftigen Zweck, den Kunden dadurch, dass er mit dem Vorschussverlangen des Ehemaklers konfrontiert wird, vor einem übereilten Vertragsschluss zu schützen.

Aus § 652 ergibt sich, dass der Makler die Vergütung nicht allein dadurch verdient, dass er die Gelegenheit zu einem Vertragsabschluss nachgewiesen oder auf den Vertragsabschluss hingewirkt hat. Hinzukommen muss auch noch, dass aufgrund seiner Nachweis- und Vermittlungsbemühungen der Vertrag tatsächlich wirksam zustande gekommen, die Tätigkeit des Maklers also für den Vertrag „kausal" geworden ist. Aus § 652 folgt dagegen nicht, dass der Makler zu einer Tätigkeit verpflichtet wäre. Sie liegt zwar in seinem Interesse, weil er nur dadurch seine Chance auf die Vergütung realisiert. Aber wenn er nichts unternimmt, so verletzt er dadurch allein (anders als der Unternehmer bei einem Dienst- oder Werkvertrag) keine vertragliche Verpflichtung. Allerdings vereinbaren die Parteien häufig etwas anderes. Der Vertrag kann z.B. vorsehen, dass der Makler zu einer Tätigkeit verpflichtet ist und für sie eine Vergütung auch dann soll verlangen können, wenn seine Bemühungen nicht zu einem Vertragsabschluss geführt haben. Dann liegt ein „**Maklerdienstvertrag**" vor, der allerdings vom gesetzlichen Leitbild des Maklervertrages (§ 652) so stark abweicht, dass ihm dieser besondere Inhalt nicht durch AGB-Klausel, sondern nur durch eine Individualvereinbarung verliehen werden kann (BGH NJW 1965, 246). Auch ein „Maklerwerkvertrag" kommt vor (vgl. z.B. BGH NJW 1988, 967). Die Verträge der Ehemakler und Partnerschaftsvermittler sind praktisch immer als Dienstverträge ausgestaltet; gleichwohl ist auf sie (neben §§ 611 ff.) auch § 656 anwendbar (BGHZ 87, 309; BGHZ 106, 341; BGHZ 112, 122). Häufig wird vereinbart, dass der Kunde für eine bestimmte Zeit an den Maklervertrag gebunden und während dieser Zeit nicht dazu berechtigt sein soll, einen anderen Makler mit der Vermittlung des Geschäfts zu beauftragen. Bei einem solchen „**Alleinauftrag**" nimmt die Rechtsprechung an, dass der Makler zu einer Tätigkeit verpflichtet ist und es sich bei dem Maklervertrag daher um einen Dienst- oder (seltener) einen Werkvertrag handelt.

5. Verwahrungsvertrag

667 Wer es übernimmt, ein fremdes Grundstück oder Räume in einem solchen Grundstück zu bewachen, gegen Gefahren zu sichern und, wenn erforderlich, fremde Hilfe (z.B. Feuerwehr oder Polizei) herbeizuholen, schließt mit seinem Vertragspartner in der Regel einen Dienstvertrag oder, wenn er unentgeltlich tätig werden will, einen Auftrag. Wenn jemand eine ähnliche Aufgabe in Bezug auf eine **bewegliche Sache** übernimmt, die ihm zu diesem Zweck von seinem Vertragspartner übergeben wird, so liegt ein **Verwahrungsvertrag** vor, für den das BGB in §§ 688–699 eine besondere, in vollem Umfang dispositive Regelung bereithält. Sie ist z.B. dann anwendbar, wenn jemand bei Gelegenheit eines Theater- oder Museumsbesuchs Kleidungsstücke in der Garderobe abgibt und dafür ein Entgelt bezahlt. Legt jemand im Zuge des Besuchs einer Gaststätte, Anwaltskanzlei, Arztpraxis oder Badeanstalt Kleidungsstücke oder Handgepäck an dem dafür vorgesehenen Ort ab, so kommt zwar kein eigener Verwahrungsvertrag zustande, weil es an einer besonderen vertraglichen Vereinbarung fehlt. Aber das heißt nicht, dass keine Haftung besteht, wenn die Kleidungsstücke oder das Handgepäck gestohlen werden. Die Verpflichtung, mit der nach den Umständen gebotenen Sorgfalt die abgelegten Gegenstände gegen Gefahren zu sichern, ergibt sich hier als Nebenpflicht aus dem Vertrag, den der Besucher mit dem Gastwirt, Anwalt, Arzt oder dem Betreiber der Badeanstalt geschlossen hat (vgl. BGH NJW 1980, 1096), oder aus dem Schuldverhältnis der Vertragsanbahnung (§ 311 Abs. 2), wenn ein solcher Vertrag zwar angebahnt, aber nicht zustande gekommen war.

668 Wer als Gastwirt oder Hotelier gewerbsmäßig Gäste (nicht bloß beköstigt sondern auch) beherbergt, haftet ihnen nicht nur aus Vertrag, wenn Sachen der Gäste verloren gehen oder beschädigt werden. Hinzu tritt eine besonders geregelte Haftung für den Schaden, der „durch den Verlust, die Zerstörung oder die Beschädigung von Sachen entsteht, die ein im Betrieb dieses Gewerbes aufgenommener Gast eingebracht hat" (§ 701 Abs. 1). Die Haftung wegen der **„Einbringung von Sachen bei Gastwirten"** beruht auf einer gesetzlichen Einstandspflicht, setzt also nicht den Abschluss eines Vertrages und erst recht nicht die schuldhafte Verletzung einer Vertragspflicht voraus, sondern knüpft allein an die Tatsache an, dass der Gast im Betrieb des Gastwirts „aufgenommen", dass seine Sachen in den räumlichen Herrschaftsbereich des Gastwirts „eingebracht" und dass sie nach ihrer Einbringung durch ein Ereignis, das nicht geradezu einen Fall höherer Gewalt darstellen darf, verlorengegangen oder beschädigt worden sind. Eingebrachte Kraftfahrzeuge und die in ihnen belassenen Sachen sind von der Haftung ausgenommen (§ 701 Abs. 4); ferner ist die Haftung summenmäßig beschränkt (§ 702). Der Gast, dessen auf dem Hotelparkplatz abgestelltes Kraftfahrzeug gestohlen worden ist oder der für den Verlust seiner sonstigen Sachen höheren Schadensersatz verlangt, als dies in § 702 vorgesehen ist, bleibt auf die vertragliche Haftung des Gastwirts angewiesen. Was die Haftung für den Verlust oder die Beschädigung geparkter Kraftfahrzeuge anlangt, so muss man beachten, dass von Bedeutung sein kann, ob der Parkplatz oder die Parkgarage bewacht sind oder nicht. Sind sie unbewacht, so verpflichtet sich der Unternehmer nicht zur Verwahrung des geparkten Fahrzeugs, sondern lediglich dazu, dem Kunden den Gebrauch der Stellfläche auf Zeit zu überlassen. Die Parteien schließen daher in diesem Fall einen Gebrauchsüberlassungsvertrag in der Form des Mietvertrages (Rn. 709 ff.).

II. Pflichten des Unternehmers

Das BGB bezeichnet denjenigen als „Unternehmer", der in einem **Werkvertrag** seinem Vertragspartner die Herstellung eines bestimmten Werkes versprochen hat. „Unternehmer" wird aber im Folgenden auch derjenige genannt, der sich durch einen **Dienstvertrag** zur Leistung bestimmter Dienste verpflichtet hat. Denn wir haben es hier nur mit solchen Dienstverträgen zu tun, die nicht Arbeitsverträge sind (Rn. 653 f.) und bei denen daher der zur Leistung der Dienste Verpflichtete mit einer gewissen Selbständigkeit darüber entscheidet, wann und wie er bei der Leistung der versprochenen Dienste vorgehen will. Auch Rechtsanwälte, Steuerberater, Architekten, Unternehmensberater und Vermögensverwalter sind daher Unternehmer, ebenso der Arzt, der Träger einer Privatschule und der freiberuflich tätige Musik-, Tennis- oder Nachhilfelehrer.

1. Hauptpflichten

Die Hauptpflicht des Unternehmers besteht darin, dass er die zugesagte Leistung in derjenigen Beschaffenheit erbringt, die er dem Auftraggeber vertraglich versprochen hat. Beim Werkvertrag hat der Unternehmer seine Hauptpflicht erfüllt, wenn er seinem Auftraggeber das versprochene Werk „frei von Sach- und Rechtsmängeln" verschafft hat (§ 633 Abs. 1 Satz 1). Beim Dienstvertrag sagt § 611 Abs. 1 zwar nur, dass der Unternehmer die „versprochenen Dienste" leisten muss. Aber die Dienste sind nur dann so wie „versprochen" geleistet, wenn sie frei von Mängeln, also so beschaffen sind, wie dies im Vertrag vereinbart war.

Haben die Parteien einen **Werkvertrag** geschlossen, so wird die Frage, unter welchen Voraussetzungen das Werk „frei von Sach- und Rechtsmängeln" ist, in § 633 Abs. 2 und 3 im Wesentlichen gerade so beantwortet wie beim Kaufvertrag in §§ 434 und 435. Daher gilt alles, was zu dieser Frage oben in Rn. 578 ff. gesagt worden ist, hier ebenso. Auch hier wird also in erster Linie durch die Parteivereinbarung festgelegt, welche Beschaffenheit das Werk haben muss, wenn es frei von Sach- oder Rechtsmängeln sein soll (Rn. 578; vgl. auch BGHZ 174, 110). Ebenso muss auch hier, soweit es an Parteivereinbarungen fehlt, das Werk diejenige Beschaffenheit haben, die erforderlich ist, wenn es sich für die „nach dem Vertrag vorausgesetzte" Verwendung, sonst für die „gewöhnliche Verwendung" eignen soll (Rn. 584 f.). Und schließlich wird es auch hier als Sachmangel angesehen, wenn der Unternehmer „ein anderes als das bestellte Werk oder das Werk in zu geringer Menge" hergestellt hat (Rn. 593 ff.). Zwar wird in § 633 Abs. 2 (anders als in § 434 Abs. 1 Satz 3) nicht erwähnt, dass es für die Sollbeschaffenheit des Werks auch auf die „öffentlichen Äußerungen" des Unternehmers, wie z.B. seine Prospekte, Werbeanzeigen, Kataloge ankommt (Rn. 584 b). Aber solche „öffentlichen Äußerungen" werden fast immer für die Bestimmung der „vereinbarten Beschaffenheit" i. S. des § 633 Abs. 2 Satz 1 von Bedeutung sein.

672 Im Übrigen ist zu beachten, dass die Regeln des **Kaufrechts** über die Sollbeschaffenheit der Kaufsache **unmittelbar** anzuwenden sind, wenn das versprochene Werk eine bewegliche Sache ist, die der Unternehmer herzustellen oder zu erzeugen hat. Das ergibt sich aus § 651. Wenn also ein Unternehmer Kraftfahrzeuge, Kühlschränke, Gartenmöbel, Medikamente, Maßanzüge oder Zahnprothesen herstellt oder Baustahl, Zement oder Dieselöl erzeugt und seine Kunden damit beliefert, so beurteilt sich die Vertragsmäßigkeit des Liefergegenstandes direkt nach §§ 434 f. (und nicht nach § 633).

673 Eine besondere Form des Werkvertrags ist der **Reisevertrag**, durch den sich der Unternehmer (Reiseveranstalter) verpflichtet, seinem Vertragspartner eine „Reise" zu verschaffen, also eine „Gesamtheit von Reiseleistungen" (§ 651 a). Dazu können bestimmte Beförderungsleistungen gehören, ferner die Unterbringung in einem Hotel, der Zugang zu Tennisplätzen, Skipisten oder FKK-Stränden, die Nutzung von bestimmten Wellness-Fazilitäten, die Versorgung mit bestimmten medizinischen, diätetischen oder kosmetischen Diensten. Die Hauptpflicht des Unternehmers besteht in der Verschaffung einer Reise, die „die zugesicherten Eigenschaften hat und nicht mit Fehlern behaftet ist, die den Wert oder die Tauglichkeit [der Reise] zu dem gewöhnlichen oder nach dem Vertrag vorausgesetzten Nutzen aufheben oder mindern" (§ 651 c).

674 Fehlerhaft ist die Reise, wenn ihre Istbeschaffenheit zum Nachteil des Reisenden von der vertraglich vereinbarten Sollbeschaffenheit abweicht. Maßgeblich für die Sollbeschaffenheit ist in erster Linie die Katalogbeschreibung der Reise. Hier muss man jedes Wort auf die Goldwaage legen. Heißt es z.B. im Katalog, dass das Hotel sich durch eine „zentrale Lage" auszeichnet, so muss der Reisende sich auf Verkehrslärm gefasst machen, und wenn er von seinem Hotel zur nächsten menschlichen Behausung eine halbe Stunde marschieren muss, so ist die Reise nicht fehlerhaft, wenn der Prospekt das Hotel als eine „Insel der Glückseligkeit und der Entspannung in Ruhe und Frieden" angepriesen hat. Vgl. dazu das Material z.B. bei *MK-Tonner* § 651 c Rn. 7 ff.

675 Beim **Dienstvertrag** verhält es sich im Grunde nicht anders. Fehlerhaft ist der geleistete Dienst, wenn er nicht die vertraglich vereinbarte Sollbeschaffenheit hat. Allerdings verhält es sich so, dass Dienstverträge mit selbständig handelnden Unternehmern die Art der geschuldeten Dienstleistung meist nur allgemein beschreiben, aber keine konkreten Merkmale nennen, die die Leistung, wenn sie vertragsmäßig sein soll, erfüllen muss. Diese Merkmale müssen deshalb durch ergänzende Vertragsauslegung ermittelt werden. Ein

Rechtsanwalt muss dasjenige tun, was im Interesse seines Mandanten zu tun von einem sorgfältigen und gewissenhaften Anwalt nach den Umständen erwartet werden kann. Deshalb ist seine Dienstleistung fehlerhaft, wenn er die Ansprüche seines Mandanten verjähren lässt oder wenn er ihn falsch darüber belehrt, wie ein eigenhändiges Testament formgültig errichtet oder wie das Testament zur Vermeidung von Erbschaftssteuer sinnvoll ausgestaltet werden muss, ebenso, wenn er ohne Zustimmung seines Mandanten mit dem Gegner einen ungünstigen Vergleich schließt oder es unterlässt, dem Gericht Dokumente vorzulegen oder Zeugen zu benennen, deren Vorlage oder Benennung sich unter den gegebenen Umständen jedem vernünftigen Anwalt aufgedrängt hätte. Die Dienstleistung eines **Arztes** ist fehlerhaft, wenn er sich bei der Diagnose oder Therapie anders verhält, als dies nach dem Stand der Wissenschaft von einem sorgfältigen Arzt verlangt werden muss, ebenso, wenn ein solcher Arzt in gleicher Lage erkannt hätte, dass seine diagnostischen oder therapeutischen Fähigkeiten nicht ausreichen und der Patient daher an einen Spezialisten verwiesen werden muss. Auch ist der Arzt verpflichtet, seine Patienten rechtzeitig und vollständig über die Risiken aufzuklären, die mit der vorgeschlagenen Behandlung verbunden sind.

2. Nebenpflichten, Schutzpflichten

Neben den Hauptpflichten treffen den Unternehmer unterschiedliche **Nebenpflichten**, die man gelegentlich in dispositiven gesetzlichen Vorschriften findet. So muss z.B. der Unternehmer, wenn dem Werkvertrag ein Kostenanschlag zugrunde gelegt worden ist, den Auftraggeber unverzüglich davon unterrichten, dass eine Überschreitung des Anschlags zu erwarten ist (§ 650 Abs. 2). Hat der Unternehmer aufgrund des Werk- oder Dienstvertrags für seinen Auftraggeber **ein Geschäft zu besorgen**, also irgendeine Angelegenheit von wirtschaftlicher Bedeutung für ihn so zu erledigen, wie das dem Interesse des Auftraggebers entspricht, so ergeben sich weitere Nebenpflichten des Unternehmers aus den Vorschriften des Auftragsrechts (§ 675 Abs. 1). Er muss z.B. zwar grundsätzlich die **Weisungen** befolgen, die ihm sein Auftraggeber zur Ausführung des Geschäfts erteilt hat. Aber wenn eine Weisung unklar oder unvollständig ist oder ihre Befolgung für den Auftraggeber nachteilig wäre, so muss der Unternehmer ihn davon in Kenntnis setzen und ihm Gelegenheit geben, die Weisung zu präzisieren, zu ergänzen, abzuändern oder zurückzunehmen. Von einer Weisung des Auftraggebers ohne seine Zustimmung abzuweichen, ist dem Unternehmer nur dann erlaubt, wenn sofortiges Handeln geboten ist; das ist gemäß § 665 Satz 2 der Fall, wenn der Aufschub, der durch eine Rückfrage oder durch weiteres Warten auf die Entschließung des Auftraggebers entstünde, mit einer Gefahr verbunden ist. Weicht der Unternehmer von einer Weisung des Auftraggebers ab, so muss er das Geschäft doch so führen, wie es das Interesse des Auftraggebers erfordert, also so, dass der Unternehmer „den Umständen nach annehmen darf, dass der Auftraggeber bei Kenntnis der Sachlage die Abweichung billigen würde" (§ 665 Satz 1). Dass der Unternehmer bei der Besorgung des Geschäfts als **Treuhänder** des Auftraggebers tätig wird, zeigt auch § 666: Danach muss er ihm über den jeweiligen Stand des Geschäfts Auskunft erteilen und nach seiner Erledigung Rechenschaft ablegen (vgl. dazu auch § 259). Schließlich muss der Unternehmer dem Auftraggeber alles zurückgeben, was er zur Ausführung des Geschäfts von ihm erhalten, aber nicht auftragsgemäß benutzt oder verbraucht hat; ferner muss er alles herausgeben was er „**aus der Geschäftsbesorgung erlangt**" hat (§ 667).

677 Hat sich also ein Kunstexperte verpflichtet, bestimmte Gemälde, die auf einer Auktion unter den Hammer kommen sollen, für seinen Auftraggeber zu ersteigern, so muss er sie, wenn sie ihm zugeschlagen worden sind, gemäß § 667 an den Auftraggeber herausgeben. Ob sich der Herausgabeanspruch auf die Verschaffung von Eigentum oder lediglich auf die Verschaffung von Besitz richtet, hängt davon ab, ob nach Maßgabe der sachenrechtlichen Regeln der Experte zunächst selbst Eigentum oder ob er nur den unmittelbaren Besitz an den Gemälden erworben hat und das Eigentum direkt auf den Auftraggeber übergegangen ist (Rn. 406 f.). Ist dem Experten zur Ausführung des Geschäfts Bargeld, ein Blankoscheck oder eine Vollmachtsurkunde übergeben worden, so muss er diese Gegenstände, soweit sie sich nach Erledigung des Geschäfts noch in seinem Besitz befinden, dem Auftraggeber zurückerstatten. Dies ergibt sich aus § 667 und, soweit es um die Vollmachtsurkunde geht, auch aus § 175. Verwaltet der Unternehmer ein Haus im Auftrag der Wohnungseigentümer (vgl. §§ 26 ff. Wohnungseigentumsgesetz) und lässt er sich von einem Brennstoffhändler ein Schmiergeld zahlen, damit er ihm den Auftrag für die Lieferung des für das Haus benötigten Heizöls erteile, so muss er auch das Schmiergeld, weil „aus der Geschäftsbesorgung erlangt", gemäß § 667 an die Wohnungseigentümer herausgeben, dies auch dann, wenn der Händler das billigste Angebot vorgelegt hat und er den Auftrag daher auch ohne das Schmiergeld erhalten hätte (vgl. BGH NJW 1991, 1224; BGH NJW 2001, 2476).

678 In manchen Fällen werden dem Unternehmer Nebenpflichten durch zwingende Vorschriften auferlegt, insbesondere dort, wo er Verträge mit Verbrauchern (§ 13) schließt.

679 Wer als Unternehmer Fernabsatzverträge (§ 312 b), Teilzeit-Wohnrechteverträge (§ 481), Verbraucherdarlehensverträge (§ 491), Reiseverträge (§ 651 a) oder Verträge über Zahlungsdienste (§ 675 c) schließt, muß seine Kunden, insbesondere wenn sie Verbraucher sind, vor Vertragsabschluß mit Informationen versorgen, die in barockem Detail in Art. 238 ff. EGBGB und in der BGB-Informationspflichten-Verordnung vom 5. August 2002 geregelt sind.

680 Erhebliche praktische Bedeutung haben auch diejenigen Nebenpflichten, die sich nicht auf eine konkrete gesetzliche Grundlage stützen lassen. Sie sind durch ergänzende Vertragsauslegung oder – dies läuft auf dasselbe hinaus – gemäß § 242 zu ermitteln, also dadurch, dass konkret festgelegt wird, wie sich der Unternehmer verhalten muss, wenn er seine Leistung pflichtgemäß

so bewirkt, „wie Treu und Glauben mit Rücksicht auf die Verkehrssitte es erfordern". Daraus resultiert eine Fülle der verschiedensten Informations-, Beratungs-, Warnungs-, Obhuts- und Schutzpflichten, deren Verletzung gemäß § 280 Abs. 1 zu einer Schadensersatzpflicht des Unternehmers führen kann.

Wer als **Architekt** eine Heizungsanlage mit Sonnenkollektoren plant und den Bau beaufsichtigt, muss seinen Auftraggeber davon in Kenntnis setzen, dass der Bau solcher Anlagen vom Staat auf Antrag subventioniert wird (vgl. BGH NJW 1996, 1889). **Betriebsgeheimnisse** des Auftraggebers, von denen der Unternehmer im Zuge der Ausführung eines Dienst- oder Werkvertrages Kenntnis erlangt, darf er nicht an Dritte weitergeben. Erlangt derjenige, der aufgrund eines Dienstvertrages mit einer GmbH oder Aktiengesellschaft als ihr Geschäftsführer oder Vorstandsmitglied tätig wird, Kenntnis von einer **geschäftlichen Chance**, die in den Geschäftsbereich der Gesellschaft fällt, so darf er diese Chance nicht für sich persönlich auswerten (auch nicht durch einen Strohmann und auch nicht nach Beendigung des Dienstvertrages). Vielmehr muss er die Chance der Gesellschaft anbieten; er selbst darf sie für sich erst dann wahrnehmen, wenn er dafür die Zustimmung der Gesellschaft erlangt hat (BGH NJW 1986, 585; Rn. 495). Ein **Kreditinstitut** haftet, wenn sein Vorstandssprecher in einem Fernsehinterview wahre oder auch unwahre Tatsachen behauptet oder Meinungen äußert, aus denen sich ergibt, dass ein Kunde des Instituts von der Insolvenz nicht mehr weit entfernt und daher kaum noch kreditwürdig ist (BGH NJW 2006, 830). Ein **Immobilienmakler** ist verpflichtet, seinem Auftraggeber unaufgefordert alles zur Kenntnis zu bringen, was für seine Entscheidung über den Abschluss des ihm vermittelten Vertrages erkennbar von Bedeutung ist (BGH NJW 1982, 1145). Das gilt für Informationen über die Beschaffenheit des Grundstücks, wenn es der Auftraggeber des Maklers kaufen, und über die Zahlungsfähigkeit des Käufers, wenn er es verkaufen will. Entsprechendes gilt für den **Ehemakler**: Er muss seiner Kundin auch ungefragt mitteilen, dass der angeblich Heiratslustige, den er ihr zugeführt hat, wegen Doppelehe und unbefugter Führung eines Doktortitels vorbestraft ist (BGHZ 25, 124). Ein **Rechtsanwalt** ist verpflichtet, seinen Mandanten unaufgefordert nicht nur darauf hinzuweisen, dass ihm Schadensersatzansprüche gegen ihn, den Anwalt, zustehen könnten, sondern auch darauf, dass diese Ansprüche zu verjähren drohen. Die gleiche Pflicht trifft auch Steuerberater, Architekten und andere freiberuflich tätige Fachleute (BGHZ 83, 17; BGH NJW 1984, 2204; BGH NJW 1985, 1151 und 2250). Wer als **Beförderungsunternehmer** oder Betreiber einer Autowerkstatt Sachen seines Auftraggebers zur Beförderung oder zur Reparatur übergeben erhält, muss sie gegen Verlust, Beschädigung oder Diebstahl so sichern, wie das nach den Umständen geboten ist (BGH NJW 1983, 113). Geboten sind hier wie auch sonst alle wirtschaftlich sinnvollen Sicherungsmaßnahmen. Das sind diejenigen Maßnahmen, deren Kosten geringer sind als der Nachteil, der dem Auftraggeber droht, falls die Maßnahmen unterbleiben. Dieser Nachteil lässt sich dadurch berechnen oder schätzen, dass man den Schaden, der dem Auftraggeber im Falle der Unterlassung der Maßnahmen droht, mit der Wahrscheinlichkeit multipliziert, mit der ein solcher Schaden eintreten würde (vgl. Rn. 1085 f.). Ebenso ist zu verfahren, wenn zu prüfen ist, ob der Unternehmer **Schutzpflichten** (§ 241 Abs. 2) verletzt hat, also z.B. als Rechtsanwalt oder als Arzt oder als Träger eines Krankenhauses oder Internats die den Mandanten, Patienten oder Schülern zugänglichen Räume nicht in ausreichendem Maß gegen Unfallgefahren gesichert hat.

III. Pflichten des Auftraggebers

1. Hauptpflichten

682 Hauptpflicht des Auftraggebers ist die Zahlung der vereinbarten Vergütung. Fehlt es an einer Vereinbarung über die Vergütung und ist deshalb zweifelhaft, ob überhaupt oder in welcher Höhe der Auftraggeber eine Vergütung zu bezahlen hat, so könnte die Frage entstehen, ob nicht der Vertrag mangels Einigung über einen wesentlichen Punkt unwirksam ist (vgl. Rn. 87, 130). Dieser Frage wird durch die Regelung in §§ 612, 632 vorgebeugt. Danach gilt eine Vergütung als „stillschweigend vereinbart", wenn von der Leistung des Unternehmers gesagt werden kann, dass sie gewöhnlich nur gegen ein Entgelt erbracht zu werden pflegt. Was die **Höhe der Vergütung** anlangt, so gilt als vereinbart die „taxmäßige Vergütung", wie man sie z.B. für die Leistungen der Rechtsanwälte im Rechtsanwaltsvergütungsgesetz (RVG), für die Leistungen der Ärzte in der „Gebührenordnung für Ärzte" (GOÄ) oder auch in der „Honorarordnung für Architekten und Ingenieure" (HOAI) findet. Notfalls ist die „übliche Vergütung" zu bezahlen.

683 Der Auftraggeber braucht die Vergütung erst dann zu zahlen, wenn der Unternehmer **seine Leistung erbracht hat**. Für den Dienstvertrag ergibt sich dies aus § 614 Satz 1. Für den Werkvertrag bestimmt § 641, dass der Auftraggeber die Vergütung erst „bei der Abnahme des Werkes" zu entrichten hat. Daraus ergibt sich, dass der Unternehmer „**vorleisten**" muss und sein Anspruch auf die Vergütung erst dann **fällig** wird, wenn die Dienstleistung von ihm erbracht oder das Werk von ihm vollendet und vom Auftraggeber „abgenommen" worden ist. Abgenommen hat der Auftraggeber das Werk, wenn er es körperlich entgegengenommen und ferner – durch ausdrückliche Erklärung oder durch schlüssiges Verhalten – zum Ausdruck gebracht hat, dass er es als eine im Wesentlichen vertragsmäßige Leistung **billigt**. Hat das Werk Mängel i.S. des § 633, so darf der Auftraggeber die Abnahme verweigern. „Unwesentliche Mängel" berechtigen ihn dazu nicht (§ 640 Abs. 1 Satz 2). Hat er bei der Abnahme wesentliche oder unwesentliche Mängel bemerkt und das Werk gleichwohl abgenommen, so kann er die Rechte, die ihm wegen dieser Mängel gemäß § 634 Nr. 1 bis 3 gegen den Unternehmer zustehen, nur dann geltend machen, wenn er sie sich bei der Abnahme „vorbehalten" hat (§ 640 Abs. 2). Das geschieht z.B. bei Bauleistungen dadurch, dass die Mängel in einem Abnahmeprotokoll festgehalten werden und das Protokoll sodann von den Parteien unterschrieben wird. Bei manchen unkörperlichen Werken – z.B. bei einer Beförderungsleistung – wird es als Abnahme angesehen, wenn der Unternehmer das Werk vollendet hat und es im Wesentlichen die vertraglich vereinbarte Sollbeschaffenheit aufweist (vgl. dazu § 646).

Die Abnahme führt nicht nur dazu, dass der Vergütungsanspruch des Unternehmers fällig wird. Sie hat für ihn auch noch andere günstige Konsequenzen. Insbesondere beginnt mit der Abnahme die **Frist** zu laufen, innerhalb derer der Auftraggeber Gewährleistungsansprüche gegen ihn geltend machen muss (§ 634 a). Ferner geht mit der Abnahme die „**Vergütungsgefahr**" von dem Unternehmer auf den Auftraggeber über. Das bedeutet: Wird das Werk nach der Abnahme oder, wenn es auf Verlangen des Auftraggebers versandt wird, nach der Übergabe an den Beförderer zerstört oder beschädigt – und zwar aus Gründen, die der Unternehmer nicht zu vertreten hat, etwa durch höhere Gewalt oder durch Fahrlässigkeit des Beförderers oder eines sonstigen Dritten –, so muss der Auftraggeber gleichwohl die volle Vergütung bezahlen (§ 644). Schließlich führt die Abnahme dazu, dass der Auftraggeber, der Gewährleistungsansprüche geltend machen will, die Beweislast dafür trägt, dass das Werk schon bei der Abnahme fehlerhaft war. 684

Aus diesen Gründen besteht für den Auftraggeber ein starker Anreiz, wegen behaupteter oder erdichteter Mängel die Abnahme des Werks zu verweigern oder hinauszuzögern; umgekehrt hat der Unternehmer ein ebenso starkes Interesse daran, dass das von ihm fehlerfrei hergestellte oder nur mit unwesentlichen Mängeln behaftete Werk ohne Aufschub abgenommen und dadurch die Fälligkeit seines Vergütungsanspruchs herbeigeführt wird. Diesem Interesse des Unternehmers wird dadurch Rechnung getragen, dass die Abnahmeverpflichtung des Auftraggebers als eine **Hauptpflicht** angesehen wird. Der Unternehmer kann also den Auftraggeber auf Erfüllung des Vertrages, nämlich auf Abnahme des Werkes verklagen (vgl. BGHZ 132, 96). Er kann ihm auch für die Abnahme eine angemessene Frist setzen, dies mit der Folge, dass das Werk als abgenommen gilt, falls der Auftraggeber die Frist verstreichen lässt. Freilich setzt das voraus, dass das nicht abgenommene Werk mangelfrei ist oder nur unwesentliche Mängel hat, der Auftraggeber also zur Abnahme verpflichtet ist (§ 640 Abs. 1 Satz 2). Schließlich kann der Unternehmer einen Gutachter damit beauftragen, die Mängelfreiheit des Werkes festzustellen. Auch hier gilt das Werk als abgenommen, wenn der Gutachter eine entsprechende „**Fertigstellungsbescheinigung**" erteilt (§ 641 a). 685

Viel Zeit kann vergehen, bis der Auftraggeber rechtskräftig zur Abnahme verurteilt, die ihm für die Abnahme gesetzte Frist abgelaufen oder die Fertigstellungsbescheinigung von dem Gutachter erteilt ist. Wie steht es mit dem Vergütungsanspruch des Unternehmers, wenn das von ihm für die Abnahme bereitgehaltene Werk während dieser Zeit zerstört oder beschädigt wird? Ist das Werk fehlerfrei hergestellt oder nur mit unwesentlichen Mängeln behaftet, so gerät der Auftraggeber dadurch, dass er es nicht abnimmt, in **Annahmeverzug** gemäß §§ 293 ff. (Rn. 634 ff.). Das hat zur Folge, dass die Vergütungsgefahr auf den Auftraggeber übergeht (§ 644 Abs. 1 Satz 2), der Unternehmer also von ihm die Zahlung der Vergütung auch dann verlangen kann, wenn das Werk zerstört oder beschädigt wird. Dies gilt nicht nur, wenn die Zerstörung oder Beschädigung auf höherer Gewalt, einen sonstigen Zufall oder auf das Verschulden eines Dritten zurückzuführen ist, sondern sogar dann, wenn dafür ein eigenes Verschulden des Unternehmers oder seiner Erfüllungsgehilfen – allerdings nicht gerade Vorsatz oder grobe Fahrlässigkeit – ursächlich ist (§ 300 Abs. 1). 686

687 Im Übrigen kann der Unternehmer gemäß § 286 Ersatz des Schadens verlangen, der ihm durch die Verzögerung der Abnahme entsteht. Wenn ihm deswegen der Geduldsfaden reißt und er das Werk nicht mehr länger für die Abnahme bereit halten und deshalb aus dem Vertrag im Ganzen aussteigen möchte, so kann er unter den Voraussetzungen des § 323 von dem Vertrag zurücktreten und/oder gemäß § 281 Schadensersatz statt der Leistung verlangen.

688 Alle diese Ansprüche des Unternehmers haben natürlich zur Voraussetzung, dass der Auftraggeber aufgrund des Werkvertrags zur Abnahme verpflichtet ist. Dieser Verpflichtung kann sich der Auftraggeber dadurch entziehen, dass er einen radikalen Schritt tut: Gemäß § 649 kann er nämlich, sofern nichts anderes vereinbart ist, den Werkvertrag, ohne dass er dafür irgendwelche Gründe nennen müsste, „bis zur Vollendung des Werkes jederzeit" **kündigen**. Damit erlischt seine Abnahmepflicht, ebenso seine Pflicht, die Herstellung des Werkes durch eigene Mitwirkungsmaßnahmen zu fördern (Rn. 694). Allerdings kostet eine solche Kündigung einen hohen Preis: Der Auftraggeber bleibt zur Zahlung der vereinbarten Vergütung verpflichtet und darf davon nur dasjenige abziehen, was der Unternehmer „infolge der Aufhebung des Vertrages an Aufwendungen erspart". Vgl. Rn. 778, 995.

689 Selbst wenn der Unternehmer die Vergütung verlangen kann, weil er seine Dienstleistung erbracht hat (§ 614 Satz 1) oder sein Werk abgenommen ist (§ 641 Abs. 1 Satz 1) oder als abgenommen gilt (§§ 640 Abs. 1 Satz 3, 641 a), so nützt ihm dies wenig, wenn und soweit der Auftraggeber zum maßgeblichen Zeitpunkt **nicht zahlungsfähig** ist. Darin liegt für den Unternehmer ein erhebliches Risiko. Denn er ist vorleistungspflichtig, muss also, um seine Dienstleistung zu erbringen oder das Werk herzustellen, oft beträchtliche eigene Ressourcen investieren, ehe er die Vergütung verlangen kann. Stellt sich der Auftraggeber später als insolvent heraus, so sind die Ressourcen verloren, weil die Dienstleistung oder das Werk auf die besonderen Bedürfnisse des Auftraggebers zugeschnitten war und sich nun anderweitig nicht mehr verwenden oder verwerten lässt. In gewissem Umfang kann der Unternehmer dieses Risiko dadurch vermindern, dass er sich die Zahlung eines Vorschusses oder Abschlags ausbedingt (vgl. § 669 i. V. mit § 675 Abs. 1) oder eine Vereinbarung trifft, nach der die Vergütung in Teilbeträgen zu zahlen ist, etwa jeweils nach Ablauf eines Zeitabschnitts (§ 614 Satz 2) oder jeweils nach Abnahme eines Teils des Werkes (§ 641 Abs. 1 Satz 2, „Zahlung nach Baufortschritt"). Hat ein Bauunternehmer „in sich abgeschlossene Teile des Werkes" hergestellt oder Baustoffe oder Bauteile eingebaut, so kann er kraft Gesetzes – also auch ohne eine besondere Vereinbarung – Abschlagszahlungen in entsprechender Höhe verlangen, sofern der Auftraggeber Eigentum an den Bauteilen oder Baustoffen erlangt hat; auf eine Abnahme kommt es hier nicht an (§ 632 a).

690 In manchen Fällen kann sich der Unternehmer auch durch die **Unsicherheitseinrede** des § 321 helfen. Wenn nach Abschluss des Vertrages erkennbar

wird, dass der Auftraggeber die Vergütung bei Fälligkeit nicht wird zahlen können (so z.b. wenn er die vereinbarten Abschlagszahlungen nicht leistet), so darf der (an sich vorleistungspflichtige) Unternehmer seine eigene Leistung zurückhalten und auf diese Weise (weitere) Investitionen in die Herstellung des Werks vermeiden. Er kann in diesem Fall den Auftraggeber zur Leistung einer Sicherheit (meist durch Stellung einer Bankgarantie) auffordern und, wenn die dafür gesetzte angemessene Frist erfolglos abgelaufen ist, von dem Vertrag gemäß § 323 zurücktreten.

Sofern das geschuldete Werk in der Herstellung oder Veränderung einer beweglichen Sache besteht, die in den Besitz des Unternehmers gelangt ist, aber dem Auftraggeber gehört – der klassische Fall ist die Reparatur eines Kraftfahrzeugs –, wird der Unternehmer gegen das Insolvenzrisiko dadurch geschützt, dass er gemäß § 647 an der Sache kraft Gesetzes ein **Pfandrecht** erwirbt, aufgrund dessen er sie unter bestimmten Voraussetzungen öffentlich versteigern lassen und sich aus dem Erlös wegen seiner Vergütungs- und Schadensersatzansprüche befriedigen kann (§§ 1257, 1228 ff.). Allerdings kommt es gerade bei der Reparatur von Kraftfahrzeugen häufig vor, dass das reparaturbedürftig gewordene Auto dem Auftraggeber nicht gehört, weil er es unter Eigentumsvorbehalt erworben und noch nicht voll bezahlt hat: In einem solchen Fall entsteht das Pfandrecht nicht, auch dann nicht, wenn der Unternehmer ohne grobe Fahrlässigkeit den Auftraggeber für den Eigentümer gehalten hat und daher gemäß §§ 1207, 932 ff. gutgläubig ist (so BGHZ 23, 153). Die Praxis behilft sich dadurch, dass der Unternehmer in seine Allgemeinen Geschäftsbedingungen eine „Verpfändungsklausel" aufnimmt. Darin erklärt der Auftraggeber, dass er dem Unternehmer an dem Kraftfahrzeug ein Pfandrecht bestelle; diese Erklärung nimmt der Unternehmer an. Damit ist das Pfandrecht **durch Vertrag** begründet. Mithin ist § 1207 anwendbar und daher ein Erwerb des Pfandrechts kraft guten Glaubens möglich (vgl. BGHZ 68, 323). Die Verpfändungsklausel verstößt auch nicht gegen § 307 (BGHZ 101, 307, 315 f.). – Bei Bauarbeiten auf fremdem Grundstück gewährt § 648 dem Bauunternehmer einen Anspruch gegen den Auftraggeber auf Einräumung einer **Sicherungshypothek**, der allerdings oft wertlos ist, sei es, weil das Grundstück bis zur Höhe seines Werts zugunsten anderer Gläubiger mit Grundpfandrechten bereits belastet ist, sei es, weil es dem Auftraggeber nicht gehört. Um diese Lücke zu schließen, räumt § 648 a dem Bauunternehmer das Recht ein, von seinem Auftraggeber eine **Sicherheit** zu verlangen. Sie wird in der Praxis durch eine Bankgarantie bereitgestellt, also dadurch, dass der Auftraggeber mit seiner Bank einen Geschäftsbesorgungsvertrag schließt, aufgrund dessen die Bank dem Unternehmer gegenüber eine Garantie in Höhe seines voraussichtlichen Vergütungsanspruchs übernimmt.

2. Nebenpflichten, Schutzpflichten

Der Auftraggeber muss nicht nur die vereinbarte Vergütung bezahlen, sondern oft auch Nebenpflichten erfüllen, die ihre Grundlage in den vertraglichen Vereinbarungen haben. Fehlt es in dem Vertrag an solchen Vereinbarungen, so ergeben sie sich manchmal aus den dispositiven Regeln des Gesetzesrechts, manchmal auch durch Auslegung des Vertrages oder durch Schließung seiner Lücken (Rn. 68 ff.).

693 **a) Pflicht zur Abwehr von Gefahren für Leben oder Gesundheit.** – Bei **Dienstverträgen** muss der Auftraggeber gemäß § 618 Sicherungsmaßnahmen treffen, durch die sein Vertragspartner gegen Gefahren für Leben und Gesundheit geschützt wird. Diese Verpflichtung, die nicht durch eine vertragliche Vereinbarung aufgehoben oder eingeschränkt werden kann (§ 619), hat praktische Bedeutung vor allem im Verhältnis zu Arbeitnehmern, wird freilich auch insoweit durch die detaillierten Unfallverhütungsvorschriften des Arbeitsrechts verdrängt. Gelegentlich kann § 618 aber auch in einem Fall eingreifen, in dem die Dienste von einem selbständigen Unternehmer zu leisten sind, so etwa dann, wenn ein freiberuflich tätiger Krankengymnast auf dem spiegelglatten Fußboden oder in den asbestverseuchten Räumen seines Auftraggebers zu Schaden kommt. Die Regelung des § 618 passt auch auf **Werkverträge**, ist dann aber abdingbar, so z.B. in einem Fall, in dem der Unternehmer, der das Gebäude des Auftraggebers reinigen oder seine Klimaanlage reparieren soll, bei Ausführung des Auftrags in einen mangelhaft abgedeckten Schacht stürzt und sich verletzt (vgl. BGHZ 56, 269, 274).

694 **b) Pflicht zur Mitwirkung.** – Häufig kann der Unternehmer die geschuldete Dienst- oder Werkleistung nur dann erbringen, wenn der Auftraggeber mitwirkt und durch die Mitwirkung erst die Voraussetzungen schafft, unter denen der Unternehmer tätig werden kann. So kann z.B. mit dem Bau des Hauses oder mit der Reparatur des Kraftfahrzeugs erst dann begonnen werden, wenn der Auftraggeber dem Unternehmer die Baupläne zur Verfügung gestellt oder ihm das Kraftfahrzeug übergeben hat. Ebensowenig kann der Nachhilfelehrer oder der Träger eines Internats die versprochene Dienstleistung erbringen, wenn der Schüler zum vereinbarten Zeitpunkt nicht erscheint.

695 Aus den vertraglichen Vereinbarungen kann sich ergeben, dass die Mitwirkungshandlung des Auftraggebers Gegenstand einer Nebenpflicht ist. In diesem Fall kann der Unternehmer gemäß § 280 Abs. 1 Schadensersatz verlangen, wenn die Mitwirkung aus Gründen, die der Auftraggeber zu vertreten hat, unterblieben oder nicht so geleistet worden ist, wie dies vertraglich vereinbart war. Unter bestimmten Voraussetzungen kann der Unternehmer sogar vom Vertrag im Ganzen zurücktreten und/oder Schadensersatz statt der Leistung verlangen (§§ 323, 281).

696 Oft kann allerdings dahingestellt bleiben, ob der Auftraggeber zu der Mitwirkungshandlung verpflichtet ist und die Pflichtverletzung zu vertreten hat. Denn wenn die Mitwirkung ausbleibt, so gerät der Auftraggeber dadurch in der Regel in **Annahmeverzug** (Rn. 634 ff.). Für diesen Fall gewährt das BGB dem Unternehmer Rechte, mit deren Hilfe er das gewünschte Ziel oft auf einfacherem Wege erreichen kann.

Für den **Dienstvertrag** bestimmt § 615, dass der Auftraggeber, wenn er mit 697
der Annahme der geschuldeten Dienste in Annahmeverzug gerät, dem Unternehmer die Vergütung bezahlen muss, die für die nicht geleisteten Dienste vereinbart war.

Von dieser Vergütung ist nur dasjenige abzuziehen, was der Unternehmer „infolge des 698
Unterbleibens der Dienstleistung erspart oder durch anderweitige Verwendung seiner Dienste erwirbt oder zu erwerben böswillig unterlässt". Wenn also die Nachhilfestunde, die zu einem bestimmten Zeitpunkt im Hause des Schülers stattfinden soll, von seinen Eltern wegen einer Erkrankung des Schülers telefonisch abgesagt wird, so kann der Nachhilfelehrer gleichwohl die dafür vereinbarte Vergütung verlangen, wenn auch unter Abzug des ersparten Fahrgelds. Er braucht die ausgefallene Stunde auch nicht nachzuleisten.

Es mag hart erscheinen, dass die Dienste vom Auftraggeber auch dann vergütet werden müssen, wenn er sie aus Gründen nicht entgegennehmen kann, 699
die er nicht zu vertreten hat. Man muss aber bedenken, dass es hier um eine Frage der Risikoverteilung geht: Welche Partei soll das Risiko dafür tragen, dass der Auftraggeber – und sei es auch durch höhere Gewalt – die ihm vertragsgemäß angebotenen Dienste nicht entgegennehmen oder sie sich nicht so zunutze machen kann, wie er sich das vorgestellt hat? § 615 weist dieses Risiko dem Auftraggeber zu, und dies erscheint durchaus angemessen. Denn die Umstände, die ihm die Entgegennahme der Dienste unmöglich machen, stammen aus seiner Sphäre, können also von ihm mit geringeren Kosten als von der anderen Partei abgewendet und, wenn sie unabwendbar sind, unter Versicherungsschutz gebracht oder durch andere Vorsorgemaßnahmen aufgefangen werden. Auch muss man im Auge behalten, dass der Auftraggeber, der die ihm angebotenen Dienste nicht entgegennehmen kann, zwar die Vergütung zahlen muss, sich aber von der Vergütungspflicht stets durch die Kündigung des Vertrages befreien kann. Wenn der Dienstvertrag mit dem Internatsbetreiber, mit dem Ballettmeister oder mit der Haushälterin auf ein Jahr oder auf unbestimmte Zeit abgeschlossen worden ist und die Dienste schon bald nach Vertragsbeginn nicht mehr entgegengenommen werden können, weil der Schüler auf Dauer krank wird, die Tänzerin sich beide Beine bricht oder der Witwer in ein Altersheim geht, so bedeutet dies keineswegs, dass die Vergütung für das Restjahr oder auf unbestimmte Zeit weiterbezahlt werden muss. Denn der Auftraggeber kann den Dienstvertrag kündigen, sei es unter Einhaltung einer Kündigungsfrist gemäß § 621, wenn der Vertrag auf unbestimmte Zeit geschlossen worden ist, sei es fristlos gemäß § 626 „aus wichtigem Grund" oder fristlos gemäß § 627, wenn der Unternehmer „Dienste höherer Art" zu leisten hat und nicht in einem „dauernden Dienstverhältnis mit festen Bezügen" steht (Rn. 1000, 1008).

700 § 615 hat besondere praktische Bedeutung im **Arbeitsrecht**. Hier muss der Arbeitgeber den Lohn zahlen, wenn die Umstände, die zum Ausfall der Arbeitsleistung geführt haben, zu seinem „**Betriebsrisiko**" gehören oder – so formuliert es § 615 Satz 3 – wenn er es ist, der „das Risiko des Arbeitsausfalls trägt". Das ist der Fall, wenn der Arbeitnehmer zur Erbringung der Arbeitsleistung bereit und in der Lage ist, sie aber nicht erbringen kann, weil der Betrieb des Arbeitgebers durch höhere Gewalt, etwa einen Wirbelsturm oder eine Überschwemmung, durch eine Unterbrechung der Energiezufuhr oder eine Brandstiftung, durch das Ausbleiben von Zulieferungen oder durch eine Absatzkrise lahmgelegt ist. Hingegen trägt der Arbeitnehmer das Risiko dafür, dass er wegen einer Störung des Bahnverkehrs oder einer Überschwemmung den Betriebsort nicht erreichen und deshalb seine Arbeitsleistung nicht erbringen kann. Diese Arbeitsleistung lässt sich, da zeitgebunden, nicht am nächsten oder übernächsten Tag nachholen. Sie wird dem Arbeitnehmer gemäß § 275 Abs. 1 unmöglich, dies mit der Folge, dass er gemäß § 326 Abs. 1 seinen Lohnanspruch verliert. Besondere Regeln gelten für die Risikoverteilung, wenn die Arbeitsleistung deshalb ausfällt, weil der Betrieb des Arbeitgebers oder auch die Betriebe anderer Arbeitgeber von einem **Arbeitskampf** (Streik und/oder Aussperrung) betroffen sind (vgl. dazu die arbeitsrechtliche Spezialliteratur).

701 Wenn bei einem **Werkvertrag** der Auftraggeber die Mitwirkungshandlungen nicht vornimmt, die für die Herstellung des Werkes erforderlich sind, so kann der Unternehmer gemäß § 642 eine „**angemessene Entschädigung**" verlangen, wenn der Auftraggeber durch die Unterlassung in Annahmeverzug gerät. Erforderlich ist also, dass der Unternehmer zum vereinbarten Zeitpunkt zur Herstellung des Werks bereit und in der Lage ist und nur deshalb nicht tätig werden kann, weil der Auftraggeber z.B. die für den Beginn der Bauarbeiten erforderlichen Baugenehmigungen oder Baupläne nicht vorlegt, die von ihm beizubringenden Baustoffe nicht pünktlich liefert oder das Baugrundstück wegen eines Erdrutsches oder Wassereinbruchs nicht pünktlich in bebauungsfähigem Zustand bereitstellen kann. Ebenso liegt es, wenn der Unternehmer mit seinen Arbeiten begonnen hat, sie aber nicht fortsetzen kann, weil die dafür erforderliche Mitwirkung des Auftraggebers ausbleibt. Dabei kommt es, wie stets beim Annahmeverzug, nicht darauf an, ob die Gründe, wegen derer die Mitwirkung ausbleibt, vom Auftraggeber zu vertreten sind oder nicht. Die Höhe der angemessenen Entschädigung bestimmt sich nach § 642 Abs. 2. Sie soll dem Unternehmer einen Ausgleich dafür verschaffen, dass er während des Annahmeverzugs mit seinen Leuten und Geräten Gewehr bei Fuß bereitstehen muss und sie nicht anderweitig einsetzen kann.

702 Manchmal ist ungewiss, ob oder wann der Auftraggeber seine Mitwirkungshandlung wird nachholen können. Hier kann der Unternehmer dadurch Klarheit schaffen, dass er gemäß § 643 dem Auftraggeber für die Nachholung der Handlung eine angemessene Frist setzt. Läuft die Frist erfolglos ab, so gilt der Vertrag als aufgehoben. Damit gewinnt der Unternehmer freie Hand für den anderweitigen Einsatz seiner Ressourcen. Auch damit wird er freilich noch nicht so gestellt, wie er stünde, wenn der Vertrag in vollem Umfang durchgeführt worden wäre. Dieses weitergehende Ziel kann der Unternehmer dadurch erreichen, dass er gemäß § 281 **Schadensersatz statt der Leistung**, also denjenigen Betrag verlangt, der der vollen Vergütung abzüglich der ersparten Aufwendungen entspricht. Auch dieser Weg steht dem Unternehmer offen. Allerdings setzt er voraus, dass der Auftraggeber zur Mitwirkung vertraglich verpflichtet war und dass er die Pflichtverletzung, die im Ausbleiben seiner Mitwirkung liegt, zu vertreten hat.

Wie steht es, wenn der Auftraggeber Mitwirkungshandlungen zwar vorgenommen, dabei aber einen Fehler gemacht hat, der dazu führt, dass das Werk vor der Abnahme untergeht, mangelhaft hergestellt oder unausführbar wird? In diesem Fall kann der Unternehmer gemäß § 645 Abs. 1 eine Teilvergütung verlangen, wenn der Fehler des Auftraggebers darin besteht, dass er mangelhafte Stoffe zugeliefert oder ungeeignete Anweisungen erteilt hat. Auch hier ist unerheblich, ob den Auftraggeber ein Verschulden daran trifft, dass die von ihm zugelieferten Stoffe oder die von ihm erteilten Anweisungen fehlerhaft oder ungeeignet waren.

Hat sich der Bauherr ausbedungen, dass das Haus mit Spezialziegeln aus holländischer Produktion errichtet werden und dass er selbst die Ziegel beschaffen und dem Unternehmer an die Baustelle liefern soll, so muss er, wenn die Ziegel ungeeignet sind und das halbfertige Haus deshalb einstürzt, dem Unternehmer gemäß § 645 die Teilvergütung zahlen, auch wenn er die fehlende Eignung der Ziegel weder kennen musste noch kennen konnte. – Die Rechtsprechung wendet § 645 analog auf ähnlich liegende Fälle an, indem sie dem Unternehmer die Teilvergütung auch dann zubilligt, wenn das Werk vor der Abnahme aus Gründen untergeht, verschlechtert oder unausführbar wird, die nicht vom Auftraggeber verschuldet sind, aber – ähnlich wie wenn er fehlerhafte Stoffe zugeliefert oder ungeeignete Anweisungen erteilt hat – seiner **Risikosphäre** zuzurechnen sind. So BGHZ 40, 75: Brennt die vom Unternehmer halbfertig hergestellte Scheune vor der Abnahme ab, weil der Auftraggeber leicht entzündliches Heu in sie eingelagert und das Heu sich sodann selbst entzündet hat, so muss er dem Unternehmer gemäß § 645 Abs. 1 eine Teilvergütung zahlen. Zwar war die Einlagerung des Heus nicht fahrlässig, aber sie war dem Auftraggeber nützlich, und deshalb ist es angemessen, dass er auch den mit dem Nutzen verbundenen Nachteil, nämlich das durch die Einlagerung erhöhte Brandrisiko, tragen muss (vgl. ferner BGHZ 83, 203).

Sofern der Auftraggeber bei der Mitwirkung **schuldhaft** gehandelt, also z.B. fahrlässig ungeeignetes Baumaterial zugeliefert oder fehlerhafte Anweisungen erteilt hat, kann der Unternehmer, wenn das Werk aus diesem Grunde untergeht oder verschlechtert oder unausführbar wird, statt der Teilvergütung auch Ersatz des ihm dadurch entstehenden Schadens gemäß §§ 280, 281 verlangen (§ 645 Abs. 2).

c) **Pflicht zum Ersatz von Aufwendungen.** – Wenn es die Ausführung eines Dienst- oder Werkvertrages mit sich bringt, dass der Unternehmer ein Geschäft für den Auftraggeber zu besorgen hat (Rn. 661 f.), so ist dieser zum Ersatz der **Aufwendungen** verpflichtet, die dem Unternehmer im Zuge der

Geschäftsbesorgung entstanden sind (§§ 675 Abs. 1, 669, 670). Das gilt allerdings nicht, soweit anzunehmen ist, dass die Aufwendungen mit der Vergütung des Unternehmers abgegolten sein sollen. Wer es z.B. gegen Entgelt übernommen hat, das Mietgrundstück seines Auftraggebers für ihn zu verwalten, wird nicht die dadurch veranlassten Telefon- und Portokosten ersetzt verlangen können, wohl aber die Kosten, die ihm dadurch entstehen, dass er einen Anwalt mit der Führung eines Mietprozesses beauftragt hat. Wer dem Betreiber eines Tierheims für die Dauer seines Urlaubs einen Hund zur Pflege anvertraut und dafür ein Entgelt verspricht, wird (neben dem Entgelt) zwar nicht die Fütterungskosten, wohl aber die Kosten einer tierärztlichen Behandlung des Hundes erstatten müssen. Wenn hingegen die Pflege des Hundes **unentgeltlich** übernommen worden ist und daher (nicht ein Dienst- oder Werkvertrag, sondern) ein Auftrag im technischen Sinne des § 662 vorliegt (Rn. 657 ff.), so werden im Zweifel auch die Fütterungskosten zu erstatten sein. In jedem Falle sind Aufwendungen nur insoweit zu erstatten, als ein vernünftiger Mensch in gleicher Lage sie für „**erforderlich**" gehalten hätte. Nicht erforderlich ist es, den in Pflege gegebenen Hund mit getrüffelter Kalbsleber zu ernähren. Auch wird man eine tierärztliche Behandlung, für die ein Honorar von 1.000,- € gezahlt werden muss, nicht als erforderlich ansehen können, wenn der Verkehrswert des Hundes nur 50,- € beträgt, mag auch der Gesetzgeber, wie man § 251 Abs. 2 Satz 2 entnehmen kann, Tiere besonders ins Herz geschlossen haben.

707 Aufwendungen i.S. des § 670 sind freiwillig erbrachte Vermögensopfer. Keine Aufwendungen macht daher der Unternehmer, wenn er im Zuge der Besorgung des Geschäfts einen **Schaden** erleidet, etwa dadurch, dass er sich körperlich verletzt, sein Kraftfahrzeug an einen Baum fährt oder sich einem Dritten gegenüber schadensersatzpflichtig macht. Die Rechtsprechung hat gleichwohl solche Schäden als Aufwendungen behandelt und für erstattungsfähig gehalten, sofern zwei Voraussetzungen erfüllt sind: Der Schaden muss sich als Verwirklichung eines Risikos darstellen, von dem der Auftraggeber bei Vertragsschluss erkannt hat oder erkennen konnte, dass die Besorgung des Geschäfts es typischerweise mit sich bringen würde. Ferner darf, wenn die Geschäftsbesorgung entgeltlich erfolgt, nicht anzunehmen sein, dass mit der Vergütung auch die Übernahme jenes besonderen Schadensrisikos abgegolten sein sollte. Daher kann Aufwendungsersatz (= Schadensersatz) verlangen, wer auf Bitten seines Nachbarn vom Dach des Nachbarhauses Schnee abräumt und dabei stürzt und sich verletzt, ebenso derjenige, der im Auftrag eines Sportvereins (ehrenamtlich oder gegen ein geringes Entgelt) das Training einer Kinderschwimmgruppe übernimmt und einem der Kinder schadensersatzpflichtig wird, weil er es fahrlässig unterlassen hat, vor Sprüngen in das seichte Ende des Beckens zu warnen: Er kann von dem Verein als seinem Auftraggeber gemäß §§ 675 Abs. 1, 670, 257 Befreiung von seiner Haftpflichtverbindlichkeit gegenüber dem Kind verlangen (vgl. BGHZ 89, 153). Allerdings wird der Anspruch aus § 670 analog § 254 zu mindern oder ganz auszuschließen sein, soweit der Schaden des Unternehmers auf Fahrlässigkeit beruht und nicht ein bloßes Gelegenheitsversehen vorliegt, wie es früher oder später jedem einmal unterläuft.

d) **Schutzpflichten.** – Ebenso wie der Unternehmer (Rn. 676 ff.) ist auch der 708
Auftraggeber „zur Rücksicht auf die Rechte, Rechtsgüter und Interessen des
anderen Teils" verpflichtet (§ 241 Abs. 2). Wer also einen Beförderungsvertrag mit einem Taxiunternehmer oder einen Dienstvertrag mit einem Rechtsanwalt geschlossen hat, muss Schadensersatz (nicht nur gemäß § 823 Abs. 1,
sondern auch) gemäß § 280 Abs. 1 leisten, wenn er während der Taxifahrt
Pfeife geraucht und fahrlässig die Polsterung des Taxis in Brand gesetzt hat
oder wenn er den Anwalt auf der Fahrt zum Gericht in seinem Auto mitgenommen und ihn dabei durch einen fahrlässig herbeigeführten Verkehrsunfall körperlich verletzt hat.

D. Pflichten bei Gebrauchsüberlassungsverträgen

I. Allgemeines zum Pflichteninhalt

Wer Eigentümer einer Sache ist, kann sich durch Vertrag verpflichten, die 709
Sache auf einen anderen endgültig zu übertragen. In diesem Fall wird die
Sache verkauft, verschenkt oder gegen einen anderen Vermögensgegenstand
getauscht. Der Eigentümer kann sich aber auch vertraglich verpflichten, dem
anderen lediglich den **Gebrauch oder die Nutzung der Sache auf Zeit zu
überlassen.** Während man Kauf-, Schenkungs- und Tauschverträge zusammenfassend als „Veräußerungsverträge" bezeichnet, spricht man hier von
Gebrauchsüberlassungsverträgen. Meist ist es der Gebrauch einer **Sache**, der
durch Vertrag einem anderen überlassen wird. Aber es kommt häufig vor,
dass der Inhaber eines **Rechts** einem anderen die zeitweilige Nutzung des
Rechts gestattet. Ebenso ist es möglich, dass eine Gesamtheit von Vermögensgegenständen, also z.B. ein Unternehmen (bestehend aus Grundstücken,
Waren, Inventar, Forderungen, Patent- und Markenrechten usw.) einem anderen auf Zeit zum Gebrauch und zur Nutzung überlassen wird.

1. Mietvertrag

Unter den Gebrauchsüberlassungsverträgen ist der **Mietvertrag** der mit gro- 710
ßem Abstand wichtigste. In einem Mietvertrag verspricht der Vermieter,
dem Mieter den Gebrauch der Mietsache während der Mietzeit zu gewähren, und zwar in der Weise, dass er sich verpflichtet, ihm die Mietsache in einem zum vertragsmäßigen Gebrauch geeigneten Zustand zu überlassen und
sie während der Mietzeit in diesem Zustand zu erhalten. Die Gegenleistung
des Mieters besteht in der Zahlung der vereinbarten Miete (§ 535). Als Gegenstand eines Mietvertrages kommen nur **Sachen** in Betracht (§§ 90, 90 a),
also z.B. bebaute oder unbebaute **Grundstücke** sowie Grundstücksteile, wie

etwa eine Hauswand, die zur Anbringung eines Werbeschildes oder eine Stellfläche, die zur Aufstellung eines Verkaufsstandes vermietet wird. Besondere praktische Bedeutung haben Mietverträge über die **Räume** eines Gebäudes; hierbei unterscheidet man zwischen der Vermietung von **Wohnräumen**, **Geschäftsräumen** und **sonstigen Räumen**. Mieter ist schließlich auch, wem vom Vermieter auf Zeit der Gebrauch einer **beweglichen Sache** überlassen wird, etwa eines Kraftfahrzeugs (eines dann zu Unrecht oft so genannten „Leihwagens"), eines Reitpferds, eines Fernsehgeräts, einer Videokassette, eines Sportgeräts oder auch eines Fracks für die Hochzeitsfeier oder eines Badeanzugs mit Handtuch für den Nachmittag im Schwimmbad. Auch die Regeln des BGB über den Mietvertrag sind in gewissem Umfang nach der Art der Mietsache geordnet: Im Untertitel 1 findet man in §§ 535 – 548 die „allgemeinen Vorschriften", die unabhängig von der Art der Mietsache für sämtliche Mietverträge gelten. Dann folgt ein Untertitel 2, der die Regeln für „Mietverhältnisse über Wohnraum" enthält (§§ 549 – 577 a). Den Schluss bildet Untertitel 3 (§§ 578 – 580 a) mit Vorschriften über Mietverträge, die nicht Wohnräume, sondern bestimmte „andere Sachen" betreffen, insbesondere Grundstücke, Geschäftsräume und bewegliche Sachen.

711   Mitunter kommt es aufgrund eines Mietvertrags zu einem relativ flüchtigen Kontakt zwischen den Vertragsparteien, so z.B. dort, wo eine Segeljolle für einen Nachmittag oder ein Auto für ein Wochenende vermietet wird. Aber die Regel ist das nicht. Vielmehr werden Mietverträge, wenn sie Grundstücke oder Wohn- oder Geschäftsräume betreffen, oft auf lange Zeit, etwa auf 5 oder 10 Jahre oder auch auf die Lebenszeit des Vermieters oder des Mieters geschlossen (vgl. § 544). Manchmal wird für die Dauer des Mietvertrages überhaupt keine Frist vereinbart. In diesem Fall gilt der Vertrag für unbestimmte Zeit, nämlich so lange, wie er nicht durch eine Kündigung des Vermieters oder des Mieters oder im Einverständnis beider Parteien durch einen Aufhebungsvertrag beendet wird. Mietverträge sind deshalb in aller Regel **Dauerschuldverhältnisse**, die dadurch charakterisiert sind, dass die Parteien zu einem dauernden Verhalten oder zu regelmäßig wiederkehrenden Leistungen verpflichtet sind und deshalb der Umfang der geschuldeten Leistungen von der Zeitdauer abhängt, für die die Parteien an den Vertrag gebunden sind und die in ihm versprochenen Leistungen sich erbringen müssen. Ebenso liegt es z.B. auch bei **Dienstverträgen**, sofern die Dienste über eine gewisse Zeit hinweg fortlaufend zu erbringen sind, ferner bei **Leasingverträgen** (Rn. 722 f.) und bei **Bezugs- oder Versorgungsverträgen** (Rn. 563). Die Tatsache, dass bei einem Mietvertrag (wie bei allen Dauerschuldverhältnissen) die Pflichten von den Parteien ständig und fortlaufend zu erfüllen sind, bildet wohl auch den Grund dafür, dass es sich – auch in der Gesetzessprache – eingebürgert hat, statt des durchaus passenden Ausdrucks „Mietvertrag" oft auch den Ausdruck „**Mietverhältnis**" zu verwenden (vgl. z.B.

§ 542). Auch werden Mietverträge (wie alle Dauerschuldverhältnisse) grundsätzlich nicht durch Rücktritt, sondern durch **Kündigung** beendet. Gemäß § 346 hätte ein Rücktritt nämlich zur Folge, dass die Parteien alle seit Vertragsbeginn erbrachten Leistungen entweder in Natur oder, wenn das nicht möglich ist, nach ihrem Wert einander zurückzugewähren hätten. Das wäre nicht nur technisch schwierig, sondern auch in der Sache unangemessen. Denn selbst wenn der Mieter oder der Vermieter zu einem bestimmten Zeitpunkt Vertragspflichten verletzt und daher der anderen Vertragspartei einen Grund zur Beendigung des Vertrages gegeben hat, so ist doch der Vertrag **bis zu diesem Zeitpunkt** von beiden Parteien ordnungsgemäß abgewickelt worden. Auch die vertragstreue Partei hat deshalb ein schutzwürdiges Interesse daran, dass der Mietvertrag nicht rückwirkend, sondern nur **pro futuro**, also durch Kündigung beendigt wird. Die Voraussetzungen, unter denen der Mieter oder der Vermieter zu einer solchen Kündigung berechtigt ist, sind in zahlreichen Vorschriften des Mietvertragsrechts besonders geregelt (vgl. z.B. §§ 540 Abs. 1 Satz 2, 543, 544, 569). Sie treten an die Stelle der allgemeinen Regel des § 314, nach der alle Dauerschuldverhältnisse von beiden Vertragsparteien „aus wichtigem Grund" gekündigt werden können.

Gewöhnlich ist der Vermieter **Eigentümer** der von ihm vermieteten Sache. Notwendig ist das aber nicht. Es kommt häufig vor, dass jemand über einen oder mehrere Wohnräume, die ihm nur vermietet sind und ihm deshalb nicht gehören, einen Mietvertrag mit einem **Untermieter** schließt (§§ 540, 553 und Rn. 745 f.). Hierher gehört auch der Fall, in dem der Eigentümer seine Miethäuser an einen **Zwischenvermieter** vermietet, mit der Maßgabe, dass dieser „den gemieteten Wohnraum gewerblich einem Dritten zu Wohnzwecken weitervermieten" soll (vgl. § 565). Umgekehrt erwirbt der Mieter in aller Regel nur ein Recht zum Gebrauch, nicht aber Eigentum an der Mietsache.

Der **Wohnungsmietvertrag** steht im Mittelpunkt der gesetzlichen Regelung. Für sie ist der Gedanke des **Mieterschutzes** maßgeblich, der von der Annahme ausgeht, dass die Verhandlungsposition des Eigentümers und Vermieters typischerweise sehr stark, diejenige des Mieters hingegen schwach ist und es infolgedessen aus sozial- und wohlfahrtsstaatlichen Gründen erforderlich ist, das Interesse des Eigentümers und Vermieters an einer angemessenen Verzinsung des in seiner Wohnung gebundenen Kapitals im Zweifel zurücktreten zu lassen gegenüber dem Interesse des Mieters am Schutz vor Kündigungen und Mieterhöhungen. Die Mittel, mit denen der Gesetzgeber dieses Ziel zu erreichen suchte, haben geschwankt. Nach dem II. Weltkrieg war das Wohnraumangebot wegen der kriegsbedingten Zerstörungen so knapp und die Wohnraumnachfrage der Vertriebenen und Ausgebombten so stark, dass ein System der **Wohnraumbewirtschaftung** eingeführt, nämlich das Recht zur Kündigung von Wohnungsmietverträgen ausgeschlossen, die Mieten ihrer Höhe nach eingefroren und Vorschriften erlassen wurden, die das Wohnungsamt berechtigten, Wohnungssuchende in die Räume des Eigentümers „einzuweisen" und auf diese Weise durch Verwaltungsakt ein

Mietverhältnis zwischen ihm und dem Eingewiesenen zustande zu bringen. Nach Aufhebung der Wohnraumbewirtschaftung suchte der Gesetzgeber das Problem sowohl mit öffentlichrechtlichen wie privatrechtlichen Mitteln zu lösen. Auf der einen Seite wurden Steuergelder in Milliardenhöhe in den „sozialen Wohnungsbau" gelenkt und die dadurch geschaffenen „**Sozialwohnungen**" bedürftigen Personen zu gesetzlich gebundenen Niedrigmieten zugänglich gemacht. Als sich später zeigte, dass viele „Sozialmieter", obwohl der Bedürftigkeit längst entwachsen, den Besitzstand ihrer Sozialwohnung nicht aufgaben, reagierte der Gesetzgeber mit der „Fehlbelegungsabgabe", die sich inzwischen als Fehlschlag herausgestellt und das Problem der „Fehlbelegung von Sozialwohnungen" bis heute nicht gelöst hat. Für Nicht-Sozialwohnungen, besonders für Altbauwohnungen, wurde der Mietpreis nach und nach freigegeben und einkommensschwachen Personen, die die dafür verlangten höheren Mieten nicht aufbringen konnten, ein Anspruch gegen den Staat auf Zahlung eines Mietzuschusses („Wohngeld") eingeräumt. Parallel dazu hat der Gesetzgeber durch zahlreiche, rechtspolitisch stets hart umkämpfte privatrechtliche Vorschriften das „**soziale Mietrecht**" geschaffen, indem er den Inhalt von Wohnungsmietverträgen durch zwingende gesetzliche Vorschriften festgelegt, insbesondere das Kündigungsrecht des Vermieters erheblich eingeschränkt und dafür gesorgt hat, dass die Anpassung einer einmal vereinbarten Miete an die sich verändernde Marktlage erschwert und bei der Neuvermietung von Wohnungen eine bestimmte Miete nicht überschritten wird. Da der Vermieter sich als Eigentümer auf die Garantie des Eigentums gemäß Art. 14 Abs. 1 Satz 1 GG und zugleich der Mieter auf die Sozialpflichtigkeit des Eigentums gemäß Art. 14 Abs. 2 GG berufen können, lassen sich die Mieterschutzbestimmungen des BGB und ihre Auslegung durch die Gerichte mit geringer Mühe als Fragen des **Verfassungsrechts** darstellen. Das hat zur Folge, dass gegen höchstrichterliche Entscheidungen auf diesem Gebiet die Verfassungsbeschwerde zulässig und inzwischen die Rechtsprechung des BVerfG zu einer reichlich fließenden Quelle des Wohnungsmietrechts geworden ist.

714 Vgl. z.B. die Entscheidungen des BVerfG in NJW 1989, 970; NJW 1990, 309; NJW 1993, 2035 und 2165; NJW 1994, 308 und 309; NJW 1995, 1480 (alle zum Recht der Kündigung eines Wohnungsmietvertrages wegen „Eigenbedarfs" des Vermieters). Vgl. § 573 Abs. 2 Nr. 2 und Rn. 1005 ff.

2. Pachtvertrag

715 Vom Mietvertrag unterscheidet sich der **Pachtvertrag** dadurch, dass der Verpächter dem Pächter nicht bloß den Gebrauch einer Sache, sondern auch den **Genuss der Früchte** des Pachtgegenstands gewähren muss. Ferner können – anders als beim Mietvertrag – nicht nur Sachen, sondern auch **Rechte**, wie

D. Pflichten bei Gebrauchsüberlassungsverträgen   715–717

z.B. ein Patent- oder Markenrecht oder das Recht zur Ausbeutung eines Kiesvorkommens – verpachtet werden, ebenso eine **Gesamtheit von Vermögensgegenständen**, wie z.B. ein Unternehmen. Hat also der Inhaber eines Unternehmens mit einem anderen vereinbart, dass die in das Unternehmensvermögen fallenden Sachen, Rechte und geschäftlichen Aussichten und Chancen zwar dem anderen nicht übertragen werden sollen, er sie aber doch gerade so soll gebrauchen, verwerten und nutzen dürfen, wie es der Inhaber des Unternehmens tun könnte, so liegt ein **Unternehmenspachtvertrag** vor. Haben die Parteien eine entsprechende Vereinbarung über ein Grundstück getroffen, das landwirtschaftlichen Zwecken dient, so handelt es sich um einen **Landpachtvertrag**, für den eine besondere Regelung in §§ 585–597 maßgeblich ist. Werden dem Vertragspartner Geschäftsräume zum Betrieb eines Gewerbes, einer Arztpraxis oder eine Anwaltskanzlei überlassen, so kann die Abgrenzung zwischen Mietvertrag und Pachtvertrag zweifelhaft sein. Im Allgemeinen wird ein Pachtvertrag angenommen, wenn die Räume schon im Zeitpunkt ihrer Überlassung so eingerichtet und ausgestattet sind, dass der Nutzer sie ohne weiteres für den von ihm ins Auge gefassten wirtschaftlichen Zweck einsetzen kann (vgl. BGH NJW-RR 1991, 906). Demnach liegt ein Pachtvertrag vor, wenn jemand die Eröffnung einer Gaststätte plant und sich zu diesem Zweck Räume beschafft, die mit Theke, Küche und Kegelbahn bereits ausgerüstet sind, hingegen ein Mietvertrag, wenn einem Anwalt zum Betrieb seiner Kanzlei leere Büroräume überlassen werden.

Freilich kommt es auf die Abgrenzung von Mietvertrag und Pachtvertrag in der Praxis nur selten an. Denn gemäß § 581 Abs. 2 finden ohnehin fast alle Vorschriften des Mietrechts, soweit sie nicht speziell für Wohnungsmietverträge gedacht sind, auf Pachtverträge entsprechende Anwendung. Ferner sind die Vorschriften über die Vermietung oder Verpachtung von Geschäftsräumen (anders als die Vorschriften über die Wohnraummiete) meist dispositiver Natur und daher nur insoweit anwendbar, als die Frage, um die es geht, nicht durch Parteivereinbarungen geregelt ist. Das ist aber bei Überlassung von Geschäftsräumen regelmäßig der Fall, weil hier erhebliche wirtschaftliche Werte auf dem Spiel zu stehen pflegen und sich deshalb der Aufwand lohnt, den die Parteien in die Ausarbeitung eines ausführlichen Vertragstextes investieren müssen. 716

3. Leihe

Ist vereinbart, dass der eine Vertragspartner dem anderen den zeitweiligen Gebrauch einer Sache **unentgeltlich** überlassen soll, so nennt das BGB den Vertrag eine **Leihe** (§§ 598–606). So liegt es, wenn jemand, ohne sich dafür eine Gegenleistung auszubedingen, einem Bekannten für die Dauer seines Sommerurlaubs die Nutzung einer Ferienwohnung oder einem Museum für die Dauer einer Ausstellung oder auch als Dauerleihgabe ein Gemälde überlässt. Verspricht jemand einem Freund, dass er ihm die Räume seines Hauses zur Benutzung als Wohnung unentgeltlich auf seine oder auch auf des Freun- 717 des Lebenszeit überlasse, so kann man fragen, ob hier nicht der Verleiher ebenso wie ein Schenker vor einem übereilten Vertragsschluss dadurch geschützt werden muss, dass für den Leihvertrag zu seiner Gültigkeit analog § 518 die notarielle Beurkundung verlangt wird. Der BGH hat die Frage allerdings verneint (BGHZ 82, 354; BGH NJW 1985, 1553).

718 Da der Verleiher uneigennützig handelt, muss zunächst immer erwogen werden, ob die Gebrauchsüberlassung nicht lediglich „gefälligkeitshalber" erfolgt ist und die Beteiligten vielleicht eine vertragliche Bindung gar nicht eingehen und sich rechtlichen Sanktionen gar nicht aussetzen wollten (vgl. BGHZ 21, 107; Rn. 33). Selbst wenn eine rechtliche Bindung gewollt ist, kann der Verleiher wegen einer Verletzung seiner vertraglichen Pflichten nur unter besonders strengen Voraussetzungen haftbar gemacht werden. Hat die verliehene Sache nicht diejenige Beschaffenheit, die sich der Entleiher von ihr versprochen hat, so kann er daraus keinerlei Ansprüche gegen den Verleiher herleiten. Denn die Sache ist so verliehen, wie sie ist, also ohne jede Gewähr, es sei denn, dass der Verleiher den Sach- oder Rechtsmangel arglistig verschwiegen hat (§ 600) oder etwas anderes von den Parteien ausdrücklich vereinbart ist. Entsteht dem Entleiher ein Schaden dadurch, dass der Verleiher entgegen der getroffenen Abrede ihm die Leihsache überhaupt nicht oder nur mit Verspätung überlässt oder eine vertragliche Informations-, Warnungs- oder Auskunftspflicht verletzt, so kann Ersatz dieses Schadens vom Verleiher nur dann verlangt werden, wenn ihm Vorsatz oder grobe Fahrlässigkeit zur Last fällt (§ 599).

719 Das gilt allerdings nicht, wenn der Verleiher die vertraglich geschuldete Leistung erbracht und lediglich eine (nicht leistungsbezogene) **Schutzpflicht** gemäß § 241 Abs. 2 verletzt hat. So liegt es z.B., wenn er eine Ferienwohnung verliehen hat und der Entleiher bei der Abholung des Schlüssels im Hause des Verleihers über einer schadhaften Treppenstufe zu Fall kommt und sich verletzt. Streitig, aber wohl ebenfalls zu verneinen ist die Frage, ob sich der Verleiher auf die Haftungsprivilegien der §§ 599, 600 berufen kann, wenn die Leihsache – also die verliehene Ferienwohnung – einen Mangel hat und dem Entleiher infolge dieses Mangels ein Schaden entsteht: Zieht der Entleiher, weil die Ferienwohnung wegen des Mangels unbrauchbar ist, in ein Hotel, so kann er die Hotelkosten nur unter den besonderen Voraussetzungen des § 600 ersetzt verlangen. Wie aber, wenn der Entleiher einen **Mangelfolgeschaden** erleidet, also z.B. das wacklig gewordene Geländer auf dem Balkon des verliehenen Ferienhauses nachgibt und er mit ihm in die Tiefe stürzt? Zu Unrecht wollen manche Autoren dem Verleiher auch in diesem Fall gestatten, sich sowohl gegenüber vertraglichen wie deliktischen Schadensersatzansprüchen auf §§ 599, 600 zu berufen. Vgl. BGHZ 93, 28 (zu der verwandten Vorschrift des § 521) und Rn. 35.

4. Teilzeit-Wohnrechtevertrag

Ein Recht auf die Nutzung von Gebäuden oder Wohnungen – in aller Regel für den Zweck der Verbringung von Ferienaufenthalten – kann sich der Nutzer auch dadurch verschaffen, dass er einen **Teilzeit-Wohnrechtevertrag** abschließt. Für ihn gelten die auf der Umsetzung einer EU-Richtlinie beruhenden Vorschriften der §§ 481–487, sofern der Veräußerer des Nutzungsrechts Unternehmer (§ 14) und der Erwerber Verbraucher (§ 13) ist. Ferner muss die Nutzung der „Ferienimmobilie" auf mindestens 3 Jahre – und zwar jeweils für einen bestimmten Zeitraum in jedem Jahr – überlassen werden. Schließlich ist es erforderlich, dass der Nutzer schon bei Vertragsabschluss einen Gesamtpreis bezahlen muss, der die gesamte Nutzungsdauer abdeckt (§ 482). Der Gefahr, dass der Verbraucher den Abschluss solcher Verträge nicht sorgfältig genug überdenkt, sucht der Gesetzgeber dadurch entgegenzuwirken, dass er den Unternehmer durch zwingende Vorschriften dazu verpflichtet, dem Interessenten einen in seiner Sprache abgefassten Prospekt mit bestimmten Mindestinformationen über das Wohnobjekt auszuhändigen. Ferner muss der Unternehmer seinem Vertragspartner ein befristetes Recht zum Widerruf des bereits zustande gekommenen Vertrages einräumen und ihn über dieses Widerrufsrecht in der Form des § 355 Abs. 2 ausdrücklich belehren. Schließlich darf der Unternehmer, solange die Widerrufsfrist nicht abgelaufen ist, Vorauszahlungen oder Anzahlungen weder fordern noch entgegennehmen.

Von den Umständen hängt es ab, ob der Nutzer lediglich (wie ein Mieter) einen vertraglichen Anspruch gegen den Unternehmer auf die Nutzungsüberlassung erwirbt oder ob dieser ihm ein zur Nutzung berechtigendes **dingliches Recht** verschaffen muss. Ist die „Ferienimmobilie" in Deutschland belegen, so kommt als dingliches Recht besonders ein Dauerwohnrecht (§ 41 WEG) oder eine Dienstbarkeit (§ 1093) in Betracht. Liegt sie im Ausland, so muss der deutsche Richter gemäß Art. 43 Abs. 1 EGBGB das Recht am Belegenheitsort (die „lex rei sitae") anwenden, wenn er wissen will, ob und mit welchem Inhalt der Nutzer ein dingliches Recht an der „Ferienimmobilie" erworben hat.

5. Leasingvertrag

Eine gewisse Ähnlichkeit mit den Gebrauchsüberlassungsverträgen hat der **Leasingvertrag**, weil sich der Leasinggeber (ähnlich wie ein Vermieter) verpflichtet, dem Leasingnehmer gegen ein Entgelt die Nutzung einer Sache auf Zeit zu verschaffen. Anders als beim Mietvertrag ist jedoch der Leasinggeber nicht von vornherein Eigentümer der Sache. Vielmehr verfügt er über das Geld, mit dessen Hilfe er die Sache, die sich der **Leasingnehmer** schon vorher bei einem Lieferanten ausgesucht hat, aufgrund eines Kauf- oder Werkvertrages von dem Lieferanten liefern lässt, um sie sodann, nachdem er sie bezahlt und daran das Eigentum erworben hat, dem Leasingnehmer auf bestimmte Zeit zur Nutzung zu überlassen. Im Gegenzug verpflichtet sich der

Leasingnehmer zur Zahlung monatlicher Leasingraten, die der Leasinggeber so kalkuliert, dass dadurch der von ihm bezahlte Preis, Zinsen, Betriebskosten und ein Unternehmergewinn abgedeckt sind. Wenn der Zeitraum, für den die Nutzung der Sache dem Leasingnehmer überlassen und die Leasingraten von ihm zu bezahlen sind, im Wesentlichen der Lebensdauer der Sache entspricht, so liegt in diesem Geschäft – wirtschaftlich gesehen – ein fremdfinanzierter Abzahlungskauf; man bezeichnet daher diese Form des Leasingvertrages, die die praktisch wichtigste ist, als **Finanzierungsleasing**. In der Tat erwirbt der Leasingnehmer (wie der Abzahlungskäufer) die Möglichkeit, eine Sache bis zum Ende ihrer Lebenszeit zu nutzen; der Kaufpreis für die Sache wird ihm (wie dem Abzahlungskäufer) von einem Dritten, nämlich dem Leasinggeber, vorgeschossen oder – wie man oft sagt – „finanziert", und schließlich muss er (wie der Abzahlungskäufer) dem Leasinggeber den „finanzierten" Kaufpreis nebst Zinsen, Kosten und Gewinn ratenweise erstatten. Deshalb ist es folgerichtig, dass auf Finanzierungsleasingverträge, die mit einem Verbraucher (§ 13) abgeschlossen werden, gemäß § 506 Abs. 1 und 2 die meisten Vorschriften entsprechend anzuwenden sind, die den Verbraucher gegen die besonderen Gefahren „finanzierter" Geschäfte schützen sollen (Rn. 990 f.). Finanzierungsleasingverträge werden aber nicht nur mit Verbrauchern, sondern oft auch mit Unternehmern (§ 14) geschlossen. Wer eine Fabrik, einen Supermarkt, ein Hotel oder ein Baugeschäft betreibt, ist auf die dafür erforderlichen Ausrüstungen (Werkzeugmaschinen, Büroinventar, Fahrzeuge, Baukräne usw.) angewiesen. Wenn er das für den Erwerb der Ausrüstungen erforderliche Kapital nicht hat (oder es zwar hat, aber auf andere Weise profitabler einsetzen kann), bietet der Finanzierungsleasingvertrag einen Ausweg, der auch deshalb lohnend sein kann, weil der Unternehmer die Leasingraten als Betriebsausgaben absetzen und dadurch seinen steuerpflichtigen Betriebsgewinn mindern kann.

723 Streitig, aber ohne größere praktische Bedeutung ist die Frage, ob Leasingverträge als eine besondere Form des Miet-, Abzahlungskauf- oder Geschäftsbesorgungsvertrages anzusehen sind. Leasingverträge pflegen bis in die Einzelheiten hinein durch Parteivereinbarung in Gestalt standardisierter AGB geregelt zu werden. Daher geht es in der höchstrichterlichen Rechtsprechung meist darum, ob bestimmte AGB-Klauseln gemäß § 307 unwirksam sind, insbesondere deshalb, weil sie den „wesentlichen Grundgedanken der gesetzlichen Regelung" widersprechen (vgl. § 307 Abs. 2 Nr. 1). Der BGH entnimmt die „gesetzliche Regelung", auf die es danach ankommt, „in erster Linie den Vorschriften über den Mietvertrag" (vgl. BGHZ 96, 103; BGH NJW 1987, 1072). Gleichwohl hat er die verbreitete AGB-Klausel als gültig angesehen, mit der sich der Leasinggeber von der mietrechtlichen Haftung für Mängel der Leasingsache (vgl. § 536 f.) vollständig freizeichnet, sofern er nur stattdessen dem Leasingnehmer alle Gewährleistungsansprüche abtritt, die ihm, dem Leasinggeber, aus dem mit dem Lieferanten geschlossenen Kauf- oder Werkvertrag zustehen (BGHZ 81, 298; vgl. auch BGHZ 94, 180). Vgl. zum Finanzierungsleasing und zu anderen Leasingformen näher *Hirsch* BT Rn. 987 ff.; *Looschelders* BT Rn. 509 ff. mit weiteren Nachweisen.

II. Pflichten des Vermieters

1. Hauptpflichten

Als Hauptpflicht des Vermieters bezeichnet § 535 Abs. 1 die Verpflichtung, „dem Mieter den Gebrauch der Mietsache zu gewähren". Das bedeutet zunächst einmal, dass der Vermieter zum vereinbarten Zeitpunkt dem Mieter den Besitz der Mietsache verschaffen, ihm also z.B. die bezugsfertige Mietwohnung (mitsamt den Schlüsseln) oder das fahrbereite Mietauto (mitsamt dem Fahrzeugschein gemäß § 24 StVZO) zum vereinbarten Zeitpunkt übergeben muss. Ferner gehört es zu den Hauptpflichten des Vermieters, dafür zu sorgen, dass die Mietsache im Zeitpunkt ihrer Überlassung an den Mieter und von da an für die gesamte Dauer des Mietverhältnisses so beschaffen ist, dass sie sich zum „vertragsgemäßen Gebrauch" eignet. Dies ist die **Sollbeschaffenheit** der Mietsache. Stellt sich bei der Überlassung der Mietsache an den Mieter oder auch erst später im Laufe der Mietzeit heraus, dass die Istbeschaffenheit der Mietsache zum Nachteil des Mieters von ihrer **Sollbeschaffenheit** abweicht und dass dadurch ihre Tauglichkeit zum „vertragsgemäßen Gebrauch" nicht unerheblich gemindert wird, so hat die Mietsache einen **Mangel** i. S. des § 536 Abs. 1 und 4.

Ist die Mietsache mangelhaft, so kann der Mieter zunächst den **Erfüllungsanspruch** geltend machen, also den Vermieter auf Beseitigung des Mangels verklagen. Das ist manchmal unmöglich, so etwa, wenn der Mangel einer Mietwohnung darin liegt, dass ihre Wohnfläche um mehr als 10 % geringer ist, als der Vermieter vertraglich versprochen hat (Rn. 729). Auch wenn die Beseitigung des Mangels möglich ist, wird es sich dem Mieter oft empfehlen, nicht auf Mängelbeseitigung zu klagen, sondern stattdessen den Vermieter auf andere Weise unter Druck zu setzen. Er kann sich nämlich darauf berufen, dass er infolge des Mangels gemäß § 536 Abs. 1 und 2 von der Verpflichtung zur Zahlung der Miete befreit sei, und zwar ganz oder teilweise, je nachdem, ob durch den Mangel die Tauglichkeit der Mietsache zum vertragsgemäßen Gebrauch vollständig oder teilweise aufgehoben wird. Hat er die Miete bereits bezahlt, so kann er sie gemäß § 812 Abs. 1 zurückfordern, soweit sie wegen des Mangels zu hoch war. Hat er sie noch nicht bezahlt, so kann er sich auf den Zahlungsanspruch des Vermieters mit der **Einwendung** (Rn. 785) verteidigen, dass der Mietanspruch insoweit erloschen sei. Allerdings darf es nicht so liegen, dass der Mangel, wegen dessen der Mieter die Miete mindern will, auf Umständen beruht, für die er, weil sie in seine „Risikosphäre" fallen, gemäß § 326 Abs. 2 selbst „verantwortlich" ist (BGH JZ 2011, 428 mit Anm. *Maultzsch*). Die Regelung des § 536 gilt für *alle* Mietverträge. Wenn aber (nicht Geschäftsräume oder bewegliche Sachen, sondern) *Wohnungen* vermietet sind, so ist die Verteidigung aus § 536 sogar „freizeichnungsfest", d.h. sie kann dem Mieter durch eine vertragliche Vereinbarung nicht entzogen oder beschränkt werden, ganz gleich, ob die Vereinbarung als Individualabrede oder als AGB-Klausel Vertragsinhalt geworden ist (§ 536 Abs. 4). Damit aber noch nicht genug: Ist z.B. die Mietforderung gemäß § 536 wegen des Mangels in Höhe von 30 % erloschen, so kann sich der Mieter auch gegenüber der Forderung auf Zahlung der restlichen 70 % verteidigen, und zwar damit, dass er insoweit gemäß § 320 Abs. 1 Satz 1 die **Einrede des nicht erfüllten Vertrages** erhebt. Diese Einrede steht ihm auch dann zu, wenn er nicht gerade eine Wohnung gemietet hat.

726 Vgl. dazu BGHZ 84, 42. – Eine Vereinbarung, nach der dem Mieter diese Einrede nicht zustehen soll (z.B.: „Macht der Mieter einen Mangel der Mietsache geltend, so bleibt er gleichwohl in vollem Umfang zur Zahlung der Miete verpflichtet"), ist unwirksam, wenn der Mieter den Mietvertrag als Verbraucher (§ 13) geschlossen hat und die Vereinbarung als AGB-Klausel Vertragsbestandteil geworden ist (§ 309 Nr. 2 a). Erhebt der Mieter die Einrede gemäß § 320, so wird er zwar zur Zahlung der Miete verurteilt, aber doch nur Zug-um-Zug gegen die Beseitigung des Mangels (§ 322). Mit einem solchen Urteil kann der Vermieter, auch wenn es rechtskräftig geworden ist, solange praktisch nichts anfangen, wie er nicht den Mangel tatsächlich beseitigt hat (vgl. § 756 ZPO). Ebensowenig hilft es dem Vermieter, wenn er in diesem Falle wartet, bis der Mieter an zwei aufeinanderfolgenden Terminen die Miete nicht bezahlt hat, und dann den Mietvertrag gemäß § 543 Abs. 2 kündigt. Denn die Kündigung setzt voraus, dass der Mieter mit den nicht bezahlten Mieten „in Verzug" ist; in Verzug gerät aber der Mieter nur, wenn der Anspruch des Vermieters auf Zahlung der Miete (nicht nur fällig, sondern auch) vollwirksam ist; und vollwirksam ist der Mietanspruch nicht, wenn sich der Mieter auf ihn mit der Einrede aus § 320 verteidigt hat (Rn. 897).

727 Schließlich kann der Fall so liegen, dass infolge des Mangels nicht bloß der vertragsgemäße Gebrauch der Mietsache eingeschränkt oder ausgeschlossen, sondern dass durch den Mangel dem Mieter ein **Schaden** entstanden ist, etwa, weil er die unbewohnbar gewordene Wohnung mit einem Hotelzimmer oder den wegen Motorschadens gestrandeten Mietwagen mit einem Ersatzfahrzeug getauscht hat oder weil der Putz der Mietwohnung von der Decke gefallen ist und den Mieter körperlich verletzt oder eine kostbare Vase zerschmettert hat. In diesen Fällen kann der Mieter gemäß § 536 a **Schadensersatz** verlangen. Ist der Mangel erst nach Abschluss des Vertrages entstanden, so haftet der Vermieter nur, wenn er den Mangel zu vertreten hat (Rn. 731, 1072 ff.). Anders, wenn der Mangel schon bei Vertragsabschluss bestand: Für diesen Fall bestimmt § 536 a eine **Garantiehaftung**, die von den Vermietern deshalb gefürchtet wird, weil sie auch bei versteckten Mängeln eingreift, die selbst von einem sorgfältigen Vermieter bei Vertragsabschluss nicht entdeckt werden konnten. So liegt es z.B., wenn ein Handwerker in einer Wohnung Elektroleitungen fehlerhaft unter Putz verlegt, der Vermieter sodann in entschuldbarer Unkenntnis dieses Defekts die Wohnung vermietet und erst 5 Jahre später infolge des Defekts sich ein Brand entwickelt und zu

D. Pflichten bei Gebrauchsüberlassungsverträgen

einer Rauchvergiftung des Mieters geführt hat (vgl. BGHZ 49, 350; BGH NJW 2010, 3152 Rn. 14).

Von dieser Haftung gemäß § 536 a kann sich der Vermieter freizeichnen, und zwar grundsätzlich auch durch eine AGB-Klausel und auch gegenüber dem Mieter einer *Wohnung* (vgl. Rn. 1098). Ist vereinbart, dass dem Mieter der Anspruch aus § 536 a zwar zustehen, er aber mit diesem Anspruch gegen eine Mietforderung nicht soll aufrechnen können, so ist eine solche Vereinbarung in jedem Fall unwirksam, wenn der Mieter Wohnungsmieter ist (§ 556 b Abs. 2). Sind hingegen Grundstücke, Geschäftsräume oder bewegliche Sachen vermietet, so ist die Wirksamkeit des Aufrechnungsverbots nach § 309 Nr. 3 zu beurteilen.

Alle diese Rechte des Mieters – seine Verteidigungsrechte aus §§ 320, 536 ebenso wie sein Angriffsrecht aus § 536 a – haben zur Voraussetzung, dass die Mietsache einen **Mangel** hat, also zwischen ihrer Ist- und ihrer Sollbeschaffenheit eine Divergenz besteht, die ihre Tauglichkeit für den „vertragsgemäßen Gebrauch" nicht nur unerheblich mindert (§ 536 Abs. 1). Für die Sollbeschaffenheit der Mietsache kommt es in erster Linie auf die vertraglichen Vereinbarungen an, die freilich im Lichte der bei Vertragsabschluss bestehenden Umstände so auszulegen und ggf. zu ergänzen sind, wie dies Treu und Glauben mit Rücksicht auf die Verkehrssitte erfordern (§§ 157, 242). So ist z.B. eine Mietwohnung mangelhaft, wenn ihre tatsächliche Wohnfläche um mehr als 10 % unter der vertraglich vereinbarten liegt (BGH NJW 2010, 1745). Hat jemand eine Wohnung in einem Zweifamilienhaus gemietet, das in einer ruhigen Villengegend liegt, so wird die Wohnung mangelhaft, wenn in ihrer Nähe eine Großbaustelle mit erheblichem Baulärm eingerichtet wird. Ebenso liegt es, wenn der Lärm oder sonstige erhebliche Störungen von anderen Mietern des gleichen Hauses ausgehen, etwa weil in der Wohnung eines anderen Mieters ein Wasserrohr bricht oder der Schlauch einer Waschmaschine undicht wird und das ausströmende Wasser den Gebrauch der Mietwohnung nicht bloß unerheblich beeinträchtigt. Ein Mangel der Mietsache liegt auch vor, wenn der Stromzähler einer Wohnung vom Netzbetreiber ausgebaut wird und sie deshalb nicht mehr mit Strom versorgt werden kann, es sei denn, dass der Ausbau dem Mieter selbst „zugerechnet", nämlich auf sein eigenes Verhalten zurückgeführt werden kann (BGH JZ 2011, 428). Welcher Ausstattungsstandard zur Sollbeschaffenheit einer Mietwohnung gehört, hängt von den vertraglichen Vereinbarungen und, soweit sie fehlen, z.B. davon ab, ob es sich um eine Alt- oder eine Neubauwohnung handelt, ob die Wohnung in einem Villenviertel oder in der Nähe eines Gewerbegebiets liegt und wie sich die vertraglich vereinbarte Miete zur „ortsüblichen Vergleichsmiete" (vgl. § 558 c) verhält (vgl. BGH NJW 2004, 3174). Hat ein Unternehmer für den Betrieb eines Ladengeschäfts Räume in einem neu errichteten Einkaufszentrum gemietet, so liegt kein Mangel der Mietsache vor, wenn sich herausstellt, dass das Einkaufszentrum von der Bevölkerung nicht so „angenommen" wird, wie die Parteien es sich bei Vertragsabschluss vorgestellt haben (BGH NJW 2000, 1714). Aber der Fall wäre vielleicht anders zu beurteilen, wenn das Einkaufszentrum deshalb weniger stark als erwartet frequentiert wird, weil es seinem Betreiber, dem Vermieter, nicht gelungen ist, einen „Leitmieter" zu gewinnen, der den für den Betrieb eines großen Kaufhauses gedachten zentralen Baukomplex des Einkaufzentrums hätte nutzen und dadurch viele Besucher hätte anlocken sollen. Der Vermieter von Geschäftsräumen gewährt dem Mieter den „vertragsgemäßen Gebrauch" auch dann nicht, wenn er ihm ohne Not eine Laus in den Pelz setzt, nämlich im gleichen Haus Geschäftsräume an einen Konkurrenten vermietet, der dort das gleiche Gewerbe wie der Erstmieter betreibt. Hier hängt allerdings viel von den Umständen des Einzelfalls ab: Zwei Friseure oder Optiker Wand an Wand sind anders zu beurteilen als zwei Modeboutiquen, deren Sortimente und Kunden unterschiedlich sind, und wenn jemand sein Haus als „Ärztehaus" vermietet, so ist es vielleicht nicht dasselbe, wenn er einen Mietvertrag mit einem zweiten Arzt für Allgemeinmedizin oder mit einem zweiten Schönheitschirurgen schließt (BGHZ 70, 79; BGH NJW 1979, 1404).

730 Bei Mängeln, die mehr oder weniger erkennbar zutage liegen, ist allerdings stets § 536 b zu beachten: Danach sind sowohl eine Mietminderung gemäß § 536 wie Schadensersatzansprüche gemäß § 536 a ausgeschlossen, wenn der Mieter von dem Mangel, um den es geht, im Zeitpunkt des Vertragsabschlusses Kenntnis hatte, oder wenn er sich, als er die Mietsache in Kenntnis des Mangels entgegennahm, seine Rechte nicht vorbehalten hat. Der Kenntnis des Mangels steht grob fahrlässige Unkenntnis gleich, es sei denn, der Vermieter habe den Mangel arglistig verschwiegen. Allerdings will § 536 b wohl nicht Ansprüche auf Ersatz solcher Schäden ausschließen, die durch den Mangel der Mietsache an Leib oder Leben des Mieters oder an seinen Sachen entstanden sind („**Mangelfolgeschäden**"). Immerhin wird man in einem solchen Fall eine Minderung des Schadensersatzanspruchs wegen Mitverschuldens (§ 254) in Betracht ziehen müssen, so etwa dann, wenn der Mieter beim Einzug in die Mietwohnung den lockeren Putz an der Wohnzimmerdecke erkannt, die Wohnung gleichwohl ohne Vorbehalt übernommen, sodann seine kostbare Vase im Wohnzimmer aufgestellt hat und nunmehr, nachdem der Putz heruntergefallen und die Vase beschädigt hat, vom Vermieter Schadensersatz gemäß § 536 a verlangt.

2. Nebenpflichten, Schutzpflichten

731 Nebenpflichten des Vermieters beruhen meist auf den Vereinbarungen der Parteien, können sich aber auch aus einer ergänzenden Auslegung des Mietvertrages (§§ 157, 242) ergeben. Ist z.B. der Mietvertrag über die Praxisräume eines Arztes beendet und der Arzt ausgezogen, so wird man den Vermieter, auch wenn der Vertrag darüber nichts sagt, als verpflichtet ansehen müssen, dem Arzt für eine gewisse Zeit die Anbringung eines Schildes zu gestatten, auf dem er seinen Patienten die neue Praxisanschrift mitteilt. Insbesondere

trifft den Vermieter eine Nebenpflicht, nicht nur die Mieträume selbst in einem verkehrssicheren Zustand zu erhalten, sondern auch die gemeinsam genutzten Räume (wie z.b. das Treppenhaus) und sogar die Räume, die er im gleichen Haus anderen Mietern überlassen hat. Allerdings darf die Nebenpflicht nicht überspannt werden. So ist der Vermieter nicht verpflichtet, die Verkehrssicherheit der Wohnungen seiner Mieter durch eine regelmäßige Generalinspektion zu überprüfen; er haftet daher nicht nach § 536 a Abs. 1 (Alternative 2), wenn in Folge eines technischen Defekts ein Kurzschluss in einer Mietwohnung auftritt und dadurch ein Brand entsteht, der in der Nachbarwohnung einen Schaden verursacht (BGH NJW 2009, 143). Zu den gesetzlichen Vorschriften, die dem Vermieter Nebenpflichten aufbürden, gehört z.b. § 535 Abs. 1 Satz 3: Danach muss der Vermieter „die auf der Mietsache ruhenden **Lasten**" tragen, wie z.b. die Grundsteuer und die Kosten für den Kanalanschluss und die Inspektion der Heizungsanlagen und Kamine. Allerdings ist diese Vorschrift dispositiv, und in der Praxis werden diese Lasten durch vertragliche Vereinbarung sehr häufig dem Mieter aufgebürdet. Sind dem Mieter Aufwendungen dadurch entstanden, dass er Mängel der Mietsache auf eigene Faust beseitigt hat, so ist der Vermieter, soweit die Aufwendungen „erforderlich" waren, zum Ersatz verpflichtet, dies allerdings nur dann, wenn die besonderen Voraussetzungen des § 536 a Abs. 2 vorliegen. Für alle übrigen Aufwendungen braucht er dem Mieter nur insoweit Ersatz zu leisten, als dies nach den Regeln über die Geschäftsführung ohne Auftrag begründet wäre (§ 539 Abs. 1; BGH NJW 2008, 1216).

3. Pflichten bei Veräußerung der Mietsache

Der Anspruch des Mieters auf Gewährung des vertragsgemäßen Gebrauchs der Mietsache richtet sich gegen den Vermieter und beruht auf dem mit ihm geschlossenen Vertrag. Wie liegt es, wenn der Vermieter während der Mietzeit die Mietsache an einen Dritten veräußert? Vertragliche Ansprüche gegen den Dritten hat der Mieter nicht; er muss ihm sogar, sofern er nicht gerade eine bewegliche Sache gemietet hat (§ 986 Abs. 2), die Mietsache jederzeit herausgeben. Zwar stehen ihm Schadensersatzansprüche gegen den Vermieter zu, aber sie sind ein schlechter Trost und außerdem nicht viel wert, wenn der Vermieter sich in finanzieller Bedrängnis befindet und vielleicht gerade aus diesem Grunde die Mietsache durch Veräußerung an den Dritten zu Geld gemacht hat.

Um diese für den Mieter höchst nachteiligen Folgen abzuwenden, ordnen §§ 566, 578 Abs. 1 einen „Vertragsübergang kraft Gesetzes" an („**Kauf bricht nicht Miete**"): Hatte der Vermieter die vermieteten Räume dem Mieter bereits überlassen und veräußert er sodann das Grundstück an einen

Dritten, so tritt der Dritte zu dem Zeitpunkt, in dem er das Eigentum erwirbt, kraft Gesetzes in den Mietvertrag anstelle des bisherigen Vermieters ein, und zwar mit allen Rechten und Pflichten. Der Mieter muss also die Miete, soweit sie nach Eigentumserwerb des Dritten fällig wird, an ihn als den neuen Eigentümer zahlen. Umgekehrt kann aber der Mieter auch alle mietvertraglichen Ansprüche gegen den neuen Eigentümer geltend machen, so z.B. den Anspruch auf Gewährung des vertragsgemäßen Gebrauchs für die Zeit nach der Veräußerung, aber auch den Anspruch auf Schadensersatz gemäß § 536 a, sofern der Schaden nach der Veräußerung entstanden ist, mag auch der für ihn ursächliche Mangel schon vorher der Mietsache angehaftet haben (vgl. BGHZ 49, 352). Es mag sein, dass der neue Eigentümer eine unliebsame Überraschung erlebt, wenn er feststellt, dass das von ihm erworbene Grundstück sich ganz oder teilweise im Besitz eines Mieters befindet und er kraft Gesetzes als dessen Vermieter angesehen wird. Immerhin ist zu bedenken, dass § 566 nur dann eingreift, wenn das Grundstück schon vor der Veräußerung dem Mieter überlassen war. Dies hätte der Dritte meist schon bei den Kaufverhandlungen erkennen können und sich zur Warnung dienen lassen müssen. In jedem Falle ist der Käufer eines Wohn- oder Geschäftshauses gut beraten, wenn er sich in dem Kaufvertrag die „Mieterfreiheit" des Grundstücks zusichern oder sämtliche laufenden Mietverträge, die in der Regel schriftlich geschlossen werden müssen (vgl. § 550), von der anderen Partei vorlegen lässt.

734 Auf der anderen Seite kann es auch für den Mieter nachteilig sein, wenn ihm ein unbekannter Dritter ohne sein Zutun als neuer Vermieter aufgedrängt wird. Der Gesetzgeber kommt ihm aber nur in einem Punkte zu Hilfe: Muss der neue Vermieter wegen Verletzung seiner mietvertraglichen Pflichten dem Mieter Schadensersatz leisten, so haftet dafür auch der frühere Vermieter „wie ein Bürge, der auf die Einrede der Vorausklage verzichtet hat" (§ 566 Abs. 2 Satz 1). Das bedeutet praktisch, dass dem Mieter der neue und der frühere Vermieter als Gesamtschuldner haften (§ 773 Abs. 1 Nr. 1). Allerdings ist die Mithaftung des früheren Vermieters zeitlich begrenzt: Sie endet, sobald er den Mieter von dem Eigentumsübergang durch eine Mitteilung in Kenntnis gesetzt hat. Nur wenn der Mieter auf diese Mitteilung den Mietvertrag zum ersten Termin kündigt, zu dem die Kündigung zulässig ist, dauert die Mithaftung des früheren Vermieters bis zum Ende des Mietvertrages fort (§ 566 Abs. 2 Satz 2). – §§ 566 a bis 567 regeln verschiedene Fragen, die sich als Folge des Eintritts des neuen Eigentümers in das Mietverhältnis ergeben. Dazu gehört z.B. die Frage, ob und in welchem Umfang der neue Eigentümer sich **Vorausverfügungen** entgegenhalten lassen muss, durch die der frühere Vermieter zugunsten seiner Gläubiger künftige Mietforderungen abgetreten oder verpfändet hat, die erst in der Zeit nach der Veräußerung fällig werden und daher dem neuen Eigentümer zustehen (§ 566 b). Was gilt in Bezug auf solche künftigen Mietforderungen, wenn der frühere Vermieter und der Mieter über sie ein **Rechtsgeschäft** vorgenommen, also z.B. einen Erlass oder eine Stundung vereinbart oder eine Vorauszahlung geleistet und empfangen haben? Vgl. dazu § 566 c.

III. Pflichten des Mieters

1. Hauptpflichten

Hauptpflicht des Mieters ist die **Zahlung der vereinbarten Miete** (§ 535 Abs. 2) oder – in seltenen Fällen, wie z.b. beim Hausmeistervertrag – die Erbringung bestimmter Dienstleistungen. Wenn vereinbart ist, dass die Miete jeweils für einen bestimmten Zeitabschnitt (monatlich, vierteljährlich) zu entrichten ist, so muss bei Mietverhältnissen über Räume (Wohn-, Geschäfts- und sonstige Räume) die Miete **im Voraus** – nämlich bis zum dritten Werktag des jeweiligen Zeitabschnitts – gezahlt werden (§§ 556 b Abs. 1, 579 Abs. 2). Dabei zählt der Sonnabend nicht als Werktag; der Mieter hat also die Dezembermiete, wenn der 3. Dezember ein Sonnabend ist, auch dann rechtzeitig bezahlt, wenn sie beim Vermieter am 5. Dezember eingeht (BGH NJW 2010, 2879). Bei sonstigen Mietverhältnissen genügt **nachträgliche** Zahlung (§ 579 Abs. 1), wenn nichts anderes vereinbart wird. Besonders in Mietverträgen über Wohnräume wird häufig bestimmt, dass der Mieter die **Betriebskosten** (z.B. Grundsteuer, Heizung, Wasser, Müllabfuhr usw.) zu tragen und zugleich mit der Miete Vorauszahlungen auf die Betriebskosten zu leisten hat, über die dann der Vermieter jährlich abrechnen muss (vgl. dazu §§ 556, 556 a). 735

Die **Höhe der Miete** richtet sich grundsätzlich nach den vertraglichen Vereinbarungen. Bei der Miete von Wohnraum ist jedoch die Vertragsfreiheit erheblich eingeschränkt. Für Wohnungen, die im sozialen Wohnungsbau errichtet und daher mit Steuergeldern stark subventioniert worden sind, wird die Miete durch besondere gesetzliche Vorschriften festgelegt. Bei anderen Wohnungen darf die vereinbarte Miete nicht diejenigen Grenzen überschreiten, die sich aus dem allgemeinen Wucherverbot des § 138, aus dem speziellen Wucherverbot in § 5 Wirtschaftsstrafgesetz und aus dem Straftatbestand des Mietwuchers in § 291 StGB ergeben. So liegt ein Verstoß gegen § 5 Wirtschaftsstrafgesetz schon dann vor, wenn die Miete, die vom Vermieter unter Ausnutzung einer durch Wohnungsmangel gekennzeichneten Situation verlangt und vom Mieter akzeptiert worden ist, um 20 % höher liegt als die **ortsübliche Vergleichsmiete**, wie sie oft in „Mietspiegeln" (§§ 558 Abs. 2, 558 c, 558 d) niedergelegt ist (vgl. BGHZ 89, 319; BGH NJW 2004, 1740). 736

Während des Mietverhältnisses können die Parteien eine **Mieterhöhung** vereinbaren. Kommt eine solche Vereinbarung nicht zustande, etwa weil die Mietforderung des Vermieters dem Mieter zu hoch erscheint, so ist, wenn ein Wohnraummietvertrag vorliegt, eine Kündigung des Vermieters unwirksam, wenn sie den Mieter unter Druck setzen, nämlich nur dann wirksam werden soll, falls er der vom Vermieter geforderten höheren Miete nicht zustimmt („Änderungskündigung"; § 573 Abs. 1 Satz 2). Der Vermieter kann in diesem 737

Falle eine höhere Miete ausschließlich nach Maßgabe der §§ 558 – 560 erreichen: Wenn er die Wohnung des Mieters **modernisiert** hat, kann er die ihm dadurch entstandenen Kosten teilweise dadurch auf den Mieter umlegen, dass er die jährliche Miete um 11 % jener Kosten erhöht (§§ 559 – 559 b). Im Übrigen steht ihm gemäß §§ 558 – 558 c nur noch ein – notfalls gerichtlich durchsetzbarer – Anspruch gegen den Mieter auf Zustimmung zu einer **Anhebung der Miete** bis auf das Niveau der **ortsüblichen Vergleichsmiete** zu, dies aber nur dann, wenn die Miete in dem Zeitpunkt, zu dem die Erhöhung eintreten soll, mindestens 15 Monate lang unverändert war und das Mieterhöhungsverlangen frühestens 1 Jahr nach der letzten Mieterhöhung geltend gemacht wird. Außerdem ist die „**Kappungsgrenze**" des § 558 Abs. 3 zu beachten: Die Miete darf nur auf einen Betrag angehoben werden, der äußerstenfalls 20 % höher liegt als die Miete, die der Mieter 3 Jahre vor der Anhebung bezahlt hat. In §§ 558 a und 558 b sind die Voraussetzungen eines nach Form und Begründung ordnungsmäßigen Mieterhöhungsverlangens geregelt. Dabei hat der Gesetzgeber so viele Hürden und Fußangeln aufgestellt, dass man sich kaum vorstellen kann, wie ein privater Vermieter sie ohne anwaltlichen Beistand überwinden oder vermeiden können sollte. Die Schwierigkeiten eines nachträglichen Mieterhöhungsverlangens kann der Vermieter immerhin dadurch umgehen, dass er schon bei Abschluss des Mietvertrages nach Maßgabe der Vorschriften der §§ 557 a und 557 b eine **Staffelmiete** oder **Indexmiete** vereinbart.

738 Jeder Vermieter läuft das Risiko, dass sich sein Mieter als zahlungsunfähig oder zahlungsunwillig herausstellt. Zwar kann der Vermieter den Mietvertrag fristlos kündigen, wenn der Mieter mit der Zahlung der Miete für zwei aufeinanderfolgende Termine in Verzug ist (vgl. im Einzelnen § 543 Abs. 2 Satz 1 Nr. 3, außerdem für die Wohnraummiete § 569 Abs. 3). Aber damit allein ist noch nicht gesichert, dass der Mieter die rückständigen Mieten noch nachträglich zahlen und andere noch offene Forderungen des Vermieters aus dem Mietverhältnis befriedigen wird. Gegen dieses Risiko versucht das BGB den Vermieter dadurch zu schützen, dass es ihm ein **Vermieterpfandrecht** gewährt, das kraft Gesetzes an denjenigen Sachen entsteht, die sich im Eigentum des Mieters befinden und von ihm in die gemieteten Räume eingebracht werden (§§ 562, 578). Ferner kann sich der Vermieter dadurch sichern, dass er mit dem Mieter eine **Mietsicherheit** (**Mietkaution**) vereinbart.

739 Bei Wohnungsmietverträgen ist das **Vermieterpfandrecht** – im Gegensatz zur Mietkaution – heute ohne größere praktische Bedeutung. Das ergibt sich schon daraus, dass es nur an Sachen entsteht, die pfändbar sind (§ 562 Abs. 1 Satz 2, ferner § 811 ZPO) und sich im Eigentum des Mieters befinden. Zahlungsschwache Mieter pflegen aber Sachen von einigem Wert, deren Versilberung durch Pfandverkauf im Wege öffentlicher Versteigerung (vgl. §§ 1257, 1228, 1235) lohnend ist, in der Regel durch Abzahlungskauf unter Eigentumsvorbehalt zu erwerben. Dass der Vermieter an Sachen, die nicht dem Mieter, sondern dem Abzahlungsverkäufer oder einem sonstigen Dritten gehören, ein Vermieterpfandrecht **kraft guten Glaubens** erwirbt, ist ausgeschlossen, dies schon deshalb, weil der Vermieter nicht Besitzer der eingebrachten Sachen wird. Zwar erwirbt er ein Vermieterpfandrecht an dem **Anwartschaftsrecht**, das dem Mieter als Vorbehaltskäufer zusteht (BGH NJW 1965, 1475). Und richtig ist auch, dass zugunsten des Vermieters ein Pfandrecht an der Sache selbst entsteht, sobald der Mieter die letzte Kaufpreisrate bezahlt hat und sein Anwartschaftsrecht zu vollem Eigentum erstarkt ist (vgl. BGHZ 35, 85). Jedoch sind die meisten Mieter, die die fälligen Mieten nicht aufbringen können, in der Regel auch nicht zur Zahlung der fälligen Kaufpreisraten imstande, so dass der Abzahlungsverkäufer von dem Kaufvertrag gemäß § 323 zurücktreten und damit das Anwartschaftsrecht mitsamt dem daran begründeten Vermieterpfandrecht zum Erlöschen bringen kann. Ferner erlischt das Vermieterpfandrecht, wenn die Sache, an der es entstanden ist, von dem Grundstück **entfernt** wird und die Entfernung „den gewöhnlichen Lebensverhältnissen entspricht" (vgl. im Einzelnen §§ 562 a, 562 b). Auch im günstigsten Falle – so etwa, wenn der Mieter eine hochwertige Briefmarkensammlung geerbt und in die Mietwohnung eingebracht hat – muss sich der Vermieter erst noch in den Besitz der Sache bringen, ehe er sie aufgrund seines Pfandrechts gemäß §§ 1257, 1228 ff. verwerten kann. Wenn also in dem Beispielsfall der Mieter nicht bereit ist, seine Briefmarkensammlung freiwillig dem Vermieter zu dem genannten Zweck zu überlassen, muss ihn der Vermieter erst gemäß § 1231 auf Herausgabe verklagen, ein rechtskräftiges Herausgabeurteil erwirken und, wenn der Mieter sich immer noch sperrt, dieses Urteil dadurch vollstrecken, dass er durch den Gerichtsvollzieher dem Mieter die Sammlung wegnehmen lässt.

Aus einer **Mietsicherheit/Mietkaution** kann sich der Vermieter wegen seiner Forderung aus dem Mietverhältnis dagegen viel leichter befriedigen. Denn hier leistet der Mieter dem Vermieter eine Sicherheit, und zwar meist durch die Zahlung eines Geldbetrages, seltener durch Stellung eines Bürgen oder ein anderes Sicherungsmittel (vgl. §§ 232 ff.). In welcher Form und Höhe die Sicherheit zu leisten ist, bestimmt sich nach der Vereinbarung der Parteien. Nur bei der Wohnraummiete zieht § 551 zugunsten des Mieters zwingende Grenzen: Danach darf die Sicherheit höchstens das Dreifache einer Monatsmiete (die Betriebskosten nicht gerechnet) betragen. Ferner sind, wenn die Sicherheit in Geld zu leisten ist, der Mieter zur Zahlung des Gesamtbetrages in drei gleich hohen Monatsraten berechtigt und der Vermieter zur verzinslichen Anlage des Gesamtbetrags nach Maßgabe des § 551 Abs. 3 verpflichtet.

2. Nebenpflichten, Schutzpflichten

741 Außer der Mietzahlungspflicht, die die Hauptpflicht des Mieters darstellt, treffen ihn eine Reihe von Nebenpflichten, deren Verletzung dazu führt, dass der Vermieter gemäß § 280 Abs. 1 Schadensersatz verlangen und unter bestimmten Voraussetzungen sogar den Mietvertrag kündigen kann.

742 Nimmt der Mieter die ihm angebotenen Mieträume von Anfang an **nicht in Gebrauch** oder zieht er während der Mietzeit aus den gemieteten Wohn- oder Geschäftsräumen aus, so liegt darin grundsätzlich keine Pflichtverletzung. Zwar muss er die vereinbarte Miete zahlen, solange der Vertrag nicht durch Kündigung oder einverständliche Aufhebung beendet ist. Zahlen muss er übrigens auch dann, wenn er geltend machen kann, dass ihm der Gebrauch der Mietsache aus persönlichen Gründen (Krankenhausaufenthalt, Versetzung an einen anderen Ort, Nichtgewährung des für den Erwerb der Ladeneinrichtung benötigten Kredits usw.) nicht möglich sei (vgl. § 537). Aber dass der Mieter darüber hinaus allein wegen des Nichtgebrauchs der Mietsache Schadensersatz gemäß § 280 Abs. 1 schulde, kann man nur dann annehmen, wenn sich aus dem Vertrag oder aus den Umständen auf den Willen der Parteien schließen lässt, dass den Mieter ausnahmsweise eine **Benutzungspflicht** treffen sollte. So kann es z.B. liegen, wenn jemand ein Pferd für ein Jahr gemietet hat, das, wenn es gesund bleiben soll, regelmäßig bewegt werden muss, ebenso dann, wenn der Vermieter als Betreiber eines Einkaufszentrums ein Interesse daran hat, dass der Mieter die von ihm für den Betrieb eines großen Kaufhauses vorgesehenen Geschäftsräume auch tatsächlich in Benutzung nimmt und dadurch kaufinteressierte Besucher in das Einkaufszentrum gelockt und damit die Umsätze auch der anderen Mieter gesteigert werden.

743 Der Mieter ist verpflichtet, die Grenzen des **vertragsgemäßen Gebrauchs der Mietsache** nicht zu überschreiten. Wo diese Grenzen liegen, ergibt sich in erster Linie aus den vertraglichen Vereinbarungen (manchmal auch aus einer „Hausordnung", sofern sie von den Parteien zum Vertragsbestandteil gemacht worden ist), ferner aus dem Vertragszweck, den die Parteien dem Vertrag zugrundegelegt haben, schließlich aus der Verkehrsanschauung und aus den Umständen des konkreten Einzelfalls. Danach ist z.B. zu beurteilen, ob der Mieter kleine oder große oder gar keine Haustiere halten darf, ob der von seiner Wohnung ausgehende Lärm ein vernünftiges Maß überschreitet, ob er in der Mietwohnung regelmäßig Nachhilfeunterricht erteilen und Schüler empfangen oder als Tagesmutter Kinder betreuen oder eine Steuerberaterpraxis eröffnen oder ob er auf dem Balkon auf eigene Kosten eine Parabolantenne installieren darf (dazu BVerfG NJW 1994, 1147). Den Mieter trifft ferner eine **Obhutpflicht**: Er muss mit der Mietsache pfleglich umgehen und sie so behandeln, wie dies von einem vernünftigen Menschen in gleicher Lage erwartet werden kann. Setzt der Mieter den vertragswidrigen Gebrauch der Mietsache trotz einer Abmahnung fort, so kann der Vermieter auf Unterlassung klagen (§ 541), in besonders schweren Fällen den Mietvertrag kündigen (§ 543 Abs. 2 Satz 1 Nr. 2) und außerdem den Schaden, der ihm infolge des vertragswidrigen Gebrauchs der Mietsache entstanden sein kann, gemäß § 280 Abs. 1 ersetzt verlangen.

D. Pflichten bei Gebrauchsüberlassungsverträgen   744–746

Aus der Obhutspflicht des Mieters ergibt sich auch seine Verpflichtung, einen Mangel **744** der Mietsache oder die Erforderlichkeit einer Maßnahme zum Schutz der Mietsache dem Vermieter **unverzüglich anzuzeigen** (§ 536 c; vgl. auch BGHZ 68, 281). Unterlässt er die Anzeige, so kann er wegen des nicht angezeigten Mangels sich weder auf die Mietminderung gemäß § 536 berufen noch Schadensersatz gemäß § 536 a verlangen (§ 536 c Abs. 2). Aus der Obhutspflicht lässt sich schließlich auch die Verpflichtung des Mieters herleiten, Maßnahmen des Vermieters zu dulden, die „zur Erhaltung der Mietsache erforderlich sind" (§ 554 Abs. 1), also drohende Mängel verhüten oder eingetretene Mängel beseitigen sollen. Darüberhinaus muss der Mieter gemäß § 554 Abs. 2 Satz 1 auch solche Maßnahmen dulden, die – wie z.B. der Einbau einer modernen Heizung, isolierverglaster Fenster oder neuer Sanitäranlagen – der **Modernisierung** der Mietsache dienen. Solche Maßnahmen erhöhen zwar den Gebrauchswert der Wohnung, sind aber dem Mieter manchmal deshalb nicht willkommen, weil er durch die Einbauarbeiten erheblich belästigt wird und ferner damit rechnen muss, dass der Vermieter gemäß § 559 die Miete erhöhen wird (Rn. 737). Deshalb ist der Mieter nicht zur Duldung der Modernisierungsmaßnahmen verpflichtet, wenn die komplizierte Interessenabwägung, die § 554 Abs. 2 vorschreibt, zu seinen Gunsten ausgeht (vgl. BGHZ 117, 217).

Die Grenzen des vertragsgemäßen Gebrauchs überschreitet der Mieter auch **745** dann, wenn er die Nutzung der Mietsache ohne Erlaubnis des Vermieters **einem Dritten überlässt**, was manchmal unentgeltlich, in aller Regel aber entgeltlich, nämlich durch Abschluss eines **Untermietvertrages** mit dem Dritten geschieht (§ 540 Abs. 1). Hat also der Vermieter dem Mieter Geschäftsräume zum Betrieb einer Bäckerei vermietet, so darf der Bäcker, wenn sein Umsatz zurückgeht, nicht ohne Erlaubnis des Vermieters die nicht mehr von ihm benötigten Räume einem Optiker untervermieten. Tut er das doch, so kann der Vermieter – wie immer, wenn der Mieter die Grenzen des vertragsgemäßen Gebrauchs überschreitet – ihn auf Unterlassung verklagen (§ 541) oder sogar den Mietvertrag kündigen (§ 543 Abs. 2 Satz 1 Nr. 2). Hat der Mieter um die Erlaubnis zur Untervermietung nachgesucht, ist sie ihm aber vom Vermieter ohne „wichtigen Grund" verweigert worden (vgl. dazu BGH NJW 2007, 288), so kann der Mieter den Mietvertrag gemäß § 540 Abs. 1 Satz 2 „außerordentlich mit der gesetzlichen Frist" kündigen. Allerdings liegt es bei der Wohnraummiete wieder einmal anders. Zwar gilt die Regel des § 540 auch hier. Jedoch steht hier dem Mieter ein **Anspruch** gegen den Vermieter auf Erteilung der Erlaubnis zur Aufnahme des Dritten zu, sofern der Mieter ein berechtigtes Interesse daran dartun kann (vgl. § 553). Dieses Interesse wird von der Rechtsprechung großzügig bejaht und schon dann angenommen, wenn den Mieter nichts anderes umtreibt als der Wunsch nach Begründung einer Wohngemeinschaft.

Vgl. BGHZ 92, 213; BGH NJW 2004, 56. – Die Rechtsposition des **Untermieters** ist pre- **746** kär. Der Mietvertrag, den er mit dem Mieter als seinem Untervermieter geschlossen hat, ist zwar ein Mietvertrag wie jeder andere auch. Aber er verschafft ihm ein Recht zum Besitz nur gegenüber seinem Vertragspartner, nicht gegenüber dem Vermieter. Wird also der Hauptmietvertrag durch Kündigung, Fristablauf oder auf andere Weise beendet, so ist der Untermieter der Herausgabeklage des Vermieters, die sich sowohl auf

§ 985 wie auf § 546 Abs. 2 stützen lässt, schutzlos ausgeliefert; er muss sich damit trösten, dass er von seinem eigenen Vermieter Schadensersatz statt der Leistung gemäß § 281 verlangen kann. Dass der Untermieter keinerlei Bestandsschutz genießt, kann unbillig sein. Der Gesetzgeber hat gleichwohl einen solchen Schutz nur demjenigen „Untermieter" bewilligt, der eine Wohnung von einem „gewerblichen Weitervermieter" gemietet hat (vgl. § 565, ferner BGHZ 84, 90; BVerfG NJW 1991, 2272).

747 Weit verbreitet sind heute Vereinbarungen, durch die sich der Mieter verpflichtet, **Schönheitsreparaturen** vorzunehmen, also in vertraglich festgelegten Zeitabständen die Wände und Decken der Miträume zu streichen und zu tapezieren, ferner die Heizkörper, Fenster und Türen zu lackieren. Die Mängel, die durch solche Schönheitsreparaturen beseitigt werden, sind zwar solche, die „durch den vertragsgemäßen Gebrauch herbeigeführt werden" und deshalb gemäß § 538 eigentlich vom Vermieter zu vertreten sind. Aber § 538 ist nicht zwingend; und nach ständiger Rechtsprechung stellt es keinen Verstoß gegen § 307 dar, wenn – und zwar sogar bei Wohnungsmietverträgen – die Regel des § 538 durch eine AGB-Klausel in ihr Gegenteil verkehrt wird (BGHZ 92, 363; BGHZ 101, 253; BGHZ 105, 71). Im Schrifttum wird diese Ansicht manchmal kritisiert. Für sie lässt sich aber geltend machen, dass anderenfalls der Vermieter den ihm durch die Schönheitsreparaturen entstehenden Aufwand in die Miete einkalkulieren würde, dies mit der Folge, dass der Mieter sich schlechter stünde, als wenn zwar er die Schönheitsreparaturen ausführen muss, er aber immerhin selbst entscheiden kann, wie im Einzelnen er diese Verpflichtung erfüllen, insbesondere, welchen Handwerker er auswählen oder ob er die Arbeiten selbst ausführen will. Ferner wird für den Mieter ein wünschenswerter Anreiz gesetzt, die Mietsache pfleglich zu behandeln und damit auch die Kosten der Schönheitsreparaturen zu mindern. Im Übrigen hat der BGH dafür gesorgt, dass in dieser Frage die Bäume des Vermieters nicht in den Himmel wachsen. So ist z.B. die Klausel eines Formularmietvertrages als gemäß § 307 unwirksam angesehen worden, in der der Mieter sich verpflichtet hatte, die Miträume im Rahmen eines starren Fristenplans zu renovieren und außerdem zum Ende des Mietverhältnisses eine Endrenovierung vorzunehmen. Anders, wenn dem Mieter ein solcher Fristenplan nur als „unverbindliche Orientierungshilfe" genannt wird und er sich lediglich dazu verpflichtet hat, die Miträume zum Ende des Mietverhältnisses in einem Zustand zurückzugeben, wie er bei Einhaltung des Fristenplans bestünde.

748 Vgl. BGH NJW 2008, 2499; BGH NJW 2009, 62. – In manchen Mietverträgen findet man ferner Vereinbarungen, nach denen der Mieter nicht nur zu Schönheitsreparaturen, sondern auch zu **Kleinreparaturen** der Mietsache verpflichtet ist (und dadurch der Vermieter von seiner Pflicht zur Erhaltung der Mietsache in einem vertragsgemäßen Zustand entlastet wird). Auch solche Vereinbarungen hat der BGH, wenn sie in Form einer AGB-Klausel Bestandteil eines Wohnungsmietvertrages geworden sind, grundsätzlich gebilligt. Sie sind aber mit § 307 Abs. 2 Nr. 1 nur dann vereinbar, wenn sie sich

D. Pflichten bei Gebrauchsüberlassungsverträgen

auf die Reparatur von Bagatellschäden an solchen Teilen der Mietwohnung beziehen, die (wie z.b. Türklinken, Wasserhähne, Fensterscheiben) vom Mieter häufig benutzt werden und deshalb seinem ständigen Zugriff unterliegen, vorausgesetzt, dass in der AGB-Klausel zugleich Obergrenzen für den Reparaturaufwand im Einzelfall und für den jährlichen Gesamtaufwand festgelegt werden (BGHZ 108, 1).

Schließlich trifft den Mieter eine Abwicklungspflicht (Rn. 488). Er muss die Mietsache nach Beendigung des Mietverhältnisses dem Vermieter **zurückgeben** (§ 546 Abs. 1). Ein Zurückbehaltungsrecht gemäß § 273 wegen irgendwelcher Gegenansprüche steht ihm nicht zu (§§ 570, 578 Abs. 1), weil der Wert dieser Gegenansprüche im Vergleich zum Wert der Mietsache in aller Regel geringfügig ist. Gibt der Mieter die Sache nicht pünktlich zum Ende des Mietverhältnisses zurück, so kann der Vermieter so lange von dem Mieter die Fortzahlung der vereinbarten Miete oder, wenn sie höher ist, sogar der ortsüblichen Vergleichsmiete verlangen, wie ihm die Mietsache vorenthalten wird. Dabei kommt es weder darauf an, ob dem Vermieter in dieser Höhe tatsächlich ein Schaden entstanden ist, noch darauf, ob der Mieter die Nichtrückgabe zu vertreten hat (§ 546 a). Liegt der tatsächliche Schaden des Vermieters höher als die Mieten, die ihm danach fortzuzahlen sind, so steht es ihm gemäß § 546 a Abs. 2 frei, nach den allgemeinen Vorschriften (§ 280) auch noch den Differenzbetrag vom Mieter zu verlangen. Liegt allerdings ein Mietverhältnis über Wohnraum vor, so wird der Mieter vom Gesetzgeber etwas milder behandelt (vgl. § 571).

§ 10 Erfüllungsanspruch

A. Allgemeines

750 Wer einen Vertrag schließt, vertraut darauf, dass die andere Partei den Vertrag erfüllen, also dasjenige leisten werde, was zu leisten sie in dem Vertrag versprochen hat. Was kann die vertragstreue Partei tun, wenn ihr Vertrauen enttäuscht wird? Wie liegt es z.B., wenn der Verkäufer die verkaufte Ware nicht zum vereinbarten Zeitpunkt liefert oder sie zwar liefert, ihr aber die vereinbarte Beschaffenheit fehlt? Wie, wenn die Maschine, die der Unternehmer aufgrund des Vertrages herzustellen hatte, sich im Betrieb des Auftraggebers nicht auf das Fundament montieren lässt, auf dem sie vereinbarungsgemäß aufgestellt werden sollte? Wie, wenn der Mieter die vereinbarte Miete nicht bezahlt oder ohne Erlaubnis des Vermieters einen Teil der Wohnung einem Untermieter überlässt oder die vereinbarten Schönheitsreparaturen nicht vornimmt? Wie, wenn die Sängerin erklärt, sie werde das versprochene Konzert nur dann geben, wenn ihr der Veranstalter ein höheres Honorar bewilligt?

751 Grundsätzlich sind es drei verschiedene Rechtsbehelfe, zwischen denen die vertragstreue Partei – sie wird meist „Gläubiger" genannt – in dieser Lage wählen kann und die sich unter bestimmten Voraussetzungen auch miteinander kombinieren lassen: Erfüllung des Vertrages, Schadensersatz, Beendigung des Vertrages durch Rücktritt oder Kündigung. Zunächst kann der Gläubiger, wenn ihm die versprochene Leistung nicht oder nicht vertragsgemäß erbracht worden ist, an dem Vertrag festhalten und den **Anspruch auf Erfüllung** geltend machen, notfalls dadurch, dass er eine Klage gegen den Schuldner erhebt mit dem Antrag auf Erlass eines Urteils, das dem Schuldner die Erfüllung des Vertrages befiehlt. Stattdessen kann der Gläubiger aber auch danach trachten, den Vertrag als im Ganzen erledigt anzusehen und dies dadurch zum Ausdruck zu bringen, dass er ihn durch einen **Rücktritt** (§ 323) oder eine **Kündigung** (z.B. gemäß § 314) beendet. In beiden Fällen kommen aber auch **Schadensersatzansprüche** in Betracht (vgl. Rn. 1023 ff.). Insbesondere kann dem Gläubiger, wenn er auf der Erfüllung des Vertrages beharrt, ein Schaden dadurch entstanden sein, dass der Schuldner zu dem vertraglich vereinbarten Zeitpunkt die Leistung gar nicht oder doch nicht so, wie sie nach dem Vertrag geschuldet war, erbracht hat. Hier tritt zu dem Erfüllungsanspruch, an dem der Gläubiger festhält, ergänzend ein **Anspruch auf Ersatz des Verzögerungsschadens** (§§ 280 Abs. 1 und 2, 286) hinzu. Wenn dagegen der Gläubiger den Vertrag als erledigt ansieht und ihn vielleicht sogar durch Rücktritt oder Kündigung beendet hat, kann er zwar nicht mehr die vertraglich geschuldete Leistung, wohl aber **Schadensersatz statt der Leistung** (§ 281) oder – wie man auch sagt – das **Erfüllungsinteresse** verlangen, also einen Geldbetrag, der ihn, nachdem er gezahlt ist, in diejenige Lage versetzt, in der er sich befände, wenn man sich den Vertrag als erfüllt vorstellt.

Auch wenn der Gläubiger zwischen den genannten drei Rechtsbehelfen grundsätzlich frei wählen kann, so lassen sich doch Gründe dafür anführen, dass dem **Erfüllungsanspruch** ein gewisser **Vorrang** zukommt. Mehrere Vorschriften des BGB lassen nämlich deutlich erkennen, dass der Gesetzgeber in erster Linie an der Erfüllung des Vertrages interessiert ist und dass er deshalb das Recht, den Vertrag als erledigt anzusehen und Schadensersatz statt der Leistung zu verlangen, dem Gläubiger nur in zweiter Linie, nur nachrangig, nämlich nur dann einräumt, wenn er dem Schuldner, der nicht oder nicht richtig erfüllt hat, nochmals eine faire Chance zur Nachholung der geschuldeten Leistung gegeben hat. Das ergibt sich aus § 323 Abs. 1 und 3: Danach darf der Gläubiger nur dann von dem Vertrag zurücktreten, wenn er zuvor dem Schuldner „erfolglos eine angemessene Frist zur Leistung oder Nacherfüllung bestimmt" oder ihn erfolglos abgemahnt hat. Das Gleiche gilt gemäß § 281 Abs. 1 Satz 1 und Abs. 3, wenn der Gläubiger Schadensersatz statt der Leistung verlangt. Auch die Kündigung eines vertraglichen Dauerschuldverhältnisses ist gemäß § 314 Abs. 2 erst „nach erfolglosem Ablauf einer zur Abhilfe bestimmten Frist oder nach erfolgloser Abmahnung" zulässig. Ähnliche Vorschriften finden sich im Recht des Mietvertrags (§ 543 Abs. 2) und des Reisevertrags (§ 651 e Abs. 2).

B. Voraussetzungen des Erfüllungsanspruchs

I. Grundsatz

Nach deutschem Recht ist es im Grunde selbstverständlich, dass dem Gläubiger ein – notfalls durch Klage erzwingbarer – Anspruch auf Erfüllung des Vertrages in Natur zusteht. Das ist so selbstverständlich, dass der Gesetzgeber nicht einmal eine entsprechende ausdrückliche Regelung für erforderlich gehalten hat. Immerhin bestimmt § 241 Abs. 1, dass aufgrund eines Schuldverhältnisses – hier also: aufgrund eines Vertrages – der Gläubiger berechtigt ist, „von dem Schuldner eine Leistung zu fordern"; das bedeutet eben auch, dass der Gläubiger die ihm nach dem Vertrag geschuldete Leistung vor Gericht einfordern und dass auf seinen Antrag ein entsprechendes, auf Vertragserfüllung gerichtetes Urteil gegen den Schuldner erlassen werden kann.

754 Der Erfüllungsanspruch kann nicht nur als Angriffsmittel, sondern auch als **Verteidigungsmittel** eingesetzt werden. Wenn also z.B. der Käufer auf Zahlung des Kaufpreises verklagt wird, so kann er sich gemäß § 320 mit der „**Einrede des nicht erfüllten Vertrages**" verteidigen, also geltend machen, dass der Kläger seinerseits die Kaufsache nicht oder nicht in der vertraglich vereinbarten Beschaffenheit geliefert habe. In solchen Fällen wird der Käufer zwar zur Zahlung des Kaufpreises verurteilt, aber doch nur Zug um Zug gegen die Bewirkung der ihm gebührenden Gegenleistung (§ 322; Rn. 897).

755 Die Rechtsvergleichung zeigt, dass neben dem deutschen Recht auch die meisten anderen kontinentaleuropäischen Rechtsordnungen davon ausgehen, dass grundsätzlich alle vertraglichen Verpflichtungen zum Gegenstand eines Anspruchs auf Erfüllung in Natur gemacht werden können. Die Rechtsvergleichung zeigt aber auch, dass dieser Grundsatz für die Rechtsordnungen des anglo-amerikanischen Rechtskreises – oft unter dem Ausdruck „Common Law" zusammengefasst – alles andere als selbstverständlich ist. Dort geht man nämlich von der Regel aus, dass der Gläubiger, wenn der Schuldner nicht oder nicht vertragsgemäß geleistet hat, in erster Linie auf den **Schadensersatzanspruch** angewiesen ist. Der berühmte amerikanische Richter O.W. *Holmes* hat geradezu erklärt, dass „the only universal consequence of a legally binding promise is that the law makes the promisor pay damages if the promised act does not come to pass" (O.W. *Holmes*, The Common Law [1881] 301). Zwar schießt diese Formulierung über das Ziel hinaus. Denn auch im Common Law zweifelt niemand daran, dass ein Erfüllungsanspruch, der sich auf die Zahlung von Geld richtet, immer durchsetzbar ist, der Verkäufer also immer auf den Kaufpreis, der Unternehmer immer auf die ihm versprochene Vergütung, der Vermieter immer auf Zahlung der Miete klagen kann. Aber wenn sich der Erfüllungsanspruch auf die Lieferung von Waren, auf die Leistung von Diensten, auf die Erbringung einer Werkleistung, auf die vertraglich versprochene Unterlassung eines bestimmten Verhaltens oder auf die Abgabe einer Erklärung richtet, so wird „**specific performance**" nur ausnahmsweise gewährt, nämlich nur dann, wenn der Kläger den Richter davon überzeugen kann, dass im konkreten Fall Schadensersatz in Geld für ihn „inadequate" ist, nämlich seinem Interesse an der Erfüllung des Vertrages in Natur nicht genügend Rechnung trägt. So verhält es sich z.B., wenn der Kläger als Käufer die Lieferung des ihm verkauften Grundstücks oder die Lieferung einer Sache verlangt, die sehr selten oder von schwer einschätzbarem Wert ist oder deren Besitz ein immaterielles Interesse des Käufers befriedigt. Dagegen muss sich der Kläger mit „damages for breach of contract" bescheiden, wenn er sich die ihm verkauften Waren ohne weiteres dadurch verschaffen kann, dass er ein Deckungsgeschäft mit einem Dritten abschließt, oder wenn befürchtet werden muss, dass ein auf Erfül-

lung gerichtetes Urteil den Schuldner in seiner Handlungsfreiheit unangemessen beschneiden oder dass es für das Gericht schwierig sein würde zu kontrollieren, ob der Schuldner durch sein späteres Verhalten dem gegen ihn ergangenen Erfüllungsurteil Rechnung getragen hat oder nicht.

Vgl. *Zweigert/Kötz* § 35 IV. Dass der Erfüllungsanspruch – wie durchweg auf dem europäischen Kontinent – als Regel oder – wie im Common Law – als Ausnahme angesehen wird, beruht auf Gründen, die hier wie da „in starkem Maß traditionsbestimmt und nicht ausschließlich durch einen rationalen Interessenkalkül zu erklären" sind (*Huber* II § 35 I 1, S. 141). Gerade deshalb ist die Frage schwierig, wie sich eine international einheitliche und dennoch für alle beteiligten Länder akzeptable Lösung finden lässt. Die Verfasser des CISG haben vor ihr die Waffen gestreckt. Zwar steht dem Käufer ein Anspruch auf Lieferung der Ware und, wenn die gelieferte Ware mangelhaft war und darin eine wesentliche Vertragsverletzung liegt, auch ein Anspruch auf Lieferung mangelfreier Ersatzware zu (Art. 46). Ebenso kann der Verkäufer vom Käufer nicht nur Zahlung des Kaufpreises, sondern auch die Abnahme der Ware und die Erfüllung seiner sonstigen vertraglichen Verpflichtungen verlangen (Art. 62). Aber wenn eine deutsche oder italienische Partei eine solche Klage auf Erfüllung vor einem Gericht in Chicago, Sydney oder Vancouver erhebt, so braucht das angerufene Gericht „eine Entscheidung auf Erfüllung in Natur nur zu fällen, wenn es dies auch nach seinem eigenen Recht bei gleichartigen Kaufverträgen täte, die nicht unter dieses Übereinkommen fallen" (Art. 28). – Die Principles of European Contract Law (PECL) schlagen eine weitergehende Lösung vor: Sie gehen von der Zulässigkeit des Erfüllungsanspruchs aus und halten ihn nur ausnahmsweise für nicht gegeben, so z.B. dann, wenn die Erfüllung aus tatsächlichen oder rechtlichen Gründen unmöglich ist oder einen unverhältnismäßigen Aufwand erfordern würde (ähnlich das deutsche Recht, vgl. § 275 Abs. 1 und 2; Rn. 787 ff.), wenn der Erfüllungsanspruch sich auf eine höchstpersönliche Leistung des Schuldners richtet (vgl. § 888 Abs. 2 ZPO) oder wenn die Erfüllung ohne praktische Schwierigkeiten dadurch erlangt werden kann, dass der Gläubiger ein Deckungsgeschäft mit einem Dritten abschließt (vgl. Art. 4.101 und 102 PECL).

II. Inhalt des Erfüllungsanspruchs

Erfüllungsansprüche können sich auf die Erfüllung **vertraglicher Leistungspflichten**, insbesondere auf **Nacherfüllung**, sowie auf die Erfüllung von **Schutzpflichten** richten.

1. Die Erfüllung von Leistungspflichten

Mit Hilfe des Erfüllungsanspruchs kann der Gläubiger **sämtliche Leistungspflichten** des Schuldners durchsetzen, ganz gleich, ob es sich dabei um **Haupt- oder Nebenpflichten** handelt (Rn. 484) oder ob der Schuldner aufgrund des Vertrages zu einem **positiven Tun** oder zu einem **Unterlassen** verpflichtet ist. Den Erfüllungsanspruch macht also der Verkäufer nicht nur dann geltend, wenn er den Käufer auf Zahlung des Kaufpreises oder auf Abnahme der Kaufsache (§ 433 Abs. 2) verklagt, sondern auch dann, wenn er den Erlass eines Unterlassungsurteils beantragt, durch das dem Käufer verboten wird, entgegen einer vertraglich von ihm übernommenen Verpflichtung die Kaufsache in ein bestimmtes Land zu exportieren, sie auf Messen im Land des Verkäufers auszustellen oder sie überhaupt nicht oder nicht unter einem bestimmten Preis an Dritte weiterzuverkaufen. Auch ein Mieter wird auf Vertragserfüllung nicht nur dann in Anspruch genommen, wenn er eine Hauptpflicht – Zahlung der vereinbarten Miete gemäß § 535 Abs. 2 – erfüllen soll, sondern auch dann, wenn es um die Erfüllung einer Nebenpflicht geht, also z.B. um die Unterlassung nächtlichen Klavierspiels oder sonntäglichen Teppichklopfens (§ 541), um die Vornahme der vereinbarten Schönheitsreparaturen oder um die Duldung von Maßnahmen zur Verbesserung der Mietsache (§ 554). Die Unterscheidung zwischen Haupt- und Neben(leistungs)pflichten ist deshalb hier ohne Bedeutung.

2. Nacherfüllung

759 Um eine besondere Variante des Erfüllungsanspruchs geht es, wenn eine Vertragspartei **Nacherfüllung** verlangt. Wenn ihr Kontrahent einen ersten Erfüllungsversuch unternommen, aber mit der dabei erbrachten Leistung den vertraglich geschuldeten Standard nicht erreicht hat, so kann der Gläubiger verlangen, dass der Schuldner in einem zweiten Anlauf dasjenige leiste, was für eine vollständige Erfüllung seiner vertraglichen Pflichten erforderlich ist. So verhält es sich vor allem beim Kaufvertrag und beim Werkvertrag: Mit Abschluss des Vertrages stehen dem Käufer und dem Auftraggeber zunächst Erfüllungsansprüche auf Lieferung einer mangelfreien Kaufsache oder auf Herstellung eines mangelfreien Werkes zu (§§ 433 Abs. 1, 633 Abs. 1). Sobald aber der Käufer die Kaufsache als Erfüllung angenommen oder der Auftraggeber dem Unternehmer das von ihm hergestellte Werk abgenommen hat, wandelt sich der Erfüllungsanspruch, sofern die Kaufsache oder das Werk mangelhaft sind, in einen Anspruch auf Nacherfüllung um (§§ 437 Nr. 1, 439 und §§ 634 Abs. 1, 635). Beim Reisevertrag hat das BGB einen anderen Ausdruck gewählt: Gemäß § 651 c Abs. 2 kann der Reisende (nicht Nacherfüllung, sondern) „Abhilfe" verlangen, wenn sich die ihm angebotene Leistung des Reiseveranstalters als mangelhaft herausstellt.

760 In allen diesen Fällen besteht der Anspruch auf Nacherfüllung ohne Rücksicht darauf, ob die mangelhafte Beschaffenheit der Leistung vom Schuldner **zu vertreten** ist oder nicht. Ebenso klar ist, dass die **Kosten** der Nacherfüllung derjenigen Vertragspartei zur Last fallen, die zur Nacherfüllung verpflichtet ist (vgl. §§ 439 Abs. 2, 635 Abs. 2). Und schließlich ist daran zu erinnern, dass der Anspruch auf Nacherfüllung, wie jeder andere Erfüllungsanspruch auch, begleitet sein kann von Ansprüchen auf Ersatz des **Verzögerungsschadens** (§§ 280 Abs. 1 und 2, 286; Rn. 1128 ff.) und auf Leistung von **einfachem**

Schadensersatz (§ 280 Abs. 1; Rn. 1025 ff.). Hat sich also ein Bauunternehmer zur Herstellung eines Gebäudes verpflichtet, das am 1. Juni bezugsfertig zu übergeben ist, so kann der Auftraggeber, der das Gebäude am 1. Juni abgenommen, sich aber bei der Abnahme wegen bestimmter Mängel seine Rechte vorbehalten hat (§ 640 Abs. 2), Nacherfüllung gemäß § 635 und außerdem, wenn das Gebäude wegen der Nacherfüllung erst am 1. September bezugsfertig wird, Ersatz des Schadens verlangen, der ihm z.b. dadurch entsteht, dass er das Gebäude nicht schon ab 1. Juni, sondern erst ab 1. September vermieten kann. Ebenso liegt es, wenn der Bauunternehmer in dem von ihm errichteten Haus ein Elektrokabel falsch verlegt hat: Auch hier kann sein Auftraggeber nicht nur gemäß § 635 im Wege der Nacherfüllung die Reparatur oder die Neuverlegung des Kabels sowie die Übernahme der dadurch entstehenden Kosten, sondern außerdem gemäß § 280 Abs. 1 auch noch Ersatz des Schadens verlangen, der ihm durch den Brand des falsch verlegten Kabels entstanden ist.

Durch die Nacherfüllung leistet der Verkäufer oder Unternehmer nur dasjenige, was er ursprünglich seinem Vertragspartner versprochen hat; dies ist auch der Grund dafür, dass die nacherfüllungspflichtige Partei die dafür erforderlichen Kosten übernehmen muss. Die Kosten der Beseitigung des Mangels muss der Verkäufer auch dann tragen, wenn er dafür Ersatzteile einsetzen muss, die inzwischen verbessert und dadurch verteuert worden sind; nicht etwa kann er vom Käufer einen Ausgleich dafür verlangen, dass dieser nach der Instandsetzung besser dasteht, als wenn ihm eine von Anfang an mangelfreie Kaufsache geliefert worden wäre. Erst recht kann der Verkäufer die Nacherfüllung nicht mit der Erbringung *zusätzlicher* Leistungen verbinden und sie dem Käufer in Rechnung stellen. Vgl. dazu *Mankowski* NJW 2011, 1025. – Unterschiedlich geregelt ist die Frage, unter welchen Voraussetzungen die zur Nacherfüllung berechtigte Partei das Heft selbst in die Hand nehmen, nämlich im Wege der **Selbstvornahme** die Mängel der Leistung ihres Kontrahenten beseitigen und ihm die dadurch entstehenden Kosten in Rechnung stellen darf. Für **Mietverträge** gilt § 536 a Abs. 2: Danach kann der Mieter den Mangel selbst beseitigen (oder durch einen Dritten beseitigen lassen) und Erstattung der dafür „erforderlichen" Aufwendungen verlangen, dies aber nur dann, wenn entweder der Vermieter mit der Beseitigung des Mangels in Verzug ist (§ 286) oder wenn die „umgehende" Mängelbeseitigung so dringend geboten ist, dass es unangemessen wäre, wenn der Mieter erst noch durch eine Mahnung den Verzug des Vermieters herbeizuführen hätte (vgl. BGH NJW 2008, 1216; *Faust* JuS 2008, 462). Anders beim **Werkvertrag**: Hier ist der Auftraggeber gemäß §§ 634 Nr. 2, 637 Abs. 1 zur Selbstvornahme und zum Ersatz der erforderlichen Aufwendungen – praktisch also: zur Erstattung des Werklohns, den er zur Beseitigung des Mangels einem *anderen* Unternehmer gezahlt hat – berechtigt, dies aber nur dann, wenn er zuvor dem Unternehmer zur Mängelbeseitigung eine angemessene Frist gesetzt hat und diese Frist erfolglos abgelaufen ist, also der Mangel nicht beseitigt worden ist. Anders liegt es, wenn der Unternehmer die Mängelbeseitigung abgelehnt hat und dazu aus den in § 635 Abs. 3 genannten besonderen Gründen berechtigt war. Auch ohne Setzung einer Frist ist der Auftraggeber zur Selbstvornahme berechtigt, wenn die Fristsetzung gemäß § 637 Abs. 2 sinnlos gewesen wäre. – Ebenso liegt es beim **Reisevertrag** (§ 651 c Abs. 3). Dagegen steht beim **Kaufvertrag** dem Käufer ein Recht zur Selbstvornahme *nicht* zu. Sowohl sein Rücktritts- und Minderungsrecht wie sein Schadensersatzanspruch setzen nämlich voraus, dass er dem

Verkäufer zuvor eine Frist für die Nacherfüllung gesetzt hat und der Verkäufer diese Frist ungenutzt hat verstreichen lassen und damit die ihm zu gewährende „zweite Chance" zur ordnungsmäßigen Erfüllung des Vertrages nicht wahrgenommen hat. Hat der Käufer diese „zweite Chance" dem Verkäufer nicht gewährt und den Mangel der Kaufsache kurzerhand selbst beseitigt, so wird er dadurch zwar in der Regel dem Verkäufer Kosten erspart haben, die dieser sonst selbst für die Mängelbeseitigung hätte aufwenden müssen. Im Schrifttum wird deshalb die Auffassung vertreten, dass der Käufer durch die Selbstbeseitigung des Mangels „verantwortlich" sei dafür, dass das Nacherfüllungsrecht des Verkäufers vereitelt worden ist; deshalb müsse er dem Verkäufer analog § 326 Abs. 2 Satz 2 zwar nicht dasjenige ersetzen, was er selbst für die Beseitigung des Mangels aufgewandt, wohl aber das, was dieser deshalb an Aufwand erspart habe (*Medicus/Lorenz* SchR BT Rn. 139 ff.). Dem ist die Rechtsprechung aber nicht gefolgt, weil sonst „dem Käufer im Ergebnis ein Selbstvornahmerecht auf Kosten des Verkäufers zugebilligt" und außerdem „der Vorrang des Nacherfüllungsanspruchs unterlaufen" würde. So BGHZ 162, 219; BGH NJW 2005, 3211 und NJW 2006, 988.

762   Die Nacherfüllung dient nicht nur dem Schutz der Vertragspartei, die eine zunächst mangelhafte Leistung erhalten hat und an einer Behebung des Mangels und damit an einer mangelfreien Leistung interessiert ist. Sie will auch die andere Vertragspartei vor den Nachteilen schützen, die ihr entstünden, wenn ihr keine Chance zur Behebung des Mangels gegeben zu werden bräuchte und der Vertrag von ihrem Kontrahenten auf der Stelle für erledigt erklärt werden könnte. Dies wird dadurch erreicht, dass beim Kaufvertrag der Käufer und beim Werkvertrag der Auftraggeber wegen einer nicht wie geschuldet erbrachten Leistung von dem Vertrag grundsätzlich erst dann zurücktreten, die eigene Gegenleistung erst dann mindern oder Schadensersatz statt der Leistung erst dann verlangen dürfen, wenn sie zuvor vom Verkäufer oder Unternehmer Nacherfüllung nicht nur verlangt, sondern für sie eine angemessene Frist gesetzt haben und diese Frist erfolglos abgelaufen ist. In §§ 437, 634 wird nämlich für den Rücktritt auf § 323 Abs. 1, für die Minderung auf §§ 441, 638 und für den Anspruch auf Schadensersatz statt der Leistung auf § 281 Abs. 1 Satz 1 verwiesen, damit auf Vorschriften, die alle den erfolglosen Ablauf einer für die Nacherfüllung gesetzten Frist zur Voraussetzung für die genannten Rechtsbehelfe machen. So wird dem Verkäufer und dem Unternehmer, auch wenn sie zunächst eine mangelhafte Leistung erbracht haben, die Chance erhalten, durch mangelfreie und fristgemäße Nacherfüllung oder – wie man im Handelsverkehr manchmal sagt – durch eine **„zweite Andienung"** den Vertrag noch zu erfüllen und sich damit ihren Anspruch auf den Kaufpreis oder die Vergütung zu sichern.

763   Manchmal besteht kein Zweifel daran, *wie* die Nacherfüllung zu bewirken ist. Wenn etwa der Mangel der Leistung darin liegt, dass der Verkäufer nur einen **Teil** der verkauften Warenmenge oder statt der verkauften Waren **andere Waren** geliefert hat (vgl. § 434 Abs. 3), so besteht die Nacherfüllung in der Lieferung der Restmenge oder der vereinbarten Waren. Dagegen gibt es meist verschiedene Möglichkeiten der Nacherfüllung, wenn die gelieferte

B. Voraussetzungen des Erfüllungsanspruchs

Kaufsache oder das abgenommene Werk nicht die vereinbarte Sollbeschaffenheit besitzt. Ist dem Käufer ein neues Kraftfahrzeug geliefert worden, dessen Türen an mehreren Stellen fehlerhaft lackiert sind, so kommt als Nacherfüllung die Lieferung eines Ersatzfahrzeugs, aber auch die Auswechselung der Türen oder ihre Neulackierung in Betracht. Muss der Reisende das ihm zugewiesene Hotelzimmer zu seinem Verdruss mit bissigem Ungeziefer teilen, so kann der Reiseveranstalter Abhilfe nicht nur dadurch leisten, dass er das Zimmer vom Ungeziefer befreit, sondern auch dadurch, dass er dem Reisenden ein gleichwertiges und ungezieferfreies Ersatzzimmer im gleichen oder in einem anderen Hotel zur Verfügung stellt. Welche Vertragspartei sollte hier zur Auswahl unter den mehreren Möglichkeiten der Nacherfüllung berechtigt sein? Das BGB gewährt dieses Wahlrecht beim Werkvertrag dem Unternehmer (§ 635 Abs. 1) und beim Reisevertrag dem Reiseveranstalter. Das liegt deshalb nahe, weil sie der Nacherfüllung näher stehen als ihre Kunden, nämlich in größerem Maße als sie über die dafür erforderlichen Kenntnisse, Fachleute, Gerätschaften und Erfahrungen verfügen. Obwohl diese Erwägung auch auf den Kaufvertrag passt und dort für ein Wahlrecht des Verkäufers spricht, hat der Gesetzgeber umgekehrt entschieden, nämlich in § 439 Abs. 1 bestimmt, dass der Käufer als Nacherfüllung „nach seiner Wahl die Beseitigung des Mangels oder die Lieferung einer mangelfreien Sache" verlangen kann. Da der Verkäufer die Kosten der Nacherfüllung tragen muss (§ 439 Abs. 2), liegt es somit in des Käufers Hand, ob er den Verkäufer mit einem größeren oder kleineren Aufwand belasten will. Deshalb muss es hier Grenzen geben. Der Verkäufer muss sich dagegen verteidigen können, dass der Käufer die Reparatur der gekauften Uhr verlangt, obwohl er sie für billiges Geld als „Wegwerfuhr" gekauft hat und die Reparaturkosten ein Mehrfaches des Kaufpreises betragen würden; ebensowenig kann der Käufer auf der Lieferung einer mangelfreien Ersatzuhr bestehen, wenn bei der gelieferten Uhr das Uhrglas einen Kratzer hat und mit geringer Mühe durch ein fehlerfreies Uhrglas ersetzt werden könnte. Die Abwehr der vom Käufer gewählten Form der Nacherfüllung wird dem Verkäufer durch die Vorschriften der §§ 275 Abs. 2 und 3, 439 Abs. 3 ermöglicht (vgl. dazu näher Rn. 812 ff.). Beim Werk- und Reisevertrag liegt die Entscheidung über die Form der Nacherfüllung oder Abhilfe zwar beim Unternehmer und beim Reiseveranstalter. Aber auch sie können den Nacherfüllungs- oder Abhilfeanspruch ihrer Kunden durch den Nachweis abwehren, dass die Nacherfüllung oder Abhilfe „nur mit unverhältnismäßigen Kosten möglich ist" oder „einen unverhältnismäßigen Aufwand erfordert" (vgl. §§ 275 Abs. 2 und 3, 635 Abs. 3, 651 c Abs. 2 Satz 2).

Wer als Verkäufer eine mangelhafte Kaufsache geliefert hat, schuldet grundsätzlich als Nacherfüllung entweder die Beseitigung des Mangels oder die Lieferung mangelfreier Ersatzware (§ 439 Abs. 1). Wie liegt es, wenn ein Käufer die ihm gelieferten Fliesen oder

Parkettstäbe in seiner Wohnung verlegt hat und sich nunmehr herausstellt, dass sie mangelhaft sind und eine Mängelbeseitigung durch Reparatur unmöglich ist? Offensichtlich ist, dass der Verkäufer in einem solchen Falle als (einzig mögliche Art der Nacherfüllung) die Lieferung mangelfreier Ware schuldet. Schuldet er außerdem auch noch den Ausbau der mangelhaften und den Einbau der mangelfreien Ware oder den Ersatz der Kosten, die dem Käufer dadurch entstanden sind, dass er den Aus- und Einbau *selbst* vorgenommen oder veranlasst hat? Diese Fragen waren für den Fall des Verbrauchsgüterkaufs (§ 475) lebhaft umstritten und sind schließlich auf Vorlage deutscher Gerichte (vgl. BGH NJW 2009, 1660) vom EuGH entschieden worden (NJW 2011, 2269). Nach seiner Auffassung will die EG-Richtlinie über den Verbrauchsgüterkauf erreichen, dass der Verkäufer im Wege der Nacherfüllung den vertragsgemäßen Zustand „unentgeltlich und ohne erhebliche Unannehmlichkeiten für den Verbraucher" herstellt. Daraus wird der Schluss gezogen, dass der Verkäufer verpflichtet ist, entweder den Aus- und Einbau selbst und in eigener Regie vorzunehmen oder dem Verbraucher die ihm dadurch entstehenden Kosten zu ersetzen. Zweifelhaft ist, wie das deutsche Recht dieser EuGH-Entscheidung Rechnung tragen sollte. Hält man es für richtig, dass der Verkäufer selbst zum Aus- und Einbau verpflichtet ist, so müsste in § 439 Abs. 1 der Begriff der „Lieferung einer mangelfreien Sache" richtlinienkonform entsprechend ausgelegt werden. Wenn der Verkäufer nur die *Kosten* des Aus- und Einbaus übernehmen muss, so ließe sich dies durch eine großzügige Auslegung des § 439 Abs. 2 bewerkstelligen. Freilich müssten beide Wege auf den Fall des Verbrauchsgüterkaufs beschränkt (und daher die Nachteile einer „gespaltenen" Auslegung des § 439 in Kauf genommen) werden. In jedem Falle gewinnt jetzt die Frage große Bedeutung, ob nicht der Verkäufer die Lieferung einer mangelfreien Ersatzsache gemäß § 439 Abs. 3 verweigern kann, weil er auch die Kosten des Aus- und Einbaus tragen muss und dadurch „mit unverhältnismäßigen Kosten" belastet wird (dazu Rn. 815).

765 Die bisher dargestellten Regeln über den Anspruch auf Nacherfüllung gehören dem dispositiven Recht an und gelten deshalb grundsätzlich nur dann, wenn die Parteien nichts anderes vereinbart haben. Mit der Vertragsfreiheit ist allerdings in dieser Frage kein Staat zu machen. Geht es um die Nacherfüllung eines Kaufvertrags, der als **„Verbrauchsgüterkauf"** i.S. des § 474 Abs. 1 anzusehen ist, weil der Verkäufer „Unternehmer" (§ 14), der Käufer „Verbraucher" (§ 13) und Kaufgegenstand „eine bewegliche Sache" sind, so folgt aus § 475 Abs. 1, dass die Regeln über die Nacherfüllung in §§ 437 Nr. 1, 439 zwingenden Charakter haben. Das gilt auch für die Nacherfüllung eines **Werkvertrags**, bei dem der Auftraggeber als Verbraucher von einem Unternehmer „die Lieferung herzustellender oder zu erzeugender beweglicher Sachen" verlangen kann (§ 651). Jegliche vertragliche Vereinbarung, die die Parteien solcher Verträge schon bei Vertragsabschluss oder doch jedenfalls vor dem Zeitpunkt getroffen haben, zu dem der Käufer oder Auftraggeber seinen Vertragspartner von dem Mangel der Kaufsache oder des Werks informiert hat, ist daher unwirksam, wenn und soweit die Vereinbarung von § 439 abweicht. Dabei spielt es keine Rolle, ob es sich bei der Vereinbarung um eine AGB-Klausel oder um eine Individualabrede (§ 305 Abs. 1 Satz 3) handelt. Unwirksam sind z.B. Vereinbarungen, die darauf abzielen, dass der Käufer die Nacherfüllung überhaupt nicht oder dass er sie nur in der Form

der Ersatzlieferung oder nur in der Form der Mängelbeseitigung verlangen darf oder dass die Kosten der Nacherfüllung ganz oder teilweise vom Käufer zu tragen sind oder dass der Verkäufer die vom Käufer gewünschte Ersatzlieferung schon dann verweigern darf, wenn er eine Ersatzsache nicht auf dem Lager hat und sie sich erst noch von seinem Lieferanten beschaffen muss.

Unwirksam sind solche Vereinbarungen selbst dann, wenn sie vom wirtschaftlichen Standpunkt aus betrachtet durchaus sinnvoll wären, weil sie den Wettbewerb unter den Leistungsanbietern fördern und zu einer Verringerung der von den Verbrauchern zu zahlenden Preise beitragen könnten. So ist z.b. nicht einzusehen, warum es das geltende Recht einem Verkäufer verbietet, sich im Wettbewerb mit anderen Verkäufern einen Vorsprung dadurch zu verschaffen, dass er seinen Kunden einen niedrigeren Kaufpreis anbietet, wenn sie bereit sind, im Falle der Lieferung einer fehlerhaften Kaufsache auf den Nacherfüllungsanspruch zu verzichten und sich stattdessen mit dem Recht zum Rücktritt vom Vertrage oder zur Minderung des Kaufpreises zu begnügen. Solchen Überlegungen wird – man muss es leider sagen – durch den gutgemeinten Fundamentalismus der Verbraucherschützer von vornherein der Garaus gemacht. 766

Vereinbarungen, die die Regelung des § 439 zu modifizieren suchen, können aber auch dann unwirksam sein, wenn sie nicht Bestandteil eines Verbrauchsgüterkaufs sind. Ihre Unwirksamkeit kann sich nämlich daraus ergeben, dass sie einer Kontrolle am Maßstab des § 307 und, wenn der Vertrag die Lieferung „neu hergestellter Sachen" oder die Erbringung von „Werkleistungen" betrifft, am Maßstab des § 309 Nr. 8 b nicht standhalten. Eine solche Kontrolle setzt zwar voraus, dass die Vereinbarung als eine vom Verkäufer oder Unternehmer vorformulierte AGB-Klausel Vertragsinhalt geworden ist. Aber das ist praktisch immer der Fall, weil sich für den Verkäufer oder Unternehmer der Aufwand nicht lohnt, den er treiben müsste, wenn er mit seinen Kunden über diese Frage von Fall zu Fall „im Einzelnen ausgehandelte" Vereinbarungen (Individualabreden) treffen wollte (§ 305 Abs. 1 Satz 3). 767

3. Die Erfüllung von Schutzpflichten

Auch **Schutzpflichten** gemäß § 241 Abs. 2 (Rn. 491) können in geeigneten Fällen mit Hilfe des Erfüllungsanspruchs durchgesetzt werden (vgl. zu dieser Frage *Schlechtriem/Schmidt-Kessel* AT Rn. 163 ff., 465 ff.). Wer sich z.B. aufgrund eines Dienstvertrags verpflichtet hat, in seiner Wohnung regelmäßig Nachhilfeunterricht zu erteilen, kann, wenn er einen bissigen Hund in seiner Wohnung hält, auf Antrag seines Schülers dazu verurteilt werden, für die Dauer der Nachhilfestunden dem Hund einen Maulkorb anzulegen oder ihn in der Speisekammer einzusperren (vgl. § 618). Oft wird ein solcher Anspruch allerdings ausscheiden, sei es aus faktischen Gründen, weil der mit der Erhebung einer Klage verbundene Aufwand an Zeit und Geld nicht lohnt, sei es aus rechtlichen Gründen, weil die Vertragspartei, die durch die Schutzpflicht begünstigt wird, im Klagantrag nicht mit der erforderlichen 768

Bestimmtheit (§ 253 Abs. 2 ZPO) dasjenige Verhalten beschreiben kann, dessen es zur künftigen Erfüllung der Schutzpflicht bedarf. Kommt ein Patient dadurch zu Schaden, dass sein Arzt die Räume seiner Praxis oder das zu ihnen führende Treppenhaus oder die für die Behandlung eingesetzten medizinischen Geräte nicht so gegen Unfallgefahren gesichert hat, wie das nach den Umständen geboten ist, so haftet der Arzt gemäß § 823 Abs. 1, aber auch wegen Verletzung einer Schutzpflicht gemäß § 280 Abs. 1 auf Schadensersatz. Dagegen kann man sich schwer vorstellen, dass der Patient, der einen Schaden noch gar nicht erlitten hat, seinen Anspruch auf Erfüllung der Schutzpflicht in vorbeugender Absicht durch eine genügend bestimmt und konkret formulierte Klage durchsetzen kann.

C. Der Erfüllungsanspruch in der Praxis

769   Auch wenn dem Gläubiger ein Erfüllungsanspruch zusteht, kann doch zweifelhaft sein, ob er, wenn sein Schuldner nicht oder nicht vertragsgemäß geleistet hat, weiterhin auf Erfüllung des Vertrages beharren und evtl. den Ersatz des Verzögerungsschadens geltend machen oder ob er stattdessen den Vertrag liquidieren und Schadensersatz statt der Leistung verlangen sollte. Beide Alternativen haben ihre Vor- und Nachteile. Für die erste Alternative, also den Erfüllungsanspruch, kann der Umstand sprechen, dass der Gläubiger auf die ihm geschuldete Leistung dringend angewiesen ist und er sie sich von einem Dritten nur schwer beschaffen kann. So kann es z.B. liegen, wenn jemand ein bestimmtes, seinen Bedürfnissen genau entsprechendes Grundstück gekauft hat und der Verkäufer die Auflassung oder die Übergabe des Grundstücks verweigert. Auf der Erfüllung des Vertrages wird der Gläubiger auch dann beharren wollen, wenn der Schaden, dessen Ersatz er nach der Liquidation des Vertrages statt der Leistung verlangen könnte, schwer zu beweisen oder seinem genauen Umfang nach schwer zu berechnen ist oder wenn das Interesse des Gläubigers an der Erfüllung des Vertrages – auch das immaterielle Interesse – durch den zu erwartenden Schadensbetrag nicht voll ausgeglichen wird. Man denke etwa an den Fall, dass der Gläubiger ein Reitpferd zugeritten und liebgewonnen und es schließlich aus diesem Grunde gekauft hat und dass der Verkäufer nunmehr aus irgendwelchen Gründen die Lieferung des Pferdes verweigert. Ein Schadensersatzanspruch gibt hier dem Käufer Steine statt Brot. Wenn ihm überhaupt mit rechtlichen Mitteln geholfen werden kann, dann nur durch den Erfüllungsanspruch.

770   Umgekehrt kann es aber auch gute Gründe geben, die gegen den Erfüllungsanspruch sprechen. Solche Gründe werden z.B. dann gegeben sein, wenn sich nach dem Abschluss des Vertrages die Verhältnisse so verändert haben, dass die eine Partei ihr Interesse an der Vertragserfüllung verloren hat

und sie deshalb auf seine Erfüllung nicht nur keinen Wert mehr legt, sondern ihn am liebsten gleich ganz liquidieren und sich dadurch instandsetzen würde, die ihm versprochene Leistung zu einem niedrigeren Preis von einem Dritten zu beschaffen oder die Leistung, die er selbst versprochen hat, zu höherem Preis einem Dritten zu erbringen. Warum sollte ein Verkäufer den säumigen Käufer auf Abnahme der Kaufsache verklagen, wenn er – im Regelfall freilich erst nach erfolgloser Setzung einer Nachfrist – von dem Vertrag zurücktreten und die Kaufsache zu dem inzwischen gestiegenen Preis und daher mit größerem Gewinn einem Dritten verkaufen könnte? Warum sollte ein Käufer den säumigen Verkäufer auf Lieferung in Anspruch nehmen, wenn er sich die gleichen Waren nach geschehenem Rücktritt zu einem niedrigeren Preis von einem anderen Lieferanten beschaffen kann? Selbst wenn der Preis für die Leistung sich seit dem Abschluss des Vertrages nicht verändert hat, wird der Gläubiger an der Geltendmachung des Erfüllungsanspruchs oft deshalb kein Interesse haben, weil er auf andere Weise, insbesondere durch Geltendmachung von Schadensersatzansprüchen, billiger und vor allem schneller zum Ziel kommt.

Ferner wird der Gläubiger in Rechnung stellen müssen, dass er noch keineswegs am Ziel ist, wenn er Erfüllung verlangt und ein ihm günstiges Erfüllungsurteil erstritten hat. Denn es ist nicht ausgemacht, dass der Schuldner das gegen ihn ergangene Urteil freiwillig erfüllt. In einem solchen Fall muss der Gläubiger dem Urteil zu praktischer Wirkung erst noch dadurch verhelfen, dass er aus ihm die **Zwangsvollstreckung** betreibt. Ist der Schuldner zur Zahlung von **Geld** verurteilt, so liegen die Dinge einfach: Der Gläubiger kann sämtliche in das Schuldnervermögen fallenden Gegenstände durch das jeweils zuständige Vollstreckungsorgan pfänden, beschlagnahmen oder dem Schuldner wegnehmen lassen und sich aus ihnen oder aus dem für sie erzielten Versteigerungserlös wegen seiner Geldforderung befriedigen (vgl. §§ 811 ff. ZPO). Ganz anders liegt es aber, wenn das Erfüllungsurteil dem Schuldner nicht die Zahlung eines Geldbetrags, sondern ein **sonstiges Verhalten** befiehlt: Wenn es z.B. um die Lieferung von Sachen geht, so darf schon das Erfüllungsurteil selbst nur dann ergehen, wenn in ihm die Sachen so genau bezeichnet sind, dass das zuständige Vollstreckungsorgan, nämlich der Gerichtsvollzieher, sie ohne weiteres von anderem Besitz des Schuldners unterscheiden und sie ihm wegnehmen kann (§ 883 – 886 ZPO). Das ist einfach, wenn der Schuldner ein Grundstück zu räumen oder eine andere Speziessache – etwa einen durch Hersteller, Baujahr, Farbe und Fahrgestellnummer bestimmten Gebrauchtwagen – zu liefern hat. Das ist aber unmöglich, wenn der Schuldner „100 Steigen Endiviensalat, Handelsklasse A, Provinz San Benedetto" verkauft, aber sich die Ware noch gar nicht beschafft, oder sie sich zwar beschafft, aber noch nicht als für den Gläubiger bestimmt gekennzeichnet und für ihn bereitgestellt hat.

772 Richtet sich das Erfüllungsurteil auf eine **sonstige Handlung** des Schuldners, so wird es gemäß § 887 ZPO dadurch vollstreckt, dass das zuständige Vollstreckungsorgan, nämlich das Vollstreckungsgericht, den Gläubiger auf Antrag dazu ermächtigt, die betreffende Handlung auf Kosten des Schuldners von einem Dritten vornehmen zu lassen. Damit erreicht der Gläubiger aber nur dasjenige, was er sehr viel einfacher und billiger dadurch hätte erreichen können, dass er von dem Vertrag Abstand nimmt, sodann ein Deckungsgeschäft mit einem Dritten schließt und schließlich den dadurch entstandenen Mehraufwand dadurch ausgleicht, dass er vom Schuldner Schadensersatz statt der Leistung verlangt. Noch weniger empfiehlt sich ein Erfüllungsurteil, wenn es sich auf eine **unvertretbare Handlung** richtet, die nicht von einem Dritten, sondern nur vom Schuldner persönlich vorgenommen werden kann. In manchen Fällen kommt es hier zwar in Betracht, dass dem Schuldner vom Vollstreckungsgericht eine Geldstrafe oder Haft für den Fall angedroht wird, dass er die Handlung nicht vornimmt (§ 888 Abs. 1 ZPO). Wenn aber – und das ist der Regelfall – die unvertretbare Handlung nicht „ausschließlich von dem Willen des Schuldners", sondern dazu noch von seiner besonderen wissenschaftlichen oder künstlerischen Inspiration oder Stimmungslage abhängt, so ist die Vollstreckung ganz ausgeschlossen, ebenso dann, wenn er zur Leistung von Diensten verurteilt worden ist (§ 888 Abs. 2 ZPO). Ein Erfüllungsurteil, durch das etwa ein Professor der Rechtswissenschaft auf Klage seines Verlegers zur Lieferung des vereinbarten Manuskripts für ein Lehrbuch verurteilt wird, ist deshalb unvollstreckbar, enthält somit eine leere Drohung und lohnt deshalb im Regelfall den Aufwand nicht, den der Verleger treiben muss, um es bei Gericht zu erstreiten. Anders liegt es bei Erfüllungsurteilen, die dem Schuldner die **Abgabe einer Erklärung** befehlen, also z.B. anordnen, dass er die Löschung eines zu seinen Gunsten im Grundbuch eingetragenen Rechts bewilligen oder einen Antrag auf Eintragung eines sein Grundstück belastenden Grundpfandrechts stellen soll. Solche Urteile „vollstrecken sich selbst": Gemäß § 894 ZPO wird nämlich die Erklärung des Schuldners als abgegeben fingiert, sobald das Urteil rechtskräftig ist. Urteile, die dem Schuldner die **Unterlassung** eines bestimmten Verhaltens gebieten, werden schließlich dadurch vollstreckt, dass dem Schuldner schon in dem Urteil selbst für jeden Fall der Zuwiderhandlung eine Geldstrafe in bestimmter Höhe angedroht wird. Wenn er sich dadurch nicht beeindrucken lässt und die Zuwiderhandlung begeht, so wird er auf Antrag des Gläubigers vom Vollstreckungsgericht zur Zahlung der Geldstrafe verurteilt. Auch dieses Urteil muss, wenn der Schuldner nicht freiwillig zahlt, vom Gläubiger erst noch vollstreckt werden, obwohl die Geldstrafe nicht ihm, sondern der Staatskasse zufließt.

773 Alles dies zeigt, dass dem Gläubiger zwar regelmäßig ein Erfüllungsanspruch gegen den säumigen oder vertragsbrüchig gewordenen Schuldner zu-

steht. Eine ganz andere Frage ist es aber, ob die Durchsetzung dieses Anspruchs zweckmäßig ist. Richtet er sich nicht auf die Zahlung von Geld, sondern auf ein sonstiges Verhalten des Schuldner, so tut der Gläubiger – und der ihn beratende Rechtsanwalt – gut daran zu prüfen, ob es sich lohnt, den Anspruch vor Gericht durchzusetzen und ein entsprechendes Urteil zu erstreiten. In der Praxis ist das viel seltener der Fall, als man vielleicht auf den ersten Blick annehmen möchte.

D. Der Erfüllungsanspruch aus rechtsökonomischer Sicht

In der Rechtsökonomie geht es um die Frage, ob Rechtsnormen einen Beitrag zur effizienten Zuordnung knapper Ressourcen leisten oder – anders gesagt – ob sie Anreize setzen, die den Einzelnen dazu anspornen, sich in Entscheidungssituationen so zu verhalten, dass seine Handlungen nicht nur seinem privaten Vorteil dienen, sondern auch den gesamtgesellschaftlichen Nutzen steigern (vgl. Rn. 23 f.). Aus dieser Sicht stößt der Erfüllungsanspruch bei den Rechtsökonomen auf Skepsis, weil er auch dann gegeben ist, wenn die zur Erfüllung verurteilte Partei dadurch einen Nachteil erleidet, der viel größer ist als der Nachteil, den die andere Partei zu tragen hätte, wenn man ihr den Erfüllungsanspruch versagt. Stattdessen wird als effizient eine Regel vorgeschlagen, die in dieser Lage die eine Vertragspartei berechtigt, den Vertrag ohne Angabe besonderer Gründe für aufgelöst und erledigt zu erklären, sofern sie sich gleichzeitig erbietet, dem anderen Vertragspartner in vollem Umfang Schadensersatz zu leisten.

Wenn etwa ein auf Brückenbau spezialisierter Bauunternehmer sich wegen Auftragsmangels zu gewöhnlichen Straßenbauarbeiten verpflichtet hat, so sollte er, wenn er nun unerwartet ein lukratives Angebot zum Bau einer Brücke von einem Dritten erhält, berechtigt sein, den Vertrag mit seinem Auftraggeber gegen Leistung vollen Schadensersatzes aufzulösen, das Angebot des Dritten anzunehmen und sich durch einen neuen Vertrag zum Bau der Brücke zu verpflichten. Dadurch wird ihm ermöglicht, seinen spezialisierten Mitarbeiterstamm und Maschinenpark optimal einzusetzen und eine höhere Vergütung zu verdienen. Ebenso, wenn die Werkleistung eines Unternehmers mangelhaft ist und dadurch seinem Auftraggeber ein Schaden von 200 € entsteht: Auch hier sollte der Unternehmer, wenn ihn die Nacherfüllung, also die Beseitigung des Mangels 300 € kostet, berechtigt sein, die Nacherfüllung zu verweigern, sofern er seinem Auftraggeber Schadensersatz in Höhe von 200 € zu leisten bereit ist. Beide Lösungen sind effizient, weil sie einerseits den Gläubiger des Erfüllungsanspruchs durch die Gewährung vollen Schadensersatzes so stellen, wie er im Falle der Vertragserfüllung gestanden hätte, und andererseits den Schuldner von der Erfüllung oder Nacherfüllung des Vertrages entbinden und ihm gestatten, die dadurch freiwerdenden Ressourcen auf andere Weise günstiger einzusetzen. Rechtsethisch unanfechtbar sind diese Lösungen allerdings nicht: Sie werden damit erkauft, dass dem Schuldner der „effiziente Vertragsbruch" erlaubt sein muss: Er muss berechtigt sein, sich sehenden Auges, wenn auch gegen Leistung vollen Schadensersatzes, aus einem bindenden Vertrag nur deshalb zu verabschieden, weil ihm dies aufgrund eines privaten Nutzen-Kosten-Kalküls als insgesamt vorteilhaft erscheint.

776 Vgl. zur Lehre vom „efficient breach of contract" *Schäfer/Ott*, Lehrbuch der ökonomischen Analyse des Zivilrechts (4. Aufl. 2005) 464 ff.; *Neufang*, Erfüllungszwang als „remedy" bei Nichterfüllung (1998) 366 ff. und insbesondere die vortrefflich klare Darstellung des Problems bei *Huber* I § 2 V 4, S. 49 ff.

777 Das geltende Recht nimmt zu der hier erörterten Frage keine eindeutige Haltung ein. Es gibt manche Regeln, die dem Effizienzgedanken durchaus Rechnung tragen oder jedenfalls im Ergebnis dem Schuldner einen „effizienten Vertragsbruch" gestatten. Aber es gibt auch Gegenbeispiele.

778 So bestimmt § 275 Abs. 2, dass der Schuldner die versprochene Leistung verweigern darf, soweit ihre Erbringung einen Aufwand kosten würde, der „in einem groben Missverhältnis zu dem Leistungsinteresse des Gläubigers steht" (Rn. 809 ff.). Diese Vorschrift will sicherlich einer Verschwendung von Ressourcen entgegentreten. Der gleiche Gedanke liegt § 251 Abs. 2 zugrunde: Danach kann, wer z.B. fahrlässig ein fremdes Auto beschädigt hat, die Wiederherstellung des Autos, also die Erstattung der für seine Reparatur erforderlichen Aufwendungen verweigern, wenn diese Aufwendungen „unverhältnismäßig" hoch sind; stattdessen darf er den Geschädigten mit einem Geldbetrag abfinden, der ihm die Anschaffung eines gleichwertigen Ersatzfahrzeugs gestattet (vgl. Rn. 1038, 1051). Ebenso darf, wer eine mangelhafte Kaufsache geliefert oder eine mangelhafte Werkleistung erbracht hat, die Nacherfüllung – also die Beseitigung des Mangels, evtl. die Lieferung einer mangelfreien Ersatzsache – verweigern, „wenn sie nur mit unverhältnismäßigen Kosten möglich", mit anderen Worten: wenn sie ineffizient ist (vgl. §§ 439 Abs. 3, 635 Abs. 3, ferner § 651 c Abs. 2 Satz 2 und Rn. 812 ff.). Auch bei einem Werkvertrag kann es so liegen, dass sich die Durchführung des Vertrages für den Auftraggeber als unwirtschaftlich herausstellt und es ihm deshalb lohnend erscheint, aus dem Vertrag auszusteigen und dem Unternehmer Schadensersatz zu leisten. In der Tat gewährt § 649 dem Auftraggeber das Recht, den Vertrag jederzeit und nach freiem Belieben zu kündigen. Ebenso kann bei einem **Reisevertrag** der Reisende vor Beginn der Reise „jederzeit vom Vertrag zurücktreten" (§ 651 i). Zwar ist in beiden Fällen der Unternehmer oder der Reiseveranstalter berechtigt, die Vergütung oder den Reisepreis abzüglich der ersparten Aufwendungen zu verlangen. Aber das bedeutet nichts anderes, als dass **Schadensersatz** geleistet, nämlich dem Un-

ternehmer oder dem Reiseveranstalter die bis dahin getätigten Aufwendungen sowie der Gewinn ersetzt werden müssen, den sie bei der Durchführung des Vertrages erzielt hätten. Sind also einem Bauunternehmer, weil er mit den Bauarbeiten noch nicht begonnen hat, Aufwendungen bisher nicht entstanden und würde sein Gewinn 10.000 € betragen haben, so ist die Kündigung des Werkvertrages für seinen Auftraggeber ein lohnendes Geschäft, wenn er einen anderen Unternehmer gefunden hat, der ihm das gleiche Haus für eine um mehr als 10.000 € niedrigere Vergütung baut. Aber auch der **Unternehmer** kann den Werkvertrag beenden, wenn ihm das vorteilhaft erscheint. Zwar steht das Kündigungsrecht gemäß § 649 nur dem Auftraggeber, nicht dem Unternehmer zu, und richtig ist auch, dass der Auftraggeber, wenn der Unternehmer grundlos die weitere Erfüllung des Vertrages verweigert, von ihm die Erfüllung des Vertrages verlangen kann. Aber vor diesem Erfüllungsanspruch des Auftraggebers muss sich der Unternehmer nicht fürchten. Denn beide Vertragsparteien wissen – und wenn sie es nicht wissen, so werden ihre Anwälte es ihnen sagen –, dass die Vollstreckung des Erfüllungsurteils dem Auftraggeber nur dasjenige verschafft, was er von dem Unternehmer ohnehin verlangen kann, nämlich Schadensersatz (vgl. § 887 ZPO). Ebenso liegt es in vielen anderen Fällen, in denen dem Gläubiger ein Erfüllungsanspruch zwar zusteht, er aber von der Erwirkung eines Erfüllungsurteils deshalb absehen wird, weil seine Vollstreckung ausgeschlossen oder aus praktischen Gründen untunlich ist (Rn. 771 f.).

Auch wenn in diesen Fällen der vertragsbrüchige Schuldner sich wegen des Erfüllungsanspruchs keine Sorgen machen muss, so muss er doch wissen, wie hoch der Geldbetrag ist, den er wegen des Vertragsbruchs als Schadensersatz seinem Gläubiger zahlen müsste. Anders als in den Modellrechnungen der Ökonomen wird dieser Betrag in der Praxis oft schwierig zu prognostizieren sein. Manchmal bestehen solche Schwierigkeiten aber nicht. So verhält es sich insbesondere dort, wo jemand **Dienstleistungen** vertraglich versprochen hat, aber sich mit dem Gedanken trägt, den Vertrag unter Missachtung der Kündigungsfristen zu brechen, weil er anderswo mehr verdienen kann. In dieser Lage muss er zwar den Verlust an Reputation bedenken, den ihm sein Verhalten eintragen kann. Vor den **rechtlichen Sanktionen** braucht er aber keine Angst zu haben: weder vor dem Erfüllungsanspruch, weil seiner Durchsetzung § 888 Abs. 2 ZPO im Wege steht (Rn. 772), noch vor dem Schadensersatzanspruch, weil sein Vertragspartner kaum jemals den Beweis dafür wird führen können, dass der Schaden, der ihm durch den Vertragsbruch entsteht, höher ist als die Vergütung, die er infolge des Vertragsbruchs nicht mehr zu zahlen braucht.

In anderen Fällen wird der Vertragsbrüchige zwar Schadensersatz leisten müssen, aber in einer Höhe, die er unschwer berechnen und zur Grundlage seiner Entscheidung darüber machen kann, ob sich ein Vertragsbruch für ihn „lohnt" oder nicht. So wird der

Bauunternehmer in dem oben Rn. 775 genannten Beispielsfall leicht kalkulieren können, welchen Preis ein anderer Unternehmer für die Fertigstellung der Straßenbauarbeiten verlangen und in welcher Höhe er daher, wenn er den Vertrag für „erledigt" erklärt, seinem Auftraggeber Schadensersatz zu leisten haben wird. In der Praxis werden die Vertragsparteien Verhandlungen führen mit dem Ziel, den „Ablösungsbetrag", den der Unternehmer zahlen muss, einverständlich festzulegen. Aber wenn eine Verhandlungslösung nicht zustande kommt und der Auftraggeber unerbittlich auf Vertragserfüllung beharrt, so fällt es schwer, den Unternehmer rechtsethisch in Acht und Bann zu tun, wenn er nunmehr einseitig den Vertrag für erledigt erklärt und dem Auftraggeber Schadensersatz offeriert. – Ebenso hat auch der BGH in Fällen entschieden, in denen ein **Darlehensnehmer** bei seiner Bank ein langfristiges Darlehen zu festen Zinsen aufgenommen und durch ein Grundpfandrecht gesichert hatte. Zwar schloss der Vertrag ein Recht zu vorzeitiger Kündigung aus. Gleichwohl hat der BGH dem Darlehensnehmer unter bestimmten Voraussetzungen die vorzeitige und deshalb vertragswidrige Kündigung des Vertrages – also einen „effizienten Vertragsbruch" – erlaubt, sofern er nur bereit sei, der Bank Schadensersatz (in Gestalt einer „Vorfälligkeitsentschädigung") zu leisten (BGHZ 136, 161; BGH NJW 1997, 2875). Inzwischen ist diese Lösung vom Gesetzgeber übernommen worden (§§ 490 Abs. 2, 502).

781 Auch bei **Kaufverträgen** kann es vorkommen, dass nach Vertragsabschluss dem Verkäufer für die Kaufsache von einem Dritten ein höherer Preis geboten und dadurch für ihn ein Anreiz zum Vertragsbruch gesetzt wird. Beim **Gattungskauf** besteht allerdings ein solcher Anreiz nicht. Denn wenn der Verkäufer Gattungssachen für 500 € dem Käufer verkauft hat, so wird ihm ein Dritter für sie nur dann 600 € bieten, wenn der Marktpreis für Waren gleicher Art und Güte inzwischen auf mehr als 600 € gestiegen ist. Im Gleichschritt mit dieser Preissteigerung steigt dann aber auch der Schadensersatz, den der Verkäufer als „Preis" für den Vertragsbruch seinem Käufer zahlen müsste. Denn dieser darf seinen Schaden nach dem Aufwand berechnen, der ihm dadurch entsteht, dass er über die gleiche Ware ein „Deckungsgeschäft" zu dem inzwischen gestiegenen Preis mit einem anderen Lieferanten abschließt (Rn. 1061 ff.). Anders liegt es, wenn ein Grundstück oder eine andere **Speciessache** verkauft ist, für die der Dritte dem Verkäufer deshalb einen höheren Preis bietet, weil sie ihm mehr wert ist als dem Käufer und er sie in gleicher Art und Güte anderswo nicht erhalten kann. Hier kommt ein „effizienter Vertragsbruch" zwar in Betracht. Aber er wird vom geltenden Recht eindeutig missbilligt. Es steht auf dem Standpunkt, dass es mit Abschluss des Kaufvertrages nicht mehr der Verkäufer, sondern allein der Käufer ist, dem, auch wenn er das Eigentum an der Kaufsache noch nicht erworben hat, alle Vorteile gebühren, die sich durch anderweitige Dispositionen über die Kaufsache erzielen lassen. Das zeigt besonders deutlich die Vorschrift des § 285. Hat nämlich der Verkäufer die Kaufsache zu einem höheren Preis einem Dritten verkauft und geliefert, so wird er damit in der Regel gemäß § 275 Abs. 1 oder 2 gegenüber dem Käufer von seiner Leistungspflicht befreit (Rn. 790). Aber er muss ihm gemäß § 285 alles herausgeben, was in seinem

Vermögen als Ersatz oder Ersatzanspruch an die Stelle der eigentlich geschuldeten Leistung tritt. Dazu gehört der Kaufpreis, den er von dem Dritten für die Kaufsache empfangen hat oder von ihm beanspruchen kann (Rn. 807 f.). Damit aber noch nicht genug: Hat der Dritte den Vertragsbruch des Verkäufers nicht nur erkannt, sondern ihn dazu aufgefordert, überredet oder verleitet und hat er ihm obendrein versprochen, dass er ihn von allfälligen Schadensersatzansprüchen des Käufers freistellen werde, so kann in diesen Machinationen nach der Rechtsprechung ein sittenwidriges Verhalten des Dritten liegen, das ihn gemäß § 826 gegenüber dem Käufer zum Schadensersatz – hier also: gemäß § 249 zur „Naturalrestitution" im Wege der Verschaffung des Eigentums an der Kaufsache – verpflichtet.

Vgl. BGH NJW 1981, 2184; BGH NJW 1994, 128; BGH NJW-RR 1999, 1186 und *Kötz/ Wagner* Rn. 262. – Wie lässt sich erklären, dass das geltende Recht bei Werkverträgen den „effizienten Vertragsbruch" des Unternehmers hinnimmt, bei Kaufverträgen über Speciessachen den „effizienten Vertragsbruch" des Verkäufers hingegen nicht? Beim Werkvertrag muss der Unternehmer zwar das versprochene Werk herstellen. Aber wie er das tut, ist seine Sache: Er bleibt Herr seines Unternehmens, bestimmt den Einsatz seiner Leute und Maschinen und organisiert die betrieblichen Abläufe; deshalb gebühren ihm – und nicht dem Auftraggeber – die Vorteile, die sich aus einer profitableren Nutzung seiner betrieblichen Ressourcen ergeben. Anders beim Specieskauf: Hier liegt die Annahme nahe, dass mit Abschluss des Vertrages die Kaufsache (zwar noch nicht rechtlich, wohl aber schon) wirtschaftlich dem Käufer „gehört" und deshalb ihm auch schon die Vorteile zustehen, die sich aus neuen Gelegenheiten zur Verwertung der Sache ergeben. Zwar muss bei beiden Verträgen als „Preis" für den Vertragsbruch Schadensersatz geleistet werden. Nur beim Werkvertrag wird aber der Auftraggeber dadurch so gestellt, wie er ohne den Vertragsbruch stünde. Beim Specieskauf wird dieser „Preis" hingegen oft zu niedrig sein, weil für den Käufer einer Speciessache der Abschluss eines Deckungsgeschäfts (als Grundlage für die Berechnung seines Schadensersatzanspruches) in aller Regel nicht in Betracht kommt und weil außerdem sein Schaden oft ein immaterieller ist, für den er eine volle Entschädigung in Geld nicht erhalten kann (§ 253). Daher besteht beim Specieskauf die Gefahr, dass ein Vertragsbruch des Verkäufers ineffizient ist. Das geltende Recht tut deshalb – auch aus ökonomischer Sicht – gut daran, ihm auf die geschilderte Weise entgegenzutreten.

E. Die Verteidigung gegen den Erfüllungsanspruch

I. Die Verteidigungsrechte im Allgemeinen

Gegen den Anspruch des Gläubigers auf Erfüllung des Vertrages kann sich der Schuldner auf verschiedene Weise verteidigen.

In erster Linie kann er einwenden, dass der Vertrag, dessen Erfüllung der Gläubiger verlangt, **nicht gültig** sei, etwa deshalb, weil die Parteien sich nicht geeinigt hätten (§§ 145 ff.), weil eine Partei bei Abschluss des Vertrages nicht geschäftsfähig (§§ 104 ff.) oder nicht wirksam vertreten gewesen sei (§§ 164 ff.) oder weil der Vertrag als Scheingeschäft (§ 117), wegen Verstoßes gegen ein Gesetz oder die guten Sitten (§§ 134, 138), wegen eines Formfehlers (§ 125) oder aufgrund einer Anfechtung wegen Irrtums, arglistiger Täuschung oder rechtswidriger Drohung (§§ 119, 123) nichtig sei. Der Schuldner kann sich auch dadurch verteidigen, dass er geltend macht, es sei der Vertrag, dessen Erfüllung verlangt wird, durch einen **Rücktritt**, eine **Kündigung** oder einen **Widerruf** beendet oder infolge einer **schwerwiegenden Veränderung seiner Geschäftsgrundlage** gemäß § 313 so an die veränderte Lage anzupassen, dass er nunmehr als Grundlage des Erfüllungsanspruchs nicht mehr taugt. Der Erfüllungsanspruch entfällt schließlich gemäß § 281 Abs. 4 auch dann, wenn der Gläubiger dem Schuldner eine angemessene Frist für die Erfüllung oder Nacherfüllung gesetzt hat, diese Frist erfolglos abgelaufen ist und er sich nunmehr dafür entscheidet, auf die Leistung hinfort zu verzichten und statt ihrer gemäß § 281 Abs. 1 Satz 1 **Schadensersatz statt der Leistung** zu verlangen.

785 Darüber hinaus bestehen noch zahlreiche weitere Verteidigungsrechte, die als **Einwendungen** oder als **Einreden** ausgestaltet sein können. Mit einer **Einwendung** macht der Schuldner geltend, dass der Anspruch des Gläubigers nicht wirksam entstanden sei (rechtshindernde Einwendung) oder dass er zwar zunächst entstanden, dann aber erloschen oder weggefallen sei (rechtsvernichtende Einwendung). Erhebt der Schuldner eine **Einrede**, so bestreitet er damit zwar nicht, dass der Anspruch dem Gläubiger an sich zusteht; er beruft sich aber darauf, dass er berechtigt sei, die Erfüllung des Anspruchs zu verweigern, und zwar entweder auf Dauer oder auch nur für eine bestimmte Zeit. Um eine **dauernde Einrede** handelt es sich bei der **Einrede der Verjährung** (§ 214), um eine **zeitweilige** z.B. dort, wo der Schuldner sich auf den Anspruch des Gläubigers damit verteidigt, dass er geltend macht, es sei der Anspruch, weil vom Gläubiger gestundet, **noch nicht fällig** (**Stundungseinrede**). Eine zeitweilige Einrede erhebt der Schuldner auch dann, wenn er erklärt, er halte den (fälligen) Kaufpreis **so lange** zurück, bis der Gläubiger seine eigenen Vertragspflichten erfüllt, also die verkaufte Ware geliefert oder den Mangel der gelieferten Ware gemäß § 439 durch Nacherfüllung beseitigt hat. Ob dem Schuldner eine **Einrede** zusteht und begründet ist, braucht vom Richter oder in einem Rechtsgutachten nur dann geprüft zu werden, wenn der Schuldner sich auf die Einrede – sei es durch eine ausdrückliche Erklärung, sei es auch durch schlüssiges Verhalten – berufen hat. **Einwendungen** sind hingegen – wie man sagt – „von Amts wegen" zu prüfen. Das heißt, dass ihnen der Richter oder derjenige, der ein Rechtsgutachten zu erstatten hat, schon dann nachgehen muss, wenn der festgestellte Sachverhalt dazu einen Anlass bietet, mag auch der Schuldner sich auf die Einwendung gar nicht berufen haben.

786 Der folgende Text geht davon aus, dass der Schuldner sich mit seinen Einwendungen und Einreden gegen **Ansprüche auf Vertragserfüllung** verteidigt, also z.B. gegen den Anspruch eines Verkäufers auf Zahlung des Kaufpreises oder auf Abnahme der Ware, oder gegen den Anspruch des Käufers auf Lieferung der Ware oder, wenn sie mangelhaft ist, auf Nacherfüllung gemäß § 439. Dies sind in der Tat die praktisch wichtigen

Fälle, in denen der Schuldner auf die genannten Verteidigungsrechte zurückgreifen wird. Aber aus Wortlaut und Standort der gesetzlichen Vorschriften, in denen diese Gegenrechte geregelt sind, ergibt sich, dass sie auch dort geltend gemacht werden können, wo sich der Schuldner mit ihnen gegen **andere Ansprüche** des Gläubigers verteidigt, insbesondere gegen solche, die nicht aus einem vertraglichen, sondern aus einem **gesetzlichen Schuldverhältnis** hergeleitet werden, ferner gegen solche, die zwar vertraglicher Natur sind, sich aber nicht gerade auf Erfüllung des Vertrages richten. Mit der Einwendung, ihm sei die Leistung gemäß § 275 Abs. 1 unmöglich, kann sich der Schuldner daher auch dann verteidigen, wenn er eine Sache geerbt hat und sie dem Gläubiger als Vermächtnisnehmer gemäß § 2174 liefern muss, ebenso dann, wenn er das Eigentum an einer Sache durch eine rechtsgrundlose Leistung des Gläubigers erlangt hat und ihm daher gemäß § 812 zur Rückübereignung der Sache verpflichtet ist. Auch die **Aufrechnung** steht dem Schuldner als Verteidigungsmittel nicht nur dann zur Verfügung, wenn der Gläubiger Zahlung eines Kaufpreises verlangt, sondern auch dann, wenn der Gläubiger gemäß §§ 1601 ff. einen gesetzlichen Unterhaltsanspruch oder einen Schadensersatzanspruch geltend macht, den er gemäß §§ 823 ff. auf eine unerlaubte Handlung oder gemäß § 280 Abs. 1 auf die Verletzung der Pflicht aus einem nichtvertraglichen Schuldverhältnis stützt.

II. Die Verteidigung gegen den Anspruch auf die Leistung

Der Anspruch des Gläubigers auf die ihm vertraglich geschuldete Leistung ist ausgeschlossen, wenn die Leistung „für den Schuldner oder für jedermann **unmöglich** ist" (§ 275 Abs. 1) oder wenn sie zwar möglich ist, aber ihre Erbringung dem Schuldner aus wirtschaftlichen oder persönlichen Gründen **nicht zugemutet** werden kann (§ 275 Abs. 2 und 3). In allen diesen Fällen wird der Schuldner, soweit es um den Erfüllungsanspruch des Gläubigers geht, von seiner Verpflichtung zur Leistung befreit. Zwar tritt die Befreiung, wenn sie ihren Grund gemäß § 275 Abs. 2 und 3 in der Unzumutbarkeit der Leistung hat, nur dann ein, wenn sich der Schuldner darauf durch Erhebung einer Einrede beruft. Große praktische Bedeutung hat das aber nicht, weil ein Schuldner, wenn er auf Erfüllung in Anspruch genommen wird, aber nicht erfüllen will, von sich aus auf alle erdenklichen Umstände hinweisen wird, die zum Ausschluss seiner Leistungspflicht führen können; darin liegt dann immer auch die Erhebung der nach § 275 Abs. 2 und 3 erforderlichen Einrede.

1. Unmöglichkeit der Leistung

Für die Frage, ob der Erfüllungsanspruch des Gläubigers gemäß § 275 Abs. 1 ausgeschlossen ist, kommt es einzig und allein darauf an, ob dem Schuldner die Erbringung der geschuldeten Leistung **unmöglich** ist oder nicht. Ob sie darüber hinaus auch anderen Personen oder vielleicht sogar – wie § 275 Abs. 1 sagt – „jedermann" unmöglich ist, hat im Grunde genommen keine Bedeutung.

789 Anders als nach früherem Recht hängt auch nichts mehr davon ab, ob die Unmöglichkeit schon vor oder bei Abschluss des Vertrages gegeben war („anfängliche Unmöglichkeit") oder ob sie erst später eingetreten ist („nachträgliche Unmöglichkeit"), oder ob die Leistung nur vom Schuldner selbst („subjektive Unmöglichkeit") oder auch sonst von niemandem auf der Welt erbracht werden kann („objektive Unmöglichkeit"), oder ob die Umstände, die die Leistung des Schuldners unmöglich machen, von ihm gemäß § 276 zu vertreten sind oder nicht. Abgeschafft ist auch die verfehlte Regel des früheren Rechts, nach der ein Vertrag nichtig war, sofern schon bei seinem Abschluss feststand, dass die darin versprochene Leistung von niemandem erbracht werden kann. Aus § 311 b Abs. 1 ergibt sich jetzt das Gegenteil, nämlich dass ein solcher Vertrag gültig ist. Hat also jemand seine Briefmarkensammlung verkauft, so ist der Kaufvertrag auch dann wirksam, wenn die Sammlung schon bei Abschluss des Vertrages durch einen Brand vernichtet war. Zwar ist in diesem Fall der Erfüllungsanspruch des Käufers auf Lieferung der Sammlung gemäß § 275 Abs. 1 ausgeschlossen. Wohl aber kann der Käufer, wie in § 275 Abs. 4 klargestellt wird, von dem Vertrag auf der Stelle zurücktreten (§ 326 Abs. 5) oder Schadensersatz statt der Leistung verlangen (§ 311 a Abs. 2) oder auch die Ansprüche gemäß §§ 284 und 285 geltend machen. Damit wird übrigens auch deutlich, dass der Ausschluss der Leistungspflicht gemäß § 275 nur zum Fortfall des Erfüllungsanspruchs führt, dass die Leistungspflicht des Schuldners aber insoweit fortbesteht, als der Gläubiger wegen ihrer Verletzung Schadensersatz verlangt (vgl. dazu *Schlechtriem/Schmidt-Kessel* AT Rn. 471, 478 ff.).

790 Dass der Schuldner nicht sehenden Auges von seinem Gläubiger oder vom Richter zu einer Leistung angehalten oder verurteilt werden kann, die zu erbringen ihm unmöglich ist, wird den meisten einleuchten, wenn nicht gar als trivial erscheinen. Niemand wird überrascht sein zu erfahren, dass ein Chorknabe von seiner Leistungspflicht gemäß § 275 Abs. 1 befreit wird, wenn er, weil in den Stimmbruch geraten, die vereinbarte Sopranstimme nicht mehr singen kann. Ebenso liegt es, wenn der Vermieter dem Mieter die Mietwohnung zum 1. Februar versprochen hat, sie ihm aber, weil der Vormieter nicht rechtzeitig ausgezogen ist, erst am 1. März zur Verfügung stellen kann: Auch ihm ist die Überlassung der Wohnung für den Monat Februar unmöglich. Ebenso klar ist, dass dies auch für den Detektiv gilt, der im Auftrag eines Ehemannes sich auf die Spuren seiner Gattin heften soll, aber an seiner Aufgabe gescheitert ist, nachdem sie ihn und das Kennzeichen seines Autos identifiziert hat und sich deshalb auf dem Weg zu ihrem Liebhaber seiner Verfolgung leicht entziehen kann (vgl. BGH NJW 1990, 2549). Auch ein Verkäufer kann nicht mehr auf Lieferung in Anspruch genommen werden, wenn er eine Briefmarkensammlung, ein bestimmtes Pferd, Gemälde, Segelboot oder Gebrauchtauto oder eine andere individuell genau bestimmte Speciessache verkauft hat, aber dem Käufer nicht liefern kann, weil sie zerstört oder beschädigt ist und nicht wiederhergestellt werden kann. Ebenso liegt es, wenn die Sache zwar nicht zerstört ist, aber dem Verkäufer gestohlen wurde und er nicht weiß, wo sie sich befindet und wie er an sie herankommen soll. Wenn er sich die verkaufte Speciessache erst noch von einem Dritten beschaffen wollte oder wenn er sie einem Dritten veräußert hat – sei es versehentlich, sei es absichtlich, weil der Dritte ihm einen höheren Preis geboten hat – so liegt Unmöglichkeit i. S. des § 275 Abs. 1 erst dann vor, wenn der Erwerb oder der Rückerwerb der Sache daran gescheitert ist, dass der Dritte die Herausgabe der Sache definitiv verweigert hat; ist er dazu nur gegen Zahlung eines sehr hohen Preises bereit, so kann ein Fall des § 275 Abs. 2 vorliegen. Hat jemand eine Forderung verkauft, die sich gegen einen Dritten richtet, so ist ihm die Erfüllung des Kaufvertrags, nämlich die Abtretung der Forderung, unmöglich, wenn die Forderung nie existiert hat oder aus rechtlichen Gründen nicht abgetreten werden kann (§§ 399, 400) oder wenn sie erloschen ist, weil der Dritte sie, bevor sie abgetreten war, bereits bezahlt oder mit einer eigenen Forderung gegen sie aufgerechnet hat.

a) **Gattungsschulden.** – Die Frage, ob der Schuldner gemäß § 275 Abs. 1 von seiner Leistungspflicht befreit ist, hat eine besondere praktische Bedeutung in Fällen, in denen der Schuldner ein *Verkäufer* ist, der *Gattungssachen* verkauft hat, also nicht Sachen, die individuell bestimmt und nur einmal auf der Welt vorhanden sind – wie ein bestimmtes Gemälde, ein bestimmter Gebrauchtwagen, ein bestimmtes Grundstück –, sondern Sachen, die einer in dem Vertrag bezeichneten Gattung gleicher oder ähnlicher Sachen angehören und dem Käufer in einer vertraglich festgelegten, nach Stückzahl, Gewicht oder anderen Messgrößen bestimmten Menge zu liefern sind. Ein Gattungskauf liegt z.B. vor, wenn „500 Steigen italienischer Endiviensalat Handelsklasse A" oder „5000 l Heizöl (Schwefelgehalt < 0,1 %)" verkauft sind. Grundsätzlich ist in solchen Fällen anzunehmen, dass der Lieferungsanspruch des Käufers erst dann und nur dann gemäß § 275 Abs. 1 ausgeschlossen ist, wenn die Gattung, aus der der Verkäufer nach dem Vertrag zu leisten hat, insgesamt untergegangen ist und er einzelne Stücke der Gattung nirgendwo mehr auftreiben kann.

Der Verkäufer von 10 t ghanaischen Kakaobohnen (Ernte 2002) wird daher von seiner Lieferverpflichtung nur dann gemäß § 275 Abs. 1 befreit, wenn in Ghana die gesamte Kakaoernte des Jahres 2002 durch Schädlingsbefall vernichtet oder mit einem Exportverbot belegt ist. Anders, wenn sein Vorlieferant wegen Zahlungsunfähigkeit oder wegen eines Streiks seiner Leute nicht liefern kann, oder wenn sich der Kaufpreis, den er an den Vorlieferanten für den Kakao bezahlen muss, wegen einer Verknappung des Angebots verzehnfacht hat, oder wenn ihm die für den Import des Kakaos erforderliche Importlizenz nicht erteilt wird, oder wenn das Schiff, aus dessen Ladung er den Käufer beliefern wollte, auf der Reise nach Deutschland untergeht: Diese Umstände fallen unter das Beschaffungsrisiko des Verkäufers und führen nicht dazu, dass ihm seine Leistung unmöglich wird und er damit von seiner Lieferpflicht befreit wird.

Die strenge Haftung des Verkäufers von Gattungssachen wird allerdings gemildert, wenn sich aus dem Vertrag oder aus seiner (ergänzenden) Auslegung ergibt, dass die Gattung, aus der die geschuldete Menge stammen muss, „beschränkt" ist. Eine „**beschränkte Gattungsschuld**" liegt z.B. vor, wenn eine bestimmte Menge von „Tomaten Handelsklasse B" verkauft ist, aber der Parteiwille dahin geht, dass die Tomaten nur aus einem ganz bestimmten Anbaugebiet oder nur aus der Produktion eines bestimmten Erzeugers stammen oder dass sie einem bestimmten „Vorrat" entnommen werden sollen, der sich im Besitz des Verkäufers oder eines bestimmten Dritten bei Vertragsabschluss befindet oder zu einem künftigen Zeitpunkt befinden wird. In diesen Fällen wird der Verkäufer gemäß § 275 Abs. 1 von seiner Leistungspflicht schon dann befreit, wenn die Tomatenernte des gemeinten Anbaugebiets oder Erzeugers durch Schädlingsbefall oder der gemeinte „Vorrat" durch den Ausfall einer Kühlanlage vernichtet wird, selbst wenn Tomaten gleicher Art und Güte sonstwo durchaus noch greifbar sind.

794 Hat etwa ein Hotel von einer Großmolkerei eine bestimmte Menge täglich zu liefernder Vollmilch gekauft, so wird sich die Molkerei, wenn die eigene Produktion wegen einer Betriebsstörung zum Erliegen kommt, nicht auf § 275 Abs. 1 berufen können, sondern die benötigte Milch auf dem Markt kaufen und dem Hotel liefern müssen. Hat sich dagegen ein Landwirt verpflichtet, einer Molkerei täglich eine bestimmte Milchmenge anzudienen, so wird er gemäß § 275 Abs. 1 – evtl. teilweise – von seiner Lieferpflicht befreit, wenn eine Viehseuche seine Herde vernichtet oder dezimiert hat, weil man hier aus den Umständen schließen darf, dass nach dem Willen der Parteien der Bauer sich nur zur Lieferung solcher Milch verpflichtet hat, die auf seinem Hof erzeugt würde.

795 Selbst dann freilich, wenn Stücke der verkauften Gattung noch irgendwo vorhanden sind, muss es einen Zeitpunkt geben, von dem ab sich der Verkäufer auf diese Stücke nicht mehr verweisen lassen muss. Gemäß § 243 Abs. 2 tritt dieser Zeitpunkt ein, wenn der Verkäufer in Bezug auf die verkauften Gattungssachen das zur Belieferung des Käufers „Erforderliche" getan hat. Von diesem Zeitpunkt an beschränkt oder „konkretisiert" sich seine Lieferpflicht auf die von ihm für die Belieferung des Käufers vorgesehenen Stücke der Gattung. Wenn diese Stücke *nach* diesem Zeitpunkt verderben oder irreparabel beschädigt, zerstört, von hoher Hand beschlagnahmt oder mit einem staatlichen Veräußerungsverbot belegt werden, so wird der Verkäufer gemäß § 275 Abs. 1 von seiner Lieferpflicht befreit. Für die Frage, ob und wann die „Konkretisierung" eintritt, kommt es entscheidend darauf an, ob die Lieferung der verkauften Gattungssachen nach dem Vertrage als Holschuld, Bringschuld oder Schickschuld anzusehen ist (Rn. 549 ff.). Bei einer **Holschuld** tritt die „Konkretisierung" ein, sobald der Verkäufer die verkaufte Menge in der vereinbarten Qualität und Verpackung an seinem Sitz abholfertig für den Käufer bereitgestellt, ihm davon Mitteilung gemacht hat und eine angemessene Frist für die Abholung abgelaufen ist. Bei einer **Schickschuld** hat der Verkäufer das zur „Konkretisierung" Erforderliche getan, wenn er die verkaufte Menge in vertragsmäßiger Beschaffenheit dem Beförderungsunternehmer zur Versendung an die Anschrift des Käufers übergeben hat. Bei einer **Bringschuld** tritt die „Konkretisierung" ein, wenn der Verkäufer die Ware zum Sitz des Käufers gebracht und sie ihm dort in verkehrs-

E. Die Verteidigung gegen den Erfüllungsanspruch

üblicher Weise zur Übernahme angeboten hat. Wenn die für die Belieferung des Käufers vorgesehenen Gattungsstücke *nach* dem Zeitpunkt ihrer Konkretisierung zerstört werden, verderben oder verloren gehen, so muss sich der Verkäufer diese Stücke nicht noch einmal beschaffen und dem Käufer liefern. Vielmehr kann er, selbst wenn sich Ersatz beschaffen ließe, gemäß § 275 Abs. 1 geltend machen, dass ihm seine Leistung unmöglich geworden und der Lieferanspruch des Käufers daher ausgeschlossen sei.

Unmöglich wird dem Verkäufer die Leistung auch dann, wenn er Gattungsstücke der verkauften Art und Menge dem Käufer angeboten hat, der Käufer aber mit der Annahme dieser Stücke gemäß §§ 293 ff. in **Annahmeverzug** geraten ist und sie danach untergehen (Rn. 634 ff., 843 ff.). Denn gemäß § 300 Abs. 2 geht auch in diesem Fall die Gefahr des Untergangs auf den Käufer über, dies auch dann, wenn ausnahmsweise die „Konkretisierung" der verkauften Gattungsstücke noch nicht eingetreten sein sollte (vgl. *Schlechtriem/Schmidt-Kessel* AT Rn. 224 f.). – Eine andere Frage ist es, ob der Käufer nicht berechtigt ist, vom Verkäufer (statt der ihm gemäß § 275 Abs. 1 unmöglich gewordenen Leistung) **Schadensersatz** zu verlangen. Dass ihm ein solcher Anspruch zustehen kann, ist offensichtlich und ergibt sich auch aus §§ 275 Abs. 4, 283; *ob* er ihm zusteht, hängt im wesentlichen davon ab, ob der Verkäufer die Pflichtverletzung, die auch in der Nichterbringung einer (unmöglich gewordenen) Leistung liegt, **zu vertreten hat** (Rn. 1072 ff., 1115). – Eine weitere Frage ist es, ob der Verkäufer, der gemäß § 275 Abs. 1 von seiner Lieferpflicht befreit ist und auch nicht Schadensersatz zu leisten braucht, gleichsam zur Offensive übergehen und vom Käufer, obwohl dieser keine Ware erhält, die **Gegenleistung**, nämlich Zahlung des Kaufpreises verlangen kann. Die Frage ist gemäß § 326 Abs. 1 grundsätzlich zu verneinen. Sie darf bejaht werden, wenn dem Käufer der Untergang der Ware aus den in §§ 326 Abs. 2, 446 f., 644 f. genannten besonderen Gründen zugerechnet werden kann (Rn. 826 ff.).

Wenn man **Geldschulden** als Gattungsschulden ansieht (vgl. dazu *Huber* I § 26), so folgt daraus, dass § 275 Abs. 1 niemals zur Befreiung eines Schuldners führen kann, der Geld leisten, also z.B. einen Kaufpreis zahlen oder ein Darlehen zurückgewähren muss. Ebensowenig kann sich der Schuldner auf § 275 Abs. 1 berufen, wenn er dem Gläubiger eine Sache zu verschaffen hat und sich ihm gegenüber damit herauszureden versucht, dass er nicht über das Geld oder den Kredit verfügt, die für die Beschaffung der Sache erforderlich sind. Das gleiche Ergebnis lässt sich auch auf den allgemein anerkannten Grundsatz stützen, dass jedermann unbedingt für seine finanzielle Leistungsfähigkeit einstehen muss und daher ein Käufer nicht sagen kann, dass er das für die Zahlung des Kaufpreises erforderliche Geld nicht hat und ihm daher die geschuldete Leistung gemäß § 275 Abs. 1 unmöglich sei.

b) **Nacherfüllung.** – § 275 Abs. 1 ist auch dann anzuwenden, wenn sich der Erfüllungsanspruch des Gläubigers auf **Nacherfüllung** richtet. Ist also dem Käufer eine mangelhafte Kaufsache geliefert worden oder hat der Auftraggeber dem Unternehmer eine mangelhafte Sache abgenommen, so werden der Verkäufer und der Unternehmer von ihrer Verpflichtung zur Nacherfüllung

(§§ 439, 635) gemäß § 275 Abs. 1 befreit, wenn ihnen alle in Betracht kommenden Formen der Nacherfüllung unmöglich und die Mängel der Kaufsache oder Werkleistung daher **unbehebbar** sind. So verhält es sich z.B., wenn das dem Käufer gelieferte Grundstück mangelhaft ist, weil es nicht die vertraglich vereinbarte Fläche hat: Hier ist nicht nur eine Beseitigung des Mangels unmöglich. Auch die Ersatzlieferung eines mangelfreien Grundstücks kommt nicht in Betracht, weil ein Specieskauf vereinbart war, also nach dem Willen der Parteien überhaupt nur dieses und kein anderes Grundstück als Erfüllung geschuldet sein sollte. So liegt es auch dann, wenn ein bestimmtes Gemälde verkauft und geliefert worden ist, von dem sich sodann herausstellt, dass es nicht den im Vertrag bezeichneten Maler zum Urheber hat, ebenso dann, wenn die von dem Unternehmer hergestellte und vom Auftraggeber abgenommene Werkzeugmaschine die vereinbarte Leistung nicht erreicht, eine Nacherfüllung aber unmöglich ist, weil feststeht, dass eine Reparatur nicht zum Ziel führen kann und auch die Neuherstellung einer Maschine von ähnlicher Bauart und Größe, die die geschuldete Leistung erbringt, nach dem gegenwärtigen Stand der Ingenieurkunst unmöglich ist.

799 Hierher gehört auch der Fall, in dem ein Gebrauchtwagen, der als „unfallfrei" verkauft worden ist, sich nach der Übergabe an den Käufer als „Unfallwagen" entpuppt (vgl. Rn. 1185). Auch hier sind beide Formen der Nacherfüllung gemäß § 275 Abs. 1 unmöglich: Eine **Ersatzlieferung** scheidet aus, weil ein bestimmter Gebrauchtwagen jedenfalls im Regelfall ein Unikat, also eine Speciessache ist, die es in gleicher Beschaffenheit nicht noch einmal gibt (Rn. 801). Auch eine **Mängelbeseitigung** kommt nicht in Betracht. Denn der Mangel ist unbehebbar, weil auch eine perfekt ausgeführte Reparatur nichts daran ändert, dass der Wagen „Unfallwagen" bleibt und ihm deshalb im Verkehr nur ein Wert beigelegt wird, der um den „merkantilen Minderwert" niedriger ist als der Wert eines vergleichbaren „unfallfreien" Gebrauchtwagens. – Dass eine Nacherfüllung unmöglich ist, hat für den Käufer erhebliche, ihm günstige Konsequenzen: Er kann von dem Vertrag auf der Stelle **zurücktreten**, ohne dass er erst noch eine Frist für die Nacherfüllung zu setzen hätte (§§ 437 Nr. 2, 326 Abs. 5, 323). Zwar gilt das nicht, wenn die Pflichtverletzung, die in der Lieferung des Unfallwagens liegt, „unerheblich" ist (§ 323 Abs. 5 Satz 2). Aber das ist sie in aller Regel nicht (vgl. BGH NJW 2008, 1517, 1519). Auch **Schadensersatz statt der Leistung** oder **Aufwendungsersatz** kann der Käufer verlangen, ohne dass er zuvor eine Nachfrist zu setzen hätte. Das ergibt sich, weil dem Verkäufer die Lieferung eines unfallfreien Wagens schon bei Vertragsabschluss gemäß § 275 Abs. 1 unmöglich war, aus §§ 437 Nr. 3, 311 a Abs. 2. Danach haftet der Verkäufer nur dann nicht, wenn er beweisen kann, dass er bei Vertragsabschluss sein Unvermögen zur Lieferung eines unfallfreien Wagens „nicht kannte und seine Unkenntnis auch nicht zu vertreten hat" (vgl. Rn. 1030, 1073, 1184 f.).

800 Ausnahmsweise sollte freilich auch beim Specieskauf Nacherfüllung durch Ersatzlieferung einer mangelfreien Sache in Betracht gezogen werden.

801 So liegt es sicherlich im Falle der Lieferung einer anderen als der verkauften Speciessache (**aliud-Lieferung**): Hat der Verkäufer ein in seiner Galerie ausgehängtes Seestück von Nolde verkauft, aber versehentlich ein Seestück von Feininger oder ein Selbstbildnis von Nolde geliefert, so muss der Käufer Nacherfüllung durch Lieferung des „richtigen"

E. Die Verteidigung gegen den Erfüllungsanspruch   801–803

Bildes verlangen dürfen. Ebenso beim **Specieskauf**, es sei denn, dass sich ausnahmsweise „dem durch Auslegung zu ermittelnden Willen der Vertragsparteien" entnehmen lässt, dass nach ihrer Vorstellung die mangelhafte Speciessache durch eine andere, gleichartige und gleichwertige, mangelfreie Sache sollte ersetzt werden können. Ist ein Gebrauchtwagen verkauft worden, so wird es dabei an einem solchen gemeinsamen Parteiwillen in der Regel fehlen, wenn der Käufer vorher den Wagen besichtigt und den Kaufentschluss erst aufgrund des dabei gewonnenen Gesamteindrucks von seinen spezifischen technischen Eigenschaften und seinem äußeren Erscheinungsbild gefasst hat (BGHZ 168, 64; vgl. dazu auch *Hirsch* BT Rn. 63 f., 93; *Looschelders* BT Rn. 89; *Bamberger/Roth/Faust* § 439 Rn. 27 mit weiteren Nachweisen).

c) **Unmöglichkeit bei verspäteter Leistung.** – Hin und wieder kommt es vor, dass dem Schuldner die Leistung **durch bloßen Zeitablauf** unmöglich wird. Hat der Gastronom die Lieferung eines Mittagessens „fest zum Hochzeitstag am 15. Mai um 12.30 Uhr" versprochen, so wird er, sobald er den Termin versäumt hat und die Hochzeitsgesellschaft hungrig von dannen gegangen ist oder sich sonstwo verpflegt hat, von seiner Leistungspflicht gemäß § 275 Abs. 1 befreit („**absolutes Fixgeschäft**"; vgl. Rn. 558, 938). Ebenso, wenn jemand eine Wohnung ab 1. Mai vermietet, sie aber dem Mieter erst am 1. September überlassen hat, weil sie vom Vormieter nicht rechtzeitig geräumt wurde: Hier steht ab 1. September fest, dass dem Vermieter ein Teil der geschuldeten Leistung – nämlich die Gewährung des Gebrauchs der Mietwohnung für die Zeit vom 1. Mai bis 31. August – unmöglich ist.   802

Manchmal beruft sich der Schuldner auf ein Leistungshindernis, das ihm die Leistung zwar „derzeit unmöglich" macht, aber zu einem künftigen, wenn auch ungewissen Zeitpunkt wegfallen und dann der Leistung nicht mehr im Wege stehen wird. So liegt es z.B., wenn die Fabrik, aus deren Produktion die verkauften Waren zu liefern waren, durch einen Brand oder einen Streik vorübergehend lahmgelegt ist. Ob eine solche **vorübergehende Unmöglichkeit** wie eine endgültige zu behandeln ist, hängt von den Umständen ab, insbesondere von der Länge des Zeitraums, der voraussichtlich bis zur Behebung des Hindernisses verstreichen wird, ferner davon, ob den Parteien zugemutet werden kann, bis zu diesem Zeitpunkt zu warten und dann noch den Vertrag zu den ursprünglichen Bedingungen durchzuführen (vgl. BGH NJW 2007, 3777). Auch im Falle einer vorübergehenden Unmöglichkeit kann aber der Gläubiger gemäß § 275 Abs. 1 die Leistung so lange nicht verlangen, wie das Leistungshindernis besteht; seine Klage auf Leistung müsste deshalb als „derzeit unbegründet" abgewiesen werden. Wenn er an dem Vertrag festhält, kann er aber immerhin, sofern die vorübergehende Unmöglichkeit vom Schuldner zu vertreten ist, den durch sie verursachten Verzögerungsschaden ersetzt verlangen; auch kann er unter bestimmten Voraussetzungen vom Vertrag im Ganzen zurücktreten und/oder Schadensersatz statt der Leistung verlangen.   803

804 **d) Unmöglichkeit durch Zweckvereitelung.** – Mitunter liegt ein Fall des § 275 Abs. 1 auch dann vor, wenn der **Zweck**, für den die versprochene Leistung nach dem Inhalt des Vertrages gedacht war, nach seinem Abschluss weggefallen oder unerreichbar geworden ist. Fälle der „Zweckstörung" oder „Zweckvereitelung" sind allerdings viel seltener, als man denken mag.

805 Hat ein Vater für seine kranke Tochter ein Medikament gekauft, das die Apotheke erst noch zu beschaffen hatte, so wird die Leistung der Apotheke nicht dadurch unmöglich, dass die Tochter noch vor der Beschaffung des Medikaments „von selbst" gesund geworden ist. Gewiss verfolgte der Vater mit dem Kauf den Zweck, die Gesundheit seiner Tochter wiederherzustellen. Aber dieser Zweck ist einseitiges Motiv des Vaters gewesen und von den Parteien nicht zum Inhalt des Vertrages gemacht worden. Ebenso liegt es, wenn der Mieter die Wohnung nicht oder nicht mehr bewohnen kann, weil er als Beamter an einen anderen Ort versetzt wird oder wegen einer schweren Krankheit in ein Pflegeheim umziehen muss (vgl. § 537 und Rn. 304, 742), ebenso dann, wenn der Ballettunterricht, den der Tanzmeister aufgrund eines Dienstvertrages erteilen sollte, für seinen Auftraggeber zwecklos wird, weil er durch einen Verkehrsunfall ein Bein verloren oder den Beruf des Tänzers aus einem anderen Grunde aufgegeben hat (vgl. § 615 und Rn. 697 ff.). In diesen Fällen liegt das „**Verwendungsrisiko**" – nämlich das Risiko, dass sich die Leistung zu dem gedachten Zweck verwenden lassen wird – beim Käufer, Mieter oder Auftraggeber. Wenn dieses Risiko sich verwirklicht, also der Gläubiger die Leistung, die er sich vertraglich versprechen ließ, nicht mehr zweckentsprechend verwenden kann, so ändert das nichts daran, dass dem Schuldner die Leistung weiterhin möglich ist und er vom Gläubiger weiterhin die Gegenleistung verlangen kann, allerdings bei Dauerschuldverhältnissen nur so lange, wie der Vertrag nicht (insbesondere durch Kündigung des Mieters oder Auftraggebers) beendet wird.

806 Anders liegt es besonders bei Werkverträgen, weil es hier durchaus vorkommen kann, dass der Unternehmer den Erfolg, der nach dem Inhalt des Vertrages mit seiner Leistung bezweckt war, auch beim besten Willen nicht mehr herbeiführen kann und ihm die Leistung deshalb unmöglich wird. Hierher gehört der Fall, in dem der Unternehmer zur Reparatur eines auf freier Strecke havarierten Autos herbeigerufen wird, aber das Auto noch vor seiner Ankunft „von selbst" oder durch die Hilfeleistung eines Dritten oder auch durch eigene Anstrengungen seines Auftraggebers wieder in Gang gekommen oder durch das aus der Bahn geratene Auto eines anderen Verkehrsteilnehmers endgültig zerstört worden ist. Ebenso, wenn ein Bauhandwerker die vertraglich vereinbarten Ausschachtungs-, Gerüstbau- oder Malerarbeiten nicht mehr beenden kann, weil das Baugrundstück durch ein Hochwasser überflutet oder durch einen Brand zerstört worden ist und der Bauherr unter diesen Umständen auf seine Bebauung vorerst verzichtet: In allen diesen Fällen ist nicht zweifelhaft, dass die Unternehmer gemäß § 275 Abs. 1 von ihrer Leistungspflicht befreit werden; wohl aber ist zweifelhaft, ob und in welchem Umfang ihnen gleichwohl der Vergütungsanspruch gegen den Auftraggeber erhalten bleibt. Vgl. dazu Rn. 826 ff.

E. Die Verteidigung gegen den Erfüllungsanspruch

e) Ersatzherausgabe gemäß § 285. – Ist der Schuldner gemäß § 275 Abs. 1 von der Verpflichtung zur Leistung befreit, so trifft § 285 eine Regelung für den besonderen Fall, in dem er „für den geschuldeten Gegenstand einen **Ersatz oder einen Ersatzanspruch**" erlangt hat. Hier ist der Gläubiger berechtigt zu verlangen, dass ihm der Schuldner das als Ersatz Empfangene herausgebe oder ihm den Ersatzanspruch gegen den Dritten abtrete. In der Regel liegt es hier so, dass der Schuldner ein Verkäufer ist, der dem Käufer bestimmte Sachen – Speciessachen oder auch ein bereits „konkretisiertes" Quantum von Gattungssachen – liefern muss, aber nicht liefern kann, weil die Sachen untergegangen sind und dem Verkäufer deshalb die geschuldete Leistung unmöglich ist. Wenn diese Sachen versichert waren oder von einem Dritten schuldhaft zerstört worden sind, so tritt im Vermögen des Verkäufers an ihre Stelle ein Vorteil – lateinisch: commodum –, den er dem Käufer gemäß § 285 herausgeben muss, wenn dieser es wünscht. Als ein solches „**stellvertretendes commodum**" gelten der Anspruch gegen den Versicherer auf die Versicherungssumme und der Anspruch auf Schadensersatz gegen den Drittschädiger, ferner, wenn die Versicherungssumme bereits bezahlt oder Schadensersatz von dem Dritten bereits geleistet ist, der dafür vom Verkäufer vereinnahmte Geldbetrag. Zwar bleibt der Käufer, wenn er nach § 285 vorgeht, nach Maßgabe des § 326 Abs. 3 zu seiner Gegenleistung – also zur Bezahlung des Kaufpreises – verpflichtet. Aber das wird ihm so lange keine Sorgen machen, wie er günstig gekauft hat und daher dem Verkäufer einen Kaufpreis schuldet, der niedriger ist als dasjenige, was er von ihm gemäß § 285 erstattet verlangen kann.

§ 285 gilt auch dann, wenn der Schuldner gemäß § 275 Abs. 2 und 3 auf seine Einrede hin von seiner Leistungspflicht befreit ist. – Nach allgemeiner Ansicht ist als „stellvertretender Vorteil" i.S. des § 285 auch das „**commodum ex negotiatione**" anzusehen, also dasjenige, was der Schuldner dadurch erwirbt, dass er über den geschuldeten Gegenstand **einen Vertrag mit einem Dritten** schließt. Hat z.B. der Verkäufer V einen bestimmten Gebrauchtwagen zu seinem Verkehrswert von 1.000 € dem Käufer K zur Lieferung am 15. Mai verkauft und noch vor diesem Termin einen zweiten Kaufvertrag für einen Preis von 1.400 € mit D geschlossen und ihm den Wagen geliefert, so wird er zwar gemäß § 275 Abs. 1 von seiner Lieferverpflichtung gegenüber K befreit, wenn der Wagen bei D zerstört wird oder D die Rückgabe des Wagens gegenüber K verweigert. Aber auf Verlangen des K muss er ihm gemäß § 285 den von D empfangenen Kaufpreis von 1.400 € herausgeben. Zwar bleibt K in diesem Falle zu seiner Gegenleistung verpflichtet (§ 326 Abs. 3); er muss also V den Kaufpreis von 1.000 € zahlen. Aber die Differenz von 400 € gebührt K. Im Ergebnis führt daher die Regel des § 285 dazu, dass der Käufer nicht nur wegen vorsätzlicher Vertragsverletzung vom Verkäufer Schadensersatz verlangen, sondern stattdessen bei ihm auch den **Gewinn abschöpfen** kann, den er dadurch erzielt hat, dass er die gleiche Ware zu höherem Preis einem Dritten verkauft und geliefert hat. Eine solche Gewinnabschöpfung kommt aber nur dann in Betracht, wenn die Vertragspartei, die sie verlangt, das gewinnbringende Geschäft auch selbst mit dem Dritten hätte abschließen können. So liegt es nicht, wenn der Vermieter eine Grundstücksfläche dem Erstmieter zur Nutzung als Parkplatz für 1.000 €/Monat überlassen, dann aber die gleiche Fläche einem Zweitmieter zum Betrieb eines Wochenmarkts für 1.500 €/Monat vermietet hat. Denn der Erstmieter selbst wäre zum Abschluss des Geschäfts mit dem Zweitmieter nicht berechtigt gewesen und kann deshalb den daraus erzielten Gewinn auch nicht beim Vermieter abschöpfen. So BGHZ 167, 312 und dazu *Helms* ZEuP 2008, 150.

2. Unzumutbarkeit der Leistung

809 Gemäß § 275 Abs. 2 wird der Schuldner von seiner Leistungspflicht auch dann befreit, wenn der Aufwand, der ihm durch die Erbringung der Leistung entstünde, „in einem groben Missverhältnis zu dem Leistungsinteresse des Gläubigers steht". Dabei sollen der Vertragsinhalt und die Gebote von Treu und Glauben berücksichtigt werden; auch soll dem Schuldner ein höherer Aufwand zuzumuten sein, wenn das Leistungshindernis, das seinen Aufwand erhöht, von ihm zu vertreten ist. Zwar darf § 275 Abs. 2 zugunsten des Schuldners nur dann angewendet werden, wenn er eine entsprechende Einrede erhoben hat. Aber daran wird es kaum jemals fehlen.

810 Zunächst sind also zu ermitteln: der Aufwand, der dem Schuldner entstünde, wenn er die geschuldete Leistung trotz des Leistungshindernisses erbringen muss, sodann das Interesse, dass der Gläubiger am Erhalt der Leistung hat. In einem zweiten Schritt ist zu prüfen, ob zwischen diesen beiden Größen ein „grobes Missverhältnis" besteht (vgl. dazu eingehend *Looschelders* JuS 2010, 849). Dadurch soll erreicht werden, dass der Schuldner vor Aufwendungen geschützt wird, die jenseits einer bestimmten „Opfergrenze" liegen. Ferner soll § 275 Abs. 2 einen Leistungsaustausch verhindern, der wirtschaftlich unsinnig wäre, weil er dem Schuldner einen Aufwand abverlangt, der weit größer ist als der dadurch dem Gläubiger entstehende Nutzen.

811 Dagegen will § 275 Abs. 2 den Schuldner nicht vor Risiken schützen, die nach dem Vertrag, den er geschlossen hat, von ihm zu tragen sind. So liegt es z.B., wenn ein Unternehmer zu einem festen Preis die Ausschachtung einer Baugrube übernommen hat, aber die Erbringung der versprochenen Leistung verweigert, weil er bei seinen Arbeiten auf Fels gestoßen ist und sein Aufwand sich dadurch erhöht hat. In einem solchen Fall war es Sache des Unternehmers, sich schon vor dem Abschluss des Vertrages ein Bild von den Risiken der Vertragsausführung zu machen und sich gegen diese Risiken z.B. dadurch zu schützen, dass er eine Probebohrung in den Baugrund niederbringt, Versicherungsschutz beschafft, in den von ihm verlangten Preis eine Risikoprämie einrechnet oder mit seinem Auftraggeber vereinbart, dass beim Auftreten bestimmter Erschwerungen ihm ein Rücktrittsrecht zustehen, eine bestimmte Preiserhöhung automatisch eintreten oder über den Preis neu verhandelt werden solle. Hat der Unternehmer es an der gebotenen Risikovorsorge fehlen lassen und deshalb ein schlechtes Geschäft gemacht, so besteht kein Anlass, es nachträglich zu seinen Gunsten dadurch zu korrigieren, dass er, wenn das nicht bedachte Risiko sich aktualisiert hat und sein Aufwand gestiegen ist, von seiner Leistungspflicht befreit wird. Ebensowenig kommt es in Betracht, dass der Unternehmer in einem solchen Fall den Vertrag gemäß § 119 Abs. 2 wegen **Irrtums** anficht (Rn. 300 ff.) oder sich auf eine **Störung der Geschäftsgrundlage** beruft und gemäß § 313 eine Anpassung des Vertrages verlangt (Rn. 1012 f.). Ähnlich liegt es, wenn sich aus dem

E. Die Verteidigung gegen den Erfüllungsanspruch 811–813

Vertrag ergibt, dass der Verkäufer für die von ihm zu liefernden Waren das „Beschaffungsrisiko" übernommen hat (§ 276 Abs. 1 Satz 1): Verteuert sich die Beschaffung der Waren durch Ereignisse, die unter das Beschaffungsrisiko fallen, so darf dieser Umstand allein den Verkäufer nicht gemäß § 275 Abs. 2 von seiner Lieferpflicht befreien (anders *Schlechtriem/Schmidt-Kessel* AT Rn. 483). Freilich wird die Praxis das Problem regelmäßig anders lösen: Zwar wird der Käufer zunächst vom Verkäufer Erfüllung verlangen und dafür eine Frist setzen. Dann aber wird er, nachdem die Frist erfolglos abgelaufen ist, von dem Vertrag zurücktreten, ein Deckungsgeschäft mit einem anderen Unternehmer schließen und den dadurch entstehenden Mehraufwand in den Schadensersatzanspruch einrechnen, der ihm statt der Leistung gegen den Verkäufer zusteht (§§ 280 Abs. 1 und 3, 281). Hingegen greift § 275 Abs. 2 ein, wenn sich der Aufwand des Schuldners durch ein Leistungshindernis erhöht hat, das außerhalb seines Risikobereichs liegt und gegen das er sich nach den Umständen nicht zu wappnen brauchte. So mag es liegen, wenn sich die Ausschachtung der Baugrube wegen einer Überschwemmung oder eines anderen Naturereignisses verteuert hat oder wenn ein Unternehmer für die Herstellung des versprochenen Werks teure Fremdleistungen in Anspruch nehmen muss, weil ein Brand sein Betriebsgebäude zerstört hat, oder wenn er auf die Zulieferung bestimmter ausländischer Rohstoffe angewiesen ist und die Regierung des Herkunftslandes über die Rohstoffe ein Ausfuhrverbot verhängt hat.

Mit der Einrede aus § 275 Abs. 2 kann sich der Schuldner auch dann verteidigen, wenn sein Gläubiger **Nacherfüllung** verlangt. Ist der Schuldner ein Verkäufer, der nach Lieferung einer mangelhaften Kaufsache vom Käufer auf Nacherfüllung in Anspruch genommen wird, so wird ihm seine Verteidigung durch besondere gesetzliche Vorschriften sogar noch erleichtert. Hat der Käufer gemäß § 439 Abs. 1 sein Wahlrecht ausgeübt und sich für eine bestimmte Form der Nacherfüllung – Mangelbeseitigung oder Ersatzlieferung – entschieden, so kann sie vom Verkäufer schon dann verweigert werden, wenn sie ihm „**nur mit unverhältnismäßigen Kosten**" möglich ist (§ 439 Abs. 3). Beim Werkvertrag und beim Reisevertrag entscheiden zwar der Unternehmer und der Reiseveranstalter, in welcher Form sie durch Nacherfüllung dem Werk- oder Reisemangel abhelfen wollen. Auch sie können aber die Nacherfüllung verweigern, wenn die dafür in Betracht kommenden Maßnahmen sich „nur mit unverhältnismäßigen Kosten" durchführen lassen (§ 635 Abs. 3) oder „einen unverhältnismäßigen Aufwand" erfordern (§ 651c Abs. 2 Satz 2). 812

Wann sind die Nacherfüllungskosten „**unverhältnismäßig**"? Beim Kaufvertrag muss zunächst der Fall der „*relativen* Unverhältnismäßigkeit" ins Auge gefasst werden. Hier stützt der Verkäufer seine Einrede auf die Behauptung, dass die vom Käufer gewählte Art der Nacherfüllung im Vergleich zu der anderen Art der Nacherfüllung unverhältnismäßig kostspielig sei. Dafür reicht es allerdings nicht aus, dass der Verkäufer, von dem der Käufer die Reparatur der mangelhaften Kaufsache verlangt, darlegen kann, dass die Lieferung einer mangelfreien Ersatzsache für ihn billiger wäre. Vielmehr müssen die Reparaturkosten „unverhältnismäßig" sein, und das sind sie nur dann, 813 wenn sie die Kosten der Ersatzlieferung deutlich übersteigen. Wie groß die Differenz sein muss, ist durch eine Abwägung der Interessen der beiden Parteien zu entscheiden. Sind die Reparaturkosten deshalb hoch, weil der Verkäufer keine eigene Reparaturwerkstatt unterhält, so wird es eine Rolle spielen dürfen, ob er nicht bei den Vertragsverhandlungen den Eindruck erweckt hat, dass Reparaturen kostengünstig von ihm selbst oder einem Dritten ausgeführt würden, und ob der Käufer auf diesen Eindruck vertraut hat und vertrauen durfte. Verlangt der Käufer Ersatzlieferung, so wird es für die Frage, ob der Verkäufer sie verweigern darf und der Käufer sich mit der Reparatur abfinden muss, darauf ankommen, ob und wie leicht der Verkäufer die von ihm zurückgenommene mangelhafte Kaufsache noch anderweitig absetzen oder verwerten kann, ferner darauf, ob nicht die Kaufsache auch nach tadellos ausgeführter Reparatur einen „merkantilen Minderwert" hat, sie also allein wegen der Reparatur zu einem niedrigeren Preis gehandelt wird als eine unreparierte Sache.

814 Auf eine *„absolute* Unverhältnismäßigkeit" beruft sich die nacherfüllungspflichtige Vertragspartei, wenn sie behauptet, dass der ihr durch die Nacherfüllung entstehende Aufwand unverhältnismäßig hoch sei, wenn man ihn mit dem Interesse ihres Kontrahenten an einer mangelfreien Leistung vergleicht. Hat also z.B. der Verkäufer Fliesen für 1000 € geliefert, die der Käufer in Unkenntnis ihres Mangels in seinem Haus verlegt hat, so schuldet der Verkäufer als Nacherfüllung zwar nicht die Beseitigung des Mangels durch Reparatur – sie ist in der Regel unmöglich gemäß § 275 Abs. 1 (Rn. 798 ff.) –, wohl aber die Lieferung mangelfreier Ersatzfliesen sowie ihren Einbau und den Ausbau der mangelhaften Fliesen (Rn. 764). Entstünden dem Verkäufer dadurch Kosten, die den Kaufpreis erheblich übersteigen, so können sie z.B. dann unverhältnismäßig sein, wenn der Mangel der Fliesen lediglich zu einer Veränderung ihrer Farbe geführt hat und daher das Interesse des Käufers an einer mangelfreien Leistung nicht besonders schwer wiegt.

815 Allerdings hat der EuGH entschieden, daß es gegen die EG-Richtlinie über den Verbrauchsgüterkauf verstößt, wenn ein Verkäufer, von dem der Käufer die Lieferung fehlerfreier Ersatzware (als einzig möglicher Art der Nacherfüllung) verlangt, sich damit verteidigen könnte, daß die Kosten, die ihm durch den Ausbau der fehlerhaften und den Einbau der fehlerfreien Ware entstehen, außer Verhältnis zum Interesse des Käufers an einer fehlerfreien Leistung stehen und daher „absolut unverhältnismäßig" sind. § 439 Abs. 3 Satz 3 läßt diese Verteidigung zu und muß daher vom Gesetzgeber angepaßt werden. Wie die Lösung auszusehen hätte und ob sie nur für Verbrauchsgüterkäufe oder für *alle* Kaufverträge gelten sollte, ist zweifelhaft. Immerhin läßt es nämlich die Richtlinie nach Auffassung des EuGH zu, daß der Verkäufer vom Käufer einen „angemessenen" Beitrag zu den Kosten der Ersatzlieferung leistet. Das bedeutet: Schuldet der Verkäufer den Ein- und Ausbau selbst, so könnte ihm das Verweigerungsrecht für den Fall eingeräumt werden, daß er den Käufer zu einer „angemessenen" Kostenbeteiligung aufgefordert und dieser das Angebot abgelehnt hat. Nimmt man dagegen an, daß der Verkäufer

E. Die Verteidigung gegen den Erfüllungsanspruch

nicht den Ein- und Ausbau, sondern nur den Ersatz der dafür entstehenden *Kosten* schuldet – auch dies wäre mit der EG-Richtlinie vereinbar (Rn. 764) – so könnte § 439 Abs. 2 dahin geändert werden, daß der Verkäufer die von ihm zu tragenden Kosten um einen „angemessenen" Betrag herabsetzen kann, wenn die Belastung mit den gesamten Kosten der Ersatzlieferung unverhältnismäßig wäre.

Auf eine „absolute Unverhältnismäßigkeit" beruft sich auch der Unternehmer, der eine mangelhafte Werkleistung erbracht hat und nunmehr geltend macht, dass eine Nacherfüllung zwar möglich sei, ihre Kosten aber außer Verhältnis zum Interesse seines Auftraggebers an einer mangelfreien Leistung stehen. 816

Wie liegt es z.B., wenn das Schwimmbad, das der Unternehmer für den Auftraggeber hergestellt und in seinem Garten angelegt hat, nur 175 cm und nicht wie vereinbart 180 cm tief ist? Sicherlich wird die Freude des Auftraggebers an der Nutzung des zu flach geratenen Schwimmbads getrübt sein, und es ist verständlich, wenn er gemäß § 635 Abs. 1 Nacherfüllung verlangt und zur Unterstützung seines Anspruchs – was durchaus zulässig ist (BGH NJW 2009, 2123) – auch noch darauf hinweist, dass der Mangel von dem Unternehmer zu vertreten, also etwa vorsätzlich oder grob fahrlässig herbeigeführt worden sei. Andererseits ist zu bedenken, dass durch die Nacherfüllung – sei es durch die nachträgliche Vertiefung des Schwimmbads, sei es durch eine vollständige Neuherstellung – dem Unternehmer Kosten entstehen können, die das Doppelte des von ihm kalkulierten Aufwands erreichen oder gar überschreiten und deshalb im Vergleich zu dem Interesse des Auftraggebers an einem um 5 cm tieferen Schwimmbad „unverhältnismäßig" sind. Zu bedenken ist auch, dass dem Auftraggeber, wenn sein Nacherfüllungsverlangen aus diesem Grunde an § 635 Abs. 3 scheitert, die übrigen Ansprüche und Rechte aus § 634 Nr. 2–4 erhalten bleiben. Er kann also insbesondere die Vergütung des Unternehmers mindern (§ 638) oder Schadensersatz statt der Leistung (§§ 280, 281) verlangen. Allerdings darf das nicht dazu führen, dass der Unternehmer zwar die Nacherfüllung gemäß § 635 Abs. 3 verweigern darf, aber dennoch den „unverhältnismäßigen" Aufwand, von dem er verschont bleiben sollte, dem Auftraggeber in der Form der Minderung oder des Schadensersatzes vergüten muss. Der Auftraggeber darf deshalb nur dasjenige als Schadensersatz von dem Unternehmer verlangen oder als Minderung von der geschuldeten Vergütung absetzen, um was der Wert der mangelhaften Leistung hinter dem Wert der mangelfreien Leistung zurückbleibt. Diese Differenz ist gemäß §§ 638 Abs. 3 BGB, 287 ZPO zu schätzen, wobei auch dem immateriellen Interesse des Auftraggebers Rechnung getragen werden darf (ebenso *Schlechtriem* BT Rn. 435). 817

Schließlich ist der Anspruch des Gläubigers auf die Leistung auch dann ausgeschlossen, wenn der Schuldner sie „persönlich zu erbringen hat" und sich mit der Einrede verteidigt, dass sie ihm nach den Umständen „nicht zugemutet werden kann" (§ 275 Abs. 3). Zur Illustration beruft man sich überall auf die gleichen Lehrbuchbeispiele, nämlich darauf, dass ein Konzertabend oder eine Klavierstunde abgesagt wird, weil die Sängerin ihr schwerkrankes Kind versorgen muss oder der Klavierlehrer in der Türkei wehrpflichtig ist und ihm bei Nichtbefolgung des Einberufungsbefehls die Todesstrafe droht. 818

III. Die Verteidigung gegen den Anspruch auf die Gegenleistung

819 Wenn der Schuldner gemäß § 275 von einer Leistungspflicht befreit ist und diese Leistungspflicht auf einem **gegenseitigen Vertrag** beruht, so entsteht die Frage, welche Konsequenzen die Befreiung für seinen Anspruch auf die ihm nach dem Vertrag geschuldete **Gegenleistung** hat. Kann der Schuldner, der nicht erfüllt hat und nach § 275 auch nicht zu erfüllen brauchte, den Spieß gleichsam umdrehen, indem er sich nunmehr den Hut des Gläubigers aufsetzt und von seinem Vertragspartner die Gegenleistung verlangt? Muss derjenige, der als Käufer oder Auftraggeber von seinem Vertragspartner die Lieferung der Kaufsache oder die Herstellung des Werkes gemäß § 275 nicht verlangen kann, ihm gleichwohl den Kaufpreis oder die Vergütung zahlen?

1. Wegfall des Anspruchs auf die Gegenleistung

820 Aus § 326 Abs. 1 Satz 1 ergibt sich, dass diese Frage grundsätzlich zu verneinen ist: Braucht der Schuldner gemäß § 275 nicht zu leisten, so entfällt damit auch sein Anspruch auf die Gegenleistung. Dabei macht es keinen Unterschied, ob das Leistungshindernis, das den Schuldner befreit hat, von ihm zu vertreten ist oder nicht. Ist also der Erfüllungsanspruch des Käufers auf Lieferung des ihm verkauften Gebrauchtwagens gemäß § 275 Abs. 1 ausgeschlossen, weil das Fahrzeug dem Verkäufer gestohlen worden ist, so braucht er den Kaufpreis nicht zu zahlen, ohne dass es darauf ankommt, ob der Verkäufer den Wagen unverschlossen auf der Straße stehen ließ und den Diebstahl dadurch schuldhaft erleichtert hat. Sofern der Käufer bereits eine Anzahlung auf den Kaufpreis geleistet hat, kann er sie gemäß § 326 Abs. 4 zurückfordern.

821 Aus § 326 Abs. 1 ergibt sich ferner, dass der Anspruch des Schuldners auf die Gegenleistung **kraft Gesetzes** („ipso iure") entfällt, sobald feststeht, dass er selbst gemäß § 275 nicht zu leisten braucht. Einer besonderen Erklärung des Gläubigers bedarf es dazu nicht. Damit scheint es schlecht zusammenzustimmen, dass **§ 326 Abs. 5** dem Gläubiger ausdrücklich ein Rücktrittsrecht einräumt, das an eine Nachfristsetzung nicht gebunden ist und sich im Übrigen nach § 323 richtet. Warum soll der Gläubiger zurücktreten dürfen, wenn er auch ohne Rücktritt seine Gegenleistung nicht zu erbringen braucht? Bei näherem Zusehen zeigt sich aber, dass das Rücktrittsrecht des § 326 Abs. 5 durchaus praktische Bedeutung hat.

822 § 326 Abs. 5 kann z.B. nützlich sein, wenn der Gläubiger ein Käufer ist, der nicht recht weiß, woran es liegt, dass sein Verkäufer nicht liefert. Gewiss kann er in diesem Falle einfach abwarten und sich auf den Kaufpreisanspruch, wenn er vom Verkäufer geltend gemacht werden sollte, mit der Einrede des nicht erfüllten Vertrages (§ 320; Rn. 897 ff.) verteidigen. Auch kann er die Lieferung anmahnen und, wenn der Verkäufer sich weiterhin in Schweigen hüllt oder Ausflüchte macht, auf Lieferung (und auf Ersatz des Ver-

zögerungsschadens) klagen. Oft hat aber auch der Käufer ein Interesse daran, möglichst schnell zu klären, woran er ist, insbesondere: ob er schon nach § 326 Abs. 1 kraft Gesetzes den Kaufpreis nicht zu zahlen braucht oder er zu diesem Zweck erst noch den Rücktritt erklären muss. In dieser Situation hilft dem Käufer die Vorschrift des § 326 Abs. 5, die ihm den Rücktritt gestattet. Allerdings empfiehlt es sich, dass er dem Verkäufer vorher „sicherheitshalber" eine Nachfrist setzt (sofern sie nicht nach § 323 Abs. 2 entbehrlich ist) und den Rücktritt erst dann erklärt, wenn die Lieferung bis zum Ablauf der Frist nicht erfolgt ist. Zwar ist gemäß § 326 Abs. 5 die Setzung einer Nachfrist nicht erforderlich. Aber das gilt nur dann, wenn die Voraussetzungen des § 275 tatsächlich vorliegen; davon hat aber der Käufer in dem hier angenommenen Fall keine sichere Kenntnis (vgl. zu § 326 Abs. 5 *Hirsch* AT Rn. 756 ff.).

§ 326 Abs. 5 kann dem Käufer auch dann gute Dienste leisten, wenn er zwar **823** das Lieferhindernis kennt, das dem Verkäufer die Lieferung gemäß § 275 Abs. 1 unmöglich macht, dieses Lieferhindernis aber **vorübergehender Natur** ist, weil es zu einem künftigen, wenn auch ungewissen Zeitpunkt, wegfallen kann. Auch hier kann der Käufer den Schwebezustand dadurch beenden, dass er gemäß § 326 Abs. 5 ohne Setzung einer Nachfrist den Rücktritt gemäß § 323 erklärt. Dafür ist allerdings erforderlich, dass er analog § 323 Abs. 5 Satz 1 den Beweis dafür erbringt, dass er an einer Lieferung, die erst nach dem Wegfall des Leistungshindernisses zu einem ungewissen künftigen Zeitpunkt erfolgen würde, „kein Interesse" hat (vgl. dazu BGHZ 83, 197, 200 f.).

Wie liegt es, wenn der Schuldner eine **Teilleistung** erbracht, also nur 40 % der verkauf- **824** ten Warenmenge geliefert oder nur 3 von 5 vereinbarten Terminen wahrgenommen oder den Schnee vor dem Haus seines Auftraggebers nur im Januar und Februar geräumt hat, obwohl er dies nach dem Vertrag während des ganzen Winters hätte tun müssen? Wenn in diesen Fällen die ausgefallene Leistung dem Schuldner unmöglich ist (§ 275 Abs. 1) oder er sie verweigern durfte (§ 275 Abs. 2 und 3), so mindert sich auch sein Anspruch auf die Gegenleistung um denjenigen Prozentsatz, um den der Wert der Teilleistung den Wert der vertraglich geschuldeten vollständigen Leistung unterschreitet (§ 326 Abs. 1 Satz 1 Halbsatz 1). Wenn allerdings die Teilleistung für den Gläubiger sinnlos ist – von der ihm verkauften Biedermeier-„Sitzgruppe" ist dem Verkäufer ein Sessel gestohlen worden –, so kann er gemäß §§ 326 Abs. 5, 323 Abs. 5 Satz 1 von dem Vertrag im Ganzen zurücktreten, wenn er an der Teilleistung „**kein Interesse**" hat. In diesem Fall kann der Gläubiger auch den Vertrag *im Ganzen* als nicht erfüllt ansehen und daher Schadensersatz statt der Leistung gemäß §§ 280 Abs. 1 und 3, 281 Abs. 1 Satz 2 verlangen. Vgl. *Looschelders* AT Rn. 626, 721, 744; *Hirsch* AT Rn. 598, 752 f.

Auf den ersten Blick nicht leicht zu verstehen ist auch die Vorschrift des § 326 **825** Abs. 1 Satz 2. Sie betrifft den Fall, in dem der Schuldner eine **nicht vertragsgemäße** Leistung erbracht hat, aber gemäß § 275 von seiner **Verpflichtung zur Nacherfüllung** befreit ist. In diesem Fall soll § 326 Abs. 1 Satz 1 *nicht* gelten, also der Anspruch des Schuldners auf die Gegenleistung nicht „ipso iure" wegfallen, sondern – jedenfalls vorläufig – bestehen bleiben. Ist also ein Verkäufer von seiner Verpflichtung zur Nacherfüllung gemäß § 275 befreit, weil sowohl die Beseitigung des Mangels wie die Lieferung einer mangelfreien Ersatzsache unmöglich sind oder weil der dafür erforderliche Aufwand in einem „groben Missverhältnis" zum Leistungsinteresse des Käufers steht, so entfällt sein Kaufpreisanspruch (nicht „ipso iure" gemäß § 326 Abs. 1 Satz 1, sondern) erst dann und nur insoweit, als der Käufer von seinen Rechten aus § 437 Nr. 2 Gebrauch gemacht hat, indem er entweder gemäß §§ 326 Abs. 5, 323 vom Kaufvertrag zurückgetreten ist oder gemäß § 441 den Kaufpreis gemindert hat. Das Gleiche gilt, wenn der Unternehmer ein mangelhaftes Werk hergestellt hat, aber gemäß § 275 von seiner Nacherfüllungspflicht befreit ist: Auch er verliert seinen Vergütungsanspruch nicht „ipso iure" gemäß § 326 Abs. 1 Satz 1, sondern (ganz oder teilweise) erst dann, wenn der Auftraggeber seine Rechte aus § 634 Nr. 3 ausgeübt hat. Hat der Verkäufer oder der Unternehmer die Nacherfüllung (nicht gemäß § 275 Abs. 2, sondern) gemäß §§ 439 Abs. 3, 635 Abs. 3 verweigert, so ergibt sich das Gleiche zugunsten des Käufers oder Auftraggebers aus §§ 437 Nr. 2, 440 und aus §§ 634 Nr. 3, 636. Der Zweck des § 326 Abs. 1 Satz 2 besteht also nur darin, die durchdachten Regeln intakt zu erhalten, nach denen der Käufer oder der Auftraggeber zwischen Rücktritt und Minderung soll wählen können, wenn ihre Vertragspartner eine fehlerhafte Leistung erbracht haben und sie den Fehler auch durch Nacherfüllung entweder nicht korrigieren *können* (§ 275 Abs. 1) oder nicht zu korrigieren *brauchen* (§§ 275 Abs. 2 und 3, 439 Abs. 3, 635 Abs. 3).

2. Fortbestand des Anspruchs auf die Gegenleistung

826 Wer die vertraglich versprochene Leistung nicht erbringen kann oder zu verweigern berechtigt ist, wird zwar gemäß § 275 von seiner Leistungspflicht befreit, soll dann aber auch die Gegenleistung nicht beanspruchen dürfen. So bestimmt es § 326 Abs. 1 Satz 1. Dieser Grundsatz leuchtet ein, weil in einem gegenseitigen Vertrag jede Partei ihre Leistung gerade deshalb und nur deshalb verspricht, weil sie im Gegenzug die Leistung ihres Partners zu erlangen hofft. Warum sollen der Käufer den Kaufpreis, der Mieter die Miete, der Auftraggeber die Vergütung zahlen müssen, wenn umgekehrt ihre Vertragspartner die ihnen obliegende vertragliche Leistung nicht zu erbringen brauchen? Wer diese Frage ausnahmsweise bejahen will, muss dafür gute Gründe geltend machen können. Welche Gründe sind dies? Sie finden sich in § 326 Abs. 2 und in einigen anderen, verstreut umherliegenden gesetzlichen Vorschriften.

827 Gemäß § 326 Abs. 2 bleibt der Gläubiger ausnahmsweise zu seiner Gegenleistung verpflichtet, wenn er es ist, der **„allein oder weit überwiegend verantwortlich"** ist für diejenigen Umstände, die dem Schuldner gemäß § 275 die Leistung unmöglich gemacht oder ihn zur Verweigerung der Leistung berechtigt haben (dazu Rn. 787 ff.). Das Gleiche gilt, wenn diese Umstände vom

E. Die Verteidigung gegen den Erfüllungsanspruch   827–829

Schuldner nicht zu vertreten sind und sich zu einem Zeitpunkt ereignet haben, in dem der Gläubiger sich im **Annahmeverzug** befand (dazu Rn. 634 ff.). In beiden Fällen kann der Schuldner vom Gläubiger die Gegenleistung verlangen, muss sich aber immerhin auf sie dasjenige anrechnen lassen, was er infolge der Befreiung von der Leistung erspart oder durch anderweitige Verwendung seiner Arbeitskraft erwirbt oder zu erwerben böswillig unterlässt (§ 326 Abs. 2 Satz 2).

a) **Verantwortung und Risiko des Gläubigers.** – „Allein oder weit überwiegend verantwortlich" ist der Gläubiger in jedem Falle dann, wenn er das Leistungshindernis dadurch herbeigeführt hat, dass er eine vertragliche Leistungs- oder Schutzpflicht verletzt hat. Wenn z.B. die Mietwohnung durch einen Brand zerstört und der Vermieter dadurch gemäß § 275 Abs. 1 von seiner Verpflichtung zur Gewährung ihres Gebrauchs befreit ist, so kann er gleichwohl die Fortzahlung der Miete verlangen, wenn der Brand durch Fahrlässigkeit des Mieters oder seines Erfüllungsgehilfen oder des Untermieters (§ 540 Abs. 2) entstanden ist; die Pflicht zur Fortzahlung der Miete besteht freilich nur so lange, wie der Mietvertrag nicht durch eine Kündigung des Mieters oder auf andere Weise beendet worden ist. Ebenso liegt es, wenn jemand beim Züchter ein Reitpferd gekauft, der Käufer aber beim Verlassen des Stalls eine brennende Zigarettenkippe weggeworfen, dadurch Heu in Brand gesetzt und so den Tod des ihm verkauften Pferdes verursacht hat: Er bleibt zur Zahlung des Kaufpreises verpflichtet und kann ihn nur um denjenigen Betrag mindern, den der Züchter dadurch erspart, dass er das Pferd nicht mehr – wie vertraglich vereinbart – zum Käufer zu befördern und bis zu diesem Zeitpunkt zu füttern braucht.

§ 326 Abs. 2 verlangt aber nicht, dass das Leistungshindernis vom Gläubiger in jedem Falle „zu vertreten" sei, also durch sein vorsätzliches oder fahrlässiges Handeln herbeigeführt sein muss. Vielmehr genügt es, dass der Gläubiger für das Leistungshindernis allein oder weit überwiegend **verantwortlich** ist. Daraus folgt, dass er zu seiner Leistung auch dann verpflichtet bleibt, wenn er zwar nicht schuldhaft gehandelt, aber in dem Vertrag das **Risiko** für den Eintritt des Leistungshindernisses übernommen hat und dieses Risiko sich später tatsächlich verwirklicht. So liegt es z.B., wenn ein Beförderungsunternehmer Waren von Deutschland in die Türkei transportieren soll und die (ergänzende) Vertragsauslegung ergibt, dass das Risiko einer Unvollständigkeit der Warenbegleitpapiere dem Auftraggeber zugewiesen ist: Wenn dieses Risiko sich verwirklicht und dem Beförderungsunternehmer wegen unvollständiger Papiere ein Grenzübertritt verweigert wird und er umkehren muss, so kann er gleichwohl gemäß § 326 Abs. 2 den vereinbarten Fuhrlohn (abzüglich etwaiger Ersparnisse) verlangen, ohne dass es darauf ankommt, ob die Unvollständigkeit der Papiere auf einem Verschulden seines Auftraggebers beruht oder nicht. Auf die vertragliche Risikoverteilung kommt es auch an, wenn ein Unternehmer, der telefonisch zur Reparatur eines auf freier Strecke liegengebliebenen Autos herbeigerufen worden ist, bei seiner Ankunft das Auto fahrbereit vorfindet: Zwar ist ihm dadurch die Erbringung der versprochenen Reparaturleistung unmöglich geworden (§ 275 Abs. 1, Rn. 804 ff.). Aber er behält gemäß § 326 Abs. 2 den Anspruch auf die Vergütung (abzüglich der ersparten Aufwendungen), weil die ergänzende Auslegung des Vertrages ergibt, dass das Risiko, es könne das Auto noch vor seiner Ankunft durch die Hilfe eines Dritten oder „von selbst" wieder flott werden, nicht ihm, sondern dem Auftraggeber zuzuweisen ist. Ist ein Grundstück verkauft, aber die für die Wirksamkeit der Auflassung erforderliche Genehmigung von der zuständigen Behörde verweigert worden, so muss der Käufer, obwohl er nicht das Eigentum erwirbt, den Kaufpreis zahlen, wenn er das Risiko der Versagung der Genehmigung ausdrücklich oder konkludent übernommen hat. Allerdings kann er in diesem Fall von dem Kaufpreis dasjenige abziehen, was der Verkäufer dadurch erspart, dass er von seiner Pflicht zur Eigentumsverschaffung gemäß § 275 Abs. 1 befreit ist und das Grundstück behalten kann (BGH NJW 1980, 700). Ebenso hat der BGH einen Fall entschieden, in dem die Musikgruppe Tic Tac Toe einen Beleuchtungstechniker engagiert hatte, aber die Tournee, für die er vorgesehen war, ins Wasser fiel, weil die Mitglieder der Gruppe sich heillos zerstritten hatten: Auch hier konnte der Techniker die vereinbarte Vergütung verlangen, weil der Grund für den Ausfall der Tournee dem Risikobereich der Gruppe zuzurechnen war (BGH NJW 2002, 595).

830 Ebenso ist der Fall entschieden worden, in dem eine Vertragspartei eine „Lebensberatung" versprochen hatte, die sie vereinbarungsgemäß in der Weise gewähren sollte, dass sie der anderen Partei die Karten legte und die darin sich äußernden magischen Kräfte analysierte (BGHZ 188, 71). Hier ging der BGH davon aus, dass der Vertrag nicht schon gemäß § 138 nichtig sei. Zwar sei das Versprechen des Beraters auf die Erbringung einer nach objektiv-wissenschaftlichen Maßstäben „unmöglichen" Leistung gerichtet (§ 275 Abs. 1). Dennoch müsse der Beratene das vereinbarte Entgelt bezahlen, wenn feststehe, dass er das Risiko, es könne die Leistung des Beraters nach rationalen Maßstäben nicht erklärbar und deshalb „unmöglich" sein, erkannt und akzeptiert hat und er deshalb für diesen Umstand gemäß § 326 Abs. 2 „allein oder weit überwiegend verantwortlich" ist. – § 326 Abs. 2 sagt nichts zu der Frage, wie zu entscheiden ist, wenn die Unmöglichkeit von *beiden Vertragsparteien* (oder ihren Erfüllungsgehilfen) zu verantworten ist. Wie liegt es z.B., wenn die Ware, die der Verkäufer für einen Kaufpreis von 10.000 € liefern sollte, durch einen Umstand zerstört worden ist, für den beide Parteien zu je 50 % verantwortlich sind, und wenn deshalb der Käufer einen Gewinn von 2.000 € nicht machen kann, den er sonst – etwa durch den Verkauf der Ware an Dritte – erzielt hätte? Ganze Ströme gelehrter Tinte sind auf die Lösung dieses Problems vergossen worden. Im Ergebnis ist man sich aber weithin einig darüber, daß die Ansprüche beider Parteien analog § 254 jeweils auf die Hälfte reduziert werden müssen. Danach können der Verkäufer die Hälfte des Kaufpreises, also 5000 €, und der Käufer die Hälfte des ihm entstandenen Schadens, also 1.000 € verlangen. Nach Verrechnung beider Ansprüche schuldet

E. Die Verteidigung gegen den Erfüllungsanspruch   830–833

der Käufer dem Verkäufer einen Betrag von 4.000 €. Vgl. dazu *Looschelders* AT Rn. 729 ff.; *Hirsch* AT Rn. 722; *Huber* II § 57 II.

Auch in anderen Fällen kommt es darauf an, ob der Gläubiger das Risiko für den Eintritt des Leistungshindernisses tragen muss und deshalb, obwohl er die Leistung nicht erhält, zur Zahlung der für sie vereinbarten Vergütung verpflichtet bleibt. Unter diesen Fällen gibt es einige, für deren Lösung der Gesetzgeber besondere Regeln aufgestellt hat, die der Vorschrift des § 326 Abs. 2 vorgehen. 831

Zu diesen Vorschriften zählt § 615 (Rn. 697 ff.): Wird bei einem Dienstvertrag die von dem Unternehmer versprochene Leistung nicht erbracht, so kommt es für die Frage, ob er gleichwohl die dafür vereinbarte Vergütung von dem Auftraggeber verlangen kann, darauf an, in wessen Risikosphäre die Umstände fallen, die die Erbringung der Leistung verhindert haben. Wird also der Fahrschüler (als Auftraggeber) krank oder sagt er die Fahrstunde aus anderen persönlichen Gründen ab, so gerät er dadurch mit der Annahme der Unterrichtsleistung in Annahmeverzug und muss gemäß § 615 die vereinbarte Vergütung bezahlen, wenn auch unter Abzug desjenigen, was der Fahrschulunternehmer „infolge des Ausbleibens der Dienstleistung erspart oder durch anderweitige Verwendung seiner Dienstleistung erwirbt oder zu erwerben böswillig unterlässt". Wenn dagegen der Fahrlehrer (als Unternehmer) die für die Ausübung seines Berufs erforderliche staatliche Erlaubnis verliert und er deshalb den vereinbarten Unterricht nicht oder nicht mehr erteilen kann, so wird ihm die Erbringung der Unterrichtsleistung gemäß § 275 Abs. 1 unmöglich; er verliert aber gemäß § 326 Abs. 1 auch seinen Anspruch auf die vereinbarte Vergütung. 832

Besonders große praktische Bedeutung hat ferner § 645. Beim Werkvertrag trägt grundsätzlich der Unternehmer das Risiko dafür, dass das von ihm begonnene Werk vor der Abnahme untergeht oder zerstört oder beschädigt wird (§ 644 Abs. 1 Satz 1; Rn. 684). Die Allgemeinen Geschäftsbedingungen, die in Gestalt der Verdingungsordnung für Bauleistungen (VOB) regelmäßig Bauverträgen zugrunde gelegt werden (abgedruckt in NJW 2002, 3682), schwächen dieses Risiko dadurch ein wenig ab, dass sie in § 7 Abs. 1 dem Unternehmer eine Teilvergütung zubilligen, wenn das begonnene und noch nicht abgenommene Werk „durch höhere Gewalt, Krieg, Aufruhr oder andere objektiv unabwendbare [vom Unternehmer] nicht zu vertretende Umstände beschädigt oder zerstört" wird. Eine weitere Abschwächung enthält § 645 für den Fall, dass der Auftraggeber dem Unternehmer für die Ausführung des Werkes mangelhafte Stoffe zugeliefert oder ihm dafür bestimmte Anweisungen erteilt hat und das begonnene Werk wegen dieser Stoffe oder Anweisungen, ohne dass dabei ein Verschulden des Unternehmers mitgewirkt hat, vor der Abnahme „untergegangen, verschlechtert oder unausführbar geworden" ist. In diesem Falle muss der Auftraggeber gemäß § 645 „einen der geleisteten Arbeit entsprechenden Teil der Vergütung" sowie bestimmte Auslagen bezahlen. Das ist zwar in der Regel weniger als die volle Vergütung, die er gemäß § 326 Abs. 2 mit gewissen Abzügen zu zahlen hätte. Aber auch die Teilvergütung gemäß § 645 kann den Auftraggeber empfind- 833 lich treffen, wenn man bedenkt, dass er von dem Unternehmer keine Leistung erhält und die Teilvergütung auch dann bezahlen muss, wenn ihm aus seinem Verhalten – also aus der Zulieferung der fehlerhaften Stoffe oder aus der Erteilung der Anweisungen – kein Vorwurf gemacht werden kann. Die Rechtsprechung hat darüber hinaus § 645 analog auf weitere Fälle angewandt, in denen es andere, aber ebenfalls der Risikosphäre des Auftraggebers zuzurechnende Umstände waren, die den Untergang des noch nicht abgenommenen Werkes oder die Nichterbringbarkeit der Leistung herbeigeführt hatten (vgl. auch Rn. 704).

834 Vgl. BGHZ 40, 75 (Rn. 704); BGHZ 60, 14; BGHZ 78, 352. In BGHZ 135, 303 und BGH NJW 1998, 456 waren Elektro- und Malerarbeiten von verschiedenen Bauhandwerkern im Auftrag des Bauherrn begonnen, aber vor der Abnahme dadurch zerstört worden, dass die in Rheinnähe gelegene Baustelle durch ein Hochwasser überflutet worden war. Die Klage der Bauhandwerker, mit der sie von dem Bauherrn gemäß § 645 eine Teilvergütung verlangten, war erfolgreich. Der Bauherr hatte es nämlich übernommen, die Baustelle während der Bauzeit gegen Hochwassergefahren zu sichern. Der damit von ihm beauftragte Rohbauunternehmer hatte allerdings einen fatalen Fehler begangen und so die Überflutung der Baustelle ausgelöst. Der BGH war der Ansicht, dass der Bauherr als Organisator des Hochwasserschutzes der Gefahr, dass es dabei zu Fehlern kommen könne, näher stand als die Bauhandwerker und er ihnen daher analog § 645 eine Teilvergütung zahlen müsse. Dafür spricht auch der Umstand, dass der Bauherr den Rohbauunternehmer ausgewählt hatte und es deshalb angemessen ist, dass dem Bauherrn – und nicht den Bauhandwerkern – das Risiko dafür aufgebürdet wird, dass die Durchsetzung von Regressansprüchen gegen den Rohbauunternehmer an seiner Insolvenz scheitert. Ganz ähnlich auch BGHZ 83, 197: Der Kläger hatte seinem Auftraggeber versprochen, für den Bau einer Fabrik im Iran Anlagenteile zu liefern und zu montieren. Als sich zeigte, dass er wegen der im Iran ausgebrochenen politischen Unruhen seine Arbeiten nicht werde zu Ende führen können, verlangte er von seinem Auftraggeber Zahlung einer Teilvergütung. Auch diese Klage hatte Erfolg: Der Auftraggeber sei ein großer deutscher Anlagenbauer, der im Geschäftsverkehr mit ausländischen Bauherren erhebliche Erfahrung besitze und daher dem Risiko, dass es im Ausland zu politisch begründeten Leistungshindernissen kommen könne, näher stehe als der Kläger und sich gegen solche Risiken auch besser als der Kläger schützen könne. Hinzu kam, dass der Auftraggeber sich im konkreten Fall tatsächlich geschützt hatte, und zwar dadurch, dass er sich in dem Vertrag mit dem iranischen Bauherrn die Stellung eines Akkreditivs ausbedungen und die vereinbarte Vergütung daher in vollem Umfang bezahlt erhalten hatte.

835 Besondere gesetzliche Vorschriften über die Risikoverteilung findet man ferner in §§ 446 und 447. Danach bleibt – ähnlich wie in § 326 Abs. 2 – ein Käufer zur Zahlung des Kaufpreises verpflichtet, obwohl er die Kaufsache, weil sie untergegangen, zerstört oder beschädigt worden ist, überhaupt nicht oder nicht in der vereinbarten Beschaffenheit erhält. Der Grund dafür liegt darin, dass die Umstände, die zum Untergang, zur Zerstörung oder zur Beschädigung der Kaufsache geführt haben, zu einem Zeitpunkt eingetreten sind, in dem die „Gefahr" für den Eintritt dieser Umstände bereits auf den Käufer übergegangen war. Er muss also die Vergütung, nämlich den Kaufpreis be-

zahlen, obwohl er die Kaufsache nicht erhält oder jedenfalls an ihr das Eigentum nicht erwirbt. Man sagt daher auch, dass der Käufer vom Zeitpunkt des Gefahrübergangs ab die „**Vergütungsgefahr**" trägt.

Gemäß § 446 Satz 1 geht die Gefahr auf den Käufer über, sobald die Kaufsache ihm – oder mit seiner Zustimmung einem Dritten – **übergeben** worden ist. Wenn also eine Sache unter Eigentumsvorbehalt verkauft und dem Käufer übergeben worden ist und sie nunmehr beim Käufer vor Zahlung der letzten Kaufpreisrate zerstört wird, so bleibt der Käufer, obwohl er nicht mehr Eigentum erwerben kann und sein Anspruch gegen den Verkäufer auf Vertragserfüllung gemäß § 275 Abs. 1 ausgeschlossen ist, zur Zahlung des Kaufpreises verpflichtet. Er kann also weder die bereits bezahlten Kaufpreisraten zurückfordern noch die Zahlung der restlichen Raten unter Berufung auf die Einrede des nicht erfüllten Vertrages verweigern. 836

§ 446 Satz 1 darf allerdings nur dann angewendet werden, wenn der Untergang der Kaufsache auf einem **Zufall** beruht, also weder vom Verkäufer noch vom Käufer gemäß §§ 276 – 278 zu vertreten ist, sondern stattdessen auf höhere Gewalt, auf das Verhalten eines unbeteiligten Dritten oder auf einem sonstigen für die Vertragsparteien unabwendbaren Umstand zurückzuführen ist. Ist es nämlich der *Verkäufer*, der den Untergang der unter Eigentumsvorbehalt gelieferten Ware zu vertreten hat, etwa weil er oder seine Erfüllungsgehilfen fahrlässig falsche Informationen über die richtige Lagerung der Ware erteilt haben, so verliert er seinen Kaufpreisanspruch gemäß § 326 *Abs. 1 Satz 1*. Hat der *Käufer* den Untergang der Waren zu vertreten, etwa weil er oder seine Erfüllungsgehilfen sie fahrlässig zerstört haben, so muss er gleichwohl den Kaufpreis zahlen, aber nicht gemäß § 446 Satz 1, weil die Gefahr auf ihn übergegangen wäre, sondern gemäß § 326 *Abs. 2 Satz 2*, weil er für das Ereignis verantwortlich ist, das dem Verkäufer die geschuldete Leistung, nämlich die Verschaffung des Eigentums, unmöglich gemacht hat. Die Regelung des § 446 Satz 1 betrifft also nur das Risiko des **zufälligen** Untergangs der Kaufsache; sie teilt dieses Risiko dem Käufer zu, weil er als unmittelbarer Besitzer die Obhut über die Kaufsache hat und deshalb diesem Risiko näher steht als der Verkäufer. 837

Ein **Versendungskauf** gemäß § 447 liegt vor, wenn die Kaufsache „auf Verlangen des Käufers" vom Verkäufer „nach einem anderen Ort als dem Erfüllungsort" versandt wird (Rn. 548 ff.). Entgegen dem Wortlaut des § 447 Abs. 1 ist es nicht erforderlich, dass der Käufer die Versendung vom Verkäufer ausdrücklich oder durch schlüssiges Verhalten *verlangt* hat; es genügt vielmehr, wenn sich aus dem – richtig ausgelegten – Vertrag ergibt, dass eine Schickschuld vereinbart war. In einem solchen Fall geht die Gefahr nicht erst dann auf den Käufer über, wenn ihm die Ware ausgehändigt wird, sondern schon vorher, nämlich „sobald der Verkäufer die Sache dem Spediteur, dem Frachtführer oder der sonst zur Ausführung der Versendung bestimmten Person oder Anstalt ausgeliefert hat". In der Regel wird das am Sitz des Verkäufers geschehen. Aber natürlich kann vereinbart sein, dass die Ware dem Beförderungsunternehmer an einem anderen Ort übergeben werden soll, so etwa, wenn bestimmt ist, dass „ab Werk" oder im Hamburger Hafen „ex 838

Kaischuppen 71 A" versandt werden soll (vgl. BGHZ 113, 106). Jedenfalls ist es der Käufer, der das Risiko dafür trägt, dass der Kaufsache etwas zustößt, während sie auf der Straße oder mit der Bahn, zu Wasser oder in der Luft zu ihm – oder mit seiner Zustimmung zu einem Dritten – unterwegs ist. Das gilt gemäß § 644 Abs. 2 entsprechend für den „Versendungswerkvertrag".

839 Auch §§ 447 Abs. 1, 644 Abs. 2 greifen nur dann ein, wenn das während der Reise eingetretene Schadensereignis von keiner Vertragspartei zu vertreten ist und daher auf einem **Zufall** beruht. Wird die Ware während der Reise dadurch zerstört oder beschädigt, dass der *Verkäufer* oder seine Erfüllungsgehilfen sie unsorgfältig verpackt, den Beförderer unsorgfältig ausgewählt, eine ungeeignete Transportart oder Transportstrecke vorgeschrieben, die Anschrift des Empfängers unvollständig angegeben oder Transportanweisungen des Käufers ohne vernünftigen Grund missachtet haben (§ 447 Abs. 2), so ist nicht etwa § 447 Abs. 1 anzuwenden. Vielmehr verliert der Verkäufer seinen Kaufpreisanspruch gemäß § 326 Abs. 1 Satz 1; außerdem muss er u. U. dem Käufer gemäß §§ 280, 447 Abs. 2 Schadensersatz leisten. Ebensowenig liegt ein Zufall vor, wenn der Untergang oder die Beschädigung der Ware vom *Käufer* zu vertreten ist, etwa weil er oder seine Erfüllungsgehilfen falsche Transportanweisungen erteilt haben.

840 Dagegen ist ein Zufall gegeben und damit § 447 Abs. 1 anzuwenden, wenn die Ware während der Reise durch das Verschulden eines *Dritten* – etwa durch den von einem Dritten fahrlässig herbeigeführten Verkehrsunfall – beschädigt oder zerstört worden ist, ebenso dann, wenn das Schadensereignis von dem *Beförderungsunternehmer* zu vertreten ist, den der Verkäufer ausgewählt und mit dem Transport beauftragt hat. Denn bei einem Versendungskauf muss der Verkäufer zwar den Transport organisieren, also insbesondere den Beförderungsunternehmer aussuchen und mit ihm den Beförderungsvertrag abschließen. Aber damit besorgt er lediglich ein dem Käufer obliegendes Geschäft; nicht etwa trifft ihn – wie bei einer Bringschuld (Rn. 549 ff.) – eine eigene vertragliche Beförderungsverpflichtung, zu deren Erfüllung er sich des Beförderungsunternehmers als seiner Hilfsperson bedienen würde mit der Folge, dass er für sein Verschulden gemäß § 278 wie für eigenes zu haften hätte. Es liegt mithin ein Zufall vor, so dass § 447 Abs. 1 eingreift und der Käufer den Kaufpreis zahlen muss, obwohl er die Ware nicht erhält.

841 Das führt zu dem ungereimten Ergebnis, dass der Käufer zwar einen Schaden erleidet, aber von dem Beförderungsunternehmer oder dem Dritten, der den Untergang oder die Beschädigung der Ware zu vertreten hat, Schadensersatz nicht zu erlangen vermag, weder gemäß § 280 Abs. 1 wegen Verletzung einer vertraglichen Verpflichtung, da es an einem Vertrag zwischen den Beteiligten fehlt, noch gemäß § 823 Abs. 1 wegen einer unerlaubten Handlung, da der Käufer Eigentum an der Ware nicht erlangt hat und er daher eine Eigentumsverletzung nicht darlegen kann. Dieses Problem löst die Rechtsprechung dadurch, dass sie dem Verkäufer ausnahmsweise die **„Liquidation eines Drittschadens"** – nämlich des Schadens, den der Käufer erleidet – gestattet (Rn. 1070 f.). – Nach allgemeiner Meinung gilt § 447 Abs. 1 auch bei einem **Platzgeschäft**, also dann, wenn die Versendung innerhalb eines und desselben Orts vorgenommen wird. Streitig ist hingegen, ob § 447 Abs. 1 auch auf den **Selbsttransport** anzuwenden ist, also dann,

E. Die Verteidigung gegen den Erfüllungsanspruch   841–842 a

wenn der Verkäufer die Ware selbst oder durch eigene Leute im eigenen Lastzug zum Käufer befördert. Zwar wird in einem solchen Fall oft eine Bringschuld vereinbart sein, so dass der Verkäufer die Transportgefahr schon deshalb trägt, weil er seine Vertragspflichten überhaupt erst dann erfüllt hat, wenn die Ware dem Käufer ausgeliefert worden ist. Wie ist aber zu entscheiden, wenn ein Versendungskauf, also eine Schickschuld vereinbart ist und der Verkäufer die Versendung durch eigene Leute ausführen lässt? Nach herrschender Meinung soll in einem solchen Fall § 447 Abs. 1 unanwendbar sein und der Verkäufer entsprechend § 278 für die Fehler seines Fahrpersonals haften müssen (so z.B. *Looschelders* BT Rn. 196 f.; *Medicus/Lorenz* SchR BT Rn. 57). Richtig ist aber wohl, dass § 447 Abs. 1 auch den Fall des Selbsttransports erfasst. Denn es darf „keinen Unterschied machen, ob die Verkäuferin ihre Transportabteilung als unselbständige Betriebsabteilung führt oder sie in der Rechtsform einer juristischen Person (etwa als GmbH) organisiert hat" (*Schlechtriem* BT Rn. 122). Vgl. auch *Faust* in *Bamberger/Roth* § 447 Rn. 26: Danach soll der Verkäufer für den Fehler seines Fahrpersonals haften, aber nicht als Verkäufer entsprechend § 278, sondern deshalb, weil er im Falle eines Selbsttransports wie ein Frachtführer zu behandeln ist.

Zweifelhaft ist, warum der Gesetzgeber in § 447 Abs. 1 dem Käufer – und nicht dem Verkäufer – das Transportrisiko aufgebürdet hat. Vermutlich hat er es als den Regelfall angesehen, dass der Käufer sich die Kaufsache beim Verkäufer abholt und daher die Gefahr mit der Abholung, also noch am Sitz des Verkäufers, auf ihn übergeht. Daran sollte sich nichts ändern, wenn der Käufer die Ware, statt sie abzuholen, sich zusenden lässt. Überzeugend ist das nicht. Vielmehr sollte das Transportrisiko derjenigen Vertragspartei aufgebürdet und ihr so ein Anreiz zur Ergreifung der gebotenen Vorsorgemaßnahmen gegeben werden, die mit geringeren Kosten als die andere Partei die Transportgefahren zu beherrschen vermag (z.B. durch Auswahl eines zuverlässigen Beförderers und der besten Transportart und Transportstrecke) und die sich außerdem gegen diese Gefahren mit geringeren Kosten als die andere Partei wappnen kann (z.B. durch Beschaffung geeigneten Versicherungsschutzes). Das ist allemal der Verkäufer. 842

Immerhin ist wenigstens für den Fall des Verbrauchsgüterkaufs in § 474 Abs. 2 vorgeschrieben, dass die Risikoverteilungsregel des § 474 Abs. 1 *nicht* anzuwenden ist. Kommt also in diesem Fall die Ware nicht an, weil sie auf dem Transport durch Zufall untergegangen ist, so braucht sie der Käufer nicht zu bezahlen. Zwar liegt ein Versendungskauf vor, und richtig ist auch, dass beim Verkauf von Gattungssachen die Konkretisierung erfolgt ist, sobald der Verkäufer die von ihm ausgewählten Stücke in vertragsmäßiger Beschaffenheit der Transportperson übergeben hat. Aber statt des § 447 Abs. 1 gilt beim Gebrauchsgüterkauf die Regel des § 446 Satz 1: Die **Vergütungsgefahr** – also das Risiko, den Kaufpreis trotz Untergangs der Ware bezahlen zu müssen – geht auf den Käufer erst dann über, wenn sie ihm übergeben worden ist. Was hingegen die **Leistungsgefahr** anlangt, so bleibt es bei den allgemeinen Regeln: Da die verkaufte Ware konkretisiert und danach während des Transports untergegangen ist, wird der Verkäufer gemäß § 275 Abs. 1 von seiner Leistungspflicht befreit (BGH NJW 2003, 3341). Umstritten ist, ob der Verkäufer in einem solchen Fall die an sich bereits eingetretene Konkretisierung „rückgängig machen" kann, also statt der ursprünglich dem Käufer zugedachten Ware *andere* Waren liefern kann, die der Käufer anzunehmen und zu bezahlen verpflichtet 842 a wäre. So mit guten Gründen *Canaris* JuS 2007, 793; vgl. dazu auch *Looschelders* AT Rn. 296 f.; MK-*Emmerich* § 243 Rn. 33 ff. – Die gleichen Regeln gelten beim Verbrauchsgüterkauf auch dann, wenn ein Versendungskauf vereinbart ist und die Ware während des Transports **beschädigt** wird: Nimmt sie der Käufer entgegen, so gilt sie zu seinen Gunsten auch dann als mangelhaft, wenn sie im Zeitpunkt der Konkretisierung, also bei Übergabe an die Transportperson, noch vertragsmäßig gewesen ist (Rn. 587).

843 **b) Annahmeverzug des Gläubigers.** – Dem Schuldner bleibt sein Anspruch auf die Gegenleistung ferner dann erhalten, wenn die Umstände, die ihn von seiner Leistungspflicht befreit haben, von ihm nicht zu vertreten sind und sich zu einer Zeit verwirklicht haben, „zu welcher der Gläubiger in Verzug der Annahme ist" (§ 326 Abs. 2 Satz 1).

844 Auch hier handelt es sich um eine Risikoverteilungsregel, die nur dann eingreift, wenn die Umstände, die den Schuldner befreit haben, weder von ihm noch vom Gläubiger (und ihren Erfüllungsgehilfen) zu vertreten sind und daher auf einem **Zufall** beruhen. Dass der *Schuldner* diese Umstände nicht zu vertreten haben darf, ergibt sich unmittelbar aus dem Wortlaut des § 326 Abs. 2 Satz 1; hat sie der *Gläubiger* zu vertreten, so bleibt er zu seiner Gegenleistung schon deshalb verpflichtet, weil er dann für sie „allein oder überwiegend verantwortlich ist" (Rn. 828 ff.).

845 Haben also die Parteien vereinbart, dass der Verkäufer den verkauften Gebrauchtwagen am 15. April dem Käufer übergeben soll, und scheitert die Übergabe unter Umständen, die den Käufer in Annahmeverzug bringen, so kann der Verkäufer die Zahlung des Kaufpreises auch dann verlangen, wenn der Gebrauchtwagen am 16. April aus von ihm nicht zu vertretenden Gründen zerstört oder gestohlen (und er dadurch gemäß § 275 Abs. 1 von seiner Leistungspflicht befreit) wird.

846 In Annahmeverzug gerät der Käufer z.B. dann, wenn er am 14. April schwer erkrankt in ein Krankenhaus eingeliefert worden ist und deshalb den Wagen nicht abnimmt, oder wenn er zwar am 15. April zur Stelle ist, aber entgegen der vertraglichen Vereinbarung den Kaufpreis nicht oder nicht in voller Höhe oder nicht in barem Geld bereithält (§ 298), oder wenn er die Abnahme des Wagens von einer Vertragsänderung – insbesondere: von einer Verminderung des Kaufpreises oder von einer Verlängerung der Zahlungsfrist – abhängig macht oder wenn er die Verweigerung der Abnahme zwar in bestem Glauben, aber in der Sache zu Unrecht darauf stützt, dass der Gebrauchtwagen mangelhaft sei oder er den Kaufvertrag gemäß §§ 119, 123 anfechte oder von ihm gemäß § 323 zurücktrete. Hingegen tritt Annahmeverzug nicht ein, wenn der Verkäufer dem Käufer seine Leistung nicht „so, wie sie zu bewirken ist, tatsächlich angeboten" hat (§ 294). Der Käufer gerät daher, auch wenn er die Annahme verweigert, nicht in Annahmeverzug, wenn der Verkäufer den Wagen schon am 14. April übergeben will oder wenn er am 15. April vor der Übergabe vertragswidrig erklärt, er verlange einen höheren Kaufpreis oder behalte sich das Eigentum bis zur vollständigen Zahlung des Kaufpreises vor, oder wenn der dem Käufer angebotene Wagen nicht die vertraglich vereinbarte Sollbeschaffenheit aufweist und der Käufer daher, wenn er den Wagen abnähme, die Rechte aus § 437 geltend machen könnte.

E. Die Verteidigung gegen den Erfüllungsanspruch

Von dem Zeitpunkt ab, in dem der Gläubiger nach diesen Regeln in Annahmeverzug geraten ist, trägt er das Risiko dafür, dass die ihm geschuldete Leistung durch einen Zufall untergeht: Er bleibt also gleichwohl zu seiner Gegenleistung verpflichtet. Das gilt freilich nur, wenn ein Zufall vorliegt, und das ist nicht der Fall, wenn der Untergang der Leistung vom Schuldner zu vertreten ist. In Abweichung von § 276 hat der Schuldner allerdings nicht jedes Verschulden zu vertreten. Vielmehr ergibt sich aus § 300 Abs. 1, dass er während des Annahmeverzugs des Gläubigers nur für **grobe Fahrlässigkeit und Vorsatz** einstehen muss. Wenn also in dem Beispielsfall (Rn. 845) der Gebrauchtwagen, nachdem der Verkäufer ihn dem Käufer am 15. April in einer den Annahmeverzug begründenden Weise erfolglos angeboten hat, bei einem Verkehrsunfall zerstört oder von einem Dieb gestohlen worden ist, so verliert der Verkäufer den Kaufpreisanspruch nur dann, wenn er (oder analog § 278 sein Erfüllungsgehilfe) den Verkehrsunfall durch einen grob fahrlässigen Verstoß gegen die Verkehrsregeln oder den Diebstahl durch das grob fahrlässige Steckenlassen des Zündschlüssels verursacht oder mitverursacht hat. Anders, wenn der Fehler des Schuldners nur auf gewöhnlicher oder gar nur leichter Fahrlässigkeit beruht: In diesem Fall bleibt ihm der Kaufpreisanspruch erhalten.

847

Ähnliche Regeln gelten für **Werkverträge**, wenn das mangelfrei hergestellte (oder nur mit unwesentlichen Mängeln behaftete) Werk vor der Abnahme durch einen Zufall untergeht, nachdem der Auftraggeber mit der Abnahme in Verzug geraten war (§ 655 Abs. 1 Satz 2). Ebenso liegt es, wenn der Auftraggeber dadurch in Annahmeverzug geraten ist, dass er die vertraglich vereinbarten Handlungen nicht vorgenommen hat, die zur Herstellung oder zur Fertigstellung des Werks erforderlich sind: Er hat dem Unternehmer die Baupläne nicht rechtzeitig zur Verfügung gestellt, die Baugenehmigung nicht rechtzeitig beschafft oder die Baustoffe nicht rechtzeitig angeliefert, die nach dem Vertrag von ihm bereitzustellen waren. In diesem Falle stehen dem Unternehmer die Ansprüche und Rechte gemäß §§ 642, 643 zu; darüber hinaus kann er, wenn das Werk während des Annahmeverzugs des Auftraggebers unausführbar wird oder untergeht – und zwar aus Gründen, die der Unternehmer nicht zu vertreten hat (§§ 276, 300 Abs. 1) – die vereinbarte Vergütung verlangen, auf die er sich allerdings gemäß § 326 Abs. 2 Satz 2 dasjenige anrechnen lassen muss, was er dadurch erspart, dass er das Werk nicht mehr herstellen oder nicht mehr fertigstellen kann.

848

IV. Weitere Einwendungen gegen den Erfüllungsanspruch

1. Erfüllung

849 Auf den Erfüllungsanpruch des Gläubigers kann sich der Schuldner dadurch verteidigen, dass er einwendet, es sei der Anspruch dadurch erloschen, dass „die geschuldete Leistung an den Gläubiger bewirkt" worden sei (§ 362 Abs. 1). Ob der Schuldner die Leistung selbst bewirkt hat oder ob gemäß § 267 statt seiner (mit oder ohne seine Zustimmung) ein **Dritter** tätig geworden ist, macht keinen Unterschied, es sei denn, dass etwas anderes vereinbart worden ist oder dass sich aus den Umständen ergibt, dass die Leistung von niemandem anders als dem Schuldner persönlich erbracht werden sollte. In jedem Falle tritt Erfüllung erst dann und nur dann ein, wenn genau dasjenige bewirkt worden ist, was zu bewirken der Schuldner vertraglich versprochen hatte. Hat er sich in dem Vertrag nicht nur zu bestimmten Anstrengungen verpflichtet, sondern zur Herbeiführung eines bestimmten Erfolgs, so kann er sich erst dann auf Erfüllung berufen, wenn der Erfolg eingetreten ist. Hat sich z.B. ein Gläubiger, dem die Zahlung von Geld geschuldet war, damit einverstanden erklärt, dass die Zahlung auch unbar, nämlich durch Zahlung auf ein von ihm bezeichnetes Konto geschehen darf (Rn. 627 f.), so hat der Schuldner erst dann erfüllt, wenn der geschuldete Betrag dem Gläubiger auf dem von ihm bezeichneten Konto gutgeschrieben worden ist, nicht schon dann, wenn er die dafür erforderlichen Handlungen vorgenommen, also z.B. seiner Bank den Überweisungsauftrag zugunsten des Gläubigers übermittelt hat (vgl. BGHZ 87, 156; BGH NJW 1994, 1403). Muss der Schuldner nach dem Vertrag eine Zahlungsfrist einhalten und hat er die dafür erforderlichen Handlungen vor Fristablauf vorgenommen, so hat er zwar **rechtzeitig** geleistet; er gerät deshalb nicht in Verzug, wenn das Geld erst nach Fristablauf dem Gläubiger übergeben oder seinem Konto gutgeschrieben wird (vgl. aber Rn. 1140). Aber **erfüllt** hat der Schuldner durch die Vornahme dieser Handlungen nicht. Wenn das Geld unterwegs verloren geht – es wird z.B. durch den Computerfehler einer in den Zahlungsvorgang eingeschalteten Bank dem Konto eines Dritten gutgeschrieben, der zahlungsunfähig und deshalb zur Rückerstattung nicht imstande ist –, so muss der Schuldner einen zweiten Zahlungsversuch unternehmen. Denn gemäß § 270 Abs. 1 ist er es, der bei der Übermittlung von Geld die Transportgefahr trägt (Rn. 629 f., 1140).

850 Beim Kaufvertrag kann sich der Verkäufer nur dann mit der Einwendung der Erfüllung verteidigen, wenn er seinen Verkäuferpflichten vollständig gerecht geworden ist, also dem Käufer die vertraglich vereinbarte Kaufsache zur vereinbarten Zeit (§ 271), am vereinbarten Ort (§§ 269, 270), vollständig (§ 266) und frei von Mängeln – also in der vertraglich vereinbarten Sollbeschaffenheit (§§ 434, 435) – zu Eigentum verschafft hat. Weist der Käufer die

ihm angebotene Leistung zurück, so gerät er dadurch nicht nur in Annahmeverzug, sondern, da er zur Abnahme der Kaufsache vertraglich verpflichtet ist (§ 433 Abs. 2), auch in Schuldnerverzug, sofern der **Verkäufer** beweisen kann, dass die Leistung, die er dem Käufer erfolglos angeboten hat, in vollem Umfang vertragsmäßig war. Nimmt hingegen der Käufer die ihm angebotene Kaufsache „als Erfüllung" an, obwohl es sich dabei um eine andere als die im Kaufvertrag bezeichnete Sache gehandelt hat oder sie ihm am falschen Ort, verspätet, unvollständig oder in fehlerhafter Beschaffenheit übergeben worden ist, so verliert er durch die Annahme seinen Erfüllungsanspruch nicht. Denn es bleibt dabei, dass der Verkäufer damit nicht die nach dem Vertrag geschuldete Leistung bewirkt hat. Allerdings ist es jetzt der **Käufer**, der gemäß § 363 die Beweislast dafür trägt, dass die Leistung des Verkäufers hinter der geschuldeten Leistung zurückgefallen ist. Kann der Käufer diesen Beweis führen, so kann er nach wie vor Erfüllung oder, wenn die Kaufsache mangelhaft ist, Nacherfüllung verlangen.

a) Erfüllung trotz Erbringung einer anderen als der geschuldeten Leistung? – In besonderen Fällen kann ein Anspruch auch dadurch erfüllt sein, dass der Schuldner eine andere als die geschuldete Leistung erbringt. Nimmt z.B. der Käufer statt der nach dem Vertrag geschuldeten Kaufsache eine andere entgegen, so kann dieser Vorgang von einer (ausdrücklichen oder stillschweigend getroffenen) Vereinbarung der Parteien begleitet sein, nach der der Käufer die andere Sache „**an Erfüllungs statt**" annimmt. Das hat gemäß § 364 Abs. 1 zur Folge, dass der Erfüllungsanspruch des Käufers gerade so erlischt, wie wenn ihm die ursprünglich vereinbarte Sache übereignet worden wäre. Andererseits kann er, wenn die von ihm an Erfüllungs statt angenommene Sache mangelhaft ist, die allgemeinen Gewährleistungsansprüche und -rechte gemäß § 437 geltend machen (§ 365).

Wenn eine andere als die geschuldete Leistung an Erfüllungs statt gegeben und genommen wird, so können die Parteien die dafür erforderliche Vereinbarung schon vor der Leistung und auch schon in dem ursprünglichen Vertrag selbst getroffen haben. So wird z.B. angenommen, dass ein Verkäufer zwar Zahlung des Kaufpreises in bar verlangen kann, sofern vertraglich nichts anderes vereinbart ist, dass er aber mit der Angabe eines Bankkontos auf seiner die Ware begleitenden Rechnung sein Einverständnis damit erklärt, dass er eine Zahlung auf das Konto – also die Verschaffung von Buchgeld – an Erfüllungs statt anzunehmen bereit sei (vgl. *Schlechtriem/Schmidt-Kessel* AT Rn. 346, 365). Hat sich der Verkäufer eines Neuwagens mit dem Käufer darüber geeinigt, dass er den Altwagen des Käufers zu einem bestimmten Preis „in Zahlung" nehme, so kann darin das Einverständnis des Neuwagenverkäufers liegen, dass er für einen Teil seiner Kaufpreisforderung den Altwagen an Erfüllungs statt annehme (vgl. BGHZ 46, 338, aber auch Rn. 609 f.).

853 Anders liegt es, wenn der Gläubiger eine andere als die geschuldete Leistung entgegennimmt, aber die Umstände den Schluss darauf zulassen, dass dies nach dem Willen der Parteien lediglich **erfüllungshalber** geschehen soll. In diesem Fall behält der Gläubiger seinen ursprünglichen Anspruch auf die geschuldete Leistung. Er soll aber zunächst versuchen, sich wegen dieses Anspruchs aus der erfüllungshalber empfangenen Leistung zu befriedigen. Soweit dies gelingt, ist der ursprüngliche Anspruch auf die Leistung erfüllt und damit erloschen; soweit das nicht der Fall ist, kann der Gläubiger auf diesen Anspruch wieder zurückkommen und seine Erfüllung verlangen.

854 Kann z.B. ein Darlehensschuldner zum Fälligkeitszeitpunkt seine Schuld aus Geldmangel nicht zurückzahlen und erklärt sich der Gläubiger damit einverstanden, stattdessen ein Gemälde des Schuldners zu übernehmen und zu versilbern, so kann darin, auch wenn die Parteien nicht viele Worte machen, eine Vereinbarung liegen, nach der der Gläubiger seinen Anspruch auf Darlehensrückzahlung dem Schuldner stundet und sich dazu verpflichtet, im Auftrag des Schuldners das Gemälde bestmöglich an einen Dritten zu verkaufen. Wenn dies dem Gläubiger gelingt und er von dem Dritten eine Zahlung erhält, so erlischt sein Anspruch gegen den Schuldner in Höhe dieser Zahlung (jedoch gemäß § 670 unter Abzug der Aufwendungen, die dem Gläubiger durch seine Bemühungen um die Verwertung des Gemäldes entstanden sind). Gelingt ihm die Verwertung nicht, so endet damit die Frist, bis zu deren Ablauf er dem Schuldner den Anspruch auf Darlehensrückzahlung gestundet hat. Er kann auf diesen (jetzt wieder fällig gewordenen) Anspruch zurückkommen und Erfüllung verlangen. Das Gemälde muss er dem Schuldner gemäß § 667 wieder zurückgeben. Hat er bei seinen Bemühungen um die Verwertung des Gemäldes die im Verkehr erforderliche Sorgfalt verletzt, so kann der Schuldner mit dem Anspruch auf Ersatz des ihm dadurch entstehenden Schadens (§ 280 Abs. 1) gegen den Anspruch des Gläubigers auf Darlehensrückzahlung aufrechnen (vgl. BGHZ 92, 12; BGHZ 96, 193).

855 Einen besonderen Fall der Leistung erfüllungshalber regelt § 364 Abs. 2: Wenn jemand Geld schuldet, aber dem Gläubiger weder Bargeld noch (mit seiner Zustimmung) Buchgeld verschafft, sondern ihm stattdessen einen Scheck oder einen Wechsel übergibt und dadurch dem Gläubiger gegenüber „eine neue Verbindlichkeit", nämlich zur Einlösung des Schecks oder Wechsels, übernimmt, „so ist im Zweifel nicht anzunehmen, dass er die Verbindlichkeit an Erfüllungs statt übernimmt." Wird also der Scheck oder der Wechsel nicht eingelöst, so kann der Gläubiger den fortbestehenden Zahlungsanspruch geltend machen.

856 Wenn der Schuldner seinem Gläubiger aus mehreren Kaufverträgen verschiedene Kaufpreise oder auch aus einem Miet- oder Darlehensvertrag mehrere Monatsmieten oder Darlehensraten oder aus einem Grundstückskaufvertrag sowohl den Kaufpreis wie auch Zinsen schuldet und sodann eine Zahlung leistet, so kann zweifelhaft sein, welche der mehreren Forderungen des Gläubigers durch die Zahlung ganz oder teilweise erfüllt werden soll.

Meist wird sich die Zuordnung zu einer bestimmten Forderung aus den Umständen ermitteln lassen. Für den Notfall, in dem das nicht gelingt, halten §§ 366 Abs. 2, 367 Auffangregeln bereit.

b) Erfüllung trotz Leistung an den Nichtgläubiger? – Grundsätzlich erfüllt 857
der Schuldner nicht, wenn er an den Falschen leistet, also der Empfänger seiner Leistung nicht derjenige ist, dem er sie schuldet. Gewöhnlich schuldet er sie seinem Vertragspartner. Es kann aber auch anders liegen. Hat die Großmutter ein Konto bei ihrer Sparkasse eingerichtet und mit ihr vereinbart, dass ihr Sohn gegen Vorlage des Sparbuchs zu Abhebungen berechtigt sein soll, so tritt gemäß § 362 Abs. 1 Erfüllung ein, soweit die Sparkasse unter Vorlage des Sparbuchs Zahlungen an den Sohn geleistet hat. Er ist zwar nicht ihr Vertragspartner, wohl aber – und darauf kommt es gemäß § 362 Abs. 1 an – ihr Gläubiger. Denn der Vertrag zwischen Großmutter und Sparkasse ist Vertrag zugunsten des Sohnes, durch den dieser gemäß § 328 ein eigenes Recht an dem Sparguthaben und damit die Stellung eines Gläubigers erwirbt (Rn. 1199 ff.).

Gemäß § 362 Abs. 2 wird der Schuldner durch Leistung an einen Dritten auch dann be- 858
freit, wenn der Gläubiger den Dritten zur Entgegennahme der Leistung **ermächtigt** hat. In der Regel liegt eine solche „**Empfangsermächtigung**" darin, dass der Gläubiger dem Dritten erklärt oder ihm nach den Umständen zu erkennen gibt, dass er die künftige Leistung des Schuldners mit befreiender Wirkung entgegennehmen dürfe (§ 185 Abs. 1); stattdessen kann er die Entgegennahme der Leistung durch den Dritten auch nachträglich genehmigen (§ 185 Abs. 2). Der Gläubiger kann auch noch einen Schritt weiter gehen und dem Dritten gestatten, dass er die Leistung des Schuldners nicht bloß soll entgegennehmen, sondern sie von ihm auch soll verlangen dürfen. In diesem Falle spricht man von einer „**Einziehungsermächtigung**" (Rn. 1217). Schließlich kann der Gläubiger auch den **Schuldner** zur Leistung an den Dritten ermächtigen. Wenn z.B. in einem Kaufvertrag vereinbart ist, es solle der Verkäufer die Ware direkt an denjenigen liefern, dem sie der Käufer bereits weiterverkauft hat, so liegt darin eine Erklärung des Käufers, mit der er als Gläubiger des Lieferungsanspruchs den Verkäufer als seinen Schuldner ermächtigt, die versprochene Leistung an einen Dritten – den Zweitkäufer – zu erbringen. In allen diesen Fällen handelt der Ermächtigte **in eigenem Namen**. Deshalb liegt kein Fall des § 362 Abs. 2 vor, wenn der Dritte, der die Leistung des Schuldners entgegennimmt, dabei **im Namen des Gläubigers** handelt und sich dabei auf eine Vollmacht stützen kann, die ihm der Gläubiger erteilt hat. Auch hier wird der Schuldner durch die Leistung an den Dritten befreit, aber nicht nach § 362 Abs. 2, sondern deshalb, weil die Leistung an den Vertreter des Gläubigers rechtlich als Leistung an den Gläubiger selbst gilt (§ 164 Abs. 1 Satz 1).

Wird der Schuldner befreit, wenn er zwar an einen Nichtgläubiger geleistet 859
hat, ihn aber ohne jede Fahrlässigkeit für seinen Gläubiger hielt? Die Frage ist grundsätzlich zu verneinen. Ausnahmen finden sich in einzelnen gesetzlichen Vorschriften, die den Schuldner schützen, wenn sich sein Vertrauen darauf, dass der Leistungsempfänger sein Gläubiger sei, auf besondere zusätzliche Umstände stützt. So wird der Schuldner gemäß § 407 durch eine Leistung be-

freit, die er demjenigen erbringt, der einmal sein Gläubiger war, es aber jetzt nicht mehr ist, weil er inzwischen seinen Anspruch an einen neuen Gläubiger abgetreten hat, von dem der Schuldner nichts weiß (Rn. 1252 ff.). Das gilt entsprechend, wenn der Schuldner an jemanden leistet, der zwar keine Empfangsermächtigung hat, aber, weil er eine vom Gläubiger stammende Quittung vorlegt, gemäß § 370 als zum Empfang der Leistung ermächtigt *gilt*. Die Faustregel, nach der jemand, der sich hat betrügen lassen, vor der eigenen Tür kehren muss, gilt aber auch hier: Der Schuldner wird durch eine Leistung an den Überbringer der Quittung *nicht* befreit, wenn sie gefälscht ist; er muss in diesem Fall, wenn er erfüllen will, ein zweites Mal zahlen, diesmal an seinen wirklichen Gläubiger oder an denjenigen, den dieser wirklich zum Empfang der Leistung ermächtigt hat.

860 c) **Nichterfüllung trotz Leistung an den Gläubiger?** – Durch eine Leistung an den Gläubiger tritt Erfüllung ein, weil in der Gläubigerstellung die **Empfangszuständigkeit** für die Entgegennahme der Leistung regelmäßig mitenthalten ist. Wenn der Gläubiger damit einverstanden ist, dass ein Dritter empfangszuständig sein soll, so liegt eine Empfangsermächtigung vor (Rn. 858). In seltenen Fällen fehlt dem Gläubiger aber eine Empfangszuständigkeit, weil er zwar Inhaber des Anspruchs ist, um den es geht, aber gleichwohl aus besonderen Gründen über diesen Anspruch nicht oder nicht ohne Zustimmung eines Dritten verfügen kann. Durch die Leistung an einen solchen – nicht empfangszuständigen – Gläubiger wird der Schuldner nicht befreit. So liegt es z.B., wenn über das Vermögen des Gläubigers ein Insolvenzverfahren eröffnet ist und daher sein Recht, die in sein Vermögen fallenden Gegenstände zu verwalten und über sie zu verfügen, nicht mehr ihm, sondern dem Insolvenzverwalter zusteht (§ 80 Abs. 1 InsO). Schickt der Schuldner seinem Gläubiger zur Erfüllung einer Verbindlichkeit einen Scheck, „obwohl die Verbindlichkeit zur Insolvenzmasse zu erfüllen war", so tritt deshalb keine Erfüllung ein, es sei denn, dass der Schuldner noch bis zum letzten Zeitpunkt, in dem er den Scheck hätte sperren können, die Eröffnung des Insolvenzverfahrens nicht gekannt hat (§ 82 InsO; BGHZ 182, 85). Ähnlich liegt es, wenn ein Verkäufer einen gültigen Kaufvertrag mit einem Minderjährigen geschlossen und ihm sodann die Kaufsache geliefert hat: Zwar kann es sein, dass der Minderjährige gemäß § 107 an der Sache Eigentum erwirbt (Rn. 150). Aber seine Verpflichtungen aus dem Kaufvertrag hat der Verkäufer damit nicht erfüllt, weil der Minderjährige ohne Zustimmung seines gesetzlichen Vertreters über seinen Anspruch auf Lieferung nicht verfügen kann und ihm daher die Empfangszuständigkeit fehlt.

2. Aufrechnung

Schuldet jemand seinem Gläubiger einen Betrag von 100 €, kann er aber gleichzeitig von ihm aus irgendeinem Grunde die Zahlung von 100 € beanspruchen, so würde ein nutzloser Aufwand entstehen, wenn jede Partei an die andere 100 € zahlen müsste. Jedem wird einleuchten, dass die beiden einander gegenüberstehenden Forderungen sich irgendwie gegenseitig aufheben müssen, sodass keine Partei der anderen noch etwas zu zahlen braucht, aber auch keine von der anderen noch etwas verlangen kann. Der Mechanismus, mit dessen Hilfe sich zwei einander gegenüberstehende Forderungen zum Erlöschen bringen lassen, wird als **Aufrechnung** bezeichnet und ist in §§ 387 ff. näher geregelt. Aus dieser Regelung ergibt sich, dass – anders als in manchen ausländischen Rechtsordnungen – die beiden Forderungen nicht automatisch, also nicht ipso iure schon zu dem Zeitpunkt erlöschen, in dem sie zum ersten Mal einander aufrechenbar gegenüberstanden. Vielmehr tritt diese Wirkung erst dann ein, wenn einer der beiden Gläubiger die Initiative ergriffen und eine **Aufrechnungserklärung** abgegeben hat (§ 388). Mit einer solchen Erklärung macht er geltend, dass die Forderung der anderen Partei – wir wollen sie die **Hauptforderung** nennen – erloschen sei, weil er gegen sie mit einer **Gegenforderung** aufrechne. Erst diese Erklärung führt dazu, dass Hauptforderung und Gegenforderung, „soweit sie sich decken, als in dem Zeitpunkt erloschen gelten, in welchem sie zur Aufrechnung geeignet einander gegenübergetreten sind" (§ 389).

861

Daraus ergibt sich: Hat der Schuldner den Gläubiger befriedigt, obwohl er, statt zu zahlen, hätte aufrechnen können, so kann er seine Zahlung nicht gemäß § 812 vom Gläubiger zurückfordern. Denn solange er eine Aufrechnungserklärung nicht abgegeben hat – etwa deshalb nicht, weil ihm die Existenz einer Gegenforderung gar nicht bekannt war –, besteht die Hauptforderung fort; die Zahlung des Schuldners ist also auf eine bestehende Forderung und daher nicht, wie in § 812 verlangt wird, „ohne rechtlichen Grund" geleistet (RGZ 120, 280, 281 ff.). – Zu beachten ist auch der **Rückwirkungseffekt** des § 389: Ist eine Forderung vom Gläubiger geltend gemacht und daraufhin vom Schuldner am 15. September die Aufrechnung mit einer Gegenforderung erklärt worden, so gelten sowohl die Hauptforderung des Gläubigers wie auch die Gegenforderung des Schuldners als schon am 1. März erloschen, sofern schon zu diesem Zeitpunkt die Voraussetzungen einer Aufrechnung gegeben waren, also eine „Aufrechnungslage" bestanden hat. Das bedeutet, dass beide Parteien gemäß § 812 voneinander die Zinsen zurückverlangen können, die sie ab 1. März auf die Forderung des anderen Teils gezahlt haben. Ob das sinnvoll ist, kann man bestreiten: Denn es besteht ein Interesse daran, dass eine Aufrechnung, wenn sie möglich ist, von den Parteien rasch erklärt und der unklare Schwebezustand, der zwischen ihnen durch die Aufrechnungslage entsteht, rasch beendet wird. Dazu sollten die Parteien dadurch angespornt werden, dass sie die Zinsen, die sie gezahlt haben, aber durch eine Aufrechnung hätten sparen können, dem anderen Teil belassen müssen. Anders aber das geltende Recht.

862

863 **a) Gegenseitigkeit und Gleichartigkeit von Haupt- und Gegenforderung. –** „Zur Aufrechnung geeignet" i.S. des § 389 sind zwei Forderungen allerdings nur unter bestimmten Voraussetzungen. Insbesondere muss der Gläubiger der Hauptforderung immer auch Schuldner der Gegenforderung sein, ebenso wie der Gläubiger der Gegenforderung Schuldner der Hauptforderung sein muss.

864 Dieses Erfordernis der „**Gegenseitigkeit**" von Haupt- und Gegenforderung wird von der Rechtsprechung gelegentlich ein wenig aufgelockert. Hat z.B. der Gläubiger der Hauptforderung einen Dritten zu ihrer Einziehung ermächtigt (Rn. 1217) oder sie ihm nur zu diesem Zweck abgetreten („Inkassozession"), so gestattet die Rechtsprechung dem Schuldner, wenn er von dem Dritten auf Zahlung verklagt wird, die Aufrechnung auch mit solchen Gegenforderungen, die sich nicht gegen den Dritten, sondern gegen den Gläubiger richten, also gegen denjenigen, der zwar nicht in rechtlicher, wohl aber in wirtschaftlicher Hinsicht der Inhaber der Klagforderung ist (vgl. BGHZ 25, 367; BGHZ 110, 81). Vgl. zu weiteren Einschränkungen des Gegenseitigkeitserfordernisses Rn. 1250 f.

865 Ferner müssen sich die beiden Forderungen auf Leistungen beziehen, „die ihrem Gegenstand nach **gleichartig** sind" (§ 387). Gleichartig sind sie, wenn sie beide auf die Zahlung von Geld oder – was in der Praxis wohl kaum vorkommt – auf Leistung gleicher Gattungssachen gerichtet sind. Macht also der Verkäufer seine Kaufpreisforderung geltend und will sich der Käufer mit einem Anspruch auf Nacherfüllung – z.B. auf Beseitigung eines Mangels der Kaufsache – verteidigen, so kann er nicht mit diesem Anspruch aufrechnen, sondern nur wegen dieses Anspruchs die Einrede des nicht erfüllten Vertrages erheben und mit dieser Begründung die Kaufpreiszahlung so lange verweigern, bis der Mangel vom Verkäufer beseitigt ist (§ 320; Rn. 897 ff.). *Aufrechnen* kann der Käufer nur mit einer ebenfalls auf Geld gerichteten Gegenforderung, also insbesondere mit einem Schadensersatzanspruch.

866 Der zuletzt genannte Fall – ein Käufer verteidigt sich gegen die Kaufpreisforderung durch Aufrechnung mit einem Schadensersatzanspruch – macht deutlich, dass in manchen Fällen der Gläubiger der Hauptforderung durch eine Aufrechnung empfindlich getroffen wird. Denn es kann so liegen, dass gegen seine Hauptforderung vom Schuldner nichts Stichhaltiges eingewandt werden kann, dass er aber dennoch nicht zahlt, weil er mit einer Gegenforderung aufrechnet, die nach Grund und Umfang heftig bestritten ist und vielleicht erst am Ende eines langwierigen Gerichtsverfahrens für unbegründet erklärt wird, womöglich zu einem Zeitpunkt, in dem der Schuldner nicht mehr zahlungsfähig ist. Immerhin kann der Gläubiger, wenn er wegen seiner Hauptforderung Klage erhoben und der beklagte Schuldner sich durch Aufrechnung mit einer Gegenforderung verteidigt hat, den Richter darum bitten, dass er zunächst über die Klage und erst danach über die Aufrechnung verhandeln und dass er, wenn der Klaganspruch begründet ist, zugunsten des Klägers über die Hauptforderung ein „Vorbehaltsurteil" erlassen möge. Allerdings ist dieser Weg nur dann gangbar, wenn die Gegenforderung mit der Hauptforderung „nicht im rechtlichen Zusammenhang" steht (vgl. §§ 145 Abs. 3, 302 ZPO). – Gelegentlich wird die Aufrechnung auch „strategisch" eingesetzt, so etwa dann, wenn ein Gläubiger, der seinen Anspruch für schwer durchsetzbar

oder wegen der finanziellen Bedrängnis des Schuldners für gefährdet hält, von ihm nur deshalb etwas kauft, weil er später gegen den Kaufpreisanspruch aufrechnen und auf diese Weise seine schwierig durchsetzbare oder gefährdete Gegenforderung „zu Geld machen" will. Ähnlich, wenn der Käufer einem in Zahlungsschwierigkeiten geratenen Verkäufer einen Kaufpreis schuldet, ihn aber nicht bezahlt, sondern von einem Dritten eine gegen den Verkäufer gerichtete Forderung (zu einem wegen dessen drohender Insolvenz sehr niedrigen Preis) erwirbt und mit dieser Forderung gegen den Kaufpreisanspruch aufrechnet. Aus allen diesen Gründen sind Verkäufer oft daran interessiert, sich in den Kaufverträgen, die sie schließen, ein **Aufrechnungsverbot** auszubedingen, dessen Gültigkeit allerdings, wenn es in die Form einer AGB-Klausel gekleidet ist, durch §§ 307, 309 Nr. 3 Grenzen gezogen werden (Rn. 878 f.).

b) Durchsetzbarkeit der Gegenforderung, Erfüllbarkeit der Hauptforderung. – Die Gegenforderung dient dem Aufrechnenden als Erfüllungssurrogat: Mit ihr will er die Hauptforderung gerade so zum Erlöschen bringen, wie wenn er sie erfüllt, also den Geldbetrag, auf den sie sich richtet, bezahlt hätte. Deshalb kann nur mit solchen Gegenforderungen aufgerechnet werden, die **durchsetzbar** oder – wie manchmal auch gesagt wird – **vollwirksam**, also so beschaffen sind, dass der Schuldner gegen sie begründete Einwendungen und Einreden nicht erheben kann. Die Gegenforderung muss also – was eigentlich selbstverständlich ist – entstanden sein und noch bestehen; insbesondere darf der Schuldner gegen sie nicht einwenden können, dass der Vertrag, auf dem sie beruht, wirksam angefochten oder aus einem anderen Grunde (z.B. durch einen Rücktritt) weggefallen oder dass die Gegenforderung erfüllt und deshalb erloschen sei. Weiterhin darf mit der Gegenforderung nur dann aufgerechnet werden, wenn ihr keine Einreden entgegengehalten werden können (§ 390). Dafür kommen z.B. die Einrede des Zurückbehaltungsrechts, die Stundungseinrede und die Verjährungseinrede in Betracht.

Wenn jemand sich zur Besorgung eines Geschäfts verpflichtet, z.B. seinem Auftraggeber versprochen hat, sich gegen ein Entgelt nach besten Kräften um den Verkauf seiner Gemäldesammlung zu bemühen, er aber eine gute Chance zum Verkauf der Sammlung nicht wahrgenommen hat und deshalb von dem Auftraggeber auf Schadensersatz in Anspruch genommen wird, so kann er gegen diesen Anspruch mit seiner Gegenforderung auf Zahlung des vereinbarten Entgelts aufrechnen. Er kann das aber nicht, wenn der Auftraggeber der Entgeltforderung die Einrede des **Zurückbehaltungsrechts** gemäß § 273 (Rn. 892 ff.) entgegenhalten, nämlich geltend machen könnte, dass er das Entgelt so lange zurückhalte, bis ihm die nicht verkauften Gemälde zurückgegeben sind (§§ 675 Abs. 1, 667). Der Beauftragte kann also mit seiner Gegenforderung auf Zahlung des Entgelts erst dann aufrechnen, wenn sie „einredefrei" ist, er also die Gemälde seinem Auftraggeber zurückgegeben hat.

Unzulässig ist die Aufrechnung mit einer Gegenforderung auch dann, wenn sie im Zeitpunkt der Aufrechnungserklärung noch nicht **fällig** ist, also nach den vertraglichen Vereinbarungen oder aufgrund einer nachträglich gewährten **Stundung** noch nicht bezahlt zu werden brauchte. Auch hier muss mit der Aufrechnung der Gegenforderung so lange gewartet werden, bis sie fällig ist.

Zulässig ist hingegen die Aufrechnung mit einer Gegenforderung, auf die sich ihr Schuldner mit der Einrede der Verjährung (§ 214) verteidigen könnte. Dafür wird allerdings vorausgesetzt, dass die Gegenforderung zu dem Zeitpunkt noch nicht verjährt war, zu dem sie erstmals gegen die Hauptforderung hätte aufgerechnet werden können (§ 215).

870 Besonders wichtig ist das Aufrechnungsrecht für einen Gläubiger, der seine Forderung jetzt nicht mehr durchsetzen könnte, weil der Schuldner inzwischen zahlungsunfähig geworden und ein Insolvenzverfahren eröffnet ist. Denn mit der Forderung *aufrechnen* darf der Gläubiger auch jetzt noch, vorausgesetzt, dass er „zur Zeit der Eröffnung des Insolvenzverfahrens" zur Aufrechnung berechtigt war (§ 94 InsO).

871 Umgekehrt ist an die **Hauptforderung**, damit gegen sie aufgerechnet werden kann, nur eine einzige Anforderung zu stellen: sie muss **erfüllbar** sein (§ 271 Abs. 2, Rn. 556). Denn die Aufrechnung führt – ebenso wie die Zahlung – zum Erlöschen der Hauptforderung. Ein Gläubiger wird oft einen guten Grund haben, eine vorzeitige *Zahlung* zurückzuweisen, etwa weil er sich für den Kredit vom Schuldner seinerzeit einen höheren Zins ausbedungen hat, als er ihn für das vorzeitig zurückgezahlte Geld jetzt am Kapitalmarkt verdienen könnte. Aus dem gleichen guten Grund darf der Gläubiger dann aber auch eine vorzeitige *Aufrechnung* zurückweisen.

872 Alle dargestellten Regeln haben keinen zwingenden Charakter. Durch vertragliche Einigung – eine ausdrückliche ebenso wie eine, die sich aus den Umständen erschließen lässt – können die Parteien deshalb die Anforderungen an die Zulässigkeit der Aufrechnung sowohl abmildern wie verschärfen. Sie **mildern sie ab**, wenn sie z.B. vereinbaren, dass der Schuldner auch dann aufrechnen darf, wenn seine Gegenforderung sich nicht gegen den Gläubiger der Hauptforderung, sondern gegen seine Tochtergesellschaft richtet (vgl. BGHZ 94, 132), oder dass die Aufrechnung mit einer Gegenforderung auch dann erlaubt sein soll, wenn sie zum Zeitpunkt der Aufrechnungserklärung noch nicht fällig oder aus einem anderen Grunde nicht einredefrei ist. Sie **verschärfen** sie, wenn sie vereinbaren, dass der Schuldner die Gegenforderung nicht von einem Dritten durch Abtretung erworben haben darf oder dass die Aufrechnung mit einer Gegenforderung nur dann zulässig sein soll, wenn sie in einem inneren Zusammenhang mit der Hauptforderung stehen oder – wie es in § 273 für die Ausübung eines Zurückbehaltungsrechts verlangt wird – „demselben rechtlichen Verhältnis" wie die Hauptforderung entstammen soll. Erst recht werden die Anforderungen an die Aufrechnung „verschärft", wenn vereinbart ist, dass sie ganz verboten sein soll (Rn. 876 ff.).

873 c) **Gesetzliche Aufrechnungsverbote.** – Gegen bestimmte Hauptforderungen darf aufgrund zwingender gesetzlicher Vorschriften unter keinen Umständen aufgerechnet werden. Das gilt gemäß § 392 in erster Linie für den Fall, dass die Hauptforderung von einem Dritten **beschlagnahmt**, vor allem also:

von einem Gläubiger des Inhabers der Hauptforderung **gepfändet** worden ist. Ebenso wie in einem solchen Fall gegenüber dem Dritten *Zahlungen* unwirksam sind, die der Schuldner noch nach der Pfändung an seinen Gläubiger leistet (§ 829 Abs. 1 Satz 1 ZPO), muss auch eine *Aufrechnung* unwirksam sein, die der Schuldner gegenüber dem Gläubiger noch nach der Pfändung erklärt.

Das gilt aber gemäß § 392 dann nicht, wenn der Schuldner die Gegenforderung, mit der er aufrechnen möchte, schon vor der Pfändung der Hauptforderung „erworben" hat und daher mit ihr schon vor der Pfändung hätte aufrechnen können. Dem liegt die gleiche Überlegung zugrunde wie §§ 215 und 406 (Rn. 1250 f.): Der Vorteil, der dem Gläubiger der Gegenforderung durch die Chance ihrer Aufrechenbarkeit einmal erwachsen ist, soll ihm durch die Pfändung der Hauptforderung nicht nachträglich wieder genommen werden können. Sicherlich trifft das den Dritten hart, weil die zu seinen Gunsten gepfändete Forderung infolge der Aufrechnung in seiner Hand zu Staub wird. Aber das muss er deshalb hinnehmen, weil er die Forderung in dem Zustand gepfändet hat, in dem sie sich im Zeitpunkt der Pfändung befand, nämlich belastet mit dem Risiko, dass die schon bei der Pfändung mögliche Aufrechnung später vom Schuldner tatsächlich erklärt werden könnte. Damit noch nicht genug: Die Rechtsprechung kommt dem Schuldner ein weiteres großes Stück entgegen, indem sie annimmt, dass er die Gegenforderung nicht erst dann „erwirbt", wenn sie durchsetzbar ist und in ihrem Umfang exakt bestimmt werden kann, sondern schon dann, wenn der Vertrag geschlossen ist, der Grund für ihre künftige Entstehung bildet. Haben also die Parteien am 15. März einen Werkvertrag geschlossen und hat der Auftraggeber am 15. September durch einen Mangel des Werks einen Schaden erlitten, so gilt der Schadensersatzanspruch, der ihm gemäß § 634 Nr. 4 zusteht, als nicht erst am 15. September, sondern schon als am 15. März entstanden, sodass er mit ihm gegen die Hauptforderung des Unternehmers, nämlich seinen Vergütungsanspruch, selbst dann aufrechnen kann, wenn dieser Anspruch schon am 16. März gepfändet worden ist (vgl. BGH NJW 1980, 584, 585). – Ferner kann gemäß § 392 gegen eine gepfändete Hauptforderung auch dann aufgerechnet werden, wenn die Gegenforderung schon zu einem Zeitpunkt fällig war, der vor der Pfändung und vor dem Eintritt der Fälligkeit der gepfändeten Forderung liegt.

§ 393 verbietet die Aufrechnung gegen Hauptforderungen, die auf Schadensersatz wegen einer **vorsätzlich begangenen unerlaubten Handlung** gerichtet sind. Damit soll verhindert werden, dass ein Gläubiger sein Mütchen an dem zahlungsunfähig gewordenen Schuldner dadurch kühlt, dass er ihn verprügelt und dann gegen seinen Schadensersatzanspruch mit seiner wertlos gewordenen Forderung aufrechnet. Ferner verbietet § 394 die Aufrechnung gegen eine Hauptforderung, soweit sie gemäß §§ 850 ff. ZPO **unpfändbar** ist, weil sie das Existenzminimum sichern und deshalb nur durch Zahlung von Geld, nicht durch eine Aufrechnung, soll erfüllt werden können. Schließlich verbietet § 395 eine Aufrechnung, wenn Gläubiger der Hauptforderung und Schuldner der Gegenforderung zwar eine und dieselbe öffentlichrechtliche Körperschaft (Bund, Land, Gemeinde oder Gemeindeverband) ist, aber die Zahlungen, um die es geht, von **verschiedenen Kassen** dieser Körperschaft geleistet und vereinnahmt werden.

876 **d) Vertragliche Aufrechnungsverbote.** – Die Gründe, aus denen ein Interesse an der Vereinbarung eines Aufrechnungsverbots besteht, sind schon oben Rn. 866 genannt worden: Eine Vertragspartei will dadurch verhindern, dass sie nur deshalb auf ihr Geld lange warten muss, weil ihr Schuldner sich im Wege der Aufrechnung hinter bestrittenen, rechtlich oder tatsächlich zweifelhaften oder gar erdichteten Gegenforderungen verschanzt. Vertragsklauseln, die auf ein Aufrechnungsverbot abzielen, sind im Handelsverkehr weit verbreitet. Ist z.B. in einem Kaufvertrag „Kasse gegen Verladedokumente", „netto Kasse gegen Rechnung" oder „cash on delivery" vereinbart, so muss der Käufer den Kaufpreis Zug um Zug gegen die Übergabe der Dokumente oder die Auslieferung der Ware zahlen; nicht etwa kann er gegen den Kaufpreisanspruch mit irgendwelchen Gegenforderungen aufrechnen. (BGHZ 14, 61; BGH NJW 1984, 357; BGH NJW 1985, 550). Aufrechnungsverbote können sich auch aufgrund einer ergänzenden Auslegung des Vertrages oder auch aus Treu und Glauben ergeben. Die Rechtsprechung nimmt das vor allem bei Treuhandgeschäften an, und zwar in Fällen, in denen die Hauptforderung sich auf einen Erlös richtet, den der Treuhänder für den Treugeber erzielt hat und ihm gemäß §§ 675 Abs. 1, 667 herausgeben muss.

877 Hat z.B. eine Bank ihrem Kunden ein Darlehen gewährt und es außerdem übernommen, für ihn als Treuhänderin ein Wertpapierdepot bestmöglich zu versilbern, so kann sie, wenn der Kunde von ihr die Herausgabe des für das Depot erzielten Erlöses verlangt, nicht mit ihrer Forderung auf Rückzahlung des Darlehens, sondern allenfalls mit solchen Gegenforderungen aufrechnen, die mit dem Treuhandgeschäft in engem Zusammenhang stehen, sich also z.B. auf die Zahlung der dafür vereinbarten Provision oder auf die Erstattung der dadurch entstandenen Aufwendungen richten (vgl. BGHZ 14, 342; BGHZ 54, 247; BGHZ 71, 383).

878 Die Vertragsfreiheit ist allerdings auch hier nicht unbeschränkt. Bisweilen erklärt der Gesetzgeber vertragliche Aufrechnungsverbote für schlechthin unzulässig. So darf z.B. in einem Mietvertrag über Wohnraum dem Mieter nicht verboten werden, gegen die Mietforderung des Vermieters mit Schadensersatzansprüchen aufzurechnen, die er auf einen Mangel der Mietsache stützen kann (vgl. im Einzelnen § 556 b Abs. 2). Ist das Aufrechnungsverbot in Gestalt einer AGB-Klausel Inhalt des mit einem Verbraucher geschlossenen Vertrages geworden, so ist dieses Verbot gemäß § 309 Nr. 3 insoweit unwirksam, als es dem Verbraucher die Aufrechnung auch „mit einer unbestrittenen oder rechtskräftig festgestellten Forderung" verbietet. Daraus ergibt sich im Gegenschluss, dass der Gesetzgeber das Interesse des Verwenders am Ausschluss der Aufrechnung mit **bestrittenen** Gegenforderungen als durchaus schutzwürdig und Aufrechnungsverbote insoweit als durchaus zulässig ansieht.

E. Die Verteidigung gegen den Erfüllungsanspruch

Damit ist der Gesetzgeber aber wohl etwas zu weit gegangen. Denn man müsste dann aus § 309 Nr. 3 den Schluss ziehen, dass der Käufer, dem nach seiner Behauptung eine mangelhafte Kaufsache geliefert worden ist, mit einem Anspruch auf **Schadensersatz statt der Leistung** (§§ 437 Nr. 3, 281) nicht aufrechnen kann, wenn ein Aufrechnungsverbot vereinbart ist. Das würde aber schlecht mit dem Umstand zusammenpassen, dass dem Käufer wegen seines Anspruchs auf **Nacherfüllung** gemäß § 320 ein Recht zur Zurückbehaltung des Kaufpreises zusteht und dass ihm *dieses* Recht gemäß § 309 Nr. 2 durch AGB-Klausel unter keinen Umständen entzogen werden kann. Deshalb wird allgemein angenommen, dass der Käufer, der wegen eines Nacherfüllungsanspruchs die Kaufpreiszahlung gemäß § 320 in jedem Falle hätte verweigern können, nicht dadurch noch nachträglich in eine schlechtere Lage versetzt werden kann, dass der Nacherfüllungsanspruch sich in einen Schadensersatzanspruch umwandelt und dadurch eine Aufrechnungslage entsteht, die der Käufer wegen des (gemäß § 309 Nr. 3 gültigen) Aufrechnungsverbots nicht nutzen kann. In diesem Fall muss daher das Aufrechnungsverbot, mag es auch nach § 309 Nr. 3 nicht zu beanstanden sein, doch jedenfalls als gemäß § 307 ungültig angesehen und dem Käufer die Aufrechnung gestattet werden. Das Gleiche gilt zugunsten des Auftraggebers, der gegen den Vergütungsanspruch des Unternehmers mit einem Schadensersatzanspruch aus §§ 634 Nr. 4, 281 aufrechnen möchte, ebenso zugunsten anderer Schuldner, denen ein Schadensersatzanspruch aus § 281 zusteht. Vgl. dazu MK-*Wurmnest* § 309 Nr. 2 Rn. 4 m.w.N.

3. Hinterlegung und Selbsthilfeverkauf

Manchmal gerät der Schuldner in eine schwierige Lage, wenn er zwar zur Erfüllung seiner vertraglichen Pflichten bereit und imstande ist, aber der Gläubiger die ihm angebotene vertragsmäßige Leistung nicht entgegennimmt.

Zwar gerät der Gläubiger dadurch in Annahmeverzug, und das bedeutet, dass sich die Lage des Schuldners in mehrfacher Hinsicht verbessert. So braucht er sich nicht mehr darum zu sorgen, dass dem geschuldeten Gegenstand während der Dauer des Annahmeverzugs etwas zustößt. Wird er zerstört oder beschädigt, so wird er gemäß § 275 Abs. 1 von seiner Leistungspflicht befreit; außerdem kann er, wenn er die Zerstörung oder Beschädigung nicht selbst durch grobe Fahrlässigkeit oder durch vorsätzliches Handeln herbeigeführt hat, gemäß §§ 326 Abs. 2, 300 Abs. 1 die ihm geschuldete Gegenleistung verlangen. Auch steht ihm gemäß § 304 ein Anspruch gegen den Gläubiger auf Ersatz der „Mehraufwendungen" zu, die ihm während der Dauer des Annahmeverzugs „für die Aufbewahrung und Erhaltung des geschuldeten Gegenstandes" entstehen. Noch günstiger ist die Lage des Schuldners, wenn der Gläubiger zur Entgegennahme der Leistung *verpflichtet* ist. Dies trifft beim Kaufvertrag auf den Käufer (§ 433 Abs. 2) und beim Werkvertrag auf den Auftraggeber (§ 640 Abs. 1) zu: Beide können daher vom Verkäufer oder vom Unternehmer auf Abnahme der Kaufsache oder des Werkes (und außerdem gemäß §§ 280 Abs. 1 und 2, 286 auf Ersatz des Verzögerungsschadens) verklagt werden. Auch können der Verkäufer oder der Unternehmer für die Abnahme eine Frist setzen und nach erfolglosem Ablauf der Frist vom Vertrag zurücktreten und/oder Schadensersatz statt der Leistung verlangen.

Obwohl also dem Schuldner in der geschilderten Lage die Hände keineswegs gebunden sind, eröffnet ihm der Gesetzgeber noch einen weiteren Weg, der es ihm gestattet, die geschuldete Leistung loszuwerden und sich gleichwohl auf den Standpunkt zu stellen, dass er erfüllt habe: Er kann den geschuldeten

Gegenstand, sofern es sich dabei um „Geld, Wertpapiere und sonstige Urkunden sowie Kostbarkeiten" handelt, beim Amtsgericht **hinterlegen**. Handelt es sich um andere bewegliche Sachen, so kann er sie im Wege des **Selbsthilfeverkaufs** versteigern lassen. Die Einzelheiten sind in §§ 372–386 geregelt; für den Selbsthilfeverkauf sind im kaufmännischen Verkehr außerdem § 373 HGB und Art. 88 CISG heranzuziehen.

883 Sowohl die Hinterlegung wie der Selbsthilfeverkauf sind allerdings nur unter bestimmten Voraussetzungen zulässig. Der erste und praktisch wichtigste Fall liegt vor, wenn der Gläubiger im Annahmeverzug ist (§§ 372 Abs. 1, 383 Abs. 1 Satz 1). Die beiden weiteren Fälle sind in § 372 Satz 2 geregelt. Der eine Fall ist gegeben, wenn der Schuldner den Aufenthaltsort oder den Ort der gewerblichen Niederlassung des Gläubigers oder, wenn er minderjährig ist, seinen gesetzlichen Vertreter nicht kennt und aus diesem oder einem ähnlichen „in der Person des Gläubigers liegenden Grund ... nicht oder nicht mit Sicherheit erfüllen kann". Der andere Fall liegt vor, wenn zwischen dem Gläubiger und einem Dritten – z.B. jemandem, der von sich behauptet, dass der Gläubiger ihm den Anspruch abgetreten habe – oder zwischen mehreren Dritten – z.B. zwischen denjenigen, die alle von sich behaupten, dass der Gläubiger ihnen den gleichen Anspruch (mehrfach) abgetreten habe – Streit darüber besteht, wer der „wahre" Gläubiger ist: Hier befindet sich der Schuldner in einer Zwickmühle, weil er befürchten muss, an den falschen „Prätendenten" zu leisten. Aus dieser Zwickmühle soll er sich dadurch befreien können, dass er hinterlegt und es den Prätendenten überlässt, die Sache unter sich auszufechten. Ein Selbsthilfeverkauf darf allerdings in den beiden zuletzt genannten Fällen nur dann stattfinden, wenn „der Verderb der Sache zu besorgen oder die Aufbewahrung mit unverhältnismäßigen Kosten verbunden ist" (§ 383 Abs. 1 Satz 2).

884 Bei der **Hinterlegung** wird das öffentlichrechtliche Verwahrungsverhältnis zwischen dem Hinterlegenden und der Hinterlegungsstelle durch die **Hinterlegungsordnung** geregelt. Sie bestimmt in § 1 Abs. 2, dass Hinterlegungsstelle das Amtsgericht ist, und zwar dasjenige, das für denjenigen Ort zuständig ist, an dem die geschuldete Leistung zu erbringen war (§ 269). So erklärt sich, warum nur „Geld, Wertpapiere und sonstige Urkunden sowie Kostbarkeiten" hinterlegt werden können: für einen Gebrauchtwagen oder 500 t Aluminiumoxyd ist in den Räumen eines Amtsgerichts kein Platz.

885 Wenn sich der Schuldner auf den Anspruch des Gläubigers mit der Einrede des nicht erfüllten Vertrages (§ 320) oder mit der Einrede des Zurückbehaltungsrechts (§ 273) verteidigen könnte, so darf er gemäß § 373 das Amtsgericht anweisen, die hinterlegten Sachen dem Gläubiger nur dann herauszugeben, wenn dieser die Leistung bewirkt, wegen derer er seine eigene Leistung zurückhalten könnte. In jedem Falle muss der Schuldner den Gläubiger (oder den oder die Prätendenten) von der Hinterlegung unverzüglich in Kenntnis setzen, es sei denn, dass dies – z.B. wegen seiner Unkenntnis ihrer Anschrift – „untunlich" ist (§ 374).

E. Die Verteidigung gegen den Erfüllungsanspruch

Hat der Schuldner hinterlegt und dem Amtsgericht gemäß § 376 Abs. 2 Nr. 1 erklärt, dass er auf sein Recht zur Rücknahme der hinterlegten Sache verzichte, so wird es so angesehen, als habe er durch Leistung an den Gläubiger erfüllt. Gemäß § 378 wird er nämlich „durch die Hinterlegung von seiner Verbindlichkeit in gleicher Weise befreit, wie wenn er zur Zeit der Hinterlegung an den Gläubiger geleistet hätte". Hat er sich die Rücknahme vorbehalten, so kann er sich auf den Erfüllungsanspruch des Gläubigers mit der Einrede der Hinterlegung verteidigen, indem er ihn auf die hinterlegte Sache verweist (§ 379 Abs. 1). 886

Der **Selbsthilfeverkauf** erfolgt gemäß § 383 in der Weise, dass der Schuldner die beweglichen Sachen, die er schuldet, an demjenigen Ort, an dem er sie dem Gläubiger zu leisten hat (§ 269), durch den Gerichtsvollzieher oder einen sonst zuständigen Dritten öffentlich versteigern lässt. Die Versteigerung muss er dem Gläubiger vorher angedroht und ihn von ihrem Termin benachrichtigt haben (§ 384). Der Schuldner gilt auch hier als befreit, wenn er den Versteigerungserlös beim Amtsgericht hinterlegt und auf sein Recht zur Rücknahme verzichtet hat. 887

4. Erlass und ähnliche Verträge

Auf den Erfüllungsanspruch des Gläubigers kann sich der Schuldner schließlich auch damit verteidigen, dass er geltend macht, der Gläubiger und er hätten sich vertraglich darauf geeinigt, dass ihm der Anspruch erlassen werde und damit erloschen sei (**Erlass**, § 397 Abs. 1). Ähnlich liegt es, wenn offen bleiben soll, ob dem Gläubiger ein Anspruch, den er erlassen könnte, tatsächlich zusteht, die Parteien aber jedenfalls darüber einig sind, dass der Anspruch nicht besteht (**negatives Schuldanerkenntnis**, § 397 Abs. 2). 888

Beide Verträge sind **Verfügungsgeschäfte**, weil sie lediglich darauf gerichtet sind, dass der Gläubiger im Einverständnis mit dem Schuldner erklärt, dass der Anspruch erlassen sei oder nicht bestehe. Der Gläubiger „verfügt" damit über seinen Anspruch ebenso wie derjenige, der eine ihm gehörende Sache veräußert oder eine ihm zustehende Forderung abtritt und sich deshalb mit dem Erwerber gemäß § 929 (bei beweglichen Sachen), gemäß § 873 (bei Grundstücken) oder gemäß § 398 (bei Forderungen) über den Eigentums- oder Forderungsübergang einigt. Der Erlass hat zwar, wie alle Verfügungsgeschäfte, immer einen wirtschaftlichen Grund, über den sich die Parteien ebenfalls – in der sogenannten „Kausalabrede" – geeinigt haben. So liegt es etwa, wenn sie darüber einig sind, dass der Erlass unentgeltlich erfolgen, der Anspruch also dem Schuldner mit dem Erlass **geschenkt** sein soll (§ 516 Abs. 1), ebenso dann, wenn die Parteien zur Beseitigung eines zwischen ihnen bestehenden Streits über Inhalt und Folgen eines Rechtsverhältnisses einen Vertrag, nämlich einen **Vergleich** (§ 779) schließen und der Gläubiger sich in ihm zum Erlass des Anspruchs verpflichtet hat. Ferner muss man beachten, dass der Erlass – wie alle Verfügungsgeschäfte – „**abstrakt**" ist. Das bedeutet nicht nur, dass der Erlass und die ihm zugrunde liegende Kausalabrede voneinander getrennt gehalten werden müssen, sondern auch, dass die Gültigkeit oder Ungültigkeit der beiden Geschäfte je für sich zu prüfen ist und diese Prüfung durchaus zu dem Ergebnis führen kann, dass die 889

Kausalabrede zwar ungültig, der Erlass aber gültig ist (vgl. Rn. 9). In einem solchen Fall kann der Gläubiger gemäß § 812 vom Schuldner die Rückgängigmachung des Erlasses, also die Wiederbegründung des (ohne Rechtsgrund erlassenen) Anspruchs verlangen.

890 Auf das Bestehen eines Anspruchs können die Parteien auch noch durch andere Verträge Einfluss nehmen, die zwar nirgends im BGB geregelt, aber nach dem allgemeinen Prinzip der Vertragsfreiheit zulässig sind. Hierher gehört z.B. der **Aufhebungsvertrag**, durch den die Parteien das zwischen ihnen bestehende Vertragsverhältnis im Ganzen aufheben, ferner der **Aufrechnungsvertrag**, in dem sie vereinbaren, dass ihre wechselseitigen Ansprüche (ganz unabhängig vom Vorliegen der Voraussetzungen einer Aufrechnung gemäß §§ 387 ff.) als nunmehr gegeneinander aufgehoben gelten sollen. Wenn nach dem Willen der Vertragsparteien an die Stelle des einen Anspruchs ein anderer treten soll, so spricht man von **Novation**, hingegen von einem **Schuldabänderungsvertrag**, wenn der Anspruch bestehen bleiben und nur inhaltlich modifiziert werden soll.

891 Haben die Parteien eine „Umschuldungsvereinbarung" geschlossen, nämlich ein Einverständnis darüber erzielt, dass an die Stelle mehrerer notleidender Kredite eine einzige, in bestimmter Weise vom Schuldner zurückzuzahlende und zu verzinsende Darlehensschuld treten soll, so liegt eine Novation vor, wenn nach dem Parteiwillen anzunehmen ist, dass für die neue Darlehensschuld eine neue Verjährung zu laufen beginnen und die für die alten Schulden bestehenden Sicherheiten (z.B. eine Bürgschaft) erlöschen sollen. Anderenfalls handelt es sich lediglich um einen Schuldabänderungsvertrag.

V. Die Einreden des Zurückbehaltungsrechts und des nicht erfüllten Vertrages

1. Allgemeines

892 Unter den Einreden, die den Schuldner berechtigen, die Erfüllung des Anspruchs zu verweigern, hat besondere praktische Bedeutung die Einrede des **Zurückbehaltungsrechts**. Mit ihr verteidigt er sich auf den Anspruch des Gläubigers in der Weise, dass er erklärt, er verweigere die ihm obliegende Leistung so lange, wie nicht der Gläubiger seinerseits eine ihm, dem Schuldner, gebührende Leistung bewirkt hat. Wie bei der Aufrechnung stehen sich auch hier die Ansprüche der beiden Beteiligten dergestalt gegenüber, dass Gläubiger der einen Leistung gleichzeitig Schuldner der anderen ist. Bei der Aufrechnung müssen die beiden Leistungen allerdings ihrem Gegenstand nach gleichartig sein, also sich in aller Regel auf die Zahlung von Geld richten; infolgedessen **erlöschen** sie durch die Aufrechnung, soweit sie sich decken. Auf ein Zurückbehaltungsrecht kann sich der Schuldner hingegen auch dann berufen, wenn die ihm gebührende Leistung in etwas anderem besteht als die Leistung, die er dem Gläubiger schuldet. Daraus folgt, dass bei

E. Die Verteidigung gegen den Erfüllungsanspruch 892–894

Geltendmachung eines Zurückbehaltungsrechts der Anspruch des Gläubigers zwar fortbesteht und der Schuldner zur Erfüllung dieses Anspruchs verurteilt werden kann, dies aber doch nur **Zug um Zug gegen Empfang der ihm gebührenden Leistung** (§§ 273 Abs. 1, 322 Abs. 1). Das bedeutet, dass der Schuldner dem Gläubiger nicht leisten muss, ohne dass nicht zum gleichen Zeitpunkt („Zug um Zug") auch der Gläubiger ihm leistet. Aus einem Urteil, das den Schuldner zur Erfüllung Zug um Zug verurteilt hat, kann der Gläubiger daher die Zwangsvollstreckung nur dann betreiben, wenn er dem zuständigen Vollstreckungsorgan nachweist, dass er seine eigene Leistung dem Schuldner erbracht oder sie ihm in einer den Annahmeverzug begründenden Weise erfolglos angeboten hat; auch kann er noch während des Vollstreckungsverfahrens dem Schuldner ein Zug-um-Zug-Angebot machen (vgl. §§ 274 Abs. 2, 322 Abs. 3 BGB, §§ 756, 765 ZPO).

Wer ein Zurückbehaltungsrecht geltend machen kann, befindet sich daher in der Regel in einer taktisch sehr günstigen Position. Nicht nur braucht er die Leistung, die der Gläubiger von ihm verlangt, vorläufig nicht zu erbringen. Er gerät mit dieser Leistung auch so lange nicht in Verzug, wie ihm das Zurückbehaltungsrecht zusteht (Rn. 1134 f.). Er vermeidet die Kosten und Mühen, die die aktive Verfolgung seines Gegenanspruchs – insbesondere die Erhebung einer Klage – erfordern würde, und er vermeidet auch das Risiko, dass er seine Leistung dem Gläubiger erbringen muss, aber mit seinem Gegenanspruch ausfällt, weil der Gläubiger später zahlungsunfähig geworden ist. Für den Gläubiger stellt sich die Lage umgekehrt dar: Er muss sich darauf einrichten, dass er seinen Anspruch erst dann realisieren kann, wenn er entweder den Gegenanspruch des Schuldners – vielleicht zähneknirschend – erfüllt (oder seine Erfüllbarkeit gemäß § 273 Abs. 3 durch die Stellung einer Sicherheit garantiert) hat oder wenn er den Richter davon überzeugen kann, dass der Gegenanspruch nicht besteht oder ein Zurückbehaltungsrecht auf ihn aus besonderen Gründen nicht gestützt werden kann. Diese Nachteile treffen den Gläubiger besonders schwer, wenn sein Anspruch nach Grund und Umfang klar begründet, der Gegenanspruch des Schuldners aber umstritten ist und die Klärung der Zweifel, die er aufwirft, so lange dauern kann, dass die Durchsetzung der unbestrittenen Forderung des Gläubigers auf ungewisse Zeit verhindert wird. In der Tat gibt es deshalb Fälle, in denen der Gesetzgeber oder die Rechtsprechung sich auf die Seite des Gläubigers geschlagen und dem Schuldner die Zurückbehaltung verboten haben. Auch ist offensichtlich, warum der Gläubiger daran interessiert sein kann, das gleiche Ergebnis durch ein vertraglich vereinbartes **Zurückbehaltungsverbot** zu erreichen (Rn. 904).

Das BGB unterscheidet zwei Formen des Zurückbehaltungsrechts: das allgemeine Zurückbehaltungsrecht (§§ 273, 274) und die Einrede des nicht erfüllten Vertrages (§§ 320–322).

2. Das allgemeine Zurückbehaltungsrecht

895 setzt voraus, dass der Anspruch des Gläubigers und der Gegenanspruch des Schuldners „**konnex**" sind, also „aus demselben rechtlichen Verhältnis" stammen (§ 273 Abs. 1; anders § 369 HGB: Konnexität nicht erforderlich). Aus dieser Formulierung könnte man schließen, dass ein und derselbe Vertrag Grundlage beider Ansprüche sein muss. Die Rechtsprechung lässt es aber seit langem ausreichen, wenn zwischen den Ansprüchen „ein innerer, natürlicher, wirtschaftlicher Zusammenhang besteht, sie also auf einem einheitlichen Lebensverhältnis beruhen" (BGHZ 64, 122, 126; BGHZ 92, 96; BGHZ 115, 103). Es genügt deshalb, wenn der Gläubiger seinen Anspruch aus dem einen, der Schuldner seinen Gegenanspruch aus einem anderen Vertrag herleitet, sofern es zum Abschluss beider Verträge im Rahmen einer ständigen Geschäftsbeziehung zwischen den Parteien gekommen ist. Andererseits muss aber der Gegenanspruch des Schuldners **fällig** sein (§ 273 Abs. 1). Darüber hinaus wird in Analogie zu § 390 allgemein verlangt, dass dem Gegenanspruch auch keine sonstigen Einreden entgegenstehen dürfen, er also – ebenso wie der Gegenanspruch bei der Aufrechnung (Rn. 867 ff.) – **durchsetzbar (vollwirksam)** sein muss. Dagegen ist die Zurückbehaltung wegen eines verjährten Gegenanspruchs zulässig, sofern die Voraussetzungen des § 215 erfüllt sind.

896 Steht also dem Käufer am 15. Dezember ein fälliger Anspruch auf Lieferung der Kaufsache zu, so kann sich der Verkäufer auf diesen Anspruch mit der Einrede des Zurückbehaltungsrechts verteidigen, wenn er und der Käufer durch eine ständige Geschäftsbeziehung miteinander verbunden sind und ihm der Käufer aus einem früheren Geschäft noch Geld schuldet. Daran ändert sich auch dann nichts, wenn der Verkäufer das Zurückbehaltungsrecht zu einem Zeitpunkt geltend macht, in dem seine Forderung gegen den Käufer bereits verjährt war. Allerdings gilt das gemäß § 215 nur dann, wenn die Forderung in dem Zeitpunkt „noch nicht verjährt war", in dem der Verkäufer erstmals – hier also: am 15. Dezember – sein Zurückbehaltungsrecht hätte geltend machen können.

3. Die Einrede des nicht erfüllten Vertrages

897 betrifft einen Spezialfall des Zurückbehaltungsrechts: Hier müssen die Ansprüche von Gläubiger und Schuldner nicht bloß konnex sein, sondern sich darüber hinaus auf die Erfüllung von Pflichten richten, die miteinander „**synallagmatisch**" verknüpft, also von jeder Partei deshalb übernommen worden sind, weil die andere Partei sich ihrerseits zu einer Gegenleistung verpflichtet hat. Diese Verknüpfung besteht beim Kauf zwischen der Verpflichtung des Verkäufers zur Lieferung einer mangelfreien Kaufsache und der Verpflichtung des Käufers zur Kaufpreiszahlung, beim Werkvertrag zwischen der Verpflichtung des Unternehmers zur Herstellung eines mangelfreien Werkes und der Verpflichtung des Auftraggebers zur Zahlung der Vergütung. Letzten Endes maßgeblich ist aber auch hier der Parteiwille. Aus dem Vertrag kann sich z.B.

E. Die Verteidigung gegen den Erfüllungsanspruch   897–898

ergeben, dass der Käufer die Zahlung des Kaufpreises auch dann gemäß § 320 verweigern kann, wenn der Verkäufer zwar den verkauften Gebrauchtwagen in der vertraglich vereinbarten Beschaffenheit geliefert, aber dem Käufer den Kraftfahrzeugbrief nicht übergeben hat. Ebenso, wenn die Parteien zwei Verträge geschlossen haben und ihr Wille dahin geht, dass für die Leistung aus dem einen Vertrag eine Leistung aus dem anderen als „Gegenleistung" geschuldet sein soll. Hat z.B. jemand ein Baugrundstück von einem Architekten gekauft und ihn in einem zweiten Vertrag mit der Planung des Bauvorhabens beauftragt, so kann sich aus dem Parteiwillen ergeben, dass der Architekt die Planungsarbeiten gemäß § 320 verweigern darf, solange der Käufer den Kaufpreis für das Grundstück nicht vollständig bezahlt hat. Im Übrigen muss der Anspruch des Schuldners, auf den er die Einrede des nicht erfüllten Vertrages stützt, die gleichen Merkmale erfüllen, wie sie beim allgemeinen Zurückbehaltungsrecht verlangt werden: Der Anspruch muss bestehen sowie fällig und durchsetzbar (vollwirksam) sein. Dass er verjährt ist, schadet nicht, wenn die Voraussetzungen des § 215 erfüllt sind.

Hat ein **Käufer** gemäß § 320 die Kaufpreiszahlung verweigert, weil die Kaufsache bisher nicht geliefert worden ist oder die gelieferte Sache nicht die vereinbarte Sollbeschaffenheit aufweist, so wird er zwar zur Zahlung verurteilt, aber gemäß § 322 Abs. 1 nur Zug um Zug gegen die Lieferung der Kaufsache, oder Zug um Zug gegen diejenige Form der Nacherfüllung (Mängelbeseitigung oder Ersatzlieferung), die der Käufer gemäß § 439 gewählt hat. Hat der Käufer Mängelbeseitigung gewählt, so kann der Verkäufer dazu nur dann verurteilt werden, wenn diese möglich ist (§ 275 Abs. 1) und er sie nicht als unverhältnismäßig teuer oder unzumutbar zurückgewiesen hat (§§ 275 Abs. 2 und 3, 439 Abs. 3). Zu beachten ist ferner, dass der Verkäufer auch bei Lieferung einer mangelhaften Kaufsache immerhin teilweise erfüllt haben kann und der Käufer deshalb gemäß § 320 Abs. 2 auch nur berechtigt ist, einen Teil des Kaufpreises zurückzuhalten. Sind beide Formen der Nacherfüllung unmöglich oder vom Verkäufer aus den eben genannten Gründen zurückgewiesen oder zwar von ihm versucht worden, aber fehlgeschlagen, so entfällt damit der Nacherfüllungsanspruch des Käufers und mit ihm die Einrede des nicht erfüllten Vertrages. Er muss sich dann auf die Kaufpreisklage auf andere Weise verteidigen, insbesondere dadurch, dass er vom Vertrag zurücktritt oder Schadensersatz statt der Leistung verlangt und mit seinem Ersatzanspruch aufrechnet (vgl. § 440). – Ähnlich liegt es beim **Werkvertrag**, wenn der Auftraggeber das mangelhaft hergestellte Werk zwar abgenommen hat, aber die Vergütung so lange zurückhalten will, bis der Unternehmer Nacherfüllung geleistet, insbesondere die Mängel beseitigt hat (§ 635). Allerdings wird in diesem Fall § 320 durch die besondere Regelung in § 641 Abs. 3 verdrängt: Danach kann in einem solchen Fall der Auftraggeber nur einen „angemessenen" Teil der Vergütung zurückhalten, mindestens aber das „Dreifache der für die Beseitigung des Mangels erforderlichen Kosten". – Ist eine **Mietwohnung** fehlerhaft, so wird der Mieter kraft Gesetzes von seiner Verpflichtung zur Zahlung der Miete ganz oder teilweise befreit (§ 536). Die restliche Miete, die er danach noch schuldet, kann er gemäß § 320 so lange zurückhalten, bis der Vermieter seine Pflicht aus § 535 Abs. 1 Satz 2 erfüllt, nämlich den Mangel der Wohnung beseitigt hat (Rn. 725). Auch hier darf die Miete gemäß § 320 Abs. 2 nur teilweise einbehalten werden, aber analog § 641 Abs. 3 doch wohl mindestens in einer Höhe, die dem Dreifachen der Mängelbeseitigungskosten entspricht.

898

899 Die Einrede aus § 320 steht dem Schuldner nicht zu, wenn er „**vorzuleisten verpflichtet ist**" (§ 320 Abs. 1). Das ist der Fall, wenn sich aus dem Vertrag oder sonst aus gesetzlichen Vorschriften ergibt, dass Leistung und Gegenleistung nicht gleichzeitig Zug um Zug ausgetauscht werden sollen, sondern dass zunächst die Leistung vom Schuldner und erst danach die Gegenleistung vom Gläubiger erbracht werden sollen. Sowohl beim Dienstvertrag wie beim Werkvertrag ist der Unternehmer vorleistungspflichtig, weil er erst die vertraglich geschuldeten Dienste geleistet oder das vertraglich geschuldete Werk hergestellt und sein Auftraggeber es abgenommen haben muss, ehe er die Vergütung von seinem Auftraggeber verlangen kann (§§ 614, 641 Abs. 1). Wenn er also von seinem Auftraggeber auf Erbringung der vereinbarten Werk- oder Dienstleistung verklagt wird, kann er sich nicht damit verteidigen, daß ihm die vereinbarte Vergütung noch nicht erbracht worden sei. Beim Mietvertrag muss, wenn nichts Abweichendes vereinbart ist, der *Vermieter* vorleisten, wenn bewegliche Sachen oder Grundstücke vermietet sind (§ 579 Abs. 1), dagegen der *Mieter*, wenn es um Räume, insbesondere um Wohnungen, geht (§§ 579 Abs. 2, 556 b Abs. 1). Auch bei Kaufverträgen kommt es nicht selten vor, dass Vorleistungspflichten vereinbart werden, so z.B. dann, wenn erst der Käufer den Kaufpreis ganz oder teilweise zahlen und der Verkäufer erst dann liefern soll.

900 Ist der Schuldner vorleistungspflichtig, so kann er die Erfüllung dieser Pflicht verweigern, „wenn nach Abschluss des Vertrages erkennbar wird, dass sein Anspruch auf die Gegenleistung durch mangelnde Leistungsfähigkeit des anderen Teils gefährdet" und damit **unsicher** wird (§ 321 Abs. 1, im Wesentlichen ebenso Art. 71 CISG). Mit dieser **Unsicherheitseinrede** kann z.B. der Käufer den Kaufpreis, obwohl er ihn nach dem Vertrag vorleisten muss, zurückhalten, wenn er nach Abschluss des Vertrages Kenntnis davon erlangt, dass der Verkäufer in finanzielle Bedrängnis geraten ist und sich deshalb die verkauften Waren von seinen Vorlieferanten nicht wird beschaffen können, ebenso, wenn er zwar finanziell leistungsfähig ist, aber deshalb nicht wird liefern können, weil seine Fabrik abgebrannt ist oder die Lieferung durch ein Embargo verboten worden ist. Die gleiche Einrede steht einem Verkäufer zu, wenn vereinbart ist, dass er erst die Ware liefern und erst später den Kaufpreis soll verlangen können: Auch er kann die Lieferung der Ware verweigern, wenn er nach Vertragsabschluss erfährt, dass dem Käufer – sei es schon vor, sei es auch erst nach Vertragsabschluss – das Geld ausgegangen ist. Die vorleistungspflichtige Partei soll sich auf die Unsicherheitseinrede auch dann berufen können, wenn die andere Partei an der Erbringung der Gegenleistung nur **vorübergehend** gehindert ist (BGH NJW 2010, 1272; dazu kritisch *Kaiser* NJW 2010, 1254). Die Unsicherheitseinrede entfällt, wenn der Gläubiger den vorleistungspflichtigen Schuldner dadurch beruhigen kann, dass er ihm eine **Sicherheit** stellt oder dafür sorgt, dass ihm eine

solche Sicherheit von einem Dritten gestellt wird. Erhebt der an sich vorleistungspflichtige Schuldner die Unsicherheitseinrede, so entsteht dadurch ein Schwebezustand, weil unklar ist, ob der Vertrag noch durchgeführt werden wird oder nicht. Zu seiner Beendigung kann der Schuldner gemäß § 321 Abs. 2 eine angemessene Frist setzen, in der der Gläubiger Zug um Zug gegen die Leistung des Schuldners entweder seine Gegenleistung erbringen oder für sie eine Sicherheit stellen muss. Nach erfolglosem Fristablauf kann der Schuldner zurücktreten.

Die Unsicherheitseinrede aus § 321 ist schwer zu vereinbaren mit der allgemeinen Regel, nach der jede Vertragspartei gehalten ist, sich schon vor dem Vertragsabschluss ein eigenes Urteil über die **Risiken der Vertragsabwicklung**, auch über das Risiko einer Insolvenz ihres Kontrahenten, zu bilden und sich durch geeignete Vereinbarungen und Vorkehrungen dagegen zu sichern. Deshalb sollte stets gefragt werden, ob nicht der vorleistungspflichtige Schuldner ausdrücklich oder konkludent das Risiko der Insolvenz des Gläubigers oder des Eintritts anderer leistungshindernder Umstände übernommen hat und damit die (dispositive) Regelung des § 321 abbedungen worden ist. 901

4. Der Ausschluss des Zurückbehaltungsrechts

Die Geltendmachung eines Zurückbehaltungsrechts bringt für den Gläubiger Nachteile mit sich, die er im Allgemeinen hinnehmen muss (Rn. 893). Manchmal wiegen diese Nachteile aber so schwer, dass dem Schuldner die Zurückbehaltung seiner Leistung verboten wird. Gelegentlich spricht der Gesetzgeber ein solches Verbot aus. Häufiger tut dies die Rechtsprechung. Sie stützt sich dabei entweder auf den Wortlaut des § 273, wonach dem Schuldner ein Zurückbehaltungsrecht nur zusteht, „**sofern nicht aus dem Schuldverhältnis sich ein anderes ergibt**". Oder sie nimmt an, dass unter den Umständen des zur Entscheidung stehenden Falles der Schuldner gegen **Treu und Glauben** verstößt, wenn er sich auf ein Zurückbehaltungsrecht beruft. Schließlich gehören die Vorschriften der §§ 273, 320 nicht zum zwingenden Recht. Das bedeutet, dass **vertragliche Vereinbarungen** grundsätzlich gültig sind, die auf einen Ausschluss oder eine Beschränkung des Zurückbehaltungsrechts abzielen. 902

Gesetzliche Zurückbehaltungsverbote sind selten. Ein Beispiel bildet § 570. Danach darf der Mieter nach Beendigung des Mietvertrages die Rückgabe der Wohnung nicht deshalb verweigern, weil ihm Ansprüche gegen den Vermieter – z.B. gemäß § 536 a Abs. 1 – zustehen. Denn dadurch würde der Vermieter gehindert, die Wohnung einem Dritten zu vermieten; ihm entstünde deshalb ein Nachteil, der regelmäßig außer Verhältnis steht zu dem Nachteil, der sich für den Mieter daraus ergibt, daß ihm wegen seiner Ansprüche ein Zurückbehaltungsrecht nicht zusteht und er sie deshalb gegen den Vermieter „aktiv" – also durch Erhebung einer Klage – geltend machen muß. Gemäß § 175 darf auch ein Bevollmächtigter nach dem Erlöschen der 903

Vollmacht kein Zurückbehaltungsrecht an der Vollmachtsurkunde geltend machen. Ebensowenig darf ein Handelsvertreter nach der Beendigung des Handelsvertretervertrages die Kundenkartei oder sonstige Unterlagen zurückhalten, weil ihm nach seiner Behauptung ein Schadensersatzanspruch oder ein Ausgleichsanspruch gemäß § 89 b gegen den Unternehmer zusteht (§ 88 a Abs. 2 HGB). Würde nämlich in diesen beiden Fällen ein Zurückbehaltungsrecht bejaht, so würden erhebliche Gefahren und Nachteile drohen, dem Vollmachtgeber wegen § 172 Abs. 2, dem Unternehmer, weil die geschäftlichen Beziehungen zu den Kunden, die bisher der Handelsvertreter betreut hat, unterbrochen oder stark behindert würden, wenn dieser ihm die Kundenkartei oder ähnliche Unterlagen vorenthalten könnte. Aus ähnlichen Gründen wird es von der Rechtsprechung als unvereinbar mit der Natur des Schuldverhältnisses oder als Verstoß gegen Treu und Glauben angesehen, wenn der Schuldner den Reisepass des Gläubigers, seinen Führerschein, seine Krankenpapiere oder die geschäftlichen Unterlagen zurückhält, ohne die der Betrieb oder die Buchhaltung des Gläubigers lahmgelegt werden könnten. Ist dem Schuldner die **Aufrechnung** verboten, sei es kraft Gesetzes (§§ 392–395, Rn. 873 ff.), sei es, weil sie gegen Treu und Glauben oder eine vertragliche Vereinbarung verstößt (Rn. 876), so liegt darin ein starkes Argument für den Ausschluss auch des Zurückbehaltungsrechts, sofern der Schutzzweck, den das Aufrechnungsverbot verfolgt, auch einem Zurückbehaltungsrecht entgegensteht. Gemäß § 320 Abs. 2 kann es „nach den Umständen" gegen Treu und Glauben verstoßen, wenn der Käufer, der eine Teillieferung des Verkäufers als Teilerfüllung entgegengenommen hat, den *gesamten* Kaufpreis zurückbehält, obwohl die noch zu liefernde Restmenge „verhältnismäßig geringfügig" ist. Das lässt sich dahin verallgemeinern, dass die Geltendmachung eines Zurückbehaltungsrechts unzulässig sein kann, wenn es der Schuldner auf eine unbedeutende Gegenforderung stützt und damit einen Anspruch des Gläubigers blockiert, der sich auf eine für ihn hochbedeutsame oder wirtschaftlich erheblich ins Gewicht fallende Leistung richtet. Auch verstößt es nach der Rechtsprechung gegen Treu und Glauben, „wenn die Erfüllung einer nach Grund und Höhe unbestrittenen Forderung wegen Gegenforderungen verweigert wird, deren Klärung so schwierig und zeitraubend ist, dass dadurch die Durchsetzung der Forderung des Gegners auf unabsehbare Zeit verhindert würde" (BGH NJW 2000, 948, 949).

Wenn die Voraussetzungen eines Zurückbehaltungsrechts gemäß §§ 273, 320 gegeben sind und seine Ausübung nicht schon nach der Natur des Schuldverhältnisses oder wegen Verstoßes gegen Treu und Glauben ausgeschlossen ist (Rn. 903), so kann sich ein solcher Ausschluss doch immer noch aus einer **vertraglichen Vereinbarung** der Parteien ergeben. Solche Vereinbarungen dürfen aber nicht die Grenzen überschreiten, die ihnen durch das zwingende Recht (vgl. z.B. § 556 b Abs. 2) gesetzt und besonders dann eng gezogen werden, wenn die Vereinbarung als AGB-Klausel Inhalt eines Vertrages geworden ist, den der Verwender mit einem Verbraucher (§ 13) abgeschlossen hat. Denn in einem solchen Fall kann der Ausschluss des Zurückbehaltungsrechts dazu führen, dass der Verbraucher des einzigen Druckmittels beraubt wird, mit dessen Hilfe er den Verwender zur ordnungsmäßigen Vertragserfüllung anhalten kann. In § 309 Nr. 2 a und b werden deshalb AGB-Klauseln für unwirksam erklärt, durch die das Zurückbehaltungsrecht, das dem Kunden gemäß §§ 320, 273 zusteht, ausgeschlossen oder eingeschränkt wird; dies soll für das Zurückbehaltungsrecht nach § 273 allerdings nur insoweit gelten, als „es auf demselben Vertragsverhältnis" beruht. Daher kann dem Käufer durch eine AGB-Klausel nicht das Recht genommen oder auch nur verkürzt werden, sich auf die Kaufpreisklage gemäß § 320 mit dem Hinweis darauf zu verteidigen, dass die Kaufsache fehlerhaft und der Verkäufer bisher seiner Nacherfüllungspflicht nicht nachgekommen sei. Ebensowenig kann sich der Unternehmer, der eine Sachleistung versprochen hat, auf eine AGB-Klausel stützen, die es seinem Auftraggeber verbietet, die Zahlung der Vergütung so lange zu verweigern, bis der Mangel der Sachleistung behoben ist. Nicht anders ist zu entscheiden, wenn man sich die Parteirollen vertauscht denkt, also nicht der Verwender den Kunden auf Zahlung der Vergütung, sondern umgekehrt der Kunde den Verwender auf Nacherfüllung in Anspruch nimmt: Auch in diesem Fall kann sich der Verwender, sofern er nach dem Vertrag eine neu hergestellte Sache zu liefern oder eine Werkleistung zu erbringen hat, nicht hinter einer AGB-Klausel verschanzen, durch die er „die Nacherfüllung von der vorherigen Zahlung des vollständigen Entgelts oder eines unter Berücksichtigung des Mangels unverhältnismäßig hohen Teils des Entgelts abhängig macht (§ 309 Nr. 8 b dd).

Allerdings gibt es auch Fälle, in denen die starre Regelung des § 309 Nr. 2 über das Ziel hinausschießt, weil sich nach den Umständen gute Gründe auch **für** den Ausschluss des Zurückbehaltungsrechts finden lassen und deshalb eine Abwägung des Pro und Contra möglich sein muss. Diesen Manövrierspielraum hat sich die Rechtsprechung durch einen Kunstgriff gesichert. Sie nimmt nämlich an, dass der Tatbestand des § 320 nicht erfüllt und damit auch § 309 Nr. 2 irrelevant ist, wenn durch die streitige AGB-Klausel eine Vorleistungspflicht des Kunden begründet wird: In diesem Fall sei ihre Gültigkeit nach der Generalklausel des § 307 zu beurteilen.

Vgl. BGH NJW 1985, 850; BGHZ 100, 157, 161; BGHZ 139, 190, 192; BGH NJW 2001, 292, 294. Danach hängt es von den Umständen ab, ob Vorauszahlungsklauseln gültig sind, die den Kunden verpflichten, die vereinbarte Vergütung ganz oder teilweise zu bezahlen, bevor der Unternehmer die vertraglich geschuldete Leistung vollständig erbracht hat. So ist aus besonderen Gründen eine AGB-Klausel in den Versteigerungsbedingungen eines Auktionators als gültig angesehen worden, nach der der Käufer, dem die Ware zugeschlagen worden ist, den vollen Kaufpreis zahlen muss, ehe sie ihm ausgeliefert wird (BGH NJW 1985, 850). Auch Heiratsvermittler dürfen sich durch eine

AGB-Klausel die Vorauszahlung der Vergütung ausbedingen (BGHZ 87, 309, 318). Ungültig ist hingegen eine AGB-Klausel, nach der der Kunde, dem der Unternehmer die Lieferung und Montage von Fenstern versprochen hat, den Löwenanteil der Vergütung schon bei der Anlieferung der Fenster, aber noch vor ihrer Montage zahlen muss: Nur so lässt sich erreichen, dass der Kunde, wenn die Montage fehlerhaft erfolgt ist, den Unternehmer unter Druck setzen und ihn zur Beseitigung der Montagemängel anhalten kann (vgl. OLG Köln NJW-RR 1992, 1047; OLG Dresden NJW-RR 1998, 1524; vgl. auch die erst nach diesen Entscheidungen in Kraft getretene, freilich dispositive Regelung in § 641 Abs. 3). – Im kaufmännischen Geschäftsverkehr weht hingegen eine kühlere und strengere Luft. Hier sind Vorauszahlungsklauseln grundsätzlich nicht zu beanstanden, weil von einem Unternehmer Verständnis dafür erwartet werden kann, dass sein Vertragspartner seine eigenen Verpflichtungen gegenüber seinen Vorlieferanten pünktlich erfüllen muss und deshalb ein schutzwürdiges Interesse daran hat, dass auch er sein Geld pünktlich erhält und sein Zahlungseingang von Streitigkeiten über das Ob und Wie der Nacherfüllung freigehalten wird. Ist in einem Kaufvertrag „cash against documents" vereinbart, so kann der Käufer die Aufnahme der Dokumente oder die Zahlung des Kaufpreises nicht mit der Begründung verweigern, dass er die Ware erst noch untersuchen wolle oder dass sie fehlerhaft sei. Denn der Käufer hat in diesem Fall „durch die Vereinbarung der Vorleistungsklausel bewusst die Gefahr in Kauf genommen, dass er den vereinbarten Kaufpreis ohne Rücksicht auf die Beschaffenheit der Ware vorzuleisten habe und bei etwaigen Mängeln darauf angewiesen sei, seinerseits Ansprüche gegen den Verkäufer zu verfolgen" (BGH NJW 1987, 2435, 2436; vgl. auch BGHZ 115, 324, 327).

VI. Die Verjährungseinrede

907 Wer als Inhaber eines Anspruchs von einem anderen ein Tun oder Unterlassen verlangen kann, aber zur Durchsetzung seines Anspruchs nichts unternimmt, erweckt dadurch bei seinem Schuldner den Eindruck, dass er an dem Anspruch nicht mehr interessiert sei. Auch wer Erfüllung oder Nacherfüllung schuldet, muss sich deshalb, wenn sein Gläubiger über einen längeren Zeitraum hinweg untätig geblieben ist, darauf einrichten dürfen, dass sich die Angelegenheit erledigt hat und er seine „Bücher schließen" kann, also die Gegenleistung nicht mehr bereitzuhalten, Nacherfüllung nicht mehr zu leisten und nicht mehr darüber nachzudenken braucht, ob und wie er sich gegen den Anspruch des Gläubigers, sollte er jetzt noch erhoben werden, verteidigen und die dazu erforderlichen Beweise führen könnte. Deshalb wird in §§ 194 Abs. 1, 214 Abs. 1 bestimmt, dass alle Ansprüche der **Verjährung** unterliegen und der Schuldner berechtigt ist nach Eintritt der Verjährung des Anspruchs die geschuldete Leistung zu verweigern.

E. Die Verteidigung gegen den Erfüllungsanspruch

1. Erfüllungsansprüche

Für den Erfüllungsanspruch gilt die „regelmäßige Verjährungsfrist". Sie beträgt gemäß § 195 drei Jahre und beginnt gemäß § 199 Abs. 1 mit dem Schluss des Jahres zu laufen, in dem der Erfüllungsanspruch des Gläubigers entstanden ist und er von den ihn begründenden Umständen und von der Person des Schuldners Kenntnis erlangt hat. Die Verjährung beginnt auch dann zu laufen, wenn der Gläubiger zwar keine Kenntnis von der Entstehung seines Anspruchs hat, aber seine Unkenntnis auf grober Fahrlässigkeit beruht. Ohne Rücksicht auf die Kenntnis oder grob fahrlässige Unkenntnis des Gläubigers verjährt sein Erfüllungsanspruch, wenn seit seiner Entstehung zehn Jahre vergangen sind (§ 199 Abs. 4).

908

Ist also ein Kaufvertrag am 15. März 2004 abgeschlossen worden, so beginnen die Erfüllungsansprüche beider Parteien mit Ablauf des 31. Dezember 2004 zu verjähren, wenn die geschuldeten Leistungen nach dem Inhalt des Vertrages vor diesem Zeitpunkt zu erbringen waren, also eine Klage auf sie hätte erhoben werden können, und wenn ferner der jeweilige Gläubiger Kenntnis von den Umständen hatte, die seinen Erfüllungsanspruch begründen. Dabei wird die Kenntnis des Gläubigers seiner fahrlässigen Unkenntnis gleichgestellt. Wollen die Parteien die ihnen drohende Verjährung hemmen (und damit den Ablauf der Verjährungsfrist gemäß § 209 hinausschieben), so muss der Käufer Klage auf Lieferung oder bei einem Grundstückskaufvertrag auf Auflassung, der Verkäufer Klage auf Abnahme der Kaufsache oder auf Zahlung des Kaufpreises erheben oder in Bezug auf seinen Erfüllungsanspruch eine andere der in § 204 aufgelisteten Rechtsverfolgungsmaßnahmen ergreifen. Eine Hemmung tritt auch für denjenigen Zeitraum ein, während dessen zwischen den Parteien Verhandlungen über den Anspruch schweben (§ 203). Ist der Lauf der Verjährungsfrist bis zum Ablauf des 31. Dezember 2007 nicht auf die eine oder andere Weise gehemmt worden, so kann sich der Schuldner ab 1. Januar 2008 auf den Eintritt der Verjährung berufen und die Leistung verweigern.

909

2. Nacherfüllungsansprüche

Von großer praktischer Bedeutung ist der Umstand, dass der Beginn und die Dauer der Verjährungsfrist sich nicht nach §§ 195, 199, sondern nach besonderen Regeln beurteilen, wenn es um den Nacherfüllungsanspruch geht, der dem Käufer oder dem Auftraggeber im Falle der Lieferung oder Abnahme einer mangelhaften Kaufsache oder Werkleistung zusteht. Gemäß § 438 beginnt nämlich der Nacherfüllungsanspruch eines Käufers schon mit der Ablieferung der (mangelhaften) Kaufsache zu laufen; außerdem beläuft sich die Verjährungsfrist grundsätzlich auf nur zwei Jahre (vgl. § 634 a zum Werkvertrag). Ist der Nacherfüllungsanspruch nach diesen Regeln verjährt, so hat das nicht nur zur Folge, dass der Verkäufer und Unternehmer die Nacherfüllung verweigern können; praktisch noch wichtiger ist es, dass in diesem Falle der Käufer und der Auftraggeber wegen des Mangels der Kaufsache oder Werkleistung vom Vertrag nicht mehr zurücktreten und auch eine Minde-

910

rung des Kaufpreises oder des Werklohns nicht mehr verlangen können, sofern sich die andere Vertragspartei auf die Verjährung beruft (§§ 438 Abs. 4 und 5, 634 a Abs. 4 und 5, 218; Rn. 966 f.).

§ 11 Vertragsaufhebung

Wenn der Schuldner seine vertraglichen Pflichten nicht oder nicht pünktlich oder nur unvollständig erfüllt oder wenn er sich auf irgendeine andere Weise nicht pflichtgemäß verhält, so wird der Gläubiger gleichwohl oft an dem Vertrag festhalten und weiterhin den Anspruch auf Erfüllung oder Nacherfüllung geltend machen. Er wird das immer dann tun, wenn er nach wie vor ein Interesse an der ihm geschuldeten Leistung hat, freilich auch nach wie vor bereit ist, die dafür von ihm selbst geschuldete Gegenleistung zu erbringen. Manchmal wird der Gläubiger aber sich oder seinem Anwalt auch die Frage stellen, ob ihn das pflichtwidrige Verhalten des Schuldners nicht dazu berechtigt, den Vertrag für erledigt zu erklären, ihn zu beenden oder aufzuheben.

Das geltende Recht kennt verschiedene Formen einer solchen **Vertragsaufhebung**. Die wichtigsten sind der **Rücktritt** und die **Kündigung**. Durch einen Rücktritt wird der Vertrag im Ganzen aufgehoben und der ursprüngliche Zustand, wie er vor dem Vertragsabschluss bestand, soweit wie möglich wiederhergestellt. Die Parteien brauchen also die vertraglich versprochenen Leistungen nicht mehr zu erbringen und müssen einander dasjenige zurückgeben, was sie vielleicht bisher schon auf den Vertrag hin geleistet haben. Durch den Rücktritt verschwindet der Vertrag allerdings nicht gänzlich von der Bildfläche; vielmehr besteht er fort, wenn auch jetzt nur noch als „Rückgewährschuldverhältnis" (Rn. 974). Vertragsaufhebung durch **Kündigung** findet bei vertraglichen Dauerschuldverhältnissen statt, also z.B. bei Miet- oder Dienstverträgen. Sie führt dazu, dass der Vertrag pro futuro aufgehoben wird, die Leistungspflichten der Parteien also von dem Zeitpunkt an erlöschen, zu dem die Kündigung wirksam wird. Ferner kann eine Vertragsaufhebung auch durch **Widerruf** erfolgen. Er beruht in der Regel auf zwingenden gesetzlichen Vorschriften, die den Verbraucher beim Abschluss bestimmter Verträge vor Übereilung schützen wollen, indem sie ihm zu diesem Zweck eine Bedenkfrist einräumen, bis zu deren Ablauf er den an sich bereits zustande gekommenen Vertrag noch nachträglich widerrufen kann, ohne dass er dafür einen besonderen Grund zu benennen braucht (Rn. 985). Und schließlich kann sich eine Vertragsaufhebung – oder doch jedenfalls eine Veränderung von Art und Inhalt der ursprünglich vereinbarten Leistungspflichten – daraus ergeben, dass nach Abschluss des Vertrages seine **Geschäftsgrundlage wegfällt** oder sich so stark verändert, dass die dadurch benachteiligte Partei gemäß § 313 eine Anpassung des Vertrages verlangen oder, wenn die Anpassung unmöglich oder unzumutbar ist, den Rücktritt vom Vertrag erklären kann (Rn. 1009).

A. Rücktritt

I. Vertragliches Rücktrittsrecht

913 Aus dem allgemeinen Prinzip der Vertragsfreiheit folgt, dass vertragliche Vereinbarungen grundsätzlich gültig sind, mit denen einer Vertragspartei ein Recht zum Rücktritt vom Vertrag eingeräumt wird. In der Regel wird mit solchen Vereinbarungen die Absicht verfolgt, die Voraussetzungen eines Rücktritts mit größerer Genauigkeit festzulegen oder sie strenger oder milder auszugestalten, als dies nach den sonst maßgeblichen (dispositiven) gesetzlichen Vorschriften der Fall wäre. So wird z.B. in notariellen Grundstückskaufverträgen oft bis in die Einzelheiten hinein geregelt, unter welchen Voraussetzungen der Rücktritt zulässig sein soll, wenn der Käufer mit der Zahlung des Kaufpreises oder der Bestellung eines Grundpfandrechts oder der Verkäufer mit der Übergabe des Grundstücks oder mit der Beibringung einer etwa erforderlichen Genehmigung säumig wird. Nicht selten kommt es allerdings vor, dass die vertraglichen Abreden von einem Rücktrittsrecht ausdrücklich nicht sprechen und dass erst durch Auslegung ermittelt werden muss, ob ein Rücktrittsrecht gewollt ist und unter welchen Voraussetzungen es der Vertragspartei zustehen soll.

914 Unterbreitet z.B. jemand seinem Verhandlungspartner ein „**freibleibendes**" Angebot, so kann die Auslegung ergeben, dass darin nicht bloß eine invitatio offerendi (Rn. 103 f.), sondern eine echtes Angebot liegt, dass ferner der Anbieter bis zum Zugang der Annahmeerklärung soll widerrufen und dass er sogar noch nach der Annahmeerklärung den zustande gekommenen Vertrag durch einen Rücktritt soll aufheben können. In einem solchen Fall ist außerdem durch Auslegung zu ermitteln, unter welchen Voraussetzungen und bis zu welchem Zeitpunkt der Rücktritt zulässig sein soll (vgl. BGH NJW 1984, 1885 und Rn. 104). In Kaufverträgen über Gattungswaren findet man häufig Klauseln, nach denen der Verkäufer sich die „**richtige und rechtzeitige Selbstbelieferung**" vorbehält oder von seiner Lieferpflicht im Falle **höherer Gewalt**, beim Ausbruch kriegerischer Ereignisse, bei Arbeitskämpfen, Betriebsstörungen oder einer wesentlichen Erschwerung oder Verteuerung seiner Leistung befreit sein soll. Auch hier entscheidet die Vertragsauslegung darüber, was genau unter den genannten Ereignissen zu verstehen ist und ob, wenn sie vorliegen, dem Verkäufer ein Recht zum Rücktritt vom Vertrag zusteht oder ob, was praktisch keinen großen Unterschied macht, der Vertrag zwar gültig bleibt, aber die Haftung des Verkäufers auf Schadensersatz ausgeschlossen sein soll, sofern seine Leistung infolge der genannten Ereignisse ausbleibt oder sich verzögert oder nur teilweise erbracht wird. Vgl. RGZ 82, 42; RGZ 88, 143; BGH NJW 1995, 1959 und Rn. 1105.

A. Rücktritt

Wenn sich eine Vertragspartei in den von ihr vorformulierten **AGB** ein Rücktrittsrecht ausbedingt, so tut sie das, weil sie sich schneller und leichter von dem Vertrag lösen können möchte, als ihr das nach den gesetzlichen Vorschriften, insbesondere nach § 323, möglich wäre. Solche **AGB-Klauseln** sind, wenn die andere Vertragspartei Verbraucher ist, gemäß § 308 Nr. 3 unwirksam, wenn sie den Verwender dazu berechtigen, „sich ohne sachlich gerechtfertigten und im Vertrag angegebenen Grund von seiner Leistungspflicht zu lösen"; bei Dauerschuldverhältnissen ist auf eine solche Klausel statt § 308 Nr. 3 die Generalklausel des § 307 anzuwenden (vgl. dazu im Einzelnen MK-*Wurmnest* § 308 Nr. 3 Rn. 6 ff.). Dabei ist unter dem Recht des Verwenders, sich „von seiner Leistungspflicht zu lösen", jedes vertraglich begründete Recht zum Rücktritt oder Teilrücktritt sowie jedes Recht zur Beendigung, Aufhebung, Kündigung oder Streichung seiner Vertragspflichten zu verstehen. Selbst wenn das „Lösungsrecht" des Verwenders mit § 308 Nr. 3, weil sachlich gerechtfertigt und im Vertrag angegeben, vereinbar ist, muss sich der Verwender in der AGB-Klausel, wenn sie wirksam sein soll, außerdem noch ausdrücklich dazu verpflichtet haben, den Kunden unverzüglich von der beabsichtigten „Lösung des Vertrages" zu unterrichten, ferner dazu, dass er dem Kunden im Falle der „Lösung" die etwa von ihm schon geleisteten Anzahlungen unverzüglich zurückerstatten werde (vgl. § 308 Nr. 8). 915

II. Gesetzliches Rücktrittsrecht

Die Regeln über das gesetzliche Rücktrittsrecht in §§ 323 – 326 legen die Voraussetzungen fest, unter denen eine Vertragspartei, sofern nichts anderes vereinbart ist, den Rücktritt vom Vertrag erklären und sich dadurch von ihrer eigenen vertraglichen Leistungspflicht befreien kann. Ein Rücktritt kommt deshalb nur bei **gegenseitigen Verträgen** in Betracht, nur dort also, wo der Gläubiger, um die Leistung vom Schuldner zu erhalten, sich zu einer Gegenleistung verpflichtet hat. Diese Verpflichtung zur Erbringung der Gegenleistung ist es, von der er sich durch den Rücktritt befreien will. Dem entspricht es, dass §§ 323–326 einem Gesetzesabschnitt eingeordnet sind, der die Überschrift „Gegenseitiger Vertrag" trägt. Daraus folgt allerdings nicht, dass dem Gläubiger ein Rücktrittsrecht nur dann gewährt wird, wenn der Schuldner die **Hauptleistung** nicht oder nicht vertragsgemäß erbringt. Vielmehr kann *jede* Pflichtverletzung des Schuldners zu einem Rücktrittsrecht des Gläubigers führen. Es kommt also nicht darauf an, ob der Schuldner eine Leistungspflicht – eine Hauptpflicht oder Nebenpflicht – oder ob er eine Schutzpflicht nicht oder nicht vertragsgemäß erfüllt hat. Maßgeblich ist, ob 916 seine Pflichtverletzung nach den Umständen des Falles so schwer wiegt, dass ein Rücktrittsrecht des Gläubigers gerechtfertigt erscheint.

917 Liegt ein nicht gegenseitiger Vertrag vor – z.B. eine Schenkung, eine Leihe, ein Auftrag – so müssen sich die Parteien auch hier aus ihrer vertraglichen Bindung lösen können. Dies geschieht aber nicht durch einen Rücktritt gemäß §§ 323 ff., sondern, sofern nichts anderes vereinbart ist, aufgrund besonderer gesetzlicher Vorschriften. So kann der Schenker unter bestimmten Voraussetzungen das Geschenk zurückfordern oder sein Schenkungsversprechen widerrufen (§§ 528–534), der Verleiher die Leihe kündigen (§ 605), der Auftraggeber den Auftrag widerrufen oder der Beauftragte ihn kündigen (§ 671).

917 a Zwei Fragen müssen streng voneinander unterschieden werden: Zum einen kommt es darauf an, ob die *Voraussetzungen* eines Rechts zum Rücktritt vom Vertrag gegeben sind. Diese Frage wird, soweit es um gegenseitige Verträge geht, in §§ 323 – 326 behandelt (Rn. 918 – 973). Davon ist die Frage nach den *Folgen* des Rücktritts zu unterscheiden. Sie liegen zunächst darin, daß beide Vertragsparteien die (weitere) Erfüllung des Vertrages nicht mehr voneinander verlangen können, vor allem aber darin, daß sie die Leistungen, die sie aufgrund des Vertrages bisher schon empfangen haben, zurückgeben und außerdem die Nutzungen, die sie aus der schon empfangenen Leistung gezogen haben, herausgeben müssen. Die Einzelheiten dazu sind in §§ 346 – 354 geregelt (Rn. 974, 984). Diese Vorschriften haben eine erhebliche praktische Bedeutung, weil das entscheidende Motiv für die Ausübung des Rücktrittsrechts fast immer darin liegt, daß eine Partei auf diese Weise wieder an dasjenige herankommen will, was sie aufgrund des Vertrags bisher schon der anderen Partei geleistet hat. Im Übrigen gelten die Regeln über die Folgen des Rücktritts grundsätzlich auch dort, wo eine Partei ihr Recht zum **Widerruf** des Vertrags ausgeübt hat (§ 357; Rn. 989 – 991). Sie gelten schließlich auch dann, wenn eine Vertragspartei die empfangene Leistung aus anderen Gründen zurückgeben muß. So liegt es z.B. im Falle des § 439 Abs. 4: Hat der Verkäufer im Wege der Nacherfüllung dem Käufer eine mangelfreie Sache geliefert, so kann er von ihm die Rückgabe der mangelhaften Sache „nach Maßgabe der §§ 346 bis 348 verlangen".

1. Interessenlage

918 Die gesetzlichen Vorschriften über das Rücktrittsrecht haben es mit einem schwierigen Interessenkonflikt zu tun. Auf der einen Seite kann derjenige, der sich mit einem pflichtwidrigen Verhalten seines Vertragspartners konfrontiert sieht, ein starkes Interesse daran haben, den Vertrag aus diesem Grunde durch einen Rücktritt zu liquidieren und so seine Handlungsfreiheit wiederzugewinnen. Dem steht aber oft ein ebenso starkes Interesse der anderen Partei am Fortbestand des Vertrages gegenüber. Dieser Konflikt wird deutlich, wenn man sich den Beispielsfall vor Augen führt, in dem ein Unter-

A. Rücktritt 918–919

nehmer mit seinem Betrieb am 1. März in neue Geschäftsräume umziehen will und er zu diesem Zweck von einem Hersteller Büroinventar zur Lieferung am 1. März gekauft hat. Wie liegt es, wenn ihm der Hersteller einige Wochen vor dem geplanten Umzug erklärt, dass er voraussichtlich das Inventar nicht vor dem 1. Juni werde liefern können? Hier muss entschieden werden, ob der Unternehmer an dem Vertrag festgehalten wird und er allenfalls von dem Hersteller Ersatz des „Verzögerungsschadens" verlangen kann, der ihm durch die Verschiebung des Umzugs entsteht (Rn. 1128 ff.), oder ob er stattdessen berechtigt sein soll, den Vertrag im Ganzen durch einen Rücktritt für erledigt zu erklären. An der letzteren „radikalen" Lösung wird er z.B. dann interessiert sein, wenn er gleichwertiges Inventar von einem anderen Hersteller zur sofortigen Lieferung ab Lager kaufen kann, oder wenn sich ihm die unerwartete Chance zum Erwerb geeigneten Gebrauchtinventars zum halben Preis bietet, oder wenn er wegen einer Veränderung der Verhältnisse am liebsten den Umzug im Ganzen abblasen möchte, sei es, weil sein Umsatz zurückgegangen ist und die vorhandenen Räume einstweilen ausreichen, sei es, weil sich der Kredit, mit dem er den Umzug finanzieren wollte, in der Zwischenzeit verteuert hat. Auf der anderen Seite kann für den Hersteller der Rücktritt desaströse Konsequenzen haben. Dass er den Gewinn verliert, den er bei Durchführung des Geschäfts erzielt hätte, ist ohnehin klar. Ein zusätzlicher Verlust wird ihm besonders dann entstehen, wenn er mit der Ausführung des Vertrages bereits begonnen, Rohstoffe beschafft oder inzwischen andere günstige geschäftliche Chancen zum Absatz seiner Produkte ausgeschlagen hatte, weil er seine Kapazität für ausgelastet hielt. Ebenso liegt es, wenn das zur Hälfte bereits fertiggestellte Inventar auf die besonderen Bedürfnisse des Auftraggebers zugeschnitten war und sich nach Fertigstellung kaum noch oder nur mit erheblicher Verzögerung oder zu niedrigem Preis anderswo absetzen lässt. Gewiss muss der Hersteller vor der eigenen Tür kehren: Er hat seine vertragliche Pflicht zur Lieferung des Inventars am 1. März verletzt, und er hat diese Pflichtverletzung sogar zu vertreten, wenn er oder sein Personal den Fertigungsprozess nicht mit der gebotenen Sorgfalt geplant oder drohende Störungen des Betriebsablaufs nicht rechtzeitig erkannt und abgestellt haben. Aber der Hersteller würde seinem Auftraggeber gern den Schaden ersetzen, der ihm durch die Verschiebung des Umzugs entsteht, wenn er nur eines vermeiden könnte, nämlich dass ihm durch einen Rücktritt der Vertrag im Ganzen unter den Füßen weggezogen wird.

Es liegt auf der Hand und wird auch durch den Vergleich mit anderen Rechtsordnungen bestätigt (vgl. *Flessner* ZEuP 1997, 255; *Schlechtriem/ Schmidt-Kessel* AT Rn. 502 ff.), dass die Entscheidung über Gewährung oder Versagung eines Rücktrittsrechts von einer Abwägung der Interessen abhängen muss, die der Gläubiger an der Aufhebung des Vertrages und der

Schuldner an seinem Fortbestand haben. Einverständnis besteht auch über den Grundsatz, dass ein Rücktrittsrecht nur dort gewährt werden darf, wo die Pflichtverletzung des Schuldners so stark ins Gewicht fällt, so wesentlich ist oder so schwer wiegt, dass dem Gläubiger nach den Umständen die weitere Bindung an den Vertrag nicht zugemutet werden kann. Für die Umsetzung dieses Grundgedankens bieten sich aber rechtstechnisch verschiedene Wege an.

920 Den einen Weg wählt das CISG: Es packt gleichsam den Stier bei den Hörnern, indem es in Art. 49 Abs. 1 a und 64 Abs. 1 a bestimmt, dass jede Vertragspartei die Aufhebung des Vertrages erklären kann, wenn die andere Partei eine vertragliche Verpflichtung nicht erfüllt hat und darin eine **„wesentliche Vertragsverletzung"** liegt (ebenso Art. 3:103 PECL). Der Begriff der „wesentlichen Vertragsverletzung" wird in Art. 25 CISG näher definiert; außerdem darf die vertragstreue Partei, wenn sie Zweifel an der Wesentlichkeit der Vertragsverletzung hat, ihrem Kontrahenten eine Nachfrist für die Erfüllung setzen und, wenn die Frist ergebnislos verstreicht, die Vertragsverletzung als wesentlich ansehen.

921 Das BGB wählt den anderen Weg: Es stellt in § 323 Abs. 1 zunächst die Regel auf, dass der Gläubiger nur dann vom Vertrag zurücktreten darf, wenn er „dem Schuldner erfolglos eine angemessene Frist zur Leistung oder Nacherfüllung bestimmt hat". In bestimmten Fällen einer besonders schwerwiegenden Nicht- oder Schlechterfüllung ist allerdings die Setzung einer Frist entbehrlich und der sofortige Rücktritt erlaubt, so etwa in den Fällen des § 323 Abs. 2 (Rn. 936 ff., 958 f.), ferner dann, wenn feststeht, dass dem Schuldner die Leistung gemäß § 275 Abs. 1 – 3 unmöglich oder unzumutbar ist (§ 326 Abs. 5 und Rn. 958), schließlich auch dann, wenn der Schuldner eine Schutzpflicht i. S. des § 241 Abs. 2 verletzt hat und dem Gläubiger aus diesem Grunde „ein Festhalten an dem Vertrag nicht mehr zuzumuten ist" (§ 324 und Rn. 972).

922 Aus § 323 ergibt sich, dass es für das Rücktrittsrecht nicht darauf ankommt, ob der Schuldner seine Pflichtverletzung **zu vertreten** hat oder nicht. Mit anderen Worten: Der Gläubiger kann, wenn die sonstigen Voraussetzungen erfüllt sind, auch dann vom Vertrag zurücktreten, wenn die Nicht- oder Schlechterfüllung auf eine Naturkatastrophe, auf das unabwendbare Verhalten eines Dritten, einen Diebstahl, eine Sachbeschädigung, einen Sabotageakt oder auf die Verwirklichung eines sonstigen Risikos zurückzuführen ist, das außerhalb des Verantwortungsbereichs des Schuldners liegt. Auf Schadensersatz haftet der Schuldner in einem solchen Falle zwar nicht (vgl. § 280 Abs. 1 Satz 1). Den Rücktritt vom Vertrag muss er sich aber gefallen lassen. Denn in einem gegenseitigen Vertrag verpflichtet sich der Gläubiger zu seiner Gegenleistung nur „unter der Bedingung", dass auch der Schuldner leistet. Fällt die Leistung des Schuldners aus oder wird sie nicht so wie versprochen erbracht, so muss der Gläubiger seine Gegenleistung auch dann be-

A. Rücktritt

halten dürfen, wenn dem Schuldner die Nichtleistung oder die nicht vertragsgemäße Leistung nicht zum Vorwurf gemacht werden kann. Zwar folgt aus dem Grundsatz der Vertragsfreiheit, dass eine abweichende Vereinbarung gültig ist. Sie muss aber, wenn sie in die Form einer AGB-Klausel gekleidet ist, der Kontrolle nach § 307 standhalten. In jedem Falle ungültig ist sie, wenn sie in einem Verbrauchsgüterkauf das Rücktrittsrecht des Verbrauchers entgegen § 323 davon abhängig macht, dass der Verkäufer die Nicht- oder Schlechtleistung zu vertreten hat. Denn gemäß § 475 Abs. 1 ist auch § 437 Nr. 2 und damit auch § 323 zwingend.

Dem steht nicht entgegen, dass der Richter überall dort, wo es nach §§ 323 ff. für die Gewährung eines Rücktrittsrechts oder für die Erforderlichkeit einer Fristsetzung auf eine offene Interessenabwägung ankommt, auch in Betracht ziehen darf, ob der Schuldner sich über seine Vertragspflichten vorsätzlich, leichtfertig oder rücksichtslos hinweggesetzt hat oder ob es so liegt, dass der Fehler dem Schuldner trotz redlicher Bemühung unterlaufen ist. Hat etwa ein Gerüstbauunternehmer bei seinen Arbeiten die Wand und die Fenster des einzurüstenden Hauses beschädigt, so wird seinem Auftraggeber die weitere Bindung an den Vertrag gemäß § 324 um so weniger zuzumuten und das Rücktrittsrecht um so eher zu gewähren sein, je schwerer das Verschulden des Unternehmers oder seiner Leute wiegt. Es bleibt aber bei dem Grundsatz: Für das Rücktrittsrecht kommt es nicht darauf an, ob der Schuldner die Pflichtverletzung zu vertreten hat oder nicht. 923

Hingegen ist das Rücktrittsrecht des Gläubigers gemäß § 323 Abs. 6 **ausgeschlossen**, wenn ihm ein schutzwürdiges Interesse an der Aufhebung des Vertrages deshalb nicht zur Seite steht, weil er selbst es ist, der „**allein oder weit überwiegend verantwortlich ist**" dafür, dass der Schuldner seine Leistung nicht oder nicht vertragsgemäß erbracht hat. Das Gleiche gilt, wenn die Pflichtverletzung des Schuldners auf Umständen beruht, die während des **Annahmeverzugs** des Gläubigers eingetreten sind und die der Schuldner nicht zu vertreten hat. Hat also der Verkäufer die Ware nicht pünktlich oder in vertragswidriger Beschaffenheit geliefert, so kann der Käufer nicht nach § 323 zurücktreten, wenn er selbst eine falsche Versandanschrift genannt oder die falsche Verpackung der Ware vorgeschrieben hat und deshalb selbst für die Nicht- oder Schlechterfüllung des Vertrages verantwortlich ist. Er bleibt an den Vertrag gebunden und muss sogar Schadensersatz gemäß § 280 leisten, wenn er die Falschinformation zu vertreten hat. 924

Die praktische Bedeutung des § 323 Abs. 6 ist eher gering, weil die Umstände, die vom Gläubiger zu verantworten oder während seines Annahmeverzugs eingetreten sind, in den meisten Fällen zur **Unmöglichkeit** der Leistung des Schuldners führen und ihn deshalb gemäß § 275 Abs. 1 von seiner Leistungspflicht befreien. In diesen Fällen ergibt sich für den Gläubiger schon aus der Parallelvorschrift des § 326 Abs. 2, dass er an seiner Verpflichtung zur Erbringung der Gegenleistung festgehalten wird (und sich von ihr auch nicht durch einen Rücktritt befreien kann). Vgl. Rn. 827 ff. 925

926 Die Voraussetzungen, unter denen der Gläubiger zurücktreten darf, sind in §§ 323 und 324 geregelt. Sie sind unterschiedlich ausgestaltet, je nachdem, ob der Gläubiger den Rücktritt darauf stützt, dass die ihm geschuldete Leistung **überhaupt nicht** (Rn. 927 ff.) oder dass sie **nur teilweise** (Rn. 948 ff.) erbracht wird. Davon ist der Fall zu unterscheiden, in dem der Schuldner geleistet hat und der Gläubiger den Rücktritt damit begründet, dass die Leistung **nicht vertragsgemäß** gewesen sei (Rn. 952 ff.). Schließlich regelt § 324 den Fall, in dem der Gläubiger zurücktreten möchte, weil sein Schuldner eine **Schutzpflicht** verletzt hat (Rn. 972 f.).

2. Rücktritt beim Ausbleiben der Leistung

927 Wir fassen zunächst den Fall ins Auge, in dem die Leistung überhaupt nicht erbracht wird, also ganz ausbleibt.

928 a) **Fälligkeit.** – Zurücktreten kann der Gläubiger gemäß § 323 Abs. 1 nur dann, wenn die Leistung zu einem Zeitpunkt ausgeblieben ist, zu dem sie **fällig** war.

929 Dass der Schuldner sich mit seiner Leistung in **Verzug** befindet, ist zwar für den Anspruch des Gläubigers auf Ersatz des Verzögerungsschadens erforderlich (vgl. §§ 280 Abs. 2, 286; Rn. 1128 ff.), nicht aber für sein Rücktrittsrecht. Das bedeutet allerdings nur, dass der Gläubiger zurücktreten kann, ohne dass er vorher den Schuldner durch eine besondere Mahnung zu seiner Leistung aufgefordert haben muss. Alle übrigen Voraussetzungen des Verzuges müssen aber gegeben sein. Zum Rücktritt ist der Gläubiger daher nur dann berechtigt, wenn der Anspruch auf die Leistung in dem Zeitpunkt, in dem sie ausgeblieben ist, **fällig** und **durchsetzbar** war.

930 Wann die Leistung des Schuldners **fällig** wird, ergibt sich aus den vertraglichen Vereinbarungen und, wenn sich ihnen zu dieser Frage nichts abgewinnen lässt, aus § 271 (Rn. 555 ff., 626, 1131).

931 Zur Fälligkeit im weiteren Sinne gehört auch, dass der Anspruch des Gläubigers **durchsetzbar** ist; daran fehlt es, wenn der Schuldner sich auf diesen Anspruch mit einer Einwendung oder Einrede verteidigen könnte. Hierher gehört zunächst der Fall, in dem die Leistung dem Schuldner gemäß § 275 Abs. 1 **unmöglich** ist oder er sie gemäß § 275 Abs. 2 und 3 verweigern durfte und verweigert hat. In einem solchen Fall braucht der Schuldner nicht zu leisten; daher ist der Anspruch des Gläubigers nicht durchsetzbar. Daraus entsteht aber dem Gläubiger kein Nachteil. Zum einen ergibt sich nämlich schon aus § 326 Abs. 1, dass er, wenn sein Schuldner gemäß § 275 nicht zu leisten braucht, auch selbst von seiner eigenen Pflicht zur Gegenleistung befreit wird und er deshalb, um diese Befreiung zu erreichen, nicht erst noch zurückzutreten braucht. Und obendrein stellt § 326 Abs. 5 klar, dass dem Gläubiger auch in diesem Fall ein Rücktrittsrecht zusteht, auf das „§ 323 mit der Maßgabe entsprechende Anwendung [findet], dass die Fristsetzung entbehrlich ist".

A. Rücktritt

932 Gemäß § 326 Abs. 5 wird der Gläubiger auch dann zurücktreten dürfen, wenn der Schuldner wegen eines vorübergehenden Leistungshindernisses „derzeit" nicht leisten kann und der Gläubiger an einer künftigen Leistung „kein Interesse" hat (Rn. 803, 823). – In der Praxis kommt es manchmal vor, dass die Leistung des Schuldners bei Fälligkeit ausbleibt, aber der Grund des Ausbleibens unsicher und deshalb zweifelhaft ist, ob die Voraussetzungen des § 275 vorliegen und der Gläubiger daher gemäß § 326 Abs. 5 sofort zurücktreten darf. So liegt es, wenn der Schuldner das Ausbleiben seiner Leistung nicht näher begründet oder nur nebelhafte Ausflüchte macht oder zwar behauptet, dass ihm die Leistung durchaus noch möglich sei, aber ungewiss ist, ob der Gläubiger das Gegenteil beweisen kann. In allen diesen Fällen ist es nicht nur zulässig, sondern dem Gläubiger dringend anzuraten, dass er nach der Grundnorm des § 323 verfährt und den Rücktritt erst erklärt, nachdem er eine Frist gesetzt hat und sie erfolglos abgelaufen ist; tritt er gemäß § 326 Abs. 5 auf der Stelle zurück, so ist der Rücktritt nur wirksam, wenn die Voraussetzungen des § 275 Abs. 1 bis 3 tatsächlich gegeben waren.

933 Undurchsetzbar ist der Anspruch des Gläubigers auch dann, wenn sich der Schuldner auf ihn mit der Verjährungseinrede verteidigen konnte und verteidigt hat. Tritt ein Käufer zurück, so kommt es für die Verjährungseinrede des Verkäufers darauf an, ob der Rücktritt des Käufers darauf gestützt wird, daß der Verkäufer seine Leistung *nicht* (Rn. 908 f.) oder daß er sie *nicht vertragsgemäß* erfüllt, also eine mangelhafte Kaufsache geliefert hat (Rn. 910, 918, 966 f.). Der Anspruch des Gläubigers ist auch dann undurchsetzbar, wenn der Schuldner die Einrede des Zurückbehaltungsrechts gemäß § 273 erhoben hat: Auch hier ist der Gläubiger nur dann nach erfolglosem Ablauf der Frist zum Rücktritt berechtigt, wenn er sich gleichzeitig zu derjenigen Leistung erbietet, wegen derer der Schuldner seine Leistung zurückbehalten hat, oder wenn er, falls er die eigene Leistungspflicht bestreitet, dem Schuldner gemäß § 273 Abs. 3 Sicherheit leistet. Schließlich kann der Gläubiger nicht wirksam unter Fristsetzung vom Vertrag zurücktreten, wenn er selbst die von ihm geschuldete Gegenleistung nicht erbracht hat und der Schuldner sich deshalb mit der Einrede des nicht erfüllten Vertrages (§ 320) verteidigen könnte.

934 Vgl. Rn. 892 ff. Hat also ein Käufer vorab erklärt, dass er den Kaufpreis nicht wie vereinbart bei Lieferung zahlen wolle oder zahlen könne, so kann er nicht, wenn der Verkäufer daraufhin die Ware nicht liefert, vom Vertrag gemäß § 323 zurücktreten. Denn seinem Anspruch auf Lieferung der Ware hätte der Verkäufer die Einrede des nichterfüllten Vertrages entgegenhalten können; damit ist der Lieferungsanspruch des Käufers nicht durchsetzbar. Vielmehr steht in diesem Falle dem *Verkäufer* ein Rücktrittsrecht zu, wenn die Kaufpreiszahlung trotz Fristsetzung ausgeblieben ist. Allerdings setzt auch dies voraus, dass er dem Käufer die Lieferung mangelfreier Ware angeboten hat.

935 Ausnahmsweise darf der Gläubiger schon vor dem Eintritt der Fälligkeit den Rücktritt erklären, „wenn **offensichtlich** ist, dass die Voraussetzungen des Rücktritts eintreten werden" (§ 323 Abs. 4; ähnlich Art. 72 CISG). So liegt es vor allem dann, wenn der Schuldner schon vor dem Fälligkeitszeitpunkt unmissverständlich erklärt hat, dass er seine Leistung künftig nicht oder nicht rechtzeitig erbringen werde: Hier kann der Gläubiger sofort zurücktreten, ohne dass er erst noch den Eintritt der Fälligkeit abwarten und dem Schuldner eine Frist setzen müsste. Zum vorzeitigen Rücktritt ist der Gläubiger auch dann berechtigt, wenn ihm Umstände bekannt geworden sind, die einen vernünftigen Menschen in gleicher Lage zu der sicheren Prognose veranlasst hätten, dass der Schuldner bei Fälligkeit zu der versprochenen Leistung nicht bereit oder nicht imstande sein wird.

936 b) **Rücktritt ohne Fristsetzung.** – Grundsätzlich darf der Gläubiger erst dann zurücktreten, wenn er dem Schuldner nach dem Eintritt der Fälligkeit erfolglos eine angemessene Frist für die Nachholung der Leistung gesetzt hat. In den wichtigen Fällen des § 323 Abs. 2 Nr. 1–3 ist jedoch die Setzung einer solchen Frist entbehrlich und daher der Gläubiger zum **sofortigen Rücktritt** berechtigt.

937 Das gilt gemäß **Nr. 1**, wenn der Schuldner „die Leistung **ernsthaft und endgültig verweigert**" hat. Dafür reicht es nicht aus, dass er auf Lieferschwierigkeiten hinweist oder den Gläubiger um eine Hinausschiebung des Liefertermins, um eine Erhöhung der Gegenleistung oder um eine Neuverhandlung des Vertragsinhalts bittet oder dass er sich darauf beruft, er halte die von ihm bisher erbrachte Leistung auch nach erneuter Prüfung für vertragsgemäß. Vielmehr muss der Schuldner sich so verhalten, dass der Gläubiger – genau genommen: ein redlicher und vernünftiger Mensch in seiner Lage – zu der Auffassung kommen durfte und kommen musste, dass nach den gegebenen Umständen mit der geschuldeten Leistung nicht mehr zu rechnen sei, der Schuldner keinesfalls seinen Vertragspflichten nachkommen werde und es deshalb eine sinn- und nutzlose Formalität wäre, wenn er ihm erst noch eine Frist für die Leistung oder Nacherfüllung setzen müsste (BGH NJW 2011, 2872 Tz. 14; BGH NJW 2011, 3435 Tz. 24).

938 Entbehrlich ist die Setzung einer Frist gemäß **Nr. 2** auch dann, wenn ein **Fixgeschäft** vorliegt, also ein Termin oder eine Frist für die Leistung vertraglich vereinbart ist und „der Gläubiger im Vertrag den Fortbestand seines Leistungsinteresses an die Rechtzeitigkeit der Leistung gebunden hat." Dafür genügt die genaue Bestimmung eines Liefertermins oder einer Lieferfrist allein noch nicht. Erforderlich ist außerdem, dass der Vertrag nach dem durch Auslegung zu ermittelnden Parteiwillen „mit der zeitgerechten Leistung des Geschäfts stehen oder fallen soll" (Rn. 558). Hat etwa ein Autohersteller mit seinem Zulieferer vereinbart, dass die Ware per Waggon geliefert und „just in time" am 15. März um 15.24 Uhr auf Gleis 6 des Werkbahnhofs bereitstehen soll, so kann er sofort – noch am 15. März – zurücktreten, wenn die Ware zwar pünktlich, aber auf Gleis 2, oder zwar auf Gleis 6, aber erst um 16.00 Uhr angeliefert wird. Dafür, dass ein Fixgeschäft gewollt ist, kann

auch sprechen, dass der Termin oder die Frist in dem Vertrag als „fix" oder „fest" bezeichnet oder dass Formulierungen wie „ohne jede Nachfrist" oder „keinesfalls später als" verwendet werden. Liegt sogar ein **„absolutes"** Fixgeschäft vor (Rn. 558), so führt die Überschreitung von Termin oder Frist dazu, dass dem Schuldner die Leistung unmöglich wird (§ 275 Abs. 1) und der Gläubiger von seiner Pflicht zur Gegenleistung schon gemäß § 326 Abs. 1 Satz 1, also auch ohne Rücktritt, befreit wird. Hat der Gläubiger seine Gegenleistung schon erbracht, so kann er gemäß §§ 326 Abs. 5, 323 ohne Fristsetzung von dem Vertrag zurücktreten und die Gegenleistung gemäß § 346 vom Schuldner zurückverlangen.

Nr. 3 enthält schließlich eine Auffangklausel, nach der die Fristsetzung entbehrlich ist, wenn die Voraussetzungen von Nr. 1 und 2 nicht gegeben sind, aber **„besondere Umstände"** vorliegen, die unter Abwägung der beiderseitigen Interessen den sofortigen Rücktritt rechtfertigen. Solche besonderen Umstände können z.B. dann gegeben sein, wenn die Leistung infolge ihres Ausbleibens vom Gläubiger nicht mehr für denjenigen Zweck verwendet oder in derjenigen Art und Weise eingesetzt werden kann, wie dies bei Vertragsabschluss von ihm geplant war.

Hat z.B. die mit der Errichtung eines Hauses beauftragte Baufirma die Ausschachtung der Baugrube einem Erdbauunternehmer (als „Subunternehmer") übertragen und hat dieser seine Leistung zu dem dafür vereinbarten Zeitpunkt nicht erbracht, so kann die Baufirma von dem Vertrag mit ihm ohne Fristsetzung zurücktreten, wenn wegen der eingetretenen Verzögerung ihr selbst vom Bauherrn der Auftrag zur Errichtung des Hauses entzogen worden ist (vgl. BGH NJW 1971, 798). Ebenso muss sich ein Verkäufer den sofortigen Rücktritt des Käufers gefallen lassen, wenn er ihm die Waren bei Fälligkeit nicht geliefert hat und wegen dieser Verzögerung die Abnehmer, an die der Käufer die Waren weiterverkauft hat, ihrerseits ihre Verträge storniert haben (vgl. BGH NJW-RR 1998, 1489, 1491). Hierher gehören auch Fälle, in denen zwar kein Fixgeschäft vereinbart ist, aber das Ausbleiben der Leistung dazu führt, dass der Käufer die Ware nicht mehr rechtzeitig für das Weihnachtsgeschäft, für die Badesaison oder für die Fußballweltmeisterschaft einsetzen kann. Hat ein Käufer, dem die Ware zu dem dafür vereinbarten Zeitpunkt vom Verkäufer nicht geliefert worden ist, sofort ein Deckungsgeschäft über die gleiche Ware mit einem Dritten abgeschlossen, so rechtfertigt dieser Umstand allein seinen sofortigen Rücktritt gegenüber dem Verkäufer nicht. Anders aber, wenn der Marktpreis für die Ware in raschem Anstieg begriffen war: Hätte sich hier der nicht belieferte Käufer mit dem Abschluss des Deckungsgeschäfts Zeit gelassen, so würde er dadurch den Schaden, dessen Ersatz er vom Verkäufer gemäß §§ 280 Abs. 1 und 3, 281 verlangen kann, vergrößert haben. Da aber der Käufer durch § 254 Abs. 2 zur Minderung des Schadens angehalten wird, muss er zum sofortigen Abschluss des Deckungsgeschäfts, dann aber auch zum sofortigen Rücktritt berechtigt sein. Vgl. zu diesen und ähnlichen Fällen ausführlich: *Huber* II § 48 III.

941 **c) Fristsetzung.** – Hat der Schuldner die fällige Leistung nicht erbracht, so kann der Gläubiger, sofern nicht die Voraussetzungen des § 323 Abs. 2 gegeben sind, nur dann vom Vertrag zurücktreten, wenn er nach Eintritt der Fälligkeit dem Schuldner „eine **angemessene Frist zur Leistung**" bestimmt hat und diese Frist „**erfolglos**" verstrichen ist (§ 323 Abs. 1). Für die Wahrung der Frist genügt es, dass der Schuldner die geschuldeten **Leistungshandlungen** bis zum Ende der Frist vorgenommen hat. Ist also bei einem Versendungskauf dem Verkäufer eine Frist bis zum 20. Mai gesetzt, so ist sie gewahrt, wenn die Ware dem Beförderungsunternehmer am 20. Mai übergeben wird, selbst wenn sie erst 2 Tage später beim Käufer eintrifft.

942 Gemäß § 323 Abs. 3 tritt an die Stelle der Frist eine **Abmahnung**, wenn „nach der Art der Pflichtverletzung eine Fristsetzung nicht in Betracht" kommt. So kann es z.B. liegen, wenn der Schuldner sich zu einer Unterlassung verpflichtet und dieser Verpflichtung zuwidergehandelt hat und nunmehr der Gläubiger durch eine Abmahnung erreichen will, dass er im Falle einer erneuten Zuwiderhandlung sofort zurücktreten kann.

943 Im Falle der Fristversäumung droht dem Schuldner der Rücktritt, durch den er empfindlich getroffen werden kann. Zwar muss ihm diese Konsequenz vom Gläubiger nicht ausdrücklich **angedroht** oder als eine automatische Folge der Fristversäumung dargestellt werden. Immerhin muss der Gläubiger aber doch Formulierungen verwenden, die dem Schuldner den Ernst der Lage vor Augen führen und ihm klarmachen, dass bei Säumnis rechtliche Konsequenzen nicht auszuschließen sind. Die Rechtsprechung lässt es genügen, wenn dem Schuldner klargemacht wird, dass er die Leistung „unverzüglich", „umgehend" oder „innerhalb einer angemessenen Frist" erbringen muss; es ist deshalb nicht erforderlich, dass ihm eine zeitlich exakt begrenzte Frist gesetzt wird (BGH NJW 2009, 3153).

944 Wie lang eine „angemessene" Frist ist, bestimmt sich nach den Umständen. Sie braucht nicht so geräumig zu sein, dass der Schuldner die Leistung auch dann noch erbringen könnte, wenn man annimmt, dass er jetzt erst mit den dazu erforderlichen Anstalten beginnt. Denn schließlich ist seine Leistung schon fällig gewesen, bevor ihm die Frist gesetzt wird. Sie kann umso kürzer sein, je öfter er vom Gläubiger nach Eintritt der Fälligkeit zur Nachleistung gedrängt worden ist, je dringlicher das Interesse des Gläubigers an pünktlicher Erfüllung ist und je schwerer die Gefahr wiegt, dass der Schuldner zum Nachteil des Gläubigers darauf spekuliert, es werde der Marktpreis, zu dem er sich die Leistung von einem Dritten beschaffen kann, noch während des Laufs der Frist sinken. Es macht also für die Dauer der angemessenen Frist einen Unterschied, ob der säumige Verkäufer ein Grundstück oder Aktien der Telecom nachzuleisten hat. Hat der Gläubiger den Schuldner zur Leistung aufgefordert und für sie einen bestimmten Zeitraum oder einen bestimmten Endtermin genannt, so wird es, wenn die daraus sich ergebende Frist nicht „angemessen", nämlich zu kurz ist, so gehalten, als habe der Gläu-

A. Rücktritt

biger für die Leistung eine „angemessene" Frist gesetzt. Das bedeutet, dass der Rücktritt nur dann berechtigt ist, wenn er bis zum Ablauf einer vom Gericht festzusetzenden „angemessenen" Frist erfolgt ist.

Auch hier gelten besondere Regeln, wenn die Frist durch eine **AGB-Klausel** bestimmt wird, die Inhalt des mit einem Verbraucher geschlossenen Vertrages geworden ist. Hat z.B. ein Möbelhändler mit seinem Kunden am 10. März einen Vertrag geschlossen, in dessen von ihm vorformulierten AGB bestimmt ist, dass die Lieferfrist für die Möbel 2 Monate nach Vertragsabschluss, also am 10. Mai ablaufen und dass der Kunde zum Rücktritt erst dann berechtigt sein soll, wenn er dem Händler nach Ablauf der Lieferfrist erfolglos eine „Nachfrist" von weiteren 2 Monaten gesetzt hat, so beurteilt sich die Gültigkeit dieser Klausel nach § 308 Nr. 1, soweit es um die *Lieferfrist* (Rn. 561), und nach § 308 Nr. 2, soweit es um die „*Nachfrist*" geht. Ist die Klausel in ihren beiden Teilen unwirksam – das ist hier sicherlich anzunehmen –, so tritt gemäß § 306 Abs. 2 an ihre Stelle die Vorschrift des § 271, soweit es um die Lieferfrist, und des § 323 Abs. 1, soweit es um die Länge der „Nachfrist" geht. Darüber hinaus sind gemäß § 309 Nr. 8a auch solche Klauseln unwirksam, durch die das Recht des Kunden, sich wegen eines vom Verwender zu vertretenden Ausbleibens der Leistung von dem Vertrag zu lösen, *ausgeschlossen* oder (in anderer Weise als durch das Erfordernis der Setzung einer zu langen Frist) *beschränkt wird*. Hat sich umgekehrt der Händler durch eine AGB-Klausel ausbedungen, dass er, wenn der Kunde die Möbel nicht abnimmt, auf der Stelle – also ohne Setzung einer Frist – zum Rücktritt (und zur Geltendmachung von Schadensersatz) berechtigt sein soll, so verstößt *diese* Klausel gegen § 309 Nr. 4; an ihre Stelle tritt § 323. Anders, wenn der Kunde schon vor der Lieferung erklärt, dass er die Möbel nicht annehmen werde: Dann kann der Händler, ohne dass es auf die Gültigkeit der Klausel ankommt, sofort zurücktreten, weil ihm dies durch § 323 Abs. 2 Nr. 1 erlaubt wird.

Auch wenn die Frist erfolglos abgelaufen ist, bleibt der Vertrag (und mit ihm die Leistungspflicht des Schuldners und der Erfüllungsanspruch des Gläubigers) so lange bestehen, bis der der Gläubiger sein Rücktrittsrecht ausgeübt, also den Rücktritt gemäß § 349 erklärt hat. Daran ändert sich auch dann nichts, wenn der Gläubiger nach erfolglosem Ablauf der Frist zunächst seinen Erfüllungsanspruch weiterverfolgt. Auch dann steht es ihm frei, den Rücktritt zu erklären, ohne dass er dafür nochmals eine Frist zu setzen hätte.

So BGH NJW 2006, 1198. – Zögert der Gläubiger seine Rücktrittserklärung hinaus, so entsteht ein Schwebezustand, den der Schuldner, weil § 350 leider nur für *vertragliche* Rücktrittsrechte gilt, auch nicht dadurch beenden kann, dass er dem Gläubiger eine Frist setzt und ihn auffordert, sich bis zum Ablauf der Frist darüber zu erklären, welchen Weg er gehen will. Der Schuldner kann sich dadurch helfen, dass er seine Leistung dem Gläubiger anbietet und ihn dadurch in Zugzwang bringt: Nimmt er die Leistung an, so tritt dadurch Erfüllung ein (§ 362). Lehnt er sie auf der Stelle ab, so liegt darin die Erklärung des Rücktritts. Lehnt er ab und lässt er gleichwohl offen, ob und wann er den Rücktritt erklären werde, weil er abwarten will, ob nach der weiteren Entwicklung der Verhältnisse der Rücktritt oder der Erfüllungsanspruch ihm den größeren Vorteil (und damit dem Schuldner den größeren Nachteil) bringt, so gerät er dadurch nicht nur in Annahmeverzug. In einem solchen Verhalten kann auch die Verletzung einer Schutzpflicht liegen, die dem Schuldner einen Anspruch auf Schadensersatz (§ 280) und u.U. sogar ein Rücktrittsrecht (§ 324) gewährt. Vgl. dazu *Schlechtriem/Schmidt-Kessel* AT Rn. 534; MK-*Ernst* § 323 Rn. 143 ff.

393

3. Rücktritt beim Ausbleiben einer Teilleistung

948 Bietet der Schuldner dem Gläubiger eine **Teilleistung** an, die der Gläubiger gemäß § 266 ablehnen durfte und abgelehnt hat (Rn. 563), so liegt ein Fall des vollständigen Ausbleibens der Leistung vor. Der Gläubiger kann also von dem Vertrag im Ganzen zurücktreten, wenn die Voraussetzungen des § 323 erfüllt sind. Anders liegt es, wenn der Gläubiger die Teilleistung annimmt: Bleibt nunmehr die Restleistung aus, obwohl der Gläubiger die (regelmäßig erforderliche) angemessene Frist gesetzt hatte, so kann er grundsätzlich nur einen **Teilrücktritt** erklären; er bleibt dann zu seiner eigenen Gegenleistung insoweit verpflichtet, als sie der empfangenen Teilleistung entspricht. Das setzt natürlich voraus, dass auch die Gegenleistung des Gläubigers teilbar ist. Ist sie das nicht, so kann der Gläubiger – etwa der Verkäufer einer Eigentumswohnung – auch dann vom Kaufvertrag im Ganzen zurücktreten, wenn ihm der Käufer eine Teilleistung erbracht – hier also: einen Teil des Kaufpreises bezahlt – hat (BGH NJW 2010, 146). Ist die Leistung des Gläubigers hingegen teilbar – insbesondere, wenn er als Käufer die Zahlung eines Kaufpreises versprochen hat –, so ist ihm der Rücktritt vom ganzen Vertrage nur ausnahmsweise gestattet, nämlich gemäß § 323 Abs. 5 Satz 1 nur dann, „wenn er an der Teilleistung **kein Interesse** hat." Hat also ein Bauunternehmer, um das Dach eines bestimmten Hauses zu decken, das dafür erforderliche Quantum an Dachpfannen gekauft, aber von seinem Lieferanten nur eine Teilmenge geliefert erhalten, so kann er, wenn er ihm für die Lieferung des Rests erfolglos eine angemessene Frist gesetzt hat, vom ganzen Vertrag zurücktreten, wenn er die fehlenden Pfannen in gleicher Größe, Bauart, Glasierung und Farbtönung sich anderswo nicht oder nur zu einem horrenden Preis beschaffen kann und er daher „kein Interesse" daran hat, die bereits erbrachte Teilleistung zu behalten (und zu bezahlen).

949 Richtig ist allerdings, das beim Kaufvertrag die Lieferung einer „zu geringen Menge" als Sachmangel anzusehen ist (§ 434 Abs. 3; ebenso beim Werkvertrag: § 633 Abs. 2 Satz 3; Rn. 595). Manche Autoren wollen diese für das Kaufrecht geltende Regel auch auf das allgemeine Recht der Pflichtverletzungen, hier also: auf § 323 übertragen. Das würde bedeuten, dass in dem eben geschilderten Fall nicht eine Teilleistung des Lieferanten ausgeblieben, sondern seine Gesamtleistung „nicht vertragsgemäß" erbracht worden wäre, dies mit der Folge, dass nicht § 323 Abs. 5 *Satz 1*, sondern *Satz 2* maßgeblich wäre und der Bauunternehmer den Vertrag durch einen Rücktritt stornieren könnte, sofern die Fehlmenge nicht ganz gering und die Pflichtverletzung deshalb „unerheblich" ist (so z.B. *Faust* in *Bamberger/Roth* § 434 Rn. 114 f.; wie hier *Medicus/Lorenz* SchR BT Rn. 99 ff.; MK-*Ernst* § 323 Rn. 213 ff., alle mit weiteren Nachweisen zu dieser höchst streitigen Frage). Ebenso ist der Fall zu lösen, in dem zwar die vereinbarte Menge Dachpfannen geliefert worden, aber ein Teil davon **mangelhaft** gewesen ist: Auch hier kann der Bauunternehmer, nachdem er dem Lieferanten erfolglos eine angemessene Frist für die Lieferung mangelfreier Ersatzpfannen gesetzt hat, vom ganzen Vertrag nur dann zurücktreten, wenn er „kein Interesse" an der fehlerfrei erbrachten Teilleistung hat.

Ein Teilrücktritt ist auch dann unzulässig, wenn der Schuldner zwar einen 950
Teil der versprochenen Leistung nicht erbracht hat oder erbringen konnte,
aber nach dem Parteiwillen anzunehmen ist, dass die mehreren Leistungen
des Schuldners eine Einheit bilden, also nur entweder ganz oder gar nicht erbracht werden sollten. Mit anderen Worten: Es darf der Teilrücktritt nicht
dazu führen, dass der Schuldner an einen „Restvertrag" gebunden bleibt,
wie er ihn als solchen niemals abgeschlossen hätte.

Hat sich der Verkäufer zum Verkauf eines Grundstücks allein deshalb bereitgefunden, 951
weil der Käufer sich verpflichtet hat, ihm auch noch ein Gemälde abzunehmen, so kann
der Käufer, wenn das Gemälde gestohlen wird und nicht geliefert werden kann, nicht
durch einen Teilrücktritt erreichen, dass der Verkäufer weiterhin zur Lieferung des
Grundstücks gegen Zahlung eines reduzierten Preises verpflichtet bleibt. Vielmehr wird
der Verkäufer gemäß § 275 Abs. 1 von seiner Verpflichtung zur Lieferung von Grundstück *und* Gemälde befreit. Der Käufer kann also nur vom Vertrage im Ganzen zurücktreten. Wenn der Verkäufer allerdings die Nichtleistung des Gemäldes zu vertreten hat,
kann der Käufer von ihm Schadensersatz statt der Leistung verlangen.

4. Rücktritt wegen eines Mangels der Kaufsache oder Werkleistung

Aus § 323 Abs. 1 Satz 1 ergibt sich, dass der Gläubiger vom Vertrag auch 952
dann zurücktreten kann, wenn der Schuldner die Leistung zwar bewirkt hat,
die bewirkte Leistung aber „**nicht vertragsgemäß**", also vertragswidrig,
nämlich nicht so beschaffen ist, wie es der Schuldner in dem Vertrag versprochen hat. § 323 ist also auf den Fall der nicht vertragsgemäßen Leistung gerade so anzuwenden wie auf den Fall, in dem die Leistung – sei es ihrem ganzen Umfang nach, sei es teilweise – **überhaupt nicht** erbracht worden ist. Die
Überlegungen, die oben Rn. 927 ff. angestellt worden sind, gelten daher sinngemäß auch hier.

Nur in einem Punkt enthält § 323 eine besondere Regelung, die ausschließlich den Fall 953
der „nicht vertragsgemäßen" Leistung betrifft: Sofern die Pflichtverletzung, die in der
nicht vertragsgemäßen Leistung liegt, „**unerheblich**" ist, kommt ein Rücktritt nicht in
Betracht (§ 323 Abs. 5 Satz 2). Damit sind nicht Bagatellfälle gemeint, in denen die tatsächlich erbrachte Leistung von der geschuldeten nur ganz geringfügig abweicht. Erheblich ist die Differenz zwischen der vertragsgemäßen Soll-Leistung und der nicht vertragsgemäßen Ist-Leistung nur dann, wenn sie so stark ins Gewicht fällt und so wesentlich ist, dass die drastische Konsequenz der vollständigen Vertragsaufhebung durch
einen Rücktritt – sei es auch im Regelfall erst nach erfolgloser Fristsetzung – gerechtfertigt erscheint. Dem Käufer wird also in der Regel ein Rücktrittsrecht nicht zustehen,
wenn der Verkäufer beweisen kann, dass der Mangel der Kaufsache im Zeitpunkt der
Abgabe der Rücktrittserklärung behebbar war und die Kosten der Reparatur geringfügig sind, also nur 1 oder 2 % des Kaufpreises betragen und daher einen vernünftigen
Käufer nicht dazu bewogen hätten, von dem Kaufvertrag Abstand zu nehmen (vgl.
BGH NJW 2005, 3490, 3493; BGH NJW 2009, 508; BGH NJW 2011, 2872 Tz. 19 ff.).
Ist der verkaufte Gebrauchtwagen ein „Unfallwagen", so ist der Mangel zwar unbehebbar, aber „unerheblich", wenn sein merkantiler Minderwert weniger als 1 % des Kaufpreises beträgt (BGH NJW 2008, 1517). Hat allerdings der Verkäufer eine „Beschaffen-

heitsgarantie" in der Weise übernommen, dass er die Abwesenheit eines bestimmten Mangels „garantiert" hat (Rn. 591, 1109 ff.), so liegt, wenn die gelieferte Sache den Mangel gleichwohl aufweist, eine „erhebliche" Pflichtverletzung auch dann vor, wenn der Mangel unter gewöhnlichen Umständen als geringfügig anzusehen und der Rücktritt daher ausgeschlossen wäre. Bei alledem ist auch zu bedenken, dass der Gläubiger, dem der Rücktritt aus dem genannten Grunde versagt wird, nicht schutzlos dasteht: Zwar muss er die in „unerheblichem" Umfang vertragswidrige Leistung behalten. Aber er kann doch immerhin seine Gegenleistung – in der Regel: den Kaufpreis – durch **Minderung** reduzieren (und damit einen Teilrücktritt erklären, vgl. Rn. 956).

954 Der praktisch wichtigste Fall einer nicht vertragsgemäßen Leistung liegt vor, wenn der Verkäufer die Kaufsache zwar geliefert oder der Auftraggeber das vollendete Werk dem Unternehmer zwar abgenommen hat, aber die Kaufsache oder die Werkleistung **mangelhaft**, also nicht derart „**frei von Sach- oder Rechtsmängeln**" ist, wie sie dies gemäß §§ 434 f., 633 hätte sein müssen.

955 Auch die Leistungen eines Vermieters und eines Reiseveranstalters sind mangelhaft und daher nicht vertragsgemäß, wenn sie hinter der Sollbeschaffenheit gemäß §§ 535 f., 651 c zurückbleiben. Allerdings sind die Voraussetzungen, unter denen wegen solcher Mängel der Mieter und der Reisende den Vertrag (durch Kündigung oder Rücktritt) auflösen können, in besonderen Vorschriften geregelt (vgl. §§ 536, 543 Abs. 1 und 3, 569 Abs. 1, 651d ff.), die gegenüber § 323 vorrangig sind.

956 In §§ 437 Nr. 2, 634 Nr. 3 wird klargestellt, dass im Falle einer mangelhaften Kaufsache oder Werkleistung der Käufer und der Auftraggeber nicht nur unter bestimmten Voraussetzungen vom Vertrag zurücktreten, sondern dass sie, „**statt zurückzutreten**", den Kaufpreis oder die Vergütung auch **mindern** können (§§ 441, 638). In der Sache ist die Minderung ein **Teilrücktritt**. Das ergibt sich einerseits daraus, dass der Käufer und der Auftraggeber sich auch durch die Minderung – wie durch den Rücktritt – von ihrer Verpflichtung zur Gegenleistung befreien, freilich – anders als beim Rücktritt – nicht ganz, sondern nur teilweise. Dass sich hinter der Minderung ein Teilrücktritt verbirgt, zeigt aber auch der Umstand, dass Käufer und Auftraggeber nur „statt zurückzutreten" mindern können, also alle Voraussetzungen, die für einen Rücktritt erforderlich sind, auch bei der Minderung vorliegen müssen. Das gilt freilich nur mit einer wesentlichen Einschränkung: Ist die Pflichtverletzung, die in der Mangelhaftigkeit der Kaufsache oder Werkleistung liegt, „**unerheblich**", so können der Käufer und der Auftraggeber gemäß § 323 Abs. 5 Satz 2 zwar nicht den Vertrag im Ganzen (durch „Totalrücktritt") aufheben. Wohl aber können sie in diesem Falle ihre Gegenleistung (durch einen Teilrücktritt) **mindern**. Das ergibt sich aus §§ 441 Abs. 1 Satz 2, 638 Abs. 1 Satz 2.

A. Rücktritt 957–958

a) **Vorrang der Nacherfüllung.** – Gemäß § 323 Abs. 1 kommt ein Rücktritt 957 oder eine Minderung grundsätzlich erst dann in Betracht, wenn der Käufer oder der Auftraggeber der anderen Vertragspartei eine angemessene Frist zur Erfüllung – hier: zur **Nacherfüllung** – gesetzt hat und diese Frist erfolglos abgelaufen ist. Dem liegt der Gedanke zugrunde, dass dem Verkäufer und dem Unternehmer zunächst eine Chance gegeben werden muss, durch Nacherfüllung den Mangel der Kaufsache oder Werkleistung zu beheben und dadurch den drohenden Rücktritt oder die drohende Minderung abzuwenden. Die Nacherfüllung ist also nichts anderes als die nachträgliche Leistung desjenigen, was die Vertragspartei zu erfüllen von Anfang an versprochen hat; deshalb sind Einzelheiten über die Nacherfüllung schon oben im Abschnitt über den Erfüllungsanspruch behandelt (vgl. Rn. 759 ff., 798 ff.).

Auch wenn feststeht, dass die Kaufsache nicht richtig funktioniert, hat der Käufer 957 a manchmal Grund zu prüfen, ob dies nicht daran liegt, dass er sie nach ihrer Lieferung falsch installiert, falsch gewartet oder sie auf andere Weise falsch behandelt hat. Wenn er erkannt oder fahrlässig nicht erkannt hat, dass die Kaufsache in Wahrheit *nicht* fehlerhaft war und die Ursache ihres fehlerhaften Funktionierens dem *eigenen* Verantwortungsbereich zuzurechnen ist, so liegt, wenn er gleichwohl einen Mangel behauptet und vom Verkäufer Nacherfüllung verlangt hat, eine schuldhafte Vertragsverletzung vor, die den Käufer zum Ersatz des Schadens verpflichtet, der dem Verkäufer dadurch entstanden ist, dass er die Kaufsache wegen des vom Käufer behaupteten Mangels seinerseits untersucht und dabei den wahren Sachverhalt aufgedeckt hat (BGH NJW 2008, 1147). – Liegt ein Mangel vor, so darf der Käufer zwar Nacherfüllung verlangen. Aber dieses Verlangen ist unbeachtlich, wenn er sich gleichzeitig rundheraus weigert, die Kaufsache dem Verkäufer zur Verfügung zu stellen und es ihm damit unmöglich macht zu prüfen, ob sie den behaupteten Mangel im Zeitpunkt des Gefahrübergangs wirklich hatte und ob er die vom Käufer verlangte Art der Nacherfüllung gemäß § 439 Abs. 3 verweigern kann (BGH NJW 2010, 1448). – Ob der Käufer die mangelhafte Ware zum Zweck der Nacherfüllung an den Sitz der gewerblichen Niederlassung des Verkäufers transportieren muss oder stattdessen verlangen kann, dass er sie bei ihm zu diesem Zweck abhole oder sie bei ihm repariere, hängt davon ab, an welchem Ort die Nacherfüllungspflicht gemäß § 269 vom Verkäufer zu erfüllen ist. Auch hier ist das Nacherfüllungsverlangen des Käufers unbegründet, wenn er es mit der Aufforderung zur Abholung der Ware verknüpft, obwohl es gemäß § 269 *sein* Sitz ist, an dem der Verkäufer die Nacherfüllung zu erbringen hatte (BGHZ 189, 196).

§ 323 Abs. 1 verlangt, dass der Käufer oder Auftraggeber eine „angemessene Frist" zur Nacherfüllung bestimmt. Eine solche Frist wird auch dann 958 gesetzt, wenn sie nicht durch den Ablauf eines bestimmten Tages oder eines bestimmten Wochen- oder Monatsendes genau fixiert ist. Es reicht also aus, wenn der Käufer oder Auftraggeber seinem Vertragspartner klarmacht, dass er die Nacherfüllung „unverzüglich", „umgehend" oder innerhalb einer „angemessenen" oder „handelsüblichen" Frist vorzunehmen hat (vgl. Rn. 943). In vielen Fällen ist die Setzung einer Frist ganz entbehrlich und daher der **so-**

fortige **Rücktritt** oder die **sofortige Minderung** des Kaufpreises erlaubt. So liegt es z.B. dann, wenn der Mangel unbehebbar ist, also feststeht, dass beide Formen der Nacherfüllung – also sowohl die Beseitigung des Mangels wie die Lieferung einer mangelfreien Ersatzsache oder die Neuherstellung eines mangelfreien Werks (§§ 439, 635) – dem Verkäufer oder Unternehmer gemäß § 275 Abs. 1 **unmöglich** sind, ebenso dann, wenn sie die Nacherfüllung gemäß § 275 Abs. 2 oder 3 als **unzumutbar** verweigern durften und verweigert haben (Rn. 798 ff.): In diesen Fällen darf gemäß § 326 Abs. 5 der Rücktritt oder die Minderung auf der Stelle erklärt werden, ohne dass erst noch eine Frist gesetzt werden müsste. Unmöglich ist dem Verkäufer die Nacherfüllung insbesondere dann, wenn ein Gebrauchtwagen verkauft ist, dessen Mangel deshalb unbehebbar ist, weil er sich entgegen der von den Parteien getroffenen Beschaffenheitsvereinbarung als „Unfallwagen" entpuppt oder seine Laufleistung erheblich höher als vereinbart ist (vgl. Rn. 799). Entbehrlich ist die Fristsetzung auch in den Fällen des § 323 Abs. 2, also z.B. dann, wenn ein Verkäufer beide Formen der Nacherfüllung **„ernsthaft und endgültig"** verweigert hat, etwa weil er unmissverständlich und eindeutig zum Ausdruck bringt, dass er seine Ware für mangelfrei halte oder ihm die Nacherfüllung gemäß § 275 unmöglich oder unzumutbar sei (vgl. Rn. 937).

959 Eine Frist braucht auch dann nicht gesetzt zu werden, wenn **„besondere Umstände"** vorliegen, die den sofortigen Rücktritt des mangelhaft belieferten Käufers oder die sofortige Minderung des Kaufpreises rechtfertigen (§ 323 Abs. 2 Nr. 3). Solche „besonderen Umstände" können z.B. darin liegen, dass der Verkäufer bei Abschluss des Kaufvertrages den Mangel der Kaufsache dem Käufer arglistig verschwiegen hat. In einem solchen Fall kann der Käufer den Vertrag gemäß § 123 anfechten; er kann aber auch, wenn ihm das vorteilhaft erscheint, vom Vertrag zurücktreten oder den Kaufpreis mindern, ohne dass er dem Verkäufer erst noch die an sich erforderliche Frist für die Nacherfüllung setzen müsste. Dafür kann der Umstand sprechen, dass der Verkäufer wegen seiner Arglist nicht schutzwürdig erscheint oder dass der Käufer die berechtigte Sorge haben darf, der Verkäufer könne ihm noch andere (bisher nicht hervorgetretene) Mängel arglistig verschwiegen haben oder den Plan verfolgen, ihn im Zuge der Nacherfüllung noch einmal hinters Licht zu führen. Vgl. BGH NJW 2007, 835; BGH NJW 2008, 1371 und dazu *Faust* JuS 2008, 557. – Schließlich braucht eine Frist auch in dem besonderen Fall des § 478 nicht gesetzt zu werden: Hat ein Unternehmer von seinem Lieferanten neu hergestellte Sachen geliefert erhalten und sie an einen Verbraucher weiterverkauft, so kann er von dem Vertrag mit dem Lieferanten **sofort** zurücktreten, wenn ihm der Verbraucher die Sache wegen ihrer Mängel zurückgegeben oder den Kaufpreis gemindert hat (vgl. § 478 Abs. 1).

960 Weiterhin braucht der Käufer keine Frist zu setzen, wenn einer der in **§ 440** genannten besonderen Fälle vorliegt. § 636 enthält eine entsprechende Regelung zugunsten des Auftraggebers einer Werkleistung; dabei ist zu beachten, dass es beim Werkvertrag der Unternehmer ist, der zwischen der Mängelbeseitigung und der Neuherstellung eines mangelfreien Werks wählen kann.

A. Rücktritt

961 Im ersten Fall des § 440 verhält es sich so, dass „der Verkäufer beide Arten der Nacherfüllung gemäß § 439 Abs. 3 verweigert" hat. Ebenso ist der Fall zu behandeln, in dem der Verkäufer seine Weigerung bei der einen Form der Nacherfüllung auf § 439 Abs. 3, bei der anderen auf § 275 Abs. 2, auf § 275 Abs. 3 oder darauf stützt, dass die Nacherfüllung ihm gemäß § 275 Abs. 1 unmöglich sei. Ob in diesen Fällen die Weigerung rechtlich begründet ist oder nicht, macht jedenfalls dann keinen Unterschied, wenn die Art der Nacherfüllung, um die es geht, vom Verkäufer ernsthaft und endgültig – mit oder auch ohne stichhaltige Begründung – verweigert und dadurch insoweit die Fristsetzung schon nach § 323 Abs. 2 Nr. 1 entbehrlich gemacht wird. Verweigert der Verkäufer *nur* die Mängelbeseitigung oder *nur* die Lieferung einer mangelfreien Ersatzsache, so muss der Käufer mit der jeweils anderen Art der Nacherfüllung vorliebnehmen. Zurücktreten oder mindern kann er erst, wenn er für die andere Art der Nacherfüllung erfolglos eine angemessene Frist gesetzt hat.

962 Der **zweite Fall des § 440** liegt vor, wenn „die dem Käufer zustehende Art der Nacherfüllung **fehlgeschlagen** ist". Die dem Käufer „zustehende Art der Nacherfüllung" ist diejenige, die er gemäß § 439 Abs. 1 gewählt hat, es sei denn, dass sie vom Verkäufer gemäß § 439 Abs. 3 verweigert werden durfte und verweigert worden ist: In diesem Falle steht dem Käufer nur die andere Art der Nacherfüllung zu. Sie ist „fehlgeschlagen", wenn seit dem Nacherfüllungsverlangen des Käufers ein gewisser Zeitraum vergangen, dem Verkäufer während dieses Zeitraums die Nacherfüllung nicht gelungen und dadurch nunmehr eine Lage entstanden ist, in der ein vernünftiger und redlicher Mensch in der Lage des Käufers so erhebliche Zweifel an der Leistungsfähigkeit und/oder am Leistungswillen des Verkäufers haben wird, dass ihm nicht erwartet werden kann, dass er sich auf weitere Nacherfüllungsversuche noch einlässt. Eine besondere Regel stellt § 440 Satz 2 für das Fehlschlagen einer „Nachbesserung" auf (gemeint ist damit, wie in § 439 Abs. 1, die Mängelbeseitigung): Hier soll dem Käufer der Geduldsfaden reißen dürfen, wenn auch der zweite Versuch der Mängelbeseitigung dem Verkäufer misslungen ist. Allerdings kann sich „aus der Art der Sache oder des Mangels oder den sonstigen Umständen" ergeben, dass ein Fehlschlagen der Mängelbeseitigung schon nach *einem* erfolglosen ersten Versuch zu bejahen oder trotz *zweier* Versuche noch zu verneinen ist. Ist nach diesen Regeln die dem Käufer zustehende Art der Nacherfüllung fehlgeschlagen, so kann er sofort vom Vertrag zurücktreten, sofern der Mangel der Kaufsache nicht „unerheblich" ist; in *jedem* Falle kann er sofort den Kaufpreis *mindern*. Auf die andere Art der Nacherfüllung braucht er sich nicht mehr einzulassen.

963 Schließlich kann der Käufer auch dann sofort zurücktreten oder mindern, wenn der **dritte Fall des § 440** vorliegt, nämlich die ihm zustehende Art der Nacherfüllung für ihn „**unzumutbar**" ist. So kann es z.B. liegen, wenn der Verkäufer den Mangel, um dessen Beseitigung durch Nacherfüllung es geht, dem Käufer arglistig verschwiegen hat (vgl. Rn. 959) oder wenn der Käufer zwar zunächst Mängelbeseitigung verlangt hat, aber die damit beauftragten Leute des Verkäufers bei ihm in betrunkenem Zustand erscheinen oder ihn beleidigen oder zu täuschen versuchen: Auch hier muss der Käufer *sofort* zurücktreten oder den Kaufpreis mindern dürfen. Ebenso, wenn der Käufer einen vernünftigen Grund für die Annahme hat, dass der Kaufsache außer dem schon beanstandeten Mangel noch weitere bisher unentdeckte Mängel anhaften, oder wenn sich zeigt, dass die Mängelbeseitigung den Käufer erheblich belästigen und zu anhaltenden Störungen seines Betriebsablaufs führen wird.

964 Bei einem **Verbrauchsgüterkauf** (§ 474) muss der mangelhaft belieferte Verbraucher auch ohne ausdrückliche Setzung einer Frist zurücktreten oder mindern können, wenn seit seinem Nacherfüllungsverlangen eine angemessene Frist vergangen ist und der Verkäufer während dieser Frist dem Mangel nicht abgeholfen hat. In Art. 3 Abs. 5 der EU-Richtlinie über den Verbrauchsgüterkauf (abgedruckt in NJW 1999, 2421) werden nämlich Rücktritt und Minderung lediglich vom *Ablauf*, nicht von der *Setzung* einer angemessenen Frist abhängig gemacht. Im Wege richtlinienkonformer Auslegung sollte deshalb § 323 Abs. 2 Nr. 3 dahin verstanden werden, dass beim Verbrauchsgüterkauf nach dem erfolglosen Ablauf einer angemessenen Frist „besondere Umstände" gegeben sind, die nunmehr den sofortigen Rücktritt oder die sofortige Minderung rechtfertigen. So *Staudinger/Artz* NJW 2011, 3121; *Faust* in *Bamberger/Roth* § 437 Rn. 17 ff. mit weiteren Nachweisen.

965 Ist wie im Regelfall die Setzung einer Frist erforderlich, so muss sie „angemessen" sein, also diejenige Dauer haben, die es unter normalen Umständen erlaubt, dass die Nacherfüllung in derjenigen Form vorgenommen wird, für die sich beim Kaufvertrag der Käufer und beim Werkvertrag der Unternehmer entschieden haben. Dabei kommt es auch hier auf die „besonderen Umstände" des Einzelfalls und auf eine „Abwägung der beiderseitigen Interessen" an. Sie können dazu führen, dass die Setzung einer Frist ganz entbehrlich ist (§ 323 Abs. 2 Nr. 3); sie können ebenso dazu führen, dass eine sehr kurze Frist als angemessen anzusehen ist. Ist eine unangemessen kurze Frist gesetzt worden, so wird dadurch eine angemessene Frist in Lauf gesetzt (Rn. 944). Dagegen ist die Fristsetzung wirkungslos, wenn der Käufer oder der Auftraggeber zum Rücktritt fest entschlossen ist, aus diesem Grunde bewusst eine unangemessen kurze Frist gesetzt und gleichzeitig erklärt hat, dass er nach Fristablauf auf keinen Fall eine Nacherfüllung noch annehmen werde.

966 **b) Verlust des Rücktrittsrechts durch Zeitablauf.** – Auch wer als Verkäufer eine mangelhafte Kaufsache geliefert hat, muss sich, sofern er den Mangel nicht arglistig verschwiegen hat, darauf einrichten dürfen, dass der Käufer nach Ablauf einer gewissen Zeit nicht mehr vom Vertrag zurücktreten oder den Kaufpreis mindern kann. Der Verkäufer wird sich dann auf **Verjährung** berufen. Allerdings unterliegen der Verjährung nur *Ansprüche* (§ 194 Abs. 1),

A. Rücktritt

nicht die „Gestaltungsrechte" des Rücktritts oder der Minderung. Deshalb wird in §§ 438 Abs. 4 und 5, 218 Satz 1 bestimmt, dass der Käufer nicht mehr zurücktreten oder mindern kann, wenn sein *Anspruch auf Nacherfüllung* bereits verjährt ist und der Verkäufer sich auf den Eintritt der Verjährung beruft (Rn. 910).

Es kommt also darauf an, ob die Rücktritts- oder Minderungserklärung dem Verkäufer zu einem Zeitpunkt zugeht, in dem der Nacherfüllungsanspruch des Käufers bereits verjährt ist. Im Falle des Verkaufs einer beweglichen Sache verjährt dieser Anspruch, wenn nach Ablieferung (= Übergabe) der Sache ein Zeitraum von zwei Jahren vergangen ist (§ 438 Abs. 1 Nr. 3, Abs. 2). Diese Zweijahresfrist *verlängert* sich um denjenigen Zeitraum, während dessen die Parteien Verhandlungen über das Ob und Wie der Nacherfüllung miteinander geführt haben und die Verjährung deshalb *gehemmt* ist (§§ 203, 209). Praktisch sehr wichtig ist die Frage, ob sich die Zweijahresfrist durch vertragliche Vereinbarung *verkürzen* lässt. Grundsätzlich gilt zwar auch hier Vertragsfreiheit (vgl. § 202 Abs. 1). Ihr sind allerdings enge Grenzen gesetzt. Im Falle eines *Verbrauchsgüterkaufs* (§ 474) sind Vereinbarungen, die eine Verkürzung der Frist bezwecken, ungültig, es sei denn, dass eine *gebrauchte* Sache verkauft ist; auch in diesem Falle darf aber die vereinbarte Frist nicht kürzer als ein Jahr sein (§ 475 Abs. 2). Liegt kein Verbrauchsgüterkauf vor – etwa weil beide Vertragsparteien Unternehmer oder Privatleute sind –, so ist auch noch § 309 Nr. 8 b ff zu beachten, falls die Vereinbarung über die Abkürzung der Verjährungsfrist in die Form einer vom Verkäufer vorformulierten AGB-Klausel gekleidet ist: In diesem Falle muss die Verjährungsfrist mindestens ein Jahr betragen, wenn eine neu hergestellte Sache verkauft oder die Erbringung einer Werkleistung vereinbart ist. Eine AGB-Klausel, die die Verjährungsfrist für die Mängelansprüche des Käufers verkürzt, kann auch noch gegen § 309 Nr. 7 a und b verstoßen. Das tut sie, wenn sie nicht ausdrücklich bestimmt, dass die Verkürzung nicht für Schadensersatzansprüche des Käufers gelten soll, die er darauf stützt, dass der Verkäufer den Mangel der Kaufsache grob fahrlässig herbeigeführt oder dass der Mangel einen Körperschaden verursacht habe (BGHZ 170, 31 Tz. 18 ff.; Rn. 283). – Alle diese Regeln gelten auch dann, wenn der Mangel unbehebbar und daher die Nacherfüllung dem Verkäufer an sich gemäß § 275 Abs. 1 unmöglich oder von ihm gemäß §§ 275 Abs. 2 oder 3, 439 Abs. 3 verweigert worden ist (§ 218 Abs. 1 Satz 2): In diesem Falle kommt es darauf an, ob der „hypothetische" Nacherfüllungsanspruch verjährt wäre (vgl. BGHZ 168, 64, 73 ff.; BGHZ 170, 31 Tz. 34). Hat der Käufer allerdings den Kaufpreis noch nicht bezahlt, so darf er die Zahlung selbst dann noch verweigern, wenn er gemäß § 218 nicht mehr zurücktreten könnte (§ 438 Abs. 4 Satz 2). In diesem Falle muss der Verkäufer, der den Kaufpreis nicht erhält, wenigstens die Kaufsache zurückverlangen können. Das wird in § 438 Abs. 4 Satz 3 dadurch sichergestellt, dass ihm ein Rücktrittsrecht gewährt wird.

5. Rücktritt wegen sonstiger nicht vertragsmäßiger Leistungen

Nicht vertragsgemäß hat der Schuldner auch dann geleistet, wenn er zwar seine Hauptpflichten erfüllt, also z.B. den Kaufpreis vollständig und pünktlich bezahlt oder eine mangelfreie Kaufsache oder Werkleistung dem Käufer oder Auftraggeber rechtzeitig verschafft hat, seine Leistung aber in irgendeiner anderen Hinsicht hinter demjenigen zurückbleibt, was vertraglich versprochen war. Es kommt also für § 323 nicht darauf an, ob in der nicht vertragsgemäßen Leistung des Schuldners die Verletzung einer Haupt- oder einer Nebenpflicht liegt.

969 Ein Rücktritt des Käufers gemäß § 323 kommt daher auch dann in Betracht, wenn der Verkäufer eine mangelfreie Kaufsache pünktlich geliefert, aber die Leute des Käufers nicht in ihre Bedienung eingewiesen oder dem Käufer die für ihre Benutzung erforderliche Betriebsanleitung oder das für ihre Ausfuhr erforderliche Ursprungszeugnis nicht übergeben hat, oder wenn er das Markenzeichen des Käufers nicht nur auf den für ihn bestimmten Waren, sondern eigenmächtig auch auf anderen Waren angebracht und sie mit diesem Markenzeichen an Dritte verkauft hat. Ebenso kann der Verkäufer zurücktreten, wenn der Käufer sich vertragswidrig verhält, also sich weigert, die Ware zum vereinbarten Zeitpunkt abzunehmen (§ 433 Abs. 2) oder sie zwar abnimmt, aber sie abredewidrig zu einem zu niedrigen Preis oder als Ramschware auf Billigmärkten absetzt oder wenn er sie an Kunden oder in Länder weiterverkauft, deren Belieferung sich der Verkäufer in dem Vertrag vorbehalten hatte.

970 In allen diesen Fällen hat der Schuldner zwar eine Vertragspflicht verletzt. Aber ob die Verletzung so stark ins Gewicht fällt, dass der Gläubiger ihretwegen den Vertrag im Ganzen aufheben kann, ist manchmal nicht einfach zu entscheiden. Denn es besteht immer die Gefahr, dass der Vertrag dem Gläubiger schon aus anderen Gründen lästig geworden ist, er sich deshalb ohnehin von ihm lösen möchte und ihm unter diesen Umständen die Pflichtverletzung des Schuldners gerade recht kommt. § 323 wirkt dieser Gefahr auf doppelte Weise entgegen: Zunächst durch Abs. 5 Satz 2. Danach ist der Rücktritt wegen einer nicht vertragsgemäß bewirkten Leistung ausgeschlossen, wenn die darin liegende Pflichtverletzung „unerheblich" ist. Ferner durch Abs. 5 Satz 1: Lässt sich die vom Schuldner erbrachte Gesamtleistung in eine vertragsgemäße und eine nicht vertragsgemäße **Teilleistung** aufspalten, so kann der Gläubiger vom Vertrag im Ganzen nur dann zurücktreten, wenn er an der vertragsgemäß erbrachten Teilleistung – für sich genommen – „**kein Interesse**" hat.

971 Wie lassen sich diese Generalklauseln konkretisieren? Hat der Schuldner die nicht vertragsgemäße Leistung zu vertreten und ist durch sie dem Gläubiger ein Schaden entstanden, den er beweisen und beziffern kann, so wird man fragen müssen, ob er nicht schon mit den Ansprüchen auf „einfachen Schadensersatz" gemäß § 280 Abs. 1 oder auf Ersatz des Verzögerungsschadens gemäß §§ 280 Abs. 1 und 2, 286 gut bedient und deshalb die „Liquidation" des ganzen Vertrages durch Rücktritt (oder durch das Verlangen von Schadensersatz statt der Leistung) nicht erforderlich ist. – Zwar kommt es für § 323 nicht darauf an, ob der Schuldner die nicht vertragsgemäße Leistung zu vertreten hat (Rn. 922). Dennoch kann es für die „Erheblichkeit" der Pflichtverletzung eine Rolle spielen, ob sie auf einem besonders leichtfertigen oder verantwortungslosen Verhalten des Schuldners beruht (Rn. 923) oder ob er trotz einer Abmahnung sein vertragswidriges Verhalten fortgesetzt hat. Hat sich ein Verkäufer im Rahmen einer ständigen Geschäftsbeziehung oder im Zuge der Durchführung eines Sukzessivlieferungsvertrags vertragswidrig verhalten, indem er mehrfach erst am Ende der ihm gesetzten Frist geliefert oder mehrfach den Abruf der Ware ohne stichhaltigen Grund hinausgezögert oder mehrfach die Ware schlecht verpackt auf den Weg gebracht hat, so wird der Käufer von dem Vertrag zurücktreten oder ihn mit Wirkung pro futuro durch Kündigung beenden

dürfen, wenn der Verkäufer trotz einer energischen Abmahnung wiederum die gleiche Pflichtverletzung begangen hat.

6. Rücktritt bei Verletzung einer Schutzpflicht

Auch bei Verletzung einer Schutzpflicht i.S. des § 241 Abs. 2 kommt ein Rücktritt in Betracht. Hat also z.b. der Fahrer des Verkäufers bei Anlieferung der Ware den Käufer beschimpft, seine Wohnungseinrichtung beschädigt oder seinen Kindern Drogen zugesteckt, so ist der Käufer gemäß § 324 zum sofortigen Rücktritt vom Vertrage berechtigt, wenn ihm ein „Festhalten am Vertrag" – gemeint ist: die weitere Bindung an den Vertrag – **„nicht mehr zuzumuten"** ist.

Freilich würde sich dieses Ergebnis ohne Mühe auch aus § 323 herleiten lassen. Denn auch in den geschilderten Fällen hat der Verkäufer seine Leistung „nicht vertragsgemäß" bewirkt. Der Käufer wäre daher auch gemäß § 323 zum sofortigen Rücktritt berechtigt, weil die Pflichtverletzung des Verkäufers nicht „unerheblich" ist (§ 323 Abs. 5 Satz 2), eine Fristsetzung unter Abwägung der beiderseitigen Interessen entbehrlich erscheint (§ 323 Abs. 2 Nr. 3) und auch ein Abmahnung (§ 323 Abs. 3) sinnlos wäre. § 324 ist deshalb im Grunde überflüssig; jedenfalls sollte nicht allzu viel Scharfsinn auf die Frage verwandt werden, ob im konkreten Fall eine Neben(leistungs)pflicht – dann § 323 – oder eine Schutzpflicht – dann § 324 – verletzt worden ist. – Vgl. aber BGH NJW 2010, 2503 mit Anm. *Faust* JuS 2011, 173: Der BGH nimmt die Verletzung einer Neben(leistungs)pflicht an und stützt daher den Rücktritt der vertragstreuen Partei auf *§ 323*, während *Faust* eine Schutzpflicht für verletzt hält und das gleiche Ergebnis aus *§ 324* herleitet.

III. Durchführung und Folgen des Rücktritts

Steht dem Gläubiger ein vertraglich vereinbartes oder ein gesetzliches Rücktrittsrecht zu, so entfaltet es rechtliche Wirkungen erst dann, wenn er das Recht ausgeübt, nämlich eine entsprechende Willenserklärung gegenüber seinem Vertragspartner abgegeben hat (§ 350). Diese Erklärung bedarf keiner besonderen Form, es sei denn, dass die Parteien etwas anderes vereinbart haben und diese Vereinbarung, wenn sie in der Form einer AGB-Klausel getroffen ist, der Kontrolle nach § 309 Nr. 13 standhält. Die Erklärung kann also auch mündlich abgegeben werden oder in einem schlüssigen Verhalten liegen, so z.B. dann, wenn der Käufer die gelieferte Ware beanstandet hat und, nachdem die Nacherfüllung gescheitert ist, Rückzahlung des Kaufpreises verlangt. Das Rücktrittsrecht ist ein **Gestaltungsrecht**. Die gestaltenden Wirkungen, die infolge seiner Ausübung eintreten, sind unterschiedlich, je nachdem, ob die Parteien im Zeitpunkt der Rücktrittserklärung einander bereits Leistungen erbracht haben oder nicht. Ist das nicht der Fall, so werden die Parteien von ihren vertraglichen

Leistungspflichten befreit. Soweit sie sich Leistungen bereits erbracht haben, wird der Vertrag durch die Rücktrittserklärung in ein **Rückgewährschuldverhältnis** umgestaltet, dies mit der Folge, dass die Parteien von den etwa noch bestehenden Leistungspflichten befreit werden und nunmehr gemäß § 346 Abs. 1 verpflichtet sind, einander „die empfangenen Leistungen zurückzugewähren und die gezogenen Nutzungen herauszugeben". Die daraus sich ergebenden Verpflichtungen sind, wenn sie beide Parteien treffen, Zug um Zug zu erfüllen (§ 348). Auch mit der **Verjährungseinrede** können sich die Parteien verteidigen. Dabei muss aber unterschieden werden, ob der Rücktritt *selbst* verspätet erklärt und deshalb unwirksam ist oder ob der Rücktritt zwar wirksam ist, aber die aus dem Rücktritt fließenden *Ansprüche* verjährt sind. Ist also ein Käufer wegen eines Mangels der Kaufsache zurückgetreten und verlangt er sodann die Rückzahlung des Kaufpreises (§ 346 Abs. 1), so kann sich der Verkäufer einerseits damit verteidigen, dass er geltend macht, es sei der Rücktritt selbst unwirksam, weil ihn der Käufer zu einem Zeitpunkt erklärt hat, in dem sein Anspruch auf Nacherfüllung bereits verjährt war (§§ 438 Abs. 4 Satz 1, 218 Abs. 1 Satz 1; Rn. 966 f.). Der Verkäufer kann sich aber auch damit verteidigen, dass der Rücktritt zwar wirksam sei, aber der aus ihm sich ergebende Anspruch auf Rückzahlung des Kaufpreises verjährt, nämlich die für diesen Anspruch geltende Regelverjährung gemäß §§ 195, 199 abgelaufen sei (BGHZ 170, 31 Tz. 35 ff.).

975 Auch in der **Minderung** liegt ein Rücktritt, wenn auch nur ein **Teilrücktritt** (Rn. 956). Das Minderungsrecht ist ebenfalls ein Gestaltungsrecht des Käufers, durch dessen Ausübung der Kaufvertrag in der Weise umgestaltet wird, dass der Verkäufer von seiner Nacherfüllungspflicht befreit wird und er vom Käufer nur noch einen geminderten Kaufpreis verlangen kann; hat er den Kaufpreis schon gezahlt erhalten, so muss er ihn zurückzahlen, soweit er den geminderten Kaufpreis übersteigt (§ 441 Abs. 4). Das gilt für den Werkvertrag entsprechend (§ 638 Abs. 4). Der geminderte Kaufpreis wird gemäß § 441 Abs. 3 dadurch ermittelt, dass man den vereinbarten Kaufpreis um denjenigen Prozentsatz kürzt, um den der objektive Wert der fehlerhaften Sache unter dem objektiven Wert einer fehlerfreien Sache liegt (ebenso § 638 Abs. 3). So soll sichergestellt werden, dass dem Käufer, der für die Kaufsache wesentlich weniger oder wesentlich mehr, als sie objektiv wert ist, gezahlt hat, der daraus resultierende Vorteil oder Nachteil, wenn auch in gekürztem Umfang, erhalten bleibt. Diese Berechnungsmethode ist zwar gutgemeint, aber in der Praxis zu kompliziert. Regelmäßig entspricht der vereinbarte Preis dem objektiven Wert der Sache. In diesem Fall wird der geminderte Preis einfach dadurch ermittelt, dass der vereinbarte Preis vom Richter so stark reduziert wird, wie es nach seiner Schätzung dem Gewicht des Mangels entspricht.

976 Die Rückgewähr der empfangenen Leistungen wirft keine besonderen Probleme auf, wenn Geld gezahlt oder eine Sache übereignet worden ist: Hier muss der Rückgewährpflichtige das Geld zurückzahlen oder das Eigentum an der Sache auf die andere Partei zurückübertragen. Gemäß § 346 Abs. 1 müssen auch die „**gezogenen Nutzungen**" herausgegeben werden. Hat also

ein Gebrauchtwagenkäufer den Rücktritt vom Kaufvertrag erklärt, so muß er dem Verkäufer nicht nur den Wagen, sondern auch die „Nutzungen", also gemäß § 100 die „Gebrauchsvorteile" herausgeben, die er aus der Nutzung des Wagens in der Zeit zwischen Lieferung und Rückgabe gezogen hat. Allerdings können solche „Gebrauchsvorteile" nicht in natura zurückgegeben werden, ebensowenig andere unkörperliche Leistungen, die jemand, z.B. aufgrund eines Unterrichts- oder Konzertbesuchsvertrags empfangen hat, aber, nachdem er von dem Vertrag zurückgetreten ist, der anderen Partei herausgeben muß. Für solche Fälle, in denen die Herausgabe „nach der Natur des Erlangten" ausgeschlossen ist, ordnet § 346 Abs. 2 Satz 1 Nr. 1 an, daß der **Wert** der Gebrauchsvorteile oder der anderen empfangenen Leistungen vergütet werden muß. Das gilt auch, wenn unter den besonderen Voraussetzungen des § 347 ausnahmsweise der Wert *nicht* gezogener Nutzungen ersetzt werden muß.

Wertersatz schuldet der Rückgewährpflichtige auch dann, wenn er den empfangenen Gegenstand nicht mehr zurückgeben kann, soweit er ihn „verbraucht, veräußert, belastet, verarbeitet oder umgestaltet hat" (§ 346 Abs. 2 Satz 1 Nr. 2). Das gilt allerdings nur dann, wenn die Rückgabe aus den eben genannten Gründen *unmöglich* ist. So liegt es, wenn der Käufer das ihm gelieferte Heizöl verbraucht oder den ihm gelieferten Wagen veräußert hat: Hier muß er nach Erklärung des Rücktritts Wertersatz leisten. Hat er aber ein Grundstück gekauft und es mit einem Grundpfandrecht belastet, so ist ihm, wenn nunmehr der Verkäufer wegen Zahlungsverzugs den Rücktritt erklärt, die Rückgabe des unbelasteten Grundstücks nicht *unmöglich*. Deshalb muß der Käufer die Belastung beseitigen und das Grundstück unbelastet zurückgeben; Wertersatz kommt daher nicht in Betracht (BGHZ 178, 182).

Wertersatz wird weiterhin insoweit geschuldet, als der empfangene Gegenstand „sich verschlechtert hat oder untergegangen ist" (§ 346 Abs. 2 Satz 1 Nr. 3). Ist also ein Kraftfahrzeug, nachdem es dem Käufer geliefert war, bei einem Verkehrsunfall zerstört oder beschädigt oder dem Käufer gestohlen worden, so ändert dieser Umstand allein nichts daran, dass beiden Parteien ein Rücktrittsrecht zustehen kann, wenn die dafür erforderlichen Voraussetzungen erfüllt sind. Ein Käufer kann also in diesem Falle den Rücktritt auch dann erklären, wenn der Verkehrsunfall oder der Diebstahl des Fahrzeugs auf einem Zufall beruht oder von ihm verschuldet ist. Kostenlos ist ein solcher Rücktritt aber nicht: Zwar ist der Käufer nicht verpflichtet, ein gleichwertiges Ersatzfahrzeug zu beschaffen und dem Verkäufer zurückzugeben oder den Unfallschaden durch eine Reparatur zu beseitigen (vgl. BGH NJW 2009, 63 Tz. 22 ff. und dazu *Faust* JuS 2009, 481 ff.). Wohl aber muss er grundsätzlich dem Verkäufer den Wert des untergegangenen Fahrzeugs ersetzen oder, wenn es beschädigt worden ist, einen Ausgleich für die dadurch eingetretene Wertminderung leisten. Das gilt freilich nicht, wenn die besonderen Voraussetzungen des § 346 Abs. 3 eingreifen (Rn. 981 f.).

977 An einer „Verschlechterung", für die der Käufer Wertersatz zu leisten hätte, fehlt es allerdings insoweit, als sie allein darauf beruht, dass er die ihm gelieferte Kaufsache erstmals *bestimmungsgemäß in Gebrauch genommen hat*. Ein Neuwagen verliert nämlich schon dadurch erheblich an Wert, dass er erstmals zugelassen wird, ein neues Kleidungsstück schon dadurch, dass es erstmals getragen wird. Die *dadurch* entstandene Wertminderung bleibt außer Betracht (§ 346 Abs. 2 Nr. 3 am Ende). Ebensowenig liegt eine „Verschlechterung" darin, dass der Käufer die Kaufsache über einen gewissen Zeitraum hinweg benutzt hat und sie dadurch in ihrem Wert gemindert worden ist. Denn der Käufer muss dem Verkäufer ohnehin den Wert der Nutzungen erstatten, die ihm durch den Gebrauch der Kaufsache zugeflossen sind; er würde doppelt zahlen müssen, wenn er außerdem auch noch einen Ausgleich für die nutzungsbedingte Wertminderung leisten müsste.

978 Mitunter ordnet der Gesetzgeber an, dass die Regeln der §§ 346 ff. entsprechend anzuwenden sind, wenn die eine Vertragspartei von der anderen etwas empfangen hat, aber das Empfangene zurückerstatten muss, weil der Vertrag gescheitert oder als erledigt anzusehen oder zwar gültig ist, sich aber dennoch aus besonderen Gründen ergibt, dass die eine Vertragspartei die empfangene Leistung nicht behalten darf, sondern zurückgeben muss. So liegt es z.B., wenn eine Vertragspartei Schadensersatz statt der Leistung verlangt und gemäß § 281 Abs. 5 eine etwa schon empfangene Leistung „nach den §§ 346 – 348" zurückgeben muss. Das Gleiche bestimmt § 326 Abs. 4 für den Fall, dass eine Partei ihre Leistung, weil sie unmöglich ist, nicht zu bewirken braucht, aber die Gegenleistung von ihrem Vertragspartner schon empfangen hat und ihm deshalb „nach den §§ 346 bis 348" zurückerstatten muss. Auch aus § 357 Abs. 1 Satz 1 ergibt sich, dass die Rücktrittsregeln gemäß §§ 346 ff. – allerdings in modifizierter Form – anzuwenden sind, wenn einem Verbraucher Waren geliefert wurden, die er nach Ausübung seines **Widerrufs-** oder **Rückgaberechts** dem Unternehmer zurückschickt (vgl. dazu Rn. 989 f.). Ebenso liegt es schließlich, wenn der Käufer nach Belieferung mit einer mangelhaften Sache **Nacherfüllung** gemäß § 439 Abs. 1 verlangt und der Verkäufer daraufhin eine mangelfreie Ersatzsache liefert, freilich gemäß § 439 Abs. 4 „Rückgewähr der mangelhaften Sache nach Maßgabe der §§ 346 – 348" verlangen kann. Das bedeutet, dass der Käufer nicht bloß die mangelhafte Sache zurückgeben, sondern dem Verkäufer auch den Wert der Nutzungen ersetzen müßte, die er aus der Ingebrauchnahme der mangelhaften Sache gezogen hat (§ 346 Abs. 1, Abs. 2 Satz 1 Nr. 1). Diese Regel verstößt aber, soweit es um die Rückabwicklung eines Verbrauchsgüterkaufs geht, gegen die dazu ergangene EG-Richtlinie (EuGH NJW 2008, 1433). Dem hat zunächst der BGH durch richtlinienkonforme „Rechtsfortbildung" (BGH NJW 2009, 427) und sodann der Gesetzgeber durch die Einfügung des § 474 Abs. 2 Satz 1 Rechnung getragen. Danach ist bei Verbrauchsgüterkäufen § 439 Abs. 4 mit der Maßgabe anzuwenden, dass der Käufer „Nutzungen nicht herauszugeben oder durch ihren Wert zu ersetzen" hat. Das gilt natürlich nur, solange und soweit der Käufer sein Recht auf **Nacherfüllung** geltend gemacht, auf diesem Wege vom Verkäufer eine mangelfreie Sache erhalten und ihm die mangelhafte Sache zurückgibt. Nur *dieses* Recht darf ihm der Verkäufer nicht dadurch vergällen, dass er ihn zum Ersatz des Werts der gezogenen Nutzungen verpflichtet. Anders liegt es, wenn der Käufer wegen des Mangels den *Rücktritt* erklärt und Rückzahlung des Kauf-

A. Rücktritt

preises verlangt: Hier muss er gemäß § 346 nicht nur die Kaufsache zurückgeben, sondern auch den Wert der aus ihr gezogenen Nutzungen ersetzen (BGH NJW 2010, 148).

Bei der Berechnung des Wertersatzes ist der Preis zugrundezulegen, den die Parteien in dem Vertrag für den nicht mehr rückgewährbaren oder verschlechterten Gegenstand vereinbart haben (§ 346 Abs. 2 Satz 2). Die Parteien eines Kaufvertrages müssen sich also an der vertraglich vereinbarten Bewertung von Leistung und Gegenleistung auch dann festhalten lassen, wenn sie für die Kaufsache einen Preis vereinbart haben, der unter oder über ihrem wahren Wert liegt. Hat also der Verkäufer einen Gebrauchtwagen für 5.000 € verkauft, der in Wahrheit 10.000 € wert wahr, so muss der Käufer, wenn ihm der Wagen gestohlen worden ist und er ihn deshalb nicht zurückgeben kann, Wertersatz nur in Höhe von 5.000 € leisten, dies auch dann, wenn er selbst den Rücktrittsgrund verursacht oder sogar verschuldet hat, etwa weil er den Kaufpreis nicht bezahlt hat und der Verkäufer wegen Zahlungsverzugs zurückgetreten ist.

So BGH NJW 2009, 1068. – Diese Regeln setzen voraus, daß der Gegenstand, den der Käufer empfangen hat, aber nicht mehr zurückgeben kann, *mangelfrei* war. Hatte also in dem oben genannten Beispiel das dem Käufer gelieferte Auto einen Mangel, so muß er, wenn der Rücktritt erfolgt ist und er es nicht mehr zurückgeben kann, Wertersatz in Höhe des vertraglich vereinbarten Preises von 5.000 € leisten; auch diesen Betrag kann er aber noch analog § 441 Abs. 3 (Rn. 975) um 20 % kürzen, wenn der objektive Wert des mangelhaften Fahrzeugs 20 % niedriger war als der objektive Wert eines mangelfreien Fahrzeugs (*Faust* JuS 2009, 487).

Wenn man zu dem Ergebnis kommt, daß die rückgabepflichtige Partei gemäß § 346 Abs. 2 Wertersatz zu leisten hat, so ist nunmehr in einem weiteren Schritt zu prüfen, ob nicht, weil die Voraussetzungen des § 346 Abs. 3 Satz 1 gegeben sind, die Wertersatzpflicht **entfällt**. So liegt es, wenn der Käufer die Kaufsache zwar verarbeitet oder umgestaltet hat und deshalb an sich gemäß § 346 Abs. 2 Satz 1 Nr. 2 Wertersatz leisten muß, er aber seinen Rücktritt auf einen Mangel stützt, der sich erst „während der Verarbeitung oder Umgestaltung" der Kaufsache gezeigt hat (§ 346 Abs. 3 Satz 1 Nr. 1). Weiterhin entfällt die Wertersatzpflicht in den beiden Fällen der Nr. 2 und 3. Sie lassen sich am besten am Beispiel des Gebrauchtwagenkaufs erläutern:

Ist der gekaufte Gebrauchtwagen bei einem Unfall zerstört worden und hat der Käufer sodann den Rücktritt erklärt, weil sich bei der Untersuchung des Wracks gezeigt hat, dass das Fahrzeug schon bei früheren Unfällen erhebliche und nur notdürftig reparierte Vorschäden erlitten hatte und deshalb schon bei Gefahrübergang als „Unfallwagen" mangelhaft war, so braucht er, obwohl der Wagen „untergegangen" ist und nicht zurückgegeben werden kann, keinen Wertersatz zu leisten, wenn die Zerstörung des Wagens auf die Vorschäden zurückzuführen ist. Das ergibt sich aus **Nr. 2**. Denn die Vorschäden sind dem Risikobereich des Verkäufers zuzurechnen und daher, auch wenn er sie weder kannte noch kennen konnte, von ihm „zu vertreten". Steht dem Käufer ein gesetzliches Rücktrittsrecht zu, so braucht er Wertersatz gemäß **Nr. 3** nicht nur dann nicht zu leisten, wenn die Zerstörung des Wagens auf einen **Zufall** – etwa auf das Verschulden eines Dritten – zurückzuführen ist, sondern auch dann nicht, wenn er selbst die Zerstörung verschuldet hat, sofern er nur bei der Führung des Fahrzeugs wenigstens „diejenige Sorgfalt beobachtet hat, die er in eigenen Angelegenheiten anzuwenden pflegt". Er haftet also nur dann auf Wertersatz (auch dies nur auf der Grundlage eines gemäß § 441 Abs. 3 geminderten Kaufpreises, vgl. Rn. 975), wenn er geradezu grob fahrlässig gehandelt hat (vgl. § 277) oder mit dem Wagen nachlässiger umgegangen ist, als er dies mit seinen eigenen vergleichbaren Sachen zu tun pflegt. – Über die Klugheit dieser Regelung kann man allerdings streiten. Gewöhnlich ist es der Käufer, der als Besitzer des Wagens das Risiko seiner zufälligen Verschlechterung oder seines zufälligen Untergangs trägt. Soll er dieses Risiko nur deshalb auf den Verkäufer abwälzen dürfen, weil der Wagen sich aus irgendeinem Grunde als mangelhaft herausstellt und er deshalb zurücktreten darf? Soll das sogar dann gelten, wenn er den Untergang oder die Verschlechterung des Wagens durch leichte Fahrlässigkeit herbeigeführt hat? Es fehlt deshalb nicht an Versuchen, die Tragweite des § 346 Abs. 3 Satz 1 Nr. 3 einzuschränken, z.B. in der Weise, dass der Käufer Wertersatz leisten muss, wenn er den Untergang oder die Verschlechterung des Wagens durch Fahrlässigkeit verursacht hat, er aber zu diesem Zeitpunkt immerhin wußte oder wissen mußte, daß er zum Rücktritt berechtigt sei. Unstreitig ist jedenfalls, daß der Käufer gemäß §§ 280 Abs. 1 und 3, 283 Schadensersatz statt der Leistung schuldet, wenn der Rücktritt von ihm bereits erklärt worden ist und er *dann erst* den Wagen durch eigene Fahrlässigkeit beschädigt oder zerstört hat. Vgl. z.B. *Palandt/Grüneberg* § 346 Rn. 13; *Looschelders* AT Rn. 847; *Medicus/Lorenz* SchR AT Rn. 870 ff.

983 Auch wenn der Rückgewährpflichtige gemäß § 346 Abs. 2 und 3 Wertersatz schuldet, so reicht das doch oft nicht zur Deckung des *Schadens* aus, der dem anderen Teil dadurch entsteht, daß er seine Leistung überhaupt nicht oder nur in verschlechtertem Zustand zurückerhält. Steht ihm deshalb ein Schadensersatzanspruch zu? Gemäß § 346 Abs. 4 ist diese Frage „nach Maßgabe der §§ 280 bis 283" zu beantworten, also zu bejahen, wenn die andere Partei ihre Rückgewährpflicht verletzt und sie diese Pflichtverletzung zu vertreten hat. Eine solche Rückgewährpflicht besteht solange nicht, wie der Empfänger annehmen darf, daß er die empfangene Leistung endgültig als eigene behalten darf. Diese Annahme ist *nicht* begründet, wenn ein **vertragliches Rücktrittsrecht** vereinbart ist, weil in einem solchen Fall beide Parteien von Anfang an wissen, daß über dem Vertrag das Damoklesschwert eines Rücktritts schwebt und sie deshalb von Anfang an zu einem sorgfältigen Umgang mit der empfangenen, aber vielleicht zurückzugebenden Leistung verpflichtet sind. Anders beim **gesetzlichen Rücktrittsrecht** gemäß § 323: Hier muß jede Partei sich (erst) dann auf ihre Rückgewährpflicht einstellen, wenn sie weiß oder wissen muß, daß das Rücktrittsrecht ausgeübt ist, wohl aber auch schon dann, wenn sie weiß oder wissen muß, daß sie oder der andere Teil den Rücktritt *demnächst* erklären werden oder daß der Rücktritt nur noch vom erfolglosen Ablauf der nach § 281 Abs. 1 Satz 1 gesetzten Frist abhängt. Von diesem Zeitpunkt an ist sie verpflichtet, mit der zurückzugewährenden Leistung so umzugehen, wie dies der im Verkehr erforderlichen Sorgfalt entspricht. Tut sie das nicht, so haftet sie gemäß §§ 280–283 auf Schadensersatz.

B. Widerruf   984–986

Vgl. dazu *Faust* JuS 2009, 481, 487 ff. – In manchen Fällen ist schließlich auch noch an § 285 zu denken: Kann der Gebrauchtwagenkäufer das Fahrzeug nicht zurückgeben, weil es – vor oder nach der Rücktrittserklärung – bei einem Verkehrsunfall zerstört oder von ihm an einen Dritten verkauft worden ist, so liegt ein Fall des § 275 Abs. 1 vor. Er muss dann aber das **stellvertretende commodum** herausgeben, also dasjenige, was in seinem Vermögen an die Stelle des Fahrzeugs getreten ist, also z.b. eine Kaskoversicherungssumme, den Schadensersatzanspruch gegen einen Drittschädiger oder den Kaufpreis, den er von dem Dritten erhalten hat (Rn. 807 f.). Falls er seinem Vertragspartner auch Wertersatz gemäß § 346 oder Schadensersatz gemäß §§ 280–283 schuldet, mindern sich die daraus ergebenden Zahlungspflichten um dasjenige, was er ihnen als stellvertretendes commodum geleistet hat (§ 285 Abs. 2). 984

B. Widerruf

Wer als Verbraucher einen Vertrag mit einem Unternehmer schließt (vgl. §§ 13 und 14; Rn. 46 f.), ist in manchen Fällen aufgrund zwingender gesetzlicher Vorschriften berechtigt, den Vertrag noch nachträglich dadurch wieder aufzuheben, dass er ihn innerhalb einer bestimmten Frist **widerruft**. Dieses Widerrufsrecht bedarf keiner Begründung. Es steht dem Verbraucher daher auch dann zu, wenn die andere Partei den Vertrag ordentlich erfüllt, also als Verkäufer die Ware in fehlerfreier Beschaffenheit, in der richtigen Menge und Verpackung und sowohl pünktlich wie am richtigen Ort geliefert hat. Darin liegt eine klare Durchbrechung des Grundsatzes „Pacta sunt servanda", für die es in manchen Fällen an einer überzeugenden Begründung fehlt (vgl. Rn. 42). Ein solches Widerrufsrecht steht dem Verbraucher nach Abschluß eines „**Haustürgeschäfts**" zu (§ 312), ferner demjenigen Verbraucher, der „unter ausschließlicher Verwendung von Fernkommunikationsmitteln" einen **Fernabsatzvertrag** geschlossen hat (312 b). Weiterhin ist ein Verbraucher zum Widerruf berechtigt, nachdem er einen **Teilzeit-Wohnrechtevertrag** (§ 481; Rn. 720), einen Vertrag über ein „**langfristiges Urlaubsprodukt**" (§ 481 a), einen **Verbraucherdarlehnsvertrag** (§ 491), einen Vertrag über die **Gewährung von Finanzierungshilfe** (§ 506), einen **Ratenlieferungsvertrag** (§ 510) oder einen **Fernunterrichtsvertrag** (§ 4 Abs. 1 Fernunterrichtsschutzgesetz) abgeschlossen hat. In allen diesen Fällen wird ihm durch eine zwingende gesetzliche Vorschrift ein „Widerrufsrecht nach § 355" zugebilligt (vgl. z.B. §§ 312 Abs. 1 Satz 1, 312 d Abs. 1, 485 Abs. 1, 495 Abs. 1, 506 Abs. 1). Die Vorschrift des § 355 ist daher die Grundnorm, in der die Einzelheiten des Widerrufsrechts „vor die Klammer" gezogen werden. 985

Hat der Verbraucher den Vertrag als „**Haustürgeschäft**", also „durch mündliche Verhandlungen an seinem Arbeitsplatz oder im Bereich einer Privatwohnung" abgeschlossen, so steht ihm zwar ein Widerrufsrecht nicht zu, wenn er den Unternehmer zu den mündlichen Verhandlungen in seiner Wohnung vorher eingeladen hat (§ 312 Abs. 3 Nr. 1). Diese Ausnahme greift aber nicht ein, wenn der Unternehmer den Verbraucher 986 zu der Einladung „provoziert" hat, etwa dadurch, daß er ihn mit einem Telefongespräch überrascht und dabei zu der Einladung bewogen hat, ebensowenig dann, wenn in der Wohnung ein ganz anderer Vertrag geschlossen worden ist, als ihn der Verbraucher bei der Einladung in seine Wohnung im Sinne hatte (BGHZ 185, 192 Tz. 12 ff.). Ein Widerrufsrecht steht dem Verbraucher ferner nur dann zu, wenn der Vertrag „eine entgeltliche Leistung zum Gegenstand hat" (§ 312 Abs. 1). Zweifelhaft war, ob durch die EG-Richtlinie, auf der § 312 Abs. 1 beruht, auch die von einem Verbraucher übernommene **Bürgschaft** erfasst und daher auch § 312 Abs. 1 im Wege der „richtlinienkonformen Auslegung" entsprechend zu verstehen sei. Der BGH hat seinerzeit diese Zweifelsfrage dem EuGH vorgelegt (BGH NJW 1996, 930) und sie, nachdem sie vom EuGH bejaht worden war (EuGH NJW 1998, 1295), entsprechend entschieden (BGHZ 139, 21). Allerdings hatte der EuGH angenommen, dass das Widerrufsrecht nur bestehe, wenn sich der Verbraucher für eine Forderung des Gläubigers verbürgt habe, die ihrerseits von einem Verbraucher übernommen und durch ein Haustürgeschäft zustande gekommen sei. Diese Einschränkung ist nicht überzeugend. Auch der BGH hat sie schließlich gestrichen (BGHZ 165, 363). Dazu war er deshalb befugt, weil die maßgebliche Richtlinie nur einen Mindestschutz des Verbrauchers sichern will und es den Mitgliedstaaten daher freigestellt ist, einen noch weitergehenden Verbraucherschutz zu gewährleisten.

987 Steht dem Verbraucher nach den genannten Vorschriften ein Widerrufsrecht zu und hat er es fristgerecht ausgeübt, so ist er „an seine auf den Abschluss des Vertrags gerichtete Willenserklärung nicht mehr gebunden" (§ 355 Abs. 1 Satz 1). Gemeint ist mit dieser verschrobenen Formulierung, dass der Vertrag durch den Widerruf – gerade so wie durch einen Rücktritt – aufgehoben wird, also die Erfüllungsansprüche erlöschen und der Vertrag, sofern die Parteien Leistungen einander bereits erbracht haben, in ein Rückgewährschuldverhältnis umgestaltet wird (vgl. § 357 Abs. 1). Die Widerrufserklärung braucht keinerlei Begründung zu enthalten; ebensowenig ist erforderlich, dass das Wort „Widerruf" gebraucht wird, sofern sich nur aus den Umständen ergibt, dass der Erklärende den Vertrag nicht mehr gelten lassen will. Es genügt, wenn die Erklärung dem Unternehmer in Textform (§ 126 b) zugeht; die Voraussetzungen der Textform werden regelmäßig auch dann erfüllt sein, wenn der Widerruf schriftlich (§ 126) oder durch ein Fax oder eine E-Mail erklärt wird. Ist dem Verbraucher aufgrund des Vertrags von dem Unternehmer bereits eine Sache geliefert worden, so genügt für den Widerruf statt einer Erklärung die schlichte Rücksendung der Sache. In jedem Falle muss das Widerrufsrecht **innerhalb von 2 Wochen** ausgeübt sein; dafür genügt es, dass der Verbraucher vor Fristablauf die Erklärung abgegeben oder die Sache abgeschickt hat, mag die Erklärung oder die Sache dem Unternehmer auch erst nach Fristablauf zugegangen oder ausgeliefert worden sein. Zu laufen beginnt die Zweiwochenfrist gemäß § 355 Abs. 3 erst dann, wenn dem Verbraucher eine **Widerrufsbelehrung** in Textform mitgeteilt worden ist, die den Anforderungen des § 360 Abs. 1 standhält, also „deutlich gestaltet" sein, ihm seine wesentlichen Rechte „deutlich machen" und alle Angaben enthalten muß, die in § 360 Abs. 1 genannt sind. Bei Fernabsatzverträgen hängt der

B. Widerruf 987–989 a

Beginn des Fristlaufs auch noch davon ab, daß dem Verbraucher die besonderen Informationen gemäß Art. 246 EGBGB mitgeteilt worden waren und er die Ware empfangen hat (§312 d Abs. 2). Die Widerrufsbelehrung muß „spätestens bei Vertragsabschluß" erteilt sein. Ist sie nicht oder nicht in ordnungsmäßiger Form erteilt worden, so kann sie der Unternehmer nachholen; in diesem Fall beträgt die Widerrufsfrist einen Monat (§355 Abs. 2 Satz 3). Anderenfalls besteht das Widerrufsrecht ohne jede zeitliche Begrenzung, also „ad infinitum".

Ist ein Haustürgeschäft oder ein Fernabsatzvertrag aufgrund eines „Verkaufsprospekts" des Unternehmers (meist eines Katalogs, einer Postwurfsendung oder eines Inserats) abgeschlossen worden, so darf das Widerrufsrecht des Verbrauchers dadurch ersetzt werden, dass ihm der Unternehmer in dem „Verkaufsprospekt" ein **Rückgaberecht** gemäß § 356 einräumt (vgl. §§ 312 Abs. 1 Satz 2, 312 d Abs. 1 Satz 2). Der Verbraucher kann in diesem Falle das Rückgaberecht nur dadurch ausüben, dass er die ihm gelieferte Sache dem Unternehmer zurückschickt oder dass er, wenn sie sich nicht als Paket verschicken lässt, von ihm die Rücknahme der Sache verlangt. Die Frist beträgt auch hier 2 Wochen, beginnt allerdings nicht schon mit der (in den Verkaufsprospekt aufzunehmenden) Belehrung, sondern erst dann zu laufen, wenn die Sache dem Verbraucher ausgeliefert worden ist (§ 356 Abs. 2). 988

Das Rückgewährschuldverhältnis, das mit Ausübung des Widerrufs- oder Rückgaberechts entsteht, beurteilt sich gemäß § 357 grundsätzlich nach den gleichen Vorschriften, wie sie gemäß §§ 346 ff. auch für den Fall der Ausübung eines gesetzlichen Rücktrittsrechts gelten. In § 357 Abs. 2 und 3 finden sich allerdings Regelungen, die den Verbraucher, der das Widerrufs- oder Rückgaberecht ausgeübt hat, in einigen Punkten anders stellen, als er bei Ausübung eines gesetzlichen Rücktrittsrechts stünde. Dies erklärt sich daraus, dass ein Widerrufs- oder Rückgaberecht (anders als ein gesetzliches Rücktrittsrecht) auch dann besteht, wenn der Unternehmer eine in jeder Hinsicht vertragsgemäße Leistung erbracht hat. 989

Hat der Verbraucher die aufgrund eines Fernabsatzvertrages erhaltene Ware zurückgeschickt, weil sie ihm nicht gefällt, und dadurch sein Widerrufsrecht ausgeübt, so trägt der Unternehmer die **Gefahr** des Untergangs der zurückgeschickten Ware (§ 357 Abs. 2 Satz 2); er muß also den etwa schon empfangenen Kaufpreis dem Verbraucher auch dann zurückzahlen, wenn die Ware auf dem Rückweg durch Zufall untergeht. Auch die **Kosten der Rücksendung** muß der Unternehmer tragen, es sei denn, daß der Fernabsatzvertrag eine Vereinbarung enthält, die diese Kosten dem Verbraucher aufbürdet und gleichzeitig vorsieht, daß sie nur gelten soll, wenn der Wert der Ware nicht mehr als 40 € beträgt oder der Verbraucher im Zeitpunkt des Widerrufs den Kaufpreis noch nicht , auch nicht teilweise, bezahlt hat (§ 357 Abs. 2 Satz 3). Andererseits sind die Kosten der **Zusendung** der Ware immer vom Unternehmer zu tragen; er darf sie also dem Verbraucher nach dem Widerruf nicht in Rechnung stellen und muß sie ihm, wenn er sie schon bezahlt hat, zurückerstatten. Diese Regel ergibt sich nach Auffassung des EuGH aus der EG-Richtlinie, die der Regelung des Fernabsatzvertrags zugrunde liegt (EuGH NJW 2010, 1941); sie wird vom BGH in das geltende Recht im Wege „richtlinienkonformer Auslegung" hineingelesen (BGH NJW 2010, 2651). 989 a

989 b Nicht selten kommt es vor, daß der Verbraucher den Fernabsatzvertrag widerruft, nachdem er die Ware in Gebrauch genommen und sie dadurch **verschlechtert** hat, dies manchmal in einem solchen Maße, daß der Unternehmer mit ihr nichts mehr anfangen kann.

989 c Würde der Käufer wegen eines **Mangels der Ware** den Rücktritt erklären, so würde er gemäß § 346 Abs. 2 Satz 1 Nr. 3 Wertersatz nur dann schulden, wenn die Verschlechterung anders als durch die „bestimmungsgemäße Ingebrauchnahme" der Ware entstanden ist (Rn. 977). Strenger darf der Verbraucher angefaßt werden, der die Ware im Fernabsatz gekauft hat und sie zurückgibt, weil sei ihm nicht gefällt: Nach der (neugefaßten) Regelung des § 357 Abs. 3 braucht der Verbraucher Wertersatz für eine Verschlechterung der Sache nur dann nicht zu leisten, wenn sie allein durch die bloße „Prüfung der Eigenschaften und der Funktionsweise" der Sache herbeigeführt worden ist. Hat also ein Verbraucher durch einen Fernabsatzvertrag für seine Hochzeit einen Frack gekauft und schickt er ihn dem Unternehmer zurück, so muß er Wertersatz leisten, wenn er den Frack auf seiner Hochzeit getragen und dadurch verschlechtert hat; auch dies gilt freilich nur dann, wenn er spätestens bei Vertragsschluß von dem Unternehmer in Textform auf dieses Risiko hingewiesen worden ist (§ 357 Abs. 3 Satz 1 Nr. 2). Tritt die Verschlechterung des Fracks hingegen allein dadurch ein, daß der Käufer ihn zwecks „Prüfung der Eigenschaften" vorsichtig anprobiert und dann zurückgeschickt hat, so braucht er Wertersatz *nicht* zu leisten. Freilich gibt es Waren, die schon durch die bloße Prüfung ihrer Eigenschaften so erheblich an Wert verlieren, daß der Unternehmer sie nach ihrer Rückgabe nicht mehr als neu absetzen kann, so etwa dann, wenn der Verbraucher probehalber ein Surfboard montiert und im Wasser getestet oder wenn er mit einer Kettensäge probehalber einen Baum gefällt hat. Es mag sein, daß solche Waren aus diesem Grunde künftig nicht mehr im Fernabsatz angeboten werden. – Wie liegt es, wenn der Verbraucher widerruft, obwohl die Ware untergegangen ist oder sich verschlechtert hat? Muß er dann Wertersatz leisten? Nach der allgemeinen Regel des § 346 Abs. 3 Satz 1 Nr. 3 wäre die Frage zu verneinen, wenn der Untergang oder die Verschlechterung auf einen Zufall oder einer eigenen leichten Fahrlässigkeit des Verbrauchers beruht (Rn. 982). Auch hier gilt aber für Fernabsatzverträge die besondere Regelung des § 357 Abs. 3 Satz 3: Danach muß der Verbraucher, sofern er über sein Widerrufsrecht belehrt war, Wertersatz auch dann leisten, wenn der Untergang oder die Verschlechterung auf Zufall beruht. Ob diese Regelung mit der Richtlinie über den Fernabsatz vereinbar ist, wird im Schrifttum sowohl bejaht (*Faust* JuS 2009, 1049, 1052) wie verneint (*Palandt/Grüneberg* § 357 Rn. 12 f.).

989 d Von der Frage, ob der Verbraucher Wertersatz wegen einer Verschlechterung oder eines Untergangs der Ware schuldet, ist die Frage zu unterscheiden, ob er dem Unternehmer den Wert der **Nutzungen** erstatten muß, die er vor dem Widerruf aus der empfangenen Ware oder Dienstleistung gezogen hat.

989 e Grundsätzlich ist diese Frage zu bejahen (vgl. § 357 Abs. 1, 346 Abs. 1 und 2). Dies verstieße allerdings gegen die EG-Richtlinie über Fernabsatzverträge (vgl. EuGH NJW 2009, 3015; BGHZ 187, 268). Für diese Verträge bestimmt daher die (neue) Regelung des § 312 e, daß der Verbraucher für gezogene Nutzungen Wertersatz nur insoweit zu leisten braucht, als die Nutzung „über die Prüfung der Eigenschaften und der Funktionsweise" der Ware hinausgegangen und er über diese Rechtsfolge vorher belehrt worden ist. – Besondere Regeln gelten auch dann, wenn der Verbraucher **Dienstleistungen** empfangen hat, die er nach dem Widerruf des Vertrags dem Unternehmer nicht mehr in Natur zurückgeben kann und ihm deshalb nach ihrem Wert ersetzen muß (§§ 357 Abs. 1

Satz 1, 346 Abs. 2 Satz 1 Nr. 1). Gemäß § 346 Abs. 2 Satz 2 müßte bei der Berechnung des Werts der Dienstleistungen der in dem (widerrufenen) Vertrag für sie vereinbarte Preis maßgeblich sei (Rn. 979). Das kann aber nicht richtig sein, weil der Verbraucher dann nach dem Widerruf praktisch das Gleiche zahlen müßte, was er dem Unternehmer auch ohne den Widerruf geschuldet hätte. Deshalb hat der BGH mit Recht entschieden, daß es in diesem Fall – anders als nach § 346 Abs. 2 Satz 2 – auf den „objektiven Wert" der empfangenen Dienstleistung ankommt (BGHZ 185, 192 Tz. 23 ff. und dazu *Faust* JuS 2010, 915).

Häufig kommt es vor, dass der Verbraucher sich mit einem Unternehmer über die Lieferung einer Sache oder über die Erbringung einer sonstigen Leistung einigt und sich die von ihm zu erbringende Gegenleistung dadurch verschafft, dass er einen Verbraucherdarlehensvertrag mit einer Bank schließt und mit ihr vereinbart, dass sie den Darlehensbetrag entweder direkt an den Unternehmer überweisen oder dass sie ihm den Betrag zur Weiterleitung an den Unternehmer auszahlen oder gutschreiben soll. Der Verbraucher schließt hier also zwei Verträge ab: den Vertrag mit dem Unternehmer, ferner – zur „Finanzierung" dieses Vertrages – den Verbraucherdarlehensvertrag mit der Bank. Für den Fall, dass diese beiden Verträge „**verbundene Verträge**" sind, nämlich eine „**wirtschaftliche Einheit**" bilden (§ 358 Abs. 3), kann sich der Verbraucher auf die Regeln über den „**Widerrufsdurchgriff**" (§ 358 Abs. 1 und 2) und den „**Einwendungsdurchgriff**" (§ 359) berufen. 990

Hat ein Verbraucher von einem Kfz-Händler einen Neuwagen gekauft und den Kaufpreis dadurch „finanziert", dass er einen Verbraucherdarlehensvertrag mit einer Bank geschlossen hat, so bilden die beiden Verträge als „verbundene Verträge" eine wirtschaftliche Einheit, wenn sich aus der Sicht des Verbrauchers die Umstände so darstellen, als stünde ihm im Grunde nur ein Vertragspartner gegenüber. So kann es liegen, wenn die Bank mit dem Händler ständig zusammenarbeitet, indem sie ihm ihre Formulare für den Antrag auf Darlehensgewährung überlässt, dieser sie vom Verbraucher unterschreiben lässt und sodann der Bank zurückgibt, und zwar mit der Maßgabe, dass die Bank, wenn sie den Darlehensvertrag annimmt, das Darlehen „für Rechnung" des Verbrauchers direkt an den Händler auszahlen soll. Ebenso liegt es, wenn der Händler nur die Fahrzeuge eines bestimmten Herstellers vertreibt und die Bank eine Tochtergesellschaft des Herstellers ist und im Verkehr als solche auftritt. In einem solchen Fall bedeutet der „**Widerrufsdurchgriff**", dass, wenn der Verbraucher den einen der beiden Verträge widerrufen durfte und widerrufen hat, auch der andere als widerrufen gilt. Das ergibt sich aus § 358 Abs. 1 und Abs. 2. Die praktische Bedeutung des § 358 *Abs. 1* ist allerdings gering, weil der Verbraucher in vielen Fällen auch ohne diese Vorschrift *beide* Verträge widerrufen kann, nämlich ein Haustürgeschäft oder einen Fernabsatzvertrag gemäß §§ 312 oder 312 d, den Verbraucherdarlehnsvertrag gemäß § 495. Immerhin bringt gemäß § 358 Abs. 1 der Widerruf auch nur des einen Geschäfts automatisch auch das andere zu Fall. Größere Bedeutung hat § 358 *Abs. 2*: Danach führt der Widerruf des Verbraucherdarlehensvertrags dazu, daß der Verbraucher auch an den mit ihm verbundenen *anderen* Vertrag nicht mehr gebunden ist, dies auch dann, wenn der andere Vertrag seinerseits nicht widerruflich war. – Der „**Einwendungsdurchgriff**" bedeutet, dass der Verbraucher die Rückzahlung des Darlehens **gegenüber der Bank** auch wegen solcher Gegenrechte verweigern kann, die er als Einwendungen oder Einreden dem **Kfz-Händler** entgegenhalten könnte, wenn man sich ihn als Inhaber des Kaufpreisanspruchs 991 vorstellt. Hat also der Kfz-Händler das Fahrzeug nicht geliefert, so kann sich der Verbraucher auch gegenüber der Bank mit der Einrede des nicht erfüllten Vertrages verteidigen. Ist das gelieferte Fahrzeug mangelhaft, so gilt das ebenso, wenn die Nacherfüllung fehlgeschlagen ist und der Verbraucher daraufhin gemäß § 437 Nr. 2 vom Kaufvertrag zurückgetreten ist oder den Kaufpreis gemindert hat.

C. Kündigung

I. Allgemeines

992 Gegenseitige Verträge, durch deren Abschluss ein Dauerschuldverhältnis begründet worden ist, werden in aller Regel durch **Kündigung** beendet. Das Recht zur Kündigung ist – ebenso wie das Rücktritts- und das Widerrufsrecht – ein Gestaltungsrecht, das dadurch ausgeübt wird, dass der Kündigende seinem Vertragspartner gegenüber eine entsprechende Willenserklärung abgibt. Anders als beim Rücktritt und beim Widerruf wird der Vertrag durch eine Kündigung aber nur in der Weise umgestaltet, dass er für die Zukunft aufgehoben wird, die Leistungspflichten der Parteien also erst von dem Zeitpunkt an erlöschen, zu dem die Kündigung wirksam wird. Bis zu diesem Zeitpunkt bleibt der Vertrag hingegen in vollem Umfang gültig, sodass die Parteien alles, was sie einander bis dahin geleistet haben, behalten dürfen. Das entspricht auch ihrem Interesse. Bei einem Dauerschuldverhältnis liegt der Abschluss des Vertrages oft viele Jahre zurück: Hier wäre es technisch sehr schwierig, wenn die Leistungen, die die Parteien einander erbracht haben, nach Wirksamwerden der Kündigung in Natur oder nach ihrem Wert zurückerstattet werden müssten. Vor allem besteht dafür kein vernünftiger Grund, weil die Parteien den Vertrag bis zum Zeitpunkt der Kündigung in aller Regel ordnungsgemäß und zu beiderseitiger Zufriedenheit erfüllt haben. Ist das nicht der Fall, so kann die davon betroffene Partei den Vertrag für die Zukunft durch Kündigung aufheben und den Schaden, den sie in der Vergangenheit durch eine Pflichtverletzung der anderen Partei erlitten hat, unter den Voraussetzungen des § 280 ersetzt verlangen.

993 Das schließt natürlich nicht aus, dass auch nach der Kündigung eines Dauerschuldverhältnisses von den Parteien **Abwicklungspflichten** zu erfüllen sind. Sie richten sich allerdings nicht nach §§ 346 ff., sondern beruhen auf den vertraglichen Vereinbarungen und sonst auf gesetzlichen Vorschriften. Ist z.B. ein Mietvertrag durch Kündigung beendet worden, so muss der Mieter die Mietsache dem Vermieter zurückgeben (§ 546 Abs. 1); umgekehrt muss der Vermieter die Aufwendungen ersetzen, die dem Mieter durch den Ausbau einer Dachwohnung entstanden sind (vgl. § 539 Abs. 1). Auch muss er dulden, dass der Mieter die Markise wieder ausbaut, mit der er den Balkon der Mietwohnung verschönert hat (§ 539 Abs. 2).

C. Kündigung 994–995

Aus dem Umstand, dass die Kündigung den Vertrag nur mit Wirkung für die Zukunft aufhebt, ergibt sich, dass sie nur dort in Betracht kommt, wo durch den Vertrag ein **Dauerschuldverhältnis** begründet worden ist, also eine oder beide Parteien sich in ihm zu einem dauernden Verhalten oder zu regelmäßig wiederkehrenden Leistungen verpflichtet haben und der Umfang der geschuldeten Leistungen von der Dauer des Zeitraums abhängt, während dessen sie zu erbringen sind. Denn nur in solchen Fällen ist die Annahme sinnvoll, dass die Kündigung den Vertrag unangetastet lässt, soweit es um einen ersten, bereits zurückliegenden zeitlichen Abschnitt geht, und ihn nur insoweit aufhebt, als es sich um den darauffolgenden zeitlichen Abschnitt handelt. 994

Zu den Dauerschuldverhältnissen zählt insbesondere der **Miet- und Pachtvertrag** (vgl. Rn. 709 ff.), ferner der **Dienstvertrag**, wenn nicht bloß eine einmalige ärztliche Behandlung, z.B. eine Operation, oder eine einmalige juristische Beratung, sondern fortlaufende Dienstleistungen geschuldet und in der Regel nach ihrer zeitlichen Dauer vergütet werden, wie z.B. Verträge über die Erteilung von Unterricht, Verträge zwischen Eltern und den Betreibern von Internaten, Maklerdienstverträge (Rn. 655). Auch auf Dauer angelegte **Geschäftsbesorgungsverträge** (Rn. 661 ff.) gehören hierher, ebenso Wartungs- und Instandhaltungsverträge, Verträge über die Unterbringung in einem Pflegeheim, über die Aufstellung eines Automaten in einer Gaststätte, über die Verwaltung eines Grundstücks, über die Einlagerung von Möbeln, über die Verwahrung von Wertsachen in einem Bankschließfach usw. **Sukzessivlieferungsverträge** sind nur dann Dauerschuldverhältnisse, wenn die Liefermenge nicht feststeht, weil die Parteien vereinbart haben, dass der Verkäufer den Käufer auf Dauer oder für einen bestimmten Zeitraum in Höhe seines jeweiligen Bedarfs mit bestimmten Waren versorgen soll (Rn. 563). Durch einen **Werkvertrag** wird in der Regel kein Dauerschuldverhältnis begründet, weil die Leistungspflichten des Unternehmers sich gewöhnlich auf die Herstellung eines bestimmten Werkes oder eines bestimmten anderen Erfolgs richten und daher nicht in ihrem Umfang von der Dauer der Zeit abhängen, für die der Unternehmer nach dem Vertrag eine Tätigkeit zu erbringen hat. Gleichwohl kann es lange dauern, bis er seine Arbeiten abgeschlossen und das Werk hergestellt hat. Solange das noch nicht der Fall ist, kann daher der Werkvertrag im Ganzen durch eine Kündigung aufgehoben werden, vom **Unternehmer** zwar nur unter den besonderen Voraussetzungen des § 643 (Rn. 848), vom **Auftraggeber** dagegen gemäß § 649 jederzeit und ohne dass es dazu der Setzung einer Frist oder einer besonderen Begründung bedarf (Rn. 688, 778). Im Falle einer Kündigung nach § 649 bleibt allerdings dem Unternehmer der Vergütungsanspruch grundsätzlich erhalten; nur dasjenige muss er sich davon abziehen lassen, was er durch die Aufhebung des Vertrages „an Aufwendungen erspart" (§ 649 Satz 2). Dafür ist der Unternehmer beweispflichtig. Um sich die Schwierigkeiten der danach erforderlichen Einzelabrechnung zu ersparen, bedingt er sich oft vertraglich aus, daß er in diesem Fall einen bestimmten Pauschalbetrag vom Auftraggeber verlangen kann. Gemäß § 649 Satz 3 wird vermutet, daß ein solcher Pauschalbetrag angemessen ist, solange er sich auf nicht mehr als 5 % derjenigen Vergütung beläuft, die ihm nach dem Vertrag „auf den noch nicht erbrachten Teil der Werkleistung" zustünde. Wird ein höherer Pauschalbetrag vereinbart, so ist eine solche Vereinbarung, wenn sie in die Form einer AGB-Klausel gekleidet ist, gültig nur dann, wenn sie den Anforderungen der §§ 307, 308 Nr. 7 a, 309 Nr. 5 b standhält (BHG NJW 2011, 3030). 995

996 Grundsätzlich steht es den Parteien frei zu vereinbaren, unter welchen Voraussetzungen jede von ihnen zur Kündigung des Vertrages berechtigt sein soll. Ein besonderes Interesse an solchen Vereinbarungen haben sie, wenn der Vertrag auf unbestimmte Zeit geschlossen, also z.B. der Bezug einer Zeitschrift, die Wartung einer Antennenanlage, die Erteilung von Bridge-Unterricht oder die Vermietung einer Wohnung „bis auf weiteres" erfolgen soll. Da sich die künftige Entwicklung der Verhältnisse nicht übersehen lässt, werden die Parteien eine Vereinbarung anstreben, die eine Kündigung schon dann erlaubt, wenn ihnen eine weitere Bindung an den Vertrag nicht mehr als vorteilhaft erscheint, und zwar aus Gründen, die ihre „Privatsache" sind und über deren Berechtigung sie mit der anderen Partei nicht möchten diskutieren müssen. Hier spricht man von einer **ordentlichen Kündigung**. Sie bedarf keiner Begründung, setzt aber die Einhaltung einer bestimmten **Kündigungsfrist** und/oder eines bestimmten **Kündigungstermins** voraus. So ist z.B. die ordentliche Kündigung eines Mietvertrags über Geschäftsräume nur dann zulässig, wenn sie „spätestens am dritten Werktag eines Kalendervierteljahres zum Ablauf des nächsten Kalendervierteljahres" erklärt wird (§ 580 a Abs. 2). Damit soll sichergestellt werden, dass der Kündigungsgegner sich während des Laufs der Frist auf die neue Lage einstellen, also z.B. ein Vermieter sich einen neuen Mieter oder der Mieter sich einen neuen Vermieter suchen kann. Anders verhält es sich bei der **außerordentlichen Kündigung**. Auf sie kann eine Vertragspartei die Aufhebung des Vertrages nur dann stützen, wenn **besondere Gründe** vorliegen, die ihr die weitere Bindung an den Vertrag unerträglich machen. So liegt es z.B., wenn die andere Vertragspartei ihre vertraglichen Leistungs- oder Schutzpflichten in schwerwiegender Weise verletzt hat, oder wenn das Vertrauensverhältnis unter ihnen durch bestimmte Vorkommnisse irreparabel zerstört oder ein sonstiger „wichtiger Grund" eingetreten ist, der es als unzumutbar erscheinen lässt, dass sie an dem Vertrag noch bis zu dem Zeitpunkt festgehalten wird, zu dem sie ihn frühestens durch eine ordentliche Kündigung beenden könnte. Eine außerordentliche Kündigung ist deshalb in der Regel auch ohne Einhaltung einer Kündigungsfrist wirksam, führt also als „**fristlose**" Kündigung zur sofortigen Aufhebung des Vertrages. Für vertragliche Vereinbarungen über die Voraussetzungen einer außerordentlichen Kündigung gibt es praktisch keinen Raum, weil dieses Feld weitgehend vom Gesetzgeber okkupiert worden ist und die gesetzlichen Regelungen durchweg zwingend sind.

II. Außerordentliche Kündigung

Besonders detaillierte Regelungen über die Voraussetzungen einer außerordentlichen Kündigung finden sich im **Mietrecht**. § 543 Abs. 1 enthält eine Generalklausel, nach der beide Vertragsparteien den Mietvertrag „außerordentlich fristlos" kündigen können, wenn ein „wichtiger Grund" vorliegt, weil „dem Kündigenden unter Berücksichtigung aller Umstände des Einzelfalles ... und unter Abwägung der beiderseitigen Interessen die Fortsetzung des Mietverhältnisses ... nicht zugemutet werden kann." In § 543 Abs. 2 werden Situationen beschrieben, in denen „insbesondere" ein solcher wichtiger Grund angenommen werden darf. Danach steht z.B. ein solches Kündigungsrecht dem **Mieter** zu, wenn ihm vom Vermieter der Gebrauch der Mietsache nicht rechtzeitig gewährt oder nachträglich wieder entzogen wird (Nr. 1), dem **Vermieter**, wenn der Mieter mit der Mietzahlung in bestimmter Weise in Verzug geraten ist (Nr. 3) oder er die Mietsache „erheblich gefährdet" oder sie unbefugt einem Dritten überlassen hat (Nr. 2). Regelmäßig liegt der wichtige Grund in einer Pflichtverletzung des Mieters oder Vermieters; in diesem Fall darf die vertragstreue Partei grundsätzlich erst dann „außerordentlich" kündigen, nachdem sie dem anderen Teil erfolglos eine Frist gesetzt oder ihn erfolglos abgemahnt hat (§ 543 Abs. 3). Die Regelung des § 543 wird, wenn **Wohnraum** vermietet ist, im Interesse des Mieterschutzes durch § 569 ergänzt und, soweit es um die außerordentliche Kündigung wegen Verzugs mit der Mietzahlung geht, zum Vorteil des Mieters abgeändert. Dem Mieterschutz dient auch § 569 Abs. 5: Danach ist jede vertragliche Vereinbarung ungültig – ganz gleich, ob sie in die Form einer AGB-Klausel gekleidet oder im Einzelnen ausgehandelt ist –, die zum Nachteil des Wohnungsmieters von den (insoweit also zwingenden) Regelungen in §§ 543, 569 abweicht. 997

Ferner finden sich über das ganze Mietrecht verstreut weitere Vorschriften, die dem Vermieter, dem Mieter oder auch beiden Parteien unter bestimmten Voraussetzungen erlauben, den Mietvertrag zwar „außerordentlich", aber dennoch „mit der gesetzlichen Frist" zu kündigen. Hat z.B. der Vermieter dem Mieter die Erlaubnis zur Untervermietung eines Teils der Mietwohnung verweigert, obwohl es in der Person des Untermieters keinen wichtigen Grund gibt, der die Verweigerung begründen könnte, so kann der Mieter gemäß § 540 Abs. 1 Satz 2 den Mietvertrag „außerordentlich mit der gesetzlichen Frist" kündigen (Rn. 745). Die hier gemeinte gesetzliche Frist ist die Frist gemäß § 573 d Abs. 2. Vgl. ähnliche Fälle in §§ 544 Satz 1, 563 Abs. 4 und 564 Satz 2. 998

Handelt es sich bei dem Dauerschuldverhältnis um einen **Dienstvertrag**, so ist die fristlose außerordentliche Kündigung gemäß § 626 zulässig, wenn ein „wichtiger Grund" vorliegt und nicht mehr als zwei Wochen vergangen sind, seit der Kündigungsberechtigte von den maßgeblichen Tatsachen Kenntnis erlangt hat. 999

1000 Ausnahmsweise kann ein Dienstvertrag gemäß § 627 auch ohne wichtigen Grund fristlos gekündigt werden, wenn „Dienste höherer Art" geschuldet sind, wie sie gewöhnlich nur „aufgrund besonderen Vertrauens" übertragen werden. Ein Patient soll also den Vertrag mit seinem Arzt, der Mandant den Vertrag mit seinem Anwalt jederzeit kündigen können, dies selbst dann, wenn er dafür keine rationalen Gründe benennen kann oder will. Auch demjenigen steht ein Kündigungsrecht gemäß § 627 zu, der sich von einem Partnerschaftsanbahnungsinstitut gegen Zahlung eines Entgelts Partnervorschläge versprechen lässt (BGH NJW 2005, 2543). § 627 gilt allerdings nicht, wenn ein „**dauerndes Dienstverhältnis mit festen Bezügen**" vorliegt, auf deren fortlaufende Zahlung der Dienstschuldner sich einrichten und deshalb darauf vertrauen durfte, es werde der Vertrag nur durch eine ordentliche Kündigung (also unter Einhaltung einer Frist) oder allenfalls nach § 626 wegen eines wichtigen Grundes gekündigt werden können. Ein „Beschulungsvertrag", den die Eltern für ihre Tochter mit dem Betreiber eines Internats geschlossen haben, kann also, weil „feste Bezüge" gezahlt werden, nicht nach § 627, sondern nur durch ordentliche Kündigung beendet werden, es sei denn, dass ein wichtiger Grund gemäß § 626 vorliegt (BGH NJW 1985, 2585; vgl. auch BGHZ 120, 108 und Rn. 1008).

1001 Liegt ein Dauerschuldverhältnis vor, für das es an besonderen gesetzlichen Vorschriften über die außerordentliche Kündigung fehlt, so greift als Auffangregelung § 314 ein: Danach ist bei Dauerschuldverhältnissen eine fristlose außerordentliche Kündigung zulässig, wenn ein „wichtiger Grund" vorliegt. Die Kündigung muss einerseits innerhalb einer angemessenen Frist nach Erlangung der Kenntnis von den Kündigungsgründen erklärt werden, ist aber andererseits, wenn der wichtige Grund in einer Pflichtverletzung liegt, erst dann zulässig, wenn die vertragstreue Partei dem anderen Teil erfolglos eine Frist gesetzt oder erfolglos abgemahnt hat (§ 314 Abs. 2 und 3).

III. Ordentliche Kündigung

1002 Ein Miet- oder Dienstvertrag, der **auf bestimmte Zeit** abgeschlossen ist, endet mit dem Ablauf der Zeit, ohne dass es dazu einer Kündigung bedarf (§§ 542 Abs. 2, 620 Abs. 1). Vor Ablauf der Zeit können solche Verträge nur durch eine außerordentliche Kündigung beendet werden; eine ordentliche Kündigung kommt in diesem Falle nur dann in Betracht, wenn die Parteien dies vereinbart haben. So liegt es z.B., wenn ein Vertrag über die Ausbildung zum Tänzer auf 2 Jahre, also auf bestimmte Zeit geschlossen, aber dem Tanzschüler das Recht eingeräumt worden ist, den Vertrag durch ordentliche Kündigung zum Ende des ersten Ausbildungsjahrs zu beenden (BGHZ 120, 108, 117). Haben die Parteien den Miet- oder Dienstvertrag zwar auf eine bestimmte Zeit abgeschlossen, ihn aber auch nach Ablauf der Zeit fortgesetzt, so gilt er damit als stillschweigend auf unbestimmte Zeit verlängert, sofern keine Partei einen entgegenstehenden Willen zum Ausdruck gebracht hat (vgl. im Einzelnen §§ 545, 625). Fehlt es in einem auf unbestimmte Zeit abge-

C. Kündigung   1002–1005

schlossenen Miet- oder Dienstvertrag an Vereinbarungen über die ordentliche Kündigung, so wird diese Lücke beim **Mietvertrag** durch § 580 a geschlossen, sofern nicht Wohnraum vermietet ist (vgl. dazu Rn. 1005), beim **Dienstvertrag** durch § 621 und, wenn es sich bei dem Dienstvertrag um einen **Arbeitsvertrag** handelt, durch § 622. Nach diesen Vorschriften hängt die Dauer der „gesetzlichen" Kündigungsfrist von der Art der Mietsache, von der Dauer des Arbeitsverhältnisses, ferner davon ab, ob die Miete oder die für die Dienste geschuldete Vergütung in dem Vertrag nach Tagen, Wochen oder Monaten oder nach noch längeren Zeitabschnitten bemessen ist. Bei anderen auf unbestimmte Zeit abgeschlossenen Dauerschuldverhältnissen, die nicht Dienstverträge sind, aber ihnen immerhin ähneln, wird man § 621 analog anzuwenden haben, wenn es an vertraglichen Vereinbarungen über eine ordentliche Kündigung fehlt (vgl. BGH NJW-RR 1993, 1460).

Aus dem Prinzip der Vertragsfreiheit folgt, dass es den Parteien eines Dauerschuldverhältnisses freisteht, Vereinbarungen zu treffen, aus denen sich ergibt, ob eine Kündigung zulässig sein soll und welche Fristen und Termine in diesem Fall einzuhalten sind. Allerdings gibt es zahlreiche zwingende Vorschriften, die diese Freiheit erheblich einengen. Klar ist zunächst, dass das Recht zur **außerordentlichen Kündigung** aus wichtigem Grund unter keinen Umständen vertraglich abbedungen werden kann. Aber auch das Recht zur ordentlichen Kündigung von **Arbeits- und Wohnungsmietverträgen** wird im Interesse des Arbeitnehmer- und Mieterschutzes über weite Strecken hinweg entweder stark eingeschränkt oder ganz abgeschafft. Bei anderen Dauerschuldverhältnissen sind Vereinbarungen über die ordentliche Kündigung zulässig, müssen aber, wenn sie als AGB-Klausel Vertragsbestandteil geworden sind, der Inhaltskontrolle gemäß §§ 307 ff. standhalten. 1003

Im **Arbeitsrecht** sind die Kündigungsfristen des § 622 weitgehend zwingend, weil sie zum Nachteil des Arbeitnehmers nur durch **Tarifvertrag** und durch **einzelvertragliche Abrede** nur in engbegrenzten Ausnahmefällen abgeändert werden können (vgl. § 622 Abs. 4 und 5). Vor allem aber kann sich der Arbeitnehmer gegen jede ordentliche Kündigung damit verteidigen, dass er beim Arbeitsgericht eine Klage erhebt mit dem Antrag, die Kündigung für unwirksam zu erklären, weil sie „sozial ungerechtfertigt" ist (§ 1 Kündigungsschutzgesetz). 1004

Bei **Mietverträgen über Wohnraum** ist nur der Mieter zur ordentlichen Kündigung berechtigt. Er kann also den Mietvertrag jederzeit und ohne die Angabe von Gründen durch eine Kündigung beenden, sofern er die Kündigungsfrist gemäß § 573 c Abs. 1 Satz 1 einhält. Dagegen steht dem **Vermieter** ein Recht zur ordentlichen Kündigung nicht zu. Ein Wohnungsmietvertrag kann vielmehr vom Vermieter nur dann gekündigt werden, wenn er ein „**berechtigtes Interesse**" an der Beendigung des Mietvertrages dartun kann (§ 573 Abs. 1). Ein solches „berechtigtes Interesse" ist insbesondere gegeben, wenn der Wohnungsmieter seine Vertragspflichten „**schuldhaft nicht uner-** 1005

419

heblich verletzt", also z.B. vorsätzlich oder fahrlässig die Miete nicht oder immer wieder zu spät gezahlt oder die Wohnung beschädigt oder sie unbefugt Dritten überlassen hat (§ 573 Abs. 2 Nr. 1); dabei brauchen die Pflichtverletzungen nicht ganz so schwer zu wiegen, wie das für eine außerordentliche, also fristlose Kündigung gemäß § 543, 569 erforderlich wäre (Rn. 997 f.). Verhält sich der Mieter aber vertragsgemäß, so kann sich der Vermieter auf ein „**berechtigtes Interesse**" nur dann berufen, wenn „**Eigenbedarf**" besteht, der Vermieter also nachweisen kann, dass er die vermieteten Räume „als Wohnung für sich, seine Familienangehörigen oder Angehörige seines Haushalts benötigt" (§ 573 Abs. 2 Nr. 2), oder wenn der Vermieter durch den bestehenden Mietvertrag „**an einer angemessenen wirtschaftlichen Verwertung des Grundstücks gehindert**" wird und ihm infolgedessen „**erhebliche Nachteile**" entstehen (§ 573 Abs. 2 Nr. 3). So kann es z.B. liegen, wenn der Vermieter den Altbau, dessen Wohnungen er vermietet hat, abreißen und ein neues Haus errichten möchte und er dadurch wirtschaftlich erheblich bessergestellt wird, als wenn er den Altbau stehen lassen, die darin befindlichen Wohnungen notdürftig sanieren und von den Mietern sodann gemäß § 559 eine erhöhte Miete verlangen würde (vgl. BGH NJW 2009, 1200). Für die nähere Konkretisierung der vielen unbestimmten Rechtsbegriffe des § 573 („Eigenbedarf", „angemessene wirtschaftliche Verwertung", „erhebliche Nachteile") stützt sich die Praxis weitgehend auf die Rechtsprechung des BVerfG (Rn. 713 f.). Immerhin stellt § 573 Abs. 2 Nr. 3 selbst klar, dass der Vermieter „an einer angemessenen Verwertung" der Mietwohnung nicht schon dadurch gehindert wird, dass er – wie er beweisen kann – sie zu einer erheblich höheren Miete neu vermieten könnte. Unwirksam ist deshalb eine „Änderungskündigung", bei der der Vermieter erklärt oder zu erkennen gibt, dass er zur Fortsetzung des Mietvertrags bereit sei, wenn der Mieter eine höhere Miete zahlt (Rn. 737). Vielmehr kann der Vermieter eine Mieterhöhung nur gemäß §§ 558 ff. durchsetzen, also in einem Verfahren, das so kompliziert geregelt ist, dass es ohne anwaltlichen Beistand vielleicht gerade noch von gewerblichen, aber nicht von privaten Vermietern korrekt gehandhabt werden kann. Selbst wenn dies gelingt, braucht der Mieter allerhöchstens die „**ortsübliche Vergleichsmiete**" zu zahlen, also nicht etwa die Miete, wie sie der Vermieter heute im Falle der Neuvermietung auf dem Wohnungsmarkt erzielen könnte, sondern nur diejenige, die für vergleichbare Wohnungen während der letzten 4 Jahre tatsächlich erzielt worden ist (§ 558 und Rn. 737).

1006 Ausnahmsweise kann der Vermieter auch ohne den Nachweis eines „berechtigten Interesses" kündigen, wenn er und der Mieter „unter dem gleichen Dach" wohnen, nämlich in einem Haus, von dessen zwei Wohnungen die eine vom Mieter, die andere vom Vermieter bewohnt wird (§ 573 a). Freilich scheint diese Regelung wenig bekannt zu sein. Jedenfalls wird behauptet, dass viele Tausende von „Einliegerwohnungen" aus zwar verständlicher, aber letztlich unbegründeter Furcht vor dem Mieterschutz unvermietet leerstehen. Auch sonst spricht viel dafür, dass der Mieterschutz, insbesondere der Kündigungsschutz, kontraproduktive Wirkungen entfaltet, weil er die Anreize reduziert, die Kapitalanleger zum Neubau von Mietwohnungen veranlassen könnten. Denn wenn eine Versicherungsgesellschaft, eine Bank oder eine Pensionskasse oder auch ein um seine Alterssicherung besorgter Handwerksmeister Geld in den Bau eines Miethauses investieren und den dadurch geschaffenen Wohnraum vermieten, so sind die Mietverträge, solange die Mieter sich vertragsgemäß verhalten, praktisch unkündbar. Denn ein „berechtigtes Interesse" i.S. des § 573 lässt sich in diesen Fällen nicht darlegen, weil „Eigenbedarf" bei juristischen Personen von vornherein ausgeschlossen ist und ein Vermieter „an einer angemessenen wirtschaftlichen Verwertung" einer Mietwohnung allenfalls dann gehindert sein kann, wenn sie in einem Altbau liegt. Immerhin kann der Vermieter, wenn er gut beraten ist, eine „**Staffelmiete**"(§ 557 a), eine „**Indexmiete**" (§ 557 b) oder in den engen Grenzen des § 575 einen „**Zeitmietvertrag**" abschließen und dadurch eine maßvolle Anpassung der Mieten an die Marktentwicklung erreichen.

Bei anderen Dauerschuldverhältnissen – z.B. bei Ausbildungs- und Unterrichtsverträgen, bei Verträgen mit den Betreibern von Privatschulen und Internaten, bei Wartungs- und Gebäudereinigungsverträgen, bei Verträgen über den regelmäßigen Bezug von Zeitschriften oder Büchern – wird das Recht zur ordentlichen Kündigung in aller Regel durch vertragliche Vereinbarungen näher geregelt. Meist wird vorgesehen, dass die Vertragspartei, die die Leistungen ihres Kontrahenten entgegenzunehmen und zu bezahlen hat, für eine bestimmte Mindestlaufzeit an den Vertrag fest gebunden sein und ihr für diese Zeit ein Recht zur ordentlichen Kündigung nicht zustehen soll. Solche Vereinbarungen sind grundsätzlich wirksam. Gewisse äußerste Grenzen werden durch § 138 gezogen. So ist z.B. anerkannt, dass ein Gastwirt in seiner wirtschaftlichen Handlungsfreiheit in sittenwidriger Weise „geknebelt" wird, soweit er an dem Bierlieferungsvertrag mit einer Brauerei für mehr als 15 Jahre festgehalten wird, ihn also vorher durch eine ordentliche Kündigung nicht beenden kann (vgl. BGHZ 74, 293; BGH NJW 1992, 2145; Rn. 240). Engere Grenzen sind zu beachten, wenn solche Vereinbarungen, wie es meistens der Fall ist, als AGB-Klausel in den Vertrag einbezogen worden sind. Gemäß § 309 Nr. 9 sind solche Klauseln insoweit unwirksam, als sie vorsehen, dass der Kunde an den Vertrag für eine erste Laufzeit von mehr als zwei Jahren gebunden sein soll. Das Gleiche gilt, wenn der Vertrag, falls er nach Ablauf der ersten Laufzeit vom Kunden fortgesetzt wird, als stillschweigend um mehr als ein Jahr verlängert gelten soll, oder wenn der Kunde eine Kündigungsfrist von mehr als 3 Monaten einzuhalten hat. Freilich ist dasjenige, was § 309 Nr. 9 nicht verbietet, nur dann erlaubt, wenn es auch der Kontrolle nach der Generalklausel des § 307 standhält.

Wie liegt es z.B., wenn die Eltern ihre Tochter zum Beginn des Schuljahrs am 1. Oktober einem Internat anvertraut haben, und zwar aufgrund eines Vertrages, der auf bestimmte Zeit, nämlich bis zum Erwerb des Hauptschulabschlusses gelten sollte, eine Probezeit nicht vorsah und in einer AGB-Klausel bestimmte, dass eine Kündigung unter Einhaltung einer Frist von 3 Monaten nur zum Ende eines Schuljahrs zulässig sein soll? Müs-

sen die Eltern, wenn sie ihre Tochter wegen heimwehbedingter Gemütstrübungen schon nach 3 Wochen aus dem Internat nehmen und nach Hause kommen lassen, für den Rest des Schuljahrs das vereinbarte Schulgeld bezahlen? Eine außerordentliche Kündigung kommt nicht in Betracht: nach § 626 nicht, weil im Heimweh der Tochter kein „wichtiger Grund" zu sehen ist, nach § 627 nicht, weil der Internatsbetreiber aufgrund eines „dauernden" Dienstverhältnisses „feste Bezüge" erhält und es daher an den Voraussetzungen der Vorschrift fehlt (Rn. 1000). Zwar ist die AGB-Klausel mit § 309 Nr. 9 vereinbar, weil sie für den Vertrag eine erste Laufzeit von 1 Jahr und eine Kündigungsfrist von 3 Monaten vorsieht. Wohl aber verstößt sie nach Auffassung des BGH gegen § 307: Der Internatsbetreiber habe mit ihr allzu einseitig sein Interesse an einer Deckung seiner fixen Kosten verfolgt und nicht angemessen dem Interesse der Eltern Rechnung getragen, den Internatsaufenthalt, wenn sie ihn als für ihr Kind nicht geeignet erkannt haben, ohne Kostenfolgen beenden zu können. Welche Regelung tritt nun gemäß § 306 Abs. 2 an die Stelle der unwirksamen AGB-Klausel? § 621 Nr. 3 kommt dafür nicht in Betracht, weil diese Regelung gemäß § 620 Abs. 2 nicht angewendet werden darf, wenn der Vertrag auf bestimmte Zeit abgeschlossen worden ist oder sich doch jedenfalls – wie hier – „aus der Beschaffenheit oder dem Zweck der Dienste" entnehmen lässt, dass der Vertrag auf bestimmte Zeit – hier: bis zum Hauptschulabschluss – geschlossen sein soll (vgl. BGHZ 270, 102, 105). In einem solchen Fall ist die Lücke durch ergänzende Vertragsauslegung zu schließen, die den BGH zu dem Ergebnis geführt hat, dass die ordentliche Kündigung zum Schluss des ersten Schulhalbjahrs zulässig ist. 6 Monate lang müssen also die Eltern das Schulgeld zahlen. Vgl. BGH NJW 1985, 2585 und BGHZ 120, 108.
– Mit § 307 vereinbar ist hingegen eine AGB-Klausel, nach der beide Parteien den Internatsvertrag durch ordentliche Kündigung zum 31.1. oder zum 31.7. unter Einhaltung einer Frist von 2 Monaten beenden können (BGHZ 170, 102).

D. Störung der Geschäftsgrundlage

I. Allgemeines

1009 Gemäß § 313 kann eine Vertragspartei unter bestimmten Voraussetzungen vom Gericht eine **„Anpassung des Vertrages"** verlangen, wenn sich „Umstände, die zur Grundlage des Vertrages geworden sind", nach Vertragsabschluss schwerwiegend verändert haben; das Gleiche gilt, wenn „wesentliche Vorstellungen, die zur Grundlage des Vertrages geworden sind", sich nachträglich als falsch herausstellen. Angepasst wird der Vertrag dadurch, dass das Gericht die vertraglich vereinbarten Leistungspflichten der Parteien herabsetzt, erweitert oder auf andere Weise modifiziert. Ist eine solche Vertragsanpassung nicht möglich oder nicht zumutbar, so kann die Partei, die durch die **„Störung der Geschäftsgrundlage"** benachteiligt ist, den Vertrag durch einen Rücktritt oder, wenn ein Dauerschuldverhältnis vorliegt, durch eine Kündigung beenden (§ 313 Abs. 3).

1010 § 313 ist erst im Zuge der Schuldrechtsmodernisierung in das BGB aufgenommen worden und am 1. Januar 2002 in Kraft getreten. Der Gesetzgeber hat damit aber lediglich die Regeln kodifizieren wollen, die schon vorher von der Rechtsprechung zum „Wegfall

D. Störung der Geschäftsgrundlage 1010–1012

der Geschäftsgrundlage" entwickelt worden waren. Schon das Reichsgericht hat in Fällen, in denen es infolge des I. Weltkriegs zu einer erheblichen Verknappung und Verteuerung von Rohstoffen oder zu einem katastrophalen Kaufkraftverlust der Währung gekommen war, die Auffassung vertreten, dass Verträge durch solche unvorhergesehenen Ereignisse ihre „Geschäftsgrundlage" verlieren könnten und nach Treu und Glauben an die neue Situation anzupassen seien. Nach dem 2. Weltkrieg hat der BGH diese Rechtsprechung übernommen und sie auf Fälle angewandt, in denen geltend gemacht wurde, es sei die Geschäftsgrundlage eines Vertrages z.B. durch die Verhängung der Berliner Blockade, durch die Auswirkungen des Korea-Kriegs, durch den Zusammenbruch der DDR, durch die Wiederherstellung der deutschen Einheit oder durch andere, von den Parteien nicht vorausbedachte Ereignisse weggefallen und infolgedessen die Anpassung oder die Auflösung des Vertrages geboten. Die umfangreiche Rechtsprechung zum Wegfall der Geschäftsgrundlage darf nach allgemeiner Auffassung auch heute zur Konkretisierung des § 313 herangezogen werden.

Zur Bestimmung der Voraussetzungen einer Vertragsanpassung reiht § 313 mehrere unbestimmte Rechtsbegriffe aneinander, die keinen greifbaren operationalen Gehalt haben und als gutgemeinte Leerformeln einer exakten Subsumtion nicht zugänglich sind. Niemand bezweifelt, dass jeder Vertrag unter bestimmten objektiv gegebenen „Umständen" geschlossen wird und dass es immer irgendwelche subjektive „Vorstellungen" gibt, von denen die Parteien sich beim Abschluss des Vertrages leiten lassen. Offen bleibt aber, wann diese Umstände oder Vorstellungen rechtlich bedeutungslos sind und wann sie zur Geschäftsgrundlage des Vertrages erhoben werden dürfen. Auch müssen sich die zur Geschäftsgrundlage gewordenen Umstände gemäß § 313 Abs. 1 „schwerwiegend" verändert haben; in ähnlicher Weise bestimmt § 313 Abs. 2, dass es „wesentliche" Vorstellungen sein müssen, die die Geschäftsgrundlage des Vertrages gebildet und sich später als falsch herausgestellt haben. Sind diese Voraussetzungen erfüllt, so soll schließlich die Anpassung oder Auflösung des Vertrages nur dann zulässig sein, wenn der betroffenen Vertragspartei die weitere Bindung an den unveränderten Vertrag nicht „zugemutet" werden kann. Dies ist nach der ständigen Rechtsprechung des BGH nur dann der Fall, wenn eine „Opfergrenze" überschritten wird und wenn „trotz der überragenden Bedeutung, die dem Grundsatz der Vertragstreue zukommt", eine Vertragsanpassung unabweisbar ist, weil auf andere Weise „ein untragbares, mit Recht und Gerechtigkeit nicht zu vereinbarendes Ergebnis" nicht vermieden werden kann (vgl. z.B. BGH NJW 1977, 2262; BGH JZ 1978, 235; BGHZ 133, 281 und 316).

Solche und ähnliche Formeln mögen das Herz erwärmen. Praktische Hilfe bei der Entscheidung konkreter Fälle leisten sie aber nicht. Sie führen geradezu in die Irre, soweit sie den Eindruck erwecken, dass es in § 313 um die Durchbrechung des Grundsatzes der Vertragstreue („pacta sunt servanda") geht. Vielmehr ist das Gegenteil richtig: Der Vertrag ist das Gesetz, nach dem die Parteien angetreten sind; ihn hat der Richter zum Ausgangspunkt seiner Überlegungen zu machen, und es ist nicht die Unzumutbarkeit oder Untragbarkeit des Ergebnisses, sondern die **vertragliche Risikoverteilung**, die im Wege der (ergänzenden) Vertragsauslegung zu ermitteln ist und darüber entscheidet, ob das Risiko der in Rede stehenden veränderten Umstände oder enttäuschten Vorstellungen vom Kläger oder vom Beklagten zu tragen ist, oder ob sie, soweit das nicht der Fall ist, die Anpassung des Vertrages verlangen oder ihn notfalls durch Rücktritt oder Kündigung beenden können.

1013 Diese Betrachtungsweise dringt nicht nur im juristischen Schrifttum vor (vgl. z.B. *Köhler*, 50 Jahre BGH, Festgabe aus der Wissenschaft [2000] 295; MK-*Finkenauer* § 313 Rn. 59 ff.; rechtsvergleichend *Zweigert/Kötz* S. 516 ff.: vgl. auch Art. 6.111 Abs. 2 c PECL), sondern kommt auch in § 313 selbst zum Ausdruck, wenn es dort nämlich heißt, dass (neben vielem anderen) auch „der vertraglichen oder gesetzlichen Risikoverteilung" Rechnung zu tragen sei. Auch der BGH hat immer wieder darauf abgestellt, dass „Umstände, die nach dem Vertrag ersichtlich in den Risikobereich einer Partei fallen, dieser kein Recht [geben], sich auf eine Störung der Geschäftsgrundlage zu berufen" (BGH NJW 1979, 1818; vgl. auch BGHZ 74, 370; BGH NJW 1977, 2262; BGHJZ 1978, 235; BGH NJW 1978, 2390; BGHZ 83, 283, 288; BGH NJW 2000, 1714, 1716).

II. Fallgruppen

1. Äquivalenzstörung

1014 Unter dem Begriff „Äquivalenzstörung" fasst man eine Gruppe von Fällen zusammen, in denen eine Vertragspartei geltend macht, dass es nach dem Vertragsabschluss zu einer nicht vorausbedachten Veränderung der Verhältnisse gekommen sei, die ihr die Erbringung der versprochenen Leistung wesentlich erschwert oder das Wertverhältnis zwischen ihrer Leistung und der Gegenleistung zu ihrem Nachteil wesentlich verändert habe. So liegt es z.B., wenn in einem Miet- oder Erbbauvertrag oder in einem Vertrag über die Gewährung eines Ruhegehalts oder einer Leibrente jemandem auf lange Frist die Zahlung eines bestimmten Geldbetrags versprochen wird, dieser Geldbetrag aber, weil der Vertragsabschluss 10, 20 oder 30 Jahre zurückliegt, dem Gläubiger infolge des Währungsverfalls heute nur noch einen Bruchteil der ursprünglichen Kaufkraft verschafft. Zwar ist es üblich, dass die Parteien eine Preisänderungs- oder Wertsicherungsklausel vereinbaren und dadurch das Inflationsrisiko ganz oder teilweise der einen oder anderen Partei zuweisen (Rn. 631). Aber wie, wenn es in dem Vertrag an einer solchen Klausel fehlt? Grundsätzlich ist es der Gläubiger, der das Risiko dafür tragen muss, dass der Geldbetrag, den er sich versprechen ließ, im Laufe der Zeit an Kaufkraft verliert. Deshalb kann er nach der Rechtsprechung nicht verlangen, dass seine Geldforderung im Wege der Vertragsanpassung „aufgewertet" und ihm über den nominell vereinbarten Betrag hinaus ein weiterer „Ausgleichsbetrag" zugebilligt wird. Denn das würde darauf hinauslaufen – so BGH NJW 1959, 2203 – „dass bei Dauerschuldverhältnissen unter dem Ge-

D. Störung der Geschäftsgrundlage 1014–1016

sichtspunkt des Wegfalls der Geschäftsgrundlage ganz allgemein eine Art stillschweigender Währungsgleitklausel anzunehmen wäre" (vgl. ebenso BGH NJW 1966, 105; BGH NJW 1976, 142). Aber es gibt Ausnahmen. Im Jahre 1923 hat das Reichsgericht die geradezu grundstürzenden Folgen der damaligen Entwertung des Papiergelds in einer berühmtgewordenen Entscheidung (RGZ 107, 78) dadurch zu mildern versucht, dass es einem Hypothekengläubiger einen „Ausgleichsanspruch" zuerkannt hat. Auch die heutige Rechtsprechung vertritt in manchen Fallgruppen eine weniger strenge Auffassung, so z.B. bei Erbbauverträgen (vgl. BGHZ 90, 227; BGHZ 91, 32) und bei Verträgen, in denen die vereinbarten Geldzahlungen den Lebensunterhalt oder die Altersversorgung des Gläubigers langfristig sichern sollten (vgl. BGHZ 61, 31; BGHZ 105, 243).

Auf eine Äquivalenzstörung beruft sich eine Vertragspartei auch dann, 1015 wenn sie geltend macht, dass ihr die Erbringung der vertraglich versprochenen Leistung durch eine nachträgliche Veränderung der Umstände **erheblich erschwert** worden ist. Auch hier kommt eine Anpassung des Vertrages gemäß § 313 nicht in Betracht, wenn der Eintritt der leistungserschwerenden Umstände nach dem (richtig ausgelegten) Vertrag in den Risikobereich derjenigen Partei fällt, die die Anpassung verlangt. Wer im Jahre 1965 ein Strandhotel auf der Insel Juist für 20 Jahre pachtet, kann deshalb nicht 9 Jahre später die Halbierung des Pachtzinses mit der Begründung verlangen, dass er seit Pachtbeginn Jahr für Jahr tiefrote Zahlen schreibe, sich wegen der veralteten Ausstattung des Hotels daran auch in Zukunft nichts ändern und er in den sicheren Ruin getrieben werde, falls er an dem unveränderten Vertrag festgehalten würde. Denn „der Pächter eines Hotels übernimmt mit dem Abschluss des Pachtvertrages das unternehmerische Risiko, während der Laufzeit des Vertrages Erträge zu erwirtschaften, die die Kosten decken und einen Gewinn sicherstellen." Umstände, die – wie z.B. Nachfrageschwankungen, veränderte Reisegewohnheiten, erhöhte Komfortanforderungen – „in den Risikobereich nur des einen Vertragsteils fallen, [sind] grundsätzlich nicht geeignet, dem hierdurch betroffenen Vertragspartner eine Berufung auf den Wegfall der Geschäftsgrundlage zu ermöglichen", dies auch dann nicht, wenn das für ihn „existenzbedrohende Folgen" hat (BGH NJW 1978, 2390).

Auf die **vertragliche Risikoverteilung** kommt es auch dann an, wenn die nachträgliche 1016 Veränderung der Umstände dazu führt, dass einer Vertragspartei nicht die Zahlung von Geld, sondern die Erbringung einer Sachleistung erschwert wird. In BGH NJW 1977, 2262 hatte die beklagte Wohnungsbaugesellschaft Eigenheime verkauft und ihren Käufern, darunter auch dem Kläger, versprochen, sie werde sie aus einem eigenen Fernheizwerk langfristig mit Fernwärme beliefern, und zwar zu Preisen, wie sie jeweils auch die Stadtwerke von den Verbrauchern verlangen würden. Im Zuge der Ölkrise des Jahres 1973 stieg der Preis, zu dem die Beklagte ihr Fernheizwerk mit Heizöl versorgen musste, viel stärker an als der Verbraucherpreis der Stadtwerke, weil dieser Preis aus politischen

Gründen mit allgemeinen Steuermitteln subventioniert und auf diese Weise künstlich niedrig gehalten wurde. Zwar musste die Beklagte infolgedessen Fernwärme zu Preisen liefern, die ihre Kosten nicht deckten. Aber auf eine Störung der Geschäftsgrundlage konnte sie sich nicht berufen, weil das Risiko einer nicht betriebswirtschaftlich, sondern politisch motivierten Preispolitik der Stadtwerke von ihr (und nicht etwa von ihren Kunden) zu tragen war. – Vgl. auch BGH JZ 1978, 235: Im Dezember 1972 hatte die Klägerin, eine Stadt, ihren Heizölbedarf für 1973 zu einem Festpreis von dem beklagten Handelsunternehmen gekauft. Im Juli 1973 stellte das Unternehmen seine Lieferungen ein, weil der Rohölpreis auf dem Spotmarkt in Rotterdam wegen der damaligen Ölkrise von rund 100 DM/t im Januar auf rund 180 DM/t im Juli gestiegen war und im Dezember einen Höchststand von rund 600 DM/t erreichte. Auf die Schadensersatzklage der Klägerin verteidigte sich der Verkäufer mit dem Einwand des Wegfalls der Geschäftsgrundlage, aber ohne Erfolg: In der Vereinbarung eines Festpreises liege die Übernahme des Risikos von Preiserhöhungen. Jedenfalls hafte der Verkäufer hier deshalb, weil er im Frühjahr 1973 die Möglichkeit eines weiteren Preisanstiegs erkannt, aber in der Hoffnung auf ein Sinken der Preise von einer Bevorratung mit Heizöl abgesehen und damit das Risiko weiterer Preiserhöhungen übernommen habe. – In Fällen dieser Art darf der Vertrag daher nur dann gemäß § 313 angepasst oder aufgelöst werden, wenn die Leistungserschwerung auf Umständen beruht, die nach dem Vertrag außerhalb des Risikobereichs des Schuldners liegen. Das ist der Fall, wenn es sich dabei um Umstände handelt, deren Eintritt der Schuldner nicht verhindern und gegen deren Folgen er Vorsorgemaßnahmen – wie z.B. durch den Abschluss eines Waren- oder Devisentermingeschäfts oder die Beschaffung von Versicherungsschutz – nicht oder doch nur mit einem höheren Aufwand als der andere Vertragspartner treffen kann. Welche Risikoverteilung dem Vertrag zugrunde liegt, ist durch seine ergänzende Auslegung zu ermitteln, die sich ihrerseits an der Idee des „vollständigen Vertrages" orientieren sollte (Rn. 77 ff.).

2. Zweckstörung

1017 Nicht anders liegt es in den Fällen der „Zweckstörung". Hier macht eine Vertragspartei geltend, dass die ihr geschuldete Leistung infolge einer Veränderung der Umstände für sie sinnlos geworden sei, nämlich nicht mehr für den Zweck verwendet werden könne, den sie oder auch beide Parteien bei Vertragsabschluss ins Auge gefasst hatten. Allerdings sind die Voraussetzungen des § 313 in diesen Fällen nur selten erfüllt, weil die Partei, die sich eine Leistung hat versprechen lassen, grundsätzlich das **„Verwendungsrisiko"** trägt, also vor der eigenen Tür kehren muss, wenn sich später zeigt, dass sie die Leistung überhaupt nicht oder nicht so wie bezweckt verwenden oder gebrauchen kann. Wer für seinen Sohn eine silbernen Brotkorb als Hochzeitsgeschenk gekauft hat, kann sich deshalb (nicht nur nicht auf § 119, sondern auch) nicht auf § 313 berufen, wenn die Hochzeit abgesagt wird und er für den Brotkorb keine Verwendung mehr hat. Ebenso liegt es, wenn eine ungeschützte, aber immerhin schon zur Patenterteilung angemeldete Erfindung verkauft, aber der Patentantrag zur Überraschung beider Parteien später vom Patentamt zurückgewiesen wird (BGHZ 83, 283), oder wenn das verkaufte „Bauerwartungsland" nach Abschluss des Vertrages entgegen den Er-

D. Störung der Geschäftsgrundlage

wartungen beider Parteien von der Behörde nicht als Bauland ausgewiesen wird und der Käufer es daher nicht wie geplant bebauen oder als Bauland zu einem guten Preis verkaufen kann.

Vgl. BGH JZ 1977, 177; BGHZ 74, 370. – Natürlich kann sich aus dem Vertrag oder seiner ergänzenden Auslegung ergeben, dass das Verwendungsrisiko ausnahmsweise nicht vom Käufer, sondern vom Verkäufer oder gemeinsam von beiden Parteien zu tragen ist; nur in diesem Fall kommt § 313 in Betracht. Ob allerdings der „Bohrhämmerfall" (BGH MDR 1953, 282) hierher gehört, ist sehr zweifelhaft: Der Kläger hatte sich verpflichtet, 600 Bohrhämmer herzustellen und der Beklagten zu liefern. Ihm war bei Vertragsabschluss bekannt, dass die Beklagte die Bohrhämmer in die damalige Ostzone weiterverkaufen wollte; er wusste auch, dass die Ware, weil technisch nicht mehr auf dem neuesten Stand, sich nirgendwo sonst würde absetzen lassen. Als sich zeigte, dass die Bohrhämmer wegen der Auswirkungen der Berliner Blockade nicht in die Ostzone geliefert werden könnten, wollte die Beklagte sie nicht mehr abnehmen und nicht bezahlen. Der BGH war der Auffassung, dass der geplante Verwendungszweck Geschäftsgrundlage geworden und der Vertrag nach Treu und Glauben an die veränderte Lage derart anzupassen sei, dass die Beklagte ein Viertel des vereinbarten Preises zahlen (und damit vermutlich die dem Kläger bis dahin entstandenen Kosten erstatten) müsse. Das mag als salomonische Lösung erscheinen. Aber richtig ist sie deshalb noch nicht. Wer Waren kauft und sie in bestimmter Weise weiterverkaufen und dadurch einen Gewinn erzielen will, muss das Risiko der Möglichkeit des Weiterverkaufs tragen. Will er erreichen, dass es auch von seinem Lieferanten getragen wird, so genügt es nicht, dass er ihm seine Planungen zur Kenntnis bringt. Vielmehr muss er die gewünschte Risikoverteilung zum Inhalt des Vertrages machen und sich darauf einstellen, dass der Lieferant seinen Preis um einen Risikozuschlag erhöhen wird.

Auch bei einem Mietvertrag liegt das Verwendungsrisiko beim Mieter. § 313 kommt deshalb nicht in Betracht, wenn der Mieter die Miete nicht mehr zahlen will, weil er in ein Pflegeheim muss oder aus einem anderen „in seiner Person liegenden Grund" die Mietwohnung nicht oder nicht mehr nutzen kann (§ 537 Abs. 1; Rn. 742). Ebenso, wenn er das Hotelzimmer, das er in einem Wintersportort oder einer Messestadt gebucht hat, nicht nutzen und nicht bezahlen will, weil kein Schnee gefallen oder die Messe abgesagt worden ist, oder wenn die gemeinsame Erwartung beider Parteien enttäuscht wird, es werde der Mieter in den Mieträumen ein gewinnbringendes Geschäft betreiben. Ein Konzertveranstalter, der für einen bestimmten Tag einen Konzertsaal gemietet hat, muss die Miete auch dann bezahlen, wenn er wegen der Unpässlichkeit der Sängerin das Konzert absagen muss (vgl. aber OLG Bremen NJW 1953, 1393). Auch hier kann aber aufgrund (ergänzender) Vertragsauslegung das Verwendungsrisiko dem Vermieter oder beiden Parteien gemeinsam zuzuweisen sein, so etwa dann, wenn sie ergibt, dass der Vermieter insoweit mit dem Mieter „gemeinsame Sache" gemacht, gemeinsam mit ihm auf die Realisierbarkeit der geplanten Verwendung „spekuliert" oder mit ihm konkludent vereinbart hat, es solle die Durchführung des Geschäfts mit der Möglichkeit der geplanten Verwendung „stehen oder fallen".

1020 So wird es z.B. liegen, wenn für die Nutzung einer Sache unter gewöhnlichen Umständen nichts oder wenig bezahlt wird und dem Vermieter die Chance der Erzielung eines hohen Mietzinses nur durch ganz besondere Umstände oder nur im Falle einer ganz besonderen Entwicklung der Verhältnisse eröffnet wird. Wer sein Wohnzimmer für einen Nachmittag vermietet, weil es dann den Ausblick auf einen Krönungsumzug bieten wird, muss sich, wenn der König am fraglichen Tag wegen einer Erkältung im Bett liegt, gefallen lassen, dass der Mieter die Miete nicht zahlt, sei es, weil er gemäß § 313 wegen Wegfalls der Geschäftsgrundlage zurücktreten darf, sei es auch deshalb, weil dem Vermieter die versprochene Leistung – nämlich die Überlassung des Wohnzimmers gekoppelt mit dem Anblick des Krönungszuges – gemäß § 275 Abs. 1 unmöglich geworden und damit auch sein Anspruch auf die Miete gemäß § 326 Abs. 1 Satz 1 weggefallen ist. Welche der beiden Begründungswege man wählt, ist Sache des juristischen Geschmacks. Maßgeblich ist die Analyse der vertraglichen Risikoverteilung. Auf sie kommt es auch dann an, wenn man die Leistung des Vermieters als unmöglich geworden ansieht. Denn dann würde ihm sein Anspruch auf die Miete gemäß § 326 Abs. 2 ausnahmsweise erhalten bleiben, wenn es nicht er, sondern der Mieter wäre, der das Risiko für den Ausfall des Krönungszugs zu tragen hätte und dafür deshalb „allein oder überwiegend verantwortlich" wäre (§ 326 Abs. 2, Rn. 827 ff.). – Wie liegt es, wenn das Losglück einem Provinzverein ein im Fernsehen übertragenes Pokalspiel gegen den Tabellenführer der Bundesliga beschert hat und ihm eine Werbeagentur deshalb für das Recht zur Bandenwerbung eine besonders hohe Vergütung verspricht? Auch hier wird die Agentur nicht zahlen müssen, wenn die Fernsehübertragung kurz vor dem Anpfiff abgesagt wird. – Zu beachten ist schließlich, dass Käufer, Mieter oder Auftraggeber, wenn die geplante Verwendung der gekauften, gemieteten oder hergestellten Sache **wegen eines Sachmangels** scheitert, zur Verweigerung der Gegenleistung oder zum Rücktritt oder Teilrücktritt (auf Minderung) nach den allgemeinen Vorschriften berechtigt sein können (§§ 320 Abs. 1, 437 Nr. 2, 536 ff., 634 Nr. 3). Hat jemand ein Einkaufszentrum errichtet und darin Geschäftsräume vermietet, so können die Mieter, wenn das Einkaufszentrum vom Publikum nicht „angenommen" wird und sich als Flop herausstellt, ihre Rechte gegen den Vermieter sowohl auf einen Mangel der Mietsache (§ 536; vgl. Rn. 729) wie auch, sofern ein Mangel nicht gegeben ist, auf eine Störung der Geschäftsgrundlage des Mietvertrages (§ 313) stützen. Der BGH hat allerdings beiden Anspruchsgrundlagen eine kühle Schulter gezeigt (vgl. BGH NJW 2000, 1417).

3. Gemeinsamer Irrtum

1021 Die Rechtsprechung wendet schließlich § 313 auch auf Fälle des „gemeinsamen Irrtums" an, also dann, wenn beide Parteien übereinstimmend eine bestimmte Sach- oder Rechtslage als festes Datum angenommen und auf dieser Grundlage die vertragliche Leistungspflichten festgelegt haben, dann aber erkennen mussten, dass ihre Annahme unzutreffend war. Hierher gehört der Fall, in dem die Parteien eine Geldleistung – einen Kaufpreis, einen Darlehensbetrag, einen Mietzins – auf einen bestimmten Betrag fixiert, aber zur Berechnung dieses Betrages sich gemeinsam auf einen falschen Tageskurs oder eine falsche Bilanz, Warenmenge, Vergleichsmiete oder Grundstücksgröße gestützt haben („**Kalkulationsirrtum**", Rn. 318 ff.). § 313 wird auch dann herangezogen; wenn sich der gemeinsame Irrtum nicht auf Tatsachen bezieht, die bei Vertragsabschluss vorliegen, sondern wenn sich die Parteien

D. Störung der Geschäftsgrundlage

gemeinsam über den Fortbestand von Tatsachen in der Zukunft oder gar über den künftigen Eintritt oder Nichteintritt neuer Tatsachen geirrt haben. In der Regel liegt dann ein Fall der Äquivalenz- oder Zweckstörung vor. Die genaue Abgrenzung ist schwierig und zum Glück unwichtig, weil es letztlich hier wie auch sonst auf die vertragliche Risikoverteilung ankommt.

In NJW 1976, 565 hatte der beklagte Fußballverein für seine Zustimmung zur Freigabe eines Lizenzspielers vom Kläger, einem anderen Verein, eine „Ablöseentschädigung" von DM 40.000,00 erhalten. Muss er sie zurückzahlen, wenn dem Spieler kurz nach seinem Wechsel zum Kläger vom Deutschen Fußballbund die Spielberechtigung entzogen wird, weil er sich noch während seiner Zugehörigkeit zum Beklagten mit Geld zur Verfälschung eines Spielergebnisses hat verleiten lassen? Der BGH hat die Frage bejaht: Zwar trage der Kläger das Risiko dafür, dass der Spieler nicht die erwartete sportliche Leistung erbringt, oder dafür, dass er wegen der Spätfolgen einer schon vor dem Wechsel erlittenen Sportverletzung nicht mehr eingesetzt werden kann. Hingegen sei nicht der Kläger, sondern der Beklagte „näher daran", das Risiko dafür zu tragen, dass ein von ihm beschäftigter Spieler sich bestechen lässt und damit unter dem Gesichtspunkt eines künftigen Transfers „wertlos" wird.

§ 12 Schadensersatz

A. Allgemeine Voraussetzungen

I. Die Grundnorm des § 280 Abs. 1

1023 Gemäß § 280 Abs. 1 kann der Gläubiger vom Schuldner Schadensersatz verlangen, wenn zwischen den Parteien ein **Schuldverhältnis** besteht, der Schuldner eine **Pflicht** aus dem Schuldverhältnis **verletzt** hat und der Schaden, dessen Ersatz der Gläubiger verlangt, durch die Pflichtverletzung entstanden ist. Sind diese Voraussetzungen erfüllt, so haftet der Schuldner gleichwohl nicht, wenn er beweisen kann, dass er die Pflichtverletzung **nicht zu vertreten** hat.

1024 Die Regelung in § 280 Abs. 1 kann man als die „**Grundnorm**" des Rechts der vertraglichen Schadensersatzansprüche bezeichnen, weil ihre Voraussetzungen *immer* erfüllt sein müssen, ohne daß es darauf ankommt, welchen Zweck der Gläubiger mit seinem Schadensersatzanspruch verfolgt und worauf er sich richtet. In manchen Fällen genügt es für die Begründung des Anspruchs, wenn die Anforderungen des § 280 Abs. 1 erfüllt sind (vgl. Rn. 1026). In zwei wichtigen Fallgruppen müssen aber außerdem „**zusätzliche Voraussetzungen**" gegeben sein. In der einen Fallgruppe verhält es sich so, dass dem Gläubiger die ihm geschuldete und fällige Leistung nicht pünktlich erbracht worden ist und er den Schuldner zwar an dem Vertrag weiterhin festhalten will, aber von ihm Ersatz des Schadens verlangt, den er durch das Ausbleiben der fälligen Leistung erlitten hat. Auf Ersatz eines solchen **Verzögerungsschadens** haftet der Schuldner gemäß § 280 Abs. 2 „unter der zusätzlichen Voraussetzung des § 286". Dahinter verbirgt sich allerdings nichts weiter, als dass der Gläubiger den Schuldner durch eine Mahnung zur Erbringung der bereits fällig gewordenen Leistung angehalten haben muss und diese Mahnung erfolglos gewesen ist; selbst eine solche Mahnung ist aber häufig entbehrlich (Rn. 1142). Der andere Fall ist in § 280 Abs. 3 geregelt. Hier liegt es so, dass der Gläubiger nicht mehr auf dem Vertrag beharren, sondern ihn für erledigt erklären oder „liquidieren", also nicht nur die eigene Leistung nicht mehr erbringen, sondern auch die Leistung des Schuldners nicht mehr haben will und unter diesen Umständen nunmehr **Schadensersatz statt der Leistung** verlangt. In diesem Fall müssen gemäß § 280 Abs. 3 die „zusätzlichen Voraussetzungen" der §§ 281–283 erfüllt sein. Sie verfolgen den Zweck, den Schuldner davor zu

A. Allgemeine Voraussetzungen   **1024–1027**

schützen, dass der Vertrag gegen seinen Willen und ohne stichhaltigen Grund vom Gläubiger für erledigt erklärt wird. Dieser Zweck wird dadurch erreicht, dass der Gläubiger, ehe er Schadensersatz statt der Leistung verlangen kann, in der Regel dem Schuldner noch eine angemessene Frist zur Leistung oder Nacherfüllung gesetzt haben und diese Frist erfolglos abgelaufen sein muss. Zu beachten ist allerdings, dass es für den Anspruch auf Schadensersatz statt der Leistung in einem Ausnahmefall eine besondere Regelung gibt: Wenn der Schuldner aus Gründen, die schon bei *Vertragsabschluß* gegeben waren, die versprochene Leistung nicht erbringen kann oder verweigern darf (§ 275 Abs. 1–3), so steht dem Gläubiger ein Anspruch auf Schadensersatz statt der Leistung zu, dessen Voraussetzungen (nicht durch §§ 280 ff., sondern) durch § 311 a Abs. 2 bestimmt werden (Rn. 1073, 1107 f., 1170).

Auf die „zusätzlichen Voraussetzungen" gemäß § 280 Abs. 2 und 3 kommt es daher nur dann an, wenn der Gläubiger den **Verzögerungsschaden** (§ 280 Abs. 2) oder wenn er **Schadensersatz statt der Leistung** (§§ 280 Abs. 3, 311 a Abs. 2) verlangt. In allen übrigen Fällen bestimmt sich der Schadensersatzanspruch des Gläubigers **allein nach § 280 Abs. 1**. Zwar muss der Schuldner auch in diesen Fällen eine Pflicht – eine Schutzpflicht oder auch eine Leistungspflicht – verletzt und dadurch den Schaden des Gläubigers herbeigeführt haben. Aber es darf sich bei diesem Schaden nicht gerade um einen Verzögerungsschaden und auch nicht um Schadensersatz statt der Leistung handeln. Man spricht deshalb manchmal davon, dass der Gläubiger in diesen Fällen „**einfachen Schadensersatz**" verlangt. Wie sehen diese Fälle aus?   **1025**

In einer ersten wichtigen Fallgruppe hat der Schuldner eine **Schutzpflicht** gemäß § 241 Abs. 2 verletzt, also „auf die Rechte, Rechtsgüter und Interessen" des Gläubigers nicht mit der im Verkehr erforderlichen Sorgfalt Rücksicht genommen und ihm dadurch einen Schaden zugefügt. Eine solche Schutzpflicht kann sich aus einem bereits geschlossenen Vertrag ergeben; sie kann aber auch deshalb geschuldet sein, weil zwischen den Parteien ein vorvertragliches Schuldverhältnis gemäß § 311 Abs. 2 besteht.   **1026**

Ist z.B. der Kunde eines Kraftfahrzeughändlers auf dessen Betriebsgelände zu Fall gekommen, weil es gegen Eisglätte nicht genügend gesichert war, so kann der Verletzte seinen Schadensersatzanspruch auf § 823 Abs. 1 stützen. Er kann ihn aber auch damit begründen, dass der Händler eine Schutzpflicht aus einem vertraglichen oder vorvertraglichen Schuldverhältnis verletzt habe. In diesem Falle beurteilt sich der Schadensersatzanspruch allein nach § 280 Abs. 1. Auf die „zusätzlichen Voraussetzungen" des § 280 Abs. 2 und 3 kommt es nicht an, weil der Unfall des Käufers nichts mit seinem vertraglichen Interesse an der pünktlichen Lieferung eines mangelfreien Autos zu tun hat. Ist der Kaufvertrag bereits zustandegekommen, so kann er (neben dem Ersatz des Unfallschadens auch noch) die Erfüllung des Vertrages, also die Lieferung des ihm verkauften Wagens verlangen. Wird *diese* Pflicht vom Verkäufer nicht oder schlecht erfüllt, der Wagen also nicht oder nicht in der vertraglich vereinbarten Beschaffenheit geliefert, so kann dem Käufer zwar auch deshalb ein Schadensersatzanspruch zustehen. Aber dabei handelt es sich um Schadensersatz statt der Leistung; *dieser* Anspruch hängt von den   **1027**

431

„zusätzlichen Voraussetzungen" der §§ 281 – 283 ab, also in der Regel davon, dass der Käufer dem Verkäufer gemäß § 281 Abs. 1 „eine angemessene Frist zur Leistung" oder, wenn der gelieferte Wage mangelhaft war, zur „Nacherfüllung" bestimmt hat und diese Frist erfolglos geblieben ist, der Verkäufer also die ihm gebotene „zweite Chance" der Erfüllung oder Nacherfüllung nicht wahrgenommen hat.

1028 § 280 Abs. 1 ist aber oft auch dann alleinige Anspruchsgrundlage, wenn der Schuldner eine **Leistungspflicht** verletzt hat. Wenn z.B. eine Bank einen Kunden, der bei ihr ein Wertpapierdepot unterhält, falsch beraten oder ein Arzt seinen Patienten falsch behandelt hat, so haften die Bank und der Arzt allein nach § 280 Abs. 1. Hat der Bankkunde wegen des Beratungsfehlers der Bank sein Depot bei ihr abgezogen und einer zweiten Bank anvertraut und verlangt er von der ersten Bank (nicht nur Ersatz des ihm durch den Beratungsfehler entstandenen Schadens, sondern auch noch) Ersatz der Mehrkosten, die ihm durch die Beauftragung der zweiten Bank entstanden sind, so macht er insoweit Schadensersatz statt der Leistung geltend. Hier käme es also auf die „zusätzliche Voraussetzung" des § 281 an. Danach könnte der Bankkunde auch die Mehrkosten von der ersten Bank ersetzt verlangen, wenn ihr Beratungsfehler so schwer wiegt, dass ihm die weitere Erfüllung des Vertrages durch sie „nicht mehr zuzumuten ist".

1028 a Die Bestimmung der richtigen Grundlage des Schadensersatzanspruchs ist manchmal schwierig, wenn der Verkäufer eine mangelhafte Kaufsache geliefert hat. Um „einfachen Schadensersatz" handelt es sich, wenn der Käufer schon auf der ersten Fahrt mit dem gekauften Auto wegen seiner mangelhaften Bremsen gegen einen Baum gefahren ist und vom Verkäufer Ersatz des dadurch erlittenen Körperschadens verlangt. Ebenso liegt es, wenn die dem Käufer gelieferte Maschine wegen ihres Fehlers explodiert und dadurch sein Fabrikgebäude beschädigt wird. Ebenso liegt es auch dann, wenn der Käufer die ihm gelieferte Maschine oder das ihm gelieferte Grundstück nicht nutzen kann oder wenn die Maschine wegen ihres Mangels minderwertige Ware produziert oder das gelieferte Grundstück wegen seines Mangels nur zu einem geringeren Mietzins vermietet werden kann. Hält der Käufer in diesen Fällen an dem Vertrag fest, so kann er „Schadensersatz neben der Leistung" gemäß §§ 437 Nr. 3, 280 Abs. 1 verlangen, weil sich an den Schäden, die er erlitten hat, auch dann nichts ändert, wenn man unterstellt, dass der Verkäufer auf das Nacherfüllungsverlangen des Käufers die mangelhafte Maschine repariert oder sie durch eine fehlerfrei Maschine ersetzt hat. Dagegen macht der Käufer Schadensersatz statt der Leistung geltend, wenn er die Nachteile ersetzt haben will, die ihm dadurch entstehen, dass er sich von einem Dritten eine mangelfreie Maschine hat liefern lassen oder dass die Maschine von ihm selbst oder in seinem Auftrag von einem Dritten repariert worden ist. Zwar kann der Käufer auch diese Schäden ersetzt verlangen, dies aber doch nur dann und erst dann, wenn er zuvor dem Verkäufer für die Nacherfüllung eine angemessene Frist gesetzt und er diese Frist nicht genutzt hat. Vgl. dazu *Looschelders* AT Rn. 565 ff.; *Lorenz* JuS 2008, 203 und Rn. 1141, 1149, 1181 f.

II. Schuldverhältnis

Zu den Voraussetzungen des § 280 Abs. 1 gehört es zunächst, dass zwischen Gläubiger und Schuldner ein **Schuldverhältnis** besteht. Im Rahmen dieses Buches über „Vertragsrecht" geht es dabei nicht um „gesetzliche", sondern in erster Linie um solche Schuldverhältnisse, die unter den Parteien durch einen gültigen **Vertrag** begründet worden sind. Hinzu kommen Schuldverhältnisse, die insofern **vertragsähnlich** sind, als die Beteiligten zwar nicht Parteien eines Vertrages sind, aber einander doch immerhin so nahe stehen, dass es gerechtfertigt ist, ihnen **Schutzpflichten** im Sinne des § 241 Abs. 2 aufzuerlegen. Ein solches Schuldverhältnis kann gemäß § 311 Abs. 2 dadurch zustande gekommen sein, dass Gläubiger und Schuldner Vertragsverhandlungen miteinander aufgenommen oder unter sich einen Vertrag angebahnt oder einen ähnlichen geschäftlichen Kontakt hergestellt haben (Rn. 498 ff.). Ferner kann in besonderen Fällen ein solches Schuldverhältnis sogar zwischen einer Vertragspartei und einem vertragsfremden Dritten entstehen (§ 311 Abs. 3), sei es, dass die Erfüllung der Schutzpflichten von der Vertragspartei dem Dritten, sei es, dass sie von dem Dritten einer Vertragspartei geschuldet ist (Rn. 514 ff., 526 ff.). 1029

§ 280 Abs. 1 bildet somit die zentrale Anspruchsgrundlage für sämtliche Fälle, in denen ein Schadensersatzanspruch auf eine Pflichtverletzung gestützt wird und die verletzte Pflicht sich aus einem Vertrag oder aus einem vertragsähnlichen Schuldverhältnis ergibt. Hinzu kommt § 311 a Abs. 2: Dort ist der Anspruch des Gläubigers auf Schadensersatz statt der Leistung für den Sonderfall geregelt, in dem der Schuldner seine Leistung deshalb nicht erbringt, weil sie ihm wegen eines anfänglichen Leistungshindernisses unmöglich ist (§ 275 Abs. 1) oder er sie wegen eines solchen Hindernisses nicht zu erbringen braucht (§ 275 Abs. 2 und 3). Alle diese Regelungen beruhen auf dem Schuldrechtsmodernisierungsgesetz. Leider hat es dieses Gesetz aber unterlassen, in die Neuregelung auch die Schadensersatzansprüche des Mieters und des Reisenden einzubeziehen, die auf einen Mangel der Mietsache oder der Reise gestützt werden. Sie beurteilen sich daher nach wie vor (nicht nach §§ 280, 311 a Abs. 2, sondern) nach § 536 a und § 651 f. 1030

III. Pflichtverletzung

Gemäß § 280 Abs. 1 muss der Schuldner eine Pflicht aus dem Schuldverhältnis verletzt haben. Mit dem Begriff der „**Pflichtverletzung**" verbindet sich im alltäglichen Sprachgebrauch die Vorstellung, dass das Verhalten eines Menschen tadelnswert oder vorwerfbar ist oder Missbilligung verdient. In § 280 Abs. 1 hat dieser Ausdruck aber eine andere Bedeutung. Mit ihm ist lediglich gemeint, dass der Schuldner eine **Leistung** nicht erbracht hat, die zu erbringen er nach dem Vertrage verpflichtet war (§ 241 Abs. 1), oder dass er **Schutzpflichten** nicht gerecht geworden ist, nach denen er auf die Rechte, Rechtsgü- 1031 ter und Interessen des anderen Teils Rücksicht zu nehmen hatte (§ 241 Abs. 2). Es genügt also für eine „Pflichtverletzung", dass der Schuldner hinter dem Pflichtenprogramm des Schuldverhältnisses objektiv zurückgeblieben ist; dagegen kommt es nicht darauf an, aus welchem Grunde es zu diesem Defizit gekommen ist, insbesondere: ob dem Schuldner daraus ein Vorwurf gemacht werden kann. Wird also ein verkaufter Gebrauchtwagen zum vereinbarten Zeitpunkt dem Käufer nicht geliefert, so liegt eine Pflichtverletzung des Verkäufers auch dann vor, wenn der Wagen durch höhere Gewalt zerstört worden ist und seine Lieferung deshalb dem Verkäufer unmöglich war. Niemand macht dem Arbeitnehmer einen Vorwurf, wenn er nicht zur Arbeit geht, weil er krank geworden ist. Und doch liegt in seinem Nichterscheinen eine Pflichtverletzung, zwar nicht im Sinne der Alltagssprache, wohl aber im technischen Sinne des § 280 Abs. 1.

1032 In ausländischen Rechtsordnungen wird statt des Ausdrucks „Pflichtverletzung" der neutralere, weil weniger wertbeladene Ausdruck „Nichterfüllung" (non-performance, inexécution) verwendet, ebenso in Art. 45, 78 CISG und Art. 8:101 ff. PECL. Auch dieser Ausdruck kann aber – jedenfalls im deutschen Recht – zu Missverständnissen führen, weil bei ihm nicht klar hervortritt, dass auch die Teilerfüllung, die Schlechterfüllung und die Verletzung einer Schutzpflicht durch ihn erfasst sind.

1033 Für die Frage, ob dem Gläubiger ein Schadensersatzanspruch aus §§ 280 ff. zusteht, kommt es daher zunächst darauf an, dass aus dem gesamten Pflichtenprogramm, das der Schuldner zu erfüllen hat, eine bestimmte Pflicht identifiziert wird, deren Verletzung den in Rede stehenden Schaden herbeigeführt haben kann. Handelt es sich dabei um eine **Schutzpflicht**, so ist sie verletzt, wenn der Schuldner sich objektiv nicht pflichtgemäß verhalten und dadurch die Rechtsgüter und Interessen des anderen Teils beeinträchtigt hat. Eine **Leistungspflicht** ist verletzt, wenn der Schuldner die geschuldete Leistung entweder überhaupt nicht erbracht hat oder wenn die von ihm tatsächlich erbrachte Ist-Leistung in irgendeiner Weise zum Nachteil des Gläubigers hinter der nach dem Vertrage geschuldeten Soll-Leistung zurückgeblieben ist. Eine Pflichtverletzung liegt selbst dann vor, wenn feststeht, dass die Erbringung der geschuldeten Leistung dem Schuldner **unmöglich** oder **unzumutbar** war, dem Gläubiger daher ein Anspruch auf die Leistung gemäß § 275 nicht zusteht und eine Klage, mit der er vom Schuldner Erfüllung des Vertrages verlangt, abgewiesen werden müsste (Rn. 787 ff.). § 275 Abs. 4 weist sogar ausdrücklich darauf hin, dass auch in seinem solchen Falle eine Pflichtverletzung vorliegen und dem Gläubiger ein Schadensersatzanspruch statt der (unmöglichen oder unzumutbaren) Leistung zustehen kann, dies ohne Rücksicht darauf, ob die Voraussetzungen des § 275 schon bei Vertragsabschluss vorgelegen haben (vgl. § 311 a) oder erst danach eingetreten sind (vgl. § 283).

1034 Die **Beweislast** für das Vorliegen einer Pflichtverletzung trägt der Gläubiger. Im Prozess muss er also Tatsachen vortragen und, falls sie vom Schuldner bestritten werden, beweisen, aus denen sich die Pflichtverletzung des Schuldners ergibt. Das ist in aller Regel nicht schwierig, soweit es um **Leistungspflichten** geht. Denn bei ihnen lässt sich der konkrete Inhalt der Leistung, zu der der Schuldner verpflichtet ist, aus den vertraglichen Vereinbarungen und, wenn sie fehlen, aus den dispositiven gesetzlichen Vorschriften meist ziemlich genau erschließen. Bei **Schutzpflichten** im Sinne des § 241 Abs. 2, aber auch bei manchen Leistungspflichten fehlt es hingegen oft an einer vertraglichen oder gesetzlichen Konkretisierung des Pflichteninhalts; hier muss dann oft erst durch (ergänzende) Vertragsauslegung bestimmt werden, welchen konkreten Anforderungen das Verhalten des Schuldners zu genügen hatte und worin infolgedessen seine Pflichtverletzung besteht (vgl. auch noch Rn. 1079).

Steht fest, dass der Schaden aus dem **Verantwortungs- und Gefahrenbereich** des Schuldners herrührt, so ist es nicht erforderlich, dass der Gläubiger die Verletzung einer bestimmten Pflicht beweist; das wäre oft auch schwierig, weil er keinen Einblick in den Organisationsbereich des Schuldners hat. In einem solchen Fall wird deshalb die **Beweislast umgekehrt**: Der Schuldner muss beweisen, dass der Schaden, der aus seinem Verantwortungs- und Gefahrenbereich stammt, *nicht* auf eine Pflichtverletzung zurückzuführen ist. So liegt es z.B., wenn der Patient am Morgen nach der Einlieferung in das Krankenhaus mit Knochenbrüchen neben dem Krankenbett aufgefunden wird, oder wenn das Kraftfahrzeug mit Kratzern im Lack und abgebrochenem Spiegel aus der Waschanlage herauskommt, oder wenn der Kläger im Warenhaus des Beklagten in einen offenen Kanalschacht gestürzt ist (vgl. BGHZ 27, 236; BGHZ 66, 53; BGH NJW 1978, 2197; BGH NJW 1991, 1541; BGH NJW-RR 1991, 576; BGH NJW-RR 1993, 795; BGH NJW 1993, 1706).

IV. Schaden

1. Naturalherstellung, Schadensersatz in Geld

Wer Schadensersatz leisten muss, schuldet „**Naturalherstellung**", ist also gemäß § 249 Abs. 1 grundsätzlich verpflichtet, denjenigen „Zustand" herzustellen, „der bestehen würde, wenn der zum Ersatz zu verpflichtende Umstand nicht eingetreten wäre". Ist also durch die Pflichtverletzung des Schuldners eine Sache des Gläubigers beschädigt worden, so müsste danach der Schuldner Schadensersatz dadurch leisten, dass er die Sache des Gläubigers repariert oder die Reparatur von einem Dritten ausführen lässt. Das hätte die befremdliche Konsequenz, dass der Gläubiger seine beschädigte Sache dem Schuldner zum Zweck der Reparatur überlassen müsste. Um das zu verhindern, ordnet § 249 Abs. 2 an, dass in diesem Falle der Gläubiger berechtigt ist, die Wiederherstellung der beschädigten Sache in **eigene Regie** zu nehmen und sodann „**den dazu erforderlichen Geldbetrag**" vom Schuldner zu verlangen. Das gleiche gilt, wenn der Gläubiger durch die Pflichtverletzung des Schuldners eine Körperverletzung erlitten hat.

1037 Im Vertragsrecht hat freilich die Leistung von Schadensersatz durch Naturalherstellung gemäß § 249 – sei es dadurch, dass sie vom Schuldner selbst vorgenommen wird (Abs. 1), sei es dadurch, dass dies der Gläubiger tut und vom Schuldner den dafür erforderlichen Geldbetrag erhält (Abs. 2) – eine eher geringe praktische Bedeutung. Das liegt manchmal schon daran, dass der Anspruch des Gläubigers auf Herstellung des von ihm gewünschten Zustands seine Grundlage in dem Vertrage selbst findet. Hat z.B. ein Bauunternehmer Arbeiten an einem Dachstuhl ausgeführt, aber eine Pflichtverletzung dadurch begangen, dass er den dabei angefallenen Bauschutt nicht abgeräumt hat, so macht der Bauherr, wenn er die Beseitigung des Bauschutts verlangt, seinen **Erfüllungsanspruch** geltend; es gibt keinen Grund, warum er den Anspruch auf § 280 Abs. 1 stützen und als Schadensersatzanspruch – gerichtet auf Naturalherstellung – aufputzen sollte. In anderen Fällen kommt eine Naturalherstellung oder die Zahlung des für sie erforderlichen Geldbetrages deshalb nicht in Betracht, weil sie „nicht möglich oder zur Entschädigung des Gläubigers nicht genügend ist"; für diesen Fall bestimmt § 251 Abs. 1, dass der Schuldner dem Gläubiger **Schadensersatz in Geld** zu leisten hat.

1038 „Nicht möglich" ist die Naturalherstellung, wenn ein Fall des § 275 Abs. 1 vorliegt, also z.B. die vom Verkäufer zu liefernde Speciessache irreparabel zerstört worden ist oder ein Vermieter die Wohnung dem Mieter nicht vereinbarungsgemäß am 1. Februar, sondern erst am 1. März überlassen hat (Rn. 790). Der status quo ante lässt sich auch dort nicht wiederherstellen, wo der Schuldner einer vertraglichen **Unterlassungspflicht** zuwidergehandelt hat, also z.B. als Verkäufer Parfum einer bestimmten Marke einem Fachhändler verkauft und geliefert, dann aber abredewidrig das gleiche Parfum in gleicher Verpackung über eine Drogeriekette vermarktet hat. Manchmal muss Schadensersatz in Geld auch dann geleistet werden, wenn eine Naturalherstellung an sich noch möglich wäre. Ist z.B. ein Kraftfahrzeug des Gläubigers beschädigt worden und eine Naturalherstellung durch Reparatur zwar technisch möglich, aber „mit unverhältnismäßigen Aufwendungen" verbunden, so ist der Schuldner gemäß § 251 Abs. 2 berechtigt zu verlangen, dass der Gläubiger mit Schadensersatz vorliebnimmt, also einen Geldbetrag zahlt, der ihm die Beschaffung eines gleichwertigen Ersatzfahrzeugs gestattet (vgl. Rn. 1051 und im Einzelnen *Kötz/Wagner* Rn. 662 ff.). Auch kann die Herstellung i.S. des § 249 aus Rechtsgründen ausgeschlossen sein. So liegt es, wenn der Gläubiger dem Schuldner eine angemessene Frist zur Leistung oder Nacherfüllung gesetzt und, nachdem die Frist erfolglos abgelaufen ist, Schadensersatz statt der Leistung verlangt hat: Gemäß § 281 Abs. 4 büßt er damit seinen Anspruch auf die Leistung ein, dies selbst dann, wenn sie dem Schuldner durchaus noch möglich wäre. Den Anspruch auf die Leistung kann der Gläubiger in diesem Falle auch nicht dadurch wieder zum Leben erwecken, dass er jetzt Schadensersatz in der Form der Naturalherstellung verlangt.

2. Zusammenhang zwischen Pflichtverletzung und Schaden

1039 Grundsätzlich muss der Schuldner „**Totalreparation**" leisten, also einen Geldbetrag zahlen, der so zu bemessen ist, dass durch ihn die Differenz zwischen den beiden Vermögenslagen ausgeglichen wird, in denen sich der Gläubiger vor und nach der Pflichtverletzung des Schuldners befunden hat. Mit dieser „**Differenzhypothese**" wird freilich nur eine allgemeine Richtlinie vorgegeben, die noch nichts darüber aussagt, welche Schadensposten in die Schadensberechnung einbezogen werden dürfen und wie sie im Einzelnen nach ihrem Umfang zu bemessen sind.

Gemäß § 280 Abs. 1 muss der Schuldner im Falle einer Pflichtverletzung denjenigen Schaden ersetzen, der „**hierdurch**" – also durch die Pflichtverletzung – herbeigeführt worden ist. Pflichtverletzung und Schaden müssen also derart miteinander verknüpft sein, dass die Pflichtverletzung als „Ursache" des Schadens, der Schaden als „Folge" der Pflichtverletzung angesehen werden kann. An dieser Voraussetzung fehlt es, wenn der Schaden, dessen Ersatz der Gläubiger verlangt, auch ohne die Pflichtverletzung, also selbst dann eingetreten wäre, wenn man sich die Pflichtverletzung wegdenkt. Verlangt also jemand Ersatz für den Körperschaden, den er als Hotelgast durch einen Sturz auf der schadhaften Hoteltreppe oder als Patient durch eine falsche Diagnose seines Arztes erlitten hat, so haften der Hotelunternehmer und der Arzt gleichwohl nicht, wenn die Beweisaufnahme ergibt, dass der Hotelgast nicht wegen der schadhaften Stufe, sondern wegen eines Herzanfalls zu Fall gekommen ist oder dass die gesundheitlichen Schäden des Patienten auch bei richtiger Diagnose nicht mehr hätten abgewendet werden können.

In der Tat kommt es nicht selten vor, dass der von seinem Patienten verklagte Arzt zwar einräumt, dass er eine falsche Diagnose gestellt oder die falsche Therapie gewählt hat, aber sich mit der Behauptung verteidigt, dass der Patient ohnehin nicht mehr zu retten war, also den gleichen gesundheitlichen Schaden auch bei richtiger Diagnose oder Therapie erlitten hätte. Wer verliert hier den Prozess, wenn auch nach durchgeführter Beweisaufnahme – also nach Anhörung eines Sachverständigen – offen bleibt, ob bei richtiger ärztlicher Behandlung der Patient gesund geworden wäre? Nach der allgemeinen Regel trägt hier der Patient die Beweislast. Nach ständiger Rechtsprechung wird aber davon eine Ausnahme jedenfalls dann gemacht, wenn der *Behandlungsfehler* des Arztes besonders *schwerwiegend* ist. Vgl. z.B. BGHZ 132, 47; BGHZ 138, 1. – Ebenso ist entschieden worden, wenn ein Bademeister den Schwimmschüler ohne Aufsicht gelassen und dadurch seine Berufspflichten gröblich verletzt hat: Verteidigt er sich mit der Behauptung, es hätte der Schwimmschüler denselben Schaden – etwa infolge eines plötzlichen Schwächeanfalls – auch bei ordnungsmäßiger Beaufsichtigung erlitten, so trägt er für diese Behauptung die Beweislast (BGH NJW 1962, 959). Das gilt auch für Krankenpflegepersonal (vgl. BGH NJW 1971, 243), dagegen nicht, wenn die grobe Pflichtverletzung einem Rechtsanwalt zur Last fällt (BGHZ 126, 217). – Auch wer vertragliche oder vorvertragliche *Beratungs- oder Aufklärungspflichten* verletzt hat, trägt die Beweislast für seine Behauptung, dass der andere Teil auch bei richtiger Beratung oder bei vollständiger Aufklärung sich nicht anders verhalten und daher auch in diesem Falle den gleichen Schaden erlitten hätte. Haben also ein Arzt (BGH NJW 1994, 2414; BGH NJW 2005, 1718), ein Unternehmensberater (BGHZ 61, 118), eine Bank (BGHZ 72, 92) oder der Verkäufer eines gesundheitsschädlichen Produkts (BGHZ 64, 46) den Patienten oder Kunden nicht so aufgeklärt oder beraten, wie das nach den Umständen geboten war, so müssen sie den dadurch verursachten Schaden ersetzen; vermeiden können sie ihre Haftung nur dadurch, dass sie Tatsachen vortragen und, wenn sie bestritten werden, beweisen, aus denen sich zur Überzeugung des Gerichts ergibt, dass auch bei richtiger und vollständiger Beratung – also im Falle „**rechtmäßigen Alternativverhaltens**" – die andere Vertragspartei in die Operation eingewilligt, die ihm nachteilige Vermögensdisposition getroffen oder das gefährliche Produkt in Benutzung genommen hätte. – Wie wäre zu entscheiden, wenn in einem Arzthaftungsfall die Beweisaufnahme ergibt, dass bei richtiger ärztlicher Behandlung der Patient zwar nicht mit Sicherheit, aber doch immerhin mit einer Wahrscheinlichkeit von 60 % gesund geworden wäre? Wie, wenn der Beklagte durch seine Pflichtverletzung die Teilnahme des Klägers an einer Ausschreibung, an einem Architekten- oder Schönheitswettbewerb oder an einem Pferderennen vereitelt und ihn dadurch einer **Gewinnchance** beraubt hat? In allen diesen Fällen folgt die Rechtsprechung bisher dem Alles-oder-Nichts-Prinzip. Sie gewährt also dem Kläger Schadensersatz in voller Höhe, wenn die Beweisaufnahme mit einer an Sicherheit grenzenden Wahrscheinlichkeit ergibt, dass der Kläger ohne die Pflichtverletzung des Beklagten vollständig gesund geworden wäre oder den Wettbewerb gewonnen hätte (vgl. z.B. BGH NJW 1983, 442). Anderenfalls erhält der Kläger nichts. Das überzeugt nicht. Vieles spricht dafür, dass der Verlust, den der Kläger infolge der Pflichtverletzung erlitten hat, oder der Gewinn, der ihm dadurch entgangen ist, nach der vom Gericht zu schätzenden Wahrscheinlichkeit bemessen wird, mit der bei pflichtmäßigem Verhalten der Verlust vermieden oder der Gewinn erzielt worden wäre. Eine Grundlage dafür bietet die Vorschrift des § 287 ZPO, die dem Richter ein weites Ermessen bei der Schadensschätzung einräumt. Vgl. dazu z.B. *Fleischer* JZ 1999, 766; *Mäsch*, Chance und Schaden (2004) und zuletzt *Wagner* Verh.DJT 2006, A53 mit Hinweisen auf das immer mehr anschwellende Schrifttum zu dieser Frage.

1042 Auch wenn ein Ursachenzusammenhang zwischen Pflichtverletzung und Schaden gegeben ist, steht damit die Haftung des Schuldners noch keineswegs fest. Denn es gibt viele Schäden, die zwar in dem eben geschilderten Sinne eine „Folge" der Pflichtverletzung darstellen, aber doch mit ihr nur so locker und indirekt verknüpft sind, dass es aus **normativen Gründen** nicht angemessen wäre, wenn man auch sie noch dem Schuldner zurechnen wollte. So liegt es z.B., wenn ein Taxiunternehmer schuldhaft einen Verkehrsunfall verursacht und sein Fahrgast zwar aus dem beschädigten Taxi körperlich unversehrt aussteigt, dann aber beim Einstieg in eine Straßenbahn, mit der er weiterfahren wollte, ausrutscht und sich ein Bein bricht. Zwar steht hier fest, dass es ohne den Fahrfehler des Taxiunternehmers zum Einstieg in die Straßenbahn und zu dem Beinbruch des Fahrgasts nicht gekommen wäre, der Fahrfehler also für den Beinbruch „ursächlich" geworden ist. Und doch erscheint zweifelhaft, ob man in diesem Fall den Taxiunternehmer für den Körperschaden des Fahrgasts verantwortlich machen kann.

1043 Nach der **Adäquanztheorie** wird deshalb eine Haftung des Schuldners für solche Schäden ausgeschlossen, mit denen als einer Folge der Pflichtverletzung nach dem Urteil eines neutralen Beobachters „nur unter ganz besonders eigenartigen, ganz unwahrscheinlichen, nach dem regelmäßigen Verlauf der Dinge außer Betracht zu lassenden Umständen" zu rechnen war. Der Schuldner soll also für solche Folgen seiner Pflichtverletzung nicht haften müssen, zu denen es nur durch eine ganz unwahrscheinliche, eher zufällige Verket-

A. Allgemeine Voraussetzungen 1043–1045

tung der Umstände gekommen ist. Neben die Adäquanztheorie – nach richtiger Ansicht: an ihre Stelle – tritt die „**Schutzzwecktheorie**". Sie identifiziert zunächst die Pflicht, die der Schuldner nach dem Vertrage zu erfüllen hatte und im konkreten Fall verletzt hat, und sie rechnet ihm sodann alle, aber auch nur diejenigen Schäden zu, die die Parteien durch die Begründung der Pflicht abzuwenden bezweckt haben.

Vgl. z.B. BGH NJW 1990, 2057, 2058; BGHZ 116, 209, 212, ferner *Looschelders* AT Rn. 901 ff. – Dass der Taxiunternehmer in dem oben Rn. 1042 erwähnten Fall seinem Fahrgast nicht ersatzpflichtig ist, findet also seinen Grund darin, dass ihm die Sorgfaltspflichten, die er am Steuer seines Taxis zu beachten hatte, nicht gerade zu dem Zweck auferlegt waren, Körperverletzungen von der Art zu verhindern, wie sie hier der Fahrgast beim Betreten der Straßenbahn erlitten hat. – In dem oben Rn. 1037 geschilderten Fall wäre zu fragen, welche Schäden die Parteien nach dem (ergänzend ausgelegten) Vertrag zu verhindern trachteten, als sie die Verpflichtung des Unternehmers zur Beseitigung des Bauschutts begründeten. Dazu gehören sicherlich die Nachteile, die dem Bauherrn dadurch entstanden sind, dass seine Kunden wegen des Bauschutts vor dem Haus nicht mehr parken und sein Geschäft nicht mehr besuchen konnten, vielleicht auch noch der gesundheitliche Schaden, den der Bauherr beim nächtlichen Betreten seines Hauses durch einen Sturz über den Bauschutt erlitten hat. Anders liegt es aber wohl, wenn das Grundstück wegen seines verwahrlost wirkenden Zustands von der Bank des Bauherrn nur in geringerer Höhe beliehen worden ist oder wenn es nur aus diesem Grunde bei dem Wettbewerb „Das schönste Haus in unserem Dorf" nicht mit einem Geldpreis ausgezeichnet worden ist. – Die Schutzzwecktheorie leistet auch dort gute Dienste, wo es um die richtige Begrenzung des Schadens geht, er dem Geschädigten dadurch entstanden ist, dass sein Verhandlungspartner eine vorvertragliche Aufklärungs-, Informations- oder Warnpflicht verletzt hat (Rn. 512 f.), sondern auch dort, wo ihm die Pflicht zur Abwendung von Schäden von der Rechtsordnung auferlegt und er deshalb wegen einer unerlaubten Handlung gemäß § 823 in Anspruch genommen wird (vgl. *Kötz/ Wagner* Rn. 209 ff.).

1044

In vielen ausländischen Rechtsordnungen wird das Problem der richtigen Begrenzung des wegen einer Vertragsverletzung zu leistenden Schadensersatzes dadurch (teilweise) gelöst, dass die Haftung des Vertragsbrüchigen auf Schäden beschränkt wird, die für ihn bei Abschluss des Vertrages **vorhersehbar** waren. Auch nach Art. 74 Satz 2 CISG braucht nur derjenige Schaden ersetzt zu werden, „den die vertragsbrüchige Partei bei Vertragsabschluss als mögliche Folge der Vertragsverletzung vorausgesehen hat oder unter Berücksichtigung der Umstände, die sie kannte oder kennen musste, hätte voraussehen müssen." Für diese Regel spricht, dass sie einen Anreiz für den Gläubiger setzt, den Schuldner bei Vertragsabschluss auf die drohende Gefahr eines besonders hohen Schadens hinzuweisen; der Schuldner mag dann entscheiden, ob er den Vertrag gleichwohl abschließen, den Abschluss verweigern, eine Haftungsbeschränkung aushandeln oder einen Risikozuschlag verlangen will. Auf einem anderen Wege kommt aber auch das deutsche Recht zu einem praktisch sehr ähnlichen Ergebnis: Wer es als Gläubiger nämlich schuldhaft „unterlassen hat, den Schuldner auf die Gefahr eines ungewöhnlich ho-

1045

439

hen Schadens aufmerksam zu machen", muss sich gemäß § 254 Abs. 2 Satz 1 gefallen lassen, dass sein Ersatzanspruch wegen Mitverschuldens reduziert, also nur derjenige Schaden als ersatzfähig angesehen wird, den ein vernünftiger Mensch in gleicher Lage als mögliche Folge der in Rede stehenden Pflichtverletzung vorhergesehen hätte. Gemäß § 254 Abs. 2 Satz 1 muss der Gläubiger, wenn er eine Reduzierung seines Schadensersatzanspruchs vermeiden will, nicht nur vor oder bei Abschluss des Vertrages, sondern auch noch nach Vertragsabschluss auf die Gefahr eines besonders großen Schadens hinweisen. Im letzteren Falle wird man annehmen müssen, dass er verpflichtet ist, in Verhandlungen einzuwilligen, durch die der Vertrag an die durch den nachträglichen Hinweis veränderte Lage angepasst wird.

3. Immaterielle Schäden

1046 Gemäß § 253 Abs. 1 kann der Gläubiger wegen eines „Schadens, der nicht Vermögensschaden ist", grundsätzlich keinen Ersatz verlangen. Als **„Nichtvermögensschaden"** oder – wie es in der Überschrift zu § 253 heißt – als **„immaterieller Schaden"** werden Einbußen und Beeinträchtigungen bezeichnet, die sich deshalb nicht nach einem objektiven Maßstab bewerten lassen, weil sie nach Art und Schwere ganz entscheidend von der Empfindsamkeit, Verletzlichkeit und Gemütsverfassung des im Einzelfall betroffenen Menschen abhängen. Dabei kann es sich sowohl um „Verluste" handeln, die der Betroffene erlitten hat – um körperliche Schmerzen oder um „seelische Unlustgefühle", wie sie durch Kummer oder Trauer, durch eine Kränkung, durch eine Minderung der sozialen Reputation oder durch den Verlust sozialer Kontakte entstehen können – , wie auch um „Gewinne", die dem Betroffenen entgangen sind, also um Freude, Vergnügen, Zufriedenheit oder andere Gefühle des Wohlbefindens. Hat z.B. jemand für lange Zeit ein bestimmtes Mietpferd geritten und es dabei so liebgewonnen, dass er es schließlich gekauft hat, so kann er, wenn der Verkäufer vertragsbrüchig wird und das Pferd einem Dritten überlässt, zwar Ersatz des **Vermögensschadens** verlangen, also den Geldbetrag, der sich aus der Differenz für die Beschaffung eines gleichwertigen anderen Pferdes und dem ersparten Kaufpreis ergibt. Aber eine Geldentschädigung dafür, dass ihm der Verlust des Pferdes Schmerz bereitet, erhält er nicht, weil es für die Bewertung eines solchen **„Affektionsinteresses"** an einem objektiven Maßstab fehlt. Auch würde sonst ein Anreiz gesetzt, immaterielle Schäden vorzutäuschen, nämlich Krokodilstränen zu weinen, um einen Schadensersatzanspruch zu begründen oder aufzublähen.

1047 Andererseits lässt sich nicht bestreiten, dass ernsthafte psychische Belastungen und Verletzungen keineswegs selten sind; in solchen Fällen wäre es schwer erträglich, wenn der Schuldner, der sie durch seine Pflichtverletzung herbeigeführt und dabei vielleicht sogar besonders leichtfertig oder rück-

A. Allgemeine Voraussetzungen   1047–1050

sichtslos gehandelt hat, von jeder Sanktion verschont bliebe. Zwar trifft es zu, dass seelisches Leid durch Geld nicht ungeschehen gemacht und in diesem Sinne nicht „ausgeglichen" werden kann. Aber Geld setzt den Verletzten doch immerhin instand, sich kompensatorische Annehmlichkeiten zu erkaufen und sich so ein Stück weit über seinen Verlust vielleicht hinwegzutrösten. Gewiss klingt es zynisch, wenn man dem Verletzten empfiehlt, sein Leid durch eine Reise nach Mallorca oder einen Besuch der Salzburger Festspiele zu lindern. Aber warum sollte man die zweitbeste Lösung von sich weisen, nur weil die beste nicht realisierbar ist? Zu beachten ist schließlich, dass das Hauptbedenken gegen eine Geldentschädigung bei immateriellen Einbußen – nämlich das Fehlen objektiver Bewertungsmaßstäbe – in dem Maße an Gewicht verliert, indem sich im Verkehr standardisierte „Tarife" entwickelt haben, an die sich der Richter bei der Festsetzung einer Geldentschädigung anlehnen kann, ohne dass dabei die psychischen Besonderheiten des betroffenen Menschen in die Gleichung einbezogen werden müssten.

Das geltende Recht sucht diesen Interessenkonflikt dadurch zu lösen, dass es zwar grundsätzlich die Ersatzfähigkeit immaterieller Schäden ausschließt (§ 253 Abs. 1), aber von diesem Grundsatz weitreichende Ausnahmen macht. Manchmal werden diese Ausnahmen durch eine besondere gesetzliche Vorschrift geregelt, so etwa dort, wo jemand beim Abschluß oder bei der Durchführung von Verträgen den Vertragspartner wegen seiner Rasse oder ethnischen Herkunft oder aus ähnlichen Gründen unerlaubt benachteiligt (§§ 15 Abs. 2, 21 Abs. 2 Satz 3 AGG; Rn. 30). Vor allem aber erlaubt § 253 Abs. 2 den Ersatz des immateriellen Schadens immer dann, wenn der Ersatzpflichtige für die „Verletzung des Körpers, der Gesundheit, der Freiheit oder der sexuellen Selbstbestimmung" einer anderen Person verantwortlich ist. 1048

In der Praxis kommt es zu solchen Verletzungen meist dann, wenn der Schuldner nicht eine Vertragspflicht, sondern eine **deliktische** Sorgfaltspflicht verletzt hat und daher dem Gläubiger nicht nach § 280 Abs. 1, sondern nach §§ 823 ff. haftet. Deshalb soll hier auf die Einzelheiten zur Haftung für „**Schmerzensgeld**" und zu seiner Bestimmung mit Hilfe der „Schmerzensgeldtabellen" nicht näher eingegangen werden. Vgl. dazu z.B. *Kötz/Wagner* Rn. 699 ff. 1049

§ 253 Abs. 2 gilt aber grundsätzlich auch dort, wo es eine **Vertragsverletzung** ist, die die Entstehung eines immateriellen Schadens zur Folge gehabt hat. Allerdings darf in einem solchen Fall eine Haftung nur dann angenommen werden, wenn der **Schutzzweck** der verletzten Vertragspflicht (auch) darauf gerichtet war, dem Gläubiger einen immateriellen Genuss zu verschaffen oder ihm einen immateriellen Verlust zu ersparen (vgl. Rn. 1043). Besonders in **Reiseverträgen** werden nicht bloß Beförderungs- und Unterkunftsleistungen, sondern auch die Verschaffung von Urlaubsgenuss zum Gegenstand der Leistungspflicht des Reiseveranstalters gemacht; er muss deshalb, wenn er aus von ihm zu vertretenden Gründen dem Reisenden den Urlaubsgenuss 1050 verdorben hat, eine angemessene Geldentschädigung „auch wegen nutzlos aufgewendeter Urlaubszeit" zahlen (§ 651 f Abs. 2 und BGHZ 161, 389, 397 f.). Das muss auch dann gelten, wenn es nicht ein Reiseveranstalter, sondern ein Hotelunternehmer ist, der seinem Kunden die Wohltaten seiner „Wellness-Abteilung" oder ein „Hochzeitsessen im Kaminzimmer" versprochen hat: Wenn hier Solarium, Sauna und Whirlpool defekt sind oder sich im Kaminzimmer zum vereinbarten Zeitpunkt ein Verein von Taubenzüchtern breitgemacht hat und die Hochzeitsgesellschaft deshalb ausgefallen ist oder in aller Eile Zuflucht anderswo gefunden hat, so sind auch die immateriellen Einbußen der enttäuschten Kunden in angemessener Weise durch Geld zu entschädigen (anders BGHZ 80, 366). Das mag man auf eine Analogie zu § 651 f Abs. 2 oder (besser) darauf stützen, dass die Regel des § 253 dispositiv ist und sich aus der (ergänzenden) Auslegung des Vertrages ergibt, dass sie von den Parteien abbedungen worden ist (ebenso *Kötz/Wagner* Rn. 717 f.). Wenn dagegen ein Rechtsanwalt durch einen Beratungsfehler in seinem Mandanten die unrichtige Vorstellung einer existenzbedrohenden Schadensersatzpflicht hervorruft und der Mandant daraufhin einen Nervenzusammenbruch erleidet, so braucht der Anwalt den dadurch herbeigeführten immateriellen Schaden nicht zu ersetzen, weil der Anwaltsvertrag nach seinem Schutzzweck auf die Wahrung der Vermögensinteressen des Mandanten, nicht auf die Erhaltung seiner Gesundheit oder die Wahrung seines psychischen Wohlbefindens abzielt.

1051 So BGH NJW 2009, 3025. – Auch sonst werden immaterielle Interessen vom geltenden Recht durchaus geschützt, so z.B. im Rahmen des § 251 Abs. 2. Danach kommt der Schuldner mit Schadensersatz in Geld davon, wenn die Naturalherstellung gemäß § 249 Abs. 2 „nur mit unverhältnismäßigen Aufwendungen möglich ist", also z.B. die Kosten der Instandsetzung einer beschädigten Sache viel höher sind als der Preis, der für die Beschaffung einer gleichwertigen Ersatzsache zu zahlen wäre. Ist ein **Kraftfahrzeug** beschädigt worden, so muss der Ersatzpflichtige nach ständiger Rechtsprechung die Reparaturkosten selbst dann bezahlen, wenn sie höher sind als der Preis, der für die Beschaffung einer gleichwertigen Ersatzsache zu zahlen wäre, es sei denn, daß die Reparaturkosten 130 % des Wiederbeschaffungswertes übersteigen (BGHZ 115, 364, 371; BGHZ 154, 395; BGH NJW 2006, 2179 und *Kötz/Wagner* Rn. 664 ff.). Ist ein **Tier** verletzt worden, so können die für seine Heilbehandlung erforderlichen Tierarztkosten selbst dann „verhältnismäßig" und deshalb vom Ersatzpflichtigen zu erstatten sein, wenn sie den Wiederbeschaffungswert des Tieres „erheblich übersteigen" (§ 251 Abs. 2 Satz 2) oder der Geschädigte ein gleichwertiges Tier vom Tierheim geschenkt erhalten könnte. Das alles lässt sich nur damit erklären, dass das geltende Gesetzes- oder Richterrecht ein schutzwürdiges immaterielles Interesse darin sieht, dass der Eigentümer sein gewohntes Auto auch weiterhin möchte fahren oder das liebgewonnene Tier auch weiterhin möchte umsorgen können. – Vgl. ferner § 284: Danach darf der Gläubiger die Aufwendungen, die er im Vertrauen auf die Durchführung des Vertrages gemacht hat, auch dann ersetzt verlangen, wenn die vom Schuldner versprochene, aber nicht oder nicht wie geschuldet erbrachte Leistung auf die Verschaffung eines immateriellen Vorteils oder Genusses gerichtet war (Rn. 1195 ff.). Kann er aber

A. Allgemeine Voraussetzungen 1051–1054

Aufwendungsersatz in einem solchen Falle verlangen, so ist nicht einzusehen, warum er nicht auch sollte *Schadensersatz* verlangen können, und zwar auch in Fällen, auf die § 651 f Abs. 2 nicht passt.

Führt die Pflichtverletzung des Schuldners dazu, dass der Gläubiger eine Sache für eine bestimmte Zeit nicht nutzen kann, so darf er sich für diese Zeit dadurch behelfen, dass er sich auf Kosten des Schuldners die Nutzung einer Ersatzsache verschafft. Gibt z.B. der Unternehmer das Kraftfahrzeug, das er reparieren sollte, zum vereinbarten Zeitpunkt nicht zurück, so kann sich sein Auftraggeber für die Zeit, für die ihm die Nutzung des Fahrzeugs vorenthalten worden ist, einen Mietwagen nehmen und die ihm dadurch entstehenden Kosten als Verzögerungsschaden gemäß §§ 280 Abs. 1 und 2, 286 ersetzt verlangen (vgl. Rn. 1128 ff.). Aber wie liegt es, wenn er Schadensersatz verlangt, obwohl er sich während dieser Zeit ohne die Sache beholfen, nämlich seine Besorgungen nicht mit dem beschädigten Auto, sondern zu Fuß erledigt, seine Urlaubsreise nicht in dem beschädigten Wohnwagen, sondern im Zelt verbracht hat? Liegt in dem bloßen Verlust der „Gebrauchsvorteile", die ihm die Sache während dieser Zeit gewährt hätte, ein ersatzfähiger Vermögensschaden? Nach Auffassung des BGH darf das nur dann bejaht werden, wenn es sich um eine Sache gehandelt hat, auf deren „ständige Verfügbarkeit die eigenwirtschaftliche Lebenshaltung typischerweise angewiesen ist" (BGHZ 98, 212, 222, Großer Senat). 1052

Dazu zählen Kraftfahrzeuge und Wohnhäuser, nicht aber ein Wohnwagen und auch nicht ein Schwimmbad, ein Motorboot oder eine andere Sache, mit deren Nutzung sich der Geschädigte einen privaten „Luxus" gönnt. Wo freilich die Grenzlinie zwischen den beiden Gruppen von Sachen verläuft, ist im Einzelnen unklar, und unklar ist auch, warum der Eigner einer Luxusyacht vollen Schadensersatz erhält, wenn die Yacht vom Schädiger in den Grund gebohrt wird, dagegen nichts, wenn er wegen einer Beschädigung auf ihre Nutzung ein Jahr lang verzichten muss. Ebenso unklar ist, unter welchen Voraussetzungen der Verlust der Gebrauchsvorteile – wie der BGH zusätzlich verlangt hat – eine **„fühlbare"** Beeinträchtigung des Geschädigten zur Folge hat. Alle diese Einschränkungen sind nicht überzeugend. Vgl. dazu näher und mit weiteren Hinweisen auf die Rechtsprechung und die zerstrittene Literatur *Kötz/Wagner* Rn. 678–683 und ausführlich *Bitter*, Wertverlust durch Nutzungsausfall AcP 205 (2005) 743. 1053

4. Mitverantwortung des Geschädigten

Wenn feststeht, welcher rechtlich ersatzfähige Schaden dem Gläubiger entstanden ist, so ist damit noch nicht in allen Fällen endgültig bestimmt, was oder wieviel der Schuldner zu ersetzen hat. Insbesondere kann seine Haftung gemäß § 254 dadurch gemindert oder ganz ausgeschlossen sein, dass der Gläubiger durch ein eigenes **Mitverschulden** zu der **Entstehung des Schadens** beigetragen oder dass er den unmittelbar drohenden Schaden schuldhaft nicht **abgewendet** oder den bereits entstandenen Schaden schuldhaft nicht **gemindert** hat. Ein weiterer Fall des Mitverschuldens liegt vor, wenn als 1054

Folge einer Pflichtverletzung des Schuldners ein **ungewöhnlich hoher Schaden** drohte und ihm dieses Risiko nicht bekannt und nicht erkennbar war: Wenn der Gläubiger auf dieses Risiko schuldhaft nicht hingewiesen hat, so braucht der Schuldner, wenn sich das Risiko später verwirklicht, den entstandenen Schaden nur insoweit zu ersetzen, als er ihn vorhergesehen hat oder vorhersehen konnte. Das gilt natürlich nur dann, wenn der Schuldner im Falle eines solchen Hinweises Gegenmaßnahmen hätte ergreifen können und der Schaden sich durch diese Maßnahmen hätte abwenden lassen.

1055 Im Rahmen des § 254 handelt derjenige schuldhaft, dem ein Schaden droht oder schon entstanden ist und der sich in dieser Situation gleichwohl anders verhält, als das ein vernünftiger Mensch in gleicher Lage im wohlverstandenen eigenen Interesse getan hätte. Zwar ist zu einem solchen Verhalten niemand **verpflichtet**, weil die Rechtsordnung im allgemeinen niemand daran hindern will, dass er seine Gesundheit nach Herzenslust ruiniert oder seinem Vermögen leichtfertig oder bewusst einen Schaden zufügt. Allerdings darf er das nicht auf Kosten Dritter tun, und zwar auch nicht dadurch, dass er von dem Dritten Ersatz eines Schadens verlangt, den er selbst hätte abwenden oder mindern können. Man sagt deshalb gern, dass es für den Gläubiger zwar keine Pflicht, wohl aber eine **Obliegenheit** zur Schadensabwendung und –minderung gibt, deren Verletzung zwar nicht dazu führt, dass der Gläubiger seinen Schadensersatzanspruch vollständig verliert – immerhin ist der Schaden ja (auch) vom Schuldner durch eine Pflichtverletzung verursacht worden –, wohl aber dazu, dass der „Schaden geteilt" wird. Die „**Schadensteilung**" geschieht entweder dadurch, dass bestimmte Schadensposten, die allein dem Gläubiger zuzurechnen sind, aus der Rechnung ganz herausgenommen werden, oder auch, wenn das nicht möglich ist, dadurch, dass der Schuldner nur einen Teil des gesamten Schadens (eine „Quote") zu ersetzen braucht. Für die Festlegung dieser „**Mitverschuldensquote**" kommt es in erster Linie darauf an, in welchem Maße die beiden Beteiligten den Eintritt oder die Vergrößerung des Schadens verursacht, also wahrscheinlich gemacht haben, und sodann darauf, in welchem Maße sie daran ein Verschulden trifft.

1056 Hat jemand einen Brandschaden in seinen Wohn- oder Geschäftsräumen erlitten, weil der von ihm beauftragte Handwerker eine Elektroleitung mangelhaft unter Putz verlegt und dadurch einen Kurzschluss verursacht hat, so kann er zwar Schadensersatz verlangen (§§ 634 Nr. 4, 280 Abs. 1), muss aber gemäß § 254 Abs. 1 eine Schadensquote selber tragen, wenn ihn an der **Entstehung seines Schadens** deshalb ein Verschulden trifft, weil er tagelang Rauch aus der Steckdose hat aufsteigen sehen und gleichwohl die Hände in den Schoß gelegt, nämlich weder den Handwerker noch einen anderen Fachmann von der Gefahrenlage unterrichtet hat. – Wenn der Schuldner Schadensersatz leisten muß, weil er durch eine Pflichtverletzung den VW-Golf des Gläubigers beschädigt hat, so verletzt der Gläubiger seine Obliegenheit zur **Schadensminderung**, wenn er, statt auf seinen gleichwertigen Zweitwagen umzusteigen, sich einen Mietwagen nimmt, oder wenn er nicht einen VW-Golf oder einen gleichwertigen anderen Wagen, sondern einen Porsche

A. Allgemeine Voraussetzungen 1056–1058

mietet, oder wenn er die Mietwagenkosten dadurch ohne Not erhöht, dass er sich bei der Suche nach einer Reparaturwerkstatt allzu viel Zeit gelassen oder seinen reparierten VW-Golf in der Werkstatt unnötig lange nicht abgeholt hat. – Hat ein Verkäufer die verkauften Rohstoffe zum vereinbarten Zeitpunkt nicht geliefert, so ist der Käufer durchaus berechtigt, zunächst auf seinem Erfüllungsanspruch zu beharren und sich den Ersatz des Verzögerungsschadens vorzubehalten. Auch wenn er dem Verkäufer erfolglos eine Frist gesetzt hat, ist er nunmehr zwar berechtigt, Schadensersatz statt der Leistung zu verlangen, einen Deckungskauf abzuschließen und die dadurch entstandenen Mehrkosten beim Verkäufer zu liquidieren. Aber dazu verpflichtet ist er nicht; vielmehr kann er auch jetzt noch den Verkäufer am Vertrage festhalten und auf Erfüllung hoffen. Wie liegt es aber, wenn der Marktpreis für die Rohstoffe rasch ansteigt und die Mehrkosten eines Deckungskaufs von Tag zu Tag zunehmen? Wie, wenn die Mehrkosten eines Deckungskaufs erheblich niedriger sind als der Gewinn, der dem Käufer dadurch entgeht, dass er wegen des Ausbleibens der Rohstoffe weniger produzieren und weniger verkaufen kann? Muss der Käufer nicht unter diesen Umständen gemäß § 254 Abs. 2 Satz 1 den Schaden dadurch mindern, dass er (im Interesse des vertragsbrüchigen Verkäufers!) den Vertrag mit ihm so schnell wie möglich aufhebt und den Deckungskauf so schnell wie möglich abschließt? So in der Tat BGH NJW 1997, 1231. Anders RGZ 83, 176 und *Huber* AcP 210 (2010) 319, 348 ff.

§ 254 greift auch dann ein, wenn das Mitverschulden nicht dem Gläubiger selbst, sondern seinen **Hilfspersonen** zur Last fällt (Rn. 1087 ff.). § 254 Abs. 2 Satz 2 bestimmt nämlich, dass § 278 entsprechend anzuwenden ist, also der Gläubiger für ein Verschulden seiner gesetzlichen Vertreter und Erfüllungsgehilfen gerade so einzustehen hat, wie wenn es ihm selbst zur Last gefallen wäre. Nach der äußeren Stellung des § 254 Abs. 2 Satz 2 sieht es so aus, als sei § 278 nur dann heranzuziehen, wenn es um die Obliegenheit zur **Schadensabwendung oder –minderung** geht. Aber man ist sich einig darüber, dass hier ein Redaktionsversehen vorliegt, also § 254 Abs. 2 Satz 2 wie ein selbständiger Abs. 3 zu lesen ist und der Gläubiger sich daher eine Schadensteilung auch dann gefallen lassen muss, wenn seine Hilfspersonen zur **Entstehung des Schadens** (§ 254 Abs. 1) schuldhaft beigetragen haben. In dem oben genannten Beispielsfall (Rn. 1056) macht es also keinen Unterschied, ob der Auftraggeber selbst die Brandgefahr bemerkt und gleichwohl nichts unternommen hat, oder ob dieser Fehler seinen Angestellten, seinem Ehegatten oder sonstigen Dritten vorzuwerfen ist, die er zur Wahrnehmung seiner Interessen in die Durchführung des Vertrages mit dem Handwerker eingeschaltet hat. § 278 gilt auch dann entsprechend, wenn zwischen Gläubiger und Schuldner zwar nicht ein Vertrag, aber doch wenigstens ein vertragsähnliches Schuldverhältnis gemäß §§ 311 Abs. 2 und 3 besteht.

1057

Hat z.B. der Sohn in Begleitung seines Vaters ein Warenhaus betreten, weil er sich dort über das Angebot an Fernsehgeräten informieren und vielleicht ein solches Gerät kaufen wollte, so kann er, wenn er in einen nicht ordentlich abgedeckten Kabelschacht gestürzt ist und sich verletzt hat, nur einen Teil seines Gesundheitsschadens von dem Warenhausunternehmer ersetzt verlangen, wenn ihn der Vater vor dem offenen Schacht schuldhaft nicht gewarnt hat. Ist nicht der Sohn, sondern der Vater in den Schacht ge-

1058

stürzt, so gilt das gleiche, wenn den Sohn ein Verschulden an der Nichtabwendung des von seinem Vater erlittenen Unfalls trifft. Im ersteren Fall wird das Schuldverhältnis zwischen Warenhaus und Sohn durch § 311 Abs. 2 Nr. 2 begründet. Im letzteren Fall besteht es zwischen Warenhaus und Vater deshalb, weil der Vater Begünstigter eines Schuldverhältnisses ist, das zwar zwischen Warenhaus und Sohn zustande kam, aber Schutzwirkungen auch zu seinen Gunsten entfaltet hat (§ 311 Abs. 3; BGHZ 66, 51 und Rn. 518)

1059 Hingegen ist § 278 nicht entsprechend anwendbar, wenn es zwischen den Beteiligten an einem vertraglichen oder vertragsähnlichen Schuldverhältnis fehlt und der Geschädigte seinen Schadensersatzanspruch aus einer **unerlaubten Handlung** (§ 823) herleitet.

1060 Dies ist jedenfalls die Auffassung der Rechtsprechung und der im Schrifttum herrschenden Lehre. Vgl. z.B. BGHZ 73, 190, 192; BGHZ 103, 383, 342. Im letzteren Fall war der Kläger ein Kind im Alter von 10 Monaten, das in Begleitung seines Vaters einen von der beklagten Gemeinde mangelhaft unterhaltenen Spielplatz betreten und dort infolge des Mangels, aber auch infolge eines Fehlers seines Vaters einen Unfall erlitten hatte: Der Kläger brauchte sich das Mitverschulden des Vaters nicht anrechnen zu lassen (vgl. dazu im Einzelnen *Kötz/Wagner* Rn. 752 ff.). Anders, wenn der Vater nach dem Unfall die Zustimmung zu einer Operation des Kindes verweigert hat, die medizinisch dringend geboten und nicht besonders riskant war: Soweit sich dadurch die gesundheitlichen Schäden des Kindes verschlimmert haben, steht ihm ein Ersatzanspruch gegen die Gemeinde nicht zu (§§ 254 Abs. 2 Satz 1, 278). Denn mit dem Unfall entsteht zwischen Schädiger und Geschädigtem (hier: zwischen Gemeinde und Kind) ein gesetzliches Schuldverhältnis, dessen Inhalt sich nach §§ 249 ff. bestimmt.

5. Schadensberechnung

1061 Nach der Grundregel des § 280 Abs. 1 trägt der Gläubiger nicht nur die Beweislast dafür, dass der Schuldner eine Pflicht verletzt und dadurch einen Schaden herbeigeführt hat. Er muss darüber hinaus auch Tatsachen behaupten und, wenn sie vom Schuldner bestritten werden, beweisen, aus denen sich ergibt, dass ihm der Schaden **in gerade demjenigen Umfang** entstanden ist, in dem er ihn ersetzt verlangt. Das kann schwierig sein, besonders dann, wenn es auf einen hypothetischen Kausalverlauf ankommt, also darauf, wie sich die Vermögenslage des Gläubigers gestaltet hätte, wenn man sich die Pflichtverletzung des Schuldners wegdenkt, also z.B. unterstellt, dass er als Verkäufer die Ware geliefert oder als Käufer sie abgenommen und bezahlt hätte.

1062 Grundsätzlich muss der Gläubiger den ihm entstandenen Schaden „**konkret**" berechnen, indem er von den besonderen Verhältnissen ausgeht, die gerade in seinem Fall gegeben sind. Verlangt also ein **Käufer**, der nicht beliefert worden ist, vom vertragsbrüchigen Verkäufer Schadensersatz statt der Leistung (§§ 280 Abs. 1 und 3, 281–283), so muss er Tatsachen behaupten und, wenn erforderlich, beweisen, aus denen sich ergibt, von welchem Dritten und zu welchem Preis er sich durch den Deckungskauf eine gleichwertige andere Sache beschafft hat, oder an welchen Dritten er sie zu welchem Preis durch

A. Allgemeine Voraussetzungen 1062–1064

ein Anschlussgeschäft bereits weiterverkauft hatte. Ähnlich verhält es sich, wenn der Gläubiger ein **Verkäufer** ist, dem der Käufer die Ware nicht abgenommen und nicht bezahlt hat: Wenn er wie regelmäßig nach der Differenzmethode vorgeht (Rn. 1176 f.), so muss auch er darlegen, welchen Preis er durch einen Deckungsverkauf für die Ware von einem Dritten erlöst hat oder, wenn ein solcher Verkauf unterblieben ist, welchen geschätzten Wert die bei ihm verbliebene Ware nach den konkreten Umständen jetzt noch für ihn hat.

Eine solche **konkrete Schadensberechnung** ist manchmal für den Gläubiger beschwerlich oder wenig praktikabel. Sie kann dazu führen, dass er zum Beweis des von ihm getätigten Deckungs- oder Anschlussgeschäfts dem Gericht Dokumente vorlegen muss, die dem Schuldner einen Einblick in seine vertraulichen Betriebsinterna, Kalkulationsgrundlagen und geschäftlichen Kontakte eröffnen. Auch kann es für ihn schwierig oder ganz unmöglich sein, dem Vertrag, den der Schuldner gebrochen hat, ein ganz bestimmtes Deckungs- oder Anschlussgeschäft zuzuordnen, so besonders dann, wenn er als Händler im laufenden Geschäftsbetrieb ständig Verträge über Waren gleicher Art und Güte schließt. Endlich kann es sein, dass der Gläubiger zwar ein nachweisbares Deckungs- oder Anschlussgeschäft geschlossen hat, er es aber deshalb nicht zur Grundlage der Schadensberechnung machen möchte, weil es ihm aus besonderen Gründen gelungen ist, für das Geschäft einen Preis auszuhandeln, der niedriger oder höher als der Marktpreis ist. Wenn dies auf seine besondere Geschäftstüchtigkeit, auf besondere Anstrengungen, auf die Nutzung nur ihm zugänglicher geschäftlicher Kontakte oder auch darauf zurückzuführen ist, dass er auf eigenes Risiko in der Hoffnung auf steigende oder fallende Preise den Zeitpunkt für das Deckungs- oder Anschlussgeschäft hinausgeschoben und mit dieser Spekulation Erfolg gehabt hat, so wäre es nicht angemessen, wenn der vertragsbrüchige Schuldner daraus einen Vorteil ziehen, nämlich weniger Schadensersatz zahlen sollte.

1063

Aus diesem Grunde wird dem Gläubiger in ständiger Rechtsprechung auch eine „**abstrakte Schadensberechnung**" gestattet. „Abstrakt" ist sie, weil es bei ihr grundsätzlich außer Betracht bleibt, ob und wie der Gläubiger auf den Vertragsbruch des Schuldners tatsächlich reagiert hat. Vielmehr wird bei ihr der Schaden des Gläubigers nach dem **Marktpreis** berechnet, der sich durch ein hypothetisches Deckungs- oder Anschlussgeschäft für die Ware hätte erzielen lassen. Ist also der Gläubiger ein nicht belieferter **Käufer**, so beläuft sich der Schadensersatz auf die Differenz zwischen dem vereinbarten Kaufpreis und dem Marktpreis, der für gleichwertige Ware bei einem hypothetischen Deckungskauf hätte gezahlt werden müssen oder für sie bei einem hypothetischen Weiterverkauf hätte erzielt werden können. Was der Käufer in seiner Lage tatsächlich getan hat, ist ohne Bedeutung. Anders liegt es nur dann, wenn der vertragsbrüchige Verkäufer beweisen kann, daß der Käufer im konkreten Fall von einem Deckungskauf abgesehen und sich irgendwie ohne die Kaufsache beholfen hat, oder, dass er einen Deckungskauf oder ein Anschlussgeschäft tatsächlich abgeschlossen und im ersteren Falle einen niedrigeren, im letzteren einen höheren Preis als den Marktpreis erzielt hat.

1064

Diesen Beweis wird der Verkäufer aber nur schwer führen können, weil er keinen Einblick in den Betrieb des Käufers hat. Entsprechendes gilt in dem Fall, dass der Gläubiger ein **Verkäufer** ist. Die abstrakte Schadensberechnung wird im Allgemeinen nur dann zugelassen, wenn der Gläubiger ein Kaufmann oder Gewerbetreibender ist und wenn es sich bei der in Rede stehenden Kaufsache um marktgängige Ware handelt, für die ein Marktpreis existiert oder – notfalls durch einen Sachverständigen – nach objektiven Maßstäben ermittelt werden kann. Das ist in aller Regel nicht der Fall, wenn ein Grundstück verkauft ist (vgl. BGH NJW 1995, 587), wohl aber bei Kaufverträgen über Gebrauchtwagen. Vgl. BGHZ 126, 305, 308 f. und zum Ganzen die ausführliche und lesenswerte Darstellung bei *Huber* II § 38.

1065 Die Schwierigkeiten der Schadensberechnung lassen sich dadurch vermeiden, dass die Parteien eine vertragliche Vereinbarung treffen, nach der im Falle einer Pflichtverletzung der daraus entstehende Schaden durch Zahlung eines bestimmten Geldbetrags – einer „**Schadenspauschale**" – ausgeglichen werden soll. Durch eine solche Vereinbarung kann z.B. festgelegt werden, dass der Schuldner eine genau bestimmte oder leicht bestimmbare Geldsumme als „Bereitstellungsprovision", „Vorfälligkeitsentschädigung", „Stornogebühr", „Bearbeitungskosten" usw. zu zahlen hat, wenn er eine Vertragspflicht dadurch verletzt hat, dass er das ihm zugesagte Darlehen nicht abruft, ein ausgezahltes Darlehen vorzeitig zurückzahlt, die ihm verkauften Möbel nicht abnimmt, das versprochene Werk nicht pünktlich herstellt, die Mietwohnung oder den Mietwagen nicht zum vereinbarten Zeitpunkt dem Vermieter zurückgibt oder den Rücktritt von einem Reisevertrag gemäß § 651 i erklärt. Vereinbarungen über eine Schadenspauschalierung sind sinnvoll, weil sie die Schadensregulierung vereinfachen, die Gerichte von unwichtigen Streitigkeiten entlasten und dem Schuldner klar vor Augen führen, mit welchen Sanktionen er im Falle einer Pflichtverletzung zu rechnen hat. Sie sind aber auch gefährlich, weil sie oft vom Schuldner im Vertrauen darauf, dass „schon alles gut gehen" werde, ohne genaue Prüfung hingenommen werden und dadurch für den Gläubiger, der das weiß und darauf spekuliert, ein Anreiz gesetzt wird, sich durch eine besonders hohe Schadenspauschale einen ungerechtfertigten Vorteil zu verschaffen. Diese Gefahr besteht vor allem dann, wenn die „Schadenspauschale" durch eine **AGB-Klausel** festgelegt wird, die vom Gläubiger vorformuliert und auf seinen Vorschlag hin in den Vertrag einbezogen worden ist. § 309 Nr. 5 bestimmt deshalb, dass eine solche Klausel unwirksam ist, wenn die in ihr vorgesehene Schadenspauschale den „nach dem gewöhnlichen Lauf der Dinge zu erwartenden Schaden" übersteigt; das gleich gilt, wenn durch die Klausel dem Kunden „nicht ausdrücklich der Nachweis gestattet wird, ein Schaden ... sei überhaupt nicht entstanden oder wesentlich niedriger als die Pauschale."

Immerhin darf dem Verkäufer kein Strick daraus gedreht werden, dass er in seinen AGB dem Käufer zwar erlaubt hat nachzuweisen, dass der Schaden des Verkäufers geringer sei als die Pauschale, dass er ihm aber nicht ausdrücklich auch noch auf die Nase gebunden hat, dass er auch beweisen dürfe, es sei dem Verkäufer ein Schaden „überhaupt nicht entstanden" (BGHZ 185, 178). – Ebenso wie die Schadenspauschalierung zielt auch die Vereinbarung einer „**Vertragsstrafe**" auf eine vereinfachte Schadensregulierung ab. Sie soll sich aber nach der Rechtsprechung von der Schadenspauschalierung dadurch unterscheiden, dass sie vorrangig als „Zwangsmittel" wirken, also in erster Linie auf den Schuldner einen „möglichst wirkungsvollen Druck" in Richtung auf eine ordnungsgemäße Vertragserfüllung ausüben soll (vgl. BGHZ 49, 84; BGHZ 63, 256). Die Unterscheidung ist aus zwei Gründen bedeutsam. Zum einen findet sich nur für die Vertragsstrafe im BGB eine gesetzliche Regelung (§§ 339 ff.), die insbesondere den Richter ermächtigt, auf Antrag des Schuldners eine bereits von ihm verwirkte übermäßig hohe Vertragsstrafe auf einen „angemessenen" Betrag herabzusetzen (§ 343). Zum anderen bestimmt § 309 Nr. 6, dass Vereinbarungen über eine Vertragsstrafe stets unwirksam sind, wenn der Gläubiger sich die Vertragsstrafe durch eine von ihm vorformulierte AGB-Klausel ausbedungen hat und der Schuldner Verbraucher ist. Im kaufmännischen Verkehr sind Vertragsstrafeklauseln nach der allgemeinen Regel des § 307 zu überprüfen. Sind sie danach nicht zu beanstanden, so kann der Schuldner, wenn er Kaufmann ist, sie auch nicht dadurch angreifen, dass er gemäß § 343 das Gericht bittet, es möge die Vertragsstrafe auf einen „angemessenen" Betrag herabsetzen (§ 348 HGB). Vgl. dazu im Einzelnen MK-*Wurmnest* § 309 Nr. 5 und Nr. 6.

6. Drittschadensliquidation

Verlangt der Gläubiger Schadensersatz gemäß §§ 280 ff., so kann sich der Schuldner mit dem Einwand verteidigen, es sei der behauptete Schaden nicht dem Gläubiger selbst, sondern einem **Dritten** entstanden. Dieser Einwand ist in aller Regel wohlbegründet. Denn die Regelung in §§ 249 ff. geht ganz offensichtlich davon aus, dass durch die Leistung von Schadensersatz der Gläubiger (und nicht ein Dritter) entschädigt werden soll. Manchmal spricht man auch vom Prinzip der „Relativität des Schuldverhältnisses" und meint damit den Umstand, dass durch einen Vertrag Rechte und Pflichten nur inter partes erzeugt werden. Auch kann man sagen, dass die vom Schuldner übernommenen Vertragspflichten nach ihrem Schutzzweck nur die Interessen seines Gläubigers wahren sollen; daher braucht der Schuldner im Falle einer Verletzung dieser Pflichten auch nur die dem Gläubiger selbst entstandenen Schäden zu ersetzen. Aus dem Prinzip der Vertragsfreiheit folgt zwar, dass von den Parteien etwas anderes gewollt sein kann. So liegt es, wenn der Vertrag als „Vertrag zugunsten Dritter" oder als „Vertrag mit Schutzwirkung für Dritte" geschlossen worden ist (Rn. 514 ff.). Im Regelfall braucht aber der Schuldner in der Tat nur denjenigen Schaden zu ersetzen, der dem Gläubiger selbst als „eigener Schaden" entstanden ist. Allerdings muss man bedenken, dass ein solcher „eigener" Schaden auch dann vorliegt, wenn der Gläubiger infolge einer Pflichtverletzung seines Schuldners einen Vertrag nicht oder nicht ordentlich erfüllt hat, den er mit einem Dritten abgeschlossen hat: Entstehen ihm Nachteile dadurch, dass er dem Dritten Nacherfüllung oder Schadensersatz leisten, Aufwendungen ersetzen oder eine Vertragsstrafe bezahlen muss, so liegt in diesen Nachteilen ein „eigener Schaden", wegen dessen er sich an den Schuldner halten – oder wie man manchmal auch sagt – ihn „auf Regress" in Anspruch nehmen kann.

1068 Dieser Grundsatz wird zwar nicht vom Gesetzgeber, wohl aber von der Rechtsprechung dadurch eingeschränkt, dass sie in bestimmten Fallgruppen dem Gläubiger die „**Liquidation eines Drittschadens**" erlaubt. Einer ersten Fallgruppe ist gemeinsam, dass der Gläubiger beim Abschluss des Vertrages mit dem Schuldner zwar in eigenem Namen gehandelt hat, dabei aber „**für Rechnung**" oder „**im Auftrag**" eines Dritten – als sein „**mittelbarer Stellvertreter**" – tätig geworden ist, dies mit der Folge, dass das Risiko einer Pflichtverletzung des Schuldners im Ergebnis von dem Dritten zu tragen ist und mithin auch nur er einen Schaden erleidet, wenn es zu einer solchen Pflichtverletzung kommt.

1069 Ist ein Kaufvertrag geschlossen, so haftet der Schuldner gemäß §§ 280 Abs. 1 und 3, 281 auf Schadensersatz statt der Leistung, wenn er als Verkäufer die Ware nicht geliefert oder sie als Käufer nicht abgenommen und bezahlt hat. Die Schäden, die mit diesem Anspruch ausgeglichen werden, entstehen dem Gläubiger selbst, wenn er den Kaufvertrag für eigene Rechnung geschlossen hat, sie entstehen einem Dritten, wenn der Gläubiger beim Abschluss des Kaufvertrags lediglich im Auftrag und für Rechnung des Dritten tätig geworden ist. So verhält es sich insbesondere dann, wenn zwischen Gläubiger und Drittem ein **Kommissionsvertrag** besteht und der Gläubiger den Kaufvertrag mit dem Schuldner als „Kommissionär" für Rechnung des „Kommittenten" geschlossen hat (vgl. § 383 HGB). In diesen Fällen erlaubt es die Rechtsprechung dem Gläubiger, dass er von dem Schuldner nicht bloß den eigenen Schaden – ihm mag eine Provision entgangen sein –, sondern auch den Schaden des Dritten ersetzt verlangt. Ein Nachteil entsteht dadurch dem Schuldner nicht, dies auch dann nicht, wenn er weder wusste noch wissen konnte, dass der Gläubiger beim Abschluss des Kaufvertrags nicht für eigene, sondern für Rechnung des Dritten gehandelt hat und mithin die Risiken eines Fehlschlags des Geschäfts allein von dem Dritten zu tragen sein würden. Ist nämlich der Schuldner als Verkäufer vertragsbrüchig geworden, so musste er in jedem Falle damit rechnen, dass es zu einem Deckungskauf kommen und er den dadurch entstehenden Mehraufwand zu tragen haben werde. Ob dieser Deckungskauf vom Gläubiger getätigt wird (weil er für eigene Rechnung gekauft hat) oder von einem Dritten (für dessen Rechnung und in dessen Auftrag der Gläubiger gekauft hat), macht aus seiner Sicht keinen Unterschied. Ähnlich liegt es, wenn der Gläubiger dem Schuldner eine Sache zum Zweck ihrer Reparatur, Aufbewahrung oder Einlagerung übergeben hat. Liegt eine Pflichtverletzung des Schuldners darin, dass er die Sache beschädigt oder zerstört hat oder sie nicht zurückgeben kann, so muss er, wenn er die Pflichtverletzung zu vertreten hat, dem Gläubiger Schadensersatz leisten. Das ist offensichtlich, wenn der Gläubiger als Eigentümer alleiniger Inhaber aller Rechte zur Nutzung und Verwertung der Sache ist und deshalb den Vertrag für eigene Rechnung geschlossen hat. Das gilt aber auch dann, wenn der Gläubiger nicht Eigentümer der Sache ist, sondern ihr Eigentümer ihm die **Obhut** über die Sache (z.B. aufgrund eines Miet- oder Leihvertrages) übergeben hat. Dies gilt auch dann, wenn dem Gläubiger die Sache nicht bloß zur Obhut übergeben, sondern ihm aufgrund eines **Treuhand- oder Sicherungsvertrages** von ihrem Eigentümer übereignet

A. Allgemeine Voraussetzungen   1069–1071

oder wenn ihm zu diesem Zweck eine Forderung von ihrem Inhaber abgetreten worden ist. So liegt es z.b., wenn jemand seiner Bank ein Darlehen schuldet und er ihr zur Sicherung ihres Anspruchs auf Darlehensrückzahlung treuhänderisch eine Sache übereignet oder eine Forderung abgetreten hat. Wenn hier die Sache von einem Dritten beschädigt oder die Forderung von ihrem Schuldner nicht pünktlich bedient wird, so kann die Bank den Schaden, der durch die Sachbeschädigung oder den Zahlungsverzug entsteht, auch dann ersetzt verlangen, wenn er nicht von ihr, sondern aufgrund der Abreden des Sicherungsvertrages in Wahrheit vom Sicherungsgeber zu tragen ist. Tritt die Bank diesen Anspruch dem Sicherungsgeber ab – dazu ist sie in ergänzender Auslegung des Sicherungsvertrages verpflichtet –, so kann auch er den Anspruch geltend machen (vgl. BGHZ 128, 371).

Die Drittschadensliquidation wird in noch einer weiteren Fallgruppe zugelassen. Ihre Besonderheit besteht darin, dass eine Sache von einem Schädiger schuldhaft beschädigt oder zerstört wird, aber dadurch ihrem Eigentümer deshalb kein Schaden entsteht, weil das Beschädigungs- und Verlustrisiko aufgrund einer vertraglichen Vereinbarung gemäß §§ 447 Satz 1, 644 einem Dritten zugeordnet ist.   1070

So liegt es insbesondere beim **Versendungskauf**: Ist z.B. die Ware nach ihrer Verladung während der Reise zum Käufer durch Verschulden des Beförderungsunternehmers oder eines Dritten bei einem Verkehrsunfall beschädigt worden, so entsteht dadurch dem **Verkäufer**, obwohl er im Zeitpunkt des Unfalls immer noch Eigentümer der Ware war, kein Schaden, weil die Gefahr gemäß § 447 Satz 1 bereits auf den Käufer übergegangen ist und er daher von ihm trotz der Beschädigung der Ware den vollen Kaufpreis verlangen kann (Rn. 838 ff.). Der Schädiger haftet aber auch dem **Käufer** nicht, weder nach § 280 Abs. 1, weil er mit dem Käufer nicht in vertraglicher Verbindung steht, noch nach § 823 Abs. 1, weil der Schaden des Käufers nicht auf einer Eigentumsverletzung beruht und daher bloßer Vermögensschaden ist. In dieser Lage wird es dem Verkäufer in ständiger Rechtsprechung gestattet, den Schaden des Käufers – also einen „Drittschaden" – ersetzt zu verlangen, und zwar gemäß § 823 Abs. 1, außerdem gemäß § 280 Abs. 1, wenn der für den Unfall verantwortliche Schädiger der Beförderungsunternehmer (also sein Vertragspartner) ist. Diesen Anspruch kann auch der Käufer geltend machen, aber erst dann, wenn er ihm vom Verkäufer gemäß § 285 abgetreten worden ist. Die Regeln über die Drittschadensliquidation haben allerdings keine Bedeutung in dem praktisch sehr wichtigen Fall, in dem die Beförderung der Ware einem **gewerblichen Frachtführer** übertragen worden ist. Denn hier ist der Käufer schon kraft Gesetzes, nämlich gemäß §§ 421 Abs. 1 Satz 2, 425 HGB berechtigt, den Anspruch gegen den Frachtführer in eigenem Namen geltend zu machen. Ebenso liegt es beim **Werkvertrag**, so z.B. dann, wenn der Unternehmer das Werk dem Auftraggeber übersendet (vgl. § 644 Abs. 2), aber auch dann, wenn ein Unternehmer Elektroarbeiten im Neubau des Bauherrn auszuführen hat und vor Abnahme des Werkes die teilweise verlegten Kabel durch einen Brand verschmoren, den ein anderer Bauhandwerker, etwa ein von dem Bauherrn beauftragter Malermeister im gleichen Neubau fahrlässig verursacht hat: Auch hier darf der Bauherr von dem Malermeister Ersatz des Schadens verlangen, der zwar nicht ihm (§ 644 Abs. 1 Satz 1), wohl aber dem Elektrounternehmer als Drittem entstanden ist, und zwar dadurch, dass er zur Neuherstellung des Werkes verpflichtet ist und für den Aufwand, den er bis zum Zeitpunkt des Brandes betrieben hat, keine Vergütung erhält.   1071

V. Vertretenmüssen

1. Allgemeines

1072 Gemäß § 280 Abs. 1 Satz 2 braucht Schadensersatz wegen einer Pflichtverletzung nicht geleistet zu werden, „wenn der Schuldner die Pflichtverletzung nicht zu vertreten hat." Die Beweislast dafür trägt er. Wenn unstreitig oder vom Gläubiger bewiesen ist, dass der Schuldner eine Pflicht verletzt hat und dass der Schaden, um dessen Ersatz es geht, durch die Pflichtverletzung verursacht ist, so steht damit auch die Ersatzpflicht des Schuldners fest, es sei denn, dass er einen „**Entlastungsbeweis**" führen, also Tatsachen vortragen und, wenn sie bestritten werden, beweisen kann, aus denen sich ergibt, dass er die Pflichtverletzung „**nicht zu vertreten**" hat oder mit anderen Worten: dass er für sie nicht „verantwortlich" gemacht, sie ihm nicht „zugerechnet" werden kann. Was der Schuldner zu vertreten hat, ist in §§ 276–278 geregelt. Gemäß § 276 Abs. 1 Satz 1 hat er danach „**Vorsatz und Fahrlässigkeit**" zu vertreten, dies aber nur dann, wenn „eine strengere oder mildere Haftung" weder durch vertragliche Vereinbarung oder durch gesetzliche Vorschrift bestimmt ist noch sich „aus dem sonstigen Inhalt des Schuldverhältnisses" entnehmen lässt. Als Beispiel einer solchen „strengeren Haftung" nennt die Vorschrift den Fall, in dem der Schuldner in dem Vertrag eine „**Garantie**" oder ein „**Beschaffungsrisiko**" übernommen hat.

1073 Ist dem Schuldner die Erbringung seiner Leistung gemäß § 275 wegen eines Leistungshindernisses unmöglich oder unzumutbar, das **schon bei Vertragsabschluss** bestanden hat, so bestimmen sich seine Haftung ebenso wie seine Entlastung nicht nach § 280, sondern nach § 311 a Abs. 2. Demnach haftet er in diesem Falle auf Schadensersatz statt der Leistung oder auf Aufwendungsersatz gemäß § 284, sofern er nicht den Entlastungsbeweis dahin führen kann, dass er „das Leistungshindernis bei Vertragsschluss nicht kannte und seine Unkenntnis auch nicht zu vertreten hat" (§ 311a Abs. 2 Satz 2). Was er in diesem Zusammenhang „zu vertreten" hat, ergibt sich wiederum aus § 276. Er haftet also, wenn seine Unkenntnis auf Vorsatz oder Fahrlässigkeit beruht; er haftet aber unabhängig von einem Verschulden, wenn er in dem Vertrag eine Garantie für das Fehlen anfänglicher Leistungshindernisse übernommen hat (Rn. 1107 f.). Ist das Leistungshindernis, das den Erfüllungsanspruch des Gläubigers gemäß § 275 ausschließt, erst **nach Vertragsabschluß** eingetreten, so kann der Gläubiger Schadensersatz statt der Leistung gemäß §§ 283, 280 Abs. 1 verlangen; der Schuldner muß dann den Entlastungsbeweis gemäß §§ 283, 284, 280 Abs. 1 Satz 2 dahin führen, daß er das Leistungshindernis nicht vorsätzlich herbeigeführt hat und es auch durch Anwendung der im Verkehr erforderlichen Sorgfalt nicht hätte abwenden können. Auch hier kann es aber so liegen, daß der Schuldner in dem Vertrag

A. Allgemeine Voraussetzungen

eine Garantie dafür übernommen hat, daß es nicht zu einem Leistungshindernis kommen werde (Rn. 1106).

Da Vorsatz und Fahrlässigkeit unter dem Begriff „Verschulden" zusammengefasst werden, spricht man gern davon, dass die Schadensersatzhaftung gemäß §§ 280 ff., 311 a vom „**Verschuldensprinzip**" beherrscht sei. Ob mit diesem Ausdruck die Realität richtig beschrieben wird, kann man aber bezweifeln. Jedenfalls darf man ihn nicht so verstehen, als hänge die Haftung des Schuldners davon ab, dass ihm aus der Pflichtverletzung ein irgendwie gearteter persönlicher Vorwurf gemacht werden kann (Rn. 1077 f.). Auch wird mit dem Ausdruck „Verschuldensprinzip" der Umstand allzu stark in den Hintergrund gedrängt, dass den Schuldner über weite Strecken hinweg eine strengere Haftung trifft, weil er nämlich bestimmte Risiken in dem Vertrag übernommen oder dem Gläubiger die Herstellung eines bestimmten Erfolges garantiert hat (Rn. 1106 ff.).

Ein Verschuldensprinzip kennt das **Common Law** nicht. Dort wird der Vertrag grundsätzlich als ein **Garantieversprechen** aufgefasst. Bei einem gegenseitigen Vertrag darf jeder Vertragspartner vom anderen erwarten, dass er sein Versprechen hält, also sich um die versprochene Leistung nicht bloß nach besten Kräften bemühen, sondern sie auch tatsächlich gerade so erbringen wird, wie er sie versprochen hat. Gelingt ihm das nicht, so muss er wegen „breach of contract" Schadensersatz leisten, ohne dass erst noch gefragt zu werden braucht, ob er oder seine Leute sich sorgfältig genug um die Realisierung des Versprochenen bemüht haben. Gewiss wird auch im Common Law der Schuldner ausnahmsweise von seiner Haftung befreit, dies aber nicht deshalb, weil er sich ausreichend bemüht hat, sondern deshalb, weil sich aus dem Inhalt und dem Sinn des Vertrages ergibt, dass die Garantie nur eine beschränkte Reichweite haben oder dass sie für den Fall bestimmter Leistungshindernisse vom Schuldner gerade nicht übernommen sein sollte. Diese Sichtweise liegt auch dem CISG und den Principles of European Contract Law zugrunde. Sind danach die Voraussetzungen, unter denen eine Partei von ihrer Haftung befreit sein soll, nicht durch eine vertragliche Vereinbarung geregelt – eine solche Vereinbarung hat natürlich immer den Vorrang –, so tritt eine Haftungsbefreiung nur dann ein, wenn die Partei, die von der Haftung befreit sein möchte, beweisen kann, dass die Nicht- oder Schlechterfüllung ihres Versprechens „auf einem außerhalb ihres Einflussbereichs liegenden Hinderungsgrund beruht" (vgl. Art. 79 CISG und dazu BGHZ 141, 129; ebenso Art. 8:108 PECL). Auch im Common Law wird die Reichweite der Garantie manchmal erheblich eingeschränkt, so insbesondere bei Verträgen, in denen der Schuldner nicht einen bestimmten Erfolg – z.B. die Verschaffung oder Rückgabe einer bestimmten Sache oder die Herstellung eines bestimmten Werkes –, sondern eine Dienstleistung versprochen hat. Auch im Common Law wird also weder dem Patienten von seinem Arzt die Heilung noch dem Mandanten von seinem Anwalt der Prozessgewinn garantiert. Was auch sie garantieren, ist dies: dass sie die Kompetenz besitzen, derer ein sorgfältiger Arzt oder Anwalt in gleicher Lage zur Erfüllung seiner Pflichten bedarf. Haben der Arzt und der Anwalt lege artis gehandelt, so werden sie von der Haftung befreit, aber nicht deshalb, weil sie nicht schuldhaft gehandelt, sondern deshalb, weil sie keine Pflicht verletzt haben. Vgl. rechtsvergleichend *Zweigert/Kötz* S. 501 ff. – Im praktischen Ergebnis besteht sicherlich kein großer Unterschied zwischen dem geltenden deutschen Recht und den Haftungsbefreiungsregeln, wie sie dem Common Law, dem CISG, den PECL und den meisten ausländischen Rechtsordnungen zugrunde liegen (vgl. dazu *Schlechtriem* ZEuP 1993, 217, 228 ff.). Gleichwohl verdient es den Vorzug, wenn man „in den Vertragserklärungen der Parteien grundsätzlich nicht bloß das Versprechen erblickt, daß jeder nach besten Kräften auf die Herbeiführung des zugesagten Erfolgs hinwirken wolle, sondern wenn man – was auch rechtspolitisch gesünder ist – dieses Versprechen prinzipiell als die Übernahme einer entsprechenden Garantie auffaßt." (*Zweigert/Kötz* S. 513).

2. Vorsatz und Fahrlässigkeit

1076 Der Schuldner hat eine Pflichtverletzung grundsätzlich dann zu vertreten, wenn er sie verschuldet, also vorsätzlich oder fahrlässig herbeigeführt oder nicht abgewendet hat. **Vorsätzlich** handelt der Schuldner, wenn er seine Pflicht gekannt und ihr bewusst zuwidergehandelt hat. So liegt es z.B., wenn der Verkäufer die verkaufte Speziessache absichtlich zerstört oder wenn er sie zweimal verkauft hat: Entscheidet er sich im letzteren Fall in Kenntnis seiner Lage für die Belieferung des einen Käufers, so liegt im Verhältnis zum anderen eine vorsätzliche Pflichtverletzung vor. Ebenso, wenn ein Bauunternehmer mehrere Aufträge übernommen hat und später feststellen muss, dass er sie aus Mangel an Personal oder Geräten nicht alle pünktlich wird erfüllen können: Wenn er in dieser Lage einen bestimmten Auftraggeber bewusst an die letzte Stelle setzt und den mit ihm für die Abnahme vereinbarten Termin bewusst überschreitet, so liegt auch darin eine vorsätzliche Pflichtverletzung. Er hat daher die Verzögerung seiner Leistung zu vertreten und gerät deshalb mit ihr in Verzug (§ 286 Abs. 4). Ebensowenig kann er sich gemäß § 280 Abs. 1 Satz 2 entlasten, wenn sein Auftraggeber nach erfolgloser Setzung einer Frist Schadensersatz statt der Leistung verlangt.

1077 **Fahrlässig** handelt der Schuldner, wenn er „die im Verkehr erforderliche Sorgfalt außer Acht lässt" (§ 276 Abs. 2). Nach ganz herrschender Ansicht ist dieser Sorgfaltsmaßstab im Zivilrecht **objektiv** zu verstehen. Fahrlässigkeit liegt demnach vor, wenn der Schuldner sich anders verhalten hat, als dies von einem in gleicher Lage befindlichen Angehörigen des betreffenden Berufskreises allgemein erwartet werden muss. Klempner, Ärzte und Rechtsanwälte haben daher für die Sorgfalt eines ordentlichen Klempners, Arztes oder Rechtsanwalts, ein Kaufmann gemäß § 347 HGB „für die Sorgfalt eines ordentlichen Kaufmanns" einzustehen; sie können sich alle nicht dadurch entlasten, dass sie einwenden, ihnen persönlich habe es an derjenigen Fachkenntnis, Geschicklichkeit, Erfahrung oder Verstandeskraft gefehlt, wie sie im Verkehr von einem Mitglied der jeweiligen Berufsgruppe allgemein vorausgesetzt werden.

Anders gesagt: Der Schuldner, der eine Leistung verspricht, übernimmt damit eine **Garantie**, deren Reichweite für den Regelfall in § 276 Abs. 1 dahin bestimmt wird, dass er bei der Erfüllung seines Versprechens nicht bloß mit der ihm persönlich möglichen, sondern mit der „im Verkehr erforderlichen" Sorgfalt zu Werke gehen wird. Da § 276 Abs. 1 dispositiv ist, kann die Auslegung des Vertrages ergeben, dass der Schuldner eine weitere oder engere Garantie übernehmen und damit sein Verhalten einem strengeren oder milderen Sorgfaltsmaßstab unterwerfen wollte, einem strengeren z.B. dann, wenn die Operation von einem hervorragenden Spezialisten (gegen ein hohes Honorar) ausgeführt wird, einem milderen z.B. dann, wenn der Gläubiger den Vertrag in Kenntnis der unterdurchschnittlichen Fähigkeiten des Schuldners schließt und deshalb auch nur eine geringere Vergütung zu zahlen braucht.

§ 280 Abs. 1 geht von der Vorstellung aus, dass sich zwei Fragen klar voneinander trennen lassen, nämlich die Frage, ob der Schuldner eine **Pflichtverletzung** begangen hat, und die Frage, ob die geschehene Pflichtverletzung von ihm **zu vertreten** ist. Diese Trennung lässt sich durchhalten, wenn die Schuldnerpflichten im Vertrag genau spezifiziert sind und sich ihm eine klare Aussage darüber entnehmen lässt, welchen Zustand der Schuldner herzustellen, welche Handlungen er vorzunehmen oder welchen Erfolg er herbeizuführen oder zu verhindern hat. Bei vielen Leistungspflichten und bei den Schutzpflichten verhält es sich aber anders. Ihr genauer Inhalt lässt sich nur in der Weise bestimmen, dass gefragt wird, was aufgrund des Gebots zur Beachtung der im Verkehr erforderlichen Sorgfalt der Schuldner in seiner Lage konkret zu tun oder zu unterlassen verpflichtet war. In solchen Fällen lassen sich die beiden Fragen, ob eine Pflichtverletzung gegeben und ob sie vom Schuldner zu vertreten ist, nicht mehr säuberlich voneinander trennen. Hat z.B. die eine Vertragspartei von der anderen etwas verlangt, was ihr in Wahrheit nach dem Vertrag nicht zusteht, so liegt darin nach Auffassung des BGH eine Pflichtverletzung; allerdings hat die Partei sie nicht zu vertreten, wenn sie ihr Verlangen, obwohl es objektiv unbegründet war, nach den Umständen für „plausibel" halten durfte (BGHZ 179, 238 Tz. 19 f.). Stattdessen sollte in einem solchen Fall schon die Pflichtverletzung verneint werden. Auch wenn ein Arzt seinem Patienten eine Heilbehandlung, der Architekt dem Bauherrn eine Planungsleistung, der Rechtsanwalt seinem Mandanten die Wahrnehmung seiner Interessen oder eine Bank oder ein Sachverständiger ihrem Kunden die Erteilung von Ratschlägen, Auskünften und Hinweisen versprochen haben, so fehlt es in diesen Fällen an einer Pflichtverletzung, wenn der Schuldner sich so verhalten hat, wie dies von sorgfältigen Ärzten, Architekten, Rechtsanwälten, Banken oder Sachverständigen in gleicher Lage erwartet werden darf. Ist dieser Verhaltensstandard nicht beachtet worden, so liegt darin eine Pflichtverletzung, und für einen Entlastungsbeweis gemäß § 280 Abs. 1 Satz 2 ist kein Raum mehr. Zwar kann der Schuldner gemäß § 276 Abs. 1 Satz 2 immer noch vortragen, dass er geisteskrank oder minderjährig gewesen sei (§§ 827, 828) und deshalb nicht hafte. Im Vertragsrecht hat dieser Einwand aber keine praktische Bedeutung.

1080 Vgl. dazu *Schlechtriem/Schmidt-Kessel* AT Rn. 566, 588 ff., *Canaris* JZ 2001, 499, 512. – Soweit es danach im Wesentlichen auf die Pflichtverletzung und nicht mehr auf den Entlastungsbeweis ankommt, hat es den Anschein, als werde dadurch der Kreis der Tatsachen erweitert, für die der Gläubiger die Beweislast trägt (Rn. 1034). Aber dieser Anschein täuscht, weil es bei der Konkretisierung des Pflichteninhalts weithin um Rechtsfragen geht, für die es auf die Beweislastverteilung nicht ankommt.

1081 Erhebliche praktische Bedeutung kann der Entlastungsbeweis in der wichtigen Fallgruppe haben, in der die Pflichtverletzung eines Verkäufers oder Unternehmers darin besteht, dass eine mangelhafte Kaufsache geliefert oder ein mangelhaftes Werk hergestellt worden ist. Zwar können sie sich auch hier nicht entlasten, wenn sie die Abwesenheit des Mangels **garantiert** haben (Rn. 1109 ff.). Aber das ist selten. Im Regelfall haften sie daher nicht, wenn sie beweisen können, dass die Pflichtverletzung weder auf ihrem Verschulden noch auf einem Verschulden ihrer Erfüllungsgehilfen beruht.

1082 In manchen Fällen ist dieser Beweis allerdings sehr schwer zu führen. So liegt es insbesondere dann, wenn der Schuldner die mangelhafte Sache aufgrund eines Werk- oder Werklieferungsvertrages selbst **hergestellt oder erzeugt hat** (§§ 631, 651). Wer z.B. als Bauhandwerker Fenster hergestellt und in dem Neubau seines Auftraggebers eingesetzt hat, wird sich, wenn die Fenster nicht dicht sind, schwerlich durch den Nachweis entlasten können, dass er die im Verkehr erforderliche Sorgfalt beachtet habe. Ebensowenig wird sich der Entlastungsbeweis von einem Kraftfahrzeughersteller führen lassen, der ein Auto hergestellt und verkauft hat, das wegen eines Fabrikations- oder Konstruktionsfehlers mangelhaft ist. Vielmehr geht die Praxis von der robusten Faustregel aus, dass, wer als Hersteller sorgfältig arbeitet, keine Fehler macht, und dass, wer fehlerhafte Sachen produziert, nicht sorgfältig war. Eine Entlastung wird meist auch dann nicht gelingen, wenn das dem Bauhandwerker von einem Dritten zugelieferte Holz für die Herstellung von Fenstern nicht geeignet oder die dem Hersteller zugelieferten Bremsanlagen nicht funktionstüchtig waren. Die Rechtsprechung steht zwar auf dem Standpunkt, dass der Bauhandwerker und der Kraftfahrzeughersteller nicht gemäß § 278 für ein Verschulden ihrer Zulieferer haften (vgl. Rn. 1090 ff.). Aber oft werden sie *selbst* die im Verkehr erforderliche Sorgfalt dadurch ver-

A. Allgemeine Voraussetzungen   1082–1084

letzt haben, dass sie das Holz oder die Bremsanlagen vor ihrer Verwendung nicht auf ihre Tauglichkeit geprüft haben oder bei der Prüfung nicht gründlich genug vorgegangen sind.

Anders ist die Lage zu beurteilen, wenn die fehlerhafte Sache nicht von ihrem Hersteller, sondern von einem **Händler** verkauft und geliefert worden ist. Auch hier kommt zwar ein fahrlässiges Verhalten des Händlers in Betracht. Es kann insbesondere darin liegen, dass er es schuldhaft unterlassen hat, die Kaufsache vor ihrer Übergabe an den Käufer einer „Ablieferungsinspektion" zu unterziehen, die zur Entdeckung ihres Mangels geführt hätte. Ob aber der Händler zu einer solchen Untersuchung verpflichtet ist, hängt von den Umständen ab (vgl. BGH NJW 1968, 2238). Es kommt z.b. darauf an, ob der Händler im Umgang mit Waren der betreffenden Art über eine besondere berufliche Erfahrung und Sachkunde verfügt, auf die der Käufer vertraut hat und vertrauen durfte, ferner darauf, ob eine Untersuchung technisch überhaupt möglich und der Händler mit den für sie erforderlichen Prüfwerkzeugen ausgerüstet ist, insgesamt darauf, wie sich aus der Sicht eines vernünftigen Menschen die Kosten und der Nutzen einer solchen Untersuchung zueinander verhalten: Der Aufwand, der durch sie dem Händler entstünde, ist also mit dem „Erwartungswert" der Schäden zu vergleichen, die sich durch die Untersuchung hätten abwenden lassen. Dieser „Erwartungswert" ist um so größer, je wahrscheinlicher es ist, dass die Kaufsache wegen ihrer Fehleranfälligkeit zu Schäden führt, und je schwerer die Schäden wiegen, zu denen es ohne eine solche Untersuchung käme.   1083

Hat jemand in einem Kaufhaus ein fabrikneues Fahrrad gekauft und wegen eines versteckten Defekts der Vorderradgabel einen Unfall erlitten, so haftet der Kaufhausbetreiber nicht gemäß § 280 Abs. 1 auf Ersatz des dadurch entstandenen Schadens, wenn er beweisen kann, dass er eine Ablieferungsinspektion, die zur Entdeckung des Mangels geführt hätte, nicht vorzunehmen brauchte und er daher nicht fahrlässig gehandelt hat. Wie liegt es, wenn der Käufer den Mangel selbst entdeckt, das Fahrrad nicht in Benutzung genommen, dem Kaufhausbetreiber für die **Nacherfüllung** eine angemessene Frist gesetzt und dieser dem Mangel bis zum Ablauf der Frist nicht abgeholfen hat? In diesem Fall haftet der Kaufhausbetreiber gemäß §§ 280 Abs. 1 und 3, 281 auf **Schadensersatz statt der Leistung**. Eine Entlastung wird ihm praktisch nie gelingen. Hat nämlich der Käufer gemäß § 439 Nacherfüllung in Gestalt der **Reparatur** des Fahrrads verlangt und geht man davon aus, dass eine Reparatur gemäß § 275 Abs. 1 möglich war und auch nicht gemäß §§ 275 Abs. 2 und 3, 439 Abs. 3 verweigert werden durfte, so handelt der Kaufhausbetreiber (oder der von ihm beauftragte Handwerker als sein Erfüllungsgehilfe) stets fahrlässig, wenn die Frist abgelaufen und die (mögliche) Reparatur misslungen oder nicht einmal versucht worden ist. Ist die vom Käufer gemäß § 439 verlangte **Ersatzlieferung** eines mangelfreien Fahrrads bis zum Ablauf der Frist unterblieben, so haftet der Kaufhausbetreiber auf Schadensersatz statt der Leistung, ohne dass es auf sein Verschulden überhaupt ankommt. Denn wer ein fabrikneues Fahrrad – also eine Gattungssache – verkauft, übernimmt damit für sie das **Beschaffungsrisiko** (Rn. 1101 ff.). Er garantiert damit, dass ihm spätestens bis zum Ablauf der ihm dafür gesetzten Frist die Beschaffung   1084

457

und Lieferung einer Gattungssache gelingen wird, die die für sie vertraglich vorgesehene Beschaffenheit aufweist, also keinen Fehler hat.

1085 Die genaue Bestimmung des Verhaltens, mit dem der Schuldner dem Gebot zur Beachtung der im Verkehr erforderlichen Sorgfalt Rechnung trägt, spielt in der Praxis auch dort eine wichtige Rolle, wo er deshalb Schadensersatz leisten soll, weil er eine Sache, die dem Gläubiger gehört oder gebührt, nicht oder nur in beschädigtem Zustand herausgeben oder zurückgeben kann. Über den allgemeinen Ausgangspunkt besteht kein Streit: Wer als Unternehmer die Sache seines Auftraggebers reparieren oder als Verkäufer sie bis zur Abholung durch den Käufer aufbewahren muss oder sie als Mieter oder Entleiher nutzen darf, muss mit der Sache bis zu ihrer Herausgabe oder Rückgabe so umgehen, sie also so behandeln und gegen Diebstahl, Verlust oder Beschädigung so schützen, wie das nach den jeweiligen Umständen von einem vernünftigen Menschen in gleicher Lage erwartet werden muss. Was das in einem praktischen Fall bedeutet, kann freilich zweifelhaft sein. Wenn z.B. ein Unternehmer das Kraftfahrzeug, das er instandsetzen sollte, auf seinem Betriebsgelände abgestellt hat und es dort nachts gestohlen wird, so kommt es darauf an, welche konkreten Sicherungsmaßnahmen er nach dem Verhaltensstandard der „im Verkehr erforderlichen Sorgfalt" zu treffen hatte. Hätte er die Autos seiner Kunden für die Nacht in einer verschlossenen Garage abstellen müssen? Hätte er sein Betriebsgelände gegen das nächtliche Eindringen Unbefugter durch eine Einfriedigung und eine verschlossene Toreinfahrt sichern müssen? Hätte er einen Bewachungsdienst organisieren oder eine Beleuchtungsanlage oder akustisches Warnsignale installieren müssen? In solchen Fällen sollte man sich nicht damit begnügen, die eine oder andere Sicherungsmaßnahme kurzerhand als „erforderlich" oder „geboten" oder umgekehrt als „unzumutbar" oder „unangemessen" zu bezeichnen. Denn der Sachverhalt lässt sich oft viel genauer und konkreter würdigen, wenn der „Prüfungsraster" genutzt wird, den die ökonomische Analyse für die Lösung solcher Fälle bereitstellt. Sie fragt nach den Sorgfaltsmaßnahmen, zu denen sich der Unternehmer verpflichtet hätte, wenn man annimmt, dass ein „vollständiger Vertrag" geschlossen, also auch dieser Punkt zum Gegenstand von Verhandlungen gemacht worden wäre (vgl. Rn. 77 ff.).

1086 In diesem Fall würde eine Vereinbarung im Interesse beider Parteien liegen, durch die sich der Unternehmer zu denjenigen Sicherungsmaßnahmen verpflichtet, deren Kosten niedriger sind als der Nutzen, den sie einbringen. Dabei ist als „Kosten" der Aufwand anzusehen, der dem Unternehmer durch die verschiedenen Sicherungsmaßnahmen entsteht. Als „Nutzen" gilt der Erwartungswert der Schäden, die sich durch jede dieser Maßnahmen vermeiden lassen. Es kommt also darauf an, wie stark durch diese Maßnahmen die Wahrscheinlichkeit von Diebstählen gesenkt und dadurch Schäden reduziert werden. Wenn also z.B. im Jahresdurchschnitt 2 Autos vom Betriebsgelände des Unternehmers gestohlen werden und sich dieses Risiko durch eine bestimmte Maßnahme halbieren lässt, also nur noch 1 Auto im Durchschnittswert von 20.000 € gestohlen wird, so würde jene Maßnahme von dem Unternehmer nur dann, aber auch immer dann ergriffen werden müssen, wenn sie ihn jährlich weniger als 20.000 € kostet. Zu einfach macht es sich, wer einwendet, dass es in der Praxis oft an den tatsächlichen, statistischen und rechnerischen Informationen fehlen wird, deren eine solche präzise Nutzen-Kosten-Analyse bedarf. Immerhin kann der Richter gemäß § 139 ZPO vieles von den Parteien erfragen, was sie nicht schon von sich aus an Tatsachen vortragen. Auch wer die Vorgaben des „Prüfungsrasters" dadurch ausfüllt, dass er sich auf plausible Schätzungen und den gesunden Menschenverstand stützt, leistet immer noch mehr als derjenige, der bestimmte Sicherungspflichten kurzerhand als „angemessen" oder „unzumutbar" bezeichnet und im übrigen die Hände in den Schoß legt.

3. Verantwortlichkeit für Hilfspersonen

Wenn der Schuldner bei der Erfüllung seiner Pflichten nicht persönlich tätig wird, sondern sich zu diesem Zweck anderer Personen bedient, so hat er gemäß § 278 Satz 1 das Verschulden dieser Personen in gleichem Umfang zu vertreten wie eigenes Verschulden. Denn – so heißt es schon in der Gesetzesbegründung des § 278 – wenn „der Schuldner eine Leistung versprochen hat, so erblickt der heutige Verkehr in diesem Versprechen auch die Übernahme einer Garantie für das ordnungsmäßige Verhalten derjenigen, deren Mitwirkung bei der Leistung sich zu bedienen dem Schuldner ausdrücklich oder stillschweigend gestattet ist" (*Mugdan* II S. 16). Im Regelfall **garantiert** daher der Schuldner, dass die Erfüllung seiner Pflichten von seinen **Erfüllungsgehilfen** nicht absichtlich sabotiert wird, ferner, dass sie bei der Erfüllung seiner Pflichten die gleiche „im Verkehr erforderliche" Sorgfalt beobachten werden, wie er sie für sich selbst garantiert hat (Rn. 1077 f.). Dabei kommt es nicht darauf an, ob es sich bei den Pflichten des Schuldners um Leistungs- oder Schutzpflichten handelt, ebensowenig darauf, ob zwischen den Parteien ein Vertrag zustande gekommen oder ein vorvertragliches Schuldverhältnis gemäß § 311 Abs. 2 gegeben ist.

Erfüllungsgehilfe ist, „wer nach den tatsächlichen Verhältnissen des gegebenen Falles mit dem Willen des Schuldners bei der Erfüllung der diesem obliegenden Verbindlichkeit als seine Hilfsperson tätig wird" (BGH NJW 2007, 428). In der Regel handelt es sich dabei um Personen, die als Arbeiter oder Angestellte auf der Gehaltsliste des Schuldners stehen oder unentgeltlich in seinem Betrieb oder Haushalt für ihn tätig werden. Aber auch ein selbständiger Unternehmer kann Erfüllungsgehilfe sein. Hat ein Bauunternehmer seinem Auftraggeber die Errichtung eines schlüsselfertigen Wohnhauses versprochen, so werden diejenigen Unternehmer als Erfüllungsgehilfen des Bauunternehmers tätig, denen er (als seinen „Subunternehmern") den Einbau der Fenster oder einer Heizungsanlage übertragen hat. Hat sich ein Käufer oder ein Mieter auf den schuldhaft unrichtigen Rechtsrat eines Anwalts oder Mieterschutzvereins verlassen und deshalb zu Unrecht einen Teil des

Kaufpreises oder die Zahlung eines Vorschusses auf die Betriebskosten (§ 556) verweigert, so haftet er für den Beratungsfehler seiner Erfüllungsgehilfen gerade so, wie wenn er die Rechtslage selbst falsch eingeschätzt hätte (vgl. BGH NJW 2007, 428). Freilich greift § 278 nur dann ein, wenn feststeht, dass es eine *eigene* Vertragspflicht des Schuldners ist, zu deren Erfüllung er sich der Hilfsperson bedient hat. Wenn also der Verkäufer die verkauften Bananen durch einen Beförderungsunternehmer per Kühllastzug zum Käufer hat transportieren lassen und die Bananen bei ihm ungekühlt und daher verdorben eintreffen, so haftet der Verkäufer für den Fehler des Unternehmers als seines Erfüllungsgehilfen nur dann, wenn eine Bringschuld vorliegt, er also aufgrund des Kaufvertrags verpflichtet war, die Bananen zum Geschäftssitz des Käufers zu befördern und sie ihm dort zu liefern. In diesem Falle macht es dann für die Haftung des Verkäufers auch keinen Unterschied, ob der Schaden durch den Beförderungsunternehmer selbst oder durch dessen Leute – also durch die Erfüllungsgehilfen seines Erfüllungsgehilfen – verursacht worden ist. Liegt hingegen ein Versendungskauf gemäß § 447 vor – und damit eine Schickschuld (Rn. 838 ff.) –, so haftet der Verkäufer für das Verschulden des Beförderungsunternehmers oder seiner Leute nicht, weil er den Unternehmer zwar ausgesucht und beauftragt, aber dabei lediglich ein dem Käufer obliegendes Geschäft für ihn besorgt, aber nicht eine eigene Beförderungspflicht erfüllt hat.

1089 Ist eine **Mietsache** beschädigt worden, so haftet der Mieter dem Vermieter auch dann, wenn die Beschädigung auf Fahrlässigkeit seiner Familienangehörigen, Logiergäste, Untermieter, Besucher oder sonstiger Personen zurückzuführen ist, die „auf seine Veranlassung hin mit der Mietsache in Berührung kommen" (BGH NJW 1991, 1750, 1752). Wenn der Mieter eine Maschine verkauft und der mit der Abholung beauftragte Fuhrunternehmer das Mietgrundstück schuldhaft beschädigt hat, so haftet der Mieter für diesen Fehler dem Vermieter gemäß § 278, selbst wenn der Unternehmer mit der Abholung der Maschine nicht von ihm, sondern vom Käufer der Maschine beauftragt worden war (RGZ 106, 133). Auch der **Reiseveranstalter** erfüllt seine Verpflichtung zur Verschaffung der Reise dadurch, dass er selbständige Beförderungs- oder Hotelunternehmer oder sonstige „Leistungsträger" einschaltet (vgl. § 651 a Abs. 1 und 2). Hat er dem Reisenden eine Reise an die Costa Brava verkauft, so haftet er ihm gemäß § 278, wenn der spanische Hotelier das Hotelgebäude schlecht unterhalten hat und ein Balkon mitsamt dem Reisenden in die Tiefe gestürzt ist (BGHZ 103, 298).

1090 Haftet der Verkäufer dem Käufer gemäß § 278 für das Verschulden der Lieferanten, die ihm die verkauften Waren – sei es als ihr Hersteller, sei es als Händler – zugeliefert haben? Die Frage ist z.B. dann zu bejahen, wenn den Verkäufer nach den Umständen des Falles eine eigene Pflicht traf, den Käufer über die richtige Verwendung der Kaufsache zu beraten: Wenn hier der Verkäufer sich für die Beratung seines Kunden auf die Auskünfte des Herstellers verlassen oder ihm zu diesem Zweck die vom Hersteller verfasste Bedienungsanleitung ausgehändigt hat, so haftet er gemäß § 278, wenn die Auskünfte des Herstellers irreführend waren oder seine Bedienungsanleitung

A. Allgemeine Voraussetzungen 1090–1093

Lücken hatte (vgl. BGHZ 47, 312, 316). Grundsätzlich haftet aber der Verkäufer einer Sache nicht gemäß § 278 für das Verschulden des Herstellers, von dem er die Sache bezogen hat, ebensowenig der Bauunternehmer für das Verschulden des Lieferanten, der ihm fehlerhafte Baustoffe zugeliefert oder eine sonstige fehlerhafte Vorleistung erbracht hat.

So für den Kaufvertrag BGHZ 48, 118, 120; BGH NJW 2008, 2837 Tz. 29; für den Werkvertrag BGHZ 95, 128; BGH BB 1985, 1939. Ebenso auch die herrschende Meinung. Anders mit guten Gründen z.B. *Schlechtriem/Schmidt-Kessel* AT Rn. 610; MK–*Grundmann* § 278 Rn. 31, 34. Jedenfalls kann die Auslegung des Vertrages im Einzelfall ergeben, dass der Verkäufer oder der Bauunternehmer auch für das Verschulden ihrer Vorlieferanten einstehen wollten und insoweit eine Garantie übernommen haben. Für die strenge Haftung spricht auch, dass es der Verkäufer oder der Unternehmer ist, der sich den Vorlieferanten als Vertragspartner ausgesucht hat, und dass es deshalb auch er (und nicht der Käufer oder Auftraggeber) sein sollte, der sich mit dem Vorlieferanten auseinandersetzen und das Risiko seiner Zahlungsunfähigkeit tragen muss. 1091

Hat also ein Motorradhändler ein fabrikneues Motorrad verkauft und geliefert, das einen vom Hersteller verschuldeten Fabrikations- oder Konstruktionsfehler aufweist, so können dem Käufer, wenn er wegen des Fehlers verunglückt ist, zwar **deliktische** Schadensersatzansprüche gegen den **Hersteller** zustehen (vgl. zum „Produkthaftungsrecht" *Kötz/Wagner* Rn. 606 ff.). **Vertragliche** Schadensersatzansprüche gegen den **Verkäufer** hat er aber nach herrschender Meinung nur dann, wenn der Verkäufer selbst fahrlässig gehandelt (also z.B. schuldhaft eine „Ablieferungsinspektion" des Motorrads unterlassen) hat oder wenn er eine Garantie für die Fehlerfreiheit des Motorrads übernommen hat. Dagegen haftet der Verkäufer nicht gemäß § 278 für das Verschulden des Herstellers. 1092

Für das schadenstiftende Verhalten seines Erfüllungsgehilfen ist der Schuldner nur dann gemäß § 278 verantwortlich, wenn es in einem **inneren Zusammenhang** mit der ihm übertragenen Tätigkeit steht, nicht dann, wenn er den Schaden des Gläubigers nur „bei Gelegenheit" dieser Tätigkeit herbeigeführt hat. Deshalb kann zweifelhaft sein, ob der Schuldner auch dann haftet, wenn sein Erfüllungsgehilfe den Gläubiger durch eine vorsätzlich begangene unerlaubte Handlung oder durch eine Straftat geschädigt hat. Allerdings neigt die neuere Rechtsprechung dazu, dem Schuldner auch Straftaten seines Erfüllungsgehilfen zuzurechnen, sofern ihm ihre Begehung dadurch erleichtert worden ist, dass er durch die ihm übertragene Tätigkeit erst die günstige Möglichkeit eines Zugriffs auf die geschützten Rechte oder Rechtsgüter des Gläubigers erhalten hat. Wer als Handwerker Malerarbeiten in einer Wohnung seines Auftraggebers übernommen hat, haftet deshalb nach § 278, wenn sein Lehrling einen Computer aus der Wohnung stiehlt; er haftet nicht, wenn er das vor der Haustür abgestellte Motorrad des Auftraggebers mitgehen lässt (vgl. BGH NJW 1991, 3208). 1093

4. Haftungsverschärfungen

1094 Der allgemeine Grundsatz der Haftung für eigenes Verschulden und das Verschulden von Erfüllungsgehilfen (§§ 276, 278) gilt nicht, soweit sich eine strengere Haftung aus gesetzlichen Vorschriften, aus anderen allgemeingültigen Regeln oder aus einer vertraglichen Vereinbarung ergibt.

1095 a) **Haftung für das finanzielle Leistungsvermögen** – In ständiger Rechtsprechung anerkannt und auch im Schrifttum nicht ernsthaft streitig ist der allgemeine Grundsatz, dass der Schuldner für seine **finanzielle Leistungsfähigkeit** unbedingt einzustehen hat. Er kann sich also unter keinen Umständen durch den Nachweis entlasten, es sei ihm die Zahlung des geschuldeten Geldbetrages ohne sein Verschulden entweder schon bei Vertragsabschluss unmöglich gewesen oder später unmöglich geworden. Wer einen Kaufpreis, eine Miete oder eine sonstige Vergütung zahlen oder ein Darlehen zurückzahlen muss, gerät daher gemäß § 286 in Verzug, sobald der Zahlungsanspruch des Gläubigers fällig ist, auch wenn ihm das Geld, mit dem er zahlen wollte, auf dem Weg zum Gläubiger gestohlen wird und er anderes Geld nicht auftreiben kann, ebenso, wenn seine Bank insolvent wird, der ihr bereits erteilte Überweisungsauftrag daher „steckenbleibt" und dem Schuldner sonstige Geldmittel und Kreditlinien nicht zur Verfügung stehen, ebenso schließlich, wenn einem Grundstückskäufer das Darlehen, mit dem er den Kaufpreis „finanzieren" wollte, von seiner Bank aus irgendwelchen Gründen nicht ausgezahlt wird und er einen anderen Geldgeber nicht mehr rechtzeitig auftreiben kann. Die gleichen Regeln gelten auch dann, wenn der Schuldner zwar nicht Geld zu zahlen, sondern eine andere Leistung zu erbringen hat, aber die Erbringung dieser Leistung ihrerseits allein aus Geldmangel unterbleibt. Wenn also der Schuldner dem Gläubiger die verkauften Waren nicht liefert, ihm ein Grundstück nicht lastenfrei verschafft, ihm eine Bauleistung nicht erbringt oder als Vermieter die Mietwohnung nicht repariert, so hat er die darin liegende Pflichtverletzung zu vertreten, wenn die geschuldeten Leistungen einzig und allein deshalb ausbleiben, weil er das Geld nicht hat, mit dessen Hilfe sich jeder andere zahlungsfähige Schuldner in gleicher Lage die verkauften Waren von einem Dritten beschafft, ein auf dem verkauften Grundstück lastendes Grundpfandrecht abgelöst, die benötigten Baustoffe gekauft, den benötigten Baukran gemietet oder den Auftrag zur Reparatur der Mietwohnung einem Dritten übertragen hätte. Auf die Frage, ob der Geldmangel verschuldet ist, kommt es nicht an.

1096 Ohne praktische Bedeutung ist die Frage, worin die Garantie des Schuldners für seine finanzielle Leistungsfähigkeit ihren inneren Grund hat. Manche sehen ihn darin, dass der Schuldner für Geldschulden stets das **Beschaffungsrisiko** trägt (Rn. 1101 ff.); andere stützen ihn auf allgemeine rechtssystematische und rechtspolitische Gründe. Vgl. dazu besonders *Huber* I § 26; *Medicus/Lorenz* SchR AT Rn. 403 ff. – Auf die Garantie der

A. Allgemeine Voraussetzungen 1096–1099

Zahlungsfähigkeit des Schuldners kann sich der Gläubiger nicht berufen, wenn ihm der geschuldete Betrag zwar nicht gezahlt wird, dies aber auf Gründen beruht, die mit einem Geldmangel des Schuldners nichts zu tun haben. So liegt es z.B., wenn der Schuldner, obwohl durchaus zahlungsfähig, deshalb nicht zahlt, weil er durch eine plötzliche Erkrankung daran gehindert oder ihm die Zahlung durch staatliche Maßnahmen der Devisenbewirtschaftung verboten wird. Anders liegt es auch dort, wo der Schuldner nicht eine „abstrakte" Geldsumme zahlen oder sich verschaffen muss, sondern dem Gläubiger ganz bestimmte Geldscheine oder Geldmünzen **herauszugeben** hat. Vgl. auch dazu im Einzelnen *Huber* I § 26 I 3 und III.

b) Haftung für anfängliche Mängel der Mietsache. – Einen weiteren Fall der Garantiehaftung regelt § 536 a: Entsteht dem **Mieter** ein Schaden dadurch, dass die Mietsache **schon bei Vertragsabschluss mangelhaft** war (§ 536), so muss der Vermieter Ersatz leisten, ohne dass er sich durch den Nachweis entlasten könnte, er habe den Mangel weder gekannt noch auch kennen können (vgl. Rn. 727 f.). 1097

Wie bei jeder Garantie kommt es auch hier auf ihre **Reichweite** an, also darauf, welche Schäden von ihr umfasst werden, sei es, dass sie dem Mieter selbst, sei es, dass sie Dritten entstanden sind, zu deren Gunsten der Mietvertrag Schutzwirkungen entfaltet (§ 311 Abs. 3, Rn. 514 ff.). Nach der Rechtsprechung reicht die Garantie sehr weit. Unter sie fallen insbesondere alle „Mangelfolgeschäden", die der Mieter oder der begünstigte Dritte dadurch erleiden, dass sie infolge des anfänglichen Mangels der Mietsache körperlich verletzt oder ihr Eigentum beschädigt wird. Hat sich z.B. jemand eine Knieverletzung dadurch zugezogen, dass er auf einem Jahrmarkt mit einem nicht verkehrssicheren Autoscooter gefahren ist, so muss der Schausteller, ohne dass nach seinem Verschulden gefragt wird, nicht nur die Heilbehandlungskosten ersetzen (BGH NJW 1971, 424), sondern auch ein Schmerzensgeld zahlen (Rn. 1048 f.). Ebenso ist entschieden worden, wenn infolge eines anfänglichen Mangels der Mieträume die dort eingelagerten Sachen beschädigt werden und der Anspruch aus § 536 a nicht vom Mieter, sondern von einem Dritten als dem Eigentümer der eingelagerten Sachen geltend gemacht wird (BGH NJW 1970; 419). Die Rechtsprechung sieht die strenge Haftung des Vermieters für anfängliche Sachmängel als „eine für das gesetzliche Haftungssystem untypische Regelung" an und erlaubt es deshalb dem Vermieter, dass er sich – auch durch eine AGB-Klausel und auch bei der Vermietung einer Wohnung – von seiner Haftung aus § 536 a (innerhalb der Grenzen des § 309 Nr. 7) freizeichnet (BGH NJW-RR 1991, 74; BGH NJW-RR 1993, 519). 1098

c) Haftung des Schuldners nach Eintritt des Verzuges. – Die Haftung des Schuldners verschärft sich ferner dann, wenn er mit der geschuldeten Leistung in **Verzug** geraten ist: Danach haftet er nämlich sogar dann auf Schadensersatz statt der Leistung, wenn er an ihrer Erbringung durch einen **Zufall** gehindert worden ist, also durch ein Ereignis, das weder er noch der Gläubiger verschuldet haben (§ 287 Satz 2). Ist z.B. ein Mietfahrrad gestohlen worden, so haftet der Mieter dem Vermieter nicht, wenn er nicht fahrlässig gehandelt hat, nämlich das Fahrrad mit der nach den Umständen erforderlichen Sorgfalt gegen den Zugriff Unbefugter geschützt hat. War er allerdings 1099 im Zeitpunkt des Diebstahls mit der Rückgabe des Fahrrads bereits in Verzug (§ 286; Rn. 1130 ff.), so hat er auch einen „Zufall" zu vertreten, muss also dem Vermieter auch dann Schadensersatz leisten, wenn er das Fahrrad mit jeder erdenklichen Sorgfalt gegen Diebstahl gesichert hatte.

1100 Anders jedoch, wenn der Verkäufer eines bebauten Grundstücks mit seiner Verpflichtung zur Übergabe und Übereignung in Verzug geraten und das Haus nach Eintritt des Verzugs durch den Abgang einer Lawine zerstört worden ist. Zwar braucht der Käufer den Kaufpreis nicht mehr zu bezahlen (§§ 275 Abs. 1, 326 Abs. 1). Aber Schadensersatz statt der Leistung kann er nicht verlangen. Zwar beruht der Abgang der Lawine auf einem Zufall, und richtig ist auch, dass die Lawine nach Eintritt des Verzuges abgegangen ist. Aber das Haus wäre auch bei rechtzeitiger Leistung durch die Lawine zerstört worden (§ 287 Satz 2). Dieses Ergebnis kann der Käufer nur dann vermeiden, wenn er beweisen kann, dass er bei rechtzeitiger Leistung das Haus noch vor dem Abgang der Lawine einem Zweitkäufer weiterverkauft und übergeben hätte, so dass es gemäß § 446 Satz 1 der Zweitkäufer gewesen wäre, der das Lawinenrisiko hätte tragen und den Kaufpreis hätte zahlen müssen.

1101 d) **Haftung aus Übernahme eines Beschaffungsrisikos.** – Wenn sich ein Verkäufer dem Käufer zur Lieferung von **Gattungssachen** verpflichtet hat (Rn. 791 ff.), so liegt darin nach Auffassung des kaufmännischen Verkehrs in aller Regel die Erklärung des Verkäufers, dass er für die von ihm verkauften Sachen das **Beschaffungsrisiko** übernehme, also unbedingt dafür einstehen wolle, dass er sich die Sachen zum vereinbarten Zeitpunkt wird beschaffen, über sie wird verfügen und sie dem Käufer so wie vereinbart wird liefern können. Er kann sich daher, wenn ihm dies nicht gelingt und der Käufer deshalb den Ersatz des Verzögerungsschadens oder Schadensersatz statt der Leistung verlangt, nicht damit verteidigen, dass er geltend macht, er habe die verkauften Sachen trotz Aufbietung aller nur erdenklichen Sorgfalt nicht pünktlich liefern können.

1102 Das gilt freilich nur dann, wenn die Lieferung aus Gründen unterbleibt, die unter das Beschaffungsrisiko fallen. Das ist z.B. nicht der Fall, wenn sich der Verkäufer die Ware zum vereinbarten Zeitpunkt zwar beschafft, aber sie deshalb nicht wie vereinbart zur Abholung bereitgestellt hat, weil er krank geworden ist. Ebenso liegt es im Falle eines Versendungskaufs, wenn der Verkäufer die von ihm beschaffte Ware wegen eines Streiks der Fernfahrer nicht versenden kann. Denn mit der Übernahme des Beschaffungsrisikos garantiert der Verkäufer nur, dass er die Ware pünktlich in der Hand haben, nicht, dass er gesund oder zu ihrer Versendung in der Lage sein wird. Selbst wenn der Verkäufer die Ware nicht in der Hand hat, kann auch dies immer noch an Gründen liegen, für deren Eintritt der Verkäufer das Risiko *nicht* übernommen hat. So liegt es vor allem dann, wenn sich aus dem Willen der Parteien, aus den Gepflogenheiten des betreffenden Geschäftskreises oder aus den Begleitumständen ergibt, dass lediglich eine **„beschränkte Gattungsschuld"**

A. Allgemeine Voraussetzungen 1102–1104

vereinbart war, also der Verkäufer nur garantiert hat, dass er sich die verkauften Gattungssachen aus einem **bestimmten Vorrat** oder aus der **Produktion eines bestimmten Herstellers** werde beschaffen können (vgl. auch Rn. 793 f.). Wenn hier der Vorrat, um den es geht, als ganzer vernichtet, gepfändet oder geplündert wird oder die Produktion, aus der die Ware zu beschaffen war, als ganze durch einen Streik oder ein Großfeuer ausfällt, so hat sich damit nicht das vom Verkäufer übernommene (beschränkte) Beschaffungsrisiko verwirklicht. Vielmehr wird ihm die versprochene Leistung gemäß § 275 Abs. 1 unmöglich, dies auch dann, wenn er sich die verkauften Sachen durchaus noch aus irgendeiner anderen Quelle beschaffen könnte. Auf Schadensersatz haftet der Verkäufer in diesem Fall nur nach den allgemeinen Regeln, also nur dann, wenn er die Unmöglichkeit seiner Leistung – also den Untergang des Vorrats oder den Ausfall der Produktion – gemäß §§ 276, 278 verschuldet hat.

Hat sich ein Landwirt verpflichtet, einer Molkerei täglich eine bestimmte Menge Milch zu liefern und unterbleibt die Lieferung, weil seine Herde einer Seuche zum Opfer gefallen ist, so wird er von seiner Lieferpflicht gemäß § 275 Abs. 1 befreit, auch wenn er die ihm fehlende Milchmenge sich anderswo noch beschaffen könnte (vgl. Rn. 794). Ist nur ein Teil seiner Milchkühe infolge der Seuche eingegangen, so ist der Landwirt, wenn er mehrere Molkereien zu beliefern hat, nach Treu und Glauben verpflichtet, die verbliebene Milchmenge auf sie anteilmäßig zu verteilen (RGZ 84, 125); im übrigen wird er gemäß § 275 Abs. 1 befreit. Auf Schadensersatz würde er nur dann haften, wenn er die gebotene Impfung seiner Herde unterlassen und sich daher die Lieferung schuldhaft unmöglich gemacht hätte. 1103

Strenger haftet der Verkäufer, wenn sich dem Vertrag, den Handelsbräuchen und den sonstigen Umständen entnehmen lässt, dass er das Beschaffungsrisiko so lange zu tragen hat, wie Waren der verkauften Gattung überhaupt noch irgendwo auf dem Markt erhältlich sind. Wer als Hamburger Kakaoimporteur einer Schokoladenfabrik in Aachen 10 t ghanaische Kakaobohnen (Ernte 2005) verkauft hat, wird daher von seiner Lieferpflicht nur ganz ausnahmsweise, nämlich nur dann befreit, wenn in Ghana die gesamte Kakaoernte des Jahres 2005 durch Schädlingsbefall vernichtet oder mit einem Exportverbot belegt wird. Andere Lieferungshindernisse entlasten ihn nicht. Der Verkäufer haftet auch dann, wenn er zwar den Kakao beschafft und in einem Lagerhaus in Hamburg eingelagert hat, aber die Ware kurz vor ihrer Verladung nach Aachen – also vor der „Konkretisierung" (Rn. 795 ff.) – durch ein Feuer oder eine Sturmflut vernichtet worden ist. Denn was der Verkäufer garantiert, ist nicht bloß, dass er die Ware sich beschaffen, sondern auch, dass er über sie zu dem Zeitpunkt verfügen kann, zu dem er die vertraglich vereinbarten Lieferhandlungen – hier: die Verladung nach Aachen – vorzunehmen hat. Erst recht haftet der Verkäufer, wenn er sich die Ware, die er verkauft hat, von seinem Vorlieferanten nicht beschaffen kann, weil sich ihr Preis verzehnfacht hat und er nicht über das erforderliche Geld 1104 oder den erforderlichen Kredit verfügt (Rn. 797, 1095 f.). In allen diesen Fällen gerät der Verkäufer in Verzug, sobald der Termin für die Lieferung abgelaufen und die Lieferhandlungen von ihm nicht vorgenommen sind (§ 286). Er muss also den Verzögerungsschaden ersetzen (§§ 280 Abs. 1 und 2, 286). Er haftet auch auf Schadensersatz statt der Leistung gemäß §§ 280 Abs. 1 und 3, 281, wenn ihm die Beschaffung oder Wiederbeschaffung des Kakaos innerhalb der ihm gesetzten Frist nicht gelungen ist, ebenso dann, wenn er sich zu Unrecht von seiner Lieferpflicht befreit glaubte und deshalb die Erfüllung des Vertrages ernsthaft und endgültig verweigert hat.

1105 Die strenge Haftung aus der Übernahme eines Beschaffungsrisikos wird in der kaufmännischen Praxis oft durch vertragliche Vereinbarung eingeschränkt. Verbreitet ist die Klausel „**Richtige und rechtzeitige Selbstbelieferung vorbehalten**". Wäre in dem oben erwähnten Fall eine solche Klausel vereinbart worden, so würde der Kakaoimporteur zwar geltend machen können, dass er die Ware deshalb nicht rechtzeitig in die Hand bekommen hat, weil er von seinem eigenen Lieferanten nicht beliefert worden ist. Nach ständiger Rechtsprechung steht ihm aber dieser Einwand nur dann zu, wenn er beweisen kann, dass er mit dem Lieferanten einen „kongruenten Deckungskontrakt" schon zu dem Zeitpunkt abgeschlossen hatte, in dem er die Ware nach Aachen weiterverkauft hat. "Kongruent" ist dieser Vertrag nur dann, wenn er so abgeschlossen ist, dass der danach zu liefernde Kakao nach Qualität, Menge, Liefertermin usw. zur Erfüllung des Vertrages mit dem Aachener Käufer geeignet gewesen wäre (vgl. BGHZ 49, 388; BGHZ 92, 396). Einen ähnlichen Zweck verfolgen Klauseln, die den Verkäufer entlasten sollen, wenn das Lieferhindernis auf **höhere Gewalt** (force majeure, act of God), kriegerische Ereignisse, Naturkatastrophen, Missernten oder darauf zurückzuführen ist, dass die Fabrik, aus deren Produktion zu liefern war, durch eine Unterbrechung der Energieversorgung, eine Überschwemmung oder einen Streik lahmgelegt wird. Der Umstand, dass solche Entlastungsklauseln verbreitet sind, zeigt nicht nur, dass die kaufmännische Praxis den Grundsatz der strengen Haftung aus der Übernahme von Beschaffungsrisiken sehr ernst nimmt. Er zeigt auch, warum es einem Verkäufer, der auf den Schutz durch solche Klauseln verzichtet hat, nicht gestattet werden sollte, allzu schnell seine Zuflucht bei den Regeln über den Wegfall der Geschäftsgrundlage zu suchen (vgl. Rn. 1009 ff.).

1106 e) **Haftung aus Übernahme einer Garantie.** – § 276 Abs. 1 stellt klar, dass ein weiterer Fall vertraglich vereinbarter Haftungsverschärfung gegeben ist, wenn der Schuldner eine **Garantie** übernommen hat. Meist beziehen sich Garantien auf eine bestimmte Beschaffenheit des Vertragsgegenstandes. So liegt es, wenn ein Verkäufer oder ein Unternehmer garantiert, dass die Kaufsache oder das Werk von bestimmten Sachmängeln frei sei oder bestimmte Eigenschaften besitze (Rn. 1109 ff.). Ein Schuldner kann aber eine Garantie auch für den Eintritt oder Nichteintritt anderer Ereignisse oder Zustände übernehmen, so z.B. dafür, dass er über bestimmte, für die Vertragserfüllung erforderliche Fähigkeiten, Kenntnisse oder Gerätschaften verfügt, dass er für die Erbringung der versprochenen Leistung eine staatliche Genehmigung nicht benötigt, bereits erlangt hat oder noch erlangen wird, dass ihm die ver-

A. Allgemeine Voraussetzungen **1106–1108**

kaufte Sache gehört, dass die verkaufte Forderung existiert und ihm zusteht, dass die Wohnung, die er vermietet hat, zum vereinbarten Zeitpunkt vom Mieter geräumt sein wird usw. Wer etwas garantiert, steht also dafür ein, dass ein bestimmtes Risiko, das die Vertragserfüllung bedroht, sich nicht verwirklicht hat oder nicht verwirklichen wird. Wenn dies dennoch geschieht und es deshalb zu einer Pflichtverletzung kommt, weil die Leistung ausbleibt oder nicht so wie geschuldet erbracht wird, so muss der Schuldner den dadurch entstehenden Schaden ersetzen, ohne dass er sich durch den Nachweis fehlenden Verschuldens von seiner Haftung entlasten könnte. Ob eine Garantie übernommen worden ist und welche genaue Reichweite sie hat, bestimmt sich allein nach dem Vertrag. Wenn es zu diesem Punkt an klaren Vereinbarungen fehlt, muss der Parteiwille durch (ergänzende) Auslegung des Vertrages ermittelt werden; dabei sind auch die Handelsbräuche, die Verkehrssitte und die Begleitumstände zu berücksichtigen.

Jeder Schuldner hat vor Abschluss des Vertrages die Gelegenheit, aber auch allen Anlass zu prüfen, ob er die versprochene Leistung wird erbringen können. Es liegt deshalb die Annahme nahe, dass der Schuldner **mit Vertragsabschluss eine Garantie** dafür übernimmt, dass es keine Hindernisse gibt, die ihm schon zu diesem Zeitpunkt die Vertragserfüllung unmöglich oder unzumutbar machen (§ 275). Zwar bestimmt § 311 a Abs. 2, dass er sich in einem solchen Fall durch den Nachweis entlasten kann, er habe das anfängliche Leistungshindernis nicht gekannt und seine Unkenntnis auch nicht zu vertreten. Indessen kann sich aus dem Vertrag durchaus ergeben, dass der Schuldner die Abwesenheit anfänglicher Leistungshindernisse garantiert und daher seine Unkenntnis auch dann zu vertreten hat, wenn sie nicht auf einem Verschulden beruht.

1107

Verspricht ein Bauunternehmer, dass er ein bestimmtes Haus zu einem bestimmten Termin fertigstellen werde, so kann er damit eine **Garantie** dafür übernehmen, dass er bei Abschluss des Vertrages über die Fähigkeiten, das Personal, die Baugeräte und die Betriebsorganisation verfügt, ohne die er sein Leistungsversprechen nicht einlösen kann. In einem vieldiskutierten australischen Fall hatte eine Regierungsbehörde einem Bergungsunternehmer einen havarierten Tanker verkauft, von dem sie behauptete, dass er an einem bestimmten entlegenen Ort gestrandet sei. In Wahrheit gab es an der bezeichneten Stelle ein solches Wrack nicht. Auch hier wird man wohl annehmen müssen, dass die Behörde die Existenz des Wracks an dem vertraglich festgelegten Ort garantiert hat und deshalb dem Unternehmer den durch die Bergungsexpedition entstandenen Aufwand auch dann ersetzen muss, wenn sie beweisen könnte, dass ihr Irrtum nicht auf Fahrlässigkeit beruht. Praktisch tritt das hier besprochene Problem vor allem in Fällen auf, in denen ein Verkäufer die Kaufsache dem Käufer nicht übereignen kann, weil sie ihm bei Kaufabschluss, ohne dass er davon wusste, nicht mehr gehörte oder zu diesem Zeitpunkt bereits gestohlen, gepfändet oder untergegangen war, oder weil er bei Kaufabschluss zwar von seinem fehlenden Eigentum Kenntnis hatte, aber darauf spekulierte, dass er es sich noch werde rechtzeitig verschaffen können. In allen diesen Fällen hat die Rechtsprechung früher mit eiserner Strenge angenommen, dass der Verkäufer mit dem Kaufabschluss seine Fähigkeit zur Erfüllung des Vertrages garantiere, also dem

1108

Käufer verschuldensunabhängig auf Schadenersatz hafte, wenn er ihn nicht zum Eigentümer der Sache (oder auch zum Inhaber der ihm verkauften Forderung) machen kann. Nach dem Inkrafttreten des § 311 a Abs. 2 wird aber in jedem Einzelfall begründet werden müssen, dass und warum der Verkäufer eine solche Garantie übernommen hat (vgl. BGHZ 174, 61, 71 f.). Das wird sicherlich zu bejahen sein, wenn er bewusst darauf spekuliert hat, dass er das anfängliche Leistungshindernis noch werde überwinden können. Man wird daher wenig Mitleid mit einem Vermieter haben müssen, der am 1. April eine vermietete Wohnung zum 30. September gekündigt und sie gleichzeitig – in der Hoffnung auf pünktliche Räumung – zum 1. Oktober neu vermietet hat: Wenn sich diese Hoffnung zerschlägt, so muss er dem neuen Mieter Schadensersatz leisten, ohne dass es darauf ankommt, ob er den Vormieter nach den Umständen ohne Fahrlässigkeit für räumungswillig halten durfte oder nicht. Wenn die verkaufte Sache schon bei Vertragsabschluss ohne Wissen der Parteien zerstört, beschlagnahmt oder entwendet war, so kommt es auf die Umstände an: Der Privatmann, der eine Geige verkauft hat, haftet daher dem Käufer nicht, wenn ihm bei Vertragsschluss ohne sein Verschulden unbekannt war, dass die Geige kurz vorher gestohlen worden war. Anders aber dann, wenn der Verkäufer als berufsmäßiger Kaffeehändler eine bestimmte Partie Kaffee verkauft hat, von der die Parteien bei Vertragsabschluss glaubten, dass sie an Bord eines Containerschiffs nach Hamburg schwimme, während in Wahrheit der Container mit dem verkauften Kaffee zu diesem Zeitpunkt bereits von Bord gespült war. Unter den am Kaffeehandel beteiligten Kaufleuten wird nämlich „in dem Verkauf einer als schwimmend bezeichneten Partie die verbindliche Vertragserklärung erblickt, dass die Partie in dem betreffenden Dampfer abgeladen sei, also die Garantieübernahme hierfür" (OLG Hamburg SeuffA 65 Nr. 160).

1109 Besondere Erwähnung verdient der Fall, in dem der Verkäufer eine **Beschaffenheitsgarantie** übernommen, also vertraglich zugesichert hat, dass die Kaufsache bei Gefahrübergang **bestimmte Eigenschaften** besitzen oder dass sie **frei von bestimmten Mängeln** sein werde. Wenn in einem solchen Fall die Garantie nicht eingehalten wird, weil sich nach Lieferung zeigt, dass der Kaufsache die garantierten Eigenschaften fehlen oder dass sie Mängel aufweist, deren Abwesenheit garantiert war, so trifft den Verkäufer eine besonders strenge Haftung. Insbesondere muss er Schadensersatz auch dann leisten, wenn ihn an dem Fehlen der garantierten Beschaffenheit kein Verschulden trifft. Er kann sich auch, wenn der Käufer wegen des Mangels seine Ansprüche und Rechte aus § 437 geltend macht, nicht dadurch verteidigen, dass er sich auf eine vertragliche Vereinbarung beruft, nach der seine Mängelhaftung ausgeschlossen oder beschränkt ist (§ 444). Ebenso wenig kann er geltend machen, dass der Kaufsache zwar die garantierte Beschaffenheit gefehlt habe, dieser Mangel aber bei Abschluss des Vertrages so offensichtlich gewesen sei, dass der Käufer ihn nur infolge grober Fahrlässigkeit habe übersehen können (§ 442 Abs. 1 Satz 2). Und schließlich kann der Verkäufer auch nicht einwenden, dass der Mangel „unerheblich" sei und der Käufer deshalb weder vom Vertrag zurücktreten noch Schadensersatz statt der Leistung verlangen könne (vgl. § 323 Abs. 5 Satz 2 und Rn. 953, § 281 Abs. 1 Satz 3 und Rn. 1187).

A. Allgemeine Voraussetzungen 1110–1113

Aus allen diesen Gründen darf eine Beschaffenheitsgarantie nicht vorschnell angenommen werden, dies besonders dann nicht, wenn es an ausdrücklichen Erklärungen des Verkäufers fehlt und deshalb aus seinem sonstigen Verhalten und den Umständen der Schluss auf die „stillschweigende" Übernahme einer Garantie gezogen werden soll. Insbesondere übernimmt der Verkäufer eine solche Garantie nicht schon dadurch, dass er die Sollbeschaffenheit der Kaufsache beschreibt, also im Zuge der Verhandlungen oder in seinem Prospektmaterial bestimmte Eigenschaften der Kaufsache benennt oder die Zwecke angibt, für die sie sich einsetzen lässt. Vielmehr muss sich aus dem Vertrag ergeben – sei es aus einer ausdrücklichen Vereinbarung, sei es auch aus dem gemäß § 157 durch Auslegung zu ermittelnden Parteiwillen –, „dass der Verkäufer in vertragsmäßig bindender Weise die Gewähr für das Vorhandensein der vereinbarten Beschaffenheit der Kaufsache übernimmt und damit seine Bereitschaft zu erkennen gibt, für alle Folgen des Fehlens dieser Beschaffenheit einzustehen." **1110**

So BGHZ 170, 86, 92. Ebenso BGHZ 59, 158; BGH NJW 1968, 2238; BGH NJW 1983, 217; BGH NJW 1985, 967; BGHZ 128, 111; BGHZ 132, 55. Alle diese Entscheidungen betreffen die Frage, ob der Verkäufer – wie es die Vorschrift des § 463 in ihrer früheren Fassung verlangte – eine bestimmte Eigenschaft der Kaufsache „zugesichert" hat; sie dürfen aber auch für die Frage herangezogen werden, ob er die Eigenschaft gemäß § 276 Abs. 1 garantiert hat. **1111**

Danach kommt eine „**stillschweigende Garantie**" nur dann in Betracht, wenn der Verkäufer über besondere Sachkunde und Erfahrung verfügt und erkannt hat oder erkennen konnte, dass der Käufer sich auf bestimmte Angaben zur Beschaffenheit der Kaufsache unbedingt verlassen und nicht imstande sein würde, die damit verbundenen Risiken selbst (z.B. durch eine Qualitätskontrolle) abzuwenden oder sich gegen die schädlichen Folgen eines Eintritts dieser Risiken zu schützen. Hat z.B. der Verkäufer eines Gebrauchtwagens bei den Vertragsverhandlungen erklärt, dass die Laufleistung des Fahrzeugs 30.000 km betrage, so liegt darin die Übernahme einer Garantie nur dann, wenn der Verkäufer professioneller Gebrauchtwagenhändler ist und der Käufer sich deshalb auf seine Sachkunde verlassen hat und verlassen durfte. Wird der Kaufvertrag hingegen unter Privatleuten abgeschlossen, so liegt in einer solchen Erklärung des Verkäufers in der Regel nur eine bloße Beschaffenheitsangabe (BGHZ 170, 86). Stellt sich in diesem Fall nach Lieferung des Fahrzeugs heraus, dass seine Laufleistung 50.000 km beträgt, so fehlt ihm zwar die Sollbeschaffenheit, die es nach dem Vertrag haben sollte. Aber dafür haftet der Verkäufer nur nach den allgemeinen Regeln. **1112**

Selbst wenn eine Garantie vereinbart ist, muss immer noch gefragt werden, welche **Reichweite** sie haben soll. Dafür kommt es in erster Linie darauf an, welche Ansprüche und Rechte der Verkäufer nach der (richtig ausgelegten) Garantieerklärung dem Käufer – unbeschadet seiner gesetzlichen Ansprüche – eingeräumt hat. So kann zweifelhaft **1113** sein, ob die Kaufsache als nur im Zeitpunkt des Vertragsschlusses oder als auch im Zeitpunkt der Lieferung fehlerfrei garantiert wird, ob der Verkäufer lediglich die fehlerfreie **Nacherfüllung** garantiert hat, oder ob im Falle der Garantieverletzung die Haftung des Käufers auch die so genannten „Mangelfolgeschäden" (vgl. BGHZ 50, 200) und im Falle einer Körperverletzung auch ein „Schmerzensgeld" umfassen soll.

5. Haftungsmilderungen

1114 bestehen dort, wo sich aus einer gesetzlichen Vorschrift oder aus der ergänzenden Auslegung des Vertrages ergibt, dass der Schuldner ausnahmsweise nur für **Vorsatz** und **grobe Fahrlässigkeit** einzustehen braucht. Gelegentlich – insbesondere in § 346 Abs. 3 Satz 1 Nr. 3 – wird bestimmt, dass der Schuldner sich schon durch den Nachweis entlasten kann, er habe zwar nicht die „im Verkehr erforderliche", aber doch immerhin diejenige Sorgfalt beachtet, die „er **in eigenen Angelegenheiten** anzuwenden pflegt"; für grobe Fahrlässigkeit muss er freilich auch in diesem Fall haften (§ 277). Wie die „grobe Fahrlässigkeit" von der sonstigen („gewöhnlichen", „einfachen" oder „leichten") Fahrlässigkeit abzugrenzen ist, kann im Einzelfall zweifelhaft sein. Meist wird ein Verhalten als „grob fahrlässig" angesehen, mit dem der Schuldner in besonders schwerem Maße gegen die im Verkehr erforderliche Sorgfalt verstoßen, nämlich Regeln außer Acht gelassen hat, deren Befolgung jeder vernünftige Mensch in gleicher Lage als dringend geboten angesehen hätte.

1115 Nur Vorsatz und grobe Fahrlässigkeit hat der Schuldner zu vertreten, wenn er seine Leistung gemäß § 275 nicht mehr zu erbringen braucht und die Umstände, die ihn von seiner Leistungspflicht befreit haben, erst zu einem Zeitpunkt eingetreten sind, in dem er seine Leistung dem Gläubiger bereits angeboten hatte und dieser sie nicht entgegengenommen hat und dadurch in Annahmeverzug geraten ist. Ist also z.B. der Schuldner ein Verkäufer, so wird er von der Lieferpflicht gemäß § 275 Abs. 1 befreit, wenn ihm die Lieferung der Kaufsache unmöglich wird. Er verliert allerdings auch seinen Anspruch auf den Kaufpreis (§ 326 Abs. 1). Ausnahmsweise bleibt ihm aber dieser Anspruch erhalten, wenn die Umstände, die ihm die Lieferung der Kaufsache unmöglich gemacht haben, von ihm nicht „zu vertreten" sind und sich zu einem Zeitpunkt ereignet haben, in dem der Käufer mit der Annahme der Kaufsache bereits in Annahmeverzug war (§ 326 Abs. 2 Satz 1). „Zu vertreten" hat der Verkäufer aber während dieses Zeitraums nur Vorsatz und grobe Fahrlässigkeit (§ 300 Abs. 1). Hat also der Käufer den ihm verkauften Gebrauchtwagen am 17. April nicht entgegengenommen, obwohl er ihm so wie vertraglich versprochen angeboten war, so muss er den Kaufpreis auch dann bezahlen, wenn der Wagen am 18. April dem Verkäufer gestohlen worden ist und daher nicht mehr geliefert werden kann, dies selbst dann, wenn der Verkäufer den Diebstahl durch einfache (nicht grobe!) Fahrlässigkeit verschuldet hat (vgl. Rn. 847). In diesem Falle muß der Käufer nicht nur den Kaufpreis zahlen. Auch Schadensersatz kann er nicht verlangen. Gemäß §§ 283, 280 Abs. 1 würde dies voraussetzen, dass der Verkäufer die Nichtlieferung des Wagens „zu vertreten" hat. Zwar hat er fahrlässig gehandelt. Aber da sich der Käufer im Zeitpunkt des Diebstahls mit der Annahme des Wagens in Verzug befand, kommt dem Verkäufer auch in diesem Falle die Haftungsmilderung des § 300 Abs. 1 zugute: Danach hat er „nur Vorsatz oder grobe Fahrlässigkeit zu vertreten".

A. Allgemeine Voraussetzungen

Mit einer milderen Haftung nur für Vorsatz und grobe Fahrlässigkeit wird auch der **uneigennützige** Schuldner belohnt, und zwar insbesondere dann, wenn er sich als **Schenker** oder **Verleiher** vertraglich verpflichtet hat, dem Gläubiger eine Sache **unentgeltlich** zu überlassen (§§ 521, 599, vgl. auch § 690). Wenn er sie also dem Gläubiger nicht zu dem dafür vereinbarten Zeitpunkt übergibt, so gerät er nicht in Verzug und braucht auch nicht den Verzögerungsschaden zu ersetzen, wenn er beweisen kann, dass weder er noch seine Erfüllungsgehilfen das Ausbleiben der Leistung vorsätzlich oder grob fahrlässig herbeigeführt haben. Uneigennützig handelt auch derjenige, der einen **Auftrag** übernommen, sich also seinem Vertragspartner verpflichtet hat, unentgeltlich für ihn ein Geschäft zu besorgen (§§ 662 ff.). Gleichwohl fehlt es in §§ 662 ff. an einer Haftungsmilderung, wie sie in §§ 521, 599 vorgesehen ist. In besonderen Fällen mag aber eine analoge Anwendung dieser Regeln zu erwägen sein. **1116**

Vgl. dazu MK-*Seiler* § 662 Rn. 51 ff. – Zweifelhaft kann auch sein, wie in allen diesen Fällen der *Anwendungsbereich* der Haftungsmilderung gemäß §§ 521, 599 zu begrenzen ist. Sicherlich kann sich der Schuldner auf die Haftungsmilderung nicht berufen, wenn er eine **Schutzpflicht** verletzt hat. Hat er also dem Gläubiger versprochen, er werde ihm sein Kraftfahrzeug über das Wochenende für eine Fahrt nach Berlin leihweise – also unentgeltlich – überlassen, so haftet er nach den allgemeinen Regeln, wenn der Gläubiger bei der Abholung des Fahrzeugs auf dem nicht genügend gegen Eisglätte gesicherten Weg zur Garage gestürzt ist und sich ein Bein gebrochen hat. Anders liegt es, wenn der Schuldner eine **Leistungspflicht** verletzt hat und dadurch das **Leistungsinteresse** des Gläubigers betroffen ist. Hat der Entleiher das Fahrzeug auf halber Strecke wegen defekter Bremsen abstellen müssen und verlangt er nunmehr die Mietwagenkosten als Schadensersatz statt der Leistung, so haftet der Verleiher nur nach § 599, also z.B. dann, wenn er den Defekt der Bremsen gekannt und den Entleiher davon grob fahrlässig nicht in Kenntnis gesetzt hat. Wie ist aber zu entscheiden, wenn es wegen der defekten Bremsen zu einem Unfall und zu einem Personenschaden des Entleihers gekommen ist und der Verleiher den „Mangelfolgeschaden" ersetzen soll, den der Entleiher durch die Körperverletzung erlitten hat? Nach der Rechtsprechung soll sich der Verleiher auch in diesem Fall auf die Haftungsmilderung des § 599 berufen können, und zwar nicht nur dann, wenn der Entleiher seinen Anspruch auf § 280 Abs. 1, sondern auch dann, wenn er ihn auf § 823 Abs. 1 stützt. Vgl. BGHZ 93, 23 (zu § 521), ferner *Medicus/Lorenz* SchR BT Rn. 394 ff., 558; *Looschelders* BT Rn. 315 ff., 528. **1117**

Ferner geht die Rechtsprechung in bestimmten Fällen davon aus, dass auch im Wege der **ergänzenden Vertragsauslegung** eine stillschweigende Beschränkung der Haftung auf Vorsatz und grobe Fahrlässigkeit anzunehmen sein kann. Hat z.B. ein Kraftfahrzeughändler mit einem Kaufinteressenten eine Probefahrt vereinbart, so ist das vertragsähnliche Schuldverhältnis, das dadurch gemäß § 311 Abs. 2 unter den Beteiligten zustande kommt, dahin ergänzend auszulegen, dass der Kaufinteressent für eine Beschädigung des zur Probe gefahrenen Autos nur dann haften soll, wenn ihm Vorsatz oder grobe Fahrlässigkeit zur Last fällt (BGH NJW 1979, 643). Wenn bei der Vermietung eines Kraftfahrzeugs der Mieter die Zahlung der Prämie für die vom **1118**

Vermieter abgeschlossene Kaskoversicherung übernommen hat, so braucht er Schäden am Mietwagen nur dann dem Vermieter zu ersetzen, wenn er sie vorsätzlich oder grob fahrlässig herbeigeführt hat (BGHZ 22, 109). Zum gleichen Ergebnis kommt die Rechtsprechung auch dann, wenn der Mieter sich in einem Wohnungsmietvertrag zur Zahlung der (anteiligen) Prämie für die vom Vermieter abgeschlossene Gebäudefeuerversicherung verpflichtet hat: Auch hier haftet der Mieter für Brandschäden nur bei Vorsatz oder grober Fahrlässigkeit, sei es, weil der **Mietvertrag** eine entsprechende stillschweigende Haftungsbeschränkung zu seinen Gunsten enthält (BGHZ 131, 288), sei es auch, weil die ergänzende Auslegung des **Gebäudeversicherungsvertrags** ergibt, dass der Versicherer auf die Geltendmachung der auf ihn übergegangenen Ansprüche des Vermieters insoweit verzichtet, als der Mieter den Brandschaden durch „einfache" Fahrlässigkeit verursacht hat (BGH NJW 2001, 1353).

VI. Vereinbarte Haftungsausschlüsse und Haftungsbeschränkungen

1119 Im Vertragsrecht herrscht grundsätzlich Vertragsfreiheit. Deshalb sind Vereinbarungen nicht nur grundsätzlich wirksam, sondern auch weit verbreitet, durch die die gesetzlichen Vorschriften über die Haftung auf Schadensersatz zu Gunsten einer Vertragspartei abgeändert werden. Die begünstigte Partei kann sich z.B. ausbedungen haben, dass sie nur für **grobe Fahrlässigkeit**, nicht für „einfache" oder „gewöhnliche Fahrlässigkeit" haften und dass sie auch für ein Verschulden ihrer Erfüllungsgehilfen nur dann einstehen will, wenn sie grob fahrlässig gehandelt haben. Auch kann sich aus der Vereinbarung ergeben, dass eine Partei nur für das Verschulden ihrer Arbeitnehmer, aber nicht für das Verschulden solcher Erfüllungsgehilfen haften will, die sie als selbständige Unternehmer bei der Erfüllung ihrer Vertragspflichten eingesetzt hat. Auch kann vereinbart sein, dass eine Haftung nur dann eingreifen soll, wenn die Erfüllungsgehilfen leitende Angestellte oder – so in BGHZ 103, 316 – „members of the board of directors and … executive managers" sind, dagegen nicht, wenn der Schaden von „gewöhnlichen" Erfüllungsgehilfen herbeigeführt worden ist, dies auch dann nicht, wenn sie im konkreten Fall grob fahrlässig oder gar vorsätzlich gehandelt haben. Schließlich kann die Haftung auf einen bestimmten Höchstbetrag beschränkt werden oder ganz ausgeschlossen sein, wenn und soweit der Schaden „unvorhersehbar" war oder als bloßer „Folgeschaden" oder „indirekter Schaden" anzusehen ist.

A. Allgemeine Voraussetzungen 1120–1122

Solche Vereinbarungen sind gemäß § 134 unwirksam, soweit sie gegen zwingende gesetzliche Vorschriften verstoßen. Zu ihnen gehört § 276 Abs. 3. Danach ist eine Vereinbarung nichtig, mit der jemand im Voraus seine Haftung für einen vorsätzlich herbeigeführten Schaden auszuschließen oder zu beschränken sucht. Ferner darf die Haftung nicht stärker beschränkt werden, als dies z.B. in § 702 für die **Gastwirtshaftung** (§ 701; Rn. 668), in § 651 h für die Haftung des **Reiseveranstalters**, in § 51 a BRAO für die Haftung des **Rechtsanwalts** oder in §§ 449, 451 h, 466, 475 h für die Haftung des **Frachtführers, Spediteurs** oder **Lagerhalters** bestimmt wird. **1120**

Im übrigen sind Vereinbarungen über die Beschränkung oder den Ausschluss der Haftung wirksam, wenn sie das wohlüberlegte Ergebnis von Verhandlungen sind, die die Parteien über diese Frage miteinander geführt haben. Das ist freilich nur selten der Fall. In aller Regel werden solche Vereinbarungen dadurch Vertragsinhalt, dass sie von der begünstigten Partei – dem „Verwender" – als **AGB-Klausel** vorformuliert und in dieser Gestalt von der anderen Vertragspartei – dem „Kunden" – akzeptiert werden (§ 305 Abs. 2). Dass solche Vereinbarungen so selten „im Einzelnen ausgehandelt sind" (§ 305 Abs. 1 Satz 3), liegt meist daran, dass sich der Verhandlungsaufwand nicht lohnt (Rn. 273 ff.), mitunter auch daran, dass die Parteien sich bei ihren Verhandlungen als unbedingt leistungsfähig und vertragstreu darstellen wollen und deshalb über Pflichtverletzungen und ihre Haftungsfolgen nur ungern sprechen. Aus dem Umstand jedenfalls, dass solche Vereinbarungen in der Praxis stets formularmäßig vereinbarte „**Freizeichnungsklauseln**" sind, ergibt sich, dass sie nur insoweit wirksam sind, als sie den zwingenden Regeln über die Inhaltskontrolle von AGB standhalten. **1121**

Eine erste Hürde, an der die Gültigkeit einer solchen Freizeichnungsklausel scheitern kann, findet sich in § 309 Nr. 7 a: Verlangt der Kunde Schadensersatz wegen einer Verletzung von **Leben, Körper** oder **Gesundheit**, so ist jede Freizeichnungsklausel unwirksam, die die Haftung des Verwenders für eigenes Verschulden oder für das Verschulden seiner Erfüllungsgehilfen ausschließt oder beschränkt. Im Vertragsrecht geht es allerdings meist um die Haftung für **Vermögensschäden**. Insoweit wird durch § 309 Nr. 7 b ein etwas großzügigerer Rahmen abgesteckt. Danach sind Freizeichnungsklauseln nur dann unwirksam, wenn sie die Haftung für vorsätzliches oder grob fahrlässiges Verhalten des Verwenders oder seiner Erfüllungsgehilfen ausschließen oder beschränken. Da § 309 Nr. 7 b nicht für den kaufmännischen Geschäftsverkehr gilt (§ 310 Abs. 1 Satz 1), hat es den Anschein, als könne sich der Verwender beim Abschluss von Verträgen mit anderen Unternehmern von seiner Haftung für grobe Fahrlässigkeit und bei sonstigen Verträgen wenigstens von seiner Haftung für einfache Fahrlässigkeit freizeichnen. Dieser Eindruck wäre aber ganz unrichtig. Denn Freizeichnungsklauseln müssen in jedem Fall den Anforderungen des § 307 standhalten. Auch wenn sie nicht gegen § 309 Nr. 7 b verstoßen, sind sie dennoch gemäß § 307 unwirksam, wenn sie **1122**

473

den Kunden – er mag Verbraucher oder Unternehmer sein – „entgegen den Geboten von Treu und Glauben unangemessen benachteiligen".

1123 Eine solche unangemessene Benachteiligung des Kunden liegt nach der Rechtsprechung vor allem dann vor, wenn der Verwender eine „**Kardinalpflicht**" verletzt hat, also eine Pflicht, die im Hinblick auf den Vertragszweck so wesentlich ist, dass eine Freizeichnung die angemessene Risikoverteilung empfindlich stören, ihn weitgehend rechtlos stellen oder seine Rechtsposition aushöhlen würde.

1124 Als eine solche „Kardinalpflicht" hat die Rechtsprechung z.B. angesehen: die Pflicht des Schiffseigners, seinem Vertragspartner für die Beförderung seiner Ware ein Schiff zur Verfügung zu stellen, das „ladungstüchtig" ist, also z.b. über wasserdichte Lukendeckel verfügt, die die zu befördernden Autobleche gegen das Eindringen von Regen- oder Spritzwasser sichern (BGHZ 49, 356; BGHZ 65, 364); die Pflicht eines Unternehmers, die ihm zum Zweck der Veredelung übergebenen Textilien pfleglich zu behandeln (BGH NJW 1985, 3016); die Pflicht eines Heizölllieferanten, bei der Anlieferung des Öls das Fassungsvermögen der Tanks des Käufers daraufhin zu überprüfen, ob sie die bestellte Ölmenge aufnehmen können (BGH NJW 1971, 1036; vgl. dazu auch Rn. 275). Unwirksam sind Freizeichnungsklauseln auch dann, wenn sie Schadensersatzansprüchen entgegengehalten werden, die der Kunde darauf stützt, dass der Verwender oder sein Erfüllungsgehilfe wichtige Aufklärungs- und Informationspflichten verletzt hat (BGHZ 95, 170; BGH NJW 1985, 1165). Dagegen sind Freizeichnungsklauseln als gültig angesehen worden, mit denen ein Unternehmer seine Haftung ausschließt oder beschränkt, wenn das Schiff seines Auftraggebers während der Zeit untergeht oder in Brand gerät, in der er es nach dem Vertrage zu bewachen oder in seinem Dock instandzusetzen hatte. Dies gilt freilich nur dann, wenn der Auftraggeber das Risiko einer Beschädigung seines Schiffs durch eine (branchenübliche) Kaskoversicherung gedeckt hatte oder wenn während der Dockliegezeit die Mannschaft an Bord des instandzusetzenden Schiffs geblieben ist. Jedoch hilft dem Unternehmer die Freizeichnungsklausel nicht, wenn der Verlust oder die Beschädigung des Schiffs darauf zurückzuführen ist, dass er oder sein Leitungspersonal wesentliche **Organisationspflichten** verletzt haben. Beruht hingegen der Schaden auf „Nachlässigkeiten oder Versehen, wie sie bei Angestellten oder Arbeitern auch eines ordnungsgemäßen Betriebes nicht auszuschließen sind", so ist die Freizeichnung gültig, wenn beide Parteien Kaufleute sind (BGHZ 33, 216; BGHZ 103, 316).

1125 Die vielen unterschiedlichen Gesichtspunkte, auf die es für die Gültigkeit von Freizeichnungsklauseln ankommt, lassen sich nur dann in ein überzeugendes gedankliches Gerüst einfügen, wenn man sich an den Grund erinnert, der es rechtfertigt, dass AGB-Klauseln einer zwingenden Inhaltskontrolle unterworfen werden. Er liegt darin, dass über solche Klauseln wegen zu hoher Transaktionskosten nicht verhandelt wird und der Kunde sich daher, wenn er passiv bleibt und sich den Klauseln „unterwirft", durchaus rational verhält (Rn. 273 ff.). Die Passivität des Kunden wird vom Verwender in missbräuchlicher Weise ausgenutzt, wenn er AGB-Klauseln in den Vertrag einbezieht, die zum Nachteil des Kunden von derjenigen Vereinbarung abweichen, wie sie getroffen worden wäre, wenn die Parteien in einer Welt ohne Transaktionskosten über die Verteilung des in Rede stehenden Risikos verhandelt hätten. Für den Inhalt dieser (gedachten) Vereinbarung kommt es nun aber darauf an, welche der Parteien mit geringeren Kosten als die andere Maßnahmen treffen kann, die sicherstellen, dass das Risiko sich gar nicht erst verwirklicht, also der drohende Schaden abgewandt wird. Wenn solche Maßnahmen unterbleiben, weil die Abwendung des Risikos unmöglich ist oder weil die Maßnahmen im Hinblick auf die geringe Größe des drohenden Schadens unwirtschaftlich sind, so kommt es darauf an, welche der Parteien sich mit geringeren Kosten als die andere gegen das betreffende Risiko schützen kann, insbesondere dadurch, dass sie es unter Versicherungsschutz bringt. Vgl. dazu im Einzelnen *Kötz/Schäfer*, Judex oeconomicus (2003) 181 ff.; MK-*Kieninger* § 307 Rn. 38 ff. und das dort genannte Schrifttum.

VII. Verjährung

Wer gemäß § 280 Abs. 1 Schadensersatz schuldet, weil er eine vertragliche Pflicht oder eine Schutzpflicht aus einem vertragsähnlichen Schutzverhältnis gemäß § 311 Abs. 2 und 3 verletzt hat, kann sich mit der Verjährungseinrede verteidigen, wenn die Voraussetzungen der §§ 195, 199 erfüllt sind. Das gilt unabhängig davon, ob der Gläubiger „einfachen Schadensersatz" gemäß § 280 Abs. 1 oder ob er Ersatz des Verzögerungsschadens (§§ 280 Abs. 2, 286), Schadensersatz statt der Leistung (§§ 280 Abs. 3, 280–283, 311 a Abs. 2) oder Aufwendungsersatz (§§ 284, 311 a Abs. 2) verlangt. In allen diesen Fällen beginnt die dreijährige Verjährungsfrist des § 195 mit dem Schluss des Jahres zu laufen, in dem der Schadensersatzanspruch entstanden ist und der Geschädigte Kenntnis von den anspruchsbegründenden Umständen und der Person des Schuldners erlangt hat oder seine Unkenntnis auf grober Fahrlässigkeit beruht (§ 199). Die Schadensersatzansprüche verjähren unabhängig von der Kenntnis oder grob fahrlässigen Unkenntnis des Geschädigten mit Ablauf der Höchstfristen des § 199 Abs. 2 und 3.

Eine praktisch sehr wichtige **Sonderregelung** gilt aber für diejenigen Schadensersatzansprüche, die einem Käufer oder Auftraggeber gemäß §§ 437 Nr. 3, 634 Nr. 4 zustehen können, wenn ihm der Verkäufer eine **mangelhafte Kaufsache** geliefert oder er dem Unternehmer eine **mangelhafte Werkleistung** abgenommen hat. Beginn und Dauer der Verjährungsfrist richten sich hier *nicht* nach §§ 195, 199, sondern beim Kaufvertrag nach § 438, beim Werkvertrag nach § 634 a. Danach beginnt die Verjährungsfrist schon mit der Ablieferung der Kaufsache oder der Abnahme der Werkleistung zu laufen (§§ 438 Abs. 2, 634 a Abs. 2). Bei Kaufverträgen beträgt die Frist in aller Regel nur zwei Jahre (§ 438 Abs. 1 Nr. 3); bei Werkverträgen ergibt sie sich aus § 634 a Abs. 1 (vgl. Rn. 1188 f.).

B. Schadensersatz wegen Verzögerung der Leistung

I. Allgemeines

1128 Hat ein Verkäufer das verkaufte Auto nicht zum vereinbarten Termin geliefert oder ist das Wohnhaus, das ein Bauunternehmer errichten sollte, zum vereinbarten Termin nicht fertig geworden, so haben der Verkäufer und der Bauunternehmer ihre vertragliche Verpflichtung zu termingerechter Leistung verletzt. Häufig entsteht in solchen Fällen der vertragstreuen Partei durch die Verspätung der Leistung ein **Verzögerungsschaden**, so etwa dadurch, dass der Käufer, dem das Auto nicht geliefert worden ist, stattdessen mit dem Taxi fährt oder sich einen anderen Wagen mietet, oder dadurch, dass der Auftraggeber das vom Bauunternehmer nicht pünktlich fertiggestellte Haus nicht vermieten kann oder es zwar vermietet hat, aber den Mietern Schadensersatz leisten muss, weil er ihnen die Mietwohnungen in dem Neubau nicht rechtzeitig überlassen kann. Hier liegt es so, dass die vertragstreue Partei zwar an ihrem vertraglichen Anspruch auf Erbringung der versprochenen Leistung festhält, daneben aber gemäß §§ 280 Abs. 1 und 2, 286 den Ersatz des Verzögerungsschadens verlangt, der ihr dadurch entsteht, dass die andere Partei ihre Leistung nicht rechtzeitig erbracht hat, insbesondere: mit ihr in **Verzug** geraten ist. Verzug setzt seinerseits voraus, dass dem Gläubiger ein **fälliger und durchsetzbarer Anspruch** auf die Leistung des Schuldners zustand, ferner, dass der Schuldner diese Leistung trotz einer **Mahnung** nicht erbracht hat, und schließlich, dass die Nichtleistung des Schuldners auf Umständen beruht, die er **zu vertreten** hat.

1129 Manchmal ist zweifelhaft, ob der Schaden, dessen Ersatz der Gläubiger verlangt, als Verzögerungsschaden anzusehen ist oder ob es sich dabei um den **einfachen Schadensersatz** (§ 280 Abs. 1) handelt. Wie liegt es z.B., wenn ein Käufer den Schaden ersetzt haben möchte, der ihm dadurch entstanden ist, dass die ihm vom Verkäufer gelieferte Betonbereitungsanlage einen Mangel aufweist und er sie infolgedessen in seinem Baugeschäft nicht einsetzen kann? Wie, wenn er sie in Unkenntnis ihres Mangels zwar eingesetzt, sie aber wegen des Mangels fehlerhaften Beton produziert hat? Für manche Autoren liegt hier die Pflichtverletzung des Verkäufers darin, dass er eine fehlerfreie Anlage **nicht rechtzeitig** geliefert hat. Dann würde er den Verzögerungsschaden ersetzen müssen, der dem Käufer nach Eintritt des Verzuges, also grundsätzlich erst nach einer Mahnung (Rn. 1136) entstanden ist. Die ganz herrschende Meinung sieht jedoch die Pflichtverletzung in diesem Fall darin, dass **nicht mangelfrei** geleistet worden ist und der Verkäufer einfachen Schadensersatz gemäß § 280 Abs. 1 leisten muss, sofern er den Mangel zu vertreten hat. So BGH NJW 2009, 2674; MK-*Ernst* § 280 Rn. 55 ff.; *Bamberger/Roth/Unberath* § 280 Rn. 30; *Faust* JuS 2009, 863. – Hat der Verkäufer den Mangel nicht zu vertreten, so haftet er zwar nicht nach § 280 Abs. 1. Aber er kann es sehr wohl zu vertreten haben, dass er die vom Käufer verlangte **Nacherfüllung** nicht erbringt. Ist er mit der *Nacherfüllung* in Verzug geraten, so haftet er gemäß §§ 280 Abs. 1 und 2, 286 auf Ersatz des Verzögerungsschadens, also des Schadens, der dem Käufer dadurch entstanden ist, dass er die Anlage während der Dauer des Verzuges *mit der Nacherfüllungspflicht* nicht

B. Schadensersatz wegen Verzögerung der Leistung 1129–1133

nutzen konnte oder er für diese Zeit eine Ersatzanlage gemietet oder sich fehlerfreien Beton von einem anderen Unternehmer beschafft hat.

II. Voraussetzungen des Verzuges

1. Fälligkeit und Durchsetzbarkeit des Anspruchs

Der Schuldner kann mit seiner Leistung nur dann in Verzug geraten, wenn dem Gläubiger ein Anspruch auf die Leistung zusteht und dieser Anspruch fällig und durchsetzbar ist. Verzug kommt daher nicht in Betracht, wenn der Anspruch des Gläubigers nie entstanden oder bereits weggefallen ist, so z.B. dadurch, dass der Schuldner seine Leistung gemäß § 362 bewirkt oder gegen den Anspruch des Gläubigers gemäß § 387 aufgerechnet hat. Ebenso liegt es, wenn der Schuldner einwenden kann, dass er den Vertrag, auf dem der Anspruch des Gläubigers beruht, durch einen Rücktritt beendet hat. 1130

Weiterhin muss der Anspruch des Gläubigers **fällig** sein. Er wird fällig, sobald der Zeitpunkt eingetreten ist, von dem ab der Gläubiger die Leistung vom Schuldner verlangen darf. Grundsätzlich darf er die Leistung „sofort" verlangen (§ 271). Er darf also, wenn es um einen vertraglichen Anspruch geht, die Leistung schon dann verlangen, wenn der Vertrag geschlossen und damit der Anspruch entstanden ist. Fast immer ergibt sich allerdings eine Hinausschiebung des Leistungstermins entweder aus den vertraglichen Vereinbarungen, sonst aus gesetzlichen Vorschriften (so z.B. §§ 614 Satz 1, 641) und manchmal auch „aus den Umständen". Ist z.B. dem Käufer bekannt, dass der Verkäufer die verkaufte Ware nicht vorrätig hat, und ist in dem Kaufvertrag ein Leistungstermin weder für die Lieferung noch für die Zahlung des Kaufpreises vereinbart, so wird man „aus den Umständen" schließen dürfen, dass der Lieferungsanspruch des Käufers erst dann fällig wird, wenn ein für die Beschaffung der Ware erforderlicher Zeitraum von angemessener Dauer abgelaufen ist; ebenso wird der Kaufpreisanspruch des Verkäufers fällig, sobald der Käufer die Ware (und die Rechnung) erhalten hat und sie auf ihre Vertragsmäßigkeit untersuchen konnte (vgl. auch Rn. 1141). Hat sich der Gläubiger nachträglich damit einverstanden erklärt, dass der Schuldner die Leistung später als ursprünglich vereinbart erbringen soll, so wird sie fällig, wenn der Zeitpunkt erreicht ist, bis zu dem sie dem Schuldner „gestundet" worden ist. 1131

Im weiteren Sinne fällig ist der Anspruch des Gläubigers ferner nur dann, wenn er auch **durchsetzbar** ist. Undurchsetzbar ist der Anspruch z.B. dann, wenn dem Schuldner die Leistung gemäß § 275 Abs. 1 unmöglich ist. 1132

Ist der Schuldner durch ein **vorübergehendes Leistungshindernis** außerstande gesetzt, die Leistung zu erbringen, so braucht er zwar gemäß § 275 Abs. 1 so lange nicht zu leisten, wie das Hindernis andauert (Rn. 803, 823, 932). Im übrigen besteht seine Leistungspflicht aber fort, insbesondere insoweit, als man sie braucht, um einen Anspruch 1133

477

des Gläubigers auf Ersatz des Verzögerungsschadens zu begründen (Rn. 789; *Looschelders* AT Rn. 470).

1134 Undurchsetzbar ist der Anspruch auch dann, wenn der Schuldner seine Leistung nicht erbringen kann, weil dazu die Mitwirkung des Gläubigers (z.B. die Vorlage von Bauplänen, die Erteilung von Informationen, die Bereitstellung von Lagerräumen zur Aufnahme der Ware) erforderlich ist und der Gläubiger es an dieser Mitwirkung fehlen lässt. Undurchsetzbar ist der Anspruch vor allem dann, wenn der Schuldner ihm eine Einrede entgegenhalten kann, also z.B. die Einrede des Zurückbehaltungsrechts (§ 273; Rn. 892 ff.), die Einrede der Unzumutbarkeit der Leistung (§ 275 Abs. 2 und 3; Rn. 809 ff.), die Einrede des nicht erfüllten Vertrages (§ 320; Rn. 897 ff.), die Unsicherheitseinrede (§ 321; Rn. 900; BGH NJW 2010, 1272) oder die Verjährungseinrede (§ 214).

1135 Nicht einheitlich zu beantworten ist die Frage, ob der Verzug des Schuldners schon dadurch ausgeschlossen wird, dass ihm die Einrede lediglich *zusteht*, oder ob dafür auch noch erforderlich ist, dass er sie *geltend macht*. Geltendmachung wird für die Verjährungseinrede gemäß 214 verlangt, ebenso für die Einrede des Zurückbehaltungsrechts gemäß § 273 und des Leistungsverweigerungsrechts gemäß § 275 Abs. 2 und 3. Wird die **Verjährungseinrede** erhoben, so wird damit der Verzug des Schuldners sogar rückwirkend beseitigt, also schon für die Zeit ab Entstehung der Einrede, mag sie von ihm auch erst später erhoben worden sein. Anders insbesondere bei der Einrede des **Zurückbehaltungsrechts**: Sie wirkt nur pro futuro. Wird sie also vom Schuldner erhoben, nachdem er bereits in Verzug geraten war, so wird durch sie der Verzug nur für die Zukunft beseitigt. Was schließlich die Einrede des **nicht erfüllten Vertrages** anlangt, so schließt sie den Verzug schon dann aus, wenn sie nur besteht. Hat der Verkäufer noch nicht geleistet, so gerät der Käufer mit der Zahlung des Kaufpreises erst dann in Verzug, wenn ihm der Verkäufer die verkaufte Ware (Zug um Zug gegen die Zahlung des Kaufpreises) so angeboten hat, wie sie nach dem Vertrag geschuldet war (vgl. BGHZ 116, 244, 249). Solange das vom Verkäufer unterlassen wird, gerät der Käufer mit der Zahlung des Kaufpreises nicht in Verzug, auch wenn er die Einrede des nicht erfüllten Vertrages gar nicht erhoben hat. Vgl. dazu im Einzelnen *Huber* I §§ 12 und 13.

2. Nichtleistung trotz Mahnung

1136 Steht dem Gläubiger ein fälliger und durchsetzbarer Anspruch zu, so gerät der Schuldner gemäß § 286 Abs. 1 erst dann in Verzug, wenn ihn der Gläubiger zur Erfüllung des Anspruchs aufgefordert hat, und zwar durch eine **Mahnung**, die keine Frist zu enthalten braucht und nicht an eine besondere Form gebunden ist, also auch mündlich erklärt oder in einem schlüssigen Verhalten gesehen werden kann. In vielen Fällen tritt Verzug allerdings auch ohne eine Mahnung ein (Rn. 1142).

1137 Zwar heißt es in § 286 Abs. 1, dass die Mahnung „nach dem Eintritt der Fälligkeit" erfolgen muss. Aber es ist allgemein anerkannt, dass eine und dieselbe Erklärung des Gläubigers seinen Anspruch fällig machen und *gleichzeitig* eine Mahnung enthalten kann.

B. Schadensersatz wegen Verzögerung der Leistung

1138 Die Höhe der Honorarforderung eines Arztes oder Rechtsanwalts kennt der Patient oder Mandant erst dann, wenn ihm eine Rechnung übersandt wird; daher wird gemäß § 271 anzunehmen sein, dass die Honorarforderung mit Zugang der Rechnung fällig wird. Wenn es in der Rechnung heißt, dass der Patient oder Mandant darum gebeten werde, den Rechnungsbetrag bis 30. Oktober auf ein bestimmtes Konto zu überweisen, so liegt darin das Angebot einer **Stundung** des Honoraranspruchs. Nimmt der Patient oder Mandant dieses ihm günstige Angebot an – dazu bedarf es gemäß § 151 keiner besonderen Annahmeerklärung –, so ist damit ein „Zahlungsziel" vereinbart, also die Fälligkeit der Honorarforderung einverständlich auf den 1. November hinausgeschoben. Eine andere Frage ist es allerdings, ob in der Übersendung einer solchen Honorarrechnung unter Angabe einer Zahlungsfrist auch eine **Mahnung** liegt, also eine genügend *eindeutige* und *bestimmte* Zahlungsaufforderung, die dazu führt, dass der Patient oder Mandant, wenn er sie nicht beachtet, gemäß § 286 Abs. 1 am 1. November in Verzug gerät. Der BGH hat diese Frage verneint (BGHZ 174, 77; vgl. dazu kritisch *Gsell* NJW 2008, 52 und zustimmend *Faust* JuS 2008, 373).

1139 Mit dem Zugang der Mahnung gerät der Schuldner in Verzug, es sei denn, dass er die Leistung auf die Mahnung hin **sofort** erbringt, also innerhalb der kurzen Zeitspanne, die ein Schuldner benötigt, der mit der Leistung „Gewehr bei Fuß" bereitsteht. **Geleistet** hat der Schuldner schon dann, wenn er innerhalb dieser Zeitspanne die **Leistungshandlungen** vorgenommen hat, die nach dem Vertrag zur Bewirkung der geschuldeten Leistung erforderlich sind. Ist also in einem Kaufvertrag eine Schickschuld vereinbart, so gerät der Verkäufer mit seiner Lieferungspflicht nicht in Verzug, wenn er die Ware sofort nach dem Zugang der Mahnung an den Käufer absendet, mag auch der **Leistungserfolg**, nämlich der Erwerb von Besitz und Eigentum durch den Käufer, erst später eintreten.

1140 Haben die Parteien vereinbart, dass der Schuldner den geschuldeten Geldbetrag spätestens am 1. März dem Gläubiger zu überweisen hat, so gerät er nicht in Verzug, wenn er die für eine bargeldlose Zahlung erforderlichen Leistungshandlungen fristgemäß vorgenommen, also spätestens am 1. März seiner Bank einen Überweisungsauftrag erteilt hat. Auf den Zeitpunkt, in dem der überwiesene Betrag dem Konto des Gläubigers gutgeschrieben wird, kommt es in diesem Falle nicht an (Rn. 630, 849). Anders liegt es allerdings, wenn die Zahlung als „Entgelt im Geschäftsverkehr" geleistet wird, es sich also sowohl beim Zahlenden wie beim Zahlungsempfänger um ein „Unternehmen" oder eine „öffentliche Stelle" handelt und die Zahlung ein Entgelt für die Lieferung von Gütern oder die Erbringung einer Dienstleistung darstellt. Für diesen Fall ergibt sich nämlich aus Art. 3 Abs. 1 c der EG-Richtlinie über den Zahlungsverzug, dass der Zahlungspflichtige mit der Zahlung eines fälligen Geldbetrages in Verzug ist, wenn und solange der Gläubiger „den fälligen Betrag nicht rechtzeitig *erhalten hat*". Deshalb müssen die Vorschriften der §§ 269, 270 richtlinienkonform dahin ausgelegt werden, dass der Schuldner, wenn er nach dem Vertrag am 1. März zu zahlen hatte und seiner Bank den Überweisungsauftrag fristgemäß erteilt hat, gleichwohl für den Monat März in Verzug gerät, wenn der Betrag dem Konto des Gläubigers erst am 1. April gutgeschrieben wird (vgl. EuGH NJW 2008, 1935). Insoweit trägt also der Schuldner einer Geldzahlung nicht bloß das Verlustrisiko, sondern auch das Verzögerungsrisiko. Vgl. dazu *Faust* JuS 2009, 81; *Looschelders* AT Rn. 275; anders *Schwab* NJW 2011, 2833; vgl. auch unten Rn. 1145. Damit wird die Geldschuld zu einer Bringschuld, dies freilich mit der Maßgabe, dass gemäß § 270 Abs. 4 Leistungsort der Wohnsitz des Schuldners (oder der Sitz seiner gewerblichen Niederlassung) bleibt und es daher dieser Ort ist, an dem ihn der Gläubiger gemäß § 29 ZPO auf Zahlung verklagen muss.

1141 Besondere Regeln gelten für den Ersatz des Verzögerungsschadens, wenn die Kaufsache zwar geliefert worden ist, es ihr aber an der vereinbarten **Sollbeschaffenheit** gefehlt hat. Hier kann der Käufer Nacherfüllung verlangen. Aber der Schaden, der ihm bis zur erfolgreichen Nacherfüllung entsteht, wird ihm gemäß §§ 437 Nr. 3, 280 Abs. 1 ersetzt, ohne dass es gemäß § 280 Abs. 2 auch noch darauf ankommt, ob und wann er die Lieferung einer mangelfreien Sache angemahnt und dadurch den Verkäufer in Verzug gesetzt hat. Die Rechtsprechung nimmt nämlich an, dass § 437 Nr. 3 – ebenso wie § 634 Nr. 4 – nur auf § 280 *Abs. 1*, nicht auf *Abs. 2* verweist (so BGHZ 181, 317 und Rn. 1028 f.). Wenn also die verkaufte Maschine nach Lieferung am 1. August vom Käufer wegen ihres Mangels nicht genutzt werden kann, oder wenn er sie in Unkenntnis ihres Mangels zwar nutzt, sie aber wegen des Mangels Ausschuß produziert, oder wenn er sie, weil der Preis für sie fällt, erst nach der Nacherfüllung zu geringerem Preis an einen Dritten verkaufen kann, so kann der Käufer den ihm dadurch entstehenden Schaden auch dann vom Verkäufer ersetzt verlangen, wenn er ihn erst am 1. September auf den Mangel hingewiesen und ihn zur Mängelbeseitigung aufgefordert hat. Immerhin kann ein Mitverschulden des Käufers darin liegen, dass er den Mangel zwar erkannt, es aber dennoch unterlassen hat, den Verkäufer sogleich darauf hinzuweisen und auf Abhilfe zu dringen. In einem solchen Falle wäre der Anspruch des Käufers auf Schadensersatz gemäß § 254 zu kürzen.

3. Entbehrlichkeit der Mahnung

1142 Gemäß § 286 Abs. 2 ist in vielen Fällen – statistisch gesehen sogar in den meisten Fällen – eine Mahnung entbehrlich. Das hat zur Folge, dass der Schuldner schon dann in Verzug gerät, wenn der Anspruch des Gläubigers durchsetzbar und fällig ist. Der Grund für die Entbehrlichkeit der Mahnung liegt hier darin, dass es unsinnig oder unnötig wäre, wenn der Gläubiger den Schuldner, um ihn in Verzug zu setzen, erst noch zu der ohnehin fälligen Leistung besonders auffordern müsste. Unsinnig ist eine Mahnung, wenn der Schuldner schon von sich aus klargestellt hat, dass er die Leistung „ernsthaft und endgültig" verweigert (Abs. 2 Nr. 3), unnötig, wenn er mit Leichtigkeit selbst den Zeitpunkt bestimmen kann, von dem ab der Gläubiger die Leistung zu verlangen berechtigt ist. So liegt es, wenn sich aus einer vertraglichen Vereinbarung ergibt, dass „für die Leistung **eine Zeit nach dem Kalender** bestimmt ist" (Abs. 2 *Nr. 1*; z.B. „am 4. Mai", „in der 12. Kalenderwoche", „3 Tage vor Ostern"). Dem wird in Abs. 2 *Nr. 2* der Fall gleichgestellt, in dem vereinbart ist, dass der Schuldner leisten muss, wenn ein **„Ereignis"** eingetre-

B. Schadensersatz wegen Verzögerung der Leistung **1142–1144**

ten und seit dem Ereignis ein Zeitraum vergangen ist, der „sich von dem Ereignis an **nach dem Kalender berechnen** lässt" und außerdem „**angemessen**" ist. Diese Voraussetzungen sind erfüllt, wenn z.B. vereinbart ist, es solle „10 Tage nach Lieferung der Ware", „2 Wochen nach Rechnungserteilung" oder „1 Monat nach Baubeginn" geleistet werden, dagegen nicht, wenn die Zahlung des Kaufpreises „sofort nach Erhalt der Ware" erfolgen soll, weil sich hier der Zeitpunkt der Zahlung nicht „nach dem Kalender" berechnen lässt. Ist der Zeitraum, der nach der getroffenen Vereinbarung seit Eintritt des Ereignisses vergangen ist, unangemessen kurz, so wird auch hier anzunehmen sein, dass der Schuldner in Verzug gerät, wenn seit dem Ereignis ein „angemessener" Zeitraum vergangen ist und er nicht geleistet hat (vgl. Rn. 944). Allerdings muss es stets eine **vertragliche Vereinbarung** sein, die den Zeitpunkt der Leistung kalendermäßig festlegt; es genügt daher keineswegs, dass der Gläubiger einer Geldforderung erst nachträglich – etwa im Zuge der Übersendung einer Rechnung oder eines Lieferscheins – einen Kalendertermin einseitig bestimmt, bis zu dem der Gläubiger gezahlt haben muss (vgl. BGHZ 174, 77). Schließlich hält § 286 Abs. 1 *Nr. 4* eine Auffangregelung bereit, nach der eine Mahnung auch dann entbehrlich ist, wenn dies „aus besonderen Gründen unter Abwägung der beiderseitigen Interessen" gerechtfertigt erscheint, so etwa dann, wenn der Schuldner selbst erklärt hat, er werde am 10. August leisten, aber dies dann nicht tut (vgl. BGH NJW-RR 1997, 622), oder wenn es zum Dach hereinregnet und der Dachdecker die Dringlichkeit der Lage erkannt und sein Kommen zugesagt hat, aber gleichwohl nicht erschienen ist.

Ist der Verzug nicht schon nach den bisher dargestellten Regeln eingetreten, so gerät der Schuldner gemäß § 286 Abs. 3 „**spätestens**" dann in Verzug, wenn er die Erfüllung einer **Entgeltforderung** schuldet, also für irgendeine Leistung des Gläubigers Geld bezahlen muss, und wenn er diese Zahlung nicht geleistet hat, obwohl **30 Tage** vergangen sind, seit der Anspruch fällig geworden ist und er darüber vom Gläubiger eine Rechnung erhalten hat. Ist der Schuldner Verbraucher, so muss er in der Rechnung auf die Folgen einer Versäumung der 30-Tage-Frist, nämlich auf den Eintritt des Verzuges, auch noch besonders hingewiesen werden. Wenn er nicht Verbraucher ist und der Gläubiger nicht beweisen kann, ob und wann seine Rechnung dem Schuldner zugegangen ist, so soll die 30-Tage-Frist spätestens dann zu laufen beginnen, wenn der Zahlungsanspruch fällig geworden ist und der Schuldner die Gegenleistung des Gläubigers – meist also die Ware – empfangen hat. **1143**

Die Vorschrift des § 286 Abs. 3 geht auf eine EU-Richtlinie zurück und verfolgt das gutgemeinte Ziel, den Eingang fälliger Zahlungen zu beschleunigen. Ob dieses Ziel erreicht wird, darf bezweifelt werden. Denn § 286 Abs. 3 hilft einem Verkäufer, der die Ware mit der Rechnung geliefert und einen fälligen Anspruch auf den Kaufpreis erworben hat, nur in den seltensten Fällen, nämlich nur dann, wenn er sich einen Termin für **1144** die Zahlung nicht ausbedungen hat, wenn eine Mahnung auch nicht gemäß § 286 Abs. 2 Nrn. 2–4 entbehrlich ist und wenn er 30 Tage lang, nachdem seine Rechnung dem Käufer zugegangen war, statt zu mahnen die Hände in den Schoß gelegt hat. Nur dann tritt Verzug auch ohne Mahnung ein.

4. Vertretenmüssen

1145 Gemäß § 286 Abs. 4 kommt der Schuldner nicht in Verzug, wenn er beweisen kann, dass sich seine Leistung durch einen Umstand verzögert hat, der von ihm nicht zu vertreten ist (§§ 276–278; vgl. Rn. 1072 ff.). Diesen Beweis wird er kaum jemals führen können, wenn er mit einer Geldzahlung in Verzug geraten ist. Denn für seine finanzielle Leistungsfähigkeit trifft ihn eine Garantie (Rn. 797, 1095), und wenn die geschuldete Zahlung ein „Entgelt im Geschäftsverkehr" betrifft und wegen eines Fehlers der Bank auf dem Konto des Gläubigers verspätet gutgeschrieben wird (Rn. 1140), so steht der Schuldner für ihren Fehler gemäß § 278 ein. Er muss daher seinem Gläubiger den Verzögerungsschaden ersetzen und sehen, dass er sich gemäß §§ 675 y und z bei seiner Bank „erholt".

III. Rechtsfolgen des Verzugs

1. Allgemeines

1146 Gerät der Schuldner mit seiner Leistung in Verzug, so hat das für ihn insbesondere zwei nachteilige Folgen.

1147 Die eine Folge ergibt sich aus § 287 Satz 2: Wenn während der Dauer des Verzuges Umstände eintreten, die dem Schuldner die Leistung unmöglich machen (§ 275 Abs. 1) oder ihn zur Verweigerung der Leistung berechtigt haben (§ 275 Abs. 2 oder 3), so haftet er dem Gläubiger auch dann auf Schadensersatz statt der Leistung gemäß §§ 280 Abs. 1 und 3, 281, 283, wenn diese Umstände auf einem Zufall beruhen, also auch von einem sorgfältigen Menschen in gleicher Lage wie der Schuldner nicht hätten vermieden, abgewendet oder überwunden werden können. Vgl. auch Rn. 1099 f.

1148 Ferner haftet der in Verzug geratene Schuldner dem Gläubiger gemäß §§ 280 Abs. 1 und 2, 286 auf Ersatz des Verzögerungsschadens. Darunter ist der Schaden zu verstehen, den der Gläubiger dadurch erleidet, dass ihm während der Dauer des Verzuges die geschuldete Leistung vorenthalten wird, weil ihm z.B. die vereinbarte Zahlung vom Schuldner während dieser Zeit nicht geleistet, die vereinbarten Dienste nicht bewirkt, die geschuldeten Informationen nicht erteilt oder eine Sachleistung nicht so wie geschuldet, nämlich nicht in der vereinbarten Sollbeschaffenheit erbracht oder ihre Mängel nicht nachträglich durch Nacherfüllung beseitigt worden sind. Die Dauer des Verzuges ergibt sich aus der Zeitspanne zwischen dem Eintritt des Verzuges (Rn. 1130 ff.) und seiner Beendigung. Beendet wird der Verzug, sobald der Gläubiger die

B. Schadensersatz wegen Verzögerung der Leistung 1148–1150

Leistung nicht mehr verlangen kann, der Schuldner sie daher nicht mehr zu bewirken braucht und folglich mit ihr auch nicht mehr in Verzug sein kann. So verhält es sich, wenn der in Verzug geratene Schuldner „die geschuldete Leistung an den Gläubiger bewirkt" hat und dadurch Erfüllung eingetreten ist (§ 362). Wenn allerdings, wie bei einer Schickschuld, Leistungshandlung und Leistungserfolg auseinanderfallen, so wird der Verzug schon dadurch beendet, dass der Schuldner die **Leistungshandlung** vornimmt (vgl. Rn. 559). Der Verzug endet auch dann, wenn die rechtzeitig erbrachte Leistung eines Verkäufers oder Unternehmers zwar nicht vertragsgemäß ist, aber sein Vertragspartner sie doch immerhin angenommen und dadurch zu erkennen gegeben hat, dass er sie als Erfüllung gelten lassen will (vgl. Rn. 1141). Nicht selten kommt es vor, dass die geschuldete Leistung zwar nicht bewirkt wird, der Verzug aber dennoch endet. So liegt es z.B., wenn der Gläubiger die ihm während des Verzuges angebotene Leistung zurückgewiesen hat und dadurch in Annahmeverzug geraten ist, oder wenn dem Schuldner während der Dauer des Verzugs die Leistung unmöglich wird (§ 275 Abs. 1) oder er sie gemäß § 275 Abs. 2 oder 3 verweigern kann und verweigert hat, ebenso dann, wenn der Gläubiger von dem Vertrag, auf dem sein Anspruch beruht, gemäß § 323 zurückgetreten ist oder er seinen Anspruch auf die Leistung deshalb eingebüßt hat, weil er Schadensersatz statt der Leistung verlangt hat (§ 281 Abs. 4).

Es ist keineswegs selten, dass dem Gläubiger zunächst ein Anspruch auf Ersatz des Verzögerungsschadens zusteht und dass er sodann (etwa nach erfolgloser Setzung einer Frist für die Nachholung der Leistung) Schadensersatz statt der Leistung verlangt. Nach allgemeiner Meinung bleibt es dabei, dass in einem solchen Fall die beiden Schadensersatzansprüche auseinanderzuhalten sind (vgl. MK-*Ernst* § 281 Rn. 110 ff.). Zu bedenken ist aber, dass, wenn der Gläubiger am 1. August Schadensersatz statt der Leistung verlangt hat, sein Anspruch auf die Leistung selbst nunmehr ausgeschlossen ist (§ 281 Abs. 4) und damit der Verzug des Schuldners endet. Daraus folgt, dass der Schaden, der dem Gläubiger auch noch nach dem 1. August durch das Ausbleiben der Leistung entsteht, unter seinen Anspruch auf Schadensersatz statt der Leistung fällt. 1149

2. Rechtsverfolgungskosten

Als Verzögerungsschaden kann der Gläubiger alle Aufwendungen ersetzt verlangen, die ihm dadurch entstanden sind, dass er nach dem Eintritt des Verzuges einen Rechtsanwalt oder ein Inkassobüro mit der Verfolgung seines Anspruch gegen den Schuldner beauftragt hat. Dazu zählen allerdings nicht die Kosten der gemäß § 286 Abs. 2 erforderlichen Mahnung, weil durch sie der Verzug erst begründet worden ist. Rechtsverfolgungskosten sind auch sonst nur insoweit ersatzfähig, als sie auch von einem sorgfältigen Menschen in gleicher Lage wie der Gläubiger aufgewendet worden wären. Denn § 254 Abs. 2 verpflichtet den Geschädigten, alles zu unterlassen, was zu einer grundlosen Aufblähung seines Schadensersatzanspruchs führen würde. Setzt der Gläubiger die eigene Arbeitskraft oder seine eigene Rechtsabteilung 1150 zur Verfolgung seines Anspruchs ein, so kann er dafür im Regelfall dem Schuldner selbst dann nichts in Rechnung stellen, wenn er die Angelegenheit, ohne gegen § 254 Abs. 2 zu verstoßen, einem Rechtsanwalt hätte übertragen und sein Honorar als Verzögerungsschaden hätte liquidieren können.

1151 Die Frage ist allerdings sehr umstritten. Vgl. BGHZ 66, 112; BGHZ 75, 230; BGH NJW 1983, 2815; BGHZ 127, 348; *Schlechtriem/Schmidt-Kessel* AT Rn. 275; *Huber* II § 33 I 2–4.

3. Verzug mit Sachleistungen

1152 Wenn der Verkäufer mit der Lieferung der Ware oder der Unternehmer mit der Herstellung des Werkes in Verzug geraten ist, so umfasst der Verzögerungsschaden, den sie zu ersetzen haben, jeden **Nachteil**, der dem Käufer oder Auftraggeber durch die Verspätung der Leistung entstanden ist, ebenso wie jeden **Gewinn**, den sie bei rechtzeitiger Leistung hätten machen können (§ 252). Wenn also das Mietshaus, das der Bauunternehmer schlüsselfertig zu errichten hatte, erst mit einer Verspätung von 3 Monaten bezugsfertig wird, so kann sein Auftraggeber als Verzögerungsschaden die Mieteinnahmen ersetzt verlangen, die ihm für 3 Monate entgangen sind, weil er entweder die Wohnungen des Hauses nicht vermieten konnte oder er sie zwar vermietet hat, die Mieter aber aufgrund von §§ 275 Abs. 1, 326 Abs. 1 die Zahlung der Miete verweigert haben. Stattdessen kann der Auftraggeber, wenn er den Bau des Hauses „finanziert", also die Baukosten mit geliehenem Geld bezahlt hat, den Verzögerungsschaden auch in der Weise geltend machen, dass er die für 3 Monate gezahlten Kreditzinsen verlangt.

1153 Hat ein Käufer von seinem Lieferanten Waren für 200 gekauft und über sie ein „Anschlussgeschäft" geschlossen, indem er sie für 300 einem Zweitkäufer weiterverkauft hat, so kann er, wenn der Lieferant in Verzug gerät und aus diesem Grunde der Zweitkäufer von dem Anschlussgeschäft gemäß § 323 zurücktritt, den ihm dadurch entgangenen Gewinn von 100 von dem Lieferanten als Verzögerungsschaden ersetzt verlangen. Das gilt freilich nur dann, wenn der Marktpreis der Ware während des Verzuges stabil geblieben ist. Wenn der Preis für die Ware gefallen ist und der Käufer, nachdem sie endlich geliefert war, für nur noch 100 verkaufen konnte, beläuft sich sein Verzögerungsschaden auf 200, dagegen auf Null, wenn der Preis gestiegen und es dem Käufer daher gelungen ist, die Ware für den Preis des Anschlussgeschäfts, nämlich für 300, oder für einen noch höheren Preis zu verkaufen. Da der Käufer in diesen Fällen als Verzögerungsschaden den Gewinn verlangt, der ihm durch das Scheitern des Anschlussgeschäfts entgangen ist, kommt ihm die Beweiserleichterung des § 252 Satz 2 zugute: Wenn der Käufer nicht in der Lage oder nicht bereit ist, den Vertrag über das Anschlussgeschäft und/oder den Vertrag über den Verkauf der verspätet gelieferten Ware „konkret" nachzuweisen, so reicht es aus, wenn er dartut, dass der Abschluss von Verträgen mit vergleichbarem Inhalt „nach dem gewöhnlichen Lauf der Dinge oder nach den besonderen Umständen ... mit Wahrscheinlichkeit erwartet werden konnte". Schließlich ist auch noch zu beachten, dass dem Käufer der Kaufpreis aus dem Anschlussgeschäft früher zugeflossen wäre als der Preis, den er für die verspätet gelieferte Ware tatsächlich erlöst hat. Ein Verzögerungsschaden liegt auch darin, dass er während dieser Zeit mit

B. Schadensersatz wegen Verzögerung der Leistung   1153–1157

dem Kaufpreis aus dem Deckungsgeschäft Habenzinsen hätte erzielen oder Sollzinsen hätte ersparen können.

Zum Verzögerungsschaden zählen auch Schäden, die der Gläubiger dadurch erleidet, dass er wegen des Verzuges des Schuldners seine Verpflichtungen aus dem Anschlussgeschäft nicht erfüllen kann und deshalb seinem Kunden auf Ersatz des Verzögerungsschadens oder auf Schadensersatz statt der Leistung haftet oder ihm eine Vertragsstrafe zahlen muss.   1154

So liegt es, wenn in dem eben geschilderten Fall der Zweitkäufer von dem Anschlussgeschäft nicht nur zurückgetreten ist, sondern auch noch Schadensersatz statt der Leistung verlangt. Ebenso muss der säumige Bauunternehmer den Auftraggeber auch noch von den Schadensersatzansprüchen seiner Mieter freistellen. Haben sie z.b. wegen der Bauverzögerung die ihnen zugesagte Mietwohnung erst 3 Monate später als vereinbart beziehen können und deshalb eine Ersatzwohnung gemietet, so besteht der Schadensersatz, den sie gemäß §§ 280 Abs. 1 und 3, 283 vom Vermieter statt der (ihm unmöglich gewordenen) Leistung verlangen können, in dem Differenzbetrag, um den die Miete für die Ersatzwohnung höher ist als die (von den Mietern gemäß §§ 275 Abs. 1, 326 Abs. 1 ersparte) Miete für die Mietwohnung.   1155

Hat der Gläubiger die ihm nicht rechtzeitig geleistete Sache selbst nutzen wollen, so kann er sich für die Dauer des Verzugs eine Ersatzsache beschaffen und den ihm dadurch entstehenden Aufwand, soweit er den Rahmen des § 254 Abs. 2 nicht übersteigt, vom säumigen Schuldner ersetzt verlangen. Zweifelhaft ist, ob er auch dann einen ersatzfähigen Vermögensschaden erleidet, wenn er keine baren Aufwendungen gehabt hat, nämlich auf die Beschaffung einer Ersatzsache verzichtet und den **Verlust der Gebrauchsvorteile**, den ihm die Sache bei rechtzeitiger Leistung gewährt hätte, hingenommen hat. Die Frage wird bejaht, wenn der Gläubiger die Sache in seinem Unternehmen „erwerbswirtschaftlich" nutzen wollte und ihm, weil dies nicht möglich war, ein Gewinn entgangen ist (§ 252). Sie ist lebhaft umstritten, wenn der Gläubiger die Sache als Privatperson „eigenwirtschaftlich" nutzen wollte. Vgl. dazu Rn. 1052 f.   1156

Die vorstehenden Überlegungen sind auch dann maßgeblich, wenn der Käufer, dem eine mangelhafte Sache geliefert worden ist, seinen **Anspruch auf Nacherfüllung** geltend gemacht und den Verkäufer wegen dieses Anspruchs in Verzug gesetzt hat. Auch hier umfasst der Verzögerungsschaden alles, was der Käufer an Nachteilen dadurch erleidet oder was ihm an Vorteilen dadurch entgeht, dass die Kaufsache während der Zeit, in der sich der Verkäufer mit der Nacherfüllung in Verzug befindet, nicht frei von Mängeln ist. Dazu gehören z.B. die Kosten, die der Käufer dafür aufwendet, dass er während dieser Zeit eine mangelfreie Ersatzsache mietet, oder der Gewinn, der ihm dadurch entgeht, dass er die Sache während dieser Zeit wegen ihrer Mängel nicht weiterverkaufen kann, oder der Schaden, den er dadurch erleidet, dass er die Sache zwar weiterverkauft hat, aber wegen ihrer Mängel dem Zweitkäufer Nacherfüllung leisten oder Schadensersatz zahlen muss. Hier-   1157 her gehört auch der „Mangelfolgeschaden", der dem Käufer dadurch entsteht, dass er infolge des Mangels eine Körperverletzung erleidet oder seine sonstigen Sachen beschädigt werden oder dass solche Schäden Dritten entstehen und der Käufer ihnen dafür Ersatz leisten muss. Denn auch diese Schäden wären nicht eingetreten, wenn der Käufer rechtzeitig nacherfüllt hätte. Vielfach wird allerdings die Auffassung vertreten, dass dem Käufer in diesen Fällen ein Anspruch (nicht auf Ersatz des Verzögerungsschadens, sondern) auf einfachen Schadensersatz gemäß § 280 Abs. 1 zusteht; damit wäre die von § 286 verlangte Mahnung nicht erforderlich (vgl. BGH NJW 2009, 2674; *Medicus/Lorenz* SchR AT Rn. 469; *Looschelders* AT Rn. 575; *Faust* in *Bamberger/Roth* § 437 Rn. 69 f.).

4. Zahlungsverzug

1158 Ist der Schuldner mit einer Geldschuld in Verzug, so kann der Gläubiger als Verzögerungsschaden den **Zinsschaden** verlangen, der ihm dadurch entsteht, dass ihm der geschuldete Betrag für die Dauer des Verzugs vorenthalten wird. Er ergibt sich entweder daraus, dass der Gläubiger diesen Betrag nicht verzinslich oder sonstwie gewinnbringend anlegen konnte und ihm infolgedessen die Habenzinsen oder anderen Anlagevorteile entgangen sind, die ihm bei pünktlicher Zahlung zugute gekommen wären. Der Zinsschaden kann auch darin liegen, dass der Gläubiger den Betrag während der Dauer des Verzugs nicht zur Rückführung eines von ihm in Anspruch genommenen Kredits verwenden kann und deshalb Sollzinsen zahlen muss, die er bei pünktlicher Zahlung hätte einsparen können. An diesen Grundsätzen besteht kein Zweifel; zweifelhaft – und hier nicht zu erörtern – ist die Frage, welche Anforderungen an den Gläubiger zu stellen sind, wenn er, weil der Schuldner die Höhe des Zinsschadens bestreitet, beweisen muss, dass er bei rechtzeitiger Zahlung den empfangenen Betrag tatsächlich so günstig wie von ihm behauptet angelegt oder mit ihm tatsächlich seine Sollzinsen so stark wie behauptet reduziert hätte. Vgl. dazu z.B. *Huber* II § 31 I.

1159 Allerdings ist der Gläubiger in vielen Fällen auf den Ersatz des Verzögerungsschadens und den Beweis seiner tatsächlichen Grundlagen nicht angewiesen. Denn er kann einen gesetzlich bestimmten **Mindestzinsschaden** in jedem Fall verlangen, dies selbst dann, wenn er selbst nicht bestreiten oder der Schuldner beweisen könnte, dass ein Zinsschaden in Wahrheit überhaupt nicht oder doch nur in geringerer Höhe entstanden ist. Dieser Mindestzinsschaden beträgt gemäß § 288 Abs. 1 "für das Jahr fünf Prozentpunkte über dem Basiszinssatz"; er beläuft sich gemäß § 288 Abs. 2 sogar auf „acht Prozentpunkte über dem Basiszinssatz", wenn mit der Zahlung eine „Entgeltforderung" des Gläubigers erfüllt, also eine von ihm erbrachte Sach- oder Dienstleistung vergütet werden sollte und beide Parteien nicht „Verbraucher" im Sinne des § 13 sind (vgl. BGH NJW 2010, 1872). Der Basiszinssatz ist variabel. Er orientiert sich gemäß § 247 an dem Zinssatz für bestimmte Refinanzierungsoperationen der Europäischen Zentralbank, wird von der Bundesregierung jährlich am 1. Januar und 1. Juli durch Rechtsverordnung bekanntgegeben und belief sich in der ersten Jahreshälfte 2012 auf 0,12 %. Daraus folgt, dass der Schuldner während dieses Zeitraums in jedem Falle Verzugszinsen in Höhe von mindestens 5,12 %, bei § 288 Abs. 2 sogar von mindestens 8,12 % zahlen muss. Das mag streng erscheinen, lässt sich aber damit rechtfertigen, dass dem Schuldner jeder Anreiz genommen werden soll, sich durch Zahlungsverzögerung bei seinem Gläubiger einen „Zwangskredit" zu beschaffen und dafür womöglich weniger Zinsen als für einen Bankkredit zu zahlen.

Gemäß § 288 Abs. 4 steht dem Gläubiger der Nachweis „eines weiteren Schadens" offen. Jedoch ist der Mindestverzugszins in § 288 Abs. 1 und 2 so hoch angesetzt, dass es dem Gläubiger auf diesen Nachweis selten ankommen wird. Auch § 288 Abs. 3 hat nur geringe praktische Bedeutung, wenn auch aus einem anderen Grunde. Danach kann der Gläubiger nach Eintritt des Verzuges „höhere Zinsen" verlangen, wenn sie sich „aus einem anderen Rechtsgrund" – praktisch: aus einer vertraglichen Vereinbarung – ergeben. Es liegt nahe, diese Vorschrift dahin zu verstehen, dass ein vertraglich vereinbarter Darlehenszins von 14 % auch im Falle des Verzugs maßgeblich bleibt, der Schuldner also nach Eintritt des Verzugs den gleichen Zins bezahlen soll wie vorher. Anders aber die Rechtsprechung: Nach Auffassung des BGH erfasst § 288 Abs. 3 nur den Fall, in dem die Parteien für den Fall des Verzugs die Fortgeltung des Darlehenszinses ausdrücklich vereinbart haben (vgl. BGHZ 104, 337). Das hat zur Folge, dass die Fortgeltung des Darlehenszinses sich nicht mehr allein aus § 288 Abs. 3 ergibt, sondern auch auf einer Vereinbarung beruhen muss, die regelmäßig der AGB-Kontrolle unterliegt und insbesondere wegen Verstoßes gegen § 309 Nr. 5 a und b unwirksam sein kann. Ist der Darlehensnehmer ein Verbraucher, der mit Zahlungen in Verzug geraten ist, die er aufgrund eines Verbraucherdarlehensvertrages schuldet, gilt ohnehin die besondere Regelung des § 497 Abs. 1.

C. Schadensersatz statt der Leistung

I. Allgemeines

Wenn der Gläubiger einen fälligen Anspruch auf eine Leistung des Schuldners hat und dieser die Leistung überhaupt nicht oder nicht so erbringt, wie er das in dem Vertrag versprochen hatte, so wird es dem Gläubiger oft vorteilhaft erscheinen, an dem Vertrag – jedenfalls zunächst – festzuhalten, weiterhin den Erfüllungsanspruch geltend zu machen und daneben vielleicht den Verzögerungsschaden ersetzt zu verlangen (Rn. 1128 ff.). Ganz kostenlos ist dieser Weg für den Gläubiger aber nicht. Zwar kann er darauf hoffen, dass der Schuldner seine Vertragspflichten künftig noch erfüllen wird. Aber wenn es sich um einen gegenseitigen Vertrag handelt, muss er sich doch auch selbst für diesen Fall rüsten: Er muss nämlich die eigene Gegenleistung weiterhin bereithalten, ohne dass er sicher weiß, ob es zu dem verabredeten Austausch von Leistung und Gegenleistung überhaupt noch kommen wird. Wer z.B. als Käufer nicht beliefert wird, muss sich, solange der Vertrag bei Bestand ist, darauf einstellen, dass ihm die Ware doch noch irgendwann vom Verkäufer angeboten werden wird und er sie dann auch abnehmen und bezahlen muss. Im Laufe der Zeit nehmen die Nachteile meist zu, die sich für den Gläubiger aus der weiteren Bindung an den Vertrag ergeben, und deshalb kommt früher oder später immer ein Zeitpunkt, in dem ihm die Auflösung des Vertrages einen größeren Nutzen verspricht als sein Fortbestand. In diesem Fall kann er den Vertrag durch einen Rücktritt beenden, wenn die Voraussetzungen des § 323 gegeben sind.

1162 Mitunter gelangt der Gläubiger schon durch den Rücktritt allein an das Ziel seiner Wünsche. So liegt es in dem eben genannten Beispiel, wenn der Preis für die Ware in der Zeit zwischen Vertragsabschluss und Rücktritt gefallen ist: Dann wird sich der Käufer, nachdem er den unvorteilhaft gewordenen Vertrag durch den Rücktritt beseitigt hat, die gleiche Ware zu einem niedrigeren Preis von einem Dritten beschaffen, ohne dass er noch auf irgendwelche Ansprüche gegen den Schuldner angewiesen wäre. Wie aber, wenn der Preis für die Ware während dieser Zeit gestiegen ist? Wie, wenn der Preis sich zwar nicht verändert hat, aber der Käufer, weil selbst nicht beliefert, ein Anschlussgeschäft über die Ware mit einem Zweitkäufer nicht schließen konnte und ihm deshalb ein Gewinn entgangen ist, den er bei pünktlicher Selbstbelieferung hätte machen können? Wie, wenn der Käufer über die ihm verkaufte Ware ein Anschlussgeschäft zwar geschlossen, dieses Geschäft aber, weil er selbst nicht beliefert worden ist, nicht erfüllen konnte, daher dem Zweitkäufer Schadensersatz leisten musste und somit einen Verlust erlitten hat, den er bei pünktlicher Selbstbelieferung vermieden hätte? In diesen und ähnlichen Fällen trägt der Rücktritt allein dem Interesse des Gläubigeres noch nicht ausreichend Rechnung. Zwar wird er durch ihn von seiner eigenen Leistungspflicht befreit. Aber er schafft noch keinen Ausgleich dafür, dass er bei Durchführung des – durch den Rücktritt aufgehobenen – Vertrages Gewinne erzielt und Verluste vermieden hätte. Diesen Ausgleich gewährt ihm das geltende Recht dadurch, dass es ihm unter bestimmten Voraussetzungen gestattet, vom Schuldner **Schadensersatz statt der Leistung** zu verlangen.

1163 Der Gläubiger kann also, wenn er an dem Vertrag nicht mehr festhalten, sondern ihn „liquidieren" will, verschiedene Wege beschreiten: Er kann sich auf den Rücktritt beschränken; er kann Schadensersatz statt der Leistung verlangen; er kann auch, wie in § 325 klargestellt wird, beides miteinander kombinieren. Auf den Rücktritt wird er sich beschränken, wenn ihm nach Lage des Falles nur die Befreiung von seiner eigenen Leistungspflicht am Herzen liegt oder wenn er seine eigene Leistung ganz oder teilweise

C. Schadensersatz statt der Leistung 1163–1164

schon erbracht hat und sie lediglich gemäß §§ 346 ff. zurückverlangen will (vgl. auch noch Rn. 1190 ff.). Schadensersatz statt der Leistung wird er verlangen, wenn er den Vertrag liquidieren und gleichzeitig einen Ausgleich für die Nachteile erhalten will, die ihm durch die Pflichtverletzung des Schuldners entstanden sind. Der Gläubiger ist aber auch berechtigt, zunächst den Rücktritt zu erklären und danach noch Schadensersatz statt der Leistung zu verlangen (BGHZ 174, 290 Tz. 7–10; BGH NJW 2010, 2426). Wer einen Gebrauchtwagen gekauft hat, kann also, nachdem er wegen eines Mangels vom Kaufvertrag zurückgetreten ist, auch noch Schadensersatz statt der Leistung, also z.B. Ersatz des „Nutzungsausfallschadens" verlangen, der ihm, auch wenn er sich keinen Ersatzwagen nicht beschafft hat, allein dadurch entsteht, dass er den mangelhaften Gebrauchtwagen nicht nutzen konnte (Rn. 1052 f.). – War der Gläubiger anwaltlich nicht beraten oder hat es seinem Anwalt an gedanklicher Klarheit gefehlt, so wird manchmal zweifelhaft sein, auf welchem Wege der Vertrag liquidiert werden sollte. Dann muss man darauf sehen, was der Gläubiger vom Schuldner verlangt hat und prüfen, ob die Anspruchsgrundlage, die ihm das Verlangte verschafft, in ihren Voraussetzungen erfüllt ist oder nicht.

Die Voraussetzungen, unter denen ein Vertragsgläubiger Schadensersatz **1164** statt der Leistung verlangen kann, ergeben sich im wesentlichen aus §§ 280 Abs. 1 und 3, 281. Aus dem Zusammenspiel dieser Vorschriften ergibt sich folgende Grundregel: Wenn der Schuldner eine vertragliche Pflicht verletzt, nämlich eine fällige Leistung nicht oder nicht wie geschuldet erbracht und dann auch noch eine angemessene Frist nicht genutzt hat, die ihm vom Gläubiger zur Leistung oder Nacherfüllung gesetzt worden war, so steht dem Gläubiger ein Anspruch auf Schadensersatz statt der Leistung zu, sofern nicht der Schuldner einen Entlastungsbeweis führen, nämlich beweisen kann, dass er die Pflichtverletzung nicht zu vertreten hat. Diese Grundregel wird in § 281 hier und da noch präzisiert: So werden in § 281 Abs. 1 Satz 2 und 3 zusätzliche Voraussetzungen für den Fall aufgestellt, dass die Pflichtverletzung des Schuldners in der Erbringung einer bloßen **Teilleistung** oder darin besteht, dass er die Leistung **nicht wie geschuldet** erbracht hat; andererseits ergibt sich aus § 281 Abs. 2, dass in vielen Fällen die Setzung einer Frist **entbehrlich** ist und der Gläubiger deshalb **sofort** Schadensersatz statt der Leistung verlangen kann. § 281 gilt ohne Rücksicht darauf, ob die Leistung, die der Schuldner nicht oder nicht wie geschuldet erbracht hat, aufgrund einer **Haupt- oder Nebenpflicht** von ihm zu erfüllen war. Selbst wenn der Schuldner nicht eine Leistungspflicht, sondern eine **Schutzpflicht** gemäß § 241 Abs. 2 verletzt hat, kann der Gläubiger Schadensersatz statt der Leistung verlangen; allerdings bestimmt § 282 für diesen Fall, dass einerseits die Setzung einer Frist nicht erforderlich ist, andererseits die Schutzpflichtverletzung so schwer wiegen muss, dass dem Gläubiger die Annahme der Leistung des Schuldners nicht mehr zugemutet werden kann. Und schließlich ist die Setzung einer Frist auch dort entbehrlich, wo sie sinnlos wäre, weil feststeht, dass ein Leistungshindernis gegeben ist, das entweder die Leistung **unmöglich** macht (§ 275 Abs. 1) oder dazu führt, das sie der Schuldner verweigern kann und verweigert hat (§ 275 Abs. 2 oder 3). Das wird der guten Ordnung halber in besonderen Vorschriften klargestellt, auf die zu allem Überfluss § 275 Abs. 4 auch noch ausdrücklich hinweist, nämlich einerseits durch § 311 a Abs. 2, wenn jenes Leistungshindernis schon bei Vertragsabschluss bestand, andererseits durch § 283, wenn es erst später eingetreten ist.

1165 § 281 bestimmt die Voraussetzungen, unter denen dem Gläubiger nicht mehr ein Anspruch auf die ihm geschuldete Leistung, sondern stattdessen nur noch ein Anspruch auf Schadensersatz statt der Leistung zusteht. Sind diese Voraussetzungen bei einem gegenseitigen Vertrag erfüllt und macht der Gläubiger nunmehr den Anspruch auf Schadensersatz statt der Leistung durch eine entsprechende Erklärung oder durch ein schlüssiges Verhalten geltend, so steht gemäß § 281 Abs. 4 von diesem Zeitpunkt an fest, dass der Gläubiger nicht mehr die Leistung selbst verlangen kann und dass umgekehrt der Schuldner jetzt nicht mehr darauf hoffen darf, dass er seine eigene Leistung noch wird erbringen und sich dadurch die Gegenleistung noch wird verdienen können; auch muss er sich von diesem Zeitpunkt an darauf einstellen, dass er die Verluste einstecken muss, die ihm dadurch entstanden sein können, dass er sich auf die Erbringung seiner Leistung bereits vorbereitet und dafür einen Aufwand getrieben hat, der sich jetzt als unnütz herausstellt. Zwar kann er seine Leistung dem Gläubiger auch jetzt noch anbieten. Aber dem Gläubiger steht es frei, ob er sie annehmen will oder nicht; weist er sie zurück, so gerät er dadurch nicht in Annahmeverzug.

1166 Der Schuldner befindet sich somit in der gleichen Lage, in die er durch einen Rücktritt des Gläubigers versetzt wird. Er verdient deshalb auch den gleichen Schutz. In der Tat knüpfen § 323 den Rücktritt und § 281 den Schadensersatzanspruch an nahezu deckungsgleiche Voraussetzungen. Daraus folgt, dass der Gläubiger nur dann Schadensersatz statt der Leistung gemäß § 281 verlangen kann, wenn er auch gemäß § 323 zurücktreten könnte. Allerdings stellt § 281 für den Schadensersatzanspruch eine wesentliche zusätzliche Voraussetzung auf: Sie besteht darin, dass der Schuldner die Pflichtverletzung zu vertreten haben muss.

1167 Die übrigen Unterschiede im Text der beiden Vorschriften beruhen im wesentlichen darauf, dass § 323 nur für gegenseitige Verträge gilt, § 281 hingegen auf sämtliche Schuldverhältnisse (auch auf nichtvertragliche) anzuwenden ist. In der Sache laufen die beiden Vorschriften aber in so hohem Maße parallel, dass für die Voraussetzungen eines Schadensersatzanspruchs gemäß § 281 weitgehend auf dasjenige verwiesen werden kann, was zu den gleichen Voraussetzungen schon beim Rücktritt gesagt worden ist (Rn. 926 ff.).

II. Schadensersatz beim Ausbleiben der Leistung

Wir fassen auch hier – wie beim Rücktritt – zunächst nur den Fall ins Auge, in dem die Leistung des Schuldners überhaupt nicht erbracht wird, also ganz ausbleibt. **1168**

1. Fälligkeit

Bleibt die Leistung des Schuldners aus, so kann dieser Umstand nur dann zu einem Anspruch auf Schadensersatz statt der Leistung führen, wenn die Leistung im Zeitpunkt ihres Ausbleibens **fällig** war. Zur Fälligkeit im weiteren Sinne gehört es auch, dass der Anspruch auf die Leistung zu diesem Zeitpunkt **durchsetzbar** ist. In beiden Punkten liegt es hier ebenso wie beim Rücktritt. **1169**

Vgl. dazu näher Rn. 927 ff. Eine Leistung ist nicht fällig, wenn sie dem Schuldner **unmöglich** ist (§ 275 Abs. 1) oder er sie gemäß § 275 Abs. 2 oder 3 verweigern darf und verweigert hat. Andererseits kann aber nicht zweifelhaft sein, dass auch in einem solchen Fall der Gläubiger Schadensersatz statt der Leistung muss verlangen können, wenn der Schuldner die Pflichtverletzung, die im Ausbleiben seiner Leistung liegt, zu vertreten hat. Dies wird vom geltenden Recht auf ziemlich komplizierte Weise sichergestellt, nämlich zunächst durch die Vorschrift des § 275 Abs. 4, nach der sich in den Fällen des § 275 die Rechte des Gläubigers u.a. nach §§ 283, 311 a bestimmen, sodann dadurch, dass diese beiden Vorschriften ihrerseits § 281 für anwendbar erklären, freilich mit der Maßgabe, dass der Gläubiger eine Frist nicht zu setzen braucht und daher sofort Schadensersatz statt der Leistung verlangen kann, sofern der Schuldner nicht einen Entlastungsbeweis dahin führen kann, dass er das Ausbleiben der Leistung nicht zu vertreten hat. Dieser Entlastungsbeweis richtet sich nach § 280 Abs. 1 Satz 2. Anders, wenn ein Fall des § 311 a vorliegt, weil dem Schuldner die Erbringung der geschuldeten Leistung schon bei Vertragsabschluss unmöglich oder unzumutbar war: In diesem Fall muss er beweisen, dass er „das Leistungshindernis bei Vertragsabschluss nicht kannte und seine Unkenntnis auch nicht zu vertreten hat" (§ 311 a Abs. 2). Hat also der Verkäufer ein Bild verkauft, das er einem Museum als Leihgabe überlassen hatte, und wird das Bild von einem Wahnsinnigen mit Säure verätzt, so kommt es für die Richtung, in der der Entlastungsbeweis vom Verkäufer zu führen ist, darauf an, ob die Tat am Tage vor oder am Tage nach Vertragsabschluss begangen worden ist: Im ersteren Falle muss er beweisen, dass er bei Vertragsabschluss den Säureanschlag weder kannte noch kennen konnte, im zweiten Fall, dass er den Säureanschlag durch die im Verkehr erforderlichen Sorgfaltsmaßnahmen nicht hätte verhindern können. **1170**

2. Schadensersatz ohne Fristsetzung

Schadensersatz statt der Leistung kann grundsätzlich erst dann verlangt werden, wenn die Leistung trotz Fälligkeit ausgeblieben ist und sodann der Gläubiger dem Schuldner erfolglos eine angemessene Frist für die Nachholung der Leistung gesetzt hat. Oft ist aber eine solche Frist entbehrlich und **1171** der Gläubiger daher zur sofortigen Geltendmachung seines Schadensersatzanspruchs berechtigt.

1172 Hierher gehören zunächst die beiden in § 281 Abs. 2 geregelten Fälle. Danach ist die Setzung einer Frist entbehrlich, wenn der Schuldner die Leistung „**ernsthaft und endgültig**" verweigert hat (vgl. Rn. 958). Hat der Schuldner die Leistung verweigert, noch ehe sie **fällig** war, so spricht viel dafür, dass der Gläubiger auch schon vor Eintritt der Fälligkeit (und ohne Setzung einer Frist) Schadensersatz statt der Leistung verlangen kann. Denn dass er in einem solchen Fall sofort **zurücktreten** kann, ergibt sich aus § 323 Abs. 4; warum sollte er mit der Geltendmachung eines Schadensersatzanspruchs erst noch bis zum Eintritt der Fälligkeit warten müssen? Entbehrlich ist die Fristsetzung ferner dann, wenn „besondere Umstände vorliegen, die unter Abwägung der beiderseitigen Interessen die sofortige Geltendmachung des Schadensersatzanspruchs rechtfertigen". So liegt es z.B., wenn der Käufer das ihm verkaufte Tier, weil es krank geworden und dadurch ein Notfall entstanden ist, sofort selbst zum Tierarzt bringt und es dort, ohne sich an den Verkäufer zu wenden, behandeln läßt (BHG NJW 2005, 3211). „Besondere Umstände" werden in aller Regel auch bei einem **Fixgeschäft** gegeben sein, obwohl der Fall des Fixgeschäfts zwar in § 323 Abs. 2 Nr. 2, nicht aber in § 281 geregelt ist.

1173 Vgl. dazu Rn. 938 ff. und ausführlich MK-*Ernst* § 281 Rn. 50 ff. – Die Fristsetzung ist auch dann entbehrlich, wenn ein Fall des § 275 vorliegt und der Anspruch auf Schadensersatz statt der Leistung gemäß § 275 Abs. 4 auf §§ 283, 311 a gestützt wird. Sie ist ferner entbehrlich, wenn der Schuldner eine Schutzpflicht verletzt hat, dem Gläubiger deswegen die weitere Bindung an den Vertrag nicht mehr zuzumuten ist und er gemäß § 282 sofort Schadensersatz statt der Leistung verlangen darf. Auch wenn der Gläubiger von dem Vertrag – sei es mit, sei es ohne Fristsetzung – bereits wirksam zurückgetreten ist, braucht er, wenn er jetzt auch noch Schadensersatz statt der Leistung verlangen will, nicht erst noch eine Frist zu setzen.

3. Fristsetzung

1174 Ist die Setzung einer Frist erforderlich, so muss sie gemäß § 281 Abs. 1 Satz 1 von angemessener Dauer gewesen und erfolglos abgelaufen sein. Auch hier reicht es aus, wenn der Gläubiger die Frist nicht zeitlich genau bestimmt, sondern sich damit begnügt hat, den Schuldner in klaren Worten dazu aufzufordern, dass er die Leistung „unverzüglich" oder „umgehend" oder „innerhalb einer angemessenen Frist" erbringe (BGH NJW 2009, 3153). In manchen Fällen tritt eine **Abmahnung** an die Stelle einer Frist (§ 281 Abs. 3). In allen diesen Punkten verhält es sich hier ebenso wie beim Rücktritt (vgl. § 323 Abs. 1 Satz 1 und Abs. 3). Auf die Überlegungen in Rn. 941 ff. kann daher verwiesen werden.

4. Vertretenmüssen

Sämtliche Schadensersatzansprüche, die der Gläubiger auf eine Pflichtverletzung stützt – auch sein Anspruch auf Schadensersatz statt der Leistung – haben zur Voraussetzung, dass der Schuldner nicht einen Entlastungsbeweis dahin führen kann, dass er „die Pflichtverletzung nicht zu vertreten hat" oder (im Falle des § 311 a) dass er „das Leistungshindernis bei Vertragsabschluss nicht kannte und seine Unkenntnis auch nicht zu vertreten hat". Vgl. Rn. 1073.

1175

5. Inhalt des Schadensersatzanspruchs

Wenn die Leistung des Schuldners ausgeblieben ist, so wird der Gläubiger den Schadensersatz, den er jetzt statt der Leistung verlangt, in aller Regel nach der „**Differenzmethode**" berechnen, also in der Weise, dass er die eigene Leistung behält und vom Schuldner als Schadensersatz die Differenz verlangt, die zwischen dem Wert der eigenen (einbehaltenen) Leistung und dem Wert der (ausgebliebenen) Leistung des Schuldners besteht. Diese Methode der Schadensberechnung steht dem Gläubiger in jedem Falle zu Gebote. Daneben kommt für ihn allerdings auch noch die „**Austauschmethode**" in Betracht: Danach verlangt der Gläubiger als Schadensersatz die Zahlung eines Geldbetrags, der dem **vollen Wert** der ausgebliebenen Leistung des Schuldners entspricht; freilich muss er sich gleichzeitig seinerseits erbieten, Zug um Zug gegen die Zahlung dieses Betrages *seine eigene Leistung* zu erbringen. Ist allerdings der Gläubiger bereits vom Vertrag zurückgetreten, so steht ihm die Austauschmethode nicht mehr zur Verfügung. Denn durch den Rücktritt hat er sich von seiner eigenen Leistungspflicht befreit; er kann dem Schuldner die eigene Leistung nicht noch nachträglich dadurch wieder aufzwingen, dass er die Austauschmethode zur Grundlage seiner Schadensberechnung macht. Anders aber, wenn der Gläubiger den Rücktritt vom Vertrag nicht erklärt hat. In diesem Falle soll er sich für die Austauschmethode entscheiden dürfen, wenn ihm das deshalb als zweckmäßig erscheint, weil er seine eigene Leistung unbedingt loswerden will.

1176

Allerdings fragt man sich, was damit für den Gläubiger zu gewinnen ist. Ist er ein **Verkäufer**, dem der Käufer die Ware nicht abgenommen und bezahlt hat, so verschafft ihm die Austauschmethode den „vollen Wert" des Kaufpreises, also den Kaufpreis selbst, mithin nichts anderes, als er viel einfacher dadurch erlangt, dass er den Erfüllungsanspruch geltend macht und daneben den Verzögerungsschaden (also in der Regel Verzugszinsen) ersetzt verlangt. Ist der Gläubiger ein nicht belieferter **Käufer**, so verhilft ihm die Austauschmethode zu einem Geldanspruch auf den vollen Wert der Kaufsache; er selbst muss allerdings die eigene Leistung erbringen, also den Kaufpreis zahlen. Es stehen sich also zwei Geldansprüche gegenüber, die nach gegenseitiger Verrechnung zum gleichen Ergebnis wie die Differenzmethode führen. Praktische Bedeutung hat das Recht des Gläubigers zur Wahl der Austauschmethode wohl nur in dem seltenen Fall, in

1177

dem ein Tauschvertrag geschlossen ist, also zwei Sachleistungen gegeneinander auszutauschen sind. Vgl. *Looschelders* BT Rn. 666 ff. – Geht der Gläubiger wie im Regelfall nach der Differenzmethode vor, so kommt es oft entscheidend darauf an, wie sich der Wert der ausgebliebenen Leistung des Schuldners bestimmen lässt, insbesondere, ob dafür neben der „konkreten" auch die „abstrakte Schadensberechnung" zulässig ist. Vgl. dazu Rn. 1062 ff.

III. Schadensersatz beim Ausbleiben einer Teilleistung

1178 Hat der Schuldner statt der vereinbarten Leistung nur eine Teilleistung erbracht – der Verkäufer hat z.B. statt der verkauften 24 Flaschen Wein nur 16 geliefert –, so muss ihm der Gläubiger eine angemessene Frist zur Nachbringung der Restleistung setzen. Läuft die Frist erfolglos ab, so kann der Gläubiger Schadensersatz statt der Restleistung verlangen, sofern der Schuldner das Ausbleiben der Restleistung zu vertreten hat. Schadensersatz statt der **ganzen Leistung** steht dem Gläubiger in diesem Fall gemäß § 281 Abs. 1 Satz 2 nur ausnahmsweise, nämlich nur dann zu, wenn er beweisen kann, dass er „**kein Interesse**" daran hat, die bereits empfangene Teilleistung für sich genommen zu behalten (und zu bezahlen). Es liegt hier nicht anders als beim Rücktritt (vgl. § 323 Abs. 5 Satz 1; Rn. 948 ff.). Wenn der Schuldner die Restleistung deshalb nicht erbracht hat, weil ihm dies schon bei Vertragsabschluss **unmöglich** war oder später unmöglich geworden ist, so ergibt sich aus §§ 311 a Abs. 2, 283, dass der Gläubiger eine Frist für die Nachholung der Restleistung nicht zu setzen braucht – das wäre ja auch sinnlos –, dass aber § 281 Abs. 1 Satz 2 auch in diesem Falle anzuwenden ist, der Gläubiger also Schadensersatz statt der ganzen Leistung nur verlangen kann, wenn er mit der bereits erbrachten Teilleistung nichts anfangen kann und er deshalb an ihr „kein Interesse" hat. In der Praxis wird es meist so liegen, dass der Gläubiger entweder die Gründe für das Ausbleiben der Restleistung nicht kennt oder dass der Schuldner ihm Gründe nennt, von denen unsicher ist, ob sie wirklich eine Unmöglichkeit im Rechtssinne darstellen und vom Gläubiger, wenn der Schuldner später von ihnen nichts mehr wissen will, im Prozess bewiesen werden können. Hier sollte der Gläubiger sicherheitshalber eine Frist setzen. Nicht einmal das braucht er zu tun, wenn in dem Verhalten des Schuldners eine „ernsthafte und endgültige" Verweigerung der Restleistung liegt (§ 281 Abs. 2).

IV. Schadensersatz bei nicht vertragsgemäßer Leistung

Liegt die Pflichtverletzung des Schuldners darin, dass er zwar seine Leistung bewirkt hat, dies aber doch nicht so „wie geschuldet" geschehen ist, also nicht so, wie er die Leistung nach dem Vertrag hätte bewirken müssen, so muss der Gläubiger zunächst auch hier – jedenfalls im Regelfall – dem Schuldner eine angemessene Frist zur Nacherfüllung setzen. Läuft die Frist erfolglos ab, so kann er Schadensersatz statt der Leistung verlangen, und zwar in **zwei verschiedenen Formen**. Er kann entweder die unzureichende Istleistung behalten und den Schaden ersetzt verlangen, der ihm dadurch entsteht, dass der Istleistung die Sollbeschaffenheit fehlt („**kleiner Schadensersatz**"). Der Gläubiger kann aber auch **Schadensersatz statt der ganzen Leistung** („**großen Schadensersatz**") verlangen. Dann weist er die unzureichende Istleistung zurück, gibt seinen Anspruch auf eine vertragsmäßige Leistung preis und verlangt statt ihrer Schadensersatz. Darin liegt – ähnlich wie beim Rücktritt – eine Liquidation des Vertrages im ganzen, die den Schuldner härter trifft, als wenn er nur den „kleinen Schadensersatz" zu leisten hätte. Deshalb bestimmt § 281 Abs. 1 Satz 3, dass der Schuldner den Anspruch auf Schadensersatz statt der „ganzen" Leistung dadurch abwenden kann, dass er beweist, seine Pflichtverletzung sei „**unerheblich**". Es liegt hier nicht anders als beim Rücktritt. Auch er bezieht sich auf den Vertag im Ganzen; auch er ist deshalb gemäß § 323 Abs. 5 unzulässig, wenn die Pflichtverletzung „unerheblich" ist (Rn. 952).

1. Mangelhafte Kaufsache, mangelhafte Werkleistung

Der praktisch mit großem Abstand wichtigste Fall einer „nicht wie geschuldet" erbrachten Leistung liegt vor, wenn die vom Verkäufer gelieferte Kaufsache oder das vom Unternehmer hergestellte und ihm abgenommene Werk nicht derart „**frei von Sach- und Rechtsmängeln**" ist, wie sie das nach den vertraglichen Vereinbarungen und nach §§ 434 f., 633 hätten sein müssen. Nach der Grundregel des § 281 Abs. 1 Satz 1 können der Käufer und der Auftraggeber Schadensersatz statt der Leistung erst dann verlangen, wenn sie dem Verkäufer oder dem Unternehmer eine angemessene Frist für die Nacherfüllung (§§ 439, 635) gesetzt haben und diese Frist erfolglos abgelaufen ist. Es verhält sich mithin in diesem Punkt ebenso wie beim Rücktritt; daher gelten auch hier die schon oben erörterten Regeln, nach denen sich bestimmt, welche Form der Nacherfüllung verlangt werden kann, ob sie unmöglich, unzumutbar oder fehlgeschlagen ist und wie es sich mit dem Erfordernis der Setzung einer „angemessenen Frist" verhält.

Manchmal ist zweifelhaft, ob der Schaden, um dessen Ersatz es dem Käufer geht, „statt der Leistung" verlangt wird oder ob dieser Schaden von ihm als „einfacher" Schadensersatz gemäß § 280 Abs. 1 geltend gemacht werden kann. Die gleiche Frage stellt sich, wenn der Geschädigte ein Auftraggeber ist, der dem Unternehmer ein mangelhaft hergestelltes Werk abgenommen hat.

1182 Der Unterschied zwischen den beiden Schadensersatzansprüchen liegt darin, dass einfacher Schadensersatz **sofort**, Schadensersatz statt der Leistung hingegen grundsätzlich erst dann verlangt werden kann, nachdem der Käufer dem Verkäufer „erfolglos eine angemessene **Frist zur ... Nacherfüllung** bestimmt hat" (§ 281 Abs. 1 Satz 1). Diese Chance zur Nacherfüllung muss dem Verkäufer erhalten bleiben; er braucht deshalb, wenn ihm keine Frist gesetzt worden ist, diejenigen Schäden nicht zu ersetzen, die er, wäre sie ihm gesetzt worden, durch Nacherfüllung hätte abwenden können. Hat also der Käufer den Mangel der ihm gelieferten Maschine erkannt und sie, statt dem Verkäufer eine Frist zur Nacherfüllung zu setzen, kurzerhand selbst repariert, von einem Dritten reparieren lassen, sie zu einem niedrigeren Preis einem Dritten verkauft oder sich eine fehlerfreie Ersatzmaschine von einem Dritten beschafft, so kann er den Aufwand, der ihm dadurch entstanden ist, vom Verkäufer nicht ersetzt verlangen. Denn wenn man unterstellt, dass der Käufer eine Frist gesetzt und der Verkäufer vor Fristablauf nacherfüllt hätte, so wäre es zu diesem Aufwand nicht gekommen. Daher verlangt ein Käufer Schadensersatz statt der Leistung, wenn ihm ein Grundstück geliefert worden ist und er vom Verkäufer die Kosten ersetzt haben will, die ihm durch die Beseitigung eines Grundstücksmangels entstanden sind. Voraussetzung dafür ist, dass er zunächst dem Verkäufer selbst eine Chance zur Nacherfüllung gegeben hat. Anders liegt es nur dann, wenn aus besonderen Gründen dem Verkäufer ein solche Chance nicht gegeben zu werden brauchte, etwa deshalb nicht, weil er sein Grundstück für mangelfrei gehalten und deshalb jede Form der Nacherfüllung ernstlich und endgültig verweigert hat (§ 281 Abs. 2), oder wenn das Grundstück nicht die vereinbarte Fläche hatte, sein Mangel also unbehebbar und die Nacherfüllung unmöglich war. Wenn andererseits der Verkäufer die Beseitigung des Grundstücksmangels versprochen oder tatsächlich durchgeführt hat, so kann dem Käufer ein Schaden immer noch dadurch entstanden sein, dass er das Grundstück bis zur Beseitigung seines Mangels nicht nutzen oder nicht vermieten konnte oder dass wegen des Mangels sein Körper verletzt oder seine Sachen beschädigt worden sind: Hier geht es um „einfachen Schadensersatz" oder – wie man auch sagen kann – um „Schadensersatz *neben* der Leistung"; *dieser* Anspruch findet seine Grundlage in § 280 Abs. 1. Vgl. auch noch Rn. 1028 f.

1183 Die Voraussetzungen, unter denen der **Käufer**, dem eine mangelhafte Sache geliefert worden ist, Schadensersatz statt der Leistung verlangen kann, hat der Gesetzgeber in § 437 Nr. 3 zusammengefasst. Maßgeblich sind danach die Bestimmungen der §§ 440, 280, 281, 283 und 311 a. Das Gleiche gilt gemäß § 634 Nr. 4 für die Schadensersatzansprüche des **Auftraggebers** beim Werkvertrag; dabei tritt § 636 an die Stelle des § 440. Aus dem komplizierten Zusammenspiel dieser Vorschriften ergibt sich, dass es für die Wahl der richtigen Grundlage für den Schadensersatzanspruch darauf ankommt, ob der Mangel der Kaufsache oder Werkleistung noch **behebbar** ist oder nicht.

C. Schadensersatz statt der Leistung

a) **Unbehebbare Mängel.** – Unbehebbar ist der Mangel, wenn jede Art der Nacherfüllung dem Verkäufer oder Unternehmer gemäß § 275 Abs. 1 unmöglich oder gemäß §§ 275 Abs. 2 oder 3, 439 Abs. 3, 635 Abs. 3 unzumutbar ist. In der Regel liegt es hier so, dass die Unbehebbarkeit des Mangels **schon bei Vertragsabschluss** gegeben war. In diesem Falle bildet § 311 a Abs. 2 die Grundlage des Schadensersatzanspruchs: Danach können Käufer und Auftraggeber, ohne dass sie erst noch eine Frist für die Nacherfüllung zu setzen bräuchten, Schadensersatz statt der Leistung verlangen, es sei denn, dass der andere Vertragspartner beweisen kann, dass er das Leistungshindernis bei Vertragsabschluss nicht kannte und seine Unkenntnis auch nicht zu vertreten hat. 1184

Dieser Beweis ist in der Regel schwer zu führen. Denn wenn dem verkauften Grundstück die vereinbarte Fläche fehlt, das verkaufte Gemälde nicht den im Vertrag bezeichneten Urheber hat oder gekaufte Gebrauchtwagen eine höhere als die vertraglich vereinbarte Laufleistung aufweist oder sich nachträglich als „Unfallwagen" entpuppt, so steht in allen diesen Fällen schon bei Vertragsabschluss fest, dass sich der Mangel der Kaufsache nicht durch Nacherfüllung beheben lässt (Rn. 798 f.). In allen diesen Fällen wird es aber regelmäßig auf einer Verletzung der im Verkehr erforderlichen Sorgfalt beruhen, wenn der Verkäufer das verkaufte Grundstück bei den Vertragsverhandlungen größer gemacht hat als es ist, oder wenn er für das verkaufte Gemälde einen anderen als den wahren Urheber genannt, dem verkauften Gebrauchtwagen eine geringere als die wahre Laufleistung zugeschrieben oder verkannt und deshalb nicht darauf hingewiesen hat, dass es sich bei dem Wagen um einen „Unfallwagen" handelt. Selbst dieser Entlastungsbeweis nützt dem Verkäufer nichts, wenn er die Fehlerfreiheit der Kaufsache „garantiert" hat (Rn. 1109 ff.). 1185

Mitunter kommt es vor, dass die Umstände, die die Nacherfüllung unmöglich oder unzumutbar machen, erst **nach Vertragsabschluss** eintreten. In diesem Fall ist § 283 als Grundlage des Schadensersatzanspruchs heranzuziehen. Auch danach bedarf es keiner Fristsetzung für die Nacherfüllung. Der Verkäufer und der Unternehmer haften auf Schadensersatz statt der Leistung, es sei denn, dass sie den Entlastungsbeweis gemäß § 280 Abs. 1 Satz 2 führen können. 1186

b) **Behebbare Mängel.** – Ist der Mangel der Kaufsache oder Werkleistung behebbar, so beurteilen sich die Schadensersatzansprüche des Käufers und Auftraggebers nach §§ 280 und 281; hinzu kommen bei Kaufverträgen § 440, bei Werkverträgen § 636. Daraus folgt: Verlangt der Käufer oder Auftraggeber Schadensersatz statt der Leistung, so muss er zunächst eine angemessene Frist für die Nacherfüllung gesetzt haben; diese Frist muss erfolglos abgelaufen sein (§ 281 Abs. 1 Satz 1, Rn. 1174). Allerdings gibt es zahlreiche Fälle, in denen es einer solchen Frist nicht bedarf. Sie ist entbehrlich, wenn die Voraussetzungen des § 281 Abs. 2 vorliegen (Rn. 1171 f.), ebenso dann, wenn die Voraussetzungen des § 440 erfüllt sind, also der Verkäufer beide Formen der 1187

Nacherfüllung verweigert hat oder dem Käufer zwar ein Anspruch auf die eine oder andere Form der Nacherfüllung zustand, sie aber fehlgeschlagen oder dem Verkäufer unzumutbar ist (Rn. 961 ff.). Die gleiche Regel ergibt sich aus § 636, wenn eine fehlerhafte Werkleistung vom Auftraggeber abgenommen worden ist und er nunmehr gemäß § 634 Nr. 4 Ansprüche auf Schadensersatz statt der Leistung gegen den Unternehmer geltend macht. Auch wenn alle diese Voraussetzungen erfüllt sind, kann Schadensersatz statt der Leistung nicht verlangt werden, wenn der Mangel der Kaufsache oder Werkleistung **„unerheblich"** ist (§ 281 Abs. 1 Satz 3; ebenso § 323 Abs. 5 Satz 2 und dazu Rn. 953).

1188 c) **Verjährung.** – Auf Schadensersatzansprüche, die der Käufer gemäß § 437 Nr. 3 auf einen Mangel der Kaufsache stützt, kann sich der Verkäufer mit der Verjährungseinrede verteidigen. Ist eine bewegliche Sache verkauft worden, so beläuft sich die Verjährungsfrist gemäß § 438 Abs. 1 Nr. 3 in aller Regel auf zwei Jahre; diese Frist beginnt zu laufen, sobald der Verkäufer die Kaufsache dem Käufer „abgeliefert", also den Besitz daran aufgegeben hat und sie dem Verkäufer derart zugänglich ist, dass er sie untersuchen kann.

1189 Nach herrschender Meinung gilt die Zweijahresfrist des § 438 Abs. 1 Nr. 3, Abs. 2 für *sämtliche* Schadensersatzansprüche des Käufers, die er auf einen Mangel der Kaufsache stützt. Sie erfasst also auch Ansprüche, mit denen der Käufer den Ersatz eines **„Integritätsschadens"** oder **„Mangelfolgeschadens"** verlangt, also eines Schadens, der ihm infolge des Mangels der Kaufsache an seinen sonstigen (bereits vorhandenen) Rechtsgütern entsteht, etwa dadurch, dass eine andere ihm bereits gehörende Sache beschädigt oder zerstört oder er selbst körperlich verletzt wird (so z.B. *Faust* in *Bamberger/Roth* § 438 Rn. 9; MK-*Westermann* § 438 Rn. 9 f; *Gsell* JZ 2002, 1089). Sind also die Pferde des Käufers eingegangen, weil ihm der Verkäufer giftiges Pferdefutter geliefert hatte, oder hat sich der Käufer bei einem Unfall verletzt, zu dem es wegen der mangelhaften Bereifung des ihm gelieferten Autos gekommen ist, oder hat er sich an einer Krankheit angesteckt, mit der der ihm gelieferte Wellensittich behaftet war (vgl. OLG Düsseldorf NJW 1975, 453), so kann sich der Verkäufer in allen diesen Fällen auf die Verjährungseinrede berufen, wenn der Schaden, dessen Ersatz der Käufer verlangt, ihm später als 2 Jahre nach der Ablieferung der Kaufsache entstanden ist. Anders aber z.B. *Wagner* JZ 2002, 475 und 1092; *Mankowski* JuS 2006, 481, 484 ff.: Danach ist der Verkäufer – wie jede andere Vertragspartei auch – gemäß § 241 Abs. 2 „zur Rücksicht auf die Rechte, Rechtsgüter und Interessen des anderen Teils" verpflichtet. Wenn er diese Rücksichtnahmepflicht durch Lieferung einer mangelhaften Kaufsache verletzt und dadurch dem Käufer einen „Integritätsschaden" zugefügt hat, so haftet er ihm gemäß § 280 Abs. 1 auf Schadensersatz und kann sich auf Verjährung erst dann berufen, wenn die Voraussetzungen der §§ 195, 199 erfüllt sind, also der Schaden des Käufers entstanden und zu seiner Kenntnis gelangt und die gemäß § 199 Abs. 1 erst damit in Gang gesetzte dreijährige Verjährungsfrist abgelaufen ist. Richtig ist zwar, dass der Käufer den Anspruch auf Ersatz von „Integritätsschäden" in der Regel auch auf § 823 Abs. 1 stützen kann, und unstreitig ist auch, dass sich die Verjährung deliktischer Schadensersatzansprüche nach §§ 195, 199 beurteilt. Allerdings muss es der Käufer in diesem Fall hinnehmen, dass das Verschulden des Verkäufers von *ihm* zu beweisen ist (anders § 280 Abs. 1 Satz 2), ferner, dass der Verkäufer für die Fehler seiner Hilfspersonen nicht gemäß § 278 einzustehen hat, sondern gemäß § 831 den Entlastungsbeweis führen kann.

2. „Kleiner" und „großer Schadensersatz"

Sind die Voraussetzungen eines Anspruchs auf Schadensersatz statt der Leistung erfüllt, so können der Käufer und der Auftraggeber in jedem Fall den Ersatz dieses Schadens in der Weise verlangen, dass sie die mangelhafte Leistung **behalten** und den „kleinen Schadensersatz" geltend machen. Sie können stattdessen auch die mangelhafte Leistung dem Verkäufer oder Unternehmer **zurückgeben** und von ihm **Schadensersatz statt der ganzen Leistung**, also den „großen Schadensersatz" verlangen, dies allerdings nur dann, wenn die Pflichtverletzung nicht „unerheblich" ist (§ 281 Abs. 1 Satz 3). Das ist sie, wenn die Istbeschaffenheit der mangelhaften Kaufsache oder Werkleistung von ihrer Sollbeschaffenheit so stark abweicht, dass den schutzwürdigen Interessen von Käufer oder Auftraggeber nicht genügend Rechnung getragen würde, wenn sie auf den „kleinen Schadensersatz" (und die Minderung) beschränkt wären und nicht auch Schadensersatz statt der ganzen Leistung verlangen und damit den Vertrag im ganzen liquidieren könnten.

1190

Wenn der Gläubiger die mangelhafte Leistung behält und sich mit dem „**kleinen Schadensersatz**" begnügt, so liegt das entweder daran, dass es an den Voraussetzungen des „großen Schadensersatzes" fehlt oder auch daran, dass der „kleine Schadensersatz" zur Deckung des ihm entstandenen Schadens ausreicht. Worin besteht dieser Schaden und wie wird er berechnet? Ist der Gläubiger ein Käufer, so kann er in jedem Falle als „kleinen Schadensersatz" denjenigen Geldbetrag verlangen, um den die Kaufsache wegen ihres Mangels objektiv weniger wert ist, als es eine mangelfreie Kaufsache gewesen wäre. Auf die Höhe des vereinbarten Kaufpreises kommt es dabei nicht an. Ist also die Kaufsache ohne den Mangel objektiv 100 wert und mit dem Mangel 20 % weniger, also 80, so beläuft sich der „**mangelbedingte Minderwert**" auf 20, ohne Rücksicht darauf, ob der vereinbarte Kaufpreis für den Käufer günstig war, also z.B. 70, oder ungünstig, also z.B. 120 betrug. Anders liegt es, wenn der Käufer, was ihm meistens in dieser Lage ebenso möglich ist, den Kaufpreis **mindert**. Denn bei der Minderung ist es in dem Beispielsfall der **Kaufpreis**, der um 20 % reduziert wird (Rn. 975). Betrug er 70, so kann ihn der Käufer um 14, betrug er 120, so kann er ihn um 24 mindern, also um einen Betrag, der sowohl größer wie auch kleiner sein kann als der Schaden, der durch den „mangelbedingten Minderwert" ausgeglichen wird. Für den „mangelbedingten Minderwert" kommt es auch nicht darauf an, ob und mit welchem Erfolg der Käufer über die mangelhafte Kaufsache anderweitig disponiert hat. Hat er sie weiterverkauft, so kann er ihn auch dann verlangen, wenn es ihm infolge einer glücklichen Fügung, seiner besonderen Geschäftstüchtigkeit oder einer ihm günstigen Veränderung der Marktpreise gelungen ist, für sie trotz ihres Mangels einen besonders hohen Preis zu erzielen. Der Käufer kann den „kleinen Schadensersatz" aber auch „konkret" anhand der besonderen Umstände des Einzelfalls berechnen. Das tut er z.B. dann, wenn er den Mangel der Kaufsache entweder selbst behebt, oder ihn durch einen Dritten beheben lässt und den dadurch entstehenden Aufwand ersetzt verlangt. Freilich darf er dabei seine Bäume nicht in den Himmel wachsen lassen. Aus § 254 Abs. 2 ergibt sich, dass er nichts tun darf, was ein vernünftiger Mensch in gleicher Lage unterlassen hätte, um nicht den Reparaturaufwand

1191

(und damit den Schadensersatzanspruch) in unnötiger, unverhältnismäßiger oder unwirtschaftlicher Weise aufzublähen. Wie liegt es z.B., wenn dem Käufer ein mangelhafter Gebrauchtwagen geliefert worden ist und die Reparaturkosten, die er verlangt, höher sind als der Preis, den der Erwerb einer mangelfreien gleichwertigen Ersatzsache gekostet hätte (Rn. 1051)? Wie, wenn die verlangten Reparaturkosten „fiktiv" sind, nämlich dem Käufer deshalb gar nicht entstanden sind, weil er es vorgezogen hat, die Kaufsache in unrepariertem Zustand zu benutzen? Vgl. dazu Rn. 1052 f., 1156.

1192 Wenn die Istbeschaffenheit der „nicht wie geschuldet" erbrachten Leistung von ihrer Sollbeschaffenheit nicht bloß „unerheblich" abweicht (§ 281 Abs. 1 Satz 3), kann der Gläubiger anstelle des „kleinen Schadensersatzes" auch **Schadensersatz statt der ganzen Leistung**, also den „**großen Schadensersatz**" verlangen. Dann ist er berechtigt und gemäß § 281 Abs. 5 verpflichtet, dem Schuldner die mangelhafte Leistung zurückzugeben; gemäß §§ 346 ff. muss der Gläubiger außerdem, wenn er die Sache genutzt hat, den Wert der dadurch erlangten Gebrauchsvorteile und, soweit die Sache nicht mehr vorhanden oder verschlechtert ist, auch den Wert der Sache selbst erstatten (Rn. 974 ff.). Hat also der Käufer für eine Eigentumswohnung 800.000 € bezahlt, so kann er, nachdem er erfolglos eine angemessene Frist zur Beseitigung ihrer Mängel gesetzt hat, die Wohnung dem Verkäufer zurückgeben und den „großen Schadensersatz" in der Weise berechnen, dass er den gezahlten Kaufpreis zurückverlangt und sich auf diesen Betrag den Wert der Nutzungen anrechnen läßt, die er aus der Nutzung der Wohnung gezogen hat. Wie ist dieser Wert zu berechnen? Geht man davon aus, dass die Gesamtnutzungsdauer der Wohnung 80 Jahre beträgt, so beläuft sich der Wert ihrer jährlichen Nutzung auf ein Achtzigstel des Kaufpreises, also 10.000 €. Von diesem Betrag ist allerdings ein Abzug zu machen, der dem Umstand Rechnung trägt, dass die Wohnung mangelhaft war (BHGZ 164, 235).

3. Sonstige nicht vertragsgemäße Leistungen

1193 Hat der Schuldner zwar seine Hauptleistungspflichten erfüllt, aber **Nebenleistungen** nicht oder nicht wie geschuldet erbracht, so liegt auch darin eine Pflichtverletzung, die zu einem Schadensersatzanspruch des Gläubigers führen kann. Will er trotz dieser Pflichtverletzung auf dem Vertrag beharren, also die bereits empfangene Hauptleistung behalten und, soweit sie noch aussteht, Erfüllung verlangen dürfen, richtet sich sein Schadensersatzanspruch nach § 280 Abs. 1. Will er hingegen wegen der Nebenpflichtverletzung den Vertrag im ganzen liquidieren, müssen dafür zusätzliche Voraussetzungen erfüllt sein, die sich aus § 323 ergeben, wenn die Liquidation durch Rücktritt, und aus § 281, wenn sie durch Geltendmachung von Schadensersatz statt der Leistung erfolgen soll. Diese zusätzlichen Voraussetzungen sind in § 323 und § 281 weitgehend übereinstimmend geregelt; daher kann in soweit auf Rn. 968 ff. verwiesen werden. Für den Schadensersatzanspruch ist allerdings auch noch erforderlich, dass die Nebenpflichtverletzung vom Schuldner gemäß §§ 276–278, 311 a Abs. 2 Satz 2 **zu vertreten** ist.

V. Schadensersatz bei Verletzung einer Schutzpflicht

Hat der Schuldner eine **Schutzpflicht** im Sinne des § 241 Abs. 2 verletzt, so liegt es im Grunde nicht anders als im Falle der Verletzung einer Nebenleistungspflicht (Rn. 1193): Der Gläubiger kann beim Vertrag stehenbleiben und Schadensersatz gemäß § 280 Abs. 1 verlangen. Wenn er wegen der Schutzpflichtverletzung den Vertrag im Ganzen liquidieren will, so hängt dies, wenn die Liquidation durch einen Rücktritt erfolgen soll, gemäß § 324, und wenn sie durch Geltendmachung von Schadensersatz statt der Leistung erfolgen soll, gemäß § 282 übereinstimmend von der zusätzlichen Voraussetzung ab, dass der Fortbestand des Vertrages nach den Umständen dem Gläubiger „nicht mehr zuzumuten ist" (vgl. Rn. 972 f.). Natürlich ist auch hier der Schadensersatzanspruch nur dann gegeben, wenn auch noch feststeht, dass der Schuldner die Verletzung der Schutzpflicht **zu vertreten** hat.

1194

VI. Aufwendungsersatz

Wenn dem Gläubiger wegen einer Pflichtverletzung des Schuldners ein Anspruch auf Schadensersatz statt der Leistung zusteht (§§ 281–283, 311 a Abs. 2), so darf er gemäß § 284 wählen, ob er nicht den Schadensersatzanspruch preisgeben und stattdessen lieber „Ersatz der Aufwendungen verlangen [will], die er im Vertrauen auf den Erhalt der Leistung gemacht hat und billigerweise machen durfte". Für den Anspruch auf **Ersatz der Aufwendungen** wird sich der Gläubiger entscheiden, wenn die Durchsetzung des Schadensersatzanspruchs schwierig ist, sei es, weil er einen Schaden überhaupt nicht erlitten hat, sei es, weil er nicht mit der erforderlichen Bestimmtheit beweisen kann, in welcher Höhe ihm infolge der Pflichtverletzung des Schuldners tatsächlich Verluste entstanden oder Gewinne entgangen sind. Hingegen wird er in solchen Fällen oft ohne große Mühe darlegen können, dass er im Vertrauen auf die ordentliche Erfüllung des mit dem Schuldner geschlossenen Vertrages bestimmte Dispositionen getroffen hat und ihm durch sie Aufwendungen entstanden sind, die sich nachträglich, nämlich wenn der Vertrag infolge einer Pflichtverletzung des Schuldners gescheitert ist, als nutzlos („frustriert") herausstellen. So liegt es z.B., wenn eine Maschine verkauft ist und der Käufer im Vertrauen auf pünktliche und vertragsgemäße Belieferung für ihre Aufstellung vorsorglich ein Fundament gegossen oder für ihre Bedienung vorsorglich Personal geschult hat oder wenn er als Käufer

1195

das gekaufte Kraftfahrzeug auf seine Kosten zu sich hat überführen lassen oder auf seine Kosten die behördliche Zulassung des Fahrzeugs erwirkt oder es auf seine Kosten hat neu bereifen oder einen neuen Motor hat einbauen lassen. Ebenso liegt es, wenn er für die Einlagerung der gekauften Ware eigene Räume bereitgestellt oder fremde Räume angemietet oder wenn er für die bessere Vermarktung der Ware Werbeverträge mit einer Agentur bereits geschlossen oder Anzeigen in einer Zeitschrift bereits geschaltet hat. Wenn nunmehr die Lieferung ausbleibt oder im Falle der Lieferung mangelhafter Ware die Nacherfüllung, sofern sie überhaupt möglich ist, scheitert und dem Käufer infolgedessen ein Anspruch auf Schadensersatz statt der Leistung zusteht, so wird es sich ihm oft empfehlen, dass er diesen Anspruch aufgibt und stattdessen gemäß § 284 Ersatz der Aufwendungen verlangt, die ihm dadurch entstanden sind, dass er im Vertrauen auf die ordnungsmäßige Erfüllung des Vertrages Dispositionen getroffen hat, die sich jetzt – nach dem Scheitern des Vertrages – als nutzlos herausstellen.

1196 Vgl. BGHZ 163, 381. – Die Vorschrift des § 284 ist durch das Schuldrechtsmodernisierungsgesetz neu geschaffen worden und mit ihm am 1. Januar 2002 in Kraft getreten. Schon vorher hatte die Rechtsprechung dem Gläubiger dadurch geholfen, dass sie seine Aufwendungen mit Hilfe des Kunstgriffs der **„Rentabilitätsvermutung"** als Schaden deklariert hat: Es dürfe nämlich bis zum Beweis des Gegenteils davon ausgegangen werden, dass der Gläubiger durch die Ausführung des geplanten Geschäfts einen Gewinn mindestens in Höhe der Aufwendungen erzielt haben würde und die Aufwendungen aus diesem Grunde „rentabel" gewesen wären. Die Aufwendungen des Gläubigers wurden daher gleichsam als Mindestgewinn betrachtet, den er bei Durchführung des Geschäfts erzielt hätte und der ihm dadurch entgeht, dass der Schuldner den Vertrag nicht erfüllt und dadurch das Geschäft vereitelt hat (vgl. BGHZ 99, 182). Dieser Gedankengang nützte freilich solchen Gläubigern nichts, die den Vertrag mit dem Schuldner nicht deshalb abschließen, weil sie seine Leistung mit der Absicht der Gewinnerzielung kommerziell verwerten, sondern deshalb, weil sie sie für ideelle Zwecke einsetzen oder durch die Nutzung oder den Konsum der Leistung sich selbst einen privaten Genuss verschaffen wollen (BGHZ 99, 182, 198). Wer sich etwa vom Schuldner die Ausrichtung eines Hochzeitsmahls versprechen lässt, konnte, wenn der Schuldner grundlos die Vertragserfüllung verweigert hatte, von ihm nicht Ersatz der Aufwendungen verlangen, die ihm durch das Engagement einer Tanzkapelle oder eines Hochzeitsfotografen entstanden sind. Mit der neuen Regelung des § 284 sollte diese Lücke geschlossen und gleichzeitig der Rechtsprechung zur „Rentabilitätsvermutung" eine gesetzliche Grundlage gegeben werden.

1197 Dem Anspruch aus § 284 sind allerdings enge Grenzen gesteckt. Die Aufwendungen des Gläubigers müssen auf Dispositionen beruhen, die er „im Vertrauen auf den Erhalt der Leistung" des Schuldners getätigt hat. Sie müssen **nach** dem Zeitpunkt vorgenommen worden sein, in dem der Vertrag mit dem Schuldner geschlossen war oder sein Abschluss so gut wie sicher erschien; der Gläubiger muss sie ferner **vor** dem Zeitpunkt vorgenommen haben, in dem der Vertrag mit dem Schuldner bereits beendet oder seine Erfüllung nach den Umständen so unsicher geworden war, dass ein vernünftiger

Mensch in gleicher Lage auf die Erfüllung nicht mehr vertraut und Dispositionen nicht mehr getätigt hätte. Keine „Aufwendungen" im Sinne des § 284 entstehen dem Gläubiger dadurch, dass er im Vertrauen auf die Erfüllung des Vertrages das günstige Vertragsangebot eines Dritten ausgeschlagen hat: Ist ihm dadurch ein Gewinn entgangen, so muss er ihn als Schadensersatz statt der Leistung gemäß §§ 281, 252, er kann ihn nicht als Aufwendungsersatz gemäß § 284 geltend machen. Zweifelhaft ist, was § 284 meint, wenn dort nur solche Aufwendungen als ersatzfähig bezeichnet werden, die der Gläubiger „billigerweise machen durfte". Hat sich der Gläubiger die Dienste eines bekannten Diskjockeys vertraglich gesichert und daraufhin eine Diskothek gepachtet, so kann man durchaus bezweifeln, ob er, wenn der Diskjockey vertragsbrüchig wird, von ihm in vollem Umfang Ersatz der Aufwendungen verlangen kann, die ihm dadurch entstehen, dass er wegen des Ausfalls des Diskjockey auch den Pachtvertrag rückgängig gemacht hat. Wer das für unangemessen hält, wird sagen können, dass Aufwendungen in dieser Höhe, weil unverhältnismäßig, vom Gläubiger „billigerweise" nicht riskiert werden durften. Mitunter wird sich auch mit § 254 Abs. 2, also mit der Annahme helfen lassen, dass es der Gläubiger unterlassen habe, den Diskjockey rechtzeitig „auf die Gefahr eines unverhältnismäßig großen" Aufwendungsersatzes hinzuweisen, oder dass er es versäumt habe, die Aufwendungen durch das Engagement eines anderen Diskjockeys abzuwenden. Anders liegt es aber wohl, wenn der Gläubiger zuerst den Pachtvertrag und dann erst den Dienstvertrag mit dem Diskjockey abgeschlossen hätte: Wird hier der Verpächter vertragsbrüchig, so wird er gemäß § 284 dem Pächter die Aufwendungen ersetzen müssen, die ihm durch die Aufhebung des Dienstvertrages mit dem Diskjockey entstanden sind.

Schließlich entfällt ein Anspruch aus § 284 auch dann, wenn der Zweck, zu dem die Aufwendungen getätigt worden sind, „auch ohne die Pflichtverletzung nicht erreicht worden" wäre. So liegt es, wenn das Vorhaben des Gläubigers nicht nur wegen des Vertragsbruchs des Schuldners, sondern auch noch aus ganz anderen Gründen gescheitert wäre: Das Hochzeitsmahl (Rn. 1196) wäre ohnehin abgesagt worden, weil sich die Brautleute entlobt oder das Zeitliche gesegnet haben; die Diskothek (Rn. 1197) wäre ohnehin nicht aus den Startlöchern gekommen, weil dem Pächter als vorbestraftem Zuhälter die gewerberechtlich erforderliche Erlaubnis versagt worden ist.

§ 13 Erweiterung des Kreises der am Vertrag Beteiligten

A. Vertrag zugunsten Dritter

I. Allgemeines

1199 Wenn die Parteien einen Vertrag schließen, so wollen in der Regel nur sie selbst aus dem Vertrag berechtigt und verpflichtet sein. Daran ändert sich auch dann nichts, wenn vereinbart wird, dass der Schuldner die versprochene Leistung nicht an den Gläubiger, sondern an einen Dritten bewirken, also z.B. der Verkäufer die Ware nicht dem Käufer, sondern auf dessen Wunsch einem Dritten liefern soll, etwa demjenigen, dem er die Ware weiterverkauft hat. Auch in diesem Falle bleibt es dabei, dass der Verkäufer nur dem Käufer zur Lieferung verpflichtet ist. Zwar kann er seine Lieferpflicht nur dadurch erfüllen, dass er den Dritten beliefert. Aber das heißt nicht, dass die Parteien dem Dritten einen eigenen Anspruch auf Lieferung gegen den Verkäufer einräumen wollten. Um einen **Vertrag zugunsten Dritter** im Sinne der §§ 328 ff. handelt es sich erst dann, wenn die Parteien den Vertrag in der Weise schließen, dass der Dritte die von der einen Vertragspartei versprochene Leistung nicht bloß soll entgegennehmen dürfen, sondern sie aus eigenem Recht von ihm soll fordern können.

1200 Rechtsgeschichte und Rechtsvergleichung zeigen, dass die Juristen sich lange Zeit nicht vorstellen konnten, wie ein vertragsfremder Dritter ein Recht auf Erfüllung eines vertraglichen Versprechens erwerben könne, obwohl er am Abschluss des Vertrages selbst nicht beteiligt war und nicht einmal von dessen Existenz etwas zu wissen brauchte (vgl. *Kötz* EVR S. 371 ff.). Heute lässt § 328 keinen Zweifel daran, dass Verträge zugunsten Dritter zulässig sind, sofern die Parteien eine entsprechende Vereinbarung ausdrücklich getroffen haben oder ein solcher Parteiwille sich „aus den Umständen, insbesondere aus dem Zwecke des Vertrages" entnehmen lässt.

II. Rechtserwerb des Dritten

Alle vertraglichen Vereinbarungen – Kaufverträge, Mietverträge, Bankverträge, Unterhaltsverträge usw. – können als Verträge zugunsten Dritter abgeschlossen werden. Voraussetzung dafür ist, dass die eine Partei – der „Versprechende" – der anderen – dem „Versprechensempfänger" – eine Leistung an einen Dritten verspricht und Einigkeit darüber besteht, dass der Dritte ein eigenes Recht erwerben soll, die Leistung dem Versprechenden abzufordern. Sind diese Voraussetzungen erfüllt, so erwirbt der Dritte das Recht „unmittelbar", also ohne dass es dazu seines Einverständnisses oder einer Annahmeerklärung bedürfte, ja sogar dann, wenn er von dem Vertragsabschluss zu seinen Gunsten keine Kenntnis hat. Immerhin kann er das Recht, nachdem er es erworben hat, gemäß § 333 „zurückweisen"; in diesem Falle gilt es als „nicht erworben". 1201

Aus § 328 Abs. 2 ergibt sich, dass der Parteiwille nicht nur darüber entscheidet, ob der Dritte überhaupt das Recht erwerben soll, sondern auch darüber, ob er es sofort oder „nur unter gewissen Voraussetzungen", also z.B. erst nach dem Tode des Versprechensempfängers oder erst nach Erreichung eines bestimmten Lebensalters oder nur dann erwerben soll, wenn er bestimmte Urkunden vorlegen kann oder bestimmte Erklärungen abgegeben hat. Die entscheidende Frage geht freilich meist dahin, ob nach dem Willen der Parteien zugunsten des Dritten ein eigenes Recht, die Leistung zu fordern, begründet werden sollte. Dass der Dritte ein starkes Interesse am Erwerb dieses Rechts hat, reicht für sich allein nicht aus. Hat ein Bauträger einem Unternehmer die Errichtung eines Gebäudekomplexes mit 300 Wohnungen übertragen, so ist derjenige, der auf dem Nachbargrundstück ein Einkaufszentrum betreibt, zwar an der Erfüllung des Bauvertrages lebhaft interessiert, weil er sich von dem Zuzug der neuen Mieter eine Umsatzsteigerung erwarten darf. Aber dass er einen Anspruch gegen den Bauunternehmer auf Erfüllung des Bauvertrages erwirbt, war gewiss nicht von den Parteien dieses Vertrages gewollt. Ebenso wird es liegen, wenn der Vermieter in den vermieteten Räumen von einem Unternehmer ein Heizungs- oder Belüftungssystem installieren lässt: Für den Mieter begründet dieser Vertrag zwar eine Aussicht auf eine Verbesserung der Miträume, aber noch nicht ein eigenes Recht, den Einbau der Anlage von dem Unternehmer zu verlangen. Wie liegt es, wenn sich der Vermieter in dem Mietvertrag verpflichtet hat, im Falle der Veräußerung des von dem Mieter in den Mieträumen betriebenen Unternehmens das Mietverhältnis mit dem Erwerber fortzusetzen? Steht hier dem Erwerber ein eigener Anspruch auf Abschluss eines Mietvertrages und, wenn der Vermieter die Räume einem anderen vermietet hat, ein Schadensersatzanspruch zu? Hier wird alles auf die näheren Umstände ankommen, z.B. 1202 darauf, wie konkret der Inhalt des künftig abzuschließenden Mietvertrages bereits festgelegt ist.

1203 Aus §§ 330, 331 lässt sich entnehmen, dass in der Regel ein Vertrag zugunsten Dritter vorliegt, wenn sich jemand von seinem Vertragspartner deshalb eine Leistung an den Dritten versprechen lässt, weil er auf diese Weise die Versorgung oder den Lebensunterhalt des Dritten sichern will. Typisch ist der Lebensversicherungsvertrag, wie er z.B. von dem einen Ehegatten zugunsten des anderen abgeschlossen wird: Hier erwirbt der „Bezugsberechtigte" – also der überlebende Ehegatte – mit dem Tode des anderen Ehegatten einen eigenen Anspruch gegen den Versicherer auf die Versicherungsleistung (vgl. §§ 330 BGB, 159 f. VVG). Ebenso liegt es, wenn der in die Jahre gekommene Bauer den Hof seiner ältesten Tochter überträgt und sich in dem „Hofübergabevertrag" ausbedingt, dass die Tochter bestimmte Geld- oder Naturalleistungen an ihre Geschwister und ihre Eltern erbringt. Hier genügt es nicht, dass der Bauer selbst von seiner Tochter die Erfüllung ihres Versprechens verlangen kann, dies besonders dann nicht, wenn sie die Leistungen auch noch nach dem Tode ihres Vaters erbringen soll. Vielmehr wird ihm daran liegen, dass den vertragsfremden Dritten – nämlich den Geschwistern und der Bäuerin – ein eigenes Recht gegen die Tochter auf Erfüllung ihres Versprechens zustehen soll. Die gleiche Zielrichtung verfolgt ein Vertrag, durch den ein Unternehmen verkauft und dem Käufer die Verpflichtung auferlegt wird, einen Teil des Kaufpreises in der Weise zu leisten, dass er eine Rente an die Ehefrau oder an die Abkömmlinge des Verkäufers zahlt. Ebenso, wenn in einem Gesellschaftsvertrag vereinbart wird, dass nach dem Tode oder beim Ausscheiden eines Gesellschafters die übrigen Gesellschafter verpflichtet sein sollen, bestimmte Zahlungen an Familienangehörige des Ausgeschiedenen zu leisten oder seiner Witwe oder seinen Kindern den Eintritt in die Gesellschaft zu gestatten. Hierher gehört auch der Vertrag, mit dem sich ein Ehemann gegenüber seiner Frau mit einer heterologen Insemination einverstanden erklärt: Dieser Vertrag ist Vertrag zugunsten des daraufhin geborenen Kindes, durch den es eigene Unterhaltsansprüche gegen den Ehemann erwirbt (BGHZ 129, 297).

1204 Vgl. ferner aus der Rechtsprechung: BGHZ 93, 271 (Vertrag zwischen Reiseveranstalter und Fluggesellschaft kann Vertrag zugunsten des Reisenden sein, der dadurch einen eigenen Beförderungsanspruch gegen die Fluggesellschaft erwirbt); BGHZ 54, 145 (Pachtvertrag über ein Gaststättengrundstück kann Vertrag zugunsten der Brauerei sein, wenn sich der Pächter in dem Vertrag zum Bezug von Bier der Brauerei verpflichtet hat); BGH NJW 1994, 931; BGH NJW 2005, 980 (Vertrag zwischen Kontoinhaber und Bank kann Vertrag zugunsten Dritter sein, wenn das Konto auf den Namen des Dritten eingerichtet ist und sich aus den Vereinbarungen der Parteien und den Umständen ergibt, dass der Dritte Inhaber der Guthabenforderung werden sollte); BGH NJW 1975, 344 (Kaufvertrag über eine Eigentumswohnung kann Vertrag zugunsten der anderen Wohnungseigentümer der Anlage sein, wenn sich der Käufer in ihm verpflichtet hat, die

Wohnung nicht baulich zu verändern); BGHZ 89, 263 (Vertrag zwischen Eltern und
Arzt über die Behandlung ihres Kindes als Privatpatient ist Vertrag zugunsten des Kindes).

Zweifelhaft ist, ob der Vertrag, mit dem der Hersteller Waren an einen Zwischenhändler verkauft und eine bestimmte Beschaffenheit der Ware zugesichert hat, Vertrag zugunsten des Kunden sein kann, der seinerseits vom Zwischenhändler gekauft hat. Das hätte zur Folge, dass der Kunde, wenn er durch die fehlerhafte Beschaffenheit der Ware einen Schaden erlitten hat, Ersatz unmittelbar vom Hersteller verlangen könnte. Die Frage wird aber grundsätzlich verneint (BGH NJW 1974, 1503). Anders liegt es, wenn der Hersteller für das Produkt eine **Beschaffenheitsgarantie** übernommen hat, und sich dem Vertrag, den er mit dem Zwischenhändler geschlossen hat, entnehmen lässt, dass die Garantie zugunsten des Kunden übernommen sein sollte (BGHZ 75, 75). Anders auch dann, wenn sich den Umständen entnehmen lässt, dass eine Garantievereinbarung unmittelbar zwischen dem Hersteller und dem Verbraucher zustande gekommen ist (BGHZ 78, 369; BGH NJW 1981, 2248; Rn. 591, 1109 ff.). 1205

Vom Vertrag zugunsten Dritter ist der **Vertrag mit Schutzwirkung für Dritte** zu unterscheiden (Rn. 514 ff.). Durch ihn wird der Dritte nicht berechtigt, von der einen Vertragspartei eine Leistung zu fordern, sondern nur dazu, Schadensersatz zu verlangen, wenn die Partei eine Pflicht verletzt hat, die sie auch gegenüber dem Dritten zu beachten hatte. In der Regel sind es Schutzpflichten im Sinne des § 241 Abs. 2, deren Verletzung zu einem Schadensersatzanspruch des Dritten führt. Es kommt aber auch vor, dass einem Dritten die ordentliche Erfüllung einer Leistungspflicht geschuldet wird. Das ist vor allem dann der Fall, wenn Dienste versprochen werden, also eine Vertragspartei Auskünfte erteilen, ein Gutachten erstatten oder ein Geschäft besorgen soll und ihr bei Vertragsabschluss bekannt oder erkennbar ist, dass von einer Pflichtverletzung ein Dritter betroffen sein wird. (Rn. 520 ff.). 1206

III. Haftungsbeschränkungen zugunsten Dritter

Bei einem Vertrag zugunsten Dritter liegt der Vorteil des begünstigten Dritten darin, dass er das Recht erlangt, von einer Vertragspartei eine **Leistung zu fordern**. Kann er durch den Vertrag auch in der Weise begünstigt werden, dass er das Recht erlangt, sich auf den Anspruch einer Vertragspartei mit einer **Einwendung oder Einrede zu verteidigen?** 1207

Solche vertraglichen Haftungsbeschränkungen zugunsten Dritter sind im BGB nicht geregelt und schon gar nicht verboten. Also sind sie nach dem Prinzip der Vertragsfreiheit zulässig, wenn sich ein entsprechender Parteiwille feststellen lässt. In der Tat nimmt die Rechtsprechung an, dass der Vertrag, in dem sich die eine Partei zu ihren Gunsten eine Beschränkung ihrer Haftung gegenüber der anderen ausbedungen hat, dahin auszulegen sein 1208 kann, dass sich auf diese Haftungsbeschränkung auch ein Dritter berufen kann, wenn er von der anderen Partei in Anspruch genommen wird. Voraussetzung dafür ist, dass die Partei an einer solchen Begünstigung des Dritten ein erkennbares Interesse hat. Das ist in aller Regel dann anzunehmen, wenn der Dritte ein Arbeitnehmer der Partei ist oder wenn es sich zwar um einen selbständigen Unternehmer handelt, dieser aber von der Partei zur Erfüllung ihrer Vertragspflichten regelmäßig und typischerweise als ihr Erfüllungsgehilfe eingesetzt wird. Hat sich z.B. ein Bewachungsunternehmer in dem Vertrag mit einer Baufirma zur Bewachung einer Baustelle verpflichtet und sich darin ihr gegenüber wirksam von seiner Haftung für bestimmte Schäden freigezeichnet, so können sich auch seine angestellten Wachleute auf die Freizeichnung berufen, wenn sie von der Baufirma aus unerlaubter Handlung in Anspruch genommen werden.

1209 So BGH NJW 1962, 388. Vgl. auch BGH NJW 2010, 1592 und BGHZ 49, 278: Sind die Ansprüche eines Autovermieters gegen den Mieter gemäß § 558 a.F. – heute: gemäß § 548 – verjährt, so kann sich auch der Arbeitnehmer des Mieters mit der Verjährungseinrede verteidigen, wenn er das ihm von seinem Arbeitgeber überlassene Mietfahrzeug fahrlässig beschädigt hat und deshalb dem Vermieter gemäß § 823 Abs. 1 Schadensersatz leisten soll. Erhebliche praktische Bedeutung haben solche Haftungsbeschränkungen zugunsten Dritter im Transportrecht: Hat sich ein Spediteur verpflichtet, die Versendung von Waren seines Auftraggebers zu besorgen, so können sich auf die Haftungsbeschränkungen und Verjährungsregeln, mit denen sich der Spediteur im Falle einer Beschädigung der Ware auf die Klage des Auftraggebers verteidigen könnte (vgl. §§ 461, 463 HGB), auch die Leute des Spediteurs berufen, wenn sie es sind, die vom Auftraggeber verklagt werden, ebenso selbständige „Logistikunternehmer", die der Spediteur als Frachtführer, Unterfrachtführer oder Lagerhalter zur Erfüllung seiner Vertragspflichten eingesetzt hat (vgl. BGHZ 130, 223).

IV. Wirkungen des Vertrags zugunsten Dritter

1210 Wer in einem Vertrag eine Leistung an einen Dritten verspricht, wird dadurch zwar Schuldner des Dritten, aber nicht sein Vertragspartner. Vertragspartner des Versprechenden ist allein der Versprechensempfänger. Hat also ein Verkäufer die Lieferung einer Kaufsache dem Käufer versprochen und ist gleichzeitig vereinbart, dass ein Dritter aus eigenem Recht von dem Verkäufer die Lieferung verlangen kann, so fragt sich, welche Ansprüche dem Käufer (dem Versprechensempfänger) und dem Dritten gegen den Verkäufer (den Versprechenden) zustehen und wie sich der Verkäufer auf den Lieferanspruch des Dritten verteidigen kann.

1211 Aus § 335 ergibt sich, dass der Käufer auch in diesem Fall vom Verkäufer verlangen kann, dass er die Ware liefere, zwar nicht an ihn, aber doch an den Dritten. Hat der Verkäufer den Dritten verspätet oder gar nicht beliefert, so kann der Käufer von ihm Schadensersatz verlangen, und zwar durch Zah-

A. Vertrag zugunsten Dritter 1211–1214

lung an sich, soweit der Schaden ihm, durch Zahlung an den Dritten, soweit der Schaden diesem entstanden ist. Auch kann er die Zahlung des Kaufpreises zurückhalten, solange ihm wegen der unterbliebenen Belieferung des Dritten die Einrede des nicht erfüllten Vertrages zusteht. Zweifelhaft ist, ob der Käufer den Vertrag anfechten oder von ihm wegen einer Pflichtverletzung des Verkäufers zurücktreten und damit auch den Lieferanspruch des Dritten zum Erlöschen bringen kann. Im allgemeinen wird diese Frage bejaht. Ist also der Käufer beim Abschluss des Kaufvertrages vom Verkäufer arglistig getäuscht worden oder hat der Verkäufer ernsthaft und endgültig die Erfüllung des Kaufvertrages verweigert, so kann der Käufer gemäß § 123 anfechten oder gemäß § 323 ohne Fristsetzung zurücktreten und gemäß §§ 812 oder 346 die Rückleistung des etwa schon bezahlten Kaufpreises verlangen. Der Dritte verliert also seinen Lieferungsanspruch, ohne dass er gefragt zu werden braucht. Freilich regiert auch hier die Vertragsfreiheit. Gemäß § 328 Abs. 2 kann durchaus (konkludent) vereinbart sein, dass der Lieferanspruch des Dritten nicht ohne seine Zustimmung soll aufgehoben werden können, so z.B. dann nicht mehr, wenn er in schutzwürdigem Vertrauen auf seinen Lieferanspruch Dispositionen getroffen, also die ihm zu liefernde Ware bereits weiterverkauft hat (vgl. RGZ 102, 275).

Der Dritte ist zwar nicht Vertragspartner des Verkäufers, kann aber gleichwohl, weil ihm ein eigener Lieferanspruch zusteht, von ihm Erfüllung, und wenn die Ware fehlerhaft ist, Nacherfüllung, ferner auch den Ersatz des Verzögerungsschadens verlangen. Ob er auch zurücktreten oder Schadensersatz statt der Leistung verlangen kann, ist streitig, weil er dadurch auch den an sich fortbestehenden Lieferanspruch des Käufers beseitigt (vgl. § 281 Abs. 4) und ihn mit der Rückforderung des bereits bezahlten Kaufpreises belastet. Auch hier wird es letztlich auf die Umstände des Einzelfalls und des aus ihm zu erschließenden vermutlichen Parteiwillens ankommen. 1212

Der Verkäufer kann sich auf den Lieferanspruch mit allen Einwendungen verteidigen, die er aufgrund des Vertrages dem Käufer entgegenhalten könnte, wenn dieser ihn auf Lieferung in Anspruch nähme. Das ergibt sich aus § 334. Wenn also der Verkäufer dem Käufer nicht zu liefern braucht, weil er von ihm die versprochene Anzahlung auf den Kaufpreis nicht erhalten hat und er daher die Einrede aus § 320 erheben könnte, so steht ihm diese Einrede auch gegenüber dem Dritten zu. Er kann die Belieferung des Dritten endgültig ablehnen, wenn er den Kaufvertrag gemäß §§ 119, 123 angefochten hat oder wegen des Zahlungsverzuges des Käufers gemäß § 323 von dem Vertrag zurückgetreten ist. 1213

Auch § 334 ist nur eine Auffangregelung, die nicht angewendet werden darf, wenn sich ein abweichender Wille der Parteien feststellen lässt. So lag es in BGHZ 93, 271: Eine Fluggesellschaft hatte einem Reiseveranstalter Plätze in bestimmten von ihr geplanten Flügen „verchartert"; dabei wusste sie, dass der Veranstalter die Plätze seinen Reisenden 1214 überlassen und dass diese den gesamten Reisepreis, damit auch den Flugpreis, schon vor Antritt der Reise vorausbezahlen würden. Einem der Reisenden verweigerte die Fluggesellschaft den Rückflug nach Deutschland, weil der Veranstalter zahlungsunfähig geworden und ihr den vereinbarten Charterpreis schuldig geblieben war. Steht dem Reisenden gleichwohl ein Anspruch gegen die Fluggesellschaft auf Beförderung zu? Kann er von ihr, nachdem sie ihm die Beförderung verweigert hat, Schadensersatz statt der Leistung, nämlich Ersatz des Flugpreises verlangen, den er einer anderen Fluggesellschaft für den Rückflug bezahlt hat? Der BGH hat beide Fragen bejaht: Der Chartervertrag sei Vertrag zugunsten des Reisenden, dem dadurch ein eigener Beförderungsanspruch entstanden sei. Die Einrede aus § 320 habe die Fluggesellschaft zwar dem Veranstalter, aber trotz § 334 nicht dem Reisenden entgegenhalten können, weil ihr bewusst gewesen sei, dass die Reisenden bei Abschluss des Reisevertrages „von einem einredefreien Beförderungsanspruch gegen die Beklagte ausgingen und ausgehen durften." Vgl. auch Rn. 522 f.

B. Abtretung

I. Allgemeines

1215 Für eine Wirtschaftsordnung, die auf einem entwickelten Geld- und Kreditverkehr beruht, ist die freie Übertragbarkeit einer Forderung etwas Selbstverständliches. Ebenso, wie ein Eigentümer einem anderen seine Sachen übereignen kann, muss er auch eine Forderung, die ihm gegen seinen Schuldner zusteht, auf einen anderen übertragen, also den anderen zum neuen Gläubiger der Forderung machen können. Dies geschieht durch eine **Abtretung**, also – wie sich aus § 398 Satz 1 ergibt – durch einen **Vertrag**, der zwischen dem bisherigen Gläubiger (dem **Zedenten**) und dem neuen Gläubiger (dem **Zessionar**) abgeschlossen wird und nichts weiter zum Inhalt hat, als dass „der neue Gläubiger an die Stelle des bisherigen Gläubigers" treten und dadurch zum neuen Inhaber der abgetretenen Forderung werden soll (§ 398 Satz 2). Über den Schuldner der abgetretenen Forderung verliert § 398 kein Wort. Daraus folgt, dass es für die Wirksamkeit einer Abtretung auf eine Einwilligung oder Genehmigung des Schuldners nicht ankommt, die Abtretung also über seinen Kopf hinweg vorgenommen werden kann und auch dann gültig ist, wenn Zedent und Zessionar sie ihm bewusst verheimlicht haben. Eine solche „**stille Zession**" ist allerdings für den neuen Gläubiger nicht ungefährlich, weil der Schuldner, der in Unkenntnis der Abtretung an den bisherigen vermeintlichen Gläubiger zahlt, dadurch auch gegenüber dem neuen Gläubiger von seiner Schuld befreit wird (§ 407 Abs. 1; Rn. 1252 ff.).

1216 Eine Forderung wird nie grundlos abgetreten. Vielmehr wird sie abgetreten, weil der Zedent sie dem Zessionar verkauft oder geschenkt oder weil er mit dem Zessionar vereinbart hat, dass er sie für seine Rechnung beim

B. Abtretung   1216–1220

Schuldner einziehen und ihm den eingezogenen Betrag – meist nach Abzug einer Provision – erstatten soll („**Inkassozession**").

Von der Inkassozession ist die **Einziehungsermächtigung** zu unterscheiden. Bei ihr findet ein Gläubigerwechsel nicht statt. Vielmehr ermächtigt der Inhaber der Forderung seinen Vertragspartner lediglich dazu, die Forderung in eigenem Namen gegen den Schuldner geltend zu machen, notfalls auch durch Erhebung einer Klage. Leistet der Schuldner an den zur Einziehung Ermächtigten, so wird er dadurch befreit, zwar nicht gemäß § 362 Abs. 1, weil er an seinen Gläubiger geleistet hätte, wohl aber gemäß § 362 Abs. 2, weil er zwar an einen Dritten geleistet hat, dieser Dritte aber aufgrund einer Einwilligung des Gläubigers zur Einziehung der Forderung befugt war (§ 185 Abs. 1; vgl. MK-*Roth* § 398 Rn. 46). 1217

Besonders große praktische Bedeutung hat die Abtretung dort, wo sie zum Zweck der Sicherung des Zessionars erfolgt. Durch eine solche **Sicherungsabtretung** soll dem Zessionar die Möglichkeit verschafft werden, sich aus der ihm abgetretenen Forderung für den Fall zu befriedigen, dass der Zedent eine Schuld nicht erfüllen, dem Zessionar also z.B. einen Kaufpreis nicht zahlen oder einen Kredit nicht tilgen oder verzinsen kann. 1218

In allen diesen Fällen bildet der wirtschaftliche Zweck, der der Abtretung zugrundeliegt, den Gegenstand einer besonderen vertraglichen Vereinbarung, die zwar ebenfalls zwischen Zedent und Zessionar zustande kommt, aber von dem Abtretungsvertrag zu unterscheiden ist. Ist z.B. eine Forderung verkauft worden, so wird der Verkäufer durch den Kaufvertrag zur Übertragung der Forderung zunächst nur **verpflichtet**; durch die Abtretung **erfüllt** er die Verpflichtung, indem er über die verkaufte Forderung zugunsten des Käufers **verfügt**, nämlich ihn zum neuen Inhaber der Forderung macht. Diese Unterscheidung zwischen den beiden Geschäften leuchtet ohne weiteres ein, wenn zwischen dem Kaufvertrag (oder dem sonstigen „Grundgeschäft") und der Abtretung als dem „Erfüllungs-" oder „Verfügungsgeschäft" ein zeitlicher Abstand liegt. Der Unterschied muss aber auch dann beachtet werden, wenn „Grundgeschäft" und Abtretung gleichzeitig vorgenommen werden. Denn das deutsche Recht geht – anders als viele ausländische Rechtsordnungen – auch im Recht der Forderungsabtretung vom „**Trennungsprinzip**" und vom „**Abstraktionsprinzip**" aus, also davon, dass die beiden Geschäfte nicht nur voneinander unterschieden („getrennt") werden müssen, sondern auch rechtlich voneinander unabhängig sind. 1219

Deshalb ist grundsätzlich davon auszugehen, dass die Abtretung einer Forderung auch dann wirksam ist oder wirksam bleibt, wenn der Kaufvertrag oder das sonstige „Grundgeschäft", auf dem sie beruht, aus irgendeinem Grunde unwirksam, nicht zustande gekommen oder rückgängig gemacht worden ist. In der Praxis kommt es dazu aber nur sehr selten. Ist z.B. das „Grundgeschäft" gemäß § 138 nichtig oder gemäß § 123 angefochten worden, so wird in aller Regel auch die Abtretung nichtig oder angefochten sein. Auch ist anerkannt, dass die Parteien das „Grundgeschäft" und die Abtretung durch ausdrückliche oder stillschweigende Veinbarung derart miteinander verknüpfen 1220 können, dass die Mängel des einen Vertrags auch den anderen mangelhaft machen, beide Verträge also gemeinsam stehen und fallen sollen. Ist z.B. von den Parteien ein Darlehensvertrag geschlossen und dem Darlehensgeber zur Sicherung seines Anspruchs vom Schuldner eine Forderung abgetreten worden, so ist, wenn das Darlehen nicht ausgezahlt wird und der Anspruch auf Darlehensrückzahlung nicht entsteht, auch die Abtretung als unwirksam anzusehen (so BGH NJW 1982, 275; vgl. dazu *Jauernig* NJW 1982, 268 und *Bähr* NJW 1983, 1473; vgl. auch MK-*Roth* § 398 Rn. 25, 109 ff.).

1221 Die gesetzliche Regelung in §§ 398 ff. geht ebenso wie der folgende Text davon aus, dass Abtretung und „Grundgeschäft" eine bestimmte einzelne Forderung betreffen. Für die moderne Entwicklung kennzeichnend ist aber, dass sich Abtretung und „Grundgeschäft" häufig auf ganze „Forderungspakete", also zugleich auf Dutzende oder gar Hunderte von Forderungen beziehen, von denen jede einen anderen Schuldner haben, über einen anderen Betrag lauten und zu einem anderen Zeitpunkt fällig werden kann und von denen manche bereits entstanden sind, andere erst künftig entstehen werden.

1222 So kann es z.B. bei **Factoring-Verträgen** liegen. Sie werden abgeschlossen, wenn ein Hersteller oder Händler Kaufpreisforderungen, die ihm gegen seine Kunden zustehen und zu ganz unterschiedlichen künftigen Zeitpunkten fällig werden, schon heute zu Geld machen will. Er wird sie in diesem Falle an einen Factoring-Unternehmer – meist eine Bank – verkaufen, und zwar für einen Preis, der deshalb niedriger ist als der Nennwert der verkauften Forderungen, weil der Factoring-Unternehmer Zinsen für die Bevorschussung der Forderungen und außerdem eine Gebühr in Rechnung stellt, die ihn für die Mühe der Forderungseintreibung entschädigt, ferner dafür, dass er – so beim **echten Factoring** – auch das Risiko der Zahlungsunfähigkeit der Schuldner trägt. Vgl. dazu näher MK-*Roth* § 398 Rn. 164 ff. – Zur Übertragung ganzer Forderungspakete kommt es besonders häufig bei **Sicherungsabtretungen**. Zu ihnen zählt die sogenannte „**Globalzession**", bei der eine Bank, die ihrem Schuldner einen Kredit gewährt hat, ihren Anspruch auf Verzinsung und Tilgung des Kredits dadurch „besichert", dass sie sich von ihm Forderungen abtreten lässt, die ihm gegenüber seinen Kunden schon heute zustehen oder künftig zustehen werden. Dabei wird der Kreis der abgetretenen Forderungen nach „globalen" Merkmalen bestimmt, also z.B. vereinbart, dass alle Forderungen gegen solche Kunden erfasst sein sollen, denen der Zedent bestimmte Waren während eines bestimmten Zeitraums geliefert hat oder künftig liefern wird. „Grundgeschäft" einer solchen Globalzession ist eine Sicherungsvereinbarung, die in der Regel einen Bestandteil des Kreditvertrages bildet und im Einzelnen festlegt, unter welchen Voraussetzungen die Bank zur „Freigabe" und damit zur Rückabtretung nicht mehr benötigter Forderungen verpflichtet und wann sie berechtigt sein soll, die bis dahin „stille" Zession offenzulegen, also sich den Schuldnern der abgetretenen Forderungen als Gläubigerin zu erkennen zu geben und Zahlung an sich zu verlangen. Um eine weitere Form der Sicherungsabtretung handelt es sich, wenn ein Verkäufer Waren unter Vereinbarung eines „**verlängerten Eigentumsvorbehalts**" verkauft, also den Käufer zwar ermächtigt, die Waren im ordnungsmäßigen Geschäftsgang seinen Kunden zu verkaufen und zu übereignen, aber sich gleichzeitig vom Käufer schon jetzt – also im Voraus – die daraus künftig entstehenden Kaufpreisforderungen abtreten lässt. Vgl. Rn. 570, 1232 und MK-*Roth* § 398 Rn. 135 ff. Wie bei allen Sicherungsabtretungen handelt es sich auch hier – jedenfalls zunächst – um eine „stille Zession". Der Kunde erfährt also von ihr nichts. Darüber hinaus erteilt der Sicherungszessionar in aller Regel dem Zedenten eine Einziehungsermächtigung (Rn. 1217), indem er ihm gestattet, die Forderung, obwohl sie ihm nicht mehr zusteht, bei seinen Kunden einzuziehen. Zweifelhaft ist, ob durch eine solche Einziehungsermächtigung auch der Fall erfasst wird, in dem der Ermächtigte die Forderungen nicht bei seinen Kunden einzieht, sondern sie durch den Verkauf an einen Factoring-Unternehmer zu Geld macht (vgl. dazu BGHZ 72, 15; BGHZ 75, 391; BGHZ 82, 50 und 283). – Factoring-Verträge und Sicherungsabtretungen aller Art sind regelmäßig hochkomplizierte Geschäftstypen, deren Inhalt meist durch AGB festgelegt wird, die zunächst von der Kautelarjurisprudenz erarbeitet und sodann von der Rechtsprechung gemäß § 307 überprüft werden. Einzelheiten gehören in das Kreditsicherungsrecht.

II. Gültigkeit der Abtretung

1. Materielle Gültigkeit

Wie jeder andere Vertrag ist auch eine Abtretung unwirksam, wenn sie gegen ein gesetzliches Verbot oder die guten Sitten verstößt (§§ 134, 138). Sittenwidrig ist die Abtretung, wenn sie nach den Umständen dazu führt, dass durch sie der Zedent „jegliche Freiheit für eigene wirtschaftliche und kaufmännische Entscheidungen" verliert (BGHZ 19, 12; BGH NJW 1995, 1668). Gesetzwidrig ist die Abtretung der Honorarforderungen von Rechtsanwälten, Ärzten, Wirtschaftsprüfern und anderen zur Verschwiegenheit verpflichteten Personen. Denn sie müssten dem Zessionar, damit er die abgetretene Honorarforderung gegen den Schuldner durchsetzen kann, mit Informationen über Anlass, Art und Umfang der honorarpflichtigen Tätigkeit versorgen; darin läge aber eine strafbare Verletzung ihrer Verschwiegenheitspflicht (vgl. BGH NJW 1993, 1912; BGHZ 122, 115; BGH NJW 2007, 1196, ferner § 49 b Abs. 4 BRAO). Unwirksam ist eine Abtretung auch dann, wenn sie in einer AGB-Klausel erklärt wird, die so „ungewöhnlich" ist, dass der Kunde des Verwenders mit ihr „nicht zu rechnen" braucht (§ 305 c Abs. 1), oder wenn die Abtretungsklausel ihn „entgegen den Geboten von Treu und Glauben unangemessen benachteiligt" (§ 307 Abs. 1). Das kann z.B. dann der Fall sein, wenn ein Verkäufer seine Kaufpreisforderung nicht nur durch einen Eigentumsvorbehalt, sondern auch noch dadurch sichert, dass er sich in einer AGB-Klausel vom Käufer den pfändungsfreien Teil seiner Lohn-, Gehalts- und Versorgungsansprüche abtreten lässt (OLG Karlsruhe NJW 1981, 405; vgl. auch BGHZ 108, 98, 104). Ungültig ist eine Abtretung auch dann, wenn der Zedent oder der Zessionar bei Vertragsabschluss nicht geschäftsfähig oder nicht wirksam vertreten war oder die Abtretung wegen arglistiger Täuschung gemäß § 123 angefochten hat. Zwar muss stets bedacht werden, dass die Abtretung als „Verfügungsgeschäft" lediglich auf den Übergang der Forderung auf den neuen Gläubiger abzielt und vom „Grundgeschäft" unterschieden werden muss. Meist wird aber der Ungültigkeitsgrund, um den es geht, sowohl den einen wie den anderen Vertrag zu Fall bringen.

2. Gutgläubiger Erwerb der abgetretenen Forderung?

1224 Unwirksam ist die Abtretung ferner dann, wenn im Zeitpunkt der Abtretung der Zedent nicht Inhaber der abgetretenen Forderung ist. Das kann daran liegen, dass die Forderung nie existiert hat oder dass sie im Zeitpunkt der Abtretung vom Schuldner bereits bezahlt und deshalb erloschen war, oder auch daran, dass die Forderung zwar im Zeitpunkt der Abtretung existiert hat, aber nicht dem Zedenten, sondern einem Dritten zustand. In allen diesen Fällen erwirbt der Zessionar die Forderung selbst dann nicht, wenn er gutgläubig war, also den Zedenten ohne jede Fahrlässigkeit für den Inhaber der Forderung gehalten hat. Kraft guten Glaubens kann jemand zwar das Eigentum an einer Sache vom Nichteigentümer erwerben (§§ 932 ff., 892 f.), nicht aber eine Forderung von jemandem, der im Zeitpunkt der Abtretung nicht oder nicht mehr ihr Inhaber ist. Das liegt daran, dass sich der gute Glaube des Erwerbers einer Sache auf den Besitz des Veräußerers oder auf seine Eintragung im Grundbuch gründet und deshalb mehr Schutz verdient als der gute Glaube eines Zessionars, der sich allenfalls auf die Beteuerungen des Zedenten, er sei Inhaber der Forderung, verlassen hat.

1225 Anders liegt es nur dann, wenn die Forderung in einer vom Schuldner stammenden **Urkunde** – in einem Schuldschein – verbrieft ist und dem Zessionar unter Vorlage der Urkunde abgetreten wird. Vgl. dazu den eng begrenzten Ausnahmefall des § 405. – Ein stärkerer Gutglaubensschutz besteht, wenn die Forderung in einer Inhaberschuldverschreibung, einem Wechsel oder einem Scheck verbrieft ist. Vgl. §§ 793 ff. BGB, Art. 17 Wechselgesetz, Art. 22 Scheckgesetz.

3. Unabtretbare Forderungen

1226 Auch wenn sich die Parteien über den Übergang der Forderung geeinigt haben, erwirbt sie der Zessionar gleichwohl nicht, wenn sie wegen ihrer Beschaffenheit nicht **abgetreten werden kann**, sei es, weil eine Rechtsnorm die Unabtretbarkeit vorschreibt, sei es, weil ihre Abtretbarkeit durch eine Vereinbarung zwischen dem Schuldner und dem Zedenten ausgeschlossen ist. Auch hier hilft dem Zessionar sein guter Glaube nicht: Er erwirbt die Forderung auch dann nicht, wenn er sie ohne Fahrlässigkeit für abtretbar gehalten hat.

1227 a) **Lohn-, Gehalts- und Versorgungsansprüche.** – Forderungen sind unabtretbar, soweit sie dem Zedenten ein Existenzminimum sichern sollen. Diesem Zweck dienen die Vorschriften der §§ 850 ff. ZPO, in denen Lohn-, Gehalts- und Versorgungsansprüche als (teilweise) unpfändbar bezeichnet werden. § 400 verlängert diesen Schutz in das Abtretungsrecht hinein: Wer Forderungen hat, die seine Gläubiger nicht im Wege der Zwangsvollstreckung pfänden können, soll sie zu seinem eigenen Schutz auch nicht freiwillig – durch eine Abtretung – auf einen anderen übertragen können.

B. Abtretung 1228–1230

Allerdings ist der Wortlaut des § 400 weiter geraten als es nach dem Zweck der Vorschrift gerechtfertigt ist: Hat der Zessionar Leistungen an den Zedenten erbracht, die den Leistungen wirtschaftlich gleichwertig sind, die der Zedent aufgrund seiner Lohn- oder Unterhaltsansprüche von seinem Arbeitgeber oder Unterhaltsschuldner fordern konnte, so können diese Ansprüche trotz § 400 an den Zessionar abgetreten werden (BGHZ 59, 109, 115). 1228

b) „Persönliche" Forderungen. – Aufgrund einer Abtretung tritt an die Stelle des alten Gläubigers ein neuer, ohne dass es auf die Zustimmung des Schuldners ankommt. Ihm wird es oft gleichgültig sein, dass er seine Leistung nunmehr an einen anderen als den ursprünglichen Gläubiger erbringen muss, dies besonders dann, wenn er Geld schuldet. Manchmal hat der Schuldner aber ein starkes Interesse daran, nur seinem ursprünglichen Gläubiger verpflichtet zu sein. In solchen Fällen kann er sich gegen einen Gläubigerwechsel dadurch schützen, dass er mit seinem Gläubiger die Unabtretbarkeit der Forderung vereinbart (Rn. 1233 ff.). Aber auch dann, wenn es an einer solchen Vereinbarung fehlt, sind Forderungen unabtretbar, wenn – so drückt es § 399 etwas umständlich aus – „die Leistung an einen anderen als den ursprünglichen Gläubiger nicht ohne Veränderung ihres Inhalts erfolgen kann". So liegt es besonders dann, wenn der Schuldner Dienstleistungen zu erbringen hat: Für einen Schriftsteller, Rechtsanwalt oder Showmaster macht es einen Unterschied, welchem Verleger, Mandanten oder Rundfunksender er seine Leistung zu erbringen hat; er muss sich deshalb nicht gefallen lassen, dass ihm ohne seine Zustimmung ein anderer Gläubiger aufgedrängt wird, er also den Roman für einen anderen Verleger schreiben, einen anderen Mandanten beraten oder die Show für einen anderen Sender produzieren muss (vgl. §§ 613 Abs. 2, 664 Abs. 2, aber auch § 613 a). Auch ein Vermieter pflegt sich seinen Mieter sorgfältig nach persönlichen Merkmalen auszusuchen (vgl. §§ 540, 553). Tritt ein Käufer oder Auftraggeber seine Ansprüche auf Lieferung der Kaufsache, Herstellung des Werkes oder auf Nacherfüllung ab, so kommt es darauf an, ob der Verkäufer oder Unternehmer durch eine Leistung an den Zessionar nach den Umständen des Falles stärker belastet oder größeren Risiken ausgesetzt wird oder ob sie aus anderen Gründen etwas inhaltlich Anderes als das ursprünglich Vereinbarte leisten müssen (vgl. BGHZ 96, 146, 149: Abtretbarkeit eines Anspruchs auf Nacherfüllung bejaht). 1229

c) Unbestimmte und künftige Forderungen. – Bei einer Abtretung muss – wie bei jedem Verfügungsgeschäft – die Forderung, um die es geht, „bestimmt" oder doch wenigstens „bestimmbar" sein. An dieser Bestimmtheit fehlt es, wenn vereinbart ist, dass der Zedent „eine seiner Forderungen gegen den Kunden X" abtreten soll. Zwar reicht es aus, wenn er „alle seine Forderungen gegen den Kunden X" abtritt; dagegen genügt es nicht, wenn vereinbart ist, dass er alle seine Forderungen gegen den Kunden X „in Höhe von 50.000 €" 1230 abtritt, weil dann unklar ist, welche Forderungen zu welchem Teil von der Abtretung erfasst sein sollen.

1231 Steht fest, welche Forderungen abgetreten sind, so macht es nichts, dass sie im Zeitpunkt der Abtretung noch nicht durchsetzbar, nämlich noch nicht fällig sind, ihre Höhe noch nicht feststeht oder eine Bedingung noch nicht eingetreten ist, von der ihre Durchsetzbarkeit abhängt. Hat sich also ein Unternehmer zur Errichtung eines Hauses oder ein Verkäufer zur Lieferung von Waren verpflichtet, so können sie ihren Vergütungs- oder Kaufpreisanspruch auch dann schon abtreten, wenn im Zeitpunkt der Abtretung zwar der Werk- oder Kaufvertrag geschlossen ist, aber die Bauarbeiten noch nicht begonnen haben oder die Waren noch nicht geliefert sind und daher dem Vergütungs- oder Kaufpreisanspruch vom Schuldner die Einrede des nicht erfüllten Vertrages entgegengehalten werden könnte. Dem Schuldner entsteht durch eine solche Abtretung kein Nachteil, weil ihm gemäß § 404 gegenüber dem Zessionar alle Einreden zustehen, mit denen er sich dem Zedenten gegenüber verteidigen könnte (Rn. 1246 ff.).

1232 Zulässig ist eine Abtretung sogar dann, wenn die Forderung im Zeitpunkt der Abtretung noch nicht einmal entstanden war, der Zedent also „im Voraus" eine Forderung abgetreten hat, von der bei der Abtretung niemand weiß, ob sie künftig überhaupt entstehen und, sofern das der Fall ist, gegen wen sie sich dann richten, wann sie fällig werden und über welchen Betrag sie lauten wird. Entsteht die Forderung nicht, so geht die Abtretung ins Leere; ob der Zedent dafür haftet, bestimmt sich nach dem Grundgeschäft, das ihn mit dem Zessionar verbindet. Entsteht die Forderung, so wird es so angesehen, als liege eine von Anfang an wirksame Abtretung vor. Zwar muss die Forderung auch in diesem Fall „bestimmt" oder wenigstens „bestimmbar" sein. Aber nach ständiger Rechtsprechung genügt es, wenn diese Voraussetzungen (zwar nicht schon im Zeitpunkt der Abtretung, aber) im Zeitpunkt der Entstehung der Forderung gegeben sind. Die Abtretung künftiger Forderungen, wie sie beim verlängerten Eigentumsvorbehalt und bei Globalzessionen die Regel bildet, ist demnach wirksam, wenn die Forderungen zu einem späteren Zeitpunkt tatsächlich entstehen und sich im Zeitpunkt der Entstehung zuverlässig feststellen lässt, dass und in welchem Umfang sie nach dem Willen der Parteien von der Abtretung erfasst sein sollen (vgl. BGHZ 7, 365; BGHZ 70, 86; BGHZ 88, 206).

1233 d) **Vertragliche Abtretungsverbote** liegen vor, wenn „die Abtretung durch eine Vereinbarung mit dem Schuldner ausgeschlossen ist" (§ 399). Eine solche Vereinbarung kann auf dem ausdrücklich oder schlüssig erklärten Parteiwillen beruhen und sich auch aus einer AGB-Klausel ergeben, sofern sie gemäß § 305 Vertragsbestandteil geworden ist. Die Parteien können auch vereinbaren, dass die Abtretung zwar grundsätzlich ausgeschlossen,

B. Abtretung

aber ausnahmsweise erlaubt sein soll, so z.B. dann, wenn der Schuldner – evtl. schriftlich – der Abtretung in einem Einzelfall zugestimmt hat. Wird eine Forderung abgetreten, obwohl für sie ein Abtretungsverbot vereinbart war, so ist die Abtretung gegenüber allen Beteiligten unwirksam: Die Forderung steht trotz der Abtretung nach wie vor dem Zedenten zu, kann von ihm gegen den Schuldner durchgesetzt und von seinen Gläubigern gepfändet werden; umgekehrt steht der Zessionar auch dann mit leeren Händen da, wenn er die ihm abgetretene Forderung ohne jede Fahrlässigkeit für abtretbar gehalten hat.

An einem solchen Abtretungsverbot ist der Schuldner interessiert, wenn er sich aus besonderen Gründen wegen der Forderung nur mit seinem ursprünglichen Gläubiger auseinandersetzen möchte, insbesondere deshalb, weil er sich die Mühe der genauen Erfassung von Abtretungen und Teilabtretungen ersparen und seinen Abrechnungsverkehr klar und übersichtlich gestalten, nämlich auf seinen ursprünglichen Gläubiger beschränken will.

In der Tat kann es den Schuldner erheblich belasten, wenn er, um Zahlungen an den Falschen zu vermeiden, genau Buch darüber führen muss, wem sein Gläubiger die Forderung ganz oder teilweise abgetreten hat. In BGHZ 23, 53 hatte ein Arbeitgeber die Teilabtretung einer Gehaltsforderung seines Arbeitnehmers mit der Begründung angegriffen, dass ihm, wenn alle seine 8.000 Leute Gehaltsansprüche teilweise abtreten könnten, ein unzumutbarer Aufwand entstehe. Das Gericht folgte dieser Ansicht nicht: Arbeitnehmer hätten an der teilweisen Abtretung ihrer Gehaltsansprüche ein schutzwürdiges Interesse; auch habe es der Arbeitgeber unterlassen, sich dadurch zu schützen, dass er in den Tarifvertrag oder die Betriebsvereinbarung ein Abtretungsverbot aufnimmt.

Die Zulässigkeit vertraglicher Abtretungsverbote kostet freilich einen Preis. Er besteht darin, dass die Forderung ihre Umlauffähigkeit verliert und von ihrem Inhaber nicht mehr veräußert, also von ihm weder zur Sicherung eines Kredits verwendet noch durch Verkauf an einen Factoring-Unternehmer in Bargeld umgewandelt werden kann. Zwar hat der Forderungsinhaber dem Abtretungsverbot zugestimmt. Aber oft bleibt ihm angesichts der Nachfragemacht seines Schuldners keine andere Wahl. Es ist deshalb kein Zufall, dass Abtretungsverbote besonders häufig vereinbart werden, wenn der Staat öffentliche Aufträge vergibt oder wenn ein großes Industrieunternehmen oder der Betreiber einer Kaufhaus- oder Supermarktkette Verträge mit seinen Zulieferern schließt. Im Jahre 1994 hat schließlich der Gesetzgeber die Sache in die Hand genommen und sich mit der zwingenden Vorschrift des § 354 a HGB für eine Kompromisslösung entschieden: Danach ist die Abtretung einer Geldforderung auch dann wirksam, wenn die Parteien gemäß § 399 die Unabtretbarkeit dieser Forderung vereinbart haben. Allerdings gilt dies nur, wenn der Vertrag, durch den die Geldforderung begründet worden ist, für beide Parteien ein Handelsgeschäft oder der Schuldner der Geldforderung der Staat war. In diesem Fall ist daher die Abtretung trotz des Abtretungsverbots wirksam. Dennoch bleibt es gemäß § 354 a HGB dabei, dass der Schuldner „mit befreiender Wirkung an den bisherigen Gläubiger leisten" kann, dies auch dann, wenn er im Zeitpunkt der Leistung von der Abtretung Kenntnis hatte. Hat also der Schuldner trotz Kenntnis von der Abtretung eine Zahlung an den Zedenten geleistet, so wird er dadurch befreit (anders § 407). Ebenso kann der Schuldner gegenüber dem Zessionar mit einer Forderung aufrechnen, die ihm gegen den Zedenten zusteht, selbst wenn die Voraussetzungen des § 406 nicht erfüllt sind (BGH NJW-RR 2005, 624). Allerdings kann der Schuldner nicht mit dem Gläubiger einen Vergleich schließen, nach dem die Forderung ganz oder teilweise vom Zessionar nicht mehr geltend gemacht werden kann (BGH NJW 2009, 438 und dazu *K. Schmidt* JuS 2009, 375).

1237 e) **Prioritätskonflikte.** – In der Praxis kommt es nicht selten zu Streitigkeiten, bei denen es um die Frage geht, welchem von mehreren Beteiligten in Bezug auf eine und dieselbe Forderung der Vorrang gebührt. So verhält es sich, wenn der Zedent die Forderung sowohl an A wie an B abgetreten hat oder wenn die Forderung sowohl abgetreten wie von einem Gläubiger des Zedenten gepfändet worden ist. Der Schuldner kann sich in einem solchen Fall dadurch aus der Affäre ziehen, dass er den geschuldeten Betrag bei Gericht hinterlegt und es den miteinander konkurrierenden Zessionaren oder Pfandgläubigern überlässt, den Prioritätskonflikt unter sich auszufechten (§ 372 Satz 2; Rn. 883). Aber wie ist dieser Konflikt in der Sache zu entscheiden?

1238 Grundsätzlich gilt hier das **Prioritätsprinzip**. Prior tempore potior iure: Den Vorrang erhält, wem die Forderung zuerst abgetreten worden ist. Das folgt schon daraus, dass der Zedent, nachdem er seine Forderung wirksam abgetreten hat, nicht mehr ihr Inhaber ist; durch eine spätere Abtretung erwirbt der zweite Zessionar nichts, weil es einen gutgläubigen Erwerb von Forderungen nicht gibt (Rn. 1224). Ebenso liegt es, wenn ein Pfandgläubiger mit einem Zessionar konkurriert: Ist die Forderung zuerst gepfändet und dann abgetreten worden, so hat der Zessionar das Nachsehen; ist umgekehrt zuerst abgetreten und dann gepfändet worden, so geht die Pfändung ins Leere.

1239 Das Prioritätsprinzip gilt grundsätzlich auch dann, wenn eine und dieselbe **künftige Forderung** nacheinander zwei Zessionaren im Voraus abgetreten wird. Sobald die Forderung entsteht, erwirbt sie derjenige Zessionar, dem sie zuerst im Voraus abgetreten war. Hat also ein Verkäufer die Kaufpreisforderung, die er durch den künftigen Verkauf einer Sache erwerben wird, zuerst der Bank A und sodann der Bank B abgetreten, so wird die Bank A Inhaberin der Forderung, sobald der Kaufvertrag geschlossen und die Forderung entstanden ist.

1240 Allerdings hat die Rechtsprechung dem Prioritätsprinzip in einem wichtigen Fall die Gefolgschaft verweigert, nämlich dann, wenn eine und dieselbe Kaufpreisforderung vom Verkäufer im Voraus zur Sicherung sowohl durch eine **Globalzession** an seine Bank

B. Abtretung 1240–1242

wie auch durch einen **verlängerten Eigentumsvorbehalt** an seinen Lieferanten abgetreten worden ist: Hier erhält die Vorausabtretung zugunsten des Lieferanten den Vorrang, selbst wenn sie später als die Vorausabtretung zugunsten der Bank vereinbart worden ist. Die Rechtsprechung sieht nämlich die Vorausabtretung zugunsten der Bank wegen Verstoßes gegen die guten Sitten als gemäß § 138 nichtig an, wenn die Bank weiß oder wissen muss, dass ihr Kunde Waren von seinen Lieferanten überhaupt nur unter Vereinbarung eines verlängerten Eigentumsvorbehalts, also nur dann erwerben kann, wenn er ihnen die aus dem Weiterverkauf der Vorbehaltswaren entstehenden und der Bank bereits abgetretenen Kaufpreisforderungen noch einmal abtritt und damit (unter Mithilfe der Bank) eine vorsätzliche Vertragsverletzung begeht. Vgl. z.B. BGHZ 30, 149; BGHZ 32, 361; BGHZ 55, 34; BGHZ 72, 308; MK-*Roth* § 398 Rn. 147.

III. Wirkungen der Abtretung

1. Verhältnis zwischen Zedent und Zessionär

Die Abtretung führt lediglich dazu, dass der Zessionar neuer Inhaber der Forderung wird. Im übrigen bestimmen sich die Rechte und Pflichten der Parteien nach dem Grundgeschäft (Rn. 1219 f.). Regelmäßig entspricht es ihrem Willen, dass der Zedent verpflichtet sein soll, dem Zessionar alle Urkunden zu übergeben und alle Auskünfte zu erteilen, derer er bedarf, um die abgetretene Forderung gegen den Schuldner durchzusetzen (§ 402). Ebenso ist der Zessionar berechtigt zu verlangen, dass ihm auf seine Kosten vom Zedenten eine öffentlich beglaubigte Urkunde über die Abtretung erteilt wird (§ 403). Sofern die Parteien nichts anderes vereinbart haben, gehen bei einer Abtretung mitsamt der Forderung auch die in § 401 genannten Sicherungsrechte auf den Zessionar über – insbesondere Hypotheken und die Ansprüche aus einer für die Forderung bestellten Bürgschaft –, ebenso die „Hilfsrechte", ohne die ein Gläubiger eine ihm zustehende Forderung nicht wirksam gegen den Schuldner durchsetzen und, wenn es um einen Zahlungsanspruch geht, zu Geld machen kann. Dazu gehört z.B. das Recht, vom Schuldner Auskunft und Rechnungslegung zu verlangen, einen Zahlungsanspruch fällig zu stellen oder gemäß §§ 281, 323 dem Schuldner eine Frist zu setzen, den Rücktritt zu erklären oder Schadensersatz statt der Leistung zu verlangen. Wenn die abgetretene Forderung durch einen Eigentumsvorbehalt, durch die Sicherungsübereignung einer Sache, die Sicherungsabtretung einer Forderung oder durch eine Grundschuld gesichert waren, so gilt § 401 zwar nicht. Wohl aber wird sich dem Grundgeschäft oft entnehmen lassen, dass der Zedent verpflichtet sein soll, neben der Forderung auch diese Sicherungsrechte auf den Zessionar zu übertragen (vgl. BGHZ 80, 228).

Das Grundgeschäft gibt auch Auskunft über die Ansprüche, die der Zessionar gegen den Zedenten geltend machen kann, wenn er die ihm abgetretene Forderung nicht erwirbt, weil sie dem Zedenten nicht oder nicht mehr

1241

1242

zustand oder von einem seiner Gläubiger bereits gepfändet oder gemäß § 399 unabtretbar war. Das gleiche gilt für die Ansprüche des Zessionars, der die Forderung zwar erworben hat, aber deshalb nicht durchsetzen konnte, weil der Schuldner zahlungsunfähig war oder sich gemäß §§ 406–408 erfolgreich mit Gegenrechten verteidigt hat (Rn. 1250 ff.). Ist z.B. das Grundgeschäft ein Kaufvertrag und der Zessionar der Käufer, so stehen ihm gegen den Zedenten als Verkäufer die oben Rn. 1241 genannten Rechte zu. Im übrigen haften der Zedent und der Zessionar einander auf Schadensersatz gemäß § 280 Abs. 1, wenn sie Pflichten aus dem Grundgeschäft verletzt haben.

1243 Für den **Zedenten** ergibt sich aus dem Grundgeschäft die Verpflichtung, alles zu unterlassen, was die Durchsetzung der abgetretenen Forderung erschweren oder vereiteln könnte. Insbesondere darf sich der Zedent nicht mehr gegenüber dem Schuldner als Inhaber der Forderung aufspielen und Zahlung an sich verlangen (vgl. aber Rn. 1236). Tut er das doch und erhält er vom Schuldner eine Zahlung, so muss er dem Zessionar gemäß § 280 Abs. 1 – evtl. sogar gemäß § 826 – den Schaden ersetzen, der ihm dadurch entstanden sein kann. Außerdem muss er ihm den empfangenen Betrag gemäß § 816 Abs. 2 herausgeben. Aber auch den **Zessionar** können Pflichten aus dem Grundgeschäft treffen. So liegt es insbesondere bei **Sicherungsabtretungen**. Auch der Sicherungszessionar wird nämlich, wie jeder andere Zessionar, vollgültiger Inhaber der Forderung; er kann sie daher an einen Dritten abtreten, nachdem er sie ihm verkauft oder sich verpflichtet hat, sie ihm zur Sicherung eines selbst aufgenommenen Kredits zu überlassen. Aber darin würde eine (vorsätzliche) Verletzung der Pflichten liegen, die er nach dem Grundgeschäft – hier: der Sicherungsvereinbarung – zu beachten hat. Danach ist ihm die Forderung nur „zu treuen Händen", nämlich nur zu Sicherungszwecken übertragen worden; er ist also verpflichtet, alles zu unterlassen, was nicht durch die Sicherungsvereinbarung und den mit ihr verfolgten Sicherungszweck gedeckt ist. Ebenso liegt es bei einer **Inkassozession**: Hier beruht die Abtretung der Forderung auf einem Geschäftsbesorgungsvertrag, durch den sich der Zessionar gegen eine Vergütung verpflichtet hat, die Forderung für Rechnung des Zedenten beim Schuldner einzuziehen. Auch er verletzt seine Pflicht aus dem Geschäftsbesorgungsvertrag, wenn er die Forderung einem Dritten für eigene Rechnung verkauft und abtritt, ebenso, wenn er die Forderung einzieht, aber den eingezogenen Betrag nicht wie vereinbart an den Zedenten abführt, sondern mit ihm eigene Schulden bezahlt.

2. Schuldnerschutz

1244 Forderungen können abgetreten werden, ohne dass es einer Zustimmung oder auch nur einer Verständigung des Schuldners bedarf. Ihm kann also, sofern er nicht mit seinem Gläubiger ein Abtretungsverbot vereinbart hat, ein neuer Gläubiger ohne sein Einverständnis oder sogar gegen seinen Willen aufgedrängt werden. Es muss deshalb Regeln geben, die ihn gegen die Nachteile eines Gläubigerwechsels schützen.

1245 Diese Regeln gelten gemäß § 412 auch dann, wenn der Zessionar die Forderung nicht gemäß § 398 durch Vertrag mit dem Zedenten erworben hat, sondern wenn sie kraft Gesetzes – durch „**Legalzession**" (cessio legis) – auf ihn übergegangen ist. Vgl. z.B. §§ 426 Abs. 2, 774. Die praktisch häufigsten Fälle einer solchen Legalzession finden sich in §§ 86 (früher: 67) VVG, 115 SGB X. Hat z.B. ein Kasko-Versicherer seinem Versicherungsnehmer den Schaden ersetzt, der ihm an seinem Auto bei einem Verkehrsunfall entstanden ist, so gehen die Ersatzansprüche des Versicherungsnehmers gegen den Schädiger „kraft Gesetzes" auf den Versicherer über. Vgl. dazu *Kötz/Wagner* Rn. 761 ff.

a) **Einwendungen des Schuldners.** – Hat der Schuldner irgendwelche Zweifel daran, dass der neue Gläubiger wirklich Inhaber der Forderung geworden ist, so kann er gemäß § 410 seine Leistung so lange zurückhalten, bis ihm der neue Gläubiger eine „von dem bisherigen Gläubiger über die Abtretung ausgestellte Urkunde" ausgehändigt hat; eine solche Urkunde kann der neue vom alten Gläubiger gemäß § 403 verlangen. Im übrigen kann sich der Schuldner gegenüber dem neuen Gläubiger mit allen Einwendungen und Einreden verteidigen, „die zur Zeit der Abtretung der Forderung gegen den bisherigen Gläubiger begründet waren" (§ 404). 1246

Damit sind zunächst alle Einwendungen und Einreden gemeint, auf die sich der Schuldner hätte berufen können, wenn die Forderung im Zeitpunkt der Abtretung vom Gläubiger geltend gemacht worden wäre. Hätte also der Schuldner sich auf die Klage des Zedenten damit verteidigen können, dass die Forderung nicht entstanden oder nachträglich weggefallen, gestundet oder verjährt oder aus einem anderen Grunde nicht durchsetzbar sei, so stehen ihm alle diese Verteidigungsmittel auch dann zu, wenn es der Zessionar ist, der den Anspruch geltend macht. 1247

Zwar heißt es in § 404, dass der Schuldner sich nur auf solche Gegenrechte berufen könne, die im Zeitpunkt der Abtretung bereits „begründet" sind. Aber das bedeutet nicht, dass das Gegenrecht des Schuldners zu diesem Zeitpunkt bereits voll entstanden sein muss. Nach der Rechtsprechung reicht es aus, wenn in dem Vertrag, dem die abgetretene Forderung entstammt, die Möglichkeit der künftigen Entstehung des Gegenrechts angelegt war. 1248

Hat z.B. ein Bauunternehmer nach Abschluss des Bauvertrages, aber vor Beginn der Bauarbeiten seinen Vergütungsanspruch einer Bank zur Sicherung eines Kredits abgetreten und verlangt die Bank, nachdem der Unternehmer insolvent geworden ist, vom Auftraggeber Zahlung, so kann dieser sich damit verteidigen, dass der Unternehmer – und zwar erst nach der Abtretung – schlechte Arbeit geleistet und er deshalb den Bauvertrag gekündigt oder den Werklohnanspruch des Unternehmers gemindert habe (BGHZ 25, 27; BGH NJW-RR 1994, 880; BGH NJW-RR 2004, 1347). In einem solchen Fall hat der Zessionar zwar die Forderung erworben, aber doch nur „belastet" mit dem Risiko, dass sich zugunsten des Schuldners noch nach der Abtretung Gegenrechte entwickeln könnten. 1249

Wie liegt es, wenn dem Schuldner eine **Gegenforderung** gegen seinen Gläubiger zusteht und er mit dieser Gegenforderung **aufgerechnet** hat oder **aufrechnen** möchte? Hat der Schuldner schon vor der Abtretung die Aufrechnung erklärt, so ist die Forderung des Gläubigers dadurch erloschen (§ 389); hat sie der Gläubiger gleichwohl abgetreten, so kann der Schuldner dem Zessionar gemäß § 404 entgegenhalten, dass sie schon dem Zedenten nicht mehr zuge- 1250 standen habe und daher auch vom Zessionar nicht erworben worden sei. Bestand die Aufrechnungslage schon bei der Abtretung, war aber die Aufrechnung vom Schuldner noch nicht erklärt, so kann er dies, solange er von der Abtretung nichts weiß, gegenüber dem Zedenten nachholen und sich später § 407 darauf auch dem Zessionar gegenüber berufen (Rn. 1252 ff.). Gemäß § 406 kann der Schuldner sogar dann die Aufrechnung erklären, wenn die Aufrechnungslage erst nach der Abtretung entstanden ist. Allerdings werden davon in § 406 zwei Ausnahmen gemacht.

1251 Ausgeschlossen ist die Aufrechnung zunächst dann, wenn der Schuldner die Gegenforderung, mit der er aufrechnen möchte, zu einem Zeitpunkt erworben hat, in dem er bereits „von der Abtretung Kenntnis hatte". Ist also ein Kaufvertrag am 1. Februar geschlossen worden und hat der Verkäufer seine künftige Kaufpreisforderung am 1. März durch „stille Zession" seiner Bank im Voraus abgetreten, so kann der Käufer, wenn die Bank die Abtretung ihm gegenüber am 1. August „offenlegt" und er dadurch Kenntnis von der Abtretung erlangt, mit Gegenforderungen aufrechnen, die er vor dem 1. August gegen den Verkäufer erworben hat. Das gilt auch dann, wenn die Gegenforderung des Käufers darauf beruht, dass ihm der Verkäufer fahrlässig mangelhafte Ware geliefert hat und dem Käufer dadurch am 15. August ein Schaden entstanden ist: Auch in diesem Falle muss sich die Bank die Aufrechnung gefallen lassen, weil die ihr abgetretene Kaufpreisforderung mit dem Risiko belastet war, dass der Verkäufer den Vertrag schlecht erfüllen und der Käufer sich auf sie mit einem Schadensersatzanspruch verteidigen werde (vgl. BGHZ 58, 327; BGH NJW 1980, 584, 585; Rn. 874, 1249). Ausgeschlossen ist die Anfechtung ferner dann, wenn die Gegenforderung, mit der der Käufer gegenüber der Bank aufrechnen möchte, erst nach Erlangung der Kenntnis von der Abtretung – also nach dem 1. August – und außerdem auch noch später als die der Bank abgetretene Kaufpreisforderung *„fällig geworden ist"* (§ 406 am Ende).

1252 **b) Leistung an den bisherigen Gläubiger.** – Ist die Forderung abgetreten worden, so darf dem Schuldner kein Nachteil entstehen, wenn er in Unkenntnis der Abtretung die geschuldete Leistung an den bisherigen Gläubiger bewirkt, ihm gegenüber mit einer Gegenforderung aufrechnet oder mit ihm eine Vereinbarung trifft, nach der die Forderung erlassen, gestundet oder zu seinen Gunsten inhaltlich abgeändert wird. Dieser Schutz des Schuldners wird durch § 407 gewährleistet. Hat also ein Käufer den Kaufpreis an den Verkäufer bezahlt, ohne dass er Kenntnis von der Abtretung der Kaufpreisforderung hatte, so muss der Zessionar die geschehene Zahlung „gegen sich gelten lassen"; ihm bleibt nichts anderes übrig, als dass er sich an den Zedenten hält, sei es aufgrund der vertraglichen Ansprüche, die ihm gegen ihn aus dem Grundgeschäft zustehen (Rn. 1219), sei es auch in der Weise, dass er gemäß § 816 Abs. 2 von ihm Herausgabe der zu Unrecht empfangenen Zahlung verlangt.

1253 § 407 zielt auf den Schutz des Schuldners ab, will ihm aber diesen Schutz nicht gegen seinen Willen aufdrängen. Der Schuldner kann sich also dafür entscheiden, so gestellt zu werden, wie wenn es die Vorschrift des § 407 nicht gäbe. Dann kann er die an den vermeintlichen Gläubiger geleistete Zahlung gemäß § 812 Abs. 1, weil ohne rechtlichen

B. Abtretung   1253–1256

Grund geleistet, von ihm zurückfordern. Zwar muss er in diesem Falle die geschuldete Leistung an den Zessionar bewirken. Aber das kann für ihn vorteilhaft sein, so insbesondere dann, wenn er ihm gegenüber mit einer Gegenforderung aufrechnen kann, die er, weil sich der Zessionar in finanziellen Schwierigkeiten befindet oder insolvent ist, als „Aktivforderung" gegen ihn nicht durchsetzen könnte (BGHZ 52, 150, 153 f.; BGH NJW 2001, 231, 232 f.).

Die Regelung des § 407 Abs. 1 gilt zugunsten des Schuldners auch dann, wenn nach der Abtretung zwischen ihm und dem bisherigen Gläubiger ein Rechtsstreit über die Forderung anhängig wird und der Schuldner bei Eintritt der Rechtshängigkeit die Abtretung nicht gekannt hat (vgl. 407 Abs. 2). Gemäß § 408 wird § 407 aber auch auf den wichtigen Fall der „**Doppelabtretung**" entsprechend angewandt, also dann, wenn der ursprüngliche Gläubiger die gleiche Forderung zunächst an A, dann noch einmal an B abtritt und der Schuldner die Leistung an B bewirkt, ohne zu wissen, dass die Forderung schon vorher an A abgetreten und nach dem Prioritätsprinzip von ihm gültig erworben worden war. 1254

Auf den Schutz der §§ 407, 408 kann sich der Schuldner allerdings nur dann berufen, wenn und solange er von der Abtretung keine Kenntnis hatte und daher den Gläubiger, an den er geleistet oder mit dem er eine ihm günstige Vereinbarung über die Forderung getroffen hat, für seinen „wahren" Gläubiger hielt. Kenntnis von der Abtretung hat er, wenn ihm vom bisherigen oder vom neuen Gläubiger Tatsachen mitgeteilt werden, denen ein vernünftiger Mensch in gleicher Lage entnehmen muss, dass es zu einem Gläubigerwechsel gekommen ist und er infolgedessen Zahlungen mit befreiender Wirkung an den Zedenten nicht mehr leisten darf. Wie klar und unzweideutig die Mitteilung sein muss, um dem Schuldner die erforderliche Kenntnis zu verschaffen, hängt von den Umständen ab. Kennt er den Gläubigerwechsel nicht, so schadet es ihm nicht, wenn seine Unkenntnis auf Fahrlässigkeit beruht. 1255

In OLG Bremen NJW 1987, 912 hatte ein Verkäufer seine Kaufpreisforderungen an einen Factoring-Unternehmer verkauft und abgetreten und seinen Kunden, darunter auch dem Beklagten, Rechnungen übersandt, die mit einem roten Aufkleber „Wir nehmen am Factoring teil" versehen waren. Der Beklagte wusste nicht recht, welche Bewandtnis es mit dem Aufkleber habe, erhielt aber von dem Verkäufer auf seine telefonische Rückfrage die beruhigende Auskunft, dass nur säumige Kunden gemeint seien und er als pünktlicher Zahler sich um den Aufkleber nicht zu kümmern brauche. Daraufhin zahlte er an den Verkäufer. Die Klage des Factoring-Unternehmers wurde abgewiesen: Der Beklagte könne sich auf § 407 berufen, weil es „nicht schlechterdings unvernünftig" sei, wenn er unter den gegebenen Umständen trotz des Aufklebers den Verkäufer noch für seinen Gläubiger gehalten habe. Vgl. aber auch BGHZ 135, 39: Wer seinen Geschäftsbetrieb so organisiert habe, dass seine Leute von Informationen über den Gläubigerwechsel nicht erreicht würden, könne sich nicht auf Unkenntnis gemäß § 407 berufen. 1256

1257 Kennt der Schuldner die Abtretung, weil sie ihm von seinem Gläubiger, dem Zedenten, angezeigt worden ist, so kann er mit befreiender Wirkung nur noch an den Zessionar leisten. Gemäß § 409 wird er in diesem Fall sogar dann befreit, wenn die Abtretung nicht erfolgt oder nicht wirksam, der Zessionar also in Wahrheit nicht sein Gläubiger geworden ist. Dies gilt auch dann, wenn der Gläubiger dem Zessionar eine Abtretungsurkunde ausgestellt und der Schuldner gegen Vorlage dieser Urkunde an den Zessionar geleistet hat. In beiden Fällen soll sich der Schuldner unbedingt auf die Abtretungsanzeige oder −urkunde verlassen dürfen, sofern sie tatsächlich vom Gläubiger stammt (und nicht etwa von einem Dritten gefälscht ist). Er soll sich sogar dann auf § 409 berufen dürfen, wenn er aus anderer Quelle weiß, dass die Abtretung nicht erfolgt oder nicht wirksam ist (BGHZ 29, 76, 82; streitig).

C. Schuldübernahme, Schuldmitübernahme, Vertragsübernahme

I. Allgemeines

1258 Ebenso wie es bei einer Abtretung zu einem vertraglich vereinbarten Gläubigerwechsel kommt, können die Parteien auch einen Schuldnerwechsel vereinbaren, indem sie sich darüber einigen, dass an die Stelle des bisherigen Schuldners ein neuer Schuldner treten soll. Auch an einer solchen **Schuldübernahme** sind drei Personen beteiligt, nämlich der Gläubiger sowie der bisherige und der neue Schuldner. Während aber bei einer Abtretung die Forderung ohne Mitwirkung des Schuldners vom alten auf den neuen Gläubiger übertragen werden kann, lässt sich ein Schuldnerwechsel nicht einfach durch einen Vertrag zwischen dem alten und dem neuen Schuldner herbeiführen. Dafür ist die Zustimmung des Gläubigers unerlässlich, weil ihm die persönliche Zuverlässigkeit und die Zahlungsfähigkeit seines Schuldners nicht gleichgültig sind und daher ein Schuldnerwechsel nicht ohne sein Einverständnis in Betracht kommt. Unverzichtbar ist auch die Zustimmung des neuen Schuldners, weil er die Verpflichtung des bisherigen Schuldners als eigene Verpflichtung übernimmt. Entbehrlich ist allenfalls die Mitwirkung des bisherigen Schuldners. Denn die Schuldübernahme führt dazu, dass er aus seiner Schuld entlassen wird; sie ist daher für ihn ein Geschäft, das ihm nur Vorteile bringt.

1259 Die Schuldübernahme ist in §§ 414 ff. ziemlich ausführlich geregelt. Dagegen verliert das BGB über die **Schuldmitübernahme** kein Wort. Bei ihr tritt der neue Schuldner nicht an die Stelle des bisherigen Schuldners, sondern er

C. Schuldübernahme, Schuldmitübernahme, Vertragsübernahme 1259–1262

tritt neben ihm in das Schuldverhältnis ein, so dass sich der Gläubiger nunmehr nach seinem Belieben sowohl an den einen wie den anderen Schuldner halten kann. Man spricht deshalb auch von einem **Schuldbeitritt** oder einer „**kumulativen**" Schuldübernahme.

Sowohl eine Schuldübernahme wie eine Schuldmitübernahme werden – ebenso wie eine Abtretung – nie grundlos vereinbart. Das **Grundgeschäft** kann eine **Schenkung** sein, so z.B. dann, wenn der Onkel eine Schuld seines Neffen übernimmt und ihm die damit verbundene Schuldbefreiung zum Geschenk macht. Erklärt eine Ehefrau dem Gläubiger ihres Mannes, dass sie, um eine Strafanzeige oder die Eröffnung eines Insolvenzverfahrens gegen ihn abzuwenden, eine Schuld ihres Mannes übernehme oder mitübernehme, so liegt im Innenverhältnis zwischen den Ehegatten ein **Auftrag** vor, wenn es der Wille der Parteien ist, dass die Ehefrau die von ihr an den Gläubiger gezahlten Beträge von ihrem Mann zurückverlangen können soll (§ 670). Oft kommt es zu einer Schuld(mit)übernahme in Fällen, in denen die Schuld, um die es geht, zum Zweck des Erwerbs oder der Erhaltung einer Sache eingegangen oder im Rahmen eines Geschäftsbetriebs begründet worden ist und nunmehr die Sache oder der Geschäftsbetrieb verkauft und gleichzeitig die damit zusammenhängende Schuld vom Käufer übernommen (und auf den Kaufpreis angerechnet) werden soll. So liegt es z.B., wenn jemand den Erwerb oder die Bebauung eines Grundstücks durch einen Kredit finanziert und der Bank zur Sicherung ein Grundpfandrecht an seinem Grundstück bestellt hat: Wenn er jetzt das Grundstück verkauft, so wird der Erwerber gern die gegenüber der Bank bestehende Darlehensschuld des Verkäufers übernehmen, weil er dadurch eine entsprechende Reduzierung des Kaufpreises erreichen kann. Auch beim Verkauf oder der Verpachtung einer Gastwirtschaft kann sich der Käufer oder Pächter zur Übernahme oder Mitübernahme der Schulden verpflichten, die der Verkäufer oder Verpächter gegenüber einer Brauerei für den Bezug von Bier oder anderen Getränken eingegangen war.

Besondere Regeln gelten, wenn jemand ein **Handelsgeschäft** erwirbt und unter der bisherigen Firma fortführt: Er haftet gemäß § 25 HGB für alle im Betrieb des Geschäfts bisher begründeten Verbindlichkeiten des früheren Inhabers. Darin liegt, da auch der frühere Inhaber im Rahmen des § 26 HGB für diese Verbindlichkeit weiterhin haftet, eine gesetzlich angeordnete Schuldmitübernahme. Ähnliche Regeln finden sich in §§ 28, 130 HGB und in § 2382 BGB.

Von der Schuldübernahme und der Schuldmitübernahme ist die **Vertragsübernahme** zu unterscheiden, für die es ebenfalls an einer allgemeinen gesetzlichen Regelung fehlt. Hier geht es darum, dass eine Partei aus einem bestimmten Vertragsverhältnis ausscheiden und statt ihrer ein anderer als neue Partei in den fortbestehenden Vertrag eintreten, also z.B. in einem Mietvertrag an die Stelle des bisherigen Vermieters ein anderer als neuer Vermieter einrücken soll. Zwar könnte man in diesem Fall die Rechtsstellung des Vermieters in Aktiva und Passiva zerlegen und die Aktiva – z.B. die Mietforderungen – im Wege einer **Abtretung** und die Passiva – z.B. die Haftung auf Erhaltung der Mietsache oder auf Schadensersatz (§§ 535, 536 a) – im Wege einer **Schuldübernahme** auf den neuen Vermieter übertragen. Aber das wäre gekünstelt, entspräche nicht dem Parteiwillen und wäre auch schwer vereinbar mit der Tatsache, dass Gegenstand einer Abtretung oder Schuldübernahme grundsätzlich nur bestimmte einzelne Ansprüche oder Verbindlichkeiten sind, nicht aber das ganze Rankenwerk der begleitenden Leistungsrechte und -pflichten sowie der Anfechtungs-, Rücktritts- und Kündigungsrechte und der aus ihnen folgenden Haftungsrisiken. Niemand bestreitet deshalb die Zulässigkeit einer Vereinbarung, nach der statt der bisherigen Vertragspartei (oder auch neben ihr) eine andere Person neue Vertragspartei werden und in sämtliche damit verbundenen Rechte und Pflichten einrücken soll. In manchen Fällen wird eine solche Vertragsübernahme auch vom Gesetzgeber angeordnet, so insbesondere in §§ 566 ff. (Rn. 733 f.) und in § 613 a.

II. Schuldübernahme

1. Voraussetzungen

1263 Das BGB stellt für die Schuldübernahme zwei Wege zur Verfügung. Sie kann gemäß § 414 zunächst dadurch zustande kommen, dass der Gläubiger und der neue Schuldner eine entsprechende Vereinbarung miteinander schließen. Auf die Zustimmung des bisherigen Schuldners kommt es dabei nicht an, nicht einmal darauf, ob er von dem Vorgang überhaupt Kenntnis erlangt hat. So liegen die Dinge in der Praxis aber fast nie. In aller Regel ist es nämlich der bisherige Schuldner, der sich von seiner Schuld befreien möchte und den Anstoß zu der Schuldübernahme gibt, und zwar dadurch, dass er sich mit dem neuen Schuldner über das ihr zugrundeliegende Grundgeschäft und sodann (in Vollziehung dieses Geschäfts) über die Schuldübernahme selbst einigt. In diesem Fall kommt es gemäß § 415 auf die **Genehmigung** des Gläubigers an: Haben sich also der alte und der neue Schuldner am 1. März über die Schuldübernahme geeinigt und haben beide oder einer von ihnen davon dem Gläubiger Mitteilung gemacht, so wird die Schuldübernahme mit Wirkung vom 1. März wirksam, sobald sie vom Gläubiger genehmigt worden ist (§§ 182, 184). Um zu verhindern, dass der Gläubiger sich auf die Mitteilung hin allzu lange in Schweigen hüllt, kann ihm von beiden Parteien eine Frist zur Erklärung bestimmt werden; schweigt der Gläubiger immer noch, so gilt die Genehmigung mit Fristablauf als verweigert (§ 415 Abs. 2). In diesem Fall kommt zwar die Schuldübernahme nicht zustande. Aber das bedeutet nicht,

C. Schuldübernahme, Schuldmitübernahme, Vertragsübernahme

dass die Vereinbarung der Parteien ganz ohne Wirkungen bleibt: Sie ist „im Zweifel" als **Erfüllungsübernahme** (§ 329) zu verstehen, also dahin, dass der neue Schuldner im Innenverhältnis zum alten Schuldner zur rechtzeitigen Befriedigung des Gläubigers verpflichtet sein soll (§ 415 Abs. 3).

Ist die Forderung des Gläubigers durch eine Hypothek am Grundstück seines Schuldners gesichert, so wird er, wenn das belastete Grundstück von dem Schuldner an einen Erwerber veräußert wird, in der Regel mit einer Übernahme der Schuld durch den Erwerber einverstanden sein, weil er, wenn die Schuld nicht bezahlt wird, mit Hilfe seiner Hypothek die Zwangsversteigerung des Grundstücks betreiben und sich aus dem Erlös befriedigen kann. Deshalb lässt § 416 Großzügigkeit walten, soweit es in diesem Fall um die Genehmigung des Schuldübernahme geht: Sie gilt als erteilt, wenn der Gläubiger, nachdem ihm die Schuldübernahme vom Veräußerer mitgeteilt worden ist, 6 Monate lang geschwiegen hat. – Anders liegt es, wenn es ein **Dritter** ist, der sich für die Forderung des Gläubigers gegen den Schuldner verbürgt, an seinem Grundstück zugunsten des Gläubigers eine Hypothek bestellt oder ihm ein anderes Sicherungsrecht eingeräumt hat: Wenn es in diesem Falle zu einer Schuldübernahme kommt, so erlöschen die Bürgschaft und die Hypothek; auch kann der Dritte vom Gläubiger die Rückgabe sonstiger Sicherungsrechte verlangen. Das ergibt sich aus § 418 und hat seinen Grund darin, dass es dem Dritten nicht gleichgültig sein kann, für welchen Schuldner er sein Vermögen riskiert. Deshalb tut der Gläubiger gut daran, wenn er in einem solchen Falle die Genehmigung erst dann erteilt, wenn der Dritte in die Schuldübernahme eingewilligt und dadurch zu erkennen gegeben hat, dass er auch für den neuen Schuldner ins Risiko gehen will.

2. Wirkungen

Durch eine Schuldübernahme soll der Schuldner ausgewechselt, nicht aber die Rechtsstellung des Gläubigers verbessert werden. Gemäß § 417 Abs. 1 Satz 1 muss sich deshalb der Gläubiger damit abfinden, dass ihm der neue Schuldner alle Einwendungen entgegenhalten kann, mit denen sich der ursprüngliche Schuldner auf den Anspruch hätte verteidigen können. Hat also der neue Schuldner die Kaufpreisschuld eines Käufers übernommen, so kann er sich gegenüber dem Gläubiger – dem Verkäufer – darauf berufen, dass der Kaufvertrag nicht gültig zustande gekomken sei, der Käufer ihn angefochten, durch einen Rücktritt zu Fall gebracht oder den Kaufpreis gemindert habe und damit auch die Kaufpreisforderung nicht entstanden oder ganz oder teilweise weggefallen sei. Das gilt auch dann, wenn der Käufer die Anfechtung, den Rücktritt oder die Minderung zwar erst nach der Schuldübernahme erklärt hat, aber der Grund für die Ausübung dieser Rechte schon bei der Schuldübernahme gelegt war. Ebenso kann der neue Schuldner die Einrede des nicht erfüllten Vertrages oder die Verjährungseinrede dem Gläubiger entgegenhalten, dies auch dann, wenn die Verjährungsfrist noch gegen den ursprünglichen Schuldner zu laufen begonnen hat und erst nach der Schuldübernahme abgelaufen ist.

1266 Hingegen kann sich der neue Schuldner gemäß § 417 Abs. 2 nicht auf Einwendungen und Einreden berufen, die sich „aus dem der Schuldübernahme zugrundeliegenden Rechtsverhältnis zwischen [ihm] und dem bisherigen Schuldner" ergeben. Das **Abstraktionsprinzip** gilt auch hier: Haftet dem Grundgeschäft zwischen dem alten und dem neuen Schuldner irgendein Mangel an, so wird davon die Schuldübernahme – das „Vollzugsgeschäft" – grundsätzlich nicht berührt. Das gilt nicht, wenn der gleiche Mangel beide Geschäfte ungültig gemacht hat, so etwa deshalb, weil eine der Vertragsparteien nicht geschäftsfähig war oder die getroffenen Vereinbarungen wegen Verstoßes gegen die guten Sitten nichtig sind.

1267 Hat eine Brauerei einem Gastwirt zur Anschaffung von Inventar ein Darlehen gewährt und die Übernahme der Darlehensschuld durch den Käufer der Gastwirtschaft gemäß § 415 genehmigt, so kann sie von ihm Rückzahlung des Darlehens verlangen, selbst wenn er geltend machen kann, dass er von dem Kaufvertrag zurückgetreten sei, etwa deshalb, weil sich der vom Verkäufer garantierte Mindestumsatz in der Gastwirtschaft nicht habe erreichen lassen und ihr deshalb die vereinbarte Sollbeschaffenheit gefehlt habe. Das ergibt sich aus § 417 Abs. 2 und beruht auf der Überlegung, dass die Brauerei am Abschluss des Kaufvertrages nicht beteiligt war, den Inhalt dieses Vertrages und die Chancen seiner beiderseitigen Erfüllung nicht zu kennen brauchte und sich darauf verlassen durfte, dass das Risiko der Zahlungsunfähigkeit des früheren Schuldners nicht mehr von ihr, sondern nach Genehmigung der Schuldübernahme vom neuen Schuldner getragen werde. Dieses Ergebnis können die Kaufvertragsparteien auch nicht dadurch umgehen, dass sie zu Lasten der Brauerei unter sich vereinbaren, es sollten beide Geschäfte gemäß § 139 derart zu einer Einheit verknüpft werden, dass im Falle einer Rückgängigmachung des Kaufvertrags auch die Schuldübernahme ihre Gültigkeit verlieren solle (so aber BGHZ 31, 321; anders MK-*Bydlinski* § 417 Rn. 14 ff.). Ist der Käufer zum Abschluss von Kaufvertrag und Schuldübernahme durch eine arglistige Täuschung des Verkäufers bestimmt worden, so werden durch eine Anfechtung gemäß § 123 zwar beide Geschäfte vernichtet. Sehr streitig ist aber, ob in diesem Falle die Anfechtung analog § 123 Abs. 2 voraussetzt, dass die Brauerei die Täuschung kannte oder kennen musste (so *Schlechtriem/Schmidt-Kessel* AT Rn. 818; auch hier anders BGHZ 31, 321).

III. Schuldmitübernahme

1. Voraussetzungen

1268 Eine Schuldmitübernahme führt dazu, dass dem Gläubiger neben dem ursprünglichen Schuldner eine weitere Person als zusätzlicher Schuldner haftet. Erforderlich ist dafür ein Vertrag, an dem auf jeden Fall der neue Schuldner beteiligt sein muss. Er kann ihn – ähnlich wie in § 414 – **mit dem Gläubiger** schließen, so etwa dann, wenn er mit ihm vereinbart, dass er für die Darlehensschuld des ursprünglichen Schuldners ganz oder teilweise mithaften, dieser Schuld also „beitreten" wolle. In einem solchen Fall wird sich der Gläubiger oft im Gegenzug dazu verpflichten, das Darlehen zu verlängern

C. Schuldübernahme, Schuldmitübernahme, Vertragsübernahme

oder aufzustocken oder einstweilen davon abzusehen, es durch Klagerhebung oder Vollstreckungsmaßnahmen gegen den ursprünglichen Schuldner durchzusetzen. Stattdessen kann eine Schuldmitübernahme auch durch einen Vertrag zwischen dem neuen und dem **bisherigen Schuldner** vereinbart werden. In diesem Fall liegt ein Vertrag zugunsten Dritter im Sinne des § 328 vor, der zu seiner Gültigkeit – anders als bei § 415 – einer Genehmigung des Gläubigers nicht bedarf.

Ebenso wie die Schuldübernahme ist auch die Schuldmitübernahme gültig, ohne dass für den Vertrag (oder auch nur für die auf diesen Vertrag hin abgegebene Erklärung des neuen Schuldners) eine bestimmte **Form** beachtet werden müsste. Das ergibt sich aus dem allgemeinen Grundsatz der Formfreiheit und aus dem Umstand, dass die Schuldmitübernahme gesetzlich nicht geregelt ist und es daher auch an einer „durch Gesetz vorgeschriebenen Form" fehlt (vgl. § 125; Rn. 165 ff.). Andererseits bestimmt die zwingende Vorschrift des § 766, dass ein **Bürgschaftsvertrag** nur gültig ist, wenn der Bürge seine Erklärung **schriftlich** abgegeben hat. Zwar unterscheiden sich Bürgschaft und Schuldmitübernahme dadurch, dass der Bürge für eine **fremde Schuld** einsteht, der neue Schuldner hingegen die Schuld des ursprünglichen Schuldners neben ihm als **eigene Schuld** übernimmt. Richtig ist auch, dass sich der Gläubiger bei einer Bürgschaft in erster Linie an den „Hauptschuldner" und nur subsidiär an den Bürgen halten kann, während ihm bei einer Schuldmitübernahme beide Schuldner pari passu gegenüberstehen und er sich frei aussuchen kann, gegen wen er vorgehen will. Dennoch ist die Abgrenzung oft nicht einfach und gleichwohl praktisch bedeutsam, weil von ihr abhängt, ob die Form des § 766 eingehalten werden muss oder nicht.

1269

Der Gesetzgeber geht davon aus, dass ein Bürge in der Regel aus altruistischen Gründen handelt, dem eigentlichen Schuldner Hilfsbereitschaft demonstrieren möchte und oft auch seinen Überredungskünsten, Einflüsterungen oder auch Krokodilstränen ausgesetzt ist. Er soll deshalb durch § 766 dazu angehalten werden, die Risiken des Geschäfts zu bedenken, ehe er seine Unterschrift auf die Urkunde setzt. Für einen solchen Schutz des Bürgen besteht kein Grund, wenn die Übernahme der Bürgschaft für ihn ein Handelsgeschäft ist, er sie also als Kaufmann im Rahmen des von ihm betriebenen Handelsgewerbes übernimmt (§ 350 HGB). Die Beachtung der Form des § 766 ist aber auch dann entbehrlich (und die Annahme einer formlos gültigen Schuldmitübernahme daher zulässig), wenn ein vergleichbarer geschäftsmäßiger Kontext vorliegt, insbesondere: wenn jemand zur Übernahme der Mithaftung für die Schuld eines anderen durch ein **eigenes wirtschaftliches Interesse** veranlasst worden ist.

1270

1271 Vgl. BGH NJW 1981, 47; BGH NJW 1986, 580; OLG Hamm NJW 1993, 2625. – Viel spricht deshalb für Schuldmitübernahme, wenn ein Bauunternehmer seinen Baustofflieferanten nicht bezahlen kann und der Bauherr, um die Fertigstellung des Hauses zu sichern, den Lieferanten um Fortsetzung der Belieferung des Bauunternehmers bittet und ihm für diesen Fall mündlich verspricht, dass auch er (neben dem Bauunternehmer) für den Kaufpreis mithaften wolle. Dagegen liegt eine Bürgschaft vor, wenn der Verdacht besteht, dass jemand einen Griff in die Kasse seines Arbeitgebers getan hat, und der Vater des Verdächtigen dem Arbeitgeber verspricht, er werde für den Fehlbetrag aufkommen, wenn er von einer Kündigung oder der Erstattung einer Strafanzeige absieht (vgl. RGZ 90, 415): Hier ist das Versprechen des Vaters nur dann gültig, wenn die Form des §766 gewahrt ist, weil der Grund, der ihn für seinen Sohn eintreten lässt, aus seinem Herzen, nicht aus seinem Portemonnaie kommt. Hat ein Ehemann den Kauf eines Zweitwagens durch ein Bankdarlehen finanziert und seine Frau der Bank nachträglich erklärt, auch sie wolle auf Rückzahlung des Darlehens haften, so wird darin eine Schuldmitübernahme liegen, wenn sie ihre Erklärung (nicht aus Liebe zu ihrem Mann, sondern deshalb) abgegeben hat, weil sie das Auto selbst fährt und verhindern wollte, dass es ihr von der Bank (als Sicherungseigentümerin) weggenommen werde. Auch in diesem Fall bedarf allerdings die Schuldmitübernahme durch die Ehefrau der Schriftform, wenn der Vertrag des Mannes mit der Bank **Verbraucherdarlehensvertrag** gemäß §§ 491 ff. ist und sie als Verbraucherin die Mithaftung für seine Schuld aus diesem Vertrag übernommen hat (vgl. BGHZ 134, 94; BGH NJW 1997, 3169). Und schließlich ist zu bedenken, dass es auf die Einhaltung von Formvorschriften von vornherein nicht ankommt, wenn die Schuldmitübernahme oder die Bürgschaft **gemäß § 138 nichtig** ist. Das ist sie, wenn der Mitschuldner oder der Bürge ein **naher Familienangehöriger** des eigentlichen Schuldners ist, er die Haftung aus emotionaler Verbundenheit zu ihm übernommen hat, er durch sie „krass überfordert" wird und nicht auszuschließen ist, dass die Bank diese Umstände erkannt und in anstößiger Weise für sich ausgenutzt hat (vgl. BGH NJW 1999, 135; BGH NJW 2001, 815; Rn. 223 ff.).

2. Wirkungen

1272 Durch eine Schuldmitübernahme verbessert sich die Rechtslage des Gläubigers, weil ihm jetzt statt eines Schuldners zwei haften. Aber sie haften für eine und dieselbe Schuld. Daraus folgt, dass der neue Schuldner sich gegenüber dem Gläubiger auf die gleichen Verteidigungsrechte berufen kann wie der andere Schuldner. Die Regel des § 417 Abs. 1 passt also auch hier (vgl. Rn. 1265 ff.).

1273 Kann der neue Schuldner dem Gläubiger auch entgegenhalten, dass er nach dem Grundgeschäft, das ihn mit dem ursprünglichen Schuldner verbindet, die Leistung nicht zu erbringen brauche? Die Frage ist – anders als in § 417 Abs. 2 – jedenfalls dann zu bejahen, wenn der Vertrag zwischen den beiden Schuldnern geschlossen und deshalb als ein Vertrag zugunsten des Gläubigers im Sinne des § 328 anzusehen ist: Dann gilt § 334. Ist dagegen der Vertrag zwischen dem neuen Schuldner und dem Gläubiger geschlossen worden, so ist die Regel des § 417 Abs. 2 jedenfalls dann zugunsten des Gläubigers (analog) anzuwenden, wenn er in schutzwürdigem Vertrauen auf die Mithaftung des neuen Schuldners Dispositionen getroffen, insbesondere von Vollstreckungsmaßnahmen gegen den ursprünglichen Schuldner abgesehen hat.

1274 Die Schuldmitübernahme führt dazu, dass jeder der beiden Schuldner „die ganze Leistung zu bewirken verpflichtet, der Gläubiger aber die Leistung nur einmal zu fordern berechtigt ist" (§ 421). Die beiden Schuldner sind also **Gesamtschuldner**. Das bedeutet: Wenn nach der Schuldmitübernahme der eine der beiden Schuldner z.B. den Gläubiger befriedigt, ihm gegenüber in Verzug gerät oder sich ihm gegenüber auf § 275 berufen kann, so ist nach §§ 422 ff. zu beurteilen, welche Wirkungen diese Vorgänge auf die Schuld des anderen Schuldners haben (vgl. Rn. 1286 f.).

IV. Vertragsübernahme

1275 Bei einer Vertragsübernahme soll der Vertrag mit dem ursprünglich vereinbarten Inhalt fortbestehen, aber in diesen Vertrag anstelle der einen Vertragspartei eine andere Person als neue Vertragspartei eintreten. Dazu ist die Mitwirkung aller drei Beteiligten erforderlich. Sie kann in der Weise erfolgen, dass zwischen der ausscheidenden, der neuen und der verbleibenden Partei ein dreiseitiger Vertrag geschlossen wird. Möglich ist aber auch, dass der Vertrag zwischen zwei Beteiligten geschlossen wird und der dritte diesem Vertrag zustimmt. Wenn zweifelhaft ist, ob die neue Vertragspartei bestimmte **Rechte** erworben hat, so wird es darauf ankommen, ob nach den getroffenen Vereinbarungen und den Umständen des Falles die Regeln über die **Abtretung** analog angewendet werden können (bejaht in BGHZ 95, 88 für § 401); soweit die neue Vertragspartei **Schulden** übernommen hat, gilt das gleiche für die Regeln über die **Schuldübernahme**. Ficht einer der drei Beteiligten seine Erklärung gemäß § 123 an, so muss er sie gegenüber den beiden anderen Parteien abgeben (BGHZ 96, 302).

D. Mehrere Gläubiger, mehrere Schuldner

I. Teilbare Leistung

1276 Unter der Überschrift „Mehrheit von Schuldnern und Gläubigern" findet sich in §§ 420–432 eine nicht sehr übersichtliche Regelung für Fälle, in denen eine Leistung entweder von mehreren Gläubigern gefordert werden darf oder von mehreren Schuldnern geschuldet wird. Dabei wird in § 420 zunächst der Fall behandelt, in dem die Leistung, um die es geht, **teilbar** ist: Hier soll im Zweifel jeder der mehreren Gläubiger „nur zu einem gleichen Anteil berechtigt" oder jeder der mehreren Schuldner „nur zu einem gleichen Anteil verpflichtet" sein.

1277 Solche Fälle sind in der Praxis selten. Das liegt manchmal daran, dass die Leistung **unteilbar** ist, also ihrer Natur nach nur entweder ganz oder gar nicht, jedenfalls nicht in Anteilen erbracht werden kann. So liegt es z.B., wenn es bei einem Kaufvertrag um die Lieferung einer bestimmten Speciessache oder bei einem Mietvertrag um die Überlassung einer bestimmten Wohnung geht. Selbst wenn aber die Leistung im technischen Sinne teilbar ist, also etwa ein Geldbetrag oder eine bestimmte Menge von Gattungssachen gefordert werden können oder geschuldet sind, so liegt gleichwohl keine „teilbare Leistung" im Sinne des § 420 vor, wenn sich aus dem Innenverhältnis unter den mehreren Gläubigern oder Schuldnern ergibt, dass die gesamte Leistung von den Schuldnern nur **gemeinschaftlich** erbracht werden soll oder von den Gläubigern nur **gemeinschaftlich** soll gefordert werden dürfen. Haben z.B. die Väter der Brautleute für die geplante Hochzeit gemeinsam ein aus 5 Musikern bestehendes Tanzorchester engagiert und ein bestimmtes Honorar versprochen, so findet § 420 keine Anwendung, auf die Ensembleleistung der Musiker nicht, weil sie unteilbar ist, auf die Honorarschuld der beiden Väter nicht, weil sie sich zu der Leistung gemeinschaftlich durch Vertrag verpflichtet haben und deshalb gemäß §§ 427, 421 im Zweifel anzunehmen ist, dass jeder von ihnen das gesamte Honorar schulden soll. Das gilt allerdings nicht, wenn die Mitglieder des Orchesters sich auf eine vertragliche Vereinbarung eingelassen haben, nach der ihnen der Vater der Braut das Honorar nur zu 40 %, der Vater des Bräutigams nur zu 60 % schulden soll. Eine solche Vereinbarung kann sich auch aus den Umständen ergeben. Erteilen z.B. bei der Errichtung einer Wohnungseigentumsanlage die 10 künftigen Wohnungseigentümer gemeinschaftlich einem Unternehmer den Auftrag zum Einbau eines Aufzugs, so haftet nicht jeder von ihnen auf den Gesamtpreis – so aber § 427 –, sondern jeder haftet dem Unternehmer nur anteilig, nämlich nur in Höhe des auf ihn entfallenden Miteigentumsanteils. Anders, wenn die Anlage fertig errichtet ist und im Zuge ihrer laufenden Verwaltung ein Unternehmer von den Wohnungseigentümern gemeinschaftlich mit einer Dachreparatur beauftragt wird: Hier gilt § 427; jeder Wohnungseigentümer läuft also das Risiko, von dem Unternehmer auf Zahlung des Gesamtpreises in Anspruch genommen zu werden (BGHZ 75, 26).

II. Mehrere Gläubiger

1278 Wenn im Falle einer Mehrheit von Gläubigern die Leistung des Schuldners im ganzen (und nicht gemäß § 420 jedem der Gläubiger zu einem Anteil) erbracht werden muss, so kann es sein, dass die mehreren Gläubiger die ganze Leistung entweder nur **gemeinschaftlich erhalten** sollen (Rn. 1279) oder dass **jeder Gläubiger** für sich die ganze Leistung vom Schuldner soll **fordern** dürfen (Rn. 1280).

1279 Der erste Fall – Leistung nur gemeinschaftlich an alle Gläubiger – liegt vor, wenn die Leistung aus tatsächlichen oder rechtlichen Gründen unteilbar ist und der Schuldner deshalb nur an alle Gläubiger gemeinschaftlich leisten „und jeder Gläubiger nur die Leistung an alle fordern kann" (§ 432). Haben also mehrere Personen gemeinsam ein Ferienhaus gemietet, so ist ihr Anspruch auf Überlassung des Hauses auf eine aus tatsächlichen Gründen unteilbare Leistung gerichtet; sie können daher vom Vermieter nur Leistung an alle gemeinschaftlich verlangen. Aus rechtlichen Gründen unteilbar ist die

D. Mehrere Gläubiger, mehrere Schuldner   1279–1283

Leistung insbesondere dann, wenn den Gläubigern ein bestimmtes Vermögen „**zur gesamten Hand**" zusteht und der Anspruch auf die Leistung in dieses Vermögen fällt. Sind z.B. die Gläubiger Gesellschafter einer BGB-Gesellschaft (§§ 705 ff.) oder einer offenen Handelsgesellschaft (§§ 105 ff. HGB), so wird der Anspruch auf die Leistung, wenn er von einem der Gesellschafter in die Gesellschaft eingebracht oder wenn er von der Gesellschaft erworben worden ist, „**gemeinschaftliches Vermögen** der Gesellschafter" (§ 718). Kein Gesellschafter kann dann noch für sich allein über den Anspruch verfügen (§ 719); vielmehr können sie ihn nur gemeinschaftlich geltend machen (§ 709). Ähnlich liegt es, wenn den Gläubigern das Eigentum an einem Grundstück gemeinschaftlich zusteht, unter ihnen daher eine **Bruchteilsgemeinschaft** besteht (§§ 741 ff.) und die Forderung gegen den Schuldner – z.B. eine Mietforderung – im Zuge der Verwaltung des Grundstücks entstanden ist (§ 744).

Der zweite Fall – jeder Gläubiger kann verlangen, dass die ganze Leistung allein ihm erbracht werde – ist zwar in §§ 428–430 unter der Überschrift „**Gesamtgläubiger**" ziemlich ausführlich geregelt, kommt aber in der Praxis kaum vor. Denn in diesem Fall kann der Schuldner „nach seinem Belieben an jeden der Gläubiger" mit befreiender Wirkung leisten. Auf eine solche Gestaltung des Innenverhältnisses wird sich ein vernünftiger Gläubiger nur ausnahmsweise einlassen.   1280

III. Mehrere Schuldner

1. Allgemeines

Wie bei der Mehrheit von Gläubigern ist auch bei der Mehrheit von Schuldnern danach zu unterscheiden, ob die ganze geschuldete Leistung von den mehreren Schuldnern **gemeinschaftlich** dem Gläubiger zu erbringen ist (Rn. 1282 f.) oder ob der Gläubiger die ganze Leistung von jedem der mehreren Schuldner verlangen kann (Rn. 1285 ff.).   1281

2. Gemeinschaftliche Schuld

Der erste Fall – Leistung nur gemeinschaftlich durch alle Schuldner – ist gegeben, wenn die von den Schuldnern versprochene Leistung aus tatsächlichen oder rechtlichen Gründen unteilbar ist, also nicht anders als dadurch erfüllt werden kann, dass alle Schuldner zusammenwirken.   1282

So liegt es, wenn mehrere Musiker eine Ensembleleistung versprochen haben. So liegt es auch, wenn das dem Gläubiger verkaufte Grundstück in das Gesamthandsvermögen einer Gesellschaft fällt oder wenn es gemeinschaftliches Vermögen einer unter den Schuldnern bestehenden Bruchteilsgemeinschaft bildet: Hier müssen die für die Übereignung des Grundstücks erforderlichen Erklärungen von sämtlichen Gesellschaftern oder Teilhabern abgegeben werden (§§ 719, 747 Satz 2). Wenn allerdings in diesen Fällen   1283 der Gläubiger nicht die Leistung selbst, sondern **Schadensersatz** verlangt, weil die Leistung von den Schuldnern nicht oder nicht wie geschuldet erbracht worden ist, so haften sie ihm als Gesamtschuldner (§ 431).

3. Gesamtschuld

1284 Der zweite Fall – jeder der mehreren Schuldner haftet dem Gläubiger auf die ganze Leistung – wird in § 421 geregelt und als Gesamtschuld bezeichnet.

1285 a) **Voraussetzungen.** – Sofern nichts anderes vereinbart ist, liegt eine Gesamtschuld vor, wenn „sich mehrere durch Vertrag gemeinschaftlich" zu einer Leistung verpflichtet haben (§ 427). Haben also mehrere Personen gemeinsam eine Wohnung gemietet, einen Rechtsanwalt mit der Wahrung ihrer Interessen beauftragt oder zu gemeinsamer Nutzung eine Segeljacht gekauft, so schulden sie die Miete, das Anwaltshonorar oder den Kaufpreis als Gesamtschuldner. Ebenso liegt es, wenn Ehegatten gemeinsam einen Mietvertrag geschlossen, ein Darlehen aufgenommen oder eine Ferienreise gebucht haben. Die Ehegatten haften sogar dann als Gesamtschuldner, wenn der Vertrag zwar nur von einem Ehegatten abgeschlossen worden ist, aber der Vertragsabschluss „zur angemessenen Deckung des Lebensbedarfs der Familie" erforderlich war und daher gemäß § 1357 Abs. 1 Satz 2 im Zweifel anzunehmen ist, dass aus dem Geschäft „beide Ehegatten berechtigt und verpflichtet" werden. Gehört ein Anwalt oder ein Arzt einer Sozietät oder einer Praxisgemeinschaft an, so haften für seinen Beratungs- oder Behandlungsfehler alle betroffenen Anwälte oder Ärzte, wenn nichts anderes vereinbart ist oder sich aus den Umständen ergibt (vgl. BGHZ 56, 355; BGHZ 142, 126, 136). Eine Gesamtschuld kann auch dann vorliegen, wenn der Gläubiger mit jedem der Schuldner einen eigenen Vertrag geschlossen hat, sofern es das gleiche Leistungsinteresse des Gläubigers ist, um das es ihm beim Abschluss der Verträge gegangen ist. So liegt es z.B., wenn der Gläubiger zunächst mit dem einen Schuldner einen Darlehensvertrag und sodann mit einer anderen Person einen zweiten Vertrag geschlossen hat, durch den diese die Schuld des Darlehensnehmers mitübernommen hat (Rn. 1268 ff., 1274). Ist der Mangel eines Bauwerks sowohl vom Architekten (durch fehlerhafte Bauaufsicht) wie vom Bauunternehmer (durch nachlässige Bauausführung) herbeigeführt worden, so haften beide als Gesamtschuldner dem Bauherrn auf Beseitigung des Baumangels und ggf. auf Schadensersatz (BGHZ 43, 227; BGHZ 51, 275). Ebenso ist zu entscheiden, wenn der vom Vermieter beauftragte Bauunternehmer eine Dachreparatur fehlerhaft ausgeführt hat und es dadurch an den Sachen des Mieters zu einem Wasserschaden gekommen ist: Auch hier haften dem Mieter der Bauunternehmer und der Vermieter als Gesamtschuldner: der Bauunternehmer nach § 823 Abs. 1, der Vermieter nach § 536 a (BGH NJW 1994, 2231). Gemäß § 840 Abs. 1 liegt eine

D. Mehrere Gläubiger, mehrere Schuldner   1285–1289

Gesamtschuld auch dann vor, wenn jeder der mehreren Schuldner eine unerlaubte Handlung begangen hat und deshalb für den Schaden des Gläubigers verantwortlich ist.

b) Außenverhältnis. – Für das Außenverhältnis zwischen dem Gläubiger und den Gesamtschuldnern ist charakteristisch, dass der Gläubiger die gesamte ihm geschuldete Leistung „nach seinem Belieben von jedem der Schuldner" fordern kann (§ 421 Satz 1; BGHZ 184, 35 Tz. 30 ff.). Wird die geschuldete Leistung von einem der Gesamtschuldner bewirkt (§ 362) oder wird ihm die Schuld vom Gläubiger erlassen und dadurch nach dem Willen der Parteien im ganzen aufgehoben (§ 397), so wirkt dies auch zugunsten der übrigen Gesamtschuldner; es tritt gemäß §§ 422–424 „Gesamtwirkung" ein. 1286

Hinsichtlich aller übrigen Tatsachen, die sich auf den Anspruch des Gläubigers auswirken können, verbleibt es beim Grundsatz der „**Einzelwirkung**"; sie wirken also grundsätzlich nur für und gegen denjenigen Gesamtschuldner, in dessen Person sie eingetreten sind. Wenn A und B Gesamtschuldner sind, so kann sich daher A auf einen Schadensersatzanspruch damit verteidigen, dass der Gläubiger nur B, nicht ihn gemäß § 286 gemahnt oder dass er nur B, nicht ihm gemäß § 281 eine Frist gesetzt oder dass zwar B, aber nicht er die Pflichtverletzung gemäß § 280 Abs. 1 Satz 2 zu vertreten habe. Allerdings gilt das alles nur „im Zweifel", also nicht, wenn sich „aus dem Schuldverhältnis ein anderes ergibt" (§ 425 Abs. 1). Das ist z.B. anzunehmen, wenn der von einem Anwalt falsch beratene Mandant nicht nur von ihm, sondern auch von allen anderen Partnern der Sozietät Schadensersatz verlangt: Hier können sich die anderen Partner nicht damit verteidigen, dass sie mit dem Fall des Mandanten nicht befasst gewesen seien und deshalb nicht schuldhaft gehandelt hätten (BGHZ 70, 247). 1287

c) Innenverhältnis. – Hat ein Gesamtschuldner den Gläubiger befriedigt, so steht ihm im Innenverhältnis zu den anderen Gesamtschuldnern ein **Ausgleichsanspruch** zu; er kann die anderen Gesamtschuldner – wie manchmal auch gesagt wird – „auf Regress" in Anspruch nehmen. Diesen Regressanspruch kann er auf verschiedene rechtliche Grundlagen stützen. 1288

Zunächst kommt dafür die **vertragliche Vereinbarung** in Betracht, mit der die Gesamtschuldner die Lastenverteilung im Innenverhältnis – sei es ausdrücklich, sei es auch konkludent – geregelt haben können. Ist z.B. jemand einer Schuld beigetreten, weil ihm vom Schuldner ein entsprechender Auftrag erteilt war, so kann er, nachdem er den Gläubiger befriedigt hat, den dafür aufgewandten Betrag gemäß §§ 675, 670 in vollem Umfang vom Schuldner ersetzt verlangen. Hat ein Mitmieter die Miete bezahlt, so beurteilt sich die Frage, ob und in welcher Höhe er von den anderen Mitmietern Ausgleichung verlangen kann, nach den Vereinbarungen, die sie dazu unter sich getroffen haben. Wenn die Ehefrau einen Rasenmäher auf Kredit gekauft und ihrem Mann zum Geburtstag geschenkt hat, so kann der Mann, wenn der Verkäufer ihn gemäß § 1357 Abs. 1 Satz 2 als Gesamtschuldner in Anspruch genommen und von ihm den Kaufpreis gezahlt erhalten hat, von seiner Frau die Erstattung des Kaufpreises verlangen, weil er nach den Umständen mit der Zahlung ein Geschäft für sie besorgt hat (§ 670). 1289

1290 Außerdem kann der Regressanspruch auch auf eine **gesetzliche Grundlage**, nämlich auf § 426 Abs. 1 gestützt werden. Diese Anspruchsgrundlage ist praktisch ohne Bedeutung, wenn die Gesamtschuldner die interne Lastenverteilung durch Vereinbarung geregelt haben. Oft fehlt es aber an solchen Vereinbarungen, weil die Gesamtschuld entstanden ist, ohne dass es bis dahin zu einem Kontakt unter den Gesamtschuldnern gekommen wäre, den sie für eine solche Vereinbarung hätten nutzen können. So liegt es z.B., wenn jeder der Gesamtschuldner unabhängig vom anderen den Schaden des Gläubigers durch eine unerlaubte Handlung herbeigeführt hat, oder wenn der eine Gesamtschuldner dem Gläubiger aus Vertrag, der andere wegen einer unerlaubten Handlung oder wenn ihm beide aus verschiedenen Verträgen haften. In solchen Fällen kommt es auf § 426 Abs. 1 an: Danach sind die Gesamtschuldner einander zum Ausgleich verpflichtet, und zwar „zu gleichen Anteilen ..., soweit nicht ein anderes bestimmt ist".

1291 Das Risiko der Zahlungsunfähigkeit eines Gesamtschuldners tragen die anderen Gesamtschuldner. Gibt es neben dem zahlungsunfähigen A nur noch einen anderen Gesamtschuldner B, so bleibt B auf dem Schaden sitzen. Gibt es neben ihm noch zwei oder mehr andere Gesamtschuldner, so wird der Ausfall im Zweifel auf sie so verteilt, wie es ihren Ausgleichsquoten im Innenverhältnis entspricht (§ 426 Abs. 1 Satz 2). Wenn also von vier Gesamtschuldnern A 40 %, B 30 % und C und D je 15 % zu tragen haben und A zahlungsunfähig ist, so erhöht sich die Quote von B auf 50 % und von C und D auf je 25 %. Hat B an den Gläubiger 4000 € bezahlt und ihn dadurch befriedigt, so kann er von C und D je 1000 € verlangen. Nach allgemeiner Ansicht haften ihm C und D nicht als Gesamtschuldner, sondern als Teilschuldner (§ 420). Vgl. dazu im Einzelnen MK-*Bydlinski* § 426 Rn. 29 ff.

1292 Schließlich wird dem Gesamtschuldner, der an den Gläubiger geleistet und ihn dadurch befriedigt hat, durch **§ 426 Abs. 2** noch eine weitere (dritte) Anspruchsgrundlage zur Verfügung gestellt. Denn der Gläubiger hat zwar die ihm geschuldete Leistung erhalten. Aber dadurch erlischt sein Anspruch gegen die Schuldner auf die Leistung nicht. Vielmehr geht er kraft Gesetzes – also durch eine „Legalzession" – auf den leistenden Gesamtschuldner über, wenn auch nur insoweit, als er „von den übrigen Schuldnern Ausgleichung verlangen kann". Das kann für ihn deshalb vorteilhaft sein, weil er zusammen mit der Forderung gemäß §§ 412, 401 auch die für sie dem Gläubiger früher schon bestellten Sicherungsrechte erwirbt.

1293 Nach der Grundregel des § 426 Abs. 1 Satz 1 sollen die Gesamtschuldner im Innenverhältnis zueinander im Zweifel „zu gleichen Anteilen" verpflichtet sein. In der Praxis bildet diese Grundregel freilich die Ausnahme. Oft ist es eine Vereinbarung, mit der die Gesamtschuldner die Lasten im Innenverhältnis anders als „zu gleichen Anteilen" verteilt haben. Fehlen solche Vereinbarungen, so sind es manchmal gesetzliche Vorschriften, die eine „ungleiche" Lastenverteilung anordnen. Ein Beispiel dafür ist § 840 Abs. 2 (vgl. dazu aber *Kötz/Wagner* Rn. 316 ff.). Vor allem ist es aber § 254 Abs. 1, dessen

D. Mehrere Gläubiger, mehrere Schuldner 1293–1296

Grundgedanke hier entsprechend angewandt wird: Hat einer der Gesamtschuldner den Schaden des Gläubigers ersetzt, so hängt die Quote, mit der ihm die anderen Gesamtschuldner auf Ausgleichung haften, „von den Umständen, insbesondere davon ab, inwieweit der Schaden vorwiegend von dem einen oder dem anderen Teil verursacht worden ist".

Wenn also für den Schaden, der dem Bauherrn durch einen Baumangel entstanden ist, sowohl der Architekt wie der Bauunternehmer als Gesamtschuldner haften, aber der Architekt in Vorlage getreten ist und den Schaden in vollem Umfang ersetzt hat, so hängt die Frage, ob und zu welchem Anteil er sich bei dem Bauunternehmer „erholen" kann, davon ab, in welchem Maße der Baumangel auf den Fehler des Architekten und in welchem Maße er auf den Fehler des Bauunternehmers zurückzuführen ist. Ein Ergebnis dieser Abwägung kann auch sein, dass der Architekt von dem Unternehmer nichts oder dass er von ihm den gesamten verauslagten Betrag verlangen kann. 1294

Auch wenn die Voraussetzungen einer Gesamtschuld gemäß § 421 erfüllt sind, kann sich manchmal aus gesetzlichen Vorschriften, aus der Natur der Sache oder aus rechtspolitischen Wertungen ergeben, dass die mehreren Schuldner nicht „gleichrangig", auf der „gleichen Stufe" oder der „gleichen Ebene" nebeneinander stehen, sondern dass einer von ihnen, weil er dem Gläubiger „primär" oder „vorrangig" verpflichtet ist, den Schaden in vollem Umfang und endgültig tragen muss, ohne dass die Frage einer Ausgleichung im Innenverhältnis – etwa gemäß § 254 – auch nur gestellt werden dürfte. So liegt es vor allem in Fällen, in denen der Gläubiger zwar Schadensersatz von zwei Schuldnern verlangen kann, aber der Gesetzgeber zugunsten des einen Schuldners angeordnet hat, dass er, wenn er den Gläubiger befriedigt, dessen Anspruch gegen den anderen Schuldner kraft Gesetzes in vollem Umfang erwirbt. 1295

Ist z.B. jemand durch einen Verkehrsunfall körperlich verletzt worden, so kann er die ihm dadurch entstandenen Nachteile vom Schädiger, aber oft auch von einem Dritten ersetzt verlangen, so etwa, wenn ihm der Dritte als sein Krankenversicherer oder als der für ihn zuständige Sozialversicherungsträger Leistungen wegen des Unfalls erbracht oder als sein Arbeitgeber ihm trotz seiner unfallbedingten Arbeitsunfähigkeit den Lohn fortgezahlt hat. In diesen Fällen geht der Schadensersatzanspruch des Verletzten, der ihm gegen den Schädiger zusteht, kraft Gesetzes auf den Dritten über (vgl. §§ 86 (früher: 67) VVG, 116 SGB X, 6 ff. Entgeltfortzahlungsgesetz); damit gibt der Gesetzgeber zu erkennen, dass er den Schädiger als „primär" oder „vorrangig" ersatzpflichtig ansieht und dass seine Ersatzpflicht durch die Leistungen, die der Arbeitgeber oder der Versicherer dem Verletzten erbracht haben, nicht gemindert werden sollen. Ähnlich kann es auch in Fällen liegen, in denen es an einem Forderungsübergang kraft Gesetzes zugunsten des Dritten fehlt, so z.B. dann, wenn der Dritte seine Leistungen erbracht hat, weil er dem Verletzten unterhaltspflichtig war (§ 843 Abs. 4). Im Schrifttum wird meist angenommen, dass es in solchen Fällen schon an einer Gesamtschuld fehlt, obwohl die Voraussetzungen des § 421 an sich erfüllt sind. Andere Autoren halten eine Gesamtschuld für gegeben und schließen die Anwendung des § 426 aus, soweit der „primär Ersatzpflichtige" den Gläubiger entschädigt hat. Vgl. dazu z.B. *Schlechtriem/Schmidt-Kessel* AT Rn. 839 ff.; MK-*Bydlinski* § 421 Rn. 60 ff. 1296

1297 Problematisch sind schließlich Fälle, in denen A und B als Gesamtschuldner aufgrund unerlaubter Handlung auf Schadensersatz haften, aber A sich gegenüber dem geschädigten Gläubiger auf einen mit ihm vertraglich vereinbarten oder gesetzlich angeordneten Haftungsausschluss berufen kann. Ist in einem solchen Fall der Gläubiger von B entschädigt worden, so kann dieser nicht gemäß §§ 426, 254 von A Ausgleichung verlangen, weil A dadurch den Vorteil verlöre, der ihm durch den Haftungsausschluss zukommen sollte („**gestörter Gesamtschuldnerausgleich**"). Für den Nachteil, der dem B durch den Verlust seines Regressanspruchs entsteht, wird er nach der Rechtsprechung dadurch entschädigt, dass er schon im Außenverhältnis zum Gläubiger nicht (wie ein „echter" Gesamtschuldner) auf Ersatz des ganzen Schadens, sondern nur auf den Schadensanteil haftet, der nach dem Innenverhältnis zu A auf ihn entfällt.

1298 Vgl. dazu BGHZ 51, 37; BGHZ 94, 173; BGHZ 110, 114; anders aber BGHZ 103, 338, 346 ff. Vgl. dazu ferner MK-*Wagner* § 840 Rn. 30 ff.; *Kötz/Wagner* Rn. 756 ff., 772 ff.; *Schlechtriem/Schmidt-Kessel* AT Rn. 861 ff.

Paragraphenregister

Die Zahlen verweisen auf die Randnummern.

AGG		§ 105 a	137
§ 1	30	§ 106	133, 403
§ 7	351	§ 107	141 ff., 155, 459, 860
§ 15	1048	§ 108	146, 158 ff., 237, 423
§§ 19 ff.	30, 1048	§ 109	146, 161
		§ 110	157
AktG		§ 111	154, 162
§ 78	411, 414	§ 112 f.	156
§ 82	416	§ 116	83, 287
§ 243	11	§ 117	84 f., 287, 764
		§ 118	82, 287
AO		§ 119	289 ff., 306, 397, 404, 422, 439, 443, 784, 811, 846, 1017, 1213
§ 370	236		
		§ 120	308, 327 ff., 404
Berufsbildungsgesetz		§ 121	112, 289, 307, 320, 335, 379, 382 ff.
§ 15	170		
		§ 122	83, 289, 307, 320, 327, 330, 332 ff., 358, 429, 474
BeurkG			
§ 17	168	§ 123	38, 138, 226, 290 f., 322, 335 ff., 364 ff., 422, 439, 443 f., 541, 784, 846, 949, 1211, 1213, 1220, 1223, 1267, 1275
§§ 39 f.	175		
§ 45	435		
§ 47	435		
		§ 124	363, 382, 386 f.
BGB		§ 125	37, 178, 180 ff., 189 f., 237, 784, 1269
§ 1	136		
§ 2	132	§ 126	171, 174, 191, 987
§ 13	16, 46 f., 118, 170, 561, 602, 665, 678, 720, 722, 726, 765, 904, 985, 1159	§ 126 a	173, 191
		§ 126 b	174, 191, 987
		§ 127	191
§ 14	46 f., 267 f., 587, 602, 665, 720, 722, 765, 985	§ 128	177
		§ 129	175
§ 26	411	§ 130	91 ff., 101, 109, 111, 171 f., 330, 385, 404, 412
§ 77	175		
§ 90	312, 537, 710	§ 131	135, 139, 144, 154, 423
§ 90 a	537, 710	§ 133	64
§ 91	540, 649	§ 134	37, 197 ff., 212, 370, 422, 431, 448, 784, 1120, 1223
§ 100	976		
§ 104	38, 132 f., 138, 784		
§ 105	132, 134, 138 f., 288		

539

Paragraphenregister

§ 135	205 ff.	§§ 186 ff.	106
§ 136	207	§ 193	96, 106
§ 137	208 ff.	§ 194	966
§ 138	37 f., 138, 211 ff., 303, 370, 373, 422, 431, 464, 508, 736, 784, 830, 1007, 1220, 1223, 1240, 1271	§ 195	363, 511, 908, 910, 974, 1126 f., 1189
		§ 199	363, 511, 908, 910, 974, 1126 f., 1189
§ 139	235 ff., 279, 603, 1267	§ 202	967
§ 142	237, 289, 335, 388 ff., 429, 541	§ 203	909, 967
		§ 204	909
§ 143	11, 375, 388	§ 209	909, 967
§ 145	6, 9 f., 80, 90, 101, 103 f., 110, 784	§ 214	785, 869, 1134 f.
		§ 215	869, 874, 895 f., 897
§ 146	105, 111	§ 218	910, 966 f., 974
§ 147	105, 107, 111, 116, 121 f.	§ 232	740
§ 148	105, 121	§ 241	3, 34, 479, 481 f., 491, 512, 514, 624, 708, 719, 753, 768, 921, 972, 1026, 1029, 1031, 1034, 1164, 1189, 1194, 1206
§ 149	112, 121 f.		
§ 150	105, 111, 120 ff., 255, 330		
§ 151	115 ff., 124, 613, 1138		
§ 152	177		
§ 153	109	§ 241 a	118
§ 154	126 f., 189	§ 242	69, 73 ff., 77, 86, 99, 126, 514, 680, 729, 731
§ 155	126, 128		
§ 157	65, 69, 74, 729, 731, 1110	§ 243	795, 1084
§ 158	426	§ 246	180
§ 161	569	§ 247	1159
§ 163	426	§ 249	29, 226, 362, 510, 538, 781, 1036 ff., 1060
§ 164	392 ff., 784, 858		
§ 165	403, 474	§ 251	778, 1037 f., 1051
§ 166	328, 383, 404, 412, 439 ff.	§ 252	1152 f., 1156, 1197
§ 167	11, 291, 412, 425, 427, 470	§ 253	782, 1046 ff.
§ 168	11, 420, 426, 427 f.	§ 254	522, 707, 730, 830, 1045, 1054 ff., 1141, 1150, 1191, 1197, 1293 ff., 1296
§ 170	424, 431 ff.		
§ 171	412, 433		
§ 172	434, 903	§ 257	707
§ 173	432 ff.	§ 259	676
§ 174	472	§ 262	564
§ 175	435, 677, 903	§ 266	563, 850, 948
§ 176	435	§ 267	849
§ 177	177, 237, 332, 401 f., 417, 444, 466 ff., 471	§ 269	547 ff., 850, 884, 887, 957 a, 1140
§ 178	471	§ 270	630, 849 f., 1140
§ 179	332, 396, 401 f., 404, 423, 429, 438, 473 ff.	§ 271	555 ff., 626, 850, 871, 930, 945, 1131, 1138
§ 180	162, 450, 472, 497	§ 273	749, 868, 872, 885, 892 ff., 902 ff., 933, 1134 f.
§ 181	152, 449 ff.		
§ 182	11, 155, 158, 177, 291, 414, 425, 469, 1263	§ 274	892, 894
		§ 275	440, 558, 597, 636, 700, 756, 763, 778, 781, 786 ff., 796, 814, 830, 842 a, 881, 898, 921, 925, 931 f., 938,
§ 183	155		
§ 184	158, 177, 469, 1263		
§ 185	407, 570, 858		

	951, 958, 961, 967, 984, 1020, 1024, 1030, 1033, 1038, 1073, 1084, 1100, 1102 f., 1107, 1115, 1132 ff., 1147 f., 1152, 1155, 1164, 1170, 1173, 1184, 1274	§ 305	16, 67, 241, 243 f., 246 ff., 250 ff., 255 ff., 262, 264, 632, 765, 767, 1121, 1233
		§ 305 b	193, 262 f., 264
		§ 305 c	67, 257, 260 f., 264, 1223
		§ 306	72, 108, 122, 237, 280 ff., 603, 632, 945, 1008
§ 276	384, 789, 811, 847, 848, 1072 ff.	§ 307	38, 43, 72, 100, 237, 249, 264 ff., 604, 614 f., 632, 691, 723, 728, 747 f., 767, 866, 879, 915, 922, 995, 1003, 1007 f., 1066, 1122, 1222 f.
§ 277	1114		
§ 278	438, 480, 493, 502, 517, 534, 623, 840 f., 847, 1057 ff., 1082, 1087 ff., 1189		
§ 280	5, 51, 209, 226, 305, 359, 438, 479 f., 483, 490, 493, 497, 510, 512, 514, 524, 554, 556, 558, 577, 599, 633, 636, 639, 680, 695, 705, 708, 741 ff., 749, 751, 760, 768, 786, 811, 824, 839, 854, 881, 922, 924, 929, 947, 971, 982 f., 1023 ff., 1071, 1115, 1141, 1242 f., 1287	§ 308	266 ff.
		§ 308 Nr. 1	108, 122, 561, 945
		§ 308 Nr. 2	280, 945
		§ 308 Nr. 3	915
		§ 308 Nr. 6	100
		§ 308 Nr. 7	995
		§ 308 Nr. 8	915
		§ 309	266 ff.
		§ 309 Nr. 1	632
		§ 309 Nr. 2	280, 726, 879, 904 f.
		§ 309 Nr. 3	280, 728, 866, 878 f.
§ 281	305, 490, 554, 558, 633, 687, 695, 702, 705, 746, 751 f., 762, 784, 811, 824, 879, 983, 1027 f., 1038, 1148 f., 1164 ff., 1182, 1212, 1241, 1287	§ 309 Nr. 4	945
		§ 309 Nr. 5	995, 1065, 1160
		§ 309 Nr. 6	1066
		§ 309 Nr. 7	267, 280, 283, 604, 615, 967, 1122
		§ 309 Nr. 8	283, 604, 615, 767, 904, 945, 967
§ 282	497, 1164, 1173, 1194	§ 309 Nr. 9	280, 1007 f.
§ 283	440, 558, 597, 795, 982, 1033, 1073, 1115, 1149, 1155, 1164, 1170, 1173, 1183	§ 309 Nr. 13	100, 193, 974
		§ 310	46, 247, 249, 256, 268, 1122
		§ 311	5, 226, 359, 438, 479 f., 481, 492, 498 ff., 514 f., 518, 523 ff., 533, 610, 667, 1026, 1029, 1057 f., 1087, 1098, 1118, 1126
§ 284	789, 1051, 1073, 1195 ff.		
§ 285	781, 789, 807 f., 985, 1071		
§ 286	305, 554, 556, 558, 577, 633, 636, 687, 751, 760 f., 881, 929, 971, 1024, 1052, 1095, 1099, 1128 ff., 1287	§ 311 a	440, 597, 789, 799, 1025, 1030, 1033, 1073 f., 1107 f., 1126, 1164, 1170, 1173, 1175, 1178, 1183 f.
§ 287	1099 f., 1147		
§ 288	1159	§ 311 b	168, 176, 179, 182, 425, 505, 568, 578, 582, 789
§ 293	634, 686, 796		
§ 294	635, 846	§ 312	16, 38, 42, 170, 542, 985 f., 988, 991
§ 295	635		
§ 296	635	§ 312 a	542
§ 297	635	§ 312 b	42, 542, 679, 985
§ 298	846	§ 312 c	174, 542
§ 300	556, 636, 686, 796, 847 f., 881, 1115	§ 312 d	42, 88, 234, 542, 985, 987 f., 991
§ 304	556, 636, 881		

§ 312e	40, 97, 989c	§ 365	851
§ 313	11, 319 ff., 377, 784, 811, 912, 1009 ff.	§ 366	856
		§ 367	856
§ 314	11, 291, 711, 751 f., 1001	§ 370	859
§§ 315 ff.	127	§§ 372 ff.	636, 882 f., 1237
§ 317	631	§ 373	636, 885
§ 320	577, 725 f., 729, 754, 822, 865, 879, 885, 897 ff., 902 ff., 933 f., 1020, 1134, 1213	§ 374	885
		§ 376	636, 886
		§ 378	636, 886
		§ 379	886
§ 321	690, 894, 900 f.	§ 383	636, 883, 887
§ 322	726, 892, 844	§ 384	887
§ 323	5, 11, 190, 291, 483, 490, 554, 558, 569, 613, 633, 687, 690, 695, 739, 751 f., 762, 799, 822 ff., 846, 915 ff., 938, 1148, 1153, 1161, 1166 f., 1172, 1174, 1178 f., 1187, 1193, 1211, 1214, 1241	§§ 387 ff.	861 ff., 890, 1130
		§ 388	11, 861
		§ 389	861 ff., 1250
		§ 390	867, 895
		§ 392	873 f., 903
		§ 393	875
		§ 394	875
§ 324	497, 921, 923, 926, 947, 972, 1194	§ 395	875
		§ 397	888, 1286
§ 325	558, 1163	§ 398	8, 206, 572 f., 575, 889, 1215 ff.
§ 326	558, 636, 700, 725, 761, 789, 796, 807 f., 820 ff., 830, 881, 921, 925, 931, 938, 978, 1020, 1100, 1115, 1152, 1155	§ 399	208, 790, 1229, 1233 ff., 1242
		§ 400	790, 1227 f.
		§ 401	1241, 1275, 1292
§ 328	564, 857, 1199 ff., 1268	§ 402	1241
§ 329	1263	§ 403	1241, 1246
§ 330	1203	§ 404	1231, 1246 ff.
§ 331	1203	§ 405	1225
§ 333	1201	§ 406	874, 1236, 1242, 1250 f.
§ 334	522 f., 1213 f.	§ 407	859, 1242, 1252 ff.
§ 335	1211	§ 408	1242, 1254 f.
§§ 339 ff.	1066	§ 409	1257
§ 343	1066	§ 410	1246
§ 346	711, 917 a, 938, 974 ff., 989 c, 989 e, 1163, 1211	§ 412	1245, 1292
		§ 413	573
§ 348	974	§ 414	1259 ff., 1268
§ 349	946	§ 415	1263, 1266, 1268
§ 350	947, 974	§ 416	1264
§ 355	16, 170, 174, 720, 985 ff.	§ 417	1265 ff., 1272 f.
§ 356	988	§ 418	1264
§ 357	917 a, 978, 987, 989 ff.	§§ 420 ff.	1276 ff.
§ 358	355, 990 f.	§ 421	1274, 1284 ff., 1295 f.
§ 359	990	§§ 422 ff.	1274, 1286
§ 360	987	§ 425	1287
§ 362	628 f., 849, 857 f., 947, 1130, 1148, 1217, 1286	§ 426	1245, 1290 ff.
		§ 427	1277, 1285
§ 363	588, 850	§§ 428 ff.	1280
§ 364	628, 851, 855	§ 431	1283

Paragraphenregister

§ 432	1279	§ 492	170, 173, 180, 425, 1271
§ 433	9, 59 f., 62, 485, 536 ff., 556, 625, 633, 636 f., 758 f., 850, 881, 969	§ 494	180
		§ 495	42, 985, 991
		§ 497	1160
§ 434	305, 511, 576 ff., 604, 606, 621, 671, 763, 850, 949, 954, 1180	§ 498	569
		§ 501	542
		§ 503	988
§ 435	600 f., 604, 606, 671, 850	§ 505	542
§ 436	601	§ 506	722, 985
§ 437	207, 305, 339, 360, 511, 541, 577, 588, 593, 595, 597, 599 ff., 604, 606, 619, 759, 762, 765, 799, 825, 851, 879, 922, 956, 991, 1020, 1028 a, 1109, 1127, 1141, 1183, 1188	§ 507	47
		§ 508	569
		§ 510	542, 985
		§ 516	9, 145, 889
		§ 518	9, 145, 168, 176, 178 f., 660, 717
		§ 521	35, 1116 f.
§ 438	283, 511, 910, 966 ff., 974, 1127, 1188 f.	§ 523	37
		§§ 528 ff.	9, 917
§ 439	305, 577, 588, 595, 638, 759 f., 763 ff., 767, 778, 785 f., 798, 812, 815, 898, 917 a, 957 a, 958, 961 f., 1084, 1184	§ 535	76, 485, 710, 731, 735, 758, 898, 955, 1262
		§ 536	62, 237, 723 ff., 729, 744, 830, 898, 955, 1020, 1097
		§ 536 a	258, 309, 727 ff., 744, 761, 903, 1030, 1097 f., 1262, 1285
§ 440	898, 961 ff., 1183, 1187		
§ 441	613, 762, 825, 956, 975, 980	§ 536 b	730
§ 442	305, 339, 439, 577, 618, 1109	§ 536 c	744
		§ 536 d	38
§ 443	612 f.	§ 537	304, 742, 805, 1019
§ 444	38, 541, 616 f., 1109	§ 538	747
§ 446	569, 586, 796, 835 f., 842 a, 1100	§ 539	731, 993
		§ 540	711 f., 745, 828, 998, 1229
§ 447	545, 548 f., 587, 835, 838 ff., 1070 f., 1088	§ 541	743, 745, 758
		§ 542	181, 711, 830, 1002
§ 448	553, 638	§ 543	711, 726, 738, 743, 745, 752, 830, 955, 997, 1005
§ 449	569 f.		
§ 453	537, 572, 574, 576, 596, 598, 600	§ 544	711, 998
		§ 545	1002
§ 474	16, 44, 47, 541, 587, 602 ff., 644, 764 f., 842 a, 967	§ 546	488, 746, 749, 993
		§ 546 a	749
§ 475	47, 199, 237, 441, 602 ff., 765, 922, 967	§ 548	1209
		§ 549	710
§ 476	589 f., 605	§ 550	171, 181, 733
§ 481	542, 679, 720, 985	§ 551	482, 740
§ 481 a	985	§ 553	712, 745, 1229
§ 482	720	§ 554	744, 758,
§ 484	170	§ 556	735, 1088
§ 485	42, 985	§ 556 a	735
§ 488	485, 488, 712	§ 556 b	728, 735, 878, 899, 904
§ 490	780	§ 557 a	737, 1006
§ 491	679, 985, 1271	§ 557 b	737, 1006
§ 491 a	40		

Paragraphenregister

§§ 558 ff.	737, 1005	§ 634	759, 761 f., 817, 825, 874, 956, 1020, 1056, 1141, 1183, 1187
§ 558 c	729		
§ 559	737, 744, 1006		
§ 562	399, 738 f.	§ 634 a	684, 910, 1127
§ 562 a	739	§ 635	759 ff., 763, 778, 798, 812, 817, 898, 958, 1184
§ 562 b	739		
§ 563	998	§ 636	960, 1183, 1187
§ 564	998	§ 637	761
§ 565	712, 746	§ 638	762, 817, 956, 975
§ 566	600, 733 f., 1262	§ 639	38
§ 568	172	§ 640	619, 683, 685, 689, 760, 881
§ 569	711, 738, 955, 997, 1005	§ 641	682, 689, 898 f., 906, 1131
§ 570	749, 903	§ 641 a	685, 689
§ 571	749	§ 642	701, 848
§ 573	181, 737, 1005 f.	§ 643	702, 848, 995, 1127
§ 573 a	1006	§ 644	648, 684, 686, 796, 833, 838 f., 1070 f.
§ 573 c	1005		
§ 575	1006	§ 645	703 ff., 833 f.
§ 578	181, 710, 733, 738, 749	§ 648	691
§ 579	735, 899	§ 648 a	691
§ 580 a	996, 1002	§ 649	688, 778, 995
§ 581	485, 716	§ 650	676
§§ 585 ff.	715	§ 651	40, 62, 540, 644 f., 672, 765, 1082
§ 598	486, 660, 717		
§ 599	35, 718 f., 1116 f.	§ 651 a	44, 646, 673, 679, 1089
§ 600	38, 718 f.	§ 651 c	673, 759, 761, 763, 778, 812, 955
§ 604	145		
§ 605	917	§ 651 d	955
§ 607	712	§ 651 e	752
§ 611	485, 642, 654, 666, 670	§ 651 f	1030, 1050 f.
§ 612	87, 682	§ 651 h	1120
§ 613	1229	§ 651 l	778, 995, 1065
§ 613 a	654, 1229, 1262	§ 652	270, 664 f.
§ 614	682, 689, 899, 1131	§ 653	87
§ 615	697 ff., 805, 832	§ 655	848
§ 618	693, 768	§ 655 a	665
§ 619	693	§ 655 b	170
§ 620	1002, 1008	§ 656	665
§ 621	699, 1002, 1007	§ 662	426, 486, 657, 659, 661, 666, 706, 1116
§ 622	654, 1002, 1004		
§ 623	172, 654	§ 664	1229
§ 625	1002	§ 665	676
§ 626	699, 999 f., 1008	§ 667	406, 676 f., 854, 868, 876
§ 627	699, 1000, 1008	§ 669	689, 706
§ 631	485, 643 ff., 645, 1082	§ 670	145, 406, 706 f., 854, 1260, 1289
§ 632	87, 682		
§ 632 a	689	§ 671	917
§ 633	643, 670 ff., 683, 759, 949, 954, 1180	§ 672	426
		§ 673	426
		§ 675	62, 406, 426, 660 f., 676, 689, 706 f., 868, 876, 1289

§ 675 c	663, 679	§ 929	8, 147, 150, 206, 393, 407, 565 ff., 573, 889
§ 675 f	663	§ 930	565
§ 675 y	1145	§ 931	565
§ 675 z	1145	§ 932	148 f., 207, 390, 400, 439, 442, 691, 1224
§ 677	4		
§ 688	486, 660, 667	§ 946	570
§ 690	35, 486, 1116	§§ 947 f.	148
§ 701	668	§ 950	570
§ 702	668, 1120	§ 985	148, 317, 378, 381, 746
§§ 705 ff.	1279	§ 986	732
§ 709	1279	§ 1093	721
§ 718	1279	§ 1147	152, 571
§ 719	1279, 1283	§ 1204	8
§§ 741 ff.	1279	§ 1207	691
§ 744	1279	§§ 1228 ff.	691, 739
§ 747	1283	§ 1257	691, 739
§ 765	528	§ 1310	7
§ 766	167, 172 f., 178 f., 425, 1269 ff.	§ 1357	399, 1285, 1289
		§ 1360	4
§ 773	734	§ 1410	425
§ 774	1245	§ 1569	4
§ 779	485	§ 1585 c	7
§§ 793 ff.	1225	§ 1600	11
§ 812	4, 9, 148, 150, 179 f., 202, 204, 230, 240, 317, 361, 379, 381, 388 f., 541, 725, 786, 862, 889, 1211, 1253	§ 1601	4, 786
		§ 1626	135, 142, 154, 411, 414, 448, 456, 459
§ 816	1243, 1252	§ 1641	448
§ 817	202, 230 ff., 240	§ 1643	135 f., 152, 448
§ 818	150	§ 1746	176
§ 819	150	§ 1750	176
§ 823	4, 185, 359, 493, 503, 517, 520, 532, 708, 768, 786, 841, 1027, 1044, 1049, 1071, 1117, 1189, 1209, 1285	§ 1773	135, 411
		§ 1793	135, 411
		§ 1795	448, 456, 459
		§ 1804	448
		§ 1821	135 f., 448
§ 826	29, 134, 185, 212, 359, 387, 532, 538, 781, 1243	§ 1822	448
		§ 1896	135, 138, 411
§ 827 f.	134, 1079	§ 1902	135, 411
§ 831	493, 502 f., 517, 1189	§ 1903	138
§ 834	387	§ 1908 i	135
§ 840	1285, 1293	§ 1909	152, 411, 448
§ 843	1296	§ 1923	136
§ 854	544	§ 1941	7
§ 855	393	§ 2078	11
§ 868	393, 399, 545	§ 2174	4, 786
§ 872	544	§ 2197	411
§ 873	8, 147, 206, 568, 575, 889	§ 2247	11
§ 892	601, 1224	§ 2253	11
§ 925	8, 147, 206, 425, 568, 571, 575	§ 2274	7
		§ 2348	176

§ 2371	176		Art. 238	40, 679
§ 2382	1261		Art. 246 f.	40, 174

BGB-InfoVO 40 f., 679

BRAO
§ 49 b 212, 1223
§ 51 a 1120

Brüssel I-Verordnung
Art. 5 548

Bundeszentralregistergesetz
§ 53 350

CISG 543
Art. 1 543
Art. 9 553
Art. 14 ff. 80, 87
Art. 16 102
Art. 19 125
Art. 20 106
Art. 21 112
Art. 25 920
Art. 28 756
Art. 29 195
Art. 30 546
Art. 31 546, 553
Art. 33 556
Art. 35 583
Art. 36 576
Art. 38 619
Art. 39 619
Art. 41 600
Art. 45 1032
Art. 46 756
Art. 49 920
Art. 55 87, 556, 626
Art. 62 756
Art. 64 920
Art. 71 900
Art. 72 935
Art. 74 1045
Art. 78 1032
Art. 79 1075
Art. 88 882

EGBGB
Art. 2 199
Art. 43 721

EGV
Art. 3 h 16
Art. 81 222
Art. 234 16
Art. 249 16

Eisenbahnverkehrs-
verordnung 646

Energiewirtschaftsgesetz
§ 10 29

Entgeltfortzahlungsgesetz
§§ 6 ff. 1296

FernUSG
§ 3 170
§ 4 985

GBO
§ 29 175, 177

Gebührenordnung
für Ärzte 681

GG
Art. 2 22
Art. 9 22
Art. 12 22
Art. 14 22, 713

GmbHG
§ 13 531
§ 15 573
§ 35 411
§ 37 416, 447
§ 64 532

GWB
§ 1 222
§ 20 29
§§ 26 ff. 367

HGB
§ 12 175
§ 25 1261
§ 26 1261

Paragraphenregister

§ 28	1261
§ 48	413
§ 49	447
§ 50	416, 447
§ 54	416, 447
§ 56	416
§§ 74 ff.	219
§ 88 a	903
§ 89 b	903
§ 90 a	219
§§ 105 ff.	1279
§ 125	414
§ 126	416
§ 130	1261
§§ 316 ff.	522
§ 323	522
§ 343	167, 542
§ 347	1077
§ 348	1066
§ 350	167, 1270
§ 354 a	1236
§ 362	119, 1140
§ 369	895
§§ 373 ff.	542, 882
§ 377	542, 619, 644
§ 379	542, 638
§ 383	409, 1069
§ 400	454
§ 407	646
§ 421	1071
§ 425	1071
§ 449	1120
§ 451 h	1120
§ 453	409
§ 461	1209
§ 463	1209
§ 466	1120
§ 475 h	1120
§ 556	646
§ 664	646

Hinterlegungsordnung 884

Honorarordnung für Architekten und Ingenieure 681

InsO
§ 27	411
§ 35	408
§ 47	381

§ 80	860
§ 82	860
§ 94	870
§ 148	408
§§ 286 ff.	224

Kündigungsschutzgesetz
§ 1   1004

Ladenschlussgesetz
§ 3   201

Markengesetz
§ 27   573

Patentgesetz
§ 15   573

PECL 19
Art. 2:106	195
Art. 2:202	102
Art. 2:209	125
Art. 3:101	410
Art. 3:103	920
Art. 4:101	756
Art. 4:102	756
Art. 4:103	301
Art. 4:105	328
Art. 6:111	1013
Art. 8:101	1032
Art. 8:108	1075

Personenbeförderungsgesetz
§ 22   29

Postgesetz
§§ 8 ff.   29

Preisklauselgesetz
§ 1   631 f.

Prostitutionsgesetz   216

Rechtsanwaltsvergütungsgesetz   682

Rom I-Verordnung
Art. 3 ff.   543

Scheckgesetz
Art. 22   1225

Schwarzarbeitsgesetz
§§ 1 ff.   203 f.

SGB
§ 115 X   1245
§ 116 X   1296

StGB
§ 259   200
§ 263   185, 359
§ 291   736
§ 331   200

StVZO
§ 24   724
§ 29   580

Unterlassungsklagengesetz
§§ 1 ff.   285

UWG
§ 1   538
§ 17   200

Verdingungsordnung für Bauleistungen   646
§ 7   833
§ 8   995

Versicherungsvertragsgesetz
§ 86   1245, 1296

§§ 159 f.   1203

Wechselgesetz
Art. 17   1225

WEG
§§ 10 ff.   152
§§ 26 ff.   677
§ 41   721

Wirtschaftsstrafgesetz
§ 5   736

ZPO
§ 23   548
§ 29   548, 630, 1140
§ 38   548
§ 139   1086
§ 145   866
§ 253   381, 768
§ 287   513, 817, 1041
§ 302   866
§ 756   726, 892
§ 765   892
§ 804   399
§ 811   739, 771
§ 829   873
§§ 850 ff.   875, 1227
§ 866   152, 571
§ 883   771
§ 887   772, 778
§ 888   756, 772, 779
§ 890   285
§ 894   772

Sachregister

Die Zahlen verweisen auf die Randnummern.

Abbruch von Vertragsverhandlungen 504 ff.
Abmahnung 942
Abnahme
- der Kaufsache 633 ff.
- des Werkes 682 ff.

Abschlussfreiheit 22
abstrakte Schadensberechnung 1064
Abstraktionsprinzip 9, 317, 378 ff., 567
- bei der Abtretung 1219 f., 1223
- beim Erlass 889
- bei der Schuld(mit)übernahme 1266 f.
- bei Veräußerungsgeschäften 317, 378 ff., 567
- bei der Vollmacht 422 f.

Abtretung 1215 ff.
- Abtretungsverbote 208, 1226 ff.
- Einziehungsermächtigung 1217, 1222
- Inkassozession 1216, 1243
- Sicherungsabtretung 1218, 1222, 1243
- stille Zession 1215, 1222
- Vorausabtretung 1232, 1239

Adäquanztheorie 1043
Agenturvertrag 609 f.
aliud-Lieferung 593 f., 801
Allgemeine Gschäftsbedingungen 38 a, 164, 241 ff.
- Abweichung vom Leitbild des Vertrages 270
- Auslegung 259 ff.
- Begriff 246 ff.
- Einbeziehung 250 ff.
- Funktion und Schutzzweck 241 ff.
- Individualvereinbarung 248 f., 262
- Inhaltskontrolle 264 ff.
- Kardinalpflichten 271 ff.
- im kaufmännischen Geschäftsverkehr 268
- Leistungsbeschreibung 265
- Rechtsfolgen der Ungültigkeit 278 ff.
- Schriftformklauseln 193, 262
- Transparenzkontrrolle 276 f.
- ungewöhnliche AGB 257 f.

Allgemeines Gleichbehandlungsgesetz 30
Alternativverhalten, rechtmäßiges 1041
Anfechtung 374 ff.
- Anfechtbarkeit des dinglichen Vertrags 378 f.
- Anfechtungserklärung 274 ff.
- Anfechtungsfolgen 388 ff.
- Anfechtungsfrist 382 ff.
- Anfechtungsgegenstand 291
- Anfechtungsgegner 375
- Anfechtungsgründe s. Irrtum, Täuschung, Drohung
- Arbeitsverträge 389
- bei Dauerschuldverhältnissen 389
- des dinglichen Vertrags 378
- Gesellschaftsverträge 389
- Schadensersatzplicht des Anfechtenden 333 f., 359 ff.
- einer Vollmacht 429 f.

Angebot 86 ff.
- Abgabe des Angebots 93
- Auslegung 86, 88, 104
- Bestimmtheit 86 f.
- Bindung 90
- Erlöschen durch Ablehnung 105
- Erlöschen durch Tod oder Geschäftsfähigkeit des Offerenten 109
- Erlöschen durch Widerruf 101 ff.
- Erlöschen durch Zeitablauf 105
- freibleibendes Angebot 88, 103 f., 914
- Rechtsbindungswille 88 f.
- Wirksamwerden 90 ff.

Annahme 110 ff.
- der Kaufsache 577
- modifizierte Annahme 123 ff.

Sachregister

- verspätete Annahme 121 f.
- durch Schweigen 119, 124
- durch schlüssiges Verhalten 113 ff.
- Zugang 111

Annahmeverzug 262, 588, 634 ff., 686, 696 ff., 701 ff., 796, 827, 832, 843 ff., 881, 883, 924, 1115

Anrufbeantworter 97

Antrag s. Angebot

Anwartschaftsrecht
- des Vorbehaltskäufers 569, 573

Arbeitsvertrag
- Anfechtung 389
- Begriff 653 ff.
- Benachteiligungsverbot 30
- Betriebsrisiko 700
- Kündigungsschutz 654
- ordentliche Kündigung 1002 ff.

Arglist
- des Schenkers 37
- des Unternehmers 37
- des Verkäufers 37, 541, 616, 959, 963
- des Verleihers 37, 718
- des Vermieters 37
- s. a. Täuschung

asset deal 575, 599

Aufklärungspflichten
- Beweislast 1041
- des Gläubigers beim Bürgschaftsvertrag 226
- als Kardinalpflichten 271
- des Unternehmers 680 f.
- gegenüber Verbrauchern 40 f., 679
- des Verkäufers beim Kaufvertrag 341 ff., 621 ff.
- s. a. Verschulden bei Vertragsverhandlungen

Auflassung 8, 147, 568, 571

Aufrechnung 786, 861 ff., 892
- Aufrechnungserklärung 861
- Aufrechnungsverbote 866, 873 ff., 903
- Aufrechnungsvertrag 890
- Gegenseitigkeit 864
- Gleichartigkeit 865 f.
- Rückwirkungseffekt 862
- gegenüber dem Zessionar 1250 f.

Aufwendungsersatz 1051, 1195 ff.
- beim Geschäftsbesorgungsvertrag 406, 706 f.
- Schäden als Aufwendungen 707

Auskunftshaftung 520 ff.

Auslegung
- von AGB-Klauseln 259 ff.
- der Anfechtungserklärung 376 f.
- des Angebots 88
- der Einwilligung 155 f.
- richtlinienkonforme Auslegung 16 f., 249, 764, 964, 978, 986, 1140
- der Vollmacht 415 f.
- s. a. Vertragsauslegung

Außenvollmacht 412, 429, 432

Bankvollmacht 415

Beherbergungsvertrag 62

Beschaffenheitsgarantie 591, 953, 1109 ff., 1185, 1205

Beschaffenheitsvereinbarung 578 ff., 606 ff., 671

Beschaffungsrisiko 305, 792 ff., 811, 1072, 1084, 1096, 1101 ff.

Besitzerwerb 393, 544

Betreuer 135, 138, 411

Betriebsrisiko
- beim Arbeitsvertrag 700

Beurkundung 168, 176, 179, 182, 425, 428

Bevollmächtigung s. Vollmacht

Beweislast
- für Abänderung des Vertrages 193
- für Mängel der Kaufsache 588 ff.
- für Mängel der Werkleistung 684
- für Pflichtverletzung 1034 f.
- für den Schaden 1061 ff.
- für Vertretenmüssen 1072 f., 1079 ff.
- für den Zusammenhang zwischen Pflichtverletzung und Schaden 1041 ff.

Bierlieferungsverträge 222, 240, 1007

Bote
- s. Empfangsbote, Erklärungsbote

Bringschuld 549, 551, 630, 633, 795, 840

Bürgschaft
- Aufklärung über Bürgschaftsrisiken 226
- Drohungsanfechtung 371
- Formerfordernis 172 f., 425, 470, 1269 ff.
- als Haustürgeschäft 986
- Irrtumsanfechtung 302
- Sittenwidrigkeit 223 ff.
- Täuschungsanfechtung 356, 358

Sachregister

- ungewöhnliche AGB-Klausel 258
- und Schuldmitübernahme 1269 ff.

CESL 21 a
Chance
- pflichtwidrige Verwertung einer Chance 495, 681
- Verlust einer Chance als Schaden 1041

CISG 543
Common Law 755, 1075
culpa in contrahendo
  s. Verschulden bei Vertragsverhandlungen

Darlehensvertrag
- Sachdarlehen 712
- Verbraucherdarlehen 170, 173, 180, 425, 985, 990 f.
- Vorfälligkeitsentschädigung 780

Dauerschuldverhältnis 389, 711, 912, 994 f.
Dienstvertrag
- Begriff 642, 647 f., 711
- als Dauerschuldverhältnis 995
- außerordentliche Kündigung 999 ff., 1008
- ordentliche Kündigung 1002
- Risikoverteilung 700, 832

Differenzhypothese 1039
dinglicher Vertrag 8 f., 147 ff., 247, 378, 393, 400, 566 f., 572
Diskriminierung 30
dispositives Vertragsrecht 52 ff., 68, 79, 125 f., 242, 280 ff., 481
Dissens 126 ff.
- essentialia negotii 126
- versteckter Dissens 128, 299

Doppelabtretung 1239 f., 1254
Doppelverkauf 538, 781 f., 1076
Drittschadensliquidation 841, 1067 ff.
Drohung 38, 364 ff.
- Unerlaubtheit des Drohungsmittels 367
- Unerlaubtheit des Drohungszwecks 370 f.
- mit Vertragsbruch 369
- und Warnung 365, 369

Duldungsvollmacht 418 f., 438, 480

Ehemakler 665 f.
Eigenbedarf 714, 1005
Eigengeschäft
- beim Handeln für fremde Rechnung 394, 397, 405 ff.

Eigentumsvorbehalt 569 ff.
- verlängerter 570, 1222, 1232, 1240

Einbeziehung von AGB
- ausdrücklicher Hinweis 251
- Einverständnis des Kunden 255
- Möglichkeit der Kenntnisnahme 252
- bei Vertragsabschluss 253

Einigungsmangel
  s. Dissens

Einrede
- Begriff 785
- Einwendungsdurchgriff 990 f.
- des nicht erfüllten Vertrages 577, 725 ff., 754, 865, 892 ff., 933 f.
- der Stundung 626, 785, 867
- Unsicherheitseinrede 900 f.
- der Verjährung s. Verjährung
- des Zurückbehaltungsrechts 785, 867, 892 ff., 933

Einwendung
- Begriff 785
- Einwendungsdurchgriff 990 f.

Einwilligung
- des gesetzlichen Vertreters 140 ff.

Einziehungsermächtigung 858, 864, 1217, 1222
elektronische Form 173
E-Mail 97 f., 174
Empfängerhorizont 65, 294, 394
Empfangsbote 95 f., 329 f., 404
Empfangsermächtigung 858
Empfangszuständigkeit 860
Entgeltforderungen
- Verzug 630, 1140, 1143 ff.

Entlastungsbeweis 502, 1072 f., 1079 ff.
Erfolgshonorar 212, 650
Erfolgsort 550
Erfüllungsanspruch 685, 750 ff., 1037
- gegen falsus procurator 475 f.
- trotz Formfehlers 186 ff.
- des Mieters 725

Erfüllungsgehilfe 480, 493, 502, 517, 534, 623, 840 f., 847, 1057, 1082, 1087 ff.
Erfüllungsinteresse
  s. Schadensersatz statt der Leistung

551

Sachregister

Erfüllungsort 548 ff., 838
Erfüllungsübernahme 1263
Erfüllungsverweigerung 937, 958, 961, 1172
ergänzende Vertragsauslegung
s. Vertragsauslegung
Ergänzungspfleger 152, 411, 448
Erklärungsbewusstsein 288, 419
Erklärungsbote 95, 328, 331 f., 403 f.
Erklärungstheorie 294
Erlass 888 f.
- „Erlassfalle" 117
Ermächtigung 407, 414, 570, 1217
Ersatzherausgabe 807 f.
essentialia negotii 86, 126
Europäisches Kaufrecht 21 a
Europäisches Vertragsrecht 16 ff.

Factoring 1222, 1256
Fahrlässigkeit 1077 ff.
Fälligkeit 554, 626, 682, 785, 869, 895, 928 ff., 935, 1131 ff.
falsa demonstratio non nocet 64, 297, 319
Falschlieferung 593 f., 801
Fernabsatzvertrag 40, 42, 88, 542, 679, 985, 988
Fernunterrichtsvertrag 170, 985
Fertigstellungsbescheinigung 685
Finanzierungsleasing 722 f.
Fixgeschäft 558, 938
- absolutes Fixgeschäft 558, 802, 938
Formerfordernisse 38
- Einwilligung 155
- elektronische Form 173
- Formverstoß 178 ff.
- Heilung von Formfehlern 179
- Genehmigung 469 f.
- gesetzliche Formvorschriften 163, 165 ff.
- notarielle Beurkundung 168, 176 f.
- öffentliche Beglaubigung 175
- Textform 174
- vereinbarte Formerfordernisse 163, 189 ff.
- Vollmachtserteilung 425
Freizeichnungsklauseln 1119 ff.
- zugunsten Dritter 1207 ff.
Fristberechnung 106, 944

Garantie 305, 591, 612 f., 616 f., 727 f., 1072, 1078, 1106 ff., 1205
s. a. Beschaffenheitsgarantie, Haltbarkeitsgarantie
Gastwirtshaftung 668
Gattungsschuld 593 f., 791 ff.
- Beschaffungsrisiko 1101 ff.
- beschränkte 793 f.
- Konkretisierung 795 ff.
- Unmöglichkeit 791 ff.
Gebrauchsvorteile
- Herausgabe beim Rücktritt 976 ff.
- verlorene Gebrauchsvorteile als Schaden 1052 f., 1156
Gefälligkeitsverhältnis 31 f.
s.a. Rechtsbindungswille
Gefahrübergang
- beim Kaufvertrag 586 f., 835 ff.
- beim Werkvertrag 833 ff., 848
geheimer Vorbehalt 83
Geldschuld
- als Gattungsschuld 797
- Haftung für finanzielles Leistungsvermögen 797, 1095 f.
- Zahlungsvereinbarungen 626 ff.
geltungserhaltende Reduktion 220 ff., 238 ff., 281 ff.
Gemeinsames Europäisches Kaufrecht 21 a
„gemischte Verträge" 61 f.
Genehmigung 140, 158
- Form 469 f.
- der vollmachtlosen Vertretung 467 ff.
Generalvollmacht 413, 461
Gerichtsstandvereinbarung 548, 1143 f.
Gesamtgläubiger 1280
Gesamthand 1279, 1283
Gesamtschuldner 1274, 1284 ff.
Gesamtvertretung 413 f.
- durch die Eltern 142, 414
Geschäft für den, den es angeht 398 ff.
Geschäftsbesorgungsvertrag 406, 426, 1243
- Begriff 661 ff.
- als Dauerschuldverhältnis 995
- Pflichten des Auftraggebers 706 f.
- Pflichten des Geschäftsbesorgers 676 ff.
Geschäftsfähigkeit 131 ff.
- beschränkte 140 ff.
- partielle 138

Sachregister

Geschäftsführung ohne Auftrag 4, 731
Geschäftsgrundlage 11, 319 ff., 377, 811, 912, 1009 ff.
gesetzliche Vertretung 135, 411, 448, 460
Gesetzwidrigkeit 27, 197 ff.
– Auslegung des Verbotsgesetzes 200 ff.
– Rechtsfolgen 230 ff.
– Verstoß gegen Schwarzarbeitsgesetz 203 f.
Gewährleistung
 s. Mängelansprüche
Gewinnabschöpfung 808
Gläubigerverzug
 s. Annahmeverzug
Globalzession 1222, 1240

Haftungsmilderungen 1114 ff.
– beim Annahmeverzug 636, 686, 845 ff., 881, 1115
– bei der Mängelhaftung des Verkäufers 614 ff.
– bei unentgeltlichen Geschäften 35, 718 f., 1116 f.
– vertraglich vereinbarte 1119 ff.
– zugunsten Dritter 1207 ff.
Haltbarkeitsgarantie 591, 613
Handeln für fremde Rechnung 391, 405 ff., 1068
Handeln in fremdem Namen 391 ff.
Handeln unter fremdem Namen 400 ff., 468
Handelsklauseln 553
Handlungsbevollmächtigter 416
Handlungswille 288
Haustürgeschäft 38, 41, 542, 985 ff.
Hinterlegung 636, 880 ff.
höhere Gewalt 833, 914
Holschuld 549, 551, 633, 635, 795

immaterielle Schäden 782, 1046 ff., 1098
Incoterms 553
Informationsasymmetrie 245
Informationspflichten
 s. Aufklärungspflichten
Inhaltsfreiheit 22
Inhaltskontrolle bei AGB 249, 264 ff., 277
Inkassozession 1216, 1243
Innenvollmacht 412, 429, 433
Insichgeschäft 428, 449 ff., 461, 468
Insolvenzverschleppung 212

Insolvenzverwalter 411
invitatio ad offerendum 88 f., 104, 914
Irrtum 292 ff.
– Eigenschaftsirrtum 311 ff.
– Erklärungsirrtum 307 ff.
– gemeinsamer Irrtum 319 f., 1021 f.
– Inhaltsirrtum 307 ff.
– Irrtum des Empfangsboten 329 f., 404
– Irrtum des Erklärungsboten 328, 404
– Irrtum des Vertretenen 441 ff.
– Irrtum des Vertreters 328, 404, 439 ff.
– Kalkulationsirrtum 318 ff., 1021
– Motivirrtum 295 f., 311, 321, 326
– Rechtsfolgenirrtum 309
– Übermittlungsirrtum 327 ff.
– Vorrang der Mängelhaftung 305 a f.
– Vorrang der vertraglichen Risikoverteilung 300 ff., 811

Kappungsgrenze
– bei Mietverträgen 737
Kardinalpflichten
– bei der AGB-Inhaltskontrolle 271 ff., 1123 ff.
Kartenzahlung 663
Kauf
– Abnahmepflicht des Käufers 633 ff.
– einer Chance 574
– unter Eigentumsvorbehalt 569 ff.
– als gegenseitiger Vertrag 485
– grenzüberschreitender Kauf 543
– Kauf bricht nicht Miete 733 f.
– von Know-how 537, 574
– Lieferpflicht des Verkäufers 544 ff., 559
– Minderung des Kaufpreises 956 ff., 975
– eines Rechts 572 ff., 596 ff.
– einer noch nicht existierenden Sache 539 f.
– Unternehmenskauf 575, 599
– Zahlungspflicht des Käufers 625 ff.
 s. a. Mängelansprüche
kaufmännisches Bestätigungsschreiben 120
Knebelungsverträge 217 ff., 1007
Kollusion 463
Kommissionär 409, 453 f., 1069
Konkretisierung 795 ff., 842 a
Konnexität 895
Kontrahierungszwang 29 ff., 368

Sachregister

Kündigung 711, 912, 992 ff.
- Änderungskündigung 737, 1005
- außerordentliche Kündigung 996 ff.
- ordentliche Kündigung 996, 1002 ff.
- des Mietvertrags 711
- des Werkvertrags durch den Auftraggeber 688, 778, 995

Lastschriftverfahren 663
Leasingvertrag 711, 722 f.
Legalzession 1245, 1292
Leihvertrag 145, 660, 717 ff., 917, 1069
Leistung erfüllungshalber 853 ff.
Leistung an Erfüllungs statt 628, 851
Leistung Zug um Zug 892 ff.
Leistungsnähe 515
Leistungsort 630
Leistungspflichten 481 ff., 493, 1028, 1033 f.
Lieferort 547 ff.
Lieferzeit 554 ff., 945

Mahnung 929, 1136 ff.
Maklervertrag 270, 280, 664 ff.
Mängelansprüche
- des Auftraggebers beim Werkvertrag 670 ff.
- Ausschluss der Verkäuferhaftung 541, 614 ff.
- beim Dienstvertrag 675
- des Käufers 577, 952 ff.
- des Mieters 725 ff., 955
- des Reisenden 955
- Vorrang gegenüber Haftung wegen Schutzpflichtverletzung 511
- Vorrang gegenüber der Irrtumsanfechtung 305 a f.

Mangelfolgeschäden 719, 730, 1189
Mankolieferung 595, 949
marktbeherrschende Stellung 29 f., 367
Marktversagen 36
- bei Verwendung von AGB 245, 265

Mehrvertretung 449 ff.
Mentalreservation 83
Miete 44 f., 51, 668, 709 ff., 995, 1069
- Anfechtung 389
- außerordentliche Kündigung 1002 ff.
- Formvorschriften 181
- Mängelansprüche des Mieters 725 ff., 1097 f.
- Mieterhöhung 737

- Mieterschutz 713, 1002 ff.
- Mietkaution 738
- Mietspiegel 736
- Mietwucher 234, 736
- ordentliche Kündigung 1002 ff.
- Pfandrecht des Vermieters 399, 738 f.
- Schönheitsreparaturen 747
- Untermiete 712, 745 f.
- Wohnungsmietvertrag 713 f.
- Zurückbehaltung der Miete 725 f., 848, 898

Minderjährigkeit
s. Geschäftsfähigkeit

Minderung 956 ff., 975, 1191
Missbrauch der Vertretungsmacht 416, 447 f., 456 f., 460 ff.
Mitverschulden 522, 707, 730, 1054 ff.
Montagepflicht des Verkäufers 591 f.

Nacherfüllung 577, 759 ff., 825, 1180 ff.
- Fehlschlagen 962
- Unmöglichkeit 798 ff.
- Unverhältnismäßigkeit 763, 778, 812 ff., 963
- Verjährung 966 f.
- beim Verkauf einer Speciessache 801
- Vorrang der Nacherfüllung 957 ff.
- Zurückbehaltung des Kaufpreises 879, 898, 904

Naturalrestitution 29, 362, 510, 781, 1036 ff.
Nebenpflichten 484, 487 ff.
- des Auftraggebers 692 ff.
- des Geschäftsbesorgers 676 f.
- des Käufers 637 f.
- des Mieters 741 ff.
- des Unternehmers 676 ff.
- des Verkäufers 620, 968 ff.
- des Vermieters 731

negatives Interesse
s. Vertrauensschaden

„neutrale Geschäfte" 149
Nichtvermögensschaden 1046 ff.
Notar 168
Novation 890 f.

Obliegenheit 1055
Offenkundigkeitsprinzip 394 ff., 398
Ohne-Rechnung-Abrede 236
ökonomische Analyse des Rechts
- bei AGB-Inhaltskontrolle 273 ff.

Sachregister

- bei Bestimmung der verkehrserforderlichen Sorgfalt 1085 f.
- und dispositives Recht 55
- und ergänzende Vertragsauslegung 77 ff.
- Erfüllungsanspruch 774 ff.
- bei Täuschung 343 ff.
- und Vertragsfreiheit 23 f., 36 ff.

Organe der juristischen Person 411

Pachtvertrag 715 f.
Pfandrecht
- des Unternehmers 691
- des Vermieters 738 f.

Pflegschaft 411
Pflichten
- des Auftraggebers 682 ff.
- des Geschäftsbesorgers 661 ff.
- des Mieters 735 ff.
- des Käufers 625 ff.
- des Unternehmers 643 ff.
- des Verkäufers 544 ff.
- des Vermieters 724 ff.

Pflichtenprogramm bei Verträgen 14, 1031
Pflichtverletzung 1031 ff.
Platzgeschäft 841
positives Interesse
s. Schadensersatz statt der Leistung
Preisklauseln 631 f., 1014
Principles of European Contract Law 19
Prioritätsprinzip
- bei der Abtretung 1237 ff., 1254
Prokurist 413, 416
Prospekthaftung 535

Rahmenvereinbarung bei AGB 255
Ratenlieferungsvertrag 542, 563, 985
Realakt 393
Recht zur Lüge 348 ff.
rechtmäßiges Alternativverhalten 1041
Rechtsbindungswille 31 ff.
- beim Angebot 88 f.
- bei einseitig verpflichtenden Verträgen 660, 718.

Rechtsfähigkeit 136
Rechtsgeschäft 10 f.
- einseitiges 11, 141, 153 f., 198, 450, 472
- und Vertrag 10
Rechtskauf 572 ff., 596 ff.

Rechtsmangel 596 ff.
Rechtsmissbrauch
- bei Annahme eines Angebots 323
- bei Berufung auf Formfehler 182 ff.
- Missbrauch der Vertretungsmacht 416, 447 f., 456 f., 463 ff.
- bei Zugangsvereitelung 99

Rechtsscheinvollmacht 419, 424, 431 ff.
Rechtsverfolgungskosten
- als Verzögerungsschaden 1150 f.

Reisevertrag 40, 44, 673 f., 679, 1050
Richtlinien der EG 16
- richtlinienkonforme Auslegung 16 f., 249, 764, 964, 978, 986, 1140

Risikoverteilung 829 ff., 1012 ff.
- während des Annahmeverzugs 832, 843 ff.
- bei Risikogeschäften 300 ff., 811
- bei Störung der Geschäftsgrundlage 1012 ff.
- Transportrisiko 838 ff.
- bei der Übermittlung von Geld 629 f., 849, 1143 f.
- beim Werkvertrag 704

Rückgewährschuldverhältnis 974
- Schadensersatz 983

Rücktritt 912 ff., 1161 ff.
- wegen Ausbleibens der Leistung 927 ff.
- wegen Ausbleibens einer Teilleistung 948 ff.
- Durchführung 974 ff.
- gesetzliches Rücktrittsrecht 916 ff.
- als Gestaltungsrecht 966, 974
- wegen eines Mangels 952 ff.
- Teilrücktritt 950 f., 956
- Verlust des Rücktrittsrechts durch Zeitablauf 966 f.
- vertragliches Rücktrittsrecht 913 ff.
- wegen nicht vertragsgemäßer Leistung 968 ff.

Sachmangel 576 ff.
- Nacherfüllung 798 ff.
- Rücktritt 952 ff.
- Schadensersatz 1180 ff.
- unbehebbare Sachmängel 798 f., 958, 1180, 1182 ff.

Sachverständiger
- Haftung wegen Pflichtverletzung 520 ff.

555

Sachregister

Sachwalter
- Haftung wegen Pflichtverletzung 526 ff.

Schadensersatz 5, 1023 ff.
- des Anfechtenden 333 f.
- Aufwendungen als Schäden 707
- Austauschmethode 1176 f.
- Differenzmethode 1176 f.
- Drittschadensliquidation 1067 ff.
- „einfacher" Schadensersatz 971, 1025 ff., 1181 f.
- immaterielle Schäden 782, 1046 ff.
- statt der Leistung 333 f., 360, 474, 1024 f., 1161 ff.
- des Mieters 727 f.
- wegen Sach- oder Rechtsmängeln 1180 ff.
- Schadensberechnung 1061 ff., 1176 ff., 1190 ff.
- Schadensminderungsobliegenheit 1054 ff.
- Schadenspauschalierung 1065
- des Täuschenden 359 ff.
- wegen verlorener Gebrauchsvorteile 1052 f., 1156
- des Vermieters 741 ff.
- wegen Verschuldens bei Vertragsverhandlungen 497, 510, 512 f.
- Vertrauensschaden 333 f., 359
- Verzögerungsschaden 918, 971, 1024, 1052, 1128 ff.

Scheingeschäft 84 f., 287

Schenkung 145, 151 f., 448, 459, 660, 917

Scherzgeschäft 82 f., 287

Schickschuld 549, 551, 559, 630, 633, 795, 838 ff., 1088

Schlüsselgewalt 399

Schmerzensgeld 1049

Schönheitsreparaturen 747

Schriftformklausel 190 ff.
- AGB-Schriftformklausel 193, 262
- „qualifizierte" Schriftformklausel 196

Schuldanerkenntnis 888

Schuldbeitritt
  s. Schuldmitübernahme

Schuldmitübernahme 224, 1258 ff.

Schuldübernahme 1258, 1260, 1262 ff.

Schuldverhältnis
- gesetzliches 4, 59
- vertragliches 4, 59, 1029 f.

Schutzpflichten 34 f., 75, 491 ff., 624, 639, 681, 708, 916, 1029 ff.
- des Auftraggebers 708
- zugunsten Dritter 514 ff.
- Erfüllungsanspruch 768
- des Käufers 639
- Rücktritt 972 f.
- des Sachwalters 526 ff.
- Schadensersatz 497, 510, 512 f.
- des Unternehmers 681
- des Verkäufers 624
- des Verleihers 719
- vertragliche 491 ff.
- vorvertragliche 498 ff.

Schutzzwecktheorie 512 f., 1043 f.

Schwarzarbeit 203 f.

Selbstbelieferungsvorbehalt 283, 305, 914, 1105

Selbsteintritt 453

Selbsthilfeverkauf 880 ff.

Selbstkontrahieren 449 f.

Selbsttransport 841

Selbstvornahmerecht 761

share deal 577, 599

Sicherungsabtretung 1069, 1218, 1222, 1243

Sittenwidrigkeit 179, 211 ff.
- der Abtretung 1223
- Ausnutzung einer Zwangslage 227, 229
- Bierlieferungsverträge 222, 240
- Bürgschaftsverträge 223 ff.
- Darlehensverträge 228, 240
- Geliebtentestament 215
- geltungserhaltende Reduktion 220 ff., 238 ff.
- Insolvenzverschleppung 212
- Knebelungsverträge 217 ff., 1223
- Missverhältnis von Leistung und Gegenleistung 227 ff.
- Prostituiertenverträge 216
- Rechtsfolgen 230 ff.
- Vereinbarung eines Erfolgshonorars 212
- Verstöße gegen die Sexualmoral 215 f.
- Wettbewerbsverbote 219, 240

Spediteur 409

stellvertretendes commodum 807 f., 984

Stellvertretung 391 ff.
- Außenvollmacht 412

Sachregister

- Duldungsvollmacht 418 f.
- Generalvollmacht 413
- Handeln für fremde Rechnung 391, 405 ff., 1068
- Handeln unter fremdem Namen 400 ff., 468
- Innenvollmacht 412
- Insichgeschäft 428, 449 ff., 461, 468
- mittelbare Stellvertretung 405 ff., 1068
- Offenkundigkeitsprinzip 394 ff., 398
- passive Stellvertretung 396, 411
- Spezialvollmacht 413, 417
- stille Zession 1215, 1222
- Untervollmacht 416, 457, 473
- Vollmacht 412 ff.
- Zurechnung der Kenntnisse des Vertreters 439 ff.
- Zurechnung der Willensmängel des Vertreters 439 ff.

Strohmann 409, 534
Stundung 626, 785, 869, 1131, 1138
Sukzessivlieferungsvertrag 563
- als Dauerschuldverhältnis 995
synallagmatische Vertragspflichten 485 f., 625, 633, 897

Tagespreisklausel 632
Taschengeldparagraph 157
Täuschung, arglistige 335 ff.
- durch einen Dritten 352 ff.
- erlaubte Täuschung 348 ff.
- und Irrtumsanfechtung 335
- Schadensersatzpflicht des Täuschenden 359 ff.
- durch Unterlassung gebotener Aufklärung 340 ff.
Teilleistung 563, 595, 824
- Rücktritt 948 ff.
- Schadensersatz 1178
Teilnichtigkeit 235 ff., 279
Teilzahlungsgeschäft s. Ratenlieferungsvertrag
Teilzeit-Wohnrechtevertrag 42, 170, 542, 679, 720 f., 985
Telefax 97 f., 174
Textform 174
Transaktionskosten 26, 38 a, 49, 55, 58, 78 ff., 244 f., 265, 273 ff.
Transparenzkontrolle 276 f.
Trennungsprinzip 9, 317, 378 f., 567, 889, 1219 f.

Treu und Glauben
- bei der AGB-Inhaltskontrolle 266
- bei Ausübung des Zurückbehaltungsrechts 903 f.
- bei Vertragsauslegung 65
- bei Zurückweisung einer Teilleistung 563
Treuhänder 409, 676, 876, 1069

Überweisung 628, 630, 663
Umgehungsverbot
- beim Verbrauchsgüterkauf 607 ff.
Umschuldungsvereinbarung 891
unbestellte Leistungen 118
unerlaubte Handlung 4, 134, 493, 514, 517, 523
ungerechtfertigte Bereicherung 4, 9, 148 ff., 179 f., 202, 204, 230 ff., 317, 361, 379, 381, 388 f., 862, 889
Unklarheitenregel 76, 260
Unmöglichkeit der Leistung 787 ff., 798 ff., 1033, 1180
- beim Fixgeschäft 558
- bei der Nacherfüllung 798 ff.
- bei verspäteter Leistung 802 f.
- vorübergehende 803, 823, 932, 1133
- bei Zweckerreichung 804 ff., 829, 1020
Unsicherheitseinrede 690, 900 f.
Unterlassung 482, 1038
Unterlassungsklagegesetz 285
Untermiete 712, 745 f.
unternehmensbezogenes Geschäft 395
Unternehmenskauf 575, 599
Unternehmer 46 f., 267
Untervollmacht 416, 457, 473
Unverhältnismäßigkeit der Leistung 809 ff.
- absolute 814 ff.
- relative 813
Unzumutbarkeit der Leistung 787, 809 ff., 1033
- der Nacherfüllung 812 ff.
Ursachenzusammenhang
- zwischen Drohung und Vertragsabschluss 364
- zwischen Irrtum und Vertragsabschluss 310
- zwischen Pflichtverletzung und Schaden 1039 ff.
- zwischen Täuschung und Vertragsabschluss 339

557

Sachregister

Verbandsklage 284 f.
Verbotsgesetz
 s. Gesetzwidrigkeit
Verbraucherdarlehen 40, 42, 170, 173, 180, 425, 679, 985, 990 f., 1160, 1271
Verbraucherschutz 16, 39 ff.
– bei der AGB-Verwendung 243 ff.
– durch Formerfordernisse 170
– durch „regulierte Verträge" 43 ff.
– als Schutzziel der AGB-Kontrolle 243 ff.
– Verbraucherbegriff 46 f.
Verbrauchsgüterkauf 47, 541, 587, 602 ff., 614 f., 764 ff., 815, 922, 964
„verbundene Verträge" 355, 990 f.
Verfügungsgeschäfte
– Erlass 889
– verbotene Verfügungsgeschäfte 205 ff.
– und Verpflichtungsgeschäfte 9, 378, 567
Vergleichsmiete 1005
Vergütungsgefahr
– beim Kaufvertrag 835 ff.
– beim Werkvertrag 684, 833 f., 838
Verjährung
– des Anspruchs auf Nacherfüllung 910, 966 f.
– des Erfüllungsanspruchs 908 f.
– Hemmung 967
– des Rückgewähranspruchs 974
– des Schadensersatzanspruchs 1126 f., 1188 f.
– Verlust des Rücktrittsrechts durch Zeitablauf 966 f.
– vertragliche Abkürzung der Frist 967
Verkäuferpflichten 544 ff.
Verkehrssicherungspflichten 501 ff.
Vermieterpfandrecht 399, 738 f.
Verschulden bei Vertragsverhandlungen 93, 187 f., 226, 322 f., 337, 359, 361 ff., 387, 438, 479 f., 498 ff.
Verschuldensprinzip 1074 f.
Versendungskauf 587, 835 ff.
– Drittschadensliquidation 1071
Versicherungsvertrag
– als Vertrag zugunsten Dritter 1203
Vertrag
– Anpassung bei gestörter Geschäftsgrundlage 1009 ff.
– Aufhebungsgründe 911 ff.

– als Dauerschuldverhältnis 389, 711, 912, 994 f.
– und dispositives Recht 52 ff., 68, 79, 125 f., 242, 280 ff., 481
– im Erbrecht 7
– europäisches Vertragsrecht 16 ff.
– im Familienrecht 7
– gegenseitiger Vertrag 485 f., 633, 897, 916 f.
– Kündigung 711, 912, 992 ff.
– langfristige Verträge 57
– und Rechtsgeschäft 10
– „regulierte" Verträge 44 f.
– Rücktritt 913 ff.
– Sanktionen 26 ff.
– mit Schutzwirkung für Dritte 514 ff., 1058, 1067, 1098, 1206
– vertragliche Risikoverteilung 300 ff., 1012 ff.
– Vertragsverhandlungen 498 ff.
– Widerruf 42, 170, 912, 985 ff.
– zugunsten Dritter 564, 857, 1199 ff.
– zwingendes Vertragsrecht 36 ff., 42 ff.
Vertragsauslegung 63 ff., 297 ff., 481, 487
– bei AGB 259 ff.
– contra proferentem 67
– Empfängerhorizont 65, 294, 394
– ergänzende Vertragsauslegung 58, 61 f., 68 ff., 125, 281, 487, 632, 1118
– kundenfreundliche Auslegung 260 f.
– übereinstimmendes Parteiverständnis 64
– unklare Formulierungen 64 ff.
– Unklarheitenregel 67, 260
– Vorrang gegenüber Irrtumsanfechtung 297 ff.
Vertragsfreiheit 22 ff., 43, 48 ff., 197, 913, 1012
Vertragsstrafe 209, 1066
Vertragsübernahme 1262, 1275
Vertrauensschaden 333 f., 438, 477, 497, 510, 512 f.
Vertretenmüssen 1072 ff.
Vertreter ohne Vertretungsmacht 396, 401 f., 404, 417, 467 ff., 473 ff.
Vertretung
 s. Stellvertretung
Vertretungsmacht 392 f., 395, 401, 411 ff.
– Beschränkung 447 ff.
– Beschränkung durch AGB-Klausel 263

Sachregister

- Missbrauch 416, 447 f., 456 f., 463 ff.
- Untervollmacht 416, 457, 473

Verwahrungsvertrag 660, 667 f.
Verwendungsrisiko 304, 805, 1017 f.
Verzögerungsschaden 918, 971, 1024, 1052, 1128 ff.
Verzug 929, 1128 ff.
- mit der Annahme der Kaufsache 262, 588, 633 ff.
- mit der Bezahlung einer Entgeltforderung 1138, 1140, 1143 f.
- Haftung nach Eintritt des Verzugs 1099 f., 1147
- mit der Lieferung der Kaufsache 554, 558, 1152 ff.
- mit der Mietzahlung 726
- mit der Nacherfüllung 1129, 1157
- Rechtsfolgen 1146 ff.
- s. a. Annahmeverzug

Volljährigkeit 132
Vollmacht 412 ff.
- Umfang 415
- Vollmachtsurkunde 417, 434 ff.

Vorausabtretung 1232, 1239
Vorhersehbarkeit 1045
Vorleistungspflicht
- beim Dienstvertrag 899
- beim Kaufvertrag 899 f., 906
- beim Mietvertrag 899
- beim Werkvertrag 682, 899, 906

Vormund 135, 411
Vorsatz 1076

Wahlschuld 564
Wegfall der Geschäftsgrundlage
s. Geschäftsgrundlage
Werkvertrag
- Abnahme des Werks 682 ff.
- Begriff 643 ff.
- als Dauerschuldverhältnis 995
- Kündigung 668, 778, 995
- Pflichten des Auftraggebers 682 ff.
- Pflichten des Unternehmers 643 ff.

- Risikoverteilung 833 ff., 848
- Unverhältnismäßigkeit der Nacherfüllung 816
- Zurückbehaltung der Vergütung 898

Wertersatz
- beim Rücktritt 976 ff.

Wertsicherungsklausel 72, 631, 1014
Wettbewerbsverbot 71, 219
Widerruf 42, 170, 912, 985 ff.
- der Genehmigung 471
- schwebend unwirksamer Geschäfte 161
- der Vollmacht 427 f.
- Widerrufsdurchgriff 990 f.

Willenserklärung 10 f., 81
- empfangsbedürftige 91
- schlüssiges Verhalten 114 ff., 119 f.
- Wirksamwerden 94
- Zugang 94 ff.

Willensmängel 286 ff.
- Anfechtbarkeit 290 ff.
- bewusste Willensmängel 287
- Fehlen des Erklärungsbewusstseins 288
- Fehlen des Handlungswillens 288
- Nichtigkeit 286 ff.
- des Vertreters 439 ff.
- s. a. Drohung, Irrtum, Täuschung

Willenstheorie 293
Wissensvertreter 445 f.
Wissenszurechnung 439 ff.
Wohnungsmiete 713 ff., 1005 ff.

Zahlung
- bargeldlose 627 f., 663
- Verzugseintritt 1138, 1140, 1143 ff.
- Verzugsfolgen 1158 ff.
- Zahlungsdienstevertrag 663, 679

Zugang 90 ff.
Zurückbehaltungsrecht 749, 785, 892 ff., 933, 1134
Zweckvereitelung 804 ff., 829, 1017 ff.
zwingendes Vertragsrecht 36 ff.

559

Lesen, was man wissen muss!

MOHR LEHRBUCH

Privatrecht

MOHR LEHRBUCH

BRAUN
Einführung in die Rechtswissenschaft

LEIPOLD
BGB I, Einführung und Allgemeiner Teil

SCHLECHTRIEM/SCHMIDT-KESS
Schuldrecht Allgemeiner T

KÖTZ
Vertragsrecht

BREHM/BERGER
Sachenrecht

LEIPOLD
Erbrecht

GRUNEWALD
Gesellschaftsrecht

SCHMOECKEL
Rechtsgeschichte der Wirtschaft

SCHACK
Urheber- und Urhebervertragsrecht

AHRENS
Gewerblicher Rechtsschu

ZEISS/SCHREIBER
Zivilprozessrecht

BORK
Einführung in das Insolvenzrecht

KROPHOLLER
Internationales Privatre

ZWEIGERT/KÖTZ
Einführung in die Recht vergleichung auf dem Geb des Privatrechts

SCHLECHTRIEM
Internationales UN-Kaufr

BRAUN
Einführung in die Rechtsphilosophie

TOWFIGH/PETERSEN
Ökonomische Methode im Recht

Im Buchhandel und unte
www.mohr.de